日本古代史事典

阿部 猛 編集

朝倉書店

序

第二次世界大戦後における日本史研究の発展はめざましいものがあった。敗戦を契機として、研究を阻害する諸条件がとり払われ、新しい方法論と分析視角により、新史料の発掘や既成の学説に対する批判があいついで行われ、日本史の各時代、各分野の研究は急速に進展した。

固定観念から解き放たれることによって、従来とは異なる歴史の地平が拓かれ、特に考古学的分野を含む古代史の研究は、日本史の中でもきわだって注目すべき成果を挙げてきた。敗戦直後は、当時の政治・社会情勢や思想状況のもとで、やや理論過剰な歴史把握が盛んになり、戦前の歴史観を一変させるとともに、個別の史実の見直しや、その位置づけについて学問的な論争が展開され、研究は精細さを加えてきた。

特に古代史の分野では、従来タブーとされていた王権の問題をはじめ、その基礎としての土地・人民支配のありようについて、大胆かつ細心な研究が積み重ねられた。その初期には、社会経済史・政治史の分野での研究が先行したが、やがて制度史・文化史・生活史的な研究が盛んになり、ようやく、日本古代社会の全体像をとらえることが可能な段階に到達したといってよい。

また、一九七〇年代から学界を席巻した社会史研究の波は、日本史の全時代を通してその風貌を一変させるほどの影響力を及ぼした。日本史の内容は豊かになり、庶民生活の実相もしだいに明らかになってきた。したがって、日本古代史研究の蓄積は多彩かつ厖大なものとなり、全貌を把握することは容易ではない。

そこで、これから日本史を深く学ぼうとする学生諸君にとっては、体系的な知識獲得の手助けとなるよう、研究者にとっては既往の知識の確認と整理のため、歴史教育に携わる方がたには最新の研究成果を整理したかたちで利用できるよう、また歴史を愛好する一般の方がたには多くの知識を簡便に得られるよう、そのような諸要求に応えられる事典として本書は編集された。

通常の日本史辞（事）典は、歴史上の主要事象について個別に解説するかたちをとっている。この項目網羅主義的編成は、個別の事象については詳しいが、それら事象を歴史の流れの中にいかに位置づけるか、あるいは個別事象間の関連をいかに把握するかについては必ずしも十分ではない。そこで、その欠を補うために、各章のはじめに時代または分野の概観的記述を設け、しかるのちに基礎となる事象について辞（事）典形式の項目解説方式で記述した。これによって、歴史の流れと個別事象を一体のものとして把握することができるようになるものと思う。

右の方式は、朝倉書店から刊行された『日本史事典』（藤野　保監、二〇〇一）において試みられたものであるが、歴史理解のうえで有効な構成であると考えられ、本事典はこれに倣っている。項目の選定や配列に意を用い、個々の項目の解説には然るべき研究者に執筆を依頼した。本事典が多くの方がたによって活用されることを願うものである。

最後に、本事典刊行の趣旨に賛同されてご執筆いただいた多くの研究者の方がた、および編集について細部に至るまで心を配ってくださった朝倉書店編集部の方がたに謝意を表する。

二〇〇五年八月

阿部　猛

編集者

阿部　猛

執筆者

阿部　猛
稲本万里子
宇佐美哲也
太田幸男
木本好信
熊谷良香
黒尾和久
齋藤　融
齊藤保子
坂口　勉
佐々木守俊

末松　剛
菅原　秀
鈴木　哲雄
高橋久子
田中文英
土井義夫
戸川　点
中村友一
長谷川綾子
浜田久美子
早川万年
服藤早苗

藤井　崇
古谷紋子
平郡さやか
堀井典子
溝川晃司
宮澤真央
森田　悌
八木真博
安田政彦
義江明子
吉田靖雄
依田亮一

（五十音順）

凡　例

①各章は時代順に配列し、入門的手引となるよう、章の冒頭に概説方式による説明を設け、そのあとに事典形式による項目解説を加えた。
②項目解説は分野別に小分類を行い、関連項目が近接するように収録した。
③項目解説には必要に応じて参考文献を加えた。
④文体は口語体とし、当用漢字・現代かなづかいを原則としたが、用語によっては新旧を併用した。
⑤年号は和歴を用い括弧書きで西暦を付した。ただし外国関係記事については西暦のみとした。改元時の年号は改元の時期に合わせ新旧を併用した。
⑥漢字による外国地名は音読みとした。ただし、朝鮮半島の各国名については訓読みとした。
⑦漢字による外国人名は音読みとした。欧米人名はカタカナ書きとし括弧書きで原綴りを付した。
⑧人名項目には生没年を西暦で付した。
⑨原典が漢文の資料は原則として書き下したが、必要に応じ原文に返り点を付して収録した。
⑩＊は独立項目があることを示す。ただし、一項目内に当該用語が複数ある場合には、初出の用語にのみ付した。
⑪↓は関連項目を示す。ただし、本文中に関連項目名を含む用語がある場合は＊で代用した。
⑫巻末の索引には全項目および概説の重用語を収録した。

目次

一　日本列島のあけぼの

日本列島の形成と旧石器時代　日本列島の原形がほぼ完成したのは、今から約三〇〇万年前といわれている。この頃から、地球全体は氷河時代（地質学では洪積世、更新世*）と呼ばれる寒冷期となり、間氷期を挟んで何回かの氷期を繰り返した。この繰り返しのなかで、日本列島の形はしばしば変化し、氷期にはシベリアや朝鮮半島との間にできた陸橋をわたって、北からも南からもマンモスやナウマンゾウ*をはじめとするいろいろな動物が移動してきた。

日本列島に人類が登場したのは最後の氷期（六万－一万年前）のようである。現在のところ、人類が生活の痕跡を残すようになるのは、約三万五〇〇〇年前以後の後期旧石器時代からである。

昭和二四年（一九四九）九月、群馬県岩宿遺跡*の発掘調査によって、関東ローム層*中から石器が発見されて以来、日本における旧石器時代*の研究が本格的に開始された。この時代の遺跡は、しだいに全国各地で確認され、今では約五〇〇〇か所といわれている。

研究者の関心は、旧石器の編年と地域性、生活痕跡の発見に向けられ、調査の進展とともに、内容の検討が進められてきた。その結果、ナイフ形石器に代表される剝片石器が主体を占める剝片石器の文化が明らかにされつつある。さらに、より古い時代の石器文化の存在を追究するなかで、遺跡捏造問題が起きたことは周知のとおりである。今のところ、日本の旧石器文化は、三万五〇〇〇年をさかのぼる明確な痕跡を発見するに至っていない。

後期旧石器時代の主要な石器は、石刃技法と呼ばれる手法で連続的に剝離した、縦長の剝片を素材として製作されたナイフ形石器に代表される剝片石器が主体を占める。そのため、この時代の文化は、ナイフ形石器文化*と呼ばれているが、終末期は細石刃文化期となる。

ナイフ形石器文化は、今から二万五〇〇〇－二万四〇〇〇年前の間に起きた、鹿児島湾奥にあった姶良《あいら》カルデラの巨大噴火の影響を被った時期を挟んで、二つの時期に区分されている。この巨大噴火によって、姶良Ｔｎ火山灰（ＡＴ）が偏西風に乗ってほぼ列島全域に降下したため、人々の生活に大きく影響を及ぼしたと考えられている。

前期は、ナイフ形石器を中心に刃部を研磨した磨製石斧を伴うことが特徴的であるが、石器群の地域差はほとんど認められない。これに対して、後期は、ナイフ形石器に石材や製作技法の地域差が生まれ、中央日本を境に東日本と西日本という二大石器文化圏が形成された。さらにこの時期の後半には「尖頭器文化*」「台形石器文化」と呼ばれる特徴的な石器組成を持つより狭い範囲の地域性も認められる。

後期旧石器文化の最終末期は、細石刃を主体とする石器文化となる。約一万五〇〇〇年前頃に、日本列島には細石刃文化*が登場する。これは、細かい柳葉状の細石刃を組み合わせて利器とするもので、それまで二万年もの長い間続いてきたナイフ形石器文化は消滅する。

細石刃文化は、大陸起源と考えられ、サハリンを経由して北海道から南下したものと、朝鮮半島を経由して九州から伝えられたものがある。後半の段階には土器を伴出し、しだいに縄文時代へと移行していくことになる。

旧石器時代の生活痕跡としては、竪穴住居のような明確な居住痕跡を残していないが、廃棄された石器や石器製作の結果生じた不要品の剝片などの集中域、あるいは礫群や炭化物片の集中域などの形で残されている。

各種集中域の組合せは、時代によって異なるが、比較的広い範囲に残されている場合と狭い範囲から発見される場合もあり、前者を集落の跡と考え、後者を一時的な居住痕跡と考える見方もある。いずれにしても後の時代に比べると残された情報があまりにも少なく、集団のあり方や生活の実態を具体的に明らかにするために取り組むべき課題は多い。

縄文時代　今から約一万三〇〇〇年前頃から地球の温暖化が進み、日本列島を取り巻く自然環境も大きく変化し始める。気候の変化は、地形や動植物相の変化を生み、それにしたがって人類の生活も大きく変化したと考えられている。寒冷気候のもとにあった旧石器時代の生活様式から、温暖化とともに変化する自然環境に適応した生活様式へと変わっていった。

ほぼこの時期に、日本列島の数か所で土器を製作することが始まった。土器は、最初から煮沸用として生み出されていて、食物の種類を増やし、食生活の改善に大きな役割を果たした。土器の利用による可食範囲の拡大は、自然環境の変化に対応せざるをえなかった人類の適応のための必要条件であったといえようか。

この土器の使用が始まった約一万三〇〇〇年前から、水田稲作による本格的な食糧生産が開始される約二四〇〇年前までのおよそ一万年の間、日本列島を舞台に展開された食料採集民の生活文化を縄文文化*、この時代を縄文時代という。

縄文時代は、草創期・早期・前期・中期・後期・晩期という六期に時期区分されている。理化学的な年代測定によって、草創期は一万三〇〇〇—九八〇〇年前の約三二〇〇年間、早期は九八〇〇—六三〇〇年前の約三五〇〇年間、前期は六三〇〇—四八〇〇年前の約一五〇〇年間、中期は四八〇〇—四〇五〇年前の約七五〇年間、後期は四〇五〇—三〇〇〇年前の約一〇五〇年間、晩期は三〇〇〇—二四〇〇年前の六〇〇年間という時間幅が想定されている。この年代観は今後も絶えず修正されていくことになるが、一万年を超えるこの時代のうち、草創期と早期が半ば以上を占めている。

ところで、縄文時代の始まりはいつからかということについて、土器の製作と使用がその指標とされてきた。現在のところ日本最古の土器に与えられた年代は、今から約一万三〇〇〇年前と考えられていて、縄文時代の開始年代はより古い土器の発見とともにさかのぼってきた。それに対して、最近土器の発明がそのまま縄文時代の始まりと考えていいのかという問題提起が出されるようになった。

縄文人の生活痕跡は列島各地に多数残されていて、そこから膨大な量の生活廃棄物が発見されている。この生活廃棄物の内容は、縄文人の基本的な暮らしが、植物質食料の採集を軸に漁撈・狩猟を組み合わせて展開されていたことを明らかにしてきた。

もちろん、この基本的な生活形態は最初から整っていたわけではない。例えば、竪穴住居が一般的に見られるようになるのは、早期になってからであり、また貝塚が残されるようになるのも早期になってからである。つまり、縄文時代の基本的な生活形態は早期になってようやく開始されると考えてよい。

土器の製作・使用が可食範囲を拡大したことは確かであるが、それ以来三〇〇〇年を超える長い時間幅を持つ草創期の間に、残された生活痕跡は列島全体から見た場合、今のところ乏しい。ところが、ここ一〇年ほどの間に、南九州鹿児島県域で今から一万二〇〇〇年前草創期の生活痕跡が発見され始めた。

鹿児島市掃除山遺跡では、*竪穴住居のほかに屋外の配石炉や炉穴といった生活遺構とともに隆帯文土器や*磨製石斧・*石鏃・石皿・磨石などの石器が発見されている。このほかに、鹿児島県加世田市の拵《かこい》ノ原《はら》遺跡では、竪穴住居こそ残されてはいないものの、多数の炉穴が発見され、掃除《そうじ》山《やま》遺跡と同様な生活廃棄物が出土している。しかし、南九州といっても今のところ鹿児島県内に限られており、今から一万一五〇〇年前に起こった桜島起源の薩摩火山灰層下に埋没していて、その後に連続していかないようである。

この鹿児島の例を除くと、草創期の具体的な生活形態については、今のところ列島規模では明確な変遷はたどりがたい。今後の調査例の増加を待たざるをえないが、草創期をこれまでどおり縄文時代と考えるのか、あるいは縄文時代とは別の新石器時代の初段階と考えるのか、その位置づけをめぐっては、さらに議論が必要になっている。

縄文時代の生活形態を特徴づける諸要素が出揃うのは、確かに早期になってからであり、縄文文化は、三二〇〇年間かけて緩やかに形成され、これ以後加速度的に進展していく。生活の拠点である竪穴住居は草創期に出現するが、同時に存在した複数の竪穴住居が建ち並ぶいわゆる集落遺跡が一般的に出現するのは、関東地方の早期以後のことである。そして、数時期にわたって繰り返し居住の場に利用された多数の竪穴住居群とともに、墓地や宗教的記念物のような社会組織の存在を推定させる様々な生活痕跡が各地に残されるようになるのは前期後半のことである。

しかし、縄文時代の社会組織に関する研究はいまだ仮説の域を脱していない。それは、縄文時代の人々が、どのような集団を構成していたのかを直接証明できないこともあって、具体的に説明することは困難だからである。前期になって、多数の竪穴住居址群が残される集落遺跡が一般的となり、次の中期になって各地でさらに大規模な集落遺跡が発見されることから、ある集団を構成していた人々が定住化を進めていくと考えられている。

ただ、長い時間幅を持つ各時期の間には、いくつかの気候変動が起こり、そのたびに生活基盤も変動せざるをえなかったと思われる。特に大きな変動を迎えた場合には、生活拠点を残さず、したがって生活廃棄物も乏しい結果になる。時期区分の境目に当たるのは、こういう状況の時期と考えてよい。このことは、自然環境の変化にうまく適応しながら生活していたといっても、あくまでも自然の条件に左右されがちなものであって、常に安定的なものであったとはいえないことを示している。

また、縄文時代の生活痕跡の残り方は、時期や地域によって大きな異なりを持つ。したがって、現在考えられている縄文時代像は、各地域のもっとも華やかな成果をつなぎ合わせたものといわざるをえない。

いずれにしても、高度経済成長期以来、列島各地の開発に伴って数多くの発掘調査が実施された結果、縄文文化が早くから竪穴住居を構築し、周囲の自然環境に豊富に存在した粘土や石材や木材などを素材として、土器や石器や木器などの日常生活用具を製作しただけではなく、早い時期から漆工芸、編物などの生活技術を体得していたことが明らかになっている。また、福井県鳥浜遺跡*に代表される低湿地遺跡の発掘調査も進み、丘陵地の遺跡では腐朽してしまう植物質の遺物が豊富に出現し始めたことから、縄文時代の人々が入手・利用していた物品のリストは近年充実してきている。これとあいまって、植物質食料に関しては、トチやドングリのアク抜き技術の定着をはじめ、単に食料採集に依存するだけではなく、クリの管理栽培が行われていた可能性も指摘され始めている。もちろん、このような生活技術は最初から完成されたものではなく、長い時間をかけて少しずつ高度な技術として発展させていったことはいうまでもない。　（土井義夫）

（一）日本列島

更新世《こうしんせい》と完新世《かんしんせい》　地質学上の時代名称で、両者を合わせた呼称が第四紀である。第四紀は、第三紀に後続する最新の地質時代であり、氷河の消長と人類の出現で特徴づけられる。そのうちの約二〇〇万年前から約一万年前までを更新世（洪積世）、約一万年前から現在までを完新世（沖積世）に区分する。更新世は氷河時代ともいい、前・中・後期に三区分され、この間、寒さの厳しい氷期と気候の温暖な間氷期が交互に繰り返される。最終氷期（ヴィルム氷期）以降の温暖期を後氷期と呼ぶが、それは次の氷期が到来する以前という意味でもあり、完新世とも呼ばれている。この完新世こそ、地球規模での人類文明・文化の成立・発展期として画される。例えば日本列島における土器の起源は約一万三〇〇〇年前で、これは更新世でも最末期に該当する。

［文献］　小林国夫「気候の変化」（『日本の考古学Ⅰ先史時代』所収、河出書房新社、一九六五）、那須孝悌「先史時代の環境」（『岩波講座日本考古学2人間と環境』所収、岩波書店、一九八五）。　（黒尾和久）

日本列島《にほんれっとう》の成《な》り立《た》ち　第三紀初頭（約六五〇〇万年前）には、日本列島はアジア大陸と陸続きであったが、第三紀後半（約二〇〇〇万年前）に日本海側一帯が沈降する地殻変動により、大陸から分離し、列島の基礎が形作られた。その後、第四紀更新世には、極地における氷床の形成とその融解に伴う海面の低下と上昇（氷河性海水面変動という）が繰り返され、海面が低下する氷期（寒冷期）に限って現れる陸橋により大陸と地続きとなった。日本列島各地で発見される絶滅動物化石や旧石器時代人の生活痕跡は、大型動物や人類が陸橋づたいに到来した証拠とされる。第四紀完新世以降、海面の上昇によりこの陸橋が水没して日本列島は再び大陸と隔たったことは、固有の新石器文化（*縄文文化）の成立・展開、さらに降って日本文化形成の外的要因になった。　（黒尾和久）

ナウマンゾウ・オオツノジカ　*更新世にアジア大陸に生息し、氷期に形成された陸橋を通じて日本列島に到来した代表的な絶滅哺乳動物。ナウマンゾウは、肩高約三メートルの中型ゾウで東アジア温帯草原に生息し、中期更新世に列島に到来、最終氷期の盛期に絶滅したと推定されている。オオツノジカは、アジア大陸の温帯・亜寒帯に生息した掌状角を有する大型シカ類で、日本列島にはヤベオオツノジカが中期更新世以降に生息し、一部が*完新世初頭まで生き残った。長野県上水内郡信濃町野尻湖底遺跡では、ナウマンゾウ・オオツノジカの骨角がともに発掘され、その出土状態は、旧石器時代人が、捕獲した獲物を解体した場所（キル・サイト）であったことを示している。

［文献］　亀井節夫「動物」（『日本の考古学Ⅰ先土器時代』所収、一九六五）、野尻湖発掘調査団『最終氷期の自然と人類』（共立出版、一九九七）。　（黒尾和久）

縄文海進《じょうもんかいしん》と海退《かいたい》　最終氷期（ヴィルム氷期）も約二万年前を境に気候の温暖化に転じ、約一万五〇〇〇—六〇〇〇年前にかけて海水面が上昇した。この更新世*末期から完新世*前半の海面上昇現象を世界的には後氷期海進と呼ぶが、日本では海進のピークとなる約六〇〇〇年前が、縄文時代前期に当たることから縄文海進と通称している。海進のピーク時には、現在より海水面は三—五メートルほど高かった。このことは当時の海岸線に面した台地上に形成されたと考えられる縄文前期の貝塚の分布状況から類推されており、奥東京湾では、海水が群馬県藤岡市付近まで侵入した。この高温期をヒプシサーマルと呼ぶが、前期以降、やがて海岸線はゆるやかに後退を開始した。この海退によって、海水の侵入していた入江や谷地は、陸地（沖積地）化し、やがて湿地性森林が形成された。弥生時代以降の水田開発は、こうした森林を伐採して行われた。またこの海退現象は、中期以降の気候の冷涼化を示唆しており、この環境変化に伴い後期には縄文人の生活舞台は沖積地へと移動する傾向があることも明らかになりつつある。東日本では、各自治体ごとに整備されている遺跡地図に明瞭なように、これまで主に洪積台地上を中心に縄文時代の遺跡が発見されてきた。しかし、それも海進期の環境を舞台にした縄文人の生活痕跡を捉えてきたものであり、今後は、海退期に形成された沖積地における縄文人の環境適応の具体的あり方を究明する必要がある。↓低湿地遺跡

［文献］戸沢克則・勅使河原彰「貝塚文化の形成と展開」（『新版古代の日本8関東』所収、角川書店、一九九二）、今村啓爾『日本の実像を求めて』（吉川弘文館、一九九九）。（黒尾和久）

海岸線の変化（藤野　保監，『日本史事典』朝倉書店，2001）

照葉樹林文化《しょうようじゅりんぶんか》とナラ林文化《りんぶんか》　完新世における日本列島の植生は、西南日本ではカシ・シイ・クス・ツバキなどの常緑広葉樹林（照葉樹林）、東北日本ではコナラ・ミズナラやブナ、クリ、カエデなどの落葉広葉樹林（ナラ林）が優勢となる。この二つの基本植生は、列島のみならず海を隔てた東アジアにも共通し、中尾佐助・上山春平・佐々木高明らは、列島の基層文化を理解するための学説として、照葉樹林文化論・ナラ林文化論を提唱している。この学説によれば、照葉樹林・ナラ林という二つの基本植生帯は、完新世でも気候のもっとも温暖化した縄文時代前期（約六〇〇〇年前）に形成され、各々の植生帯における人々の生活も共通の文化要素を持つ二つの文化圏に区分することが可能となった。後期旧石器時代後半以降に明瞭となる

列島における諸事象の東西差も、この文化系統の差異に由来するものと位置づけられる。日本文化の基層をなす*縄文文化における東北日本の量的優勢は、採集食料資源の豊富なナラ林帯を生活の舞台にしたからであり、一方、量的に劣勢な西南日本では、縄文前期以降に大陸からの照葉樹林文化の影響がみえ始め、後期・晩期に定着したとされる。その後、西南日本においては、縄文から弥生という文化変容過程があり、照葉樹林帯に固有の文化要素が弥生文化に再編成され、それを基盤にイネをシンボルとする王権が成立、その勢力はやがて縄文文化を支えたナラ林文化圏への干渉を強め、しだいに列島全域に日本文化が形成されたと説く。その間の事情は、両文化の最終階梯が照葉樹林文化―稲作卓越の段階、ナラ林文化―崩壊段階と解説されていることによく現れている。→サケ・マス論

［文献］佐々木高明『稲作以前』（日本放送出版協会、一九七一）、佐々木高明『日本文化の基層を探る―ナラ林文化と照葉樹林文化―』（日本放送出版協会、一九九三）。

（黒尾和久）

(二)　列島の人々

列島《れっとう》の化石人類《かせきじんるい》　化石人類とは更新世すなわち旧石器時代の人類化石骨のこと。アジア全体では、一〇〇万年をさかのぼる人類化石が多数発見されているが、日本列島で発見された化石人骨は非常に稀少である。琉球諸島を中心に沖縄本島那覇市港川人骨（約一万八〇〇〇年前）、同市山下町洞穴人骨（約三万二〇〇〇年前）、久米島具志川村下地原洞穴人骨（約一万五〇〇〇年前）、宮古島ピンザアブ洞穴人骨（約二万六〇〇〇年前）が発見され、本州ではわずかに静岡県浜北市発見の浜北人骨（上層―約一万四〇〇〇年前、下層―約一万八〇〇〇年前）が確認されているにすぎない。もっとも良好な資料が港川人骨で、五―九体が発見され、そのなかに男女一体ずつの全身骨格のわかる貴重な資料が含まれる。身長は男性が約一五五センチメートル、女性が約一四四センチメートルと、現代日本人の平均身長よりもかなり小柄である。また最古の年代値を有する山下町洞穴人骨も三万二〇〇〇年前の所産と推定されているように、列島発見の化石人類には、原人・旧人にさかのぼる事例は認められず、すべて新人（ホモ・サピエンス）に属する原生人類である。考古学的年代区分に対照するならば、後期旧石器時代の化石人骨となる。なお従前は、三ケ日《みっかび》人骨、葛生《かつらお》人骨、牛川人骨、聖嶽《ひじりだけ》人骨、*明石人骨なども更新世人骨として数えられていた。しかし世界的規模で形質・形態を比較できる人骨資料が増加したこと、理化学的年代測定技術の向上の結果、人類以外の動物の骨（葛生人骨の一部―ニホンザル・クマ・トラなど、牛川人骨―ナウマン象）であったり、完新世人骨（三ケ日・明石人骨―縄文時代、葛生・聖嶽人骨―中世から近世）であることが判明しており、列島の化石人骨はさらに数を減じている。

［文献］鈴木　尚「日本洪積世の人類」（『日本の考古学Ⅰ先史時代』所収、河出書房新社、一九六五）、内藤芳篤「日本列島における人類の出現と日本人の形成」（『岩波講座日本考古学2人間と環境』所収、岩波書店、一九八五）。

（黒尾和久）

明石人骨《あかしじんこつ》　兵庫県明石市西八木海岸で、昭和六年（一九三一）に直良信夫《なおらのぶお》が採集したヒトの寛骨（骨盤の一部）。直良は

人骨の化石化の状態から旧人と直観し、東京帝国大学の松村瞭へ鑑定を依頼したが、回答は得られず、当の人骨は戦時下の空襲で焼失した。昭和二三年（一九四八）、長谷部言人《はせべことんど》は松村が残した写真と石膏模型に着目、原人級の原始性があると説き、「明石原人」と命名、明石人骨は一躍脚光を浴びた。しかし直後の発掘調査では「原人」に結びつく成果は得られず、再び「幻の骨」となる。昭和五七年（一九八二）、遠藤萬里《えんどうばんり》らが、世界における寛骨化石の増加を背景に形態学的・統計学的検討を行い、明石人骨は縄文時代以降のものである蓋然性が高いと発表した。これには人骨が化石化したものという見地からの反論もあるが、現物が遺存しない憾みがある。

（黒尾和久）

［文献］春成秀爾『「明石原人」とは何であったか』（日本放送出版協会、一九九四）、直良三樹子『見果てぬ夢「明石原人」』（時事通信社、一九九五）。

原日本人説《げんにほんじんせつ》　日本人の成立に関する清野謙二の学説。現代日本人、現代アイヌも、縄文時代には同じ「原日本人」であり、弥生時代以降、隣接する大陸由来の民族と混血を繰り返して、日本人とアイヌに分かれたと説いた（混血説）。これに対して長谷部言人《はせべことんど》や鈴木尚は縄文人と日本人の骨格の違いは、生活環境の変化によって生じたもので、他民族との混血はなかったと主張（変形説）、さらに金関丈夫は、西日本人は、弥生以降の渡来人の遺伝的影響が大きいとみなした（渡来説）。近年、埴原和郎は、西日本で「渡来説」、東日本で「混血説」、列島両端で「変形説」があてはまるとし、諸説を統合した「二重構造モデル」を提唱、通説となりつつある。

（黒尾和久）

［文献］埴原和郎『日本人の成り立ち』（人文書院、一九九五）。

アルタイ語族《ごぞく》　北方アジア（トルコ—中央アジア—天山・アルタイ地方—シベリア—中国東北）に分布するチュルク語群、モンゴル語群、ツングース語群の総称。朝鮮語もこれに近く、アルタイ語にみられる助詞・助動詞を持つ膠着語で、述語動詞が最後にくるなど、文法構造が日本語のそれによく一致することから、日本語とアルタイ語族が共通の祖語から分かれた同系言語と考えられてきた。現在、日本語は単一の祖語からの系統を考えるよりは、縄文時代以降の長い時間をかけて、いくつかの言語が混合する過程で形成されてきたと考えられており、アルタイ語の影響は、特に稲作文化を担った渡来人の移入時に強く流入したと推定されている。

（黒尾和久）

［文献］佐々木高明『日本の歴史1日本史誕生』（集英社、一九九二）。

モンゴロイド　原生人類のうちアジア人種の総称。新旧二系統があり、約二万年前にシベリアに進出し、極寒地での身体的適応（平坦な顔・短い四肢）を果たした系統を新モンゴロイド、南方にとどまり古形態を保った系統を古モンゴロイドという。日本列島の旧石器時代人および縄文時代人は、古モンゴロイド的な特徴を有する。数千年前にアジア大陸を南下し始めた新モンゴロイドは、やがて稲作と金属器の技術を携えて弥生時代以降に続々と日本列島に渡来、同時に在来人とも混血しつつ、日本人となった。渡来人の影響が少ないアイヌ・琉球人に古モンゴロイド的な特徴が色濃く認められるのも、そのような日本人形成のプロセスが関連すると推定されている。

［文献］馬場悠男「アイヌ・琉球人は縄文人の直系子孫か」（白石

太一郎・吉村武彦編『争点日本の歴史 古代編』所収、新人物往来社、一九九〇)。

(黒尾和久)

(三) 旧石器文化

旧石器時代《きゅうせっきじだい》 人類が道具を作り始めて以降、農耕・牧畜や土器製作が始まるまでの時代。チャイルド Vere Gordon Childe 提唱の「新石器革命」までの考古学上の年代単位。人類史上で最古・最長(約二五〇万—一万年前)の時代で、地質年代の*第四紀更新世にほぼ対応する。一般的に人工の道具(石器・骨器)の出現で始まる前期旧石器時代(約二五〇万—二〇万年前)、*ルバロア技法に代表される調整石核と目的剝片の剝離技術の始まる中期旧石器時代(約二〇万—三万年前)、一つの石核から石器素材となる剝片を連続的に作出する石刃技法の始まる後期旧石器時代(約三万—一万年前)に三区分される。おおよそ前期が猿人・原人、中期が旧人・新人、後期が新人の時代に対応する。人類の起源はアフリカにあり、原人が約一七〇万年前にヨーロッパへと分布範囲を広げ、約一〇〇万年前にジャワ島(ジャワ原人)、約五〇万年前に東アジア(北京原人)と活動域を広げ、その後、ヨーロッパでは約三〇万年前までに旧人(ネアンデルタール人)へと進化をとげた。しかし、原人・旧人ともに原生人類には繋がらず絶滅し、我々の直接の祖先となるのは、約一五万—一〇万年前にアフリカで誕生した新人(ホモ・サピエンス)である。新人は、瞬く間に全世界に広がり、シベリアなど極寒地環境への適応も果たし、アラスカを経由して約一万二〇〇〇年前までには南アメリカ大陸の南端まで到達した。この間の日本列島への人類到来は、更新世氷期の陸橋形成期に徒歩でなされた。列島と大陸が地続きになったのは、一五〇万年前以降に四度あり、ジャワ原人の存在からも、列島に原人・旧人が到来した可能性は十分にある。一九八〇年代以降、宮城県域を中心に「前・中期旧石器」が相次いで発見され、原人・旧人の存在が実証されたかに見えたが、平成一二年(二〇〇〇)一月五日の毎日新聞朝刊での「旧石器捏造事件」のスクープ、その後の検証作業の結果、同期間の発見の「前・中期旧石器時代」遺跡の存在は否定された。列島に残された旧石器時代の確実な生活痕跡は、新人段階、すなわち後期旧石器時代の所産である。→日本列島の成り立ち

[文献] 戸沢克則「日本の旧石器時代」(『日本歴史1原始・古代1』所収、東京大学出版会、一九八四)、加藤晋平「日本列島における人類文化の出現」(『岩波講座日本考古学6変化と画期』所収、岩波書店、一九八六)、安蒜政雄「先史時代の石器と地域」(『岩波講座日本考古学5文化と地域性』所収、岩波書店、一九八六)。

(黒尾和久)

ルバロア技法《ぎほう》 Levallois technique 中期旧石器時代を中心にヨーロッパ、西アジア、アフリカで広域に用いられた剝片剝離技法の一つ。ちょうど首足を甲羅に引っ込めた亀を裏返したような形状の石核(亀甲形石核)の周縁から剝離作業面の調整、打面の調整を施したのち、あらかじめ予定した形状の剝片(目的剝片)を硬質ハンマーによる直接加撃によって剝ぎ取る技法。剝片には、幅広で丸みをおびたもの、卵形のものもあるが、長方形状をルバロア型剝片、縦長で両側縁平行のものをルバロア型石刃、三角形状のものをルバロア型尖頭器に分類す

る。ルバロア技法は、中期旧石器文化の指準の一つであるが、日本列島では、狭義のこの技術で産出された石器群は今のところ未検出である。

〔文献〕　F・ボルド著、芹沢長介・林　謙作訳『旧石器時代』（平凡社、一九七一）。　（黒尾和久）

岩宿《いわじゅく》遺跡《いせき》　群馬県新田郡笠懸《かさがけ》町大字阿左美《あざみ》字岩宿に所在する後期旧石器時代の遺跡（国指定史跡）。日本における旧石器*文化研究の出発点となる遺跡として学史的に重要。その発見者が在野の考古学者・相沢忠洋《あいざわただひろ》である。相沢は、昭和二一年（一九四六）に岩宿の切り通しの崩落ローム土中から黒曜石*の剝片を拾い出し、昭和二三年（一九四八）までの現地踏査のすえ、関東ローム層（赤土）中に黒曜石製の石器・剝片が包含する事実を確信した。そして、この件について明治大学の芹沢長介《せりざわちょうすけ》に相談、昭和二四・二五年（一九四九・一九五〇）に、相沢と芹沢に杉原荘介らを加えた明治大学考古学研究室による学術調査が行われた結果、三時期の石器のまとまりが確認され、古いものから岩宿Ⅰ・Ⅱ・Ⅲ石器文化と命名された。この時点で、実際に関東ローム層中の石器群の出土状態が捉えられたのは、岩宿Ⅰ・Ⅱ・Ⅲ石器文化のみではあったが、この調査成果が学会で公表されたことをきっかけに、縄文文化*よりも古い、土器を伴わない旧石器文化が実在することが、列島各地で追認されるようになったのである。近年、日本列島において初めて旧石器文化の存在を明らかにした岩宿遺跡にちなんで、その属する時代を「岩宿時代」と呼ぶ学者も現れている。それは、縄文時代に関して、モース*が発掘し、近代考古学の発祥地として記憶される大森貝塚にちなんで「大森時代」と呼ぶのと同じ呼称法である。

〔文献〕　戸沢充則「岩宿時代研究の出発点―群馬県岩宿遺跡の発掘―」（明治大学考古学博物館編『発見と考古学』所収、名著出版、一九九六）。　（黒尾和久）

関東《かんとう》ローム層《そう》　関東地方に広く分布する火山灰層で、更新世*の火山活動による噴出物が、主として風で運ばれて地表に堆積した地層。江戸時代以降、表土の黒土に対して、赤土と通称されてきた。供給源は、北関東では浅間・榛名・赤城など、南関東では富士・箱根の諸火山である。南関東では上部から立川ローム層（約三万―一万年前）、武蔵野ローム層（約六万―三万年前）、下末吉ローム層（約一三―六万年前）、多摩ローム層（約四〇万―一三万年前）が順に堆積しており、各々に対応する段丘面を形成している。旧石器時代人の生活痕跡は、最新の立川ローム層中において一般的に確認でき、この堆積年代が後期旧石器時代に併行する。

〔文献〕　貝塚爽平『東京の自然史　増補第二版』（紀伊國屋書店、一九七九）。　（黒尾和久）

ナイフ形《がた》石器《せっき》文化《ぶんか》 backed knife culture　日本列島の後期旧石器時代を特徴づける石器文化で、大陸との関連が薄く列島独自の展開を見せた狩猟文化である。この石器文化は、後期旧石器時代の大半を占める年代幅を有し、細石刃文化*に先立つ編年的位置関係にある。文化指標となるナイフ形石器は、石器素材の鋭い縁辺の一部を活かし、先端・側縁・基部などを刃潰加工で調整している石器であり、後期旧石器文化の汎世界的指標とされる石刃技法によって連続的に剝離された剝片を主たる石器素材としている。当初は文字どおりナイフに似た形態の石器の

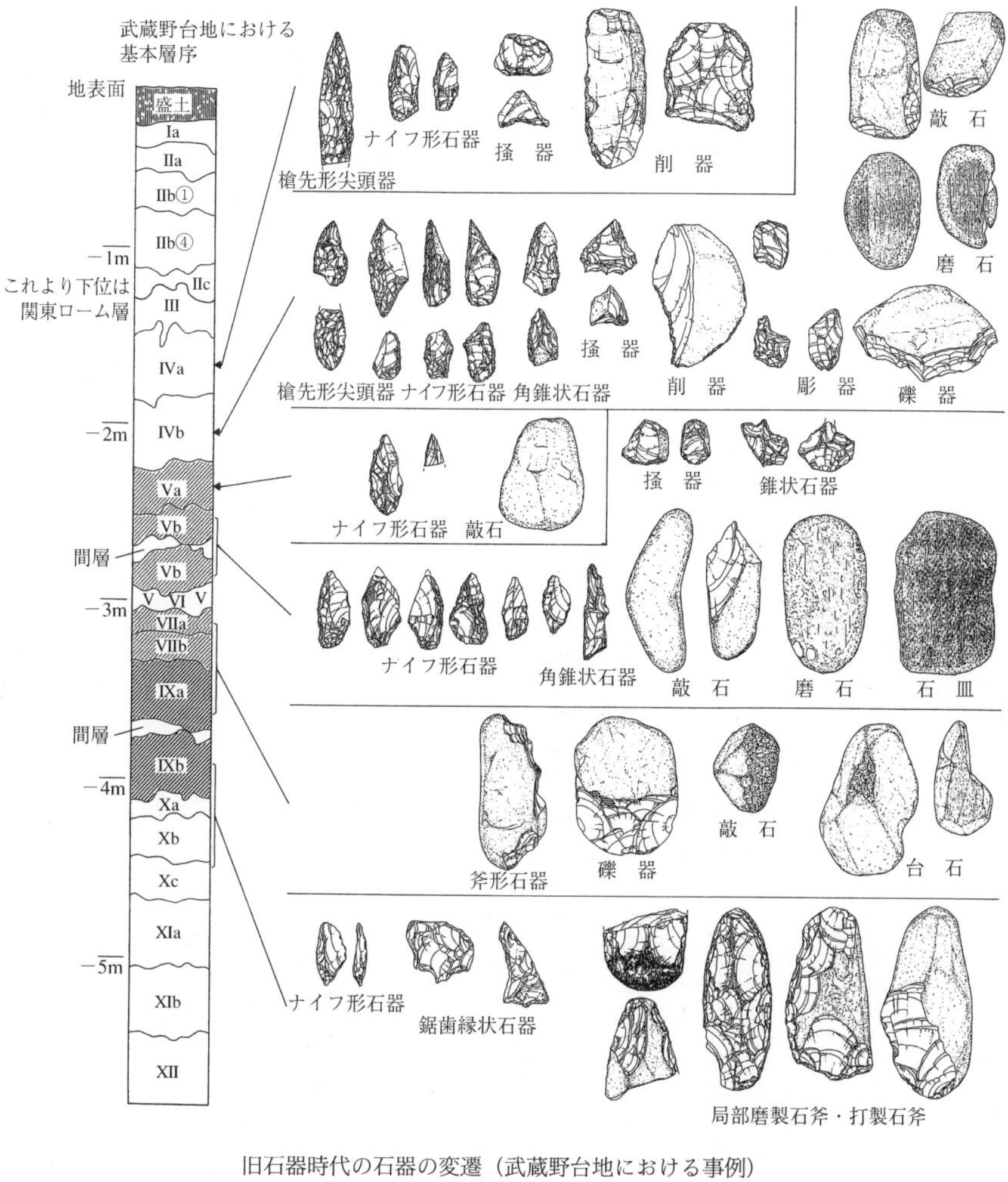

旧石器時代の石器の変遷（武蔵野台地における事例）
「武蔵国分寺跡関連遺跡（武蔵台西地区）」（『東京都埋蔵文化財センター調査報告 149』2004）を一部改変

みをナイフ形石器と呼称したが、現在は技術的に同系統である切出形石器・台形状石器や薄片尖頭器なども同文化期を構成するナイフ形石器と見なされている。ナイフ形石器文化は、九州姶良カルデラの巨大噴火（約二万四〇〇〇年前）を境界に前半と後半に区分されている。前半は、台形様石器に*局部磨製石斧を伴うことが大きな特徴であるが、列島内での石器組成は均質で大きな地域差が認められない。これに対して後半には、ナイフ形石器の形態に細かな地域差（国府型、茂呂型、杉久保型など）が現われ、さらに石器の器種組成・製作技法・利用された石材などに注目すると、東日本と西日本の二大文化圏が明瞭となる。縄文時代に明瞭となる日本列島における東西地域差はナイフ形石器文化期にまでさかのぼる。

［文献］鎌木義昌「刃器文化」（『日本の考古学I先史時代』所収、河出書房新社、一九六五）、鈴木次郎・矢島国雄「先土器時代の石器群とその編年」（『日本考古学を学ぶ1日本考古学の基礎』所収、有斐閣、一九八八）。　（黒尾和久）

局部磨製石斧《きょくぶませいせきふ》　扁平礫《へんぺいれき》や大形剥片を素材として、刃部だけを集中的（局部的）に研磨した石斧の総称。刃部磨製石斧とも呼ぶ。日本列島では、後期旧石器時代前半（*ナイフ形石器文化期前半）に、早くも両刃の局部磨製石斧を伴い、磨製石器が新石器時代のメルクマールとされてきた学史的経緯から、世界最古の磨製石斧として注目されてきた。もっとも、この早出の磨製石斧も、後期旧石器時代を通じて常用されたわけではなく、ナイフ形石器文化期後半にはいったん姿を消し、改めて縄文時代草創期初頭に神子柴型石斧として出現するが、両者は同一系譜上にある磨製石斧ではないと考えられている。　（黒尾和久）

礫群《れきぐん》**・配石**《はいせき》　被熱して赤化・白化・破損した拳大の礫が平面的に密集する遺構が礫群。数十点から、ときに数百点にも達する焼礫で構成され、礫の表面にも煤やタール状物質が付着し、ときには焼土・炭化物もともに検出される状況から、食物の調理に関わる遺構と考えられている。一方、一から数個の礫が分布する遺構が配石で、礫群とは異なり、礫に熱を受けた痕跡がない場合が多い。このため配石は、石器を作る際の台石であったと考えられている。礫群と配石は、中部・関東地方の後期旧石器時代、特に*ナイフ形石器文化期に数多く確認され、石器とともに大量の未製品、剥片・破片が出土することから石器制作を行った痕跡として認定される石器ブロック（ユニットともいう）とともに同文化期を代表する生活遺構である。

［文献］安蒜政雄「先土器時代の研究」（『日本考古学を学ぶ1日本考古学の基礎』所収、有斐閣、一九八八）。　（黒尾和久）

細石刃文化《さいせきじんぶんか》　microblade culture　極小石刃である細石刃を主要な器種とする石器文化である。世界的にみれば細石器文化の範疇に含まれ、細石刃の製作が卓越する東アジア、シベリア・アラスカ地域の細石器文化に対してこの名称を用いる。この石器文化の器種組成は、細石刃と細石刃核、骨や木の加工に関わる彫器・削器、皮のなめしに利用された掻器からなり、特に毛皮加工に密接な掻器が多いことから寒冷地への適応が示唆される。また日本列島での出土例はないが、大陸での細石刃は、骨・木などの軸側縁に数個を組み込んだ多様な道具（植刃器）の刃部として機能しており、その生産は、後期旧石器時代の後半にとどまらず、新石器時代まで長く継続、前者の代表的な器種は狩猟具としての槍・銛であるが、後者には農耕具としての鎌などもある。日本列島の細石刃文化は、後期旧石器時代の末葉、*ナイフ形石器文化に後続する石器文化であり、列島独自と評価されるナイフ形石器文化とは異なり、大陸との密接な系統関係のもとに成立した。その技術伝播は、北海道において、いち早く約二万年前、それ以南では遅れて約一万四〇〇〇年前である。しかし縄文文化の黎明期（約一万三〇〇〇年前）には早くも衰退し、北九州など一部の地域を除いて細石刃自体の生産は途絶し、日本列島における新石器時代に相当する縄文時代まで継続することはなかった。↓尖頭器文化

［文献］安蒜政雄「先史時代の石器と地域」（『岩波講座日本考古学5文化と地域性』所収、岩波書店、一九八六）。　（黒尾和久）

湧別《ゆうべつ》技法《ぎほう》・矢出川《やでがわ》技法《ぎほう》　後期旧石器時代末葉（約一万四〇〇〇年前）に日本列島全域に展開した*細石刃文化には、大きく二つの地域圏が認められる。一つはシベリアから北海道経由の系統で、もう一つが、朝鮮半島経由もしくは*ナイフ形石器文化の石刃技法の系譜を色濃く残す系統である。この二つの地域圏を特徴づけるのが、細石刃を作り出すために用意された細石刃核の形態である。細石刃は組み合わせて使用することによって高い機能を発揮する道具素材であり、カミソリの刃のように同一規格の細石刃を大量に作り出す必要がある。そのための技術を細石刃技法と呼称するが、それは定形化した石核を作成する技術にほかならない。列島東北の石核は、その断面形が楔に似ることから「楔形細石刃核群」と総称される。このうち北海道を中心に展開した細石刃剥離技法の一つに入念に両面加工した尖頭器状素材から船底形石核を作出し、細石刃を剥離する湧別技法がある。一方、西南日本を中心に「円錐形細石刃核群」が分布し、ナイフ形石器文化期の石刃技法の伝統を引き継いだ角錐・角柱状石核から細石刃を剥離するのが矢出川技法である。湧別技法と矢出川技法は、列島の東西の二つの細石刃文化圏を表象する「楔形細石刃核群」と「円錐形細石刃核群」のそれぞれを代表する細石刃技法である。また、前者には、荒屋型と呼ばれる特徴的な骨や木に溝を刻むための彫器が伴うことも知られている。

［文献］大場利夫『北海道の先史文化』（みやま書房、一九八二）、安蒜政雄「先史時代の石器と地域」（『岩波講座日本考古学5文化と地域性』所収、岩波書店、一九八六）。　（黒尾和久）

尖頭器文化《せんとうきぶんか》 point culture　後期旧石器時代の後半に中部・関東地方を中心に出現した「槍先形尖頭器」をメルクマールとする石器文化で、*ナイフ形石器文化と*細石刃文化の間に編年される。中部地方の*黒曜石原産地域における「槍先形尖頭器」の大量生産に伴い展開した石器文化と考えられたが、現在は、大陸との系統関係が希薄で列島固有の展開を見せるナイフ形石器文化終末期の一地域的様相として理解し、石器文化の名称としては使用しなくなった。尖頭器文化を年代区分・文化発展の指標として用いなくなったもう一つの理由が、かつて細石刃とともに後期旧石器時代末葉に編年されていた「槍先形尖頭器」である大形柳葉形の神子柴型尖頭器、柄に取りつける部分に茎を持つ有茎尖頭器（有舌尖頭器ともいう）が、土器製作の始原期となる縄文時代草創期に編入されたことであろう。なかでも草創期初頭に出現する神子柴型尖頭器は、無文土器と磨製・打製の両者がある神子柴型石斧、搔器、彫器を伴う石器群（神子柴・長者久保石器群）を構成し、完成石器の出土比率が高く、石器

素材となる剝片や未完成品の出土比率が低い。この出土状況は、完成品よりも剝片・砕片の割合が高い石器製作跡として発見される後期旧石器時代石器群の検出状況と大きく異なり、前時代と画された縄文時代草創期初頭の文化様相（神子柴・長者久保文化）として注目されている。

［文献］白石浩之『旧石器時代の石槍』（東京大学出版会、一九八九）。

（黒尾和久）

（四）縄文文化

縄文文化《じょうもんぶんか》　約一万三〇〇〇年前から約二四〇〇年前という年代幅の、土器＊（縄文土器）を有する日本列島固有の原始文化。後氷期における気候の温暖化に伴い形成された列島東西の基本植生を背景に展開した植物採集と、旧石器時代以来の狩猟と新たに開始した漁撈をバランスよく組み合わせた食料採集経済を発展させた。生業のなかでも特に植物利用の発達は高度と評価されているが、昨今の＊低湿地遺跡における調査の進展により栽培植物遺体の出土、DNA鑑定による栽培種クリの確認、稲作を示唆する＊プラント・オパールの検出などが相次ぎ、縄文人の生業の一部にすでに食糧生産が組み込まれていた状況証拠が増加しつつある。このあり方をめぐり、縄文農耕論が再興しつつある一方で、縄文文化の本質は採集経済システムにあり、植物栽培も多様な植物利用の一つに過ぎないという批判がある。論争の行く末をしばらく見届ける必要があるが、＊サケ・マス論以来の縄文経済の特質解明を目指した考古学的接近方法の延長線上に連なるもの。旧石器時代にはなく、縄文時代に出現した文化要素は数多い。草創期における土器や弓矢の開発、早・前期には、貝塚形成に象徴される本格的漁撈開始、丸木舟による渡航技術、漆工芸技術など枚挙に暇がない。さらに居住施設（＊竪穴住居跡）の出現、それが集まった＊環状集落跡、食料の保存加工や、貯蔵技術の開発、集団墓地を伴う葬制、土偶・石棒などの祭祀遺物、環状列石・配石遺構などの祭祀場、抜歯習俗など、地域により展開は異なるが、様々な文化要素が時代が降るとともに発達し、後期・晩期において特に複雑になる。また遠隔地間の物資交換組織も前期には確立している。呪術が支配していた停滞社会と見なされていた従前までの評価に比べて、縄文文化は、高度に組織化された食料採集社会の緩やかな発展過程（始動・形成・成熟）と、大陸文物と世界観が移入された食糧生産社会（弥生文化）の成立に伴う食料採集社会の解体過程として見直されるようになった。→縄文海進と海退・照葉樹林文化とナラ林文化・縄文時代の植物食・縄文時代の交易

［文献］山内清男「日本遠古之文化　補注付新版」（『先史考古学論文集第一冊』所収、先史考古学会、一九三九）、岡本　勇「縄文社会の生産と呪術」（朝尾直弘他編『岩波講座日本歴史1』所収、岩波書店、一九七五）、鈴木公雄「縄文時代はいつ始まったか」（白石太一郎・吉村武彦編『争点日本の歴史　古代編』所収、新人物往来社、一九九〇）、佐々木高明『日本の歴史1日本史誕生』（集英社、一九九一）、小林達雄『縄文人の世界』（朝日新聞社、一九九六）、岡村道雄「縄文人の定住と定住を支えた文化」（『季刊考古学』六四、一九九八）。

（黒尾和久）

モース Edward Sylvester Morse（一八三八―一九二五）　大森貝塚の調査者として著名なアメリカ人動物学者。貝類研究を

専門とし、明治一〇年から一二年（一八七七―一八七九）に、ナウマン（地質学者、ナウマンゾウの命名者）やミルン（地震学の草分け）など御雇外国人の一人として東京帝国大学理学部で動物学・生理学の講義を担当、ダーウィン進化論を本格的に紹介した。来日のきっかけは日本産腕足類の調査であり、江ノ島に研究所を設立し、その調査の便宜依頼を目的にした上京途中、新橋へと向かう汽車の車窓から偶然貝塚を発見した。これが大森貝塚で、その発見の背景には、モース自身のアメリカでの貝塚調査の経験があった。モースが著した大森貝塚の調査報告（“*Shell Mounds of Omori*”、邦訳『大森介墟古物編』）は、モースが専門とする貝類のみならず、人骨・動物遺体、土器・石器などの人工遺物も数多く紹介され、その内容も、縄文時代後期から晩期の調査資料として、今なお通用する水準にある。モースと大森貝塚を日本考古学誕生の記念碑的存在とするゆえんである。モースには、親日家、日本文化の欧米への紹介者という一面もあり、日本滞在中に収集した陶磁器類はボストン美術館、民具類はモースに縁の深いピーボディー博物館に収蔵されている。なお大森貝塚の調査地点は永らく所在不明となり、品川区・大田区に候補地があったが、近年の調査で前者と確定した。

［文献］ 考古学研究会編「大森貝塚発掘一〇〇年記念特集」（『考古学研究』二四―三・四、一九七七）、E・S・モース著・近藤義郎・佐原眞編訳『大森貝塚』（岩波書店、一九八三）、磯野直秀『モースその日その日』（有隣堂、一九八七）。

（黒尾和久）

縄文土器《じょうもんどき》* 縄文文化に属する土器の総称。その始源は、約一万三〇〇〇年前の「神子柴・長者久保文化」（尖頭器文化*）の無文土器にさかのぼり、世界的にみても最古級の土器である。日本列島における土器の起源が大陸からの伝播によるものか、独自発生なのかの検討が継続している。縄文土器の名称は、モースが大森貝塚の報告で、縄目紋様をもつ土器に対して用いた“cord marked pottery”の和訳「縄紋」が縄文と転じて流布したもので、「縄紋」の正体が、一本の撚紐《よりひも》の土器表面への回転押捺であることが、昭和初期に山内《やまのうち》清男《すがお》によって解明されている。縄文土器のすべてに縄文が施されているわけではないが、粘土紐を貼付したり、貝殻や棒状工具を用いた沈線を施すなど、様々に文様要素が組み合わせられた、世界にも類をみない装飾性豊かな先史土器として広く知られている。縄文土器の器形・文様は次々に変化し、新陳代謝を繰り返しており、この旺盛な変化に着目した縄文土器の年代差・地方差を示す単位である「型式」が制定され、縄文土器の編年が体系づけられている。土器表面の文様や装飾が、縄文人の心性や世界観を表象しており、それを縄文土器の一つの顔であるとすれば、もう一つの顔は、その機能ということになる。縄文土器で最も重要な用途は内容物の煮炊きができることに尽きる。主食となる堅果類のアク抜き作業も土器による煮沸が前提となって初めて実現した。煮沸具のほかにも、貯蔵用が想定される壺・甕や盛付け用の浅鉢、釣手土器・香炉形土器など特殊な機能の土器も認められ、時期が降るほど器種構成も豊富になる。しかしながら縄文時代全般に認められ、なおかつ大量に出土するのが、煮沸具としての用途をもつ大小の深鉢である。煮沸用深鉢こそ縄文土器でもっとも普遍的な存在である。↓縄文時代の植物食

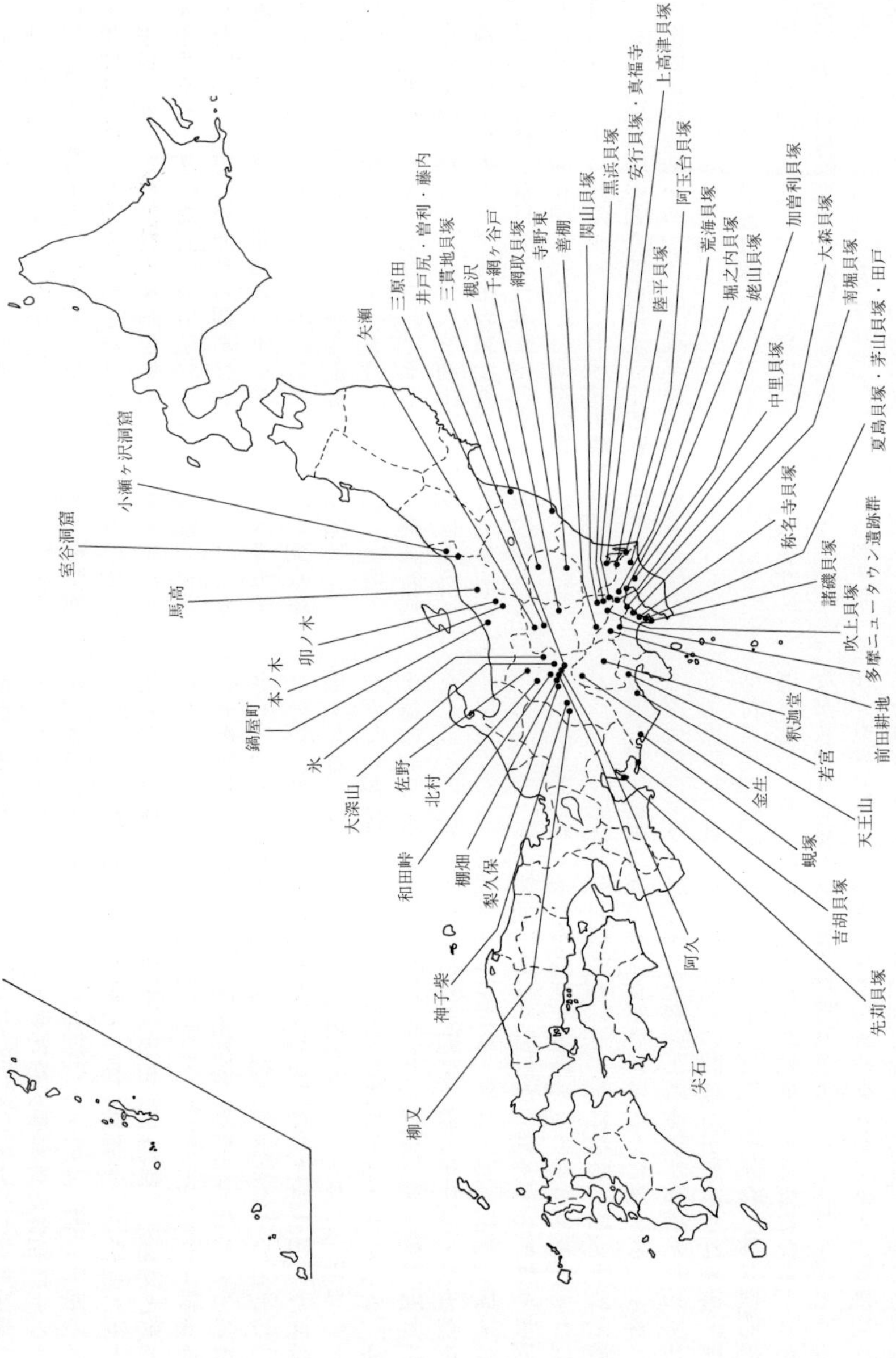

小瀬ヶ沢洞窟
室谷洞窟
馬高
卯ノ木
本ノ木
鍋屋町
氷
大深山
佐野
北村
和田峠
棚畑
梨久保
神子柴
柳又
矢瀬
三原田
井戸尻・曽利・藤内
三貫地貝塚
槻沢
千網ヶ谷戸
綱取貝塚
寺野東
善棚
関山貝塚
黒浜貝塚
安行貝塚・真福寺
上高津貝塚
陸平貝塚
阿玉台貝塚
荒海貝塚
堀之内貝塚
姥山貝塚
加曽利貝塚
大森貝塚
南堀貝塚
中里貝塚
夏島貝塚・茅山貝塚・田戸
称名寺貝塚
諸磯貝塚
吹上貝塚
多摩ニュータウン遺跡群
前田耕地
釈迦堂
若宮
天王山
金生
蜆塚
吉胡貝塚
先苅貝塚
阿久
尖石

主な縄文時代遺跡

［文献］　藤森栄一『縄文式土器』（中央公論美術出版、一九六九）、甲野　勇『縄文時代の土器の話』（学生社、一九七六）。　（黒尾和久）

縄文土器《じょうもんどき》の編年《へんねん》　*「型式」という縄文土器の年代的・地域的単位を列島規模で編集した研究ないしその成果。土器が編年研究の素材とされる理由は、遺物のなかでも一般的で、量的に多く、何よりも文様・装飾が短期間で変化するからである。土器編年研究を行うには、その時間差に関する事実を確認しやすい遺跡が好適である。そのため下層から出土する土器ほど古く、上層に含まれるほど新しいという層位的情報を得やすい貝塚がまず注目された。その後、内陸部での編年研究は、貝塚での研究を参考にしつつ、*環状集落跡などでの住居同士の重複関係が層位的情報と捉えられた。土器のみが出土する層位的事実に乏しい時期・地域では、土器同士の共通性を認識する型式学的な検討が進められた。細分された型式の名称は、発掘調査された遺跡名（勝坂式・加曾利E式など）にちなんで命名されることが多い。編年が精緻であるほど細かな文化動態の観察が可能になるため、*縄文文化の研究には必要不可欠な基礎的研究として定着した。現在、縄文時代の土器編年には六〇を超える細別型式の時期階梯がある。昭和前期に山内清男《やまのうちすがお》が「型式は益々細分され、究極まで推し進むべき」と研究方針を明示して以来蓄積されてきた研究成果といえる。また山内は、細別型式をいくつかまとめて「大別」とすることを考案した。これも受け入れられ（当初は早期から晩期の五大別）、草創期を加えた縄文時代の六大別として定着した。つまり草創期から晩期という時期区分は、縄文土器の細別型式を便宜的にまとめた「大別」区分なのであり、縄文文化の発展段階を画する区分法ではない点に留意する必要がある。現在、縄文土器の編年は日本列島全域を網羅するように整備され、世界に類を見ない精度を誇るものと評価される。しかし一細別型式をさらに細分する編年研究が進んだ南関東の縄文時代中期においても、一単位時期は、いまだ数十年の年代幅を持ち、同時に機能するはずがない重複住居から同時期に編年される土器が出土するという矛盾も認められる。縄文土器の編年研究には、まだ「究極まで推し進むべき」余地がある。なお、縄文土器の型式細別一段階の時間幅はこれまで約三〇年ほどと見積もられてきた。一世代の人間が土器を作り、使う期間に見合っているとの推測からで、他に確たる証拠はない。近年AMS^{14}C年代測定法の進展を機に型式ごとに暦年代を対比させる試みが進められている。まだ取り組みは途上にあるが、細別一段階の時間幅は一定ではなく、段階により長短の差があることが明らかになってきた。すなわち我々が「型式」として認識できる土器の変化が速い時期と緩やかな時期があるのであり、このことは型式変化を時間的目盛りとしてきた多様な研究分野に大きな影響を与えるもので、その成果と議論の動向に注意の必要がある。

［文献］　山内清男「縄文土器型式の細物と大別」（『先史考古学』一―一、一九三七）。　（黒尾和久）

貝塚《かいづか》　縄文時代の基本的な生業である狩猟・漁撈・植物採集のうち、海における漁撈活動の証拠として列島各地に残された遺構が貝塚である。漁業の開始が*縄文文化の指標の一つとされるのは、貝塚が数多く残されているからである。貝塚という呼称は食用に採取した貝の不要部分（貝殻）が厚く堆積し、ときにマウンド状となって地表面に露出する状態から命名され

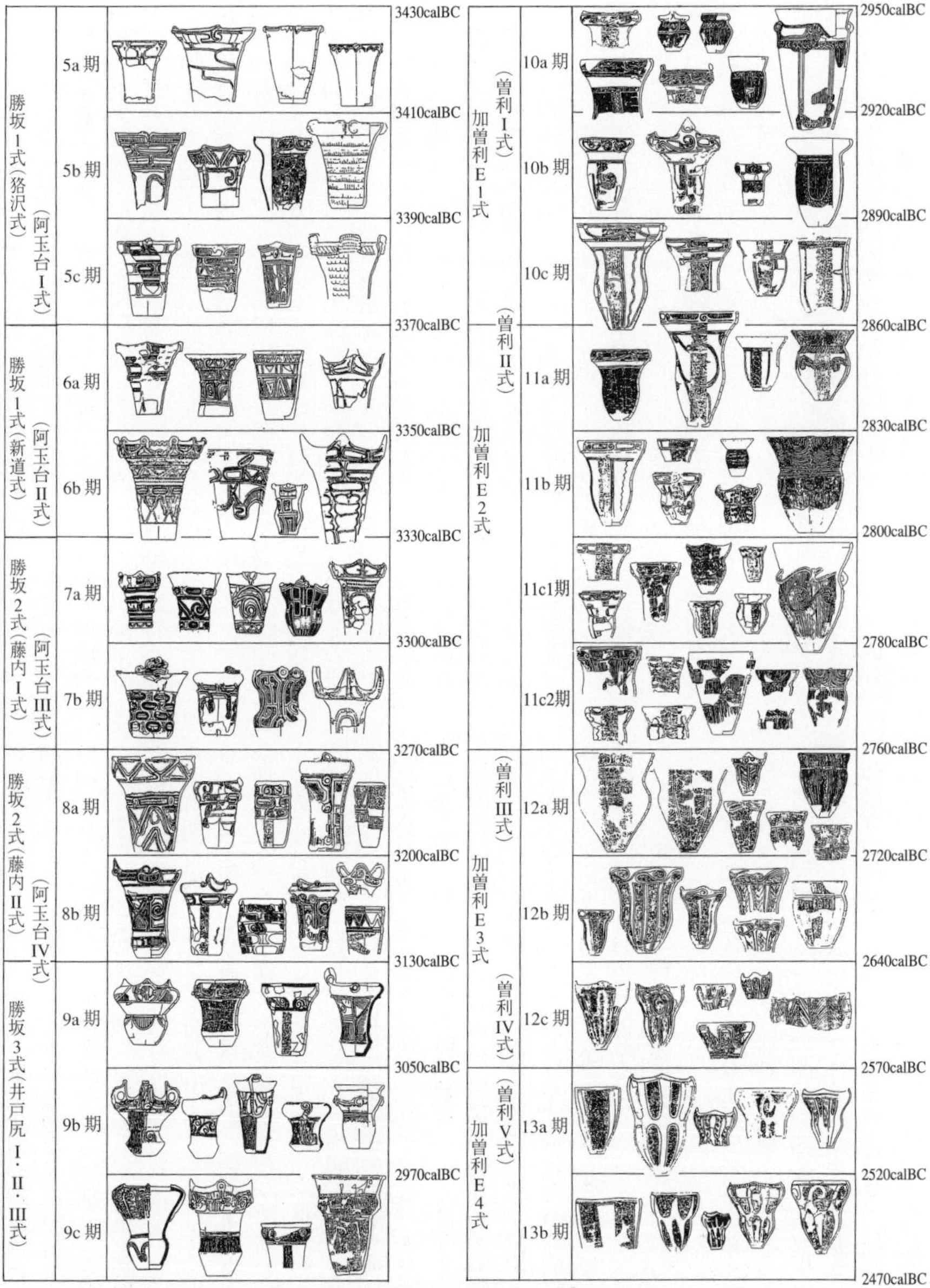

縄文土器の編年（多摩丘陵・武蔵野台地）

縄文時代中期中葉・後葉の時期区分．年代値は，AMSC[14]年代測定値に基づく．

細分呼称は，小林・中山・黒尾「多摩丘陵・武蔵野台地を中心とした縄文時代中期の時期設定（補）」（『シンポジウム縄文集落研究の新地平3』縄文集落研究グループ・セツルメント研究会，2004）による．

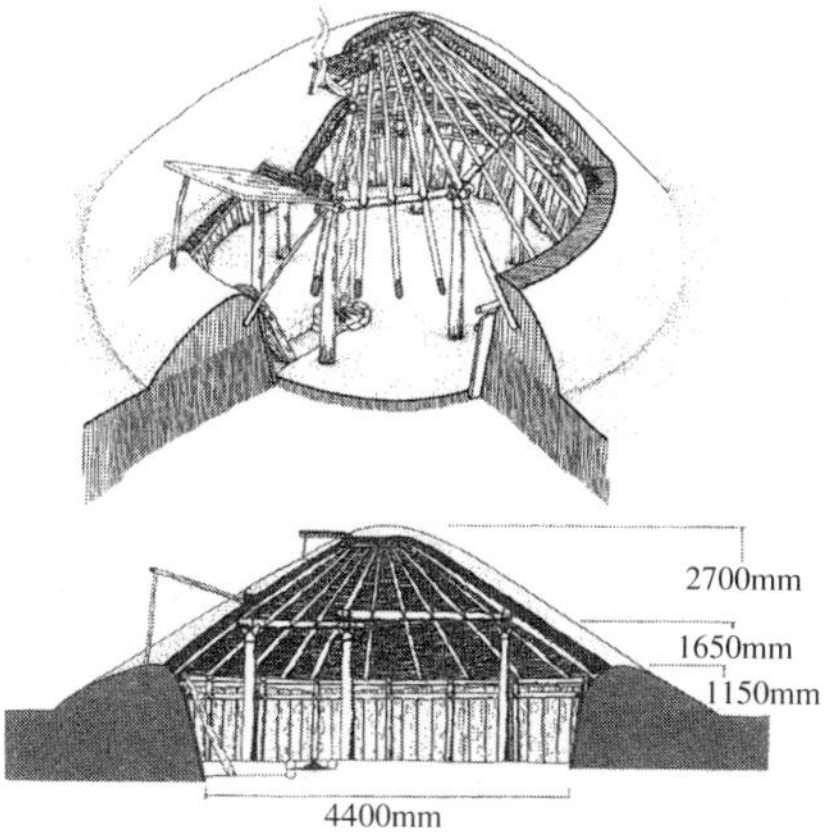

岩手県御所野遺跡における竪穴住居の復元例
(浅川滋男「竪穴住居の空間分野」(『古代史の論点 2 女と男，家と村』所収，小学館，2000))

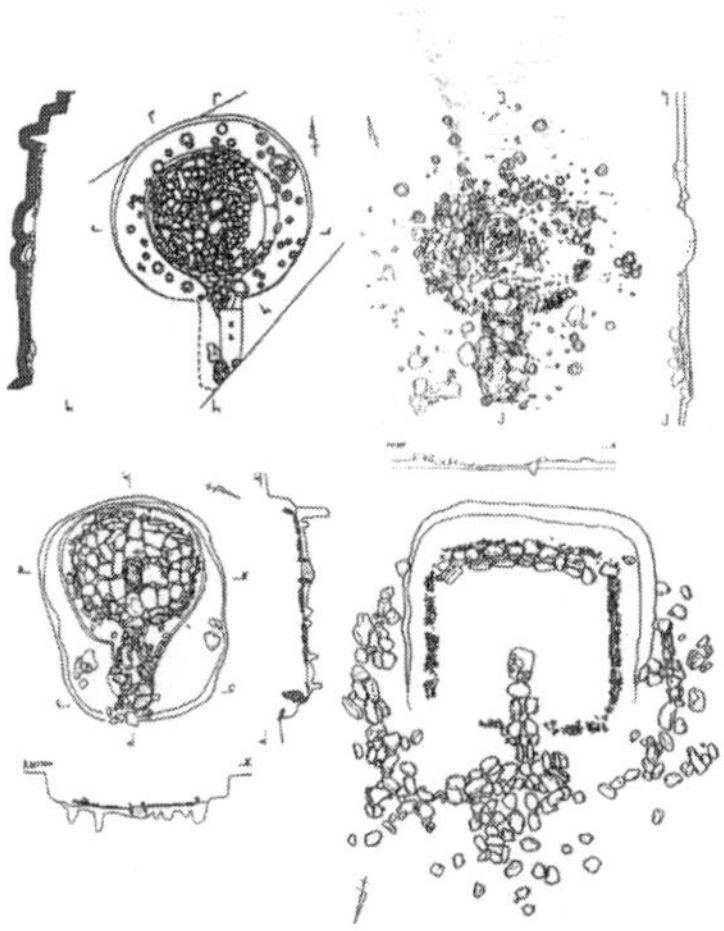

いろいろな敷石住居

時期区分	大別	型式名
草創期		微隆起線文系 爪形文系 多縄文系
早　期	前葉 (撚糸文系)	井草、大丸
		夏島
		稲荷台
		稲荷原、平坂
	中葉 (沈線文系)	三戸
		田戸下層
		田戸上層
	後葉 (条痕文系)	子母口
		野島
		鵜ヶ島台
		茅山下層
		茅山上層
前　期	前葉	花積下層
		関山 1
		関山 2
	中葉	黒浜
	後葉	諸磯 a 、浮島
		諸磯 b
		諸磯 c 、興津
		十三菩提
中　期	前葉	五領ヶ台 I 、下小野
		五領ヶ台 II
	中葉	勝坂 1 、阿玉台 I
		勝坂 2 、阿玉台 II・III
		勝坂 3 、阿玉台IV
	後葉	加曽利E 1 、曽利 I
		加曽利E 2 、曽利 II 、連弧文系
		加曽利E 3 、曽利III
		加曽利E 4 、曽利IV・V
後　期	初頭	称名寺 I
		称名寺 II
	前葉	堀之内 I
		堀之内 II
	中葉	加曽利B 1
		加曽利B 2
		加曽利B 3
		曽谷
	後葉	安行 I
		安行 II
晩　期	前葉	安行III a
		安行III b
	中葉	安行III c 、前浦
		安行III d
	後葉	千網
		荒海

関東地方における縄文土器の編年と細分事例
が右頁の事例に相当.

た。貝殻の堆積により酸性土壌が中和された結果、通常は腐ってしまい遺存しない獣骨・魚骨などの食料残滓や埋葬人骨などが遺存する。そのほか土器・石器・骨角器などの人工遺物、焼土、灰なども縄文人の活動痕跡として重層しており、その情報の豊かさゆえに考古学者は常に貝塚に注目してきた。*モースの大森貝塚の発掘を皮切りに、縄文人骨が収集できる場所、貝層の重なりから*縄文土器の編年に有利なフィールドとして、最近は、縄文人の生業研究や生業活動の季節性の問題など多彩な取り組みが継続されている。貝塚は、環状・馬蹄形・点在・地点貝塚など貝層の地表面への露出状況で分類されてきたが、千葉県加曽利貝塚のような環状貝塚の周囲には点在貝塚が分布し、どちらの貝層下にも*竪穴住居跡が埋没している。この場合、住居跡地への貝殻投棄の多寡が貝塚の分類に反映されていると評価できる。また斜面や廃絶竪穴の凹地に廃棄物を投棄した小規模な地点貝塚がある一方、東京都北区の中里貝塚のように特定の貝種のみ大量に堆積した特殊機能が推定される低地性の大形貝塚も発見された。→葬法・環状集落跡

[文献]　岡村道雄「貝塚から読む縄文人の暮らし」(『歴史の読み方3考古学への招待』所収、朝日新聞社、一九八八)、鈴木公雄『貝塚の考古学』(東京大学出版会、一九八九)。
(黒尾和久)

環状集落跡《かんじょうしゅうらくあと》　*竪穴住居跡を中心とする居住痕跡が、中央の空間を取り囲むように環状(直径一〇〇メートル内外)に分布する縄文時代に特有の集落痕跡をいう。二一―三〇軒の規模から、ときに一〇〇軒以上の住居が重複して検出されるが、すべてが同時に機能していたわけではない。*縄文土器の編年による型式にして数階梯に及ぶ時間的累積の結果である。現在の研究水準では、同時に機能していた住居は最大でも、一〇軒程度、通常四、五軒の規模と推定される。要するに同じ場所に繰り返し住居が構築されることによって、最終的に環状の形態になったのである。その形成メカニズムは、廃絶された竪穴住居跡を埋積する土層(覆土)から土器・石器をはじめとする大量の生活廃棄物が出土することから推測が可能である。住居覆土から出土した遺物群は、その住居で使われていたものではなく、傍らの住人が、埋まりかかった竪穴の凹地をゴミ捨て場や作業場などとして利用した結果である。環状貝塚の貝層下にも竪穴住居が埋没しており、内陸部の環状集落跡と同じ形成プロセスを持つ。両者の差異は廃棄物として貝殻が投棄されたか否かに過ぎない。このように居住の場としての住居分布域と、本来ならば居住域から遠ざけられる生活廃棄物を主とする遺物分布域が空間的に重複して検出されるところに環状集落跡の特徴がある。このような遺構・遺物の残り方を可能とさせた居住形態が検討されなければならない。ところで、従来は環状集落跡を縄文時代に普遍的な集落跡と理解してきたが、この形態が検出される地域・時期は案外に限られる。例えば、東北日本に環状集落跡が見られるが、西南日本での検出はまれで、環状集落跡の調査事例の多い東北日本、例えば東京都でも、早期・前期・中期のさらに特定時期にしか確認されない。また青森県*三内丸山遺跡の大集落跡も環状形態を取らない。縄文時代全般で見通すと環状集落跡の存在しない地域・時期の方がむしろ広く永い。したがって縄文時代の集落形態を解明するためには、環状集落跡だけではなく、それ以外に残された多様な居住形態の検討も課題としなければならない。

［文献］　和島誠一「原始聚落の構成」（東大歴史研究会編『日本歴史学講座』所収、学生書房、一九四八）、土井義夫「縄文時代集落論の原則的問題」（『東京考古』三、一九八五）、小林達雄「原始集落」（『岩波講座日本考古学4』所収、岩波書店、一九八六）、黒尾和久「縄文時代中期の居住形態」（『歴史評論』四五四、一九八八）、小林達雄・藤田富士夫ほか『シンポジウム日本の考古学2縄文時代の考古学』（学生社、一九九八）。縄文時代文化研究会編「列島における縄文時代集落の諸様相」（『縄文時代集落研究の現段階』所収、二〇〇一）。　（黒尾和久）

竪穴住居跡《たてあなじゅうきょあと》　地面を窪めて床とし、柱をたて、屋根をふきおろした半地下式建物の痕跡。大地を掘り込んだ分、*掘立柱建物跡と比較して確認・調査が容易である。日本列島では、縄文草創期に出現し、古代から中世にかけて一般的な住居形態の一つとして存続したが、その終焉、掘立柱建物への転換は、南西日本で相対的に早く、北東日本においては中世まで残存する。竪穴内部には、壁沿いに雨水の侵入を防ぐ溝、間仕切りの痕跡溝や炉・竈《かまど》などの火処、貯蔵施設、出入口などの痕跡が確認でき、平面形態も時期・地域によって円形・方形・五角形、柄鏡形などバラエティーが認められ、屋根も茅葺きのみならず、土葺きも想定されている。調査においては住居そのものの形態や機能を解明することに加え、住居を埋積する土層（覆土）の中には多量の土器、石器といった遺物が含まれており、住居が廃絶された跡地の利用法に関する情報が豊富に内包されている。それらの情報を余すところなく把握する調査が必要とされる。

［文献］　村田文夫『縄文集落』（ニューサイエンス社、一九八五）、林　謙作・岡村道雄編『縄文遺跡の復原』（学生社、二〇〇〇）、浅川滋男「竪穴住居の空間分節」（『古代史の論点2女と男、家と村』所収、小学館、二〇〇〇）。　（黒尾和久）

敷石住居《しきいしじゅうきょ》　縄文時代の*竪穴住居の一種で、床の全面あるいは炉を中心とした一部分に扁平礫《へんぺいれき》を敷きつめていることから、この名がある。縄文時代中期後半から後期にかけて中部・関東地方を中心に盛行し、柄鏡形の平面形状を取ることが多い。敷石住居は、発見の当初、竪穴住居ではなく平地式住居として、一般住居ではなく祭祀遺構と考えられた。今なお石を敷く行為が*配石遺構と類似することから祭祀色の強い遺構と考える立場も根強いが、類例の増加に伴い縄文時代の一般的な住居の一形態とする見方が有力となっている。また住居の床面に石を敷く行為の系譜については、東北地方に特有の複式炉あるいは中部地方の住居奥壁部の石壇などにたどる意見が提出されている。

［文献］　山本輝久『敷石住居の研究』（六一書房、二〇〇二）。　（黒尾和久）

低湿地遺跡《ていしっちいせき》　遺構が確認される面や遺物を包含する土層よりも地下水面が高く、湿地化した場所にある遺跡の総称。海浜部や河川・湖沼が形成する湿地内および台地縁辺微高地などの沖積地、山間の谷戸内部に所在し、ときに現地表面から五メートル以上も掘り下げたレベルからも発見される。このうち植物が分解しないままで泥炭化した土層が中心の場合が泥炭層遺跡と呼ばれる。低湿地遺跡には、かつて乾燥していた場所が後の環境変化によって低湿地化・湖沼化した場所、もともとが湿地であった場所との二者があり、前者には居住遺構とそれに伴う生活廃棄物が、後者には旧河川の痕跡や水場ならではの作業場遺構や祭祀遺構とそれに伴う遺物群が遺存する。土壌中の水分含有量が多く、酸素が遮断されるため、本来腐朽してしまう有機質遺物が分解されずに遺存することが重要である。土器・石器などの不燃物のみならず、*丸木舟*弓矢などの木製品、漆器・編物、建築部材などの人工遺物、食用種子や様々な食料残滓、人骨・獣骨、*骨角器、はては花粉化石、昆虫化石や*プラント・オパールなどの微小遺物まで、通常ならば土に帰ってしまうような豊富な有機質資料が、貝塚遺跡以上に良好に遺存し、土器・石器など腐らず残る遺物だけを中心に描いてきた旧来の通説を一新するような研究素材を提供する。縄文時代の事例として、青森県是川中居遺跡、山形県押出遺跡、埼玉県赤山陣屋遺跡、東京都下宅部遺跡、富山県桜町遺跡、滋賀県粟津湖底遺跡、福井県*鳥浜遺跡、熊本県曾畑貝塚などが著名である。

［文献］戸沢克則・阿部芳郎「縄文人の正業と集団組織」（『季刊考古学』五五、一九九六）。　（黒尾和久）

丸木舟《まるきぶね》　丸太ないしそれを半割したものを、くり抜いて製作した舟で、縄文時代に出現する。内部が炭化している例が多く、*鳥浜遺跡から出土した丸木舟では、作業面を焦がしつつ削る方法が推測されている。鰹節状に両端が尖った平面形で、全長六メートル前後、幅四〇―六〇センチメートルほどの規模のものが多い。木質遺物であるため*低湿地遺跡で出土するが、前期のもので福井県鳥浜遺跡、中期のものは東京都中里遺跡例が著名。鳥浜遺跡では櫂も出土した。丸木舟は琵琶湖・霞ヶ浦・奥東京湾など、波の静かな湖沼や内湾での交通手段であるばかりでなく、*神津島産黒曜石の関東地方での出土、外洋性の海獣・魚骨の出土事例などから、外洋での航海・漁撈活動を含む縄文時代の交易にも丸木舟が利用されたと考えられている。

［文献］福井県立若狭歴史民俗資料館編『特別展 いま甦る丸木舟』（一九八五）、福井県三方郡三方町教育委員会編『ユリ遺構』（三方町文化財報告書』一四、一九九六）。　（黒尾和久）

鳥浜遺跡《とりはまいせき》　福井県三方郡三方町鳥浜に所在する*低湿地遺跡。鳥浜貝塚とも呼ばれる。昭和三七年（一九六二）以来、昭和六〇年（一九八五）まで十次にわたる調査が断続的に行われた。縄文時代前期の住居三軒のほか、草創期から前期の土器・石器といった不燃物はもとより、縄文人の生活実態に迫ることのできる有機質遺物、いわば縄文の燃えるゴミが大量に出土して、旧来の縄文時代観を変更させる「縄文人のタイムカプセル」として耳目を集め、低湿地遺跡の重要性を広く周知させた。*丸木舟・櫂、木製容器、*磨製石斧を装着する木製の柄、*弓などの木質遺物、加工具としての鹿角斧、接合具としての鹿角製釘、漆塗の櫛、容器、編物や大麻製の糸、リョクトウ・シソ・エゴマ・ヒョウタンなどの栽培植物、クルミやドングリ類など縄文人が食用にした堅果類も大量に出土した。また縄文人の排泄物が化石化した糞石も大量に出土し、食生活や健康状態を知る手がかりとされた。鳥浜遺跡の多様な調査データは、縄文文化研究における繊維工芸、木工・漆工芸研究の地平を切り開き、栽培植物や食料残滓や花粉化石の分析は縄文人の生業や環境適応の実態解明への具体的な取り組みを可能とした。すべてが縄文文化の質に関わる研究テーマとなり、鳥浜貝塚の調査は、一九八〇年代以降に本格化する低湿地調査のさきがけで、縄文時代観の見直しのプロローグとなった。

［文献］岡本 勇「縄文時代のタイムカプセル」（明治大学考古学博物館編『発見と考古学』所収、名著出版、一九九六）。（黒尾和久）

三内丸山《さんないまるやま》遺跡《いせき》　青森県青森市三内に所在する縄文時代前期から中期の拠点的集落遺跡。平成一二年（二〇〇〇）に国の特別史跡に指定。その存在は江戸時代の古記録にも記されていたが、遺跡を全国的に知らしめたのは、平成四年（一九九二）から開始された県営野球場建設に伴う事前調査である。五〇〇軒を超える大小の*竪穴住居群や群在する*掘立柱建物群や墓壙列、大量の土器片を包含する土砂を積み上げて形成した盛土遺構が発見され、ヒスイをはじめとする遠隔地交易を物語る遺物も大量に出土した。さらに遺跡の価値を高めているのは、遺跡内の埋没谷が*低湿地遺跡の様相を呈している点であろう。居住域と低地がセットとなり一つの発掘区に取り込まれているのである。埋没谷は生活廃棄物の投棄場として利用され、マダイ骨や縄文ポシェットと呼ばれる編物など多量の有機質遺物が出土している。また三内丸山遺跡を一躍有名にしたクリの巨木柱根も地下水位が高いために遺存した。三内丸山遺跡は、従前から行われてきた集落遺跡における基礎的研究と*鳥浜遺跡の調査を端緒とする低湿地遺跡ならではの多様な研究を同時に行いうる稀有な遺跡といえる。現在、一五〇〇年続いた「縄文都市」と喧伝される他方で、イメージ先行で実態とはかけ離れているという懸念の声もあがっている。遺構・遺物群に対する慎重で地道な考古学的検討の継続が求められている。

［文献］　朝日新聞社「三内丸山遺跡と北の縄文世界」（『朝日グラフ別冊』所収、一九九七）、土井義夫・黒尾和久「考古資料をめぐって―地域史研究の立場から―」（地方史研究協議会編『地方史・研究と方法の最前線』所収、雄山閣、一九九七）、岡田康博『遙かなる縄文の声』（日本放送出版協会、二〇〇〇）。

（黒尾和久）

弓矢《ゆみや》・石鏃《せきぞく》　弓猟は、気候の温暖化による動物相の変化に適応するように縄文時代に確立した狩猟法で、旧石器時代後期以来の槍猟から転換した。弓には丸木弓と合わせ弓があり、彫刻・漆を施した飾弓もある。弓は矢柄・矢筈ともに木製であるため*低湿地遺跡から出土する。石鏃は石製の矢尻で、縄文時代を通してみられる一般的な遺物である。弥生時代に入ると一部が武器として使用された。弥生時代には磨製のものがあるが、縄文時代の石鏃は基本的に打製である。抉《えぐ》りの有無や茎の有無などで形態分類されるが変化には乏しい。材質は*黒曜石・チャートのような割れ口が鋭利な石材を用いて、押圧剥離による調整で成形されている。基部に接着剤としてアスファルトを塗布した例もあり、地域間交流を物語るものとして注目される。↓尖頭器文化

［文献］　鈴木道之助『図録石器入門事典縄文』（柏書房、一九九一）。

（黒尾和久）

打製石斧《だせいせきふ》　砂岩や頁岩など比較的粗粒の岩石から割り取った大形剥片に加撃して斧状に整形した縄文時代に一般にみられる打製石器である。形状から石斧の名称が付けられたが、切断用具である斧としての実用に耐えるものは少なく、木の柄に鍬・鋤状に取りつけて土掘り具として機能したと推測されている。平面形から短冊形・撥形・分銅形に大別することが多い。特に縄文時代中期の南関東・中部地方で大量に出土する。この事実に着目したのが、中期農耕論であった。さらに打製石斧をイモ類を掘り出す道具と仮定して、中期の主要な採集植物はイモとする見解もある。また穴掘り具であるならば、*竪穴住居の構築の際にも使用されたと推測される。↓縄文農耕論

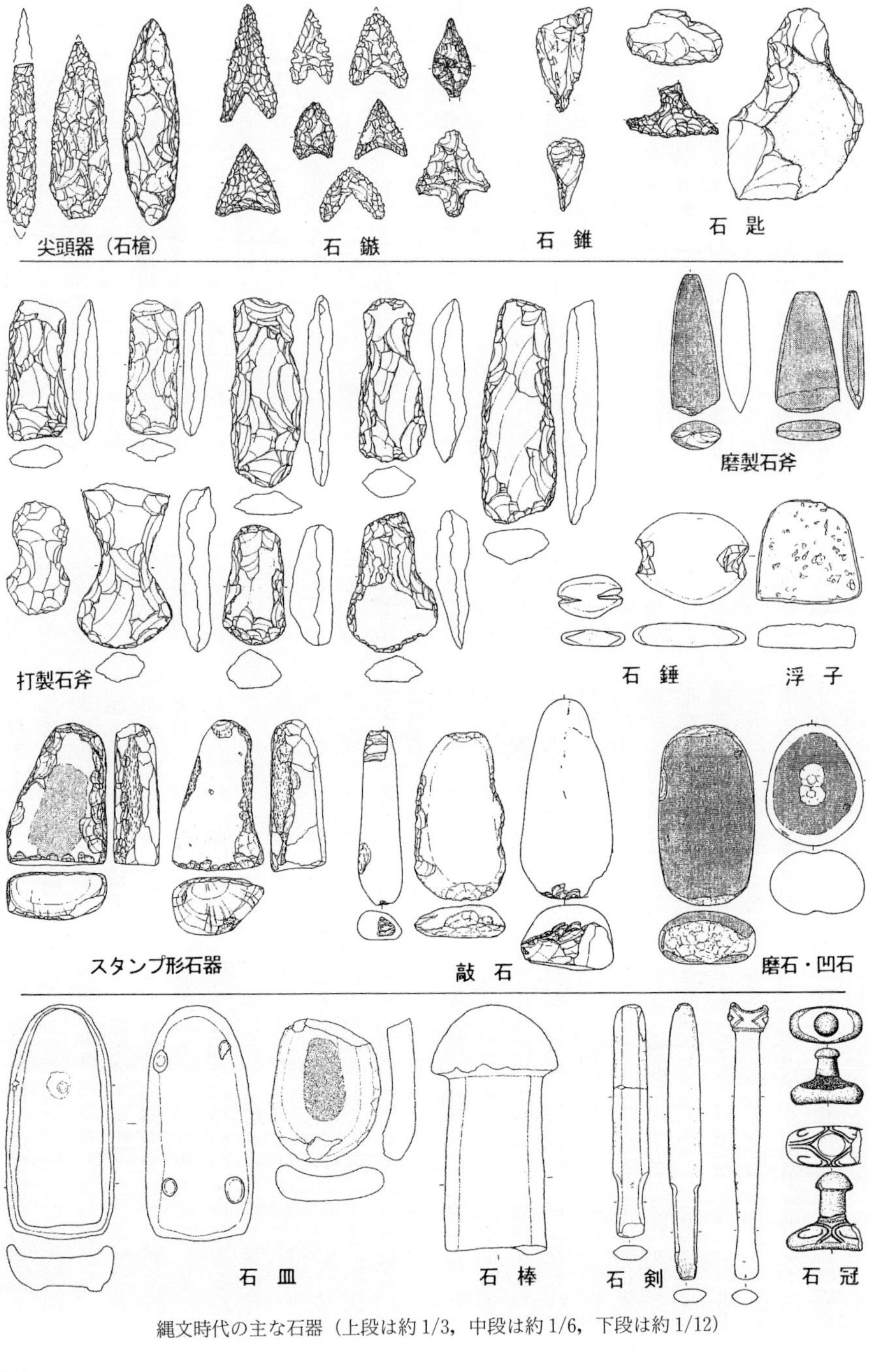

縄文時代の主な石器（上段は約 1/3，中段は約 1/6，下段は約 1/12）

［文献］ 鈴木道之助『図録石器入門事典縄文』（柏書房、一九九一）。 （黒尾和久）

磨製石斧《ませいせきふ》 旧石器時代から弥生時代にみられる木材の伐採・切断および木材加工に用いられた石斧で、石材は緑色凝灰岩や蛇紋岩など、緻密で弾力性のある岩石が使用される。全面研磨の石斧と刃部のみを研磨した局部磨製石斧があり、後者は後期旧石器時代、縄文草創期初期に現れる。刃部と柄が平行し、伐採・切断具として機能するまさかり状の縦斧が普及する縄文時代前期に全面研磨の磨製石斧が一般的となるが、地域・時期によってその出土量には多寡がある。縄文時代の磨製石斧には、断面円形で蛤刃状の刃部に整形する乳棒状磨製石斧と断面隅丸方形の定角式磨製石斧の二者があり、中期までは前者が大半であるが、中期後半から後期にかけて定角式が増加する。

［文献］ 鈴木道之助『図録石器入門事典縄文』（柏書房、一九九一）。 （黒尾和久）

漁撈具《ぎょろうぐ》 漁撈に関連する道具類の総称。釣針、ヤス・銛頭など刺突具、網猟に使用された網針・錘などがある。漁撈活動の証拠でもある貝塚*から出土する骨角器*に特徴的な器種が確認でき、特に後期から晩期の漁撈具は技術的にも高水準にあり、その機能は現代のそれにも遜色がない。釣針には獲物の脱落を防ぐ返しがあり、銛には、固定銛頭のみならず、獲物に突き刺さった瞬間に柄からはずれる離頭銛がある。銛頭に縄が結んであり、その縄をたぐり寄せて獲物を捕らえるのである。網針にも現在と同じ形状のものがあり「かえる股」結びの網漁が行われていた可能性がある。そのほか全国で出土する石錘・土器片錘は、川や湖沼での網漁に使用された錘と推定される。

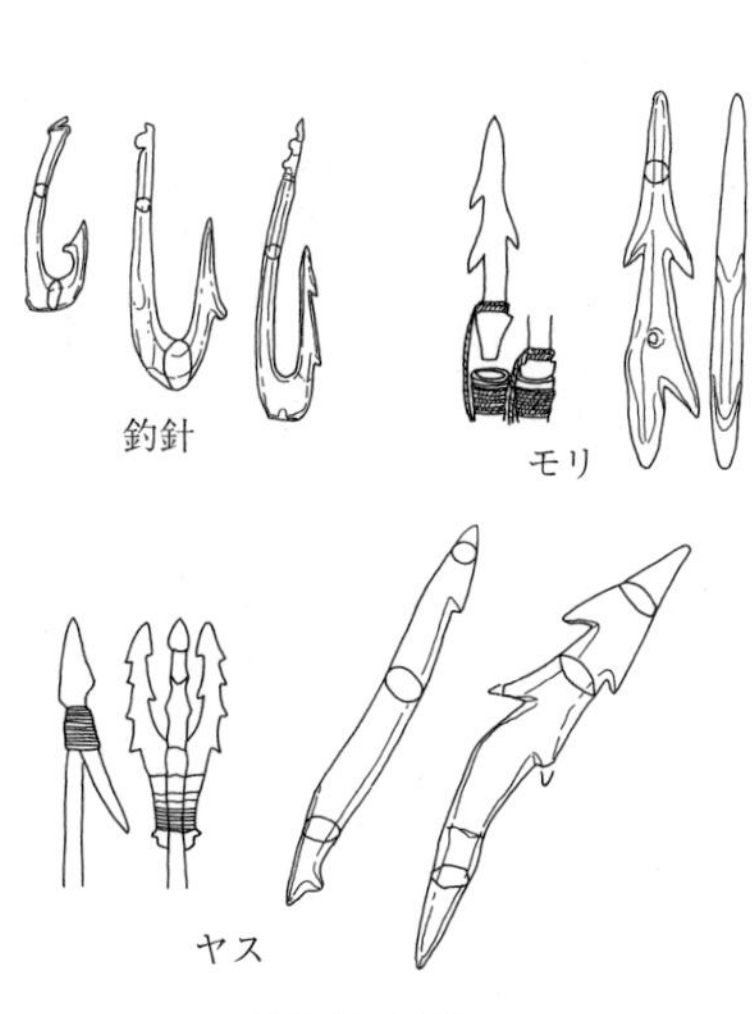

骨角製の漁撈具
（渡辺　誠『縄文時代の知識』東京美術，1983，後藤和民「狩猟・漁撈の技術と変遷」（大塚初重他編『日本考古学を学ぶ 2』所収，有斐閣，1979））

［文献］ 渡辺　誠『縄文時代の知識』（東京美術、一九八三）、江坂輝彌・渡辺　誠『装身具と骨角製漁具の知識』（東京美術、一九八八）。 （黒尾和久）

骨角器《こっかくき》 鳥獣・魚貝類の骨・角・歯牙・殻などを素材にした道具・装飾品の総称。道具類には、釣針・銛頭・ヤス・斧・鏃・石鏃固定用根挟・槍・網針・縫針・篦・匙など、装飾品類には、貝輪（腕輪）・耳飾・髪飾・首飾・腰飾・垂飾具・弓飾・彫像などがある。酸性土壌の日本では、これら骨角器は腐朽してしまうので、出土する遺跡は貝塚*や石灰岩地帯の洞窟遺跡そして低湿地遺跡*に限定される。貝塚出土の骨骨器には漁撈具*が多く、使用する素材は様々だが、特にシカやイノシシの骨、角が多用されており、狩猟で捕獲された動物の骨・角が漁撈具として利用されているところなどに、狩猟・漁撈の密接な関連が窺える。

［文献］ 渡辺 誠『縄文時代の知識』（東京美術、一九八三）。江坂輝彌・渡辺 誠『装身具と骨角製漁具の知識』（東京美術、一九八八）。 （黒尾和久）

縄文人《じょうもんじん》の精神《せいしん》世界《せかい》 縄文文化*に属する遺構・遺物には、住居＝竪穴住居跡*、煮沸具＝深鉢形土器、矢尻＝石鏃*というように形状・様態から用途がわかるものばかりではなく、用途がわからないものが少なくない。環状列石*・環状盛土遺構など土木工事を伴う祭祀場遺構、土偶・石棒などの祭祀遺物がその代表格である。多彩に飾られる縄文土器の文様や環状土籬*などの特殊な共同墓地も、それを生み出した社会の価値観と密着していたことは疑いない。信仰・習俗など集団の心性に関わる文物は、質・量の多寡こそあれ、古今東西のいかなる人類文化にも存在するが、縄文文化のそれも多彩かつ個性的で興味深い。ただし留意すべきは、縄文人の精神世界を表出する器物・装置のほとんどが、弥生文化*に継承されない事実である。弥生文化は、縄文文化を基盤に成立したと理解されているが、祭器や祭祀場の消失は、縄文・弥生両文化の精神面における明確な断絶を示唆する。したがって、日本列島への稲作文化（＝日本文化）の定着過程で縄文的世界観に連なる伝承・記憶は途絶（あるいは伏流化）し、縄文文化に属する祭祀遺構・遺物の用途、背景にある世界観の復元を困難にさせている。縄文人の世界観を、民族誌に見られる近・現代狩猟採集民の世界観から演繹する試みも、このような資料的障害を埋める意図から行われている。縄文文化は、すべての生物や事物・事象に霊魂が宿るとされるアニミズム信仰が行われた原始宗教の段階にあると理解されてきたが、図式的理解にとらわれることなく、その精神世界を垣間見ることができる文化要素の多様性を直視すべきであろう。それらは、特に後期・晩期に発達する。土偶*祭祀の成長のみならず、出現時は大形で簡素な石棒も、丁寧に磨かれた小形で精巧、文様も刻まれる石刀・石剣と呼称される形態となる。そのほか岩偶、土面、土版、岩版、独鈷石、御物石器など器種も増加し、縄文文化の精神面での成熟を物語る情報である。

［文献］ 小林達雄『縄文人の世界』（朝日新聞社、一九九六）。 （黒尾和久）

土《ど》偶《ぐう》 縄文時代の人形土製品。乳房や膨らんだ腹部など妊娠した女性を象ったものが多い。完形で出土することはまれで、一部が欠損している事例が大半。土偶祭祀の実態は不明であるが、安産祈願など呪術的な用途が想定されている。早期初頭に関東地方で出現し、前・中期に東日本一帯、後期・晩期に

縄文時代の主な土偶

全国的な広がりを示す。各時期・地域ごとに表現は多様であるが、概して早期・前期の土偶は板状の簡単な作りであり、立像土偶が認められる中期以降に、出産の様子を象った座産土偶など多彩な形状が認められ、作りも精巧、大形化し、土偶祭祀の発展がうかがえる。後期のハート形土偶・みみずく土偶、晩期の遮光器土偶は特に有名である。（黒尾和久）

［文献］小林達雄ほか「縄文土偶の世界」（『季刊考古学』三〇、一九九〇）。

抜歯《ばっし》 健康な永久歯を意図的に抜く習俗。縄文時代中期に出現し後期から晩期に発達する。他人からみえやすい中切歯・側切歯・犬歯・第一小臼歯が抜かれ、何通りかの組み合わせがある（抜歯様式という）。抜歯後は歯槽が閉鎖するため抜歯順序の復元も可能であり、一人に対して行われた抜歯が数次にわたることが判明する。こうした事実から成人や婚姻などの通過儀礼、あるいは服喪、場合によっては刑罰に伴って必要に応じ、いわば社会慣行に則って抜歯されたと考えられている。抜歯の規則性に着目し、性差や墓地内での分布状況を検討することから縄文時代における婚姻関係や親族組織、社会構造に接近する研究も提出されている。（黒尾和久）

［文献］春成秀爾「縄文社会論」（『縄文文化の研究8社会・文化』所収、雄山閣、一九八二）。

葬法《そうほう》 遺体を葬る際の方法で、習俗として定着化したもの。遺体の処理方法で分類すると土葬・水葬・鳥葬・火葬などがあるが、縄文時代の葬法として確認が可能であるのは、土葬のうちでも地中に掘った穴のなかに死者を埋めた埋葬である。埋葬人骨の大半は、貝塚や低湿地遺跡で検出されるが、普通は酸性土壌の影響で遺体は腐朽してしまっている。この場合は副葬品の出土や土坑の規模・形態などから墓であることを推定する。埋葬の姿勢が手足の関節を曲げた状態であるのが屈葬で、縄文時代全般に認められる。人頭大の石を遺体に抱かせた抱石葬や頭部に土器を被せた甕被葬もみられる。両足を伸ばしたままの状態で葬るのが伸展葬で、中期以降に増加する。埋葬に使用された墓穴は、地面を掘り窪めただけの土坑墓が一般的で、そのほか深鉢土器に遺体を収納する土器棺墓や、意図的に配列させた礫を墓穴内または上部に持つ配石墓や、廃絶竪穴を再利用した廃屋墓などがある。廃屋墓には、死者が床面に放置された状態で検出される事例と埋没過程の凹地に墓壙が構築されている場合がある。通常埋葬される遺体は単体（単葬）であるが、複数を同一場所に葬る合葬もある。また一次的な埋葬のみならず、白骨化した骨を一か所にまとめて二次的に再葬する集骨葬も後期以降に増加する。集骨葬のなかでも、縄文晩期前半の東海地方に見られる盤状集積墓は、その特異な形状から著名である。（黒尾和久）

［文献］大塚和義「縄文時代の葬制」（『日本の考古学を学ぶ3原始・古代の社会』所収、有斐閣、一九八八）、平林　彰「北村縄文人の墓と社会」（『縄文人の時代』所収、新泉社、一九九五）。

配石遺構《はいせきいこう》 石や礫《れき》を人為的に集めて形成された縄文時代の遺構の総称である。なかでも敷石住居*（住居）や石囲炉（囲炉裏）、集石土坑（調理施設）、配石墓（墓）など、日常生活に密着した遺構、用途が特定できる遺構は配石遺構から除外される。配石遺構という名称は、祭祀場としての機能が想定されるが、具体的用途の特定が困難である場合に使用されることが多い。通常は一人でも運べる程度の拳大や人頭大礫が大量に用いられるが、一〇〇キログラムを超える大きな礫が含まれることもある。配石行為が何らかの意図のもとに共同作業によって造営された構築物であることに疑いはない。縄文時代早期に出現するが、整然としたもの、大規模なものは、中期末葉以降に発達する。*環状列石がその代表格といえるが、配石行為の盛期には、*土偶・石棒など祭祀遺物も多様さを増し、*環状土籬などの個性的な共同墓地も造営される。また*抜歯習俗も顕著となり、*縄文人の精神世界の発達を垣間見られる事例に事欠かない。配石遺構は、*縄文文化の成熟を表象する墓域・祭祀場そして集落を結びつける存在であり、配石を構築する行為そのものに意味があるのか、その完成した姿に意味があるのか、今後、個々の事例において、その形成プロセスを細かく検討する必要がある。

［文献］阿部義平「配石」（『縄文文化の研究9縄文人の精神文化』所収、雄山閣、一九八三）、塚原正典『配石遺構』（ニュー・サイエンス社、一九八七）。　（黒尾和久）

環状列石《かんじょうれっせき》　*配石遺構の一類型で、礫を環状に巡らせた場合に呼称する。明治時代にはイギリスのストーンサークルとの類似が注目されて環状石籬と呼ばれた。墓域、祭祀・信仰の場、集会場などと発見当初からその用途について様々に議論されてきたが、列石下部に墓壙を伴う事例が数多く発見される過程で環状列石という名称が定着した。環状列石は、主として東北日本に分布しており、特に東北地方の後期に大規模な事例が多い。なかでも著名で、国の特別史跡にも指定されている秋田県大湯環状列石は、万座・野中堂の二基の列石から構成され、ともに下部に墓壙を持つ組石が連なって二重に巡らされている。しかも近年、万座列石の周辺の発掘調査が進み、その外周沿いに*掘立柱建物さらに外側には*竪穴住居跡や貯蔵穴などの生活遺構が分布することも明らかとなり、万座列石が共同墓地を中心にした同心円構造の集落遺跡である可能性も示唆されるようになった。墓域に列石こそ伴わないが、同心円構造を持つ中期集落遺跡が岩手県西田遺跡でも検出されている。また列石と墓壙が連結する大湯タイプとは異なる環状列石も発見され始めた。その代表例が青森県小牧野遺跡で、斜面地を削平して広場を造成し、立石間に数個の礫を横積みする工法で二重の列石を巡らせており、列石と配石墓が連結するのではなく、列石間に墓壙群が分布する。後期初頭の所産で、やはり周到な計画に則り構築されたことがうかがえる。

［文献］阿部義平「配石」（『縄文文化の研究9縄文人の精神文化』所収、雄山閣、一九八三）、塚原正典『配石遺構』（ニュー・サイエンス社、一九八七）。　（黒尾和久）

環状土籬《かんじょうどり》　北海道中央部から東部の縄文時代後期後半に限定して現れる複数埋葬を前提とした区画墓で、特に美沢川流域や千歳川流域に事例が多い。周堤墓の別称があるように、円形竪穴を掘り、掘削に伴う土砂を竪穴周囲に土手状に積み上げている。この土手が「土籬」で、その内側の凹地が墓域となり、五―二〇基ほどの長楕円形の墓壙が整然と並ぶ。環状土籬は、遺体の埋葬に先立って墓域が用意されるところに特徴があり、単なる集団墓地ではなく葬送儀礼を通じた祭祀場の性格も兼ね備えていたと推定されている。また単独で検出されることはまれで、数基が群在する。その際、出土土器に新旧が認められ、一定期間にわたって土木工事を伴う墓域の造営が断続したことがわかる。また墓壙の長軸上には柱痕が検出され、ときに円柱礫が倒れて出土することがあり、木製ないし石製の墓標が立っていた可能性が指摘されている。墓壙同士がほとんど重複していない理由に、こうした墓標が目印として機能していたと考えられている。また一つの墓壙に葬られる遺体はほぼ一体であり、ときに合葬も認められる。墓壙の副葬品は概して少ないが、土器、弓*、石鏃*、石斧、装飾品、石棒などがある。北海道恵庭市柏木B遺跡や千歳市キウス遺跡が有名で、規模は様々だが、なかでもキウス二号環状土籬は外径七五メートル、土手の高さ五・四メートル、円周は一五〇メートルにもなる巨大な構築物で大規模な土木工事を伴うものである。

［文献］大谷敏三「環状土籬」（『縄文文化の研究9縄文人の精神文化』所収、雄山閣、一九八三）。（黒尾和久）

縄文時代《じょうもんじだい》の交易《こうえき》　集団間における物品移動が交易で、縄文時代の交易といった場合は、通常、産出地が限られる材料、製品が遠隔地の遺跡で出土した場合に想定される。原始段階にある縄文社会であることから、これらの遠隔地交易品も集団間の相互報酬的な交換に伴い移動したと考えられる。列島各地における稀少品の出土状況から、そのような物品交換システムが、縄文時代前期には成立していたことが疑いない。日用品の原材料・製品としての代表格が黒曜石*（北海道白滝、長野県和田峠、東京都神津島、大分県姫島、佐賀県腰岳など）、サヌカイト（奈良県二上山）などの石器素材である。そのほかに秋田県や新潟県などの日本海沿岸で産出し、東北から北海道にかけて分布する接着用材の天然アスファルトがある。また製塩に伴う塩、朱漆に必要な水銀朱なども広域流通品であった可能性がある。さらには分布域の隔絶した地域で異型式土器が出土することもあり、このような土器類も交易に伴い移動した可能性がある。そして非日用品に類する稀少で貴重な交易品として注目されているのが、ヒスイ硬玉・コハクなどの装飾品である。硬玉は新潟県姫川流域が産出地であり、青森県三内丸山遺跡*からも原石や未製品などが出土し、ヒスイの交易を介した北陸地方との深い関わりが想定されている。コハクは岩手県久慈・千葉県銚子が産出地で、津軽海峡を越えて北海道での出土例も少なくない。

［文献］戸沢克則ほか「縄文時代のものと文化の交流」（『季刊考古学』一二、一九八五）。（黒尾和久）

黒曜石《こくようせき》 obsidian　酸性の火山マグマが急激に冷却されて形成された黒色・暗色を呈する硬く均質な火山岩（流紋岩）の一種で、天然ガラスとも呼ぶ。限定された範囲から産出するが、火山列島である日本では、北海道・本州中部・九州を中心に四〇か所以上の産出地が知られている。割れ口が非常に鋭く、なおかつ加工しやすいという利点があり、日本列島では、金属器の普及する以前、特に旧石器時代から縄文時代に石器の素材として重用され続けた。黒曜石が石材として有用であったことは、その産出地が限られているにもかかわらず、遠隔地からも出土し、広範な分布圏を形成することからも判明する。また集落跡から出土する黒曜石については、自然科学的な分析によりその産出地を推定することが可能である。その結果同一集落においても時期によって搬入元の産出地が認められるなど、当時の交易関係を考えるうえで非常に興味深いデータを得ることができる。

（黒尾和久）

［文献］ 小杉　康「遥かなる黒曜石の山やま」（『縄文人の時代』所収、新泉社、一九九五）。

サケ・マス論《ろん》 縄文時代の主食を堅果類としたうえで、東日本における*縄文文化の優勢をサケ・マス類の恩恵が加わったためと推定した山内清男《やまのうちすがお》の学説。昭和二〇年代前半から山内の談話として研究者間に流布し、昭和三九年（一九六四）に「日本先史時代概説」で初めて文章化された。山内はカリフォルニア先住民にも堅果類・サケ類を主食にする北部とサケのない南部の二者があることを指摘しつつ、その推定人口から縄文時代の列島人口を三〇万人、列島東西の遺跡密度から関西・九州の人口を三万—五万人と推定した。さらに人口の少ない西日本に大陸伝来の稲作を中心とした*弥生文化が成立し、生業の安定から人口が増加、古墳時代以降の「農業日本の文化圏」が成立したと述べた。この山内の見通しは、縄文時代の生業研究にとどまらず、現在なお多方面に影響を与え続けている。

（黒尾和久）

［文献］ 山内清男『日本先史時代概説』（示人社、一九七七（一九六九を再録））。

縄文農耕論《じょうもんのうこうろん》 縄文時代に農耕の存在を主張する学説。関東・中部高地の中期農耕論と九州の後期・晩期農耕論がある。戦前に中期の*打製石斧が農具（鍬・鋤先）と推定されたことが出発点で、この観点を受け継いだのが長野県八ケ岳南麓の中期遺跡を精力的に調査した藤森栄一である。藤森は、狩猟具よりも土掘具や農具（*打製石斧・大型粗製石匙）、作物加工調理具（粉挽具＝石皿・磨石、蒸し器＝キャリバー形深鉢）・種子貯蔵壺＝有孔つば付土器）にみなせる石器・土器が多く、澱粉を固めたパン状炭化物の出土や、大地母神信仰を示唆する祭祀遺構・遺物の存在など様々な状況証拠を勘案して、焼畑農耕の自生を提唱した。これが中期農耕論であり、立論の背景には、大規模化した中期集落の人口増加を支えられたのは、食糧生産が行われていたから、という予断があった。要するに採集経済の力量を低く見積もっていたのである。しかし、提示された状況証拠の大半は、堅果類利用を中核にした高度な植物利用の結果とすることでも十分説明でき、*縄文時代の植物食に関する研究成果が周知される過程で中期農耕論は下火になった。後期・晩期農耕論も、打製石斧や剝片石器などを農具（鍬先・穂摘具）とした点は同じだが、出土遺物に大陸からの影響を認め、稲作伝播の前段階の雑穀栽培を主張した点が異なっていた。やはり物証に乏しいと批判されたが、この考え方自体は、*水田稲作以前の焼畑農耕伝来を前提とする照葉樹林文化論に合流して命脈を保った。その後、西日本の複数の遺跡においてイネの*プラント・オパールが検出され、遅くとも縄文後期にイネ栽培（陸稲）があったことが判明し、併行して東日本の*低湿地遺跡からも前期以降の植物栽培に関する情報が数多く提示されるようになり、縄文時代に何らかの植物栽培が行われていた蓋然性が高まっている。研究ステージは、縄文文化における植物栽培の具体的内容を問う段階にあり、縄文農耕論も新たなるスタートをきったといってよい。

［文献］ 藤森栄一『縄文農耕』（学生社、一九六六）、戸沢充則「縄文農耕」（『縄文文化の研究2生業』所収、雄山閣、一九八三）、山崎純男「西日本後・晩期の農耕」（『縄文文化の研究2生業』所収、雄

山閣、一九八三)、吉崎昌一「日本における栽培植物の出現」(『季刊考古学』五〇、一九九四)、佐藤洋一郎「対談縄文農耕を捉え直す」(『SCIENCE of HUMANITY』四一、二〇〇二)。 (黒尾和久)

縄文時代《じょうもんじだい》の植物食《しょくぶつしょく》 縄文時代の生業でもっとも重要なのが、主食となる澱粉質食糧の獲得を行う植物採集である。とかく動物食が優占すると考えがちな狩猟採集経済に対する旧来的偏見を改め、縄文文化における植物食の重要性、採集対象リスト、その加工法・貯蔵法の発達や地域性を具体的に明らかにする領域が、縄文時代の植物食研究として定着した。縄文人が植物質食料に依存していたことは出土人骨のコラーゲン同位体比測定からも明らかにされつつあり、出土人骨に虫歯が多く認められる事実も澱粉質食糧を豊富に摂取していた反映と理解されている。特に重要な澱粉質食料が、ドングリ類・クリなどの堅果類やクズ・ワラビ・ヤマイモ・ユリ・カタクリなどの根茎・球根と考えられ、実際に遺存する堅果類に関する研究が、民族伝承の援用を併行しつつ先行している。澱粉質を多量に含む堅果類は、照葉樹林帯でシイ類・カシ類など、ナラ林帯ではクリ・トチ・ナラなどがある。このなかで生食が可能なのはシイ・クリに限られ、そのほかにはタンニンやサポニンといった渋み成分が含まれており、これを食用に加工するアク抜きの知識・技術が必要となる。ナラ・カシには水溶性のタンニンが含まれ、貯蔵穴や水さらし遺構などにみられる出土状態から、ナラは水さらしと煮沸処理、カシは水にさらすことでアク抜きが行われた。またトチに含まれるサポニンは非水溶性で、アルカリで中和する灰あわせという作業工程が必要になる。縄*文文化の堅果類利用は、生食が可能なクリ・シイそして脂質植物であるクルミの利用から、水さらし・加熱処理、さらに灰あわせというアク抜き技術の開発によって、利用できる堅果類を拡充し、東日本では、前期後半から中期にクリ・クルミにナラが、後期・晩期にはトチも加わった。各地で確認される水場遺構は、ドングリ類・トチの加工場(水さらし施設)と考えられている。なお縄文中期農耕論の根拠とされた関東・中部地方における打製*石斧の多さは、ヤマイモなどの地下茎・球根類の採取と関連づけられており、それが同時期に東北地方でいち早く獲得されたアク抜き技術の波及しない縁辺部の様相と推定されている点が留意される。→縄文農耕論

[文献] 渡辺 誠『縄文時代の知識』(東京美術、一九八三)、粉川昭平「縄文人の主な植物食糧」(『縄文文化の研究2生業』所収、雄山閣、一九八三)、渡辺 誠『増補 縄文時代の植物食』(雄山閣、一九八四)、西本豊弘「縄文人は何を食べていたか」(『縄文人の時代』所収、新泉社、一九九五)。 (黒尾和久)

プラント・オパール イネ科植物の機動細胞化石。植物珪酸体ともいう。このプラント・オパールが持つ耐熱・耐酸の性質を利用して、土壌や土器胎土に遺存した種を同定、定量分析することによって、古環境や生業の復元が可能となる。特に日本列島では、稲作の有無の検証に有用な分析方法である。最古の水田遺構は、北部九州における縄文時代晩期後半のものであるが、現在、中国・九州地方を中心に縄文後期・晩期の遺物包含層や土器胎土内から栽培種イネのプラント・オパールの検出が相次いでおり、前期にさかのぼる岡山県朝寝鼻貝塚の事例も速報された。こうした縄文イネの存在に対して、焼畑に伴う稲作(熱帯ジャポニカ)を肯定する意見と、コメも縄文人の多種多

様な植物利用の一つにすぎないという意見が対立している。

〔文献〕　佐藤洋一郎『DNAが語る稲作文明』（日本放送出版協会、一九九六）、小林達雄『縄文人の世界』（朝日新聞社、一九九六）、藤原宏志『稲作の起源を探る』（岩波書店、一九九八）。

（黒尾和久）

二　農耕の定着とクニの成立

農耕と弥生文化　稲作を中心とする農耕文化が日本列島に伝来し、定着する過程、年代でいうと紀元前三世紀から紀元後三世紀の約六〇〇年間を弥生時代と称し、この間に営まれた生活文化を*弥生文化と総称している。

縄文時代晩期後半、紀元前四世紀代には、すでに農業を基礎とする社会を発展させていた中国大陸から、朝鮮半島を経由して、稲作の技術が北部九州に伝わった。

佐賀県*菜畑遺跡や福岡県*板付遺跡下層では、縄文時代晩期末の土器とともに、畦畔や水路を伴う本格的な水田跡が発見され、*木製農耕具や炭化米が出土している。さらに、佐賀県曲り田遺跡からは、この時期の農耕集落が発見されていて「菜畑・曲り田段階」と呼ばれている。この段階を弥生時代の開始期と考え早期とする研究者が多い。また、平成一五年（二〇〇三）五月、国立歴史民俗博物館の研究チームが弥生時代の開始年代について、^{14}C年代測定の新しいデータに基づき、従来考えられているよりも五〇〇年ほど古くなるという見解を発表した。その正否については、今後の議論展開を待たなければならないが、今は従来の年代観を採用しておきたい。

いずれにしても、従来考えられていたよりも早い時期に、しかも最初から完成された農耕技術が伝来し、これにより日本列島に住む人々の暮らしが、植物採集と狩猟・漁撈を中心とするものから、しだいに稲作を中心とする農耕を基礎とした生活に転換していった。自然に頼る食料獲得の時代から、食糧生産への時代へと移り変わっていくのである。

北部九州で開始された稲作は、紀元前二世紀には、またたく間に日本列島各地へ伝わっていった。西日本各地に農耕集落が次々に誕生するとともに、稲作は日本海に沿って山形県・秋田県・青森県にまで達した。青森県砂沢遺跡でも本格的な水田が発見されている。また、太平洋側では東海地方を経て山梨県あたりまで伝わっていく。関東地方の大部分と東北地方の太平洋側に伝わるのは、やや遅れると考えられているが、従来想定されていたよりも、伝来のスピードは、はるかに速かったことが明らかになりつつある。

水田跡の発見も相次ぎ、北海道、沖縄県を除く九州、四国、本州の各地で二〇か所を超える遺跡から水田跡が発見されている。弥生時代の水田跡として著名な静岡県登呂遺跡のような区画の大きい水田ではなく、畳一畳分ほどに小さく区画された水田が一般的であったことが明らかにされた。緩やかな傾斜地の土地利用や水を効率的に利用するための工夫だといわれている。

稲作技術伝来とともに、ソバ・アワ・ヒエ・アズキなどの雑穀類を栽培する畑作技術も伝えられている。さらに、様々な道具と技術も同時に伝来した。金属器・紡織技術なども最初から伝えられている。特に、鉄製の鋤《すき》や鍬《くわ》の刃先・鎌・斧・鉇《やりがんな》などの農耕具の伝来は、耕地の開発や木工品の製作技術の革新に威力を発揮した。しかし、鉄器の使用が主体となるのは弥生時代の終わり頃で、依然として石器や木器が重要な道具であった。伐採用の太型蛤刃石斧、加工用の柱状片刃石斧、扁平片刃石斧が日常的に使用され、農耕具には収穫用の石包丁と多様な木製農耕具が使用されていた。やがて、鉄生産が開始されると鉄器の普及が進み、弥生時代の終わり頃になると石器は消滅してしまう。

青銅器*は、朝鮮半島製の銅剣・銅戈・銅矛などの武器や多紐細文鏡などが早くから伝来している。また、鋳造技術も伝えられ、銅鐸*をはじめとして、剣・戈・矛を模した武器型祭器*、銅釧（腕輪）、巴型銅器（盾の飾り金具）など祭り道具や装身具・装飾具が盛んに生産されるようになった。このような鋳造青銅器の鋳型も各地から発見されている。現在のところ、北部九州の福岡県、佐賀県、近畿地方の大阪府、京都府、奈良県、兵庫県などで多く発見されており、青銅器生産の中心地帯と考えられている。発見された鋳型で製作された青銅器の分布から、かなり広範囲の流通があったことも明らかにされている。また、ガラス製の勾玉や管玉の鋳型も発見されていて、ガラス生産の技術も伝来したことが知られている。

弥生時代には、稲作の伝来とともに、一度にではなく数回にわたって、様々な文物がもたらされ、技術・知識・習俗が伝えられた。弥生文化を構成するものは、このような外来の文化要素に加えて、竪穴住居、土器や打製石器の製作技術、植物採集・狩猟・漁撈の技術など縄文文化から継承された諸要素と銅鐸や武器型祭器を典型とする弥生文化が独自に生み出した諸要素から成り立っている。つまり、弥生文化は、中国大陸や朝鮮半島から渡来してきた人々によって形成されたものではなく、これらの人々と日本列島在来の縄文人とがともに新しく創造した生活文化であると評価されている。

クニの成立　こうして形成された弥生文化は、その後の日本列島の生活文化の展開の原型となった。水田や畑地を造成するための積極的な開発は、自然環境の破壊の開始となった。さらに、武器の出現は戦いの始まりとなり、技術や資源を含む富の蓄積は階層差を生み、階級社会の到来を準備した。

弥生時代には、防御的な集落の出現が特徴的である。深い濠をめぐらした*環濠集落をはじめ、平地とは標高差のある高い丘陵上に残された*高地性集落の存在は、弥生時代の争乱を背景とするといわれている。事実、弥生時代後半の瀬戸内から近畿地方にかけての西日本に顕著であるが、この地域では、武器として大型化した*石鏃が多量に発見されており、武器の刃先が突き刺さった状態で埋葬された人骨が墓地から発見されている。

技術を含む富、鉄素材などの資源、土地と水などの生産手段をめぐって戦いが始まり、やがて有力な集団を中心に、中国史書に記録されるような地域単位の「*クニ」が生まれ、それらがしだいに統合されていく過程を示している。共同墓地の中に、舶載の鏡や武器などが副葬された階層差を示す墓が出現し始め、やがて一人の権力者を埋葬するために築かれた古墳が出現するなど、弥生時代以降、社会変化のテンポは一段と速くなっていく。（土井義夫）

(一) 弥生文化

弥生文化《やよいぶんか》 採集・狩猟経済に基づく*縄文文化を基盤として、水稲耕作、金属器の製作・利用技術、紡織技術などを中心とした新しい文化要素を中国大陸・朝鮮半島から受容しつつ、日本列島で新たに形成され、展開した文化。日本列島内における食糧生産に基盤をおいた最初の生活文化ともいえる。北海道、南西諸島（*沖縄貝塚文化）を除く地域に展開したが（*続縄文文化）、弥生文化の範囲内においても農耕のあり方を含めた生業の様相、集落の様相、金属器・石器の使用度合い、土器の様相など様々な面で地域差が認められる。大局的にみれば、弥生時代は本格的な農耕の開始に伴って、耕地開発や灌漑施設の造成・維持が必要とされるようになるため、一定量の労働力が集中的・効果的に投下可能となるような階層性を有する共同体の形成が進む時代である。また、*銅鐸・*武器形祭器などの*青銅器に象徴される共同体祭祀の存在や、金属器の使用による生産活動の効率化と余剰の発生、*高地性集落・*環濠集落などに象徴される集団間抗争の存在など、弥生文化は、その後の*クニ成立への準備段階でもある。縄文文化からの伝統的な技術系譜上には展開しえない青銅器・鉄器や一部の石器・土器生産に関しては専業集団の存在も想定され、分業体制の存在と物資の広域間流通、さらには大規模集落跡の存在から、「弥生都市論」も登場しているが、一部の大規模集落を都市とすることの是非や、専業集団の具体的なあり方についてはいまだ不明な点が多い。なお、九州北部、瀬戸内西・中部においては、縄文時代晩期段階においてすでに稲作が開始されていること、従来弥生時代中期以降に本格的な稲作が波及したと考えられてきた関東・中部・東北地方において、前期段階の水田跡や土器の出土事例が増加したことなどから、これまでの弥生文化の枠組みが再検討されつつある。その際、*稲作の波及がそのまま全面的な弥生文化への変容を示していないことは再認識されるべきである。また、弥生文化の範囲を西日本にみられる成熟した水稲農耕に基づく文化様相に限定して定義するのか、あるいは雑穀栽培や採集・狩猟など縄文文化からの伝統色が強い、多種多様な生業活動の存在が想定される東日本の前・中期のあり方をも含めて弥生文化とするのかは議論の分かれるところである。この問題は単に弥生文化と縄文文化あるいは続縄文文化との関係をどのように捉えるかといった問題にとどまらず、日本列島上に展開した人々の生活史をどのような枠組みで捉えていくのかという非常に大きな課題でもある。土器の違いに基づく時代区分論と文化区分の観点との根本的な違いを認識しつつ議論されるべき課題といえる。

さらに近年では、^{14}C年代測定法の進展により、これまで紀元前三世紀頃と考えられていた弥生時代の開始時期が五〇〇年ほどさかのぼる可能性が強まってきた。しかも九州北部において、製作年代が明らかな前漢鏡が出土する中期中葉以降の年代はほぼ変更の必要のないことから、結果的に弥生時代前期から中期前葉の時間幅がこれまで考えられていたよりも約五〇〇年長くなるのである。しばらくは年代測定法に関する有効性の議論や類例の増加を待ったうえで検討すべきだが、もしこれが事実であるとすれば、水稲耕作が九州北部に伝わってからきわめて短時間で本州北端まで波及したという従来の定説に再考が必要とされるばかりでなく、稲作の需要からクニ形成に向けての社会変化がきわめて急速に進んだことが特徴とされてきた日本古代史の定説にも再検討が必要となる。↓菜畑遺跡・稲作の波及

［文献］　広瀬和雄編『縄紋から弥生への新歴史像』（角川書店、一九九七）、大塚初重・石野博信・石川日出志・武末純一・森岡秀人『シンポジウム日本の考古学3弥生時代の考古学』（学生社、一九九八）、寺沢　薫『日本の歴史2王権誕生』（講談社、二〇〇〇）。

（宇佐美哲也）

弥生土器《やよいどき》　明治一七年（一八八四）、東京都文京区本郷の向ケ岡弥生町（現東京大学農学部付近）における壺形土器の発見が契機となって、武蔵野台地東部で出土する同種の土器に着目した蒔田鎗次郎《まいたそうじろう》が当時すでに知られていた*縄文土器との相違点を見出し、最初に発見された地名をとって「弥生式土器」と命名したもの。縄文土器と同様、輪積み形成、野焼き焼成により作られた土器であるが、縄文土器に比べ薄手に成形され、より高温で焼成されており、単なる野焼きのみではなく覆い焼きによって焼成された可能性も指摘されている。装飾的な要素は概して少なく、器表面はハケで調整されたり、研磨され、壺には凸帯文、沈線文、櫛目文など簡略な文様が施されるほか、赤彩が施されるものもある。甕《かめ》・鉢類はハケメ調整のみが残り、文様が施されることは少ない。また、貯蔵する壺、煮炊きする甕、盛る鉢・高坏《たかつき》、蒸す甑《こしき》など、用途による器種分化が明瞭であり、かつそれらがセットとなる。

弥生土器が農耕文化に伴う土器であることが明らかになるまでには、多くの時間がかかった。大正一四年（一九二五）、宮城県桝形囲《ますがたかこい》貝塚出土の土器底面に稲の籾圧痕をみつけた山内《やまのうち》清男《すがお》が「石器時代にも稲あり」として弥生時代に農耕が行われていた可能性を指摘し、さらに森本六爾《もりもとろくじ》は籾痕退きや炭化米の出土事例を集成しつつ、弥生土器に貯蔵用の壺と煮炊き用の甕《かめ》があること、遺跡立地の低地志向や穀物を対象とした貯蔵穴の

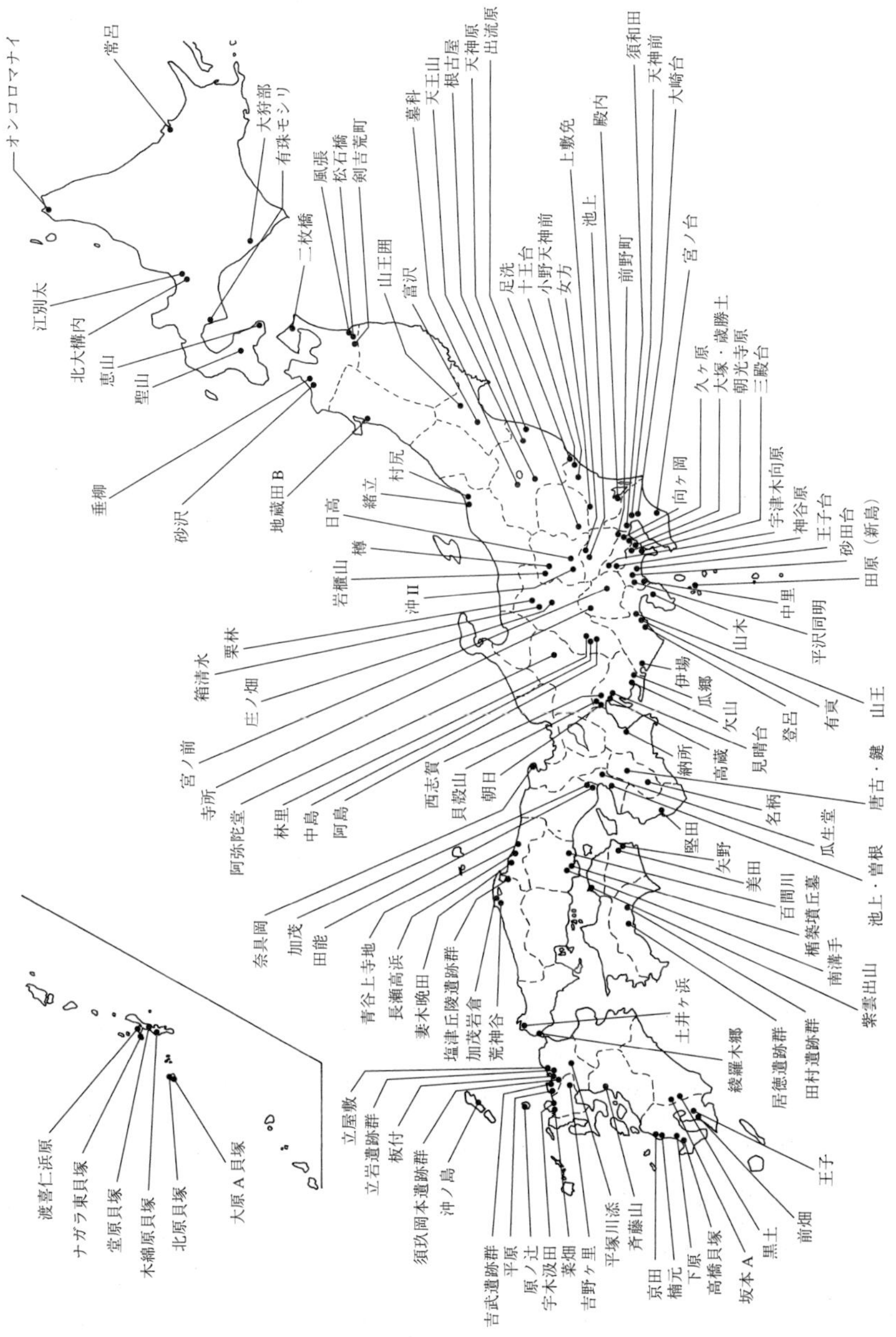

弥生時代の主な遺跡分布（続縄文・貝塚時代後期の遺跡を含む）

検出事例、銅鐸絵画に見られる*高床倉庫の存在など、あらゆる面から弥生文化が農耕を伴う文化であることを主張した。その後、昭和一一・一二年（一九三六、一九三七）に行われた奈良県*唐古・鍵遺跡の調査において、農具と考えられる多量の木製品や炭化米とともに弥生土器が出土したことによって農耕文化に伴うものであることが確実となった。唐古・鍵遺跡の調査においては、出土した土器群が第Ⅰ—第Ⅴ様式に編年された。縄文時代晩期後葉の西日本一帯（伊勢湾沿岸以西）は、縄文的な文様がほとんど失われてしまった縄文土器である突帯文土器の分布圏であった。それが弥生時代前期に入ると細かな地域差を内包しつつも斉一性で結ばれた弥生土器である*遠賀川式土器の分布圏へと変化する。対して東日本各地では、弥生時代中・後期に至っても、作りも厚手で文様の一部に縄文が施されるような、縄文土器の伝統を色濃く残す弥生土器が作られ続けた。

　なお、弥生土器命名の発端となった弥生町出土の弥生土器は、南関東地方における後期の土器型式「弥生町式」として位置付けられているが、最初に発見された向ケ岡弥生町貝塚の正確な位置は不明である。

［文献］佐原　眞編『弥生土器Ⅰ』（ニュー・サイエンス社、一九八三）、石川日出志「土器」（『季刊考古学』二三、一九八七）、勅使河原彰「弥生土器の発見と弥生土器用途論争」（『日本考古学の歩み』所収、名著出版、一九九五）、岡本　勇「弥生文化研究と蒔田鎗次郎」（『縄文と弥生』所収、未来社、一九九八）。　（宇佐美哲也）

青銅器《せいどうき》　銅と錫《すず》の合金により形作られた製品。製品、製作技術とともに弥生時代に中国大陸・朝鮮半島から伝わった。硫化銅と錫石を主な素材として、微量の鉛、亜鉛などを含むが、錫は合金の溶解点を下げ、鉛は溶解を早め合金を柔らかくする役割を果たす。青銅器の鋳造は溶かした青銅を鋳型に流し、冷え固まってからはずして成形する。生産道具としては、素材を溶かす炉と坩堝《るつぼ》、炉に風を送る鞴《ふいご》とその羽口、多孔質砂岩製や粘土製の鋳型などが必要で、中空の製品には外型のほかに粘土製の内型、型持たせが必要となる。当初は中国大陸・朝鮮半島から製品そのものが輸入されていたが、中期後半以降、日本列島内部でも生産が開始されたと考えられてきた。しかし、近年では九州北部や畿内各地において、鋳型片の出土事例や青銅器鋳造工房と考えられる炉跡を伴う建物跡の調査事例が増加してきた。これらのなかには中期初頭に位置づけられる事例があることから、日本列島内部における青銅器生産開始が中期初頭までさかのぼる可能性も高まってきた。

　青銅器の素材となる錫は日本国内では産出しない。鉛同位体比の分析結果から原材料は、紀元前三世紀から前二世紀までの間は朝鮮半島、前一世紀以降は中国北部から輸入されたと考えられている。その際、廃品（製品）のまま輸入されたものが鋳潰され再利用されたのか、あるいは鋳塊で輸入されたかは定かではない。ところで青銅製品のなかには、九州北部に認められる青銅製鋤先や、中期以降日本列島各地に広がる銅鏃が実用品としてあげられる。しかし、弥生時代を通じて青銅製品の主流を占めるのは*銅鏡や*銅鐸、*武器型祭器などの副葬品や祭器、*銅《どう》釧《くしろ》・銅環・巴形銅器といった装身具・装飾品であった。おなじく弥生時代にもたらされた鉄製品が生産用具、なかでも農耕具として積極的に利用されるのに対して、青銅製品は主に副葬品、祭器として製造され続けている。青銅器の鋳造技術のほとんどが実用品以外の生産に向けられていたことが、弥生時代の青銅器のもっとも大きな特徴といえる。

［文献］　和田晴吾「金属器の生産と流通」（『岩波講座日本考古学3　生産と流通』所収、岩波書店、一九八七）、寺沢　薫『日本の歴史2　王権誕生』（講談社、二〇〇〇）、佐原　眞編『古代を考える―稲・金属・戦争―弥生時代』（吉川弘文館、二〇〇二）。　（宇佐美哲也）

銅《どう》鐸《たく》　弥生時代中期頃から作られ始めた、釣鐘形を呈する日本列島独特の青銅器。朝鮮半島にみられる、馬に吊るす鈴である小銅鐸（馬鐸）が起源と考えられ、本来は内側の空洞部に舌を吊し、音を鳴らすために使われたものである。近畿地方を中心に西日本一帯に広がり、鈕の形態変化に着目すると「菱環鈕式→外縁付鈕式→扁平鈕式→突線鈕式」という変化が追える。また時期が下るに従い、しだいに大型化していく。当初はムラほどの単位で行われた農耕儀礼に際して使用されたと考えられる。ところが弥生時代後期に入り、武器型祭器*の生産が急激に減少し、九州北部に分布する銅矛を除いて使われなくなる段階に至ると、銅鐸にもその形状や分布状況に大きな変化が現れる。それまで、何かに吊るして音を鳴らすために使われていたものが、高さ一メートル、重量にして四〇キログラムを超えるほど大型になり、明らかに吊るしては使えなくなる。すなわち本来の「聞く銅鐸」から「見る銅鐸」へと変化するのである。この段階では、鈕に大きな渦巻き文様の突出を持つ近畿式銅鐸と、それがつかない三遠式銅鐸が主体となり、それぞれ近畿地方、東海地方西部を中心に分布するようになる。出土状態に着目すると、それぞれの製作地と目される大和盆地や河内平野、濃尾平野ではむしろ出土事例が少なく、それぞれを取り巻くように周辺地域に多く分布し、しかも故意に横倒しに埋納された状態で発見されることが多い。そのため、武器型祭器同様、一定の集団により所有される祭器としての機能が主体となり、その集団勢力の外縁を守る目的で外縁地域に埋納されるようになったものと考えられている。

［文献］　和田晴吾「金属器の生産と流通」（『岩波講座日本考古学3　生産と流通』所収、岩波書店、一九八七）、田中　琢『日本の歴史2　倭人争乱』（集英社、一九九一）、春成秀爾「銅鐸の時代」（『国立歴史民俗博物館研究報告』一、一九八三）。　（宇佐美哲也）

銅《どう》鏡《きょう》　青銅製の鏡で、中国大陸・朝鮮半島において製作され輸入された鏡を舶載鏡《はくさいきょう》、日本列島内部で製作された鏡を仿《ぼう》製鏡《せいきょう》と呼び区別する。九州北部では、弥生時代前期末から木棺墓*や甕棺墓*に朝鮮半島北部で製作されたと考えられる多鈕《たちゅう》細文鏡《さいもんきょう》、鋸歯文鏡《きょしもんきょう》が副葬されるようになる。中期に入ると、朝鮮半島産の鏡が前漢鏡に置き換わり、ガラス製品、武器形祭器*とともに甕棺墓に副葬されるようになり、一つの墓に複数の鏡が副葬される状況が一般的となる。これが後期に入ると、前漢鏡が後漢鏡に変化、代表的なものに方格規矩四神鏡《ほうかくきくししんきょう》や内行《ないこう》花文鏡《かもんきょう》があげられるが、後期では一つの墓に複数の鏡を副葬することはなくなり、分散傾向を示すようになる。さらに後期後半に入ると、甕棺墓に鏡を副葬する事例は急速に減少し、かわって鏡片や小型仿製鏡が住居跡など集落域から出土する事例が多くなる。その分布も九州のみならず、瀬戸内・近畿・関東地方にまで及ぶようになる。ところが後期後半に見られなくなった後漢鏡は、古墳時代に入ると再び古墳の副葬品として登場する。これらは弥生時代後半に列島にもたらされていたものであり、後期後半のあいだ伝世されてきたものが、古墳に副葬されたということになる。このなかには*三角縁神獣鏡や画文帯神《がもんたいしん》獣鏡《じゅうきょう》などがある。このように弥生時代後期後半から古墳時代の始まりにかけては、鏡の所有関係に大きな変化が認められる。弥生時代を通じて大陸からの舶載鏡の流入経路を抑えていた九州北部におけるクニグニの盛衰と、畿内王権の成立に関わる何らかの勢力との間に起こった激しい社会変動を反映したものと考えられる。ところで、福岡県前原市平原《ひらばる》遺跡では、弥生時代後期末の*方形周溝墓主体部から径四六センチメートルを超える大型の仿製鏡四面と後漢鏡三五面をはじめとする多彩な副葬品が出土し、九州北部の墳墓のなかでもほかに類例を見ないことから、「伊都国」王女の墳墓と目されているが、九州北部に誕生した王権の鏡への執着ぶりを顕著に表した遺跡といえよう。

〔文献〕和田晴吾「金属器の生産と流通」(『岩波講座日本考古学3 生産と流通』所収、岩波書店、一九八七)、小林三郎「鏡からみた大和大王権と武蔵」(大田区立郷土博物館編『武蔵国造の乱―考古学で読む『日本書紀』』所収、東京美術、一九九四)、寺沢　薫『日本の歴史2王権誕生』(講談社、二〇〇〇)。　(宇佐美哲也)

武器型祭器《ぶきがたさいき》　刃の下位にある突出部に柄を挿す銅剣、袋状の空洞に柄を挿し込む銅矛、刃に直角に柄をつけ、ひっかけ倒すように使われた銅戈の三種が主体。いずれも前期段階では細形であり、実用武器の一部が中国大陸・朝鮮半島から輸入されていた。中期に入ると国産化し、形態も中細形→中広形→広形へと、祭器であることを反映した実用に向かない形態に変化する。九州北部では、前期末には舶載の青銅製武器形祭器が*甕棺

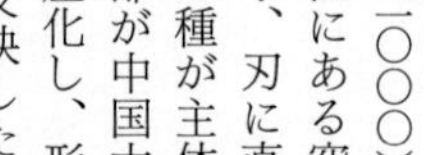

(a)

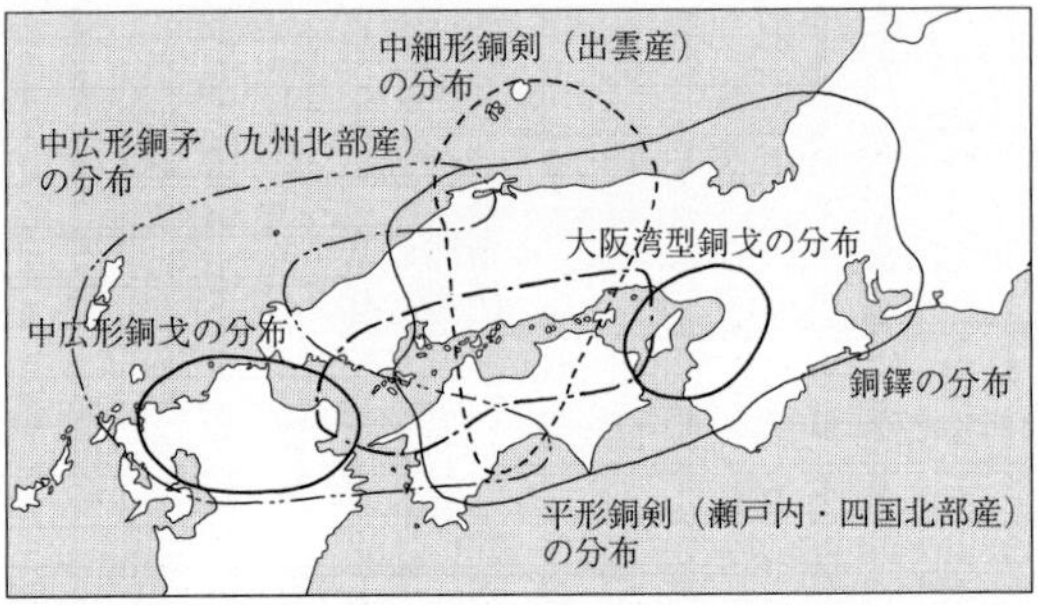

(b)

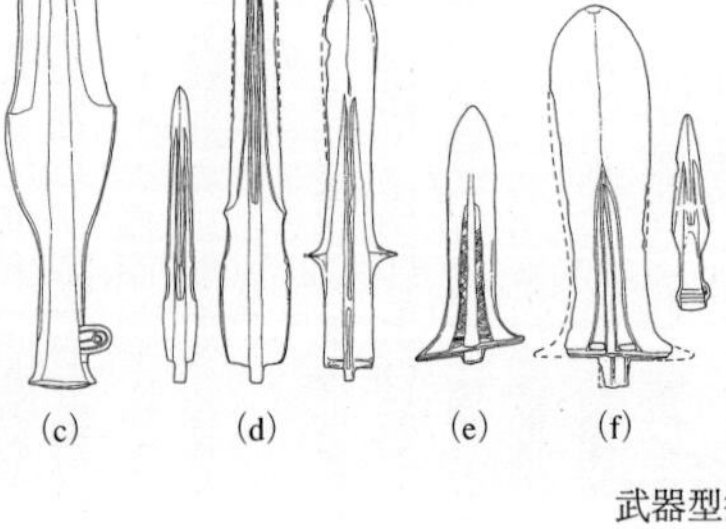

(c)　(d)　(e)　(f)

(a) 装身具
(b) 武器型祭器の分布(B.C.1C－A.D.1C)
(c) 中広形銅矛(九州北部)
(d) 銅剣(左から中細形(出雲)，中広形，平形(瀬戸内・四国北部))
(e) 大阪湾型銅戈
(f) 中広形銅戈

武器型祭器・青銅製装身具

墓に副葬されるが、中期前半以降はガラス製品、鉄器、前漢鏡などとともに副葬される事例が増加する。銅剣は九州北部では中細形までがみられ、その後製作地は瀬戸内および山陰地方に移り、そこで中広形から広形へと展開する。銅矛は九州北部を中心に四国西部にかけて分布するが、特に対馬地方に集中し、銅剣・銅戈と共伴して出土する事例は少ない。銅戈は九州北部において中細形から中広形へと発展し副葬品として多用されるが、分布域は九州北東部に限定されている。以上のように、*銅鐸が畿内を中心に分布するのに対して、銅矛・銅戈は九州北部を中心に分布しているほか、瀬戸内沿岸には平形銅剣が、山陰地方には中細形銅剣が特徴的に分布する。また大阪湾沿岸には独特の銅戈が分布する。いずれも中広形以降は副葬品として利用されなくなり、銅鐸と同様にムラの外縁に埋められた事例が増加する。したがって特定の個人のための副葬品から集団全体に関わる祭器としてその役割が変化していくものと考えられ、その分布域の差が何らかの共同体的な繋がりの広がりを示すものと考えられている。後期に入ると祭器としての機能をも急速に失っていく。

［文献］ 和田晴吾「金属器の生産と流通」（『岩波講座日本考古学3 生産と流通』所収、岩波書店、一九八七）、大塚初重・石野博信・石川日出志・武末純一・森岡秀人『シンポジウム日本の考古学3弥生時代の考古学』（学生社、一九九八）、佐原 眞編『古代を考える―稲・金属・戦争―弥生時代』（吉川弘文館、二〇〇二）。

（宇佐美哲也）

（二） 農 耕 文 化

稲作《いなさく》文化《ぶんか》 紀元前六〇〇〇年頃に稲作が開始された中国長江中・下流域では、遺跡の立地状況や出土遺物の様相などから紀元前三八〇〇年前後には稲作主体の文化が成立したと考えられている。日本列島では、炭化米や*プラント・オパールの検出事例から縄文時代にはすでにイネ自体は存在していたとされるが、具体的に稲作の存在を示唆するような考古学的な証拠は見つかっていない。資料的な面からみる限りでは、日本列島において本格的な稲作文化が展開するのはやはり弥生時代以降（一部縄文時代晩期後半以降）との考え方が一般的である。しかも*菜畑遺跡、*板付遺跡など九州北部における様相からみて、朝鮮半島において完成された稲作文化が伝来してきたと考えられている。

整った耕地や水路・堰などの灌漑施設の構築と維持・管理や、田植え・稲刈りなど、稲作を維持するためには労働の季節的なサイクル形成と一時期の集中的・効率的な労働力投下が必要であり、稲作を維持すること自体が日常生活や集団内部のあり方に大きな影響を及ぼしたことは容易に想像できる。また、農事暦の形成、田植え時・収穫時などに行われる農耕祭祀も重要な生活要素となっていく。さらに農繁期と農閑期が明確になるため、農閑期における在地的かつ季節的な分業体制が形成されるようになる。縄文時代までの分業は、原産地に近い集団が地の利を生かして半ば独占的に行っていた分業であった。しかし弥生時代の分業は、いずれの集団内部においても行われたで

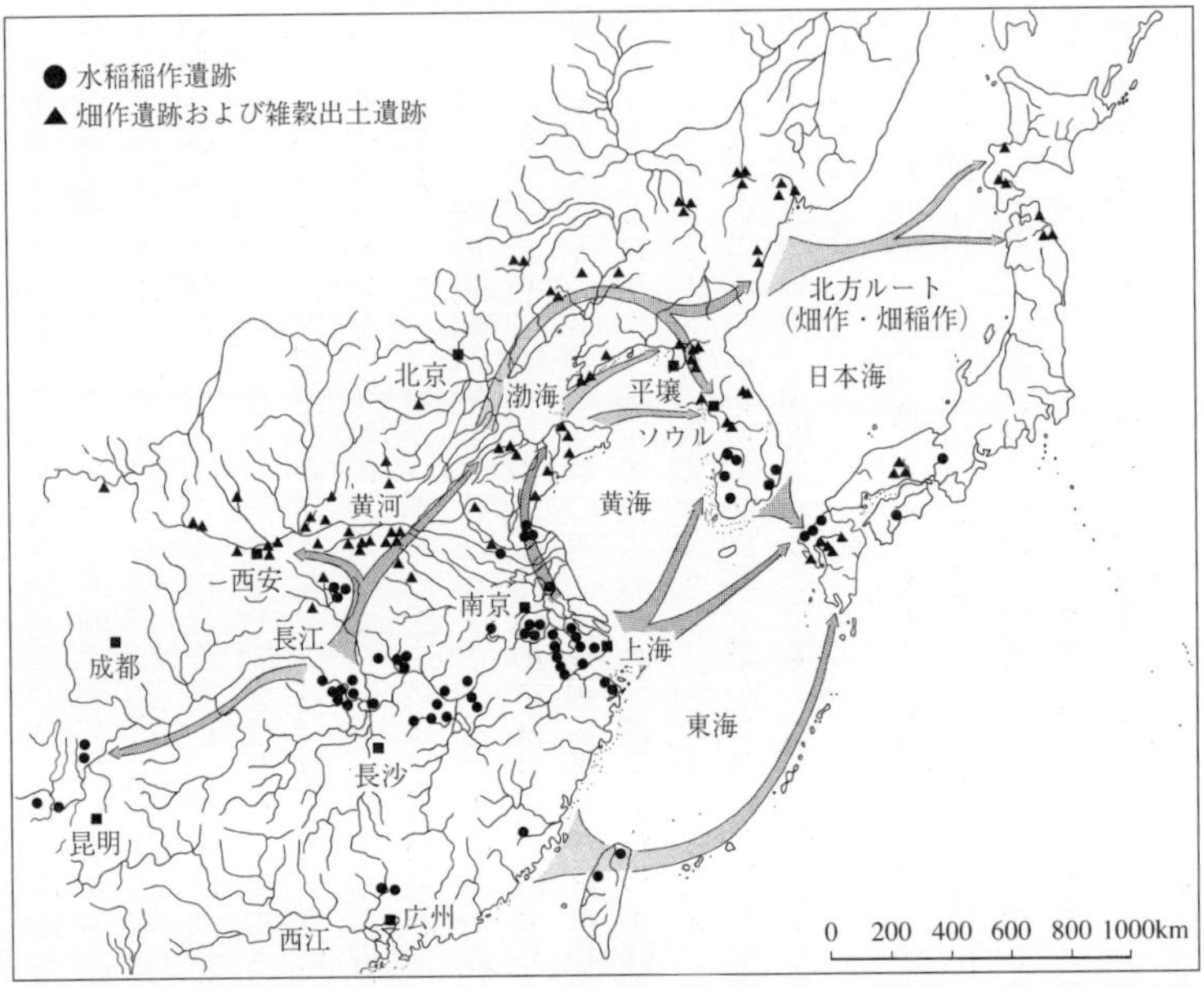

稲作の伝来ルート

あろう機織り、農具の生産や手入れ、藁仕事などがしだいに専業化していく方向性を含むものである。ところで日本列島における稲作文化はすべてが西日本にみられるような整った稲作農耕に基づくものであるとは限らない。平野一面に水田が広がるようなあり方は少なくとも近世以後であり、稲作イコール整備された水田というイメージが必ずしも正しいわけではない。東南アジア圏に見られるようなきわめて簡素な焼畑における陸稲栽培や、谷戸の湿地を利用した雑多な栽培植物群を対象とした農耕の中で、小規模な稲作が行われていた地域が広く存在した可能性は高い。縄文時代にさかのぼるイネ資料も実は多種多様な稲作農耕のあり方を示唆している資料といえるが、考古学的証拠が残りづらいことから具体的な検討は難しいというのが現状である。→弥生人の四季

［文献］佐々木高明『日本文化の基層を探る』（日本放送出版協会、一九九一）、佐々木高明「畑作文化と稲作文化」（『岩波講座日本通史1』所収、岩波書店、一九九二）、佐藤洋一郎『稲の日本史』（角川書店、二〇〇〇）。

（宇佐美哲也）

稲《いね》の伝来《でんらい》ルート　アジアにおける稲作は、紀元前六〇〇〇年前後に中国長江中・下流域で開始され、紀元前二〇〇〇年頃までには山東半島、広東省、福建省、雲南地方にまで広がった。日本列島への稲の伝来ルートは、中国淮水以北から山東半島を経由して朝鮮半島西部に伝わり、そこから南下して朝鮮半島南部から九州北部の玄界灘沿岸平野に伝来したという説が有力である。朝鮮半島南部の無文土器文化に伴う農耕は、中国東北部で展開していた石鎌・石鍬などの石製農具を伴う雑穀栽培を基盤として水稲耕作を受容したもので、稲と雑穀の複合栽培であ

る。ここに見られる*磨製石器群は、遼東半島・朝鮮半島北部など雑穀栽培圏で展開していた石器群が南下したもので、*石庖丁、石鎌、石斧、柱状片刃石斧《ちゅうじょうかたばせきふ》、扁平《へんぺい》片刃石斧、環状石斧など、後に*大陸製磨製石器群として日本列島に伝わる石器群の起源もここにあるとされる。また、*板付遺跡・*菜畑遺跡などにみられるように、九州北部では伝来当初から、発達した灌漑設備と機能分化した農具を伴う水稲耕作が展開することから、朝鮮半島南部において成熟した水稲耕作技術が玄海灘沿岸に伝わってきたものと考えられる。以上のほかに、中国華南あたりから台湾を経て南西諸島を北上しつつ伝来したとする、柳田國男のいう「海上の道」に当たる説や、中国華中から北上して華北に伝わり、そこから南下して朝鮮半島を縦断しつつ九州北部に到達したとする説もある。

近年では、イネのDNA鑑定に基づいて、一部のイネが華中から東シナ海を渡り朝鮮半島と日本列島に各々直接伝わったとする説も注目を浴びている。さらに、縄文時代後期・晩期の炭化米、*プラント・オパール資料は九州でもむしろ有明海沿岸で増加しており、玄海灘沿岸に本格的な水稲耕作技術が伝わる以前に、東シナ海ルートや南西諸島ルートを経て、陸稲や雑穀などを対象とした焼畑あるいは小規模な湿田における稲作などを含む複合的な農耕技術が、すでに日本列島各地に伝来していた可能性が高まっている。

［文献］ 佐藤洋一郎『稲のきた道』（裳華房、一九九二）、下条信行「稲の伝播と農業技術の発展」（佐原 眞編『古代を考える―稲・金属・戦争―弥生時代』所収、吉川弘文館、二〇〇二）、『稲の日本史』（角川書店、二〇〇二）、佐々木高明『稲作以前』（日本放送出版協会、一九七一）。

（宇佐美哲也）

菜畑遺跡《なばたけいせき》 福岡県唐津《からつ》市所在の遺跡。唐津平野西部に位置し、衣干《きぬぼし》山麓から延びる丘陵に囲まれた標高二メートルほどの谷の開口部に立地する。昭和五五年（一九八〇）の発掘調査において、地表下約四メートルの深さから縄文時代晩期後半の水田跡が検出された。土留め杭、矢板列で作られた小水路が丘陵の裾に沿って流れ、その両側に畦畔《けいはん》で区切られた四区画分の水田が検出されたのである。水田跡からは、えぶり、諸手鍬などの*木製農耕具とその未製品、炭化米、大陸製磨製石斧、*石庖丁、*紡錘車などが出土した。菜畑遺跡から出土したこれらの遺物群や水田跡の様相は、これまで*弥生文化を特徴づけると考えられてきたものであることから、菜畑遺跡の水田の時期、すなわち縄文時代晩期後半にさかのぼって、「弥生時代早期」と呼ぼうという考え方もある。しかし従来の考古学では、時代区分は単に土器の違いによって呼称されてきた。すなわち*縄文土器の使われた時代が縄文時代であり、*弥生土器が使われた時代が弥生時代である。この考え方に則る限り、菜畑遺跡の水田跡は、あくまで縄文時代の所産であり、九州北部の一部地域においては縄文時代晩期中頃にすでに水田農耕が営まれていたということになる。菜畑遺跡の水田は、後背湿地の谷戸口を利用した小規模な湿田であるが、用排水路や畦畔を伴い、機能に応じた農耕具が使い分けられるなど、日本における初期の稲作農耕が、その開始期から比較的整った形で開始された、言い換えると、整った形で中国大陸、朝鮮半島からもたらされたと考えざるをえない状況となった。

［文献］ 坪井清足「弥生土器のはじまり」（『論集日本原始』所収、

吉川弘文館、一九八五)、佐原　眞「総説」(『弥生文化の研究3』所収、雄山閣、一九八六)、春成秀爾『弥生時代の始まり』(東京大学出版会、一九九〇)、工楽善通『水田の考古学』(東京大学出版会、一九九一)。
(宇佐美哲也)

板付《いたづけ》遺跡《いせき》　福岡県福岡市博多区所在の遺跡。福岡平野の中央東寄り、現在の福岡空港に近接して所在する。那珂古川の南側、御笠川の氾濫原に突出した南北に長く延びる低台地上にあたり、昭和二六年(一九五一)以来続く発掘調査において最古の弥生土器(板付Ⅰ式)に伴う前期の*環濠集落の存在が注目されていた。昭和五三年(一九七八)から実施された調査においては、この台地を取り巻く東西の低地部から、板付Ⅰ式期の水田跡が検出された。台地西側に沿って自然流路を利用した用水路が引かれ、水田に取水する井堰が存在するとともに、水路沿いには土を盛った畦畔が設けられていた。水田跡は部分的に砂層を挟んで上下二面が検出され、うち下層の水田跡は、水路から一一メートル離れて平行する矢板列の存在から、少なくとも二八六平方メートル以上の広がりを持つものと考えられた。また、水田面からは当時の人々の足跡も無数に検出された。台地上には環濠に囲われた集落域と貯蔵穴群、墓域が形成され、弥生時代初頭の居住域、墓域、生産域が具体的な姿で検出された。

さらに、板付Ⅰ式期の水田面下からは、洪水で堆積したと考えられる砂層を挟んで、縄文時代晩期終末の夜臼式期に位置づけられる水田跡も検出され注目された。ちょうど板付Ⅰ式期の水路下にあたる位置からは、人工的に掘削された幅二メートル、深さ一メートル、断面U字状の水路が一一一メートルにわたって延びているのが発見され、この水路に沿って杭・矢板で補修された土手が築かれるとともに、水路からは井堰と土手を切る水田への取排水口も検出されている。以上のように板付遺跡では弥生時代初頭の水田跡下から縄文時代晩期末にさかのぼる水田跡が検出されたため、縄文時代晩期からの連続性が強いことが想定されるが、台地上で環状集落が成立するのは弥生時代前期を待たなければならないようである。

[文献]　坪井清足「弥生土器のはじまり」(『論集日本原始』所収、吉川弘文館、一九八五)、春成秀爾『弥生時代の始まり』(東京大学出版会、一九九〇)、工楽善通『水田の考古学』(東京大学出版会、一九九一)。
(宇佐美哲也)

稲作《いなさく》の波及《はきゅう》　日本列島における本格的な稲作は、縄文時代晩期後半に朝鮮半島南部から九州北部へ伝わり、なかでも唐津平野・早良平野・福岡平野など玄海灘を臨む平野にまず広がった。*菜畑遺跡、*板付遺跡にみられたとおりイネおよびイネに関する情報や知識が伝わることと、実際に水面を営み米を作ることとは明確に切り離して考えるべきであろう。続いて瀬戸内地方でも*石庖丁、稲茎・*木製農耕具などが検出され、縄文時代晩期のうちに稲作が波及したと考えられるが、土器組成や石器の様相などには縄文的な要素が多く残され、九州北部とは根本的に異なる状況を示す。近畿地方においては、稲籾圧痕土器や炭化米が出土しているが、現在までのところ縄文時代晩期段階における稲作の存在は実証されていない。水田遺構、稲籾、木製農具、石製穂摘具などがまとまって出土しており、水稲耕作を営んでいたことは間違いない。このように西日本においては、縄文時代晩期のうちに急速に稲作が波及するが、その素地として縄文時代に雑穀などを対象とした焼畑農耕が相当普及していたことが想定されている。弥生時代前期に入ると、稲作は近畿・東海地方にまで波及するが、伊勢湾東岸地域には独特の条《じょう》痕文《こんもん》土器文化圏が広がり、稲作の波及を一時的に足止めしたと考えられてきた。ところが近年では、山梨県韮崎《にらざき》市宮ノ前遺跡において前期末段階の水田跡が確認され、中部・関東地方各地（伊豆諸島含む）において弥生時代前期に相当する土器の出土事例が増加するなど、東海地方の条痕文土器分布圏を仲介として稲作が波及した可能性も出てきた。しかし、それら遺跡の分布状況、具体的内容はともに単発的かつ散漫的であり、中部・関東地方で本格的な稲作が開始されたのは、やはり早くとも中期半ば以降のことと考えられる。一方東北地方では、日本海沿岸を経路とした前期弥生土器の分布が確認され、本州北端の青森県弘前市砂沢遺跡で前期末段階、田舎館村垂柳遺跡で中期の水田跡が検出されるなど、きわめて早い段階で稲作が波及していることが確認できるものの、石器などは縄文文化のものであり、イネの発熟状況も悪く、生産体制・環境対応の未熟さからその後稲作は長くは続かない。以上のように、西日本では縄文時代晩期から弥生時代前期にかけて、面的に広がりつつ稲作が波及したのに対して、東日本では点と点を繋ぐような波及であり、波及の中継地となるべき地域において環境への技術的・社会的な対応や、品種的な対応が不十分なまま飛び石的な波及を繰り返した。そのため、稲作は前期末というきわめて早い段階で本州北端まで到達はしたものの、その後稲作を維持できるような技術的、環境的、社会的な変化を伴うことができなかったと考えられる。

［文献］　金関恕・大阪府立弥生文化博物館編『弥生文化の成立』（角川書店、一九九四）、広瀬和雄編『縄紋から弥生への新歴史像』（角川書店、一九九七）、大塚初重・石野博信・石川日出志・武末純一・森岡秀人『シンポジウム日本の考古学3弥生時代の考古学』（学生社、一九九八）、佐原　眞編『古代を考える―稲・金属・戦争―弥生時代』（吉川弘文館、二〇〇二）。
（宇佐美哲也）

遠賀川式土器《おんががわしきどき》　九州北部から近畿地方を中心に、東は濃尾平野まで、西日本一帯に広がる弥生時代前期の土器の総称。九州北部を流れる遠賀川の河床でまとまって出土したことから小林行雄によってこの名がつけられた。その分布域が縄文時代晩期末における突帯文《とったいもん》土器の分布圏とほぼ重なりあうため、中国大陸・朝鮮半島からの影響を受け、*縄文土器である突帯文土器が遠賀川式土器に変化したとされ、日本列島においていち早く*稲作文化を受容し、*弥生文化への変容を果たした地域の広がりを示す指標とされるとともに、日本列島に伝わった弥生的な要素が西日本一帯に一気に広がったようなイメージを形作った。この遠賀川式土器分布圏の東側に接して、伊勢湾沿岸には独特な条痕文《じょうこんもん》土器分布圏が広がり、遠賀川式土器分布圏の東への広がり、すなわち弥生文化の東への広がりをせき止め、条痕文土器分布圏を挟んで関東・東北地方には亀ケ岡式土器の系譜を引く土器分布圏があり、いまだ*縄文文化の伝統色が強い文化が展開していたとされてきた。「遠賀川と亀ケ岡」は、よりスムーズに弥生文化への変容を果たした西日本「西部弥生式」と、縄文文化の伝統を長く色濃く残した東日本「東部弥生式」とを象徴的に表す言葉でもある。そのようなかで、関東・中部・東北地方の特に日本海沿岸に点在する遠賀川式類似の土器「遠賀

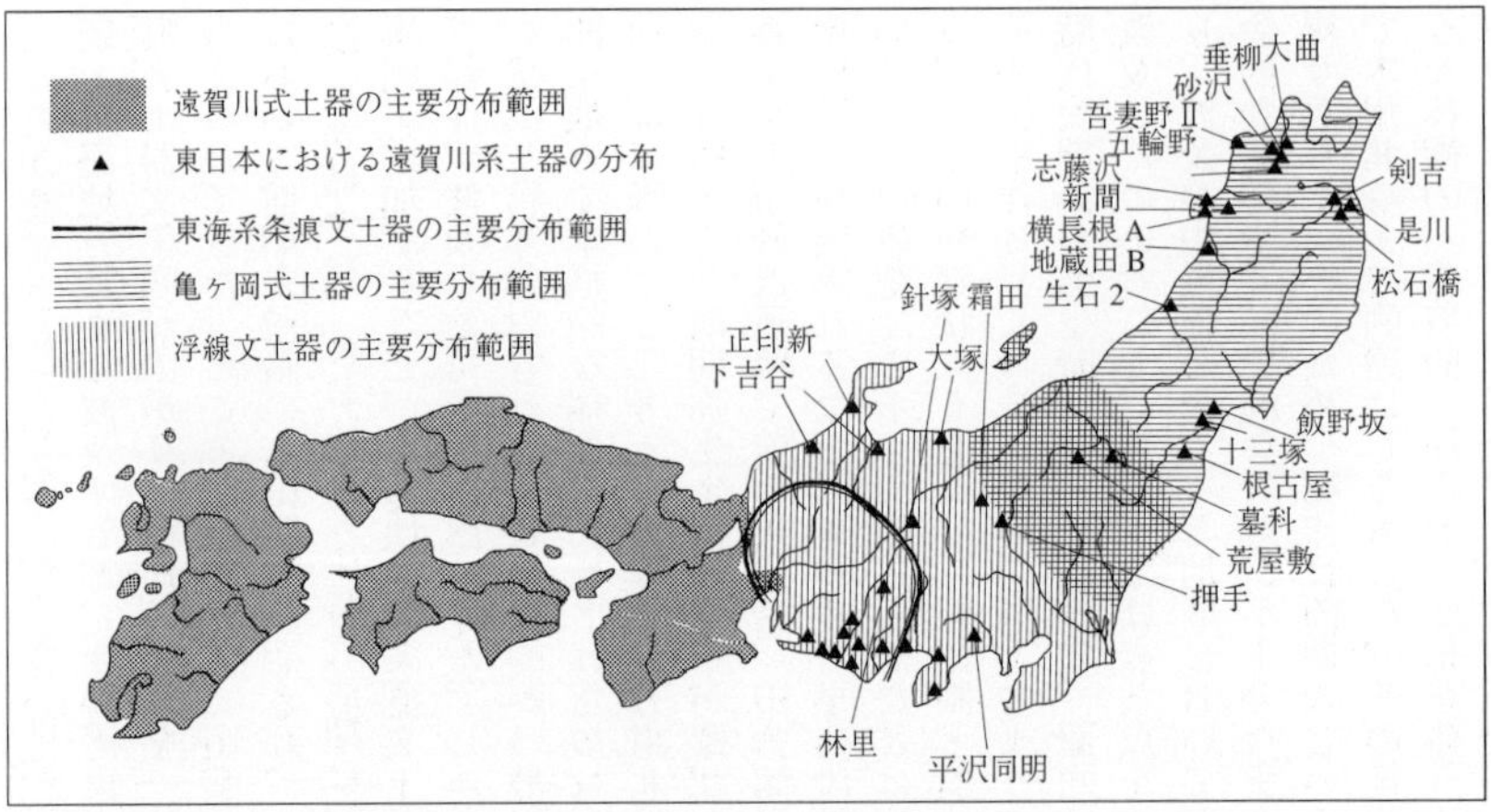

遠賀川式土器・遠賀川系土器の分布と亀ヶ岡式土器の分布

川系土器」の出土事例が、弥生文化の東への広がりを示すものとして注目され、稲作文化伝播の指標のように捉えられたこともあるが、遠賀川系土器の出自を在地の縄文晩期土器に求める説もあり検討を要すべき課題となっている。

また近年では、九州北部から瀬戸内海沿岸で、稲作の開始が縄文時代晩期末の突帯文土器時期までさかのぼることが明らかになるとともに、遠賀川式土器として括られ土器の中にも細かな地域差に着目し各地域の前期弥生土器の特徴性を明らかにしていこうという方向にある。稲作文化の波及過程を復元していくうえでも、遠賀川式土器の斉一性のみならず、細かな地域性の広がりと各地においてその基盤となった突帯文土器との関連を追究していくことが急務となる。

［文献］　杉原荘介『原史学序論』（小宮山書店、一九四三）、林　謙作「亀ケ岡と遠賀川」（『岩波講座日本考古学5文化と地域性』所収、岩波書店、一九八六）、田崎博之「弥生土器の起源」（『論争・学説日本の考古学4』所収、雄山閣、一九八七）、山内清男「日本先史時代概説」（『日本原始美術I』所収、講談社、一九六四、先史考古学会編『山内清男・先史考古学論文集・新第三集』（昭和四四年）および『先史考古学論文集（二）』（示人社、一九九七）に再録）。家根祥多「縄文土器から弥生土器へ」（『縄文から弥生へ』所収、帝塚山考古学研究所、一九八四）。
（宇佐美哲也）

続縄文文化《ぞくじょうもんぶんか》　紀元前二世紀頃、縄文文化*に引き続き北海道に展開した文化。寒冷な気候条件のため水稲耕作に適さない地域ではあるが、続縄文文化圏では、生産手段として稲作を選択せず、というよりも水稲耕作の助けを借りる必要はなく、豊富な海産資源や食用植物を利用して、縄文文化の延長上に、採集・狩猟・漁撈文化を展開させる道を選択した。なかでも特に漁撈の技術的改良を進める。ただし縄文時代前期以降、ソバ・ヒエなど種子の出土事例があり、植物の栽培自体がまったく存在しなかったわけではない。続縄文文化圏では、*縄文土器の伝統色が強い続縄文土器が製作・使用された。水稲耕作技術・金属器も伝わらず、依然として採集・狩猟が主体の生業活動を継続するが、渡島半島を中心とした北海道南西部では、弥生系管玉や南海産イモガイ製の腕輪などが出土し、*弥生文化圏との交流は活発であったと考えられる。しかし、これら弥生系文物は生業活動に関連するものではなく、祭祀や儀式もしくは埋葬に関わるものに限定されている点が重要である。一方、道東部では縄文時代晩期に鉄片が、弥生時代前・中期並行期に銀装飾つきの鉄製刀子《とうす》が出土するなど、本州弥生文化圏との交流とは別に、樺太経由で中国大陸東北部との交流経路が形成されていた模様である。前半期は、縄文時代晩期以来の地域性を反映した顔つきの異なる四地域の土器分布圏が形成され、特に前述のように本州弥生文化との交流がみられる南西部と北東部には対立的な様相が見て取れるが、後半期に入ると北海道全域が斉一性の強い土器で覆われるようになる。前半期に多くの遺跡が分布した釧路・根室地域では遺跡数が極端に減少し、全域で石器、特に*石鏃の減少が目立つなど、環境や生業形態に何らかの大きな変化が生じたらしい。前半・後半ともに土坑墓により形成された集団墓が特徴的である。最終的には土器から縄文が消え、八世紀から九世紀に至り東北地方から*古墳文化の影響を受けて擦文文化に移行する。

[文献] 大場利夫『北海道の先史文化』(みやま書房、一九八二)、吉崎昌一「北海道における地域性」(『岩波講座日本考古学5文化と地域性』所収、岩波書店、一九八六)、藤本 強『もうふたつの日本文化』(東京大学出版会、一九八七)。

(宇佐美哲也)

オホーツク文化《ぶんか》と擦文文化《さつもんぶんか》 *続縄文文化に引き続き北海道に展開した文化。九世紀に入り続縄文文化が本州方面の文化要素を取り入れて成立したとされるのが擦文文化で、竈《かまど》を有する方形の竪穴住居に住み、ハケメ調整を施した土器を用いるなど、本州古代文化の影響を少なからず受け成立した。しかし、遺跡分布などは続縄文文化後半の様相を引き継いでおり、土器の基本的な作りや文様要素なども続縄文文化からの伝統色が強く、基本的な生業は採集・狩猟・漁撈によった。石狩川流域および日本海沿岸では一部農耕を伴っていた可能性があるが定かではない。擦文文化の集落で特徴的なことは、一度廃絶した*竪穴住居跡地に重複して家を建てないことであり、多数の竪穴跡地が窪みのまま残されている要因となる。なお、擦文文化では、盛土と周溝を有する北海道式古墳と呼ばれる独特の古墳が作られるが長くは続かないようである。対してオホーツク文化は、主にオホーツク海沿岸、根室海峡沿岸、千島列島などに広がり、海を臨む海岸のうち小河川のある砂丘上が典型的な居住地となる。五角形・六角形の大型で掘り込みの深い竪穴住居に住み、家の奥壁にはクマの頭蓋骨を集積した骨塚を形成し、住居のまわりには貝塚を残す。擦文文化に比べて打製・磨製の石器が多く、石鏃、石斧、石錘などがあるほか海獣の骨を用いた銛、釣鉤、鏃など漁撈具・狩猟具が多く残されている。また、東北アジアからもたらされたと考えられる青銅製品も多く、革帯の飾金具、刀子、宋銭などが網走、根室などで出土しており、沿海州から樺太を経由する北回り経路を経た大陸との交流の深さがうかがえる。なお、擦文文化、オホーツク文化ともに一三〇〇年前後にアイヌ文化に取って代わられるが、擦文文化・オホーツク文化ともに終末期の遺跡数が少ないこともあり衰退の要因はよくわかっていない。

［文献］　藤本　強『もうふたつの日本文化　北海道と南東の文化』（東京大学出版会、一九八八）、吉崎昌一「北海道における地域性」（『岩波講座日本考古学5文化と地域性』所収、岩波書店、一九八六）、大場利夫『北海道の先史文化』（みやま書房、一九八二）。

（宇佐美哲也）

沖縄貝塚文化《おきなわかいづかぶんか》　南西諸島に展開した文化で、本州でいう縄文時代から平安時代までの期間にほぼ相当する。縄文時代に並行する時期を早期から中期、弥生時代以降に並行する時期を後期として大きく二時期に区分される。貝塚文化は基本的には採集・狩猟を基盤とする文化と考えられるが、*縄文文化と比べて、狩猟具と考えられる遺物が少なく、特に刺突具、解体具となる石器類が見当たらない点が特徴であり、同じ狩猟であってもワナ猟が主体であったようである。なお近年では上原濡原《うえはらぬりばる》遺跡から、三〇〇〇年ほど前の畑跡も検出され、具体的な作物はわからないものの、栽培植物自体が南方ルートで伝わった可能性もあり注目されている。貝塚時代後期に入る直前の縄文時代晩期併行期には、遺跡の立地が大きく変化する。すなわち、前期までは台地上に立地していた遺跡が、海岸砂浜上に展開するようになる。この変化から、後背湿地を対象とした水稲耕作の可能性を指摘する声もあるが、石器のなかでも石斧が急速に減少し、石皿・磨石などの製粉具が増加することなど、具体的な遺物の様相から考えれば、漁撈と採集に比重を置く生業活動が営まれていたと考えられる。特に貝製錘を使った網漁と潜水漁法の発達により、多くの*貝塚が残されたと考えられる。そのような中、背後の石灰台地上では小規模な栽培も行われていた、というのが実態であろう。ところで南西諸島は、弥生時代の九州北部で珍重された貝輪の原料となるゴホウラ、イモガイの産地に当たり、貝殻や未製品の集積跡も見つかっている。南海産貝殻は貴重な交易財とされ、弥生時代の九州地方との間に積極的な交流が続き、沖縄本島以北では*弥生文化圏から鉄斧・細型銅剣のほか、多量の*弥生土器、*大陸製磨製石器、朝鮮楽浪系土器などが持ち込まれている。さらにヤコウガイは、八世紀以降、螺鈿細工の素材として日本のみならず中国でも珍重されるようになる。その結果、北向きのルートだけではなく、西方からの交易ルートも形成されたようで、久米島では、中国前漢の五朱銭や開元通宝（唐の銭貨）の出土が目立ち、東シナ海を経た中国大陸南東部との直接的な交流の存在を示唆している。

［文献］　金武正紀・当真嗣一「沖縄における地域性」（『岩波講座日本考古学5文化と地域性』所収、岩波書店、一九八五）、藤本　強『もうふたつの日本文化』（東京大学出版会、一九八七）、安里　進『考古学からみた琉球史』（ひるぎ社、一九九〇）、高宮廣衛「沖縄考古学の現在　貝塚時代・ウルマ時代・グスク時代」（赤坂憲雄編『東北学6特集〈南〉の精神史』所収、作品社、二〇〇二）。

（宇佐美哲也）

木製農耕具《もくせいのうこうぐ》　土を耕起するための狭鍬《くわ》、土を移動・削平する広鍬（諸手鍬）、土を砕いたり攪拌したりするため刃先を股状に分けた又鍬、土の反転・深耕・溝の掘削などより土木的な作

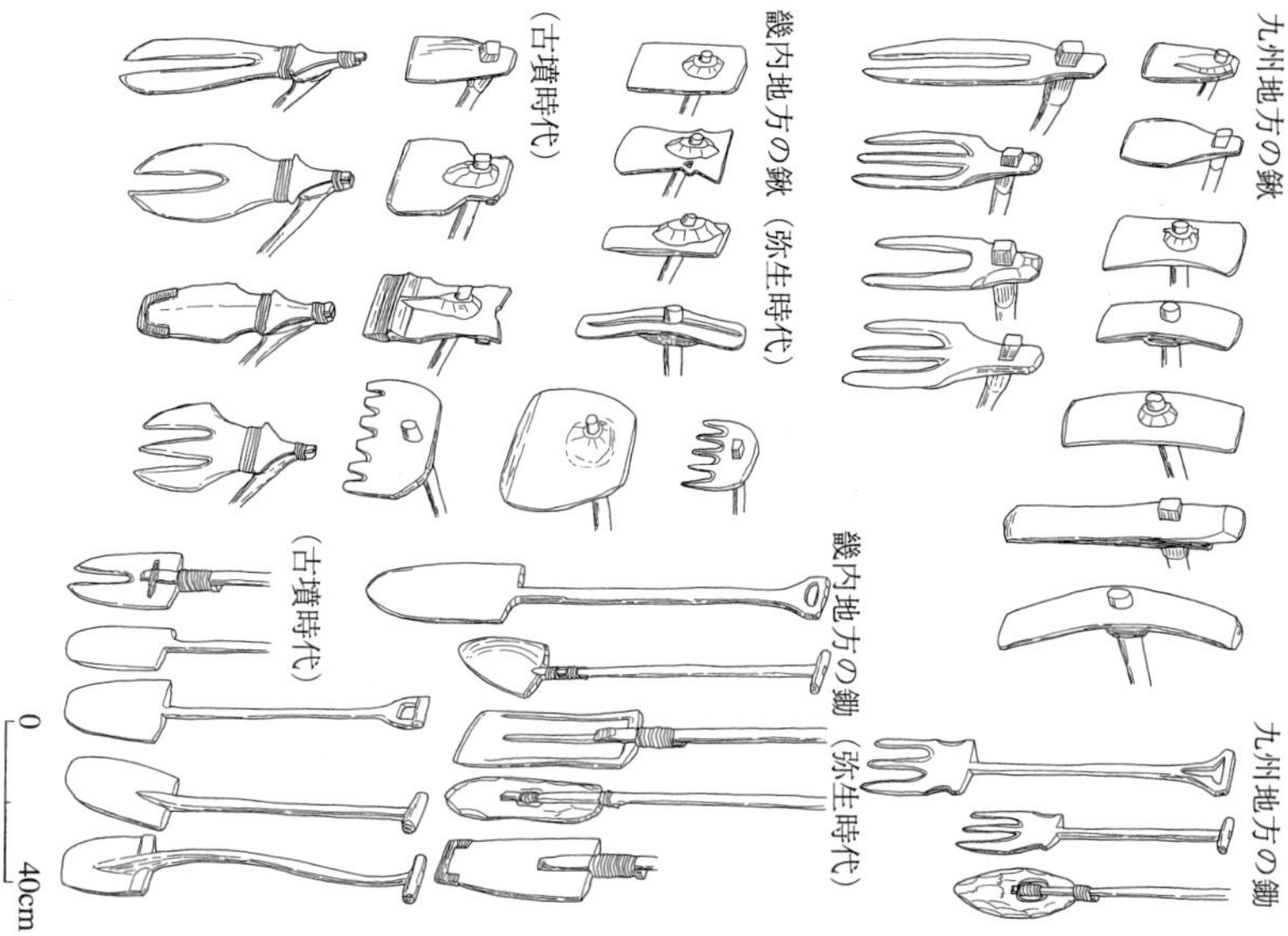

木製農耕具の模式図

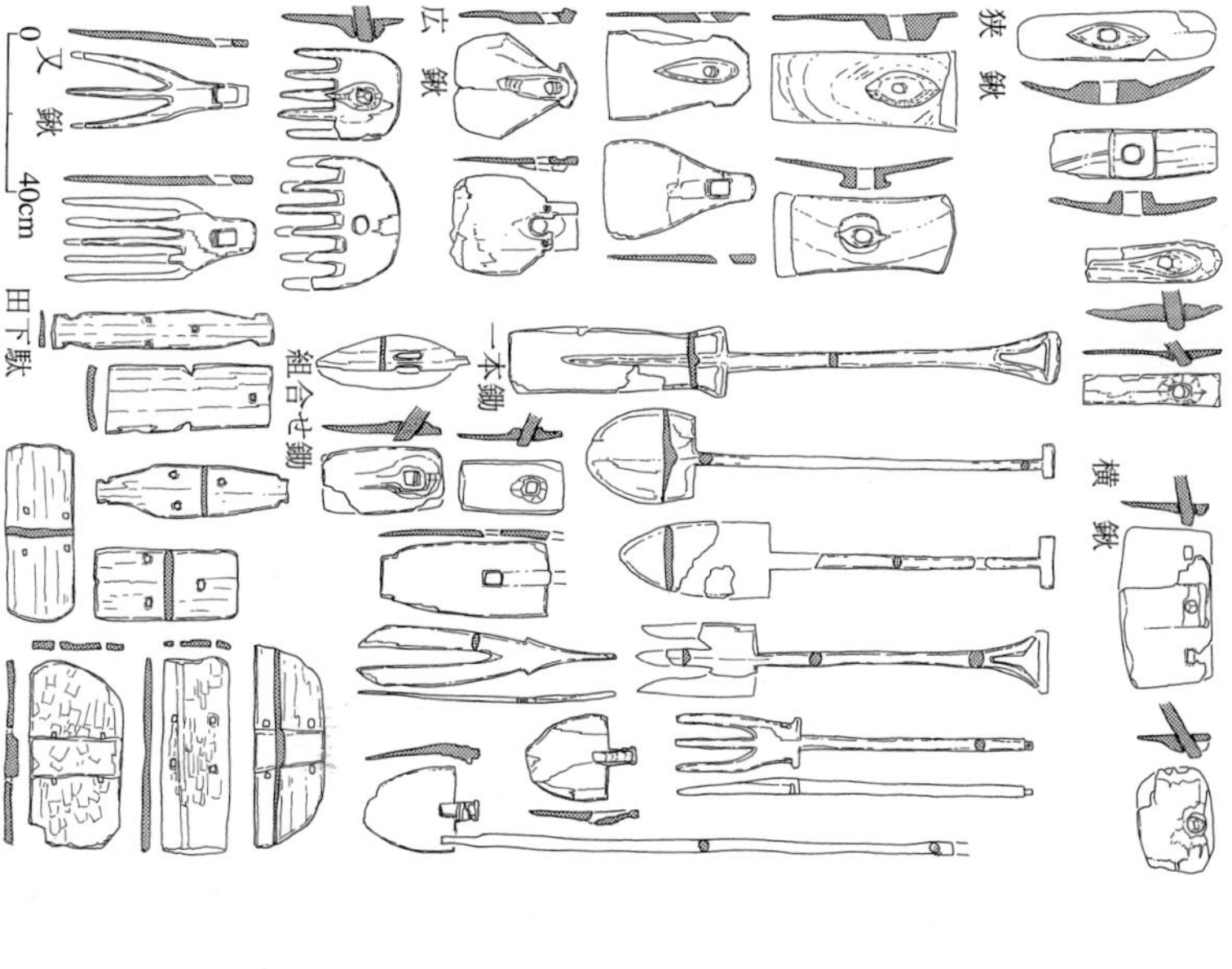

主要な木製農耕具

業に適した鋤《すき》（一木鋤と組合せ鋤）、土を均す横鍬（エブリ）など、用途に応じて分化した鋤・鍬類のほか、田下駄《たげた》、大足《おおあし》、木庖丁などがある。さらに脱穀具として竪杵《たてきね》、臼《うす》、ヨコヅチなどが知られているが、ヨコヅチは大豆・小豆を叩いてサヤから落とす際に使用されることが多いため、水稲耕作のみならず畑作との関連も注意される。板付遺跡*などの調査事例から、水稲耕作開始当初に、機能に応じて分化した農具類がまとまって伝わったものと考えられている。しかし、その後水稲耕作の広がりとともに、狭鍬と広鍬の区分がなくなり風呂鍬に統一されたり、鍬に泥除け具を取りつけたり、着柄部分の舟形隆起を発展させたり、柄穴を方形にしたりといった、各地の農耕環境に応じた改良が進み、しだいに農具としての威力を強化していく。さらに後期後半以降、西日本各地では鋤の先端に鉄製の刃先が利用されるようになる。実際の出土事例は九州に集中するが、石器との相補関係を考えれば少なくとも西日本一帯に鉄製刃先が広まっていたものと考えられる。また、九州北部では近畿地方と比べて鋤が小形、鍬が大形であり、ともに刃先が枝分かれするものが多く、中期初頭以降は又鍬が主体を占めるといった地域差が見られるほか、田下駄、大足、エブリなどは東海地方における出土事例が圧倒的に多く、水田の耕作環境の違いを表しているようでもある。なお、木製農耕具のほとんどは硬いカシ材を加工して製作されるほか、北関東以北では集落付近に自生するクヌギなども利用されている。木製農耕具の加工技術の大部分は縄文時代以来の木製品加工技術の延長上にあるが、弥生時代になると大陸製磨製石斧*や鉄製農工具の導入により、木製農耕具生産の基盤となる製材技術の発展が大きな変革として位置づけられる。

［文献］　木下正史「耕地と農具」（『新版古代の日本10古代資料研究の方法』所収、角川書店、一九九三）、下條信行「農工具と稲作経営の受容」（金関恕・大阪府立弥生文化博物館編『弥生文化の成立』所収、角川書店、一九九五）、上原真人「農具の変革」（佐原　眞・都出比呂志編『古代史の論点1環境と食料生産』所収、小学館、二〇〇〇）。

（宇佐美哲也）

鉄製農工具《てつせいのうこうぐ》　弥生時代の鉄製品は、基本的に木製農耕具*を製作・加工するための木工具として存在した。弥生時代前期には、大陸製磨製石斧群*が木工具の主流を占め、鉄製品は刀子《とうす》・手斧《ちような》・鏃などの小型品に限られていた。これらは、その形態的特徴や鍛造品であることなどから、実用の利器として中国大陸・朝鮮半島から輸入されたものと考えられている。また、中期以前は中国大陸・朝鮮半島から輸入された鉄製品の破片を整形・研磨するなど、縄文時代以来の石器製作技術を応用して、新たな鉄器として再利用したものが多い。弥生時代でも後期に入る頃にようやく、九州北部において鍛冶専用の炉が普及し、

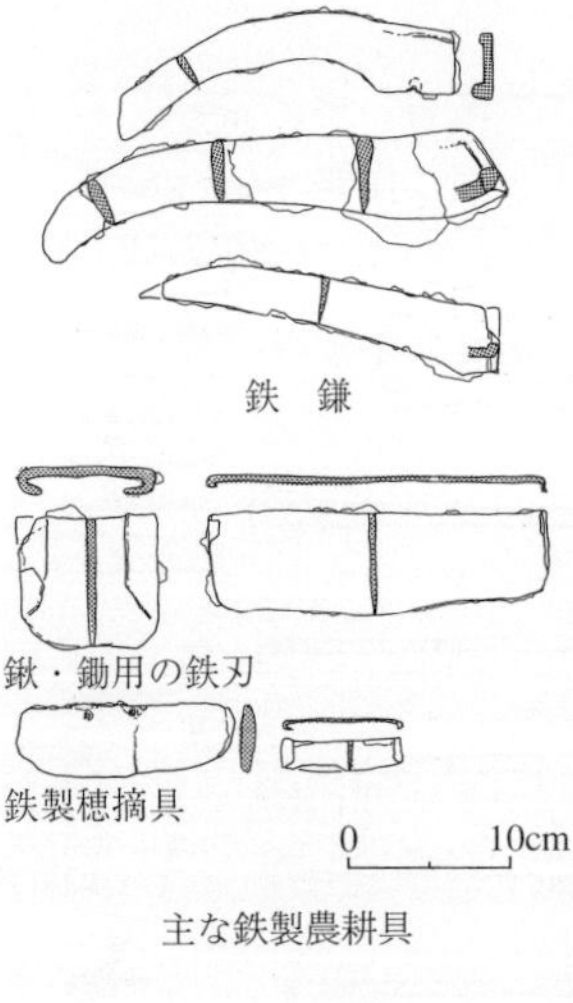

主な鉄製農耕具

鉄製品生産が開始されたようである。中期以降、鉄製農工具は数量的に増加するが、最初は木材伐採用の太型蛤刃《ふとがたはまぐりば》石斧《せきふ》が鉄斧に置き換わる。鉄板の上方を薄く延ばし、折り返して柄を指しこむ袋を作る袋斧が中心であり、しだいに加工用の石斧も鉄製品に置き換わる。九州北部では、手斧や現在の鎌とほぼ同形態で根刈り用と考えられる大型の曲刃鎌が登場し、後期後半の直刃鎌へと受け継がれる。後期には石斧はほとんど消滅し鉄斧に置き換わり、東日本でも板状鉄斧と呼ぶ国産の扁平な斧が出現するなど、鉄製農工具が全国的に広がっていく。九州北部を中心とした地域では中期末から後期にかけて、長方形の鉄板の両端を折り返し木製の鋤の先に指しこむ鉄製の鋤先がみられるが、中国大陸・朝鮮半島には類例がなく、ほとんどが国産品と考えられる。また、後期後半になると、石庖丁が最も遅れて鉄製の手鎌に置き換わっていく。

［文献］　潮見　浩「鉄・鉄器の生産」（『岩波講座日本考古学3生産と流通』所収、岩波書店、一九八六）、川越哲志『弥生時代の鉄器文化』（雄山閣、一九九三）、村上恭通『倭人と鉄の考古学』（青木書店、一九九八）、禰宜田佳男「石器から鉄器へ」（『古代国家はこうして生まれた』所収、角川書店、一九九八）。　（宇佐美哲也）

唐古《からこ》・鍵遺跡《かぎいせき》　奈良県磯城郡田原本町に所在の遺跡。奈良盆地のほぼ中央に位置し、寺川と初瀬川とに挟まれた標高四七―五〇メートルの低地に立地する。昭和一一、一二年（一九三六、一九三七）、唐古池の大半一万五〇〇〇平方メートルが調査され、池底からは旧河道跡とその北側に貯蔵穴と考えられる竪穴状遺構が密集状態で検出された。調査以前から、稲籾圧痕がついた土器などが採集されていたが、発掘調査により平鍬・丸鍬・諸手鍬・鋤・竪杵など多量の*木製農耕具とその未製品や炭化米などが出土し、弥生時代に農耕が行われていたことを初めて具体的に実証した遺跡である。また、出土した*弥生土器は前期から後期に及び、畿内における弥生土器の様式編年を確立した。その後継続されている発掘調査では、ムラを囲う大溝の存在が確認され、大型の井戸跡、木製品貯蔵穴のほか、*銅鐸の鋳型や卜骨に関する遺物が出土するなど、集落内部の様相がしだいに明らかとなってきた。前期には浅い谷を挟んで、三つのムラが存在していたが、前期後半になると各ムラの周囲に一ないし二重の環濠が掘られる。これらムラのなかには木器未製品を貯蔵する多数の貯蔵穴が群存する。中期に入りムラを隔てる谷が埋まると全体を囲うような環濠が幾重にもめぐり、囲われる範囲が二〇万平方メートルにも及ぶ大型の*環濠集落となる。中期終末には洪水により大きな被害を受けつつも、後期以降も環濠を再度掘削したほぼ同じ規模の集落が継続するが、古墳時代前期に入ると当初の三群のムラに戻るという変遷をたどる。近年の調査では、出土した絵画土器から中国風重層建築の存在が推測され、楼閣風の建物が復元されている。

［文献］　藤田三郎「最近の唐古・鍵遺跡の調査」（橿原考古学研究所付属博物館編『シンポジウム弥生人の四季』所収、六興出版、一九八七）。　（宇佐美哲也）

大陸製磨製石器《たいりくせいませいせっき》　中国大陸または朝鮮半島で出現し、稲作の伝来とともに朝鮮半島南部から日本へ伝わった石器群。*石庖丁・石鎌などの農具、太型蛤刃《ふとがたはまぐりば》石斧《せきふ》・抉入柱状《えぐりいりちゅうじょう》片刃石斧・扁平《へんぺい》片刃石斧などの木工具、有柄式《ゆうへいしき》磨製石剣・有柄式磨製石鏃《せきぞく》などの武器がある。弥生時代前期に普及する大陸製磨製石斧には、木の伐採、粗割り、仕上げの各工程に応じた三種類の石斧がある。重量六〇〇―八〇〇グラムを測り、伐採用の縦斧（刃縁が柄の主軸とほぼ平行する斧）として使用された太型蛤刃石斧と、細部加工用の横斧（刃縁が柄の主軸に対してほぼ直交する斧、「手斧」と呼ばれる）として使用された柱状片刃石斧および扁平片刃石斧である。各遺跡からの出土数量を見ると、伐採具である太型蛤刃石斧二に対して、加工具の柱状片刃石斧・扁平片刃石斧一の割合が、ほぼ通常と考えられている。*稲作の波及に伴い、これら石器群もしだいに日本列島各地に広がっていくが、各地における受容の方法は様々である。地域により、縄文時代から続く伝統的な打製石器群の製作を続け代用し続ける地域、早い段階に大陸系磨製石器群に置き換えを進める地域があり、後者でも部分的な器種に限定して置き換えが進む場合も多い。これら大陸系磨製石斧群は、弥生時代中期には関東・中部地方にも広がり、後期以降には、しだいに鉄斧へと置き換わっていく。→稲作の伝来ルート・磨製石鏃・石剣

（宇佐美哲也）

［文献］下條信行「農工具と稲作経営の受容」（金関恕・大阪府立弥生文化博物館編『弥生文化の成立』所収、角川書店、一九九四）。

石庖丁《いしぼうちょう》　長さ一五センチメートルほどの刃部を持ち、半円形で紐を通すための二つの穴や溝状の孔が開けられた石製の穂摘み具。*大陸製磨製石器の一つで、通常粗割りで成形された後表面を磨いて仕上げられた。稲の実りが不均一な水田では、根刈りにより一斉に収穫することができず、不揃いな稲穂のなかから実った穂だけを選別しながら摘み取るために、石庖丁は合理的とされる。弥生時代を通じて使用され、分布も九州地方から関東・東北地方にまで及ぶ。刃部の形状に地域差が認められ、九州北部、東北地方では刃部外彎型が、近畿地方では刃部外彎型から刃部直線型への変遷が、中部地方では刃部直線型が一般的である。また、岡山付近を中心とする瀬戸内沿岸東部では、独特な打製石庖丁が使用され続けた。九州北部では、前期から中期前半までは各集落において自給自足的に作られていたが、中期半ば以降、福岡県の遠賀川上流に位置する立岩遺跡で製作された輝緑凝灰岩製の石庖丁が佐賀、大分、熊本まで広がり、石庖丁製作に関わる専業集団と独占的な流通経路の存在を示す。近畿地方では、前期には在地の石庖丁と製作技術が異なる安山岩製の石庖丁が広く分布することから、各集落では自給の石庖丁とブランド製品としての石庖丁が持ち込まれていたと考えられるのに対して、中期以降は原石あるいは半製品を搬入して各集落内で仕上げ加工を行っていた様相が、各遺跡から出土する石庖丁の石材検討から明らかとなっている。

（宇佐美哲也）

［文献］酒井龍一「石庖丁の生産と消費をめぐる二つのモデル」（『考古学研究』二十一―二、一九七四）、下條信行「石器の製作と技術」（『古代史発掘』所収、講談社、一九九五）。

磨製石鏃《ませいせきぞく》・石剣《せっけん》　弥生時代の*石鏃は、縄文時代の石鏃より重く作られるようになるが、これは射程距離の長さよりも対象物への貫通力が重視されたためで、石鏃が狩猟の道具から戦いの道具へと変化したことを反映していると考えられている。九州北部においては、縄文時代晩期末（弥生時代早期）に入ると、朝鮮半島製と考えられる有柄式《ゆうへいしき》磨製石剣とともに、長さ一五センチメートル前後の細長い磨製石鏃が出現し、*菜畑遺跡などでも出土例がある。有柄式磨製石剣の先端は墓跡から出土する事

例が多く、また折損した状態で出土する事例も多いことから、一部が武器として実用されていたと考えられる。また、福岡県前原市新町遺跡では大型の石鏃が人骨に刺さった状態で出土しており、弥生時代の開始とともに、集団間の争いが激化したと考えられる。弥生時代前期後半に入ると近畿地方では、打製石鏃が広まるとともに、打製石剣、打製石槍が登場、中期に入るとそれぞれの地域における狩猟用の石鏃を基調とした大型の石鏃が瀬戸内沿岸、伊勢湾沿岸などでも出現し、集団間の争いが西日本全域に広まったとされる。これら石鏃、石剣は、九州北部で中期半ばに、他の地域では後期に入るとほとんど作られなくなり、九州北部では鉄鏃に、近畿・東海・関東地方では銅鏃に替わる。以上のような武器と考えられる遺物の出現と、*高地性集落、*環濠集落といった集落形態に着目し、弥生時代は、農耕の始まりと集団間の抗争の激化、それを通じた*クニの形成過程として描かれる場合が多い。

［文献］橋口達也「弥生時代の戦い―武器の破損・研ぎ直し―」（『九州歴史資料館論集』一七、九州歴史資料館、一九九二）、橋口達也『弥生文化論―稲作の開始と首長権の展開』（雄山閣、一九九九）、中橋孝博「北部九州における弥生人の戦い」（『戦いの進化と国家形成』所収、東洋書林、一九九九）、寺沢　薫『日本の歴史2王権誕生』（講談社、二〇〇〇）。　（宇佐美哲也）

機織《はたおり》・紡錘車《ぼうすいしゃ》　編布の技術はすでに縄文時代から存在するが、織布の技術は弥生時代に入り、中国大陸・朝鮮半島から導入され、普及した技術である。機織に使われる繊維としては、蚕《かいこ》の作る繭《まゆ》繊維、大麻・カラムシなどから取る草皮繊維、綿などから取る種子繊維、楮《こうぞ》を用いた木綿《きわた》などの樹皮繊維があるが、主体は草皮繊維であった。ところで、機織で一定の布を織るためには、適度の強さを持ちかつ均一な太さの糸を得る必要がある。これに使われたのが紡錘車で、径四から六センチメートルの土製、石製、木製の円板の中央に孔を開け、木製の軸を通して使う。紡錘車を用いて、回転で速さを整えつつ撚りを掛けながら軸に糸を巻き取る作業が行われた。紡錘車は縄文時代後期後半から末にかけて九州北部の一部でみられるようになるが、晩期末に至り急増し、弥生時代に入り本格的に東方に広がっており、機織技術の東方への伝播がうかがえる。弥生時代の機織は出土した木製品などから、原始機と呼ばれる機台を使用しない手法が想定されている。これは、機の一端を柱、樹木などに固定し、もう一端を腰に結びつけた布巻き具と腰当てで固定し、その間に並行に張られた上下の経糸の間に、手元から緯越具を用いて緯糸を通し、緯打具で締めながら織り進むものである。機織により織られた植物繊維の布地は福岡、山口、大阪など出土事例があるほか長崎、福岡では絹片が出土している。さらに愛知県高蔵貝塚では土器底面に絹織物の圧痕が確認されており、東京都下でも銅製品の表面に絹織物の痕跡が見出されるなど、機織技術の東方への浸透を示す資料が増加している。

［文献］橿原考古学研究所付属博物館編『シンポジウム弥生人の四季』（六興出版、一九八七）、佐賀県立博物館編『弥生のロマン倭人の原像を求めて』（佐賀県立博物館、一九九二）。　（宇佐美哲也）

環濠集落《かんごうしゅうらく》　外縁を大溝、濠で囲う集落で、弥生時代以降に特徴的に認められる集落形態。南は熊本県域、北は新潟県まで分布する。一九九〇年代以降、朝鮮半島南部でも検丹里《コムタンニ》遺跡をはじめとする環濠集落の存在が確認されたため、朝鮮半島にその起源が求められる可能性が高まった。九州北部では、弥生時代初頭の*板付遺跡ですでに環濠の存在が確認されている。出現当初は内と外を区別して集落全体を囲い込む円形の環濠として始まり、中期には一重の環濠から多重の環濠まで様々な形態の環濠集落が展開する。瀬戸内西部では前期後半頃から増加し、低地には多重の環濠を巡らした環濠集落が、山頂や丘陵上には環濠を巡らした*高地性集落が出現するが、吉備地方には少ない。近畿地方でも、前期後半頃小規模な環濠集落が出現、中期後半には一部が大規模化し、環濠集落の間に格差が出現するとともに、多重環濠の集落も増加する。ただし、多重環濠の多くは集落の周りを全周しない場合が多く、集落の立地状況を反映した洪水対策、排水路的な目的が兼ねられていたと考えられる。東海地方では前期段階の環濠が数例確認されているが、中期後半以降に本格的な展開を見せる。なかでも朝日遺跡では多重環濠の内部や環濠間に帯状に連なる逆茂木群が検出され、防御施設としての色彩が強い。南関東地方では中期後半に出現し、後期以降、一重の環濠集落が急増する。南関東地方の環濠集落は居住域全体を環濠で囲い込み、*方形周溝墓を主体とする墓域と居住域とを明確に区分する傾向が強い。九州北部では中期後半以降、環濠集落の内部においてさらに一部を囲う方形の環濠が出現し、これが環濠集落から独立することにより、古代以降の方形居館へ展開していくものと考えられている。

［文献］　武末純一「弥生時代の終わり」（大阪府立弥生文化博物館編『弥生文化』所収、平凡社、一九九一）、横浜市歴史博物館編『弥生の〝いくさ〟と環濠集落—大塚・歳勝土遺跡の時代—』（横浜市歴史博物館、一九九五）、藤田憲司「環濠集落の実像と意味」（金関恕・大阪府立弥生文化博物館編『弥生文化の成立』所収、角川書店、一九九五）。

（宇佐美哲也）

高床倉庫《たかゆかそうこ》　二—三メートル四方程度の長方形に配置された掘立柱を基礎として、地上一メートル程度の高さに床を構築し、柱上部で平桁《けた》・平梁《はり》を組み合わせ、切妻《きりつま》造りの屋根を載せた建物。床柱上端には鼠返《ねずみがえし》盤を取りつけ、丸太に刻みを施した梯子板を妻側破風《はふ》部分に掛けて出入りした。*銅鐸・絵画土器などに描かれた姿があり、*登呂遺跡や山木遺跡で遺構が検出され、梯子板や鼠返盤などの建築部材が出土したほか、登呂遺跡では倒壊したままの状態で検出されたこともあるという。防鼠装置、通気性・防湿性を備えた穀倉、特に米倉として注目され、登呂遺跡において初めてその構造が復元された。これまでに各地で出土した建築部材から、柱構造には造出式、分枝式、大引貫式、際束式などの差があり、床下についても囲う形式と吹き抜け式があるほか、壁には草壁・板壁などのバリエーションが確認されている。高床倉庫にかかわる建築技術には東アジアの*稲作文化圏に共通した技術を見出すことができ、民族例などからみるかぎりは中国大陸・朝鮮半島からの影響というよりも、南西諸島や東南アジア方面に広く類例を求めることが可能であることから、*弥生文化の一つの系統を示すもの、特に「海上の道」との関連で考えられたこともある。しかし近年では、縄文時代にすでに掘立柱構造の建物が存在したことが確認され、柱にみられる大貫《おおぬき》や壁束《かべつか》、仕口《しぐち》、貫《ぬき》、枘《ほぞ》などの技術や、草壁の存在も明らかとなってきた。縄文時代の*掘立柱建物跡が高床建物の痕跡であるのか否か、またその用途も不明ではあるが、弥生時代の高床建物のルーツは一元的なものではなく、縄文時代からの伝統的な技術の継承を含めて、多方面にルーツを求める必要が出てきた。

［文献］宮本長二郎「建築遺構の調査と復元」(『新版古代の日本10 古代資料研究の方法』所収、角川書店、一九九三)、宮本長二郎「原始・古代住居の復元」(『日本の美術』四二〇、二〇〇一)。

(宇佐美哲也)

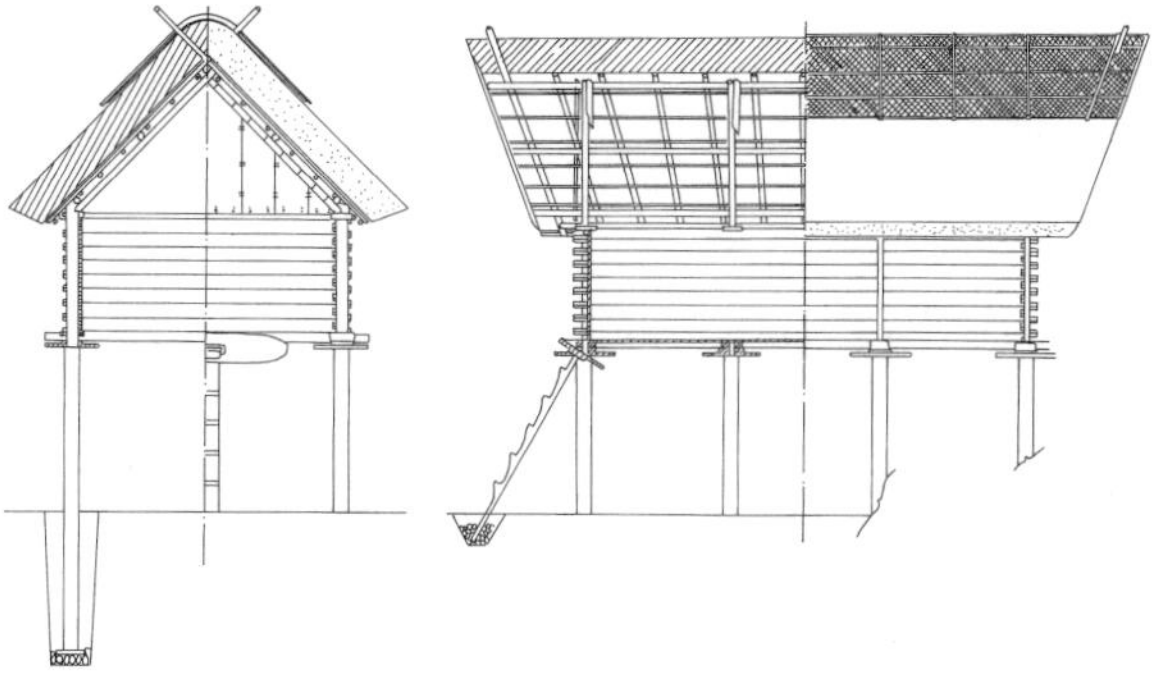

静岡県登呂遺跡・山木遺跡における高床倉庫
(後藤守一，静岡県韮山村『韮山村山木遺跡』1994)

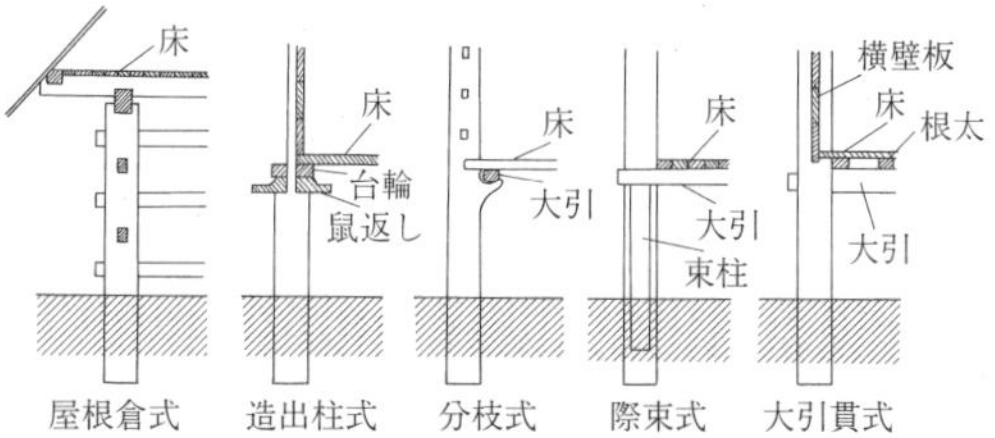

高床建築の軸部形式模式図
(宮本長二郎『日本原始古代の住居建築』中央公論美術出版，1996)

弥生人《やよいじん》の食《しょく》生活《せいかつ》　弥生時代における食生活の主体はコメと考えられがちである。しかし、実際に遺跡から出土する炭化米には意外に多くの未成熟米が含まれており、具体的な数量は想定できないが、収穫したコメのすべてが食用可能であったとは限らない。また、発掘調査により検出された弥生時代の水田跡からは休耕田の存在も想定され、弥生時代前期・中期には西日本においてさえもコメが主食になったとはいいがたい状況である。東日本に比べてより早く稲作を受容したはずの西日本各地においては、ドングリ貯蔵穴が多数検出されている。例えば、京都府奈具谷遺跡では弥生時代中期後半のトチノミの水さらし場遺構が、福岡県長野A遺跡では弥生時代後期のドングリ処理施設が検出されるなど、ドングリ類の利用が依然として活発であった様子がうかがえる。また山口県綾羅木郷《あやらぎごう》遺跡で検出された千基を越える袋状貯蔵穴からは、コメのほかアワ・ムギ・キビ・ヒエなどの雑穀類、アズキ・ウメ・モモなどの栽培植物、イノシシ、シカなどの獣類、マダイ・ハマグリ・アワビ・サザエなどの魚介類など、多様な動植物遺体が出土している。以上のように、具体的な自然遺物の出土事例が増加したことや、人骨に含まれるコラーゲンの炭素・窒素同位体比の分析により、弥生時代の人々の食生活はコメ主食ではなく、むしろ縄文時代の人々の食生活に近いものであったと考えられるようになってきた。その一方で、縄文時代にはすでにエゴマ・リョクトウ・シソなど栽培植物の種子の存在が確認され、クリの半栽培、雑穀栽培やイモ類を対象とした焼畑農耕など多様な形態を含む複合的・原始的な栽培(農耕)の存在が想定されるようになってきた。縄文晩期後半に伝来した稲作技術は、採集・狩猟社会から農耕社会への転換を促したことは確かであるが、日本列島に形成された豊かな自然環境に基づく、豊富な食料資源に支えられた*縄文文化の食生活は、*弥生文化に入っても積極的に継続されたのである。食生活といった観点からみれば、コメだけに偏るのではなく多様で豊富な食料資源を活用し続けるのはきわめて自然な流れといえよう。

〔文献〕　寺沢　薫・寺沢知子「弥生時代植物質食料の基礎的研究」（『橿原考古学研究所紀要考古学論攷』五、一九八一）、寺沢　薫「稲作と植物食」（橿原考古学研究所付属博物館編『シンポジウム弥生人の四季』所収、六興出版、一九八七）、甲元眞之「弥生時代の食糧事情」（佐原　眞・都出比呂志編『古代史の論点1環境と食料生産』所収、小学館、二〇〇〇）。

（宇佐美哲也）

弥生人《やよいじん》の四季《しき》　採集・狩猟が主要な生業活動であった縄文時代においても、豊富な自然資源を有効に活用するためには、四季の変遷を意識した生業活動が展開していたはずである。これに水稲農耕が加わることにより、弥生時代には稲作の農事暦を柱とした季節的な生業活動のサイクルが組み立てられていたと想像されるが、考古資料から具体的な農耕の四季を復元することは不可能に近い。しかし、実際に出土する遺構・遺物や動植物遺体のデータに加え、現在の農村に見られる農事暦を参考にして、四季を通じた生業活動のサイクルをある程度は想定できる。

岡山県百間川原尾遺跡の水田跡から検出された稲株の配列からは、弥生時代後期に田植えが行われていた可能性が指摘されており、春には湿田への直蒔きだけでなく、一部の地域では苗代作り、田起こし、田植えといった一連の作業が行われた可能性がある。また、畑地ではアワ・ソバやアサなどの種蒔きが行われ、山では山菜採取も行われたであろう。夏先にかけては水田での雑草取り、虫追いがなされ、海浜では貝類の採取も行われた。夏には主に水田での雑草取りに追われ、畑ではウリ類、アサの収穫を迎えた。アサからは糸を得るための繊維作りも行われたであろう。そして秋に入ると本格的な稲の収穫を迎える。稲刈りは、実った穂から順に*石庖丁を使い穂首刈りされた。遺跡から出土する植物遺体からは、この時期ムギの種蒔きや森林でのキノコ類、堅果類の採取が行われ、ドングリ・トチノミなどはまとめて水さらし・アク抜きなどの処理を行っていたと考えられる。稲の収穫、堅果類の採取がひと段落した後、ムラ全体で収穫を祝うマツリが行われたのであろう。祖霊が収穫を運ぶ姿を象徴するとされる鳥形木製品や銅鐸に描かれた絵画などからその様子をうかがうことができる。そして初冬には、山ではイノシシ・シカなどを対象とした狩猟活動が、水田では穂首刈り後の残棹《ざんかん》処理、そして得られた藁による藁細工や糸紡ぎ、農工具製作のための材木の伐採・加工など、生業を支える様々な活動が冬の間に準備され、翌春を迎えたものと考えられる。

〔文献〕　橿原考古学研究所附属博物館編『シンポジウム弥生人の四季』（六興出版、一九八七）。

（宇佐美哲也）

登呂遺跡《とろいせき》　静岡県静岡市所在の弥生時代後期の遺跡。静岡平野を下る安倍《あべ》川の支流が南西方向に流下する南岸の自然堤防、微高地上に集落跡が、南東一帯の低湿地に水田跡が広がる。遺跡の発見は戦時中にさかのぼるが、本格的な発掘調査は、昭和二二年（一九四七）から実施された。その結果、集落は竪穴住居一〇軒と高床倉庫二棟からなる東群と、西へ約五〇メートル離れて竪穴住居二軒と高床倉庫一棟からなる西群とで構成され、井戸跡や杉林跡も検出された。水田跡は集落域の南東一帯に、南北三七〇メートル、東西二一〇メートルにわたって広がり、西寄りに幅一・五メートルの水路が南北に延び、その要所要所に取水用の堰、排水用の暗渠が設けられていた。水路の両側には、矢板・杭を用いて土留め補強された畦畔によって区画された水田跡が、西側に一列、東側では三ないし四列で南北方向に連なる。これまでの調査で合計五〇枚以上の水田区画が検出され、総面積は七万平方メートル以上となった。水田跡からは、多量の*木製農耕具、建築部材が出土、農耕具のなかには鋤、鍬のほか田下駄、大足、田船など、水田の立地条件を反映した遺物も多い。また、建築部材からは*高床倉庫の姿も復元された。なお、登呂遺跡における再発掘調査が実施されており、これまで検出されてきた遺構群には数段階の変遷過程が想定できるとともに、そのあいだに度々の洪水により砂で埋没した時期があること、大区画水田だけで構成されると考えられていた水田のなかに手畦による小区画水田が存在すること、復元された住居の構造が再検討されるなど、多くの新知見が得られている。また、周辺地域における調査事例の増加から、登呂遺跡で見つかった広大な水田跡は、単に登呂のムラだけで営まれていたのではなく、静岡平野に位置する複数のムラにより営まれていた可能性も強まってきた。

［文献］ 工楽善通『水田の考古学』（東京大学出版会、一九九一）、大塚初重「弥生農村の全貌―登呂遺跡の発掘」（明治大学考古学博物館編『発見と考古学』所収、名著出版、一九九六）。
（宇佐美哲也）

吉野《よしの》ケ里《り》遺跡《いせき》 佐賀県神埼《かんざき》郡神埼町・三田川町に所在の遺跡。昭和六一年（一九八六）から続く発掘調査において、弥生時代前期から末期、古墳時代初頭に及ぶ環状集落と墓域、前方後方墳群などが見つかり、弥生時代を通じての集落・墓域の変遷、ひいてはムラから一つの*クニの中心集落への変遷過程が明らかになるものとして注目された遺跡である。まず弥生時代前期には約三万平方メートルを囲う*環濠集落が形成され、中期に入るとそれが二〇万平方メートルを囲う環濠へと大規模化し、集落の北側には*甕棺墓を中心とした墓域が形成されるようになる。なかでも列状に並ぶ甕棺墓列と墳丘墓の存在が特筆され、墳丘墓上に構築された甕棺墓からは細型銅剣、青銅製把頭飾、ガラス製管玉など多数の副葬品が出土しており、すでに被葬者間に階層分化が進んでいたものと考えられる。これが後期に入ると、四〇万平方メートルを囲うさらに規模の大きな環濠集落が形成され、その内部では南北二か所がさらに内環濠により囲われるようになる。内環濠の内部には物見櫓と想定される建物跡が存在し、南環濠内は*高床倉庫群を中心とした遺構が検出されており、貯蔵機能のみならず市的な機能を備えた居住域が広がっていたものと考えられている。対して、北環濠内は墳丘墓に面した大型掘立柱建物跡の存在から、首長クラスの人物の居住域とされる。また、墳丘墓に近接する場所から祭祀土器を含む土坑群も見つかっている。以上のように、吉野ケ里遺跡では調査範囲が広範囲にわたっていたことも幸いして、弥生時代前期から後期に向けてしだいに、政治的な中枢地区、祭祀の中心、銅製品などの工房跡、市的な場がそれぞれ場所を代えて展開していく過程が明らかとなり、それらを囲む防御施設の存在とも合わせて、クニの中心的集落、ひいては「弥生都市」とも呼べる様相が明らかにされている。なお、平成一三年（二〇〇一）からは国営吉野ケ里歴史公園として整備・公開され、発掘調査とその成果に基づく復元作業が継続されている。

［文献］佐賀県教育委員会『吉野ケ里遺跡と古代国家』（吉川弘文館、一九九四）、納富敏雄『吉野ケ里遺跡』（吉川弘文館、一九九七）。

（宇佐美哲也）

（三）葬　法

箱式石棺墓《はこしきせっかんぼ》　安山岩、緑泥片岩などの数枚の扁平な板石を箱状に組み合わせ、木製あるいは石製の蓋で覆った墓跡。形態は頭部方向をやや広めに、脚方向をやや狭くする傾向があり、大型のもので長さ一・五—二メートル、幅五〇—六〇センチメートル、小型のものでは長さ六〇センチメートルから一メートル、幅三〇—四〇センチメートルほどを測る。底面は素掘りのままのもの、板石を敷くもの、礫を敷き詰めるものがあり、このなかに足首を揃え立膝で埋葬される。形態的な特徴の共通点から、ルーツは中国大陸東北部や朝鮮半島、沿海州にあると考えられている。分布域は九州北西部を中心として、東は岡山県、南は大分県、熊本県に及ぶ。九州北西部では弥生時代前期初頭に出現し、前期のうちに福岡県東部から山口県西部の瀬戸内西岸、響灘沿岸周辺の沿岸砂丘上を中心に分布を広げる。中期に入ると長崎県対馬地方、熊本県、広島県まで分布が拡大する。なかでも、福岡県、佐賀県などでは甕棺墓*の集中地域を取り巻くように出現し、後期に入ると甕棺墓の集中地域にまで分布が及ぶようになる。分布の外縁にあたる対馬地方や瀬戸内の広島などでは、箱式石棺墓のみで墓域を形成する場合があるが、福岡・佐賀など甕棺墓の集中地域では、甕棺墓、木棺墓*、土壙墓と混在しており、数量的に多くはない。箱式石棺墓は、その形態からほかの墓制に比べて追葬が容易であり、通常二体以上の複数の人間が併葬されている場合が多い。

（宇佐美哲也）

［文献］甲元眞之「弥生時代の墓制」（『日本考古学を学ぶ3新版』所収、有斐閣、一九八八）。

木棺墓《もっかんぼ》　素掘りの土坑のなかに、板材を組み合わせた箱型の棺を埋設した墓。木製の棺身は腐敗しやすいため、実際の発掘調査では土壙墓と区別しづらく、発掘調査において土壙墓として扱われたもののなかにも本来木棺墓であったものが含まれている可能性は高い。山口県土井ケ浜遺跡では、土壙墓とされた掘り込みの周辺から鉄釘が多数出土したことから、本来は鉄釘留めした木棺が納められていた可能性が指摘されている。九州北部においては前期初頭から出現し、甕棺墓*とともに墓域を形成するが、甕棺墓に比べて一般的に副葬品は少なく、被葬者の階層を反映した使い分けがなされていたと考えられる。弥生時代を通じて構築され続け、中期から後期には東日本にも広がったが、その構築方法には地域色が認められる。九州北部では段差を持つ掘り込みの中に底板を敷かずに、底面より深く据えられた側板と小口板のみで棺身が作られ、粘土による目貼りで固定されたものが一般的である。あらかじめ組み立てられた棺身ではなく、小口板を用意しておき組み立てながら埋設された「打ち込み型木棺」と呼ばれるものである。これに対し近畿地方では底板を敷き、底板と側板に溝を掘り小口板を嵌め込む手法で作られており、棺身が組み合わされた状態で埋設されている。前期末には方形周溝墓の主体部としても出現する。

［文献］ 田代克巳「墓制」（『季刊考古学』二三、一九八八）。

（宇佐美哲也）

甕棺墓《かめかんぼ》　円形もしくは楕円形の掘り込みから横穴状に広がる穴を掘り、そのなかにやや斜位あるいは横位に甕棺を埋設するもので、甕の口縁部同士を向かい合わせる合口棺や、木や石で蓋をする単棺があり、場合によっては壺、鉢などで蓋をする場合もある。弥生時代前期中頃に出現するが、分布は九州北部のなかでも福岡県、佐賀県などに限られる。中期に入ると、同一遺跡内における出土数が急激に増加し、同時に分布も長崎県、熊本県、大分県、山口県にまで及ぶが、周辺部では数量的には決して多くはならない。その後、後期後半に入ると急激に衰退してしまう。分布の中心となる福岡県域においても、木棺墓*、土壙墓と混在して墓域を形成し、甕棺墓のみで墓域を形成することはない。ただし、他の墓制と混在する墓域のなかでも、甕棺墓は列状に配置され構築されていることが多く、また、混在する他の墓制と比較して、甕棺における副葬品の充実ぶりは顕著であり、大陸製青銅器、前漢鏡・銅矛・銅剣・鉄剣、ガラス製品などが副葬されている場合が多い。また、甕棺に利用される甕は転用品ではなく棺専用に製作されたものであること、合口棺の場合、単棺の場合も棺同士を石や木蓋を粘土で目張りしたうえで地中に埋められるため、他の墓制、特に箱式石棺墓のように容易に追葬できないことなどが特徴としてあげられる。ほかの墓制に埋葬される者よりも、被葬者の優位性が顕著な墓制といえる。

［文献］ 橋口達也「墓制の変化（一）北部九州―支石墓と大型甕棺の登場」（金関恕・大阪府立弥生文化博物館編『弥生文化の成立』所収、角川書店、一九九五）。

（宇佐美哲也）

弥生墳丘墓《やよいふんきゅうぼ》　弥生時代後期後半に築造された、土を盛り上げて墳丘を築いた墳墓。最古のものは福岡県東小田峰《ひがしおだみね》遺跡で発見された弥生時代中期の方形を呈する墳墓である。本格的に展開するのは後期後半に入ってからで、特に吉備地方においては突如として巨大な墳丘墓が出現する。なかでも岡山県倉敷市楯築《たてつき》墳丘墓は、径四三メートル、高さ五メートルの円形墳丘の南北に二〇メートルの突出部を持つ、非常に大規模な墳丘を構築している。ほぼ同時期に山陰地方では、四隅突出形の墳丘墓が出現するなど、吉備地方、山陰地方で独自な展開を示す。墳丘墓の展開とともに、これまで行われていたムラ外縁に武器型祭器*を大量に埋納するような祭祀のあり方は急速に衰退する。代わって、特殊壺、特殊器台を用いる墳丘墓上での祭祀に取って代わる。すなわち、共同体全体の祭祀から、特定個人あるいは一族を対象とする祭祀への変化である。ここに使用された特殊壺と特殊器台の組合せが、古墳時代初頭には近畿地方へ広まり、古墳時代の円筒埴輪へと引き継がれたと考えられている。近畿地方では、最古の前方後円墳*とされる箸墓古墳*よりも古い大型墳丘墓の調査事例は現在までのところないが、天理市馬口《ばぐち》山《やま》墳丘墓や纏向《まきむく》古墳群のなかには箸墓古墳をさかのぼる前方後円形の墳丘墓が含まれる可能性が高く、古墳時代の始まりをめぐる論点ともなっている。一方、伊勢湾沿岸を中心とした東海地方西部では出現期から前方後方形を呈した墳丘墓が構築され、古墳時代に入ってからも独自の前方後方墳が作られるなど、近畿地方*、吉備地方*とは異なった地域性が窺える。なお近年では、方形台状墓や方形周溝墓も本来低い墳丘を持つものであることから、これらを弥生墳丘墓に含める考え方もある。

［文献］　近藤義郎「前方後円墳の誕生」（『岩波講座日本考古学6変化と画期』所収、岩波書店、一九八六）、小林三郎「古墳の発生と終末」（『日本考古学を学ぶ3新版』所収、有斐閣、一九八八）、寺沢薫『日本の歴史2王権誕生』（講談社、二〇〇〇）。（宇佐美哲也）

方形台状墓《ほうけいだいじょうぼ》　弥生時代中期末から後期にかけて、吉備地方に展開した特殊な墓制。丘陵の尾根上に一辺一五メートル前後の規模で方形に、高さ一―二メートルの盛土を施し区画した墓域を作り、台状の区画上には複数の土壙墓を持つものである。岡山県四辻遺跡では、方形台状の区画上から二三基の土壙墓が検出されたほか、そこからはずれた南北には四八基の土壙墓と二基の甕棺墓*が検出されている。台状区画上の墓は他の墓と明確な差を意識していたものと考えられる。また、同じ時期に山陰地方では、方形台状墓の四隅を突出させた四隅突出型の方形台状墓が分布している。なかでも、島根県仲仙寺九号墳は一辺一五―一八メートル、高さ二メートルほどの規模を持ち、墳丘裾を廻る溝には貼り石が施され、一辺一〇メートルほどの墳丘上では三基の木棺墓*が検出されている。このように、吉備地方、山陰地方を中心に展開した方形台状墓には、その上部に埋葬される墓穴が多数見つかっているが、それがしだいに単独の主体部へと変化することによって、古墳築造へと繋がる可能性が考えられている。

［文献］　近藤義郎「前方後円墳の誕生」（『岩波講座日本考古学6変化と画期』所収、岩波書店、一九八六）、小林三郎「古墳の発生と終末」（『日本考古学を学ぶ3新版』所収、有斐閣、一九八八）、寺沢薫『日本の歴史2王権誕生』（講談社、二〇〇〇）。（宇佐美哲也）

方形周溝墓《ほうけいしゅうこうぼ》　一辺一〇―一五メートルほどの方形範囲を溝で区画し、その内部に土壙墓、木棺墓*などの埋葬主体部を設けるもの。本来は低い盛土（封土）を有していた可能性もある。昭和三九年（一九六四）、東京都八王子市宇津木向原遺跡ではじめて発見された。周溝内からは穿孔した壺・甕・高杯や、人骨が入った壺棺が出土する場合もあり、周囲で埋葬に伴う何らかの儀式が行われていたものと考えられる。分布は九州北部から、東は北陸、関東南部にまで広がる。近畿地方では前期末から中期前半頃に増加、中期半ばには東海地方から関東南部に広がり、やや遅れて能登、新潟西部に、後期はじめには関東北部に及ぶが、宮城・山形まで及ぶのは古墳時代前期になってからである。なかでも瀬戸内海沿岸に少ないことから、九州から近畿地方へは日本海沿岸を伝わった可能性も考えられている。地域によりあり方が若干異なり、九州では方形周溝墓同士が複数集合して存在することは少ない。対して畿内では前期半ばにすでに、小・中・大規模と格差を持つ方形周溝墓群が形成される。また、北陸、東海から南関東地方では、中期後半以降、方形周溝墓だけで墓域が形成される場合が多く、一あるいは二基の主体部を有する方形周溝墓が隣接して作られ、お互いに溝を共有する場合もある。

［文献］　森井貞雄「墓制の変化（二）畿内―弥生系集団の方形周溝墓」（金関恕・大阪府立弥生文化博物館編『弥生文化の成立』所収、角川書店、一九九五）、福田　聖『ものが語る歴史3方形周溝墓の再発見』（同成社、二〇〇〇）。（宇佐美哲也）

（四）　史書のなかのクニ

漢書《かんじょ》・地理志《ちりし》　『漢書』は後漢の班固《はんこ》が著した、漢の高祖から王莽《おうもう》の時代に至るまでの前漢の正史。本紀一二巻、表八巻、志一〇巻、列伝七〇巻、都合一〇〇巻からなる。そのうち地理関係の記載を行っているのが地理志であり、日本史に関係する記述として*楽浪郡に言及している文章に続けて、「楽浪海中に倭人あり、分れて百余国となり、歳時を以て来たり、献じ見《まみ》ゆ」と記されている。これによれば楽浪郡（郡役所は平壌）から海を渡った地点に所在する*倭の人々が百余の政治集団に分かれ、定期的に楽浪郡へ使人を遣わし貢献を行っていたことが知られる。西暦紀元前後の日本の様子を簡潔に描写し、朝鮮半島と密接な関連を有していたことを示唆している。

［文献］　石原道博編訳『新訂魏志倭人伝・後漢書倭伝・宋書倭国伝・隋書倭国伝』（岩波書店、一九八五）。　（森田　悌）

後漢書《ごかんじょ》・東夷伝《とういでん》　『後漢書』は南宋の范曄《はんよう》が著した後漢王朝の正史。本紀一〇巻、列伝八〇巻からなり、志三〇巻は宋代に入り司馬彪《しばひょう》の『続漢書《ぞくかんじょ》』のそれをもって補充したものである。東夷伝では東方諸地域の地誌・歴史に触れており、倭国についても言及している。もっとも先行する『*魏志』倭人伝の記載をそのまま踏襲しており、新味に欠けている。ただし同書にみえない記載もあり、「建武中元二年、倭の奴《な》国、奉貢朝賀す。使人自ら大夫と称す。倭国の極南界なり。光武、賜うに印綬を以てす。安帝の永初元年、倭の国王帥升等、生口《せいこう》百六十人を献じ、請見を願う。」なる記述が見えている。この記事については『後漢書』光武帝本紀および安帝本紀に対応する記事があるが、光武帝による印綬の下賜は「*漢委奴国王印」と関連し、注目される。

［文献］　石原道博編訳『新訂魏志倭人伝・後漢書倭伝・宋書倭国伝・隋書倭国伝』（岩波書店、一九八五）。　（森田　悌）

魏志《ぎし》・倭人伝《わじんでん》　正確には『三国志』『魏書』東夷伝倭人の項。晋の陳寿《ちんじゅ》が撰述した。「倭人は帯方の東南大海の中にあり」で始まり、まず*帯方郡から水行して対馬・壱岐を経て北九州へ至り、そこより*邪馬台国へ至るまでの方位・行程・地誌を記し、*女王*卑弥呼統率下の倭国の風俗や政治のあり方を述べ、ついで魏と倭、邪馬台国との交渉に触れている。三世紀代の日本のあり方について詳述している稀有な史料であるが、記述中に誤解を犯していると思われる箇所があり、書かれている方位・行程どおりだと、倭国の中枢である邪馬台国の所在地が南西諸島方面という不可解な事態になってしまう。このため江戸時代以来邪馬台国の所在地に関して様々な説が出されてきているのであるが、現段階では『魏志』倭人伝の誤解を訂正し、近年目ざましい進展をみせている考古学の成果を利用することにより、奈良盆地、*纒向遺跡（奈良県桜井市太田）に比定することでほぼ落着している。知られる倭国の風俗に入墨《いれずみ》や潜水による漁法などがあり、多分に南方系の文化の影響下にあったことがわかる。これは後代のあり方からみて納得できることである。*倭と魏との交渉に触れている部分では、女王卑弥呼に賜わった長文の詔を引用するなど詳しい記述を行っているが、当時魏は呉と抗争関係にあり、倭国、邪馬台国を味方にひきつけておくという政治上の要請があったことによる。少なからざる部分が先行

『魏志』倭人伝

倭人《わじん》は帯方《たいほう》の東南大海《たいかい》の中にあり、山島によりて国邑《こくゆう》をなす。旧《もと》百余国。漢の時朝見《ちょうけん》する者あり、今使訳《しやく》通ずる所三十国。郡より倭《わ》に至《いた》るには、海岸に循《したが》って水行し、……邪馬臺国に至る。……倭国乱《みだ》れ、相攻伐《こうばつ》すること歴年《れきねん》、乃《すなわ》ち共《とも》に一女子を立てて王となす。名づけて卑弥呼という。鬼道《きどう》に事え、能《よ》く衆《しゅう》を惑《まど》わす。年已《すで》に長大《ちょうだい》なるも、夫壻《ふせい》無《な》く、男弟あり、佐《たす》けて国を治む。……景初《けいしょ》二年六月、倭の女王、大夫《たいふ》難升米《なしめ》等を遣《つか》わし郡に詣《いた》り、天子に詣りて朝献せんことを求む。……其《そ》の年十二月、詔書《しょうしょ》して倭の女王に報じていわく、「…今汝《なんじ》を以《も》って親魏倭王《しんぎわおう》となし、金印紫綬《しじゅ》を仮《ゆる》し、装封《そうふう》して帯方の太守に付し仮授《かじゅ》せしむ。…」……卑弥呼以って死す。大《おお》いに冢《つか》を作る。径百余歩、徇葬《じゅんそう》する者、奴婢《ぬひ》百余人。更《さら》に男王を立てしも、国中服せず。更々《こもごも》相誅殺《ちゅうさつ》し、当時千余人を殺す。復《ま》た卑弥呼の宗女臺与《そうじょとよ》年十三なるを立てて王となし、国中遂《つい》に定まる。

する魚豢《ぎょかん》の『魏略』によっているとされ、陳寿が日本を旅行しているわけでなく、伝聞による記述であるが、日本国内に関連史料を欠く時代に関わるものとして貴重である。

［文献］　石原道博編訳『新訂魏志倭人伝・後漢書倭伝・宋書倭国伝・隋書倭国伝』（岩波書店、一九八五）。　（森田　悌）

宋書《そうしょ》　梁の沈約《しんやく》が斉の武帝の勅を受けて撰述した南朝宋の正史。帝紀一〇巻・志三〇巻・列伝六〇巻。日本関係の記述は巻九七夷蛮伝中の倭国に関する部分である。「倭国は高驪の東南大海の中にあり、世々貢職を修む」で始まり、*倭五王を称される讃による永初二年（四二一）の貢納や珍への安東将軍・倭国王賜授、済による遣使奉献と安東将軍・使持節都督・倭・新羅・任那・加羅・秦韓・慕韓六国諸軍事の賜除、大明六年（四六二）興への安東将軍・倭国王の賜授、興死後即位した武が使持節都督・倭・百済・新羅・任那・加羅・秦韓・慕韓七国諸軍事・安東大将軍・倭国王を自称したことなどを記し、最後に順帝の安明二年（四七八）に武が上呈した長文の上表文が引用されている。本書は五世紀、倭五王の時代に関わる確実な史料として、すこぶる珍重されるべきものである。

［文献］　石原道博編訳『新訂魏志倭人伝・後漢書倭伝・宋書倭国伝・隋書倭国伝』（岩波書店、一九八五）。　（森田　悌）

隋書《ずいしょ》　唐の魏徴《ぎちょう》らが太宗の勅を奉じて編んだ隋の正史。本紀五巻・列伝五〇巻からなるが、その後、志三〇巻が補充されている。日本史関係は巻八一東夷伝中の倭国に関する部分である。「倭国は百済・新羅の東南にあり」で始まり漢代以来の倭国と中国の交渉について記した後開皇二〇年（推古天皇八年、六〇〇）の倭王による隋への遣使に言及し、倭王が姓阿毎《あめ》、字多利思比孤《たりしひこ》、阿輩雞弥《アヘキミ》を称したことを記し、内官の制度（冠位十二階）や軍尼（国造）、伊尼翼（稲置《いなぎ》）に触れ、服制や罪刑・風俗に及んでいる。さらに大業三年（推古一五年、六〇七）の倭王による遣使、その翌年の裴世清の倭国への遣使について記している。推古朝の様子を詳細に示しており、『*日本書紀』とは異なる史料として貴重である。

［文献］　石原道博編訳『新訂魏志倭人伝・後漢書倭伝・宋書倭国伝・隋書倭国伝』（岩波書店、一九八五）。　（森田　悌）

楽浪郡《らくろうぐん》　前漢の武帝が元封三年（前一〇八）に朝鮮に置いた四郡の一。郡の中心は現在の平壌付近。この地域は早くから漢文化が流入していたことが確認されており、中国による朝鮮支配の拠点であった。『漢書*』地理志には「夫れ楽浪海中に倭人あり、分れて百余国となり、歳時を以て来たり、献じ見《まみ》ゆ」とあり、漢と倭国との交渉の窓口の機能を有していた。もっとも後漢末に至り楽浪郡の南半を帯方郡*として分離すると、倭との交渉機能は帯方郡に移っている。ちなみに、『魏志*』倭人伝にみえる魏と倭との交渉はもっぱら帯方郡を介してすすめられている。満州（中国、東北）方面に勃興した高句麗が南下するようになるとその圧迫を受け、三一三年に滅亡した。

［文献］　池内　宏「楽浪郡考」（『満鮮史研究上世1』所収、吉川弘文館、一九七九）。　（森田　悌）

帯方郡《たいほうぐん》　朝鮮半島の西岸中央部に置かれた中国の郡名。現在の黄海道と京畿道北部が当たる。前漢元封三年（前一〇八）に武帝が設置した楽浪郡*の南半分を漢末に至り分離したもの。設置者は独立的傾向を強めていた遼東の大守公孫度の子公孫康。公孫康は楽浪郡を支配下に置くと南方の韓《かん》・濊《わい》族らを統制するため郡を二分し、南半を帯方郡としたのである。この郡は南方諸族に対処することを目的にしていただけでなく、倭国への窓口となりかつそれを統制するという役割を有していた。二三八年に魏が公孫氏を滅ぼすと帯方郡は魏の支配下に入り、魏と倭国との交渉は帯方郡を介して行われた。楽浪郡は三一三年に南下する高句麗*により滅ぼされたが、ほぼ同じ頃帯方郡も韓、濊族により併合され滅びた。

［文献］　池内　宏「楽浪郡考」（『満鮮史研究上世1』所収、吉川弘文館、一九七九）。　（森田　悌）

倭《わ》　日本を指す語。初見は『山海経《せんがいきょう》』の海内北経の「蓋国は鉅燕の南、倭の北にあり、倭は燕に属す」であり、その後班固の『漢書*』地理志燕地条に「楽浪海中に倭人あり、分れて百余国となり、歳時を以て来り献じ見《まみ》ゆ」と記されている。『魏志*』倭人伝に倭人についての記述があり、それ以降『唐書』に至るまで倭国伝が記されている。倭の意味について蔑称説や遠方説が説かれている。七、八世紀の頃大和国を倭国、大倭国と表記することが行われている。天平九年（七三七）一二月に大養徳国と表記することに改め、天平宝字元年（七五七）末の頃から大和国に改訂している。自国を倭国、大倭国と表記しているのであるから倭が蔑視感を伴っていたとは解しにくいであろう。

［文献］　山尾幸久『日本古代王権形成史論』（岩波書店、一九八三）。　（森田　悌）

クニ　クニには土地の意があり、国生み神話や国引き神話のクニは天や海に対する土地のことにほかならない。かかる語義と異なり国譲りのクニにみるごとく、ある限られた政治的領域をクニと称することも早くから行われていた。『漢書*』にみえる倭人が百余国に分かれていたとある国や『魏志*』倭人伝中の対馬国以下の国も政治的領域にあたり、それらの小国の総体である倭国もクニであった。『宋書*』倭国伝にみえる武王の上表に征服した国の数が列挙され、それらを合わせたものも倭国であった。すなわち、総体としてのクニの下に小さなクニが重層的に存在していたことがわかるのであるが、やがて国造*管下の支配領域となり、律令地方制度が整備されるようになると令制国となった。

［文献］　『古事類苑　地部』一、二（吉川弘文館、一九七六）。　（森田　悌）

邪馬台連合《やまたいれんごう》　『*魏志』倭人伝から知られる三世紀段階の日本列島は倭国と称され、それを束ねる王が擁立されていた。同書の「その国本亦、男子を以て王と為す」や「共に一女子（*卑弥呼）を立て王と為す」が倭国に王が置かれていたことを明示している。卑弥呼が魏朝から授けられた親魏倭王も、倭国全体を統治する王に与えられた称号である。ただし、『魏志』倭人伝では*倭に関し、「今、使訳通ずる所三十国」といい、対馬国以下について言及されている。すなわち倭国王が統治者として臨む倭国は三〇の国から構成されていたことがわかる。ところでこれらの国の支配のあり方をみると、邪馬台国を別にすると伊都国にのみ「世々王あり、皆女王国に統属す」とあり、国王が置かれていたことがわかるが、他の国については王の有無が確認されない。おそらく伊都国は九州島方面の中心に位置し同国以外には王が置かれていなかったとみてよく、九州地方の諸国は伊都国の管轄下に置かれていたのであろう。邪馬台連合は倭国王支配下の諸国の連合体の謂《いい》であるが、九州島をまとめる伊都国にのみ王が置かれていたものの、他の国には置かれておらず、倭国王の部内統率はかなり強力なものになっていたらしい。邪馬台連合と抗争する国に狗奴国があり、そこには王卑弥《ひみ》弓呼《くこ》が在位していた。列島で連合の盟主卑弥呼の威令に服さない存在となると、狗奴国王のみであったことになるが、邪馬台国はかかる王を戴く諸国を制圧し、卑弥呼の段階で三〇か国の上に君臨したのである。

［文献］　井上光貞『日本国家の起源』（岩波書店、一九六〇）、森田悌『邪馬台国とヤマト政権』（東京堂出版、一九九八）。（森田　悌）

邪馬台国《やまたいこく》の位置《いち》　『*魏志』倭人伝には朝鮮*帯方郡から対馬・壱岐を経て北九州に上陸し、末盧・伊都・奴・不弥・投馬などの諸国を経て邪馬台国へ至る距離と方角が記載されており、それを根拠に邪馬台国の位置の追究がなされてきている。不弥国までの諸国は遺称地名もあり、松浦半島から博多湾岸に至る北九州に所在していたことが明らかであるが、投馬国および邪馬台国は北九州から「南方向で水行二十日ないし水行十日、陸行一月の地点に位置する」とされており、この記載どおりだと南九州から南西諸島方面に所在していたことになってしまう。しかし三世紀代の南九州の状況を考慮すると、邪馬台国のごとき倭の中枢国が所在していたとは考えにくく、『魏志』倭人伝の記載に何らかの誤りがあると考えざるをえない。通常方位南が東の誤りではないかとされ、投馬国と邪馬台国は北九州から東進した地点に位置していたと考えられている。北九州から東方向で水行二〇日ほど進むと吉備のあたりまで至ることが可能であり、『*萬葉集』に見える鞆《とも》の浦《うら》のあたりが投馬国に当たるようである。そこから一〇日ほど水行すると畿内大和盆地へ入ることが可能であり、邪馬台国は大和盆地内に所在していたと解することができる。『魏志』倭人伝の邪馬台国へ至る行程として記されている陸行一月は、北九州から水行によらず陸行のみによった場合に必要とした日数の意である。北九州から大和盆地までの陸行行程もほぼ三〇日である。三世紀代の日本列島において都市的景観を有するもっとも卓越した集落遺跡となると*纏向遺跡（奈良県桜井市太田）であり、これが邪馬台国に当たるとみることができる。邪馬台国を九州島内に比定する学説はあるが、行程からみて成立しにくいと思われる。

［文献］　森田　悌『邪馬台国とヤマト政権』（東京堂出版、一九九九

八）。（森田　悌）

倭《わ》の政治《せいじ》・社会《しゃかい》　『漢書』*から知られる倭国は百余国に分かれ、それらのなかの有力な国は漢へ朝貢し、官爵を授けられるなどしていた。西暦五七年に奴国王が「漢委奴国王印」*を下賜されているのは、その一例である。一〇七年には面土（伊都か）国王帥升等が生口一六〇人を献じている。その後、漢末の混乱が日本列島にも及び、諸国が相攻伐するような事態になったが、二世紀末に女王卑弥呼*を擁立することにより安定し、邪馬台国を中心に約三〇の国が統合されるに至った。個々の国には卑狗《ひく》や卑奴母離《ひなもり》などの官が置かれ、歴史的経緯により九州方面の中枢国である伊都国には王が置かれていた。卑弥呼は魏から「親魏倭王」の称号を与えられたが、鬼道を事とするという巫女王の性格があり、政治の実務は近侍する男弟が執り行っていたという。邪馬台国による倭国内の統制は、伊都国以外に王は置かれず、強力なものであったらしい。遠隔地である九州方面には一大率が置かれていたが、諸国はこれによる検察を畏憚していたという。諸国へは中国の刺史に準ずる役人が派遣されていた。倭国では商行為も盛んに行われていたようで、それを監督するために大倭と称する役人が置かれていた。徴税制度も整い、津における渉外事務もきちんと行われていた。卑弥呼が死ぬと径百歩の高塚墳墓が築造されており、そのためには多数の労務者を計画的に差発する必要があったと思われるので、国家統治機構はかなり整備されていたと考えられる。倭国には大人と下戸からなる二つの社会階層があったことが知られる。下戸が大人と会うと草中に隠れ、言葉を伝えるときは跪き両手を地面につけ恭敬の意を示したという。大人は支配層、下戸は一般百姓であろうが、両者の間の身分差は大きかったらしい。また人々は家族を包摂する結合体として門戸、宗族に所属していた。おそらく大人は高貴な門戸、宗族をなし、下戸は下戸としての門戸、宗族を結んでいたのであろう。先に邪馬台国はその下に二九国を統合していたと指摘したが、この邪馬台連合に卑《ひ》弥弓呼《みくか》を王とする狗奴国が対抗し、戦争状態になっていた。両者の争いの結末がどうであったか不明であるが、邪馬台国は狗奴国のごとく対抗する諸国を破り、統属下に置くようになっていたのであろう。

［文献］　井上光貞『日本国家の起源』（岩波書店、一九六〇）、森田悌『邪馬台国とヤマト政権』（東京堂出版、一九九八）。（森田　悌）

漢委奴国王印《かんのわのなのこくおうのいん》　福岡県福岡市東区志賀島《しかのしま》南岸の叶《かな》の崎《さき》から出土した「漢委奴国王印」の印文を有する純金の印。方形をなし一辺平均二・三四七センチメートル、高さ〇・八八七センチメートルの印台があり総高二・二三六センチメートル。重さ一〇八・七二九グラム、体積六・〇六二五立方センチメートル。天明四年（一七八四）三月一六日付の志賀島村百姓甚兵衛の口上書によると、天明四年二月二三日に田の溝を修理中に地下に埋もれていた二人持の大きさの石を鉄《かな》てこで動かしたところ石の間に光るものがあり、取りだし水ですすいでみると印判様のものであることがわかり、庄屋の指示で役所へ差し出したという。福岡藩では亀井南冥に金印の取調べを命じ、南冥は『後漢書』*光武帝本紀中元二年（五七）条や東夷伝にみえる、倭奴国王が光武帝から与えられた印綬に当たると論定している（『金印弁』）。その後、出土地や発見者・金印の真偽、性質などに関しさまざまな議論が出されてきたが、出土事情や真物であるということについては疑点は解消されているといってよい。なお、昭和三〇年から三二年（一九五五―一九五七）に行われた調査で中国雲南省晋寧県の一世紀の頃の古墳から漢委奴国王印と同型の金印（漢王之印）が発見されている。印文の委に関して三宅米吉が倭の通字と解し、奴を那津《なのつ》、儺県《なのあがた》の「な」に当たるとみて、奴国が博多付近に所在したと論じたが、委奴をいとと読み、『魏志』*倭人伝にみえる伊都国に当てる説も提出された。ただし現段階では三宅説で落着している。昭和二九年（一九五四）に国宝に指定され、福岡市美術館の所蔵となっている。

［文献］大谷光男『研究史金印』（吉川弘文館、一九七四）。

（森田　悌）

卑弥呼《ひみこ》　『魏志』*倭人伝にみえる邪馬台国*の女王。三世紀末の頃倭国は男王の下で乱れ相攻伐する事態となっていたので、一女子卑弥呼を女王にたてたという。このとき卑弥呼は十代の若さで、その後六十余年在位し、三世紀中頃に死去している。卑弥呼が擁立されたのは「鬼道に事《つか》え、能く衆を惑わす」という特異な能力によってであった。ここの鬼道を道教ないし五斗米道に結びつけて解釈することがあるが、原始的なシャーマニズム*と解すべきであろう。女王とはいえ政務はもっぱら近侍する男弟に委任していたとあり、巫女王の性格を有していた。魏と修好を結び、朝貢するとともに鏡などを下賜され親魏倭王に除されている。南方の呉と抗争関係にあった魏にとって倭国をひきつけておくことは、重要な戦略だったらしい。卑弥呼は列島内の三〇か国を束ねていたが、狗奴国とは対立関係にあり、戦闘状態に入っていた。魏の援助を仰ぎ、その官人の指導を受けている。卑弥呼は生涯夫婿を持つことなく死去したが、径百歩の塚をつくり徇葬の奴婢は百余人であったという。この塚は初期古墳の可能性があり、魏へ遣わされた使人が中国皇帝の墓所を見て得た知見により築造されているのかもしれない。卑弥呼の宮居したところがどこか確実なところは不明であるが、近年奈良盆地東南の纏向遺跡（奈良県桜井市太田）のあたりとする所見がほぼ共通見解となっている。卑弥呼と神武天皇に始まる皇統譜との関係如何については両者の間に断絶があり、卑弥呼の後継者は皇統に滅ぼされ、そのため天皇家ないしその周辺の人たちに記憶されなかったのであろう。

［文献］井上光貞『日本国家の起源』（岩波書店、一九六〇）、森田悌『邪馬台国とヤマト政権』（東京堂出版、一九九八）。

（森田　悌）

シャーマニズム　異常心理状態下で超自然的存在である神霊・精霊・死霊などと交流し、託宣や卜占・治病などを行う呪術・宗教形態。この語はツングース系諸族において呪術師を意味するサマンに由来する。日本古代においてもシャーマニズムは認められ、『魏志』*倭人伝に「鬼道に事《つか》え、能く衆を惑わす」と記されている邪馬台国*女王卑弥呼はシャーマンであったとみてよい。崇神*天皇朝のとき大物主神の神霊が憑依して「天皇何ぞ国の治まらざるを憂へたまふ、若し能く我を敬ひ祭りたまはば、必ず当に自平《たいら》ぎなむ」と託宣した倭迹迹日百襲姫《やまととひももそひめ》命や神意を得て朝鮮征伐を行った神功皇后*にシャーマン的性格を見ることができる。

［文献］堀　一郎『日本のシャーマニズム』（講談社、一九七一）。

（森田　悌）

高地性集落《こうちせいしゅうらく》　弥生時代の中期から後期にかけて平地から数十メートル以上高い丘陵や山頂に形成された集落。軍事的・防御的機能を有したとされ、畿内から瀬戸内方面にかけて多数分布している。見張りや通信の任についたり、攻撃されたとき籠城する施設の役割を果たしたと考えられているようである。『魏志』*倭人伝に男子を王としたところ「倭国乱れ、相攻伐すること歴年」とある記述に注目し、弥生時代末期に各地で出来していた争いに結びつけて解釈できるとする説がある。当時実戦に使用された武器の例があり、首を切断されたり傷害を負った人骨が出土していることから、倭国大乱は事実であったようである。高地性集落を軍事施設とみる所見に妥当性を認めうるが、単に人口増などによる平地から高地への進出を示すにすぎないとする見解もある。

［文献］ 小野忠熈『高地性集落論』（学生社、一九八四）。

（森田 悌）

三　ヤマト王権の成立

闕史時代　中国の史書『晋書《しんじょ》』に、西暦二六六年に倭《わ》の使者が晋《しん》の国にやって来たと書かれているが、その後約一〇〇年間、日本列島についての大陸側の文献史料は見出せない。三世紀後半から四世紀後半までの、この一〇〇年の間にヤマト王権の成立がみられたと思われるが、史料は欠如している。わが国の史料『*古事記』『*日本書紀』ももちろん沈黙している。そこで、かつて史家は、この一〇〇年を『闕史《けっし》時代』と呼んだ。

三世紀から四世紀にかけての時期に成立する壮大な高塚墳墓（古墳）は、強力な支配者の出現を示し、統一「国家」の成立を物語っている。おそらく天皇家の祖先と思われる支配者・大王たちは四世紀前後に、日本列島の西半分に統一「国家」を作りあげ、次いで朝鮮半島に出兵し、半島南部に植民地的な拠点を確保した模様である。

倭の五王　五世紀に入ると、ヤマトの王権は支配組織を確立し、支配領域も拡大した。四二一年から五〇二年にかけて、中国の史籍には、讃《さん》・珍《ちん》・済《せい》・興《こう》・武《ぶ》の*倭の五王が中国の王朝に使者を派遣した記事がみえ、大王の姿がやや明瞭に浮かびあがってくる。この五人の王は、のちに仁徳《にんとく》（または履中《りちゅう》）・反正《はんぜい》・允恭《いんぎょう》・安康《あんこう》・雄略《ゆうりゃく》と諡《おくりな》された大王（天皇）に相当すると考えられている。なかでも、四七八年に*倭王武が宋王朝に奉った上表文（『*宋書』倭国伝）は名高い。しかし、『日本書紀』の物語る、王権をめぐる当時の状況は混沌たるものがあった。

王位継承と豪族層　当時の王位継承の慣《なら》わしは、父から子そして孫へと伝える単線的な直系相続ではなく、兄弟が順に王位につく「兄弟相承《けいていそうしょう》」であった。したがって、世代の交替期に王家・豪族間の抗争は激化した。仁徳のあと、その子の履中・反正・允恭が相次いで大王となった。三人の大王の母は葛城《かつらぎ》氏の出身であり、この王位継承の背後には外戚葛城氏の干渉があったと推測される。王位の兄弟相承主義が、王家内部や豪族間の分裂・抗争を生み、紛争を招いた。そして武烈に至って仁徳系の王統は断絶し、応神五世の孫と称する男大迹《おおと》王が北陸から迎えられて王位についた。*継体大王（天皇）である。継体大王を擁立したのは大連《おおむらじ》*大伴金村であった。しかし、のち金村は朝鮮半島をめぐる外交政策の失敗によって失脚する。

磐井の乱　継体大王のあと、*安閑・*宣化を大王に立てようとする大伴氏と、*欽明を擁する蘇我《そが》氏との抗争が激化したが、五二七年、筑紫《つくし》の国 造《くにのみやつこ》磐井《いわい》が反乱を起こした。*磐井の乱は約一年半も続き、九州北半域を覆う大規模なものであったらしい。磐井は朝鮮半島の*新羅と結びつきがあったものとみられ、半島における拠点復活を目指すヤマト王権による出兵を阻止する目的を持っていたと思われる。この反乱は、単なる国内問題ではなく、当時の東アジアにおける国際関係のなかでの、大きな広がりを持ったものと理解される。かくして朝鮮半島経営は行き詰まり、ヤマト王権は、長年にわたって維持してきた半島における拠点を失うことになった。

氏と姓　大王を中心とするヤマト国家の支配組織は氏姓《しせい》制と呼ばれている。ヤマト国家では、大王を首長とし、有力な豪族が支配階級を形成して政治支配を行っていたが、その間の関係を秩序づけたものが氏姓制度であった。*氏は、多くの家からなる同族組織で、族長である氏上《うじのかみ》は、氏人を率い、氏神の祭祀を行い、氏を代表して政治に参与した。

*姓は、氏の尊卑の等級や、公的な地位を示すものとして大王から与えられ世襲された。臣《おみ》・連《むらじ》・君《きみ》・造《みやつこ》・直《あたい》・首《おびと》・史《ふひと》・村主《すぐり》・薬師《くすし》などの呼称は、朝廷内での地位や職務によって与えられたものであって、大化前代の諸豪族が統一的に氏・姓を与えられたのは六世紀初めで、大王家が世襲王制を確立するに従って形を整えたものであろう。

部民制　ヤマト国家の、生産組織としての基本体制は*部民制であった。当時の社会は、支配階級である豪族（氏）と被支配階級である農民に分かれ、さらにその下に奴隷がいた。農民たちは*伴造のもとで部《べ》に編成され、貢納を行い労役に従った。部民のなかには、大王やその一族の生活の資を貢納する*名代・*子代があった。

国造とミヤケ　ヤマト王権が列島の統一をなしとげていく過程で服属した部族国家の一部は県《あがた》として、一部は朝廷の直領となり、また一部は*国造組織の下部に組み入れられた。従来の族長はその地位を保証されて*県主となった。国造には、従来の地方的君主が王権に服属してその地位についたものと、中央から派遣されて、その地位が世襲されたものと二種類あったとみられる。大王権力の確立過程で、五世紀を通じて諸国造支配地のなかに*ミヤケ（屯倉）が設定された。これは族長を管理者とする間接支配の形をとるもので、旧共同体を破壊することはなかったが、六世紀には、中央から管理者（田令《たつかい》）を派遣する直接支配方式のミヤケに変わった。

古墳文化　ヤマト王権による列島統一が進んでいた頃、三世紀後半から七世紀末頃までの間は、文化史上の区分からは古墳文化の時代と称される。弥生時代には、*甕棺や*箱式棺などによる葬法が行われたが、この時代になると、地上に土を高く盛って高塚をつくり、その内部に遺骸をおさめる方式がとられるようになり、全国に広まっていった。

古墳時代は、前・中・後の三期に区分される。前期は三世紀半ば以降から四世紀後半までで、畿内・瀬戸内・北九州を中心とする地域に竪穴式石室を有する古墳が築造され、それらの地域に、広域の首長連合の成立をみた時期である。中期は五世紀を中心とし、巨大な古墳が築造された。畿内を中心とする政権が他地域を軍事的に圧倒し統一を進めていった時期と対応する。大王の墳墓は河内の古市古墳群や百《も》舌鳥《ず》古墳群に築かれている。副葬品が質的に向上し、しかも多量になる。これは首長の政治権力が強化され、それに伴い、葬送祭儀の形式化、儀礼化が進んだことを示している。後期は六・七世紀で、横穴式石室が普及し、古墳の様相が大きく変わったときである。古墳の形態も、六世紀末に*前方後円墳から*方墳、*八角墳などに変わった。古墳の規模は小さくなるが、量は増える。築造地域は広がり、被葬者の階層も広がる。副葬品も実用的な日常品の多くなる傾向がある。前方後円墳の築造は、ほぼ六〇〇年前後には終末を迎え、さらに七世紀後半以降、律令制的な組織の整備に伴い、古墳自体が姿を消していくのである。

（阿部　猛）

（一）東アジア世界

六朝文化《りくちょうぶんか》　六朝とは中国の魏晋南北朝時代に江南にあった呉《ご》（二二二―二八〇）、東晋《とうしん》（三一七―四二〇）、宋《そう》（四二〇―四七九）、斉《せい》（四七九―五〇二）、梁《りょう》（五〇二―五五七）、陳《ちん》（五五七―五八九）の六王朝を指し、いずれも建康《けんこう》（呉では建《けん》業《ぎょう》といった。今の南京市）を首都とした。六朝文化とは建業・建康を中心として六朝時代に栄えた優雅な貴族文化の総称であり、先秦時代以来の中国の伝統文化を受け継ぎながらも、江南の新興貴族が創出した清新性をも兼ね備えている。この文化の背景には、伝統的儒教思想に加えて、後漢時代以後中国社会にしだいに広まっていった道教と仏教の思想があった。文学では詩や四六駢儷文《しろくべんれいぶん》（四字句・六字句の対句を駆使した韻文）が多くつくられ、陶淵明《とうえんめい》（陶潜《とうせん》、三六五頃―四二七）・謝霊運《しゃれいうん》（三八五―四三三）らが著名である。梁の昭明太子《しょうめいたいし》（五〇一―五三一）は先秦時代以来の詩文を精選して『文選《もんぜん》』を編集したが、このなかに六朝文学の作品が多く収録されている。ほかに「六朝志怪《しかい》」と呼ばれる、のちの中国小説の源流となる短篇も多くつくられた。書では書聖《しょせい》と称される王羲之《おうぎし》（三〇七頃―三六五頃）は楷《かい》・行《ぎょう》・草《そう》の三書体を完成させた。書家の祖といわれ、『蘭亭集《らんていしゅう》』の「序」は文・書ともその手になり、行書体の最高傑作の一つである。その子王献之《おうけんし》（三四四―三八八）は隷《れい》書《しょ》・草書に優れ、二人合わせて二王と呼ばれる。絵画では顧《こ》愷《がい》之《し》（三四四頃―四〇五頃）が画聖と称せられ、人物画と道教思想に基づく山水画がある。代表作の「女子箴図《じょししんず》」は宮中の女官へのいましめの書を絵画にしたもので、唐代の模写が大英博物館にある。東晋時代には慧遠《えおん》（三三四―四一六）、法顕《ほっけん》（三三七頃―四二二頃）などの高僧が現れ、特に前者は浄土宗の開祖で廬山《ろざん》を拠点に念仏結社の白蓮社《びゃくれんしゃ》をつくって仏教を広めた。のちに梁の武帝（在位五〇二―五四九）のように帝位にあって仏教を熱心に信ずる者も現れた。

［文献］伊藤正文・一海知義編訳『漢・魏・六朝詩集』（平凡社、一九七二）、吉川忠夫『王羲之―六朝貴族の世界―』（清水書院、一九七二）、前野直彬編訳『六朝・唐・宋小説選』（平凡社、一九六八）、一海知義『陶渕明―虚構の詩人―』（岩波新書、一九九七）。

（太田幸男）

隋《ずい》（五八一―六一八）　三世紀初頭以後南北の分裂と異民族支配が続いた中国大陸を漢民族によって統一した王朝。楊堅《ようけん》（五四一―六〇四）は北周《ほくしゅう》（五五六―五八一）の外戚の地位を利用して力をのばし、やがて北周に代わって隋を建て（文帝、在位五八一―六〇四）、長安の南東郊外に大興《たいこう》城を建設して首都とした。五八九年には南朝の陳（五五七―五八九）を併合した。地方行政組織の郡を廃して州県制としたほか、税制は庸《よう》を加えて租庸調《そようちょう》制とし、土地制度・兵制は各々均田《きんでん》制・府兵制をより整備するなど、北朝の諸制度を受け継ぎ、より充実させた。また官吏登用制には学科試験制を採用してのちの科挙《かきょ》制のもとをつくった。第二代皇帝*煬帝（在位六〇四―六一八）は父の文帝を殺して即位したといわれる。その最大の事績は、文帝時代から始まった五本の大運河の完成であり、なかでも長江と黄河を結ぶ通済渠《つうさいきょ》と邗溝《かんこう》の開通は、中国の南北を水路で結び、物資の流通に益すること大であった。また、北方の突厥《とっけつ》が*高句麗と組んで隋と対立したため、煬帝は七世紀初めに三回、大軍をもって高句麗と戦ったが、いずれも失敗した。これらのことと、煬帝自身の乱費によって財政窮乏を招き、この対応としての重税が各地での農民反乱を引き起こし、六一八年に煬帝は混乱のなかで臣下に殺されて隋は滅亡した。日本の*聖徳太子は六〇七―六一〇年に*小野妹子を、六一四年に*犬上御田鍬を煬帝のもとに派遣して交流を求めた（*遣隋使）。

［文献］アーサー・F・ライト（布目潮渢・中川努訳）『隋代史』（法律文化社一九八二）、宮崎市定『隋の煬帝』（中公文庫、一九八七）、布目潮渢・栗原益男『隋唐帝国』（講談社学術文庫、一九九

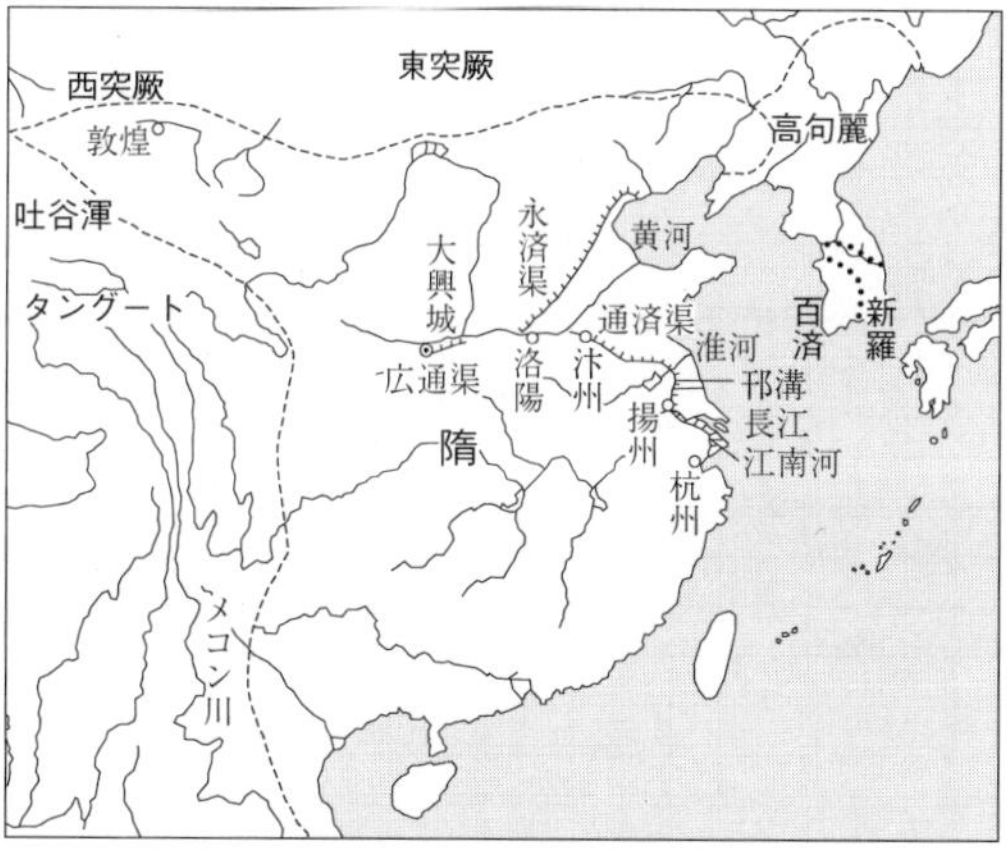

------ 煬帝（在位 604～618）の時代の版図
ııııııı 運河

隋代の東アジア

七)。　　　　(太田幸男)

唐《とう》（六一八—九〇七）　古代東アジア世界の中心をなす中華帝国。山西出身で隋*の将軍であった李淵《りえん》（五六五—六三五）が隋末の混乱に乗じて長安を都として建国した（高祖、在位六一八—六二六）。その次子の李世民《りせいみん》（五九八—六四九、太宗、在位六二六—六四九）によって国家の基盤が築かれ、安定した治世となった（貞観《じょうがん》の治）。中央行政組織は三省（中書《ちゅうしょ》、門下《もんか》、尚書《しょうしょ》）の下に六部《りくぶ》（吏《り》・戸《こ》・礼《れい》・兵《へい》・刑《けい》・工《こう》）が置かれ、また監察機関として御史台《ぎょしだい》があった。地方は十道に分かれ、その下に約三〇〇の州、一五〇〇の県が置かれ、さらにその下に郷、里と呼ばれる単位があった。土地制度、税制、兵制はいずれも隋の均田《きんでん》制、租庸《そよう》調《ちょう》制、府兵制を受け継ぎ、より整備されたものとした。これらの諸制度は律《りつ》・令《れい》・格《かく》・式《しき》の各成文法に定められていたので、その政治体制を律令体制と呼ぶ。服属した諸民族の支配には都護府《とごふ》による羈縻《きび》政策と呼ぶ懐柔策がとられ、周辺諸民族国家を冊封《さくほう》関係によって臣従・朝貢させた。

七—八世紀にかけて則天武后《そくてんぶこう》（六二四頃〜七〇五）・韋后《いこう》（?〜七一〇）が実権を握り、外戚勢力が盛んであったが、玄宗《げんそう》（在位七一二—七五六）によって安定した政治が復活した（開元《かいげん》の治）。しかしその晩年に起きた安史*の乱以後、律令体制は崩壊の一途をたどり、七八〇年に両税《りょうぜい》法が制定された頃は均田制も実行されなくなった。各地に新興地主が出現し、節度使《せつどし》が発展した藩鎮《はんちん》という軍閥が割拠するようになった。九世紀末の黄巣《こうそう》の乱を契機に滅亡した。その文化は周辺諸民族文化を受容した国際色豊かな華やかなものであり、特にシルクロードを経て長安にもたらされたヨーロッパ、西・中央アジアの芸術品や宗教が注目される。

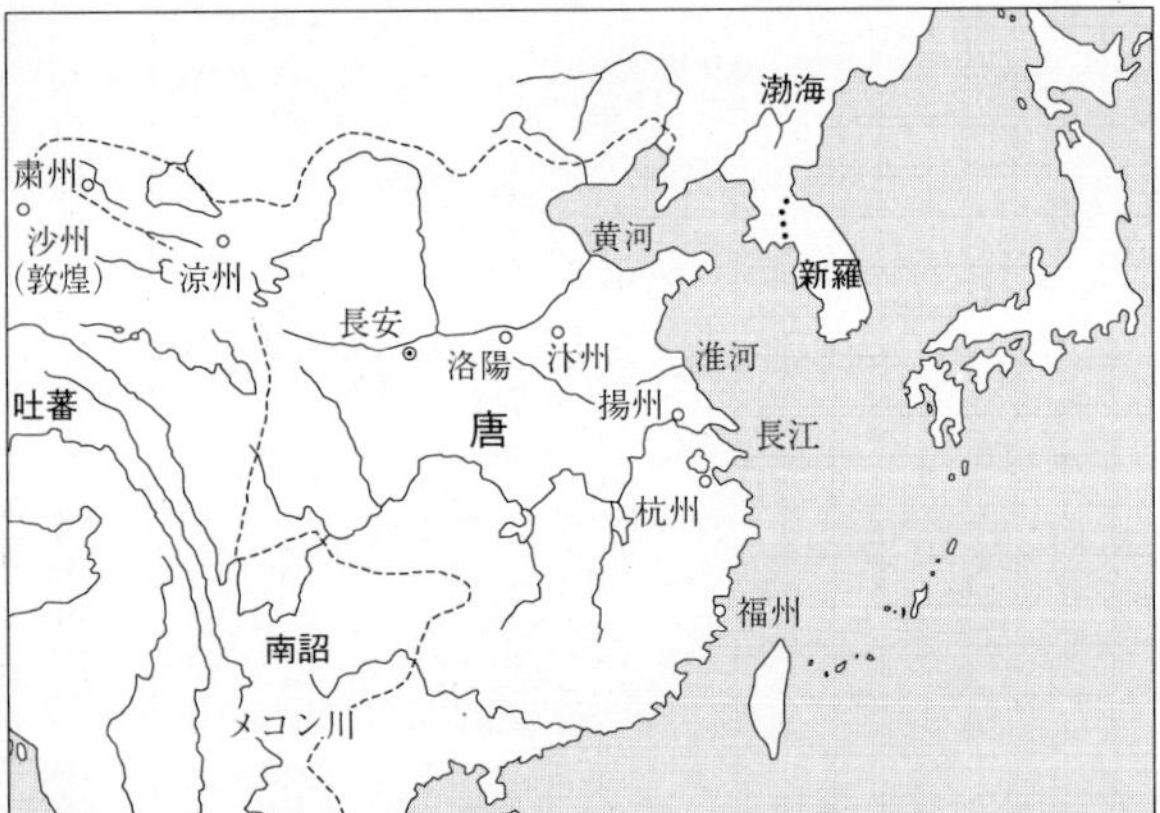

唐代の東アジア

［文献］石田幹之助『長安の春』（講談社学術文庫、一九七九）、尾形　勇『東アジアの世界帝国』（講談社、一九八五）、布目潮渢・栗原益男『隋唐帝国』（講談社学術文庫、一九九七）、京都文化博物館編『長安—絢爛たる唐の都』（角川選書、一九九六）、礪波護『唐の行政機構と官僚』（中公文庫、一九九八）。　　　　(太田幸男)

宋《そう》（九六〇—一二七九）　五代十国の分裂時代を克服して成立した中国の王朝。一一二六年の靖康《せいこう》の変を境に北宋《ほくそう》と南宋《なんそう》に

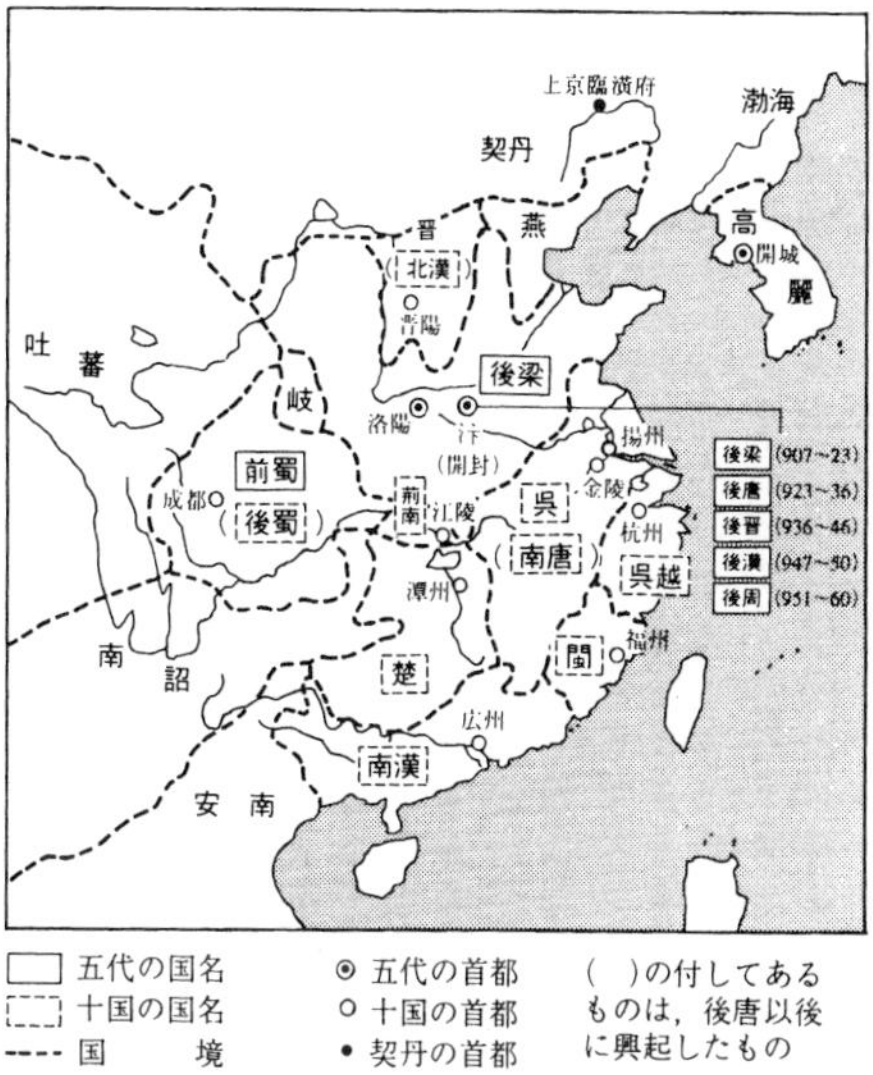

五代十国（後梁）時代の東アジア（藤野 保監『日本史事典』朝倉書店，2001）

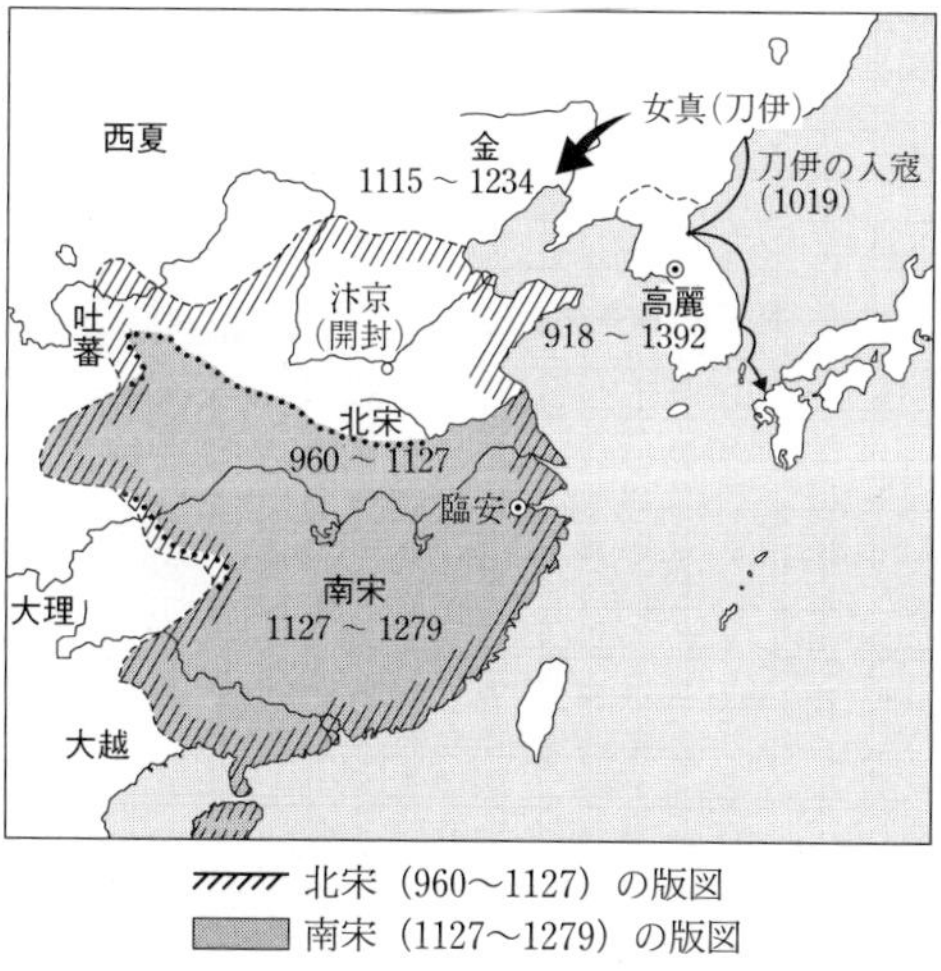

宋代の東アジア

分けられる。後周《こうしゅう》（九五一－九六〇）の武将であった趙匡《ちょうきょう》胤《いん》（九二七－九七六）が開封《かいふう》（汴京《べんけい》）を都として帝位につき（太祖《たいそ》、在位九六〇－九七六）、次の太宗《たいそう》（在位九七六－九九七）によって全国統一がなされ、王朝の基盤が築かれた。節度使を廃して藩鎮《はんちん》勢力を消滅させて皇帝直属の禁軍《きんぐん》に統一し、殿《でん》試《し》の制を実施して科挙制を完成させ、官僚を出した家を官戸《かんこ》として尊重して徭役を免除するなど、文官主導の中央集権体制（文治《ぶんち》主義）とした。官僚の出身母体は佃戸《でんこ》に耕作させる荘園領主が一般的であったが、神宗《しんそう》（在位一〇六七－一〇八五）の宰相王安石《おうあんせき》（一〇二一－一〇八六）は小地主・小商人の利益を守り、富国強兵を図る新法を次々と施行し、南方出身の官僚を中心に新法党《しんぽうとう》を形成して、大地主・豪商らの利益を代表する司《し》馬光《ばこう》（一〇一九－一〇八六）ら北方官僚中心の旧《きゅう》法党《ほうとう》と長期に激しく対立し、政界は混乱した。さらに軍事的弱体を見越されて北方では契丹《きったん》人の遼《りょう》（九一六－一一二五）に続いて女真《じょしん》人の金《きん》（一一一五－一二三四）が、西北方ではタングート人の西夏《せいか》（大夏《たいか》、一〇三八－一二二七）がそれぞれ宋の領内に侵入して圧力をかけ、ついに金軍は開封を占領して皇族・高官らを北方に連れ去る靖康の変を起こした。翌年、江南に逃れた高宗《こうそう》（在位一一二七－一一六二）は臨安《りんあん》（現在の杭州市）を都として宋を復活させた。南宋は華北の金との抗戦派岳飛《がくひ》（一一〇三－一一四二）と和平派秦檜《しんかい》（一〇九〇－一一五五）の対立などを経ながらも、モンゴル人の元に滅ぼされるまで約一五〇年間余り命を保った。

［文献］ 周藤吉之・中嶋 敏『中国の歴史6・宋元』（講談社、一九七四）、東 一夫『王安石―革新の先覚者―』（講談社、一九七五）、竺沙雅章『宋の太祖と太宗―変革期の帝王たち』（清水書院、一九七五）、伊原 弘『中国開封の生活と歳時』（山川出版社、一九九一）、宮崎市定『水滸伝―虚構のなかの史実―』（中公新書、一九九三）。　（太田幸男）

高句麗《こうくり》（?―六六八） 朝鮮古代の三国の一つ。その祖先はツングース系の濊貊《わいはく》族の一部が建てた夫餘《ふよ》の別種であると自ら称していた。佟家江《とうかこう》（鴨緑江《おうりょくこう》の支流）流域に興り、紀元前後には高句麗王を戴く部族連合組織を形成した。二世紀以後勢力を強め、二〇九年には都を鴨緑江北岸の国内城《こくないじょう》（丸都《がんと》城、現在の中国吉林《きつりん》省集安《しゅうあん》市）に移した。三世紀には中国・三国魏の攻撃を斥けるとともに朝鮮半島西側に進出し、韓族・濊貊諸族をも支配下におさめ、しだいに国家を形成していった。三一三年には中国が置いた楽浪郡*・帯方郡*を陥れ、朝鮮半島から中国勢力を駆逐した。四世紀には朝鮮半島北部全域を支配下におさめ、広開土王《こうかいどおう》（好太王、在位三九一―四一二）、長寿王《ちょうじゅおう》（在位四一三―四九一）のときに最盛期をむかえた。四二七年には平《へい》壌《じょう》に都を遷《うつ》し、北は中国の吉林・遼寧《りょうねい》両省の地を領域とし、南は百済*、新羅*を圧迫する勢いであった。広開土王陵に立てられた墓碑の銘文には当時の百済、新羅、倭*との関係が記されている。以後、高句麗は中国の南北諸王朝に使節を遣り、冊封関係を結んだこともあったが、隋が中国を統一すると、高句麗は隋と対立関係にあった突厥《とっけつ》と結んだ。このため、隋の煬帝*によって七世紀初頭に三回にわたる攻撃を受けたが、いずれも撃退した。しかし唐は高宗（在位六四九―六八三）のときになって新羅と組んで高句麗を挟撃し、ついにこれを滅ぼした。こののち、朝鮮半島部分は新羅の領域となり、中国の東北部には高句麗遺民も加わって渤海《ぼっかい》国（六九八―九二六）が建てられた。

［文献］ 朱栄憲（永島暉臣慎訳）『高句麗の壁画古墳』（学生社、一九七二）、井上秀雄『古代朝鮮』（ＮＨＫブックス、一九七三）、井上秀雄ほか訳注『東アジア民族史―正史東夷伝―1・2』（平凡社・東洋文庫、一九七四・一九七六）、井上秀雄訳注『三国史記1〜4』（平凡社・東洋文庫、一九八〇―一九八八）。　（太田幸男）

百済《くだら》（?―六六〇） 「ひゃくさい」ともいう。朝鮮古代の三国の一つ。朝鮮半島西南部にあった部族連合体の馬韓《ばかん》の一部族伯済《はくさい》がほかの諸部族を従え、三世紀に漢江下流域に王を戴く百済国へ発展した。四世紀に近肖古王《きんしょうこおう》（在位三四六―三七五）は漢山（現在の広州附近）に都を定め、世襲君主制を始めるなど百済を部族連合体から国家へと発展させた。またこの時期から、中国の南朝の東晋より冊封を受け、加羅《から》諸国や倭（日本）とも外交関係を持つなど国際的地位も高まった。三八四年には西域の僧が仏教を伝えて以来、仏寺が多く建立されるなど百済は仏教国として栄えるようになり、日本も仏像などを受け入れた。しかし、四世紀末以降北方の高句麗*の圧力を受けるようになり、四七五年には漢山が陥落させられ、一時衰退した。新しい都の熊津《ゆうしん》（現在の公州市）に移って武寧《ぶねい》王（在位五〇一―五二三）の時代になると、新興貴族の解氏を中心に官僚体制が作られ、次の聖《せい》王（在位五二三―五五四）は都を泗沘《しひ》（現在の扶余《ふよ》市）に移し、農民に対する租税制度の確立など集権的支配体制を築いていった。以後、高句麗とは対立関係が続き、新*

羅とははじめは対高句麗の同盟国、六世紀中葉以後は対立関係となりながらも国家を維持したが、中国で唐*が成立すると、対高句麗戦略のために新羅と組んでまず百済を攻撃し、六六〇年に滅ぼした。そののち、百済復興運動が各地に起こり、百済と親交のあった日本はそれを援助すべく三万近くの軍を送ったが、唐・新羅連合軍に白村江で敗れ、復興運動も内部対立などによって成功しなかった。

［文献］井上秀雄『古代朝鮮』（NHKブックス、一九七三）、浜田青陵『百済観音』（平凡社・東洋文庫、一九六九）、井上秀雄他訳『東アジア民族史—正史東夷伝—1・2』（平凡社、一九七四・一九七六）、井上秀雄訳注『三国史記1—4』（平凡社・東洋文庫、一九八〇—一九八八）　（太田幸男）

四世紀末の朝鮮

新羅《しらぎ》（?—九三五）「しんら」ともいう。朝鮮古代の王国。朝鮮半島南東部にあった辰《しん》国を構成する一部族斯盧《しろ》が他部族を統合し、四世紀後半に新羅国に発展した。都は金城《きんじょう》（現在の慶州市）で、滅亡まで遷徙《せんし》しなかった。三国時代中頃までは最弱小国とされてきたが、六世紀前半の法興王（在位五一四—五四〇）の時代に官僚制度の確立、律令の制定など中央集権的な国家体制が整い、強国となった。北方の高句麗*とは終始対立・抗争し、百済*とは対高句麗の同盟関係にあったが、六世紀中葉以降は対立関係となった。中国で唐*が興ると、対高句麗戦略から唐と新羅は同盟を結び、六六〇年にまず百済を滅ぼし、ついで六六八年に高句麗を滅ぼした。朝鮮半島の支配を狙った唐は一時新羅と戦闘を交えたが、結局六七六年に朝鮮半島は新羅によって統一された。しかし新羅は唐の冊封国となって宗属関係に入り、律令制をはじめとする諸制度・文化を唐から取り入れることとなった。新羅独自の身分制度としては骨品《こつぴん》制があり、血筋によって王族や官僚貴族のランクが厳格に定められていた。統一後の新羅では仏教が国家の守護のもとで支配思想となり、多くの寺院が建てられ、多くの僧が中国に留学した。寺院では金城の仏国寺《ぶっこくじ》、石窟庵《せっくつあん》が著名である。八世紀になると国都の貴族による反乱が目立つようになり、九世紀には地方官僚の金憲昌《きんけんしょう》（?—八二二）、国際貿易で富を成した弓福《きゅうふく》（張保《ちょうほ》皐《こう》、?—八四六）が反乱を起こし、支配体制が乱れ、衰退が始まった。一〇世紀初頭、宗主国の唐が滅亡すると間もなく、王建が太祖となった高麗《こうらい》に帰服して滅んだ。

［文献］井上秀雄『古代朝鮮』（NHKブックス、一九七三）、井上秀雄ほか訳『東アジア民族史—正史東夷伝—1・2』（平凡社・東洋文庫、一九七四・一九七六）、井上秀雄訳注『三国史記1〜4』（平凡社・東洋文庫、一九八〇—一九八八）。（太田幸男）

冊封体制《さくほうたいせい》　前近代において、中国の皇帝とその周辺諸民族・諸国家の族長・君主との間に結ばれた主従関係に基づいて作られる中国中心の国際的秩序をいう。この体制は中国の前漢時代から始まり、*唐代に至って完成された秩序体系となり、それ以後は明確な体制は形成されなかったが、その延長形態と思われる関係が随時存在した。冊封関係とは本来、中国の王朝内において、君主が官僚・諸侯などに官爵を与えて特定の地域を支配することを承認することであったが、その関係が民族間、国家間に拡延されたものを主に指すようになった。周辺諸民族・諸国家の長は官爵を求めて中国皇帝に使者を送り、朝貢する。皇帝はこれに然るべき官爵を与え、その証として印綬《いんじゅ》を授け、下賜物を与えるのが普通であった。冊封関係に入っている国家・民族は、入っていない民族・国家との関係において一方的に皇帝から支持・保護・援助を受けるのを常とした。例えば邪馬台《やまたい》国の女王*卑弥呼は三国・魏《ぎ》の皇帝に難升米《なしめ》と都市牛利《としごり》の二人を遣わし、「親魏倭王《しんぎわおう》」とされ、金印紫綬《きんいんしじゅ》を賜わって冊封体制に参加し、戦争状態にあった狗奴《くな》国との関係において魏より支持・保護を受ける立場となったのである。冊封関係の背景には皇帝の有する「徳」を慕って諸民族・国家の長が参集し、冊封体制に入ることによって「礼」が及ぶことになる、という儒教思想があった。しかしこれは皇帝側の一方的・伝統的な考え方で、諸民族・国家の長はそれを理解したとは思われず、ただ大国の支持・保護を欲するのみであったと思われる。

［文献］堀　敏一『中国と古代東アジア世界』（岩波書店、一九九三）、西嶋定生『古代東アジア世界と日本』（岩波現代文庫、二〇〇〇）。

（太田幸男）

（二）　ヤマト国家の形成

ヤマト　「やまと」という地名は各地にあり、邪馬台国九州説の根拠になったものに肥後国菊池郡山門《やまと》郷があるが、邪馬台国の「やまと」は同国が奈良盆地東南隅に所在したとみられることから、同地方の小地域の名称であったと考えられる。ここに出現した王権が成長するに伴い、地名「やまと」も広域化し、*国造国名から令制国名となり、さらには日本国をも意味するようになった。大和と表記することが多いが、大倭、倭、大養徳などと表記することがあり、「おおやまと」とも読む。語源は「山処」で山のあるところと解することが多いが、「山本《やまもと》」の転訛とみる所見もある。この説の山は三輪山を指し、山本で三輪山麓の意となる。邪馬台は通常「やまたい」と読まれているが、卑弥呼の宗女臺与を「とよ」（豊）と読んでいる例にならえば、「やまと」と読むのが適切である。*『古事記』仁徳天皇段の「あをによし奈良を過ぎ、小楯倭を過ぎ、我が見が欲し国は葛城高宮吾家のあたり」にある倭は『和名抄』にある大和国城下部大和郷を指し、この郷の訓は「おおやまと」である。『続日本紀』天平宝字二年（七五八）二月己巳条に引かれている大和国守らの奏状に「城下郡大和神山に、奇《くす》しき藤を生《おお》せり」とあり、*『延喜式』神名帳に登載されている大和坐大国魂神社は山辺郡内であり、*『日本書紀』垂仁《すいにん》天皇二五年条に見える倭大国魂神《やまとおおくにたまのかみ》を祀った場所が城上郡大市郷であることから、より広義の「やまと」の範囲として大和国城上・城下・山辺三郡が該当していたらしい。『古事記』『日本書紀』に大倭国造・

倭国造が散見し、律令時代に入ると大倭忌寸五百足・大和宿禰長岡父子が国造に任命されている。律令制下当初の国名は大倭国であったが、天平九年（七三七）一二月に大養徳国に改められ、同一九年（七四七）三月に大倭国に復し、天平宝字初めの頃大和国の表記をとるようになっている。

［文献］池田末則他編『奈良県の地名』（平凡社、一九八一）、永島福太郎編『奈良県地名大辞典』（角川書店、一九九〇）　（森田　悌）

崇神天皇《すじんてんのう》（生没年未詳）第一〇代天皇。開化天皇皇子。母は伊香色謎命《いかがしこめ》。御間城入彦五十瓊殖天皇《みまきいりひこいにえ》・美万貴天皇《みまき》などとも。磯城瑞籬宮《しきのみずがきのみや》（奈良県桜井市金屋）に宮居した。三輪山の神を祀り、武殖安彦《たけはにやすひこ》の乱を鎮圧し、四道将軍を派遣するなどしている。*『日本書紀』に初肇国天皇《はつくにしらすすめらみこと》とあり、初代の王者を意味する諡号《しごう》が諡《おく》られているが、神武天皇が磐余《いわれ》の王者となり、その後のいわゆる*闕史《けっし》時代の天皇の支配地がほぼ大和盆地に限定されていたのに対し、崇神天皇の時代になると大和盆地の外部に服属事業を展開していたことが看取される。初肇国天皇という諡号はかかる服属事業の進展に関わるのであろう。三輪山を中心とする崇神天皇以降の王朝を三輪王朝と称することがある。

［文献］吉井　巌『天皇の系譜と神話』（堀書房、一九六七）。　（森田　悌）

応神天皇《おうじんてんのう》（生没年未詳）第一五代天皇。仲哀《ちゅうあい》天皇第四皇子。母は*神功皇后。諱《いみな》は誉田別《ほんだわけ》。大鞆別《おおともわけ》などとも。神功皇后が朝鮮出兵を終え凱旋後に筑紫で生まれたという。応神朝においては多数の渡来人が来朝し、大和や河内方面の開発に当たったとの伝承があり、縫衣工女《きぬぬいおみな》が衣縫の技術を伝え、*百済から王仁《わに》が漢字をもたらすなど、技術や文化面において飛躍的な発達が見られたらしい。神功皇后の朝鮮出兵の結果となるのであろう。即位四一年に軽島豊明宮《かるしまとよあけ》（奈良県橿原市大軽町）で死去、河内国志紀郡恵《え》我藻伏岡《かのものふしのおか》陵に葬られた。この陵は大阪府羽曳《はびき》野《の》市誉田《こんだ》の誉田山古墳（全長四一七メートル）に比定されている。応神天皇を九州方面から畿内に入った騎馬民族の王とみる説がある。

［文献］水野　佑『増訂日本古代王朝史論序説』（小宮山書店、一九五四）、井上光貞『日本国家の起源』（岩波新書、一九六〇）。　（森田　悌）

神功皇后《じんぐうこうごう》（生没年未詳）仲哀天皇皇后。気長足姫尊《おきながたらしひめのみこと》を称し、息長帯比売命・大帯日売命などの表記がみえる。父は開化天皇曾孫気長宿禰《おきながすくね》王。母は葛城高顙媛《かずらぎのたかぬかひめ》。仲哀天皇が神意に背き死去した後、神託に従い朝鮮半島に出兵し、凱旋後、筑紫で応神天皇を生んだという。朝鮮出兵に関しては伝承に荒唐な内容が多く、ただちに事実であるとは認めがたいが、応神天皇朝に先行する神功皇后の時代に朝鮮半島への積極的な進出が見られていたであろうことは認めてよいであろう。死後狭城楯列《さぎたてなみ》陵（奈良市山陵町字宮ノ谷）に葬られたとされる。神功皇后に関し推古、斉明・持統などの女帝をモデルに構想されたと説かれることがあり、*『日本書紀』の編者は*『魏志』倭人伝の*卑弥呼に比定している。

［文献］井上光貞『日本国家の起源』（岩波新書、一九六〇）。　（森田　悌）

騎馬民族説《きばみんぞくせつ》　北方アジアの騎馬民族が朝鮮半島より日本列島へ進入し、大和朝廷を樹立したとする学説。昭和二三年（一九四八）に開かれた日本民族学協会主催の座談会「日本民族＝文化の源流と日本国家の形成」において江上波夫が包括的に論じたことに始まる。江上は一般的にみて農耕民族が他地域に進出して征服活動を行ったり、他文化を摂取して伝統的な文化を変容させる例がないことから、朝鮮半島に進出し積極的に大陸文化を導入している大和朝廷を農耕民族でなく騎馬民族的と捉えうるとし、四、五世紀の頃の東アジアで確認される南下してきた北方系の騎馬民族が建設した王朝と同性格とみうるとしたのである。前期古墳文化と後期古墳文化との間の違い、なかんずく前者において認められなかった騎馬の風習が後者の時代になると急速に広まるようになっている事実は、騎馬征服民族の進入により説明されるという。四世紀の頃渡来した騎馬民族はしばらく九州島内にとどまり、五世紀に入り畿内へ進入すると考え、文献から知られる応神・仁徳天皇朝を畿内における征服王朝の開始と解釈している。この学説は、日本における古代国家の成立を東アジアの騎馬民族の動向と結びつけて考えるという雄大な構想であり、学界に大きな影響を与えたが、前期古墳文化と後期のそれとの間にそれほどの違いが認められないことや、五世紀以降騎馬の風習がひろまっているにしても、騎馬民族が獲得している騎馬戦の仕方まで取り入れているかとなると疑問であり、騎馬民族説には少なからず難点がある。

［文献］江上波夫『騎馬民族国家—日本古代史へのアプローチ』（中央公論社、一九八四）。　（森田　悌）

日鮮同祖論《にっせんどうそろん》　日本・朝鮮両民族はその先祖を同じくし、兄弟ないし本家・分家関係にある間柄であり、一体化すべきであるとの主張。日本が朝鮮を植民地化する過程で、それを正当化する理論として喧伝《けんでん》された。この淵源は江戸時代の国学研究のなかに見出され、『日本書紀*』『古事記*』によって日本と朝鮮が古来密接な関係にありかつ日本が上位にあったことを説き、同祖論の骨格が形作られた。幕末から明治にかけて征韓論が登場すると、思想面でそれを支え、日韓併合後は朝鮮人を皇民化するための理論として機能した。古代において日本と朝鮮が密接な関係にあったことは確かであるが、同祖であったとはいえず、『魏志*』倭人伝そのほかにおいて朝鮮諸国と倭*（日本）とは全く別箇の地域、民族として記述されており、同祖論は政治的目的の下で主張されたものにほかならない。　（森田　悌）

好太王碑《こうたいおうひ》　好太王は高句麗*一七世の王（三七四—四一二）。広開土王とも。領土の拡張につとめ、百済*・新羅*を圧迫し、後者に対して主導権を握った。王の死後二年めに勲績を記念するため建立されたのが好太王碑である。中国吉林省集安市に所在する。台石から碑頂までの高さ六・二メートル。字数約一八〇〇字。碑の存在は一五世紀初め頃から知られていたが、碑文が読まれるようになったのは一九世紀七〇年代に至ってである。判読できない文字が多く、文字の改竄《かいざん》がなされている箇所もあるらしい。全体は三節からなり、最初に高句麗の建国伝承・略史と建碑の由来を記し、次いで好太王の事績を詳記し、第三節で「守墓人烟戸」について刻記している。事績はもっぱら戦争関係で、北方民族との抗争関係もあるが、ほとんどは南方の百済・新羅および倭*との戦闘関係である。中国との交渉もあったはずであるが、それに関わる記載はない。戦闘関係の部分で従前注目されてきたのは「百残・新羅、旧是属民、由来朝貢、而倭以㆓辛卯年㆒来渡㆑海、破㆓百残□□新羅㆒、以為㆓臣民㆒」である。辛卯年は西暦三九一年に当たり、ここの文意は倭が軍隊を派遣し、これまで高句麗が臣下としていた百済・新羅を破り臣民とした、ということであるが、ここの倭が大和政権であるとみる理解が一般化しているとはいえ、必ずしもそうとは解釈できないとする説もある。右の記事につづけて好太王が倭の援助を受ける百済と戦い、倭と戦う新羅を助けたとあるが、批判的な検討が求められている。

［文献］佐伯有清『研究史広開土王碑』（吉川弘文館、一九七四）。

（森田　悌）

七支刀《しちしとう》　奈良県天理市布留《ふる》の石上《いそのかみ》神宮に伝わる特異な形の有銘鉄剣。左右交互に三本ずつ斜め上方に向う小枝が出ている。銘文は中央部分の表裏に金糸象嵌で六一文字刻まれているが、損壊のため判読することが甚だ困難である。いま標準的な解読を示すと、表は「泰□(和)四□(年)□月十六日丙午正陽、造百練□(鋏)□(七)支刀、□(生)辟百兵、宜供供侯王、□□□□作」、裏は「先世以来未有此刀、百慈王世子奇生聖音故、為倭王旨造、伷不□(示)(後)世」である。泰和四年は東晋の太和四年（三六九）に当たり、銘文の文意は、百練の鋼で作ったこの七支刀により一〇〇の兵難を避けることができる、百済王と太子が倭王のためにこれまでなかったようなこの刀を作った、後世に伝え示せ、となるらしい。*『日本書紀』*神功皇后五二年条に*百済の使人久氐《きゅうてい》が千熊《ちくまの》長彦《ながひこ》に従い朝廷に詣り、七枝刀一口他を献上したことが記載される。この七枝刀が石上神宮の七支刀に当たるとみてよいであろう。『日本書紀』の記事によれば、谷那《こくな》（黄海道谷山郡）の鉄山より得た鉄で作り、日本のくだした恩恵に感謝するため奉納したという。泰和四年は干支でいうと己巳に当たり、神功皇后が荒田別《あらたわけ》らを将軍として新羅を討ち忱弥多礼《とむたれ》をとり百済に賜ったとする神功皇后摂政四九年に一致する。倭王の恩恵を蒙った百済王とその太子が三六九年に七支刀を鋳造し、三年後の三七二年に朝廷に献上したという次第を想定することが可能であり、神功皇后紀の記事の信憑性を傍証しているといえそうである。

［文献］福山敏男「石上神宮七支刀の銘文」（『日本建築史研究』所収、墨水書房、一九七〇）。

（森田　悌）

任那《みまな》**と加耶**《かや》　任那は朝鮮半島南部の洛東江中下流域から蟾津江流域にかけての地域に所在した古代小国家群の総称。*『日本書紀』神功皇后四九年条や欽明天皇二三年条では比月鉢《ひしほ》、南《ありひし》加羅《のから》・喙国《とくのくに》・安羅《あら》・多羅《たら》・卓淳《とくじゅん》・加羅《から》の七国ないし加羅・安羅・斯二岐《しにき》・多羅・卒麻《そちま》・古嵯《こさ》・子他《した》・散半奚《さんはんげ》・乞飡《こちさん》・稔礼《にむれ》の一〇国の総称として使用されていたことがわかる。日本の史料に任那は頻出するが、朝鮮史料には三例と僅少である。加耶は加羅とも称し、五加羅ないし六加羅と呼ばれた小国家群からなる。この小国家群のなかの主だったものが南加羅（金官加羅、金海）と加羅（大加羅、高霊）である。*好太王碑では「任那・加羅」と記し『宋書』*倭国伝においても「任那・加羅」と並称されている。任那地域は日本に近接しており、両者の間に早くから政治的・軍事的また文化の面において交流があった。好太王碑には好太王が安羅人戍兵および倭兵と戦ったことが記されているので、四世紀後半の頃、任那地域が*倭の影響下にあったことが確実である。*倭の五王が任那・加羅を含む諸軍事・安東大将軍を称したのも、それなりの理由があったとみてよい。任那に置かれた日本の出先機関が『日本書紀』雄略天皇八年条ほかにみえる日本府である。この日本府の性格についてはよくわからないが、名称は『日本書紀』編者の仮称であり、居住する倭人をまとめ、任那地域の諸国との交渉・連絡に当たっていたとみるのが適切であろう。任那諸国は百済・新羅の圧迫を受け、五六二年に新羅に滅ぼされた。

［文献］　末松保和『任那興亡史』(吉川弘文館、一九五六)、池内宏『日本上代史の一研究』(中央公論美術出版、一九七〇)。

(森田　悌)

武内宿禰《たけしうちのすくね》伝説《でんせつ》　武内宿禰は景行、成務、仲哀、応神、仁徳の五天皇朝に出仕したとされる忠臣。『日本書紀』*によれば孝元天皇皇子彦太忍信命《ひこふとおしまことのみこと》の子屋主忍男武雄心命《やぬしおしおたけおごころのみこと》が紀直の祖荒《う》道彦《じひこ》の女影媛《かげひめ》を娶り生まれたという。仲哀天皇が死んだとき祟《たた》った神の名を知るため神託を請うた際、武内宿禰は琴を弾き、新羅を問責する使に誰を当てるべきか神に問うたところ宿禰に謀を行わしめよと答えたという。麛坂《かごさか》王と忍熊《おしくま》王が反乱を企てたときは、攻めたて滅ぼしている。武内宿禰は忠臣である一方で、神事に奉仕する霊媒者という性格を有していたらしい。巨《こ》勢《せ》・蘇我《そが》・平群《へぐり》・葛城《かつらぎ》氏などの祖とされ、その人物像は好しい廷臣にして長寿者であり、蘇我馬子*や中臣鎌足*などを原型に成立したとされる。

［文献］　岸　俊男「たまきはる内の朝臣」(『日本古代政治史研究』所収、塙書房、一九六六)。

(森田　悌)

日本武尊《やまとたけるのみこと》伝説《でんせつ》　『日本書紀』*や『古事記』*『風土記』*等にみえる日本武尊による服属伝承。日本武尊は景行天皇皇子で名を小碓命《おうすのみこと》といい、大碓命《おおうすのみこと》は双子の兄。景行天皇の命令で九州の熊襲《くまそ》を征伐し、凱旋するとすぐに東国の蝦夷《えみし》征討に派遣されたという。この東征を終え大和への帰途、伊勢で病により死去した。死後その霊は白鳥となり飛翔したという。日本武尊は勇壮な反面孤独な人物像として伝えられており、必ずしも大軍を動員してすすめられていたとは思われない古代日本の征服事業を反映しているらしい。通常この伝承は大和朝廷による服属事業を一人の勇者の物語に仕立てあげたものと考えられているが、日本武尊が、実在したことが確実な幼武《わかたける》天皇(雄略《ゆうりゃく》)と対応関係にあるとすれば、一概に実在を否定することはできないであろう。

［文献］　川到武胤『日本古典の研究』(吉川弘文館、一九八三)。

(森田　悌)

神武東征伝説《じんむとうせいでんせつ》　日本の建国伝承。『日本書紀』*によれば、東方のよき国を征服するため日向を出立した神武天皇は、瀬戸内海より大阪湾へ入り、生駒山地を越えて奈良盆地への進入を図るが、長髄彦《ながすねひこ》の抵抗を受けて失敗し、紀伊半島を迂廻し、熊野方面より進入して菟田野《うだの》へ入り、そこを根拠地にして吉野方面を攻略し、次いで兄磯城《えしき》を攻めて滅ぼし、かつて敗れた長髄彦を殺し、橿原の地で即位したという。日本の古代文化が中国や朝鮮半島の影響を受け、西日本より東へ漸進したという事実を踏まえ、九州方面の政治勢力の東漸を物語化したものだとみる解釈があるが、神武天皇が南九州を出発して大阪湾に入るまでの記述ははなはだ簡略な文章で終始しているのに対し、それ以降は詳細な内容を伴った文章となっている。弥生時代末期ないし古墳時代初期における考古遺物・遺構を検討すると大和盆地と吉備地方とが密接に関連していたことが看取され、両者が政治的に結びついた可能性が考えられる。東征伝承のうち南九州の勢力が畿内に進入したとか、大阪湾から大和盆地へ入るのに熊野へ迂廻するというような部分は信憑性を欠くが、吉備から大阪湾西部の政治勢力が大和盆地へ進入して覇権を確立したごとき歴史的事実があり、それを踏まえた伝承とみうる余地がありそうである。なお、*『魏志』倭人伝にみえる邪馬台国と神武東征伝承の関係については、邪馬台国ないしそれを継承する勢力を神武天皇ないしその後継者が滅ぼしたとみるのが一案である。*『日本書紀』のなかに邪馬台国に関する記憶が見出されないのは、両者の間に断絶があることによろう。（森田　悌）

［文献］植村清二『神武天皇』（至文堂、一九六六）、森田　悌『邪馬台国とヤマト政権』（東京堂出版、一九九八）。

（三）内乱と王権の再編

倭《わ》の五王《ごおう》　*『宋書』『南斉書』『梁書』などにみえる、五世紀中国南朝と交渉を持った五人の倭王、讃・珍・済・興・武からなる。交渉の最初は永初二年（四二一）讃による宋への遣使で、讃は授官に与かっている。このときの官爵名は不明であるが、後の例より安東将軍・倭国王とみてよい。讃は四年後の元嘉二年（四二五）にも遣使している。その後元嘉七年に倭国王が宋へ使人を遣わしている。この国王の名前は記されていないが、讃とみてよいであろう。讃が死亡すると弟珍が立ち、元嘉一五年に宋へ遣使し安東将軍・倭国王を得ている。元嘉二〇年には済が宋へ遣使し、その後元嘉二八年に使持節都督倭・新羅・任那・加羅・秦韓・慕韓六国諸軍事・安東大将軍に叙されている。大明四年（四六〇）に倭国から宋へ遣使がなされているが、このときの王も済であろう。済が死ぬと世子興が位につき、大明六年に宋へ遣使し安東将軍・倭国王に任命されている。興は昇明元年（四七七）にも宋へ遣使している。興が死ぬと弟武が立ち、昇明二年に宋へ遣使し「使持節都督倭・新羅・任那・加羅・秦韓・慕韓六国諸軍事・安東大将軍・倭王」に除（叙）されている。武はこの後建元元年（四七九）に南斉、天監元年（五〇二）に梁へ遣使し、鎮東大将軍ないし征東大将軍を授けられている。この遣使が五王による最後のそれである。武は昇明二年宋へ遣使したとき、長文の上表文を呈出し、そのなかで盛んに服属事業をすすめたことを誇示している。讃は仁徳天皇の名大雀《おおさざき》のささが讃に通じることから同天皇に当てられ、珍を反正《はんぜい》天皇、済を允恭《いんぎょう》天皇、興を安康《あんこう》天皇、武を雄略《ゆうりゃく》天皇に当てるのが通説である。ちなみに武は雄略天皇の名大泊《おおはつ》瀬幼武《せわかたけ》を略したものと解されている。倭の五王がしきりに遣使したのは、朝鮮半島における日本の関与を中国皇帝に承認してもらい保証を受けることを目的としていた。それとともに倭国王に除（叙）されることにより、倭国内における大王の威信を強化したことであろう。（森田　悌）

［文献］笠井倭人『研究史倭の五王』（吉川弘文館、一九七三）。

倭王《わおう》武《ぶ》の上表文《じょうひょうぶん》　倭王武は諱《いみな》を大泊《おおはつ》瀬《せ》幼武《わかたけ》と称した雄略《ゆうりゃく》天皇をさす。*倭の五王の最後。*『宋書』倭国伝によれば、倭王興が没したあと弟武が即位し、順帝の昇明二年（四七八）に使を遣わし表を上呈したとあり、長文の表文を引用している（史料参照）。表文は服属事業を強力におし進め、日本列島内のみならず朝鮮半島へも勢力を及ぼしていることを誇っている。た

倭王武の上表文（『宋書』倭国伝）

興《こう》死して弟武立つ。自《みずか》ら使持節《しじせつ》・都督《ととく》倭・百済・新羅・任那・加羅《から》・秦韓《しんかん》・慕韓《ぼかん》七国諸軍事・安東大将《あんとうだいしょう》軍《ぐん》・倭国王と称《しょう》す。順帝《じゅんてい》の昇明《しょうめい》二年使を遣《つかわ》して上表して曰《いわ》く。「封国《ほうこく》は偏遠《へんえん》にして藩《はん》を外に作《な》す。昔より祖禰《そでい》躬《みずか》ら甲冑《かっちゅう》を擐《つらぬ》き、山川を跋渉《ばっしょう》して寧処《ねいしょ》に遑《いとま》あらず。東は毛人《もうじん》を征すること五十五国、西は衆夷《しゅうい》を服すること六十六国、渡りて海北を平《たいら》ぐること九十五国、王道融泰《ゆうたい》にして、土を廓《ひら》き畿を遐《はるか》にす。累葉朝宗して歳に愆《あやま》らず。臣、下愚なりといえども、忝《かたじけ》なくも先緒を胤《つ》ぎ、統《す》ぶる所を駆率し、天極に帰崇し、道百済を遥《へ》て、船舫を装治す。しかるに句驪無道にして、図りて見呑を欲し、辺隷《へんれい》を掠抄し、虔劉《けんりゅう》して已まず。毎《つね》に稽滞を致し、以て良風を失い、路に進むといういえども、あるいは通じあるいは不《しか》らず。臣が亡考《ぼうこう》済、実に寇讎《こうしゅう》の天路を壅塞《ようそく》するを忿《いか》り、控弦《こうげん》百万、義声に感激し、方《まさ》に大挙せんと欲せしも、奄《にわ》かに父兄を喪《うしな》い、垂成《すいせい》の功をして一簣《き》を獲ざらしむ。居《むな》しく諒闇《りょうあん》にあり、兵甲を動かさず。これを以て、偃息《えんそく》して未だ捷《か》たざりき。今に至りて、甲を練り兵を治め、父兄の志を申《の》べんと欲す。義士虎賁《こほん》文成功を効《いた》し、白刃前に交わるともまた顧みざる所なり。もし帝徳の覆載を以て、この彊敵を摧《くじ》き克《よ》く方難を靖《やす》んぜば、前功を替えることなけん。竊《ひそ》かに自ら開府儀同三司に仮し、その余《よ》は咸《み》な仮授して、以て忠節を勧む。」と。

だし引用部分に続けて*高句麗と抗争関係にあることをいい、父王済のときに出兵して討とうとしたが果さず、自らなし遂げようとの意思のあることを告げ、封爵を求めている。高句麗に対し優位に立つための官爵要求であり、使持節都督倭・新羅・任那・加羅・秦韓・慕韓六国諸軍事・安東大将軍・倭王を賜授されている。列島内における基盤固めを誇示する一方で、朝鮮半島への影響力を維持・強化するための外交努力のほどが看取される。東西における服属事業に関わり、埼玉県*稲荷山古墳出土辛亥銘鉄剣および熊本県*江田船山古墳出土鉄刀の銘にワカタケル大王の名前がみえることが注目される。雄略天皇のときに東西の辺境地方にまで服属事業が進展していたことが推測され、上表文の多数の国を征服したという主張も、真実性を帯びているといってよいであろう。

［文献］　笠井倭人『研究史倭の五王』（吉川弘文館、一九七三）。

（森田　悌）

継体天皇《けいたいてんのう》（四五〇―五三一）　第二六代天皇。応神天皇五世の孫。彦主人《ひこうし》王の子。母は振媛《ふりひめ》。諱《いみな》は男大迹《おおと》。武烈《ぶれつ》天皇の死後継嗣がいないので、*大伴金村が中心となって男大迹王を越前から迎え、河内の樟葉で即位した。その後二〇年経過して大和国に入り、磐余玉穂《いわれのたまほ》（奈良県櫻井市池之内）に宮を営んだ。后は武烈天皇の妹手白香皇女《たしらかのひめみこ》。妃に近江・尾張・河内方面の豪族の女を迎え、尾張連草香《おわりのむらじくさか》の女目子媛《めのこひめ》は*安閑、*宣化両天皇を生んでいる。五代前の天皇の子孫の即位は皇統断絶を意味しているといってよく、即位二〇年後に大和に入ったという伝承は、武烈天皇死後長期間にわたり混乱が生じていたことを示すらしい。在位中任那四県の割譲や*磐井の乱が出来している。在位二五年で死去。藍野《あいの》陵（大阪府茨木市大田、茶臼山古墳か）に葬られた。

［文献］　水野　佑『増訂日本古代王朝史論序説』（小宮山書店、一九五四）、林屋辰三郎「継体・欽明朝内乱の史的分析」（『古代国家の解体』所収、東京大学出版会、一九五五）。

（森田　悌）

大伴金村《おおとものかなむら》　（生没年未詳）　五世紀末から六世紀前半にかけての大和朝廷の有力な廷臣。大伴《おおともの》談《かたる》の子。武烈《ぶれつ》・*継体・*安閑・*宣化天皇期の大連《おおむらじ》。武烈天皇の死後皇嗣がいない状況下で、群臣とはかり越前から応神天皇五世の孫男大迹《おおと》王を迎え、河内の樟葉で*継体天皇として即位させている。継体天皇二一年に筑紫国造*磐井の乱が起こると、金村は大連*物部麁鹿火を鎮圧軍の大将に推薦している。朝鮮半島に対する施策では、継体天皇六年に任那の上喙喇《あるしたり》・下喙喇《おこしたり》・娑陀《さだ》・牟婁《むろ》四県を*百済に割譲し、これ以降半島における日本の権威は大きく後退した。この四県割譲の失政を糺弾され、欽明天皇元年に住吉に隠棲を余儀なくされている。大連として権勢を誇った大伴氏はこれを機に勢力が衰えた。

［文献］　林屋辰三郎「継体・欽明朝内乱の史的分析」（『古代国家の解体』所収、東京大学出版会、一九五五）。　（森田　悌）

磐井《いわい》**の乱**《らん》　六世紀の初めに北九州で筑紫国造磐井が起こした反乱。*『日本書紀』によると、かねて反乱計画を立てていた磐井が*新羅と通じ、継体天皇二一年六月南加羅《ありひしのから》・喙己呑《とくことん》を復興するため派遣されることになった近江毛野臣《おうみのけぬのおみ》の軍勢を妨げる行為に出たので、朝廷では*大連物部麁鹿火《もののべのあらかび》を大将にして鎮圧させることにした。麁鹿火は筑紫より西に対する全権を委任されて、筑紫の御井郡で戦い、磐井を斬り境界を定めている。磐井の子葛子《くずこ》は父の罪により誅されることを恐れ、糟屋屯倉《かすやのみやけ》を献上している。乱が鎮圧された後、毛野臣は安羅に至ったが、失地の回復はならなかった。*『古事記』によれば、物部荒甲《あらかび》と*大伴金村を遣わして、天皇に対して礼を欠くことの多い竺紫《つくし》君石井《いわい》を殺させたとある。『筑後国風土記』では磐井の墓所について詳細な記述を行い、「高さ七丈、周り六十丈。墓田《はかどころ》は南北各六十丈、東西各卌丈なり。石人と石盾各六十枚、交陣なり行《つら》を成して周匝《めぐ》れり。東北の角に当たりて一つの別区《べつどころ》あり。号《なづ》けて衙頭《がとう》と曰《い》う」とある。この記述は福岡県八女市の岩戸山古墳の状況によく合致しており、事実を伝えていることが確実である。五世紀末から六世紀前半にかけては*国造の反乱や地方の動揺を示す事件が少なくなく、磐井の反乱もかかる動向と軸を一にするものとみてよいであろう。朝鮮遠征軍阻止を契機とする反乱は、そのための負担が多く九州方面に課されたことによると考えられる。北九州の国造が新羅と通じていたという事態も、当地域が朝鮮半島と親近関係にあったことを考慮すると、十分にありえたことであろう。

［文献］　林屋辰三郎「継体、欽明朝内乱の史的分析」（『古代国家の解体』所収、東京大学出版会、一九五五）、坂本太郎「継体記の史料批判」（『日本古代史の基礎的研究』上所収、東京大学出版会、一九六四）。　（森田　悌）

那津官家《なのつのみやけ》　那は*『魏志』倭人伝にみえる奴国の地名を継承し、那津で那地方の海岸部の港を意味する。那津官家は*『日本書紀』宣化天皇元年五月条に「官家を那津の口《ほとり》に修《つく》り造《た》てよ」としてある。朝廷はこの官家に各地の*屯倉の米穀を集めて非常に備えさせ、翌二年十月条によれば、*新羅の攻撃を受けた*任那を救うため*大伴金村の子磐《いわ》と狭手彦《さでひこ》が派遣されることになったが、磐は朝鮮へ渡らず九州で朝鮮情勢に対処する準備をしたという。通常磐が滞在したのは那津官家であったと考えられている。この官家は九州島内を治めるための枢要機関であったとともに、外交のための要所であった。最近の発掘調査より福岡市博多区比恵遺跡が有力な比定地と考えられるようになっている。

［文献］　下條信行他編『新版古代の日本　九州・沖縄』（角川書店、一九九一）。（森田　悌）

欽明天皇《きんめいてんのう》　（五〇九―五七一）　第二九代天皇。*宣化天皇を継ぎ、六世紀中葉に在位。*継体天皇の嫡子で、母は仁賢天皇女手《た》白香皇女《しらがのひめみこ》。諡号《しごう》は天国排開広庭天皇《あめくにおしはらきひろにわすめらみこと》。五三九年に即位し、大和の磯城の磯城嶋金刺宮《しきしまのかなさしのみや》に宮を営む。皇后は宣化天皇女石《いし》姫《ひめ》。石姫の所生に*敏達天皇がおり、妃*堅塩媛（蘇我稲目女）の所生に*用明、*推古天皇ら、小姉君《おあねきみ》（堅塩媛の同母妹）の所生に*崇峻天皇がいる。欽明朝においては*百済から仏教が公伝し、崇仏すべきか否かをめぐり物部氏と蘇我氏の対立が激化したが、仏教導入に積極的な蘇我氏が勢力を強めた。対外的には朝鮮諸国に対し適切な施策を打出せず、欽明天皇二三年（五六二）に*任那が滅亡している。五七一年に死去。行年不詳。檜隈坂合《ひのくまさかあい》陵（奈良県明日香村）に葬られた。

［文献］　林屋辰三郎「継体・欽明朝内乱の史的分析」（『古代国家の解体』所収、東京大学出版会、一九五五）。（森田　悌）

安閑天皇《あんかんてんのう》　（四六六―五三五）　二七代天皇。*継体天皇の第一子。母は尾張連草香《おわりのむらじくさか》の女目子媛《めのこひめ》。諱《いみな》を勾大兄《まがりのおおえ》、諡号を広国押《ひろくにおし》武金《たけかな》日天皇《ひすめらみこと》と称した。大和の勾金橋《まがりのかなはし》（奈良県橿原市曲川町）に宮を営み、仁賢天皇女春日山田皇女を后とした。『*日本書紀』によれば*継体天皇の死去と安閑天皇の即位の間に二年間の空白期間があり、『百済本紀』に継体天皇と太子・皇子がともに死去したとする記事があることなどから、安閑天皇即位の前後の頃皇室内に内紛があったとする説がある。安閑天皇朝においては多数の*屯倉が全国に設置され、朝廷による地方支配の再編強化がすすめられ、勾舎人部《まかりのとねりべ》、勾靫部《まかりのゆげべ》・犬養部《いぬかいべ》がおかれた。勾金橋宮で死去し、古市高屋丘《ふるちのたかやのおか》陵に葬られた。行年七〇歳。

［文献］　林屋辰三郎「継体・欽明朝内乱の史的分析」（『古代国家の解体』所収、東京大学出版会、一九五五）。（森田　悌）

宣化天皇《せんかてんのう》　（四六七―五三九）　二八代天皇。継体天皇第二皇子。母は尾張連草香の女目子媛《めのこひめ》。諡号武小広国押盾《たけおひろくにおしたて》天皇。*安閑天皇の同母弟。在位五三六―五三九。安閑天皇の死後即位し、檜隈廬入野《ひのくまのいほりの》（奈良県高市郡明日香村檜前）に宮を営む。皇后に仁賢天皇の女橘仲《たちばなのなかつ》皇女を立て、*大伴金村・*物部麁鹿火を*大連、*蘇我稲目を*大臣とした。在位四年の後死去し、大和の身狭《むさ》桃花鳥坂上《のつきさかのうえ》陵（奈良県橿原市馬屋町）に葬られた。『*上宮聖徳法王帝説』にみえる仏教公伝の年である*欽明天皇戊午年が宣化天皇の治世期に当たることから、宣化朝と欽明朝が並立していたとする学説がある。宣化天皇の名代として檜前部《ひのくまべ》が置かれ、檜前舎人が檜前廬入野宮に出仕した。

［文献］　林屋辰三郎「継体・欽明朝内乱の史的分析」（『古代国家の解体』所収、東京大学出版会、一九五五）。（森田　悌）

木梨軽皇子《きなしのかるのみこ》　（生没年未詳）　允恭《いんぎょう》天皇皇子。母は忍坂大中媛命《おしさかのおおなかつひめのみこと》。『*日本書紀』の伝承によれば、允恭天皇二三年に太子となったが、同母妹軽大娘皇女《かるのおおいらつめのひめみこ》と密かに関係を結び、近親相姦が発覚。皇女は伊予へ流され、太子は罪されなかったものの群臣の指弾するところとなり、允恭天皇が死去すると弟の穴穂《あなほ》皇子（安康天皇）が擁立された。孤立した木梨軽皇子は物部大前宿禰《もののべのおおまえすくね》の家へ逃げこみ、自殺したという。一説では伊予国へ流されたとあり、『*古事記』も伊予へ流され、後を追った衣通郎女《そとおりのいらつめ》（軽大娘皇女）とともに自殺したと伝えている。『*万葉集』に軽太子が伊予へ流されたとき衣通王（衣通郎女）が詠んだ歌と軽太子が自殺するときに詠んだ歌が採られている。もっともこれは後人が軽太子と衣通王に仮託したものであろう。

［文献］　津田左右吉『日本古典の研究』下（岩波書店、一九五〇）。

（森田　悌）

（四）　ヤマト国家の構造

氏《うじ》　一定の職務をもって朝廷に奉仕した豪族たちの政治組織で、共通の始祖をいただく擬制的同族組織。クランやゲンスなどの原始的氏族組織とは異なる。親族組織としての氏は純粋な父系ではなく、母方とのつながりの濃厚な双系的側面を持つ。ただし氏の本質は、始祖の奉仕伝承と擬制的同族系譜をよりどころに、政治・軍事・祭祀・技術などの様々な職務に関わる政治的地位を世襲的に分掌していく点にあり、族長（氏上《うじのかみ》）を中心にそのつど結集し直される、外延部の不明確な族組織である。氏の形成は五世紀後半頃と見られ、それ以前に何らかの原始的氏族組織があったか否かは不明。一般民衆は氏組織は持たず、豪族の氏に所有・領有される奴婢・部民の形で存在していたと考えられる。大伴《おおとも》・忌部《いんべ》・膳《かしわで》などの氏名《うじな》は朝廷での職掌、蘇我《そが》・春日《かすが》などは本拠地の地名に由来し、臣《おみ》・連《むらじ》などの*姓とともに天皇から与えられる。天皇自身は氏名を持たない。律令体制の成立で、氏上以下の有力な個人が官位と俸禄を得て奉仕する官僚制への切り替えがなされ、部民領有も廃止された。以後、氏は親族組織として純化し、ほぼ平安前期には外延部の明確な父系集団が成立する。中期以降、氏内部の家の分立が顕著になり、中世には家の名前としての苗字が一般化する。ただし天皇が氏名を与えることはその後も変わらず、明治初年まで、朝廷の官位・官職を得る際には古代的氏名が正式名として必要とされた。

［文献］　平野邦雄『大化前代社会組織の研究』（吉川弘文館、一九六九）、吉田　孝『律令国家と古代の社会』（岩波書店、一九八三）、義江明子『日本古代の氏の構造』（吉川弘文館、一九八六）。

（義江明子）

姓《かばね（せい）》　「かばね」と読む場合は、臣《おみ》・連《むらじ》・造《みやつこ》などの称号を指し、「せい」と読む場合には、大伴宿禰《おおとものすくね》・藤原朝臣《ふじわらのあそん》など、氏《うじ》名《な》とかばねを組み合わせた全体（個人名を除く部分）を指すことが多い。かばねは古くは首長の尊称に由来し、それが大和朝廷による氏の組織化に伴って、族長とその一族に与えられる称号として序列化されていったとみられる。臣・連というかばねの区別に神話的出自との強い関連を見る説もある。姓の成立は*氏の成立とほぼ同じく五世紀後半頃で、*埼玉県稲荷山古墳出土鉄剣銘には「ヒコ・スクネ・ワケ」の尊称とともに姓らしき「臣（または直か）」がみられる。記紀では允恭朝のこととして、氏名を正した*盟神探湯伝承を記す。連は神々の子孫、臣は遠い皇裔、公は近い皇裔、造は伴造《とものみやつこ》・諸氏、*直《あたい》は国造に多いとされるが、異論もあり、個々の姓の成り立ちと意義には不明な点が多い。阿比子《あびこ》・画師《えし》・史《ふひと》・村主《すぐり》などについては、単なる通称とする説もある。いずれにしても成立後の姓は、大和朝廷の政治組織と密接に関係する称号である。個別の由来を持ち一元的序列ではなかった姓は、天武天皇一三年の八色姓《やくさのかばね》で真《ま》人《ひと》・朝臣・宿禰・忌寸《いみき》・道師《みちのし》・臣・連・稲置《いなぎ》の順に明確に序列化された。またこの頃、中国の姓《せい》の観念の影響も受けて、氏名＋「かばね」の意味での姓の制度が整う。律令制下では豪族以外の一般公民もすべて中臣部などの姓を持ち、戸籍に登載された。奴婢は無姓である。

［文献］　阿部武彦『氏姓』（至文堂、一九六〇）、溝口睦子『日本古代氏族系譜の成立』（学習院学術叢書、一九八二）。　（義江明子）

国　造《くにのみやつこ》　ヤマト朝廷の地方支配機構の長。それぞれの地域の有力豪族にその地域の統括権を認めたもの。一族内での世襲が原則だが、朝廷との関係による勢力交替もあり、記紀には武蔵国造などの事例を伝える。九州から東北地方南部までのほぼ全国に分布している。成立は六―七世紀前半と思われ、『*隋書』倭国伝にいう「軍尼《くに》百二十人」が国造を指すとすれば、ほぼ百二十の地域に置かれ、「十伊尼翼《いなぎ》（稲置）」を従えていたことになるが、そのように整った地方支配組織であったかは疑問。国《くに》―県《あがた》の二段階行政組織とする説にも批判が多い。国造のカバネとしては直《あたい》が一般的だが、君《きみ》・臣《おみ》などもあった。国内の屯倉《みやけ》を統括し、一族の男女を舎人《とねり》・采女《うねめ》などとして朝廷に出仕させ、各種特産物貢納の義務を負った。王や中央豪族の巡行《みゆき》に際しての接待、配下の民を動員しての労力奉仕も重要な役目だった。クニノミヤツコの語義は「国の御奴＝宮つ子」で、地方にあって大王の宮に奉仕するものとしての豪族の地位を表す。国造が地方伴造《とものみやつこ》を兼ねる例もある。山陽・南海地方には凡直《おおしあたい》の「かばね」を持つ国造が分布し、これらは旧来の国造を再編して広い地域を統括させた大国造と思われる。国造制は七世紀半ばの評制の施行で廃止されたとするのが一般的だが、天武朝末の令制国の成立まで続いたとの見方もある。国造の多くは評制下の評《こおり》造・評督を経て令制郡の郡司となった。↓県主

［文献］　新野直吉『研究史―国造』（吉川弘文館、一九七四）、篠川賢『国造制の成立と展開』（吉川弘文館、一九八五）。　（義江明子）

県　主《あがたぬし》　ヤマト朝廷の地方支配単位である県の長。県・県主に関わる伝承や県主・県君《あがたのきみ》・県造《あがたのみやつこ》などの氏名《うじな》は、大和周辺から西日本に主に分布し、祭祀との強い関わりを示すものが少なくない。県については、大王の家産に直結する供御《くご》奉仕を中心に考える説と、*国造の支配する国のもとに置かれた下級単位とみる説がある。前者には大王の御料地としての性格が強い「大和六御県《やまとのむつのみあがた》」（『*延喜式』祈年祭祝詞《きねんさいのりと》など）がある。殿部《とのもり》や水部《もいとり》として朝廷に奉仕し薪炭・氷などを貢上した山背《やましろ》の葛野《かどの》県主（賀茂県主）は、県主を氏称とする豪族の代表例である。これらが実例としては大和およびその周辺に限られるのに対し、後者の説では、国（国造）―県（県主）の二段階行政組織がほぼ全地域にわたってあったとみる。『*日本書紀』の「県邑に稲置を置く」（成務五年条）・「県稲置」（大化元年条）に注目して、『*隋書』倭国伝にいう「軍尼《くに》一百二十人有り……八十戸に一伊《い》尼翼《なぎ》を置く」から七世紀初頭には国―県の上下組織が成立していたとするのだが、そのような整然とした全国的組織の存在には疑問が持たれている。いずれにしても、国造の「ミヤツコ」が語義としては宮に従属奉仕するものとしての称であるのに対し、県主の「ヌシ」は一定地域・集団の独立的君長を指す。平安時代に地方官の任命を「県召《あがためし》」と称するところからみても、県・県主は何らかの古い地方支配の様相をとどめるものであろう。↓国造

［文献］ 上田正昭『日本古代国家成立史の研究』（青木書店、一九五九）、佐伯有清・高嶋弘志校訂『国造・県主関係史料集』（近藤出版社、一九八二）。（義江明子）

部《べ》民《みん》 ヤマト朝廷の労役・生産物貢納組織に編成された人々。「部」の語の源流は百済の中央官司制である内官十二部ないし王畿区分としての五部に求める説が有力。王権に対する世襲的職務分掌の仕組みとして古くからあったトモの制に、この「部」を適用したとみられる。成立期の「べ」は、殿部《とのもり》・水《もい》部《とり》などの内廷的トモや舎人《とねり》・膳夫《かしわで》などの近侍的トモと同義で、六世紀以降の官司制の進展、朝廷支配の拡大に伴って、「統括者としての伴造《とものみやつこ》（トモノミヤツコ）—様々な職務・専門技能に上番奉仕する百八十部《ももやそとも》（トモ）—トモの資養物や各種特産物を貢納する生産者集団たる部民（べ）」という分掌体制が形成された。「部」字の最古の用例として確認できるのは、島根県岡田山古墳出土大刀銘（六世紀後半か）の「額田部臣《ぬかたべのおみ》」である。通常、職業部としての品部《しなべ》、皇室所有民たる*名代・子代、豪族私有民たる部曲《かきべ》に大きく類型区分するが、疑問もある。近年では、「べ」とは諸豪族による人間集団の領有区分（カキ）を前提とする王権への従属・奉仕の体制であり、皇室所有民・豪族私有民の区別なく第一義的には王権による全国的な人民支配の体制、と見る説も有力である。『*日本書紀』大化元年から二年のいわゆる私有民廃止に関わる「子代之民」「部曲之民」「子代入部」「御名入部」「品部」および天智三年の甲子宣《かっしのせん》にみえる「民部《かきべ》・家部《やかべ》」、天武四年の「部曲」をそれぞれどう解釈するか、種々の説がある。

［文献］ 平野邦雄『大化前代社会組織の研究』（吉川弘文館、一九六九）、鎌田元一『律令公民制の研究』吉川弘文館、一九九一）。（義江明子）

名代《なしろ》・子代《こしろ》 大和朝廷の労役・生産物貢納組織である部の一種。王族の領有民で、記紀の説明では、名代は王・后妃の子の代わりに置かれたものとする。これがそのまま事実とはいえず、王族の宮の経営に必要な人員として地方豪族の子弟をトモとして出仕させ、その資養のために在地に設定された貢納組織が名代、王族の養育のために設定されたものが子代とみる説が有力。応神天皇の誉田部《ほむだべ》（天皇名）、崇峻天皇の倉橋部（宮名）、大草香《おおくさか》皇子の大日下部、春日山田皇女の春日部など、五、六世紀の天皇・后妃に関わる多くの部名が知られるが、これらの部をそのまま、その天皇・后妃のときに設定されたものとはみなせない。厳密な史料批判が必要である。→部民

［文献］ 関 晃「大化前代における皇室私有民」（一九六五、『関晃著作集2』所収、吉川弘文館、一九九七）。（義江明子）

人《ひと》制《せい》 大和朝廷における初期の下級官人組織。七、八世紀以降の史料にみえる酒人《さかひと》・宍人《ししひと》・手人《てひと》などの人姓者の存在、およびそれらが律令官制下で内廷諸組織を中心とする官司に配属されていることから、五、六世紀頃に「人制」なる初期官人組織を想定する説に基づく。部民制が整った後は、部民を指揮して宮に上番奉仕した下級豪族である「百八十部《ももやそ》（トモ）」が、これに相当するとみられる。熊本県*江田船山古墳出土鉄刀銘文に「典曹人」、埼玉県*稲荷山古墳出土鉄剣銘文に「杖刀人」がみられることから、初期官人組織としての「人制」の想定が、あらためて注目されている。新羅の官職名や中国の『周礼』に

みられる「人*」との関連も考えられる。

［文献］直木孝次郎「人姓の研究」(『日本古代国家の構造』所収、青木書店、一九五八)。（義江明子）

複《ふく》姓《せい》　氏名《うじな》の類型の一つで、複数の氏名を重ね称するものをいう。大きくは二種に分けられ、中臣鹿島連《なかとみのかしまのむらじ》・阿部他田朝臣《あべのおさだのあそん》・大伴大田宿禰《おおとものおおたのすくね》のように、豪族相互間での政治的な支配従属関係の拡大に伴う擬制的同族組織の展開と関わるとみられる。もう一つは飛鳥衣縫造《あすかのきぬぬいのみやつこ》・高市水取連《たけちのもいとりのむらじ》など大和朝廷における職掌名が下にくる複姓で、これは官司制・部民制の発展と関わるものと考えられる。そのほか物部弓削守屋《もののべのゆげいのもりや》のように、父母双方の氏名を重ねて称する場合もあり、これらは外延部の不明確な双系的組織という氏の特質を示す。蘇我倉山田石川麻呂《そがのくら(の)やまだ(の)いしかわのまろ》のように、三つ四つの氏称を重ねて称する例もある。
［文献］直木孝次郎「複姓の研究」(『日本古代国家の構造』所収、青木書店、一九五八)。（義江明子）

ミヤケ　ヤマト朝廷が設定した直轄領ないし経済的拠点。政治的・軍事的拠点としての意義を重視する説もある。表記としては屯倉が代表的だが、屯家・屯宅・三家・三宅・御家・官家など様々に書かれる。訓《よ》みは「弥夜居」「弥移居」である。「官家」の表記は、改新詔にみえる「東国官家」のほかは、新羅*・百済*・任那*についての「(内)官家」、博多に置かれた那津官家*など、対外関係にかかわって特徴的にみられる。ミヤケの語義は「ミ(御)＋ヤケ」で、首長層の政治・経営拠点であるヤケ(宅)に対して王権の直轄するヤケをいう。『日本書紀*』によると、屯倉には三つのタイプがあって、それらが段階的に展開したように描かれている。まず四、五世紀には、仁徳紀の茨田《まんだ》堤から茨田屯倉、崇神紀の依網《よさみ》池から仁徳紀の依網屯倉など、大和朝廷による池溝開発・築堤を前提とするミヤケが大和・河内におかれた。ついで五世紀末から六世紀前半には、筑紫国造《つくしのくにのみやつこ》磐井《いわい》の子による糟屋《かすや》屯倉献上の記事(継体紀)を皮切りに、地方豪族が贖罪のために貢進した屯倉が西国・東国各地に見られるようになる。これらは在地の豪族がそのまま経営を請け負い「田部《たべ》」「钁丁《くわよぼろ》」などの労働力を駆使して耕作にあたった。しかし六世紀後半には中央から田令《たづかい》を派遣して直接経営を行い、耕作者である田部を名籍《みょうせき》(丁籍《ていせき》)に編成することが行われる。欽明紀にみえる吉備の白猪《しらい》屯倉・児島屯倉がその例で、蘇我《そが》氏がこの新しい方式を推進した。しかし『日本書紀』の屯倉設置記事や運営方法をそのまま事実とみることはできず、現在では、初期のいわゆる前期屯倉(開墾地系)の存在を疑問視して、推古朝を画期とみる説も有力。設置年代の問題に加えて、田地・耕作民を備えた直轄領か、稲を収納するクラを中心とする経済的拠点か、政治的・軍事的拠点か、また国造の関与をどのようにみるか、改新詔の廃止記事の解釈など、種々の論点をめぐって説は分かれる。
［文献］舘野和己「屯倉制の成立」(『日本史研究』一九〇、一九七八)、弥永貞三「大化前代の土地所有」(一九六五、『日本古代社会経済史研究』所収、岩波書店、一九八〇)、平野邦雄『大化前代政治過程の研究』(吉川弘文館、一九八五)。（義江明子）

田荘《たどころ》　豪族層の農業経営の拠点。『日本書紀*』の大化改新詔第一項では、「昔在《むかし》の天皇等の立てたまへる子代民《こしろのたみ》・処処屯倉」と「臣《おみ》・連《むらじ》・伴造《とものみやつこ》・国造*・村首《むらのおびと》の所有《たもて》る部曲民《かきべのたみ》・処処田荘」の廃止を命じている。また崇峻即位前紀では、*物部守屋の奴《やつこ》の半分と宅とを*四天王寺の奴と田荘としたとあり、タドコロの機能は屯倉（御《み》ヤケ）・宅（ヤケ）と共通することがうかがえる。書紀の古訓では田荘は田宅・田家などとともにナリドコロ（別業）とも訓《よ》む。「ナリ」はナリハヒの意味であり、タトコロ・ナリトコロはヤケと同様に屋《や》と倉を持つ農耕経営の拠点で、それが田畠をも含むようになったものであろう。→ミヤケ
（義江明子）

［文献］小口雅史・吉田　孝「律令国家と荘園」（『講座日本荘園史2』所収、吉川弘文館、一九九一）。

大臣《おおおみ》・大連《おおむらじ》　ヤマト朝廷の最高執政官。垂仁紀の物部《もののべ》十千《とち》根《ね》が大連、成務紀の*武内宿禰が大臣の初見。雄略即位前紀に平群《へぐり》臣《のおみ》真鳥《まとり》を大臣、大伴《おおとも》連《のむらじ》室屋《むろや》・物部《もののべ》連《のむらじ》目《め》を大連としてのち、大臣・大連の制が整ったとされる。伴造《とものみやつこ》を代表する大伴・物部氏の大連に対し、大臣には葛城《かつらぎ》・巨勢《こせ》・蘇我《そが》など、大和の地名を氏名とし武内宿禰後裔を名乗る臣姓有力豪族が任じられた。六世紀末に*蘇我馬子が*物部守屋を滅ぼしてのち大連は置かれず、蘇我氏が大臣の地位を独占し、大化改新にいたって大臣の制は廃された。しかし記紀以外の金石文などには「連・大連」はみられず、大臣・大連制の存在を疑う説もある。
（義江明子）

［文献］倉本一宏『日本古代国家成立期の政権構造』（吉川弘文館、一九九七）。

奴《やつこ》　古代の隷属民の総称。男は奴《やつこ》、女は婢《めのやつこ》。奴の原義は「ヤ・ヤケ（屋・宅）のコ」で、豪族・王族の経営拠点であるヤケの周辺に居住して様々な仕事に従事した民を指す。譜第隷属の積み重ねのなかからしだいに氏所有の対象として財物視されるにいたるが、*『日本書紀』崇峻即位前紀に「大連の奴の半分と宅」とあり、後の大宝令応分条でも「宅及び家人奴婢」とあるように、その隷属性は宅と密接不可分だった。律令制下では明確に賤民身分とされるが、もともとの奴には貴人の近侍者としての意味もあり、必ずしも奴隷的隷属者を指すわけではない。雄略即位前紀で葛城円大臣の献じた「宅七区」が安康記では「五村苑人」とあるように、宅に付属した奴は村をなして居住していた。
（義江明子）

［文献］義江明子「氏と奴婢所有」（『日本古代の氏の構造』所収、吉川弘文館、一九八六）。

首長制《しゅちょうせい》　共同体の首長と一般成員との間にとり結ばれる人格的支配従属関係、それに基づく社会構造を指す概念。文化人類学のチーフダムについての研究成果を取り入れ、マルクス主義の歴史理論においてアジア的専制国家の前提として想定されていた、首長により体現されるアジア的共同体のありかたを、より具体的に日本の古代社会に即して把握し得る分析概念として、石母田正《いしもだしょう》によって提起された。国造・郡司に代表される地方豪族を在地首長と規定し、彼らによる一般共同体成員の徭役労働と貢納物の収取を第一次的生産関係、国家による収取を二次的生産関係とみる。在地首長制の提起によって、律令国家の雑徭・田租・調などがそれぞれ共同体の共同労働・初穂貢納などに淵源することがあらためて注目され、律令支配体制成立の前後を通じての社会構造の連続性、共同性を支配に転化する要としての祭祀の機能にも研究関心が高まることとなった。首長層の構成した政治的族組織である氏についても、文化人類学の親族理論を取り入れて、双方（系）的親族関係・階層（円錐）

クランとして氏を理解しようとする研究動向が生み出された。しかし、日本の古代社会を首長制概念で分析することには批判もあり、在地首長制・二次的生産関係・円錐クランなど、どの概念も論者によって理解が異なり、議論の統一は容易ではない。

［文献］　石母田正『日本の古代国家』（岩波書店、一九七一）、吉田孝『律令国家と古代の社会』（岩波書店、一九八三）、鈴木靖民「歴史学と民族学（人類学）」（『日本民族研究大系10』所収、國學院大學、一九九〇）。

（義江明子）

（五）古墳文化

古墳文化《こふんぶんか》　日本史上の時代区分で縄文・弥生時代に続き、律令国家の成立期以前に位置づけられる、およそ三世紀後半から七世紀代までの約三五〇年間は、「古墳」という一つの墳墓形式を文化的・政治的・社会的な指標として古代国家が形成された時期に相当し、この時代の考古学的に把握されるあらゆる文化的な要素は、時代を象徴する表現として古墳文化と呼ばれる。それは弥生時代後半に北海道・東北北部や、琉球諸島を除く列島各地に出現した地域の首長たちが、畿内を基盤においたヤマト王権を中心に政治的連繫を深めた証しとして、共通の葬送儀礼・観念に基づく擬制的な同祖同族関係を結び、前方後円墳に代表される同じ墳墓形式を採用したもので、古墳は地域首長と畿内勢力との関係を示す政治的モニュメントであり、単なる墳墓に留まらない多彩な性格を有していた。さらに各種形式の墳墓を通じて首長同士を序列化し、その政治的身分を古墳の形式や規模で表現していた文化と言い換えることも可能である。その開始時期をめぐっては、奈良県*箸墓古墳に見られる定型化した大型前方後円墳の出現、あるいはそれに先駆けて現れる比較的大型の墳丘墓の成立、そのいずれを重視するかによって約半世紀ほどの隔たりがあるが、従来四世紀初頭とされてきたその開始時期をさらにさかのぼらせて、今日では三世紀代のうちに求める趨勢が強い（なお最近では、奈良県桜井市勝山古墳から出土した木製品が、年輪年代法から西暦二一〇年前後に伐採されたことが報告され、また愛知県西春日井郡清洲町朝日遺跡でも、古墳時代初頭の土器の表面に付着した煤が、加速器質量分析器（ＡＭＳ）による年代測定法の結果から西暦八〇年頃とされるなど、自然科学的手法を用いた年代推定は、古墳時代の開始を一層古くさせることが示唆的だが、今後さらなる検討が必要である）。また、古墳文化成立の背景には、弥生文化の自立的発展がある一方で、墳丘の巨大化に伴う土木・設計技術、ことに墳丘の三段築成や北枕頭位の埋葬方法などは、大陸の思想的影響が少なからず認められる。古墳文化には大きな変革期がいくつかあり、従来は石室の構造から埋葬直後に死者を密封する竪穴式石室と、追葬が可能な横穴式石室とで、埋葬観念が大きく変化した時期を境として前期（四―五世紀）と後期（六―七世紀）の二段階に区分されたが、近年では前期を副葬品などから、被葬者が呪術・司祭者的性格の強い前期（三―四世紀）と武人的性格の強い中期（五世紀）とに分け、後期は畿内の盟主墓として採用された前方後円墳の造営が終焉を迎える六世紀末葉頃までを後期、さらにそれ以後約一世紀間にわたって続く古墳の造営期間を終末期（七世紀）とするなど、四時期に区分して把握されることが多い。

［文献］ 近藤義郎「古墳とは何か」（『日本の考古学Ⅴ』所収、河出書房、一九六六）、岩崎卓也『古墳時代の知識』（東京美術、一九八四）、白石太一郎「日本古墳文化論」（『講座日本歴史1』所収、東京大学出版会、一九八四）、都出比呂志「日本古代の国家形成論序説」（『日本史研究』三四三、一九九一）。 （依田亮一）

鉄《てつ》鋌《てい》 運搬と保存に備えて一定の形に整えた鉄の素材で、通常両端部が撥形に広がる短冊形の延板をいう。日本では奈良県佐紀古墳群中の一つ、五世紀代のウワナベ古墳の陪塚とされる大和六号墳から、大型の鉄鋌二八二枚、小型の鉄鋌五九〇枚が出土した事例が著名である。その平均重量は大型で約四五〇グラム、小型で二三グラムを測り、中間サイズは認められないことから、この大小二種類が意図して製作されたことが考えられる。そのほか鉄鋌が副葬された古墳としては、大阪府堺市古市古墳群の墓山古墳の陪塚・藤井寺市鞍塚古墳・同市野中古墳・茨城市石山古墳・北九州市寺中古墳などがあるが、分布は畿内から瀬戸内周辺に偏在する傾向がある。この鉄資源を入手した背景には、『日本書紀』*の神后皇后四十六年春三月条に「時に百済の当古王、深く歓喜《よろこ》びて、厚く遇《あ》いたもう。乃《よ》りて五色の綵絹各一匹、及び角弓箭、并《あわ》せて鉄鋌四十枚を以て、爾波移に弊《あた》う。」の記載から、当時の朝鮮半島と倭*との密接な関係がある。実際、鉄鋌は朝鮮半島東南部の特に新羅*（辰韓）・加耶諸国（弁韓）の古墳から出土することも多く、『魏志』弁辰伝に「国、鉄を出す。韓、濊《わい》、倭みなしたがってこれを取る。諸市買うにみな鉄を用い、中国の銭を用いるが如し。またもって二郡に供給す」とあることからも、五世紀頃には畿内勢力を中心として、倭人が朝鮮半島南部で採掘・精練された鉄資源を、鉄鋌という形で入手していたことがうかがえる。

［文献］ 森　浩一・炭田知子「考古学から見た鉄」（『日本古代文化の探究―鉄』所収、社会思想社、一九七四）、東　潮「鉄鋌の基礎的研究」（『橿原考古学研究所紀要考古学論攷』一二、一九八七）。 （依田亮一）

前方後円墳《ぜんぽうこうえんふん》 日本の古墳を代表する墳丘形式の一つで、主に埋葬主体部が構築される後円部と、墓前祭祀を行う場および時に埋葬も行われる前方部とを付設した、平面が鍵穴形を呈する墳墓をいう。その名称は、江戸時代後期の国学者蒲生《がもう》君平《くんぺい》（一七六八―一八一三）が、その著作『山陵志』において墳丘を宮車に見立てて「前方後円」と表現したことに由来する。前方後円墳は墳丘規模が大きい古墳の大半を占め、また副葬品の内容も他の形態の墳墓を凌駕するものが多いことから、被葬者の社会的階層は相対的に上位に当たる、いわゆる盟主的性格を備えていたものと考えられている。分布は畿内を中心として、北は岩手県から南は鹿児島県に至るまでの範囲に及び、またその墳形は前期から後期を通じて連綿と受け継がれている。墳丘規模の巨大な前方後円墳には、厳密な設計に基づく築造企画が存在したようで、前方部と後円部の平面・立面比率の関係から墳形の時期的な推移をたどることが可能で、一般的には前方部が後円部に対して低く狭いものから、広く高いものへという変化が認められる。また、前方後円墳の起源論をめぐっては、大陸に類似する事例を探索する方向と、弥生時代の墳墓にその祖形を求める二つの潮流がある。後円部の三段築成や埋葬人骨の北枕頭位、棺の密封行為などは、中国の思想的影響と見られる要素である一方で、墳形自体については、弥生時代の墳丘墓のうち、葬送祭祀の場として重要な意義を持つ墓道が特異に発達を遂げた結果、日本列島のなかで独自に形成されたもので、そのような複数の要素が絡まって前方後円墳が成立したと解釈される。

［文献］白石太一郎『古墳の知識I』（東京美術、一九八五）、都出比呂志「前方後円墳の誕生」（『古代を考える―古墳』所収、吉川弘文館、一九八九）、近藤義郎『前方後円墳の成立』（岩波書店、一九九八）。
（依田亮一）

箸墓古墳《はしはかこふん》* 奈良県桜井市に所在。墳形は前方部四段、後円部五段築成の前方後円墳で、全長二七六メートル、後円部径一五六メートル、くびれ部幅六〇メートル、前方部幅一三二メートル、前方部長一二六メートルの規模。現在、宮内庁が孝霊天皇の皇女倭迹迹日百襲姫命《やまとととひももそひめのみこと》の大市墓《おおいちのはか》に比定し、墳丘上での発掘調査を制限しているため、主体部などの様相は一切不明である。しかし、墳丘の周辺域は纏向遺跡*として周知された範囲に相当し、前方部北側に隣接する大池の堤防改修に伴う調査では、古墳築造前の大規模な土砂採集の落ち込みや、堤状の盛土遺構、周濠状の遺構、前方部北側基底に葺石などが発見された。また宮内庁は、前方部・後円部墳頂の植林が台風の影響で倒壊した際に、倒木の周辺から吉備地方に起源が求められる特殊器台形埴輪や、壺形埴輪片数千点が採集されたことを公表している。墳丘の形態やこれらの出土遺物から、三世紀後半から四世紀初頭に築造されたことが判明し、最古の大型前方後円墳が大和の地に造営されたという事実から、初期ヤマト政権あるいは邪馬台国の所在地を考えるうえで大きな示唆を与える古墳といえる。

［文献］白石太一郎他「箸墓古墳の再検討」（『国立歴史民俗博物館研究報告』三、一九八四）。
（依田亮一）

纏向遺跡《まきむくいせき》 奈良県桜井市に所在。三輪山の北西麓、南を巻向川、西を初瀬川に挟まれた扇状地上に立地し、東西二キロメートル、南北一・五キロメートルが遺跡の範囲として周知されている。一九七一年以降、二〇〇〇年に至るまでに、一二〇次以上に及ぶ発掘調査が県立橿原考古学研究所および桜井市教育委員会等によって断続的に行われている。主に弥生時代終末から古墳時代前期の遺構・遺物が多量に発見され、付近には纏向石塚古墳・ホケノ山古墳・箸墓古墳*といった最古期の前方後円墳*等が近接していることから、初期ヤマト政権を支えた生産基盤の集落跡として注目を集めている遺跡である。遺跡名の「纏向」は、『古事記』*『日本書紀』*に記載された十一代垂仁《すいにん》天皇の「纏向珠城宮《まきむくたまきのみや》」や十二代景行天皇の「纏向日代宮《まきむくひしろのみや》」に由来する地名でもある。検出された遺構には、巻向川の旧河道から導水し、護岸用の矢板を備えた幅約五メートル、深さ約一メートル、長さ約二〇〇メートルにわたる纏向大溝と称する大溝二本、井堰、浄化桝を備えた下水施設、方形周溝墓*、掘立柱建物、土坑群などが認められる。また、出土遺物は大量の土器のほかに、機織具、丸木弓、船・鶏・吉備地方に起源を持つ弧文《こもん》円板《ねんばん》の模様を形象した種々の木製品など、葬送儀礼に関連する性格のものが目立つことが特徴である。特に土器は、全体の約三割が南九州から南関東地方に至る大和地方以外の外来産で、なかでも東海地方産の占める割合がもっとも高い。そのほか、朝鮮半島で製作された韓式系土器も含まれる。大規模な土木工事の痕跡や、日本列島各地から物資の集積を示す遺物の様相がうかがえる点などから、都市的要素が積極的に評価され、邪馬台国の所在地としても注目を集めている遺跡である。

［文献］石野博信・関川尚功『纏向』（奈良県桜井市教育委員会、一九七六）、寺沢　薫「纏向遺跡と初期ヤマト政権」（『橿原考古学研究所論集』六、一九八四）、財団法人桜井市文化財協会『三輪山の考古学』（二〇〇〇）。（依田亮一）

池上《いけがみ》・曽根《そね》遺跡《いせき》　大阪府和泉市・泉大津市に所在する。全国屈指の規模を有する弥生時代の環濠集落跡として著名。標高一〇メートル前後の低位段丘上に立地し、南北一・五キロメートル、東西〇・六キロメートルにわたる遺跡総面積六〇万平方メートルのうち、中心部約一五万平方メートルが国史跡に指定。遺跡の所在はすでに明治時代から知られていたが、昭和四四―四六年（一九六九―一九七一）に第二阪和国道建設に先立つ事前調査を皮切りに、一九九〇年代以降は主として史跡整備を目的とした調査が度重なり実施されている。その結果、集落は弥生時代前期後半から後期に至るまで継続して営まれていることが判明し、なかでも中期における遺構・遺物が顕著に発見された。環濠に囲まれた範囲は、中期後葉段階で東西・南北方向に約三二〇メートル、面積にして約八ヘクタールを超え、環濠は幅約三メートル、深さ約一メートルの規模を有する。内濠のさらに南東側には外濠を構え、*方形周溝墓を中心とする墓域は外濠の南東側に、外濠から内濠にかけては居住域が展開し、竪穴住居・柱穴が複雑に重複して検出された。また内濠の中心部には、東西一九・二メートル、南北六・九メートルの大型掘立柱建物や、直径二・二メートルのクスノキを刳《く》り抜いた井戸など集落の中枢施設が形成され、さらにその東から南側には海産物加工場や金属器工房域と想定される遺構・遺物が確認されている。なお、大型掘立柱建物の柱に使用されたヒノキ材の一本は、年輪年代測定法によって紀元前五二年に伐採されたことが判明し、弥生時代の実年代を考えるうえで貴重な資料となっている。そのほかの遺物としては、祖霊・穀霊を運んだ鳥形木製品、鹿を描いた土器、ヒスイ製勾玉・炭化米、布片などが出土している。平成三年（一九九一）、大阪府立弥生文化博物館が開館し、本遺跡の調査成果が一般公開されている。

［文献］大阪府立弥生文化博物館『弥生都市は語る―環濠からのメッセージ―』（大阪府立弥生博物館、二〇〇一）。（依田亮一）

掘立《ほったて》柱《ばしら》式《しき》建物《たてもの》　建物の柱を埋設するための土坑（柱穴）を掘り、直接坑内に木柱を埋め込んで建てた建築物を指す。柱の基部に石を据えた礎石建物や、床面が土間（地表面）あるいは高床を形成して作られるため、半地下構造の竪穴住居（竪穴建物）とは明確に区別される。掘立柱は地中に埋められる柱根部と、空気にさらされている部分の間が約一〇―二〇年ほどで腐食しやすくなり、修理や建替が行われることが多い。建物の梁を受ける柱は相対する位置にあり、桁をわたす柱は柱通りを揃えるので、同一建物の柱穴は直行する直線上に並ぶ。そこから一組になる柱穴群を選出して建物の平面形を明らかにし、その上屋構造を推測することができる。建物の規模は柱間数によって、「桁行き〇間、梁行き〇間」と表記する。

［文献］文化庁文化財保護部『埋蔵文化財発掘調査の手びき』（文化財保護委員会、一九六六）、甘粕　健編『考古資料の見方〈遺跡編〉』（柏書房、一九八三）。（依田亮一）

豪族居館《ごうぞくきょかん》　これまで、地域の首長が暮らす豪族居館の実態は、奈良県佐味田宝塚《さみだたからづか》古墳出土の家屋文鏡（四世紀後半）や、群馬県赤星茶臼山古墳出土の家形埴輪（五世紀中頃）などから、間接的に類推せざるをえない状況であったが、近年の考古学的調査によって全国各地でその具体像が徐々に明らかにされてきている。昭和五六年（一九八一）に行われた群馬県群馬町に所在する三ツ寺I遺跡の発掘調査では、五世紀後半から六世紀初頭の居館跡が検出され、次のような属性を持つことが判明した。①広い面積の方形区画を占地する。濠の外郭で一辺約一六〇メートル、柵列で囲まれる屋敷地は一辺約八〇メートル規模にも及ぶ。②幅広い周濠をめぐらせ、石垣と柵列によって区画を明確化し、要所に防御機能を備えた張り出し施設を設ける。③屋敷地内は柵列によって四分割され、機能分化が発達し、その一角には主屋とされる四面廂付の大型建物跡が占地する。④主屋の西側にある石敷施設には導水機能が完備され、饗宴などの祭祀が行われた痕跡がある。⑤屋敷地の一画に工房跡とされる竪穴住居が占地する、などである。特に、多種類の建物群が一つの区画内に共存する構成は、家屋文鏡や家形埴輪を彷彿とさせる内容でもある。最近でも、平成一四年（二〇〇二）に三ツ寺I遺跡から北北東に約三キロメートル離れた北《きた》谷《やつ》遺跡（五世紀末頃）で、幅三〇メートルほどの堀に囲繞《いにょう》された方形区画に、複数の張り出し部を持ち、堀の斜面には葺石を施した跡が発見されたことで、豪族居館跡と評価されるような調査成果が全国的にも相次いでいる。しかし、それを定義づける根拠がこれまであまり明確ではなく、中世武士の居館（方形館）との区分も曖昧で、研究上大きな混乱を来していたのも現状である。そうしたなかで、さしあたり首長層の生計を維持する居宅および屋敷地であると同時に、地域の政治・経済上の中心的機能をも兼ね備えている施設であるか否かが、一般民衆の屋敷地や有力農民など中間層の屋敷地と区分する重要な鍵となっているが、今後十分な検討が必要である。

［文献］　橋本博文「古墳時代首長層居宅の構造とその性格」（『古代探叢II』所収、早稲田大学出版部、一九八五）、都出比呂志「古墳時代首長の政治拠点」（『論苑考古学』所収、天毎社、一九九三）、都出比呂志「古墳時代の豪族居館」（『岩波講座日本通史2』所収、岩波書店、一九九三）。　（依田亮一）

伝仁徳天皇陵《でんにんとくてんのうりょう》　大阪府堺市に所在する百舌鳥《もず》古墳群のうち、全長四八六メートル、後円部径二四九メートル、同高三五メートル、前方部幅三〇五メートル、同高三三メートルの、日本最大の規模を有する「大山《だいせん》古墳」が、現在宮内庁によって仁徳天皇陵に比定されている。しかし、仁徳稜の所在は『*古事記』*『日本書紀』によれば「毛受之耳原」か「百舌鳥野陵」とあるのみで、同古墳群の百基以上に及ぶいずれに該当するかまでは明らかではなく、また考古学的な手続きを経たうえで実証されているわけでもない。墳丘は三段築成、周囲には現状で三重の濠が巡り、さらに陪塚的古墳が一五基取り巻く環境にある。一八七二年、前方部中段から*竪穴式石室と長持形石棺が発見され、その際に甲冑・太刀・ガラス容器などが出土した。また、アメリカのボストン美術館には、大山古墳出土と伝えられる細線式獣帯鏡・三環鈴・金銅装環頭太刀把頭が保管されている。

［文献］　近つ飛鳥博物館『仁徳天皇陵—築造の時代』（一九九六）。　（依田亮一）

見《み》瀬《せ》丸山《まるやま》古墳　奈良県橿原市に所在。国史跡。丘陵傾斜地に立地し、墳丘は裾が張った四段築成の前方後円墳で、前方部を北西に向ける。全長約三一〇メートル、後円部高二一メートル、下部一段径一五〇メートル・二段径一二〇メートル・三段径七〇メートル・四段径四五メートル、前方部高一五メートル、幅二一〇メートルで、奈良県では最大、全国でも六番目の規模を有する*前方後円墳である。後円部墳頂は陵墓参考地に指定されているが、平成三年（一九九一）五月、石室羨道部が偶然にも開口し、民間人が撮影した石室内部の写真が報道関係者に公表されて話題を集めた。後円部三段目の南西側に開口する*横穴式石室には、花崗岩製の刳抜式家形石棺が二基安置され、石室と手前側の石棺が六世紀後半、奥壁寄りの石棺が六世紀末から七世紀初頭の所産とされる。現在この二体の被葬者像をめぐっては、『*日本書紀』推古二〇年（六一二）に記載された、*推古天皇の母*堅塩媛がその父*欽明天皇の稜（陵）に改葬した記事を当て、古い棺を*欽明天皇、新しい棺を堅塩媛とする説が提唱されている。

［文献］猪熊兼勝編『見瀬丸山古墳と天皇陵』（雄山閣出版、一九九二）。　（依田亮一）

帆立貝《ほたてがい》式《しき》古墳《こふん》　平面形が前方後円形を呈する古墳のうち、前方部の張り出しが極端に短く、帆立貝に類似したものをいう。これまで通常の*円墳や、*前方後円墳とは異なる別の墳形と評価される一方で、前方後円墳の初源的形態、前方後円墳の前方部が萎縮あるいは退化したもの、あるいは円墳に造り出し部が敷設されたものなど、様々な見解が示されてきたが、なお研究者間で認識が一致しているわけではない。平面規格において後円部規模の八分の一を墳丘設計単位の「一区」とし、前方部長が一区以下を円墳、一から四区までを帆立貝式古墳、四区以上を前方後円墳と便宜的に区分することもある。昭和六三年（一九八八）時点での集計によると、同様の墳形を有する古墳は全国で五五〇基以上存在するが、帆立貝式古墳成立に至る墳形変遷の連続性は明確につかめておらず、現在のところ四世紀末から五世紀初頭に急増するという傾向だけが指摘されている。この背景には、大型円墳の増加とも関連する動向を示しており、五世紀前葉に台頭した河内王朝が各地の前方後円墳造営に規制を加えた結果とみる見解もある。しかし一方で、その後も前方後円墳が各地で造営されている事実があることから、前方後円墳と大型円墳・帆立貝式古墳の被葬者は、地域の盟主としてその地位を維持しえた者と、その支配秩序の下に服する者とに区分される。また、特に大型円墳や帆立貝式古墳の副葬品には、刀剣や甲冑《かっちゅう》がセットで検出される事例が多く、なかには畿内の中央政権との密接な関わりを示す製品も含まれることから、中央政権による日本列島内外に対する軍事編成の重要な一環に位置づけられた地方の中小首長の墓の可能性も指摘されている。

［文献］小野山節「五世紀における古墳の規制」（『考古学研究』一六―三、一九七〇）、白石太一郎『古墳の知識Ⅰ　墳丘と内部構造』（東京美術、一九八五）、都出比呂志「墳丘の型式」（『古墳時代の研究7　古墳Ⅰ』所収、雄山閣、一九九二）。　（依田亮一）

前方後方墳《ぜんぽうこうほうふん》　*前方後円墳の後円部分が方形を呈する古墳。古墳時代前期から出現し、その起源は弥生時代後期の首長墓のうち方形を指向する地域の墳丘墓、あるいは*方形周溝墓などに求められ、前方後円墳同様に主丘から張り出した突出部（墓

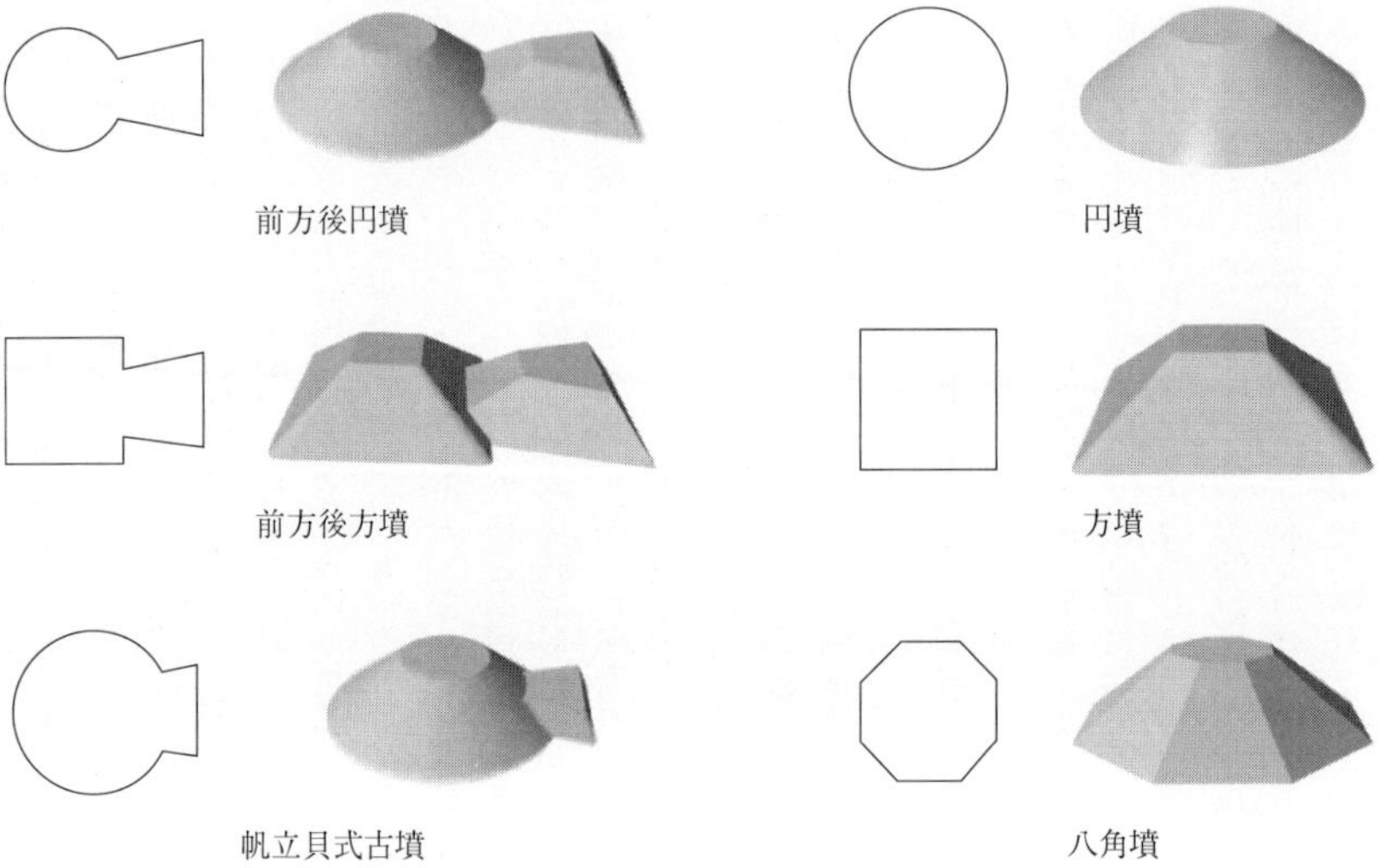

主要な古墳の形と平面形

道）が発達した結果、両者が一体化して成立したとみる説が強い。現在までに全国で約二二〇例が確認され、その分布は西は福岡県から東は宮城県に及ぶが、とりわけ島根県（出雲地方）や栃木県（那須地方）、愛知県（東海地方）などに密度が顕著である。規模的には全長五〇―六〇メートルが中心で、一〇〇メートルを超える大型墳は全国でも九例と少なく、最大でも奈良県天理市に所在する西山古墳で一八五メートルを有するにすぎない。前方後円墳とは数や規模、分布域で異なる要素が多い一方で、例えば京都府元稲荷塚古墳や岡山県車塚古墳の前方部と後方部の設計比率が、*箸墓古墳のそれに類似するなど、墳形に共通の企画性もある。そのほかの特徴としては、特に東日本において、一系列の古墳群のなかで前方後方墳から始まる事例が多々あり、さらに車塚古墳から出土した*三角縁神獣鏡の同笵鏡を副葬する古墳も多い。時期的には古墳時代を通じて確認できるが、前期では東国を中心として各地の首長墓に多用されたが、中期以降には畿内の有力首長墓には適用されず、また東国でも盟主墓が前方後円墳にとって代わられる所が多く、全体として衰退の傾向をたどる。その性格をめぐっては、古墳成立期における東海・関東地方の独自性で、とりわけ、濃尾平野を中心とする狗《く》奴《な》国勢力下で多用された墳墓形式の可能性が指摘されている。そのため、古墳時代成立期における東日本の政治社会、ひいては前方後円墳同様、国家形成史を紐解くうえで、重要な墳墓といえる。

［文献］茂木雅博『前方後方墳』（雄山閣、一九七四）、白石太一郎『古墳の知識Ⅰ』（東京美術、一九八五）、高橋一夫「前方後方墳の性格」（『土曜考古』一〇、一九八五）、赤塚次郎「東海の前方後方墳」

(『古代』八六号、一九八八)、都出比呂志「墳丘の型式」(『古墳時代の研究』七、一九九二)。

(依田亮一)

円《えん》墳《ぷん》 墳丘の平面形が円形を呈する古墳。立面形は墳頂部を平坦に造成した截頭円錐形状を基本とするが、大規模なものには段築を施す場合も認められる。種々ある古墳の墳形のなかでもっとも普遍的に造営された形式であり、特に各地の群集墳には、小規模な円墳が主体的な構成要素となる場合が多い。円墳は前期から終末期まで古墳時代全般を通じてみられる墳墓形式ではあるが、数・規模ともに増加するのは前期の後半段階に至ってからである。平成元年(一九八九)時点での集計によれば、直径六〇メートル以上を測る円墳は全国で五〇基以上存在し、このうちの大半は五世紀以降、とりわけ六世紀末から七世紀代に造営されたもので占められている。そもそも平面が円形を基調とする墳墓は、古墳時代以前からも存在していた。瀬戸内東部を中心とした地域では、弥生時代前期から中期のはじめに出現し、墳丘自体は後の円墳に比べて規模的に小さく、後世に削平されて周溝のみが発見されることが多いため、円形周溝墓と呼称されることがある。この円形周溝墓と円墳との関係については、連綿と受け継がれた墳墓形式であるのか否か不確定な要素が多く、検討を要する。一方、畿内を中心とした後期から終末期の大型円墳には、その内部主体に巨石を使用した*横穴式石室を構築するものが認められ、大王・皇族・有力豪族階級といった被葬者も採用した墳墓形式であったことがうかがえる。

[文献] 白石太一郎『古墳の知識I 墳丘と内部構造』(東京美術、一九八五)、古代學研究會「特集 列島各地域の円墳」(『古代学研究』一二三、一九八九)、都出比呂志『王陵の考古学』(岩波書店、二〇〇〇)。

(依田亮一)

方《ほう》墳《ふん》 墳丘の平面形が方形を呈する古墳。立面形は墳頂部を平坦に造成した截頭方錐形を呈し、大規模なものは二ないし三段に段築を施すことがある。古墳時代全般を通じて造営された墳丘形式だが、方形を指向した墳墓はすでに弥生時代前期から出現している。一般に*方形周溝墓と呼ばれる低い墳丘を有する墓で、多くは後世の削平によって周溝部分のみが残存し、近畿・山陰・東海・北陸・関東地方を中心に分布が確認されているが、こうした弥生時代の墳墓から後の方墳へと発展した詳細な経緯については、いまだ解明されていない部分が多い。方墳は*前方後円墳・*前方後方墳・*円墳と並びもっとも基本的な墳形の一つだが、数や規模の点ではほかの形式に劣る要素が目立つ。特に規模の面では一辺六〇メートルを超える方墳は全国でも十数基を数える程度で、最大でも奈良県橿原市桝山古墳の一辺九〇メートル、墳丘高約一六メートルにすぎない。方墳の時期的な動向としては、五世紀以降、前方後円墳や円墳が盛行するのとは対照的に急激に数や規模を減ずるが、前方後円墳の造営が停止した七世紀以降になると再び増加する傾向がある。とりわけ畿内地方におけるこの時期の大型方墳には、大王(天皇)もしくは*蘇我氏系一族の墓に採用されるものが多く、政治的身分を端的に表示するシンボルにもなりえた墳形である。

[文献] 田中勝弘「方墳の性格」(『古代文化』三二―八、一九八〇)、白石太一郎『古墳の知識I 墳丘と内部構造』(東京美術、一九八五)、都出比呂志『王陵の考古学』(岩波書店、二〇〇〇)。

(依田亮一)

八角墳《はっかくふん》　古墳時代の終末期にみられる墳丘形式の一つで、墳丘の平面形が八角形を呈する古墳を指す。立面の形状は、方形壇上に八角形の墳丘を載せるものから、やがて方形壇を伴わない墳丘へと変化を遂げる。前者の代表的な古墳としては、奈良県桜井市段ノ塚古墳（推定舒明陵）・明日香村岩屋山古墳（推定斉明陵）・京都市御廟野古墳（推定天智陵）などがあり、一方後者には明日香村野口王墓古墳（推定天武・持統合葬陵）・同中尾山古墳（推定文武陵）などが知られている。とりわけ七世紀中葉以降、前方後円墳の造営が減少することに連動して、大王墓と豪族墓との間に顕著な格差が消滅しつつあるなかで、改めて即位した大王のみが八角形の墳墓形式を採用したことがうかがえる。その背景には、大化の改新によって大王および大王家が、他の豪族から超越した存在であることを表示するためと目されるが、内部構造の*横穴式石室などには、諸豪族の墳墓と共通の築造規格によるものがほとんどであり、八角墳の存在によって大王権力を過大に評価することはできない。また最近では、広島県新市町尾市一号墳・群馬県吉井町神保一本杉古墳・東京都多摩市稲荷塚古墳など、畿内以外の地域にも八角墳の分布は認められ、一概に「八角墳＝大王墓」と断定できない要素も出てきている。八角形の墳墓造営にかかる思想的な背景としては、仏教思想の影響とする説や、道教思想を含む中国政治思想の影響とする説などがある。

［文献］　白石太一郎「畿内における古墳の終末」（『国立歴史民俗博物館研究報告』第一集、一九八二）、白石太一郎「古墳の終末」（『古代を考える―古墳』所収、吉川弘文館、一九八九）。
（依田亮一）

装飾古墳《そうしょくこふん》　石棺・石障《せきしょう》・石室の内壁などに、浮彫・彩色・線刻によって文様や絵画を描いた古墳。福岡・佐賀・熊本・大分県を中心とする北部九州地方で盛行したが、島根・福島県などでも一部で分布が確認される。装飾古墳は、その装飾を施す場所や方法・種類によって以下の四つに大別されることがある。（一）石室の周壁に彩色・線刻の文様や絵画を描く壁画系、（二）石室周囲の床面上に浮彫や線刻で装飾を施した板状石を組み立てて、箱式石棺状の屍床を作る石障系、（三）石棺の内外面に装飾を施す石棺系、（四）横穴墓の内部に線刻を施す横穴系、である。また装飾の内容は、幾何学文様（直弧文《ちょっこもん》・鍵手文・円文・同心円文・三角文・菱形文・蕨《わらび》手文）、器材文様（靫《ゆき》・楯・大刀・弓・鞆《とも》・短甲・双脚輪状文・船）、人物鳥獣文様（人物・馬・鳥・蟾蜍《ひきがえる》）があり、主に被葬者に対する鎮魂を念ずるモチーフとして描かれるものである。このうちもっとも古い段階の装飾古墳は、まず畿内・吉備およびその周辺地域で、四世紀後半の前期古墳に出現し、石棺に呪術的な意味合いを込めた直弧文が中心的な画題であった。しかし、当地域では棺への加飾はその後定着をみせず、五世紀中葉を境として分布は北部九州が中心となる。直弧文など日本独自で発達した文様を施した初期の装飾古墳に対して、終末期古墳の奈良県高松塚・キトラ両古墳にみられる漆喰塗に多彩色を使用して四神・星宿図などを描く壁画などは、それまでの装飾技法・画題とは性格を異にするもので、大陸文化、特に高句麗の壁画古墳と共通する要素を多分に含み、その影響下で成立したものとされている。

［文献］　乙益重隆「装飾古墳」（『新版考古学講座5原史文化（下）』所収、雄山閣、一九七九）、藤井　功・石山　勲『日本の原始美術10

装飾古墳』（講談社、一九七九）。
（依田亮一）

群集墳《ぐんしゅうふん》　古墳時代後期に急増する小規模古墳の集合体で、一般的には次の三つの特徴を備えて古墳を群集墳という。①限定された地域に数基以上、あるいは数百基の小古墳が密集状態で造営される。②築造期間は五世紀後半からみられるが、その多くは六世紀から七世紀初め頃で、古墳時代後期に集中する。③一石室内に複数人を埋葬する傾向が多く、内部は*横穴式石室が主体で、地域・時期差があるが竪穴式石室や木棺直葬の場合もある。

これまでの通説的理解では、基数の面からみると全国の古墳全体の約九割近く占める群集墳は、古墳時代後期の段階に至って、被葬者が地域の盟主だけに限定されず、さまざまな階層にまで急速に拡大した結果であるとし、その大半は家族墓であるとするものであった。また、群集墳を構成する墳形は径約一〇メートル程度の小円墳が主体であるが、*前方後円墳などのほかの墳形も混在し、そこには社会的地位の差が現れている。さらに、家父長の死を契機に墳丘と石室が造営され、その後同世代の家族員が順次追葬されるといわれる。こうした見解は一面では正しいといえようが、理論的な研究ばかりが先行しているのに対して、基数の多さゆえに調査が及ばない現状もあり、群集することの本質的意味や思想的背景、さらには、一石室内の埋葬順序・血縁関係、造墓集団の実相など未解明な問題が山積みされているのが現状である。

［文献］森岡秀人「群集墳の形成」（『古代を考える—古墳』所収、吉川弘文館、一九八九）、和田晴吾「群集墳と終末期古墳」（『新版古代の日本5　近畿I』所収、角川書店、一九九二）。
（依田亮一）

藤ノ木古墳《ふじのきこふん》　奈良県生駒《いこま》郡斑鳩《いかるが》町に所在。国史跡。直径約四八メートル、高さ約九メートルの規模を有する円墳で、昭和六〇年（一九八五）（第一次）、昭和六三年（一九八八）（第二・三次）に発掘調査が実施された。埋葬施設は南東に開口する全長一三・九五メートル、玄室幅二・六七メートル、玄室高四・四一メートルの両袖式横穴式石室である。石室内には奥壁沿いに、全体を朱塗りした凝灰岩製の刳抜《くりぬき》式家形石棺一基が安置される。石棺内は未盗掘の状態で、二〇代男性と年齢・性別不詳の人骨二体が、金銅製冠・筒形製品・履・鏡・大刀・剣・大帯・織物・玉類など多量の副葬品とともに埋葬されていた。石棺外からも*須恵器・*土師器、金銅製馬具、武具・武器類が出土し、特に金銅装透彫鞍金具に施されたパルメット文・鳳凰・鬼面・獅子などの意匠は、大陸文化の影響をうかがわせる。石室・石棺の構造や出土遺物から古墳は六世紀後半に造営されたもので、周辺には*欽明天皇の皇子・皇女の墓が密集していることから、本古墳の被葬者もその関連性が指摘されている。

［文献］奈良県立橿原考古学研究所編『斑鳩藤ノ木古墳概報』（吉川弘文館、一九九〇）、白石太一郎『古墳の造られた時代』（毎日新聞社、一九八九）。
（依田亮一）

キトラ古墳《こふん》　奈良県高市郡明日香村に所在。国特別史跡。墳丘は二段築成の円墳で、直径上段九・四メートル、下段約一四メートル、高さ三・三メートルを測る。昭和五八年（一九八三）以降、石室南側に開けられた盗掘坑から、数次にわたって小型カメラなどにより内部が撮影され、漆喰塗りの石室北壁面に玄武、東壁に青竜、西壁に白虎、南壁に朱雀、天井に天文図などの壁画が発見された。星宿図は*高松塚古墳に続き、国内で二例目となる発見で世界最古のものとされる。主体部は凝灰岩切石を使用した幅一〇三・二メートルの横口式石槨で、刀片四点以外には棺や人骨などは未確認である。平成九年から一〇年に範囲確認調査が実施され、出土した遺物から七世紀末から八世紀初頭に造営された終末期古墳であることが判明した。四神図像や天文図の描写は高句麗*あるいは唐*文化の影響が考えられ、被葬者は王族クラス、天武天皇*の皇子の一人とみる説がある。

［文献］『キトラ古墳学術調査報告書』（明日香村教育委員会、一九九九）。　（依田亮一）

高松塚古墳《たかまつづかこふん》　奈良県高市郡明日香村に所在。国特別史跡。直径二〇―二五メートル、高さ三・五―九・五メートルの円墳で、主体部は凝灰岩切石を使用した横口式石槨である。昭和四七年（一九七二）に発掘調査が行われた。石室内部はすでに盗掘に遭っていたが、内壁に漆喰が塗られ、天井中央には金箔で星、朱線で星宿図を、東壁に日像・青龍・男女各四人の群像、北壁に玄武、西壁に月像・白虎・男女各四人の群像が極彩色で描かれていた。南壁は盗掘坑が穿たれ、壁画は確認されていない。そのほか石室からは、漆塗木棺、銀荘太刀外装金物、海獣葡萄鏡、棺の飾金具、玉類、人骨などが出土した。七世紀末から八世紀初頭の終末期古墳。調査後、古墳壁画は現状のまま保存され、模写を展示した壁画館によって閲覧することができる。

［文献］橿原考古学研究所『壁画高松塚』（一九七二）、森岡秀人・網干善教『高松塚古墳』（読売新聞社、一九九五）。　（依田亮一）

竪穴式石室《たてあなしきせきしつ》　主として西日本の古墳時代前・中期を中心に認められる埋葬主体部の一形式。遺骸を納める行為と同時に構築される施設であり、埋葬直後に上部から蓋をして密封するため、同一施設内への追葬が基本的には不可能な構造を呈する。通常の構築手順としては、まず古墳墳頂の平坦面に長方形の墓壙《ぼこう》を掘削し、壙底中央に木棺を安置する粘土棺床を敷く。このとき、粘土棺床の周囲および下部に礫や板石を配するものや、粘土を使用しないで棺床とするものなどがある。棺を安置した後に扁平な割石をその周囲に積んで四壁を築き、さらに壁の外側には控え積みとして割石や礫石を配し、石室の横断面形は天井に近づくに連れて狭小となり台形状を呈する。最後に天井石を架構し、粘土や土によって全体を被覆する。石室は規模の面から、①長さ一・五―三・五メートル、幅〇・五―〇・九メートル、高さ〇・五―〇・九メートルの短小型、②長さ五・八―八・〇メートル、幅一メートル前後、高さ一・〇―一・五メートルの長大型、③長さ二・七―六・〇メートル、幅一・五―二・五メートル、高さ一・二―二・〇メートルの幅広型に大別されるが、②の石室には割竹形木棺、③の石室には石棺を納めることが多く、時期が下るに従って石室の長さは短く、幅が広がるという傾向

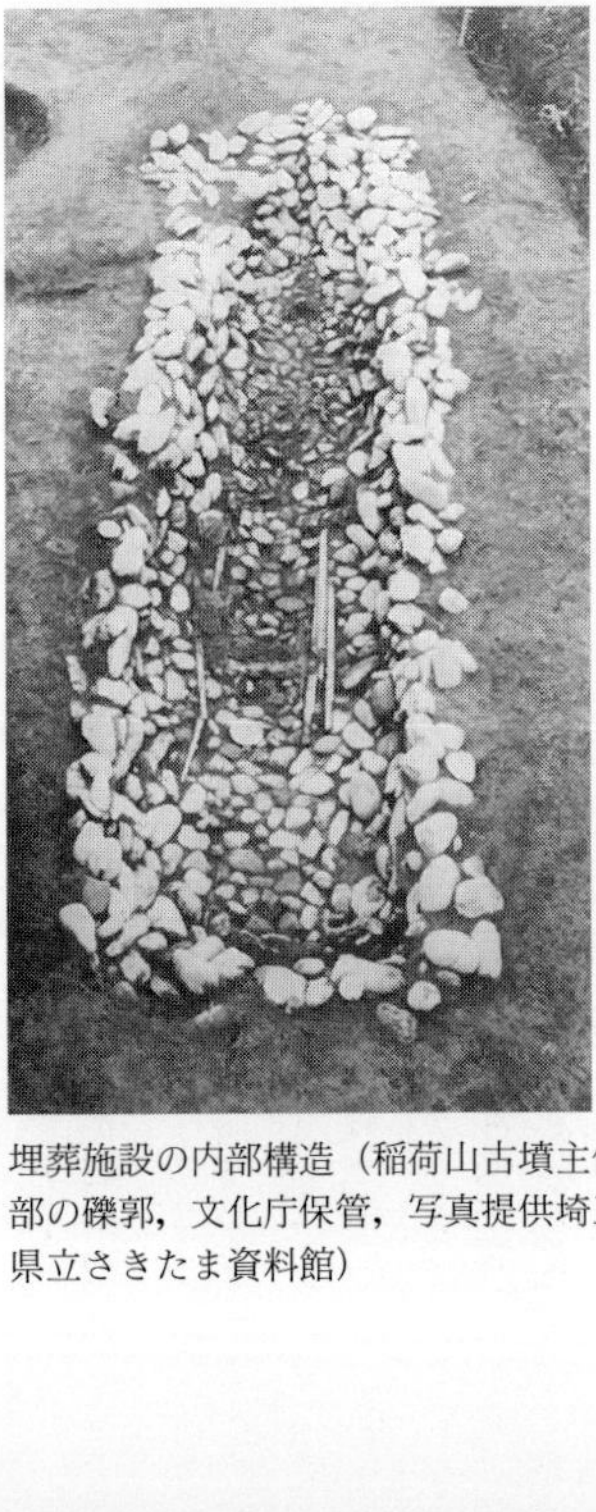

埋葬施設の内部構造（稲荷山古墳主体部の礫郭，文化庁保管，写真提供埼玉県立さきたま資料館）

がうかがえる。さらに中期後半以降になると、従来のように棺設置後に石室を築く伝統的な埋葬方法が、石室を築いた後に棺を安置するという方式に変化があり、同時期の加耶地域の石室構造と類似しており、朝鮮半島からの影響が指摘されている。

［文献］小林行雄「竪穴式石室構造考」（『紀元二千六百年記念史学論集』所収、京都帝国大学文学部、一九四一、『古墳文化論考』、平凡社、一九七六、再録）、小林行雄・近藤義郎『世界考古学大系3』（平凡社、一九五九）、山本三郎「竪穴系の埋葬施設」（『古墳時代の研究7』所収、雄山閣、一九九二）　（依田亮二）

横穴式石室《よこあなしきせきしつ》　石室の一側面が開放され、通路を介して墳丘の外へ通じる埋葬施設で、開口部は墳丘斜面もしくは基底部側面に設けられることが多い。その構造は、遺骸・棺が安置される墓室（玄室）と、墳丘横から墓室に至る通路（羨道《せんどう》）からなり、玄室と羨道の境界を玄門、羨道の入口を羨門と呼称する。また、羨道の幅が玄室より狭く、玄室の中央に接続するものを両袖式、玄室のいずれかの壁に偏って接続するものを片袖式、羨道と玄室幅が同じものを無袖式などと呼び分けるが、時期や地域によって玄室・羨道構造には多様性が認められる。*竪穴式石室が埋葬行為と同時期に構築される施設であるのに対して、横穴式石室は埋葬に先立って、墳丘を築成する行為と並行して構築される施設で、埋葬後は羨門部が積石などによって閉塞されることがあるが、その後の追葬が容易に行えるという点で、構造上の決定的な差異がある。横穴式石室は大陸の墓道を有する墓室に遡型があり、直接的には朝鮮半島の*高句麗・*百済の墓制の影響を受けたものとされ、日本では四世紀末頃に北部九州地方ではじめて出現した。その後、五世紀中頃には九州地方北部・中部で普遍化すると同時に、畿内やほかの地方でも一部で受容され、さらに六世紀以降は東北地方に及んで全国的に盛行した。

［文献］白石太一郎「日本における横穴式石室の系譜」（『先史学研究』五、一九六五）、白石太一郎『古墳時代の知識Ｉ』（東京美術、一九八五）、土生田純之「横穴系の埋葬施設」（『古墳時代の研究7』所収、雄山閣、一九九二）。　（依田亮二）

粘《ねん》**土**《ど》**槨**《かく》　古墳時代前期後半に出現する、遺骸を埋葬する木棺を置く基底部、および棺を被覆するのに粘土を使用した埋葬施設をいう。基底部の構造が*竪穴式石室とほぼ同様な構造を呈するため、棺を覆う材質が石である場合が石室、粘土の場合が粘土槨となる。石室に比べて築造にかかる労力的負担が少なく済むことから、粘土槨に安置された被葬者の社会的階層は、石室構造を有する古墳よりも相対的に低いとみる見解がある。また、前期古墳では棺外周全体を被覆するのに対して、中期古墳では基底部以外を省略する傾向があり、最終的な形態としては木棺小口の両端部のみに粘土を配する程度のものとなる。

［文献］山本三郎「竪穴系の埋葬施設」（『古墳時代の研究7』所収、雄山閣、一九九二）。　（依田亮二）

石《せっ》**棺**《かん》　古墳の内部主体のうち、直接遺骸を入れて埋葬する石製の箱状施設。古墳の棺は、木・石・土・漆など材質の違いで数種類に区分され、このなかでは木棺がもっとも多用されたが、腐朽によって全形が現存するものは全国的にもまれである。それに比べ石棺は材質が堅牢のため遺存しやすく、さらに木棺を模倣した形跡があり、その不明な形状を類推するうえでの参考になる場合がある。石棺には大きく組合せ式と刳抜《くりぬ》き式があり、前者には単に板状の石材で遺骸を囲繞する箱式石棺、加工した石材を用いた長持形石棺と一部の家形石棺がある。箱式石棺は弥生時代以来の伝統的な棺の形態で、墓壙《ぼこう》周囲と天井を板石で被覆する簡素な構造を呈する。使用する板石の数や大きさには地域差があり、一部で墓壙底に礫《れき》や板石を敷く。板状石材が産出する地方に多く分布し、古墳時代全般を通じて製作された。長持形石棺は底石・四周の側石・蓋石の六個の石材からなり、蓋の断面は弧状を呈し、蓋石の各辺に二個ずつ、棺身の底石と長辺側石の両端部にそれぞれ縄掛突起が作られる。中期から後期初頭に畿内の大型墳を中心に使用された棺で、その多くは兵庫県高砂市竜山で産出する凝灰岩製とされる。刳抜き式の石棺で前期末から中期に製作されたものに、その横断面形が丸味を持つ割竹形石棺と扁平に面取が施された舟形石棺があるが、両者は主として畿内以外の加工石材の産出地に近い地域に多く認められる点で、長持形石棺とは対称的な分布域を示す。蓋を屋根状に加工し、その外周に縄掛突起を施した家形石棺は、棺身を刳り抜くものと側石・底石を組み合わせたものがある。中期末に長持形石棺に代わって畿内で出現し、後期に至って広域に波及した棺で、時期的に横穴式石室*に安置されることが多い。

[文献]　小林行雄・近藤義郎『世界考古学大系3』（平凡社、一九五九）、白石太一郎『古墳時代の知識Ⅰ』（東京美術、一九八五）、真壁忠彦「木棺・石棺」（『古墳時代の研究7』所収、雄山閣、一九九二）。

（依田亮一）

横穴墓《よこあなぼ》　古墳時代後期から終末期に盛行した、丘陵斜面・崖面に横穴を穿《うが》って墓室を形成する墓制の一形態。明治年間にはその機能をめぐり、穴居説を唱え住居として積極的に評価を与えた坪井正五郎と、墳墓説を唱える白井光太郎などとの間で穴居論争が繰り広げられたが、明治末までには墳墓としての見解が定着した。五世紀後半に北部九州で出現し、六世紀前半には九州南部から近畿地方、さらに六世紀後半までには北海道・東北地方北部・南島を除く列島各地に展開したが、分布は局所的に集中する傾向がある。また、終焉の時期は各地によって異なるが、東国を中心に一部では奈良時代まで造営された地域もある。墳丘は基本的には持たないが、構造上の特徴は横穴式石室に類似し、埋葬空間の玄室と外部よりそれに至る羨道《せんどう》で構成され、入口は種々の用材によって閉塞される。さらにその前面には平坦面を造成し、墓前祭を行った前庭部（墓前域）が設けられることがある。遺骸を収納する玄室は単室・複室の両形態があり、寄棟・切妻屋根を模した家形やドーム形などの天井を構成し、棺には造付石棺や家形石棺、木棺・陶棺が設けられるなど、地域や時代によって多様性が認められる。また、副葬品には武器・武具、装身具、馬具、土師器、須恵器といった、高塚古墳と同様の品々が納められる。追葬が可能な構造的特質は、横穴式石室・地下式横穴墓・竪穴系横口式石室などほかの埋葬様式との関連を想起させるが、群集して造営されることが多い点に横穴墓の特徴がある。その被葬者については、副葬品が一つの基準とされるが、築造に要する労力が少なく済むことから高塚古墳より下位に位置づけられ、共同体の首長からその構成員に至るまで、幅広い階層として把握されることが多い。

[文献]　池上　悟『横穴墓』（ニューサイエンス社、一九八〇）、池上　悟「横穴墓の被葬者と性格論」（『論争・学説日本の考古学5』

所収、雄山閣、一九八八)。

(依田亮一)

(六)　副　葬　品

古墳《こふん》の副葬品《ふくそうひん》　遺骸に添えて主体部に埋納された器物の総称で、被葬者が生前に使用していたものや、当時の埋葬観念で冥界における必要品と考えられた明器などによって構成される。被葬者の社会的身分や性別は、副葬品の種類・数・組合せ・配置などの内容にある程度反映するととらえられる場合もあるが、必ずしも絶対ではなく、副葬品自体の遺存状況や墳丘構造、古墳の立地する周辺環境なども含めた総合的な検討を経る必要がある。また、一概に古墳の副葬品といっても、生活や思想の変化や大陸文化の渡来によって、その内容には時期的・地域的に大きな変化が認められる。まず、前期古墳の副葬品には、鏡・玉類・石製品、武器、武具、鉄製生産具などがあり、ことに鏡の大量副葬と碧玉製腕飾具はこの時期ならではの傾向で、全般に祭器的・呪術的性格の強い副葬品が目立つ。中期古墳では、前代に引き続き鏡・玉類・石製品・武器類が認められるものの、鏡の副葬自体は衰退し、石製品は滑石製模造品が主体となる。特に畿内の大型墳では、多量の武器や武具類が副葬されるほかに、この時期新たに馬具も出現し、それによって被葬者も従来の呪術的性格から武人的性格が強くなることが想定されている。さらに後期古墳では、武器・武具・馬具の国産化が普及する一方で、冠・耳環・飾履などの装飾具には鍍金を施し、武器類にも装飾性に富むものが盛行する。また、後期古墳の特徴として、西日本を中心に*須恵器などの什器類が大量に副葬される点もあげられる。終末期古墳に至っては、馬具や銅製水瓶・銅碗など副葬品の一部に仏教文化の影響が認められるものも含まれるようになる。

(a)　装身具

(b)　三叉型垂れ飾

峯ヶ塚古墳（大阪府羽曳野市）の副葬品　このほかに大刀，魚佩などが出土している．（羽曳野市教育委員会編『河内古市古墳群峯ヶ塚古墳概報』吉川弘文館，1993）

［文献］村井嵓雄・望月幹夫・松尾昌彦『古墳の知識II』(東京美術、一九八八)、河上邦彦「副葬品概論」(『古墳時代の研究8』所収、雄山閣、一九九一)。

(依田亮一)

三角縁神獣鏡《さんかくぶちしんじゅうきょう》　鏡の背面中央部に神仙思想に基づく神像と獣形の図像を交互に配置して浮彫で表現し、外周縁の断面形が三角形状を呈する直径二〇センチメートル前後の大型の鏡をいう。文様の配置から二大別され、モチーフとなる神獣が紐を中心に放射状に配される求心式と、図像を一方向だけからみるように配した同向式があり、数量的には前者の鏡が多い。求心式の場合、神獣の図像がある内区と鏡縁を含む外区とに挟まれた部分を文様帯と呼び、銘文・獣文・唐草文・波文などを施す。*『魏志』倭人伝に、景初三年、邪馬台国の女王*卑弥呼の使いが魏都洛陽に至り、翌正始元年、くさぐさの賜り物のなかに「銅鏡百枚」とあり、賛否両論はあるがその鏡こそが三角縁神獣鏡に比定されてきた。中国製の舶載鏡と国産でその模倣品である仿製鏡《ぼうせいきょう》を含めて、これまで日本国内では約四〇〇面近くが確認されている。舶載鏡は図像や銘文から魏の製作であることが示唆的だが、大陸での出土例は現在のところ皆無の状況である。そのため、製作地をめぐってはすべて日本産とする説、呉の工人が渡来して製作したとする説、下賜品用の特鋳品とする説など異論百出で、なおも決着をみていない。銘文に記される景初三、四年（二三九、二四〇）、正始元年（二四〇）という年代は、国内では*前方後円墳の成立時期にあたり、弥生時代と古墳時代とを画する指標の一つともなる。さらに、全国各地の前期古墳の副葬品にみる同鏡の分有関係からは、日本古代国家の成立過程を跡づける有力な根拠にもなりうる、という意味で重要な性格を具備している鏡でもある。

（依田亮一）

［文献］近藤喬一『三角縁神獣鏡』（東京大学出版会、一九八八）、岡村秀典『三角縁神獣鏡の時代』（吉川弘文館、一九九九）。

同笵鏡《どうはんきょう》　同じ原型もしくは鋳型（笵）を使用して複数面を鋳造した鏡。同笵鏡の笵が石型であるのに対して、一つの原型をもとに何面かの砂型を製作し、それぞれの砂型から一面ずつ製作した鏡を同型鏡と呼び分けるが、厳密な区分は困難で、両者を合わせて同笵鏡と呼称することもある。一九二〇年代頃よりすでに、前期古墳の副葬品に同笵鏡の存在を認め、古墳の年代を決定する手がかりとして注目されたが、とりわけ各地の古墳間にみられるその分有関係から、成立期の古墳の被葬者間に緊密な政治関係があったとして、古墳の発生から政治史全般に問題を投げかけた小林行雄の同笵鏡論が著名である。その論旨は次のとおり。昭和二七年（一九五二）、京都府相楽郡山城町に所在する椿井大塚山古墳（全長約一八〇メートルの前方後円墳）の*竪穴式石室から三六面の*三角縁神獣鏡が出土した。その構成はすべて舶載鏡で、三二面が三角縁神獣鏡、一七種二二面が同笵鏡であり、それらと同笵の鏡が全国一九基の古墳から確認されている。この三角縁神獣鏡は魏で製作されたもので、邪馬台国の*卑弥呼が景初三年（二三九）に使者を派遣した直後にもたらされ、それを一括管理していた椿井大塚山古墳の被葬者によって各地の首長に配布された。また、一九基の古墳のうちもっとも新しいのは四世紀末と仮定し、同笵鏡を共有する古墳の年代差を考慮しても、古墳の上限は三世紀末をさかのぼらないと結論づけた。しかし、鏡の製作年代から各地の古墳へ分配、そして副葬されるまでの時間的な問題は確定しておらず、小林の同笵鏡論に対して、今日ではその時間幅をより短く想定し、古墳の出現を三世紀後半にさかのぼらせて解釈するなど、今なお検討の余地が残されている。

（依田亮一）

［文献］小林行雄「古墳発生の歴史的意義」（『古墳文化の研究』所収、青木書店、一九六一）、小林三郎「同笵鏡論」（『論争・学説日本の考古学5』所収、雄山閣、一九八八）。

副葬品《ふくそうひん》**としての鉄製農工具**《てつせいのうこうぐ》　農耕や工作に供する鉄製の農工具は、一般に農具（あるいは土木具）として耕作・開墾用の鋤と鍬、それに収穫具の鎌があり、工具もまたその用途から、斧《おの》・手斧《ちょうな》・楔《くさび》・鋸《のこぎり》・鉇《やりがんな》・鑿《のみ》・錐《きり》・刀子《とうす》などの木工具と、金鉗《かなはし》・鉄槌《かなづち》・鉄床《かなとこ》の金工具（鍛冶工具）とに区分されることが多い。鉄製農工具が古墳へ副葬される事例としては、すでに前期から出現をみるが、それは斧・鉇・刀子といった工具類の組合せが主体的で、対する農具の副葬は全般的に少ない傾向にある。また、農具は鋤《すき》・鍬先《くわさき》よりも鎌を副葬する事例が多く、副葬品の組成が実生活での道具組成を何らかの形で反映すると仮定すると、当時の営農形態は鎌ほどに鋤・鍬先を必要としなかったことが、一説には指摘されている。古墳時代は各種生産用具の鉄器化が果たされ、とりわけ中期の頃には、U字形の鍬・鋤先や曲刃鎌などが出現して、農具の改良が一層進展したことによって開墾の対象用地が拡大した。さらに後期以降では飛躍的な生産力の発展がもたらされたと指摘される一方で、農具・工具の所有形態をめぐっては、中期から後期において中・小古墳への副葬例が増加する傾向から、一般農民の私的所有よりはむしろ在地の中小豪族層がその主体を担っていたとする見解がある。

［文献］都出比呂志「農具鉄器化の二つの画期」（『考古学研究』一三―三、一九六七）、土井義夫「鉄製農工具研究ノート」（『どるめん』一〇、一九七六）、寺沢知子「鉄製農工具副葬の意義」（『橿原考古学研究所論集4』所収、吉川弘文館、一九七九）、岩崎卓也「鉄製鍬・鋤先の周辺」（『日本史の黎明』所収、六興出版、一九八五）。

（依田亮一）

鉄製武器《てっせいぶき》・武具《ぶぐ》　副葬品としての鉄製武器・武具は、被葬者が生前に着装した実用物や死後の冥界における護身物であり、儀礼用具あるいは権威を象徴する威信財といった多彩な性質を持っている。一般的に、刀剣・槍矛・弓矢などの攻撃を目的とした利器を武器、対して甲（短甲《たんこう》・桂甲《けいこう》）・冑（衝角付冑《しょうかくつきかぶと》・眉庇付冑《まびさしつきかぶと》）・弓具（靫《ゆぎ》・胡籙《ころく》）などの防御または武器の収納用具を武具と呼び分けることが多い。古墳時代前期の武器・武具は、弥生時代からの伝統を引く鉄剣・素環頭大刀《そかんとうのたち》・槍先・鏃《やじり》のほかに短甲が出現するが、武具類は全般的に未発達の段階で、さらに鏡・玉などの呪術的宝器に対して武器類の比重は低い。中期になると、騎馬風習の伝来や資材としての鉄の普及とともに、新種の武器・武具が出現し、副葬品全体に占めるその割合も高くなる。武器では剣・槍先から直刀へ、武具では短甲よりも軽量で実戦向きな挂甲が増し、さらには眉庇付冑もこの時期になって出現する。武器・武具の量の増加は、すなわち首長が司祭者的性格から強力な武器を背景にした武人的性格へと変化したことを示す一方で、短甲・靫のセットは歩兵戦、挂甲・胡籙のセットが騎馬戦用具に想定されるなど、戦術上多様な武器の組合せが完成することになった。後期では、武器・武具の国産化や古墳被葬者の階層分化が進むなかで、銀装・金銅装の飾大刀（環頭・円頭大刀）が一部の身分階層で盛行し、さらに全般的に鉄鏃が目立って出土するようになる。*甲冑も短甲はそのほとんどが消滅して、挂甲がこの時期以降の主体的武具となる。

［文献］西川　宏「武器」（『日本の考古学5』所収、河出書房、一九六六）、村井嵓雄・望月幹夫・松尾昌彦『古墳の知識II』（東京美術、一九八八）、新泉　納「武器」、田中晋作「武具」（『古墳時代の研究8』所収、雄山閣、一九九一）。

（依田亮一）

稲荷山古墳鉄剣《いなりやまこふんてっけん》　埼玉県行田市に所在。国指定史跡。荒川と利根川に挟まれた標高約一八メートルの台地上に立地し、*前方後円墳八基と円墳一基が現存する埼玉古墳群に含まれる。昭和

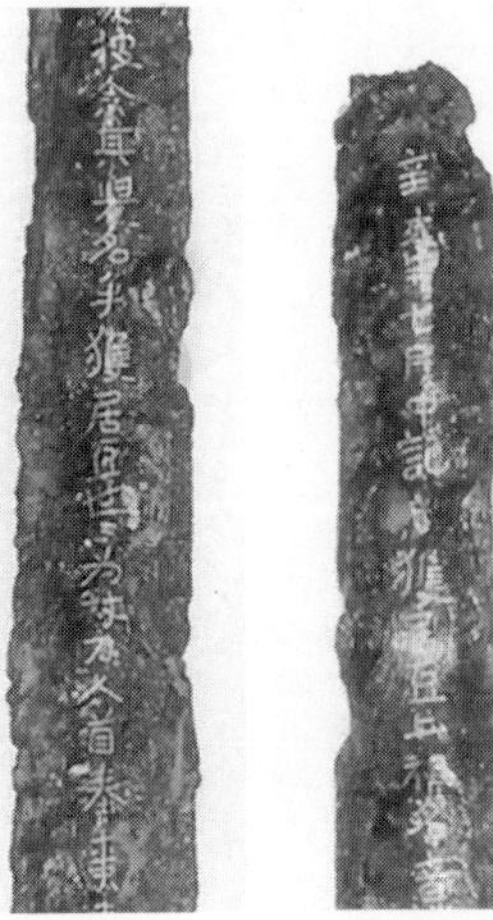

裏面　　表面

稲荷山古墳鉄剣の銘（文化庁保管，写真提供埼玉県立さきたま資料館）

稲荷山古墳鉄剣の銘

表面…辛亥年七月中記乎獲居臣上祖名意富比垝其児多加利足尼其児名弖已加利獲居其児名多加披次獲居其児名多沙鬼獲居其児名半弖比

裏面…其児名加差披余其児名乎獲居臣世々為杖刀人首奉事来至今獲加多支鹵大王寺在斯鬼宮時吾左治天下令作此百練利刀記吾奉事根原也

〈読み下し文〉

辛亥の年七月中、記す。乎獲居《ヲワケ》の臣。上祖、名は意《オ》富《ホ》比《ヒ》垝《コ》。其の児、（名は）多加利《タカリ》の足尼《スクネ》。其の児、名は弖已加利獲居《テヨカリワケ》。其の児、名は多加披次獲居《タカヒシワケ》。其の児、名は多沙鬼獲居《タサキワケ》。其の児、名は半弖比《ハテヒ》。其の児、名は加差披余《カサヒヨ》。其の児、名は乎獲居の臣。世々、杖《じょう》刀人《とうにん》の首と為り、奉事し来り今に至る。獲加多支鹵《ワカタケル》大王の寺、斯鬼《シキ》宮に在る時、吾、天下を左治し、此の百練の利刀を作らしめ、吾が奉事の根原を記す也。

（埼玉県立さきたま資料館編『ここまでわかった！稲荷山古墳』（一九九八））

初期の採土工事によって前方部は消失したが、航空写真の観察から周濠の痕跡がうかがえ、墳形は前方後円墳であることが判明した。規模は全長一二〇メートル、後円部径六二メートル、後円部高一一・七メートル、前方部幅七四メートルである。昭和四三年（一九六八）に発掘調査が行われ、後円部の墳丘中心からやや前方部寄りの位置に礫槨《れきかく》（舟形礫槨）、さらにその東側に粘土槨*の二つの埋葬施設が確認され、それぞれの主体部からは鏡（画文帯環状乳神獣鏡《がもんたいかんじょうにゅうしんじゅうきょう》）・鉄剣・鉄鏃《てつぞく》・挂甲《けいこう》・帯金具・馬具などが出土した。その後、昭和五三年（一九七八）元興寺文化財研究所によって金属製品の保存処理中に、礫槨から出土した全長七三・五センチメートルの鉄剣の表面に五七文字、裏面に五八文字の計一一五文字が金象嵌されていることが判明した。銘文の内容は、意富比危《おほひこ》の八代の孫に当る乎獲居臣《おわけのおみ》の家系では、代々杖刀人《じょうとうにん》の首《おびと》として奉仕してきたことと、獲加多《わかた》支歯《ける》大王の斯鬼宮《しきのみや》に出仕し、大王の治世を補佐した功績を記念して百練の剣を作り、辛亥の年七月中にその由来を記しておく、というものである。当初この古墳は、周溝出土の埴輪や埋葬施設の形態から六世紀前半の築造で、鉄剣銘にある辛亥年を五三一年とする説もあったが、最近では四七一年をこれに当て、獲加多支歯大王をワカタケルと判読して雄略《ゆうりやく》天皇とすることが定説となっている。

[文献]　埼玉県教育委員会『稲荷山古墳出土鉄剣金象眼銘概報』（一九七九）、埼玉県教育委員会『埼玉稲荷山古墳』（一九八〇）、埼玉県立さきたま資料館『古代金石文と倭の五王の時代』（一九九八）。

（依田亮一）

江田船山古墳鉄刀《えだふなやまこふんてっとう》　熊本県玉名郡菊水町に所在。墳丘は後円部三段、前方部二段築成の*前方後円墳で、全長六二メートル、前方部幅四〇メートル、後円部径四一メートルを測り、くびれ部両側には造り出しを有する。後円部中央にある主体部は長さ二・二メートル、幅一・一メートル、高さ一・五メートルの横口式家形石棺で、北側くびれ部に向けて開口している。明治六年（一八七三）一月四日に石棺から遺物が掘り出され、鏡、冠帽、耳飾、帯金具、沓、玉類、鉄刀、矛、鉄鏃、甲冑、馬具、土器などが出土した。古墳は国指定史跡、出土品は国宝に指定。銘文のある鉄刀は現存長九〇・九センチメートル、最大幅四・〇センチメートル、最大厚一・〇センチメートル、重量一・九七五グラムを有し、平棟平造り片関直刀、刀茎《なかご》の一部を欠損する。棟に七五文字、刀身側面の両側に魚・鳥、馬・花文をそれぞれ銀象嵌によって施す。銘文には大刀の制作時期とその由来、着刀する者への吉祥句、作刀者・書銘者の名が記されている。鉄刀発見当初より銘文の存在は知られ、これまでに数多くの研究者が解読を試みてきたなかで、大王名の「獲□□□歯」を『日本書記』の「多遅比瑞歯別《たぢひのみつはわけの》 天皇《すめらみこと》」として反正天皇に当てる説が定着していたが、昭和五三年（一九七八）に埼玉県*稲荷山古墳出土鉄剣の銘文に「獲加多支歯《わかたける》」の文字が判明して以降は、船山古墳の大王名も五世紀後半のワカタケル＝雄略天皇とする説が有力視されるようになった。これによって雄略天皇の時世には、大和王権の政治的影響力が東国と九州にまで及んでいたことが判明した。

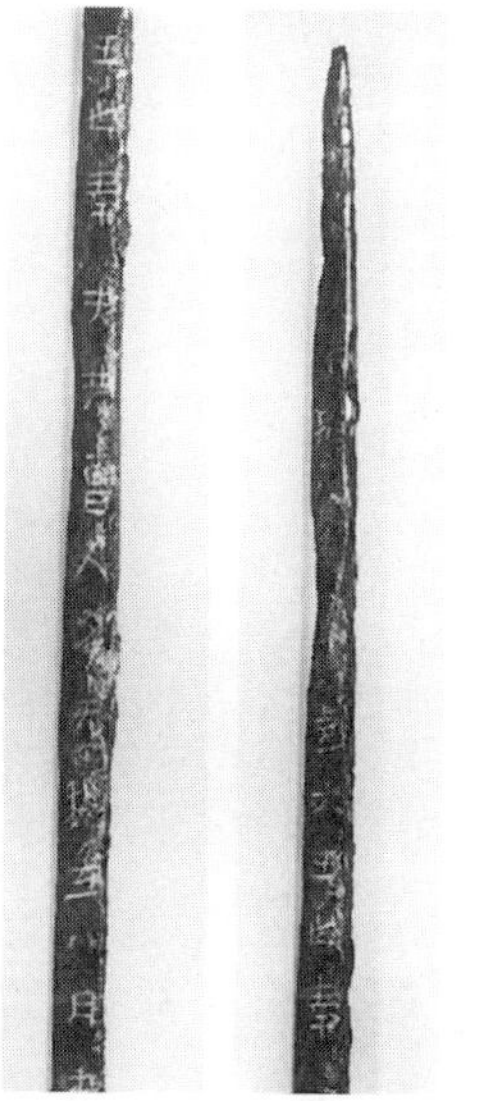

江田船山古墳鉄刀の銘文（東京国立博物館所蔵，複製禁止，Image：TNM Image Archives Source：http://TnmArchives.jp/）

江田船山古墳鉄刀の銘

台（治）天下獲□□□鹵大王世、奉事典曹人名无□（利）弖、八月中、用大鐵釜、并四尺廷刀、八十練、□（九）十振、三寸上好□（利）刀、服此刀者、長壽、子孫洋々、得□恩也、不失其所統、作刀者名伊太□（大）、書者張安也

〈読み下し文〉

天の下治らしめしし獲□□□鹵大王の世、典曹に奉事せし人、名は无、八月中、大鉄釜を用い、四尺の廷刀を并わす。八十たび練り、九十たび振つ。三寸上好の利刀なり。此の刀を服する者は、長寿にして、子孫洋々、□恩を得る也。其の統ぶる所を失わず。刀を作る者、名は伊太和、書する者は張安也。

（東京国立博物館編『保存修理報告書　江田船山古墳出土　国宝銀象眼銘太刀』吉川弘文館（一九九三））

［文献］熊本県教育委員会編『江田船山古墳』（一九八六）、東京国立博物館編『保存修理報告書—江田船山古墳出土国宝銀象眼銘太刀』（吉川弘文館、一九九三）。

（依田亮一）

石製模造品《せきせいもぞうひん》　祭祀に使用する目的で、主に滑石などの比較的軟質の石材によって現物を模造した小型の仮器。種類としては、（一）刀子・鎌・斧・鑿《のみ》・鏨《たがね》などの農工具、（二）櫛・下駄・勾玉・臼玉・鏡などの服飾具、（三）紡錘車・腰掛・筬《おさ》などの機織具、（四）剣・鏃・短甲・盾などの武器・武具類、

（五）坩《かん》・坏《つき》・盤・甑《こしき》などの什器類、（五）船形・馬形・人形の用途不明品などがある。小型製品の大半には一ないし二か所の小孔が穿たれ、紐を通して吊り下げられるのに対して、機織具や什器類などの大型品には孔はみられず、直置きして使用されたと思われる。もっとも古い段階の石製模造品は四世紀後半の古墳に現れ、主として副葬品として納められる。そのなかでも農工具類が主体を占め、原物を忠実に模し写実性に富む大型の精巧品が多いことが特徴的である。また、前期古墳には硬質の碧玉製模造品が含まれる場合もある。五世紀以降になると農工具が多い点では変化はないが、全体的に製品の扁平化・粗雑化が進み、同種類の模造品が大量に副葬される傾向が強くなる。そして、機織具や下駄といった大型模造品や鏡を模した有孔円盤、剣形品の器種が新たに出現し、さらにはこれらの石製模造品は集落遺跡でも出土するようになる。六世紀以降には有孔円盤や剣形品が主体的となるが、古墳へ副葬する風習が著しく衰退するとともに、その品種や数量も減少の一途をたどる。

（依田亮一）

［文献］　木下　亘「石製模造品」（『古墳時代の研究8』所収、雄山閣、一九九一）。

甲《かっ》冑《ちゅう》　頭部および胴部を保護する冑《かぶと》と甲《よろい》は、大きく冑が衝《しょう》角付冑《かくつきかぶと》と眉庇付冑《まびさしつきかぶと》、甲が短甲《たんこう》と挂甲《けいこう》とに区分されるが、時期によって製作技術や新種の伝来で多用な型式変化と組合せがある。まず衝角付冑は、複数の帯状鉄板をU字型に曲げ、その両端を衝角板で綴じ合わせて鉢状に作り上げた平面桃実形の冑である。敵船を突き破るため、軍艦の艦首に装着した鋼鉄の尖角（衝角）に連想して命名された。構造的には衝角板と頂部の伏板は一枚板で、衝角板の下面は三角形の鉄板で封じる。U字形の鉄板は胴巻板・腰巻板と呼ばれ、その間を二段にわたって地板を填めるが、この地板の種類と取付方法は三角板革綴・三角板鋲・小札《こざね》鋲留・横矧《よこはぎ》板鋲留技法へと変化する。四世紀末頃に出現し七世紀頃まで、古墳時代を通じて用いられた。また眉庇付冑は、おもに中期に限定して使用された冑の形式で、半球状の形状を呈し装飾性に富んだ冑である。構造は環状に曲げた胴巻板・腰巻板と円形の伏板の間に地板を綴じ合わせたもので、前面には半月形の庇、伏板上の頂部に伏鉢・菅・受鉢を載せる。地板とその取付方法は小札鋲留によるものが主である。

一方、甲のうち短甲は複数の大形の鉄板を革紐や鋲で綴じ合わせた堅牢な甲で、丈の短い形状を呈する。重量感はあるが機動性に優れており、機能的には歩兵戦用と言われる。右側半分の胴前が蝶番《ちょうつがい》によって開閉し、上部左右に布の綿嚙《わたがみ》を付けて両肩で吊るし装着した。使用する鉄板の形状に竪矧《たてはぎ》・方形・長方形・三角形・横矧・固定方法には革綴・鋲留の種類があり、四世紀には竪矧・方形板の革綴、四世紀末から五世紀前半には長方・三角板革綴へと変化する。五世紀中頃に甲冑製作で鋲留技法が伝来すると、短甲も三角・横矧板鋲留へと推移し、五世紀後半から六世紀にかけて量産された。また挂甲は、小札と呼ばれる小鉄板を革紐・組紐などにより綴り合わせた甲で、形状から胴丸式・裲襠《うちかけ》式とがあり、小札の連接方法が威《おどし》式・穿式の種類がある。五世紀前半に馬具とともに大陸から導入されたもので、騎馬戦用具として機能した武具と言われる。

（依田亮一）

［文献］　小林健一「歩兵と騎兵」（『古代史復元7』所収、講談社、一九九〇）、大塚初重他『古墳時代の甲冑』（山梨県立考古博物館、一九九四）。

馬《ば》具《ぐ》 四世紀末から五世紀初め頃に、大陸から乗馬の風習とともに伝えられた乗馬用装具の総称で、機能の面からは次の三つに大別される。一つは轡《くつわ》・手綱《たづな》・面繋《おもがい》など馬を制御するための装具、二つ目は鞍《くら》・胸繋《むながい》・尻繋《しりがい》・下鞍《したくら》・障泥《あおり》・鐙《あぶみ》など騎手の体を安定させる装具、三つ目は馬を装飾する飾金具類で杏《ぎょう》葉《よう》・馬鐸《ばたく》・馬鈴《ばれい》・辻《つじ》金具・雲珠《うず》などである。ただし、考古学用語として使うこれら個々の名称は、主に平安時代に編纂された『*倭名類聚抄』にみられる名称を援用しており、古墳時代にさかのぼって確実に呼称されていたかは明らかではない。古墳に副葬される馬具は、馬に装着した状態で埋葬されたものでも仮器でもなく、実用品あるいは被葬者の社会的地位を誇示する威信財的性格を有するものとされる。また、出土品では皮革や布・木質など有機質の部位が遺存しにくいが、腐朽した部位については、馬を形象した動物埴輪や、福岡県寿命王塚古墳などの騎馬像を描いた壁画などが、その復原の参考になる。馬具を副葬する古墳は四世紀末頃にまず北部九州地域で確認され、その後中国・畿内地方へとしだいに普及をみせていく。五世紀中葉まではもっぱら朝鮮半島からの輸入品が使用され、分布状況は東西日本で七対三と圧倒的に畿内以西を中心とした地域が多い。これは甲冑同様に、鉄製品全般を管理し得た畿内王権の武力的優位性を示す動向にほかならない。五世紀後半以降に国産化が始まると、量的に増大する一方で素環鏡板付轡など新型式の馬具も生産されるようになり、さらに分布も関東地方に至るまで広域に騎馬の風習が普及した。なお、こうした馬具副葬の風習が急増した背景として、かつて江上波夫は大陸から北方騎馬民族の到来によって新たな古代国家が形成されたとする仮説(*騎馬民族説)を提唱したが、今日では批判的な見解が強い。

[文献] 坂本美夫『馬具』(ニューサイエンス社、一九八五)。

(依田亮二)

埴《はに》輪《わ》 古墳の墳丘やその周囲に立て並べた、陶質もしくは素焼土製品の総称で、『*日本書紀』垂仁天皇三二年条に、殉死する者を陵墓に生き埋めにした慣習的行為の代用物として埴輪を樹立するようになった、とする説話が名称の由来とされる。埴輪は大きく円筒埴輪と形象埴輪の二つに分類され、このうち円筒埴輪は弥生時代後期の畿内および吉備地方の首長墓において、供献物として底部に孔を穿った壺形土器とその器台形土器に起源が求められるもので、埴輪の本来的な発祥とする見解がある。その形態には、単純な円筒形と口縁部がラッパ状を呈する朝顔形円筒とに分けられる。一方の形象埴輪は、主として古墳時代中期以降に出現するもので、住居・倉庫などの家形埴輪、楯・*蓋《きぬがさ》・甲冑・武器などの器物を表した器材形埴輪、水鳥や馬などの動物埴輪、人物を表した人物埴輪などの種類がある。埴輪は、古墳時代全般を通じて製作された器物で、東北から九州地方に至るまで分布するが、時期・種類によって地域差が認められる。前期では、墳頂付近の埋葬主体部を神聖な場として、円筒埴輪を配置することで、周囲と画すことを目的としていたが、やがて中期以降になると、造り出し部や周堤帯にも形象埴輪を巡らし、葬送儀礼の様子を演出するなど、その用途・目的は変化を遂げている。また中期までは通常野焼きで焼成されるが、それ以降は*須恵器や瓦と同様に、台地の斜面に半地下式構造の登窯を用いて製作された。

[文献] 近藤義郎・春成秀爾「埴輪の起源」(『考古学研究』一三―

三、一九六七)、三木文雄『日本の美術はにわ』(至文堂、一九六七)、大塚初重『埴輪』(ニューサイエンス社、一九八五)、高橋克壽『歴史発掘9埴輪の世紀』(講談社、一九九六)。
(依田亮一)

須恵器《すえき》　鼠色あるいは青灰色に発色した、硬質で無釉の陶質土器。古墳時代中頃に朝鮮半島から専門の工人集団が渡来して技術が伝わったもので、大阪南部の陶邑窯《すえむらよう》などで生産が始まり、以後奈良・平安時代を通じて日本各地で生産された焼物。明治時代には「祝部《いわいべ》土器」と称されたが、昭和初期に平安時代の文献に見える「陶器《すえのうつわもの》」をこれに当て、さらに中世以後の「陶器《とうき》」と区別するために「須恵器」と表記するようになった。須恵器の成形は粘土紐の積上げを基本とするが、一部の製品にはロクロを用い、また焼成は丘陵斜面に登窯《のぼりがま》(窖窯《あながま》)を構築し、還元焔焼成によって製品を仕上げる点で、それまで国内で生産されていた土器(*弥生土器・*土師器など)の製作手法とは異なる。窯内部の焼成温度は摂氏一一〇〇度以上に及び、素地は焼締まり吸水性が少なく、焼物のなかでは「炻器」として区分される。器種や用途は、時代の背景によってその需要が大きく変化する。すなわち古墳時代の須恵器は、葬祭供献用として器物・動物を象った製品や、櫛・篦によって幾何学紋様を施すなど、概して器種が豊富で個々の製品に装飾性が目立つ。一方、飛鳥時代以降には宮廷儀礼で使用され、さらに時代が下ると一般庶民の日用品として需要が増し、規格性に富んだ装飾の乏しい質素な製品が、主として各国の官営工房などで大量に生産されるようになった。平安時代後半以後は、地方官衙の機能衰退に伴って生産量が減少し、一部の地域では中世瓷器窯へと生産の技術が受け継がれていく。

[文献]　中村　浩『須恵器』(ニューサイエンス社、一九八〇)、田辺昭三『須恵器大成』(角川書店、一九八二)。
(依田亮一)

土師器《はじき》　古墳時代から奈良・平安時代に使用された素焼の土器。製作方法は弥生土器と同様に、粘土紐の巻き上げや手づくねなどで成形した後、指先や布による撫で、あるいはヘラ状工具で削りや磨きを施して形を整える。文様などの装飾は施さず、概して質素な製品が多い。摂氏八〇〇度前後の酸化焔焼成によって仕上げ、色調は褐色・橙褐色を呈する。素焼による土器の製作自体は、日本で土器文化が開花した縄文時代から現代に至るまで受け継がれている。土師器の名称は、平安時代の文献に「土師器《はじのうつわもの》」とみえることに由来し、また*『日本書紀』雄略天皇一七年条で大王へ食器を献上した職業部に「贄土師部《にえのはじべ》」の記載があることから、今日古墳時代の素焼土器についても「土師器」と表記することが定着している。初期の土師器は、それまで地域色が豊富であった*弥生土器に対して、全国的なレベルで土器の斉一化が進んだことが大きな指標であり、壺《つぼ》・甕《かめ》・高坏《たかつき》などの伝統的な器種のほかに、小型器台・小型坩といった葬祭供献用の器種が新たに加わる。この背景には古墳の出現に示されるように、ヤマトの首長を中心とする政治的連繋のネットワークが成立したことで、共通した葬送儀礼が全国各地で施行されるに至ったことが考えられる。古墳時代の中期には器種や器形の斉一化がより一層進行し、後期以降になると須恵器や金属器を模倣した製品が作られるようになった。さらに奈良・平安時代には*須恵器の普及によって、供膳・煮沸・貯蔵具の用途を土師器と補完し合う食器様式が各地で成立するに至った。しかし、律令社会における地方支配の変容に伴い、官主導の土師器生産も衰退し、中世以降の瓦器やかわらけといった製品へ転化していくことになる。

［文献］　玉口時雄・小金井靖『土師器・須恵器の知識』（東京美術一九八四）、岩崎卓也「土師器—国家成立期の土器」（『アジアと土器の世界』所収、雄山閣、一九八九）。

（依田亮一）

四　推古朝と飛鳥文化

進歩派と守旧派　*欽明大王（天皇）の後、*敏達（母は石姫《いしひめ》）・*用明（母は*堅塩媛）と王位は兄弟相承された。五八七年に用明が世を去ると、王位継承をめぐって有力豪族間の争いが起きた。蘇我氏と物部氏の対立である。蘇我氏は大和盆地南部高市郡地方を拠点とした豪族で、雄略大王のとき*三蔵（斎蔵《いみくら》・内蔵《うちくら》・大蔵）の管理に任じて勢力を得た。多くの渡来氏族を配下に置き、当時の進歩的勢力、いわば国際派の代表であった。一方の物部氏は、大和盆地中央東寄り、現在の天理市付近を本拠とした豪族で、大和朝廷のなかで軍事を掌り、保守派の代表であった。*蘇我馬子は*物部守屋と戦い、これを滅ぼし、*崇峻大王（天皇）を擁立して政権を獲得した。しかし、崇峻は蘇我氏の勢力増大を恐れて、これを抑制しようとしたので、五九一年馬子の命を受けた渡来人東漢直駒《やまとのあやのあたいこま》によって暗殺された。

推古大王と聖徳太子　その頃、大和朝廷の発展に伴い、蘇我氏のみならず、朝廷を支える諸豪族の勢いが強くなり、大王家をおびやかすようになった。彼らは多くの私有民（部曲《かきべ》）や私有地（田荘《たどころ》）を所有して権力の基盤とした。五九二年、女性の*推古大王（天皇）が位についたが、外交・内政多難であった。外には朝鮮半島の経営不振、内には豪族層の台頭による不安な状況を抱えていた。難局に直面して、大王は甥の*聖徳太子を皇太子とし政治を任せた。聖徳太子は「摂政《せっしょう》」とされるが、この摂政は近代の摂政が天皇の権限の代行者であるのとは異なり、大王と皇太子の共同執政を本質とするものであったと考えられる。太子は蘇我馬子と協調して、六二二年まで三〇年の間いわゆる「新政」を行ったのである。

政治体制の整備　朝鮮半島問題は推古朝の主要課題の一つであった。六〇〇年には*境部臣を将として*新羅を討たせ、六〇二年には太子の弟*来目皇子を将として軍を送ったが目的は果たせず、うやむやのうちに終わった。二度にわたる征討軍派遣の失敗に、太子は新羅問題から手を引き、以後はもっぱら国内体制の整備に力を注ぐようになった。*『日本書紀』によって伝えられる推古《すいこ》大王と聖徳太子による政治改革は、蘇我馬子との協調のもとで行われ、それだけに一定の限界を持つことは免れず、不徹底に終わったとも、あるいは反動的施策だったとも評価されることもある。しかし、史上知られる諸施策は確かにめざましいものがあった。*冠位十二階の制定、*憲法十七条の制定、国史の編修、遣隋使の派遣などは、統一国家建設への意欲と理想、国家意識の高揚を示すものであり、変動する東アジア社会のなかで、旧体制の否定、新しい国家構想への起点と位置づけることができるであろう。

飛鳥文化　六世紀後半から七世紀半ばにかけて大和・河内・山城（背）に展開した文化を飛鳥文化と呼ぶ。飛鳥は大和盆地の南、大王の都した地方の地名であり、推古大王の頃から*大化改新頃までの文化は、この地方を中心にして栄えたので、文化史上の呼称として用いている。飛鳥文化の中心は仏教と儒教で、当時の支配者層に受容された大陸伝来の学問・技術・仏教が集大成されて創り出されたものであった。仏教はインドに興り、中央アジアを経て中国に渡り、さらに日本列島に伝えられた。当時、中央アジアはギリシア文明圏に属していたので、飛鳥文化もおのずから東西文化を融合した性格を持つに至った。学問・技術・仏教など、大陸から摂取された文化が集大成されて新しい文化を生み出したのである。

仏教の興隆　推古大王の三二年（六二四）には、寺が四六、僧は八〇六人、尼は五六九人いたと『*日本書紀』は記している。これらの寺は、大陸、特に朝鮮三国（*高句麗・*百済・新羅）から渡来して大和・河内に住みついた人びとの技術によって建立され、仏像・仏具なども渡来人によって製作された。推古大王は即位のはじめに仏教興隆の詔《みことのり》を出し、聖徳太子も憲法十七条の第二条に「篤《あつ》く三宝を敬え、三宝とは仏法僧なり」と記した。仏教の摂取・興隆を主導したのは大王家・聖徳太子であった。大王家や諸豪族は競って氏寺を建立したが、*飛鳥寺（法興寺、五八八年着工）、*四天王寺（五九三年建立）、*広隆寺（六〇三年建立）などが名高い。

仏教美術　飛鳥文化の中心は仏教文化であった。大陸から渡来した技術者たちによって建立された壮大華麗な寺院建築は当時の人々を驚かせた。中門・塔・金堂・講堂を配置、廻廊をめぐらし、丹塗《にぬ》りの巨大な柱や瓦葺きの屋根など、それまでの大王や豪族の居館とは異なる建築物の出現は、そこに安置された仏像とともに、人々の眼を惹きつけるに十分であった。当時の寺院の*伽藍配置は一定の形式を持っていた。中門―塔―金堂―講堂が南北方向に一直線に並ぶ形式のもの（四天王寺式と呼ぶ）、中門と北の講堂を結ぶ方形の廻廊内に、東に金堂、西に塔が並ぶ形式のもの（法隆寺式と呼ぶ）などがあった。法隆寺の建築様式はこの時期特有のもので、ふくらみを持ったエンタシス様の柱、卍字くずしの勾欄、雲形の斗栱《ときょう》などが用いられている。仏教彫刻では*鞍作鳥の作という飛鳥寺の本尊丈六像（飛鳥大仏）や釈迦三尊像は北魏の様式を示すもので、同寺金堂の薬師像、夢殿の救世観音像もこの様式である。ほかに大陸中部の様式を受けた広隆寺・*中宮寺の弥勒《みろく》像や*法隆寺の四天王像などがある。*伎楽面も、遠くギリシア・インド・西域・中国などの文明に連なるものである。

絵画・工芸　百済や高句麗から渡来した僧たちによって彩色や紙墨の知識が伝えられた。絵画としては、釈迦の本《ほん》生譚《じょうたん》を描いた法隆寺*玉虫厨子の扉絵、台座の密陀絵（一説には漆絵）がある。工芸品としては、玉虫厨子と法隆寺金堂の*灌頂幡《かんじょうばん》があり、織物には現存最古の刺繡とされる中宮寺の*天寿国曼荼羅繡帳があり、また法隆寺の*獅子狩文錦、*蜀江錦がある。水瓶には、中央アジア形式で、翼を持って天空をかけるギリシア風のペガサス（天馬）が象嵌《ぞうがん》されている。このような工芸品に見られる意匠や文様のなかには、ササン朝ペルシア・中国を経て列島に伝わってきたものが多い。飛鳥文化が世界文化の流れを受け止めたものであると認めざるをえない。また勧勒《かんろく》（六二〇年渡来）が暦法や天文・地理の書を伝え、その知識は朝廷記録の歴史的記述を可能にした。　（阿部　猛）

（二）文字と仏教の伝来

帰化人《きかじん》・渡来人《とらいじん》　古代、中国や朝鮮半島から移住してきた者で、その子孫や政治的亡命者も含む用語。用語上従来帰化人が一般的に用いられたが、中華思想に基づく夷狄《いてき》の意味も入り、民族的問題から現在その使用には慎重を要する。日本の古代国家の形成期に渡来し、先進技術や文化を伝えた貢献は大きい。弘仁六年（八一五）撰進の『新撰姓氏録《しんせんしょうじろく》』は、京・畿内一一八二氏の古代氏族の出目を皇別・神別・諸蕃に三分類するが、うち三二六氏が諸蕃渡来系の氏である。渡来氏族の最初の波は、四世紀末から五世紀初めの応神朝と推定され、*東漢氏の祖阿知使主《あちのおみ》、*秦氏の祖弓月君《ゆづきのきみ》らの渡来が伝えられている。彼らの存在は我が国古代国家の充実と発展において、その主要な技術部門で大きな位置を占めており、その代表として文筆を職務とする諸氏族は史《ふひと》の姓《かばね》を与えられ、記録出納などに従事した。次いで五世紀後半以降、鞍作《くらつくり》氏の司馬達等《しばたっと》や孫の*鞍作鳥（止《と》利《り》仏師）に代表される主として百済系、南朝系の新来の技術者知識人を中心に、中央集権的な国家制度の進展に、また飛鳥文化の展開に大きな役割を果たした。七世紀も後半になると唐、朝鮮半島情勢の変化により、*百済からの亡命者が集団的に渡ってくるが、この後は*新羅の半島統一により渡来の波にも終止符が打たれた。当初渡来人は大和朝廷の専門職組織を担い、*品部の制度が整備されるとその体制のなかで大王に奉仕し、律令国家建設の担い手として活躍した。　（熊谷良香）

［文献］平野邦雄『帰化人と古代国家』（吉川弘文館、一九九三）、和田　萃「渡来人と日本文化」（朝尾直弘他編『岩波講座日本通史3　古代2』所収、岩波書店、一九九四）。

秦《はた》　氏《うじ》　古代の朝鮮半島からの渡来系氏族。*『日本書紀』応神天皇条に、その祖弓月君《ゆづきのきみ》が一二〇県の人夫を率いて来日したとあり、本拠地は山背《やましろ》国葛野《かどの》、紀伊、愛宕《おたぎ》郡を中心とし、諸国（山背、美濃、備前、豊前国など）の秦部・秦人部らの部民《べみん》を統率し、同族集団を形成していった。雄略朝に全国の秦民を集めて秦酒公《はたのさけのきみ》に賜い、『新撰姓氏録《しんせんしょうじろく》』には酒公が秦民（秦造）九二部一万八六七〇人を率い朝廷に絹を貢進したため、大蔵を建て酒公を長官にしたとある。七世紀に至ると秦河勝《かわかつ》が秦氏の族長的人物として登場し、聖徳太子に近侍し、広隆寺*（京都市右京区太秦《うずまさ》蜂岡町在・秦氏の氏寺）を建てて太子より授けられた仏像を安置したと伝えられている。大化前代においては主に朝廷のクラ（蔵）を管理する職掌を担い、在地に大きな富を築き、東漢氏*に比肩する勢力を誇っていた。天武十二年（六六三）に連《むらじ》、天武期の八色《やくさ》の姓《かばね》で東漢氏とともに忌寸《いみき》を賜姓され、『続日本紀』聖武天皇天平二〇年五月己丑に「右大史《うだいし》正六位上秦老《おゆ》等一千二百餘烟に伊美吉《いみき》の姓を賜う」とある。都が長岡京*、平安京*へと遷ると、秦氏の基盤への遷都でもあり、造都事業や造営費の収取を担い、『続日本紀』延暦三年一二月乙酉「山背の国葛野の郡の外正八位下秦の忌寸足長宮城を築て従五位上を授けらる」と記されている。このほか主計頭・助・大蔵省、内蔵寮の主鎰などにも秦氏の名がみられる。（熊谷良香）

［文献］平野邦雄「秦氏の研究」（『史学雑誌』七〇―三・四、一九六一）、平野邦雄『大化前代社会組織の研究』（吉川弘文館、一九六九）。

東漢氏《やまとのあやうじ》　倭漢氏とも書く。応神*天皇のときに渡来したとする渡来系氏族。『古事記*』『日本書紀*』には、応神天皇条にその祖阿知使主《あちのおみ》父子が渡来し、大和国檜隈（奈良県明日香村）を本拠とし、『古語拾遺*』によると履中朝に内蔵《うちくら》を建て阿知使主を百済博士王仁《わに》とともに出納の職務に当たらせたとあり、大和朝廷の財政事務に関与し蘇我氏と関係を深め飛鳥文化発展に寄与した。東漢は諸氏の総称でのちには使われなくなる。姓《かばね》は直《あたい》で天武一一年（六八二）に連《むらじ》、八色《やくさ》の姓後忌寸《いみき》に改姓。『坂上《さかのうえ》系図』に引く『新撰姓氏録』逸文には都加使主の三子から坂上・書《ふみ》・民の三系統に分かれたとみえ、奈良時代後半に坂上氏が進出し坂上田村麻呂は蝦夷征討に功を見せた。

［文献］加藤謙吉『大和王権と古代氏族』（吉川弘文館、一九九一）。（熊谷良香）

西文氏《かわちのふみうじ》　古代の氏族。河内書氏とも書く。渡来系氏族。『古事記*』『日本書紀*』の応神朝に描かれる百済より渡来した王仁《わに》を祖とする。河内国古市郡古市郷（大阪府羽曳野市古市）に居住し、文筆に秀で、その技能で朝廷に仕えた。雄略天皇のときに三蔵《みつくら》の簿を東文氏《やまとのふみうじ》とともに勘録したと伝えるが、六世紀後半から新来の渡来系氏族船史《ふねのふひと》、白猪史《しらいのふひと》、津史《つのふひと》などに圧せられて不振に陥った。東文氏とは同族関係はない。のちに、武生《たけお》連《むらじ》、桜野首《さくらののおびと》、栗栖首《くるすのおびと》、高志史《たかしのふひと》に分かれたが、古市の西琳寺《さいりんじ》が諸氏の氏寺であった。文首《ふみのおびと》ともいい、天武天皇一二年（六八三）に連《むらじ》、同一四年に忌寸《いみき》に改姓、延暦一〇年（七九一）には文氏、武生氏が宿禰《すくね》に改姓した。（熊谷良香）

品部《しなべ》　「ともべ」とも読む。①大化前代の朝廷所属の部民*の一種。『日本書紀*』垂仁天皇条に楯部《たてぬいべ》、倭文部《しとりべ》、玉作部《たまつくりべ》と記されており、いわゆる職業部と解釈するものと、刑部《おさかべ》、白髪部《しらかべ》などのように大王や后妃の宮号・名を冠した名代《なしろ》という部も含まれていると解されている。前者にはほかに、忌部《いんべ》、土師部《はじべ》、馬飼部《うまかいべ》なども含まれており、伴造《とものみやつこ》に統率され、朝廷に種々の物資や労働力を提供し、同時にその伴を資養する集団が存在していた。大化改新で廃止されるものもあるが、律令国家成立過程に品部・雑戸制として再編されていく。②大化前代の品部の後身で、特殊技術を有するがゆえに、律令制下において雑戸《ざっこ》とともに特定の官司機構に統括され、生産や特殊技能の伝習にあたった戸の集団。多様な職種に分類されており、同じ雑色人《ぞうしきにん》の雑戸より高い地位で身分は良民に属していた。『*令集解』職員令の古記が引く別記によると、*図書寮の紙戸、*雅楽寮の楽戸（伎楽四九戸・木登八戸・奈良笛吹九戸）、*典薬寮の薬戸、*大膳職の雑供戸などで、彼らは代々伎能を相伝する常品部《つねのしなべ》と臨時的な借品部《かりのしなべ》に分けられている。畿内およびその周辺に居住し、特定官司に属し諸司の工房に上番して労役に服していたため、課役・雑徭の全部または一部が免除され、兵役も免除されていた。奈良時代を通じ、変化を見、『続日本紀』養老五年秋七月庚午の勅によると、放鷹司の官人などが停止され、品部は公戸に改められた。

［文献］ 覧　敏生「律令官司制の成立と品部・雑戸制」（横田健一編『日本書紀研究19』所収、塙書房、一九九四）。　（熊谷良香）

伴造《とものみやつこ》　大和政権を構成する豪族で、大王のもとで伴《とも》や部《べ》を統率して大和朝廷の職務に奉仕する豪族。「ばんぞう」とも呼ぶ。大化前代の豪族の支配身分には臣《おみ》・連《むらじ》・伴造・*国造が存し、大伴連《おおとものむらじ》、物部連《もののべのむらじ》などの職務を名に負う氏（負名氏《なおいのうじ》）たる諸氏族は上位の伴造で、一般には忌部首《いんべのおびと》、玉作造《たまつくりのみやつこ》など造・首姓の氏を指す。五世紀後半に水取《もいとり》・膳夫《かしわで》・靫負《ゆげい》などの内廷的伴が成立し、六世紀初めに渡来系技術者による伴が官司に上番し始め、伴造はこれら各種の*部民を支配、管理していた。伴造の下に百八十部《ももあまりやそのとも》があり、その下に*品部が組織された。伴造は律令制国家の成立に伴い、各官司の伴部に任じられた。

［文献］ 阿部武彦「伴造・伴部考」（坂本太郎博士還暦記念会編『日本古代史論集』所収、吉川弘文館、一九六二）。　（熊谷良香）

三蔵《みつくら》　「さんぞう」とも呼ぶ。古代の大和政権が朝廷の財物を収めた倉庫であり、政権が掌った主要な三つの倉。斎蔵《いみくら》・内蔵《うちくら》・大蔵のこと。斎蔵は『*古語拾遺』によると神武天皇の代に神物・官物を収めるため宮内に建てて斎部《いんべ》（忌部）氏に管理させたとある。内蔵は同書によると履中天皇のとき朝鮮からの貢納物増加に伴い斎蔵の傍らに建てたと記され、阿知使主《あちのおみ》（*東漢氏の祖）と王仁《わに》（*西文氏の祖）に、その出納の記録を命じたとあり、令制の*内蔵寮につながると推される。さらに雄略朝において諸国貢調が増加したため大蔵を建て、蘇我満智にこれら三蔵を検校させ、東西《やまとかわち》の両文氏に帳簿勘録を命じたとある。

［文献］ 角林文雄「日本古代の倉の経済的機能」（『日本古代の政治と経済』所収、吉川弘文館、一九八九）。　（熊谷良香）

漢字《かんじ》の伝来《でんらい》　日本に後漢の光武帝より賜った「漢委奴国王」と刻まれた金印がとどけられたのは西暦五七年、一世紀のことである。天明四年（一七八四）福岡県志賀島で発見され、『*後漢書』の光武帝の記事とも合致する。日本人の手による文字資料として、この後、倭王武が宋の順帝に遣使の際、堂々たる上表文が書かれ、『*宋書』倭国伝に伝わっている。原文のままか疑問が残るが興味深い。日本で書かれた金石文としては、埼玉県行田市の稲荷山古墳で出土した鉄剣で、「辛亥年七月中記…獲加多支鹵大王時…」を含む一一五文字であり、五世紀後半大和王権の勢力が関東地方に及んでいたことを物語る古代の金石文である。また和歌山県橋本市隅田八幡宮所蔵の人物画像鏡には「意柴沙加宮」を含む四八文字の銘文が確認されている。鉄剣は辛亥年七月を四七一年と比定すると五世紀後半のもので、被葬者が武人として雄略朝に仕えた証として下賜されたもの。鏡の銘は四四三年八月允恭天皇の代、忍坂宮と考えるなら、同じく五世紀。両者とも現存する遺文として注目されている。『古事記*』『日本書紀*』は応神天皇のとき、百済から王仁《わに》が『論語』千字文*を伝え、菟道稚郎子《うじのわきいらつこ》が学んだと伝えており、やはり五世紀代の渡来人と考えられている。東漢氏*、西文氏*などの渡来人が朝廷の史官（史《ふひと》）として普及に当たり、大和朝廷の記録、財政に関与し、大陸文化の輸入に貢献した。

［文献］黛　弘道「律令国家の運営と官人―漢字の習得と政治の運営」（『物部・蘇我氏と古代王権』所収、吉川弘文館、一九九五）。　（熊谷良香）

千字文《せんじもん》　六世紀初め、中国の梁の周興嗣が撰したもの。一巻。漢字一千字を重複のないように、毎句四字、一句対偶押韻の句として構成されており、四言の二五〇句の古詩でできている。計一〇〇〇字あるため「千字文」と名づけられた。八世紀には日本に伝わっており、平安時代以降流行し、漢字を覚えるための小学入門書、習法手本など基礎的な教科書として使用されたと見られる。『古事記*』では、応神天皇朝に百済より渡来した王仁《わに》（書首《ふみのおびと》氏の祖）が『論語』一〇巻とともにもたらしたと伝えられている。王羲之が写した古千字文に錯乱があったので梁の武帝のときに周興嗣が韻を整えたとみられ、君子の徳政と修身の工夫を説いて学問の道を勧める内容となっている。

［文献］尾形裕康『我国における千字文の教育史的研究（本編）』（大空社、一九九八）。　（熊谷良香）

仏教《ぶっきょう》の伝来《でんらい》　仏教の公式伝来には二説ある。一つは『日本書紀*』欽明天皇一三年壬申（五五二）に百済*の聖明王が釈迦仏金銅像一軀、幡蓋若干、経論若干巻とともに使者を遣わし、その上表文のなかで、礼拝の功徳を讃えていたと記されていること。もう一つは『上宮聖徳法王帝説*』や『元興寺伽藍縁起流記資財帳*』において、志癸嶋《しきしま》（磯城嶋金刺宮《しきしまかなさしのみや》）天皇つまり欽明天皇*の御世七年（戊午年）一〇月一二日に、百済国王が初めて仏像経教併僧などを度し奉ったと記載されており、両者にくい違いがみられる。戊午年とは『日本書紀』の紀年では五三八年で、宣化天皇三年の御世に当たる。後者の説に従って戊午年を欽明天皇七年とすると、欽明朝は五三二年に始まり、継体天皇*の御世の後、安閑*・宣化天皇*、欽明天皇の両朝並立が存在したことになる。こうした仏教公伝記事から継体天皇以後の二朝並立論が生まれた。加えて、仏教公式伝来の年次壬申年、戊午による二説は『日本書紀』『上宮聖徳法王帝説』がそれぞれ依拠した百済*の年代史料の違いからくるものとする指摘もなされている。いずれにせよ、仏教が百済から公式に欽明朝の朝廷に伝えられたとみてよく、それ以前に渡来系氏族による各地での仏教信奉を事実としても、百済王からの国使を介した仏教公伝と理解されている。国内において、六世紀半ばに伝わった仏教は、渡来人と密接なつながりを持ち、開明的な氏族蘇我氏により積極的受容が提唱されるが、当初「蕃神」などと呼ばれていたように、受容反対を主張する物部氏との抗争が繰り広げられ、対立の一面が浮き彫りにされていく。以後蘇我氏主導により豪族間に広がり、さらに聖徳太子の奨励により拡大していき、鎮護国家という現世的利益が重んじられた。奈良時代には、南都仏

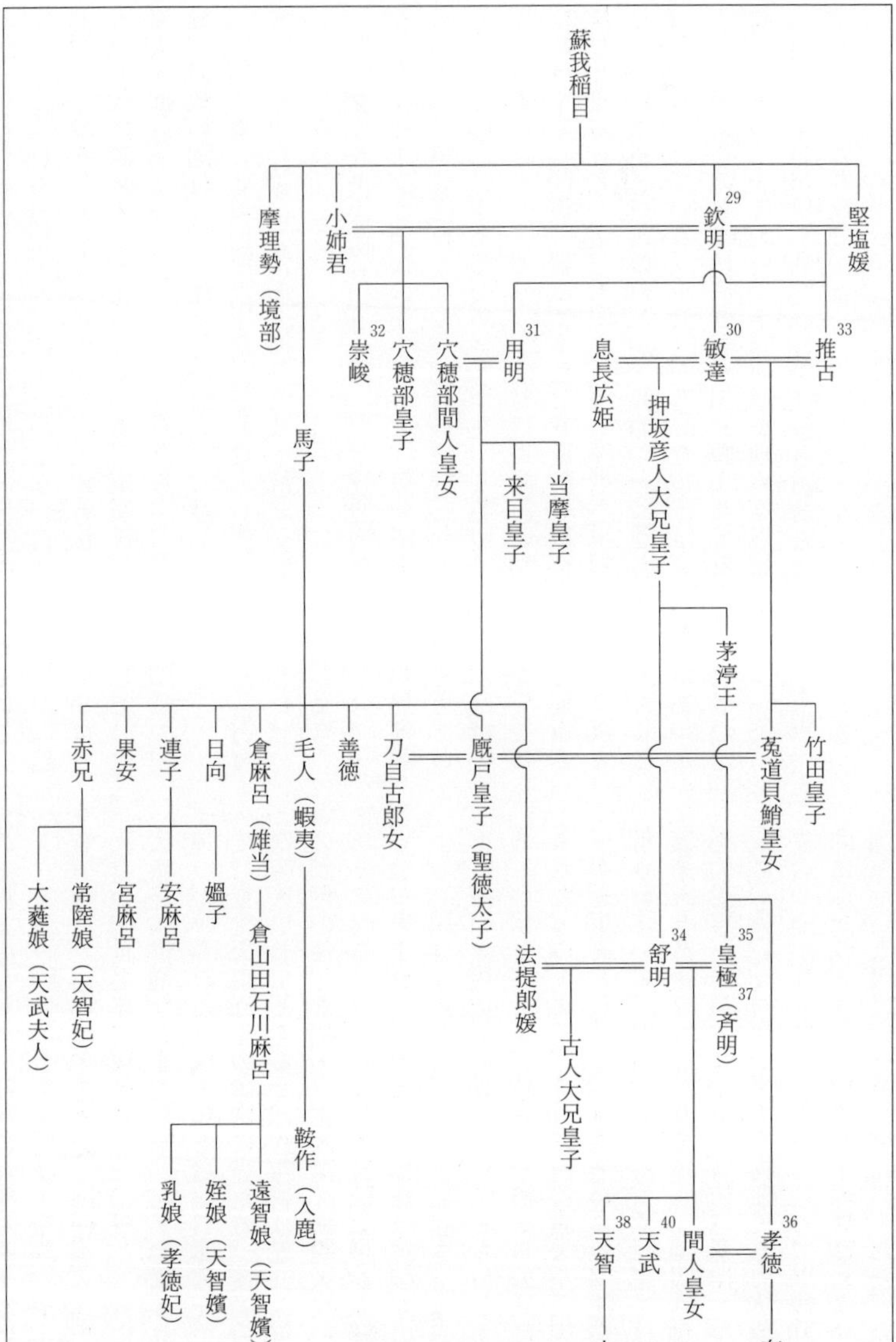

天皇家と蘇我氏の関係系図（数字は即位順）

教が成立し、平安時代に最澄*が天台宗、空海*が真言宗を伝え、貴族の信仰を集め、社会面、精神面に多大に影響を及ぼす。

[文献]　本郷真紹「仏教伝来」（吉村武彦編『古代を考える—継体・欽明朝と仏教伝来』所収、吉川弘文館、一九九九）。　（熊谷良香）

蘇我稲目《そがのいなめ》（?—五七〇）　六世紀の豪族。宣化*・欽明*両天皇の大臣《おおおみ》。蘇我高麗《こま》の子。馬子*の父。二人の娘（堅塩媛*・小姉《おあねの》君《きみ》）を*欽明天皇の妃に入れたことにより、*用明・*崇峻・*推古三天皇の外祖父となり、中央政治における確固たる地位を築く。蘇我氏全盛時代の幕開けを担い隆盛の基礎を築いた。宣化天皇代に朝廷の財政方面に関係し、屯倉《みやけ》経営における活動に携わり、朝廷での地位を高めていった。『*日本書紀』には、安閑・宣化朝に*那津官家に代表されるように屯倉設置、経営の記事が多くみられ、さらに渡来系氏族と深くかかわりを持ち、彼らと連動し朝鮮情勢に対応していった。仏教公伝に対し崇仏を説き、向原《むくはら》の自邸を寺（現・豊浦寺）とした。

［文献］加藤謙吉『蘇我氏と大和王権』（吉川弘文館、一九八三）、黛　弘道編『古代を考える—蘇我氏と古代国家』（吉川弘文館、一九九一）、熊谷公男「蘇我氏の登場」（吉村武彦編『古代を考える—継体・欽明朝と仏教伝来』所収、吉川弘文館、一九九九）。

（熊谷良香）

物部尾輿《もののべのおこし》　六世紀の豪族。*宣化天皇、*欽明天皇のとき*大伴金村とならび*大連となる。物部麁鹿火《あらかび》の後に大連に任命。守屋の父。欽明天皇元年、継体朝における大伴金村の朝鮮政策失敗、*百済への任那四県割譲を非難して、金村を失脚させた。これにより大連を物部氏、大臣を蘇我氏に任命する形が整えられることとなる。仏教伝来に際して欽明天皇朝において百済の聖明王より仏教が献じられる折はそれに関する天皇への返答で「蕃神」と評し、中臣鎌子とともに仏教排斥を主張。崇仏派の蘇我氏と対立し、*蘇我稲目が自邸・向原《むくはら》の家（現在の豊浦《とゆら》寺）に安置した仏像を、敏達朝における病気流行のもととして、難《な》波《わ》の堀江に棄てたとされる。

［文献］畑井　弘「欽明朝と物部尾輿」（『物部氏の伝承』所収、吉川弘文館、一九七七）。

（熊谷良香）

敏達天皇《びだつてんのう》（?—五八五）　在位五七二—五八五年（『*日本書紀』）。*欽明天皇の第二子で、母は*宣化天皇の女石姫《いわひめ》。和風諡号として『*古事記』の表記では沼《ぬ》名倉《なくらの》太玉敷《ふとたましき》、『日本書紀』では、淳《ぬ》中倉太《なくらふとの》　王《おおきみ》と表記されている。宮を大和の磐余《いわれ》に訳語田《おさだ》（池田）幸玉宮《さきたまのみや》を営む皇后に息長真手王《おきながまておう》の女の広姫《ひろひめ》をむかえ、押坂彦人大兄《おしさかひこひとのおおえ》皇子を生むが、のち異母妹である豊御食炊屋姫《とよみけかしきやひめの》尊《みこと》（後の*推古天皇）を皇后とし、竹田皇子、尾張皇子をもうける。治世中に*加耶（任那）の回復を試み、努力が続けられるも成功せず、また蘇我氏対物部氏との確執が深まるなか排仏を支持し、*蘇我馬子と対立した。陵は大阪府太子町河内磯長中尾陵。

（熊谷良香）

用明天皇《ようめいてんのう》（?—五八七）　在位五八五—五八七年（『*日本書紀』）。父は*欽明天皇、母は*蘇我稲目の女*堅塩媛。和風諡号《しごう》として『*古事記』の表記では橘《たちばなの》豊日《とよひ》、『日本書紀』でも同様。宮を磐余《いわれ》池辺《いけべの》双槻宮《なみつきのみや》とし、厩戸《うまやど》（*聖徳太子）、*来目、殖栗《えぐり》、茨田《まんた》の四皇子をもうける。蘇我稲目の女石寸名《いしきな》との間には田村皇子、葛城直《かつらぎのあたい》磐村《いわむら》の女広子との間には当摩《たぎま》皇子・酢香手姫《すかてひめの》皇女《ひめみこ》をもうけた。仏教の受容をめぐり*大連*物部守屋、*大臣*蘇我馬子の対立が、先帝*敏達天皇より続くなか、仏教に帰依し馬子に接近、さらに用明の後継者をめぐる対立も加わり、天皇の死により拍車をかけた。陵は河内磯長原陵。

［文献］志田諄一「用明天皇とその子孫」（黛　弘道・武光　誠編『聖徳太子事典』所収、新人物往来社、一九九一）

（熊谷良香）

崇峻天皇《すしゅんてんのう》（?—五九二）　在位五八七—五九二年（『*日本書紀』）。和風諡号として、『*古事記』においては、長谷部若雀《はつせべのわかさざき》、

『日本書紀』では泊瀬部《はつせべ》とする。父は*欽明天皇、母は*蘇我稲目の女小姉君《おあねのきみ》。母を異にする*用明天皇没後、皇位継承をめぐる対立のなか、*物部守屋の推す実兄穴穂部《あなほべ》皇子を討滅し、豊御食《とよみけ》炊屋姫尊《かしきやひめのみこと》（のちの*推古天皇）や*蘇我馬子ら群臣の援を受け即位し、宮を倉梯《くらはし》に定めた。治世中の大臣は蘇我馬子で権勢をふるい、しだいに馬子との関係が悪化し、五九一年*任那復興を目的に*新羅討伐の軍勢が筑紫にあるなか、翌年にそのすきを狙った馬子の命を受けた蘇我氏配下の東 漢駒《やまとのあやのこま》（直駒《あたいこま》）に殺された。陵は倉梯岡陵。

［文献］　本位田菊士「崇峻天皇の暗殺」（黛　弘道・武光　誠編『聖徳太子事典』所収、新人物往来社、一九九一）。　（熊谷良香）

（二）　固有の文化

日本語《にほんご》の系統《けいとう》　いくつかの言語がある共通の祖語から分化したと証明された場合、それらの言語は親族関係にあるといい、そこに一つの語族が成立する。日本語の系統とは、日本語が遥か昔にいかなる祖語から分化し、どの語族に属し、同系統の言語は何かということである。同系の証明は、語彙レベルでの語形類似を指摘するだけでは不十分で、比較言語学的な方法を用い、音韻対応の法則を明らかにする必要がある。①琉球語との同系論。日本語と琉球語が同系であることは疑いない。二者を共通祖語から分化した姉妹語の関係とする説と、琉球語を日本語の一方言とする説がある。現在は後者が有力である。②朝鮮語との同系論。金沢庄三郎・大野晋《すすむ》は朝鮮語との密接な関係を説いた。ともに母音調和の現象がかつて存在した点、語構成法が類似する点などを考慮すると、同系統である蓋然性は高い。新村出《しんむらいずる》・李基文《りきもん》は高句麗語との密接な関係を論じた。③ウラル・アルタイ諸語との同系論。藤岡勝二は日本語とウラル・アルタイ諸語の言語構造の類似を指摘し、説得力のある論を展開した。一方ウラル・アルタイ語族そのものを認めない立場もある。泉井久之助《いずいひさのすけ》はウラル語との関連を説き、村山七郎はアルタイ語との関係を重視した。服部四郎は、日本語と朝鮮語・アルタイ諸語とが同系である蓋然性は大きいとし、スワデシュの言語年代学の算式を修正して用い周辺諸言語との時間的距離を示そうとした。④南方語との同系論。ラベルトン・坪《つぼ》井九馬三《いくめぞう》・松本信広は南方系統論を唱えた。日本語の開音節構造は南方諸語の特徴と共通である。村山七郎ははじめアルタイ諸語説を提唱して語彙の類似を指摘したが、のち、南方系言語との関連の証明に努力し、日本語は南方系と北方系の混淆語であると結論づけた。以上諸説あるが、日本語の系統は多くの学者の努力にもかかわらず現在も不明である。これは原日本語が非常に古い時代に共通祖語から分かれ、複雑な成立過程を経て形成されたためであろう。

［文献］　金田一京助他「日本語の系統について（座談会）」（『国語学』五、一九五一）、服部四郎『日本語の系統』（岩波書店、一九五九）、亀井　孝「日本語系統論のみち」（『亀井孝論文集2』所収、吉川弘文館、一九七三）。　（高橋久子）

日本神話《にほんしんわ》　通常『*古事記』『*日本書紀』『*古語拾遺』『*風土記』などに記されている神話を指し、前二書のそれを記紀神話という。『*萬葉集』や宮廷祭祀にかかわる*祝詞中にも神話に及んでいる箇所がある。最もまとまっている記紀神話の概略を『古事記』により示すと、次のとおりである。天地開闢《かいびゃく》して高天原《たかまがはら》に天御中主神《あめのみなかぬしのかみ》以下三神が出現し、次いで四単独神と三組の兄妹神が現れ、その後出現した伊邪那岐命《いざなぎのみこと》と伊邪那美命《いざなみのみこと》が天浮橋《あめのうきはし》に立って天沼矛《あまのぬほこ》で下をかきまわし淤能碁呂島《おのころ》を作り、そこへ降りて交合し、淡路島以下の島々を作り、さらに様々な神を生んだが、伊邪那美命は最後に生まれた火の神である火之迦具土神《ほのかぐつちのかみ》のため陰《ほと》を火傷し、死者の国である黄泉国《よみのくに》へいく。伊邪那美をしたう伊邪那岐は後を追い黄泉国へいくもののつれ戻すことができず逃げ帰り、日向の阿波岐原《あわきはら》に到って死のけがれを祓いきよめた。祓除《はらえ》をした後、左眼を洗って天照大神《あまてらすおおみかみ》、右眼を洗って月読神《つくよみのかみ》、鼻を洗って須佐之男命《すさのおのみこと》を生み、それぞれ高天原、大海原、天下《あめのした》の統治に当たらせることにした。しかし須佐之男命は命令に従わず泣き続けるので、父伊邪那岐の怒りにより追放されることになる。別れの挨拶のため天照大神に会いにいくが、そこで悪事をなし、神々の議により下界へ追われることになった。須佐之男は出雲の肥川の川上に降り、そこで八岐大蛇《やまたおろち》に女櫛名田比売《くしなだひめ》を出せと求められていた足名椎《あしなづち》・手名椎《てなづち》夫婦を助け、大蛇を殺し、その尾から草薙剣《くさなぎのつるぎ》を得て天照大神に献上した。この後須佐之男は櫛名田比売と結婚し多くの神々を生み、その六世の孫大穴牟遅神《おおなむちのかみ》（大国主命《おおくにぬしのみこと》）が様々な試練を経た後、全国を平定する。これが豊葦原中国《とよあしはらなかつくに》である。ここで天照大神は豊葦原中国を自分の子孫に支配させようとし、天菩比命《あめのほひのみこと》や天若日子《あめわかひこ》を遣わすがうまくいかず、建御雷神《たけみかずちのかみ》を派遣してその威力により屈服させることを謀り、大国主命は国譲りを誓う。天照大神の詔命により天忍穂耳命《あめのおしほみみのみこと》の子邇邇芸命《ににぎのみこと》が五伴緒《いつのとものお》を従えて日向の高千穂《たかちほ》に降臨し、その曽孫御毛沼命《みけぬのみこと》が東征を行い、始馭天下之天皇《はつくにしらすすめらみこと》として即位した。これが神倭伊波礼毘古命《かむやまといわれひこのみこと》、神武天皇である。以上概略を紹介した記紀神話は皇室の祖先が神聖な高天原の神であることをいい、皇室による日本国支配の正統性を説くことを眼目にしていると解される。皇室はもとより地方ないし諸家に保存されていた様々な開闢以来の伝承を拾集し、それらに改変を加えたうえで形成されたのであろう。おそらく時期的には、律令国家の建設が開始され皇室制度の整備が行われた七世紀後半が考えられる。なお、男女両神による国生みや天孫降臨・海神の女との結婚譚をはじめとする少なからざる話柄が世界各地の神話と共通しており、日本の古代文化の基層を考察するに際し、重要な資料となっている。基本的には縄文時代から弥生時代にかけての時期に伝来してきた南方系の要素と、古墳時代に入ってきた北方系の要素とが取り合わされているとみうるようである。

［文献］ 松村武雄『日本神話の研究』（培風館、一九五四―一九五八）。

（森田　悌）

〈神々の表記のちがい〉

古事記	日本書紀	出雲国風土記
伊邪那岐命	伊弉諾尊	
伊邪那美命	伊弉冉(冊)尊	
邇邇藝命	瓊瓊杵尊	
建御雷神	武甕槌神	
櫛名田比売	奇稲田姫	奇稲田姫
大穴牟遅神	大己貴神	大穴持命

出雲神話《いづもしんわ》　出雲神話には『出雲国風土記』に記されているものと、『古事記』*『日本書紀』*において出雲を舞台に述べられているものとの二種類がある。前者は出雲地方で伝承されてきて

いた神話であり、大穴持命《おおなむちのみこと》（大己貴命）を主人公とし、「天の下造らしし大神」としている。素戔嗚命《すさのおのみこと》も出てくるが、高天原《たかまがはら》からの降臨や奇稲田姫《くしなだひめ》との結婚・皇孫への国譲り伝承を欠いている。これらの話は出雲の現地では伝わっておらず、大穴持を建国の神とし、その下で八束水臣津野命《やつかみずおみつののみこと》が国引きをし国土の拡大を行い、諸皇神《もろもろのすめかみ》らとともに大穴持の宮として杵築《きづき》大社を作ったと伝えていた。『日本書紀』では高天原で天照大神《あまてらすおおみかみ》に悪事をなした素戔嗚命が出雲の簸《ひ》の川上に天降り、手摩乳《てなずち》・脚摩乳《あしなずち》を助け、八岐大蛇《やまたのおろち》を退治して天叢雲剣《あめのむらくものつるぎ》を得て天照大神に奉上し、須賀《すが》の地に八重垣宮をおこして奇稲田姫と結婚し、大国主命《おおくにぬしのみこと》（大己貴命）を生むとしている。この大国主命は諸国を平定し大八洲《おおやしま》の支配者となるが、高天原では天照大神の御子が支配すべき国だとして国譲りを求め、武甕槌神《たけみかづちのかみ》の強圧的な交渉に大国主命が降参し、国譲りが成立し、大国主命のために杵築大社を作り、「神事《かみごと》」「幽事《かくりごと》」のみを管掌することになったという。ここでは大国主命（大己貴命）は皇孫降臨に先立つ豊葦原中国《とよあしはらのなかつくに》の支配者とされ、皇孫に国譲りをする神とされている。大和朝廷による建国神話のなかに位置づけられており、出雲の地方的神話伝承が朝廷の神話のなかへ変容し組込まれたと解される。

[文献]　松村武雄『日本神話の研究』（培風館、一九五四―一九五八）。

（森田　悌）

天照大神《あまてらすおおみかみ》　『日本書紀*』神代によると、伊弉諾尊《いざなぎのみこと》・伊弉冉尊《いざなみのみこと》が大八洲《おおやしま》国から初めて万物を生みおえた後、最後に生んだ日神で、大日孁貴《おおひるめむち》と号した。光華明彩で六合《くに》のうちに照り徹る、高天原《たかまがはら》の最高司令者である。その後孫に当たる瓊《に》瓊《に》杵尊《ぎのみこと》を豊葦原中国《とよあしはらのなかつくに》に下遣し、その子孫が天皇として日本国を統治するようになった。天皇は自らの大殿に天照大神を倭大国魂神《やまとのおおくにたまのかみ》とともに奉斎したが、崇神天皇六年に天照大神と同殿に住むことを安からずとして倭笠縫邑《やまとのかさぬいむら》で祀り、次いで垂仁天皇二五年三月に伊勢国五十鈴川のほとりで祀ることにしている。これが伊勢神宮であり、天皇は斎王《いつきのみや》を派遣して天照大神に奉仕させることにしている。天照大神は太陽神の性格を持つ皇祖神であった。

[文献]　大林太良他『シンポジウム日本の神話―高天原』（学生社、一九七三）。

（森田　悌）

三種神器《さんしゅのじんぎ》　皇位のしるしとして伝来されたとされる八咫《やた》鏡《かがみ》・草薙剣《くさなぎのつるぎ》・八坂瓊曲玉《やさかにのまがたま》を指す。鏡・剣・玉はしばしば古墳の副葬品中に見出されるものであり、日本では古来王権を象徴すると考えられていたらしい。『古事記*』『日本書紀*』の神話伝承によれば、皇孫瓊《に》瓊《に》杵尊《ぎのみこと》が降臨するとき鏡と剣および玉を授けられたという。もっとも神祇令践祚条では「天神の寿詞を奏し、忌部は神霊の鏡剣を上《たてまつ》る」と規定し鏡と剣のみを皇位のしるしとし、玉については言及していない。本来の神霊の宝器は鏡と剣であったが、後宮を制した玉を管掌する菅原氏（中臣氏）が鏡・剣にかかわる忌部《いんべ》氏を圧倒し鏡・剣をも管掌するようになり、九世紀の頃三種神器説が成立したようである。

[文献]　黛　弘道「三種の神器について」（『律令国家成立史の研究』所収、吉川弘文館、一九八二）。

（森田　悌）

村落祭祀《そんらくさいし》と神社《じんじゃ》の起源《きげん》　古代人は聖性を感じさせる森や清流・奇岩・風の通り道などに神霊が宿ると見、時期ごとに祭礼を行っていた。『常陸国風土記』によれば、乗浜里の東に位置する浮島村は長さ三・五キロメートル、広さ〇・七キロメートルの島であったが、九つの社があったという。当時の人々が随処に神霊の宿る聖地を見出していたことがわかるが、やがて神霊が鎮座する神殿や拝礼のための施設、聖域を画す瑞垣などからなる神社が作られるようになった。神社をやしろといい社の文字で表記するが、社ともりを表す杜とはしばしば混用され、区別が曖昧である。神霊の宿るところとなるともっとも一般的なのはこんもりとした森であり、建造物であるやしろが作られるようになっても、もりなる呼称が行われていたことによる。*『萬葉集』一三七八「木綿《ゆう》かけて斎《いつ》くこの神社《もり》越えぬべく思ほゆるかも恋の繁きに」は神の居所がもりと称されていたことを示している。*『延喜式』神名帳には山城国綴喜郡甘南備神社、丹波国何鹿郡河牟奈備神社、備後国葦田郡賀武奈備神社が記載されている。かんなびとは神の鎮座する山のことで、山自体が神体である。大和国添上郡御前社石立命神社は岩を磐座《いわくら》として神聖視し祀《まつ》ったものである。もっとも自然の地形や森以外に穀物を神聖なるものと捉え、それを集積する倉である穂倉《ほくら》で神霊を祀ることを行っていた。小規模な神社施設であるほこらは穂倉に由来する。

[文献]　原田敏明『神社』(至文堂、一九六六)。　(森田　悌)

三輪山祭祀《みわやまさいし》　三輪山は奈良盆地東南部に所在する円錐形の山。古来山自体が神体視され信仰の対象となった神奈備山《かんなびやま》である。山中や山麓に祭祀遺跡が点在し、縄文・弥生時代にさかのぼり信仰されていたらしい。*崇神天皇の後継者を決めるときの夢占に三輪山が登場し、倭迹々日百襲姫《やまとととひももそのひめ》が三輪山の神と結婚する伝承があり、三輪山祭祀はヤマト王権と密接な関係を有していた。もっとも三輪山の神は出雲系の大物主神《おおものぬしのかみ》であり、天皇家が祖とする*天照大神ではない。高天原《たかまがはら》から降臨した皇孫が出雲系の大物主から国譲りを受けたとする伝承を踏まえると、元来の出雲系の人たちが有していた三輪山信仰を政治的に勝利した天皇家の人たちが自らのものにしたと解釈できそうである。

「三輪山絵図」(大神神社所蔵，岡野弘彦他『日本の古社 大神神社』淡交社，2004)

[文献]　和田　萃「古代大和の神々」(『日本古代の儀礼と祭祀・信仰』所収、塙書房、一九九五)。　(森田　悌)

歌垣《うたかき》　歌嬥《かがい》とも。歌を掛けあうが語義で「歌掛き」。集団的な春秋の山遊び・野遊びのことで、飲食をし歌を掛けあい、その過程で性的解放を伴った。日本のみならず中国や東南アジアに広くみられた行事である。『常陸国風土記』に「坂より東の諸国の男女、春の花の開くる時、秋の葉の黄《もみ》づる節《おり》、相携《あいたずさ》い駢闐《つらな》り、飲食《おしもの》を齎賚《もちき》て、騎《うま》にも歩《かち》にも登臨《のぼ》り、遊楽《たの》しみ栖遅《あそ》ぶ」とあり、未婚の女子はそこで男子から求婚されるのが慣行であったという。『*万葉集』にも歌垣にかかわる歌が採られている。歌垣は農村部のみならず都市でも行われており、天平六年（七三四）二月朱雀門前で行われた歌垣では五位以上を含む男女二四〇余人が参加し、宝亀元年（七七〇）三月河内由義宮のそれでは帰化人氏族男女二三〇人がきらびやかな服装で歌舞を行っている。

［文献］土橋　寛『古代歌謡と儀礼の研究』（岩波書店、一九六五）。（森田　悌）

語《かたり》部《べ》　古代宮廷において伝承を語り伝え、儀式の場で奏上した部民。天武天皇一二年（六八二）に語造《かたりのみやつこ》を語連《かたりのむらじ》と改姓しており、八世紀の史料に語部・語部首《かたりべのおびと》・語部君などが散見する。『*延喜式』神祇七践祚大嘗祭式に「語部、美濃八人、丹波二人、丹後二人、但馬《たじま》七人、因幡《いなば》三人、出雲四人、淡路二人」、「伴宿禰《とものすくね》一人、佐伯宿禰《さえきのすくね》一人、各語部一五人を引《ひき》い（中略）東西に拵《こしら》えた門より入り位に就き古詞を奏す」とあり、儀式の場で古詞を奏したことが知られる。この古詞について『*北山抄』や『*江家次第』には「その音祝を似り、また歌声渉り、出雲、美濃、但馬の語部各これを奏す」とあり、地方豪族の服属を確認し、天皇の御代を祝福する内容だったらしい。

［文献］上田正昭『日本古代国家論究』（塙書房、一九六八）。（森田　悌）

祝《のり》詞《と》　神祭の場で神をたたえ祝福する際に唱えられる言葉。のりは「宣り」とは呪言の意と解されている。寿詞《よごと》や祓《はらえ》詞《ことば》も祝詞とすることが多い。祝詞を集成しているものに『*延喜式』巻八があり、祈年祭祝詞以下二七編が収められている。祈年祭の祝詞を例にとると「御年皇神《みとしのすめかん》等の前に白《もうさ》く」で始まる壮重な文体となっている。二七編の祝詞は豊穣と天皇の御世の長久・天皇の御殿の平安などを願い、罪気や祟神の遷都を祈願する内容となっている。祝詞の成立した時期はそれぞれにより異なりまちまちであるが、成立当初のあり方がそれほど改変されずに伝来されていたらしい。祝詞を書き表す際に用いられる文体を宣命《せんみょう》体ないし宣命書きと称し、助詞・助動詞や語尾を小字の万葉仮名で書くことになっている。

［文献］金子武雄『延喜式祝詞講』（武蔵野書院、一九五一）。（森田　悌）

罪《つみ》と穢《けがれ》　古代日本で、罪と穢はしばしば罪穢として熟して用いられ、密接に関連していたと観念されていた。罪が社会規範を犯し集団の秩序を破壊する行為であるのに対し、穢は様々な異常事態を危険として捉え客体化したものと解することができる。したがって危険を思わせる出血や病死が穢となる一方で、罪も不吉や災気を伴うとされ穢の要素を有するとされていた。罪を犯した素戔嗚尊《すさのおのみこと》が祓具《はらえつもの》を課されたのは、悪事に伴う災気を祓うためであった。穢の特色として伝染するということがあり、触穢をさけることに大きな関心がはらわれていた。穢を浄化することは『*魏志』倭人伝にみられていたが、平安時代に至ると穢にかかわる禁忌が拡大し、複雑な法規が立てられるようになっている。

［文献］高取正男『神道の成立』（平凡社、一九七九）。（森田　悌）

祓《はらえ》　罪や穢、病気、そのほか様々な災厄を除去するための儀式。解除の字を用いることが多い。『*古事記』『*日本書紀』の神話中に見られる、伊弉諾尊《いざなぎのみこと》が黄泉国から戻り穢を祓ったのと、素戔嗚尊《すさのおのみこと》が悪事を犯したとき天児屋根命《あめのこやねのみこと》が祓詞を宣したのが起源とされる。犯罪を犯した者に対しては財物を提供させることにより罪を解除することが行われた。延暦二〇年（八〇一）五月一四日官符「犯に准《なぞら》えて祓を科する例を定むる事」では神事にかかわる犯罪の程度により大祓・上祓・中祓・下祓の等級を定め、提供する財物の品目・数量を定めている。宮中の六月・一二月の大祓は時期ごとに国中のあらゆる罪穢を祓い国内の清浄を期したもので、天武朝の頃に始まるらしい。定期の大祓以外にも必要に応じ臨時の大祓が執行された。

［文献］原田敏明『日本古代思想』（中央公論社、一九七二）、井上光貞『日本古代の王権と祭祀』（東京大学出版会、一九八四）。（森田　悌）

盟神探湯《くかたち》　古代における神判法。探湯、誓湯とも。語源は諸説があり判然としないが、正邪を決定するために神に誓った後、熱湯のなかに手を入れ、正しいものは損することがなくよこしまなものはただれることにより判定を下した。『*日本書紀』に例がいくつか見え、応神天皇九年四月条によれば、弟甘美《うまし》内宿禰《うちのすくね》に天下を私しようとしていると讒言《ざんげん》された*武内宿禰が二心のないことを上申してきたので、天皇は両人に磯城川のほとりで盟神探湯させ、武内宿禰が勝ったという。また、*允恭《いんぎょう》天皇四年九月条には当時人民の氏姓が乱れているので、沐浴斎《もくよくさい》戒《かい》して盟神探湯せよと命令し、味橿丘《うまがしのおか》の辞禍戸岬《ことのまがへのさき》で探湯瓮《くがへ》をすえ実施したとある。この神判は日本のみならずインドなどでも行われていたという。

［文献］時野谷滋「盟神探湯の基礎的考察」（『飛鳥奈良時代の基礎的研究』所収、国書刊行会、一九九〇）。（森田　悌）

亀卜《きぼく》　亀の甲羅を焼き現れたひび割れの形状により吉凶の判断を行う占い。考課令最条「占候医卜」に付された義解に「亀を灼くを卜と曰《い》う」とある。亀卜を専業とするのが卜部。伊豆、壱岐および対馬から卜術に優れたものが選ばれ、神祇官に配属され任務についた。亀卜を行う際はよく曝《さら》した亀甲を準備し、斎戒《さいかい》して卜庭《うらにわ》の神を祀り、炉中で焼きひびの状態を調べた。律令の規定にみえる亀卜は神祇官所属の卜部によるもののみであるが、地方諸国や民間でも行われており、考古学的調査より五世紀の段階に行われていたことが確認されている。平安時代においても亀卜は盛行し、卜部吉田家の専業となった。

［文献］神沢勇一「弥生時代・古墳時代および奈良時代の卜骨・卜甲について」（『駿台史学』三八、一九七六）。（森田　悌）

（三）聖徳太子の政治

冠位十二階《かんいじゅうにかい》　推古一一年（六〇三）に定められたもので、冠の種類により個人の地位を示した我が国最初の冠位制度。のちの律令位階制度の濫觴《らんしょう》であり、翌年正月から大化三年（六四七）冠位十三階が制定されるまで施行。従来の*姓による世襲制の冠と異なり、個人を対象とし、本人の能力いかんによる昇進の原則をもつ。朝鮮の百済・高句麗の制度を参照したもので、制定の目的は隋との国交開始に伴う百済・新羅に対する国際関係上の立場の問題とも、諸豪族の秩序化を図るためのものとも考えられている。冠名の徳・仁・礼・信・義・智は儒教の徳目からとったもので、この六種類の冠を大小に分けて計十二階とし、各階相当色の*絁《あしぎぬ》で作った頂部が嚢《ふくろ》状の冠と同色の衣服を

冠位十二階と「大宝令」位階対応表

推古11年（603年）	大宝1年（701年）	
	親王	諸王・諸臣
	一品	正一位 従一位
	二品	正二位 従二位
	三品	正三位 従三位
大徳	四品	正四位上 正四位下
小徳		従四位上 従四位下
大仁		正五位上 正五位下
小仁		従五位上 従五位下
大礼		正六位上 正六位下
小礼		従六位上 従六位下
大信		正七位上 正七位下
小信		従七位上 従七位下
大義 小義 大智 小智		正八位上 正八位下 従八位上 従八位下
		大初位上 大初位下 少初位上 少初位下

用いた。各冠には紫・青・赤・黄・白・黒を配し、大小は色の濃淡で示したとするのが通説であるが、『日本書紀』*には色の序列について具体的な記述は一切なく、白・黒を濃淡で表すことは可能であったのかという問題も残る。また、紫冠は後年蘇《そ》我毛人《がのえみし》（蝦夷）が子の鞍作《くらつくり》（入鹿《いるか》）に与えていることから蘇我大臣家世襲の冠とも考えられ、十二階の別とする指摘も。施行範囲は畿内とその周辺地域に限られ、それも長期にわたってしだいに拡大されたため、地方豪族にまで広く授与されたのは大化以後。また最上位の大徳がのちの令制の四位に相当することから、王族や蘇我氏などの有力豪族へ授与がなされていたかは疑問。特に蘇我馬子*は制定者側にあり、授与の対象外であったと考えられる。以後この冠位制は大化三年、同五年（六四九）、天智三年（六六四）、天武一四年（六八五）の制を経て、「大宝令《たいほうりょう》」の位階制に至った。なお、制定者について『日本書紀』に記載はみえないが、通説では厩戸《うまやど》皇子（聖徳太子*）もしくは蘇我馬子との共同による制定と考えられてきた。

［文献］黛　弘道「冠位十二階考」（『律令国家成立史の研究』所収、吉川弘文館、一九八二）、武光　誠「冠位十二階の再検討」（『日本古代国家と律令制』所収、吉川弘文館、一九八四）、武田佐知子「儀礼と衣服」（岸　俊男編『日本の古代7まつりごとの展開』所収、中央公論社、一九八六）。　（宮澤真央）

憲法十七条《けんぽうじゅうしちじょう》　推古一二年（六〇四）厩戸《うまやど》皇子（聖徳太子*）が制定したと伝えられる道徳的規範。十七条憲法とも。『日本書紀』*同年四月条に「皇太子、親《みずか》ら肇《はじ》めて憲法十七条を作りたまう。」とあり、以下に全文を載せる。ちなみに、『上宮聖徳法王帝説』*では、推古一三年（六〇五）七月の制定としている。日本最初の成文法といわれるが当時の朝廷内の諸豪族・官吏たちに対する道徳的訓戒や臣下としての服務規律であり、儒教思想に基づき、その守るべき心構え・態度の規範を示している。和の尊重を説いた第一条以下、君臣関係の絶対性（詔《みことのり》の遵守）や礼に基づく臣下相互の協調、民への仁慈などが説かれており、この規定の意図が君主制を高め、豪族たちを官僚化しようとするところにあることがうかがえる。しかし、『論語』『孝経』『尚書』『礼記《らいき》』などの儒教経典以下、『法華経』などの仏典、法家・道家・老荘家など雑多な漢籍を引用しているため、あらゆる思想が盛り込まれて、その文体ともに統一性がない。例えば第二条「篤く三宝《さんぼう》（仏法僧）を敬え」は仏教帰依《きえ》を説いており、第十一条にみられる信賞必罰《しんしょうひつばつ》や第十二・十五条で説く公私の別などは法家思想（『管子』『韓非子《かんぴし》』など）の影響がみえる。また中国南北朝時代の後周（六世紀）の「六条詔書」などとの内容的類似点も指摘されている。津田左右吉《つだそうきち》は官僚制を前提とした記載は当時の氏族制度にふさわしくないことや、令制下の語である第十二条の「*国司」について指摘し、太子に仮託した『日本書紀』編者による偽作とする。このように江戸時代以来、偽作説が唱えられているが、通説では偽作説の論拠は十分でないとし、推古朝は冠位が制定されるなど官人制的政治機構への過渡期であったことから、『日本書紀』において多少の文飾はあったものの、憲法の原形はこの時期に成立したものとして扱っている。

［文献］　津田左右吉『日本上代史研究』（岩波書店、一九三〇）、望月一憲『憲法十七条論攷』（山喜房仏書林、一九七四）。家永三郎・藤枝　晃・早島鏡正・築島　裕校注『聖徳太子集』（岩波書店、一九七五）。

（宮澤真央）

国史《こくし》の編纂《へんさん》　『*日本書紀』推古二八年（六二〇）の是歳条に「皇太子嶋大臣共に議して、天皇記及び国記、臣連《おみむらじ》伴造《とものみやつこ》国《くにの》造《みやつこ》百八十部并びに公民等本記を録す。（原漢文）」とあり、厩《うま》戸《ど》皇子（*聖徳太子）と*蘇我馬子が『天皇記』『国記』および、中央の氏から地方豪族について『本記』を共同編纂したという。この国史編纂の所見記事は、当時我が国に国家意識が芽生

憲法十七条（『日本書紀』原漢文）

一に曰く、和を以て貴しと為《な》し、忤《さか》うることなきを宗《むね》とせよ。

二に曰く、篤《あつ》く三宝を敬え、三宝とは仏法僧なり。

三に曰く、詔《みことのり》を承《う》けては必ず謹《つつし》め。

四に曰く、群卿百僚礼を以て本とせよ、それ民を治む本は要《かなら》ず礼に在り。

五に曰く、餮《あじあいのむさぼり》を絶ち欲を棄てて、明らかに訴訟を辨《さだ》めえよ。

六に曰く、悪を懲《こら》し善を勧むるは古《いにしえ》の良き典なり。

七に曰く、人各《おのおの》任《よさし》有り、掌ること宜しく濫《みだ》れざるべし。

八に曰く、群卿百僚、早く朝《まい》り晏《おそ》く退《まか》でよ。

九に曰く、信《まこと》は是れ義の本なり、事毎に信有るべし。

十に曰く、忿《いかり》を絶ち瞋《おもてへりのいかり》を棄てて人の違うを怒らざれ。

十一に曰く、功過を明《あきらか》に察《み》して賞し罰うること必ず当てよ。

十二に曰く、国司・国造・百姓に斂《おさ》めとらざれ、国に二の君あらず、民に両の主なし、率土《くにのうち》の兆民は王を以て主とす。

十三に曰く、諸《もろもろ》の官に任《よさ》せる者《ひと》同じ職掌を知れ。

十四に曰く、群臣百僚嫉み妬むことなかれ。

十五に曰く、私に背きて公に向くはこれ臣が道なり。

十六に曰く、民を使うに時を以てするは古の良き典なり。

十七に曰く、それ事は独《ひと》り断《さだ》むべからず。必ず衆《もろもろ》と論《あげつら》うべし。

えていたことを示しているが、これらの史書は現存せず内容はまったく不明。『天皇記』は『*帝紀』と同質のものとも考えられている。皇極四年（六四五）の*乙巳の変で蘇我毛人《えみし》（蝦夷）が邸に火をかける際、すべての『天皇記』『国記』や珍宝を焼き、船史恵尺《ふねのおびとえさか》がそのなかから『国記』を取り出して*中大兄皇子に献上したという記事が『*日本書紀』にみえるが、これも伝わらない。このとき蘇我本宗家に史《ふひと》（文筆を司る姓《かばね》）がいたことなどから、修史事業は馬子の死後も子の毛人が自邸で受け継いでいたか、もしくは保管していたものと推測される。↓帝紀と旧辞　（宮澤真央）

小墾田宮《おはりだのみや》　現在の奈良県明日香村にあった*推古天皇（在位五九二―六二八）の宮。「小治田宮」とも。豊浦《とゆら》字小字古宮《ふるみや》に比定される。推古一一年（六〇三）一〇月に、飛鳥豊浦宮からこの宮へ移ったことが『*日本書紀』にみえ、推古は崩御するまでここで政権をとったといわれ、朝庭や大殿《おおとの》、庁などの存在が確認できる。皇極元年（六四二）一二月にも遷宮の記事があり、翌年四月板葺《いたぶき》の新宮に移るまで*皇極天皇はここを居としたか。また*壬申の乱の当時、兵庫があったことが知られている。『続日本紀』によれば、天平宝字四年（七六〇）八月には*淳仁天皇が小治田宮に行幸している。雷丘《いかずちのおか》東方遺跡の井戸から「小治田宮」と書かれた墨書土器が発見され、八世紀の宮についてはここ一帯が有力比定地。

［文献］『飛鳥・藤原京発掘調査報告1』（奈良国立文化財研究所、一九七六）、木下正史「地中に眠る宮と寺」（井上光貞・門脇禎二編『古代を考える―飛鳥』所収、吉川弘文館、一九八八）、狩野　久・木下正史『飛鳥藤原の都』（岩波書店、一九八五）。　（宮澤真央）

上宮《じょうぐう》聖徳《しょうとく》法王《ほうおう》帝説《ていせつ》　『法王帝説』とも略称。厩戸《うまやど》皇子（*聖徳太子）の伝記。法隆寺系の太子伝。編著者は未詳。一巻。本文は①皇室系譜、②太子の事蹟や逸話など、③法隆寺金堂薬師像光背銘や天寿国繡帳銘などの太子の伝記資料、④十七条憲法など太子の事蹟記事の追補、および上宮王家滅亡事件や*蘇我本宗家の滅亡など太子周辺の関連記事、⑤*欽明天皇から推古天皇までの在位年数・崩年・陵墓の五つの異なる部より構成される。おのおの成立年代を異にし、一番新しい③が平安中期に付加されて今の形が成立したものと考えられている。知恩院本（国宝）が現伝本唯一の写本。刊本は『群書類従』伝部、『大日本仏教全書』一一二。仏教伝来を戊午年（五三八）とするなど、記紀と別系統の所伝が散見し、太子研究および太子信仰の展開を知るうえで基本的な史料。太子伝記としては、ほかに『上宮聖徳太子伝補闕記《ほけつき》』などがある。↓山背大兄王

［文献］家永三郎『上宮聖徳法王帝説の研究』（三省堂、一九五一・一九五三）。　（宮澤真央）

日本《にほん》の紀年《きねん》　年を単位として時間の流れを換算する方法を紀年法といい、この紀年の基準となるのが紀元（起算の年）である。例えば西暦はキリスト降誕の年を紀元とした宗教的基準による紀年法であり、このように紀元如何《いかん》によって複数の紀年法が存在する。我が国においては、五世紀後半から年を記述するようになり、*十干十二支を組み合わせた干支紀年法（六〇年周期）を使用。『*日本書紀』における神武天皇の即位以前、および大宝《たいほう》以前の大半の木簡《もっかん》や金石文などもこの干支を使用している。また『日本書紀』『続日本紀』では神武天皇元年から*文武天皇の「大宝」（七〇一―七〇四）以前まで、天皇（大王）の

支配開始、つまり即位の年を基準とする即位紀年法と（「大化」「白雉《はくち》」などの年号を除く）干支紀年法を併用（持統天皇*まではは前者、文武天皇は後者の国史）。神武紀元（皇紀）は、一蔀《ぼう》＝二十一元＝一二六〇年として、推古九年（六〇一）から一二六〇年さかのぼった辛酉年（紀元前六六〇年）に設定されたとするのが通説。このつじつま合わせのために『日本書紀』の各天皇紀が延長され、一〇〇を越える長命な天皇が上代には多数出現する。

「大化」（六四五—六五〇）より年号（元号）紀年法の使用が始まるが、「大宝」改元までは連続使用しておらず、また即位のほかに祥瑞《しょうずい》などによって改元されたために天皇一世に一つの年号とも限らない。明治元年（一八六八）になって初めて一世一元と定められ、現在に至る。ちなみに現在年号を使用しているのは日本のみ。→元号・讖緯説

［文献］那珂通世（三品彰英増補）『増補　上世年紀考』（養徳社、一九四八）、山田英雄「日本書紀の編纂過程と紀年法」（『神道学』七、一九五五）。　（宮澤真央）

十干十二支《じっかんじゅうにし》　干支《かんし》のこと。「えと」とも。十干は甲《コウ》・乙《オツ》・丙《ヘイ》・丁《テイ》・戊《ボ》・己《キ》・庚《コウ》・辛《シン》・壬《ジン》・癸《キ》、十二支は子《シ》・丑《チュウ》・寅《イン》・卯《ボウ》・辰《シン》・巳《シ》・午《ゴ》・未《ビ》・申《シン》・酉《ユウ》・戌《ジュツ》・亥《ガイ》のこと。この十干十二支を組

干支順位表

甲子 ①きのえね カッシ（コウシ）	甲戌 ⑪きのえいぬ コウジュツ	甲申 ㉑きのえさる コウシン	甲午 ㉛きのえうま コウゴ	甲辰 ㊶きのえたつ コウシン	甲寅 (51)きのえとら コウイン
乙丑 ②きのとうし イッチュウ	乙亥 ⑫きのとい イツガイ	乙酉 ㉒きのととり イツユウ	乙未 ㉜きのとひつじ イツビ	乙巳 ㊷きのとみ イツシ	乙卯 (52)きのとう イツボウ
丙寅 ③ひのえとら ヘイイン	丙子 ⑬ひのえね ヘイシ	丙戌 ㉓ひのえいぬ ヘイジュツ	丙申 ㉝ひのえさる ヘイシン	丙午 ㊸ひのえうま ヘイゴ	丙辰 (53)ひのえたつ ヘイシン
丁卯 ④ひのとう テイボウ	丁丑 ⑭ひのとうし テイチュウ	丁亥 ㉔ひのとい テイガイ	丁酉 ㉞ひのととり テイユウ	丁未 ㊹ひのとひつじ テイビ	丁巳 (54)ひのとみ テイシ
戊辰 ⑤つちのえたつ ボシン	戊寅 ⑮つちのえとら ボイン	戊子 ㉕つちのえね ボシ	戊戌 ㉟つちのえいぬ ボジュツ	戊申 ㊺つちのえさる ボシン	戊午 (55)つちのえうま ボゴ
己巳 ⑥つちのとみ キシ	己卯 ⑯つちのとう キボウ	己丑 ㉖つちのとうし キチュウ	己亥 ㊱つちのとい キガイ	己酉 ㊻つちのととり キユウ	己未 (56)つちのとひつじ キビ
庚午 ⑦かのえうま コウゴ	庚辰 ⑰かのえたつ コウシン	庚寅 ㉗かのえとら コウイン	庚子 ㊲かのえね コウシ	庚戌 ㊼かのえいぬ コウジュツ	庚申 (57)かのえさる コウシン
辛未 ⑧かのとひつじ シンビ	辛巳 ⑱かのとみ シンシ	辛卯 ㉘かのとう シンボウ	辛丑 ㊳かのとうし シンチュウ	辛亥 ㊽かのとい シンガイ	辛酉 (58)かのととり シンユウ
壬申 ⑨みずのえさる ジンシン	壬午 ⑲みずのえうま ジンゴ	壬辰 ㉙みずのえたつ ジンシン	壬寅 ㊴みずのえとら ジンイン	壬子 ㊾みずのえね ジンシ	壬戌 (59)みずのえいぬ ジンジュツ
癸酉 ⑩みずのととり キユウ	癸未 ⑳みずのとひつじ キビ	癸巳 ㉚みずのとみ キシ	癸卯 ㊵みずのとう キボウ	癸丑 ㊿みずのとうし キチュウ	癸亥 (60)みずのとい キガイ

み合わせたものが六十干支で、十干の最初の「甲」と十二支の最初の「子」からなる甲子《カッシ》に始まり、乙丑、丙寅と進んで癸亥に至る。これらを使用し年月日を表す方法を干支紀年法という。また、十二支は方角や時刻を表すものにも用いられた。この紀年法は東アジア独特のものであるが、十干×十二支＝六〇年で一巡して同じ干支になるため、長期間では混同が生じやすい。干支の使用は中国で発生し、すでに殷代では干支によって日を数え、漢代以降干支紀年法が一般化した。日本では五世紀の*金石文（*稲荷山古墳出土鉄剣銘）にみられるように、元号（年号）に先立って用いられており、元号が採用され年月日が序数で表されるようになった後も干支は併用された。そして、中国の*讖緯説に基づく辛酉《しんゆう》革命（辛酉の年ごとに天命が革《あらた》まるとするもの）・甲子《かっし》革令（甲子の年ごとに政令が革まるとするもの）などの思想や、日本では丙午年生まれ、甲子・庚申を特別な日とするといった迷信と結びつき、暦日の吉凶・禁忌などのゆえんとなった。また漢代以後、干支は五行説と結合した。日本で十干は甲を「きのえ」、乙を「きのと」などと訓《よ》むが、これは五行の木火土金水《もくかどごんすい》それぞれに兄弟《えと》が配され、それらを順に十干に当てたためである。つまり木《き》の兄《え》が甲《きのえ》、木《き》の弟《と》が乙《きのと》、火の兄が丙、火の弟が丁《ひのと》、…となる。→日本の紀年・元号

［文献］那珂通世（三品彰英増補）『増補　上世年紀考』（養徳社、一九四八）。（宮澤真央）

推古天皇《すいこてんのう》（五五四―六二八）在位は五九二―六二八年。額《ぬか》田部皇女《たべのひめみこ》、和風諡号《しごう》は豊御食炊屋姫天皇《とよみけのかしきやひめすめらみこと》、また小治田大宮《おはりだのおおみや》天　下　天　皇《あめのしたしらしめしすめらみこと》。我が国初の女帝。父は*欽明天皇、母は*蘇我稲目の女、*堅塩媛。兄に*用明天皇。異母兄の*敏達天皇の大《おお》妃《きさき》で菟道貝蛸皇女《うじのかいたこひめみこ》（厩戸《うまやど》皇子妃）・竹田皇子らを儲けた。『*日本書紀』は敏達五年（五七六）皇后に立ったとするが、当時まだ「皇后」制はなく、おそらく最上位の大后の意と思われる。敏達一四年、三二歳で夫と死別。兄用明天皇の没後、*大連*物部守屋が滅ぼされ、異母弟の*崇峻天皇が即位。崇峻五年（五九二）天皇が*蘇我馬子によって殺されると、蘇我系の皇女であった額田部は豊浦宮《とゆらのみや》にて大王位につき、のちに*小墾田宮に朝廷を構えた。『日本書紀』によれば、用明天皇の皇子で甥に当る厩戸皇子（*聖徳太子）を皇太子および摂政にし、万機《ばんき》を委《ゆだ》ねたという。しかし、実際は厩戸皇子と推古の叔父の*大臣蘇我馬子との協調政治とみるのが通説。在位中は*冠位十二階や*憲法十七条の制定、新羅征討（ただし頓挫）*遣隋使の派遣、『*天皇記』『国記』の*国史の編纂などが行われたとされる。また*飛鳥寺（法興寺）・斑鳩寺《いかるがでら》（*法隆寺）の造営など仏教色の濃い飛鳥文化が隆盛をみた。推古三六年（六二八）、皇嗣を明確に定めずに崩御。遺詔により夭折した竹田皇子の大野岡上陵《おおののおかのうえ》（後に河内の磯長山田陵《しながのやまだ》に移葬）に合葬。

［文献］関　晃「推古朝政治の性格」（同著『関晃著作集2大化改新の研究　下』所収、吉川弘文館、一九九六）、中村修也『女帝推古と聖徳太子』（光文社、二〇〇四）（宮澤真央）

聖徳太子《しょうとくたいし》（五七四頃―六二二）実名は厩戸《うまやど》皇子。ほかに豊《とよ》聡《と》耳《みみ》・上宮《じょうぐう》・聖王《しょうおう》・法王など多くの異名・称号がある。父は*用明天皇（欽明皇子）、母は穴穂部間人《あなほべのはしひと》皇后（欽明皇女）。父母の母は双方とも*蘇我稲目の女で（*堅塩姫と小姉君《おあねぎみ》）、厩戸は蘇我系の皇子。同母弟に*来目皇子。后に菟道貝蛸皇女《うじのかいたこのひめみこ》（敏達・推古皇女）・菩岐岐美郎女《ほききみのいらつめ》・刀自古郎女《とじこのいらつめ》（*蘇我馬子の女）など

がおり、多くの子女をもうけた。*山背大兄王は刀自古の所生。『*日本書紀』によれば、推古元年（五九三）皇太子・摂政となり、その政権下において*冠位十二階（六〇三）・*憲法十七条（六〇四）の制定、*遣隋使の派遣、『天皇記』『国記』の*国史の編纂（六二〇）などが行われたとする。しかし、当時に中国の律令が意味する「皇太子」制が存在していたかどうかは疑わしく、「摂政」とあるのも*大臣蘇我馬子との共同補政とみるのが通説で、推古朝の政治も蘇我氏中心であったと考えるのが妥当か。推古九年（六〇一）に斑鳩宮《いかるがのみや》を造営し、同一三年（六〇五）にそこへ移っていることから以降の国政参加を否定する説も。仏教興隆に深く寄与し、*四天王寺・斑鳩寺（*法隆寺）など七寺の建立や、*三経義疏を自ら著したといわれるが、法隆寺の創立以外にその関与は確認されていない。その死後、仏教を擁護した聖人君子として信仰の対象となり、超人的な逸話・伝承も数多い。近年では、「聖徳太子」自身の存在を疑問視する学説も出ている。↓推古天皇

［文献］小倉豊文『聖徳太子と聖徳太子信仰』（綜芸社、一九六三）、門脇禎二『「大化改新」論』（徳間書店、一九六九）、坂本太郎『新装版聖徳太子』（吉川弘文館、一九八五）、大山誠一『〈聖徳太子〉の誕生』（吉川弘文館、一九九九）。　（宮澤真央）

蘇我馬子《そがのうまこ》（?—六二六）　嶋大臣《しまのおおおみ》とも呼ばれた。飛鳥時代、六世紀後半から七世紀前半の大臣。*蘇我稲目の子で、毛人《えみし》（蝦夷）の父。女の刀自古郎女《とじこのいらつめ》は廐戸《うまやど》皇子（*聖徳太子）妃、法提《ほての》郎女《いらつめ》は田村皇子（*舒明天皇）の妃。敏達元年（五七二）四月以来、それに続く用明・崇峻・推古朝にわたり大臣を務めた。熱心な崇仏派として仏殿や塔を建立し、父の稲目と同様に廃仏派の*大連物部氏と対立。『*日本書紀』崇峻天皇即位前紀には、馬子の妻は*物部守屋の妹とあるが、守屋とは仏教受容のほかに*高句麗との外交政策や皇位継承の問題などでことごとく対立を繰り返した。用明二年（五八七）大王の没後、馬子は諸皇族・諸豪族を率いて軍を起こし、穴穂部《あなほべ》皇子（欽明天皇皇子）の擁立を図ろうとした守屋を討って、泊瀬部《はつせべ》皇子（*崇峻天皇）を立てた。しかし、物部氏の滅亡によりさらに勢力を強め、政治立場を確固たるものにした蘇我氏に対して不満を抱く崇峻とも対立関係となり、東漢直駒《やまとのあやのあたいこま》に命じて崇峻を殺させ、姪の額田《ぬかた》部皇女《べのひめみこ》（*推古天皇）を大王に擁立した。推古四年（五九六）には、我が国最初の本格的寺院である*飛鳥寺（法興寺）を完成させ、長子の善徳《ぜんとこ》を寺司とするなど、仏教興隆に大いに貢献した。また同二八年（六二〇）には廐戸皇子（聖徳太子）とともに『天皇記』『国記』などの史書を撰録したことが『日本書紀』にみえる。同三四年（六二六）五月に没し、桃原墓《ももはらのはか》（石舞台《いしぶたい》古墳に比定）に葬られた。↓冠位十二階・国史の編纂

［文献］日野昭『日本古代氏族伝承の研究』（永田文昌堂、一九七一）、門脇禎二「蘇我氏の登場」（井上光貞・門脇禎二編『古代を考える—飛鳥』所収、吉川弘文館、一九八八）、時野谷滋『飛鳥奈良時代の基礎的研究』（国書刊行会、一九九〇）。　（宮澤真央）

物部守屋《もののべのもりや》（?—五八七）　物部弓削《ゆげの》守屋とも。六世紀の豪族。敏達・用明朝の*大連。父は*物部尾輿、子に雄君《おきみ》。『*日本書紀』欽明紀に守屋の名はみえないが、敏達元年（五七二）四月に「大連と為すこと故《もと》の如し。（原漢文）」とあり、欽明朝の末にはすでに大連であったか。仏教受容に反対して*大臣*蘇我馬子と対立したことは有名。敏達一四年三月、中臣勝海《なかとみのかつみ》とともに

遣隋使

出発年	帰国年	主な使節	備考	出典
①六〇〇（推古八）年				隋書倭国伝
②六〇七（推古一五）年	六〇八（推古一六）年	小野妹子、鞍作福利	隋使裴世清ら来日	日本書紀・隋書倭国伝
③六〇八（推古一六）年	六〇九（推古一七）年	小野妹子、吉士雄成	高向玄理、南淵請安ら入隋	日本書紀・隋書煬帝本紀
④六一〇（推古一八）年				隋書煬帝本紀
⑤六一四（推古二二）年	六一五（推古二三）年	犬上御田鍬、矢田部造		日本書紀

疫病流行の原因は馬子の崇仏にあると奏上し、天皇の詔により寺の塔を破壊して仏像・仏殿などを焼いた記事が『日本書紀』にみえる。用明元年（五八六）五月、大王位をうかがう用明の異母弟・穴穂部《あなほべ》皇子に命じられて、*敏達天皇の寵臣三輪逆《みわのさかう》を殺害。翌年用明の没後に穴穂部皇子の擁立を謀るも、皇子は六月に額田部皇女《ぬかたべのひめみこ》（*推古天皇）を奉ずる馬子によって殺害された。七月、馬子と諸皇子・群臣らの軍勢に河内の渋河の宅を攻められて敗死。この物部本宗家の滅亡が、親子二代にわたる崇仏論争に決着をつけ、また蘇我氏の専制的立場をより強固なものとした。

［文献］　黛　弘道『物部・蘇我氏と古代王権』（吉川弘文館、一九九五）。

（宮澤真央）

（四）対外関係

遣隋使《けんずいし》　推古朝により*隋に派遣された外交使節。遣使の背景には、*来目皇子などによる*新羅征討の失敗から、朝鮮半島への軍事的介入ではなく隋と平和的に外交関係を築くことに方針を変更したことがある。『*隋書』倭国伝では、六〇〇年に「倭王姓阿毎《あめ》、字多利思比孤《たりしひこ》、号阿輩鶏弥《おおきみ》」なる人物が隋に遣使されたとあるが、日本側の記録では、推古一五年（六〇七）に派遣された*小野妹子が最初の遣隋使である。このとき、倭国が隋に送った国書の冒頭には、「日出づる処の天子、書を日没する処の天子に致す」と記されており、隋の皇帝*煬帝はこの国書を無礼であるとした。この理由は、中国の皇帝のみが使用できる天子号を倭国が用いたためとする説や、「致書」という対等国への文書形式のためという説がある。なお、隋に対して「日没する処の天子」と称したことが無礼であるという説については、東を「日出処」、西を「日没処」とする表現がインドの仏典『大知度論』から伝来したことが指摘されており、この表現が直接煬帝の怒りをかったのではないと考えられる。推古一六年には、前年に来日した隋使*裴世清を送り届けるため、小野妹子と吉士雄成《きしのおなり》が隋に遣わされた。推古二二年（六一四）には、*犬上御田鍬が派遣されるが、六一八年の隋の滅亡により、これが最後の遣隋使となる。『隋書』倭国伝には六一〇年にも倭国からの遣使があったことがみえる。遣隋使により、中国の制度や文化が取り入れられた。また、遣隋使に伴って隋に赴き、新知識を得た*高向玄理や*僧旻などの留学生や留学僧は、帰国後大化改新に貢献した。

［文献］石原道博編訳『新訂魏志倭人伝・後漢書倭伝・宋書倭国伝・隋書倭国伝』（岩波書店、一九八五）、西嶋定生『日本歴史の国際環境』（東京大学出版会、一九八五）、東野治之「日出処・日本・ワークワーク」（『遣唐使と正倉院』所収、岩波書店、一九九二）。

（浜田久美子）

遣唐使《けんとうし》　遣隋使*の後を受け、隋の滅亡後興った唐に派遣された外国使節。舒明《じょめい》二年（六三〇）の犬上御田鍬*を第一回遣唐使とし、寛平六年（八九四）の菅原道真*による中止の建議までの約二六〇年間に二〇回計画され、一六回が実際に派遣された。唐*には日本や朝鮮半島をはじめ周辺の諸国が朝貢し、唐の文化だけでなく律令や中央集権体制という国家制度も周辺国に大きな影響を及ぼした。遣唐使派遣の契機は、推古三一年（六二三）に遣隋使とともに留学した留学僧恵斉《えさい》、留学生薬師恵日《くすしのえにち》らが帰国後、唐は法律の整備された国家であり、日本も唐に見習うことを進言したことによる。七世紀における遣唐使は、主に唐の文化受容を目的とし、多くの留学生、留学僧が入唐するが、白村江での敗戦以降は、国内制度の整備に力を注いだため、派遣は少なくなる。八世紀になると、再び唐の文物や制度を積極的に輸入し始め、大宝元年（七〇一）に粟田真人《あわたのまひと》を執節使とする遣唐使が派遣された。遣唐使の組織は、『延喜式』*大蔵省式にみえるように、大使、副使、判官、録事以下、訳語、医師、陰陽師、水手《かこ》に至るまで細分化されている。遣唐使船は、八世紀には、ほぼ四隻で出航したので「よつのふね」とも称され、乗船人員も百人を越えることが多かった。入唐航路は、七世紀には壱岐・対馬から朝鮮半島の渤海湾を経て北上

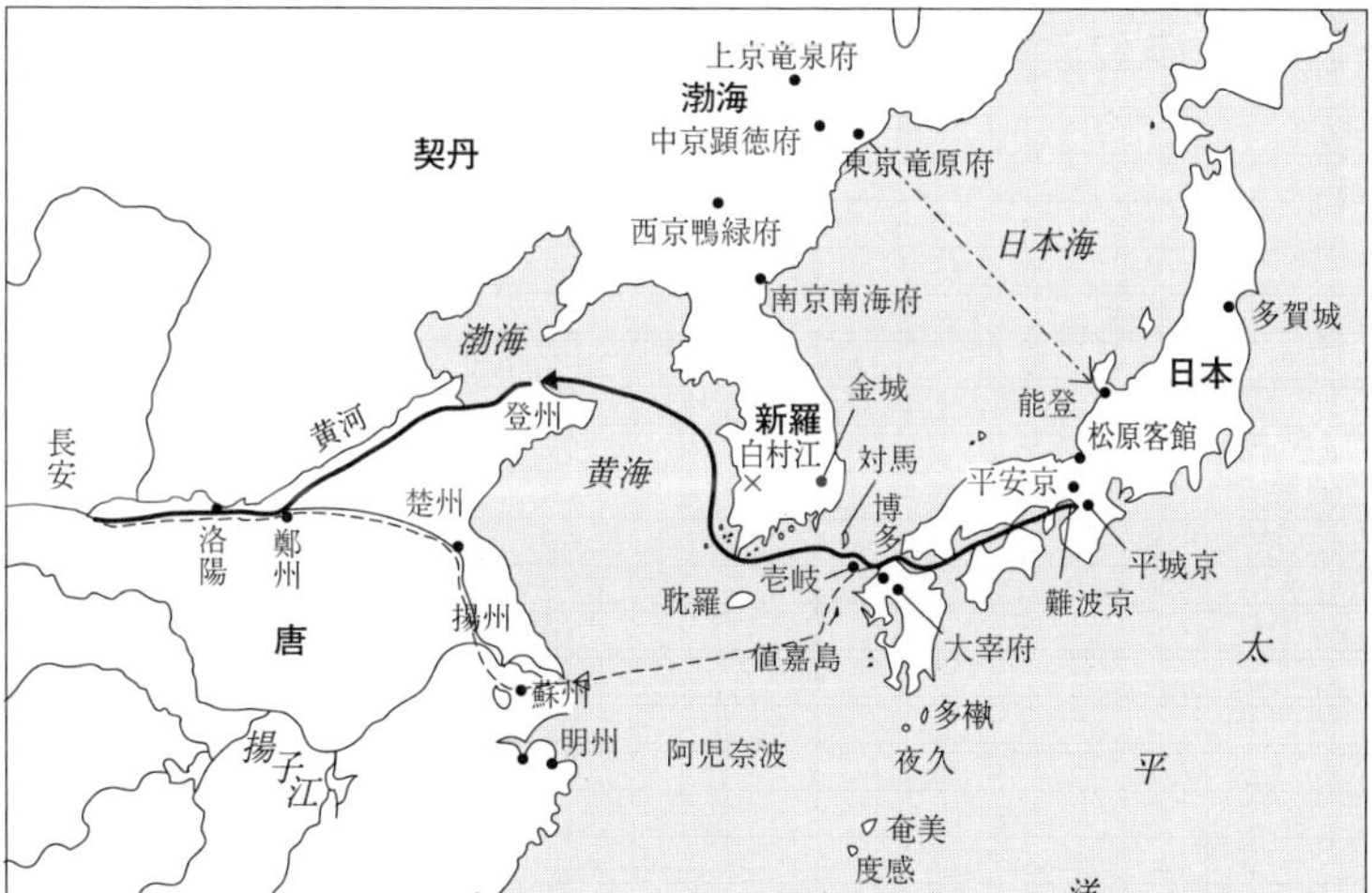

遣唐使の入唐航路

遣唐使

出発年	帰国年	主な使節	備考	出典
①六三〇（舒明二）	六三二（舒明四）	犬上御田鍬、薬師恵日	帰国時に唐使高表仁ら来日	日本書紀
②六五三（白雉四）	六五四（白雉五）	吉士長丹、吉士駒	高田根麻呂らは遭難	日本書紀
③六五四（白雉五）	六五五（斉明元）	高向玄理、河辺麻呂、薬師恵日		日本書紀
④六五九（斉明五）	六六一（斉明七）	坂合部石布、津守吉祥、伊吉博徳	第一船漂着、坂合部石布殺害される	日本書紀
⑤六六五（天智四）	六六七（天智六）	守大石、坂合部石積	唐使法聡来日	日本書紀
⑥六六七（天智六）	六六八（天智七）	伊吉博徳、笠諸石		日本書紀
⑦六六九（天智八）	未詳	河内鯨		日本書紀
⑧七〇一（大宝元）	七〇四（慶雲元）	粟田真人、高橋笠間、坂合部大分		続日本紀
⑨七一六（霊亀二）	七一八（養老二）	多治比県守、大伴山守、藤原馬養	玄昉、吉備真備、阿倍仲麻呂ら入唐	続日本紀
⑩七三二（天平四）	七三四（天平六）	多治比広成、中臣名代	第三船崑崙に漂着、第四船難破	続日本紀
⑪七四六（天平十八）	中止	石上乙麻呂		懐風藻
⑫七五〇（天平勝宝二）	七五三（天平勝宝五）	藤原清河、大伴古麻呂、吉備真備	鑑真来日。第一船、安南に漂着	続日本紀
⑬七五九（天平宝字三）	七六一（天平宝字五）	高元度	藤原清河、帰国できず。唐使沈惟岳来日	続日本紀
⑭七六一（天平宝字五）	中止	仲石伴、藤原田麻呂	船破損により発遣中止	続日本紀
⑮七六二（天平宝字六）	中止	中臣鷹主、高麗広山	風波なく渡海できず	続日本紀
⑯七七七（宝亀八）	七七八（宝亀九）	藤原鷹主、小野石根、大神末足	唐使孫興進来日	続日本紀
⑰七七八（宝亀九）	七八一（天応元）	布勢清直	送唐客使	続日本紀
⑱八〇一（延暦二〇）	八〇五（延暦二四）	藤原葛野麻呂、石川道益	最澄、空海、橘逸勢ら入唐	日本後紀
⑲八三四（承和元）	八三九（承和六）	藤原常嗣、小野篁	円仁、円載ら入唐。小野篁は乗船拒否	続日本後紀
⑳八九四（寛平六）	中止	菅原道真、紀長谷雄	道真の上表により派遣中止	三代実録

し、山東半島に至る北路が取られたが、*新羅との関係が悪化する八世紀半ばには、新羅を避けて値嘉嶋《ちかのしま》（五島列島）から東シナ海を横断して長江流域に向かう南路が取られた。ほかに、九州南部から多褹《たね》（種子島）、夜久《やく》（屋久島）、奄美などの島々を経由する南島路の存在が指摘されていたが、現在では唐から日本への帰国時に漂流した際の経路とみなされている。航海中の遭難は多く、*阿倍仲麻呂や*藤原清河のように、入唐後帰国に失敗して唐王朝に仕えた人物もいれば、*鑑真のように再度の航海

の失敗もあきらめず、来日を果たした僧もいる。正倉院宝物のなかには、遣唐使によりもたらされた西アジアのガラス製品などがみえる。これはシルクロードを通じて中国に入ったものである。

（浜田久美子）

［文献］　池田　温編『古代を考える—唐と日本』（吉川弘文館、一九九二）、王勇『唐から見た遣唐使—混血児たちの大唐帝国』（講談社、一九九八）、東野治之『遣唐使船—東アジアのなかで』（朝日新聞社、一九九九）。

小野妹子《おののいもこ》（生没年未詳）　七世紀の官人。推古一五年（六〇七）に最初の*遣隋使として派遣され、さらに翌年にも、隋使*裴世清の送使として隋に派遣された。派遣時の冠位は十二階中第五の大礼。*隋では名前の音名より「蘇因高《そいんこう》」と称される。『*日本書紀』には、妹子が隋帝から賜った書を帰国途中に*百済に奪われて紛失した記事がみえる。このため、妹子は流刑に処せられそうになったが、その理由が隋から同行した裴世清らに聞こえるとよくないということで、罪を許されている。一方で、同書には、裴世清が隋よりもたらした「皇帝問倭皇（皇帝、倭皇に問う）」で始まる形式の国書も記されており、紛失した書と国書の関係をめぐって諸説がある。紛失した書を国書と解釈すれば、国書が二通あったことになるが、紛失した書は妹子への個人的な隋皇帝の勅書であり、国書とは別と考えることもできる。小野氏は五、六世紀に后妃を多く出した和邇《わに》氏の同族であり、妹子以降、毛野《けの》、田守《たもり》、*篁《たかむら》など外交面での活躍が顕著となる。

［文献］　黛　弘道・武光　誠編『聖徳太子事典』（新人物往来社、一九九一）、堀　敏一『東アジアのなかの古代日本』（研文出版、一九九八）。

（浜田久美子）

犬上御田鍬《いぬかみのみたすき》（生没年未詳）　七世紀の官人。「三田耜」とも書く。最後の*遣隋使として推古二二年（六一四）*隋に渡り、翌年帰国。さらに、最初の*遣唐使として舒明二年（六三〇）に入《にっ》唐《とう》した。入唐時の冠位は十二階中第三の大仁。舒明《じょめい》四年（六三二）に唐使高表仁《こうひょうじん》を伴って帰国した。表仁は難波館で神酒を賜れたが、『旧唐書』倭国伝には、表仁が「（日本の）王子と礼を争い、朝命を宣べず」に帰国したことがみえる。その実態は不明であり、礼を争ったことは日本側の記録にみえない。犬上氏は外交面で活躍した氏族。本拠地は近江国犬上郡で、はじめは君姓であったが、八色《やくさ》の姓《かばね》制定により朝臣《あそん》姓を賜った。小野氏や犬上氏のように近江の豪族が外交で活躍したのは、彼らが琵琶湖の湖上交通を媒介として敦賀港から朝鮮半島に及ぶ広域の交易活動に従事していたことや、六世紀初頭に即位した継体天皇の出自が湖北地域の息長君《おきながのきみ》であり、近江の豪族が継体以降の王の身内としての扱いを受けたことなどによる。

［文献］　岡田精司「古代近江の犬上君」（『滋賀の文化』一、一九七七）、岡田精司編『史跡でつづる古代の近江』（法律文化社、一九八二）。

（浜田久美子）

伊吉博徳《いきのはかとこ》（生没年未詳）　七世紀半ばから八世紀に活躍した官人。斉明五年（六五九）遣唐使として坂合部石布《さかいべのいわしき》、津守吉祥《つもりのきさ》らと入唐したときの記録が『*日本書紀』に「伊吉連博徳書」として引用され、遣唐使船の航路や長安までの行程、皇帝に謁見した際の様子が明らかになる。それによれば、謁見の際に遣唐使が伴った蝦夷について、「都加留《つかる》」「麁蝦夷《あらえみし》」「熟蝦夷《にきえみし》」の三種類があったことが報告されている。博徳書は、このほかにも白雉《はくち》五年（六五四）二月条や斉明六年七月条、同七年五月条に見える。博徳らの遣唐使一行は、唐の百済征討計画により一時長安に幽閉されたが、斉明七年（六六一）に帰国した。その後、博徳は天智三年（六六四）に唐使郭務悰《かくむそう》らを大宰府で応接したことが『善隣国宝記』所引「海外国記」にみえる。また、持統九年（六九五）には遣新羅使に任命され、文武四年（七〇〇）には『大宝律令』の編纂の功で禄を賜っている。

［文献］坂本太郎「日本書紀と伊吉連博徳」（『古事記と日本書紀』所収、吉川弘文館、一九八九）、大庭　脩「伊吉連博徳と大唐開元礼」（『古代中世における日中関係史の研究』所収、同朋舎出版、一九九六）。

（浜田久美子）

煬帝《ようだい》（?—六一八）　中国*隋帝国の第二代皇帝。隋を興した文帝の次子で、即位前は晋王広《こう》と称した。六〇〇年、兄の太子勇を廃嫡《はいちゃく》して太子となる。六〇四年、即位すると、文帝のいた長安を西京として、別に洛陽に東京を造営し、また、六〇八年、黄河と涿《たく》郡（北京付近）を結ぶ大運河「永済渠《えいさいきょ》」を開通させた。六一一年から始まる数度の*高句麗遠征で、過度の人民役使を行ったものの失敗が続き、隋の疲弊と混乱をまねいた。「煬」とは悪逆の君主を意味する諡《おくりな》であるように、その暴君ぶりは『*隋書』に多くみられるが、晩年は天下の叛乱をよそに楊州で遊惰な生活を続け、隋の名将宇文化及《うぶんかきゅう》により六一八年殺害された。日本では、第一回*遣隋使のもたらした「日出づる処の天子、書を日没する処の天子に致す」で始まる国書をみて、無礼であるとした『隋書』倭国伝の記事が有名である。

［文献］布目潮渢・栗原益男『隋唐帝国』（講談社、一九九七）。

（浜田久美子）

裴世清《はいせいせい》（生没年未詳）　推古一六年（六〇八）、*遣隋使*小野妹子の帰国に随行して倭国に派遣された*隋朝の官僚。官職は『*隋書』倭国伝に「文林郎」とみえるが、『*日本書紀』には「鴻臚《こうろ》寺掌客《じしょうきゃく》」とあることから、派遣時に外交官である鴻臚《こうろ》寺掌客の役職を拝したのであろう。裴世清と妹子の一行は、四月に筑紫に到着し、難波《なにわ》津《づ》を経て、六月に難波江口で飾船三〇艘に迎えられて、難波に新造された客館に入っている。八月になると、飛鳥の海石榴市《つばいち》の衢《ちまた》（奈良県桜井市）で飾馬七五匹に迎えられ、数日後に、*小墾田宮の朝廷に煬帝からの国書を提出し、方物を献上し、饗を受けている。九月には難波大郡で再度饗を受け、小野妹子を大使とする遣隋使とともに帰国した。*煬帝が裴世清を倭国に派遣した理由は、隋が*高句麗と対立しており、*百済経由で倭国に入ることで、百済と倭国の隋への連絡体制を確認するためと見られる。唐代における官職は、主客郎中（『尚書省郎官石記』）、江州刺史《ごうしゅうし》（『新唐書』宰相世系表裴氏）などである。

［文献］池田　温「裴世清と高表仁—隋唐と倭の交渉の一面—」（池田　温『東アジアの文化交流史』所収、吉川弘文館、二〇〇二）。

（浜田久美子）

境部臣《さかいべのおみ》　氏としての境部（坂合部、堺部）は、国境や境界の画定や外国使節に対しての境界祭祀を職掌とするが、推古《すいこ》朝に現れる境部臣には、対*新羅関係で活躍する人物がみえる。まず、推古八年（六〇〇）に大将軍となり新羅を征討した境部臣は、新羅が*旧任那領を侵したため、大将軍として新羅に派遣されて新羅を撃った。このとき、倭国は新羅六城の割譲と、倭国への毎年の朝貢を新羅に誓わせている。この境部臣は、『*日本書紀』に名前を欠くため人物の特定ができないが、おそらく、同時期に活躍した境部臣雄摩侶《おまろ》か摩理勢《まりせ》のどちらかであろう。雄摩侶は推古三一年（六二三）に大将軍として新羅へ出征した。当時は、推古八年のような対新羅強硬外交の方針が、遣隋使の派遣による対隋平和外交に変化していたものの、聖徳太子の死を契機に、再度新羅との関係が緊張し始めた時期であった。このときの新羅征討は、新羅が倭国の征討軍が到着する前に恭順の意を示したので中止され、新羅の服属を約束させた。境部臣摩理勢は蘇我境部臣で、蘇我毛人《えみし》（蝦夷）の近親と考えられる。推古三六年（六二八）、推古崩御に当り皇嗣を決定する際に、*聖徳太子の子*山背大兄王を推し、田村皇子（*舒明天皇）を擁立しようとする蝦夷に同調せず、蘇我氏と対立し滅ぼされた。

［文献］ 井上光貞「推古朝外交政策の展開」（『井上光貞著作集5』所収、岩波書店、一九八六）。

（浜田久美子）

来目皇子《くめのみこ》（?―六〇三） 用明王の皇子で廐戸《うまやど》皇子（*聖徳太子）の同母弟。母は穴穂部間人皇女《あなほべのはしひとのひめみこ》。*『日本書紀』によれば、推古一〇年（六〇二）*新羅を討つ将軍となり、諸神部《かんべ》、*国造、*伴造ら軍勢二万五〇〇〇人を率いて筑紫に至り、嶋郡（福岡県糸島郡志摩町付近）に進屯し、船舶を集めて、軍糧を運ぶなどして朝鮮半島へ渡海の準備を進めたが、新羅渡航を前に、筑紫で病没した。*推古天皇は周防の娑婆《さば》（山口県防府市）で来目皇子の殯《もがり》を行い、のちに河内の埴生山《はにゅうやま》の岡（大阪府羽曳野市）に葬った。『肥前国風土記』三根《みね》郡漢部《あやべ》郷（佐賀県三養基《みやき》郡）には、来目皇子が忍海漢人《おしぬみのあやひと》に兵器を作らせた伝承が載る。来目皇子の死を受けて、兄当摩《たぎま》皇子が将軍となったが、出征途中の播磨で同行していた妻の死に遭い、新羅征討を果たせなかった。以後、新羅への対外方針は、軍事外交から、隋と対等な関係を結び新羅より優位に立つことを目指す平和外交に方針を転換する。

［文献］ 黛 弘道・武光 誠編『聖徳太子事典』（新人物往来社、一九九一）。

（浜田久美子）

（五） 飛 鳥 文 化

法興寺《ほうこうじ》（飛鳥寺《あすかでら》） 奈良県明日香村にある寺。法号の法興寺は、隋の文帝による仏教政策「法興」にちなむ。現在は真言宗豊山派の安居院《あんごいん》として存続。*『日本書紀』や『元興寺伽藍縁起并流記資財帳』所引「丈六光銘」および「塔露盤銘」によれば、用明二年（五八七）*蘇我馬子が*物部守屋討伐に際し戦勝を祈願して造寺を誓い、翌年*百済から仏舎利とともに僧、寺工、露盤博士、瓦博士、画工が遣わされ、造営が始まった。崇峻三年（五九〇）に材を調達、同五年（五九二）に仏堂と歩廊を起こし、推古元年（五九三）、仏舎利を塔心礎に納めた。同四年（五九六）に完成、高句麗僧の*慧慈と百済僧の慧聡《えそう》が住む。『日本書紀』は同一三年（六〇五）に銅・繍《しょう》の丈六仏像を*鞍作鳥に作らせ、翌一四年（六〇六）完成とするが、これは誤りで「丈六光銘」にいう同一七年（六〇九）完成説が認知されている。ただし「丈六光銘」には*鞍作鳥の名がみえない。養老二年（七一八）、平城京に移され*元興寺となったが元の寺も本元興寺として存続した。建久七年（一一九六）に金堂と塔が焼け、釈迦如来像が破損した。昭和三一年（一九五六）の発掘で塔を北・

東・西の金堂が囲む伽藍《がらん》配置が判明した。瓦は百済系の二系統が出土し、百済の瓦博士の関与を裏づける。銅造釈迦如来坐像の制作年代は議論を呼んだが、かつての中金堂の位置に安置され、台座を据えた凝灰岩製基壇も当初のものであることから、推古一七年に完成した創建飛鳥寺の本尊とする見解が有力である。

［文献］　奈良国立文化財研究所編『飛鳥寺発掘調査報告』（『奈良国立文化財研究所学報』五、一九五八）、大脇　潔『飛鳥の寺』（保育社、一九八九）。　（佐々木守俊）

四天王寺《してんのうじ》　大阪市天王寺区にある寺。和宗総本山。荒陵《あらはか》寺、難波大寺などの名もある。『日本書紀』によれば、用明二年（五八七）、聖徳太子が物部守屋討伐に際し白膠木《ぬりで》の四天王像を作って戦勝を祈願し、推古元年（五九三）に難波の荒陵に寺を作ったのが濫觴《らんしょう》という。玉造に創建ののち荒陵に移建との説もある。創建瓦は法隆寺若草伽藍《がらん》と同笵《はん》だが時代は遅れ、実際の創建は推古朝末頃とみなされる。これは、推古三一年（六二三）に新羅献上の金塔と舎利を安置したとする『日本書紀』の記述と矛盾しない。主要堂宇が南北に並び回廊が講堂に取りつく伽藍配置は四天王寺式と呼ばれ、発掘調査により当初からのものと判明したが、講堂と回廊は七世紀後半の完成と見られる。法隆寺とともに太子信仰の中心で、奈良時代には太子絵伝が描かれ一二世紀までには絵解きが行われた。金堂の救世《ぐぜ》観音像（如意輪観音像ともされた）は太子信仰によって模刻が流行し、今日も現存最古例（一一世紀）を所蔵。模刻像では三千院像、廬山寺像（ともに鎌倉時代）などが代表的である。同様に四天王像も、大阪府・大聖勝軍寺像（平安時代末期、多聞天像のみ鎌倉時代初期）などの模刻を生んだ。阿弥陀浄土に通ずるとされた西門の浄土信仰、推古朝に始まる舎利《しゃり》信仰も盛んであった。度重なる火災のため現在の伽藍は大半が昭和三八年（一九六三）の再建。寺宝に飛鳥時代の七星剣、丙子椒林剣、平安時代の懸守、扇面法華経冊子などがある。

［文献］　大阪市立美術館監修『聖徳太子信仰の美術』（東方出版、一九九五）。　（佐々木守俊）

法隆寺《ほうりゅうじ》　奈良県斑鳩《いかるが》町にある寺。聖徳宗総本山。斑鳩寺、法隆学問寺ともいう。金堂・五重塔を中心とする西院伽藍と、夢殿を中心とする東院伽藍《がらん》からなる。正史上の初見は推古一四年（六〇六）、聖徳太子の法華経講説を喜んだ天皇が水田を贈り、それを斑鳩寺《いかるがでら》に施入したとの『日本書紀』の記述である。だが、『法隆寺伽藍縁起并流記資財帳』は同六年（五九八）のこととし、水田が施入された寺を三寺あげる点も異なる。金堂の薬師如来坐像の光背銘文は同一五年（六〇七）、用明天皇のために推古天皇と太子が寺と薬師像を完成したとする。一五年創建説は『資財帳』にもみられるが、薬師像は様式的に六五〇年代頃の擬古作とされ、銘文の用語や文体も疑問視されている。金堂の釈迦三尊像が完成した同三一年（六二三）までには太子関連の寺として成立していたであろう。『日本書紀』には天智九年（六七〇）の焼失を記し、これをめぐり再建・非再建論争が起こった。昭和一四年（一九三九）、西院の東南に塔と金堂が南北に並ぶ四天王寺式伽藍配置の遺構が発見され（若草伽藍）、若草伽藍焼失後に西院が再建されたとの見方が有力になった。西院は金堂が東、塔が西に並び、その背後で回廊が閉じ北側に講堂が立つ、法隆寺式伽藍配置である（現在は回廊が

法隆寺五重塔

講堂に取りつく)。五重塔は塔本塑像が造立された和銅四年(七一一)頃の完成、金堂の建立はそれ以前に位置づけられる。東院は『法隆寺東院資財帳』によれば天平一一年(七三九)頃、荒廃した太子の斑鳩宮を行信が寺にしたといい、本来別の寺だったのがのちに本寺に吸収された。造営は光明皇后らが主体。伽藍下層から発見された掘立柱の跡は斑鳩宮に比定されている。平安時代には西院の聖霊院や東院の絵殿が太子信仰の中枢となり、鎌倉時代には大復興事業を挙行。仏像では釈迦三尊像や救世観音像、工芸品では*玉虫厨子など多くの寺宝を所蔵。明治時代に皇室に献納した宝物は、一部の御物を除き東京国立博物館に保管。

[文献] 資財帳編集委員会編『法隆寺の至宝・昭和資財帳1西院伽藍』(小学館、一九九一)、奈良六大寺大観刊行会編『奈良六大寺大観・補訂版1法隆寺1』(岩波書店、二〇〇一)。 (佐々木守俊)

中宮寺《ちゅうぐうじ》 奈良県斑鳩《いかるが》町にある尼寺。聖徳宗。現在地は法隆寺東院に隣接するが、旧地はその東方で、塔と金堂が南北に立っていた。『法隆寺伽藍《がらん》縁起并流記資財帳』は推古六年(五九八)の土地施入を記しつつ同一五年(六〇七)*聖徳太子建立とする。一方『聖徳太子伝暦』は同二九年(六二一)、太子の母である穴穂部間人《あなほべのはしひと》皇后の没後にその宮を寺に改めたと記す。法隆寺若草伽藍と同范《はん》の出土瓦は、飛鳥時代に上宮王家との関連で建立された経緯を物語る。平安時代に衰退、鎌倉時代に信如尼が復興するが火災で荒廃。慶長五年(一六〇〇)頃現在地に移転、以来宮家の女性が門跡となる習慣が生まれた。寺宝に木造菩薩半跏像(七世紀後半)や信如発見の*天寿国繡帳がある。

[文献]『大和古寺大観1法起寺・法輪寺・中宮寺』(岩波書店、一九七七)、大橋一章『斑鳩の寺』(保育社、一九八九)。 (佐々木守俊)

法起寺《ほっきじ》 奈良県斑鳩《いかるが》町にある寺。聖徳宗。池後《いけじり》寺、岡本寺とも称した。「法起塔露盤銘」(『聖徳太子伝私記』所引)は推古三〇年(六二二)、聖徳太子の遺命で*山背大兄王が岡本宮を寺にし、舒明一〇年(六三八)に福亮が弥勒像と金堂を作り、天武一四年(六八五)に恵施《えし》が塔を建て始め、慶雲三年(七〇六)に露盤を上げて塔を完成したと記す。これは出土瓦の様式とも矛盾しない。発掘調査で判明した、塔が東、金堂が西に並ぶ伽藍《がらん》配置は法起寺式という。また掘立柱建物の跡が発見され、岡本宮の遺構とも見られている。三重塔は法隆寺五重塔、法輪寺三重塔(現在の塔は再建)に遅れる様式を示す。寺宝に金銅菩薩立像(七世紀)、十一面観音立像(一〇世紀)がある。

[文献]『大和古寺大観1法起寺・法輪寺・中宮寺』(岩波書店、一九七七)、大橋一章『斑鳩の寺』(保育社、一九八九)。 (佐々木守俊)

法輪寺《ほうりんじ》 奈良県斑鳩《いかるが》町にある寺。聖徳宗。俗号は三井寺。創建については推古三〇年(六二二)、聖徳太子の病気平癒を祈って*山背大兄王と由義《ゆげ》（弓削）王が建立との説（『聖徳太子伝私記』裏書）と、*法隆寺被災後に*百済の聞（開）法師ら三人が建立との説（『上宮聖徳太子伝補闕記《ほけつき》』）がある。後者は創建ではなく伽藍《がらん》の整備を意味するとの読み方もあるが、出土瓦からは七世紀半ばの前身遺構が知られ、七世紀末に現在の法隆寺式伽藍配置に改められたと判断される。三重塔は法隆寺五重塔に次ぐ時期に置かれていたが昭和一九年（一九四四）の落雷で焼失、同五〇年（一九七五）に再建。寺宝に飛鳥時代の薬師如来坐像と伝虚空蔵菩薩立像、平安時代前期の十一面観音立像などがある。

［文献］『大和古寺大観1法起寺・法輪寺・中宮寺』（岩波書店、一九七七）、大橋一章『斑鳩の寺』（保育社、一九八九）。

（佐々木守俊）

広隆寺《こうりゅうじ》　京都市右京区にある寺。真言宗御室派。蜂岡寺、秦寺などとも呼ばれた。秦《はた》氏の氏寺として創建。『*日本書紀』は推古一一年（六〇三）、秦河勝《かわかつ》が*聖徳太子に*百済の仏像を譲られ蜂岡寺を造ったとする。蜂岡寺は同一五年（六〇七）の太子建立七か寺にあげられるほか、太子の宮を河勝が寺に改めたともいう。同三一年（六二三）には*新羅の仏像を秦寺に安置した（『日本書紀』）。寺地が「狭隘」なため移転し（『広隆寺縁起』）、京都市北区の北野廃寺が旧地とみられている。一方、現寺地でも飛鳥時代の遺構が発見されており、蜂岡寺と秦寺は本来別の寺で現地で合併したとの説もある。平安時代には霊験薬師像が信仰を集めた。二体の弥勒菩薩半跏思惟像など寺宝は多い。

［文献］望月信成『広隆寺』（山本湖舟写真工芸部、一九六三）、林南壽『廣隆寺史の研究』（中央公論美術出版、二〇〇三）。

（佐々木守俊）

伽藍配置《がらんはいち》　寺院の主要伽藍である金堂、塔、講堂、中門、南門、回廊、僧坊、鐘楼などの配置法。いくつかの分類法が提唱されているが、七世紀の院についてはおおむね次の六つがある。

（一）飛鳥寺式　塔を中心に、北・東・西の三方に金堂が立つ。回廊は中金堂（北側の金堂）の背後で閉じ、北に講堂を置く。一塔三金堂形式は高句麗の清岩里廃寺との類似が指摘されてきたが、*百済にも三金堂形式の寺院が存在したと判明、関連が注目される。

（二）四天王寺式　南門・中門・塔・金堂・講堂が南北に並び、回廊は講堂に取りつく。百済で一般的だった配置で、法隆寺若草伽藍も同形式である。回廊が金堂の背後で閉じる山田寺式を区別する場合があり、こちらは飛鳥寺式の東西金堂を廃したとの見方もある。

（三）川原寺式　東に塔、西に南北棟の金堂が立つ（西金堂）。背後に中金堂が立ち回廊が取りつく。中金堂の北に講堂があり、北に伸びた回廊を含んだ三面僧坊がこれを囲む。飛鳥寺の東金堂を省略した形とする説がある。

（四）法隆寺式　法隆寺西院の伽藍配置。東に金堂、西に塔が立ち、回廊は背後で閉じ、北に講堂が立つ。川原寺式からの発展とする説がある。

（五）法起寺式　金堂と塔の配置が*法隆寺と逆になり、回廊が講堂に取りつく点も異なる。

（六）薬師寺式　東西に塔が並び背後に金堂が立つ。回廊は講

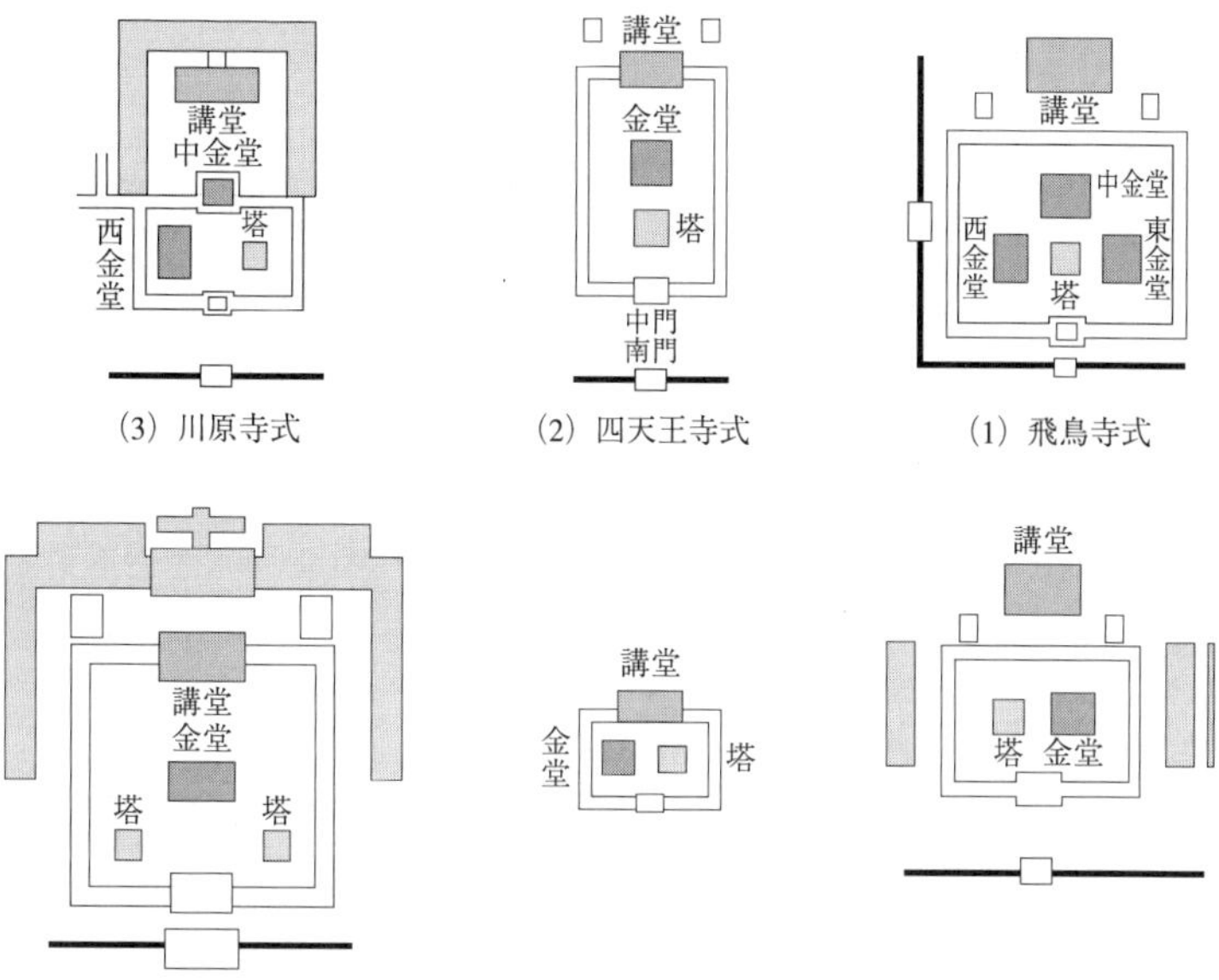

(1) 飛鳥寺式　(2) 四天王寺式　(3) 川原寺式
(4) 法隆寺式　(5) 法起寺式　(6) 薬師寺式

伽藍配置の変化

堂に取りつく。朝鮮半島では新羅*の四天王寺などが二塔形式を取る。回廊外に二塔が立つ東大寺式や大安寺式の祖形。

歴史的展開に関する認識は発掘のたびに改められ、かつては法隆寺式が最古とされたが若草伽藍の発掘により四天王寺式が先行すると判明、さらに最古の本格的寺院飛鳥寺や川原寺で特殊な配置が知られて単線的な理解は不可能となった。変化の契機は朝鮮半島からの新情報といえるが、仏教観の変遷に注目した説明では、回廊の形態の変化を、行事の場として諸堂が持つ機能と関連づけたり、誦される経典を重視する解釈などがある。

［文献］『仏教芸術』二三五、一九九七、森　郁夫『日本古代寺院造営の研究』（法政大学出版局、一九九八）。　（佐々木守俊）

法隆寺《ほうりゅうじ》再建《さいこん》・非《ひ》再建論争《さいこんろんそう》　現在の法隆寺西院伽藍《がらん》の金堂、五重塔、中門、回廊が推古朝の創建当初のままか、天智朝の火災後に再建されたものかをめぐる論争。発端は天智九年（六七〇）に法隆寺が一屋も残さず焼失したとする『日本書紀』*の記述で、これに基づき黒川真頼《くろかわまより》と小杉榲邨《こすぎすぎむら》は再建説を唱えた。だが関野貞《せきのてい》は、西院には飛鳥時代の高麗尺が適用されていると主張、火災の痕跡がないことなども根拠として非再建説を展開した。また平子鐸嶺《ひらこたくれい》は、『日本書紀』が火災を天智九年とするのは干支一運の誤りで推古一八年（六一〇）が正しく、西院はそれ以降の建立とした。一方、喜田貞吉《きだていきち》は『日本書紀』の記載を信じて再建説を主張した。西院の東南から単弁鐙瓦が出土すると、喜田は天智九年に罹災した伽藍の瓦と考えた。しかし関野は罹災《りさい》した伽藍と西院伽藍の併存を主張、足立康《あだちこう》も二伽藍の併存を訴えた。これに対し石田茂作《いしだもさく》は単弁鐙瓦の出土地を発掘して若草伽藍を発見した。その結果、二つの伽藍は中心線の方向が異なり併存しえないこと、出土瓦は若草伽藍のものの方が古いことなどが判明、若草伽藍の焼失後に新たな寺地を定めて西院が再興されたとの説に論争は一応落ち着いた。しかしその後も金堂のみ先に建立されたとの見方や、出土瓦の検討から火災の年代を皇極二年（六四三）とする説、火災を小規模と見る説などがある。なお近年、歴史学的分野では『上宮聖徳太子伝補闕記』に注目し、天智九年焼失説を再確認する意見が提出されている。

［文献］　喜田貞吉『法隆寺再建論』（『喜田貞吉著作集7』所収、平凡社、一九八二）、村田治郎『法隆寺の研究史』（『村田治郎著作集2』、中央公論美術出版、一九八七）。　（佐々木守俊）

天寿国繡帳《てんじゅこくしゅうちょう》　中宮寺に伝わる刺繡作品。現在は、縮絹の地に刺繡の残欠を張り合わせて額装にしている。繡帳中の亀の背に縫いとられた文字が『*上宮聖徳法王帝説』と一致することから、制作の由来を知ることができる。それによると、推古三〇年（六二二）、聖徳太子の死を嘆き、妃橘大郎女《たちばなのおおいらつめ》が太子の往生した天寿国のさまを表そうと、*釆女らに二張の帳を作らせた。下絵を描いたのは、東漢末賢《やまとのあやのまけん》、高麗加世溢《こまのかせい》、漢奴加己利《あやのぬのかこり》で、令者（監督）は椋部秦久麻《くらべのはたくま》であったという。羅、綾、平絹の地に色糸で刺繡された部分のうち、羅地部分が当初で、綾地、平絹地部分は鎌倉時代の模作であると考えられている。国宝。飛鳥時代、八八・八×八二・七センチメートル。

［文献］『大和古寺大観1法起寺・法輪寺・中宮寺』（岩波書店、一九七七）。　（稲本万里子）

蜀江錦《しょっこうきん》　法隆寺に伝わる赤地錦。地や文様を経《たて》糸で織り出した経錦《たてにしき》で、文様には青、白、黄、緑糸が使われている。赤《あか》地格子《じこうし》蓮華《れんげ》文錦《もんきん》は、小さい升形を連ねた格子のなかに、連珠をめぐらした蓮華文とパルメットを配し、同種の裂《きれ》が法隆寺献納宝物（東京国立博物館）の蜀江錦幡の幡身に使われている。赤《あか》地亀甲花唐草文錦《じきっこうはなからくさもんきん》は、亀甲繋風の唐草文様のなかに花鳥を織り出し、赤《あか》地《じ》獅鳳文錦《しほうもんきん》は、連珠とパルメットをめぐらした円のなかに鳳凰または獅子を、円文の間には馬または鹿を向かい合わせに配している。そもそも蜀江錦とは、中国の蜀（四川省成都付近）で作られた赤染めの錦をいうが、法隆寺の蜀江錦が蜀の産である確証はない。また、明代に作られた名物裂の一種にも蜀江錦と呼ばれる緯《よこ》糸で文様を織り出した錦がある。重要文化財。飛鳥時代または中国・唐時代。

［文献］　奈良六大寺大観刊行会編『奈良六大寺大観・補訂版5法隆寺5』（岩波書店、二〇〇一）。　（稲本万里子）

四騎獅子狩文錦《しきししかりもんきん》　*法隆寺に伝わる錦。重角文と連珠文をめぐらした直径約四三センチメートルの円文を三列五段に並べ、円文のなかには、花樹を中心に、有翼の馬にまたがり、襲いかかる獅子に弓を引く四人の武人が、上下左右に表されている。振り向きざまに矢を射るパルティアン・ショットと呼ばれるモチーフや、鬚《ひげ》のある武人の面貌、天馬の表現などサザン朝ペルシャの影響が見られるが、馬の腹に「山」「吉」の漢字が織り出されているところから、中国製と考えられている。地と文様を緯《よこ》糸で織り出した緯錦《よこにしき》で、文様には白、緑、青糸などが使われている。現在は薄茶色を呈しているが、もとは赤地であったと思われる。国宝。中国・*唐時代。二五〇×一三四・五センチメートル。

［文献］　奈良六大寺大観刊行会編『奈良六大寺大観・補訂版5法隆寺5』(岩波書店、二〇〇二)。
(稲本万里子)

玉虫厨子《たまむしのずし》　法隆寺に伝わる厨子。宮殿形の厨子本体と須弥座と台脚からなる。外まわりに施された金銅透彫金具の下に玉虫の羽が敷きつめられていたところから、玉虫厨子と呼ばれている。本尊は失われたが、内部には当初の押出千仏が貼りめぐらされている。宮殿部の正面扉には二天王像、側面扉には二菩薩像、背面には霊鷲山説法図《りょうじゅせんせっぽうず》、須弥座の腰板には正面に仏舎《ぶっしゃ》利供養図《りくようず》、背面に須弥山図《しゅみせんず》が描かれている。須弥座右側面の捨《しゃ》身飼虎図《しんしこず》と左側面の施身聞偈図《せしんもんげず》は、釈迦の前世の物語を描いた日本最古の本生図《ほんじょうず》。抽象的な人物表現やC字形を連ねた山岳表現が特徴的で、朱色の部分には漆絵、黄色と緑色の部分には油を媒介とした密陀絵《みつだえ》の技法が用いられている。国宝。飛鳥時代。木造。総高二二六・六センチメートル。

玉虫厨子（法隆寺所蔵，『原色日本の美術 2 法隆寺』小学館，1964）

［文献］　奈良六大寺大観刊行会編『奈良六大寺大観・補訂版5法隆寺5』(岩波書店、二〇〇二)。
(稲本万里子)

飛鳥仏《あすかぶつ》　飛鳥時代に作られた仏像。美術史上の時代区分として、仏像制作の開始から平城遷都(七一〇年)までを前後に分け、それぞれ飛鳥時代前・後期または飛鳥・白鳳時代と呼ぶ。「白鳳」の語は問題を含むが、飛鳥仏・白鳳仏とのいい方が具体的な作品イメージを伴うのも事実で、ここでは時代区分として白鳳時代を認める。近年は天智朝初年(六六二)頃で区切るのが普通。仏教文化の伝播は六世紀半ばより活発化、中国南北朝期の様式、形式を多くの場合朝鮮半島経由で摂取して仏像制作が始まった。しばしば実際の請来仏が手本となったようである。ただし着衣形式などは適宜改変され、選択的な受容が知られる。多くは金銅仏で、クスノキ材の木彫像も作られた。主流となったのは鞍作鳥*(止利仏師《とりぶっし》)を中心とする止利派である。だが、基準作とされる安居院《あんごいん》(飛鳥寺)釈迦如来坐像と法隆寺金堂釈迦三尊像は、まったく同じ個性の像とは断言できない。法隆寺金堂像と作風の近い像に、ともに法隆寺大宝蔵殿安置の菩薩立像、戊子年(六二八)銘釈迦如来および脇侍像など一群の金銅仏がある。抽象的な造形、神秘的な表情、硬質な肉づけ、文様化された衣文線、左右相称性、正面観照性を特徴とし、鋳造技法も共通する。また他派の作とみられる像に東京国立博物館蔵辛亥年(六五一)銘観音菩薩像など表情が和らいだ例、木彫像では法隆寺百済観音立像など肉づけに丸みを加えた例がある。起源としては、法隆寺金堂釈迦三尊像と竜門石窟賓陽中堂本尊の類似などを根拠に、北魏末から東西魏の作例が想定されてきた。だが日本と百済、百済と南朝の関係を重視し南朝起源説が提唱された。法隆寺救世観音立像などの宝珠を捧げ

法隆寺金堂釈迦三尊像（法隆寺所蔵，『原色日本の美術2 法隆寺』小学館，1964）

持つ形式は梁や百済*の影響として注目される*。南北いずれかの影響と単純化しがたいが、最近は北朝様式と南朝様式の関係がわかりつつあり、さらなる研究の進展が待たれる。なお、当時の経典理解度は高く、法隆寺金堂像や玉虫厨子*にそれが現れている。

［文献］町田甲一『上代彫刻史研究』（吉川弘文館、一九七七）、水野敬三郎ほか編著『日本美術全集2法隆寺から薬師寺へ―飛鳥・奈良の建築・彫刻』（講談社、一九九一）。（佐々木守俊）

鞍作鳥《くらつくりのとり》（生没年未詳）飛鳥時代の仏師。鞍作止利《とり》、止利仏師ともいう。百済経由で渡来した南梁人との見方がある。司《し》馬《ば》達等《たつと》の孫で鞍作多須奈《たすな》の子。一族には仏教崇拝者が多い。『日本書紀』*は推古一三年（六〇五）鞍作鳥が銅・繡丈六仏各一軀の造仏を命ぜられ、翌年完成し飛鳥寺に安置したと記すが、同一七年（六〇九）完成とする『元興寺伽藍縁起并流記資財帳』は鳥の名をあげない。銅丈六仏は現在の安居院《あんごいん》釈迦如来坐像に当たり、鳥は「仏本」を献上、大仁位と水田を得て坂田尼寺を建立したという。同三一年（六二三）完成の法隆寺金堂釈迦三尊像光背銘は作者を「司馬鞍首止利仏師」とする。その人物像は馬具などの金工の技術者と目されるほか「とり」が固有名詞でない可能性も示唆される。

［文献］町田甲一『上代彫刻史研究』（吉川弘文館、一九九一）。（佐々木守俊）

慧《え》**慈**《じ》（生没年未詳）飛鳥時代の高句麗僧。『日本書紀』*によれば推古三年（五九五）来朝、聖徳太子の師となり百済僧の慧聡《えそう》とともに三宝の棟梁と称された。翌年慧聡とともに飛鳥寺に住む。太子は慧慈に尋ねても不明な点があると「金人」に夢中で教えを受け、答えを慧慈に伝えたという。同二三年（六一五）に太子撰述の『三経義疏』*を携え帰国、同三〇年（六二二）の太子の死に深く悲しんで翌年の命日に自ら予言して没したと伝える。「伊予湯岡碑文」（『釈日本紀』所引『伊予国風土記』）は同四年（五九六）、太子が慧慈らと伊予を逍遥し道後温泉の妙顕を歎じたと記す。慧慈の関与を伝える寺院に百済寺（滋賀県愛東町）、西教寺（滋賀県草津市）があり、療馬の法を伝えたともいう。

［文献］田中嗣人『聖徳太子信仰の成立』（吉川弘文館、一九八四）。（佐々木守俊）

曇《どん》**徴**《ちょう》（生没年未詳）飛鳥時代の高句麗僧。『日本書紀』*には推古《すいこ》一八年（六一〇）来朝、「よく彩色（絵具）及び紙墨を作り、并て碾磑《みずうす》を造る。」とある。これより製紙法を初めて日本に伝えた人物とされ、碾磑《てんがい》（水車で回す石臼）を初めて伝えたのが曇徴かといわれるが、そのほかについては初伝とは記していない。崇峻元年（五八八）には百済が画工を献じ、推古一二年（六〇四）には黄書画師《きぶみのえかき》・山背画師《やましろのえかき》を定めており、曇徴来朝に先立つ紙墨や絵具の使用は確実である。『日本書紀』の記述は曇徴が新たに良質な紙の製法を伝えたことを意味するとみられる。『聖徳太子伝暦』は太子が曇徴を斑鳩宮や法隆寺に置いたとし、曇徴の製紙法を太子が完成したとの説も生まれた。

［文献］寿岳文章『日本の紙』（吉川弘文館、一九九六）。

（佐々木守俊）

仏教興隆の詔《ぶっきょうこうりゅうのみことのり》 「三宝興隆《さんぽうこうりゅう》の詔」とも。推古二年（五九四）二月に打ち出されたとされる仏教奨励の新政策。三宝とは仏・法・僧のこと。*『日本書紀』には「是の時、諸臣連等、各々君親の恩の為、競いて仏舎《ほとけのおほとの》を造る。即ち是を寺と謂う。」とみえ、朝廷の保護のもとに、氏族が競って氏寺を造り始めたという。また*『上宮聖徳法王帝説』にも「上宮《かみつみや》の廐戸豊聡耳《うまやどのとよとみみ》の命《みこと》、嶋大臣《しまのおおおみ》（*蘇我馬子）と共に天下の政を輔《たす》けて、而して三宝を興隆し、元興・四天王寺などを興こす。」とある。この仏教興隆の詔を機に推古朝期において中央豪族の私寺建立が増加した。この結果は、『日本書紀』の推古三二年（六二四）九月の条に寺や僧尼の数が記されており、寺の建立は計四六か所とする。ただし、史料的根拠はなく、その数は過多とする見解もある。

（宮澤真央）

三経義疏《さんぎょうぎしょ》 『勝鬘経《しょうまんきょう》義疏』一巻・『法華経《ほけきょう》義疏』四巻・『維摩経《ゆいまきょう》義疏』三巻の総称で各経典の注釈書。*聖徳太子（廐戸《うまやど》皇子）撰と伝えられ上宮御製《ぎょせい》疏ともいう。*『日本書紀』推古一四年（六〇六）七月条に皇太子（聖徳太子）が「勝鬘経」と「法華経」を講じたとあり、義疏はその講経の原稿をまとめたものといわれ、長い間、太子の仏教思想を物語るものとされてきた。『上宮聖徳太子伝補闕記《ほけつき》』では、同一七年（六〇九）から同二三年（六一五）までの間に作成されたとする。現存しているのは太子親筆と伝える『法華経義疏』のみだが真撰説と偽撰説があり、後者は天平一九年（七四七）になって上宮王撰号を付したものであることなどを根拠とする。近年『勝鬘経義疏』の七割が敦煌出土の『勝鬘義疏本義』と同文である。

［文献］小倉豊文「三経義疏上宮王撰に関する疑義」（『史学研究』五二、一九五三）、望月一憲『三経義疏論攷』（日本仏教研究所、一九八一）。

（宮澤真央）

伎《ぎ》楽《がく》 東洋的楽舞の一端として伎楽が伝来したのは欽明朝のこととされ、『新撰姓氏録《しんせんしょうじろく》』の和薬使主《やまとくすしのおみ》が仏像一軀などとともに伎楽調度一具をもって来朝したことに始まる。やがて伎楽は推古天皇二〇年に*百済から味摩之《みまし》によって本格的に伝えられ、桜井の地（伝・明日香《あすか》村豊浦《とゆら》）にて教習された。以後橘寺や太秦寺、四天王寺にも置かれ仏教の隆盛とともに発展。呉楽《くれがく》とも呼ばれ西域に興り、南朝の終り頃呉で開花した民間の演芸とされ、我が国では仏教経典に登場し菩薩などの奏する仏を供養するための音楽を意味している。しかし現実には必ずしも仏教的ではなく、笛・腰鼓・銅拍子を使用し、幾種もの大型仮面を用い卑俗的な物真似の要素を強く持つ芸能であった。

［文献］新川登亀男「伎楽伝来伝承—伎楽戸と菟田郡と医薬」（『史観』一二〇、一九八九）。

（熊谷良香）

伎楽面《ぎがくめん》 *伎楽の内容および仮面類は、天平一九年（七四七）の『法隆寺資材帳』をはじめ、諸大寺の資材帳に載る仮面類や正倉院などに残る遺品によって知られる。使用される仮面は後頭部までおおう大型仮面で、治道《ちどう》以下師子《しし》・師子児《ししこ》・呉公《ごこう》・金剛・迦楼羅《かるら》・崑崙《こんろん》・呉女《ごじょ》・力士・波羅門《ばらもん》・大孤《たいこ》・大孤児《たいこじ》・酔胡《すいこ》王《おう》・酔胡従《すいこじゅう》・がある。この記載順はほぼ一致しており、使用順に従って記されたと思われる。行道は法要などで行列を作り、音楽に合わせて練り歩き、先頭には治道が立ち、口髭・顎髭を加えた赤い鼻高面をかぶり、手に桙をとって先払いの役を務めた。次に師子が続き、行道は一種の仮想行列でありこれら仮面をつけた演技者による幾種の場面が構成されていた。

（熊谷良香）

［文献］　切畑　健「仮面と装束（上）―伎楽・舞楽・能装束を中心に―」（『仏教芸術』一六一、一九八五）。

五　律令国家の成立

初期官司制の動揺　七世紀前半、主に渡来人によって構成された*品部の増加、*ミヤケの拡大、直属部民の増加などを基礎にして、中央における初期官司制の発達と地方の国造の地方官への繰り込みが進行した。しかし、国内的には部民層の成長による支配体制の動揺、国際的には隋の滅亡＝唐帝国の成立、唐の強大な軍事力の脅威、朝鮮半島からの大和朝廷勢力の後退という危機的状況が生み出された。大和朝廷にとっては国家権力の集中強化が緊急の課題となり、土地・人民の再編成が急がれた。しかし、政治を主導していた蘇我氏はこの事態に対応することができず、かえって権力の維持に汲々たるありさまであった。

大化改新　大化元年（六四五）*中大兄皇子と*中臣鎌足を中心とする改革派は、三韓朝貢の儀式の席上で蘇我入鹿《いるか》を暗殺し、その父蝦夷《えみし》をも、邸宅を包囲し自殺に追い込んだ（乙巳《いつし》の変）。蘇我本宗を打倒した中大兄らは新政府を組織して、年号を大化と定め、都を難波に遷して新しい政治を始めた。*孝徳天皇のもと、中大兄は皇太子となり、左右大臣に安倍内麻呂、*蘇我倉山田石川麻呂を据え、中臣鎌足を内臣に、僧*旻と*高向玄理を*国博士として改新政治を進めた。大化二年正月に出された改新の詔《みことのり》については、『*日本書紀』編纂時に潤色が加えられており、原文のままではないとされている。しかし、のちに制度が整う「律令国家」に至る歴史の流れを見れば、人民を「公民」として編成し、土地を「公地」として国家の所有とする基本理念が改新の詔で示され、中央・地方の行政組織、班田収授法また租税制度も、土地・人民を一元的に支配する理念の上にうちたてられていったと認めることができる。

国際関係　白雉《はくち》五年（六五四）皇極天皇は重祚《ちようそ》して斉明天皇となるが、中大兄皇子は引き続いて皇太子の地位にあり政治を主導した。東北地方の征服は大和朝廷の大きな課題の一つであった。北辺のエゾに対しては柵《さく》を設けて備え、積極的に軍事的な征討を行った。『日本書紀』は、六五六—六六〇年頃、*阿倍比羅夫に命じて東北地方の日本海岸を北上し、*粛慎を討たせたと伝える。一方、朝鮮半島では*百済が*唐・*新羅連合軍に攻められて滅亡し、我が国に救援を求めてきた。六六一年、*斉明天皇と中大兄皇子は難波を発《た》ち九州に赴いた。政府は半島情勢に積極介入する準備を進めたが、九州到着後半年に満たずして天皇は本営朝倉宮において没し、中大兄が後を継ぐことになるが、即位せず皇太子身分のまま軍政をみた。救援軍は阿曇比羅夫《あづみのひらふ》、阿*倍比羅夫を将とし、六六二年には百済皇子豊璋《ほうしょう》を百済に送って王位につかせ、多量の軍需物資を送り、六六三年三月には上毛野稚子《かみつけぬのきじ》の率いる兵二万六〇〇〇人を半島に派遣した。しかし、八月に我が国の水軍は白村江*の戦いで唐の水軍に大敗を喫し、残る兵は翌月帰国した。これにより、我が国は朝鮮半島の拠点を失うこととなった。

壬申の乱　半島から手を引いた中大兄皇子は、防人*・烽*を設け水城*を築くなど防備体制を固めながら国内の政治体制の整備・充実に努めた。六六七年、都を近江の大津に遷し、皇子は即位して天智天皇となる。しかし、天皇の政治は旧大豪族層に妥協的であり、大化改新の理想からは著しく後退し生彩のないものとなった。六七一年に天智が没すると、大友皇子*と天智の弟大海人《おおあま》皇子の間で皇位継承戦争が起こった。近江の瀬田で近江朝廷の軍は大敗を喫し、大友皇子は山崎で自殺に追い込まれた。

天武・持統朝　勝利を収めた大海人皇子は即位して天武*天皇となる。律令の制定、八色の姓*によって姓相互の秩序を再編成し、天皇を中心とする皇族・豪族の秩序を整え、天皇を超越的な権威として位置づけ、大化改新の理想とした天皇中心の統一国家の形成は天武朝で現実のものとなった。朱鳥《あかみとり》元年（六八六）九月に天皇が没すると皇后が即位して持統天皇*となった。六八九年、持統天皇は飛鳥浄御*原令を諸官司に頒布《はんぷ》し、耳成《みみなし》山の南に本格的な都城を建設して、六九四年に遷都した。ここに古代律令国家は名実ともに成立したといえる。

白鳳文化　大化改新（六四六）から平城遷都（七一〇）まで、天武・持統・文武の三天皇の時期の文化を白鳳文化と呼ぶ。「白鳳」は『扶桑略記《ふそうりゃっき》』『藤原家伝』などに見える年号であるが、公式年号ではない。前代の飛鳥文化が北《ほく》魏《ぎ》・六朝《りくちょう》文化の影響を受けたのに対して、白鳳文化は唐文化を基調とした。遣隋使・遣唐使や、随行して大陸に渡った留学生・留学僧が唐の文化をもたらし、新しい文化の形成に寄与した。

この時期、我が国の固有の神祇《じんぎ》に対する祭祀が律令のなかで制度的に定着していった。伊勢神宮を中心とする神社が整備され、大嘗会*・祈年祭*などの宮廷祭祀が定着し、一方、仏教興隆策・統制策がとられ、封戸施入による財政的支援体制がとられ、官大寺制が定められて、寺院は国家組織の一部に取り込まれた。しかし、私寺の造立も盛んであった。

美　術　その姿を今に残す白鳳期唯一の建築遺構は奈良薬師寺東塔であるが、ほかに、再建されていて当時のものではないが法隆寺金堂・五重塔は白鳳の様式を伝えている。昭和五七年（一九八二）に発掘された山田寺の回廊は、我が国最古の建築遺構とされている。彫刻では、金属・木彫のほか乾漆、塑像の技法が採用された。野中寺の弥勒像や、薬師寺の聖観音・同薬師三尊像、蟹満寺《かにまんじ》の釈迦像、当麻寺の弥勒像、興福寺の仏頭などが知られる。金銅の小型押出仏が多く遺存することは、当時の仏教の広がりを示すものである。絵画では、法隆寺金堂《こんどう》壁画が代表的で、その描法はインドのグプタ朝のアジャンタの壁画に起源する国際性を有する。ほかに、法隆寺橘夫人厨子《ずし》台座《だいざ》絵《え》や勧修寺繡帳《しゅうちょう》がある。昭和四七年（一九七二）に発掘調査が行われた高松塚古墳の壁画は、壁面に四神《しじん》や人物を極彩色で描き、明らかに高句麗の古墳壁画の影響を受けている。

文芸　当代には和歌の発達が著しい。和歌はもと集団歌謡から始まり、それらは記紀歌謡として一部伝えられているが、漢詩の影響を受けて発達し、長歌・短歌の句法も定まり、長歌には反歌が伴う。国語を漢字によって表現することが始まり、万葉仮名が発達した。文学史上では「初期万葉の時代」といわれ、宮廷歌人*柿本人麻呂や*額田王をはじめ多くの歌人が出現した。貴族社会では漢文学が盛んになり、大友皇子・大津皇子らの優れた漢詩は、のち『*懐風藻』に収められた。また国家体制の整備に伴い、歴史の編纂《へんさん》も企図され、大王・天皇の系譜を中心とした記録である『*帝紀』や、君臣功業の記録である『*旧辞』の整理が行われ、これらは、のちの『*古事記』や『日本書紀』編纂の際の史料とされた。（阿部　猛）

（一）大化改新

飛鳥板蓋宮《あすかいたぶきのみや》　*皇極（在位六四二—六四五）・*斉明天皇（在位六五五—六六一）の宮。現在の奈良県明日香村岡が伝承地。敷石による広場や排水施設などを備える宮殿遺構は国史跡に指定されている。『*日本書紀』には、皇極元年（六四二）九月に造営が開始され、翌年四月に東宮南庭の権宮《かりみや》から板葺宮に移ったとある。同四年六月の乙巳《いっし》の変（クーデター）では十二通門を閉じ、この宮の大極殿《だいごくでん》で蘇我鞍作《くらつくり》（入鹿《いるか》）を誅殺したとするが、十二通門や大極殿の語は『日本書紀』編者による潤色の可能性がある。孝徳朝（難波京）を経て、斉明元年（六五五）宝皇女《たからのひめみこ》（皇極）が再びここで即位した（斉明重祚《ちょうそ》）。しかし、この年の冬に板葺宮で火災が起こり、斉明天皇は飛鳥川原宮へ移った。近年の奈良県立橿原考古学研究所による発掘調査で、この伝飛鳥板葺宮（飛鳥京跡）は北西部に南北推定二三〇メートル以上の巨大な苑池《えんち》を付随させていたことが確認され、斉明朝に大土木事業が行われたとする『*日本書紀』の記載を裏づけた。この苑池が飛鳥京の排水機能の役割を果たしていたのではないかという指摘もなされている。苑池遺跡には、土橋を渡した中島などがあり、また数種の薬草も栽培されていたことが、出土木簡や発見された植物の種子から明らかになっている。飛鳥京におけるこの苑池の位置づけや性格については、今後のさらなる調査検討が待たれる。↓蘇我本宗家の滅亡

［文献］　奈良県教育委員会編『飛鳥京跡1・2』（一九七一・一九八〇）、木下正史「地中に眠る宮と寺」（井上光貞・門脇禎二編『古代を考える―飛鳥』所収、吉川弘文館、一九八八）、千田　稔・金子裕之『飛鳥・藤原京の謎を掘る』（文英堂、二〇〇〇）、奈良県立橿原考古学研究所編『飛鳥京跡苑池遺構調査概報』（学生社、二〇〇二）。　（宮澤真央）

蘇我《そが》本宗家《ほんそうけ》の滅亡《めつぼう》　皇極四年（六四五）六月、*飛鳥板葺宮において蘇我鞍作《くらつくり》（入鹿《いるか》）が暗殺され、クーデター側が蘇我氏の氏寺である*法興寺（飛鳥寺）を占領するに至り、その父・*大臣の毛人《えみし》（蝦夷）も邸に火を放って自害した。この事件（乙巳《いっし》の変）をもって、六世紀から七世紀にわたり中央政権の中枢を担った蘇我本宗家の滅亡とし、またこれが新政権における改革、いわゆる狭義の「大化改新」の直接的契機となった。一般には*中大兄皇子と*中臣（藤原）鎌足が中心となって中央集権体制の実現を目的に起こしたものとされているが、そのような国家理念に基づく事件ではなく、政権奪取を目的とした政争であったとする見解もある。蘇我毛人は*蘇我馬子の子で、推古三四年（六二六）父の死後大臣となった。豊浦《とゆら》大臣とも。姉妹の刀《と》自古郎女《じこのいらつめ》は厩戸《うまやど》皇子（*聖徳太子）妃で*山背大兄皇子を、法提《ほての》郎女《いらつめ》は舒明天皇夫人で*古人大兄皇子をそれぞれ儲けた。毛人は*推古天皇の崩御後、山背大兄を押す叔父の境部摩理勢《さかいべのまりせ》を排除し、田村皇子（*舒明天皇）を立てた。*『日本書紀』によれば皇極二年（六四三）一〇月に病のため、私的に子の大郎鞍作《たろうくらつくり》へ蘇我大臣家の紫冠を授け、翌月鞍作は山背大兄の斑鳩宮を襲撃し、上宮王家を滅ぼしたとある。『日本書紀』や『*上宮聖徳法王帝説』などは、古人大兄の擁立を謀った鞍作の単独犯行とするが、別史料にはこの襲撃に軽皇子《かるのみこ》（*孝徳天皇）など「諸皇子」が加わったとあり、大王家を巻き込んだ政治的事件であった可能性もある。ほかに祖廟を立て天子の行事である八佾《やつら》の舞をし、また上宮王家の私有民を使役して大陵《おおみささぎ》・小陵《こみささぎ》なる双墓を造営するなど、自ら大王位をうかがうような蘇我氏の横暴振りが『日本書紀』皇極紀には目立つ。これらの専横記事はクーデターの正当性を暗に主張しているが、事件の原因は唐の高句麗遠征など緊迫した国際情勢など、様々に考えられている。↓蘇我倉山田石川麻呂・皇極天皇

［文献］　門脇禎二『蘇我蝦夷・入鹿』（吉川弘文館、一九七七）、鬼頭清明「蘇我本宗家の滅亡と東アジア」（井上光貞・門脇禎二編『古代を考える―飛鳥』所収、吉川弘文館、一九八八）、門脇禎二『「大化改新」史論　上』（思文閣出版、一九九一）遠山美都男『古代王権と大化改新』（雄山閣出版、一九九九）。　（宮澤真央）

大化改新詔《たいかのかいしんのみことのり》　孝徳朝の新政権において大化二年（六四六）の元日に発布された詔で、「*大化改新」といわれる一連の諸改革のなかでも重要な制令である。*『日本書紀』孝徳紀によると、全文は四か条で、主文と補足部分の副文からなり、副文は一四項。条文の主な内容は、第一条「子代《こしろ》の民・屯倉《みやけ》（皇族所有）や部曲《かきべ》・田荘《たどころ》（豪族所有）など私地私民を廃止し、その代わりに大夫《まえつきみ》以上には食封《じきふ（へひと）》を、以下の官人・百姓《ひゃくせい》には布帛《ふはく》を与える。」第二条「京師（都城）を修め、畿内・国司・郡司など中央及び地方の行政制度を整備し、防人《さきもり》・駅馬《はいま》・伝馬《てんま》など海外・辺境防備施設や全国的交通連絡機関などを設ける。」第三条「戸籍・計帳を作成して全国の土地・人民を登録する籍帳制度、及び耕地を人民に分配する*班田収授法を採用する。また、五〇

戸を里とし、里ごとに里長を置く。三六〇歩を一段、一〇段を一町とし、租は段ごとに二束二把とする。」第四条「旧来の賦役を廃止し、田の調《みつぎ》・戸別《へごと》の調など、全国の税制を統一する。」というもの。しかし、この詔文は漢文・内容ともに整い過ぎており、副文の多くものちの「大宝令」(七〇一年制定)の条文ときわめて類似している。このようにのちの律令国家の諸制度を含有している点から、『日本書紀』記載の詔文が当時のものとするのは疑わしいとして、津田左右吉《つだそうきち》は徹底的な史料批判を加えた。津田は、第二条以下の副文はすべて『日本書紀』の撰者が「近江令」の条文を転載したものと指摘し、これを全面否定した坂本太郎の反論などがあり、詔文の信憑性をめぐって激しい論争が繰り広げられた。以後、井上光貞《いのうえみつさだ》の提唱により始まった郡評論争が解決したことにより、『日本書紀』の詔文は、のちの*浄御原令または大宝令条文によって潤色されたか、もしくは令文がそのまま転載されたものと考えられ、当時の詔そのままではないことが判明。しかし、これも否定論の確固たる根拠にはなりがたいとされ、詔文は相当の修飾が加えられているが、内容的には当時のものとして信用でき、詔全文が後世の造作であったとはいえないとするのが今日の通説である。また、詔では中央官制や官僚制度について触れられていないが、大化二年(六四六)八月の*品部廃止の詔によって、世襲職制廃止の方針が初めて打ち出されている。→大化改新否定論・郡評論争・公地公民制・食封

[文献] 岸 俊男「造籍と大化改新詔」(同著『日本古代籍の研究』所収、塙書房、一九七三)、関 晃「改新の詔の研究」(『〈論集〉日本歴史2律令国家』所収、有精堂、一九七三)、野村忠夫『増補版研究史大化改新』(吉川弘文館、一九七八)、井上光貞『日本古代国家の研究』(岩波書店、一九八五)、井上光貞『大化前代の国家と社会』(岩波書店、一九八五)。
(宮澤真央)

大化改新否定論《たいかのかいしんひていろん》 大化改新虚構論。『日本書紀』*が記載する「改新詔《かいしんのみことのり》」は編纂者が架空に創作したものに過ぎないとして、乙巳《いっし》の変という政争は事実であるが、「大化改新」という政治改革の存在自体を否定する説。これは「改新詔」から「浄御原令」・「大宝令」文などによる潤色部分、つまり副文を除いた主文こそが当時の「原詔」であるとする改新肯定論に対し、安易に「原詔」の存在を想定する肯定論の方法・史料批判そのものを疑問視した論説で、原秀三郎《はらひでさぶろう》・門脇禎二《かどわきていじ》らによって提唱された。その主張するところは、詔の第一条は屯倉・部民を廃止し、戸籍によって人民すべてを公民として把握することを示したもので、のちの天智朝の「甲子の宣*」(六六四)による改革こそがその端緒、つまり天智朝で初めて部民の一部を公民とし、天武朝における部曲《かきべ》の廃止によって全人民へ及ぼしたとするもの。よって、この公民化政策を大化当時に行ったとする「改新詔」は『日本書紀』編者の捏造であるとした。部民の廃止過程を天智・天武朝に求めたこの原説を肯定論側は首肯できないとし、発布時期についての意見も平行線のまま。しかし、もともとこの肯定論も詔の全文を孝徳朝当時のものとする純粋な肯定論に対する批判を通じて確立したもので、また両論とも時期は異なるが「原詔」の存在を認めており、部民制の廃止により公地公民制が実現されたとする点など、共通認識も多い。また、「改新詔」の否定により孝徳朝における諸改革のすべてを否定できるものではなく、よって「改新詔」が律令制国家の

起点として評価できるか否か、また「原詔」が存在したか否かを論ずる改新研究には限界がある。→大化改新詔

［文献］　原　秀三郎『日本古代国家史研究』（東京大学出版会、一九八〇）、大山誠一『古代国家と大化改新』（吉川弘文館、一九八八）、門脇禎二『「大化改新」史論（上・下）』（思文閣出版、一九九一）

（宮澤真央）

郡評論争《ぐんぴょうろんそう》　*『日本書紀』に記載される孝徳朝大化二年（六四六）発布の「改新詔《かいしんのみことのり》」の内容が示す郡制について、大化から大宝元年（七〇一）の大宝令制定以前までの用字が「評」と「郡」のいずれであったかをめぐる日本古代史学上の論争。ともに和訓は「こおり」で、『日本書紀』は一貫して「郡」字を使用している。郡は国の下に属し、里を統括する地方行政組織で、里の多少によって大・中・小に分けられた。大化から大宝年間の金石文ではすべて「評」・「評造《こおりのみやつこ》」などとあることから、「改新詔」の二条および四条にみえる「郡司」や「大《こおりの》領《みやつこ》」・「少領《すけのみやつこ》」は大宝令文により原詔が修飾されたうえでの表記とする説が昭和二六年（一九五一）に井上光貞《いのうえみつさだ》によって提唱された。これに対し、「改新詔」の存在を認める立場から坂本太郎らが反論し、「改新詔」の史料的信憑性をめぐって激しい論争が展開。しかし、昭和四二年（一九六七）に藤原京跡の発掘調査で、「評」・「郡」の用字が記載された木簡が多数出土し、前者には*飛鳥浄御原令制下の年紀、後者には大宝令制下の年紀がみられたため、大化以降、浄御原令を経て大宝に至るまでは評および評司制であり、大宝令施行によって郡および郡司制へと改変されたことが確認され、この論争は一応解決した。また、このことにより「改新詔」文も、大化当時の記載そのままのものではなく、後世文飾されていたことが明らかになった。→大化改新詔・大化改新否定論

［文献］　井上光貞「郡司制度の成立年代について」（『古代学』一―二、一九五二）、野村忠夫『増補版 研究史大化改新』（吉川弘文館、一九八一）、田中　卓「「郡」「評」論争私考―大化改新の基礎的研究」（同著『律令制の諸問題』所収、国書刊行会、一九八六）。

（宮澤真央）

公地公民制《こうちこうみんせい》　律令制下における土地・人民の支配形態を示す学術用語で、すべての土地・人民は天皇もしくは朝廷に帰属するという公有制度を指し、それ以前の豪族による私有（いわゆる私地私民制）に対する概念。ただし、律令の規定にはみられない語。一般には「*大化改新詔」によって打ち出され、*大宝律令施行によって実現したとされる。『*日本書紀』記載の「改新詔」に、元来私に所有していた部曲《かきべ》の民とその田荘《たどころ》を廃止し、それに代わって*食封・布帛《ふはく》を給付する旨が述べられている。しかし、律令制の*班田収授法においては口分田《くぶんでん》を有主田ゆえに公田ではなく私田とみなしていたことが平安初期の律令注釈から確認でき、水田自体に公私の別はあっても、律令における公と公地公民のそれとは概念が異なっていたと考えられる。養老七年（七二三）の*三世一身法や天平一五年（七四三）の*墾田永年私財法以降、百姓《ひゃくせい》墾田が私有対象となったことで、口分田は「公田」として認識されるようになった。公民はその語自体が「律令」にみえず、中国の「律令《りつれい》」にもない日本独自の用字。文武天皇即位時（六九七）など即位や改元の宣命《せんみょう》に「親王諸王諸臣百官人等天下公民」という慣用句として用いられている。広義には律令国家の統治対象として口分田を班給され、戸

籍に登録され、調庸などの課役義務を負った一般庶民（良民）を指すが、奴婢《ぬひ》と対比して使用する場合は官人を含んだ。また、それとは別に、租庸調が一般の国家財政に当てられる「公戸の民」として狭義の意味で使用されることもあった。このように「公地」「公民」はともに一元的見解を示す用語としては問題を多く含んでおり、また、我が国の律令体制を考える上でも公地公民制についての従来の理解には、なお検討を要する。
→大化改新詔・大化改新否定論・食封

［文献］吉田　孝『律令国家と古代の社会』（岩波書店、一九八三）、佐々木恵介「律令制下の公民について」（山中　裕編『論争日本古代史』所収、河出書房新社、一九九一）、吉村武彦『日本古代の社会と国家』（岩波書店、一九九六）。

（宮澤真央）

食封《じきふ》　「へひと」とも読む。古代の俸禄制度で中国の食封の制に倣《なら》ったもの。国家が一定戸数の封戸《ふこ》（人民）を指定することで、その租税・労役が封主たる皇親や豪族に給付されるシステムで、世襲制ではなく個人へ支給された。初見は大化二年（六四六）正月に発布したとされる「改新詔《かいしんのみことのり》」で、その第一条に臣・連・*伴造・*国造・村首《むらのおびと》などの豪族が従来所有していた田荘《たどころ》（土地）および部曲《かきべ》（人民）といった私地私民的な制度を廃止し、代わりに大夫《まえつきみ》以上にこの食封を、そのほかの官人や百姓《ひゃくせい》には布帛《ふはく》を支給したと『*日本書紀』は記す。ただし「改新詔」には後世の文飾という信憑性の問題があり、当時どこまでこの制度が実行されていたのか依然疑問が残る。天武朝を経て大宝元年（七〇一）の大宝令の制定により食封は整備され、禄令には皇親への品封《ほんぷ》、官人の位階や職掌による位封《いふ》・職《しき》封《ふ》、功臣への功封、また中宮湯沐《とうもく》・別勅封や寺封《じふ》などがみえる。封戸の田租の半分と全額の庸調および仕丁が封主の収入であったが、様々な改変ののちに天平一一年（七三九）に租が全給となった。のちに封戸ごとの量の定額化が図られ、また内臣（内大臣）・中納言・参議の職封や東宮湯沐・無品親王への食封などが新設され、その規定が『*延喜式《えんぎしき》』に記載されている。ほかに神社への神封《しんぷ》、上皇（太上天皇）・女院への院宮封も存在する。平安初期以降調庸の未進が増加し始め、食封もしだいに実質を失っていき、また荘園化する封戸もあった。→大化改新詔・大化改新否定論・公地公民制

［文献］高橋　崇『律令官人給与制の研究』（吉川弘文館、一九七〇）、時野谷　滋「大化改新詔第一条の述作論について（上・下）」（同著『日本制度史論集』所収、国書刊行会、二〇〇一）。

（宮澤真央）

難波長柄豊碕宮《なにわのながらのとよさきのみや》　*孝徳天皇の宮。大阪市中央区馬場町《ばんばちょう》法円《ほうえん》坂《ざか》一丁目を中心に発掘された前期難波宮《なにわのみや》（難波一帯の宮殿群の総称。後期は聖武《しょうむ》朝）に比定される。大化《たいか》元年（六四五）一二月、飛鳥《あすか》から難波への遷都に伴い造営が着手された。白雉《はくち》二年（六五一）の暮れに孝徳天皇は大郡宮《おおごおりのみや》からこの新宮に遷り、翌年九月に宮は完成した。白雉五年（六五四）の孝徳の死後も存続し、天武八年（六七九）には羅城《らじょう》（城壁）が築かれ、同一二年（六八三）都城《みやこ》は二、三あるべきとする詔《みことのり》により副都《ふくと》になったが、朱鳥《あかみとり》元年（六八六）正月に大蔵省の失火による火災で焼失。この宮は規模・構造ともにのちの藤原京に匹敵し、またそれ以前の宮とは異なって巨大な内裏《だいり》前殿（のちの大極殿）・朝堂院《ちょうどういん》などの存在が確認されている。ただし、条坊制を伴っていたかは疑問。近年の発掘により水利施設跡や難波大

蔵跡、その南側には五世紀の倉庫群などが発見されている。

［文献］　難波宮址を守る会編『難波宮と日本古代国家』（塙書房、一九七七）、中尾芳治『難波京』（ニュー・サイエンス社、一九八六）、直木孝次郎編『古代を考える―難波』（吉川弘文館、一九九二）　直木孝次郎『難波宮と難波津の研究』（吉川弘文館、一九九四）。

（宮澤真央）

有間皇子事件《ありまのみこじけん》　斉明《さいめい》四年（六五八）、有間皇子が天皇の留守中に謀反を企てたとして絞首刑に処せられた事件。「有間皇子の変」とも。有間は*孝徳天皇と小足媛《おたらしひめ》（阿倍倉梯麻呂《あべのくらはしまろ》女）との間の皇子で、大化のクーデター（乙巳《いっし》の変）後に父の軽皇子《かるのみこ》（*孝徳天皇）が即位したため、皇位継承の有力候補者となった。孝徳の死後、斉明三年（六五七）九月に狂人を装い紀伊の牟婁湯《むろのゆ》（和歌山県西牟婁郡白浜町）へ湯治に赴いたと*『日本書紀』は記すが、皇太子*中大兄皇子らの危険視から逃れるためであったと考えられている。事件の全容としては、嫡孫の建皇子《たけるのみこ》を亡くした伯母の斉明天皇が件の牟婁湯へ行幸している間に、有間皇子が*蘇我赤兄から天皇の施政について、蔵・用水路・丘の建設などの大土木事業による人民の負担（失政三カ条）を指摘され、謀反を計画。その夜、赤兄は物部朴井連鮪《えのいのむらじしび》を遣わして有間皇子の市経《いちふ》（奈良県生駒市壱分）の自邸を包囲、早馬で事件について天皇に奏上した（一一月五日）。逮捕された有間は紀伊へ護送され（九日）、中大兄より尋問を受けたが、「天と赤兄とのみ知る。吾、もはら解《し》らず。」とのみ答え、同月一一日に藤白坂《ふじしろさか》（和歌山県海南市藤白）で絞首された（『日本書紀』）。享年一九歳。この事件において有間のほかに斬刑に処せられたのは二名のみで、赤兄は処分を受けず、のちに中大兄の重臣になっていることから、赤兄による教唆は中大兄側の謀略であった可能性が高い。護送の途中、有間が磐代《いわしろ》で詠んだ歌二首が*『萬葉集』巻二（一四一・一四二）にみえる。→蘇我赤兄

（宮澤真央）

内臣《ないしん》　「うちつおみ」とも。乙巳《いっし》の変ののち、大化《たいか》元年（六四五）孝徳《こうとく》朝の新政府において設置された官職。のちの令《りょう》制度に規定されていない*令外官で、制度上の地位や職掌は必ずしも明確ではない。我が国での初例は、終身この職にあった*中臣（藤原）鎌足。*孝徳天皇もしくは中大兄皇子の政治顧問として政務を補佐し、また政策立案に携わって*国博士を指揮していたと考えられる。同時期に置かれた政務執行を担う左右大臣とは別系統の職であった。奈良時代では元正《げんしょう》朝の養老五年（七二一）に*藤原房前、光仁《こうにん》朝の宝亀《ほうき》二年（七七一）に藤原良継《よしつぐ》、次いで宝亀九年（七七八）に藤原魚名《うおな》への任官が確認される。良継の任命時には官位・待遇が定められているが、この場合は員外大臣の性格が強いか。

［文献］　山本信吉「内臣考」（『國學院雑誌』六二―九、一九六一）、関　晃「大化改新」（『岩波講座日本歴史2』所収、岩波書店、一九六二）。

（宮澤真央）

国博士《くにはかせ》　①皇極四年（六四五）の蘇我本宗家が滅ぼされた乙巳《いっし》の変ののち、改め、大化元年孝徳朝の新政府において設置された官職。この年の六月に、唐から帰国した*僧旻と*高向玄里が任じられている。大化年間に限ってみえることから一時的に置かれたものと考えられるが、職掌は必ずしも詳《つまび》らかではない。*『日本書紀』大化五年（六四九）是月条に、僧旻と玄里に「八省百官」の設置を命じて官人制度の整備に当たらせている

記事があり、国政改革に関与する政治顧問的な役割で、政策・制度の立案・推進などを担当したものと考えられる。ちなみに僧旻は在任中に十師に任じられ、玄里は外交のため新羅*に派遣されている。②国学（令制下、地方の国に置かれた学校）の教官の名称。国ごとに一名ずつ任じられ国学生《こくがくしょう》の指導に当たり、また課試・外国使節の応接をつかさどった。（宮澤真央）

元号《げんごう》 年号とも。紀年法の一形態。前漢の武帝（紀元前一四〇年）より始まり、中国・朝鮮など漢字文化圏に普及した。日本では大化（六四五―六五〇）が最初の元号。大化以前では法隆寺金堂の釈迦三尊像光背銘《しゃかさんぞんぞうこうはいめい》などに法興《ほうこう》とあるが、飛鳥寺（法興寺）の建立開始を基準とする私年号と考えられ、また光背銘の成立時期が推古朝であるかどうかも疑問。大化以後は断続的に使用され、大宝（七〇一―七〇四）以降律令の規定により公式紀年として定着し、現在の平成（一九八九―）に至る。その間、例えば南北朝時代においては二つの元号が併存するなど、元号は国家権力の正当性の象徴ともなった。元号の字には中国古典から引用される二もしくは四佳字《かじ》が用いられ、平安中期以降は、複数の候補を公卿審議で選定し、その結果を天皇が勅裁《ちょくさい》して、改元の詔書が公布された。改元の理由は、即位・祥瑞《しょうずい》・災異・讖緯《しんい》（辛酉《しんゆう》・甲子《かっし》年）など様々で、天皇一代に複数存在する場合もある。即位と同時に改元を行った場合は、その年から新年号とするが（「天平宝字」は除く）、平安時代以降は、原則として即位年における先帝の元号改変は避けられた（踰年《ゆねん》改元）。慶應四年（一八六八）の明治改元以後は、即位のみに伴う一世一元の制が定められ、またそれが天皇の諡《おくりな》となった。『古事類苑』歳時部を参照されたい。なお、昭和五四年（一九七九）、皇位継承があった場合に限り政令によって改める旨が元号法により制定され、その制定は内閣の権限に。現在、元号の使用は日本のみ。↓日本の紀年・祥瑞思想・讖緯説

［文献］上山春平「元号と天皇」（『中央公論』四四―五、一九七九）、田中 卓「年号の成立―初期年号の信憑性について」（『律令制の諸問題』所収、国書刊行会、一九八六）、池田 温「中国と日本の元号制」（『日中文化交流史叢書2』所収、大修館書店、一九九七）。

（宮澤真央）

祥瑞思想《しょうずいしそう》 特異な自然現象や動植物を、天皇の善政によって天が地上に現したものと考え、めでたいしるしとする思想。瑞祥《ずいしょう》とも。古代中国の天地相関《てんちそうかん》思想。我が国では七世紀以降の天武・持統朝から九世紀後半まで六国史*などに頻繁に記録されている。またランクを四段階に分けるなど、『大唐六典《だいとうりくてん》』開元礼部式とほぼ同義の関連規定が『延喜式*』巻二一治部省などにもみえる。祥瑞は古代の政治において重要な意義をもっており、孝徳朝に白雉《しろきぎす》が献上されて元号*が「大化」から「白雉《はくち》」となったのをはじめとし、「慶雲」「霊亀」など改元の由来は祥瑞出現によるものが多い。日本においては中国と異なり、祥瑞現象を天意ではなく神仏が天皇に奉仕することにより生ずるものという独特の概念で捉えている。↓元号・讖緯説

［文献］東野治之「飛鳥奈良朝の祥瑞災異思想」（『日本歴史』二五九、一九六九）。

（宮澤真央）

讖緯説《しんいせつ》 古代中国の天命思想。天子の善政・悪政は天変地異などの自然現象として現れ、悪政が止まないときは天命が革《あらた》められ、他姓に政権が委ねられるとするもの（易姓革命《えきせいかくめい》）。未来の予言的性格が強く、政治思想としてしばしば政変や革命発起

の口実となった。讖緯思想は中国の前漢末期頃から流行し、新の王莽《おうもう》が前漢簒奪《さんだつ》の際に利用したのは有名。後漢の光武帝なども強く信じたが、この思想は隋以降しだいに消滅した。我が国ではすでに七世紀にはこの思想が入っていたと思われ、特に天《てん》地相《ちそう》関《かん》思想、つまり天皇の善政に対し天が特異な自然現象や動植物を地上に現すという*祥瑞思想、また甲子《かっし》革令《かくれい》・辛酉《しんゆう》革命《かくめい》説が強調され、六国史《りっこくし》には災異や祥瑞記事、また政変などの前兆として異常現象や童謡《わざうた》の流行が頻繁に記されている。奈良時代はほとんどこの祥瑞により改元されており、平安時代以降は干支の六〇の組合せにより、甲子の年には政令が革められ（甲子革令）、辛酉の年には天命が革まる（辛酉革命）という説に基づき改元される場合もあった。神武紀元（即位年）の辛酉年（紀元前六六〇）も、国史編纂の折にこの辛酉革命説に基づいて、推古九年（六〇一）の辛酉年から一蔀《ぼう》（一二六〇年）さかのぼった年に設定したとする那珂通世《なかみちよ》の指摘が通説。これは、十干×十二支＝六〇年を一元とし、二十一元＝一二六〇年を社会の変革周期とする思想に則《のっと》る。ちなみに、讖緯の「讖」は未来の予言・吉を指し、「緯」は横糸の意で、儒教経典の経《たていと》（経《けい》書《しょ》）を補い説明するもの、緯書《いしょ》。→十干十二支・日本の紀年

［文献］　那珂通世（三品彰英増補）『増補　上世年紀考』（養徳社、一九四八）、平　秀道「日本書紀と讖緯思想」（『国文学論叢』七、一九六〇）、平　秀道「続日本紀と讖緯思想」（『龍谷大学論集』三七七、一九六四）。

（宮澤真央）

称《しょう》　制《せい》　天皇の崩御後に、空位のまま皇太子あるいは皇后が代わりに国政をみること。ただし*『日本書紀』では、のちに即位した場合、称制期間もその天皇の在位年数に入れている。『日本書紀』記載の事例三例のうち、実在の確認できる人物は二例。斉明《さいめい》七年（六六一）七月に*斉明天皇が筑紫で急死した際、皇太子の*中大兄皇子（天智天皇）が称制した例［天智七年（六六八）に即位］と、朱鳥《あかみとり》元年（六八六）九月に*天武天皇が崩御し、皇后の鸕野讃良皇女《うののさららのひめみこ》（*持統天皇）が臨朝称制した例である。後者の場合、皇太子に*草壁皇子がいたが母親の持統が政を掌《つかさど》った。持統三年（六八九）四月に草壁皇子が死去し、その子軽皇子《かるのみこ》（*文武天皇）が幼少のうえ、皇位継承候補者になりうる皇子が多くいたため、持統四年（六九〇）に即位したと考えられている。

（宮澤真央）

大津京《おおつきょう》　近江京《おうみきょう》とも。*天智天皇・*大友皇子（明治以降弘文天皇と追謚《ついし》）の朝廷があった都で近江国大津に置かれた。ゆえにこの朝を近江（淡海）朝廷という。天智六年（六六七）三月に*中大兄皇子が飛鳥より遷都。白村江の敗戦直後で*唐・*新羅に対する防衛の意図や、東海・東山・北陸などに通じる水陸交通の要地である点から、琵琶湖畔のこの地が選ばれたものと考えられる。また畿外への遷都は、畿内豪族の反感から大和を避けたためともみられている。

宮は近江大津宮といい、近江宮または大津宮とも。遷都の翌年正月に天智はこの宮にて即位。天智一〇年（六七一）には*大蔵省の第三倉より火災があったという記事が*『日本書紀』にみえる。しかし、この宮の構造や所在地については史料がほとんどなく詳細なことは不明。『日本書紀』の記事から宮門・内裏・朝廷・大殿・西小殿（西殿）・仏殿・浜楼（浜台）・大蔵省・大学寮・漏刻台などの殿舎の名称が確認できるが、朝堂院の有無や、条坊制による都城であったかどうかはいまだ明らか

ではない。昭和四九年（一九七四）以降の発掘で、諸文献により古くから宮の候補地の一つであった滋賀大津市北郊の錦織《にしこおり》地区から大型建物の柱穴群が発見され、大津宮趾の有力候補地とされている。天智がこの宮で没すると、翌年（六七二）皇位継承をめぐって大友皇子と大海人皇子《おおあまのみこ》（天武天皇*）との間に壬申の乱*が勃発。近江朝廷軍が敗北して、勝利側の大海人皇子が飛鳥へ遷都したため、この都は廃都となった。

［文献］林　博通『大津京』（ニュー・サイエンス社、一九八四）。

（宮澤真央）

近江令《おうみりょう》* 天智天皇の近江朝において編纂された令（法典）。現在にまったく伝わらず、制定の確実な史料もないために内容は一切不明。また、律は伴わない。

『藤氏家伝《とうしかでん》』上巻（『大織冠伝』*）の天智天皇称制七年（六六八）の段に、藤原（中臣*）鎌足が天智の命により律令を規定したとあり、「弘仁格式*」序も同年に令二二巻を編纂し、それは「近江朝廷之令」であったとする。よって従来の通説では、近江令は日本最古の体系的な法令集で、また天智九年（六七〇）に全国的に一斉造籍された我が国最初の戸籍「庚午年籍*」は、この令に基づいて作成されたものとされてきた。しかし『日本書紀*』に近江令編纂の記事はなく、また「弘仁式」序には「浄御原令」の語がみえない。よって「近江令」は存在しなかったとする説、天智朝で編纂し始めたものが「浄御原令」として完成したとする説など、この令の施行や存在については諸説ある。現在有力とされるのが、天武一〇年（六八一）編纂開始の「浄御原令」を最初の律令法典とする学説である。これは『日本書紀』持統三年（六八九）六月条に「令一部二十二巻」を中央諸官司に下賜した記事がみえ、この令の巻数が「弘仁式」序と一致することなどから、近江令の存在そのものを疑問視し、この持統三年の記事をもって浄御原令の施行とするもの。これに対し、天武一〇年（六八一）二月条にみえる律令更改の詔は、それ以前に律令法典らしきものの存在を明示しており、『藤氏家伝』上巻の記事をも裏づけるとする指摘もあるが、両説とも決定的な根拠に欠く。→庚午年籍・飛鳥浄御原令

［文献］青木和夫「浄御原令と古代官僚制」（『古代学』三―三、一九五四）、早川庄八「律令制の形成」（『岩波講座日本歴史（新版）2』所収、一九七五）、井上光貞「日本律令の成立とその注釈書」（『日本思想体系3律令』所収、岩波書店、一九七六）、田中　卓「天智天皇と近江令」（同著『律令制の諸問題』所収、国書刊行会、一九八六）。

（宮澤真央）

甲子の宣《かっしのせん》 天智三年（六六四）甲子年の二月に称制*中の皇太子・中大兄皇子*によって行われた制度改革における法令。前年の白村江《はくすきのえ》の敗北により不満の募《つの》る諸豪族を統制し、国内秩序の確立を意図した対氏族政策。①二六階の新冠位の制定、②大氏・小氏・伴造*の氏上《うじのかみ》および③民部《かきべ》・家部《やかべ》を定めたもの。①は豪族の官人化を推進するため、②の氏上の制定は氏集団を支配層の構成単位として序列化を図るもので、③は私有民の公民化への一歩と見なせるが、民部・家部の意味については、民部を天武四年（六七五）廃止の部曲《かきべ》とする説、双方とも部曲と同意とする説、のちの令制の資人とする説など諸説ある。また、家部は諸豪族が経営する家《やけ》の隷属民のことか。

［文献］原　秀三郎『日本古代国家史研究』（東京堂出版会、一九八〇）、大山誠一『古代国家と大化改新』（吉川弘文館、一九八八）、

関　晃「天智朝の民部・家部について」（同著『大化改新の研究』所収、吉川弘文館、一九九六）。

（宮澤真央）

庚午年籍《こうごねんじゃく》　天智九年（六七〇）二月、庚午の年に作成された我が国最初の全国的な戸籍。詳細な内容については不明だが、戸ごとに戸主・戸口の名や続柄、良賤の区分が記載されており、またのちの律令制下において良賤訴訟・改氏姓などの証拠として引用されていることから、氏姓も付記されていたものと推測される。『日本書紀』*には造籍の目的は「盗賊と浮浪とを断《や》む（原漢文）」ことにあると記されているが、造籍のために全国規模の定姓が行われたと考えられ、身分・氏姓の基本台帳となった所以。また、「大宝令」および「養老令」の戸令《こりょう》の規定によると、戸籍は六年に一度作られ、五比＝三〇年間の保存ののちに廃棄されることになっているが、庚午年籍のみは永久保存が定められている。事実、大宝三年（七〇三）には以後の改変が禁じられており、また平安時代初期の大同・弘仁期に徹底保管の命が出されている。承和六年（八三九）七月には勅で「左右京職并せて五畿七道諸国」にこの年籍を書写させ、中務省に納めさせている。以上数々の法令から、「庚午年籍」が戸籍の原点・旧体制の記録として重要視されていたことがうかがえる。天智九年時にこのような全国的戸籍の作成が可能であったことは、当時郡県制的地方支配がある程度確立していたことを示している。↓庚寅年籍

［文献］井上光貞「庚午年籍と対氏政策」（同著『日本古代史の諸問題』所収、思索社、一九四八）、武光　誠「姓の成立と庚午年籍」（井上光貞博士還暦記念会編『古代史論叢上』所収、吉川弘文館、一九七八）。

（宮澤真央）

帝紀《ていき》**と旧辞**《きゅうじ》　古来より口承されてきた神話や説話などを筆録したもの。『帝紀』は歴代天皇の名・年齢・宮の所在・后妃子女の名・治世中の事蹟・陵墓など系譜的な記事を編年で記したもので、推古二八年（六二〇）に厩戸《うまやど》皇子（聖徳太子*）と蘇*我馬子が共同編纂したといわれる天皇紀と類似したものと考えられる。また旧辞（「くじ」とも）は帝紀で扱われた以外の部分、すなわち物語の伝承・神話と考えられているが、現在にまったく伝わらないため、『古事記』*によって内容を推測するほかなく、また両書を明確なラインで区分するのは困難。ほかの名称として、前者には「帝皇日継《すめらみことのひつぎ》」「先紀《せんき》」（『古事記』序文）や「帝王本紀《ていおうほんぎ》」（『日本書紀』*）、「帝王紀《ていおうき》」（『日本書紀私記』甲校本）などが、後者には「本辞《ほんじ》」「先代旧辞《せんだいくじ》」（『古事記』序文）や「上古諸事《じょうこしょじ》」（『日本書紀』）などがある。帝紀と旧辞は記紀編纂の際の主要な共通史料で、『古事記』序文には、これらを材料とした旨が述べられており、また『日本書紀』の天武一〇年（六八一）三月一七日条には、川嶋《かわしま》皇子・忍壁《おさかべ》皇子らに命じて帝紀および上古の諸事を記し校定させたという記事がみえる。成立年代は不明だが、六世紀の欽明《きんめい》朝から継体《けいたい》朝の頃とする説が有力。大和朝廷が大王《おおきみ》の権力強化を図るため、氏の神話・伝承を大王中心のそれに組み込む意図があったものと思われる。↓国史の編纂

［文献］津田左右吉『日本古典の研究上・下』（岩波書店、一九六三）、武田祐吉「古事記研究帝紀攷」（『武田祐吉著作集2古代篇1』所収、角川書店、一九七三）。

（宮澤真央）

古人大兄皇子《ふるひとのおおえのみこ》（？—六四五）　古人大市皇子《ふるひとのおおちのみこ》・吉野太子とも。舒*明天皇の皇子。母は蘇*我馬子の女《むすめ》法提郎女《ほほてのいらつめ》で、女に倭《やまとの》

姫王《ひめみこ》（天智天皇皇后）がいる。皇極二年（六四三）一一月、蘇我鞍作《くらつくり》（入鹿《いるか》）らが厩戸《うまやど》皇子（*聖徳太子）の遺児・*山背大兄王を斑鳩宮に攻めた際、『*日本書紀』には古人大兄皇子も襲撃側の一人として描かれている。同四年（六四五）、鞍作が殺され、その父毛人《えみし》（蝦夷）も自害したことで（乙巳《いっし》の変）古人大兄を支持していた蘇我本宗家は滅亡。その後彼が*皇極天皇からの譲位を固辞し、直ちに*法興寺にて出家して吉野に隠退したため、皇極の弟・軽皇子《かるのみこ》（*孝徳天皇）が即位した。しかし同年九月、吉備笠臣垂《きびのかさのおみしだる》が*中大兄皇子（天智天皇）への謀反計画に古人大兄が加わっていると密告し、中大兄は兵を吉野に送って彼を殺させた。しかし、謀反自体に事実性があったかどうかは疑問。→蘇我本宗家の滅亡

（宮澤真央）

山背大兄王《やましろのおおえのおう》（?—六四三） 厩戸《うまやど》皇子（*聖徳太子）の長子。母は*蘇我馬子の女刀自古郎女《とじこいらつめ》。妻は異母妹の春米女王《つきしねのひめみこ》。推古《すいこ》三六年（六二八）、推古天皇は次期大王《おおきみ》について明確な遺詔《いしょう》をせずに崩御し、田村皇子（*舒明天皇）を推す大臣蘇我毛人《えみし》（蝦夷）と山背大兄王を推す境部摩理勢《さかいべのまりせ》（蝦夷の叔父）が対立。このとき山背大兄は再三伯父の毛人に意向をうかがい、遺詔では自らに理があることを主張しており、大王位を望んでいたとも考えられる。結局、摩理勢が毛人によって攻め殺されて田村皇子が即位した。皇極二年（六四三）一一月には、毛人の子・鞍作《くらつくり》（入鹿《いるか》）らの軍に斑鳩宮《いかるがのみや》を襲われ山背大兄は自害、上宮《じょうぐう》王家《おうけ》は滅亡した。『*日本書紀』や『*上宮聖徳法王帝説』などはこの事件について*古人大兄皇子を擁立しようとした鞍作の単独犯行とするが、『藤氏家伝《とうしかでん》』や『聖徳太子伝補闕記《ほけつき》』には、この襲撃に軽皇子《かるのみこ》（*孝徳天皇）など「諸皇子」が加わったとある。

[文献] 門脇禎二『「大化改新」史論—上』（思文閣出版、一九九一）。

（宮澤真央）

中大兄皇子《なかのおおえのみこ》（**天智天皇**《てんち(てんじ)てんのう》）（六二六—六七一） 称制《しょうせい》六六一—六六八、在位六六八—六七一。幼名は葛城皇子《かつらぎのみこ》。天智は「てんじ」とも。和風諡号《わふうしごう》は天命開別尊《あめのみことひらかすわけのみこと》。父は田村皇子（*舒明天皇）、母は宝皇女《たからのひめみこ》（舒明皇后、*皇極・斉明天皇）。同母の弟妹に間人皇女《はしひとのひめみこ》（孝徳《こうとく》皇后）・大海人皇子《おおあまのみこ》（*天武天皇）がいる。異母兄には*古人大兄皇子がおり、その女《むすめ》の倭姫王《やまとのひめみこ》はのちに天智の皇后となった。*中臣鎌足とともに蘇我本宗家からの政権奪取を計画し合った逸話が『*日本書紀』や『藤氏家伝《とうしかでん》』にみえる。それを断行した皇極四年（六四五）六月の乙巳《いっし》の変ののち、皇極は弟の軽皇子《かるのみこ》（*孝徳天皇）に譲位、中大兄は皇太子として新政権の実権を掌握したとされ、飛鳥《あすか》から難波《なにわ》へ遷った都において、大化《たいか》二年（六四六）に「改新詔《かいしんのみことのり》」を公布。冠位《かんい》制《せい》を十三階さらに十九階へと細分化させ官僚機構を整備するなど、様々な政治改革に着手した。また中大兄は義兄の古人大兄皇子、義父の右大臣*蘇我倉山田石川麻呂、のちの斉明朝では孝徳の子の有間皇子《ありまのみこ》など自らの障壁たる人物を次々に粛清した。やがて叔父の孝徳と対立し、白雉《はくち》四年（六五三）には皇祖母《すめみおや》（皇極）や間人皇后、群臣らを率いて飛鳥へと戻り、難波に残された孝徳が崩御すると、再び母を大王位につけた（斉明重祚《さいめいちょうそ》）。斉明六年（六六〇）、*唐に滅ぼされた*百済復興のため、宮を筑前《ちくぜんの》国朝倉（福岡県朝倉町）に移して兵を朝鮮半島へ送るも、白村江《はくすきのえ》の戦いで唐・*新羅の連合軍に大敗（六六三）。その間に斉明は病死しているが、中大兄は皇太子のまま政務を執り

(*称制)、敗戦後*大宰府に*水城を築くなど、唐の侵攻に備えた。以後、冠位制を二六階にし、再び国政改革を推進。称制七年(六六七)に飛鳥から近江《おうみ》国大津に遷都し、翌春に即位した。*庚午年籍を作成し、また*近江令を制定したとも。天智一〇年(六七一)、子の*大友皇子(弘文天皇)を太政大臣《だじょうだいじん》に任じ、その冬一二月に崩御したが、この大友皇子への待遇がのちに皇太弟の大海人皇子との間に*壬申の乱を引き起こす遠因ともなった。→蘇我本宗家の滅亡・大化改新詔・有間皇子事件・称制・大津京・近江令・甲子の宣

[文献] 直木孝次郎「天智天皇」(『人物日本の歴史』一、小学館、一九七四)、鈴木靖民編『律令国家』(有精堂出版、一九七三)。

(宮澤真央)

中臣鎌足《なかとみのかまたり》 (六一四—六六九) 鎌子《かまこ》とも。字《あざな》は仲郎。大化の改新政府の功臣。また、藤原氏の始祖。父は中臣御食子《みけこ》(御食《みけ》足《たり》・弥気《みけ》)、母は*大連*大伴金村の子・囓《くい》の女で智仙娘《ちせのいらつめ》。正室は鏡女王《かがみのおおきみ》。別腹の長男に僧の定恵《じょうえ》(六四三—六六五)、次男に*不比等(六五九—七二〇)。女には氷上娘《ひのかみのいらつめ》と五百重娘《いおえのいらつめ》がおり、ともに天武天皇の夫人《ぶにん》。『*日本書紀』や『藤氏家伝(*大織冠伝)』によると、はじめ祭祀を掌《つかさど》る中臣氏の宗業を継ぐことを固辞して摂津の三島に隠《こも》っていたが、皇極朝に入り軽皇子《かるのみこ》(*孝徳天皇)、次に*中大兄皇子に接近。ただし、法興寺での蹴鞠《けまり》のエピソードなどは潤色の可能性がある。*蘇我倉山田石川麻呂の女を中大兄に娶《めと》らせて石川麻呂を陰謀のメンバーに引き入れ、密かに蘇我毛人《えみし》(蝦夷)・鞍作《くらつくり》(入鹿《いるか》)父子からの権力奪取の計画を進めた。乙巳《いっし》の変後、大化元年(六四五)孝徳天皇の新政府が樹立、*内臣に任じられて政府の実力者たる中大兄を補佐した。新政権の様々な改革への関与は史料上では確認できないが、内臣が政治顧問的な職掌と考えられるため、鎌足が推進者であったと思われる。斉明・天智朝も引き続き政権を補佐し、律令体制の基礎構築に貢献した。ただし近江令制定に関してはその存在自体が疑問。孝徳朝末年の白雉《はくち》五年(六五四)正月には紫冠を授与された。天智八年(六六九)一〇月、大津京(近江)にて病死。その直前には、天智天皇より冠位二十六階中最上の大織冠《たいしょくかん》と大臣の位、藤原の姓を与えられている。↓近江令

[文献] 横田健一「藤原鎌足と仏教」(『白鳳天平の世界』所収、創元社、一九七三)、青木和夫「藤原鎌足と大化改新」(青木和夫・田辺昭三編『藤原鎌足とその時代—大化改新をめぐって』所収、吉川弘文館、一九九七)。

(宮澤真央)

蘇我倉山田石川麻呂《そがのくらやまだいしかわまろ》 (?—六四九) *蘇我馬子の孫。倉麻呂《くらまろ》(雄当《おまさ》)の子。弟に日向《ひむか》・連子《むらじこ》・*赤兄、女に遠智娘《おちのいらつめ》(造媛《みやつこひめ》とも。天智妃、持統母)・姪娘《めいのいらつめ》(天智妃、元明母)・乳娘《ちのいらつめ》(孝徳妃)がいる。蘇我毛人《えみし》(蝦夷)・鞍作《くらつくり》(入鹿《いるか》)父子の誅殺計画に*中臣鎌足から誘われ、皇極四年(六四五)六月の乙巳《いっし》の変で、三韓の上表文を読み上げる役であったという。孝徳朝の新政府では右大臣となったが、実権は皇太子・*中大兄皇子と*内臣の鎌足が握り、また左大臣阿倍内麻呂《あべのうちまろ》らと対立。大化五年(六四九)三月、異母弟の日向《ひむか》によって中大兄の暗殺を企んでいると讒言《ざんげん》され、兵に難波《なにわ》の家を包囲されて大和の山田寺《やまだでら》へ逃げ、そこで妻子多数とともに自害した。後日、冤罪であったことが判明。

(宮澤真央)

旻《みん》 (?—六五三) 七世紀の学僧。『*日本書紀』によると推古

一六年（六〇八）隋使*裴世清の帰国の際、*遣隋使*小野妹子に同行し、*高向玄理や*南淵請安らと入隋。このときの記事では、「新漢人日文《いまきのあやひとにちもん》」とある。舒明《じょめい》四年（六三二）に帰国。『藤氏家伝《とうしかでん》』には、彼の堂で豪族の子弟らに「周易《しゅうえき》」を講じ、蘇我鞍《くら》作《つくり》（入鹿《いるか》）や*中臣鎌足らも師事していたとある。蘇我本宗家の滅亡後、孝徳朝の新政府において玄理とともに*国博士として国政に関与し、十師《じっし》の一員にも任じられた。飛鳥寺の寺主でもあったか。大化六年改め白雉《はくち》元年（六五〇）に穴門《あなと》（長門《ながと》）国司から白雉《しろきぎす》が献上された際、その*祥瑞の意義を説いたことで白雉《はくち》改元となった。孝徳天皇との仲はかなり密接だったと思われ、病に臥していた同四年には阿曇寺《あずみでら》に彼の見舞いを受けている。（宮澤真央）

高向玄理《たかむこのげんり》（?—六五四）「くろまろ」とも。*姓は史《ふひと》で、黒麻呂とも。「玄理」は中国風表記か。*蘇我本宗家滅亡後の改新政府のメンバー。推古一六年（六〇八）*遣隋使*小野妹子に同行し、入隋。留学中に王朝は*隋から*唐へ。舒明《じょめい》一二年（六四〇）*南淵請安らと帰国。皇極四年改め大化元年（六四五）六月、僧*旻とともに*国博士に登用され、政治顧問として新政権に参画。翌年*新羅に派遣され、人質を貢上させて*新羅から任那への調を停めさせた。翌年、新羅の上臣金春秋《こんしゅんじゅう》（武烈王）に送られ帰国。同五年（六四九）二月、詔を受けて僧旻と八省百官設置に着手したことが『*日本書紀』にみえる。白雉《はくち》五年（六五四）には遣唐押使《けんとうおうし》として入唐《にっとう》し、長安で皇帝高宗に拝謁した。同年唐にて客死。冠位は大錦上《だいきんじょう》（一に大花下《だいかげ》）。（宮澤真央）

南淵請安《みなみぶちのしょうあん》（生没年未詳）姓は「みなふち」とも。推古・舒明朝の留学僧。『*日本書紀』には「南淵漢人請安」とある。推古一六年（六〇八）九月、*隋の*煬帝により派遣された*裴世清を本国へ送り返す際、*遣隋使*小野妹子とともに入隋した留学生の一人。『日本書紀』推古三一年（六二三）七月条には、*唐（六一八年建国）帰りの恵日らが在唐の留学生らの本国召還を奏聞《そうもん》したことがみえ、舒明一二年（六四〇）一〇月に「大唐学問僧南淵清（請）安」は学生*高向玄理らとともに帰国した。また『日本書紀』は*中大兄皇子と*中臣鎌足が請安の許《もと》で儒学を学び、その往復の道々で蘇我本宗家の打倒計画を語り合ったと記す。乙巳《いっし》の変後の新政府に彼が参画した記述はみえないが、新政策などに影響を与えたか。↓旻　（宮澤真央）

蘇我赤兄《そがのあかえ》（生没年未詳）七世紀後半の廷臣。*大臣*蘇我馬子の孫。倉麻呂《くらまろ》（雄当《おまさ》）の子。*石川麻呂の弟。斉明《さいめい》四年（六五八）、紀伊温湯《きのゆ》への行幸中に留守官を務め、*有間皇子に謀反を教唆してそれを*中大兄皇子に密告、有間を行幸先へ護送して、刑死へと追いやった。天智七年（六六八）には女の常陸娘《ひたちのいらつめ》が天智の妃となっており、山辺皇女《やまべのひめみこ》（大津《おおつ》皇子妃）を生んでいる。また女の大蕤娘《おおぬのいらつめ》（穂積皇子《ほづみのみこ》らの母）は大海人皇子《おおあまのみこ》（*天武天皇）の夫人《ぶにん》。同八年（六六九）に筑紫率《つくしのかみ》（大宰帥）、同一〇年には左大臣に任じられ大友皇子を補佐した。壬申の乱に際しては近江朝廷側として瀬田に吉野軍（大海人皇子勢）を防いだが敗れ、捕えられて大納言巨勢臣比等《こせのおみひと》などとともに刑を受け、子孫らと配流された。↓有間皇子事件・蘇我倉山田石川麻呂　（宮澤真央）

蘇我堅塩媛《そがのきたしひめ》（生没年未詳）*蘇我稲目女。*欽明天皇の妃。同じ欽明妃である小姉君《おあねのきみ》の姉。橘豊日皇子《たちばなのとよひのみこ》（*用明天皇）・額田《ぬかた》部皇女《べのひめみこ》（豊御食炊屋姫《とよみけかしきやひめ》・*推古天皇）ら七男六女を生む。このように大王家と婚姻関係を結び、蘇我系の大王《おおきみ》を輩出したことは、蘇我氏の中央に対する政治勢力拡大の一因となった。『*日本書紀』推古二〇年（六一二）二月条に皇太夫人《こうたいぶにん》堅塩姫を檜隈《ひのくま》大陵（欽明陵）に改葬（合葬）し、軽《かる》（橿原市大軽）の街《ちまた》で諸皇子らの誄《しのびごと》が奏上されたとある。また、その際に*大臣*蘇我馬子は多数の支族らを率いて、弟の境部臣摩理勢《さかいべのおみまりせ》に氏姓《うじかばね》について誄を述べさせたとある。「皇太夫人」は後世の律令制下での表記で、皇族出身ではない天皇の母の意。（宮澤真央）

舒明天皇《じょめいてんのう》（五九三？―六四一）在位六二九―六四一。田村《たむら》皇子、和風諡号は息長足日広額天皇《おきながたらしひひろぬかのすめらみこと》。また高市岡本宮《たけちのおかもとのみやの》天皇《すめらみこと》とも。父は*敏達天皇の子の押坂彦人大兄皇子《おしさかのひこひとのおおえのみこ》。母はその異母妹の糠手姫皇女《あらてひめのひめみこ》。后は姪の宝皇女《たからのひめみこ》（*皇極・斉明天皇）で、間に葛城皇子《かつらぎのみこ》（*中大兄皇子・天智天皇）・間人皇女《はしひとのひめみこ》（孝徳天皇皇后）・大海人皇子《おおあまのみこ》（*天武天皇）をもうけた。また、*蘇我馬子女法提郎女《ほほてのいらつめ》との間には*古人大兄皇子がいる。推古三六年（六二八）三月、推古女帝が崩御の際に田村皇子と廐戸《うまやど》皇子の遺児・*山背大兄王のいずれを後継とするか曖昧な遺詔を残したため、田村皇子を推す大臣《おおおみ》蘇我毛人《えみし》（蝦夷）と山背派の境部《さかいべの》摩理勢《まりせ》（馬子の弟）との間に紛争が起き、数か月の空位期間を経て翌年正月に即位。在位中、前朝に引き続き蘇我氏が政界を主導し、その勢力の飛躍をみた。舒明二年（六三〇）一〇月には飛鳥岡本宮に移り、同年には*犬上御田鍬・薬師恵日《くすしえにち》らを第一回遣唐使として派遣。翌々年には唐使の高表仁《こうひょうじん》が御田鍬とともに来朝し、また同三年（六三一）には百済王・義慈が王子の豊璋《ほうしょう》を人質として送ってきている。同八年（六三六）、岡本宮が火災にあい、臨時的に田中宮《たなかのみや》に移った。同一一年（六三九）東西の民を徴発して前者には大宮（百済宮）を、後者には大寺（百済大寺《くだらだいじ》）を造らせるよう詔し、翌年田中宮から百済宮に移ったが、同一三年（六四一）一〇月にこの宮にて崩御。「百済の大殯」と呼ばれる殯宮《もがりのみや》では一六歳の葛城皇子が誄《しのびごと》を奏上したという。（宮澤真央）

皇極天皇《こうぎょくてんのう》**（斉明天皇**《さいめいてんのう》**）**（五九四頃―六六一）在位六四二―六四五、重祚《ちょうそ》して斉明天皇・在位六五五―六六一。名は宝皇女《たからのひめみこ》。和風諡号は天豊財重日足姫天皇《あめとよたからいかしひたらしひめのすめらみこと》。父は*敏達天皇の孫の芽渟《ちぬ》王（押坂彦人大兄皇子《おしさかのひこひとのおおえのみこ》の子）、母は*欽明天皇の孫の吉備姫王《きびのひめみこ》。はじめ*用明天皇の孫の高向王《たかむこのおう》に嫁して漢皇子《あやのみこ》を儲けたが、死別後に伯父の*舒明天皇の后となった（六三〇年）。間に葛城皇子《かつらぎのみこ》（*中大兄皇子・天智天皇）・間人皇女《はしひとのひめみこ》（孝徳天皇皇后）・大海人皇子《おおあまのみこ》（*天武天皇）がいる。舒明天皇の没後、皇極元年（六四二）に大王位につき*推古天皇に次ぐ二番目の女帝となった。同二年（六四三）四月に権宮《かりみや》から*飛鳥板葺宮へ移ったと『*日本書紀』にある。在位中、執政権を握っていた蘇我毛人《えみし》（蝦夷）・鞍作《くらつくり》（入鹿《いるか》）父子が誅殺されるクーデターが同四年（六四五）六月に勃発。この乙巳《いっし》の変ののち、同母弟の軽皇子《かるのみこ》（*孝徳天皇）に譲位し、本人は「皇祖母尊《すめみおやのみこと》」と呼ばれたという。史上初の生前譲位。白雉《はくち》五年（六五四）に孝徳天皇が病死すると、再び板葺宮で即位し斉明天皇となった（重祚）。のちに板葺宮焼失に伴い舒明天皇の飛鳥岡本宮の地に宮を造営したため、後岡本宮天皇《のちのおかもとのみやのすめらみこと》とも。斉明七年（六六一）、*唐・*新羅の連合軍によって滅亡させられた百済復興の救援軍を朝鮮半島へ送るため筑紫に朝廷を移すも、七月に朝倉橘広庭宮《あさくらのたちばなのひろにわのみや》（福岡県朝倉町）にて急死。なお、『日本書紀』には土木事業を好み、水工《みずのたくみ》に溝を掘らせたなどの記載がある。飛鳥京比定地には一〇〇以上の水路遺構があり、また近年の発掘で板葺宮の北西部に巨大な苑池《えんち》跡が発見されている。↓飛鳥板葺宮・蘇我本宗家の滅亡　（宮澤真央）

孝徳天皇《こうとくてんのう》（五九六頃—六五四）在位六四五—六五四。名は軽皇子《かるのみこ》。和風諡号は天万豊日天皇《あめよろずとよひのすめらみこと》。父は*敏達天皇の孫の芽《ち》渟《ぬ》王（押坂彦人大兄皇子《おしさかのひこひとのおおえのみこ》の子）、母は*欽明天皇の孫の吉備姫《きびのひめ》王《みこ》。后は*中大兄皇子の妹の間人皇女《はしひとのひめみこ》。長子に有間皇子《ありまのみこ》がいる。*皇極天皇の同母弟で、皇極四年（六四五）乙巳《いっし》の変ののち、姉の譲位を受けて即位した。同年難波へ遷都。在位中に、冠位制の改定や薄葬《はくそう》令など様々に諸政策が推進され、白雉《はくち》二年（六五一）には*難波長柄豊碕宮が完成。しかし同四年（六五三）、皇太子の中大兄は孝徳の許しを得ずに、皇祖母《すめみおや》（皇極）・間人皇后・弟の大海人皇子以下、群臣らを率いて大和の飛鳥に戻り、残された孝徳は翌年一〇月に難波にて病没した。↓難波長柄豊碕宮・有間皇子事件・蘇我本宗家の滅亡　（宮澤真央）

大織冠伝《たいしょくかんでん》『藤氏家伝《とうしかでん》』の上巻「鎌足伝《かまたりでん》」のこと。『藤氏家伝』は上下二巻で、奈良時代の成立（下巻は「武智麻呂伝《むちまろでん》」）。上巻の撰者を「大師《たいし》」（唐名官職）と記しているが、これは我が国の太政大臣を指し、*藤原不比等の孫で武智麻呂の次子の仲《なか》麻呂《まろ》（恵美押勝《えみのおしかつ》）のこと。天平宝字五年（七六一）頃の編纂か。内容は藤原（中臣）*鎌足の伝記で、彼の偉業を顕彰するために誇張表現が目立つ。*『日本書紀』とは共通の原史料があったらしく、両書の記述には類似点も多い。一方、*僧旻の許《もと》で鎌足が豪族の子弟らとともに周易《しゅうえき》を学んでいたなど、独自の逸話も記載しており、貴重な史料といえる。別名の『大織冠伝』は、天智八年（六六九）に鎌足が大織の冠（「大宝令」制下の正一位に相当）を授けられたことによる。

[文献] 山田英雄「中臣鎌足伝について」（『日本歴史』五八、一九五三）、沖森卓也・佐藤　信・矢嶋　泉『藤氏家伝—鎌足・貞慧・武智麻呂伝—注釈と研究』（吉川弘文館、一九九九）

（宮澤真央）

（二）壬申の乱

壬申の乱《じんしんのらん》 *天智天皇死去の翌年、天武天皇元年（六七二）に天智の子*大友皇子と天智の弟大海人皇子《おおあまのみこ》（*天武天皇）とが皇位をめぐって争った全国的規模の内乱。天智は天智一〇年（六七一）正月、後継者と目されていた大海人皇子をさしおいて大友皇子を太政大臣に任じ、実質的な皇嗣《こうし》として近江朝廷を主宰させた。危険を察知した大海人は出家して吉野に隠遁したが、天智の山稜造営を口実とする人夫徴発などを機に、大海人は伊勢を経て美濃不破《ふわ》に本営を置いて軍事的経済的基盤である東国の軍勢を徴発した。また畿内豪族の大伴氏なども呼応して大和古京で挙兵した。大海人側が迅速な動きで機先を制したのに対して、大友側は内部不統一もあって対応が遅れて西国の軍事動員に失敗し、戦況を挽回できないまま七月に大津宮が陥落して大友は自殺した。大海人は飛鳥浄御原宮を営み、翌年二月に即位した。大化改新の諸政策や朝鮮出兵による地方豪族の不満、新たな官僚制への中央豪族の不満が、大海人側の勝因といわれる。大友側についた有力中央豪族は没落し、権力を集中した天武天皇は、天皇中心の中央集権体制の実現を強力に進めた。

[文献] 直木孝次郎『壬申の乱 増補版』（塙書房、一九九二）、星

野良作『壬申の乱研究の展開』（吉川弘文館、一九九七）。

（齋藤　融）

湯沐令《ゆのうながし》　湯沐邑《とうもくゆう》の管理・徴税に携わる役人。湯沐とは中宮・皇太子の資養のため諸国に設置された封戸《ふこ》であるが、天智期に皇太子制は存在しておらず、大海人皇子《おおあまのみこ》個人に賜与されたもの（伊勢・美濃に所在）であろう。湯沐令は壬申紀（多品治《おおのほんぢ》・田《た》中足麻呂《なかのあしまろ》・高田新家《たかだのにいのみ》が在任）以外にはみえず、また『続日本紀』天平宝字七年（七六三）一〇月条に高田新家は主稲《しゅとう》と記されており、『*日本書紀』編者による潤色の可能性もある。なお、大宝・養老禄令に東宮湯沐の規定はなく（支給物は*絁《あしぎぬ》・綿・糸などの雑用料のみ）、皇太子本人に支給される東宮封は光仁朝に始まり（一〇〇〇戸）、ある時期に倍増されて延喜式制（東宮湯沐二〇〇〇戸）に引き継がれた。

［文献］　横田健一『白鳳天平の世界』（創元社、一九七三）、前川明久『日本古代政治の展開』（法政大学出版局、一九九一）。

（齋藤　融）

東国《とうごく》の概念《がいねん》　「あづまのくに」。畿内（うちつくに）を起点として東方の地域を指すが、その領域は時代・史料によって異なり、広義には東海・東山道諸国に北陸道の一部を加えた地域、狭義には坂東八か国（相模・武蔵・安房・上総・下総・常陸・上野・下野）をいう。景行記および『常陸国風土記』は相模《さがみ》足《あし》柄坂《がらざか》以東を阿豆麻《あづま》、我姫国《あづまのくに》とし、同じ日本武尊東征伝承を記す景行紀は上野碓日坂《こうづけうすひざか》以東を吾嬬国《あづまのくに》とするが、東海・東山道でも特に足柄峠・碓氷峠を境界とする認識は狭義の「東国」概念に繋がるものであろう（道奥《みちのく》はその外にある領域）。また、『萬葉集』の東歌《あずまうた》は東海道では遠江《とおとうみ》国以東、東山道では信濃国以東の地域から採録されており、先の境界に接する国も含めている。*稲荷山古墳（埼玉県行田《ぎょうだ》市）出土の鉄剣銘（「乎獲居臣」は先祖代々杖刀人《じょうとうじん》首として大王に奉仕）からも知られるように、東国は大化前代において舎人《とねり》の供給地であるなど朝廷の軍事的基盤であり、この東国観は歴史的に形成された領域認識である。大化改新において特に東国国司が派遣されたのも、このような歴史的経緯による。ほかに令制三関（伊勢国鈴鹿関・美濃国不破《ふわ》関・越前国愛発《あらち》関）以東を指す関東から、伊勢・美濃以東の諸国をいう場合もある。壬申紀のいう東国は、具体的には東海道伊賀以東、東山道美濃以東が該当し、畿内（当時、大津宮の所在した近江国も含む）と畿外の境界を意識したものである。

［文献］　井上光貞『日本古代国家の研究』（岩波書店、一九八五）、荒井秀規「『東国』とアヅマ—ヤマトから見た『東国』—」（関和彦編『古代王権と交流2古代東国の民衆と社会』所収、名著出版、一九九四）。

（齋藤　融）

飛鳥浄御原令《あすかきよみはらりょう》　七世紀後半に編纂施行された法典。二二巻。編纂に携わった官人は未詳だが、*草壁皇子が主宰したと説かれている。天武天皇一〇年（六八一）二月に「今より更《また》律令を定め、法式を改めんと欲《おも》う。故《かれ》、倶《とも》に是の事を修めよ。然《しか》も頓《にわか》に是のみを務《まつりごと》に就《な》さば、公事《おおやけわざ》闕《か》くこと有らん。人を分けて行うべし」という詔勅が出されて編纂に着手されたが、先行する法典を改訂して律令を制定するという表現、および『藤氏家伝《とうしかでん》』上の記事「礼儀《らいぎ》を撰述し、律令を刊定す」に依拠していわゆる近江令の存在が説かれ、飛鳥浄御原令はそれに次ぐ法典とされる。編目名は戸令・考仕《こうじ》令が知られる程度であるが、最初の体系的法典であろう。施行を命じる記事はないが、通説的理解では諸司に令を班賜した持統天皇三年（六八九）六月とする。ただし、天武一四年（六八五）正月の冠位四十八階制および同年七月の新朝服制は飛鳥浄御原令の部分的施行とみなし、一括施行に否定的な見解もある。律の存在については疑問視され、唐律を準用したとする説が有力である。断片的な内容しか推測できないため全体像については不明とせざるを得ないが、大宝令との差異を大きく見る説と、『続日本紀』大宝元年（七〇一）八月条の「大略、浄御原朝廷《みかど》を以《もち》て准正《じゅんせい》となす」などに依拠して基本的には小異にとどまるとする説がある。これは律令制の形成過程をどのように理解するかという問題にかかわり、大枠は飛鳥浄御原令でできたと思われるが、慎重な検討が必要だろう。

（齋藤　融）

［文献］　井上光貞『日本古代思想史の研究』（岩波書店、一九八六）、青木和夫『日本律令国家論攷』（岩波書店、一九九二）。

八《や》色《くさ》の姓《かばね》　天武天皇一三年（六八四）一〇月に定められた八種の姓。*継体天皇以降の皇別《こうべつ》氏族に与える真人《まひと》を最上位に、以下朝臣《あそん》・宿禰《すくね》・忌寸《いみき》・道師《みちのし》・臣《おみ》・連《むらじ》・稲置《いなぎ》があり、翌年六月までに忌寸まで順次賜与していったが、道師以下は賜姓されず、道師・稲置は実在しない。この施策は、畿内の諸氏の区分を定めた天智朝の*甲子の宣を引き継いで旧来の姓の秩序を再編し、天皇家との系譜関係の親疎を基準に諸氏の序列化を徹底させようとしたもので、天武朝に推進された官僚制整備の一環でもあった。忌寸以上の氏からおおむね令制の五位以上の官人が出ており、中央氏族と地方豪族の区分を確定させるなど、令制下の支配層の階層構成を基礎づけるものとなった。

（齋藤　融）

［文献］　阿部武彦『日本古代の氏族と祭祀』（吉川弘文館、一九八四）、竹内理三『律令制と貴族』（角川書店、二〇〇〇）。

冠位《かんい》四十八階《しじゅうはちかい》　天智朝の冠位二十六階を改正して、天武天皇一四年（六八五）正月に施行された位冠《いかん》制度。同一一年（六八二）三月に位冠の着用を禁止しており、調整に時間をかけたうえで実施された。正《しょう》・直《じき》・勤《ごん》・務《む》・追《つい》・進《しん》という徳目を大・広に分け、それぞれに四等まで設けて諸臣の冠位とした。正冠は三位以上、直冠は四位・五位に相当する。この四十八階は、大宝律令施行に伴う位階制移行以前における最大数で、考課制度の整備による官僚制の進展に対応し、前年、天武天皇一三年（六八四）一〇月に制定された八色の姓とも密接に関連するものである。皇子・諸王の冠位として別に明《めい》・浄《じょう》冠の十二階（明冠は壱・弐のみ）が制定され、明冠の実例は確認できないが、皇親を冠位制の秩序に組み込んだ意義は大きい。

（齋藤　融）

［文献］　野村忠夫『律令官人制の研究　増訂版』（吉川弘文館、一九七〇）、押部佳周『日本律令成立の研究』（塙書房、一九八一）。

天《てん》武《む》朝《ちょう》の官制《かんせい》　大宝令制の官司機構は二官八省一台五衛府と総称され、弁官による太政官事務の統轄（上申文書の受理、発給文書の下達）などの大枠は「*飛鳥浄御原令」で定まったが、『*日本書紀』天武天皇四年（六七五）三月条の「兵政官長《へいせいかんちょう》」など多くの官名が散見し、官僚制と密接な官司制もある程度形成されていたとみられる。天智朝には太政官中枢を構成する太政大臣・左右大臣、御史大夫《ぎょしたいふ》のほかに、法官大輔《たいふ》（式部大輔）・

学職頭《がくしきのかみ》（大学頭）が見られ、唐制の六部《りくぶ》（吏《り》部《ぶ》・戸《こ》部《ぶ》・礼《らい》部《ぶ》・兵部《へいぶ》・刑部《ぎょうぶ》・工部）を模して、令制八省の前身の六官《りくかん》（法官・理官・民官・兵政官・刑官・大蔵）がすでに成立していたと推測する所説と、法官以外は疑問と見る所説がある。これは近江令の理解にもかかわるが、天武朝において外廷関係の六官と内廷関係の中官《ちゅうかん》と宮内官《くないかん》（初見は同一一年（六八二）三月条）が成立して八官となるのであろう。一方、狭義の太政官に当る御史大夫以上の任官は確認できず（議政官の不在が皇親政治の論拠の一つ）、天武朝の太政官は侍奉《じほう》・奏宣《そうせん》を職掌とする納言《なごん》のみで構成された。弁官の前身に当たる大弁官（初見は同七年（六七八）一〇月条）も創設されるが、太政官の部局ではなく、ともに天皇に直属していたと推測され、官司相互の組織化は未整備であった。国境確定により地方行政単位である「国」が成立し、地方官に関する記事も散見するが、国府の成立は持統朝末期であり、筑紫大宰《つくしのだざい》は別としても国司は常駐する官ではなかったとみられる。

（齋藤　融）

［文献］　早川庄八『日本古代官僚制の研究』（岩波書店、一九八六）、井上光貞『日本古代思想史の研究』（岩波書店、一九八六）。

大友皇子《おおとものみこ》（六四八―六七二）　*天智天皇の皇子。母は伊賀采女宅子娘《いがのうねめやかこのいらつめ》。伊賀皇子とも。天智天皇一〇年（六七一）正月、新設の太政大臣に任じられて事実上の皇嗣《こうし》となった。同年、病臥した天智天皇の委託を辞退した大海人皇子《おおあまのみこ》は吉野に隠遁し、天智の没後、大友皇子が名実ともに近江朝廷の主宰者となる。翌年六月、近江方による山陵造営の役夫《えきふ》徴発と大海人側の私粮《しろう》運搬の阻止を契機に*壬申の乱が勃発し、途中から後手に回った近江方は飛鳥古京など各地で敗れ、大津宮を脱出した大友は七月山前《やまさき》（京都府乙訓《おとくに》郡大山崎町か）で自尽した。文武に非凡な才能を持ち、唐使劉徳高《りゅうとくこう》も賛嘆したという。明治三年（一八七〇）七月、明治天皇により弘文天皇の諡号《しごう》を贈られる。

（齋藤　融）

［文献］　横田健一『白鳳天平の世界』（創元社、一九七三）、星野良作『壬申の乱研究の展開』（吉川弘文館、一九九七）。

天武天皇《てんむてんのう》（？―六八六）　諱《いみな》は大海人《おおあま》。諡号《しごう》は天中原瀛真人天皇《あまのぬなはらおきのまひとのすめらみこと》。父は*舒明天皇。母は*皇極（斉明）天皇。*天智天皇・間人皇女《はしひとのひめみこ》の同母弟。*高市・*草壁・*大津皇子らの父。大化前代は兄弟による皇位継承が原則で、天智朝の大海人は自他ともに認める皇位継承予定者であったが、父子継承を指向した天智天皇は天智一〇年（六七一）正月、長子とはいえ卑母《ひぼ》所生の*大友皇子を太政大臣に任じて事実上の皇嗣《こうし》とした。ほどなく病臥した天智の猜疑心から逃れるために大海人は出家を願い出て許され、鸕野皇女《うののひめみこ》・草壁皇子とわずかな舎人らを伴って吉野に逃れた。翌年六月、近江朝廷の動向から身の危険を察知して挙兵に踏み切り（*壬申の乱）、東国の兵を募って軍事的要衝の不《ふ》破《わ》道をいち早く確保した大海人は近江軍を撃破し、大友を自害に追い込んだ。天武天皇二年（六七三）二月*飛鳥浄御原宮（奈良県高市郡明日香村）で即位し、「大王《おおきみ》は神にしませば」と謳《うた》われるカリスマ性を背景に専制的な天皇大権を確立する。皇后鸕野皇女および高市・草壁・大津皇子ら（同八年（六七九）五月吉野誓盟《せいめい》に参加）を政権中枢に据えた政治体制（皇親政治）のもとで、出身法・考課制度を通して畿内豪族層の官僚化を推進した。同四年（六七五）二月に*甲子の宣で認めた部曲《かきべ》を停廃し、同五年（六七六）四月に*食封の封地替えを行ったのは、氏族層から独自の経済的基盤を奪い、王権への求心性を高めることを意図したからで、*八色の姓（同一三年（六八四）一〇月）と*冠位四十八階（同一四年（六八五）正月）も天皇を中心とする中央集権体制強化策の一環をなす。ほかに同一二年（六八三）一〇月から一四年一〇月にかけて国の領域確定（令制国の成立）を行って地方行政制度を整えている。宗教政策では伊勢神宮を中心とする神祇祭祀の整備、官大寺《かんのたいじ》を鎮護国家の拠点と位置づけて仏教統制の強化も図っている。生前には未完だが、律令編纂（同一〇（六八一）二月）・修史（同年三月）事業に着手し、「*飛鳥浄御原令」『*日本書紀』として結実する。また、即位してまもない頃から中国に模した都城の建設を計画し、それは紆余《うよ》曲折を経て持統朝に遷都される*藤原京となる。

［文献］石母田正『日本の古代国家』（岩波書店、一九八九）、倉本一宏『日本古代国家成立期の政権構造』（吉川弘文館、一九九七）。

（齋藤　融）

村国男依《むらくにのおより》（？—六七六）　*姓は連《むらじ》。ただし賜姓は死後か。名は小依・雄依とも記す。三野国各牟評《かがむのこおり》（岐阜県各務原市《かがみはらし》）を本拠とする在地豪族出身で、大海人皇子《おおあまのみこ》に舎人《とねり》として仕える。天武天皇元年（六七二）六月、大海人の吉野脱出に先立って募兵のために身毛広《むげつのひろ》らと三野国味蜂間評《あはちまのこおり》湯沐邑《とうもくゆう（ゆのむら）》に赴き、湯沐令多品治《ゆのうながしおおのほむじ》の助力を得て三千余人の農民兵を動員し、戦略的に重要な不破《ふわ》の確保に成功する。七月二日に近江方面の筆頭将軍に任命され、下旬に大津宮を陥落させた。同五年七月に死去し、破格の外小紫位《げしょうしい》を贈られた。壬申年の戦功により功封一二〇戸を賜り（時期は未詳）、霊亀二年（七一六）四月には子の志我麻呂《しがまろ》が功田一〇町を賜与された。

［文献］野村忠夫『律令官人制の研究 増訂版』（吉川弘文館、一九七〇）、直木孝次郎『壬申の乱 増補版』（塙書房、一九九二）。

（齋藤　融）

大伴御行《おおとものみゆき》（？—七〇一）　*姓は宿禰《すくね》。父は長徳《ながとこ》。安麻呂の兄。天武四年（六七五）三月小錦上《しょうきんじょう》で兵政官《へいせいかん》（のちの兵部《ひょうぶ》省《しょう》）大輔《たいふ》に任じられる。持統天皇二年（六八八）一一月、*天武天皇の葬礼において大蔵のことを誄《しのびごと》している。数度の増封にあずかり、同八年（六九四）には通計五〇〇戸に達し、氏上《うじがみ》に任じられて冠位も正広肆《しょうこうし》に進む。同一〇年（六九六）一〇月に右大臣多治比島《たじひのしま》らとともに資人《しじん》八〇人を賜る。ときに大納言。文武天皇四年（七〇〇）八月に善政の褒賞として正広参に進み、大宝元年（七〇一）正月に没した。正広弐右大臣を贈られ、七月には壬申年の戦功により功封一〇〇戸を賜った。なお、妻の紀音那《きのおみな》は和銅五年（七一二）九月*元明天皇により貞節を褒《ほ》められている。

［文献］高島正人『奈良時代諸氏族の研究—議政官補任氏族—』（吉川弘文館、一九八三）、田中　卓『壬申の乱とその前後』（国書刊行会、一九八五）。

（齋藤　融）

大伴吹負《おおとものふけひ》（？—六八三）　*姓は連《むらじ》。名を男吹負《おふけひ》・小吹負とも記す。父は咋《くい》。長徳《ながとこ》・馬来田《まぐた》の弟。*天智天皇の没後、馬来田とともに大海人皇子《おおあまのみこ》の決起を期待して大津宮から大和の家に退去した。天武天皇元年（六七二）六月、大海人の吉野脱出を機に*東漢氏をはじめとする大和の諸豪族を糾合して防備の手薄な飛鳥古京を占拠した。その奪還を目指す近江軍と乃楽山《ならやま》の戦いにおいていったんは敗れたが、*置始菟の来援を得て勢いを盛り返し、大和を確保した後は難波に転進して以西の諸国司を掌握するなど、大海人の勝利に貢献した。官歴は常道頭《ひたちのかみ》（常陸守に相当）が知られるに過ぎない。天武天皇一二年（六八三）八月、死去に臨んで壬申年の戦功によって大錦中《だいきんちゅう》を贈られた。
［文献］ 田中 卓『壬申の乱とその前後』（国書刊行会、一九八六）、直木孝次郎『壬申の乱 増補版』（塙書房、一九九二）。
（齋藤 融）

置始菟《おきそめのうさぎ》（生没年未詳） *姓は連《むらじ》。名を宇佐伎《うさぎ》とも記す。天武天皇元年（六七二）七月、伊勢から倭京《わきょう》へ進軍中に乃楽山《ならやま》の戦いにて*大伴吹負軍が敗れたことを知り、先鋒として一千余騎を率いて救援に赴き、大和方面の陣営の建て直しを図る。当麻《たぎまの》衢《ちまた》（奈良県当麻町）にて近江方の壱伎韓国《いきのからくに》軍を迎撃して敗走させ、次いで大神高市麻呂《おおみわのたけちまろ》とともに上ツ道《かみつみち》を北上して箸墓《はしはか》付近での戦いにも勝利し、中ツ道の吹負軍の危急を救い、戦況を著しく大海人《おおあま》方の有利に導いた。その功により死後小錦上《しょうきんじょう》を贈られ、さらに霊亀二年（七一六）四月に子の虫麻呂《むしまろ》が菟の戦功により功田五町を賜り、天平宝字元年（七五七）一二月にはその戦功を中等と定められた。
［文献］ 直木孝次郎『壬申の乱 増補版』（塙書房、一九九二）。
（齋藤 融）

麻績王《おみのおおきみ》（生没年未詳） 七世紀後半の皇親。麻続王とも記す。系譜未詳。天武天皇四年（六七五）四月、罪を得て因幡《いなば》国に配流される。子息二人も伊豆嶋（東京都伊豆大島か）と血鹿《ちかの》嶋《しま》（長崎県五島列島か）に流された。罪状の詳細は不明だが、翌五年九月にも筑紫大宰《つくしのだざい》屋垣王《やがきのおおきみ》の配流事件が起きており、朝廷内に皇親制度の整備などをめぐる軋轢《あつれき》があったか。なお、麻績王の流刑地には異伝があり、『*萬葉集』巻一に「麻続王の伊勢国の伊良虞《いらご》の島に流さるる時、人、哀《かな》しび傷《いた》みて作る歌」とみえる伊良虞島（三重県鳥羽市の神島か、一説に愛知県渥美町の伊良湖岬とも）、および『常陸国風土記』にみえる行方《なめかた》郡板《いた》来《く》榎木林（茨城県行方郡潮来町）である。
［文献］ 吉永 登『万葉―その異伝発生をめぐって―』（関西大学文学部国語国文学研究室、一九五五）。
（齋藤 融）

（三）藤　原　京

天皇号の成立《てんのうごうのせいりつ》 律令制による中央集権国家の形成過程で成立した君主号。儀制令天子条は、祭祀には「天子」、華夷《かい》に対しては「皇帝」、詔勅では「天皇」と規定し、儀礼ごとに称号を異にするが、読みはいずれも「スメラミコト」（『*令集解』の明《みょう》法注《ぼうちゅう》）で、*聖武天皇に宛てた玄宗の勅書にも「主明楽美御徳《すめらみこと》」とある（皇帝宛の国書に天皇号を使用しなかったのだろう）。道教思想において天皇は宇宙の最高神である天帝を意味する。始用時期については、法隆寺金堂薬師如来像光背銘《ほうりゅうじこんどうやくしにょらいぞうこうはいめい》・*天寿国繍帳などに依拠する推古朝説が通説化していたが、銘文の制作年代が推古朝にさかのぼらないことが明らかにされて、現在では少数の支持にとどまる。また、従来、野中寺弥勒菩薩像銘《やちゅうじみろくぼさつ》の「丙寅年《へいいん》」は天智五年（六六六）に比定され、これが天皇号の確実な初例と見なされたが、六〇年繰り下げた神亀三年（七二六）説や銘文を後世の偽作とする説が出されるなど、確実な根拠とはいえない状況にある。近年、有力視される学説は、唐の高宗《こうそう》の上元元年（六七四＝天武三年）から則天武后《そくてんぶこう》の神龍《しんりゅう》元年（七〇五＝慶雲二年）にかけて天皇が君主号に用いられたことに関連させて、天武天皇三年以降に使用され、「*飛鳥浄御原令」で皇后号とともに制度化されたとするものである。近年、和同開珎《わどうかいちん》に先行する日本最古の鋳造貨幣である*富本銭が出土したことで知られた飛鳥池遺跡（飛鳥寺の東南に所在）から「天皇」号木簡が出土し、天武朝始用説を補強した。

［文献］東野治之『正倉院文書と木簡の研究』（塙書房、一九七七）、小林敏男『古代天皇制の基礎的研究』（塙書房、一九九四）。

（齋藤　融）

天皇諡号《てんのうしごう》　天皇の死後に生前の事蹟にちなんで奉呈した名号。おくりな。神武・綏靖《すいぜい》のように漢字二字からなる名号を漢風諡号と称しているが、延暦四年（七八五）以前に淡海三船《おうみのみふね》が撰定したとされる（『釈日本紀《しゃくにほんぎ》』の「師説《しせつ》に、神武等の諡名《おくりな》は淡海三船勅を奉《うけたまわ》りて撰すなり」に依拠）。九世紀以降にみられる居所・山陵《さんりょう》に由来するものは追号《ついごう》であり、桓武・仁明・文徳・光孝を除くと厳密には諡号ではない。ただし、唐制で日常的に用いるのは廟号《びょうごう》（皇帝の霊を宗廟に祀った際に追尊して贈る名号で、慣例では宗を含む二字）であり、漢風諡号は廟号的な要素を含むかもしれない。和風諡号は「大倭根子天之広野日女尊《おおやまとねこあめのひろのひめのみこと》（*持統天皇）」のような名号で、葬送儀礼（殯宮《もがりのみや》）の誄《しのびごと》において奉呈された。殯宮儀礼が整った六世紀前半頃に始まるとされるが、諡号奉呈の初見は『続日本紀』大宝三年（七〇三）一二月条で、記紀の和風諡号には少なからず実名に近いものがあることや、諡号奉呈は儒教的礼思想に基づく制度で、中国礼制の部分的受容は推古朝に始まっていたが、本格的受容は律令法典の体系的摂取に伴ってなされた（礼儀書の編纂は九世紀まで下る）ことから、六世紀代にまでさかのぼるのか再検討の余地がある。*嵯峨太上天皇を初例に遺詔による誄・諡号の辞退、および臨終出家の例が増えることから、和風諡号の奉呈は*仁明天皇が最後となる。なお、実例により公式令平出《へいしゅつ》条の「天皇諡」は和風諡号を指すが、対応する唐令に「皇帝諡」の字句はない。

［文献］長久保恭子「『和風諡号』の基礎的考察」（竹内理三編『古代天皇制と社会構造』所収、東京堂出版、一九八〇）、山田英雄『日本古代史攷』（岩波書店、一九八七）。

（齋藤　融）

日本《にほん》の国号《こくごう》　「ひのもと」の漢字表記から国号としての「日本」が成立したといわれ、隋の*煬帝に宛てた国書の「日出ずる処の天子云々」に淵源するのだろう。和訓は「やまと」。『漢書』に「倭人」と記されて以来、『隋書』に至るまで中国史書は日本の国号を「倭（委）」とするが、「倭人」は自称によるものではなく、中国側が日本側の申告（集団名もしくは代表者名。あるいは容貌・体形によるか）に基づいて当て字したものか。「倭」国号は中国王朝との外交が契機となって成立し、主として東アジア外交の場で用いられ、国内での使用については検討の余地があるだろう。記紀には日本の呼称として大八洲国《おおやしまぐに》、葦原中国《あしはらなかつくに》、大日本豊秋津洲《おおやまととよあきつしま》などがみえるが、地名的なものも含まれており、国号とは性格を異にする。日本国号の確実な初見は『続日本紀』慶雲元年（七〇四）七月条の第八次遣唐執節使《しっせつし》粟田真人《あわたのまひと》の帰朝報告で、『旧唐書』に「日本国は倭国の別種なり。其《そ》の国日辺《にちへん》に在るを以《もち》て、故に日本を以て名とす。或は曰う、倭国自ら其の名の雅《みやび》ならざるを悪《にく》み、改めて日本とす、と」、また『新唐書』にも「夏音《かおん》を習い、倭の名を悪《にく》み、更《あらた》めて日本と号す。使者自ら言う、国日の出ずる所に近し、以に名とす、と」とあり、改号の理由と新国号の由来が知られる。始用時期については諸説あるが、君主号天皇の成立ともかかわるので、天皇号木簡（飛鳥池遺跡出土）の存在により天武朝が有力視され、*飛鳥浄御原令にて法制化された可能性が考えられる。

［文献］岩橋小彌太『日本の国号 新装版』（吉川弘文館、一九九七）。　（齋藤　融）

藤原京《ふじわらきょう》　古代都城の一つ。奈良盆地南端に位置し、持統八年（六九四）遷都から和銅三年（七一〇）*平城京に移るまでの都城。正式名称は新益京《あらましきょう》。条坊制を確実に施行した最古の都城。*『日本書紀』には持統四年以降造宮の動きがみえるが、藤原宮域内にも条坊道路遺構があり、宮内出土の木簡から条坊施工は天武末年にさかのぼるとみられる。京のほぼ中央に宮がある。職員令左京職条の坊令一二人の規定から、南北一二条・東西八坊に復元し、東西は中ツ道・下ツ道、南北は横大路と阿倍山田道で限られるとの説が有力であったが、その外側でも条坊道路の延長がみつかり、より大きな範囲を想定する説が強くなってきた。当初左右京に分かれておらず、「大宝令」で分化したとみられる。

［文献］仁藤敦史『古代王権と都城』（吉川弘文館、一九九八）、小沢　毅『日本古代宮都構造の研究』（青木書店、二〇〇三）。　（齋藤　融）

宮城十二門《きゅうじょうじゅうにもん》　大内裏の外郭四面に各三門設けられた門の総称。南面中央の朱雀《すざく》門が宮城の正門に当たる。史料的には皇極紀にも見えるが、発掘調査で確認されるのは藤原宮以降。令制では衛門府が管掌するが、大化前代では大伴・佐伯・伊《い》福《ふく》部《べ》など天皇近侍の*伴造（*門号氏族）が守衛を担当し、門号はそれに由来する。ただし、弘仁式と貞観式とで異同が見られるなど、門号の一部に変更もあった。一町四方で設計された藤原宮では、出土した木簡により山部・建部《たけるべ》・少子部《ちいさこべ》・佐伯・海犬養《あまいぬかい》・猪使《いのつかい》・多宇比《たじひ》（丹比・瑗王）門の名称が知られ、四面で各一門の遺構を確認している。また、平城宮は東面が北から四分の三ほど東に張り出す不整形のため、特に東面の三門の位置は変則的で、張り出し部（東院《とういん》）の南面中央（的《いくは》門か）と西端（東一坊大路の北端、少子部門）に門の存在が確認された。東側に開く門は宮内道路などから張り出し部中央にのみ門（建部門か）が推定される。平安宮は北に半坊ほど拡張されたため東・西面は各四門で一四門あるが、北方に位置する上東《じょうとう》・上《じょう》西《さい》門は基壇《きだん》・屋根のない構造であった。弘仁九年（八一八）四月、菅原清公《きよきみ》の建言により中国風の二字門号に改称され、南面は皇嘉《こうか》（若犬養《わかいぬかい》）・朱雀（大伴）・美福《びふく》（壬生《みぶ》）門、東面は陽明《ようめい》（山）・待賢《たいけん》（建部）・郁芳《いくほう》（的）門、西面は殷富《いんぷ》（伊福部）・藻《そう》壁《へき》（佐伯）・談天《だんてん》（玉手）門、北面は安嘉《あんか》（海犬養）・偉鑒《いかん》（猪使）・達智《だっち》（多治比）門となった（括弧内は旧号）。

［文献］井上　薫『日本古代の政治と宗教』（吉川弘文館、一九六一）、今泉隆雄『古代宮都の研究』（吉川弘文館、一九九三）。　（齋藤　融）

門号氏族《もんごうしぞく》　大化前代に大王の側近に侍して供膳《きょうぜん》などに奉仕（舎人《とねり》型）、もしくは軍事に関与して宮城門の守衛などを職務（靫負《ゆげい》型）とした畿内豪族を指し、藤原宮以降に内裏《だいり》外郭の四面各三門の門号にその氏名が用いられたことによる学術用語。令制貞観式逸文と『拾芥抄《しゅうがいしょう》』所載の門号起事（『拾芥抄』は門の造営氏族と記すが誤伝）によれば、山《やま》（*桓武天皇の諱《いみな》を敬避して山部《やまべ》を改称）・建部《たけるべ》・壬生《みぶ》・大伴（のちに*淳和天皇の諱を敬避して伴《とも》に改称）・的《いくは》・稚犬養《わかいぬかい》・伊福部《いふくべ》・靫丹比《ゆげいのたじひ》・玉手《たまで》・佐伯・海犬養《あまいぬかい》・猪使《いのつかい》の一二氏。舎人型・靫負型のほかに畿内の軍事上の要地を本拠地とする中間型に分類されるが、藤原宮跡および平城宮跡出土木簡に「少子部門《ちいさこべもん》」「小子門」があり、『続日本紀』天平宝字八年（七六四）一〇月条にも「小子門」がみえることから、少子部氏も門号氏族であった。また、弘仁式逸文は的門ではなく県犬養門《あがたいぬかいもん》とするが、的門は『続日本紀』宝亀三年（七七二）一二月条にみえており、県犬養門が藤原宮・平城宮に存在したか未詳で、県犬養氏が七世紀にさかのぼる門号氏族であるかは微妙であろう。大宝令制では宮城門の守衛は衛門府の所管で、実務に当たる門部《かどべ》は名負氏《なおいのうじ》である門号氏族から選定されており、大化前代の遺制とみられる。ただし、大伴氏など連姓が過半を占めるが、公姓の建部氏は軍事にかかわりが深く、膳《かしわで》部的性格も認められるものの、臣姓の的・玉手氏（中間型）は稀薄であり、的・玉手氏が門号氏族になる時期は遅れるかもしれない。

［文献］佐伯有清『新撰姓氏録の研究 研究篇』（吉川弘文館、一九六三）、直木孝次郎『日本古代兵制史の研究』（吉川弘文館、一九六八）。（齋藤　融）

宮《みや》と京《みやこ》　ミヤとはヤ（宅・家）に美称のミを冠した語で、貴人の居宅の意。ミヤコとはミヤに場所を意味するコ（処）を付した語で、貴人の居住する地域の意。宮は大王のみならず皇族の居館にも用いられ、広義には耕地・未墾地なども含む。大王の宮は、南から大門（区画施設）・朝庭（儀礼空間）・大殿（居住空間）が並ぶ形態で（小治田《おはりだの》（*小墾田）宮《みや》、推古紀）、通例として代替りごとに移転した（歴代遷宮《れきだいせんぐう》）。中国律令の体系的な受容を契機に都城制を模した永続的な宮都の建設が始まり、問題点も残るが、その嚆矢《こうし》は「倭京《わきょう》」とみる所説もある。本格的な宮都は藤原京で、宮の周囲に条坊によって整然と区画された街区を持ち、宅地を班給して官人層を集住させた。

［文献］岸　俊男『日本古代宮都の研究』（岩波書店、一九八八）、仁藤敦史『古代王権と都城』（吉川弘文館、一九九八）。（齋藤　融）

大和三山《やまとさんざん》　奈良盆地南東部に所在する畝傍《うねび》（標高一九九メートル）・耳成《みみなし》（一四〇メートル）・香具《かぐ》山（一五二メートル）の総称。*藤原京は三山に囲まれるように計画される。香具山は天から天降った山という伝承（伊予国風土記逸文）もあるなど古来より神聖視されており、三山には畝火山口坐《うねびやまぐちにます》神社などの式《しき》内社《ないしゃ》があった。万葉人に親しまれて「藤原宮御井歌《みいのうた》」など多数の歌に詠み込まれた。耳成山と香具山が畝傍山をめぐって争った伝承は『播磨国風土記』にもみえるが、*『万葉集』巻一に載せる*中大兄皇子の三山歌「香具山は畝火《うねび》雄々《おお》しと耳梨《みみなし》と相あらそひ神代《かみよ》より斯くあるらし古昔《いにしえ》にも然《しか》にあれこそうつせみも嬬《つま》をあらそふらしき」でよく知られる。

［文献］岸　俊男『宮都と木簡—よみがえる古代史—』（吉川弘文館、一九七七）。（齋藤　融）

皇親政治《こうしんせいじ》　天武・持統朝を中心として、奈良時代初期にかけて行われた天皇および皇族による政治形態。古代における最大の内乱である*壬申の乱に勝利して即位した*天武天皇は、*『万葉集』に「大王は神にしませば云々」と謳《うた》われるようにカリスマ性を獲得し、近江方についた伝統的な畿内豪族層の政治的地位の低下と経済的基盤の弱体化もあって天皇権力は著しく強化された。天智朝末年に存在した太政大臣はもとより、左右大臣・御史大夫などの議政官は任命されず、代わって皇后鸕野皇女《うののひめみこ》および*草壁・*大津・*高市皇子ら天武の諸皇子が政権中枢を占めて、天武の専制的な権力行使を支えたのである。「*飛鳥浄御原令」を施行した持統朝では太政官制の整備が進むが、太政大臣に高市皇子、右大臣に皇族出身の多治比嶋《たじひのしま》が任じられ、主席と次席を皇親が占めている。慶雲三年（七〇六）に五世孫まで拡大）が定められる。天皇のカリスマ性を血縁的に分与された皇親は尊貴性ゆえに食封《じきふ》・蔭位《おんい》などで優遇されるが、養老三年（七一九）から神亀五年（七二八）頃に成立した八十一例《はちじゅういちれい》によれば、親王は任官に制約があるなど形式化が始まっていた。*持統太上天皇が死去した直後に刑部《おさかべ》親王が「知太政官事」となり、以後断続的に*穂積親王・*舎人親王・鈴鹿王《すずかおう》（高市の次子）が任じられ、また左大臣に就任した長屋王《ながやおう》・*橘諸兄（もと葛城王《かつらぎおう》）もおり、これらは天武・持統朝における皇親政治の遺制と見られている。

［文献］　倉本一宏『日本古代国家成立期の政権構造』（吉川弘文館、一九九七）、竹内理三『律令制と貴族』（角川書店、二〇〇〇）。

（齋藤　融）

知太政官事《ちだいじょうかんじ》　八世紀前半に親王・諸王を太政官の議政に関与させるために設けた地位。大宝二年（七〇二）一二月に*文武天皇と共同執政を行っていた*持統太上天皇が死去し、翌年正月に三品刑部《おさかべ》親王が任じられたことに始まる。慶雲二年（七〇五）五月に刑部が死去すると、同年九月に二品*穂積親王が任じられ、霊亀元年（七一五）七月の死去まで在任する。ここで五年間空席となり、養老四年（七二〇）八月右大臣藤原不比等が死去した翌日に一品舎人《とねり》親王が就任し、天平七年（七三五）一一月の死去まで在任した。最後の鈴鹿王《すずかおう》は天然痘の流行により藤原四卿が相次いで死去した同九年（七三七）九月に従三位参議から転じた。同一七年（七四五）九月鈴鹿王の死去をもって知太政官事は任命されなくなる。就任者は天武の諸皇子および天武の孫王《そんおう》で、天武・持統朝以来の皇親政治の系譜を引くという理解がなされているが、政権の要である人物（持統・*不比等・藤原四卿）の死後の就任例が多いことに注意される。当初は官位相当がなく、官職というよりも個人に付与した権能に近いと見られる。しかし、慶雲三年（七〇六）二月に*穂積親王が右大臣に准じて季禄《きろく》を受給することになり、官職的要素が付加される。和銅四年（七一一）の年紀を持ち、建郡の弁官符を碑文とする多胡碑《たこひ》（群馬県多野郡吉井町）に「太政官穂積親王」（知太政官事の称は未成立）とあり、また神亀年間に*舎人親王が詔書・論奏に署名していることも知られ、具体的な職能は未詳ながら大臣とほぼ同格であった。

［文献］　竹内理三『律令制と貴族』（角川書店、二〇〇〇）、虎尾達哉「知太政官事小考」（武光　誠編『日本古代社会史研究』所収、同成社、一九九一）。

（齋藤　融）

庚寅年籍《こういんねんじゃく》　持統天皇四年庚寅（六九〇）に作成された戸籍。前年八月、「*飛鳥浄御原令」の施行に伴って造籍に着手し、この年九月に重ねて戸令に基づいて作成するよう命じた。血縁関係を中心に編戸した*庚午年籍と異なり、居住地による人民把握を意図して編戸を行い、良賤身分の異動や行政村落の再編成も伴った。養老戸令に永久保存の規定はないが、*八色の姓制定後初めての戸籍であること、存在を前提とした弘仁刑部式逸文（良賤身分・所有関係の規定）があることなどから五比《ごひ》（三〇年）を経過しても廃棄せず、保存されていた可能性が高い。記載様式は大宝二年（七〇二）御野《みの》国戸籍により知られ、大宝・養老戸令による戸籍とは異なる点が多い。

［文献］ 彌永貞三『日本古代社会経済史研究』（岩波書店、一九八〇）、平田耿二『日本古代籍帳制度論』（吉川弘文館、一九八六）。 （齋藤 融）

持統天皇《じとうてんのう》 （六四五—七〇二） 名は鸕野讃良《うののさらら》。菟野皇女《うののひめみこ》・沙《さ》羅羅皇女《ららのひめみこ》とも記す。諡号は高天原広野姫天皇《たかまのはらひろのひめのすめらみこと》（*『日本書紀』）・大倭根子広野日女天皇《おおやまとねこひろのひめのすめらみこと》（『続日本紀』）。天智天皇皇女。母は*蘇我倉山田石川麻呂の女の遠智娘《おちのいらつめ》。斉明天皇三年（六五七）に大海人皇子《おおあまのみこ》（*天武天皇）の妃となり、天智天皇元年（六六二）*草壁皇子をもうける。同一〇年（六七一）に病臥した*天智天皇の猜疑心をかわし、後難を避けるため吉野に隠遁した大海人に同行し、翌年六月に勃発した*壬申の乱においても終始行動をともにした。勝利を得た天武天皇が飛鳥浄御原宮で即位したのちは皇后に立てられ、律令諸制度を整備して中央集権化を推し進めた天武を輔佐し、天武の諸皇子らとともに政権中枢を形成した。このような体制を皇親政治と呼称する。朱《あかみ》鳥《とり》元年（六八六）九月天武死去により臨朝称制《りんちょうしょうせい》し、文武に優れた資質を有して官人層の信望の篤かった*大津皇子を謀反の疑いで自害に追い込んだ。草壁が持統天皇三年（六八九）四月に死去したため、草壁の遺児軽《かるの》（珂瑠）皇子《みこ》（*文武天皇）に皇位継承させるために同四年（六九〇）正月即位する。その前年六月に「*飛鳥浄御原令」を施行し、戸令に依拠して*庚寅年籍を作成させ、同八年（六九四）一二月に初の本格的都城である*藤原京に遷都するなど、天武朝の諸政策を引き継いで律令国家建設を推進した。同一一年（六九七）八月皇太子軽皇子に譲位し、太上天皇として共同執政を行った。大宝二年（七〇二）一二月に死去し、遺体は火葬されて天武の大内陵（奈良県明日香村）に合葬された。

［文献］ 北山茂夫『日本古代政治史の研究』（岩波書店、一九五九）、直木孝次郎『持統天皇』（吉川弘文館、一九六〇）。 （齋藤 融）

草壁皇子《くさかべのみこ》 （六六二—六八九） *天武天皇の皇子。母は鸕《う》野讃良皇女《ののさららのひめみこ》（*持統天皇）。*文武天皇・*元正天皇・吉備《きび》内親王の父。妻は阿閇皇女《あべのひめみこ》（*元明天皇）。日並知皇子尊《ひなめしのみこのみこと》と称される。天武天皇八年（六七九）五月の吉野誓盟《せいめい》では諸皇子の筆頭として宣誓し、同一四年正月に浄広壱《じょうこういち》を授けられる。朱鳥《あかみとり》元年（六八六）七月病床の天武天皇から皇后とともに天皇大権を委任されるが、天武の死後に*大津皇子の謀反事件が起こり、草壁皇子の即位は見送られて皇后が称制《しょうせい》を行った。持統天皇三年（六八九）四月病没し、天平宝字二年（七五八）八月に岡宮御宇天皇《おかのみやにあめのしたしらしめししすめらみこと》の尊号を追贈された。『国家珍宝帳《こっかちんぽうちょう》』（東大寺献物帳）にみえる黒作懸佩刀《くろつくりのかけはきのたち》は草壁皇子が所持したもので、*藤原不比等を介して*聖武天皇に伝えられた。

［文献］ 直木孝次郎『持統天皇』（吉川弘文館、一九六〇）、寺西貞弘『古代天皇制史論—皇位継承と天武朝の皇室—』（創元社、一九八八）。 （齋藤 融）

大津皇子《おおつのみこ》（六六三―六八六）　*天武天皇の皇子。母は天智天皇の皇女大田皇女《おおたのひめみこ》（*持統天皇の同母姉）。*壬申の乱に際しては、大海人皇子《おおあまのみこ》の吉野出奔《しゅっぽん》の報に接して大津宮を脱出し、伊勢国朝明《あさけ》郡（三重県三重郡）にて合流を果たした。天武朝では*草壁皇子に次ぐ地位を得て次代を担う皇子として嘱望され、天武八年（六七九）五月吉野誓盟に加わり、同一二年（六八三）二月に朝政に参画した。同一四年（六八五）正月に浄大弐《じょうだいに》を授けられ、朱鳥《あかみとり》元年（六八六）八月草壁・*高市皇子と封四〇〇戸の加増を受ける。同年一〇月天武の殯《もがり》の期間中に謀反計画が川島皇子の密告により発覚し、訳語田《おさだ》（奈良県桜井市）の舎《いえ》にて死を賜った。『*懐風藻』の伝によれば、新羅僧の行心が大津に、その骨相は人臣のものではなく、このままでは非業の死を遂げるであろうと告げたことが謀反の動機とあるが、処罰者はわずか二名で、皇后鸕野皇女《うののひめみこ》（持統天皇）らによる謀殺説もある。遺骸は初葬地（本薬師寺あたりとされる）から二上山《ふたかみやま》（奈良県北葛城郡当麻町）に改葬された。容姿・弁舌に優れて幼少より文才を発揮し、長じて武芸にも秀でたといい、その才幹によって*天智天皇の寵愛を蒙った。『*日本書紀』に「詩賦の興《おこ》り、大津より始まれり」と賞賛されたように、『懐風藻』は辞世の「五言臨終一絶」など四首を載せ、『*万葉集』にも死に臨んで磐《いわ》余《れ》池で詠んだ歌や石川郎女《いしかわのいらつめ》との贈答歌などがある。昭和五九年（一九八四）に伝承*飛鳥板蓋宮跡から「大津皇（子）」と墨書された木簡も出土している。

［文献］寺西貞弘『古代天皇制史論―皇位継承と天武朝の皇室―』（創元社、一九八八）、倉本一宏『日本古代国家成立期の政権構造』（吉川弘文館、一九九七）。

（齋藤　融）

藤原不比等《ふじわらのふひと》（六五九―七二〇）　*姓は朝臣《あそん》。本来の表記は「史《ふひと》」。父は*鎌足。母は車持国子《くるまもちのくにこ》女与志古娘《よしこのいらつめ》。子に*武智麻呂・*房前・*宇合・*麻呂・宮子《みやこ》・安宿媛《あすかべひめ》らがいる。妻妾に蘇我連子《むらじこ》女媼子《おうし》、賀茂《かもの》小黒麻呂《おぐろまろ》女比女《ひめ》、異母妹の五百重娘《いおえのいらつめ》、*県犬養三千代らがいる。幼少時に山科《やましな》の田辺大隅《たなべおおすみ》家にて養育される。*持統天皇の信任を得て台頭し、六九六年一〇月に直広弐《じきこうに》中納言で資人五〇人を賜与される。*文武天皇が即位すると宮子を夫人とし、六九八年八月藤原朝臣姓を自己の家系に限定することを勅許《ちょっきょ》されて鎌足の政治的遺産を独占的に継承する。七〇〇年六月「大宝律令」撰定により賜禄にあずかり、大宝元年（七〇一）三月官位令などの先行施行に伴い正三位大納言となる。慶雲四年（七〇七）四月長年の功により*食封二〇〇〇戸を賜り、和銅元年（七〇八）正月正二位に昇叙して同年三月に右大臣となる。同二年五月弁官庁《べんかんちょう》において新羅使を引見し、いわゆる大臣外交を行っている。霊亀二年（七一六）に安宿媛を首皇子《おびとのみこ》の皇太子妃となし、まもなく「*養老律令」の編纂を主《しゅ》宰《さい》した。律令諸制度に精通し、『国家珍宝帳《こっかちんぽうちょう》』（東大寺献宝帳）に記す黒作懸佩刀《くろつくりのかけはきのたち》の由緒から知られるように草壁系皇統と親密な関係を築くことで藤原氏の政治的地位を確固たるものにした。平城京遷都に伴い飛鳥から厩坂寺《うまやさかでら》を移して*興福寺を建立する。養老四年（七二〇）八月死去し、正一位*太政大臣を追贈され、天平宝字四年（七六〇）八月には淡海公《たんかいこう》の諡号《しごう》を贈られた。

［文献］上田正昭『藤原不比等』（朝日新聞社、一九七六）、高島正人『藤原不比等』（吉川弘文館、一九九七）。

（齋藤　融）

県犬養三千代《あがたいぬかいのみちよ》（？―七三三）　*姓は宿禰《すくね》。奈良時代前期の高級女官。父は東人《あずまひと》。はじめ美努《みぬ》王に嫁して葛城《かつらぎ》王（*橘諸兄）・牟漏女王《むろのひめみこ》（*藤原房前の妻）らを生み、のち*藤原不比等の妻となり安宿媛《あすかべひめ》（*光明皇后）らを儲ける。和銅元年（七〇八）一一月*元明天皇の大嘗会《だいじょうえ》のとき、天武朝以来の奉仕を褒められて盃に浮かぶ橘とともに橘宿禰《すくね》を賜る。養老元年（七一七）正月従三位に昇叙し、同五年（七二一）正月正三位に進む。同年五月元明太上天皇の危篤を機に出家し、天平五年（七三三）正月に没した。従一位を追贈され、天平宝字四年（七六〇）八月に正一位・大夫人の称号を贈られる。仏教に深く帰依し、法隆寺所蔵の橘夫人厨子《ずし》は墨書銘などにより三千代の念持仏《ねんじぶつ》と伝える。（齋藤　融）

［文献］岸　俊男『宮都と木簡―よみがえる古代史―』（吉川弘文館、一九七七）。

高市皇子《たけちのみこ》（?―六九六）*天武天皇の皇子。母は胸形徳善《むなかたのとこぜん》女尼子娘《あまこのいらつめ》。長屋王《ながやおう》らの父。*草壁皇子の日並知皇子尊《ひなめしのみこのみこと》に対して後皇子尊《のちのみこのみこと》と称される。*壬申の乱では大海人皇子《おおあまのみこ》の吉野脱出の報に大津宮で接し、伊賀積殖《つむえ》の山口にて合流を果たし、全軍の指揮を大海人に委任されて勝利に貢献する。天武天皇一四年（六八五）正月の冠位改正では卑母《ひぼ》の所生ゆえに異母弟草壁・*大津皇子より低い浄広弐《じょうこうに》であったが、内外から篤い信望が寄せられた。持統天皇四年（六九〇）八月、前年の草壁死去を受けて太政大臣に就任する。同六年（六九二）正月に封戸は五〇〇〇戸に達し、同七年（六九三）正月に浄広壱《じょうこういち》を授けられた。同一〇年（六九六）七月に没するが、*『懐風藻』はその死後に開かれた皇嗣選定の会議が紛糾したことを伝える。（齋藤　融）

［文献］川崎庸之『記紀万葉の世界』（東京大学出版会、一九八二）、倉本一宏『日本古代国家成立期の政権構造』（吉川弘文館、一九九七）。

大伯皇女《おおくのひめみこ》（六六一―七〇一）大来皇女とも記す。*天武天皇の皇女。母は*天智天皇の皇女大田皇女《おおたのひめみこ》。*大津皇子の同母姉。実在が明らかな最初の伊勢斎《いせのいつきのみや》王。大伯の名は出生地の大伯海《おおくのうみ》（岡山県邑久《おく》郡付近。百済救援の役にて斉明天皇一行が筑紫に向う途中で誕生）にちなむ。天武天皇二年（六七三）四月斎王に卜定《ぼくじょう》され、泊瀬斎宮《はつせのいつきのみや》にて一年半余の潔斎を行ったのち伊勢に下向する。朱鳥《あかみとり》元年（六八六）一〇月、天武天皇の殯《もがり》の期間中に*大津皇子が謀反の罪で自殺したため、翌月斎王の任を解かれて飛鳥に帰る。大宝元年（七〇一）一二月没した。*『萬葉集』は伊勢を訪れた大津皇子と別れるときの歌、大津皇子の屍を二上山に移葬する際に哀惜した歌など六首を載せる。（齋藤　融）

［文献］川崎庸之『記紀万葉の世界』（東京大学出版会、一九八二）。

穂積皇子《ほづみのみこ》（?―七一五）*天武天皇の皇子。母は*蘇我赤兄女大蕤《おおぬの》娘《いらつめ》。紀皇女《きのひめみこ》・田形皇女《たがたのひめみこ》の同母兄。持統天皇五年（六九一）正月、浄広弐で封五〇〇戸を賜る。大宝二年（七〇二）一二月、*持統太上天皇の死去により二品で作殯宮司となり、翌年一〇月葬送の御装長官《ごそうちょうかん》を勤める。慶雲元年（七〇四）正月、封二〇〇戸を加増され、同二年（七〇五）九月には刑部《おさかべ》親王の死去により知太政官事《ちだじょうかんじ》となる。霊亀元年（七一五）正月一品に昇叙し、同年七月に没した。*『萬葉集』によれば、異母妹但《た》馬皇女《じまのひめみこ》（*高市皇子の妻妾）との悲恋（穂積に対する但馬の歌三首、但馬の死後に穂積が詠んだ悲傷歌一首）、晩年に一〇代半ばの大伴坂上郎女《さかのうえのいらつめ》（のちに異母兄の宿奈麻呂《すくなまろ》と再婚）を娶り寵愛したことなどが知られる。

[文献] 川崎庸之『記紀万葉の世界』(東京大学出版会、一九八二)、竹内理三『律令制と貴族』(角川書店、二〇〇〇)。

(齋藤　融)

(四) 対外関係

淳足柵《ぬたりのさく》　古代の対蝦夷*のための城柵。磐舟柵*・都岐沙羅《つきさら》柵とともに日本海側の拠点として機能した。『日本書紀』*大化三年(六四七)是歳条が初見で、同時に柵戸《きのへ》が置かれた。斉明天皇四年(六五八)七月甲申条には淳足柵造として大伴君稲積《おおとものきみいなつみ》(「君」は姓*)に小乙下《しょういつげ》が授けられた(『日本書紀』)。所在地はのちの沼垂《ぬたり》郡を形成する拠点となり、さらに水軍の碇泊できる条件が満たされるところと考えられているが、一七世紀中に遺称地が度々移転していることもあり不明である。平成二年(一九九〇)に発掘された八幡林《はちまんばやし》遺跡(新潟県和島村)から「沼垂」と墨書された木製品が出土したことから新たな材料が提供されつつある。

[文献]『新潟県史・通史編1原始・古代』(新潟県、一九八六)、工藤雅樹『城柵と蝦夷』(ニュー・サイエンス社、一九八九)。

(中村友一)

磐舟柵《いわふねのさく》　日本古代の対蝦夷*のために置かれた城柵。『日本書紀』*大化四年(六四八)是歳条が初見で、越と信濃の民を選んで柵戸《きのへ》が置かれた。文武天皇二年(六九八)と同四年(七〇〇)に修復された「石船柵」としてみえるのも磐舟柵のことだろう。のちに頸城《くびき》に越後国府が移転するまでここに越後国の政庁が置かれた。所在地は旧岩船潟や式内社の石船神社のある新潟県村上市岩船の地が有力視されるが、明確にはなっていない。その廃絶は和銅元年(七〇八)の出羽郡建郡以降しだいに存在価値が低下して廃止されたと考えられる。なお磐舟柵と都《つ》岐沙羅《きさら》柵を同一視する説もあるが決定的でない。

[文献]『新潟県史・通史編1原始・古代』(新潟県、一九八六)、工藤雅樹『城柵と蝦夷』(ニュー・サイエンス社、一九八九)。

(中村友一)

古代の東北地方

粛慎《みしはせ》　「あしはせ」の読みが有力視されている。古代の朝廷側からの立場での異民族の呼称で、『日本書紀』*欽明天皇紀・斉明天皇紀などにみられるが、その実態は諸説があって明らかになっていない。名称は中国古典からの転用と考えられるが、同一の民族を指しているわけではない。しかし斉明紀では阿倍比羅夫*によって何度か征伐され、羆《ひ》(ヒグマ)の皮や生きた羆を献じている。天武天皇五年（六七六）一一月条では新羅使に従って入朝しているほか、持統天皇八年（六九四）正月条には二人の粛慎が大唐の七人と授爵されている（『日本書紀』）。さらに同一〇年（六九六）三月条でも「志良守叡草《しらすえそう》」という粛慎人が越の蝦夷*と入朝している。これらは渡嶋や津軽の蝦夷よりも、日本海を挟んだ大陸との交渉のなかで使用された民族名であろう。

［文献］新野直吉『古代東北の兵乱』（吉川弘文館、一九八九）、若月義小「アシハセ・粛慎考」（『弘前大学国史研究』一〇七、一九九九）。

（中村友一）

阿倍比羅夫《あべのひらふ》（生没年未詳）姓*は臣《おみ》。阿倍引田《あべのひけた》氏の出身で、阿倍本宗氏の一つ。『日本書紀*』斉明《さいめい》四年（六五八）の「阿倍臣」も同一人とみられ、同年是歳条に越国守として粛慎*を討ったことがみえる。『日本書紀』の記事には付会・重複などが考えられるが、斉明四年から七年（六六一）にかけて比羅夫と思われる征夷・征粛慎活動が続いている。「天智即位前紀」には斉明七年八月に大花下の位で後将軍に任ぜられて百済救援に派遣され、翌年三月に新羅を討っている。朝臣《あそん》姓を賜った子の宿《すく》奈麻呂《なまろ》の薨伝《こうでん》には、比羅夫は斉明朝の筑紫大宰帥大錦《だいきん》上《じょう》であるとみえるが、その叙位任官は『日本書紀』にみえない。いずれにしても比羅夫の活躍がのちの阿倍引田氏の本宗氏化へと作用したことは疑いない。

［文献］『新潟県史・通史編1原始・古代』（新潟県、一九八六）、北構保男『古代蝦夷の研究』（雄山閣出版、一九九一）、工藤雅樹『蝦夷と東北古代史』（吉川弘文館、一九九八）。

（中村友一）

白村江《はくすきのえ》の戦い　天智二年（六六三）に起きた倭国の百済*救援軍と唐*・新羅*連合軍との戦い。白村江は朝鮮半島西南部を流れる錦江《きんこう》の古名。「はくそんこう」とも読む。

斉明《さいめい》六年（六六〇）、唐・新羅の連合軍が百済の王都泗沘《しひ》城（扶余城とも。忠清南道）を陥落させ、百済の義慈《ぎじ》王は降服して百済は滅亡する。唐は熊津《ゆうしん》（忠清南道）など五か所に都督府を置いて百済の領地を支配した。しかし、百済滅亡後も百済遺民は武将鬼室福信《きしつふくしん》のもとに復興運動を続け、倭国に救援を請うとともに、倭国に滞在していた義慈王の子扶余豊璋《ふよほうしょう》の百済への帰還を求めた。斉明天皇*は、百済救援軍を派遣しようと伊予熟田津《にきたづ》（愛媛県松山市）を経て筑紫に赴くが、筑紫朝倉宮で没する。代わって中大兄皇子*が百済救援軍の指揮をとり、豊璋を百済王に即位させ、救援軍を渡海させて唐・新羅の連合軍と戦うが、天智二年（六六三）の白村江の戦いにおいて、連合軍と決戦し大敗を喫した。『旧唐書』劉仁軌《りゅうじんき》伝には、倭兵の船四〇〇艘が焚かれ、煙が空を覆い、海水は血で赤く染まったと記されている。これにより百済は完全に滅亡し、倭国は朝鮮半島から撤退せざるを得なくなった。白村江の敗戦により、唐・新羅への警戒が高まり、国内の防衛体制が強化された。対馬、壱岐、筑紫に防人*や烽*が置かれ、筑紫に水城*も設けられた。また、倭国が受け入れた亡命百済人は、国内の律令制整備の原動力となった。この後、倭国は内政拡大に力を入れ、律令国家を形成していく。

［文献］鬼頭清明『白村江』（教育社、一九八一）、森　公章『「白村江」以後—国家危機と東アジア外交』（講談社、一九九八）。

（浜田久美子）

水城《みずき》　白村江の敗戦の翌年である天智三年（六六四）に、唐・新羅に対しての国内防備のため筑紫に築かれた堤防。博多から大宰府にかけて一・二キロにわたる土塁で幅は八〇メートル、高さは一三メートルで二か所に城門が設置される。深さ約五メートルの堀に水を貯え、城壁により防御することから「水城」と名づけられたと見られる。現在「水城跡」は国指定の特別史跡とされ、堀に水を流すため取水口となった木樋《もくひ》の遺構がみつかっている。筑紫には水城のほかにも土塁の遺構が数か所確認され、『*日本書紀』天智三年条にみえる「水城」がどの範囲を指すのか明らかではない。
［文献］田村圓澄『大宰府探求』（吉川弘文館、一九九〇）。　（浜田久美子）

烽《とぶひ》　国境に配置し、異変があれば煙を立てて通信するノロシ。水城と同様、白村江の敗戦の翌年に当たる天智三年（六六四）に対馬、壱岐、筑紫に防人と烽が国防のため設置された。烽は唐制にならったとされ、養老軍防令にも烽に関する規定があり、烽を監督する烽長《ほうちょう》と、その下に置かれる烽子《ほうし》がいた。出雲や豊後、肥前の*風土記にも烽がみえ、これら辺境での烽を受けて、生駒山の高見烽（平城京）、男山（平安京）など都の周辺にも烽が設置された。天平六年（七三四）には、対新羅関係が緊張したためか、出雲と隠岐に烽を置くことが命じられている。対外関係の緊張が緩和した延暦一八年（七九九）には、*大宰府管内を除いて停廃し、*藤原純友による天慶《てんぎょう》の乱以後は大宰府管内の烽も廃絶した。
［文献］平川　南、鈴木靖民編『烽の道―古代国家の通信システム』（青木書店、一九九七）、荒井秀規他編『日本史小百科―交通』（東京堂出版、二〇〇一）。　（浜田久美子）

大野城《おおのじょう》　天智四年（六六五）、*唐・*新羅連合軍の来襲に備えて亡命百済人憶礼福留《おくらいふくる》と四比福夫《しひふくぶ》を派遣して筑紫国に*基肄城とともに築かせた山城。これらは、古代朝鮮、特に*百済の山城と構造が共通する点が多いことから朝鮮式山城と称される。大野城は、現在の太宰府市、大野城市、粕谷郡宇美町にまたがり、大宰府の北方に位置する標高四〇〇メートルの四王寺山《しおうじやま》に存在する。尾根には六・五キロメートルの土塁が、谷には石塁が築かれ、城内には四か所の城門と七十余棟の建造物が点在し、ほとんどが高床式倉庫と類推されることから、防戦施設と備蓄基地との役割を果たしていたと考えられる。大野城はほかの朝鮮式山城と異なり大宰府政庁に近接することから、大宰府と一体の関係で築城された特徴がある。
［文献］磯村幸男他編『日本城郭大系18』（新人物往来社、一九七九）、西谷　正「朝鮮式山城」（『岩波講座日本通史3古代2』所収、岩波書店、一九九四）。　（浜田久美子）

基肄城《きいじょう》　*大野城とともに天智四年（六六五）に*唐・*新羅連合軍の来襲に備えて亡命百済人により築かれた朝鮮式山城。『*日本書紀』には「椽《き》」と記す。佐賀県三養基《みやき》郡基山《きやま》町の基山と坊住山《ぼうじゅざん》にまたがる。全周四・五キロメートル以上の土塁がめぐらされ、五か所の城門と水門、四〇棟前後の倉庫とみられる礎石建物の遺構が確認されている。文武二年（六九八）五月には、*大宰府（筑紫大宰）に大野城や鞠智《きくち》城（熊本県鹿本郡菊鹿町に遺構がある。）とともに修理を命じている記事がみえる。
［文献］外山幹夫・高島忠平編『日本城郭体系17』（新人物往来社、一九八〇）。　（浜田久美子）

三国史記《さんごくしき》　高麗《こうらい》の仁宗二三年（一一四五）に金富軾《きんふしょく》が撰した最古の朝鮮三国の史書。五〇巻。*新羅、*高句麗、*百済について、本紀、年表、志、列伝に分かれて記述される。特に新羅に関して詳細な記述が残されているのは、統一新羅の文化が史書編纂時の高麗に引き継がれたためである。朝鮮や中国の史書が多岐にわたり引用されるが、記述の信憑性には難点もある。説話などを中心にした『三国遺事《さんごくいじ》』と並び、朝鮮三国時代に関する二大史書である。版本には高麗本（現存せず）、李朝本（木版本と鋳字本）があり、活字本には朝鮮古書刊行会本、東京帝国大学本、朝鮮史学会本などがある。影印本には『学東叢書1』（学習院大学東洋文化研究所、一九六四、慶州重刊本の影印）、『学東叢書13』（同、一九八六、鋳字本の影印）がある。

［文献］井上秀雄訳注『三国史記1―4』（平凡社、一九八三―一九八八）、佐伯有清編訳『三国史記倭人伝』（岩波書店、一九八八）、金思燁訳『完訳三国史記』（明石書店、一九九七）。

（浜田久美子）

（五）白鳳文化

大官大寺《だいかんだいじ》　現在の奈良県明日香村にあった官寺。大安寺の前身。大寺とは勅願寺の意。『大安寺伽藍縁起并流記資財帳《だいあんじがらんえんぎならびにるきしざいちょう》』は聖徳太子の熊凝《くまごり》道場を原点と記す。実際には舒明《じょめい》一一年（六三九）舒明天皇発願の百済大寺《くだらおおてら》に始まる。奈良県広陵町百済や木之本廃寺（奈良県橿原市）を寺地に比定する説があったが、近年は吉備池廃寺（奈良県桜井市）が最有力視される。天武二年（六七三）、高市に移転し高市大寺となる。同六年（六七九）、大官大寺と改称。文武朝の造営が『大安寺伽藍縁起』に記されるが、これは藤原京移転後の寺址（奈良県明日香村）に当り、火災の跡が発掘されて『扶桑略記《ふそうりゃっき》』にいう和銅四年（七一一）の焼亡を裏づけた。霊亀二年（七一六）、寺籍を平城京に移し大安寺となった。

［文献］『大和古寺大観3元興寺極楽坊・元興寺・大安寺・般若寺・十輪院』（岩波書店、一九七七）。

（佐々木守俊）

薬師寺《やくしじ》　奈良県奈良市にある寺。法相宗大本山。造営の経緯は『*日本書紀』や東塔の檫銘《さつめい》などから知られる。天武九年（六八〇）、皇后（のちの*持統天皇）不予のため天皇が発願。造営開始は天武朝と考えられ、持統二年（六八八）に無遮大会を設けた。この際、本尊像が作られたとの見方が強い。同一一年（六九七）六月には公卿百寮が仏像を発願、同年七月供養。文武二年（六九八）には伽藍が整い僧が住む。これを本《もと》薬師寺という（奈良県橿原市）。当時の寺地は藤原京にあって礎石が残る。伽藍配置はいわゆる薬師寺式で、回廊内で二塔が東西に並び、回廊は講堂に取りつく。養老二年（七一八）に現在地へ移転、伽藍配置は本薬師寺を継承した。この際、建造物や薬師三尊像が移されたかについて様々な論争がある。建造物の移建説は二寺の創建瓦の共通を前提とし、金堂の規模や構造の一致などを根拠とした。一方、長和四年（一〇一五）の『薬師寺縁起』所引「流記」の記載「宝塔四基。二口在本寺」から現在の東塔を新築とする説や、部分移建説も出された。本薬師寺の発掘調査では創建瓦の違いが判明、二寺で規模や構造が異なる中門・回廊とともに金堂・東塔も残存が確認された。ただし西塔が移されて現在の東塔になった可能性は完全には否定されていない。薬師三尊像も『薬師寺縁起』は移坐とするが、様式上の判断と移建説の否定から新鋳説が有力。薬師三尊像のほか奈良時代の聖観音立像などの彫像、奈良時代の吉祥天画像など寺宝は多い。

［文献］　奈良六大寺大観刊行会編『奈良六大寺大観補訂版6薬師寺全』（岩波書店、二〇〇〇）、大橋一章・松原智美編著『薬師寺千三百年の精華―美術史研究のあゆみ』（里文出版、二〇〇〇）。

（佐々木守俊）

山田寺《やまだでら》　奈良県桜井市にある寺院址。法号は浄土寺。造営の経緯は『上宮聖徳法王帝説』裏書に詳しい。舒明一三年（六四一）に*蘇我倉山田石川麻呂が発願し造営を開始。大化五年（六四九）に倉山田石川麻呂は自害し造営が中断するが天智二年（六六三）に再開。天武一四年（六八五）開眼の金銅丈六仏は頭部のみ興福寺に現存。伽藍配置は主要堂宇が南北に並ぶ点で四天王寺式と共通するが回廊が金堂の背後で閉じ、山田寺式として区別することがある。発掘調査は「裏書」の信憑性と、法隆寺の建築様式が山田寺より降ることを確認、また東面回廊を完全な形で発見するなどの成果を得た。単弁重弁八弁蓮華文で外縁に重圏をめぐらす軒丸瓦は山田寺式軒丸瓦と呼ばれる。

［文献］　奈良国立文化財研究所飛鳥資料館『山田寺』（一九九六）、奈良文化財研究所編『大和山田寺跡』（吉川弘文館、二〇〇二）。

（佐々木守俊）

白鳳仏《はくほうぶつ》　白鳳時代に作られた仏像。美術史上の時代区分として、仏像制作の開始から平城遷都（七一〇）までを前後に分け、それぞれ飛鳥時代前・後期、または飛鳥・白鳳時代と呼ぶ。かつては大化改新（乙巳《いっし》の変（六四五））で前後期を分けたが、近年は天智朝初年（六六二）頃で区切るのが普通である。「白鳳」は孝徳朝の年号「白雉《はくち》」（六五〇―六五四）の別称で、天智朝以降の時代名称としては不適切である。そのため飛鳥前・後期の呼称が多く用いられるが、飛鳥仏・白鳳仏とのいい方が具体的な作例との関連でなされることも間々あるので、ここでは時代区分として白鳳時代を認める。様式的には*隋から初唐彫刻の影響下にあるが、遣唐使の盛んな往復による初唐様式の摂取が注目される。止利派の作例に代表される飛鳥仏と比べ、みずみずしい肉取り、柔和な表情、薄手の着衣、側面観への意識、左右相称性からの脱却といった変化が生じ、童顔童形の像も多い。金銅仏では法隆寺夢違《ゆめちがい》観音立像《かんのんりゅうぞう》や天武一四年（六八五）完成の興福寺仏頭（旧山田寺講堂像）が代表的で、肉身は自然な抑揚をもち、溌剌《はつらつ》とした造形が見られる。小金銅仏で記年銘を有する例には、東京国立博物館蔵丙寅年（六六六）銘菩薩半跏像《ぼさつはんかぞう》（六〇六年説もある）などがある。木彫像の中宮寺菩薩半跏像は飛鳥仏に近い要素も残すが胸や腹を意識的に区別し、裳裾の折り畳みも柔軟さを増す。法隆寺六観音立像や金堂天蓋の天人像は童顔童形の例である。塑像と乾漆像も作られ始めた。特に塑像では天武一〇年（六八一）頃の当麻《たいま》寺弥勒仏坐像《みろくぶつざぞう》や、天智朝創建と見られる川原寺旧境内出土の塑像《そぞう》断片に初唐様式が顕著である。同じく土を用いる塼仏《せんぶつ》も制作された。なお当時の寺址は全国で六〇〇か所近くあり、寺院の急増を示す『扶桑略記《ふそうりゃくき》』の記述と合致する。千葉・龍角寺釈迦如来坐像《しゃかにょらいざぞう》や東京・深大寺釈迦如来倚像《きぞう》など東国での制作とみられる金銅仏や、各地の寺址から出土した塑像片など、地方の造像も知られる。

［文献］　水野敬三郎ほか編著『日本美術全集2法隆寺から薬師寺へ　飛

鳥・奈良の建築・彫刻』（講談社、一九九〇）。　（佐々木守俊）

法隆寺《ほうりゅうじ》金堂壁画《こんどうへきが》　法隆寺金堂には、外陣の柱間一二面に四仏浄土図と八体の菩薩像、外陣上方の小壁一八面に山中羅漢図、内陣内側小壁二〇面に飛天供養図が描かれていたが、昭和二四年（一九四九）金堂の失火で、取りはずされていた内陣小壁を除き、すべての壁面が焼損した。現在金堂には再現模写がはめ込まれ、飛天小壁は樹脂で表面を固めて新宝蔵殿に保存されている。四大壁画の主題は、図像的特徴から、釈迦、阿弥陀、弥勒、薬師の各浄土図とされている。中国初唐様式の影響を受け、肥痩のない鉄線描と彩色の隈取りによって立体感を表す陰影法が特徴的。重要文化財。白鳳時代。大壁（一号壁）三一四×二六五センチメートル、小壁（二号壁）三一三×一六〇センチメートル、飛天小壁七一×一三九センチメートル。

［文献］奈良六大寺大観刊行会編『奈良六大寺大観補訂版5法隆寺』（岩波書店、二〇〇一）。　（稲本万里子）

伊勢神宮《いせじんぐう》の成立《せいりつ》　伊勢神宮は伊勢国度会《わたらい》郡、今の三重県伊勢市に鎮座する。天皇の守護神としてもっとも由緒が古く、もっとも規模の大きな神社で、皇祖神*天照大神《あまてらすおおみかみ》を祀る内宮《ないぐう》と、五穀の神である豊受《とゆけ》姫神を祀る外宮《げぐう》を中心とし、また多数の別宮・摂社・末社・所管社など数十の神社群からなる。『*日本書紀』は垂仁《すいにん》天皇のとき皇女ヤマトヒメが大和三輪から伊勢に遷したと記すが史実とは認められない。ヤマトの大王は太陽神を守護神とし、倭王武（雄略《ゆうりゃく》大王）のとき伊勢の度会に遷したともいうが、最初の確実な斎王と認められるのが天武天皇の皇女*大伯皇女であること、遷宮の開始が持統天皇四年（六九〇）とされることなどから、*壬申の乱が一つの契機となって伊勢神宮が成立したと思われる。遷宮は一九年ごとに一回で、一四世紀から二〇年に一回となった。延暦二三年（八〇四）に撰上された皇太神宮と止由気宮の『儀式帳』によると、止由気宮のみの神域はなく、豊受宮はなお皇太神宮に付属するものと見られていたのであり、豊受大神宮の神域四至《しいし》が定められたのは延長四年（九二六）である。「内宮・外宮」という併称は昌泰二年（八九九）にみえるが、両宮の勢力にはなお差異があり、内宮の規模が36尺×18尺であるのに対して、外宮は24尺×16尺であった。両宮の規模が等しくなるのは一四世紀のことである。

神宮の財政的基盤は、古代には伊勢国の度会・多気《たけ》二郡（神郡）と大和・伊勢・志摩・尾張・三河・遠江の諸国の神戸《かんべ》（封《ふ》戸《こ》）で、大同元年（八〇六）における神戸の数は一一三〇戸であり、寛平九年（八九七）飯野郡が神郡に加えられ、平安末期までに神八郡となった。寄進による御厨《みくりや》の数は、一三世紀には四百余に達している。また遷宮の費用については、諸国の公領・荘園に役夫工作料が賦課されるようになった。大王（天皇）家の私的な祭祀の対象であった神宮は、公的な国家祭祀の対象となり、中世には私幣禁止の原則は、無視され、一般民衆の信仰対象へと変貌していったのである。

［文献］上田正昭編『伊勢の大神—神宮の展開』（筑摩書房、一九八八）。　（阿部　猛）

墓誌《ぼし》　墓中に埋めて、墓の主を明らかにするための文章（銘）を刻んだもの。中国に起源し、我が国では、七世紀末から八世紀に行われたのみで、墓誌銘は一六例をみるに過ぎない。形態的にいうと、長方形の板に銘文を記したものと、蔵骨器に記したものに大別される。墓誌の出土地は、奈良を中心と

墓誌一覧

年次	埋葬者	材質	銘字数	出土地
六六八	船王後	銅板	一六二	大阪府柏原市
六七七	小野毛人	金銅板	四八	京都市左京区
七〇七	文禰麻呂	銅板	三四	奈良県榛原町
七〇七	威奈大村	金銅蔵骨器	三九一	奈良県香芝市
七〇八	下道圀勝・圀依母	同右	四七	岡山県矢掛町
七一〇	伊福吉部徳足比売	同右	一〇八	鳥取県国府町
七一四	僧道薬	銀板	三二	奈良県天理市
七二三	太安万侶	銅板	四一	奈良県奈良市
七二八	山代真作	金銅板	七六	奈良県五条市
七二九	小治田安万侶	同右	六四	奈良県都祁村
七三〇	美努岡万	銅板	一七四	奈良県生駒市
七四九	行基	金銅蔵骨器	二一	同右
七六二	石川年足	金銅板	一三〇	大阪府高槻市
七六八	宇治宿禰	銅板	二八	京都市右京区
七七六	高屋枚人	方形砂岩	三七	大阪府太子町
七八四	紀吉継	方形塼	四七	同右

大化の薄葬令による造墓の上限

区分	石室	墳丘	役夫	葬具
王以上	長さ9尺 高さ5尺 広さ5尺	方9尋 高さ5尋	7日で 1000人	帷帳などに 白布，轜車 を用う
上臣	同上	方7尋 高さ3尋	5日で 500人	同上 担いで行く
下臣	同上	方5尋 高さ2.5尋	3日で 250人	同上
大仁 ｜ 小仁	長さ9尺 高さ4尺 広さ4尺	なし	1日で 100人	同上
大礼 ｜ 小礼	同上	なし	1日で 50人	同上
庶民	なし	なし	なし	帷帳などに 麁布を用う

する畿内一円が多い。規模また銘文の長短は区々《まちまち》で、和風のものと本格的漢文のものの両様がある。例えば小野毛人《おののえみし》の墓誌銘文は次のようである。

（表）飛鳥浄御原宮治天下天皇　御朝任太政官兼刑部大卿位大錦上

（裏）小野毛人朝臣之墓　営造歳次丁丑年十二月上旬即葬

［文献］奈良国立文化財研究所飛鳥資料館『日本古代の墓誌』（一九七七）。（阿部　猛）

薄葬令《はくそうれい》　大化二年（六四六）三月二二日に公布された詔《みことのり》で、大化の薄葬令と呼ばれている。葬送、造墓について、簡素ならしめよとの命で、身分ごとに上限を定めた（表参照）。五世紀末から大王の山陵はしだいに小規模になってきて、推古大王（天皇）の頃から大型の方墳に変化し、群集墳も終焉に向かう。大化の薄葬令は、こうした傾向に沿うものであるが、その効果については疑問視するむきもある。

［文献］森　浩一編『論集終末期古墳』（塙書房、一九七三）。（阿部　猛）

阿《あ》不《お》幾《き》乃《の》山陵記《さんりょうき》　「おおきのさんりょうき」とも読むか。天*武天皇と持統天皇を合葬した檜隈《ひのくま》大内陵（青木陵）が文暦二年（一二三五）三月に盗掘されたときの陵内実見記。縦約二九センチメートルの紙を三枚貼《は》り続《つ》いだ全長約一一一センチメートルルの一巻。外題《げだい》は「御陵日記」内題は「阿不幾乃山陵記」とある。京都栂尾高山寺の方便智積院（廃寺）の所蔵だったが明治一三年（一八八〇）田中教忠の所有となり、現在は重要文化財となっている。文暦二年、賊が大内陵に侵入し金銀製の宝物を盗み、これを伝え聞いた人々が奈良・京都からも押しかけ、陵内に入り見学したというのである。藤原定家はこの事件を日記（『明月記』）に記している。勅使《ちょくし》が派遣されて山陵を検分したのは事件から一年余り経ってからで、さらに二年経ってから犯人が逮捕された。『山陵記』は大内陵の規模、構造、副葬品の形状、盗掘による被害状況を詳しく記録し、史料的価値が高い。古代以来近代に至るまで古墳の盗掘は絶えず、主要な古墳で盗掘にあっていない方が珍しいというありさまである。

［文献］玉利　勲『墓盗人と贋物づくり』（平凡社、一九九二）。（阿部　猛）

漏《ろう》　刻《こく》　「漏剋」とも書く。水時計のこと。水槽から流出する水の量で時刻を計る装置。*『日本書紀』斉明天皇六年（六六〇）五月に*中大兄皇子が漏刻台を作ったのが最初とあり、天智天皇一〇年（六七一）四月、大津近江宮に設置して時を知らせたという。「民をして時を知らしむ」とあるが、大声で呼ばわって告げるか、太鼓を打って知らせたのであろう。奈良県高市郡明日香村の水落遺跡から発見されたものは前者に相当すると思われる。律令制のもとでは中務省陰陽寮に配置された漏刻博士が守辰丁《しゅしんちょう》を率いて時を計り、時刻ごとに鐘鼓を打った。*『延喜式』によると、子《ね》の刻から亥《い》の刻まで二時間おきに鼓《こ》を打ったという。平安京では守辰丁の宿舎が仕丁町にあった。*大宰府・*多賀城・出羽国府・鎮守府などにも設置された。天皇は「時」を支配するものと観念されており、都から他出（行幸）するときも、時を計る器具を持参したという。（阿部　猛）

初期萬葉《しょきまんよう》　*『萬葉集』の時期区分には諸説がある。初期（斉明から持統期）、中期（大宝二―天平九年）、後期（天平一〇年以後）の三期とするもの、初期と後期の二期に分けるもの、その場合でも、初期を①*壬申の乱まで、②*柿本人麻呂以前、③*額田王までとするものなど区々である。従来の研究のあり方からすると、額田王らのような突出した歌人を除けば、初期萬葉の歌人は独立して扱われることは少ない。作品の数の少ないことから作者像が捉えにくいことがある。第二次大戦前の研究は、作品の読み込みによって歌人像を作り出す、かなり主観的、恣意《しい》的な解釈のものが多かった。戦後は個々の作家について歴史性を追求する方法がとられ、歴史研究者側からの考察も多くなった。「初期」の歌人として取り上げられる人物としては、雄略天皇（大王）の歌が巻頭に置かれたことの意義が論じられ、舒明天皇については国見歌が、中皇命《なかつすめらみこと》についてはこれを誰に比定するかの議論があるに過ぎない。有間皇子《ありまのみこ》・*大津皇子は当然政治的な事件とのかかわりで論じられ、*持統天皇は吉野行幸の意味について論じられる。そのほか、初期萬葉の歌人としては、*皇極天皇・*麻績王・鏡《かがみ》王女・氷上娘《ひのかみのいらつめ》・石川郎《いしかわのいらつ》女《め》・倭《やまと》大后・*大伯皇女・磐姫《いわのひめ》之皇后らがいる。

［文献］田辺幸雄『初期万葉の世界』（塙書房、一九五七）、阪下圭八『初期万葉』（平凡社、一九七八）、白川　静『初期万葉論』（中央公論社、一九七九）。（阿部　猛）

柿本人麻呂《かきのもとのひとまろ》（生没年未詳）　大化改新（六四五年）以後の生まれで、奈良遷都（七〇七年）前後に没したと思われている。「石見国《いわみ》にありて臨死《みまか》らむとする時、自ら傷みて作る歌」の存在から石見国で没したと推測され、あるいは政争にからんだ流罪説もある。忍部《おさかべの》皇子《みこ》とのかかわりで詠まれた歌が多く、その家扶・家令的存在であったかもしれない。六位以下の下級官人と思われるが、宮廷歌人として名があり、特に長歌の完成者としてのちの歌人に与えた影響が大きい。平安時代になって紀貫之*が『古今和歌集*』仮名序で人麻呂を「歌のひじり」と称して以来、歌人たちから「歌聖」として尊崇された。柿本氏は孝昭天皇の皇子天足彦国押人命《あめたらしひこくにおしひとのみこと》を祖とする和邇《わに》氏の一族で、芸能を世襲する家柄であった。

［文献］神野志隆光『柿本人麻呂研究』（塙書房、一九九二）。

（阿部　猛）

額田《ぬかたの》王《おおきみ》（生没年未詳）天武天皇*に嫁して十市皇女《とおちのひめみこ》（大友皇子妃）を生んだ。天智天皇*を慕う歌のあるところから、天武との三角関係的な恋愛物語が伝えられるが根拠はない。また宮廷における位置について、巫女《みこ》的な役割を認めたり、祭祀に奉仕する采女的存在としたり、あるいは天皇の歌の代作を根拠として専門的宮廷歌人と規定したりするが確証があるわけではない。

［文献］島崎　壽『額田王—万葉歌人の誕生』（塙書房、一九九八）。

（阿部　猛）

六　律令制度

律令官制　律令によって構築・運営された古代の政治制度を律令制と呼び、「大宝令」の官員令《かんいんりょう》（「養老令」では職員令《しきいんりょう》）によって規定された中央政府の官制は、俗に「二官八省」とか「八省百官」と呼ばれる。二官とは太政官と神祇官で、太政官のもとには*中務省・*式部省・*治部省・*民部省・*兵部省・*刑部省・*大蔵省・*宮内省の八省と、*弾正台・*五衛府があり、八省の下に多数の下級官庁が付属していた。地方では、全国を畿内・七道（東海道・東山道・北陸道・山陰道・山陽道・南海道・西海道）に分け、そのなかを国—郡—里（のちに郷）に編成し、それぞれ国司—郡司—里（郷）長を置いた。中央・地方の官庁には、長官《かみ》・次官《すけ》・判官《じょう》・主典《さかん》の四等官を置き、その下に多くの官人が置かれた。中央官司の定員は、職事官《しきじかん》（常勤職員）と番上官（非常勤職員）を合わせて七〇〇〇人から八〇〇〇人といわれる。

律令官人　律令制下の官人は、勤務年限と勤務成績によって位階が上げられ、その位階に相当する官職につけられる官位相当制がとられていた。有位者の多くは、律令制成立以前からの中央・地方の豪族の系譜を引く者たちで、課役免除の特権が与えられたが、三位以上の「貴」、四・五位の「通貴」と六位以下（非通貴）に分けられ、特に五位以上の有位者には*食封（封戸《ふこ》）・位田・位禄などが給与されて、その経済的基盤が保証されていた。しかも官人層は蔭位の制によって事実上世襲的に官職を独占していた。

身分制　全人民は「良」と「賤」に分類された。律令国家の身分制は唐制にならったものであるが、良民は皇族・官人と、公民と呼ばれる大多数の人民で、賤民はいわゆる奴隷であった。我が国古代の奴隷は全人口の五パーセント程度と見られており、寺院・貴族・地方豪族層に集中的に所有されたが、いわゆる家内奴隷が主で、労働奴隷として農業経営などに集団的に駆使されることは少なかったと思われる。

田制と租税　律令制は土地公有を理念とし、田地は種々の名目で人々に班給され、期限を定めて用益させた。戸籍を作って人民を把握し、計帳に基づいて租・調・庸・雑徭・義倉・出挙などを負担させた。大まかにいえば、租四、調二〇、庸一〇、雑徭六〇の割合で、土地税より人頭税の比重が大きかった。租の比重が著しく小さいことが注目され、租は元来は租税としての性格をもたなかったのではないかとの説もある。

諸制度　軍事組織は、都に衛府があって皇居の警衛と都の治安維持に当たった。国には軍団を置いたが、必ずしもすべての国に置かれたものではない。兵士は庶民から徴発したが、雑傜のうち兵役がもっとも重いといわれ、人民にとっては苛酷な負担となっていた。東国からは、九州の沿岸防備のため防人*が徴発された。兵士の質の低下もあり、実質を維持することが困難となり、延暦三年（七八四）大宰府と奥羽を除いて軍団は廃止された。教育機関としては、都に大学、国に国学を置いたが、これらは官人養成の機関に過ぎず、庶民のための教育が組織的に行われることはなく、寺院がその一部を担うに過ぎなかった。律令制下では行政と司法の区別がなく、行政官が司法官を兼ねた。刑罰は身分によって適用が異なり、有位者、官人は一般人民よりも刑が軽減される仕組みであった。交通機関も整備されず、駅《うまや》を置いて交通・通信に備えたが、これは官人の往来に向けたもので、一般人民のための施設はなかった。

家族形態と農業経営　律令制下の家族形態は、現存する戸籍・計帳類から推し量ることができるが、戸籍上の単位となったイエは郷戸で、戸主*・戸主の妻妾、直系親・傍系親と同党・寄口・奴婢によって構成され、その規模は一〇〇人を超えるものまであった。一郷戸は二〜三房であった。郷戸・房戸は人民支配のための単位であって、直ちに実態を示すものとはいえないが、およそのところ、房戸が世帯に相当し、日常の生活・労働の単位であって、郷戸が農業経営の単位に相当すると見られる。農民の耕地は、班給される口分田と自ら開いた墾田、また他人の田地を借り受けて耕作する賃租田などの組合せで構成され、田植や稲刈り、灌漑《かんがい》施設の工事や修理・維持などは人民の協同によって行われた。 （阿部　猛）

（一）律令官司

律《りつ》と令《りょう》　律は刑罰のことを定めたもので今日の刑法に相当し、令は国家の統治組織、官人の服務規定、人民の租税・労役などを定めたもので、今日の行政法・民法などに相当する。律令は国家統治の基本法であり、これによって政治が運営された。形式的には明治一八年（一八八五）に内閣制度ができるまで、律令はその生命を持っていた。しかし、実質的に律令が行われていたのは一〇世紀までであって、大宝令施行以後それまでの間を律令時代と呼んでいる。律と令の法体系の構成は中国の律令（主に唐の律令）に学んだものである。先進的な中国の法体系を輸入したため、後進的な社会構造を持つ当時の我が国の実情に合致しない点も多かった。 （阿部　猛）

大宝律令《たいほうりつりょう》*　古代の基本法。律六巻、令一一巻。令は大宝元年（七〇一）から施行、律は同年に完成し翌二年から、「養老律令」に代わった天平宝字元年（七五七）まで現行法として実施機能した。刑部《おさかべ》親王・*藤原不比等の撰。『続日本紀』には、文武天皇四年（七〇〇）三月に律令の撰集が命じられ六月に刑部親王以下一九人の官人学者が撰に当たったとあるが、完成までの期間が短すぎるという疑問もあり、文武初年（六九七）まで編纂開始をさかのぼらせる説もある。『続日本紀』大宝元年三月条によれば、建元と同時に位階や官職に関する令が施行されており、日本の律令制における令制の先行をうかがえる。その後同年四月より官人や中央貴族に対する講義が始められ、六月には全面的に施行された。律は、同年八月に完成し一〇月に令とともに全国に配布された。律は中国律令法の継受であり、『永徽律疏《えいきりつそ》』と「永徽令」とを規範として撰集されており、刑罰の軽減などに考慮を加えた程度であるが、一般的にその量刑は唐のそれより二・三等軽く定められていた。令については、「浄御原令」の経験に基づくものと、実態を反映した現実的な部分にかかわる法制であったため、比較的日本の実情が考慮され固有法も存在した。条文そのものは伝わっていないが、『*令集解』に引かれた「古記」により一部復元でき、あるいは『続日本紀』の記事などから推定されている。「大宝令」を引き継いだ「養老令」は、ほとんど伝存しており、「養老律」の一部残存、唐律も『故唐疏議《ことうそぎ》』として伝わっていることから、「大宝律令」の大体をうかがうことができる。しかし、律令の周知徹底は容易ではなかったと思われ、慶雲三年（七〇六）には実質的な修正が加えられ、また和銅四年（七一一）七月の詔に「律令張り設けて、年月已に久し。然れども纔《わずか》に一、二を行い、悉く行うこと能はず」と記載されている。これは律令国家としての理念と実施の過程における実際との間のジレンマであり、当時の朝廷が律令の徹底を重視していたことがうかがえる。

［文献］瀧川政次郎『律令の研究』（刀江書院、一九三一）、井上光貞「日本律令の成立とその注釈書」（『日本思想大系3律令』所収、岩波書店、一九七六）、長谷山彰『律令の編纂』（山中　裕・森田　悌編『論争日本古代史』河出書房新社、一九九一）。　（堀井典子）

養老律令《ようろうりつりょう》　日本古代の基本法典。律一〇巻・令一〇巻からなる。*藤原不比等以下五名の下級官人によって編纂作業が行われた。編纂の趣旨については、藤原不比等の私的な編纂事業とみる考えもあるが、「*大宝律令」の不備を考慮し、首皇子《おびとのみこ》の即位に備えて、編纂されたものと考える。弘仁一一年（八二〇）に成立した「*弘仁格式」の序文によれば、養老二年（七一八）に撰修したとある。しかし、『続日本紀』に関連記事はなく、同六年（七二二）二月条に律令撰修の論功行賞記事が見られ、同四年八月の藤原不比等の死去、また『続日本紀』の天平宝字元年（七五七）五月条の「養老律令」施行の勅がその成立を「去養老年中」としていることから、養老二年には完成しなかったとする考えもある。「養老律令」は、天平宝字元年五月に施行されたが、この時期に施行された理由としては、当時藤原仲麻呂《なかまろ》が実権を握り、祖父不比等の偉業を顕彰するためであったと考えられる。「養老律令」と「大宝律令」の違いは、巻数こそ異なっているが、篇目や構成にあまり改められた点はなく、多くは「大宝律令」の若干の不備を補い、用字を改めるなど実務的な修訂作業に終始している。両者の差異は、官員令（大宝令）―職員令（養老令）、選人令―選叙令、考仕令―考課令とした点、大宝令の医疾令が養老令の営繕令よりも前に置かれていたと考えられる点の程度である。令は、天長一〇年（八三三）二月に完成した公的注釈書『令義解*』や九世紀半ば頃に完成したとみられる私的注釈書（惟宗直本*の編とされる）の本文として伝存し、この両書で倉庫令、医疾令について復元が行われている。律は、律目録・名例律の前半・衛禁律の後半・職制律・賊盗律・闘訟律それぞれ一部が残されたのみで、大部分は散逸した。復元作業は、現代においても続けられている。

［文献］瀧川政次郎『律令の研究』（刀江書院、一九三一）、井上光貞「日本律令の成立とその注釈書」（『日本思想大系3律令』所収、岩波書店、一九七六）、長谷山彰『律令の編纂』（山中　裕・森田　悌編『論争日本古代史』河出書房新社、一九九一）。　（堀井典子）

神祇官《じんぎかん》　朝廷の祭祀を掌り、全国の祝部《はふりべ》（神官）を支配した。大内裏東面の郁芳門《いくほうもん》内左側にあった。「養老令」による職員構成は表のとおりであった。長官の伯は「ハク」と音読みする慣わしである。伯はほかの八省の卿に比して兼任の例が多く、特に大納言・中納言との兼任が多いことから、元来近侍官的性格の強い官司だったと思われる。伯の相当位は従四位下で、中務卿が正四位上、ほかの七省の卿が正四位下であるのに比すれば、明らかに劣位に置かれている。また官庁序列としては、神祇官は国衙と同等の地位にあった。後世の『職原抄』（北畠親房、一三四〇）が「当官を以て諸官の上に置く、これ神国の風儀、天神地祇を重んずる故なり」と記していることから、神祇官をもって太政官と並列させたことの意義をことさらに強調することがあったが、神祇官が太政官に提出した文書が「解《げ》」であったことから、神祇官が太政官の下級官庁であったことは明らかである。大副・少副は次官、大佑《じょう》・少佑は三等官、大史・少史は主典《さかん》、神部《かんべ》と卜部《うらべ》は伴造*で四等官の指揮を受ける番上官である。神祇官が支配する祝部は神戸からとり、神戸のない所では庶人からとった。祝《はふり》は下級神職で、中央では神《かん》主《ぬし》と呼んでいた。祝は神祇官に参集して幣帛《へいはく》を分け当てられる。延喜一四年（九一四）の三善清行の「意見十二箇条」によると、神祇官では祈年《としごい》・月次《つきなみ》の祭を行い豊穣を祈るが、社ごとに祭物として幣帛・清酒・鉄鋒などを陳列し、また神馬《しんめ》を索《ひ》くことが行われる。祭が終わると祭物は祝部が潔斎捧持《けっさいほうじ》して本社に奉ることになるが、祝部らは上卿*の面前で幣帛を懐中にねじ込み、鋒柄《ほうへい》を抜き棄て、瓮《かめ》の酒を飲むなどの無礼な振舞いをなし、神馬に至っては郁芳門外で市人に売り払ってしまうと述べている。

神祇官

	定員	相当位
伯	1	従四位下
大副	1	従五位下
少副	1	正六位上
大佑	1	従六位上
少佑	1	従六位下
大史	1	正八位下
少史	1	従八位上
神部	30	
卜部	20	
使部	30	
直丁	2	

［文献］石尾芳久『日本古代の天皇制と太政官制』（有斐閣、一九六二）。　（阿部　猛）

太政官《だいじょうかん》　国政を総轄する中央機関。少納言局、左弁官局、右弁官局の三局よりなる。「養老令」による職員構成は表のとおりである。太政大臣は常置の官ではなく、「則闕《そっけつ》の官」とされている。左・右大臣は太政官の衆務を統理し、内外大小にかかわらず扱う。「大宝令」制定以前は官位相当制も整っていなかったので四位または三位の者が任ぜられた例もあったが、令制相当位は一位である。大納言は天皇に近侍して庶政に参画し、大臣不参のときは代わって専行する。重職であるから、人なければ必ずしも置かなかったが、一〇世紀半ばからは権大納言が常置され、人員はしだいに増加して一〇人にも及ぶようになった。少納言は天皇に近侍して小事の奏宣、内印、外印や駅鈴の出納を掌る。また侍従を兼ねる。実務官僚であるから欠勤すると政務は渋滞する。外記《げき》は詔書の作成、論奏・奏事の草案を書く。中務省の内記に対して外記と称するのである。八—九世紀、外記には明経道・紀伝道の専門家を輩出した氏族出身者のような文書技術に秀でた者が任ぜられた。外記の庁、外記局と称し建春門外にあった。その南に南所《なんしょ》があり、大臣以下がそこで政務をとることから結政所といい「カタナシ」とも称した。外記が政務に関する書類をかたねなす（結び束《つか》ねる）の意から起こったという。史生は外記局と弁官局に置かれ、公文を浄書し、複写し、装丁する。大史・少史は弁官の主典《さかん》に相当する。官掌《かじょう》は庶務係である。訴の受付け、使部《つかいべ》の監督、行事・儀式の舗設を行う。使部・直丁は下級の雑用係である。（阿部 猛）

太政官

	定員	相当位
太政大臣	1	正・従一位
左大臣	1	正・従二位
右大臣	1	正・従二位
大納言	4	正三位
少納言	3	従五位下
大外記	2	正七位上
少外記	2	従七位上
史生	10	
左大辨	1	従四位上
右大辨	1	従四位上
左中辨	1	正五位上
右中辨	1	正五位上
左少辨	1	正五位下
右少辨	1	正五位下
左大史	2	正六位上
右大史	2	正六位上
左少史	2	正七位上
右少史	2	正七位上
左史生	10	
右史生	10	
左官掌	2	
右官掌	2	
左使部	80	
右使部	80	
左直丁	4	
右直丁	4	
巡察使		

太政大臣《だいじょうだいじん》　天皇の道徳の師であり、四海の民の規範である最高の官。職掌はない。初見は『日本書紀*』天智天皇一〇年（六七一）正月五日条で、このとき大友皇子*を太政大臣とした。「大友皇子伝」（『懐風藻*』）に「百揆を総《す》べ」「万機に親《した》しむ」とあるように、この太政大臣は前代の皇太子摂政の伝統を継ぎ、天皇とともに国政を総理し親裁した官とみられる。のち元慶八年（八八四）五月勅により諸道博士に太政大臣の職掌の有無を勘奏させたとき、博士らの意見は、太政大臣に職掌はなく、しかも職事官であるという点で一致した。六月藤原基経*に賜わった宣命《せんみょう》によると、太政大臣の機務奏宣の権限はのちの関白の権限と同じである。

［文献］早川庄八『日本古代官僚制の研究』（岩波書店、一九八六）。

（阿部 猛）

太政官厨家《だいじょうかんちゅうけ》　太政官の厨房で、諸国の公田地子を管掌した。「田令」によると諸国の公田（乗田）の地子は太政官に送り雑用に宛てるとされ、『延喜式*』ではその送り先を太政官厨とする。厨家には別当と預が置かれた。別当には少納言・弁・外記・史各一員、預には少納言局の史生一員と弁官局の史生二員が宛てられた。のち一〇世紀後半には案主*（公文を勾勘する）の存在も知られる。一〇世紀前期の史料によると、太政官厨家に送られる諸国例進納物は米五四〇〇石余と絹・商布・調布・大宰綿・鍬・鉄や海産物および紙・筵など多岐にわたる。地子の管掌を主要な任務としたので弁官局が中心となり、実務は大夫史（官務）の掌握するところとなり、官務を世襲する小槻氏が官厨家の実験を握った。

［文献］橋本義彦『平安貴族社会の研究』（吉川弘文館、一九七六）。 （阿部 猛）

参議《さんぎ》 令外官。大臣・納言に次ぐ要職で、朝政に参議する。「三木」とも書く。大宝二年（七〇二）大伴安麻呂ら五人を朝政に参議せしめたのをはじめとする。初期の参議は議政官的性格は稀薄で、天皇の諮問に応える性格のもので非制度的存在であったが、天平三年（七三一）八月に六人の参議が任命されたときから、任用基準や位階が定まった。定員はないが平安初期からは八人となり「八座」と呼ばれるようになり、おおむね四位の者が任ぜられた。大同二年（八〇七）観察使制の整備により参議は廃止されたが弘仁元年（八一〇）再置された。

［文献］虎尾達哉「参議制の成立―大夫制と令制四位―」（『史林』六五―五）。 （阿部 猛）

辨官《べんかん》 太政官の構員。左大弁（一員、従四位上）、右大弁（同上）、左中弁（一員、正五位上）、右中弁（同上）、左少弁（一員、正五位下）、右少弁（同上）の計六員。左弁官は中務・式部・治部・民部の四省を管し、右弁官は兵部・刑部・大蔵・宮内の四省を管し、それぞれ、庶事を受け付け、太政官内のことを糺断し、被官の官司の宿直を監する。弁官は八省・諸国と議政官を結ぶ事務官僚として実務を担当する要職であったから能吏が任ぜられ、蔵人や蔵人頭を兼ねる劇職であった。令制官司制成立以前は太政官組織とは別個に、独立した機関であったと思われ、おそらく「浄御原令」において太政官と弁官の両司が組み合わされて太政官制は成立したのであろう。 （阿部 猛）

中務省《なかつかさしょう》 天皇の国事行為および後宮の事務を掌る。「浄御原令」では「中官」と称した。中は禁中の意。一職六寮三司を管する。天平宝字二年（七五八）八月藤原仲麻呂政権下で信部省と改称されたことがあった。「養老令」による職員構成は表のとおり。長官である卿の職掌は、天皇の側近にあって是非を献言し、宮中儀礼につき天皇を補佐し、詔勅の文案を審署し、天皇の命を確認し、勅により凱旋した軍を迎えて労をねぎらう。上表文を受け付け、国史の監修、女王・内命婦・官人の名帳、位記、諸国戸籍、租調帳、僧尼名籍のことを掌る。中務省は天皇に近侍する職であったから、卿・輔の相当位は他省よりは一階上で格の高いものとされた。大輔は次官であるが職掌は卿と同じ。ただし規諫献替《きかんけんたい》せず、これは侍従・少納言に同じであった。侍従八人には少納言三人が含まれる。内舎人は蔭子孫のなかから選ばれ天皇の警護そのほか雑役に当たる。内記は書記官で、太政官の外記に対する称。監物の古訓は「オロシモノ

中務省

	定員	相当位
卿	1	正四位上
大輔	1	正五位上
少輔	1	従五位上
大丞	1	正六位下
少丞	2	従六位上
大録	1	正七位上
少録	3	正八位上
史生	20	
侍従	8	従五位下
内舎人	90	
大内記	2	正六位上
中内記	2	正七位上
少内記	2	正八位上
大監物	2	従五位下
中監物	4	従六位上
少監物	4	正七位下
史生	4	
大主鈴	2	正七位下
少主鈴	2	正八位上
大典鎰	2	正七位下
少典鎰	2	正八位上
省掌	2	
使部	70	
直丁	10	

ノツカサ」で、持統七年紀には「下物職」とみえる。「浄御原令」では出納の官であったが、「養老令」では出納を監察する官である。主鈴は鈴印伝符を出納、典鎰はカギを保管し、省掌は訴人の取次ぎや使部の検校、儀式の準備などを行う。雑役に従う使部は『延喜式』*では三〇人に減じている。省の所在は内裏正面の建礼門の道を隔てた南であった。

［文献］ 荊木美行『初期律令官制の研究』（和泉書院、一九九一）。

（阿部　猛）

中宮職《ちゅうぐうしき》 中務省*の被官。皇后、皇太后、太皇太后の宮の関係事務を掌る。本職に相当する官は「浄御原令」で成立したものと思われる。中宮は皇后の別称であるが、奈良時代には、中宮職は皇太夫人藤原宮子《みやこ》に付属し、光明立后のとき皇后には皇后宮職を置き、以後この形態が続いたが、延長三年（九二五）醍醐*天皇の后藤原穏子《やすこ》に中宮職を宛てて常態に復し、長保二年（一〇〇〇）藤原彰子《しょうし》・同定子《ていし》の二后併立となると、新皇后に中宮職、古皇后に皇后宮職*を宛てることになった。「養老令」による職員構成は表のとおりである。大夫《だいぶ》の職掌は、中宮に啓を進上し、中宮の令を下に伝える。舎人は中宮舎人で分番宿直に当る。のちの『延喜式』*には史生八人、女孺《にょうじゅ》（雑事に従う下級女官）九〇人、侍長《さむらいのおさ》がいたとみえる。職は内裏東北の職御曹司の場所にあった。

中宮職

	定員	相当位
大　夫	1	従四位下
亮	1	従五位下
大　進	1	従六位上
少　進	2	従六位下
大　属	1	正八位下
少　属	2	従八位上
舎　人	400	
使　部	30	
直　丁	3	

［文献］ 直木孝次郎『奈良時代史の諸問題』（塙書房、一九六八）。

（阿部　猛）

職御曹司《しきのみそうじ》 中務省*被官の中宮職*の庁舎をいう。曹司とは庁舎・宿直所・局・部屋を意味する言葉。内裏の東北、左近衛府の西の地。『西宮記』*に大臣・納言の宿廬は職御曹司であると記す。ここで叙位、除目*を行ったこともある。 （阿部　猛）

大舎人寮《おおとねりりょう》 中務省の被官。左・右二寮ある。大舎人を指揮して天皇に供奉する。「養老令」による職員構成（左・右とも同じ）は表のとおり。頭《かみ》は大舎人の名帳、分番、宿直、休暇の請求・遣使のことを掌る。大同三年（八〇八）七月左・右二寮を合併して一寮とし、少属一員を加え、舎人の定員を八〇〇人とした。大舎人は内舎人に対するもので、「大」すなわち「天皇の…」くらいの意味。任用についての規定は「軍防令」にあり、内六位以下八位以上の嫡子の二一歳以上の者から簡試し、上等の者を大舎人にとり、中等は兵衛、下等は使部とする。延

大舎人寮

	定員	相当位
頭	1	従五位上
助	1	正六位下
大　允	1	正七位下
少　允	1	従七位上
大　属	1	従八位上
少　属	1	従八位下
大舎人	800	
使　部	20	
直　丁	2	

暦一四年（七九五）からは蔭子孫をもって大舎人に補することとした。弘仁一〇年（八一九）大舎人の定員を四〇〇人とした。寮は大舎人を教育し官人を養成する役割をも担った。寮は、内裏東南の隅、*雅楽寮の西にあった。（阿部　猛）

図書寮《ずしょりょう》　*中務省の被官。宮中の図書の保管、国史の編修、諸官庁への紙・筆・墨の支給を掌る。「養老令」による職員構成は表のとおり。頭《かみ》は儒教・道教・仏教関係の書籍、国史の編修、仏像、写経のことを掌る。紙・筆・墨の製造工房をもつ。内裏西北の隅、*大蔵省の南、*右近衛府の東にあった。（阿部　猛）

紙屋院《かみやいん》　*図書寮の別所で、宮廷用の紙を漉《す》いた工房。野宮《ののみや》の東にあった。その紙は紙屋紙といわれ、平安初期から良質を称された。

［文献］小野晃嗣『日本産業発達史の研究』（法政大学出版局、一九八一）。（阿部　猛）

内蔵寮《くらりょう》　*中務省の被官。天皇の宝物や日常所用の物資の調達・管理を行う。「養老令」による職員構成は表のとおり。主《しゅ》鑰《やく》は出納を掌り、蔵部は出納の作業を行う。典履は靴の製造、百済手部は百済戸を率いて様々な品物の製造に当たる。内蔵寮頭は要職であったから相当位を超えて四位の殿上人を任ずる例であった。大内裏北門の偉鑒門の南にあった。（阿部　猛）

縫殿寮《ぬいどのりょう》　*中務省の被官。官人の考課の作成と中務省への送付、衣服の縫製。「養老令」によると、その職員構成は表のとおり。官人の考課を縫殿寮が扱うというのは一見奇異の感があるが、後宮の場合内侍司に男官がいないのでこのようになっているのだという。当寮はもと天皇家の家政機関的性格を持っていたが、平安初期から仕事が縫製に狭められていった。寮の所在は大内裏の真北。（阿部　猛）

糸所《いとどころ》　*縫殿寮の別所で、糸を作る。*『台記』別記による職員構成は、預一人、女孺《にょうじゅ》六人、刀自四人、官人代一人。九世紀後半から存在が知られ、正月の卯杖に巻く五色の糸、五月の薬玉などを作った。采女町の北、*内蔵寮の南にあった。

［文献］山中　裕『平安朝の年中行事』（塙書房、一九七二）。（阿部　猛）

陰陽寮《おんようりょう》　*中務省の被官。天文・気象の観測、異変あれば卜《うらな》い上奏。また暦を作り、時刻を知らせる。「養老令」による職

図書寮

	定員	相当位
頭	1	従五位上
助	1	正六位下
大　允	1	正七位下
少　允	1	従七位上
大　属	1	従八位上
少　属	1	従八位下
写書手	20	
装潢手	4	
造紙手	4	
造筆手	10	
造墨手	4	
使　部	20	
直　丁	2	
紙　戸		

内蔵寮

	定員	相当位
頭	1	従五位下
助	1	従六位上
允	1	従七位上
大　属	1	従八位下
少　属	1	大初位上
大主鑰	2	正七位上
少主鑰	2	正八位上
蔵　部	40	
價　長	2	
典　履	2	正八位上
百済手部	10	
使　部	20	
直　丁	2	
百済戸		

縫殿寮

	定員	相当位
頭	1	従五位下
助	1	従六位上
允	1	従七位上
大　属	1	従八位下
少　属	1	大初位上
使　部	20	
直　丁	2	

陰陽寮

	定員	相当位
頭	1	従五位下
助	1	従六位上
允	1	従七位上
大属	1	従八位下
少属	1	大初位上
陰陽師	6	
陰陽博士	1	正七位下
陰陽生	10	
暦博士	1	従七位上
暦生	10	
天文博士	1	正七位下
天文生	10	
漏刻博士	2	従七位下
守辰丁	20	
使部	20	
直丁	3	

員構成は表のとおり。陰陽師には陰陽得業生をもって宛てる。博士は陰陽生・暦生・天文生に教授する。漏刻*（水時計）博士は教えるべき学生を欠く。守辰丁は時を告げる鐘をうつ者。大内裏のうち中務省の東にあった。

［文献］村山修一『日本陰陽道史総説』（塙書房、一九八一）。

（阿部 猛）

画工司《がこうし》 中務省*の被官。宮中の絵画・彩色を掌る。「養老令」による職員構成は表のとおり。大同三年（八〇八）内匠寮に併合された。

［文献］浅香年木『日本古代手工業史の研究』（法政大学出版局、一九七一）。 （阿部 猛）

画工司

	定員	相当位
正	1	正六位上
佑	1	従七位下
令史	1	大初位上
畫師	4	大初位上
畫部	60	
使部	16	
直丁	1	

内薬司《ないやくし》 中務省*の被官。天皇・中宮・東宮の診察、薬香の供奉、薬の処方を掌る。先行官司は内薬官。「養老令」による職員構成は表のとおり。学生である薬生はいるが教師である薬博士は存在しない。「医疾令」によると女医（婦人科の女性医師）の試験は当司が行う。養老六年（七二二）に女医の教育を行う女医博士（男子）一員を配した。寛平八年（八九六）九月に典薬寮に併合された。

内薬司

	定員	相当位
正	1	正六位上
佑	1	従七位下
令史	1	大初位上
侍医	4	正六位下
薬生	10	
使部	10	
直丁	1	

［文献］新村 拓『古代医療官人制の研究』（法政大学出版局、一九八三）。 （阿部 猛）

内礼司《ないらいし》 中務省*の被官。宮門内の儀礼と、非違の禁察を掌る。「養老令」による職員構成は表のとおり。ただし当司は取締りの権限を持たず、事犯を記録して中務省に送るのみである。正《かみ》には、多く王が補任された。大同三年（八〇八）正月彈正台*に併合された。 （阿部 猛）

内礼司

	定員	相当位
正	1	正六位下
佑	1	正八位上
令史	1	大初位下
主礼	6	
使部	6	
直丁	1	

式部省《しきぶしょう》 文人の人事・養成・行賞を掌る。「養老令」による職員構成は表のとおり。卿《かみ》の職掌は、内外文官の名帳・考課（勤務評定）・選叙（官職への任命）・礼儀・版位《へんい》（官人が整列するとき目印とする木の板）・位記（位階を授けるときの文書）・勲績を校定し功を論じて封賞する、朝集、学校（大学）、貢人（国衙からの推薦者）を策試する（試験を行う）。仮使（休暇と遣使）、家令（貴族の家政機関の職員）を補任する。功臣家伝、田のことを掌るとある。使部の定員は『延喜式』*では

三〇人に減じている。弘仁三年（八一二）書生《しょしょう》三〇人（のち二〇人）を置いたが、これは史生を補助して公文の繕写《ぜんしゃ》に当たった。平安時代初期、公文書の増加、事務の煩雑化により各省にも配置された。省掌のほかに扶省掌二人が追加された。式部省は朱雀門を入った右手にあった。

［文献］野村忠夫『律令官人制の研究』（吉川弘文館、一九六七）。
（阿部 猛）

大学寮《だいがくりょう》 高等教育機関で、学生の教育と釈奠*（孔子を祀る）を掌る。その職員構成は表のとおり。頭《かみ》の職掌は「学生を簡試する、及び釈奠のこと」とある。平安時代、頭の上に別当を置いた。博士は「経業を教え授く」するとあるように、経（明経、儒学）と業（書・算）を教えるといい、現在でいう学長に相当する。神亀五年（七二八）の学制改革で文章博士《もんじょうのはかせ》が置かれると、それと紛《まぎ》れるというので、明経博士を大博士《おおはかせ》と呼んだ。学生は明経生、すなわち儒学科の学生。音博士《こえのはかせ》で中国語の教官。書博士は書写の教官で、音・書については専攻の学生はいないため教養課程担当というところである。算博士は数学科の教官。神亀五年の改革のとき、文章道*（文学科）と明法道*（法律科）を置き、平安時代に入って大同三年（八〇八）紀伝*道（歴史学科）を設けたが承和元年（八三四）に廃止し、歴史学を含んだ文章道を充実させ、それ以来、文章博士が紀伝博士の別称で呼ばれるようになった。

［文献］久木幸男『日本古代学校の研究』（玉川大学出版部、一九九〇）。
（阿部 猛）

散位寮《さんいりょう》 散位*の名帳と上日（出勤日数）の点検を掌る。式部*省被官。「養老令」による職員構成は表のとおり。頭《かみ》の職掌に「朝集事」が入っているが、これは諸国から都にやってきた朝集使の上日を点検するものである。寛平八年（八九六）式部*省に併合された。

［文献］坂本太郎『日本古代史の基礎的研究 下』（東京大学出版会、一九六四）。
（阿部 猛）

治部省《じぶしょう》 本姓、継嗣、婚姻および系譜の次第に関する訴訟、祥瑞、喪葬、贈賻（死者への贈り物）、国忌《こき》、諱《いみな》と外国使信との応接を扱う。「養老令」による職員構成は表のとおり。職員のうち解部《ときべ》は譜第の訴訟を扱う。大内裏の西南、豊楽院の西にあった。

式部省

	定員	相当位
卿	1	正四位下
大輔	1	正五位下
少輔	1	従五位下
大丞	2	正六位下
少丞	2	従六位上
大録	1	正七位上
少録	3	正八位上
史生	20	
省掌	2	
使部	80	
直丁	5	

大学寮

	定員	相当位
頭	1	従五位上
助	1	正六位下
大允	1	正七位下
少允	1	従七位上
大属	1	従八位上
少属	1	従八位下
博士	1	正六位下
助教	2	正七位下
学生	400	
音博士	2	従七位上
書博士	2	従七位上
算博士	2	従七位上
算生	30	
使部	20	
直丁	2	

散位寮

	定員	相当位
頭	1	従五位下
助	1	従六位上
允	1	従七位上
大属	1	従八位下
少属	1	大初位上
史生	6	
使部	20	
直丁	2	

［文献］　熊谷公男「治部省の成立」(『史学雑誌』八八—四)。

（阿部　猛）

治部省

	定員	相当位
卿	1	正四位下
大　輔	1	正五位下
少　輔	1	従五位下
大　丞	2	正六位下
少　丞	2	従六位上
大　録	1	正七位上
少　録	3	正八位上
史　生	10	
大解部	4	正八位下
少解部	6	従八位下
省　掌	2	
使　部	60	
直　丁	4	

雅《が》楽寮《がくりょう》　*治部省被官。宮廷の音楽のことを掌る。「*養老令」による職員構成は表のとおり。令前官司は楽官であろう。頭《かみ》の職掌は、「文武雅曲、正儛、雑楽、男女楽人音声人名帳、曲課を試練すること」とある。唐楽師、唐楽生以下、「師—生」の関係があり、当寮で教育が行われたのである。寮は大内裏東南隅にあった。

［文献］　林屋辰三郎『中世芸能史の研究』(岩波書店、一九六〇)。

（阿部　猛）

雅楽寮

	定員	相当位
頭	1	従五位上
助	1	正六位下
大　允	1	正七位下
少　允	1	従七位上
大　属	1	従八位上
少　属	1	従八位下
歌　師	4	従八位上
歌　人	40	
歌　女	100	
儛　師	4	従八位上
笛　師	2	従八位上
笛　生	6	
笛　工	8	
唐楽師	12	従八位上
唐楽生	60	
高麗楽師	4	従八位上
高麗楽生	20	
百済楽師	4	従八位上
百済楽生	20	
新羅楽師	4	従八位上
新羅楽生	20	
伎楽師	1	従八位上
腰鼓師	2	従八位上
使　部	20	
直　丁	2	
楽　戸		

玄蕃寮《げんばりょう》　*治部省の被官。僧尼のことを掌り、また外国の使節を接待する。玄は法師、蕃は外蕃《げばん》＝外国人のこと。「養老令」による職員構成は表のとおり。蕃客（使節）の館舎*鴻臚館は、都と摂津および*大宰府にあった。寮は大内裏の西南隅、治部省に接していた。

（阿部　猛）

玄蕃寮

	定員	相当位
頭	1	従五位上
助	1	正六位下
大　允	1	正七位下
少　允	1	従七位上
大　属	1	従八位上
少　属	1	従八位下
史　生	4	
使　部	20	
直　丁	2	

諸陵司《しょりょうし》　陵墓および陵戸を管し、また喪礼のことを掌る。*治部省被官。「養老令」による職員構成は表のとおり。陵戸は山陵の守衛と維持に当たる農民で、常陵戸は賤身分であるが良人と同額の口分田を支給された。仮陵戸は、陵墓近辺の農民を仮に（一〇年間）陵戸に指定したもの。天平元年（七二九）八月、諸陵司は諸陵寮と改められた。当寮は大内裏の西南隅にあり治部省に接していた。

（阿部　猛）

諸陵司

	定員	相当位
正	1	正六位上
佑	1	従七位下
令　史	1	大初位上
土　部	10	
使　部	10	
直　丁	1	

喪儀司《そうぎし》　*治部省被官。凶事の儀式および喪葬具を掌る。「養老令」による職員構成は表のとおり。当司の用務は諸陵司（寮）や*兵部省*鼓吹司と重複した故か大同三年（八〇八）喪儀司は鼓吹司に併合された。

（阿部　猛）

民部省《みんぶしょう》　民政、特に財政を掌る。*主計寮・*主税寮を管する。先行官司は民官であろう。「養老令」による職員構成は表のとおり。卿《かみ》の職掌は「諸国戸口名籍、賦役、孝義、優復蠲免《ゆうふくけんめん》、家人、奴婢、橋道、津済、渠池、山川、藪沢、諸国田事」とあり、広範囲にわたる。所在は朝堂院の東、太政官の南。

〔文献〕 梅村 喬『日本古代財政組織の研究』(吉川弘文館、一九八九)。 (阿部 猛)

主計寮《しゅけいりょう》 中央財政の収支を計算する。民部省*被官。「養老令」による職員構成は表のとおり。算師は計数の専門官。大内裏朝堂院の東、民部省に接していた。 (阿部 猛)

主税寮《しゅぜいりょう》 民部省*被官。田租および倉庫の出納を掌り、地方財政収支を監査する。「養老令」による職員構成は表のとおり。田租を蓄積する倉庫を管理し、田租の一部を舂米として都に運び大炊寮に納めた。算師は正税帳、輸租帳、出挙帳などを勘計する。所在は大内裏朝堂院の東、民部省に接していた。 (阿部 猛)

兵部省《ひょうぶしょう》 軍政一般を掌る。先行官司は兵政官か。五司を管する。「養老令」による職員構成は表のとおり。卿《かみ》の職掌は「内外武官名帳、考課、選叙、位記、兵士以上名帳、朝集、禄賜、仮使、差発兵士、兵器、儀仗、城隍、烽火事」とある。烽はのろしである。当省は大内裏の朱雀門を入った左手にあった。

〔文献〕 野田嶺志『律令国家の軍事制』(吉川弘文館、一九八四)。 (阿部 猛)

兵馬司《へいばし》 兵部省*被官。軍馬、往来、公私の牛馬のことを掌る。「養老令」による職員構成は表のとおり。正《かみ》の職掌は「牧及兵馬、郵駅、公私牛馬事」とある。牧は官馬を飼う諸国の牧場。駅制も兵部省の所管。大同三年(八〇八)に兵部省に併合されたとの説と、馬寮に併合されたとの説がある。 (阿部 猛)

造兵司《ぞうへいし》 兵部省*被官。武器の生産を掌る。「養老令」による職員構成は表のとおり。このほかに、雑工戸《ぞうくべ》(鍛戸二一七戸、

喪儀司

	定員	相当位
正	1	正六位下
佑	1	正八位上
令史	1	大初位下
使部	6	
直丁	1	

民部省

	定員	相当位
卿	1	正四位下
大輔	1	正五位下
少輔	1	従五位下
大丞	1	正六位下
少丞	2	従六位上
大録	1	正七位上
少録	3	正八位上
史生	10	
省掌	2	
使部	60	
直丁	4	

主計寮

	定員	相当位
頭	1	従五位上
助	1	正六位下
大允	1	正七位下
少允	1	従七位上
大属	1	従八位上
少属	1	従八位下
算師	2	従八位下
史生	6	
使部	20	
直丁	2	

主税寮

	定員	相当位
頭	1	従五位上
助	1	正六位下
大允	1	正七位下
少允	1	従七位上
大属	1	従八位上
少属	1	従八位下
算師	2	従八位下
史生	4	
使部	20	
直丁	2	

兵部省

	定員	相当位
卿	1	正四位下
大輔	1	正五位下
少輔	1	従五位下
大丞	1	正六位下
少丞	2	従六位上
大録	1	正七位上
少録	3	正八位上
史生	10	
省掌	2	
使部	60	
直丁	4	

甲作六二戸、靫作五八戸、弓削三二戸、矢作二二戸、鞆張二四戸、羽結二〇戸、桙刊三〇戸、爪工一八戸、楯縫三六戸、幄作一六戸の計五三三戸が付属する。当司に工房があり、工人を都に集めて生産に従事させるのが本姿であった。天平一六年（七四四）四月に廃司されたが、まもなく復置された。（阿部　猛）

鼓吹司《くすいし》　*兵部省被官。軍楽の教習を行う。「養老令」による職員構成は表のとおり。正《かみ》の職掌は「調習鼓吹事」とある。鼓は鉦鼓（ドラとツヅミ）、吹は大角《はらのふえ》、小角《くだのふえ》。鼓吹は軍楽であるとともに儀仗的側面が強い。大同三年（八〇八）*喪儀司と併合し、寛平八年（八九六）*兵庫・*造兵司と合わせて兵庫寮となった。

［文献］　林屋辰三郎『中世芸能史の研究』（岩波書店、一九六〇）。

（阿部　猛）

主船司《しゅせんし》　*兵部省被官。公私の船や船具のことを掌る。「養老令」による職員構成は表のとおり。ふつう八省の被官は都にあるが、当司はその職掌からして難波《なにわ》にあったと考えられている。当司は大同年間（八〇六―八〇九）に廃されたかと思われる。

［文献］　杉山　宏『日本古代海運史の研究』（法政大学出版局、一九七八）。

（阿部　猛）

主鷹司《しゅようし》　*兵部省被官。鷹狩の鷹や犬を調習する。「養老令」による職員構成は表のとおり。これに鷹養戸《たかかい》一七戸（大和・河内・摂津）が付属していた。「大宝令」では放鷹司と称されていて、養老五年（七二一）に廃され、復置後また天平宝字八年（七六四）に廃された。その後、延暦七年（七八八）以前に再置されたと思われるが、ただし元慶七年（八八三）頃、官司としての実質は失われていたらしい。（阿部　猛）

刑部省《ぎょうぶしょう》　裁判・行刑を掌る。先行官司は刑官か。「養老令」による職員構成は表のとおり。卿《かみ》の職掌は「獄を鞫《と》わんこと、刑名《きょうみょう》定めんこと、疑讞《ぎげち》を決せんこと、良賤の名籍《みょうじゃく》、囚禁《しゅうきん》、債負の事」とある。獄を鞫《と》うとは訴訟の事実審理で、実務は解《とき》部《べ》が行う。疑讞とは疑問点に対し諸国から送られた事案。大内裏南西の西門皇嘉門を入った左側にあった。（阿部　猛）

兵馬司

	定員	相当位
正	1	正六位上
佑	1	従七位下
大令史	1	大初位上
少令史	1	大初位下
使　部	6	
直　丁	1	

造兵司

	定員	相当位
正	1	正六位上
佑	1	従七位下
大令史	1	大初位上
少令史	1	大初位下
雑工部	20	
使　部	12	
直　丁	1	

鼓吹司

	定員	相当位
正	1	正六位上
佑	1	従七位下
大令史	1	大初位上
少令史	1	大初位下
使　部	10	
直　丁	1	

主船司

	定員	相当位
正	1	正六位下
佑	1	正八位上
令　司	1	大初位下
使　部	6	
直　丁	1	

主鷹司

	定員	相当位
正	1	従六位下
令　史	1	少初位下
使　部	6	
直　丁	1	

贓贖司《ぞうしょくし》 *刑部省被官。贓物・過料のことを扱う。「養老令」による職員構成は表のとおり。贓は盗品など。大同三年（八〇八）刑部省に併合された。（阿部 猛）

囚獄司《しゅうごくし》 *刑部省被官。今の刑務所に相当する。罪人を囚禁し作業をさせる。「養老令」による職員構成は表のとおり。作業の内容は路・橋の工事、道路の清掃など。女子は裁縫や米舂《つき》など。作業には労賃が支払われた。（阿部 猛）

左獄《さごく》**・右獄**《うごく》 獄は囚人を禁ずる獄舎。*囚獄司の管理下にある。平安京では左右両京に一か所ずつ存在した。なお、刑事被告人を禁ずることは、*五衛府や*検非違使庁においても行われた。（阿部 猛）

大蔵省《おおくらしょう》 国庫の管理、朝廷行事の設営、器具・被服などの製作を掌る。「養老令」による職員構成は表のとおり。主鑰《しゅやく》はかぎとり、蔵部は直接出納に当たる。価長は物価を掌る。典《てん》履《り》・百済手部《くだらてびと》はきものを作り、典革・狛部は革染を行う。当省には百済戸と狛戸が付属していた。当省は大内裏の北辺にあった。（阿部 猛）

典鑄司《てんちゅうし》 *大蔵省被官。金属器・ガラス器・玉器の制作を掌る。「養老令」による職員構成は表のとおり。雑工戸は*宮内省*鍛冶司の鍛戸《かぬちこ》と*兵部省*造兵司の雑工戸のなかの鍛工および高

刑部省

	定員	相当位
卿	1	正四位下
大輔	1	正五位下
少輔	1	従五位下
大丞	2	正六位下
少丞	2	従六位上
大録	1	正七位上
少録	2	正八位上
史生	10	
大判事	2	正五位下
中判事	4	正六位下
少判事	4	従六位下
大属	2	正七位下
少属	2	正八位下
大解部	10	従七位下
中解部	20	正八位下
少解部	30	従八位下
省掌	2	
使部	80	
直丁	6	

贓贖司

	定員	相当位
正	1	正六位上
佑	1	従七位下
大令史	1	大初位上
少令史	1	大初位下
使部	10	
直丁	1	

囚獄司

	定員	相当位
正	1	正六位上
佑	1	従七位下
大令史	1	大初位上
少令史	1	大初位下
物部	40	
物部丁	20	

大蔵省

	定員	相当位
卿	1	正四位下
大輔	1	正五位下
少輔	1	従五位下
大丞	1	正六位下
少丞	2	従六位上
大録	1	正七位上
少録	2	正八位上
史生	6	
大主鑰	2	従六位下
少主鑰	2	従七位下
蔵部	60	
価長	4	
典履	2	従八位上
百済手部	10	
典革	1	従八位上
狛部	6	
省掌	2	
使部	60	
直丁	4	
駈使丁	6	
百済戸		
狛戸		

典鑄司

	定員	相当位
正	1	正六位上
佑	1	従七位下
大令史	1	大初位上
少令史	1	大初位下
雑工部	10	
使部	10	
直丁	1	
雑工戸		

麗・百済・新羅からの渡来工人から取るもので、典鑄司固有の定員ではない。当司は*『延喜式』にはみえず、おそらく平安初期に統廃合されたのであろう。　（阿部　猛）

掃部司《そうぶし》　*大蔵省被官。朝廷諸行事の設営を掌る。「養老令」による職員構成は表のとおり。薦《こも》・席《むしろ》・簾《すだれ》・簀《すのこ》を設け、清掃を行う。弘仁一一年（八二〇）閏正月宮内省内掃部司と合併し内掃部寮となった。　（阿部　猛）

漆部司《ぬりべし》　*大蔵省被官。漆塗りのことを掌る。「養老令」による職員構成は表のとおり。大同三年（八〇八）正月内匠寮に併合された。　（阿部　猛）

縫部司《ぬいべし》　*大蔵省被官。官給の衣服裁縫を掌る。「養老令」による職員構成は表のとおり。大同三年（八〇八）正月、*中務省*縫殿寮に併合された。　（阿部　猛）

織部司《おりべし》　*大蔵省の被官。繊維品の織染を掌る。「養老令」による職員構成は表のとおり。挑文師《あやのし》は文様のある錦・綾・羅などの織り方を挑文生《あやとりしょう》に教授する。当司が織り出す原料は内蔵寮から支出される。織部司の織手は高度な技術を持ち、高級織物の生産に従事し、その技術はのちの西陣織へと受け継がれていく。　（阿部　猛）

宮内省《くないしょう》　天皇・皇室に関する庶務を扱う。一八もの多くの下級官司を管する。「養老令」による職員構成は表のとおり。供御稲田である畿内の官田を管するのも当省。大内裏の東南、太政官と大炊寮の間にあった。

［文献］　荊木美行『初期律令官制の研究』（和泉書院、一九九一）。

（阿部　猛）

大膳職《だいぜんしき》　*宮内省の被官。朝廷での会食の料理を担当する。大膳は内膳に対する語で、おもに臣下に下賜する饗膳のこと。

掃部司

	定員	相当位
正	1	正六位上
佑	1	従七位下
令　史	1	大初位上
掃　部	10	
使　部	6	
直　丁	1	
駈使丁	20	

縫部司

	定員	相当位
正	1	正六位下
佑	1	正八位上
令　史	1	大初位下
縫　部	4	
使　部	6	
直　丁	1	
縫女部		

漆部司

	定員	相当位
正	1	正六位下
佑	1	正八位上
令　史	1	大初位下
漆　部	20	
使　部	6	
直　丁	1	

織部司

	定員	相当位
正	1	正六位下
佑	1	正八位上
令　史	1	大初位下
挑文師	4	大初位下
挑文生	8	
使　部	6	
直　丁	1	
染　戸		

宮内省

	定員	相当位
卿	1	正四位下
大　輔	1	正五位下
少　輔	1	従五位下
大　丞	1	正六位下
少　丞	2	従六位上
大　録	1	正七位上
少　録	2	正八位上
史　生	10	
省　掌	2	
使　部	60	
直　丁	4	

「養老令」による職員構成は表のとおり。大内裏東面の待賢門を入った左側にあった。（阿部　猛）

木工寮《もくりょう》* 宮内省の被官。土木建築を担当する。「養老令」による職員構成は表のとおり。頭《かみ》の職掌は「木作を栄構する、及び材《き》を採《と》らん事」とある。技術官庁であるにもかかわらず品部・雑戸が所属せず、内廷的性格を有し、宮廷の建造物の構営を任としたものであろう。平安初期には造宮職*・鍛冶司*・修理職*・修理坊城使などを併合した。

［文献］ 浅香年木『日本古代手工業史の研究』（法政大学出版局、一九七一）。（阿部　猛）

大炊寮《おおいりょう》* 宮内省の被官。諸国から収納した舂米・穀類を現物のまま、あるいは炊飯して諸司に分給する。舂米は二二か国から一万七三三〇石余収納する。雑穀は、例えば粟は主水司へ、大豆は大膳職へ送る。当寮は大内裏東面の郁芳門を入った右側にあった。（阿部　猛）

供御院《くごいん》 中宮・東宮の御飯を調える。大炊寮*中にあった。料稲は畿内官田から収納し、大炊寮御稲田成立後は該田の稲を用いた。（阿部　猛）

大膳職

	定員	相当位
大　夫	1	正五位上
亮	1	従五位下
大　進	1	従六位下
少　進	1	正七位上
大　属	1	正八位下
少　属	1	従八位上
主　醤	2	正七位下
主菓餅	2	正七位下
膳　部	160	
使　部	30	
直　丁	2	
駈使丁	80	
雑供戸		

木工寮

	定員	相当位
頭	1	従五位上
助	1	正六位下
大　允	1	正七位下
少　允	2	従七位上
大　属	1	従八位上
少　属	1	従八位下
工　部	20	
使　部	20	
直　丁	2	
駈使丁		

主殿寮《とのもりょう》 殿舎および行事の際の施設の維持・管理に当たる。宮内省被官。「養老令」による職員構成は表のとおり。頭《かみ》の職掌は「供御、輿輦《よれん》（天皇の乗物）、蓋笠《がいりゅう》（きぬがさ）、繖扇《さんせん》（きぬかさ扇）、帷帳《いちょう》・湯沐《とうもく》（ゆあみ）、洒掃《さいそう》殿庭（殿庭の掃除）、及燈燭・松柴（薪）、炭燎《たんりょう》（にわ火）等事」とある。当寮には今良《ごんら》（「いままいり」とも）と称する官戸・官奴婢から解放された者が付属していた。当寮は大内裏北面の達智門を入った左側にあった。大同三年（八〇八）官奴司*を併合した。（阿部　猛）

主殿寮

	定員	相当位
頭	1	従五位下
助	1	従六位上
允	1	従七位上
大　属	1	従八位下
少　属	1	大初位上
殿　部	40	
使　部	20	
直　丁	2	
駈使丁	80	

大炊寮

	定員	相当位
頭	1	従五位下
助	1	従六位上
允	1	従七位上
大　属	1	従八位下
少　属	1	大初位上
大炊部	60	
使　部	20	
直　丁	2	
駈使丁	30	

典薬寮《てんやくりょう》* 宮内省被官。官人の医療を担当し、また医師らの

養成に当たる。前身は外薬寮か。*中務省の*内薬司に対する官司。「養老令」による職員構成は表のとおり。典薬寮の医療を受けられたのは五位以上の官人。呪禁《じゅごん》は道教系の方術。薬園師は薬園を管理する。医師以下の各師は医生以下の各生に教授する。当寮は医薬科学校でもあった。官舎は大内裏の西面の藻壁門を入り右手、左馬寮の東にあった。

［文献］ 新村 拓『古代医療官人制の研究』（法政大学出版局、一九八三）。 （阿部 猛）

正親司《せいしんし》 *宮内省被官。皇族の名簿の作製、季禄・時服の給与を掌る。「養老令」による職員構成は表のとおり。官舎は大内裏西面の北門上西門を入った左手にあった。 （阿部 猛）

内膳司《ないぜんし》 *宮内省被官。天皇の食膳の調理を掌る。「養老令」による職員構成は表のとおり。長官である奉膳が二人いる特殊な官庁。長官には高橋氏と安曇《あずみ》氏が就任する。直営の園地と御厨が付属していた。

［文献］ 後藤四郎「内膳奉膳について―高橋・安曇二氏の関係を中心として―」（『書陵部紀要』一一、一九六二）。 （阿部 猛）

造酒司《ぞうしゅし》 *宮内省被官。酒・酢の類の醸造を掌る。大内裏西面の藻壁門を入った左手、内匠寮の東、典薬寮の北にあった。「養老令」による職員構成は表のとおり。醸造用の料米には畿内五か国の省営田からの穫稲や正税が宛てられた。

［文献］ 奥野高広「造酒司領について」（『日本歴史』一一、一九四八）。 （阿部 猛）

鍛冶司《たんやし》 宮内省被官。金属器の鍛造と鍛戸《かぬちこ》の戸口の名籍を管理する。「養老令」による職員構成は表のとおり。所属する鍛戸は三七二戸で、左京・右京・大和・山城・河内・摂津・伊賀・伊勢・近江・播磨・紀伊に散在していた。大同三年（八〇八）正月木工寮に併合された。 （阿部 猛）

典薬寮

	定員	相当位
頭	1	従五位下
助	1	従六位上
允	1	従七位上
大属	1	従八位下
少属	1	大初位上
医師	10	従七位下
医博士	1	正七位下
医生	40	
針師	5	正八位上
針博士	1	従七位下
針生	20	
案摩師	2	従八位上
案摩博士	1	正八位下
案摩生	10	
咒禁師	2	正八位上
咒禁博士	1	従七位上
咒禁生	6	
薬園師	2	正八位上
薬園生	6	
使部	20	
直丁	2	
薬丁	75戸	
乳戸	50戸	

正親司

	定員	相当位
正	1	正六位上
佑	1	従七位下
大令史	1	大初位上
少令史	1	大初位下
使部	10	
直丁	1	

造酒司

	定員	相当位
正	1	正六位上
佑	1	従七位下
令史	1	大初位上
酒部	60	
使部	12	
直丁	1	
酒戸	185戸	

鍛冶司

	定員	相当位
正	1	正六位上
佑	1	従七位下
大令司	1	大初位上
少令司	1	大初位下
鍛部	20	
使部	16	
直丁	1	
鍛戸	338戸	

内膳司

	定員	相当位
奉膳	2	正六位上
典膳	6	従七位下
令史	1	大初位上
膳部	40	
使部	10	
直丁	1	
駈使丁	20	

官奴司《かんぬし》 *宮内省被官。官戸奴婢の名籍と口分田のことを掌る。「養老令」による職員構成は表のとおり。官戸は官に属する賤民で、良人と同額の口分田を給された。

［文献］ 石上英一「官奴婢について」（『史学雑誌』八〇―一一、一九七〇）。 （阿部 猛）

官奴司

	定員	相当位
正	1	正六位上
佑	1	従七位下
令 史	1	大初位上
使 部	10	
直 丁	1	

園池司《えんちし》 *宮内省の被官。官田以外の御料地・庭園の管理、供御の食品の生産を掌る。先行官司は薗職・薗官か。「養老令」による職員構成は表のとおり。付属の園戸の労働力により経営され、園には牛や農耕具・車・船などが備えられていた。寛平八年（八九六）八月*内膳司に併合された。 （阿部 猛）

園池司

	定員	相当位
正	1	正六位上
佑	1	従七位下
令 史	1	大初位上
使 部	6	
直 丁	1	
園 戸	300戸	

土工司《どこうし》 *宮内省被官。土木工事一般を掌る。「養老令」による職員構成は表のとおり。泥戸《ぬりべ》は壁塗り。時期不明ながら、平安初期に木工寮に併合された。 （阿部 猛）

土工司

	定員	相当位
正	1	正六位下
佑	1	正八位上
令 史	1	大初位下
泥 部	20	
使 部	10	
直 丁	1	
泥 戸	51戸	

采女司《うねめし》 *宮内省被官。采女を管理する。「養老令」による職員構成は表のとおり。采女は地方郡司の姉妹・娘が貢上され天皇の後宮に仕えたもの。当司は大内裏西面の北門である上西門を入った左側にあった。東は大蔵省、西は正親司。大同三年（八〇八）*縫殿寮に併合された。 （阿部 猛）

采女司

	定員	相当位
正	1	正六位下
佑	1	正八位上
令 史	1	大初位下
采 部	6	
使 部	12	
直 丁	1	

主水司《しゅすいし》 *宮内省被官。供御の水・*氷・粥のことを掌る。「養老令」による職員構成は表のとおり。氷部・氷戸は水部・水戸の誤りとされる。山城・大和・河内・近江・丹波の各国に*氷室があり、ここから氷が貢進された。大和国では氷の運送は氷馬《ひょうま》役《やく》と称する臨時雑役として諸荘園に賦課されていた。中世、主水司の長官正《かみ》は大外記清原家の相伝するところであった。当司は大内裏東面の待賢門を入って左側、*大膳職の西、宮内省の北にあった。

［文献］ 阿部 猛『律令国家解体過程の成立』（新生社、一九六六）。 （阿部 猛）

主水司

	定員	相当位
正	1	従六位上
佑	1	正八位下
令 史	1	少初位上
氷 部	40	
使 部	10	
直 丁	1	
駈使丁	20	
氷 戸	144戸	

氷室《ひむろ》　主水司の所管する氷の貯蔵所。氷を人工的に作るようになったのは明治に入ってからであった。古代には、冬期に氷を採取したり、雪を穴ぐらに貯えて夏に備えた。その構造は必ずしも明らかではないが、『日本書紀』*の記載によると、一丈余り土を掘り、その上に草《かや》をふく。氷室のなかの床には茅《かや》荻《すすき》を厚く敷いてその上に氷を置くとある。雪を地中に貯蔵する方法は戦前まで東北地方には残っていた。古代の氷室は山城・大和・河内・近江・丹波にあり、池の数は五四〇に及んだ。氷の運搬は馬によって行われた。

［文献］井上　薫「都祁の氷池と氷室」（『ヒストリア』八五、一九七九）。　（阿部　猛）

主油司《しゆゆし》　宮内省*被官。調の油脂を保管・分配する。「養老令」による職員構成は表のとおり。寛平八年（八九六）八月主殿寮*に併合された。　（阿部　猛）

内掃部司《ないそうぶし》　宮内省*被官。宮中諸行事の設営を掌り、腰掛・畳・筵《むしろ》・薦《こも》・簾《すだれ》・苫《とま》・藺《いぐさ》・葭《よし》などを用意する。「養老令」による職員構成は表のとおり。弘仁一一年（八二〇）閏正月、掃部*司と合併して掃部寮となった。　（阿部　猛）

筥陶司《きようとうし》　宮内省*の被官。箱の調達と陶器類の監査を掌る。先行官司は陶官であろう。「養老令」による職員構成は表のとおり。大同三年（八〇八）正月大膳職*に併合された。　（阿部　猛）

内染司《ないせんし》　宮内省*被官。供御の染色を掌る。「養老令」による職員構成は表のとおり。おそらく大同三年（八〇八）縫殿寮*に併合された。　（阿部　猛）

五衛府《ごえふ》　律令官制で、武官は五衛府制をとり、衛門府、左衛士府・右衛士府、左兵衛府・右兵衛府の五衛府。衛府制は、五衛府制―六衛府制―七衛府制―八衛府制―七衛府制―六衛府制というように、しばしば制度の変遷があり複雑である。各官司については、それぞれの項を参照のこと。弘仁二年（八一一）以降は六衛府制で変更はない。内裏内廓の宣陽門・陰明門のなかを近衛府、外廓の建春門、宜秋門よりなかを兵衛府、大内裏の陽明門、殷富門のうちを衛門が警備した。　（阿部　猛）

衛門府《えもんふ》　宮城の外門（宮城門）と中門（宮門）、諸門を守護する。左右両府あり、「養老令」による職員構成は、それぞれ表のとおり。門部は宮城門を守衛する伴部。衛士は諸国軍団から京師に上番する兵士で、衛門府と衛士府*に配属された。延暦

主油司

	定員	相当位
正	1	従六位上
佑	1	正八位下
令　史	1	少初位上
使　部	6	
直　丁	1	

内掃部司

	定員	相当位
正	1	従六位上
佑	1	正八位下
令　史	1	少初位上
掃　部	30	
使　部	10	
直　丁	1	
駈使丁	40	

筥陶司

	定員	相当位
正	1	従六位上
佑	1	正八位下
令　史	1	少初位上
使　部	6	
直　丁	1	
筥　戸	197戸	

内染司

	定員	相当位
正	1	従六位上
佑	1	正八位下
令　史	1	少初位上
染　師	2	少初位上
使　部	6	
直　丁	1	

一一年（七九二）一部を除いて兵士、軍団の制が廃止されて以後、平安時代には衛士の武力としての性格は薄れ、仕丁と同じように徭役労働として宮廷内の諸物の運搬や土木工事に駆使されるようになった。大同三年（八〇八）七月衛門府は廃止され、衛士は衛士府に混合された。

［文献］笹山晴生『日本古代衛府制度の研究』（東京大学出版会、一九八五）。（阿部　猛）

衛門府

	定員	相当位
督	1	正五位上
佐	1	従五位下
大　尉	2	従六位下
少　尉	2	正七位上
大　志	2	正八位下
少　志	2	従八位上
医　師	1	正八位下
門　部	200	
物　部	30	
使　部	30	
直　丁	4	
衛　士		

衛士府《えじふ》　宮城の小門（宮掖）を警衛し、儀仗を整え、行幸に供奉する。左右両府あり。「養老令」による職員構成は表のとおり。衛士の定員は四〇〇―六〇〇人と変動がある。弘仁二年（八一一）左衛士府は左衛門府に、右衛士府は右衛門府に改称された。（阿部　猛）

衛士府

	定員	相当位
督	1	正五位上
佐	1	従五位下
大　尉	2	従六位下
少　尉	2	正七位上
大　志	2	正八位下
少　志	2	従八位上
医　師	2	正八位下
使　部	60	
直　丁	3	
衛　士		

兵衛府《ひょうえふ》　天皇を守衛し行幸に供奉し、また夜間京内を巡検する。「養老令」による職員構成は表のとおり。

［文献］笹山晴生『日本古代衛府制度の研究』（東京大学出版会、一九八五）。（阿部　猛）

兵衛府

	定員	相当位
督	1	従五位上
佐	1	正六位下
大　尉	1	正七位下
少　尉	1	従七位上
大　志	1	従八位上
少　志	1	従八位下
医　師	1	従八位上
番　長	4	
兵　衛	400	
使　部	30	
直　丁	2	

隼人司《はやとし》　畿内近国に移住した隼人*と、その朝廷における勤務を管理する。衛門府の被官で「養老令」による職員構成は表のとおり。隼人は南九州の住民で、古代の異種族視されていた。司の隼人は、隼人舞などの歌儛を教習し、践祚大嘗《せんそだいじょう》の日に風俗歌儛を奏し、また隼人は年料竹器を貢進した。

［文献］林屋辰三郎『中世芸能史の研究』（岩波書店、一九六〇）。（阿部　猛）

隼人司

	定員	相当位
正	1	正六位下
佑	1	正八位上
令　史	1	大初位下
使　部	10	
直　丁	1	
隼　人		

馬寮《めりょう》　左右両寮あり、諸国の牧から貢上された馬の飼養・調教に当たった。「養老令」による職員構成は表のとおり。大内裏西面の談天門を入り左側が左馬寮、右側が右馬寮であった。光仁朝末期から桓武朝初めに主馬寮に改められたが、大同元年（八〇六）頃には左・右馬寮の称に復した。飼丁は飼戸

で、令制では左馬寮に飼造戸二三六戸、馬甘《うまかい》三〇二戸、右馬寮に飼造戸二三〇戸、馬甘二六〇戸と定められていた。左馬寮所管の牧としては甲賀牧（近江）、胡麻牧（丹波）、垂水牧《たるみのまき》（播磨）があり、右馬寮所管の牧には鳥養牧《とりかいのまき》・為奈牧《いなのまき》・豊島牧（以上摂津）があり、平安末期、左馬寮には信濃国に笠原牧以下二八か所が所領として認められる。

［文献］亀田隆之『日本古代制度史論』（吉川弘文館、一九八〇）。

（阿部 猛）

馬寮

	定員	相当位
頭	1	従五位下
助	1	正六位下
大允	1	正七位下
少允	1	従七位上
大属	1	従八位上
少属	1	従八位下
馬医	2	従八位上
馬部	60	
使部	20	
直丁	2	
飼丁		

兵庫《ひょうご》 儀仗用・実用の武器の保管を掌る。左右両庫ある。この官司は「兵庫」とのみいい、寮・司などを称しない。「養老令」による職員構成は表のとおり。大同三年（八〇八）正月*内兵庫を左右兵庫に併合した。のち寛平八年（八九六）八月、*造兵司、*鼓吹司と合わせて兵庫寮を設けた。

（阿部 猛）

兵庫

	定員	相当位
頭	1	従五位上
助	1	正六位下
大允	1	正七位下
少允	1	従七位上
大属	1	従八位上
少属	1	従八位下
使部	20	
直丁	2	

内兵庫《ないひょうご》 左右両庫あり。儀仗用、実用の武器の保管に当たった。もとは天皇供御の武器を保管したものであろう。兵庫と同じく、司・寮を称さない。「養老令」による職員構成は表のとおり。大同三年（八〇八）正月左右兵庫に併合された。

［文献］笠井純一「内兵庫覚書」（『続日本紀研究』二〇〇、一九七八）。

（阿部 猛）

内兵庫

	定員	相当位
正	1	正六位下
佑	1	正八位上
令史	1	大初位下
使部	10	
直丁	1	

弾正台《だんじょうだい》 風俗の粛清と官人の非違を糺弾し天皇に奏上する。先行官司は糺職か。「養老令」による職員構成は表のとおり。尹《いん》の職掌は「風俗を粛し、内外の非違を弾奏すること」とある。内外とは京内と諸国であるが、弾正台の巡察は京内に限られた。諸国の訴を受理するとされるが、多くは太政官の弁官局が当たり、弾正台は実質的には機能しなかったようである。院政期に入ると検非違使の権限が強化され、弾正台はしだいに実質を失った。

（阿部 猛）

弾正台

	定員	相当位
尹	1	従四位上
弼	1	正五位下
大忠	1	正六位上
少忠	2	正六位下
大疏	1	正七位上
少疏	1	正八位上
巡察弾正	10	正七位下
史生	6	
使部	40	
直丁	2	

京職《きょうしき》 京の民政を掌る。左右両職あり、朱雀大路をもって

東西に分かち、東は左京職、西は右京職が管する。「養老令」による職員構成は表のとおり。長官である大夫《たいふ》の職掌は国守のそれに近く広汎にわたる。京に軍団はないが、大夫が行政機構を通じて動員できる兵士は四八〇人とされる。しかし平安初期には兵士の雇役《こえき》（傭兵）が行われていた。坊令は一二人とあるが、これは藤原京*の規模に対応するもので、平城京*では左右各九人、計一八人である。京戸口分田や絶戸口分田（職写田）は京職が管理したが、これらは一一世紀頃から京職領荘園化していく。

［文献］北村優季『平安京』（吉川弘文館、一九九五）。（阿部　猛）

京職

	定員	相当位
大　夫	1	正五位上
亮	1	従五位下
大　進	1	従六位下
少　進	2	正七位上
大　属	1	正八位下
少　属	2	従八位上
坊　令	12	
使　部	30	
直　丁	2	

市《いちの》司《つかさ》　京の東市（東市司）・西市（西市司）を監督した官司。「養老令」による職員構成は表のとおり。平城京東市は左京八条三坊にあり、西市は右京八条二坊にあった。平安京では東市は七条坊門南・七条北・大宮東・猪熊西にあり、西市は西京の同位置にあった。価長は価格を検査する伴部、物部は罪人を決罰する伴部。『延喜式』*では東市に五一座、西市に三一座あり、月の上半月は東市、下半月は西市が開かれ、午《うま》の刻（正午）から日没まで売買を行うとある。

［文献］阿部　猛『律令国家解体過程の研究』（新生社、一九六六）。（阿部　猛）

摂津職《せっつしき》　摂津国には難波宮や鴻臚館*があり、政治・外交上重要な地であったので、特に職《しき》を置いた。また摂津国の行政をも掌った。ただし政庁は都にあった。「養老令」による職員構成は表のとおり。大夫の職掌は国司のそれと大略同じである。ただし、鼓吹・烽候・城牧・公私馬牛の四項のみ摂津職には欠けている。延暦一二年（七九三）三月廃され、職を改めて国とし国司を任命した。

［文献］利光三津夫『律令及び令制の研究』（明治書院、一九五九）。（阿部　猛）

摂津職

	定員	相当位
大　夫	1	正五位上
亮	1	従五位下
大　進	1	従六位下
少　進	2	正七位上
大　属	1	正八位下
少　属	2	従八位下
史　生	3	
使　部	30	
直　丁	2	

大宰府《だざいふ》　西海道の九国三島（筑前・筑後・豊前・豊後・肥前・肥後・日向・大隅・薩摩国と壱岐・対馬・多禰《たね》の三島）を管する。「遠《とお》の朝廷《みかど》」と称された。「養老令」による職員構成は表のとおり。主神は「神司」とも書き諸祭祀を掌る。帥《そち》の職掌は国守の職掌に「蕃客《ばんきゃく》、帰化、饗讌《かうえん》」のことが付加されている。判事は裁判官、令史《さかん》は判決文の浄書・複写・記録を行う。大工は城・水濠・舟具・兵器・諸造作の技師長、博士は国学の

教官、防人正は防人の名簿・装備・教練・閲兵と食料田を扱う。府には下級組織として修理器仗所・蔵司・薬司・匠司などもあり、大唐通事（通訳）・新羅訳語（同上）も置かれた。

［文献］藤井 功・亀井明徳『西都大宰府』（NHKブックス、一九七七）、倉住靖彦『古代の大宰府』（吉川弘文館、一九八五）。

（阿部 猛）

大宰府

	定員	相当位
主神	1	正七位下
帥	1	従三位
大弐	1	正五位上
少弐	2	従五位下
大監	2	正六位下
少監	2	従六位上
大典	2	正七位上
少典	2	正八位上
大判事	1	従六位下
少判事	1	正七位上
大令史	1	大初位上
少令史	1	大初位下
大工	1	正七位上
少工	2	正八位下
博士	1	従七位下
陰陽師	1	正八位上
医師	2	正八位上
算師	1	正八位上
防人正	1	正七位上
佑	1	正八位上
令史	1	大初史下
主船	1	正八位上
主厨	1	正八位上
史生	30	

警固所《けいごしょ》 大宰府*管内に設けられた外敵警固のための施設。貞観一一年（八六九）五月新羅の海賊船二艘が博多津に入り年貢絹綿を掠奪する事件があった。これに対して派遣された統領・選士が懦弱《だじゃく》で役に立たず、そこで俘囚を加えて一〇〇人一番に編成して二番を備えたが、のち一番五〇人に縮小し、翌年正月甲冑（一一〇具）を鴻臚館*に移した。これが警固所の始まりである。のち寛平五年（八九三）から翌年にかけて新羅の賊が肥後国に侵寇したので、博多の警固所に俘囚五〇人を増置した。寛仁三年（一〇一九）刀伊《とい》の入寇に際して前大宰少監大蔵種材らは警固所に拠って防戦した。

［文献］竹内理三「大宰府政所考」（『史渕』七一、一九五六）。

（阿部 猛）

国《こく》**—郡**《ぐん》**—里制**《りせい》 古代の地方行政区画制は中国に模したものである。中国では、隋代には郡—県—郷—里制、唐代には州—県—郷—里制がとられたが、我が国では国—郡—里制をとった。国の数は時代により変動があるが、弘仁一四年（八二三）越前国の一部を割いて加賀国を建て、翌天長元年に多褹《たね》島を大隅国

国の職員

	大国		上国		中国		下国	
	定員	相当位	定員	相当位	定員	相当位	定員	相当位
守	1	従五位上	1	従五位下	1	正六位下	1	従六位下
介	1	正六位下	1	従六位上				
掾 大	1	正七位下	1	従七位上	1	正八位上		
掾 少	1	従七位上						
目 大	1	従八位上	1	従八位下	1	大初位下	1	少初位上
目 少	1	従八位下						
史生	3		3		3		3	
国博士	1		1		1		1	
医師	1		1		1		1	
学生	50		40		30		20	
医生	10		8		6		4	

につけて六六国二島に固定し明治に至った。

国 大・上・中・下の四等に分類された。また国は都からの遠近などにより近国・中国・遠国と辺要の四種に区分され、調庸物の納入期日を異にし、それぞれの輸送行程日数が定められた。「養老令」による国の職員構成は表のとおり。等級により国司の数に差があった。守《かみ》の職掌・権限は広汎にわたり、行政・司法に加えて、制限つきながら軍事権までもっていた。国司の任期は六年であったが、慶雲三年（七〇六）に任期を四年に改訂し、大宰管内は五年とした。

郡 「大宝令」制以前は「評《こおり》」と書かれた。郡は含まれる里の数によって五等級に分けられた。大郡（二〇—一六里）、上郡（一五—一二里）、中郡（一一—八里）、下郡（七—四里）、小郡（三—二里）で、「養老令」による職員構成は表のとおり。大領の職掌は「所部《しょぶ》を撫《む》養《よう》せんこと、郡の事検《かんが》え察《み》んこと」とある。主政は各官司の判官《じょう》に相当し「郡内を糺《ただ》し判《ことわ》らんこと、文案《もんあん》を審署し、稽失《けいしつ》を勾《かんが》え、非違《ひい》を察《み》んこと」を掌る。主帳は主典《さかん》に相当し、「事を受《うけたまわ》りて上抄せんこと、文案を勘署し、稽失を検《かんが》え出し、公文《くもん》読み申さん」ことを掌る。郡司には相当位はない。任用には譜第性が重んじられる。

里 「戸令」によると「戸は五十戸を以て里と為《せ》よ」とあり、里ごとに里長を置いた。その職掌は「戸口を検校し、農桑を課《おお》せ殖《う》えしめんこと、非違を禁察し、賦役を催し駈《つか》わんこと」とある。霊亀元年（七一五）式により、里を改めて郷《ごう》とし、郷の下に二、三の里を置く**郷里制**となったが、天平一一—一二年（七三九—七四〇）に里は廃止された。

［文献］岸 俊男『日本古代政治史研究』（塙書房、一九六六）、米田雄介『郡司の研究』（法政大学出版局、一九七六）、吉村茂樹『国司制度崩壊に関する研究』（東京大学出版会、一九五七）。（阿部 猛）

郡の職員

	大郡	上郡	中郡	下郡	小郡
大領	1	1	1	1	1
少領	1	1	1	1	
主政	3 (1)	2 (1)	1 (0)	—	—
主帳	3 (2)	2 (1)	1	1	1
書生	8	6	4	3	
案主	2	2	2	2	

＊カッコ内は，天平 11 年（739）の改定による数.

〔諸 国〕

〈畿内〉

山城国《やましろのくに》 もと「山背」と書き、延暦一三年（七九四）一一月「山城」に改めた。現在の京都府の一部に当たる。*『延喜式』による等級は上国。出挙稲数は、正税稲・公廨稲各一五万束、そのほか雑稲は一二万四〇〇〇束余。奈良時代の人口約一〇万人、田数は九〇〇〇町歩と推定。八郡七八郷よりなる。国府は現在の京都府山城町上狛にあった。

大和国《やまとのくに》「大倭国」と書いたのを天平九年（七三七）一二月「大養徳国」としたが同一九年（七四七）三月旧に復し、天平勝宝元年（七四九）「大和国」とした。もと中国で『延喜式*』では大国。現在の奈良県に当たる。出挙稲数は、正税・公廨各二〇万束、雑稲は一五万四〇〇〇余束。田数一万七〇〇〇余町。人口一三万余人。一五郡八九郷よりなる。吉野郡内には離宮があり、吉野監《げん》を置いた。国府は奈良県御所《ごせ》市、橿原市、大和郡山市と変遷があった。

河内国《かわちのくに》もと下国で『延喜式*』では大国。正税・公廨各一四万九〇〇〇余束、雑稲一〇万二〇〇〇束。人口九万四〇〇〇余人。田数約一万一〇〇〇町。一四郡（中世には一六郡）七九郷よりなる。神護景雲三年（七六九）一〇月、称徳天皇は河内国由義宮《ゆげのみや》に幸し、河内国を河内職《しき》としたが、天皇が世を去った宝亀元年（七七〇）河内国に復した。現大阪府の一部。国府は大阪府藤井寺市にあった。

和泉国《いずみのくに》霊亀二年（七一六）四月、河内国の三郡（大鳥・和泉・日根）を割いて和泉監《げん》を置き、天平宝字元年（七五七）五月和泉国を置いた。下国。正税・公廨各八万束、雑稲六万七五〇〇束。人口は二万六〇〇〇余から五万三〇〇〇余人。田数四五〇〇町。三郡二四郷よりなる。天長二年（八二五）摂津国の一部を和泉国につけたことがあったが人民の反対で旧に復した。現大阪府の一部。国府は大阪府和泉市にあった。

摂津国《せっつのくに》津国には難波宮や鴻臚館*があったので摂津職*を置いたが、延暦一二年（七九三）三月摂津国とした。もと下国で『延喜式*』では上国。正税・公廨各一八万五〇〇〇束、雑稲一一万二〇〇〇束。人口は一一万余人。田数は一二万五〇〇〇町ばかり。一三郡七八郷よりなる。国府は大阪市天王寺区、同東区と変遷があった。

〈東海道〉

伊賀国《いがのくに》天武天皇九年（六八〇）七月伊勢国の一部を割いて建国したと伝える。下国。正税・公廨稲各一三万五〇〇〇束、雑稲四万七〇〇〇束。人口三万七〇〇〇余人。田数四〇〇〇町余。四郡一八郷よりなる。現在の三重県の一部。国府は三重県上野市にあった。

伊勢国《いせのくに》もと上国で『延喜式*』では大国。正税・公廨各三〇万束、雑稲一二万六〇〇〇束。人口一〇万余人。田数一万八〇〇〇から一万九〇〇〇町程度。一三郡八四郷よりなる。はじめ多気《たけ》・度会《わたらい》二郡を伊勢神宮の神郡としたが、寛平九年（八九七）飯野郡を、中世初頭までに員弁《いなべ》・三重・安濃・飯高・朝明郡も神郡に加えられた。現在の三重県の一部に当たる。国府は三重県鈴鹿市にあった。

志摩国《しまのくに》下国。正税穀一二〇〇石、救急料五〇〇石。田数は『和名類聚抄*』では一二四町、『色葉字類抄*』では四九一七町。二郡一四郷を管する。小規模な国で、国司は守と目各一員のみ。現在の三重県の一部。国府は三重県阿児町にあった。

尾張国《おわりのくに》もと中国で『延喜式*』では上国。正税・公廨稲各二〇万束、雑官稲七万二〇〇〇束。人口は五万五〇〇〇余人。田数は『和名類聚抄*』では六八二〇町、のち約一万二〇〇〇町と見え倍増している。八郡六九郷よりなる。現在の愛知県の西半に当たる。国府は愛知県稲沢市にあった。

参河国《みかわのくに》 もと中国で『延喜式*』では上国。正税・公廨稲各二〇万束、雑官稲五万七〇〇〇束。田数約七〇〇〇町。人口五万六〇〇〇人。八郡六九郷よりなる。現在の愛知県の東半に当たる。国府は愛知県豊川市にあった。

遠江国《とおとおみのくに》 もと中国で『延喜式*』では上国。正税・公廨稲各二八万束、雑官稲一一万余束。田数一万三〇〇〇余町。人口九万余人。一三郡九六郷よりなる。現在の静岡県の西部。近江（ちかつおうみ、琵琶湖）に対して遠江（とおつおうみ、浜名湖）と称する。国府は静岡県磐田市にあった。

駿河国《するがのくに》 もと中国で『延喜式*』では上国。正税稲二三万束、公廨稲二五万束、雑官稲一六万二五〇〇余束。田数九〇〇〇余町。人口七万五〇〇〇余人。七郡五九郷よりなる。現在の静岡県の東部に当たる。国府は静岡市にあった。

伊豆国《いずのくに》 天武天皇九年（六八〇）七月、駿河国から二郡を割いて建国した。中国。正税・公廨稲各六万五〇〇〇束。田数二〇〇〇余町。人口二万余人。三郡二一郷よりなる。現在の静岡県の東端に当たる。国府は静岡県三島市にあった。

甲斐国《かいのくに》 もと中国で『延喜式*』では上国。正税・公廨稲各二四万束、雑官稲一八万四〇〇〇束。田数一万二〇〇〇余町。人口六万八〇〇〇余人。現在の山梨県に当たる。国府は山梨県春日居町、同一宮町、同御坂町と変遷があった。

相模国《さがみのくに》 上国。正税・公廨稲各三〇万束、雑官稲二六万八〇〇〇余束。田数一万一〇〇〇余町。人口一〇万二〇〇〇余人。八郡五七郷よりなる。現在の神奈川県南半に当る。国府は、神奈川県小田原市、同海老名市、同伊勢原市、同平塚市、同大磯町と変遷があった。

武蔵国《むさしのくに》 もと東山道に属したが宝亀二年（七七一）一〇月東海道に入る。大国。正税・公廨稲各四〇万束、雑官稲三一万三七〇〇余束。田数三万五〇〇〇余町。人口一三万余人。現在の神奈川県北部、東京都、埼玉県に当たる。国府は東京都府中市にあった。

安房国《あわのくに》 もと下国で『延喜式*』では中国。正税・公廨稲各一五万束、雑官稲四万二〇〇〇束。田数四三〇〇余町。四郡三二郷よりなる。人口四万余人。現在の千葉県の南部に当る。国府は千葉県安房郡三芳村にあった。

上総国《かずさのくに》 大国。正税・公廨稲各四〇万束、雑官稲二七万一〇〇〇束。田数二万二〇〇〇余町。人口一二万五〇〇〇余人。一一郡七六郷よりなる。現在の千葉県の南半に当たる。国府は千葉県市原市にあった。

下総国《しもうさのくに》 大国。正税・公廨稲各四〇万束。雑官稲二二万七〇〇〇束。田数二万六〇〇〇余町。人口十二万余人。一一郡九一郷よりなる。現在の千葉県北部と茨城県の一部に当たる。国府は千葉県市川市にあった。

常陸国《ひたちのくに》 大国。正税・公廨稲各五〇万束、雑官稲八四万六〇〇〇束。田数四万余町。人口二一万六九〇〇人。一一郡一五三郷よりなる。現在の茨城県に当たる。国府は茨城県石岡市にあった。

〈東山道〉

近江国《おうみのくに》 大国。正税・公廨稲各四〇万束、雑官稲四〇万七〇〇〇余束。田数三万三〇〇〇余町。人口一四万余人。一二郡九三郷よりなる。現在の滋賀県に当たる。近江（ちかつおうみ）は琵琶湖のこと。国府は滋賀県大津市にあった。

美濃国《みののくに》 もと大国で、『延喜式』*では上国。正税・公廨稲は各三〇万束（「弘仁式」では四〇万束）、雑官稲二八万束。田数一万四〇〇〇余町。人口一一万五〇〇〇余人。一八郡一三一郡よりなる。現在の岐阜県に当たる。国府は岐阜県垂井町にあった。

飛騨国《ひだのくに》 下国。正税・公廨稲各四万束（「弘仁式」では五万束）、雑官稲二万六〇〇〇束。田数六六〇〇余町。人口一万三八五〇人。三郡一三郷よりなる。現在の岐阜県の北部。国府は岐阜県国府町、同高山市と変遷があった。

信濃国《しなののくに》 上国。正税・公廨稲各三五万束（「弘仁式」では三〇万束）、雑官稲一九万五〇〇〇束。田数三万町余。人口一〇万余人。一〇郡六七郷よりなる。現在の長野県に当たる。国府は長野県上田市、同更埴市、同松本市と変遷があった。

上野国《こうずけのくに》 もと上国、弘仁二年（八一一）二月改めて大国となる。天長三年（八二六）より親王任国となる。正税・公廨稲各四万束（「弘仁式」では正税六五万束）、雑官稲二八万余束。田数三万余町。人口一三万四〇〇〇余人。一四郡一〇二郷よりなる。現在の群馬県に当たる。国府は群馬県前橋市にあった。

下野国《しもつけのくに》 上国。正税・公廨稲各三〇万束、雑官稲二七万四〇〇〇束。田数約三万町。人口約一〇万人。九郡七〇郷よりなる。現在の栃木県に当たる。国府は栃木県栃木市にあった。

陸奥国《むつのくに》 大国。七世紀半ば設置。初め道奥《みちのく》の国と称し、現在の福島県と宮城県南部を領域とした。北方に広大な蝦《えみ》夷《し》の地がひろがり、これを征服するに従い領域を拡大していった。養老二年（七一八）五月、石城《いわき》・標葉《しわ》・行方《なめかた》・宇《う》太《た》・亘理《わたり》の五郡と常陸国菊多郡の計六郡で石城国を建て、白河・石背《いわしろ》・会津・安積《あさか》・信夫《しのぶ》の五郡で石背国を建てたが一〇年ならずして廃止した。九世紀初めには坂上田村麻呂により北上盆地までが征服され、一二世紀初めには津軽・糠部など本州最北部までが領域内に入った。正税稲は六〇万三〇〇〇束、公廨稲は八〇万三七一五束（「弘仁式」では六〇万八二〇〇束）、雑官稲は一七万六〇〇〇束。田数は五万一〇〇〇余町、人口は一八万六〇〇〇人。三五郡一九三郷よりなる。現在の福島・宮城・岩手・青森の諸県に当たる。国府は宮城県仙台市、同多賀城市と変遷があった。

出羽国《でわのくに》 和銅五年（七一二）九月、越後国から建国、一〇月陸奥国最上《もがみ》、置賜《おきたま》二郡を出羽国につけた。もと中国で『延喜式』*では上国。正税稲二五万束（「弘仁式」では一四万束）、公廨稲四四万束（「弘仁式」では二〇万束）、雑官稲二八万余束。田数二万六〇〇〇町、人口八万余人。一一郡七一郷（以上）よりなる。現在の山形県・秋田県に当たる。国府は秋田県秋田市、山形県藤島町、同酒田市、同八幡町と変遷があった。

〈北陸道〉

若狭国《わかさのくに》　もと下国で『延喜式』*では中国。正税・公廨稲各九万束、雑官稲六万一〇〇〇束。田地は三〇〇〇余町。人口二万八〇〇〇余人。三郡二〇郷よりなる。現在の福井県南部に当たる。国府は福井県小浜市にあった。

越前国《えちぜんのくに》　大国。正税・公廨稲各四〇万束（「弘仁式」では五〇万束）、雑官稲二二万八〇〇〇束。田数一万二〇〇〇余町。人口約一八万人。六郡五五郷よりなる。現在の福井県北部に当たる。国府は福井県武生市にあった。

加賀国《かがのくに》　弘仁一四年（八二三）二月越前国江沼、加賀二郡を割いて建国。はじめ中国で、天長二年（八二五）正月上国となる。正税・公廨稲各四〇万束、雑官稲八万六〇〇〇束。田数一万三〇〇〇余町。四郡三〇郷よりなる。現在の石川県南半に当たる。国府は石川県小松市、同金沢市と変遷があった。

能登国《のとのくに》　養老二年（七一八）越前国の羽咋・能登・鳳至・珠洲の四郡を割いて建国。天平一三年（七四一）一二月越中国に併合されたが、天平宝字元年（七五七）五月再び分立した。中国。正税・公廨稲各一五万束（「弘仁式」によると各二〇万束）、雑官稲八万六〇〇〇束。田数八二〇〇余町。人口五万三五〇〇人。四郡二六郷よりなる。減殺の石川県北半に当たる。国府は石川県七尾市にあった。

越中国《えっちゅうのくに》　もと中国。延暦二三年（八〇四）六月上国となる。正税・公廨稲各三〇万束（「弘仁式」では各二〇万束）、雑官稲二四万束余。田数一万七〇〇〇余町。人口八万二三〇〇人。四郡四二郷よりなる。現在の富山県に当たる。国府は富山県高岡市にあった。

越後国《えちごのくに》　大宝二年（七〇二）三月越中国四郡を併合。和銅元年（七〇八）出羽郡を建てた。天平一五年（七四三）佐渡国を併合したが天平勝宝四年（七五二）佐渡国を復置。上国。正税・公廨稲各三三万束（「弘仁式」では三一万束）、雑官稲一七万三四五五束。田数約一万五〇〇〇町。人口九万七三五〇人。七郡三四郷よりなる。現在の新潟県に当たる。国府は新潟県上越市にあった。

佐渡国《さどのくに》　天平一五年（七四三）二月越後国に併合されたが、天平勝宝四年（七五二）一一月復置。当初は下国で『延喜式』*によると中国。正税稲三万八〇〇〇束（「弘仁式」では四万束）公廨稲八万束、雑官稲五万三五〇〇束。田数三九〇〇余町。人口約二万人。島嶼で、三郡二二郷よりなる。現在の新潟県の一部。国府は新潟県真野市にあった。

〈山陰道〉

丹波国《たんぱのくに》　上国。正税稲二三万束（「弘仁式」では三〇万七六二六束）、公廨稲二五万束（「弘仁式」では三〇万七六二六束）、雑官稲八万四〇〇〇束。田数一万余町。人口八万七四〇〇人。六郡六八郷よりなる。現在の兵庫県に当たる。国府は京都府八木町、同亀岡市と変遷があった。

丹後国《たんごのくに》　和銅六年（七一三）四月、丹波国の五郡を割いて建国。もと下国で『延喜式』*では中国。正税・公廨税各一七万束（「弘仁式」では各一六万束）、雑官稲一〇万余束。田数四七〇〇余町。人口約五万人。五郡三五郷よりなる。現在の京都府の西北部に当たる。国府は京都府岩滝町、同大江町、同宮津市と変遷があった。

但馬国《たじまのくに》 上国。正税・公廨稲各三四万束、雑官稲六万束。田数七五〇〇余町。人口九万五六〇〇人。八郡五九郷よりなる。現在の兵庫県北部に当たる。国府は兵庫県日高町にあった。

因幡国《いなばのくに》 上国。正税・公廨稲各三〇万束（「弘仁式」では三五万束）、雑官稲一一万束余。田数約八〇〇〇町。人口九万四六〇〇人。七郡五〇郷よりなる。現在の鳥取県東半に当たる。国府は鳥取県国府町にあった。

伯耆国《ほうきのくに》 もと中国で『延喜式』*では上国。正税・公廨稲各二五万束。雑官稲一五万五〇〇〇束。田数八〇〇〇余町。人口七万七六〇〇人。六郡四八郷よりなる。現在の鳥取県中央部に当たる。国府は鳥取県倉吉市にあった。

出雲国《いずものくに》 もと中国で『延喜式』*では上国。正税稲二六万束、公廨稲三〇万束（「弘仁式」では二六万束）、雑官稲一三万五〇〇〇束。田数九四〇〇余町。人口八万二一〇〇人。一〇郡七八郷よりなる。現在の鳥取県西部に当たる。国府は島根県松江市にあった。

石見国《いわみのくに》 もと下国で『延喜式』*では中国。正税・公廨稲各一五万束（「弘仁式」では各一六万束）、雑官稲九万一〇〇〇束。田数四八八四町。人口四万七五五〇人。六郡三七郷よりなる。現在の島根県に当たる。国府は島根県浜田市にあった。

隠岐国《おきのくに》 下国。正税稲二万束、公廨稲四万束、雑官稲二万束。田数五八五町。人口八八〇〇人。現在島根県に属する。国府は島根県西郷町にあった。

〈山陽道〉

播磨国《はりまのくに》 大国。正税・公廨稲各四四万束（「弘仁式」では各四七万五〇〇〇束）、雑官稲三四万一〇〇〇束。田数二万一〇〇〇余町。一二郡九八郷よりなる。現在の兵庫県に当たる。国府は兵庫県姫路市にあった。

美作国《みまさかのくに》 和銅六年（七一三）四月、備前国の六郡を割いて建国。上国。正税・公廨稲各三万束（「弘仁式」では各三五万束）、雑官稲一六万四〇〇〇束。田地一万一〇〇〇余町。人口九万八〇〇〇余人。七郡六四郷よりなる。現在の岡山県北部に当たる。国府は岡山県津山市にあった。

備前国《びぜんのくに》 上国。正税・公廨稲各三八万一一五〇束。田地一万三〇〇〇余町。人口一一万四〇〇〇余人。八郡五一郷よりなる。現在の岡山県東部に当たる。国府は岡山市にあった。

備中国《びっちゅうのくに》 上国。正税・公廨稲各三〇万束、雑官稲一四万三〇〇〇束。田地一万余町。人口約九万人。九郡七二郷よりなる。現在の岡山県西部に当たる。国府は岡山県総社市にあった。

備後国《びんごのくに》 もと中国で『延喜式』*では上国。正税・公廨稲各二四万束、雑官稲一四万五〇〇〇束。田地九三〇〇余町。人口約七万三〇〇〇人。一四郡六五卿よりなる。現在の広島県東部に当たる。国府は広島県神辺町、同府中市と変遷があった。

安芸国《あきのくに》 もと下国。『延喜式』*では上国。正税稲二三万束（「弘仁式」では一九万束）、公廨稲二二万八八〇〇束（「弘仁式」では一九万束）、雑官稲一七万三二〇〇束。田地約七四〇〇町。人口六万五六〇〇人。八郡六三卿よりなる。現在の広島県西部に当たる。国府は広島県東広島市にあった。

周防国《すおうのくに》 もと下国。『延喜式』*では上国。正税・公廨稲各二一万束（「弘仁式」では各一七万束）。雑官稲一四万束。田地七八〇〇余町。人口約五万九〇〇〇人。六郡四五郷よりなる。現在の山口県東部に当たる。国府は山口県周《す》防《おう》市にあった。

長門国《ながとのくに》 もと下国。『延喜式』*では中国。正税・公廨各一一万束（「弘仁式」では各八万束）、雑官稲一四万一〇〇〇束。田地四六〇〇余町。人口四万余人。五郡四〇郷よりなる。現在の山口県西部に当たる。国府は山口県下関市にあった。

〈南海道〉

紀伊国《きいのくに》 もと下国。『延喜式』では上国。正税・公廨稲各一七万五〇〇〇束（「弘仁式」では各一八万束）、雑官稲一二万束余。田地約七二〇〇町。人口約五万五〇〇〇人。七郡五五郷よりなる。現在の和歌山県に当たる。国府は和歌山市にあった。

淡路国《あわじのくに》 淡路島。下国。正税・公廨稲各二〇万束（「弘仁式」では正税三万五〇〇〇束、公廨四万五〇〇〇束）。雑官稲一〇万束余。田地二六五〇町。人口一万三六〇〇人。二郡一七郷よりなる。現在、兵庫県に属する。国府は兵庫県三原町にあった。

阿波国《あわのくに》 もと中国。『延喜式』*では上国。正税・公廨稲各二〇万束（「弘仁式」では各二五万束）、雑官稲一〇万束余。田地三四〇〇余町。人口約六万七〇〇〇人。九郡四五郷よりなる。現在の徳島県に当たる。国府は徳島市にあった。

讃岐国《さぬきのくに》 上国。正税・公廨稲各三五万束。雑官稲一八万四五〇〇束。田数一万八六〇〇余町。人口一〇万六二〇〇人。一一郡九〇郷よりなる。現在の香川県に当たる。国府は香川県坂出市にあった。

伊予国《いよのくに》 上国。正税・公廨稲各三〇万束（「弘仁式」では各三五万束）、雑官稲一一万束。田数一万三五〇〇余町。人口一〇万一一〇〇人。一三郡六六郷よりなる。現在の愛媛県に当たる。国府は愛媛県今治市にあった。

土佐国《とさのくに》 中国。正税・公廨稲各二〇万束、雑官稲一二万八六〇〇余束。田地六四五一町。人口六万余人。七郡四三郷よりなる。現在の高知県に当たる。国府は高知県南国市にあった。

〈西海道〉

筑前国《ちくぜんのくに》 もと中国。『延喜式』*では上国。延暦一六年（七九七）筑前国を廃して大宰府につけたが大同三年（八〇八）五月また国を置いた。正税・公廨稲各二〇万束、雑官稲三九万束余。田数一万八五〇〇町。人口八万九一五〇人。一五郡一〇二郷よりなる。現在の福岡県北部に当たる。国府は福岡県太宰府市にあった。

筑後国《ちくごのくに》 もと中国。『延喜式』*では上国。正税・公廨稲各二〇万束、雑官稲二二万余束。田地一万二八〇〇町。人口七万四三〇〇人。一〇郡五四郷よりなる。現在の福岡県南部。国府は福岡県久留米市にあった。

豊前国《ぶぜんのくに》 もと中国。*『延喜式』によると上国。正税・公廨稲各二〇万束、雑官稲二〇万九八二八束、田地一万三二〇〇町。人口七万三四五〇人。八郡四三郷よりなる。現在の福岡県の一部、大分県北部に当たる。国府は福岡県行橋市にあった。

豊後国《ぶんごのくに》 もと中国。*『延喜式』では上国。正税・公廨稲各二〇万束、雑官稲三四万余束。田数七五〇〇町。人口約八万五〇〇〇人。八郡四四郷よりなる。現在の大分県に当たる。国府は大分市にあった。

肥前国《ひぜんのくに》 もと中国。*『延喜式』では上国。正税・*公廨稲各二〇万束、雑官稲二九万束余。田数一万三九〇〇町。人口八万三四〇〇人。一一郡四四郷よりなる。現在の佐賀県・長崎県に当たる。国府は佐賀県大和町、同小城町、同多久市、同佐賀市と変遷があった。

肥後国《ひごのくに》 もと上国。延暦一四年（七九五）九月に大国となる。正税・公廨稲各四〇万束、雑官稲七七万九一一七束。田数二万三五〇〇町。人口一八万一七五〇人。一四郡九九郷よりなる。現在の熊本県に当たる。国府は熊本県城南町、同熊本市と変遷があった。

日向国《ひゅうがのくに》 もと下国。*『延喜式』では中国。正税・公廨稲各一五万束、雑官稲七万三〇〇〇余束。田数四八〇〇町。人口四万五七五〇人。五郡二八郷よりなる。現在の宮崎県に当たる。国府は宮崎県西都市、同佐土原町と変遷があった。

大隅国《おおすみのくに》 和銅六年（七一三）四月、日向国の肝坏《きもつき》、贈《そ》於《お》・大隅・姶羅《あいら》の四郡を割いて建国。天長元年（八二四）九月多褹島を大隅国につけた。中国。正税稲八万六〇四〇束（「弘仁式」では六万束）、公廨稲八万五〇〇〇束（「弘仁式」では六万束）、雑官稲七万一〇〇〇束。田数四八〇〇町。人口約二万五〇〇〇人。八郡三七郷よりなる。現在の鹿児島県大隅半島部に当たる。国府は鹿児島県国分市にあった。

薩摩国《さつまのくに》 中国。正税・公廨稲各八万五〇〇〇束（「弘仁式」では各六万束）、雑官稲七万二五〇〇束。田数四八〇〇町。一三郡三五郷よりなる。現在の鹿児島県薩摩半島部に当たる。国府は鹿児島県川内市にあった。

壱岐国《いきのくに》 下国。正税稲一万五〇〇〇束、公廨稲五万束、雑稲二万五〇〇〇束。田数六二〇町。人口一万人。現在長崎県に属する島。国府は長崎県芦辺町、同石田町と変遷があった。

対馬国《つしまのくに》 下国。天平宝字四年（七六〇）八月、大宰管内諸国の地子を割いて国司に出挙稲を給した。守は一万束、掾は七五〇〇束、目が五〇〇〇束、史生は二五〇〇束。土地柄、弘仁四年（八一三）新羅訳語（通訳）が置かれた。田数四二八町。人口七〇〇〇人。二郡九郷よりなる。現在長崎県に付属する。国府は長崎県厳原町にあった。

多褹島《たねがしま》 大宝二年（七〇二）八月薩摩多褹を征討し、「戸を校し史を置いた」という。天平宝字四年（七六〇）八月、大宰管内諸国の地子を割いて国司に出挙稲を宛てた。守が一万束、掾は七五〇〇束、目は五〇〇〇束、史生が二五〇〇束。天長元年（八二四）九月大隅国に併合された。現在の鹿児島県に属する。

［文献］沢田吾一『奈良朝時代民政経済の数的研究』（冨山房、一九二七）、藤岡謙二郎『国府』（吉川弘文館、一九六九）、木下良『国府』（教育社、一九八八）、彌永貞三『日本古代社会経済史研究』（岩波書店、一九八〇）、池辺　彌『和名類聚抄郡郷里駅名考証』（吉川弘文館、一九八一）、阿部　猛『日本古代官職辞典』（高科書店、一九九五）、そのほか『角川日本地名大辞典』（角川書店）、『日本歴史地名大系』（平凡社）を参照のこと。

（阿部　猛）

国《こく》府《ふ》　令制下の国の官司とその建物群。政庁を中心に、行政事務を行う官舎と国司の住まう館、正倉・兵庫などの倉庫と、学校（国学）、工房などがあった。国府域を堀で囲み、また建物ごとに堀で囲んだものもある。元慶二年（八七八）頃紀伊国の場合、庁・学校・舎屋は二一棟以上あり、遠江国では官舎二五棟、倉一〇四棟以上があった。政庁は朝政・政務、儀式や宴会などの行われる場で、築地塀《ついぢべい》などで囲まれていた。瓦積基壇の礎石建物であった。行政組織としては、大帳所・税所・田所・朝集所・建児所・国掌所・出納所・調所・細工所・小舎人所・膳所・政所・厩《うまや》などの「所」があり、実務は*在庁官人らが担当していた。国司が任国に赴かない場合（遙任）国守は*目代を遣わして政務をとらせた。目代は複数いるが中心となったのは公文《くもん》目代である。国衙工房が付属し、武器・武具の生産を行い、また紙漉《す》きも行われた。

［文献］藤岡謙二郎『国府』（吉川弘文館、一九六九）。（阿部　猛）

郡《ぐう》家《け》　令制下の郡の役所。古代の郡の数は六〇〇に近いが、その構成は必ずしも明らかではない。一一世紀半ばの史料によると、上野国の場合、郡庁（政務、儀式、宴会）、館《たち》（宿泊施設、館舎）、厨家《くりや》（酒、食事の用意）、正倉からなり、それぞれ付属の建物があった。田租や出挙稲を収納する正倉は一郡で二十数棟もあった。厩《うまや》には伝馬五匹が備えられた。発掘例によると、郡家は低台地上や麓に立地し、二〇〇―三〇〇メートル四方の広場を占めていた。

［文献］山中敏史『古代地方官衙遺跡の研究』（塙書房、一九九四）。

（阿部　猛）

国《こく》司《し》　国は大国・上国・中国・下国の等級によって、それぞれ職員の定数、相当位が定められていた（→国・郡・里制）。国司の職掌・権限は大きかった。「養老令」によると、職掌は「社を祠り、戸口簿帳、百姓を字養し、農桑を勧課し、所部を糺察し、貢挙、孝義、田宅、良賤、訴訟、租調、倉廩《そうりん》、徭役、兵士、器仗、鼓吹、郵駅、伝馬、烽候、城牧、過所、公私馬牛、闌遺雑物《らんいのぞうもつ》、及寺僧尼名籍事、余《よ》は此れに准《なずら》えよ、其陸奥、出羽、越後等国、兼て饗給、征討、斥候を知れ、壱岐、対馬、日向、薩摩、大隅等国惣て鎮捍、防守、及蕃客、帰化を知れ、三関国は又関剗及関契の事を掌れ」とある。社は神社。守はその維持管理の責任を負う。弘仁三年（八一二）五月神社修理に検校を加えぬ国司には解由《げゆ》を与えぬとした。戸口簿帳は戸籍・計帳を含む公文書の帳簿。字養とは百姓をいつくしみ養うこと。勧課農桑とは、農耕・養蚕をすすめ、またそのための条件整備をすること。貢挙とは国学に学び優れた者を太政官に推挙する。倉廩は穀倉・米倉のこと。烽候は*烽のこと。城牧は城隍《こう》

（城と堀）の修理と牧の管理。過所は関所の通行許可証。闌《らん》とは遺失物。饗給とは*蝦夷に食を給し禄を与えること。鎮捍とは防鎮捍賊で防守のこと。国司は無利息で稲の貸つけ（借貸という）を受けることができ、これを人民に出挙して国司が息利を受け取るのである。また国ごとに*公廨稲を設け、これを*出挙して息利をとり、一定の比率をもって国司に配分した。国司の任期は六年であったが、慶雲三年（七〇六）二月に改定して四年とし、宝亀一一年（七八〇）*大宰府官人および管内諸国司のみは五年とした。大同二年（八〇七）一〇月令制に復したが、史生は四年のままであった。弘仁六年（八一五）七月、四年に改め、翌年正月陸奥・出羽と大宰管内諸国の国司・史生の任期を五年とし、陸奥・出羽の弩師《どし》の任期も五年とし、天長元年（八二四）八月守・介のみ六年とし、承和二年（八三五）七月守・介を四年とした。元慶二年（八七八）二月因幡・出雲の弩師の任限を四年とした。新旧国司による事務引継ぎを交替政といい、旧国司は文書と現物を引き渡し（「分付《ぶんづけ》」という）、新司はこれを受領《ずりょう》するという。引継ぎ文書は大帳・正税帳・貢調帳・朝集帳のほか多種多様な公文書である。公文《くもん》の引継ぎを受けてのち新司は国内を巡検し、諸郡の糒《ほしいい》や塩・穀・穎《えい》と国内の諸施設・調度などを点検する。ふつう国司とは守・介・掾・目の四等官を指すが、九世紀には史生をも国司に含めている。*除目によって正規に任用された国司を任用国司と称し、史生・医師・博士を雑任《ぞうにん》国司と称する。

［文献］　森田　悌『受領』（教育社、一九七八）。　（阿部　猛）

郡《ぐん》司《じ》　「養老令」による郡の職員構成は天平一一年（七三九）五月主政・主帳の定員を改訂した（*国―郡―里制の表のカッコ内の数に改めた）。郡の等級は管する里の数によるものであった。大領・少領は「所部を撫養し、郡のことを検察」する。主政は判官《じょうがん》で「郡内を糺判し、文案を審署し、稽失《けいしつ》を勾《かんが》え、非違を察する」ことを掌る。主帳は主典《さかん》で、「事を受けて上抄し、文案を勘署し、稽失を検出し、公文を読み申す」ことを掌る。郡司の任用については、性識清廉で時務に堪える者を大領・少領とし、強幹聡敏で書計に巧みな者を主政・主帳とする。大領・少領は才用同じくば先ず*国造をとるとされている（「選叙令」）。平安初期桓武朝には、郡司の譜代性を絶つ政策がとられ、しかも国司の推薦によらず郡司を任命する「郡司官僚化」の方策がとられた。

［文献］　磯貝正義『郡司及び采女制度の研究』（吉川弘文館、一九七八）、阿部　猛『平安前期政治史の研究　新訂版』（高科書店、一九九〇）。　（阿部　猛）

里《り》長《ちょう》　地方行政単位の里《り》の長。里ごとに一人を置く。その職掌は「戸口を検校し、農桑を課殖し、非違を禁察し、賦役を催駈する」こと。里長には白丁の清正強幹な者を宛てる。里長は徭役を免除される。霊亀元年（七一五）里を改めて郷とし、その下に二、三の里を置いたが、この里は天平一一年（七三九）以後廃止された。　（阿部　猛）

郷《ごう》長《ちょう》　地方行政単位の郷の長。律令制では里《さと》の長。霊亀元年（七一五）里を改めて郷としたのちは郷長と称する。令制では五〇戸をもって一里＝一郷とする。『萬葉集』は「五十戸長」と書いて「さとおさ」と読ませている。郷（里）長は「戸口を検校し、農桑を課殖し、非違を禁察し、賦役を催駈」する。郷長は郷内の田地や家地の売買について文書の作成にかかわり連署を加える。その機能は一一世紀頃まで認められる。その後、郷司《ごうじ》が現れるが、これは郡の分割によって出現した郡司の一形態で、系譜的には郷長につながらない。（阿部　猛）

国師《こくし》　律令制下、国内の宗教を扱い、僧尼の監督、諸寺の監査および経論《きょうろん》の講説を行う。大宝二年（七〇二）二月諸国に設置。宝亀元年（七七〇）以降、国師の数が増加し、国により四人または三人となった。そこで、国の等級に従って国師の定員を定め、大国・上国には大国師・少国師各一員、中国・下国には国師一員とした。延暦三年（七八四）任期を六年と定めた。（阿部　猛）

講師《こうじ》　延暦一四年（七九五）八月、国師を講師と改称し、国ごとに一人を置いた。講説の才があり、衆の推譲する者を官に奏聞し補任することとし、一任ののちは輙《たやす》くは替えないよう命じた。二四年に至り任期を定めて六年とし、四五歳以上の心行すでに定まって始終不易の者を任用するとした。講師の職務はもっぱら講説にあったが、国分二寺の荒廃著しい状況のなかで、国司とともに検校に当たれとされた。講師には、初期には南都諸大寺の僧が任命されたが、承和二年（八三五）以後は天台・真言の僧が補任された。斉衡二年（八五五）八月、講師は、試業、複、維摩《ゆいま》立義《りゅうぎ》、夏講《げこう》、供講の五階を経ることが任用の条件であるとした。*玄蕃寮と*僧綱が一〇月一日までに人選して*治部省に牒送し、治部省はこれを*太政官に進上した。（阿部　猛）

読師《とくし》　古代に、講師・国司とともに国内諸大寺・国分二寺を監察し、安居《あんご》法会《ほうえ》などで経論《きょうろん》を読誦《どくじゅ》する。安居は、陰暦四月一五日から七月一五日までの九〇日間、一か所に籠《こも》って修行するもの。天平九年（七三七）八月宮中の法会で初めて置かれ、同一三年に制度化され、国ごとに一人を置いた。延暦二四年（八〇五）一二月、任期を六年と定めた。延喜三年（九〇三）六月、山城・摂津・伊賀・参河・伊豆・若狭・加賀・能登・越中・丹後・淡路の一一か国に講師を置いた。*『延喜式』は、御斎会《ごさいえ》について、「講師は、内供奉十禅師及び持律持経、久しき練行を修めたる三色の僧、遞《たが》いに以て請用《しょうよう》す」と記されている。読師の資格の高さがうかがわれる。斉衡二年（八五五）八月、読師は試業・複・維摩立義の三階を経ることが任用条件とされた。また、*玄蕃寮と*僧綱とが一〇月一日までに人選して*治部省に送り、治部省はこれを*太政官に進上する。（阿部　猛）

斎宮寮《さいぐうりょう》　伊勢神宮に奉仕する未婚の皇女・*斎王《いつきのみや》の居所である*斎宮の事務を扱う官司。斎王は天皇即位ごとに一人を選ぶ。斎宮に定められてのち、初斎院一―二年を過ごし、賀茂川でみそぎし野宮《ののみや》に移り、三年間潔斎し、桂川で再びみそぎしてから伊勢国に下向した（群行《ぐんこう》という）。斎王を伊勢に送る勅使を長《ちょう》奉送使《ぶそうし》（または監送使《げんそうし》）といい、中納言・参議が任命された。伊勢国では多気郡の斎宮寮に入った。創置の時期は未詳である

斎宮寮

	定員	相当位
頭	1	従五位
助	1	正六位
大允	1	従七位
少允	1	従七位
大属	1	従八位
少属	1	従八位

斎院司

	定員	相当位
長官	1	従五位下
次官	1	従六位上
判官	1	従七位上
主典	2	従八位下
史生	2	
宮主	1	従八位下
別当	1	
女別当	1	
年預		
舎人	4	
女孺		
今良		
仕丁		
使部	6	

が、大宝元年（七〇一）それまでの斎宮司を斎宮寮とし、官制が整ったのは神亀五年（七二八）で、寮の職員構成は表のとおり。寮のもとに一三の司が付属していた。列記する。主神司・舎人司・蔵部司・膳部司・酒部司・水部司・殿部司・釆部司・掃部司・薬部司・炊部司・門部司・馬部司。（阿部　猛）

斎院司《さいいんし》　天皇即位のとき賀茂神社に奉仕せしめられた未婚の女性賀茂斎王を斎院*といい、斎院づきの官司を斎院司と称する。弘仁九年（八一八）に定めた職員構成は表のとおり。宮主《みやじ》は神事を掌り、別当は事務を総裁する。女別当は女官を監督する。斎院に定められてのち初斎院で二年間潔斎の生活を送り、賀茂川でみそぎしたのち本院（紫野院）に入る。初斎院は別当二人以下職員八〇人の大きな組織であった。（阿部　猛）

後《こう》**宮**《きゅう》　「養老令」によると、後宮は、妃《ひ》（二人、四品以下）、夫人《ふにん》（三人、三位以上）、嬪《ひん》（四人、五位以上）よりなる。妃は立后すれば皇后となる。夫人の訓はオホトジ（大刀自）で家政を掌る婦人の敬称。嬪はミメ（御妻）。以上は称号であり官職ではない。ただし、妃・夫人の称は平安前期、嬪は奈良時代に用いられただけで、平安時代には、女御《にょうご》・更衣《こうい》・御《み》息所《やすどころ》・御匣殿《みくしげどの》の称が普通である。女御は桓武天皇のときに始まり、醍醐天皇のとき女御から皇后を立てる慣《なら》いとなった。更衣はもと天皇の衣服の着替えに奉仕する女官。定員は一二人。同じく桓武朝に始まる。御息所は天皇の休憩する便殿に伺候する女官。御匣殿は貞観殿の別称で裁縫所。ここの女官の長をいう。

［文献］　須田春子『平安時代後宮および女司の研究』（千代田書房、一九八二）。（阿部　猛）

後宮《こうきゅう》**十二**《じゅうに》**司**《し》　後宮に出仕する者（すべて女子である）を宮《く》人《にん》と総称する。もとは地方豪族から貢進された釆女*もしくは中下級氏族出身の女性であったが、律令体制確立の過程で後宮女官として組織された。後宮の官司は一二司あり、「後宮十二司」「女司十有二局」などと呼ばれる。

内侍司《ないじし》　天皇の日常生活に供奉し奏請・宣伝のことを掌る。尚侍《ないしのかみ》（二人）、典侍（四人）、掌侍（四人）、女孺《にょじゅ》（一〇〇人）よりなる。神鏡の鎮座する賢所《かしこどころ》に内侍が詰めていたので内侍所と呼ぶ。女孺《にょうじゅ》は京畿内諸氏から貢上された女性で雑事に従った。この司は、また内命婦《ないみょうぶ》（五位以上の婦人）、外命婦《がいみょうぶ》（五位以上の官人の妻）を管する。

蔵司《ぞうし》　神璽・関契などの什器および天皇御用の雑物を扱い、その職掌は中務省の内蔵寮に類似している。尚蔵《くらのかみ》（一人）、典蔵（二人）掌蔵（四人）女孺（一〇人）よりなる。

書司《しょし》　書籍・紙・筆・墨・楽器を扱う。その職掌は図書寮に類似する。尚書《ふみのかみ》（一人）、典書（二人）、女孺（六人）よりなる。

薬司《やくし》　医薬のことに供奉する。尚薬《くすりのかみ》（一人）、典薬（二人）女孺（四人）よりなる。薬は内薬司のものを用いる。毒味をする童女がいる。

兵司《ひょうし》　兵器を掌る。ただし、天皇の武器は*内兵庫の所管で、兵司に管理すべき武器があったか疑問である。尚兵《つわもののかみ》（一人）、典兵（二人）、女孺（六人）よりなる。

闈司《いし》　宮城諸門の鍵《かぎ》の保管・出納を扱う。尚闈《みかどつかさのかみ》（一人）、典闈（四人）、女孺（四人）よりなる。

殿司《でんし》　輿《こし》・蓋《かさ》（きぬがさ）・湯沐《とうもく》（ゆあみ）・薪油のことを掌る。尚殿《とのもりのかみ》（一人）、典殿（二人）女孺（六人）よりなる。職掌は*主殿寮に類似する。

掃司《そうし》　清掃・舗設を扱う。職掌は*内掃部司に類似する。尚掃《かにもりのかみ》（一人）、典掃（二人）、女孺（一〇人）よりなる。

水司《すいし》　水・粥を掌る。尚水《もいとりのかみ》（一人）、典水（二人）、*采女（六人）よりなる。

膳司《ぜんし》　朝夕の食事・酒を掌る。尚膳《かしわでのかみ》（一人）典膳（二人）、掌膳（四人）、采女（六〇人）よりなる。その職掌は*内膳司に類似する。

酒司《しゅし》　酒のことを掌る。尚酒《みきのかみ》（一人）、典酒（二人）よりなる。その職掌は*造酒司に類する。

縫司《ほうし》　衣服の製作などを掌る。職掌は*縫殿寮と類似する。尚縫《ぬいのかみ》（一人）、典縫（二人）、掌縫（四人）よりなる。多くの女孺・采女を置いたが定数はない。後宮全体の*采女らを各司に配分した残りはすべて縫司に宛てたので不定であった。しかし平安時代には定員一〇〇人となり、*内侍司に匹敵する大司となった。　（阿部　猛）

女蔵人《にょくろうど》　宮中の日常の雑事・公事・儀式に奉仕した。身分は下臈で、内侍・命婦より低い。皇后宮・東宮にも置かれた。摂関家の家司や賀茂社・日吉社・春日社の社家の娘が多かった。給与の料米は大炊寮から支出された。　（阿部　猛）

女房《にょうぼう》　宮中に仕えた女官、また一般の貴族の家に仕えた女性。房は局《つぼね》（部屋）の意。女房は三等に分けられる。上臈《じょうろう》は御匣殿《みくしげどの》・尚侍および二位・三位の典侍で禁色《きんじき》（赤または青色の装束）を許された大臣の娘、あるいは孫娘。中臈は内侍のほかの女官および侍臣の娘、和気氏・丹波氏（医道）・賀茂氏・安部氏（陰陽道）の娘をいう。下臈は摂関家の家司の娘や賀茂社・春日社などの社家の娘をいう。なお女房の呼名については、①父の官名をつけるもの（大納言局、三位局、小宰相、侍従、小辯《こべん》など）、②国名をつけるもの（伊予、伊勢など）、③候名《さぶらいな》をつけるもの（高砂《たかさご》、若水、木綿四手《ゆうしで》など）、④かた名・むき名（方角）をつけるもの（東の御方、西の御方など）、⑤小路名《こうじな》をつけるもの（一条、三条、京極、高倉など）がある。　（阿部　猛）

傅《ふ》　皇太子を輔導する官。東宮傅と書き、春宮傅とは書かない（東＝春）。定員一名で、正四位上相当。ただし*春宮坊の組織とは別の、皇太子の個人的な師というべきもの。

学士《がくし》　皇太子に中国古典を教授するもので定員二名。従五位下相当。

春宮坊《とうぐうぼう》　皇太子の家政機関。三監・六署を管する。「養老令」による職員構成は表のとおり。大夫《だいぶ》の職掌は「啓令を吐《のたま》い納《もう》したまわんこと、宮人《くうにん》の名帳《みょうちょう》、考叙、宿直の事」とある。啓は春宮坊啓、令は皇太子令旨。

春宮坊

	定員	相当位
大　夫	1	従四位下
亮	1	従五位下
大　進	1	従六位上
少　進	2	従六位下
大　属	1	正八位下
少　属	2	従八位上
使　部	30	
直　丁	3	

舎人監

	定員	相当位
正	1	従六位上
佑	1	正八位下
令　史	1	少初位上
舎　人	600	
使　部	10	
直　丁	1	

主膳監

	定員	相当位
正	1	従六位上
佑	1	正八位下
令　史	1	少初位上
膳　部	60	
使　部	6	
直　丁	1	
駈使丁	20	

主蔵監

	定員	相当位
正	1	従六位上
佑	1	正八位下
令　史	1	少初位上
蔵　部	20	
使　部	6	
直　丁	1	
駈使丁	2	

主殿署

	定員	相当位
首	1	従六位下
令　史	1	少初位下
殿掃部	20	
使　部	6	
直　丁	1	
駈使丁	10	

主書署

	定員	相当位
首	1	従六位下
令　史	1	少初位下
使　部	6	
直　丁	1	

主漿署

	定員	相当位
首	1	従六位下
令　史	1	少初位下
水　部	10	
使　部	6	
直　丁	1	
駈使丁	6	

主工署

	定員	相当位
首	1	従六位下
令　史	1	少初位下
工　部	6	
使　部	6	
直　丁	1	
駈使丁	60	

舎人監《とねりげん》　東宮舎人の名帳・礼儀・分番のことを掌る。「養老令」による職員構成は表のとおり。東宮舎人の任用については「軍防令」に規定がある。五位以上の子孫の二一歳以上の無役の者から簡《えら》ぶ。内舎人に任用されなかった者のなかから任ぜられる。　（阿部　猛）

主膳監《しゅぜんげん》　皇太子の食膳の管理を行う。「養老令」による職員構成は表のとおり。その職掌は内膳司*・大炊寮*・造酒司*の機能をあわせ持つもの。

主蔵監《しゅぞうげん》　皇太子の宝物や衣服・玩好物などを掌る。「養老令」による職員構成は表のとおり。内蔵寮*と縫殿寮*の機能をあわせもつ。大同二年（八〇七）主書署*・主兵署*を併合した。

主殿署《しゅでんしょ》　皇太子の湯沐・灯燭・酒掃・舗設のことを掌る。主殿寮*・掃部司*・内掃部司*の機能をあわせもつ。

主書署《しゅしょしょ》　書・薬・筆・墨・紙・硯などの供進を掌る。図書寮*・内薬司*・典薬寮*の機能をあわせ持つ。「養老令」による職員構成は表のとおり。大同二年（八〇七）八月主蔵監*に併合された。　（阿部　猛）

主漿署《しゅしょうしょ》　粥などを掌る。主水司*・大膳職*の機能の一部を併有する。「養老令」による職員構成は表のとおり。

主工署《しゅこうしょ》　金属の工作を掌る。「養老令」による職員構成は表

主兵署

	定員	相当位
首	1	従六位下
令　史	1	少初位下
使　部	6	
直　丁	1	

主馬署

	定員	相当位
首	1	従六位下
令　史	1	少初位下
馬　部	10	
使　部	10	
直　丁	1	

蔵人所

	定員
蔵　人	4
非蔵人	3
所　衆	15〜16
雑　色	2
出　納	3
内舎人	6
陣　頭	9
侍　者	8

のとおりである。

主兵署《しゆへいしよ》　皇太子の兵器・儀仗を掌る。「養老令」による職員構成は表のとおり。左右兵庫・内兵庫の機能を持つ。大同二年(八〇七)＊主蔵監に併合された。

主馬署《しゆめしよ》　皇太子の馬と馬具を掌る。「養老令」による職員構成は表のとおり。馬は左右馬寮から受け当署で飼うのである。

蔵人所《くろうどどころ》　春宮坊被官の蔵人所は、禁中の蔵人にならって平安中期以降に設置されたものであろう。その組織は表のとおり。非蔵人は六位で、蔵人見習というべきもの。所衆《ところのしゆう》は六位で、諸雑事に従う。出納《すいとう》は納殿《おさめどの》の出納を掌る。　(阿部　猛)

帯刀舎人《たちはきとねり》　東宮の護衛兵。宝亀七年(七七六)に創置された。その採用には帯刀試《たちはきのこころみ》という武芸の試験を行った。摂関期になるとその武力的性格は稀薄となり、むしろ歌人のサロン化したといわれるが、院政期には再び武力集団としての性格が復活した。その編成は図のとおりである。　(阿部　猛)

帯刀舎人

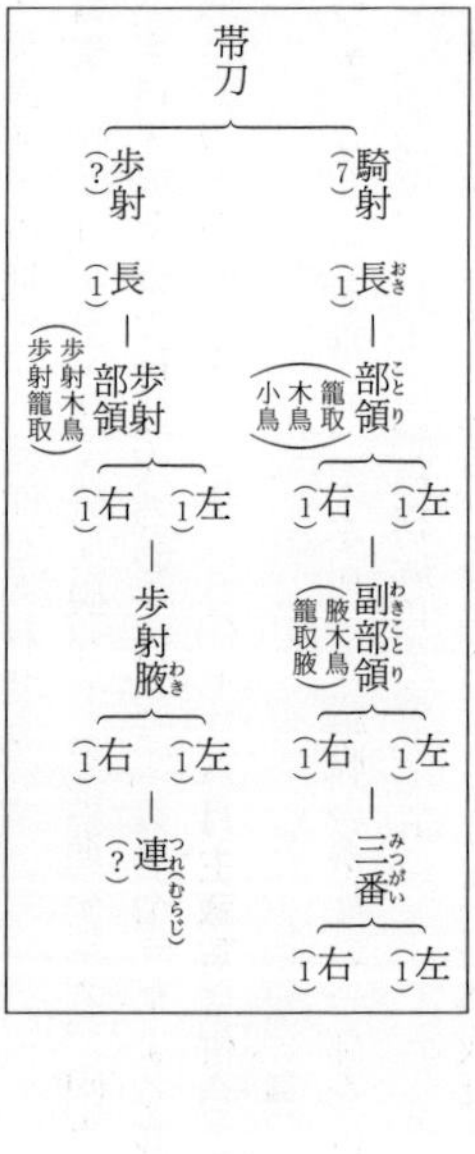

(カッコ内の数は定員)

(二) 官人制

四等官制《しとうかんせい》　令制官司の職員組織は、長官・次官・判官・主典の四等級よりなり、これを四等官また四部官《しぶかん》という。官司によって当てる文字を異にするが、いずれも「かみ」「すけ」「じょう」「さかん」と読む。ただし、郡司の領・主政・主帳は音読みする慣《なら》わしであり、神祇伯も音でハクと読む。長官は庁務を総括し、次官は長官と職務を同じくする。判官は庁内の取締りに任じ、また主典が作成した文案の審査を行い、宿直の割当てを行う。主典は記録・文書の起草、公文の申読に当たる。主典以上の者は職事《しきじ》と呼ばれる。「公式令《くしきりよう》」では、内外諸司の執掌ある者をいい、「職員令《しきいんりよう》」に職掌が記載されている者で、おおむね主典以上をいう。ただし、郡司・軍団の官人、使部・直丁は職事に入らない。また「選叙令」では番官（交替勤務の者）、才伎長上（雑工で毎日勤務する者）を除き、「衣服令」では把笏《はしゃく》の者のみとし、「禄令」では内舎人・兵衛・授刀舎人は除かれている。後宮諸官司では、掌以上を職事とし、女孺《にょうじゅ》*・采女・氏女を散事と呼んでいる。令外官では、蔵人頭、五位六位の蔵人は職事。四等官とそれに准ずる扱いを受ける官人以外の下級官人―史生・左右大舎人・舎人監舎人・中宮舎人・使部・兵部は雑任《ぞうにん》と呼ばれた。
（阿部　猛）

位階《いかい》　官人の朝廷内での序列を示す標識で、正一位から少初位下までの三〇階に分かれる。また、五位以下の二〇階については内位《ないい》と外位《げい》に分かれていた。外位から内位に移ることを入内《にゅうない》と称した。一位から三位までは「貴《き》」といわれる。公卿《くぎょう》と呼ばれるのはこの層である。四、五位は「通貴《つうき》」と呼ばれた。位階の昇進は家柄によっておよそ決まっており、しかも六位から五位に昇ることはかなり困難であり、五位と四位の間にも障壁があり、三位以上に昇ることは、一般の官人にとっては不可能なことであった。官職につくためには一定の位階を有することが前提になっていた。位階には位田・位封・位禄・位分資人を与えられる特権が伴う。

[文献]　野村忠夫『律令官人制の研究』（吉川弘文館、一九六七）。
（阿部　猛）

四等官表

	長官	次官	判官	主典
神祇官	伯	大副・少副	大佑・少佑	大史・少史
太政官	太政大臣・左大臣・右大臣	大納言	少納言、佐大弁・中弁・少弁、右大弁・中弁・少弁	大外記・少外記、左佐大史・少史、右右大史・少史
省	卿	大輔・少輔	大丞・少丞	大録・少録
弾正台	尹	弼	大忠・少忠	大疏・少疏
職	大夫	亮	大進・少進	大属・少属
寮	頭	助	大允・少允	大属・少属
司	正	―	佑	大令史・少令史
衛府	督	佐	大尉・少尉	大志・少志
大宰府	帥	大弐・少弐	大監・少監	大典・少典
後宮　○司	尚○・尚○	典○・典○	―・掌○	―・―
東宮　春宮坊	大夫	亮	大進・少進	大属・少属
東宮　監	正	―	佑	令史
東宮　署	首	―	―	令史
家令　一品	家令	扶	大従・少従	大書吏・少書吏
家令　二品	家令	扶	従	大書吏・少書吏
家令　三四品	家令	扶	従	書吏
家令　一位	家令	扶	大従・少従	大書吏・少書吏
家令　二位	家令	―	従	大書吏・少書吏
家令　三位	家令	―	―	書吏
国　大国	守	介	大掾・少掾	大目・少目
国　上国	守	介	掾	目
国　中国	守	―	掾	目
国　下国	守	―	―	目
郡　大上郡	大領	少領	主政	主帳
郡　中下郡	大領	少領	―	主帳
郡　小郡	領	―	―	主帳
軍団	大毅	少毅	―	主帳

位記《いき》　告身とも。令制の公文書。位階を授ける際に与えられた。勅授・奏授・判授の別があり、勅授は五位以上に授ける

位階

位階	区分
正従 1位	貴
正従 2位	貴
正従 3位	貴
正 4位 上下	通貴
従 4位 上下	通貴
内外正 5位 上下	通貴
内外従 5位 上下	通貴
内外正 6位 上下	（非通貴）
内外従 6位 上下	（非通貴）
内外正 7位 上下	（非通貴）
内外従 7位 上下	（非通貴）
内外正 8位 上下	（非通貴）
内外従 8位 上下	（非通貴）
内外大 初位 上下	（非通貴）
内外少 初位 上下	（非通貴）

際の書式、奏授は六位以下に授ける際の書式、判授は外八位・初位に授ける際の書式であった。勅授位記は天皇の意思が中務省に伝達され、中務省内記が作成し、中務卿・太政大臣・式部卿（文官の場合は式部卿、武官の場合は兵部卿）などが署名した後に内印が押されて発給された。奏授位記は太政官の奏聞によって授与し、判授位記は太政官の判断のみで授与した。奏授・判授は、両位記ともに文官は式部省、武官は兵部省、女官は中務省で作成され、外印が捺された。令制では、式部省に位記の原簿が保管され、また官人の犯罪によって位記を破棄されるときには式部省の授案に「毀」の字を書き、その上に外印を捺した。令制の位記式は、唐のそれと比較すると非常に簡略化されたものであるといえるが、『延喜式』*内記は令制に比べ非常に複雑化しており、これは唐の告身の制を採用したものと思われる。複雑化された勅授位記の書例は『朝野群載』所収の寛治三年（一〇八九）正月一一日付藤原公実の正二位授与の位記として残存している。なかでも当人の出自・業績・人物に四字句を当てて美辞麗句を加えられる点は、弘仁九年（八一八）に菅原清公の建言によって五位以上の位記が漢様に改められたことによるものであろう。

［文献］黛　弘道『律令国家成立史の研究』（吉川弘文館、一九八二）、野村忠夫『古代官僚の世界』（塙書房、一九六九）。（堀井典子）

外《げ》位《い》　令制の位階。内位に対する語。大宝令では五位以下を内外に分け、外正五位上から外少初位下まで二〇階を外位と規定している。外位は、卑姓のものである地方豪族（郡司・軍毅・国博士・国医師）や隼人*、蝦夷*に与えられた位階であり、内位と外位の区別は実質的には畿内と畿外という出自の別を表していた。神亀五年（七二八）三月二八日の格により内・外位制が成立し、従来内五位に叙せられてきた中央貴族でもその姓の高下と家の門地により、はじめから内五位に叙せられる道と、外五位を経て内五位に叙せられる道に分けられることとなった。なお外五位から内五位に叙せられることを入内といった。平安中期になると外位の授与はまれになっていく。

［文献］野村忠夫『律令官人制の研究』（吉川弘文館、一九六七）、野村忠夫『律令政治と官人制』（吉川弘文館、一九九二）。（堀井典子）

散《さん》位《い》　「さんに」とも読む。令制で、内外の諸司のうち執掌のあるものを職事官というのに対し、執掌のないものを散位（散官）という。内外・文武の区別があり、五位以上は散位寮*に長上し、六位以下は在京の場合は散位寮に、在外の場合は国衙に分番上下した。のちに定額を定め、額外の者は出勤する代わりに続労銭を納めて勤務実績とした。散位は、職事官が解任されたり、廃官・病気などで辞任したりしたときに称するものであるが、下級官人の場合は、労を重ねて位を与えられ散位に編入されることが多い。女官の場合には、散事と称するが、散事は後宮職員令では女孺《にょじゅ》・采女*などを指し、また諸国には四等官以外に散事・散仕があった。

［文献］山田英雄「散位の研究」（坂本太郎博士還暦記念『日本古代史論集 下』一九六二）、野村忠夫『律令官人制の研究』（吉川弘文館、一九六七）、土田直鎮『奈良平安時代史研究』（吉川弘文館、一九九二）。（堀井典子）

勲位《くんい》　律令制の位階制度の一つで、軍功のあった者に授与される。「大宝令」によって初めて規定され、軍功に対し等を単位として勲位が決定され、勲一等から勲十二等までの一二等級に分かれる。官位令では、勲一等を文官の正三位に比当し、以下勲十二等が従八位下に比当する。この制度は、唐制の上柱国から武騎尉に至る勲級十二等の制度を取り入れたものであるが、唐制の武散官の品階への比当関係に比べて低くなっている。

［文献］野村忠夫『律令官人制の研究』（吉川弘文館、一九六七）、野村忠夫『律令政治と官人制』（吉川弘文館、一九九三）。（堀井典子）

蔭位制《おんいせい》　律令国家の貴族の特権の一つで、祖父の官位によって子孫に一定の位階を与える制度。令制での蔭位資格は、蔭子孫といわれ、皇親五世王の子、諸臣三位以下の子・孫、五位以上の子。二一歳になると一定の位階が与えられた。その内容は、親王の子は従四位下、諸王の子は従五位下、五世王は従五位下、その嫡子は正六位上、諸臣の一位の嫡子《ちゃくし》は従五位下、以下逓減《ていげん》して従五位の嫡子は従八位上となっており、嫡庶の別があり庶は嫡に一階を降し、また孫は子に一階を降す。さらに勲位・贈位にも適用された。蔭子孫は、官に仕えることを原則としたが、そのコースは三つ、次のように大別される。①一三から一六歳の間で大学に入り、九年間修業した後に秀才・明経などの四科に及第して官途につくコース、②内舎人《うどねり》・大舎人《おおとねり》などの諸舎人に補せられて昇進していくコース（この場合一七歳以上二〇歳未満で「自進」して舎人となる場合と、二一歳以上で「見無役任」の者が舎人となる場合があり、舎人の選限は内舎人が六考、そのほかは八考となっている）、③蔭位のみで出身するコース（この場合は二一歳になれば自然に叙位・出身することになっていた）、があった。慶雲三年（七〇六）二月一六日の格は、これらのコースの不均衡を是正しようとしたものと考えられるが、延喜一四年（七九五）一〇月八日の太政官符によって令制に復された。大宝三年（七〇三）に初めて実施して以降、神亀五年（七二八）外五位を設けて内外の格差をつけ、外五位では嫡子は内五位の嫡子に一階、庶子は二階を降した。延暦一二年（七九三）に四位の孫も適用を受け、『延喜式*』では、大臣の曾孫にまで及んだ。蔭位制は、蔭位資格範囲は狭いが授与される蔭位が著しく高いのが特徴であり、官人層を五位以上と六位以下に二分してほぼ固定化させることにより、律令官人制に貴族性を与えることとなった。

［文献］野村忠夫『律令官人制の研究』（吉川弘文館、一九六七）、彌永貞三『日本古代の政治と史料』（高科書店、一九八八）、土田直鎮『奈良平安時代史研究』（吉川弘文館、一九九二）、野村忠夫『律令政治と官人制』（吉川弘文館、一九九三）。（堀井典子）

位子《いし》　律令制において官人任用資格の一つであり、原則として内六位から内八位以上の官人の嫡子をいう。才能により、儀容端正で書算に巧みな者を上等、身材強幹で弓馬に便な者を中等、身材劣弱で文算を知らない者を下等に区別した。上等・

下等は*式部省へ、中等は*兵部省へ任用され、それぞれの省において簡試し、上等を大舎人、中等を兵衛、下等を使部に任用した。省にとどまる者もあり、これを式部位子、兵部位子といった。位子には、出身の特権のほかに、課役の一部免除、大学への情願入学、刑法上の優遇などがあった。

［文献］　野村忠夫『律令官人制の研究』（吉川弘文館、一九六七）、平野博之「位子について」（『日本歴史』八五、一九五五）。

（堀井典子）

官位相当制《かんいそうとうせい》　律令官人機構上の制度で、官職と位階との対応関係を規定したもの。*「飛鳥浄御原令」に始まり、「大宝令」で完成した。令制では、官人はまず位階を与えられ、その位階にふさわしい（相当する）官につく。*『令義解』は「凡《およ》そ位に貴賤あり、官に高下あり、階高ければ則ち職高く、位賤なれば則ち任下《ひく》し、官位相当、各々等級あり、故に官位と曰《い》うなり」「凡そ臣の君に事《つか》えて、忠を尽くし功を積み、然《しか》る後に爵位を得《え》、然る後に官を受く」と記している。官位不相当の場合、位階が高く官職が低いときは「行《ぎょう》」、逆に位階が低く官職が高い場合は「守《しゅ》」といった。例えば「従四位上守宮内卿兼行因幡守石上朝臣家成」の場合。宮内卿の相当位は正四位下、因幡守の相当位は従五位下であるから、右のように「守」と「行」を使い分けるのである。位階と官職の対応関係は後出の表のとおりである。官位相当制にもかかわらず、実際には位階が高めになる傾向は奈良時代からみられ、平安時代に入るとこの傾向はいっそう進み、平安中期以降、*職事官の下限は正六位上となり、それ以下の位階はほとんど意味を持たなくなった。

（阿部　猛）

職事官《しきじかん》・番上官《ばんじょうかん》　職事官とは、律令制で官位令に定められた官位相当のある官、およびその官についている官人の総称。公式令では、内外諸司の執掌のあるものを職事官、執掌のないものを散官（*散位）としている。具体的には中央官司、大宰府、国司などの四等官・品官をいう。女官は、令に規定がないが後宮諸官司の掌以上、令制以外では、蔵人頭、五位・六位の蔵人を指す。衣服令では、五位以上は牙笏《げしゃく》を、六位以下は木《もく》笏《しゃく》を把《と》らせた。『続日本紀』養老三年（七一九）二月三日条には「職事の主典以上に笏を把らしむ。其の五位以上は牙笏、散位も亦把るを聴す。六位巳下は木笏」とある。把笏は職事官・高位者の威儀を整えるものであった。番上官とは、律令制における官人の勤務形態である番上という方式で勤務する職員。律令官人の勤務形態は、長上（常勤）と分番（交代制）に大別され、それぞれ前者を長上官、後者を番上官といった。中央の諸司や家令職員令に規定する家政機関の職員、大宰府・国司の四等官および品官はすべて長上官で、番上官には一般舎人・史生・兵衛・伴部・使部などがあった。

［文献］　野村忠夫『律令官人制の研究』（吉川弘文館、一九六七）。

（堀井典子）

員外官《いんがいかん》　令制に定められた定員以外に置かれた官職。員外官は、唐制でも員外郎として明確に存在するものであるが、日本では、養老二年（七一八）九月の式部員外少輔任命を初見として、以降京官・外官のうち若干の例を除いて次官以下において任命された。員外官は、最初事務の繁多や官人の抜擢などを理由に置かれ、天平一八年（七四六）員外国司任命の初見以降、天平宝字年間の末頃より員外国司の数は増加した。員外国司は、当初は京官との兼任であったが、その任命には二通りあり、前者は主として国司の収入のみを目的とし、後者は国司の事務繁多を助けることを目的とした。のちに員外国司のみを帯する者が増加し、俸禄のみを追求するためのものになった。その弊害を抑えるため、天平神護二年（七六六）一〇月には、員外国司の赴任が禁止された。宝亀五年（七七四）三月には、員外国司停廃が令せられ、桓武朝に至り天応元年（七八一）六月には内外文武員外官の廃止が行われ、これによりしだいに員外官は消滅していった。しかし、郡司・軍毅は、員外官停止の折にも例外として置かれた。のちに平安時代には員外の称はほとんど使用されなくなり、代わって権官が置かれる例がしだいに増加していった。（堀井典子）

［文献］亀田隆之「奈良朝末における官制の一考察」（『続日本紀研究』一―四、一九五四）、林　陸朗「員外官の停廃をめぐって」（『国史学』一〇八、一九七九）。

権《ごん》官《かん》　官制に規定された正官以外の官の一つで権任ともいう。権《かり》（仮）の官の意味で、緊急事態に臨時的に任じ、また職務繁多な官を補うために、正官の経歴や資格を欠いている者を仮に任じた。令制に定められた定員以外に置かれた官職には員外官があったが、天応元年（七八一）六月に員外官が廃止されると、代わって権官が増加し員外官の実質を権官が帯びるようになった。権官の任命は、内外官で行われたが、地方官の場合、左遷的な任命を除くと多くは俸禄取得を目的として行われた。八世紀後半以降に盛行した権任国司の展開に伴い、諸国司の遙任が増大していき、このことが国司制度崩壊の一因となったといえよう。また、官によって権官の有無があり、権大宮司・権禰宜・権祝などの神官、権僧正・権大僧都・権上座などの僧官にも置かれ、さらに摂関家の子弟は中納言*・大納言においては正官を経ず権官のみを経て大臣に昇進する慣例もあった。

［文献］亀田隆之「奈良朝末における官制の一考察」（『続日本紀研究』一―四、一九五四）、吉村茂樹『国司制度崩壊に関する研究』（東京大学出版会、一九五七）、黒板伸夫『摂関時代史論集』（吉川弘文館、一九八〇）。（堀井典子）

把笏《はしゃく》の制《せい》　笏は、古代より官人が朝務・神拝のときに威儀を整えるために右手に取り持つ長方形の薄板。和名抄に「音は忽なり、俗に尺を云う」とあり、字音コツが屍骨の骨と同音を忌みシャクないしサクと呼んだ。日本の文献では、『続日本紀』養老三年（七一九）二月壬戌条が初見であり、五位以上牙笏、六位以下木笏と規定されているが、一〇世紀頃より礼服の際のみ牙笏、木笏は朝服用となった。把笏の制の成立については、衣服令集解古記に記載がないことなどから、「大宝律令*」に規定はなく、「養老律令*」に至って規定された可能性が強い。養老三年（七一九）の規定以降、把笏対象の拡大が行われた記事が国史に散見しており、笏は官職標示機能を有していたといえる。把笏は、威儀を目的とするとともに、忽忘に備えるという実用性を有しており、宣命や除目の叙位文・解文ないし儀式の式次第などを書いた紙（笏紙）を笏頭近くに貼ることが行われた。

［文献］野村忠夫『律令官人制の研究』（吉川弘文館、一九六七）。（堀井典子）

官位相当表

官司＼位	正・従一位	正・従二位	正三位	従三位	正四位上	正四位下
神祇官						
太政官	太政大臣	左大臣、右大臣	大納言			
中務省					卿	
式部省、治部省、民部省、兵部省、刑部省、宮内省						卿
中宮職						
左京職、右京職、大膳職、摂津職						
春宮坊					皇太子傅	
左大舎人寮、右大舎人寮、大学寮、木工寮、雅楽寮、玄蕃寮、主計寮、主税寮、図書寮、左馬寮、右馬寮、左兵庫、右兵庫						
内蔵寮、縫殿寮、大炊寮、散位寮、陰陽寮、主殿寮、典薬寮						
正親司、内膳司、造酒司、兵馬司、鍛冶司、造兵司、画工司、典鋳司、掃部司、内薬司、東市司、西市司、官奴司、鼓吹司、園池司、諸陵司、贓贖司、囚獄司						
内兵庫司、土工司、葬儀司、采女司、主船司、漆部司、縫部司、織部司、隼人司、内礼司						
主水司、主油司、内掃部司、筥陶司、内染司						

正七位		従六位		正六位		従五位		正五位		従四位	
下	上	下	上	下	上	下	上	下	上	下	上
		少祐	大祐		少副	大副				伯	
	大外記 左辨少史 右辨少史				左辨大史 右辨大史	少納言		左少辨 右少辨	左中辨 右中辨		左大辨 右大辨
少監物 大主鈴	中内記 大録		少丞 中監物	大丞	大内記	侍従 大監物	少輔		大輔		
判事大属	大録	少判事 大蔵大主鑰	少丞	大丞 中判事		少輔		大輔 大判事			
		少進	大進			亮				大夫	
主醤 主菓餅	少進	大進				亮			大夫		
		少進	大進			亮 皇太子学士				大夫	
大允 大学助教				助 大学博士			頭				
医博士 陰陽博士 天文博士	内蔵大主鑰		助			頭					
				内薬侍医	正 内膳奉膳						
				正							
			正								

従七位 上	従七位 下	正八位 上	正八位 下	従八位 上	従八位 下	大初位 上	大初位 下
			大史	少史			
少外記							
	大典鑰	少内記 少録 少主鈴		少典鑰			
	刑部大解部 大蔵少主鑰	少録 典革	治部大解部 刑部中解部 判事少属		刑部少解部 治部少解部		
			大属	少属			
			大属	少属			
			大属	少属			
少允 音博士 書博士 算博士				大属 雅楽諸師 馬医	少属 主計算師 主税算師		
陰陽師 暦博士 呪禁博士	医師 漏刻博士 針博士	内蔵少主鑰 呪禁師 針師 薬園師 典履	按摩博士	按摩師	大属	少属	
	佑 内膳典膳					大令史 令史 画師	少令史
		佑					令史 挑文師
			佑				

	正一位	従一位	正二位	従二位	正三位	従三位	正四位上	正四位下	従四位上	従四位下	正五位上	正五位下
主鷹司												
舎人監 主膳監 主蔵監												
主殿署 主書署 主漿署 主工署 主兵署 主馬署												
彈正台									尹			弼
衛門府 左衛士府 右衛士府											督	
左兵衛府 右兵衛府												
大宰府						帥					大弐	
大国												
上国												
中国												
下国												
家令												

少初位上	少初位下
令史 染師	

従五位		正六位		従六位		正七位		従七位	
上	下	上	下	上	下	上	下	上	下
					正				
				正					
					首				
		大忠	少忠			大疏	巡察		
	佐				大尉	少尉			
督			佐				大尉	少尉	
	少弐		大監	少監	大判事	大工 少判事 大典 防人正	主神		大宰博士
守			介				大掾	少掾	
	守			介				掾	
			守						
					守				
	一品家令 職事一位家令	二品家令		一品家扶 三品家令 職事一位家扶 職事二位家令		二品家扶 四品家令		一品家大従 一品文学 三品家扶 職事一位家大従 職事正三位家令	一品家少従 二品家従 二品文学 四品家扶 職事一位家少従 職事従三位家令

少初位		大初位		従八位		正八位	
下	上	下	上	下	上	下	上
令史							
	令史					佑	
令史							
							少疏
					少志	大志 医師	
				少志	大志 医師		
		判事少令史 防人令史	判事大令史				少典 陰陽師 医師 少工 算師 防人佑 主船 主厨
				少目	大目		
				目			
		目					掾
	目						
職事三位家書吏	三品家書吏 四品家書吏 職事二位家大書吏 職事二位家少書吏	二品家少書吏	一品家少書吏 二品家大書吏 職事一位家少書吏	一品家大書吏 職事一位家大書吏	四品家従	三品家従 三品文学 四品文学 職事二位家従	

負名氏《おいなし》 「なおいのうじ」とも。律令制の諸官司に属する伴部に任用される氏のことで、それぞれの職掌に関係した氏名を負うか、または別の名を称していても伝統的職掌を世襲して仕えた。大化前代の伴造ならびにその一族の系譜を引く特定の氏であった。負名氏より任用される伴部には、神祇官の神部（中臣・忌部）氏、諸陵司の土部（土師）氏、*因獄司の物部氏、*掃部司の掃部、*主殿寮殿部の日置・子部・車持・笠取・鴨氏、*造酒司酒部、*主水司水部の水取・鴨氏、*衛門府門部の宮城十二門号を称する大伴・佐伯・山・的・多治比氏、左右馬寮馬部などがある。天皇の食膳の調理を担当する*内膳司の膳部には高橋氏・安曇氏が任用された。『*延喜式』部省式には「凡《およ》そ諸司の伴部は各負名氏の入色の者を以て補す、輒《たやす》く白丁《はくてい》を取るを得ず」とあったが、平安時代には白丁をもって補っていた。

［文献］ 加藤 晃「我が国における姓の成立について」（坂本太郎博士古稀記念会編『続日本古代史論集』所収、吉川弘文館、一九七二）。 （堀井典子）

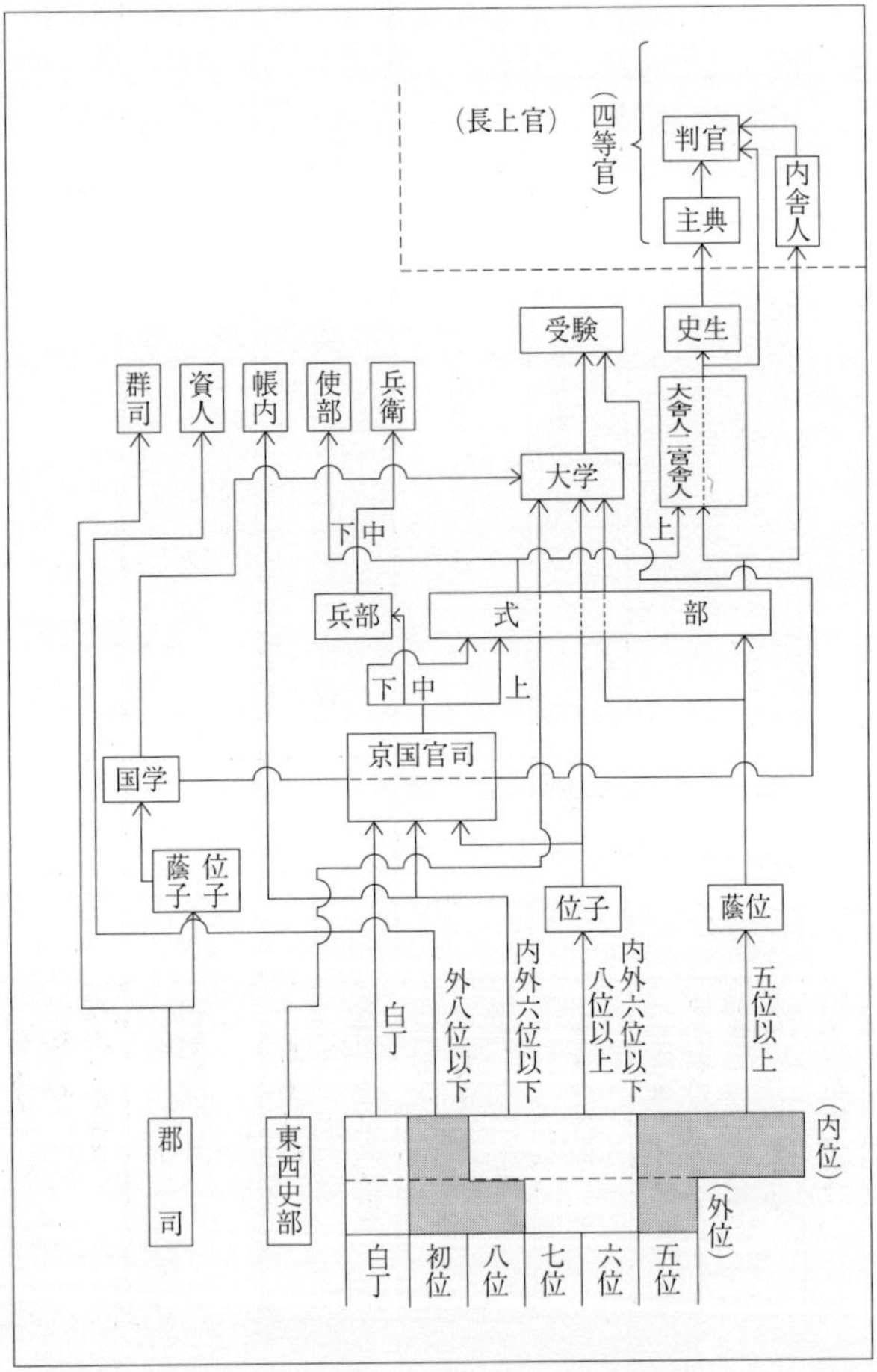

律令制下の昇進コース（彌永貞三作図を修正）

官人《かんじん》の出身方式《しゅっしんほうしき》 律令制下、人が官人となり、どのような昇進のコースをたどるかという問題である。「出身」とは官人社会に参入するの意である。コースはいくつかあったがモデル図を示すと図のとおりである（彌永貞三作図を修正）。図のいちばん右側は五位以上の者の子弟の蔭《おん》の制度による出身コースを示す。一部の子弟は大学に入って学ぶが、多くは蔭位を得、内舎人を経て各官庁の判官（三等官）に任命されるコースをとる。これが官人としての最短コースであり、いわゆる「出世コース」である。次は内六位以下八位以上の者の子弟の場合で、位子として出身し、一部は大学に入学、一部は官庁の下級官人となる。次は外八位以下初位以上の下級官人の子弟で内番上官である資人《とねり》となる。最後は無位の白丁《はくてい》の子弟で、各官庁の下級官人、帳内《とねり》に任用される。東《やまと》・西《かわちの》史部《ふひとべ》の子は大学に学び、官人としてのコースを歩み、伴部の子弟は伴部となり、郡司の子弟は国学に学び、一部は大学へ入学するが、多くは世襲的に郡司の職につく。軍団の軍毅の子弟は軍毅にというコースをたどる。官人としていわゆるエリートコースをとるのは五位以上の者の子弟であって、六位以下の子弟とは明白な差がある。大学を経て受験し最優秀の成績を得ても正八位上に叙されるに過ぎない。しかも、試験はきわめて難しく合格者の数は少ない。下級官人の子弟の多くは図の左側の「内番上」「外番上」―すなわち番上官につく。常勤職員である長上官に比べて選限《せんげん》（昇進のために必要な評価を得るに要する勤務年数）が長く、八から一二年である。長上官のそれが四、五年であるのに比して倍から三倍の長さとなる。したがって当然出世が遅いことになる。番上官として出身する大部分の下級官人の子弟や、白丁から官についた者は一生かかっても、内舎人コースをとる五位以上官人が最初につく判官クラスにたどりつくことも難しい。律令制は能力主義を掲げているが、実際には上級官人の子弟を優先させる門地主義の傾向が強く、貴族の世襲体制を保障する性格を持っていたのである。

［文献］野村忠夫『律令官人制の研究』（吉川弘文館、一九六七）、野村忠夫『古代官僚の世界』（塙書房、一九六九）、彌永貞三「萬葉時代の貴族」（高木市之助編『萬葉集大成5』所収、平凡社、一九五四）。

（阿部　猛）

省《しょう》試《し》　式部省*の行う文章生試をいう。大学寮*において中国の史学・文学を学ぶ紀伝道*は、文章博士・文章得業生・擬文章生などを置いた。まず学生は寮試で選抜されて擬文章生となり、その後文章生試を受験し、文章生になると、任官にその労が影響したのである。その試験は、式部補が古典の字句中から出題し詩や賦を作るもので、春秋二回行われることが原則であった。平安時代に入ると、漢文学隆盛に伴い、紀伝道は勢力を得、文章博士・文章生の地位は向上し、その結果省試は重要な試験の一つとなった。しかしその一方で、一〇世紀頃になると、行幸や饗宴などの余興として文章生に詩歌を作らせたものまで省試として扱ったり、定員外入学の余進士や連続落第者を特別合格させる十上《じゅうじょう》の慣行が生じたりしたため、だんだんと形骸化していった。また平安中期以降教官世襲化の傾向が強まり、紀伝道では菅原・大江・藤原氏などが文章博士を独占した。

［文献］久木幸男『日本古代学校の研究』（玉川大学出版部、一九九〇）、桃　裕行『上代学制論攷』（思文閣出版、一九九三）。

（堀井典子）

秀《しゅう》才《さい》　律令制下、式部省*の実施した官人登用試験の一つ。出題の形式は、論文形式で方略策二問になっている。文理によって九段階に評価され、上上第、上中第、上下第、中上第の四段階が及第、以下中中第から下下第までの五段階は不第とされた。令の規定では、秀才が官に挙げ用いられる際、上上第は正八位上、上中第は正八位下に叙することとなり、上下第、中上第は及第ではあるが叙法がなかったので、式部省の留省となり考満叙位を待つこととなっていた。さらに上中第以上で蔭位の対象となる場合や、孝悌表顕の対象となった場合は、その蔭位・叙位に一階を加えて叙すこととなった。その後、延喜二一年（八〇二）六月に至り、秀才上下第は大初位上、秀才中上第は大初位下に叙することとなった。

［文献］久木幸男『日本古代学校の研究』（玉川大学出版部、一九九〇）、桃 裕行『上代学制論攷』（思文閣出版、一九九三）。

（堀井典子）

舎人《とねり》 古代の下級官人。天皇・皇族に近侍し、護衛・雑役を任とした。律令制以前の舎人は、名代・子代として出仕した*部民で、東国を中心に*国造やその一族などから朝廷に貢進された。律令制下の舎人には内舎人《うどねり》（九〇人）・大舎人《おおとねり》（左右おの八〇〇人）・東宮舎人《とうぐうのとねり》（六〇〇人）・中宮舎人《ちゅうぐうのとねり》（四〇〇人）がある。内舎人は、五位以上の者の子孫から二一歳に達して性識聡敏、儀容端正な者が選ばれ、中務省に配属されて天皇に奉仕し、内舎人に採用されなかった者は、大舎人・東宮舎人・中宮舎人に任命された。大舎人以下は、内六位以下、八位以上の者の嫡子（位子）からも任命されたが、平安時代には外位の者や白丁《はくてい》からも採用するようになった。これら文官的な舎人とは別に、武官的舎人として左右兵衛府の兵衛、衛門・左右衛士府の衛士などがあった。そのほか、令外の舎人として授刀舎人、中衛舎人、皇后宮職舎人、雑工舎人、騎舎人、東大寺舎人、寺家舎人、造寺司舎人、政所舎人、供養所舎人、徴米舎人、優婆塞舎人、御曹司令守舎人、上殿舎人などがあった。また、別に親王・上級官人・外官の近侍に当てる「とねり」があり、それぞれ帳内・資人・事力の文字が当てられた。舎人になることは、律令官人として仕官する手段として一つの重要なことであり、特に内舎人は有力貴族の子孫にとって出世コースであった。舎人制度は、舎人を多くの階段から全国規模で貢進させることにより、天皇支配の浸透を図ったものであった。

［文献］井上 薫『日本古代の政治と宗教』（吉川弘文館、一九五一）、笹山晴生『日本古代衛府制度の研究』（東京大学出版会、一九八五）。

（堀井典子）

官人《かんじん》**の給与**《きゅうよ》 位階に対して与えられる位田・位封・位分資人・位禄と、官職に応じて与えられる職分田・職封・職分資人および季禄・時服・随身・節禄・月料などがある。

位田《いでん》 五位以上の有位者に与えられる田地。品位と田数は表のとおり。はじめ内位と外位による区別はなかったが、神亀五年（七二八）以降、外位者は内位者の半額となった。位田は位階を得た日から給され、位を失うと即日収公された。しかし神亀二年に、死後一年は収公せずとし、宝亀九年（七七八）には死後六年は収公しないと改めた。位田は輸租田。位田の経営形態は未詳。

位田

品・位	位田(町)
一　品	80
二　品	60
三　品	50
四　品	40
正一位	80
従一位	74
正二位	60
従二位	54
正三位	40
従三位	34
正四位	24
従四位	20
正五位	12
従五位	8

位《い》**封**《ふ》 品位によって給与される封戸。額は表のとおり。女子は男子の半分。封戸には課戸が当てられた。封戸の被

給与者はその戸の出す租の半分と調・庸・仕丁の全部を収得する。天平一一年（七三九）租も全給することにした。

位分資人《いぶんとねり》　資人は従者で、警固・威儀・雑務に従事する。品位による資人の人員は表のとおり。資人には内八位以上の子をとることはできない。また三関国と大宰府*管内、陸奥・石城・越中・越後・飛騨・出羽からとることは禁じられた。

位禄《いろく》　「大宝令」「養老令」では四位・五位の有位者に絁*・布などを給与し、大宝元年（七〇一）に五位位禄を定めた（表参照）。令制よりやや優遇されていたが、大同三年（八〇八）に至り令制に戻った。神亀五年（七二八）三月、外五位の位禄は内位の半分とした。中央官人の位禄は

位封

		大宝令 養老令	慶雲三年制	大同三年制 延喜式	拾芥抄
品封	一品	800戸	(800)戸	800戸	600戸
	二品	600	(600)	600	450
	三品	400	(400)	400	300
	四品	300	(300)	300	225
	無品			200	150
位封	正一位	300	600	300	225
	従一位	260	500	260	195
	正二位	200	350	200	150
	従二位	170	300	170	128
	正三位	130	250	130	98
	従三位	100	200	100	75
	正四位	(位禄)	100	(位禄)	
	従四位	(位禄)	80	(位禄)	

位分資人

品・位	帳内・資人
一品	160人
二品	140
三品	120
四品	100
一位	100
二位	80
三位	60
正四位	40
従四位	35
正五位	25
従五位	20
外正五位	5
外従五位	4

位禄

	大宝元年格				
	絁(疋)	綿(屯)	糸(絇)	布(端)	庸布(常)
正五位	8	8	26	48	216
従五位	6	6	20	36	160

	令制			
	絁(疋)	綿(屯)	布(端)	庸布(常)
正四位	10	10	50	360
従四位	8	8	43	300
正五位	6	6	36	240
従五位	4	4	29	180

職分田

		令　制	令制後
太政官	太政大臣	40	
	左・右大臣	30	
	大納言	20	
大学寮	明経博士		4(5)
	助教・直講		3(4)
	文章博士		4(6)
	明法博士		3(4)
	音・書・算博士		3
陰陽寮	天文・陰陽博士		4
	暦博士		3
典薬寮	医博士		4
	針博士		4(3)
京職	坊令		2
大宰府	帥	10	
	大弐	6	
	少弐	4	
	大監・少監・大判事	2	
	大工・少判事・大典・防人正・主神・博士	1.6	
	少典・陰陽師・医師・少工・算師・主船・主厨・防人佑	1.4	
	諸令史	1	
	史生	0.6	
	府掌		2
国司	大国守	2.6	
	上国守・大国介	2.2	
	中国守・上国介	2	
	下国守・大国掾	1.6	
	中国掾・大国目・上国目	1.2	
	中国目・大国目	1	
	史生	0.6	
郡司	大領	6	
	少領	4	
	主政・主帳	2	
鎮守府	按察使		6
	記事		2
	府掌		2
軍団	大毅		6
	少毅		4
	毅(雑太団)		2
	主帳(陸奥・出羽)		2
	主帳(雑太団)		1
	監牧		6

調・庸物のうちから支給、官人が大蔵省*で受け取る。

職分田《しきぶんでん》　太政大臣・左大臣・右大臣・大納言の官職にのみ与えられる田地。位階でいえば三位以上の者に限られる。ただ大宰府官人・国司・郡司などの公廨を職田と称することがあり、また時代とともに職田の給与範囲が拡大した(表参照)。

職封《しきふ》　太政大臣・左大臣・右大臣・大納言に給された封戸。令外官である中納言・参議にも支給されるようになった。職封は、理によって致仕*した場合はなお半額を支給された(表参照)。

職分資人《しきぶんとねり》　太政大臣に三〇〇人、左大臣・右大臣に各二〇〇人、大納言に一〇〇人、中納言には三〇人の資人が給与された。

季禄《きろく》　在京の文武職事と大宰府・壱岐・対馬の職事官に対して、官職の相当位に応じて支給される禄物。二月に春夏禄、八月に秋冬禄を給するが、支給月以前半年の上日(出勤日数)が一二〇日以上であることが条件である。一季の支給額は表のとおり。

時服《じふく》　衣服料。もと一三歳以上の皇族たちに与えられるものであったが、諸司官人にも与えられるようになり、大同三年（八〇八）には「普《あまね》く衆司に給う」とされ官人時服制ができあがった。五位以上の官人の場合、春は絁*三・七丈、帛《きぬ》一・五丈、綿四屯、秋は絁三・七丈、帛一・七丈、綿四屯が支給された。

馬料《めりょう》　神亀五年（七二八）令制の防閤《ぼうこう》の代わりに設けられた。防閤は文武官に給された資人の一種で、官人の警護に当たるもの。馬料は文武職事官の五位以上の者に給する。給法は季禄に準じ、二月と八月の二回、上日一二〇日

職封

	令制	簾中抄	拾芥抄
太政大臣	3000戸	2250	1500
左右大臣	2000	1500	1500
内大臣・大納言	800	600	800・600
中納言	200 (400)	300	300
参議	80	60	60

季禄

	絁(疋)	綿(屯)	布(端)	鍬(口)	女官
一位	30	30	100	140	
二位	20	20	60	100	
正三位	14	14	42	80	尚蔵
従三位	12	12	36	60	
正四位	8	8	22	40	尚膳・尚縫
従四位	7	7	18	30	典蔵
正五位	5	5	12	20	
従五位	4	4	10	20	尚侍・典膳・典縫
正六位	3	3	5	15	尚酒
従六位	3	3	4	15	尚書・尚薬・尚殿・典侍
正七位	2	2	4	15	尚兵・尚闈
従七位	2	2	3	15	尚掃・尚水・掌蔵・掌侍
正八位	1	1	3	15	尚膳・掌縫
従八位	1	1	3	10	典書・典薬・典兵・典闈 典殿・典掃・典水・典酒
大初位	1	1	2	10	
少初位	1	1	2	5	

※春夏禄では綿1屯に代えて糸1絇を，秋冬禄では鍬50に代えて鉄2延を給する.
※女官は相当位がないので准ずる位階を定める.

随身

	近衛				諸衛	計
	将曹	府生	番長	舎人	舎人	
太上天皇	2	2	2	8		14
摂政・関伯		2	2	6		10
近衛大将						
大臣兼帯	1	1	6			8
納言・参議兼帯		1	5			6
近衛中将				(4)		(4)
近衛少将				(2)		(2)
諸衛督					(4)	(4)
諸衛佐					(2)	(2)

(カッコ内は推定)

馬料

給額(貫)	神祇官	文官	武官	女官
50		一位		
30		二位		
25			従三位	
20		正三位		
15		従三位		
9			従四位	
8				尚蔵(正三位)
7.5				尚侍(従三位)
7		正四位	正五位	
6	伯	従四位	従五位	
5		正五位		
4	大副 少副(五位)	従五位		
3.5				尚膳・尚縫(正四位)
3				典侍・典蔵(従四位)
2.8			六位	
2.65			七位	
2.5	少副・大祐 少祐・宮主	六位	八位	
2.35		七位		
2.2	大史・小史 卜長上	八位		
2.05		初位		
2				掌侍・典膳・典縫(従五位)
1.25				尚書・尚殿(六位)・尚薬(七位)
1.175				掌蔵・尚兵・尚闈・尚掃・尚水(七位)
1.17				尚酒(六位)
1.1				尚書(七位)・掌膳・尚縫・典薬・典兵・典闈・典殿・典水・典酒(八位)

以上の者に与えられる。文官の場合、一位は五〇貫文、二位が三〇貫文、正三位は二〇貫文、従三位は一五貫文、正四位は七貫文、従四位は六貫文、正五位は五貫文、従五位は四貫文であったが、しだいに支給範囲を拡大し『延喜*式』にみえる給額は表のとおりであった。

随身《ずいじん》 令外の制として、太上天皇・摂政・関白・左右近衛府の大中少将・諸衛の督・佐に身辺警固のための武官を賜わった。宣旨、別勅によって賜わるものであるが、給例は摂関期以降では表のとおり。

節禄《せちろく》 正月一日、同七日（白馬節会《あおうまのせちえ》）、同一六日（賭《のり》射《ゆみ》）、同一七日（大射）、五月五日（騎射《うまゆみ》）、九月九日（重《ちょう》陽《よう》）、一一月一一日（新嘗祭《にいなめ》）に、皇太子以下太政大臣から参議に至る職事官、正一位から五位に至る有位者、行事に参加する六位以下の官人に給した。左右大臣の場合、年間に給与されるものは褂衣《うちかけきぬ》二領、絁*一〇〇疋、綿一二〇〇屯、二位の場合は絁五〇疋、綿五〇〇屯、布三〇端などとなっていた。この制度は平安初期に成立したものと思われる。

月料《げつりょう》 親王・後宮・大臣・納言・参議以下京官の下級官人に至るまで、毎月米・塩・魚など食料を給するもので、月俸ともいう。

要劇料《ようげきりょう》　もとは劇官を選んで給するもので、のち普く官人に給するようになった。養老三年（七一九）に銭を給与したのに始まる。月に一〇〇文。大同三年（八〇八）官の閑劇を問わず衆司に給するようになった。（阿部　猛）

官人《かんじん》**の任期**《にんき》　「任期」というのは正確な表現ではなく、どれだけの期間勤めたら、勤務評定を積み重ねて、昇進する条件を獲得できるか（成選《じょうせん》という）という場合の期間である。評定は一年ごとに行われる。「選叙令」には「凡《およ》そ初位以上の長上官（職事官、常勤職員）の遷代《せんたい》（官職の異動、昇進）せんは、みな六考（六年）を以て限りとせよ」とある。「官位令」に載せられている諸官と別勅・才伎長上、散位五位以上、内舎人は右の「六考」である。次いで、内分番（非常勤職員）すなわち官（省）掌、史生、大舎人以下諸舎人、兵衛、伴部、使部、内散位六位以下、帳内、資人は八考（八年）、外長上（外官の長上官）すなわち郡司、軍団の大少毅、国博士、国医師は十考（一〇年）、外散位（外分番）すなわち外位で現在非職の地方在位者は十二考（一二年）であった。長上遷代の規定は「任期」にも関係し、国司の場合は選限すなわち任期と考えられ「秩《ちつ》限《げん》」とも呼ばれた。選限は何度か改訂されたが、弘仁六年（八一五）には固定して、それぞれ六考、八考、十考と短縮された。国司については陸奥・出羽は大宰府管内の国司・史生および陸奥・出羽の弩師《どし》の任期は五年とし、天長元年（八二四）守・介のみ六年とし、承和二年（八三五）守・介を四年とした。のち元慶二年（八七八）因幡・出雲・長門三国の弩師の任限は六年であったが、このとき因幡・出雲については四年とした。（阿部　猛）

上日《じょうじつ》　律令制下において官人が勤務した日数。官人は、一定期間内に勤務しなければならない日数が定められており、その日数以上になると季禄を支給され、考課の対象とされた。季禄の支給に当たり、在京文武の職事官、大宰府・壱岐・対馬の官人は半年で一二〇日以上、兵衛は八〇日以上（夜も同日数の上番が必要とされた）が必要であった。また考課の対象となるのは、長上官の場合年間の上日二四〇日以上、分番は一四〇日以上、帳内・資人では二〇〇日以上であった。ほかに上日による時服の支給についても規定があり、上日については式部省・兵部省が管理していた。

［文献］　野村忠夫『律令官人制の研究』（吉川弘文館、一九六七）。（堀井典子）

致仕《ちし》　律令官制において、数え年七〇歳以上になって官職を辞して引退すること。致事ともいう。病気などが理由で年齢とは関係なく職を辞する辞官とは別に扱われ、恩典があった。令の規定によると致仕する場合、官が五位以上の貴族官僚は天皇に上表することとなっており、六位以下の官僚は太政官に申請して太政官から奏聞することとなっていたが、常に許可される限りではない。致仕の後は、五位以上は位田・位封・位禄と、現任時の半分に当たる職封・職田が支給された。

［文献］　野村忠夫『律令官人制の研究』（吉川弘文館、一九六七）。（堀井典子）

官人《かんじん》**の休暇**《きゅうか》　古代には休暇のことを「假《か》」といった。「養老令」によると、官人は六日ごとに一日（一か月に五日）の休暇が与えられ、これを六假といった。在京の諸司では毎月六日、一二日、一八日、二四日、三〇日(小の月は二九日)である。しかし、大学や典薬寮で学生の指導に当たる博士らの場合は、学生が一〇日に一日の休暇を与えられ、しかも休日の前日が試験の行われる定めであったから、規定どおりに休暇をとることはできなかった。また主鷹司のように動物を扱う官司も交替で休暇をとるよりほかなかった。また*中務省、*宮内省などの天皇に供奉する諸司、および守衛に当たる*五衛府の官人については月五日の休暇をまとめてとる。原則として五月と八月には田仮《でんか》と称する一五日間の農業休暇が与えられた。これは、古代官人が農村を基盤とし、農耕から完全には分離していないことを示している。田仮はいっせいにとるのではなく、交替で休んだ。また、三年に一度、定省仮《ていせいか》といって、故郷に帰り父母の安否を訪《と》う休暇が三〇日間あった。

職事官が父母の死に遭うと解任されるが、夫・祖父母・外祖父母の死には三〇日間、服喪期間が三か月の場合は二〇日間、一か月の場合は一〇日間、七日の場合は一日の假を賜わる。教えを受けた師の死に遭えば假は三日である。そのほか、改葬の場合、外官に任命された者には赴任準備期間(装束假)が与えられる。そのほか、氏神祭りのため、病気のため、温泉療養のため、父母の看病のため、掃墓のため、触穢のために休暇を申請する。奈良時代、*東大寺の写経所に勤務していた写経生らは多くの休暇願い(請假解《しんかげ》)を残しているが、それによると、衣服の洗濯、家の修理、田租納入、盗難に遭ったことなどを理由に休暇を要求している。

[文献] 阿部 猛『万葉びとの生活』(東京堂出版、一九九五)。 (阿部 猛)

官人の勤務評定《かんじんのきんむひょうてい》 官人は毎年勤務評定を受ける。「養老令」の考課令には「凡《およ》そ内外の文武官の初位以上は、毎年当司の長官其の属官を考せよ、考すべくは皆具《つぶさ》に一年の功過行能を録して、並に集めて対《むか》いて読め、其の優劣を議《はか》りて九等第《くとうだい》(九段階)定めよ」とある。京官・畿内については一〇月一日に考文を太政官に進め、外国については一一月一日に朝集使に持たせて都へ送る。「*飛鳥浄御原令」では、評定の基準は「善」「最」「功能」で、それに加えて「氏姓の大小」(家柄)によって定まる。「善」はポストに関係なく共通する徳性的基準で、「養老令」文でいえば「徳義聞こゆること有らば一善とせよ」「格勤《かくごん》懈《おこた》らざらば一善とせよ」というように、性格や勤務態度が問題とされる。「最」は各官庁ごとに異なるが、例えば「決断滞らず、与奪理に合えば刑部の最とせよ」「音楽克《よ》く諧《ととの》って節奏失わずば雅楽の最とせよ」「監察怠らず、出納明察ならば、監物の最とせよ」というように、その職責を十分に果たしたか否かが問われる。「功能」とは「行能」で、官人の行状や特殊な技能、概していえば「才能」を問うものである。「大宝令」では「氏姓の大小」は姿を消すが、貴族官僚層に有利で、下級官僚層にはきわめて不利な評定・昇進制度となっていた。勤務評定から官位の昇進に結びついていくメカニズムはたいへん難解であるが、「大氏族」優位の形は変わらない。

[文献] 野村忠夫『律令官人制の研究』(吉川弘文館、一九六六)、野村忠夫『古代官僚の世界』(塙書房、一九六九)。 (阿部 猛)

交替政《こうたいせい》 官人の交替の手続き。特に国司受領の交替についていう。新任の国司は任地に赴き前司から事務引継ぎを受ける。まず、前司から雑公文《くもん》の引渡しを受ける。雑公文とは、前々司任終の年の四度の公文の土代《どだい》（下書き、または写し）である。四度の公文とは、大帳使・正税使・貢調使・朝集使が携行する帳簿、すなわち大帳・正税帳・貢調帳・朝集帳のことである（なお、四度使公文《くもん》の副帳簿を枝文《えだぶみ》という）。次いで、次のような多くの帳簿や文書類を新司に引き継ぐ。

交替廻日記、前司任中の四度の公文土代、僧尼度縁（度牒）、戒牒、国印、倉印、文印、駅鈴、鈎匙、鉄尺、田図、戸籍、詔書、勅符、官符、省符、譜第図、風俗記文（風土記）、代々の勘判、封符、代々の不与状、実録帳案、交替日記、その他

公文の引継ぎを受けてのち、新司は国内を巡検し、諸郡の糒《ほしい》・塩・穀・穎《えい》と雑官舎・五行器などを点検する。糒と塩は各軍団の倉庫に収納されていた物。穀は不動穀で、その不動倉に貯えている量を計る。倉庫に積まれた穀稲の高さ（深さ）で計るのである。また動用穀を簸《み》でふるって土石を除き実量を計り受領する。分付、受領の実務は公文目代が行う。公文に記載されている官物の数量と実際にある官物を対照し欠剰を明らかにする。そして現物に余剰があれば前司は放免（放還）される。これを本任放還といい、新司は前司に解由《げゆ》状を与える。しかし公文勘済に疑いがあって合格《がっきゃく》とならず解由状を貰えない場合、のちには不与解由状を発行するようになった。

（阿部　猛）

［文献］　土田直鎮『奈良平安時代史の研究』（吉川弘文館、一九九二）、阿部　猛「国司の交替」（『日本歴史』三三九、一九七六）。

貴《き》・通貴《つうき》・非通貴《ひつうき》　律令制下では、一位から三位までの官人を貴と呼び、四位・五位の官人を通貴と呼ぶ。いわゆる貴族とは「貴」を指し、彼らは上級の官職を独占し、様々な特権を有し、公的に家政機関をもつ。四位・五位の官人も六位以下の官人と異なり特権を有し、広義には一から五位の者を貴族と称する。公称ではないが、六位以下を非通貴と俗称する。

（阿部　猛）

公家《くげ》と公卿《くぎょう》　公家は、天皇とそれを取り巻く廷臣たちを称する言葉。公卿は摂政・関白・太政大臣以下参議（四位を含む）以上を総称する。有位者は特に現任公卿という。位階の上では三位以上を指し、四位・五位の大夫《たいふ》に対する語として用いる。

（阿部　猛）

（三） 身分・刑罰

身分制《みぶんせい》　人間を政治的・社会的地位によって区分する法制度。古代の基本的な身分は令に規定される良賤身分である。良民は、官人と・百姓の有姓者からなる。そのほか良の集団に排除される体外的な存在として隼人・蝦夷の夷狄《いてき》といわれる辺境の人々があった。律令制下の官人制は、位階を基本とする官位相当制によって運営された。位階は身分制と密接な関係があり、官人の有する位階によって身分的差異を標示した。位階保有者のうち三位以上の者を貴、五位以上の者を通貴といい、合わせて貴族と称して支配階級を構成した。貴族と非貴族では政治・経済・刑法的特権はもとより衣服・喪葬に至るまで質的差異があった。貴族は*蔭位制により再生産されるため、世襲的に支配階級であり、国家政治にかかわりうる者は畿内出身者の貴族に限られていた。律令制における被支配層の主体であり、国

家財政の財源を担ったのは百姓である。百姓は物納と力役の負担があり、前者は租調庸や出挙利稲などがあり、後者は*仕丁・*運脚・兵役・*雑徭があった。賤身分は、*五色の賤に区分されていたが、このうち官戸・家人が家族生活を認められていたのに対し、奴婢《ぬひ》は売買・寄進され、法律上は財物に準じる扱いを受けた。そのほか、大化前代の*品部の一部が、品部・雑戸という特殊な身分とされ、技能をもって宮廷に仕えていた。品部は百姓と同戸籍で掌握されたが、雑戸は雑戸籍で掌握され所属官司に隷属的に扱われた。これらの賤民の全人口に占める比率は、一割以下であったと考えられるが、大半が政府・寺院・有力貴族に集中的に所有されていた。律令国家の性格をどのように規定するかは、種々の議論があり、①総体的奴隷制の最後の段階（安良城説）、②律令までは貢納制を基本とするアジア的生産様式に基づく社会（塩沢説）、③百姓との間の生産関係を二次的とみなして在地首長層と一般共同体成員の間の生産関係を基本的なものとしたうえで、総体的奴隷制概念で把握する（石母田説）などが提唱されている。

［文献］安良城盛昭「律令制の本質とその解体」（編著者『時代区分上の理論的諸問題』所収、岩波書店、一九六六）、塩沢君夫『古代専制国家の構造』（御茶の水書房、一九六九）、石母田正『日本古代国家』（岩波書店、一九七一）、神野清一『律令国家と賤民』（吉川弘文館、一九八六）。　（堀井典子）

五刑《ごけい》　隋唐律を継受して律が定めた笞《ち》・杖《じょう》・徒《ず》・流《る》・死《し》の五種の正刑であるが、笞・杖・徒は各五等、流は三等、死は二等に細分される。笞は、五刑のなかでもっとも軽く、長三尺五寸・頭径四分（小頭径二分）の小杖で尻を打つもので、一〇から五〇叩きの五段階あり、笞のみ郡司に執行権があった。『*令義解』によれば兵士の笞については大毅・少毅が刑を執行するものとしている。杖は笞に次ぐ刑で、笞より太い杖（長は同、径は一分増）で尻を叩く刑で、六〇から一〇〇叩きの五段階あった。徒は懲役刑で、一年から三年までの五段階あり、畿内では都の道路工事やそのほかの雑役、地方の場合はそれぞれの国で雑務に服役させ、女性は縫作や舂の労役に服した。流は、配流（本籍の強制的移転）と一年または三年の服役との二つの刑を組み合わせたものであり、京からの距離で遠流・中流・近流の三段階あった。配所の国々はほぼ決まっており、遠流は伊豆・安房・常陸・佐渡・隠岐・土佐など、中流は信濃・伊予など、近流は越前・安芸などとなっていた。死は、斬・絞の二つに分かれており、斬に当たるものは謀反・大逆・既遂謀叛・近親の謀殺など、絞に当たるものは謀大逆・未遂謀叛などであった。死の執行については、東西二市および諸国の市において行われたが、五位以上と皇親は家にて自尽することが許された。

［文献］利光三津夫『律の研究』（明治書院、一九六一）、義江彰夫「日本律令の刑体系」（『東京大学教養学部人文科学科紀要 歴史と文化』一七、一九九〇）。　（堀井典子）

八虐《はちぎゃく》　「大宝律」・「養老律」の支配秩序を揺るがす罪。唐律十悪を日本の習慣・実態にあわせて改変したものである。罪を謀反・謀大逆・謀叛・悪逆・不道・大不敬・不孝・不義の八罪に分類し、罪の軽重を定めたものとは別に、罪の性質を明らかにした。「養老律」によると分類された八罪は次のようになる。①謀反（謀危国家）。②謀大逆（謀毀山陵・宮闕）。③謀叛（謀背国従偽）。④悪逆（殴祖父母・父母、謀殺祖父母・父母、殺伯叔父・姑・外祖父母・兄姉・夫・夫之父母）。⑤不道（殺一家非死罪三人・支解人、造畜蠱毒、厭魅、殴伯叔父・姑・外祖父母・兄姉・夫・夫之父母、告伯叔父・姑・外祖父母・兄姉・夫・夫之父母、謀殺伯叔父・姑・外祖父母・兄姉・夫・夫之父母、殺四等以上尊長、殺妻）。⑥大不敬（毀大社、盗大祀神御之物・乗輿服御物・神璽・内印、偽造神璽・内印、合和御薬誤不如本方及封題誤、造御膳誤犯食禁、御幸舟船、誤不牢固、指斥乗輿情理切害、対捍詔使而無人臣之礼）。⑦不孝（告詛詈祖父母・父母、祖父母・父母在別籍異財、居父母喪身自嫁娶、居父母喪作楽釈服従吉、聞祖父母喪匿不挙哀、聞父母喪匿下挙哀、詐称祖父母・父母死、姧父祖妾）。⑧不義（殺本主・本国守、殺見受業師、吏卒殺本部五位以上官長、聞夫喪匿不挙哀、居夫喪作楽・釈服従吉、居夫喪改嫁）。八虐を犯すと、皇族や高官でもその親族でも議・請・減の特権を受けられず、恩赦にあっても対象からは外され位階・勲等はすべて剝奪された。また八虐の死罪を犯すと親の扶養という義務も顧慮せずに処刑された。

［文献］利光三津夫『律の研究』（明治書院、一九六一）。

（堀井典子）

五色《ごしき》の賤《せん》　古代律令制下における陵戸・官戸・家人・公奴婢・私奴婢の五種類の賤民。陵戸は治部省所属の諸陵司に管轄され、天皇皇族の陵墓の守衛に当たった。当初は陵守・墓守などと呼ばれて賤民身分ではなかったと考えられており、のちに支配強化のために唐制にならって、賤身分に編成されたと思われる。良民と同額の口分田が与えられた。官戸は官奴司に管轄され諸官司の雑役に従った。官戸への編入は、没官者、官奴婢のうち六六歳以上の者および癈疾《はいしつ》となった者であった。奴婢より上位に置かれ、戸を構えることができ、良民と同額の口分田を与えられた。家人は唐制の部曲にならった身分で、主人の家に代々隷属した奴婢的な身分の者、原則として奴婢よりも上位とされた。相続の対象とされ、良民の三分の一の口分田を支給されるが不課口であり、家族をもち私業を営むことができた。公奴婢は、諸官司に属し、官奴司の支配で雑役に従事した賤民。下級の賤身分で、戸を形成せず、良民と同額の口分田を与えられ、黒衣の着用を強いられた。私奴婢は、最下級賤身分で、公奴婢に対して私有の奴婢をいう。戸をなさず、その法的性格は祓え物や畜類に似たものとして賤視・駆使・売買された。良民の三分の一の口分田を支給されるが納税義務はなかった。また賤民は原則的に当色婚（賤民間の婚姻）とされた。

［文献］神野清一『律令国家と賤民』（吉川弘文館、一九八六）。

（堀井典子）

律《りつ》　律令国家の基本法。刑法であり、人民を刑罰によって強制する法とされている。中国で成立した律を継受したもので、「大宝律」次いで「養老律」が撰修された。令と比較すると唐律を模倣している度合いは濃いとされるが、唐律が十悪としているところを八虐と変更している点などいくらか改変を行っている。また日本の律は本文・注だけでなく、唐では別に編纂された注釈である律疏の部分を含めて制定されている。「養老律」の編は、次のとおりある。名例・衛禁・職制・戸婚・厩庫・擅興・賊盗・闘訟・詐欺・雑・捕亡・断獄の一二編である。名例律は、律の巻頭で刑罰名や律全体の通則を規定。上下二巻よりなるが、「養老律」の上巻のみでほかは存在しない。その内容は、刑罰の名称、特に重諸罪、刑の減軽・換刑、付加刑などの特別措置、裁判ないし量刑の規率、術語の定義の各部分からなる。衛禁律は、宮城の警衛、関の守固などに関する規定で、一部が現存している。職制律は、五六条からなり、官人の服務違反に対する規定。「養老律」のうち全文現存するのは、この編と賊盗律のみである。戸婚律は、戸令・田令・賦役令に対応する戸の把握と婚姻に関する規定。厩庫律は、厩牧令・倉庫令に対応、厩・牧の牛馬飼育・倉庫管理に関する規定。散逸していたが、逸文により存在が確認されている。擅興律は、軍防および国家の土木工事に関する規定。賊盗律は、五三条からなり、返逆・殺人・呪詛・盗略などの罪およびその関連事項に関する規定。闘訟律は、闘殴による殺人・傷害、またその告言や誣告などに関する規定で、一部が現存している。詐欺律は、官物・官私文書などの偽造・世継ぎを偽っての襲偽証などに関する規定。雑律は、唐の諸編にもれたものを集めて一編とした。通貨偽造・負債不賞・博戯・姦淫・失火・器物破損などに関する規定。捕亡律は、捕亡令に対応、犯罪人・囚人・防人・衛士などの逃亡に関する処置、犯罪人や逃亡した官・私奴婢の捕獲などに関する規定。断獄律は、獄令に対応、囚人の狗禁・裁判の手続き・刑の執行などに関する規定。「養老律」をみてみると、かなりの程度唐律によっているが、一般的にその量刑は唐より二、三等軽く定められているようである。

[文献] 利光三津夫『律の研究』(明治書院、一九六一)、井上光貞『日本古代思想史の研究』(岩波書店、一九八二)、義江彰夫「日本律令の刑体系」(『東京大学教養学部人文科学科紀要 歴史と文化』一七、一九九〇)。

(堀井典子)

官人《かんじん》の刑法《けいほう》上《じょう》の特権《とっけん》 位階や官職を帯びる者が罪を犯した場合、その刑罰は一般の者よりも軽減された。

議減《ぎげん》 六議に相当する者（応議者）が罪を犯した場合、流罪《るざい》以下は各一等を減じ、死罪に相当するときは勅許を得て罪を議する。六議は①議親（皇族および皇帝の五等以上の親、太皇太后、皇太后の四等以上の親、皇后の三等以上の親）、②議故（天皇に侍見し、特に接遇を蒙ること久しき者）、③議賢（賢人・君子）、④議能（大才芸ある者）、⑤議功（大功勲ある者）、⑥議貴（三位以上の者）。

請減《せいげん》 応請者が死罪を犯した場合は勅許を請い、流罪以下は一等を減ずる。応請者とは、応議者の祖父母・父母・伯叔夫姑・兄弟・姉妹・妻子・姪孫または四位・五位と勲一等から四等までの者。

例議《れいぎ》 応減者が流罪以下を犯した場合、一等を減ずる。応減者とは、六位・七位、勲五等・六等の者と、応請者の官位・勲位の者（四位・五位と勲一等から四等までの者）の祖父母・父母・妻子・孫をいう。

贖罪《しょくざい》 銅をもって罪を贖《あがな》う方法。応議者・応請者、八位の者と勲七等以下一二等以上の者、応減者で官位・勲位

贖罪

	贖 銅
笞《ち》 罪	笞10に銅1斤 笞50に5斤まで
杖《じょう》 罪	杖60に銅6斤 杖100に10斤まで
徒《ず》 罪	徒1年に銅20斤 徒3年に60斤まで
流《る》 罪	近流に100斤 中流に120斤 遠流に140斤
死《し》 罪	絞・斬に各200斤

の者の父母・妻子が流罪以下の罪を犯したとき贖罪が認められた。笞罪から死罪それぞれ贖うべき銅の量は表のとおり。

官当《かんとう》　官人が徒罪を犯したとき、官（位階・勲等）をもって贖う方法。一品から四品と一位から三位の者は一官をもって徒三年に当て、四位・五位と勲三等から六等は二年、六位から八位と勲七等から十二等は一年に当てて刑を減免する。公罪の場合は一年を加える。流罪は徒四年に換算して官当が認められた。

免所居官《めんしょきょかん》　所帯の一官（位階）のみを免ずる。勲位は適用されない。①祖父母・父母が老疾で世話する者もいないのに親を見捨てて官に赴く罪。②父母の喪《も》にありながら、子を生むこと、また妾を娶《めと》ることの罪。③同じく喪中に兄弟が別籍・異財する罪。以上の三項に適用される。

免官《めんかん》　位階と勲位の両方を奪って徒三年に当てる。適用される罪は①他人の妻妾を犯す罪、②徒以上の盗みの罪、③人をかどわかす罪、④法を枉《ま》げないが財を受けた罪、⑤流罪・徒罪を犯して罪状未定後に逃亡する罪、⑥祖父母・父母が死罪に当たる罪を犯して囚禁されているのに音楽を奏する罪、⑦同じく嫁娶する罪。

除名《じょめい》　官人の籍を除き、出身以前の身分に戻し、徒三年に当てる。適用されるのは、①八虐、②故殺、③反逆の縁坐、④監臨主守の人がその監守する所で良人の妻妾を犯す、盗む、人を略す、財を受けて法を枉げる罪、⑤雑犯の死罪を犯し禁獄中に死んだ者、または死を免されて流罪とされた者、死罪を犯し禁に背いて逃亡した者。

[文献]　石井良助『日本法制史概説』（弘文堂、一九四八）、竹内理三『律令制と貴族政権第Ⅰ部』（御茶の水書房、一九五七）。

（阿部　猛）

勘籍《かんじゃく》　戸籍を調査し、確認することをいう。律例制下において、課役免除のために現在から戸籍を数回さかのぼって調査し、戸籍の確認を行った。勘籍を経て課役負担を免除された者を勘籍人といった。律例の官人機構に初めて加わる場合（出身）、国家仏教の官僧になるため得度した場合、犯罪人が徒以上の刑罰に処せられた場合に勘籍が行われた。勘籍に誤りがないときには、蠲符《けんぷ》が発行された。勘籍は普通五比（五回分）が原則とされたが、得度者は三比の籍の調査とされるなど、場合によって異なる。さらに『延喜式』*においては、舎人・伴部・使部などのほか下級の職員の採用についても規定している。勘籍人は合法的に課役を免除されたので、時代とともに課役忌避の手段として勘籍人になる者が増加し、平安時代になると、国ごとに毎年の勘籍人の定員を規定することとなった。

[文献]　野村忠夫『律令官人制の研究』（吉川弘文館、一九六七）、南部　昇『日本古代戸籍の研究』（吉川弘文館、一九九二）。

（堀井典子）

縁坐《えんざ》**・連坐**《れんざ》　律令法において、特定の犯罪について犯罪人の親族にも刑事責任を負わせることを縁坐、官吏が犯した罪によって同一の役所のほかの四等官が連帯責任を負い罰せられることを連坐という。縁坐が適用されるのは、謀反・大逆・謀叛であり、謀反・大逆の場合は、父子は没官され官戸に、祖孫兄弟は遠流とされた。連坐については、公坐相連に関する規定があり、律令制下の官庁内で四等官のうち誰かに犯罪があった場合、当事者を首罪、ほかの四等官を従罪とし、従罪はその四等官の等差によって首罪から次々に罪一等を減じて処罰された。

［文献］ 石井良助『日本刑事法史』（創文社、一九八六）。

（堀井典子）

謀書《ぼうしょ》・謀判《ぼうはん》 詔勅や公文書・私文書を偽造することまたはその偽文書を謀書といい、官印や私印を偽造することまたはその偽印を謀判という。律の規定では、謀書は詔書や*太上天皇の宣を偽造した場合遠流、官の文書を偽造した場合杖一〇〇が科せられ、内容が実行されなかったときは罪一等が減ぜられた。謀判においては、官文書の印を偽造した場合は配流二〇〇〇里、ほかの文書の印を偽造した場合は徒一年を科せられ、さらに内印と外印の偽造では処罰が異なり、前者は絞、後者は近流に処せられた。

［文献］ 石井良助『はん』（学生社、一九六四）。

（堀井典子）

本貫《ほんがん》 律令制下、戸籍・計帳に登録された居住地。本籍・本籍地をいう。律令の規定では、戸籍・計帳によって人民を掌握したが、課役を忌避するため本貫を離れ浮浪・逃亡する者が現れ、その対策がとられた。逃走の戸は三年、戸口は六年捜索され、不明ならば戸籍・計帳から除籍され絶貫となる。浮浪人は本貫へ送還されたが、捕えられた現地の戸籍に編入されることもあった。また養老四年（七二〇）三月一七日官符により、逃亡六年以上を経て帰国した者に復一年を給し生業を続けさせるといった優遇措置もみられる。のちに浮浪人は現地で戸籍に編入せず、浮浪人帳で把握し調庸を収奪する方式が確立した。

［文献］『古事類苑政治部二』（吉川弘文館、一九九六）。

（堀井典子）

（四） 軍 団

軍団《ぐんだん》 諸国に置かれた兵団。国司の所管。「養老令」による職員構成は、大毅（一人）、少毅（二人）、主帳（一人）、校尉（五人）、旅帥《りょそち》（一〇人）、隊正《たいしょう》（二〇人）。隊正（五十長）は五〇人の長、旅帥（百長）は一〇〇人、校尉（二百長）は二〇〇人の長で、令制によると、一軍団の規模は兵員一〇〇〇人である。しかし実際には三種の規模の軍団の存在したことが知られる（表参照）。兵士は一戸の正丁のうち三丁ごとに一丁を徴集する。正丁（二一―六〇歳）からとる原則であるが、少丁（中男、一九―二〇歳）からとった例もある。兵士個人の装備については自弁である。軍団には軍楽兵が置かれた。輜重、食糧補給に関しては、兵一〇人を一火とし、この小集団に駄馬六を当てる。馬の飼養は兵士の任となる。主帳は軍団の書記で、庶人から書算に巧みな者をとる。個別の軍団に関する史料は乏しく、存在の知られる軍団名は表のとおり。軍団制は当初から規定どおりには運営されなかったが、延暦一一年（七九二）六月、京畿および七道諸国の軍団をことごとく廃止した。しかし、陸奥・出羽・佐渡などの国と大宰府については、辺要の防備を欠くことができないとしてもとの如く兵士を置いた。また京職、長門国についても兵士を再置している。大宰管内諸国については、弘仁四年（八一三）兵士の数を大幅に減じている（表参照）。在外諸司が「私に兵士を使う」ことが早くから問題化していたが、兵士といいながら実は役夫に異ならず、軍団制は衰退の一途をたどる。なお律令軍団の性格については、これを常備軍とみない意見もある。中国の唐の府兵制に範をとりながら、我が国の軍団制は中央帝都の防衛目的というより、個別の要害の地をいかに防衛するかという観点から編成されていた。しかも軍団の軍毅（大毅・少毅）は軍隊の指揮官というより、軍団行政の末端として位置づけられている。

［文献］ 野田嶺志『律令国家の軍事制』（吉川弘文館、一九八四）、橋本　裕『律令軍団制の研究　増補版』（吉川弘文館、一九九〇）。

（阿部　猛）

軍団

兵士数	毅		主帳	校尉	旅帥	隊正
	大毅	少毅				
1000人	1	2	1(2)	5	10	20
600人	1	1	1	3	6	12
400人	1		1	2	4	8

西海道の兵士数

国名	兵士数	団数	削減後兵士数
筑前	4000	4	2000
筑後	3000	3	1500
豊前	2000	2	1000
豊後	1600	2	1000
肥前	2500	3	1500
肥後	4000	4	2000
計	17100	18	9000

軍団名

国名	軍団名
大和	添上団 高市団
駿河	安倍団
相模	余綾団 大住団
近江	志賀団
陸奥	丹取団 玉造団 白河団 行方団 名取団 安積団 小田団 磐城団
出羽	出羽団
越前	丹生団
佐渡	雑太団
但馬	気多団
出雲	意宇団 熊谷団 神門団
安芸	佐伯団
長門	豊浦団 下関団
筑前	御笠団 遠賀団
肥前	基肆団

衛《え》士《じ》　諸国軍団から京師に上番する兵士で、衛門府と左右衛士府に配属され、宮門や宮城内の警衛、行幸時の警備についた。この制は「*飛鳥浄御原令」から「大宝令」の制定されるまでの間に整備されたものであろう。衛士の定員は決まっていなかったが、平安初期には、衛門府衛士は三〇〇人、左右衛士府の衛士は各五〇〇人とした。衛士は課役を免除された。また勤めを終わって帰郷すると一年間国内上番は免除された。上番期間についての規定はなく、衛士が壮年にして役に赴き、頭が白くなって故郷に帰るという苦境から救うため、養老六年（七二二）三年一替とした。延暦一一年（七九二）に一部を除いて軍団制が廃止されて以後、平安時代においては衛士の武力としての性格は薄れ、仕丁と同じく、正丁の徭役労働として実際には宮廷内の諸物の運搬や土木工事などに駆使されるようになった。

（阿部　猛）

防《さき》人《もり》　古代、九州で外敵防備に当たった兵士。大化改新詔に初見するが実際に配備されたのは天智天皇三年（六六四）対馬・壱岐・筑紫に防人と*烽を置いたときであろう。令制では、軍団兵士のうちから選び、三年の任期で九州に送った。兵士の装備は自己負担で、現地では一〇日に一日の休暇が与えられ、また空閑の地を耕して食料を得た。天平八年（七三六）筑紫に配備した防人を停止し、壱岐・対馬には筑紫の人を配した。東国から送られていた防人約二〇〇〇人が東国に帰ったことが知られるが、『*萬葉集』（巻二〇）に天平勝宝七年（七五五）の防人の歌がみえるので、この間に東国防人が復活したものと思われる。天平宝字元年（七五七）その負担の重さに配慮して東国防人は廃止され、西海道七国の兵士をもって当てることとした。のち*大宰府の要請はあったが東国防人は復活されず、延暦一四年（七九五）壱岐・対馬以外の防人は廃止された。

［文献］ 野田嶺志『防人と衛士―律令国家の兵士』（教育社、一九八〇）。（阿部　猛）

部領使《ぶりょうし》　「事取」の義で「ことりづかい」とも読む。人や物を引率・運搬する者をいう。防人・衛士・仕丁・匠丁・相撲人・俘囚・流人などの引率、天皇に貢上される馬・鷹・御贄・米などの運搬に当たる。国司・軍団の職員・郡司・大宰府官人が当てられ、また中央下級官人をもって当てることもあった。奈良時代の正税帳では、部領使に路次の国が食料を給したことが知られる。平安時代には、一般には相撲部領使を指していい、相撲使《すまいし》とも称した。七月の相撲会に備えて二月から四月の頃左右近衛府の将監以下の官人・舎人から選ばれて宛てられ、諸道に分遣され、相撲人を都に召しつれる役を務めた。摂関・大臣・大将の随身でこれに当たる者が多かった。（阿部　猛）

三関《さんげん》　古代律令国家がもっとも重視した三つの関所。「さんかん」とも読む。伊勢国鈴鹿《すずか》関、美濃国不破《ふわ》関、越前国愛発《あらち》関の三つ。*壬申の乱後の天武朝において成立したものであろう。元明上皇が没したとき養老五年（七二一）一二月、三関国に使者を派遣したのが固関使《こげんし》のはじめである。天皇の死や反乱などの中央での緊急時に固関使が派遣されることが例となった。固関使にはふつう五位の官人が当てられ、内舎人や近衛が随従し、木契・勅符・官符を携帯した。なお、事態が収まった後には開関のための使者が派遣された。三関は延暦八年（七八九）に廃止されたが、形式的には存続し、弘仁元年（八一〇）愛発関に代わって近江関（逢坂《おおさか》関か）が加えられた。平安後期になると形式化し実質を伴わなかったが、中世にもこの儀は行われた。（阿部　猛）

（五）駅　伝

五畿七道《ごきしちどう》　律令国家の基本的な地方行政区分。京に近い大和・山城・河内・摂津・和泉の五国を五畿という。律令的国郡制が成立すると大和・山城・河内・設置を四畿としたが、天平宝字元年（七五七）和泉国設置に至り五畿となる。畿内は京とともに天皇のお膝元の地域として、税制上の優遇を受け調は諸国の半分、庸は免ぜられた。畿内以外の地域が畿外で、七道に分けられていた。東海・東山・北陸・山陰・山陽・南海・西海道であり、西海道を除く六道は、京畿内を中心として放射状に延びていた。七道の名称は、国府をつなぐ幹線道路（官道）をも意味しており、律令国家は基本を陸路に置き、全国に七道を基本とする道路網をめぐらした。東海道は、伊賀・伊勢・志摩・尾張・三河・遠江・駿河・甲斐・伊豆・相模・安房・上総・下総・常陸の一四か国、のちに東山道より武蔵が加えられた。東山道は*文武天皇の頃は近江・美濃・飛騨・信濃・武蔵・上野・下野・陸奥の八か国、その後出羽が加えられ、武蔵が除かれた。北陸道は、はじめ五か国であったが、能登国・加賀国が独立し、若狭・越前・加賀・能登・越中・越後・佐渡の七か国となる。山陰道は、和銅六年（七一三）以降丹波を含め、丹波・丹後・但馬・因幡・伯耆・出雲・石見・隠岐の八か国となる。山陽道は、和銅六年以降は美作を含め、播磨・美作・備前・備中・備後・安芸・周防・長門の八か国となる。南海道は、紀伊・淡路・阿波・讃岐・伊予・土佐の六か国。西海道は、筑前・筑後・豊前・豊後・肥前・肥後・日向・大隅・薩摩・壱岐・対馬からなり、九国二島を総括する*大宰府が置かれた。所属国は時代によって多少異なるが、弘仁一四年（八二三）に加賀国設置により六六国二島に定着する。→官道

（堀井典子）

［文献］坂本太郎『古代の駅と道』（吉川弘文館、一九八九）、藤岡謙二郎編『古代日本の交通路Ⅰ―Ⅳ』（大明堂、一九七八―一九七九）。

駅《えき》伝《でん》制《せい》　「大宝令」で確立した古代の交通・通信制度。中央政府の重要・火急の官人が利用する駅制と、不急の官人や地方行政にかかわる人々が利用する伝馬制とからなっている。京と大宰府・国府を結ぶ交通路として駅路を整備したが、その重要性・交通量などによって区別し、山陽道（大路）、東海道・東山道（中路）、山陰道・北陸道・南海道・西海道（小路）とした。七道には、原則として三〇里ごとに駅家が設置され、駅馬が備えられ、駅戸（公戸）が従事した。このため駅戸中の課丁駅子は徭役を免除されていた。駅家に備えられる駅馬は駅路の等級により大路の駅に二〇匹、中路の駅に一〇匹、小路の駅に五匹と規定されており、死んだ場合は駅田の収入がその費用に当てられ買い替えた。駅田は、令の規定では大路に四町、中路に三町、小路に二町与えられ、駅子に出挙して得られた駅稲（「大宝令」では駅起稲）を駅家の運営費に当てた。駅使は、駅鈴を所持したが、駅鈴は太上官にて保管され*中務省が出納することになっており、鈴の刻によって使用できる馬の数が決まっていた。駅使の行程は急使で一日一〇駅以上、普通は一日八駅以上とされた。急使は飛駅といわれ、謀叛以上の事態・大瑞・軍機・災異・疫疾・境外消息など緊急を要する事態などが起こった場合に行われた。一方、伝馬は郡ごとに五匹ずつ置かれ、国司の赴任や罪人の移送など公使の乗用に備えられた。馬は軍団の馬（官馬）を用い、そのため伝戸が従事し伝子は雑徭が免除された。伝使は伝符を所持したが、伝符は伝馬の剋数を記した木契であったと考えられている。伝馬の数は、衛馬同様位階によって親王・一位の三〇剋から初位以下三剋と差があった。なお河川沿いには、船を配備した水駅が設置され、水陸兼送の駅以外は二隻以上四隻以下の船が置かれた。駅制は、「大宝令」の制定後は全国的規模で整備拡大し、延暦年頃まで進められたが、駅子の逃亡などによって衰退し、一〇世紀以降急速に崩壊が進み、国家の管理を離れた道や宿が作られた。

（堀井典子）

［文献］藤岡謙二郎編『古代日本の交通路Ⅰ―Ⅳ』（大明堂、一九七八―一九七九）、松原弘宣『日本古代水上交通の研究』（吉川弘文館、一九八五）、坂本太郎『古代の駅と道』（吉川弘文館、一九八九）。

官《かん》道《どう》　律令国家は、全国を都に近い大和・山城・河内・摂津・和泉を畿内（五畿）とし、ほかの諸国を東海道・東山道・北陸道・山陰道・山陽道・南海道・西海道の七道に行政区分した。畿内を中心として、放射状に広がる東海道・東山道・北陸道・山陰道・山陽道・南海道・西海道の七つの幹線道やその連絡路・支路などを官道といった。幹線道などは道幅が九―一二メートルもあったことや基本的に側溝を持っていたことが発掘調査で明らかになっており、地方の道路は道幅六メートル以下であった。直線的な道路をとり、計画的に設定された大道であ

った。
[文献] 藤岡謙二郎編『古代日本の交通路I—IV』(大明堂、一九七八—一九七九)、坂本太郎『古代の駅と道』(吉川弘文館、一九八九)。 (堀井典子)

過所《かしょ》 律令制下の関所通行手形のこと。関を通過する場合、受給者は氏名、年齢、官位、同行の従者の数、携帯する物資の数量・品名のほか通過する関所、目的地、旅行目的などを詳細に記入した文書を、官吏は勤務する本司に、庶民は郡司に提出し、過所の交付を請わねばならなかった。それぞれ京職あるいは国司が許可の文言を書き加えたうえで発給する。過所の発給を受けずに関所を通過する者を私度、関所を通らずわき道を通過する者を越度、他人の名で過所の発給を受け関所を通過した者を冒度といい、それぞれ刑罰の対象となった。
[文献] 瀧川政次郎「過所考」(『日本歴史』一一八—一二〇所収、一九五八)。 (堀井典子)

(六) 田制と租税

班田収授法《はんでんしゅうじゅほう》 令制下の水田の占有・用益に関する基本法。*『日本書紀』大化二年(六四六)の改新の詔に、班田収授の法を作ったとみえるが、改新詔の信憑性の問題もあり、制度としていかほど整ったものであったか疑問視される。のち「*飛鳥浄御原令」で成立したとみられ、「大宝令」において確立したと思われる。「田令」によると、六歳以上の人民は表のような規準で口分田を班給され、終身用益を許された。ただし、*易田は倍額を給した。ただ、田地の不足している国では減額班給することも認められていた。戸籍の作成から班田収授に至る手続きを見ると表のようで、実際に戸籍に編成されてから三年目に班田に至る。班田は六年ごとであるから、受田資格を得た六—一一歳の者に口分田を班《わか》ち、死亡者の口分田を収める。口分田は個人に班給されるのではなく、口分田の総額を計算して戸主に給するのである。班給が終了すると、国司は結果を田図・田籍に記録する。口分田はふつうは、その戸の戸口の労働力によって耕営されるが、許可を得て、二〇パーセントの小作料をとって賃租することが認められた。これは一年限りの貸借(小作)関係であって、永代売買は禁じられていた。口分田の耕作者は、一段について二束二把(今の米の量にして約三升)を田租として納入するが、これは収穫量の三—五パーセントに相当する。班田収授は持統天皇六年(六九二)から延暦一九年(八〇〇)まで全国的に施行されたといわれ、それ以後は地域ごと、国ごとに行われ、また六年一班の原則も守られなかった。なお南九州の大隅・薩摩両国では長くこの法は実施されず、両国で班田が実施されたのは延暦一九年が最初である。班田収授は中国の制度にならったものであるが、類似の土地割換え慣行が我が国に古くから存在したのではないかとの見方もあり、学説が分かれる。
[文献] 虎尾俊哉『班田収授法の研究』(吉川弘文館、一九六一)。 (阿部 猛)

戸籍《こせき》 律令制下、国家による人民把握のための基本台帳で、六年ごとに全人民を調査して戸(郷戸《ごうこ》)単位に登録・集計した。「戸籍」の語は*『日本書紀』欽明天皇元年(五三二)を初見とし、大化二年(六四六)の*大化改新の詔にも所見するが、どの程度実施されたか疑問視される。天智天皇九年（六七〇）我が国初の全国的戸籍である「庚午年籍*」が作られ、持統天皇四年（六九〇）には「庚寅年籍*」が作られた。「戸令」の規定によると戸籍は六年に一度作られ、造籍年の一一月上旬より始めて翌年五月三〇日までに作り終える。戸籍は同じものを三通作り、一通は京職や国にとどめ、二通を太政官に送り、民部省と中務省に各一通が保存される。保存期間は三〇年。以上の良民を対象とした戸籍のほか、神戸《かんべ》、陵戸《りょうこ》、雑戸《ざっこ》の戸籍もあり、これは各四通作成されて、国府、民部省、中務省と所管の官司（神祇官、諸陵司）へ送られた。戸籍は戸主を筆頭に記し、次いで戸口について、戸主との関係（続柄）、氏姓、名、年齢、正丁・正女・老丁・老女などの別、課口・不課口の別を記し、一戸の人口を集計し、五〇戸ごとにまとめ、一里の総人口を計上して一巻としている。大宝二年（七〇二）御野国戸籍、筑前国戸籍、豊前国戸籍、豊後国戸籍、和銅元年（七〇八）陸奥国戸籍、養老五年（七二一）下総国戸籍、天平宝字元年（七五七）某国戸籍、因幡国戸籍、讃岐国戸籍、延暦四年（七八五）以降の常陸国戸籍、貞観五年（八六二）以前の某国戸籍、延喜二年（九〇二）阿波国戸籍、同八年（九〇八）周防国戸籍、長徳四年（九九八）某国戸籍、寛弘元年（一〇〇四）讃岐国戸籍などが現存し、『大日本古文書』『大日本史料』などに収録される。

［文献］岸　俊男『日本古代籍帳の研究』（塙書房、一九七三）、南部　昇『日本古代戸籍の研究』（吉川弘文館、一九九二）。

（阿部　猛）

偽《ぎ》籍《せき》　律令制下の人民が戸籍の記載を偽《いつわ》ること。令制下では七―六五歳の男子が課役を負担するが、口分田の班給は年齢にかかわりなく行われたから、課役負担を少なくし、受ける口

口分田の班給基準

受給者		口分田
良民・官戸	男	2段
	女	1段120歩
官戸以外の賤民	男	240歩
	女	160歩

「養老令」田令の規定

○凡《およ》そ田は長さ卅歩、広さ十二歩を段《たん》とせよ、十段を町とせよ、段の租稲は二束二把、町の租稲は廿二束。

○凡そ口分田を給わんことは、男に二段、女は三分が一減ぜよ、五年以下には給わず、其れ、地寛《ゆたか》に、狭《さ》きこと有らば、郷土の法に従えよ、易田《やくでん》は倍して給え、給い訖《おわ》りなば、具《つぶさ》に町数及び四至《しいし》録《ろく》せよ。

○凡そ田は、六年に一《ひと》たび班《たま》え、神田・寺田は此の限りに在らず。若し身死にたるを以て田退くべくは、班年の至らん毎に、即ち収《と》り授《たも》うに従えよ。

○凡そ官戸、奴婢の口分田は、良人に同じ。官人・奴婢は、郷の寛狭に随いて、並に三分が一給え。

（日本思想大系3『律令』、岩波書店、一九七六年）

戸籍作成と班田収授の手続き

年	日付	手続き
元年（籍年）		⋮
	11月上旬	戸籍作成
二年（班年）	5月末日	
	10月1日	校田帳・授口帳 作成
	11月1日	班田収授
三年	2月末日	
		⋮

分田を多くしようと偽籍を図った。年齢・性別を偽り、死亡・逃亡を隠して、課口の減少、不課口の増大を企てた。偽籍は奈良時代からみられるが、平安時代に入って著しくなった。延喜二年（九〇二）の太政官符は、ある戸は一男一〇女、ある戸には男子なしという状況であると述べている。国司・郡司も実情を知りながら、不課口の増加が調庸の進納負担の減少、また戸口増加の功にあずかる不正を行うに都合がよかったこともあり、黙認していたのである。

［文献］瀧川政次郎『律令時代の農民生活』（刀江書院、一九六九（再刊））、平田耿二『日本古代籍帳制度論』（吉川弘文館、一九八六）。（阿部　猛）

計帳《けいちょう》　戸籍とともに人民支配の基礎台帳となった重要な帳簿。『日本書紀』*大化二年（六四六）の改新詔に初見するが、のち「大宝令」まで所見がない。「戸令」によると、毎年六月三〇日以来、京国の官司は所管の坊、郡、里、戸の手実を徴集し、これに基づいて計帳を作り、八月三〇日までに太政官に送る。養老元年（七一七）に新しく大計帳の書式が頒下され、計帳の様式に改訂が加えられ、以後は「大帳」と呼ばれるようになった。大帳を都へ送る官人を大帳使、計帳使と称した。計帳は、神亀元年（七二四）近江国志何郡古市郷計帳以下二十数通が現存する。これらの大部分は『大日本古文書』に収められている。

［文献］鎌田元一『律令公民制の研究』（塙書房、二〇〇一）。（阿部　猛）

手実《しゅじつ》　①令制下、戸主が家族の実態について記した申告書。「戸令」によると、計帳作成のために毎年六月三〇日までに戸主・戸口の姓名・年齢を記した手実を提出させた。神亀元年（七二四）の近江国志何郡計帳手実以下、数通が現存する。②奈良時代、写経所の写経生らが提出した工程表のこと。

［文献］岸　俊男『日本古代籍帳の研究』（塙書房、一九七三）。（阿部　猛）

職写田《しきしゃでん》　古代の戸は毎年六月三〇日以前に手実を提出することになっていたが、手実を進めない戸について、旧帳を転写しその田を没収して賃租に出すことになっていた。京職の場合、貞観一八年（八七六）に、六年以上計帳手実を提出しない戸は「逃走」に准じて除帳し口分田を収公するとした。京職の場合、旧帳を転写した帳を職写帳、その田を職写田といった。職写田の地子は所在の国の国司が収納し京職厨料や班田のための費用に宛てた。職写田の起源は未詳であるが、宝亀一〇年（七七九）に関連する勅が出ているので、それ以前にあることは明らかである。平安時代、職写田は固定化し京職所領（荘園）化していった。

［文献］阿部　猛『律令国家解体過程の研究』（新生社、一九六六）。（阿部　猛）

余戸《あまりべ》　「あまるべ」とも読む。律令制下の行政村落の一単位。国・郡の下の里（のちの郷）を五〇戸に編成したときに生じた端数戸で、端数が一〇戸を超えた場合（六〇戸以上）には新たに一里を建てる。この小村が余戸である。令制に基づき初めて里が設置されたとき特別な措置として置かれたものであろう。「戸令」には「凡そ五十戸を以て里と為《せ》よ」とあり、これについての『令義解』*は「若《も》し六十戸に満つるは、十戸を割き一里を立つ」という。『倭名類聚抄』によると余部郷は一郡に一つしかない。一郡が数郷よりなるにもかかわらず余部郷が一つというのは、いかにも不自然である。結局、いくつかの郷の余戸（一〇戸以上）をひとまとめにして郷に編成したものであろう。とすると、余部郷というのは、実体のない、一定の境域をもたない制度上の観念的な郷に過ぎないという見解も導かれる。しかし、「余戸」「余目」が地名として残っていくことなどから、実体のない制度上の存在に過ぎないという見方に疑問を提するむきもある。

［文献］曾我部静雄『中国及び古代日本における郷村形態の変遷』（講談社、一九六三）。（阿部　猛）

課戸《かこ》　令制で、戸内に課口《かこう》のいる戸をいう。反対に、課口が一人もいない戸を不課戸と称する。調・庸・雑徭を一部でも負担する者は課口と称された。令制下の戸は、多くは十数人から数十人に及ぶ複合家族形態をとっていたので、課戸でない戸はほとんど存在しなかったであろう。平安時代に入ると戸籍の偽作が多くなり、帳簿上は一郷がすでに不課戸であるという状態が見られるようになる。（阿部　猛）

寄口《きこう》　令制下の戸籍・計帳に載せられた良民の戸口で、戸主との続柄の示されていない寄留者。戸主近親以外の者で遺産相続権を持たない。造籍上の擬制戸口また徴税上の人為的編成に基づくとする説と、家父長的共同体成立の過程で生じた従属的労働力とする説がある。

［文献］原島礼二『日本古代社会の基礎構造』（未来社、一九六八）。（阿部　猛）

租《そ》　律令制下の基本的な租税の一つ。田地（口分田）に賦課され、田一段について稲二束二把であった。租は収納されると「税」と呼ばれた。束把で示されるとおり穎稲《えいとう》（穂についた状態のイネ）を収取する。穎一束は穀《こく》（籾《もみ》）一斗、これを舂《つ》いて玄米とすると五升（現在の二升程度）となる。田地の賦課としては比較的軽いことと、「田令」のなかでの田租の規定が田長条の「付《つけたり》」として記載されていることなどから、租が租税的性格を持っていたか疑問を提する研究者もいる。収納された租は①不動穀として不動倉に納める、②動用穀として賑給や官人の禄に用いられる、③臨時用として支出される。原則として租は各国の倉庫に収納されるのである。（阿部　猛）

調《ちょう》　令制下の基本的な租税の一つ。正丁・次丁・中男に賦課される人身の税で、絹・絁*《あしぎぬ》・糸・綿・布を収納するが、これらを基準とし雑物をもって代えることができた。その種類はその土地の生産事情に応じて定められる。正丁一人の負担する絹・絁は長さ八尺五寸（広さ二尺二寸）、美濃絁は六尺五寸、糸は八両、綿は一斤、布は二丈六尺（広さ二尺四寸）であった。雑物は鉄・鍬以下、多種にわたる。調を銭で納めさせることもあり、正丁一人九文であった。（阿部　猛）

庸《よう》　令制下の基本的な租税の一つ。年間一〇日の歳役の代わりに納めるものをいい、布であれば二丈二尺を納める。布以外では、米・塩・絹・糸また海産物などがあり、実質的には調と差異はない。庸物は衛士、仕丁、采*女、女丁《にょちょう》らの食料および役民を雇《やと》うときの労賃・食料に宛てるのが本来であった。調・庸は都に運ばれる。まず郷単位にまとめられ、その責任者は調長、庸長（郷別一人）であり、郡の責任者は郡司の大領・少領で、調庸専当郡司とか、貢調庸領と呼ばれた。調庸は運脚によって運ばれた。（阿部　猛）

雑《ぞう》徭《よう》　令制において、国司が正丁を六〇日間（次丁は三〇日、少丁は一五日）まで使役した力役。「賦役令」は「凡そ令条の外の雑徭は、人毎《ごと》に均《ひと》しく使え、惣べて六十日に過すことを得じ」と記しているが、「令条内」の雑徭とは、屯田の耕作、官船の修理、臨時の造営そのほかの場合に使役されるものをいい、それらとはかかわりなく国司が使役する雑徭が令条外の雑徭である。その起源については、令前の大王の行幸あるいはその代行者（のちの国司）の巡行に供奉する力役にあると思われ、「飛鳥浄御原令*」で成立したものとみられる。天平宝字元年（七五七）に日数が三〇日に半減されたが、ほどなく旧に復し、延暦一四年（七九五）に再び三〇日となり、貞観六年（八六四）に二〇日となった。さらに少丁の雑徭は養老元年（七一七）制定の中男作物制に吸収され、天長五年（八二八）老丁の雑徭は免除された。

［文献］吉田　孝『律令国家と古代の社会』（岩波書店、一九八三）。（阿部　猛）

出《すい》挙《こ》　稲・粟などを利息つきで貸与すること。令制下では国衙の財源として位置づけられていたので稲の出挙が中心であった。国が行う公出挙《くすいこ》と民間で行う私出挙《しすいこ》があった。利率は前者が五割、後者は一〇割までとされ、また利息が元本を超えることと、複利による運用は禁じられた。出挙はもと人民の再生産のため必須の貸与制度であった。令前のミヤケ*の経営のなかでも行われており、令制下で、正税や郡稲が蓄積され、地域の財源として位置づけられ、人民に強制的に貸しつけられた。天平年間（七二九―七四八）出挙制は律令財政制度のなかで重要性を増し、論定稲が成立し、国ごとの定数が決められた。このとき公廨稲*も設けられた。この段階で、出挙の再生産機構の一環という性格は失われたとみてよい。公出挙の賦課方式は平安初期に変質し、もと人別賦課であったものが田積に応じて賦課されるようになった。しかも、出挙すべき本稲が失われる事態に陥り、実際には出挙稲を支出せず、それに見合う利稲を人民から徴収することとなり、出挙利稲は純然たる租税と化した。平安初期から、人民の官物の未進分を近傍の富豪層が肩代わりし、これを人民の債務として息利を徴取することが一般的になり、また荘園において未進の年貢に利息をつけることがあり、これは出挙の変形とみなすことができる。利息つきの貸つけという意味での「出挙」の語は近世まで用いられた。

［文献］村井康彦『古代国家解体過程の研究』（岩波書店、一九六五）、戸田芳実『日本領主制成立史の研究』（岩波書店、一九六七）。（阿部　猛）

借《しゃく》貸《たい》　古代の、正税稲穀の無利息貸与のこと。人民を対象とするもの（「賑貸《しんたい》」という）と国司を対象とするもの（「国司借貸」という）がある。前者は持統天皇六年（六九二）を初見とし、飢饉や疫疾時に行われるものであるが、賑給とは異なり、貸与された稲は返済しなければならない。後者は、貸与された稲を国司が人民に出挙し、その利息を取得するものである。天平六年（七三四）正月に制度化され、同一〇年三月に停止されるまで四年間続いた。借貸稲数は国の等級によって差があった。大国一四万束以下、上国一二万束以下、中国一〇万束以下、下国八万束以下であった。延暦一七年（七九八）公廨稲*制が停止されると国司借貸制は復活したが、同一九年、公廨稲制の施行に伴い停止された。しかしその後も新任国司や書生《しょしょう》には借貸が認められた。この経過から理解されるように、国司借貸は国司の給与の一部としての性格を持っていた。

［文献］薗田香融『日本古代財政史の研究』（塙書房、一九八一）。

（阿部　猛）


正《しょう》税《ぜい》　律令制下、地方の正倉に蓄えられた稲穀と穎稲で、各種の経費に充当された。「大税」ともいう。稲穀は賑給などに用いるものを除いて原則的には不動倉に封じ込め蓄積し、穎稲は出挙本稲として運用した。穎稲は公出挙に用いられ、利稲は地方行政経費や中央への進上物の代価に当てるものであった。天平六年（七三四）官稲混合が行われ、国司の管理下にあった大税と、郡司が運用していた郡稲を中心とする雑官稲が一本化し「正税」が成立した。天平一七年（七四五）には、国ごとに正税出挙の定数を定め（論定稲）、そのうち約半分に相当する量の正税を公廨稲として別枠で出挙し、その利稲を国司らの俸給に充てた。こうして正税は論定稲と公廨稲の二本立ての体制となり、その収支状況は正税帳に記して毎年中央に報告された。現存している正税帳によると、天平年間（七二九―七四八）には、地方の正倉には租の三〇倍程度の正税が蓄積されていた。しかしその後、造寺、官舎の修理・造営などをはじめ正税の支出が増加し、一方、出挙稲の定数減（減省）が続き、田租や出挙利稲の減少が加速され、一一世紀になると蓄積はほとんどなくなった。

［文献］薗田香融『日本古代財政史の研究』（塙書房、一九八一）、山里純一『律令地方財政史の研究』（吉川弘文館、一九九一）。

（阿部　猛）


正税帳《しょうぜいちょう》　令制下、地方財政の収支決算状況を中央に報告する帳簿で、これを通じて太政官は地方政治の実情を把握した。天平二年（七三〇）大倭国正税帳をはじめ二五通の正税帳と正税混合以前の郡稲帳三通が現存し、いずれも『大日本古文書』一、二に収められている。正税帳は三通作られ、一通は国にとどめ、二通は毎年二月三〇日までに太政官に送る。帳は郡ごとに収支を記し、終りにその総計数が記載されている。正税帳は主税寮に下され、去年の正税帳、枝文などと照らし合わせ（勘会）問題がなければ領収書（返抄）が出される。もし計算間違いや未納分が明らかになれば正税返却帳をそえて国に返却された。平安時代に入ると必ずしも規定どおりには運営されず、平安後期には実質を失ったとみられる。

［文献］井上辰雄『正税帳の研究』（塙書房、一九六七）。

（阿部　猛）

公廨稲《くげとう》　「くがいとう」とも読む。令制下の官稲の一種。天平一七年（七四五）。大国四〇万束、上国三〇万束、中国二〇万束、下国一〇万束を置いて出挙し、その利稲で官物の欠失を

大国の公廨稲

	配分率	定員	得分計
守	6	1	6
介	4	1	4
掾	3	2	6
目	2	2	4
史生	1	4	4
医師 博士	1	2	2
計		12	26

補塡し、残りを国司の収入とした。天平宝字元年（七五七）には欠負未納の補塡を優先し、次いで国儲《こくちょ》に用い、守《かみ》六分、介《すけ》四分、掾《じょう》三分、目《さかん》二分、史生《ししょう》・医師・博士一分の割合いで分配すると定めた。これを大国の場合に当てはめてみると表のとおり。例えば史生は、公廨稲の二六分の一を得るということになる。（阿部 猛）

郡稲《ぐんとう》 令制下の雑官稲の一つ。出挙で得た利稲を国衙の年中雑稲に当て、また中央官司への進物の代価とした。令前の国造制下に起源があるといわれる。量的には正税出挙稲に比べて少なく、その支出は伝使食料、国司部内巡行食料、土毛交易価料に当てられた。天平六年（七三四）官稲混合で消滅した。

[文献] 山里純一『律令地方財政史の研究』（吉川弘文館、一九九一）。（阿部 猛）

義倉《ぎそう》 律令制下の備荒貯蓄制度。『続日本紀』大宝二年（七〇二）二月条に初見する。出挙*とともに雑税とされ、戸の等級に従って粟を納める。「賦役令」によると、納める粟の量は表のとおり。また、稲二斗、大麦一斗五升、小麦二斗、大豆二斗、小豆一斗をもって粟一斗に代えることができた。慶雲三年（七〇六）中中戸以上の戸からとることに改めたが、霊亀元年（七一五）にはまた下下戸までとることにした。徴収された粟稲は田租とともに納入され、義倉に蓄積された。奈良時代の正税帳には義倉の存在が示されている。ただ奈良時代には等外戸が多く、実際に義倉の粟を収める戸は少なく、蓄積量も小さく効果のほどは疑わしい。義倉帳の存在は一二世紀まで認められるが、すでに実質は失われていた。

義倉

戸の等級	粟(斗)
上上戸	20
上中戸	16
上下戸	12
中上戸	10
中中戸	8
中下戸	6
下上戸	4
下中戸	2
下下戸	1
等外戸	0

[文献] 時野谷滋『飛鳥奈良時代の基礎的研究』（国書刊行会、一九九〇）。（阿部 猛）

中男作物《ちゅうなんさくもつ》 令制下の税目の一つ。養老元年（七一七）正丁に課された調副物と中男の調（正丁の四分の一）が廃止されたとき、代わって定められた。中央官司が用いる各種の物品について、畿外諸国に割り当て、諸国では中男の労働力（雑徭）を用いて調達・貢進した。その品目は調や調副物の内容を引き継ぎ、また贄《にえ》や調雑物と重複するものがある。のちの『延喜式』*の規定では品目ごとに中男一人当たりの定額が示され、人頭割りとなっていた。（阿部 猛）

贄《にえ》 もと共同体における首長、大王、天皇、神に供する初物《はつもの》を意味する語。山野河海からの鳥獣・果実・魚介・海藻・調味料などを内容とし、ヤマト国家の成立過程で、大王に奉る食品の総称となった。律令制の形成過程で、贄の一部は調や調副物という税目の一部に組み入れられるが、贄は令制下でも残存した。贄は、御贄使である諸国の国司・郡司に引率された担夫によって都へ運ばれた。労働力は担夫の雑徭であるが正税から粮料が支出された。しかし九世紀以降、諸国からの贄の貢納は停滞し、代わって畿内の御厨からの貢納が中心となった。

[文献] 勝浦令子「律令制下贄貢納の変遷」（『日本歴史』三五二、一九七七）。（阿部 猛）

仕丁《しちょう》 古代の力役。大化改新詔に、もと三〇戸ごとに一人（およびその廝《かしわで》一人）を出させていたのを改めて、五〇戸一人（同上一人）と改め、仕丁の生活費として五〇戸から戸ごとに庸布一丈二尺、庸米五斗を徴したとある。中央政府が雑役に従事させる者とその世話をする廝をセットにして都に召すものである。仕丁は成年男子であるが、大国四人、上国三人、中国二人、下国一人の割合で女丁《にょちょう》を徴し、宮中の雑事に使った。就役年限に規定はなかったが、養老六年（七二二）に三年と定めた。
［文献］ 彌永貞三『日本古代社会経済史研究』（岩波書店、一九八〇）、義江明子「女丁の意義」（阿部 猛編『日本社会における王権と封建』所収、東京堂出版、一九九七）。 （阿部 猛）

采女《うねめ》 令制下、後宮で主として天皇身辺の雑事に従った女性たち。もと各地の豪族たちが大王への服属の証《あかし》としてその姉妹・娘を貢進したのを起源とする。六世紀に入って制度化され、采女造、采女臣がこれを統率・管掌した。大化改新詔に「采女」の文字はみえるが律令制下で制度として確立した。郡の少領以上の者の姉妹・娘で形容端正な者を選び、国司によって貢進され、宮内省采女司の所管であった。後宮の水司に六人、膳司に六〇人が配置された。平安時代になると、貴族層から女官が多く出たので、采女の地位は相対的に低下した。
［文献］ 門脇禎二『采女』（中央公論新社、一九六五）、野村忠夫『後宮と女官』（教育社、一九七八）。 （阿部 猛）

雇役《こえき》 令制下、功（手間賃）と食料を支給されて駆使された力役。「賦役令」によると、一〇―一二月の農閑期に人民を使役する。国司の作成した名簿に従い五〇日を限度として徴発する。農繁期の徴発は三〇日を限りとする。都城の造営などに駆使され、功は庸物をもって当てるのを原則としたが、しだいに銭貨を支給することが多くなったとみられる。食料は*正税帳から支出された。平安中期以降は国宛《くにあて》により国司が造営を請け負うようになり、右のような雇役制は消えた。
［文献］ 青木和夫『日本律令国家論攷』（岩波書店、一九九二）。 （阿部 猛）

九等戸《きゅうとうこ》 令制下の戸の等級づけの一種。戸の貧富に応じて、上上戸、上中戸、上下戸、中上戸、中中戸、中下戸、下上戸、下中戸、下下戸の九等に区分し、義倉の粟の負担を定めた。和銅六年（七一三）と霊亀元年（七一五）の二度にわたって、各等級の資産評価判定の基準を定め、最低の資産額に達しない等外戸が多く生じ、九等戸は実質的には十等の区分となった。
［文献］ 時野谷滋『飛鳥奈良時代史の基礎的研究』（国書刊行会、一九九〇）。 （阿部 猛）

穎稲《えいとう》**と籾穀**《もみこく》 令制の租税は、租・調・庸・雑徭・出挙・義倉と表現できるが、租は口分田の班給と引きかえに徴収され、穎稲すなわち籾が穂についたままの形で収取される。したがってその数量は「〇束《そく》〇把《は》」で示される。口分田の一段から徴収される租は穎稲二束二把である。出挙に用いられるのは本来はこの穎稲である。穎稲を脱穀すると籾になる。籾（穀）は石・斗・升・合で示される。不動倉に蓄積されるのは籾穀である。保存のためには籾穀の形がもっともよい。一束の穎稲から籾穀一斗が得られ、これを舂《つ》いて玄米にすると五升になる。
［文献］ 阿部猛『律令国家解体過程の研究』（新生社、一九六六）。 （阿部 猛）

国斗《こくと》「くにます」とも読む。諸国の国衙《こくが》に常備されて、貢租の計量に用いられた国の公定枡《ます》。一一世紀半ばから一四世紀半ばにかけて所見。国庫枡、国衙器物、国器、国衙枡などとも称する。「播万国本斗」「和泉斗」などと国名を冠して呼ばれることから、各国の国枡は同一規格ではなかったことが知られる。容量一斗か。
[文献]　宝月圭吾『中世量制史の研究』（吉川弘文館、一九六一）。　（阿部　猛）

布《ぬの》　広義には織物一般を指し、狭義には絹織物、毛織物以外の織物を指し、もっとも狭い意味では麻布を指して呼ぶ。しかし、木綿《もめん》が普及する以前には、大麻、苧麻、榀《しな》、葛、楮《こうぞ》、穀《かじ》、藤などの草皮、樹皮繊維による織物を総称した。　（阿部　猛）

絁《あしぎぬ》　古代の絹織物の一種。「悪《あ》し絹」で、フトギヌとも称し、太い糸で粗く織った平織の絹織物。大化改新詔（六四六年）では、田調として田一町につき絹ならば長さ一丈（約二・九六メートル）、幅二尺五寸（約七四センチメートル）、絁ならば長さ二丈、幅二尺五寸とある。しかし「養老令」では、調として正丁一人について絹・絁とも長さ八尺五寸、幅二尺二寸となっている。また一疋の長さは絹・絁とも大化改新詔では四丈、令では五丈一尺、養老三年（七一九）格では六丈であった。正倉院に現存する諸国の調絹はすべて長さ六丈、幅一尺九寸の絁である。
[文献]　早川庄八『日本古代の財政制度』（名著刊行会、二〇〇〇）。　（阿部　猛）

返抄《へんしょう》　古代・中世の用語で領収書のこと。官物・年貢・金銭・文書・帳簿・人の受領に際してもその都度、官司の間で出し、一年分の結解《けちげ》、勘文《かんもん》の作成に際しては証拠書類として提示される。荘園の年貢・公事の収納に当たっても領収の証として返抄が出される。平安時代、封戸物の納入に際してはその都度、仮納返抄が出され、完済すると惣返抄と引き換えた。中世に入ると返抄に代わり請取状がふつうになる。　（阿部　猛）

不三得七法《ふさんとくしちのほう》　令制下の収租法。不安定耕地も多く農業技術水準の低い時代には自然災害による減収は免れず、令文は、農民の戸単位の損免規定を設けていたが、政府が国司の手を通じて収得する田租についても減免規定が存在した。令に明文はないが、養老八年（七二四）格で「租は七分已《以》上を以て定めと為《せ》よ、六分大半を以てするを得ざれ」と定められた。しかし国司は、豊作の年でも七割の田租しか納めないという弊害があり、延暦一六年（七九七）六月には免二収八法を定め、田地を人別に集計して、そのうち八割を収納し二割を免除することにした。のち七割収取（八〇〇年）八割収取（八〇二年）とされたが、大同元年（八〇六）に不三得七の旧法に復した。
[文献]　村尾次郎『律令財政史の研究』（吉川弘文館、一九六一）、阿部　猛『律令国家解体過程の研究』（新生社、一九六六）。　（阿部　猛）

綱丁《こうちょう》　令制下、調・庸・雑物などを京進するに際して、運*脚を指揮・統率した運送責任者である正丁《せいてい》のこと。貢調使のもと、綱丁は現物と一緒に門文《かどぶみ》（送達する品物とその数を記した文書、送り状）を送り先に伝え、日収《にっしゅう》（受領書）を受け取った。国司史生以上の者や郡司がこの任に当ったときは綱領《こうりょう》と呼ばれる。荘園の年貢運送責任者を綱丁と呼ぶこともあった。　（阿部　猛）

公田《こうでん》　律令制下、「私田《しでん》」に対する概念で、*乗田のように田主のない無主田《むしゅでん》のこと。これに対して有主田が*私田である。天平宝字三年（七五九）の史料から、私田である口分田が「公田」と認識されるようになる。これは、おそらく天平一五年（七四三）の墾田永年私財法施行以後、私墾田が私田となり、口分田は乗田と同じく公田として扱われるようになったのであろう。口分田は輸租田であるが、平安時代中期以降、荘園、*不輸租田が増加すると*輸租田が「公田」とされるようになる。中世に入ると公田＝*公領（国衙領）と意識され、一方、荘園においても、大和国の雑役免田が公田と呼ばれたように、官物（租）を国衙に、雑役を荘園領主（*東大寺・*興福寺）に納めるものであった。荘園内では、定田《じょうでん》を公田と呼ぶことがあり、室町幕府はこの公田制を引き継ぎ、一国平均役などの段銭賦課の基礎とした。　（阿部　猛）

［文献］彌永貞三『日本古代社会経済史研究』（岩波書店、一九八〇）。

乗田《じょうでん》　令制下、班田法に基づき口分田を班給して残った田地、剰田。口分田が崩埋《ほうまい》したときは乗田をもって当てる。乗田は公田の中心をなすもので、諸国ではこれを賃租して、地子を太政官に送ることになっていた。　（阿部　猛）

易田《えきでん》　「やくでん」とも。地利が薄く一年おきに耕作される田地のこと。令の班田法では、口分田として給与するときは倍額を給する。『*延喜式』によると、*不輸租田。平安中期以降に片荒《かたあらし》と呼ばれるもの。平安時代には耕地に占める易田の比率はかなり高かったと思われ、この易田、片荒の熟田化が重要な課題であった。

［文献］戸田芳実『日本領主制成立史の研究』（岩波書店、一九六七）。　（阿部　猛）

荒廃田《こうはいでん》　「養老令」では空閑地に対立する概念で、一たび熟田となった土地が、何らかの理由で荒廃した土地を指していう。荒廃田発生の理由としては、①自然災害、②農業技術水準の低さ、③班田農民の浮浪・逃亡による口分田の放棄などが考えられる。「田令」は「凡そ公私の田、荒廃して三年以上ならむ、能《よ》く借《か》って佃《つく》らむといふ者《ひと》有らば、官司に経《ふ》れて、判《ことわ》って借《か》せ」といい、三年不耕の場合は、田主は開墾権を失い、開墾経営を希望する者に開墾権を認めるという。そして、のち、荒廃三年以上を経過したものは「常荒田」、三年未満のものは「年荒」と呼ばれるようになった。　（阿部　猛）

山川藪沢《せんせんそうたく》　文字どおり、山・川・藪《やぶ》・沢であるが、耕地化されず未開のままの利用地。「雑令」は「自余の禁処に非《あら》ざらむは、山川藪沢の利は公私共にせよ」と記す。すなわち特定の人による永続的占有を認めず、何人も自由に用益することができた。利用の具体的内容は、①果実などの採取、狩猟、漁撈、②燃料の採取、③建築用材の採取、④調庸物の材料の採取、⑤飼料の採取、⑥肥料の採取、⑦鉱物など地下資源の採取、⑧灌漑《かんがい》用水の利用などであり、班田農民の再生産にとって重要であった。しかし、貴族・豪族ら有勢者によって山川藪沢が占有され、「公私共利」の原則が無視されたことは、多くの史料の語るところである。時に平安初期以降、権門勢家による山野占有は大きな政治・社会問題となった。

［文献］竹内理三編『体系日本史叢書6土地制度』（山川出版社、一九七三）。　（阿部　猛）

空閑地《くうかんち》 令制下、開墾の対象となる未墾地のことをいう。ただし「大宝令」では法律用語としてはこの語は存在せず「荒地」と呼ばれていた。「養老令」では、国司は在任中、空閑地の開墾、経営が認められ、また*防人には守衛地の近くに給与されて、水田・陸田を営むことが認められていた。（阿部 猛）

輸租田《ゆそでん》**と不輸租田**《ふゆそでん》 令制下の田地の種類は多いが、課税方式から分類すると、①輸租田、②不輸租・輸地子田、③不輸租田の三つに分けることができる。一括して示すと表のとおり（彌永貞三の研究による）。

〔文献〕 彌永貞三『日本古代社会経済史研究』（岩波書店、一九八〇）。（阿部 猛）

公田《こうでん》**と私田**《しでん》 乗田以下の*不輸租・輸地子田と神田以下の不輸租田は*公田とされている。一方、口分田以下の*輸租田と、不輸租田のうちの職田は私田とされている。公田・私田の区別は用益の主体によるものであり、輸租田、不輸租・輸地子田、不輸租田の区分は、課税方式による区分である。令制下では公田=無主田=不輸租田、私田=有主田=輸租田であり、荘園制の時代に入ると、公田=輸租田、荘園=不輸租田となる。従来特に問題とされたのは口分田=私田説である。西岡虎之助は大正一五年（一九二六）に、位田・職田・口分田と大功田以外の功田および賜田を「その本質においては、永代私田（墾田・大功田）と権利のまったく同一なる田主権であった」とし、「大宝令」が「土地固有を以てその根本原則としたと断ずるのは早計である」と述べた。法制史家の中田薫や仁井田陞《にいたのぼる》は口分田・位田・職田・賜田などを、園宅地・私墾田と同様な私地・私田とする「土地私有主義学説」を主張した。これに対して、かつて今宮《いまみや》新《しん》は、大化改新以後の国家建設の基本は「我国土はすべて天皇に属し奉るべきであるとの理念を実現し全国民に生活の安定を得しめんとして土地公有主義の確立となった」と述べ、仁井田陞の学説は「我国の国体に合ふ解釈とは考へられな

輸租田と不輸租田

	輸租田	不輸租・輸地子田	不輸租田
公田		乗田 出家得度田 逃亡除帳口分田 無主位田 闕官田 闕郡司職田 闕国造田 闕采女田 闕膂力婦田 未授賜田 没官田 射田※（輸・民） 遥任国司公廨田	神田　寺田 駅田　官田 （布薩戒本田）　放生田 射田※（式）　御巫田 采女田※（式）　健児田 学校田　諸衛射田 左右馬寮田　飼戸田 救急田　勧学田 曲薬寮田　節婦田 職写戸田　膂力婦田 惸独田　船瀬功徳田 造船瀬料田　官戸奴婢口分田 勅旨田
私田	口分田 位田 功田 賜田 墾田 郡司職田 見任国造田 采女田※（民） 職分田※（式）		職（分田）※ 在外諸司職（分）田 （国司公廨田）

※は重複しているもの．（ ）内は典拠で，輸は遠江国浜名郡輸祖帳．民は田令田長条集解所引の民部例．式は『延喜式』．

い」などと主張した。今宮の主張は第二次大戦前の旧史観に基づくものであるが、しかし公田・私田の両者の区分については必ずしも明快な説明が加えられているとはいえない。口分田＝私田説についても、古代の「公水公有主義の論理」が根底にあって、口分田も場合によっては公田と考えられやすかったのであろうとの説もある。

［文献］中田　薫『法制史論集2』（岩波書店、一九三八）、虎尾俊哉『班田収授法の研究』（吉川弘文館、一九六六）。　（阿部　猛）

公水公有主義《こうすいこうゆうしゅぎ》　用水はすべて国家のものであるとの観念に基づき、公水を導引した土地（耕地）は公地であるとする考え方。律令国家は、灌漑《かんがい》用水については「公私共レ利」というたてまえをとり、導水については、田への灌水は下の方からせよ、水車を置くときは国郡司の許可を得よ、渠堰《きょえん》の修理には、水を利用している家の労働力を用いよと述べるだけである（「雑令」）。これによると、人民の間の慣習に任せていたようにみえるが、実際には国家の管理下にあったと思われる。法的には「大宝令」で定められたが、八・九世紀における大土地所有の進展に伴い、公力を用いて作った用水設備の水（公水）を用いて開いた水田は公地、私的な労働力・費用を用いて作った場合は私水となり、私水を用いて開いた水田は私墾田となる。養老七年（七二三）の三世一身法は、新たに灌漑施設を作って開田したときは三世に伝え、旧来の溝池を利用して開田すれば一身の間用益を認めるとしたが、前者は私力・私水、後者は公力・公水に基づくものと認識されたのである。　（阿部　猛）

［文献］亀田隆之『日本古代用水史の研究』（吉川弘文館、一九七三）。

功田《こうでん》　「くでん」とも。令制下特に功労あった者に賜った田地。*不輸租田。四等級あり、①大功田―子孫永世に伝える。②上功田―曾孫まで伝える。③中功田―孫まで伝える。④下功田―子に伝える。田積についての定めはない。大功田は藤原鎌足以降藤原氏に代々伝えられた一〇〇町歩があるのみ。上功田の例もあまりなく、中功田・下功田が多い。*壬申の乱の功労者には中功田、ほかの一般の功労者には下功田が給されている。

［文献］高橋　崇『律令官人給与制の研究』（吉川弘文館、一九七〇）。　（阿部　猛）

均田制《きんでんせい》**と班田**《はんでん》**収**《しゅう》**授制**《じゅせい》**の比較**《ひかく》　我が国の律令が中国のそれを模したものであることはいうまでもない。したがって、両者を比較すれば類似点を見出せることもまた当然である。①度地法については、唐制では畝《せ》・頃《けい》の称を用い、日本では町《ちょう》・段《たん》・歩《ぶ》を用いたが、五尺一歩制は同じである。②受田条件は、唐は一八歳を受田年齢とし、日本は六歳以上。唐では身分・年齢・健康状態・職業などによる区別、寡婦・*戸主・道僧の別による授田額の差を設けたが、日本の場合、割合シンプルである。口分田の終身用益を認めた点は共通している。③租税課役との対応関係については、唐では両者に緊密な関係が認められるが、日本では授田と課役徴収との対応関係は稀薄である。④園宅地について、日本では私的な占有が認められ、唐制ではこれに対応するものとして戸内永業田があった。⑤日本の*功田、位田などについて、唐制では爵位・勲などにより官人永業田が与えられた。これは世襲を認められた。⑥売買・賃租について、日本では園宅地についてのみ売買が認められたが、唐では官人永業田・賜田は売買・貼賃が許された。戸内永業田・口分田は原則的に売買を禁じられたが、特別な場合許された。⑦班年について、唐では毎年口分田の収授を行ったが、日本では六年一班であった。――かつて、日唐令の比較考察を行い、両者の立法精神に著しい相異のあることを指摘することがあった。日本の場合は唐制に比して「均分主義」的であり、各戸の生活の必要に応じて田を給したのであり「社会政策」的色彩が濃いというのである。第二次大戦中までの概説書や教科書類では日本の社会の独自性が強調され、例えば「大化改新の大業は、我国を本来の姿に還《かえ》し、国力の充実発展を目的としたことはいふまでもなく、我国土はすべて天皇に属し奉るべきであるとの理念を実現し、全国民に生活の安定を得しめんとして土地公有主義の確立となったのであって、この意味に於いて、班田収授制の採用は、実に国史上に於ける最初の日本精神の顕現と認めらるるのである」（今宮《いまみや》 新《しん》）というような見方が「社会政策」的云々との主張を助長した。

〔文献〕 今宮 新『班田収授制の研究』（龍吟社、一九四四）、曾我部静雄『均田法とその税役制度』（講談社、一九五三）、阿部 猛『太平洋戦争と歴史学』（吉川弘文館、一九九九）。 （阿部 猛）

四度使《よどのつかい》 令制下、定期的に諸国から都に送られた四種の使者。朝集使は考文《こうもん》、大帳使は大帳、貢調使は調帳、正税帳使は正税帳をもって上京した。各使は付属の関連文書（枝文）も携え、各国の行政の状況を報告した。国司目《さかん》以上が使となり、これに雑掌《ざつしょう》が随行した。しかし、平安時代には四度使の派遣がみられなくなり、雑掌が代行し、公文の勘会、決済を行うようになった。

〔文献〕 坂本太郎『日本古代史の基礎的研究 下』（東京大学出版会、一九六四）。 （阿部 猛）

四度使公文《よどのつかいのくもん》**・同 枝文**《おなじくえだぶみ》 都による四度使が携帯する公文とその副帳簿（枝文）。〔大帳使〕大帳、神社帳、祢宜祝《ねぎはふり》帳、国分二寺資財帳、読経帳、僧尼帳、殖木帳、応計会帳、麦畠帳、放生帳、池溝帳、官舎帳、諸郡舗設《ふせつ》帳、国器仗帳、公私船帳、郡司器仗帳、駅馬帳、駅家帳、百姓牛馬帳、目録帳、郷戸帳、浮浪帳、中男帳、隠首帳、雑色人帳、高年帳、老丁帳、癈疾帳、学生帳、逃亡帳、神戸帳、多男父帳、中男残帳、死亡帳、残疾帳、遭喪帳、老残帳、陵子帳。〔貢調使〕調帳、庸帳、租帳、祖交名帳、品位田帳、不堪坪付帳、没官田帳、地子帳、中男作物帳、脚直帳、浮浪帳、神戸調庸帳、損田七分以上帳、租税交名帳、大帳後死帳、仕丁資養帳。〔正税使〕税帳、目録帳、公廨処分帳、立殊会帳、神封租帳、救急帳、倉付帳、灯分帳、三宝布施稲帳、国分寺雑稲帳、修理国分二寺新稲帳、国分二寺造物帳、四度使帳、神税帳。〔朝集使〕考文、僧尼死亡帳、兵士歴名簿、国郡器仗帳、防人営種苗子帳、官私船帳、計会帳、馳駅帳、駒犢帳、官私馬牛帳、囚人獄死帳、盗囚帳、国分寺帳、定額寺資財帳、百姓存済帳、諸社祝氏人帳、正倉帳、官舎帳、池溝帳、桑漆帳、詮擬郡司歴名。以上のように多種多様な帳簿が作られ京進された。 （阿部 猛）

運脚《うんきゃく》 徒歩で物質を担う人夫、特に調庸などを地方から都へ運んだ者。運脚に対する食料、運賃の支給形態は貢進物資によって異なる。調庸の場合は調庸負担者が出し、正税を代価とした交易物の場合は国府から支給され、神亀元年（七二四）以後、舂米《しょうまい》運京には公糧が支給された。*『延喜式』によると、担夫一人の担う量は「大六十斤を一担となす」とあり、具体的には、巨材は一四〇〇—一六〇〇寸、雑材は三二〇〇—二六〇〇寸、販瓦は一二枚、筒瓦は一六枚、鐙瓦は九枚、宇瓦は七枚、白土は三斗、赤土は三斗、沙は二升五合であった。およそ人担量は車載量の約一〇分の一程度であった。調庸を運ぶ運脚の辛苦は大きく、特に帰国のときの悲惨な状況は史料の語るところであり、これを救済するために、民間の事業として布施屋の設置があった。奈良時代僧行基の行った事業のうちにも、九か所の布施屋設置が認められ、平安初期には政府による布施屋設置があった。

［文献］ 辻善之助編『慈善救済史料』（金港堂、一九三二）、阿部猛『律令国家解体過程の研究』（新生社、一九六六）。 （阿部 猛）

七　奈良時代の政治・社会・文化

平城遷都　元明天皇は新都を造営し、和銅三年（七一〇）三月遷都した。持統天皇の藤原京の四倍の規模をもつ壮麗な都城の建設は律令国家の威容を示すもので、南端の羅城門から正北の大内裏に至る朱雀大路を中心として、東西四・二キロメートル、南北四・八キロメートルの規模であり、さらに東西一・五キロメートル、南北二・四キロメートルの外京が広がっていた。平城京内の建物全体で消費した材木は三〇万立方メートル、屋根に葺《ふ》いた瓦は五〇〇万枚以上という大工事であった。平城京は、内裏、貴族の邸宅、寺院を中心とする政治都市で、左右両京に設けられた東市と西市も国営市場というべきものであり、和銅元年（七〇八）の和同開珎以下の鋳造貨幣も直ちには交換経済発展の所産とは見ることができない。

政治状況　壬申の乱後、天武天皇の皇子が相次いで知太政官事に任ぜられ、いわゆる皇親政治が展開するが、他方藤原氏の勢力が台頭して、皇親と藤原氏の対抗から長屋王事件が惹き起こされた。しかし藤原氏は、疫病のため武智麻呂・房前・宇合・麻呂の四兄弟を相次いで失うアクシデントに見舞われ、代わって橘諸兄・玄昉・吉備真備らによる政治体制となる。天平一二年（七四〇）の藤原広嗣の乱以後政情は不安定で、平城―恭仁―紫香楽―難波―平城と都はめまぐるしく遷った。東大寺の大仏造立はこうした政治・社会の不安を除き、国家の隆盛を祈願したものであったと見られる。光明皇太后と結んだ藤原仲麻呂《なかまろ》が勢威を振るうが、孝謙上皇（称徳天皇）と結ぶ僧道鏡《どうきょう》が台頭すると、天平宝字八年（七六四）仲麻呂は反乱を起こし近江国で敗死する。しかし道鏡も称徳天皇の死とともに失脚し、宝亀元年（七七〇）藤原氏によって下野国へ追放された。律令制のもとで、天皇は制度から超越した存在であったが、そのゆえに、特定の個人や氏族が政治権力を拡大するときに利用される存在でもあった。

田地の荒廃と再開発　律令政府は養老六年（七二二）に百万町歩開墾計画を立て、耕地の倍増を企てるが、計画倒れとなり、翌七年、三世一身法で、天平一五年（七四三）に墾田永年私財法で荒廃地の再開発を進めようとした。しかし、これは結果的には貴族・寺社による私有地拡大を容認することとなり、重い負担に悩む人民たちは逃亡して貴族・寺社のもとに走り、開発の労働力として駆使されることとなった。人民の逃亡は口分田の放棄・荒廃を招き、律令国家の土地・税制体系を揺るがすことになる。我が国の古代社会では慢性的な労働力不足状態が続いていたと思われ、耕地の開発とその維持をめぐって官司と豪貴族・寺社の間で、労働力の確保をめぐる争いが行われていたと見られるのである。

天平文化　奈良時代の文化を天平《てんぴょう》文化と呼ぶ。天平（七二九—七四八）はこの時代を代表する聖武天皇のときの年号である。天平文化は白鳳期よりさらに色濃く唐文化を摂取した貴族的仏教文化である。仏教は国家権力と一体をなし、国家の庇護のもとに発展した、いわゆる国家仏教であり、寺院は国家によって維持され、経典の読誦・書写、寺院の諸法会は国家の安泰や穀物の豊かな実り、天候の正順を祈るものであり、寺院は国立の機関といってよい。寺院・僧尼を統轄する僧綱や、各寺院の統制機関としての三綱の制が整えられた。国ごとの国分寺・国分尼寺の建立や、総国分寺としての東大寺の建立と大仏の造立は国家仏教の性格をあらわにしている。多くの壮大な寺院が造立されたが、唐招提寺金堂、同講堂、東大寺法華堂（三月堂）、同転害門、法隆寺夢殿、同伝法堂、当麻寺三重塔などが現存する。

美術　仏像は唐の様式を受けて人間味を増し、豊麗な肉体をもつものとして作られた。造寺司の下に置かれた仏所には仏師・仏工集団が付属し多くの仏像を作った。仏像は大形になり、東大寺法華堂の不空羂索観音像《ふくうけんじゃくかんのんぞう》や四天王像は脱乾漆造で三メートルを超える巨大なものであり、日光菩薩《にっこうぼさつ》・月光菩薩《がっこうぼさつ》・執金剛神像なども等身大の塑像である。興福寺十大弟子、八部衆像はきわめて写実的であり優れている。東大寺戒壇院四天王像、聖林寺の十一面観音像など逸品である。絵画では薬師寺吉祥天女像、正倉院の樹下美人像などにみられるように唐の絵画の影響が強い。正倉院に伝えられた数千点に及ぶ工芸品は、上流貴族の生活用品を網羅し、舶載品のみならず大陸様の高度な技術を駆使して作られた優れた国産品も多い。文化の広がりは遠くインド・イラン・東南アジアなど広い地に及ぶ。

文学　前代に用意された国史の編纂は『古事記』『日本書紀』として結実した。地誌の編纂も行われ、諸国から『風土記』（古風土記）が提出された。大学や国学では官人養成を目的とした諸教科が教授されたが、漢文学は必須の教養であった。漢詩を集めた『懐風藻』はその達成の頂点を示している。一方、和歌を集大成した『萬葉集』は約四五〇〇首に及ぶ長・短歌を収め、我が国文学史上の記念碑的な存在である。

法律　六七一年施行の「近江令」、六八九年配布の「飛鳥浄御原令」に次いで大宝元年（七〇一）に「大宝律令」が制定された（律六巻、令一一巻）。さらに養老二年

(七一八)にこれを修正した「*養老律令」(律・令各一〇巻)。律令は中国の律令に範をとり直訳的な条文もあって、我が国の実情に合わず、実際に行われたか否か疑わしい条文もある。

生　活　当時の貴族の住宅の面影は法隆寺伝法堂にみることができる。同堂はもと橘夫人の住宅であったという。昭和六一年(一九八六)から平成元年(一九八九)の旧平城京の長屋王邸の発掘調査によって貴族の生活状況がかなり解明された。大量に出土した木簡は具体的な生活を浮かびあがらせてくれる。一方、庶民の住宅は貧しく、いぜんとして*竪穴住居が多く、支配者層との差は大きかった。

(阿部　猛)

(一)　平城京と奈良時代の政治

慶雲《けいうん》の改革《かいかく》　慶雲年間前後に行われた政治改革。慶雲元年(七〇四)六月、兵士のうちまだ上番期間が決められていなかった国内に留まる兵士の期間を決め、勲七等以下の位を持たない無位帯勲者を選叙に適用するために軍団に上番させ、労を続けさせる続労《しょくろう》を許した。また令制で廃止されていた*釆女資養のための出身郷土の肩巾田《ひれのだ》(釆女養田・釆女田)を復活させた。同二年(七〇五)四月には、太政官制に収容しきれなかった旧氏族を新政治機構に参加させるために、大納言の定員四員を二員減員し、敷奏・宣旨・待問など大納言を補う*中納言三員を新たに置き、相当官位を正四位上、封戸二〇〇戸・資人三〇人を支給することとした。同年一一月には品封・位封を加増し、五位の*食封を廃止して位禄を支給することとしている。同三年(七〇六)二月には、四位の位禄を止め位封を給することにし、支給戸数も正一位は三〇〇戸から六〇〇戸に、従一位は二六〇戸から五〇〇戸になどそれぞれ加増し、正四位には一〇〇戸、従四位には八〇戸支給するなど令規定を改めた。さらに五世王を皇親に入れ、六世以下も王とすること、諸官の選限に関しても内長上六年を四年に、内分番八年を六年とするなど各二年を短縮、蔭位による二一歳の出身を是正、舎人《とねり》への任官か科挙による新たなる出身を規定し、除名官人の復位規定を新設するなど皇親・官人への対応策とともに、京・畿内の調の改正、*義倉の粟徴収法の改定、正丁歳役の庸布を一丈三尺に半減するなど百姓への優遇策など七条が制されている。これは「大宝令」施行後の矛盾を現実の施策のなかで是正・改正していこうとしたものであった。

[文献]　北山茂夫「萬葉における慶雲期の諸様相」(『万葉の世紀』所収、東京大学出版会、一九五三)、竹内理三「『参議』制の成立」(『律令制と貴族政権Ⅰ』所収、お茶の水書房、一九五八)、野村忠夫『律令官人制の研究』(吉川弘文館、一九六七)、野村忠夫『律令政治の諸様相』(塙書房、一九六八)、直木孝次郎「一戸一兵士の原則と点兵率」(『飛鳥奈良時代の研究』所収、塙書房、一九七五)、米田雄介「軍団の成立と特質」(『郡司の研究』所収、法政大学出版局、一九七六)、早川庄八「律令太政官制の成立」(『日本古代官僚制の研究』所収、岩波書店、一九八六)、仁藤敦史「蔭位授与制度の変遷について」(『歴史学研究』五九二、一九八九)。

(木本好信)

不改常典《かわるまじきつねののり》 天皇即位の宣命《せんみょう》にみえる用語。『続日本紀』慶雲四年（七〇七）七月壬子条の*元明天皇即位の宣命に「関《かけまく》も威《かしこ》き、近江の大津の宮に御宇《あめのしたしろしめ》しし大倭根子天皇《おおやまとねこすめらみこと》の天地と共に長く、改《かわ》るまじき常の典と立て賜ひ敷き賜へる法」とみえるのをはじめとして、*聖武天皇・*孝謙天皇・*桓武天皇などの即位の宣命にもみえる。この不改常典については、「長く遠く改るまじき常の典と立て賜へる食国《おすくに》（国家統治）の法も」とあることから、以前から「近江令」のことだとする見解があったが、即位の宣命にのみみえることや「近江令」だとすると、慶雲四年までに「*飛鳥浄御原令」「大宝令」と二度の改変があったことと矛盾することから、令から独立した皇位継承法だとする見解が示された。そして元明天皇の宣命では、*持統天皇が皇位を*草壁皇子の嫡子*文武天皇に、聖武天皇の宣命では文武天皇から元明・元正天皇を経て聖武天皇に伝えられたことを述べているから、父系直系相続の皇位継承法だと考えられている。しかし法といっても、成文化された法律であったかどうかは明確ではなく、理想を掲げただけに過ぎないものであろうといわれる。この成立については、*天智天皇の制定とする見解と、元明天皇の即位をめぐって問題の起きていたとき、その父天智天皇に仮託して皇位継承の合法性を強調しようとして案出されたとの理解があった。現在は天智天皇が、その末年に弟大海人皇子《おおあまのみこ》（*天武天皇）の存在を考慮して、息子*大友皇子への皇位継承を前提に、直系による皇位継承法を思い立ち、何らかの形で表明したものとの理解がなされている。

［文献］青木和夫「浄御原令と古代官僚制」（『古代学』三―二、一九五四）、高橋 崇「天智天皇と天武天皇」（『続日本紀研究』一―九、一九五四）、岩橋小弥太「天智天皇の立て給ひし常の典」（『上代史籍の研究』下所収、吉川弘文館、一九五八）、坂本太郎「飛鳥浄御原律令考」（『日本古代史の基礎的研究 上』所収、東京大学出版会、一九六四）、武田佐知子「『不改常典』について」（『日本歴史』三〇九、一九七四）、水野柳太郎「『不改常典』をめぐる試論」（『日本史研究』一五〇・一五一、一九七五）、倉住靖彦「いわゆる不改常典について」（『九州歴史資料館研究論集』一、一九七五）、直木孝次郎「天智天皇と皇位継承法」（『古代史の人々』所収、吉川弘文館、一九七六）、直木孝次郎『壬申の乱』（塙書房、一九六一）。（木本好信）

平城京《へいじょうきょう》 和銅三年（七一〇）から延暦三年（七八四）まで、奈良盆地北端に置かれた唐の長安を模した宮都。奈良盆地を南北に通っていた東側から上《かみ》ツ道、中《なか》ツ道、下《しも》ツ道のうち、下ツ道を宮都中心の朱雀大路《すざくおおじ》、中ツ道を東端とする。南北四・八キロ、東西四・二キロの京域を、東西方向に北一条・南一条、二条―九条大路を設ける。南端中央の羅城門より平城宮南端中央の五間三戸重層瓦葺の朱雀門前の二条大路まで三・七キロ走る七二メートル幅の朱雀大路を境に、東を左京、西を右京に二分し、それぞれに東・西一坊―四坊大路を設け、四坊に分ける。さらに東側には二条から五条に各三坊、一二坊分張り出した外京《げきょう》、右京北辺には二坊―四坊に一・五坊分張り出した北辺《きたべ》坊《ぼう》がある。このように条と坊によって区割りされた約七〇〇〇平方メートルの一坊は、さらに東西・南北を走るそれぞれ三本の小路（広いところは七・二メートル、狭いところで二・八メートル、平均幅は四・六メートル）で四分割され、一六に細分されていた。これを坪《つぼ》（町）と呼び、朱雀大路側から北より千鳥式に数えて、例えば左京三条四坊一三坪のように呼んだ。一坪

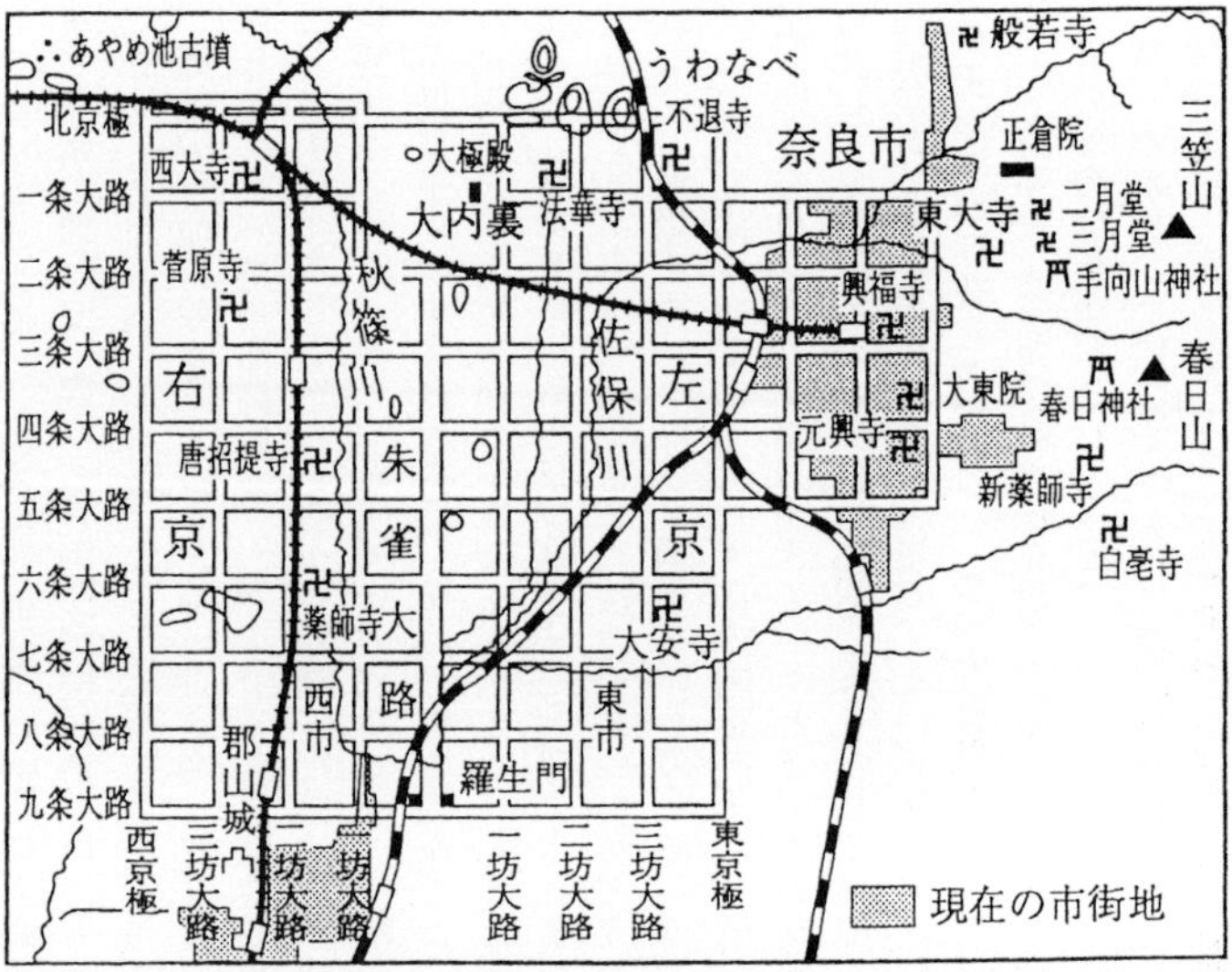

平城京（藤野　保監『日本史事典』朝倉書店，2001）

の大きさはそれを区切る路幅の広狭によって大小があって、平安京のように統一されていなかった。左京・右京にはそれぞれ京職《きょうしき》が、各坊には坊長、四坊ごとに坊令が置かれ、一〇万人前後と推定される平城京の行政を掌っていた。京の北中央には、天皇の生活空間である内裏や政治・儀式の場である朝堂院*のほか、諸官庁が設けられていた。その一キロメートル四方に、東辺には北側に東西二七〇メートル、南北七五〇メートル張り出した東院を含む宮城があり、これらは築地塀で囲まれていた。京内には藤原京*から移ってきた大安寺*・元興寺*や新しく創建された唐招提寺などの諸大寺の伽藍が立ち、左右京の八条二坊には東西の市が設けられていた。また皇族・貴族・官人たちの邸宅もおおむね北側から身分の高い者が居住し、五位以上の者は五条以北であり、なかには左京四条二坊に八坪分を占めた藤原仲麻呂《なかまろ》の田村第、左京三条二坊に四坪分の長屋王邸宅などもあったが、庶民などは一坪の一六・三二・六四分の一に細分されたところに住み、畑なども作って生活していた。延暦三年に桓武天皇*によって長岡京*に遷都された後、大同四年（八〇九）一一月に平城上皇*が宮殿を新造し、一時住んだこともあったが、その後は荒廃して田畑となった。

［文献］大井重二郎『平城京と条坊制度の研究』（初音書房、一九六六）、瀧川政次郎『京制並に都城制の研究』（角川書店、一九六七）、上田正昭『都城』（社会思想社、一九七六）、鬼頭清明『日本古代都市論序説』（法政大学出版局、一九七七）、田中　琢『平城京』（岩波書店、一九八五）、町田　章『平城京』（ニューサイエンス社、一九八六）、岸　俊男『日本古代宮都の研究』（岩波書店、一九八八）、田辺征夫『平城京を掘る』（吉川弘文館、一九九二）、今泉隆雄『古代宮都の研究』（吉川弘文館、一九九三）、千田　稔『平城京の風景』（文英堂、一九九七）、山中　章『日本古代都城の研究』（柏書房、一九九七）、仁藤敦史『古代王権と都城』（吉川弘文館、一九九八）。

（木本好信）

条坊制《じょうぼうせい》 中国の制度にならって東西方向の条と南北方向の坊の大路で区切った碁盤目状の宮都区画のことで、計画基準線からあらかじめ定められた道路幅をとる分割型とそうでない集積型があった。日本で条坊制がとられたことがはっきりするのは藤原京*からであるが、その建設にさかのぼって天武天皇初期の旧先行条坊と末年の新先行条坊と称される先行条坊が存在したらしい。藤原京は南北三・一キロメートル、東西二・一キロメートルの中央北寄りに宮の一六坊分をとって、南北一二条、左右京それぞれ四坊の大路で区画されていたらしい（一坊は約二六五メートル四方で「林坊」「左京小治坊」のように地名によって呼ばれた）が、最近になって大藤原京説が出され、五・三キロメートル四方の一〇条、左右五坊の一〇坊制であるとの説も有力であるが、その実態はまだ詳細ではない。平城京では、南北四・八キロメートル、東西四・二キロメートルの左右京と東に外京と北西に北辺坊という張り出した京域を南北に九条、左右京をそれぞれ四坊に分ける大路で区割りする。外京は五条大路を南辺に、東四坊大路から東七坊大路まで三坊東に張り出していた。坊は小路でさらに一六分割に区分され、これを坪・町といい、京中央を南北に走る朱雀大路側より北から順に千鳥式に一坪から一六坪まで数え、藤原京と違って、例えば左京三条四坊一三坪というように呼ばれた。坪はさらに現実には三二・六四に細分されていた。平安京*になると、大路・小路が壬生大路・坊城小路のように固有の名をもつようになり、町も東西に四行、南北に八門の三二戸主*に細分された。条坊制は宮都のみではなく地方でもみられ、大宰府*では条里制と同じ方一町を基本に、政庁は北辺中央に方四町を占め、南北二二条、東西一二坊からなっていたとの復原案があるが、近年の発掘成果と必ずしも一致せず、成立も一〇世紀末だともされるなど不明確。

［文献］ 大井重二郎『平城京と条坊制度の研究』（初音書房、一九六六）、瀧川政次郎『京制並に都城制の研究』（角川書店、一九六七）、上田正昭『都城』（社会思想社、一九七六）、鬼頭清明『日本古代都市論序説』（法政大学出版局、一九七七）、井上和人「古代都城制地割再考」（『奈良国立文化財研究所研究論集Ⅶ』所収、一九八五）、岸 俊男『日本古代宮都の研究』（岩波書店、一九八八）、今泉隆雄『古代宮都の研究』（吉川弘文館、一九九三）、仁藤敦史『古代王権と都城』（吉川弘文館、一九九八）、山中 章『日本古代都城の研究』（柏書房、一九九七）、山中 章「日本古代宮都の条坊制」（佐藤 信『都市社会史』所収、山川出版社、二〇〇〇）。（木本好信）

戸主《へぬし》 古代都城の地割面積の一単位。『拾芥抄《しゅうがいしょう》』に「一町の内に四行あり。一行の内に八門あり。一戸主は長さ十丈、弘さ五丈。」とある。条坊を一六分割した一町（坪）を東西に四分した行、南北に八分した門の三二分の一の五〇平方丈のことをいう。つまり左京だと条坊に区割りされた一六町のうち、西北隅の一町の西から西一行から西四行、北から北一門から北八門に分割された三二の東西一〇丈、南北五丈の戸主が存在する。一戸主が庶民の基準宅地面積であったが、現実にはこれよりも狭小なこともあり、必ずしも行門によって区割りされたところに限らず、またがって存在することもあった。また東西一〇丈、南北五丈に限らず、面積が五〇平方丈前後あればよいという場合もあった。（木本好信）

恭仁京《くにきょう》 奈良時代中期に山背国《やましろ》相楽郡《さがら》に造営された宮都*。天平一二年（七四〇）一〇月、聖武天皇*は藤原広嗣の乱の最中に関東に赴くとの命を発し、伊賀・伊勢国を経て美濃国坂田郡で山背国相楽郡恭仁郷に遷都することを宣し、恭仁宮に行幸した。翌年閏三月には平城宮より兵器を運ばせ、五位以上官人の恭仁への移住を命じ、八月には平城京の東西二市を恭仁京に遷した。九月には遷都によって左右京百姓の調租・四畿内の田租を免じ、天下に大赦している。また智努《ちの》王と巨勢奈弖麻呂《こせのなでまろ》の二人を造宮卿に任じ、大養徳《やまと》・河内・摂津・山背国の役夫五五〇〇人を差発、平城宮の大極殿や歩廊を移築するなどの造営に従事させ、また賀世山《かせやま》の東の川の架橋工事のために諸国の優婆塞《うばそく》七五〇人を動員、藤原仲麻呂・高岳《たかおかの》（高丘・高岡）河内《かわち》らに百姓の宅地を班給させている。そして賀世山の西道より以東を左京、以西を右京と決め、一一月には大養徳恭仁大宮《やまとくにのおおみや》と号した。その後も宮域南辺に沿って東西に走る大路の西端と甕原《みかのはら》宮《みや》より東との間に大橋を造るために、諸国より国の大小に従って銭一貫以上一〇貫以下を輸《いだ》さしめるなど工事は続き、同一五年（七四三）には主要な殿舎は完成したらしい。しかし、この頃より聖武天皇は近江国甲賀郡にある*紫香楽宮に関心を寄せるようになり、盛んに紫香楽宮に行幸し、一二月には紫香楽宮造営のため恭仁京の造作は停止された。同一六年（七四四）閏正月には恭仁京、難波京いずれを都とするのがよいかを官人・市人らに問い、恭仁京を望むものが多かったにもかかわらず、聖武天皇は難波に行幸、二月には恭仁宮の駅鈴、内印（御璽）・外印（太政官印）などは難波宮に移された。その後、同一八年（七四六）九月になって、大極殿は山背国国分寺に施入された。相楽郡近辺は、橘氏の氏寺井手寺、氏神椋本神社のあったことからもわかるように橘氏の基盤地であり、また*橘諸兄がここに相楽別業を営んでいることからして、恭仁京の推進者は諸兄であったことは間違いない。現在の京都府相楽郡加茂町瓶原《みかのはら》が恭仁宮跡で、発掘によって金堂は出土瓦から大極殿を継承したものであることやその北側の内裏には東西二つの区画が並存していたことなどが明らかとなり、宮域も平城宮とほぼ同じ大きさと想定されるに至った。

（木本好信）

［文献］　足利健亮「恭仁京の歴史地理学的研究」（『史林』五二―三、一九六九）、足利健亮「恭仁京域の復原」（『大阪府立大学社会科学論集』四・五合併号、一九七三）、足利健亮『日本古代地理研究』（大明堂、一九八五）、岸　俊男『日本の古代宮都』（岩波書店、一九九三）。

紫香楽宮《しがらきのみや》　奈良時代中期に近江国甲賀郡に造営された宮都。甲賀宮・信楽宮ともいう。天平一四年（七四二）二月、聖武天皇は山背《やましろ》国*恭仁京から近江国甲賀郡に通じる道の開削を命じて紫香楽宮造営の意志を固め、同年八月には行幸し、造宮卿智努《ちの》王・造宮輔高岳河内《たかおかのかわち》ら四人を造離宮司に任じて本格的に造営が始まった。天皇は同年一二月、同一五年（七四三）四月、七月の四度にわたって紫香楽宮に行幸し、山背国恭仁京と往反を繰り返し、九月には甲賀郡の田租を免除し、調庸を畿内に準じる措置をとっている。また一〇月にはここに大仏の造立を宣し、東海・東山・北陸道二五国の調庸の紫香楽への貢進を命じ、一二月には恭仁宮の造営を停止した。しかし同一六年（七四四）閏正月になって、官人のみならず庶民にまで恭仁と難波のどちらを都とするかの諮問があり、恭仁を請うものが多かったにもかかわらず難波に行幸、続いて内印・太政官印・駅鈴・高御坐などが難波に運ばれた。しかし*聖武天皇は同年二月にはまた紫香楽に行幸し、その天皇の留守中に難波に残った元正太上天皇が左大臣*橘諸兄をして難波を皇都と宣言させている。ここには紫香楽宮を都としようとする聖武天皇・*光明皇后・藤原氏と、あくまでも難波にこだわる*元正太上天皇・橘諸兄との確執がみられる。しかし一一月には元正太上天皇も紫香楽に移り、同一七年（七四五）正月には新京とされた。大安殿などの主要な部分は完成していたものの、宮の周辺の山々が放火されるなどして情勢が不穏となり、わずか四か月後の同年五月平城京への還都を契機に荒廃した。その場所については、信楽町牧と黄瀬にまたがる通称内裏野が国の史跡に指定されている。しかし平成六年（一九九四）以降、北方一・五キロメートルにある宮町遺跡から役所名の「造大殿所」「皇后宮職」「中衛府」や年号の「天平」、人名の「奈加王」と書いた木簡三〇〇〇点が発見され、ここに宮のあったことが明確となった。また同一二年（二〇〇〇）には一〇〇メートル以上の西脇殿、同一三年（二〇〇一）には幅一二メートル、長さ一一三メートルと見られる東脇殿や宮殿の建物が発掘され、付近から六五メートルの塀の一部や長さ一四メートルの門の跡も見つかり、中心の区画の構造が平城宮と同じであり、正倉院文書からも「*民部省」「右衛士府」などの諸官衙の存在が確かめられることから、離宮程度のものではなく、本格的な宮都として造営されたことが確定的となった。

［文献］　足利健亮「紫香楽宮について」（藤岡謙二郎『山間支谷の人文地理』所収、地人書房、一九七〇）、直木孝次郎「橘諸兄と元正太上天皇」（『夜の船出』所収、塙書房、一九八五）、坪井清足『古代を考える―宮都発掘』（吉川弘文館、一九八八）、岸　俊男『日本の古代宮都』（岩波書店、一九九三）。

（木本好信）

保良宮《ほらのみや》　奈良時代中期に近江国に造営された宮都。唐の陪都制にならって平城京の北都として計画され、天平宝字三年（七五九）一一月、中臣丸張弓《なかとみのわにのはりゆみ》、長野君足《ながののきみたり》ら七人が派遣されて造営が始まった。そして同五年（七六一）正月には粟田奈勢麻呂《あわたのなせまろ》、藤原田麻呂《たまろ》ら七人を派遣して、諸司の史生以上の宅地を班給している。同年一〇月一〇日になると、*淳仁天皇は都を保良に遷すことを理由に藤原仲麻呂《なかまろ》らに稲を支給し、同一三日には保良宮に行幸することを命じ、平城京の改作のためにしばらく留まることを詔した。また造営に関与した田麻呂、張弓らに昇叙があり、近江国をはじめ大和・和泉・山背《やましろ》国の田租が免除され、保良に近い滋賀・栗太郡を畿県として庸を停止、調も京に准じて輸すべきこととした。同六年（七六二）三月には殿舎を諸国に分担竣工させているが、同年五月になって*孝謙太上天皇と天皇が不和となり平城京に戻ることとなって、以後造営は停止されたらしい。保良宮は、橘奈良麻呂《ならまろ》らの反対派を除き、大師（太政大臣）となって権勢を確立した藤原仲麻呂が、進めていた唐風政策の一環として、藤原氏そして自分の基盤地であった近江国に都を作ろうと図ったものであった。その所在地は確実ではないが、大津市国分町の洞前《ほらまえ》付近と伝えられる。

［文献］　瀧川政次郎「保良京考」（瀧川政次郎『京制並に都城制の研究』所収、角川書店、一九六七）、岸　俊男『藤原仲麻呂』（吉川弘文館、一九六九）、岸　俊男『日本の古代宮都』（岩波書店、一九九三）。

（木本好信）

節度使《せつどし》　奈良時代に対新羅防衛・侵攻に備えて設置された臨時職。天平四年（七三二）八月、東海・東山道節度使に*藤原房前、山陰道節度使に多治比県守《たじひのあがたもり》、西海道《さいかいどう》節度使に*藤原宇合と、道別に山陰道の巨曾倍津島《こそべのつしま》、西海道の佐伯東人《さえきのあずまひと》ら判官四人、主典四人、医師《くすし》一人、陰陽師一人らが任じられた。これ以外にも中央から派遣された傔人《けんじん》、現地採用の健児・儲士・選士などがおり、また馬射博士・雑工生・造弩生などのあったことも見える。唐の節度使にならって、入唐《にっとう》経験のある藤原宇合あたりの建言によって創設され、管内諸国の牛馬などの保全、兵士の徴発・訓練、兵船・武器の準備・修理、食料の確保など兵士制の整備を行った。また山陰道は「備辺式」、西海道は「警固式」を作成し、これによって対*新羅防衛に備えて、壱岐・対馬の要害地に船一〇〇隻を置くなどしたが、同六年（七三四）四月になり停廃され、その職務は国司主典以上に継受された。その後、天平宝字五年（七六一）一一月になると、藤原仲麻呂《なかまろ》が新羅侵攻を計画、兵員の動員・訓練、兵船の徴発のために再び設置した。東海道節度使には藤原恵美朝狩《えみのあさかり》、副使に百済足人《くだらのたるひと》・田《た》中多太麻呂《なかのただまろ》、判官・録事各四人を任じ、遠江国など一二か国から船一五二隻・兵士一万五七〇〇人・（郡司の）子弟七八人・水手《かこ》七五二〇人を、南海道使には百済王敬福《こにきしきょうふく》、副使に藤原田麻呂《たまろ》・小野石根《おののいわね》、判官・録事各四人を任じ、紀伊国など一二か国から船一二一隻・兵士一万二五〇〇人・子弟六二人・水手四九二〇人を、西海道節度使には*吉備真備、副使に多治比土作《はにつくり》・佐伯美濃麻呂《みのまろ》、判官・録事各四人を任じ、筑前国など九か国から船一二一隻・兵士一万二五〇〇人・子弟六二人・水手四九二〇人をそれぞれに検定《けんじょう》している。しかし南海道節度使は同七年（七六三）八月に、東海道節度使は同八年（七六四）七月に、西海道節度使は同八年一一月に停廃された。

［文献］　奥田　尚「天平初期における日羅関係について」（時野谷勝教授退官記念会『日本史論集』所収、吉川弘文館、一九七五）、瀧川政次郎「山陰道節度使」（『国学院大学紀要』十五、一九七七）、北啓太「天平四年の節度使」（土田直鎮先生還暦記念会『奈良平安時代史論集　上』所収、吉川弘文館、一九八四）、鈴木靖民『古代対外関係史の研究』（吉川弘文館、一九八五）。　（木本好信）

藤原四家《ふじわらよんけ》　*藤原不比等の四子を始祖とする南家・北家・式家・京家の四家をいう。長子*武智麻呂は邸宅が宮の南に、次子*房前は北に、三子*宇合は式部卿の任に、四子*麻呂は京職大夫の任にあったことから、それぞれ南家・北家・式家・京家と称せられた。藤原不比等は自家発展のために、自身は大化以前の雄族蘇我氏嫡流石川氏出自の娼子《しょうし》を娶り、また武智麻呂には阿倍氏、宇合には物部氏嫡流石上《いそのかみ》氏出身の国盛《くにもり》（守）を妻に迎えるなどして、旧氏族と積極的に姻戚関係を結んでいった。その一方で、奈良時代初期には太政官メンバーに参画できるのは、一氏族から一人となっていた遺制を考慮して、息子たちを各自一家とする独立方針をとり、養老元年（七一七）一〇月、北家房前を「朝政参議」として太政官に加えることに成功した。不比等なき後、南家武智麻呂は、皇親勢力長屋《ながや》王との連携を視野に入れていた房前を制して、天平元年（七二九）二月、式家宇合・京家麻呂と親藤原氏族の石川氏らの協力によって長屋王を打倒し、藤原氏内での主導力を獲得した。しかし、天平九年（七三七）に四家の始祖らが相次いで病没すると、権力を掌中にしたのは皇族出身の*橘諸兄であった。これに対して藤原氏復権を最初に目論んだのは宇合の長男広嗣《ひろつぐ》であったが、九州で叛乱を起こし敗死した。その後、*光明皇后の支持を得て権勢を増していったのは南家武智麻呂の次子仲麻呂《なかまろ》であった。仲麻呂は橘奈良麻呂《ならまろ》らの反対派を鎮圧し、権勢を確立させたが、天平宝字八年（七六四）九月、自分が擁立した*淳仁天皇と*孝謙太上天皇との疎隔を起因として上皇と対立し、近江国で敗死した。重祚した*太上天皇は、道鏡《どうきょう》を信任し称徳・道鏡政権を確立する。天皇の死後道鏡を追放し、政権を構築したのは、北家*永手と式家良継《よしつぐ》・*百川兄弟を中心とする勢力であった。三人は宝亀元年（七七〇）一〇月、天武皇統に代えて天智皇統の*光仁天皇を擁立し、永手の死後良継・百川兄弟らは式家主導政治体制を確立し、皇后井上《いのうえ》内親王・皇太子他戸《おさべ》親王を廃し、山部《やまべ》親王（*桓武天皇）を立太子させ平安時代の到来を演出した。良継・百川が死没したのちには、一時期北家の魚名《うおな》が政治を主導したときもあった。天応元年（七八一）四月、桓武天皇が即位すると、天皇は式家の種継《たねつぐ》を重用したりしたが、原則としては左大臣を置かず、右大臣に藤原南家の是公《これきみ》・継縄《つぐただ》を置くのみで、その後には義弟神王《みわ》を任じるなど親政を推し進めたことから藤原氏勢力は停滞した。大同元年（八〇六）三月*平城天皇が即位すると、北家の内麻呂《うちまろ》が右大臣に昇るが、天皇は式家良継の娘乙牟漏《おとむろ》を母としていたことから式家の*仲成・薬子《くすこ》兄妹が発言力を持った。嵯峨天皇が即位すると仲成・薬子は政争に敗れ死没し、北家園人《そのんど》が右大臣となるが、やがて天皇の信任を得た内麻呂の次男*冬嗣が台頭し、弘仁一二年（八二一）正月右大臣に昇って実権を掌握し、その後に紆余曲折はあるが、北家の摂関政治繁栄への道が開かれることになる。

［文献］　野村忠夫『律令政治の諸様相』（塙書房、一九六八）、亀田隆之「藤原魚名左降事件」（『関西学院大学創立百周年文学部記念論文集』所収、関西学院大学、一九八九）、中川　収『奈良朝政治史の研究』（高科書店、一九九一）、瀧浪貞子『日本古代宮廷社会の研究』（思文閣出版、一九九一）、大山誠一『長屋王家木簡と奈良朝政治史』（吉川弘文館、一九九三）、中川　収「藤原武智麻呂と房前」（『古代文化』四五―八、一九九三）、林　陸朗「藤原四子体制と藤原麻呂」（『日本歴史』五六三、一九九五）、林　陸朗「天平期の藤原四兄弟」（『国史学』一五七、一九九五）、野村忠夫『奈良朝の政治と藤原氏』（吉川弘文館、一九九五）、木本好信『藤原式家官人の考察』（高科書店、一九九九）。

（木本好信）

太上天皇《だじょうてんのう》「だいじょうてんのう」とも。譲位した天皇のこと。略して上皇《じょうこう》ともいう。文武天皇元年（六九七）八月に譲位した持統天皇が初めての例で、以後「大宝令」儀制令に「譲位した帝を称する」と規定された。太上天皇は、天皇に准じる存在とされていたが、「大宝令」儀制令・公式令では天皇の下に、太皇太后・皇太后・皇后の上に位置した。しかし、実質には天皇の父・兄である場合が多いことから、より崇敬された。また太上天皇の尊号であるが、弘仁一四年（八二三）四月、*嵯峨天皇が譲位に当って辞退したために、*淳和天皇が奉ったことが先例となって、以後は先帝が尊号を辞退し、新帝が奉るのが慣例となった。また御在所は、奈良時代には宮域にあったが、平安時代になると*平城上皇が平城宮に居したように宮域外に置かれ、職司も別当や蔵人が任じられるようになって*宇多上皇の頃より院司《いんのつかさ》が整備された。

［文献］　宮内庁書陵部『皇室制度史料・太上天皇1―3』（吉川弘文館、一九七八―一九八〇）、春名宏昭「太上天皇制の成立」（『史学雑誌』九九―二、一九九〇）、春名宏昭「平安期太上天皇の公と私」

(『史学雑誌』一〇〇―三、一九九一)、筧　敏生「太上天皇尊号宣下制の成立」(『史学雑誌』一〇三―一二、一九九四)、橋本義則「天皇宮・太上天皇宮・皇后宮」(荒木敏夫『古代王権と交流5』所収、名著出版、一九九四)、倉本一宏「律令国家の政権構想」(倉本一宏『日本古代国家成立期の政権構造』所収、吉川弘文館、一九九七)。

(木本好信)

女帝《じょてい》　女性の天皇のこと。六世紀以降の明確な女帝は、*推古・*皇極(重祚《ちょうそ》して斉明)・*持統・*元明・*元正・*孝謙(重祚して称徳)の六人八代、また皇位に昇ることを要請された春日山田皇女・倭姫を加えると八人も存在する。江戸時代には明正《めいしょう》天皇・後桜町《ごさくらまち》天皇もみえるが、古代においての女帝の存在意義とは比べものにならない。女帝は、皇族出身であって、天皇か天皇になれる資格のある人物の娘であるが、七世紀までの推古・皇極(斉明)・持統の場合は、天皇没後、先帝(前帝)の皇后として、また元明は先帝の母として、皇嗣が政争で決定できない、または幼少などの理由で擁立が困難になったときに代わって皇位についたという政治的な事情による便宜的・中継的天皇であった。一方、八世紀になって即位した元正や孝謙(称徳)は独身であって、それ以前の場合と事情が異なっているが、元正は老齢の元明を受けて*聖武天皇の成長を待ったものであり、同様の理由と理解してよい。孝謙については、決まった皇嗣がいなかったことから中継的な持統・元明・元正とも異なるようであるが、宮廷内の政争の結果として藤原氏を中心とする勢力によって反藤原氏派への対抗上擁立されたわけであるから、広い意味で*淳仁天皇という男帝の擁立までの中継的天皇であったと理解してもよい。皇后などが即位して女帝となりえたのは、シャーマンの伝統によるとの説(折口信夫)や継承者が幼少のときは母親が後見者となる社会的慣習を反映しているとする説(中田　薫)などがあるが、明解な結論ではない。

[文献]　中田　薫「養老律令前後の継嗣法」(『法制史論集1』所収、岩波書店、一九二六)、折口信夫「女帝考」(『折口信夫全集20』所収、中央公論社、一九五六)、直木孝次郎『持統天皇』(吉川弘文館、一九六〇)、井上光貞「古代の女帝」(井上光貞『日本古代国家の成立』所収、岩波書店、一九六五)、北山茂夫「持統天皇論」(北山茂夫『日本古代政治史の研究』所収、岩波書店、一九六八)、北山茂夫『女帝と道鏡』(中央公論社、一九六九)、上田正昭『女帝』(講談社、一九七一)。

(木本好信)

長屋王事件《ながやおうじけん》　天平元年(七二九)に長屋王が自殺に追い込まれた事件。同年二月一〇日、漆部君足《ぬりべのきみたり》・中臣宮処東人《なかとみのみやこのあずまひと》によって長屋王がひそかに左道(呪術)を学んで国家を危うくしようとしているとの密告がなされた。そこで政府は式部卿*藤原宇合を中心に佐味虫麻呂《さみのむしまろ》・津島家道《つしまのいえみち》・紀佐比物《きのさひもち》ら率いる六衛府の兵を派遣し王宅を囲み、翌日には*舎人・新田部《にいたべ》両親王、多治比《たじひの》池守《いけもり》、*藤原武智麻呂らをして王を糾問させた。一二日になって王は自殺を強要され、妻の*吉備内親王、王と吉備との息子である膳夫《かしわで》王・桑田《くわた》王・鉤取《かぎとり》王らも自殺した。しかし*藤原不比等の娘長娥子《ながこ》との間に生まれた黄文《きふみ》王・山背《やましろ》王らは助かった。翌日には王と吉備内親王は生馬山《いこまやま》に葬られたが、吉備内親王は罪人ではないことから通常の葬礼を行い、長屋王も罪人ではあるが醜くないようにと命じている。また党与として上毛野宿奈麻呂《かみつけぬのすくなまろ》ら七人が流罪となった。それ以外の九〇人は免罪となっている。律令制に基づいた皇親政治を目指す長屋王と、藤原氏の代表者である武智麻呂とはかねてから藤原宮子《みやこ》の称号問題などで対立していたことから、武智麻呂にとっては長屋王はいつか取り除かねばならない存在であった。また武智麻呂らは、*聖武天皇と*光明子との間に生まれた皇子が皇太子に立てられたものの二歳で夭折したことから、県犬養広刀自《あがたいぬかいのひろとじ》に生まれた安積《あさか》親王の存在も考慮して、次善策として光明子を皇后に立てんと謀ったが、これについてもまた長屋王の反対が予想された。そして何よりも*高市親王の子で、*文武・*元正両天皇の妹である吉備内親王を妻としている長屋王が、聖武天皇に代わる皇嗣として最有力視されていた。また霊亀元年（七一五）二月には、膳夫王など吉備内親王の生むところの兄弟を、皇孫待遇とする勅が出されており、武智麻呂らは膳夫王らが聖武天皇に代わる存在となりうる危険性を十分に認識していたものと思われる。これらのことを要因として、藤原氏の権勢確立のために、武智麻呂を中心に宇合・麻呂ら兄弟が石川石足《いわたり》ら親藤原派官人を糾合して起こしたのがこの事件であった。これによって武智麻呂の主導する政治体制が成立したが、直ちに武智麻呂政権が成立したわけではなく、それは県犬養橘三千代・*大伴旅人・阿倍広庭《あべのひろにわ》などの批判派が没して、右大臣に任じた天平六年（七三四）正月まで待たねばならなかった。

［文献］ 中西 進「長屋王の生涯とその周辺」（『万葉集の比較文学的研究』所収、桜楓社、一九五三）、直木孝次郎「長屋王の変について」（『奈良時代史の諸問題』所収、塙書房、一九六八）、田中多恵子「長屋王の変についての一考察」（『日本歴史』二八三、一九七一）、川崎庸之「長屋王時代」（『記紀万葉の世界』所収、東京大学出版会、一九八二）、中川 収「長屋王首班体制の成立とその政治」（『奈良朝政治史の研究』所収、高科書店、一九九一）、大山誠一『長屋王家木簡と奈良朝政治史』（吉川弘文館、一九九三）、木本好信「長屋王政権の実体」（『奈良朝政治と皇位継承』所収、高科書店、一九九五）、大山誠一『長屋王家木簡と金石文』（吉川弘文館、一九九八）、寺崎保広『長屋王』（吉川弘文館、一九九九）。

（木本好信）

井上内親王事件《いのうえないしんのうじけん》 光仁天皇皇后である井上内親王が魘魅《えんみ》をしたとして廃后となった事件。宝亀三年（七七二）三月、井上内親王は、裳咋足嶋《もくいのたるしま》の自首や槻本老《つきもとのおゆ》の告発によって、粟田広《あわたのひろ》上《かみ》・安都堅石女《あとのかたしわめ》らは斬罪となるところを流罪となった。また井上内親王の子で皇太子の他戸《おさべ》親王もその影響で廃太子となり庶人にされた。しかし、この巫蠱《ふこ》の具体的内容については明確でないことから、いろいろな解釈がなされ確定していない。例えば光仁天皇の即位のときに、井上内親王の子である他戸親王が皇嗣となる約束があったのに反故にされそうになったので天皇を調伏したとする説、また他戸親王の早い即位を願ったにもかかわらず天皇が譲位しないので呪殺を謀ったという理解もある。しかし、この事件はおそらくは事実ではなく、井上内親王とその子皇太子他戸親王を陥れるための誣告事件であった可能性が高い。翌年一〇月、井上内親王母子は大和国宇智郡の没官の家に幽閉され、同六年（七七五）四月母子そろって没したが、母子そろって没すること自体が不可思議であることから、自殺を強要されたか殺害されたものと考えられる。この事件の背景には、*光仁天皇の皇嗣をめぐる*藤原百川を中心とする藤原式家の陰謀のあったことが推測される。百川は早くから他戸親王の異母兄で夫人高野新笠《たかののにいがさ》の生んだ山部《やまべ》親王（*桓武天皇）に好意を寄せ、また娘旅子《たびこ》を配していたことから、山部親王を皇嗣にしようと謀り、まず井上内親王母子を廃后・廃太子とすることを企んだのであろう。しかし、無実の母子を死に追い込むことができなかったために、さらに天皇の姉難波内親王の病死を好機として、これをまた井上内親王の魘魅によるものとして幽閉し、結果的に死に至らしたものと思われる。宇智郡には百川の兄良継《よしつぐ》の墓所があり、式家と関係深いことからもその事実が類推できる。

［文献］　近江昌司「井上皇后事件と魘魅について」（『天理学報』三九、一九六二）、角田文衛「宝亀三年の廃后廃太子事件」（『律令国家の展開』所収、法蔵館、一九八五）、中川　収「光仁朝の成立と井上皇后事件」（『奈良朝政治史の研究』所収、髙科書店、一九九一）、林　陸朗「奈良朝後期宮廷の暗雲－県犬養家の姉妹を中心として－」（『上代政治社会の研究』所収、吉川弘文館、一九六九）。（木本好信）

不破内親王事件《ふわないしんのうじけん》　*聖武天皇と県犬養広刀自《あがたいぬかいのひろとじ》の娘である不破内親王が起こした厭魅《えんみ》事件。神護景雲三年（七六九）五月、県《あがた》犬養姉女《いぬかいのあねめ》は謀主となり、忍坂女王《おしさかのおおきみ》・石田女王《いわたのおおきみ》らを誘い、同族県犬養広刀自の生んだ不破内親王と謀って内親王と塩焼《しおやき》王（天武天皇皇子新田部《にいたべ》親王の子）の子である氷上志計志麿《ひかみのしけしまろ》を皇位につけようと謀反を企んだ。姉女らは*称徳天皇の髪を盗みとり、佐保川にあった髑髏《どくろ》に入れて内裏に参入し、厭魅すること三度に及んだが、やがてこのことが多比乙女《たじひのおとめ》によって告発され露見した。この結果、不破内親王は、親王名を削られ厨真人厨女《くりやのまひとくりやめ》と改名されて京外に追放され、姉女たちは流罪となった。また志計志麿も土佐国に流罪となった。称徳天皇は自己の天皇権力を確固とするために皇太子を決めなかったことから、その皇嗣をめぐって皇位をうかがう*道鏡《どうきょう》の存在も絡んで、政情はすこぶる不安定であった。しかし*長屋王事件、*橘奈良麻呂《ならまろ》の変、*藤原仲麻呂の乱などの相続く事件で天武天皇系の有力な候補者は除外されてきており、この頃有力な皇嗣候補は、不破内親王の姉井上内親王と天智天皇孫である白壁《しらかべ》王との間に生まれた他戸《おさべ》親王、そして不破内親王の息子である氷上志計志麿・川継《かわつぐ》兄弟くらいのものであった。この事件の直後に道鏡を皇位につければ天下太平になるとの宇佐八幡宮の神託事件（*道鏡事件）が起こることから、この事件は有力な皇位継承者を除こうとした称徳天皇の意図より出ているものと思われる。それは称徳天皇没後の宝亀二年（七七一）八月になって、多比乙女の位記が姉女への誣告を理由に破却され、同三年（七七二）一二月になって不破内親王が親王籍に復されたことによっても理解される。

［文献］　中川　収「神護景雲三年五月の巫蠱事件」（『日本社会史研究』一五、一九六五）、林　陸朗「奈良朝後期宮廷の暗雲－県犬養家の姉妹を中心として－」（『上代政治社会の研究』所収、吉川弘文館、一九六九）、阿部　猛「天応二年の氷上川継事件」（『平安前期政治史の研究』所収、髙科書店、一九九三）。（木本好信）

藤原広嗣《ふじわらのひろつぐ》の乱《らん》　奈良時代中期に九州で起こった反乱。天平九年（七三七）に相次いで没した*藤原武智麻呂ら四兄弟に代わって政権を獲得した*橘諸兄とそのブレーンである*吉備真備・*玄昉にかねてから不満を持ち、藤原氏復権を目指していた式家*宇合の長子藤原広嗣は、その行動の過激さから大宰少弐に左遷されていたが、同一二年（七四〇）八月に上表して時政の得失を指弾し、吉備真備らを除くことを請い、翌月九州で兵を起こした。これに対して朝廷では大野東人《おおののあずまひと》を大将軍に任じ、一万七〇〇〇人の兵を徴発、征討軍を編成した。反乱の経過については、『続日本紀』の記事に錯綜があって明確ではないが、大体は以下のようであった。東人は、大宰史生で豊前国京都《みやこ》郡鎮《ぐんちん》長小長谷常人《ちょうおはつせのつねひと》らを倒し、登美《とみ》・板櫃《いたびつ》・京都《みやこ》三処の営兵一七〇〇人を捕虜にし、広嗣からの離反を誘うため、筑紫府管内の諸国官人・百姓に逆人広嗣を斬殺した白丁には五位以上、官人には等に従って加給するとの勅符を散擲した。一方広嗣は筑前国遠珂《おか》郡家に軍営を作って、*烽で国内の兵を徴発しようとした。同年一〇月に入って板櫃川の西に一万騎を率いた広嗣と東側に朝廷軍の佐伯常人《つねひと》ら軍士六〇〇〇人が対峙した。時に常人が広嗣に呼びかけること一〇度、広嗣は朝廷に叛くことが本意ではなく朝廷の乱人である真備・玄昉二人の引渡しを請うのみであるといったという。そして、このときの隼人の降伏が契機となって広嗣軍は不利な状況となり、広嗣は知駕島《ちかのしま》より耽羅島《たんらのしま》(済州島)まで船で逃走を図ったものの、西風に吹き返され、肥前国松浦《まつら》郡値嘉島《ちかのしま》長野村(五島列島)で弟綱手《つなて》とともに斬られた。広嗣が九州諸国の兵士数の大半である一万人以上を動員できたことについては、大宰少弐の権限に加えて、長く西海道*節度使・大宰帥の任にあって「警固式」を作るなど、九州の兵制整備に尽力し、三年前に没した父*宇合の影響が大きかったものと思われる。

[文献]　丸山二郎「藤原広嗣の乱と鎮西府」(『歴史教育』三—五、一九五五)、稲光栄一「藤原広嗣の乱に関する一考察」(『歴史教育』六—六、一九五八)、北山茂夫「七四〇年の藤原広嗣の叛乱」(『日本古代政治史の研究』所収、岩波書店、一九五九)、八木　充「藤原広嗣の叛乱」(『山口大学文学会志』一一—二、一九六〇)、坂本太郎「藤原広嗣の乱とその史料」(『古典と歴史』所収、吉川弘文館、一九六八)、竹尾幸子「広嗣の乱と筑紫の軍制」(鏡山　猛『古代の日本3』所収、角川書店、一九七〇)、横田健一「天平十二年藤原広嗣の乱の一考察」(『白鳳天平の世界』所収、創元社、一九七三)、栄原永遠男「藤原広嗣の乱の展開過程」(九州歴史資料館『大宰府古文化論叢上』所収、吉川弘文館、一九八三)、柳　雄太郎「広嗣の乱と勅符」(直木孝次郎古稀記念会『古代史論集 中』所収、塙書房、一九八八)、木本好信「藤原広嗣の乱について」(『奈良朝政治と皇位継承』所収、高科書店、一九九五)。

(木本好信)

藤原仲麻呂《ふじわらのなかまろ》の乱《らん》　天平宝字八年(七六四)に起きた*孝謙太上天皇・道鏡《どうきょう》と藤原仲麻呂との権力闘争。*淳仁天皇を傀儡として行政機構を掌握していた仲麻呂に対して、孝謙太上天皇は政権の奪回を目的に、天平宝字八年九月一一日淳仁天皇の所持する御璽と駅鈴の奪取を謀り、これに端を発して乱が勃発した。この緒戦に敗れた仲麻呂は、基盤国であった近江国庁での体制の立て直しを図ったが、上皇軍の日下部子麻呂《くさかべのこまろ》・佐伯伊多智《さえきのいたち》らの先行急襲を受けたため、八男辛加知《からかち》が国守であった越前国を目指し、塩焼《しおやき》王を天皇に急遽擁立し、持参していた太政官印を用いて新しい勢力の結集と自己を正当化しようとした。しかし、伊多智らは越前国府にも先行し、辛加知を斬り、仲麻呂も愛発関《あらちのせき》で物部広成《もののべのひろなり》らに阻まれ退却した。仕方なく湖西を南下し逆戻りした仲麻呂軍は、高島郡三尾埼で北上してきた佐伯三野《さえきのみの》・大野真本《おおののまもと》の率いる上皇軍と遭遇し、正午から四時間にわたる死闘を繰り広げた。仲麻呂軍は奮闘し、上皇軍は一時劣勢になったものの、そこに藤原倉下麻呂《くらじまろ》の率いる援軍が到着すると形成は一気に逆転、仲麻呂の二男真先《まさき》らも追撃され、勝敗は決した。仲麻呂はなおも船で逃走を図ったが、水陸両面から攻撃され、ついに一八日になって勝野鬼江で一兵卒である石村石楯《いわれのいわだて》によって斬られた。時に仲麻呂五九歳。仲麻呂と最後まで行動をともにした妻子や弟の巨勢麻呂《こせまろ》、塩焼王や党与の仲石伴《なかのいわとも》・石川氏人《いしかわのうじひと》・大伴古薩《おおとものこさち》・阿倍小路《あべのこみち》らも斬殺され、乱は終息した。この乱の端緒となった御璽争奪の実態をみると、これは単なる一貴族である仲麻呂の反乱ではなく、世襲王権の君主化を目的とした孝謙上皇と、律令行政機構を掌握して専権を振おうとした専権貴族藤原仲麻呂との権力闘争であったといえる。

［文献］北山茂夫「藤原恵美押勝の乱」（『日本古代政治史の研究』所収、岩波書店、一九五九）、角田文衛「恵美押勝の乱」（『律令国家の展開』所収、塙書房、一九六五）、岸　俊男『藤原仲麻呂』（吉川弘文館、一九六九）、中川　収「藤原仲麻呂政権の崩壊過程」（『奈良朝政治史の研究』所収、高科書店、一九九一）、木本好信『藤原仲麻呂政権の基礎的考察』（高科書店、一九九三）、松尾　光「藤原仲麻呂の乱」（『天平の政治と争乱』所収、笠間書院、一九九五）。

（木本好信）

道鏡事件《どうきょうじけん》　奈良時代末期に起こった僧道鏡（?—七七二）による皇位窺隙《きげき》事件。*称徳天皇が重祚《ちょうそ》して、その寵愛のもとに禅師、大臣禅師、太政大臣禅師と昇ってきた道鏡は、ついに天平神護二年（七六六）一〇月、月料《げつりょう》が天皇の供御《くご》に准じる法王の位を賜り、神護景雲三年（七六九）正月には大臣以下の拝賀を受けるなど、政治の巨細に決をとらないことはないというまでの権勢を誇るようになった。そのような状況にあった同年九月、大宰主神《だざいのかみつかさ》である習宜阿曾麻呂《すげのあそまろ》が、道鏡が皇位につけば天下太平になるとの宇佐八幡神教を天皇に上奏した。時に八幡神の使が天皇の夢にも現れ、奏することがあるので法均尼を宇佐に遣わすように請うたが、天皇は法均尼が遠路に堪えられないので、代えて弟の*和気（当時は輔治野真人《ふじのまひと》）清麻呂を遣わし神教を聞きとらせると答えた。天皇から床下に召され事情を聞いた清麻呂は、宇佐に発するに当たって、道鏡から呼ばれ、道鏡即位の神教を天皇に復命すれば大臣に任じるとの約を示された。しかし清麻呂は、我が国は君臣が定まり、臣下を天皇としたことはいまだなく、皇位には必ず皇緒を立て、無道の人は早く除くべきしとの八幡神の神託を受け、天皇に奏した。これを聞いた道鏡はおおいに怒り、清麻呂が虚偽の話を作り、八幡大神の託宣にかこつけて奏したとして、本官の近衛将監《このえのしょうげん》を解任、別部穢麻呂《わけべきたなまろ》と改姓、因幡員外介に左降した。しかし、清麻呂は赴任しようとしなかったことから除名され、大隅国に流罪となった。姉の法均尼も還俗させられ、別部広虫女《ひろむしめ》と改名して備後国に配された。この事件は道鏡が弟の大宰帥弓削浄人《ゆげのきよひと》や八幡神職らと謀ったものであったが、称徳天皇も「王を奴と成とも奴を王と云とも」と発言していることや清麻呂・法均尼への処分を考慮すると、道鏡への譲位を前提に考えていたらしく無関係ではなかったと思われる。

［文献］堀池春峰「道鏡私考」（『芸林』八—五、一九五七）、横田健一『道鏡』（吉川弘文館、一九五九）、江川　潔「道鏡政権の歴史的評価」（『史流』二、一九五九）、北山茂夫「道鏡をめぐる諸問題」（『日本古代政治史の研究』所収、岩波書店、一九五九）、瀧川政次郎「法王と法王宮職」（『律令諸制及び令外官の研究』所収、角川書店、一九六七）、北山茂夫『女帝と道鏡』（中央公論社、一九六九）、中川収「称徳・道鏡政権の形成」「称徳、道鏡政権の構造とその展開」

（『奈良朝政治史の研究』所収、髙科書店、一九九一）、栄原永遠男「称徳・道鏡政権の政権構想」（『追手門経済論集』二七―一、一九九二）。

（木本好信）

聖武天皇《しょうむてんのう》（七〇一―七五六）　首皇子《おびとのみこ》。*文武天皇の子、母は*藤原不比等の娘宮子《みやこ》、孝謙（称徳）天皇、井上内親王《いのうえないしんのう》・不破《ふわ》内親王・安積《あさか》親王の父。大宝元年（七〇一）に生まれ、和銅七年（七一四）六月に立太子。神亀元年（七二四）二月に*元正天皇から譲られて即位し、*天智天皇の*不改常典《かわるまじきつねののり》に従って皇位を継承したことを述べた。同四年（七二七）閏九月、妃光明子に皇子が誕生し、同年一一月には皇太子に立てたものの、同五年（七二八）九月にはわずか二歳で死亡し、天皇ははなはだ悼惜したという。天平元年（七二九）二月には、*藤原武智麻呂らによる*長屋王事件が起こったが、これを終息させ、同年八月には藤原夫人*光明子を立てて皇后とし、「しりへの政」との共治的姿勢を示した。その後、藤原武智麻呂を中心とする政治体制が成立したが、同九年（七三七）に藤原四子が相次いで病死すると、*橘諸兄政権を成立させた。同一二年（七四〇）八月、藤原広嗣が時政の得失を指弾し、*玄昉と*吉備真備を除くことを求めて九州で兵を起こすと、天皇は一万七〇〇〇人の兵の徴発を命じ、大野東人《おおののあずまひと》を鎮圧の大将軍に任じた。その一方で、伊勢への行幸に出発し、広嗣の乱鎮圧後も美濃国から近江国を経て、山背国《やましろのくに》恭仁宮《くにのみや》に到り都を作ることの意志を表明し、大養徳《やまと》恭仁宮と号した。その後、天皇は五年間にわたって恭仁宮、紫香楽宮、難波宮を彷徨したが、同一七年（七四五）九月にやっと平城宮に戻った。そして同一八年（七四六）一〇月には平城京に大仏を造立することを宣するが、これによって国家財政は疲弊し、また皇太子が独身女性の娘阿倍内親王（*孝謙・称徳天皇）であったことから皇嗣をめぐって政情はすこぶる不安定となった。天平勝宝元年（七四九）七月には孝謙女帝に譲位し、太上天皇として擁護した。同六年（七五四）四月には来朝したばかりの*鑑真から戒を受け、同八年（七五六）五月になって皇太子に*道祖王を指名する遺言を残し寝殿に没した。

［文献］　浅海正三「聖武天皇と奈良時代」（『歴史教育』九―三、一九三四）、久松潜一「聖武天皇と万葉集」（『南都仏教』二、一九五五）、服部喜美子「聖武天皇の人間像」（『説林』一二、一九六四）、川崎庸之「聖武天皇とその時代」（『記紀万葉の世界』所収、東京大学出版会、一九八二）、中川　収「聖武天皇の譲位」（『日本歴史』四二六、一九八三）、遠山美都男『彷徨の王権聖武天皇』（角川書店、一九九九）、瀧浪貞子『帝王聖武』（講談社、二〇〇〇）。

（木本好信）

光明皇后《こうみょうこうごう》（七〇一―七六〇）　安宿媛《あすかべのひめ》。*聖武天皇の皇后、*藤原不比等の三女、ゆえに自らは「藤三娘」と署す。母は県《あがた》犬養橘三千代《いぬかいのたちばなのみちよ》、*孝謙天皇の母。聖武天皇が立太子した霊亀二年（七一六）に妃となり、養老二年（七一八）阿倍《あべ》内親王（孝謙天皇）を生んだ。続いて神亀四年（七二七）九月には待望の皇子を生み、皇子は二か月後の同年一一月に皇太子に立てられたが、同五年（七二八）九月に病没した。皇后は元来仏教に熱心であったが、これを契機にさらに信心深くなり、東大寺をはじめとする国分寺の創建も主として皇后の勧めるところであった。皇子の病没によって権勢獲得の方途を絶たれた藤原氏は、次善の策として皇后の立后を画策し、反対する長屋《ながや》王を葬り、天平元年（七二九）八月にこれに成功。皇后は、仁徳天皇の皇后磐之媛《いわのひめ》の例をもって臣下出身として皇后に立った。聖武天皇譲位後は、天武・持統天皇の直系である草壁親王の皇統を高揚し、その唯一の継承者である娘の孝謙天皇の即位に固執。しかし天皇が独身女帝で皇統が絶えることを慮り、新皇統の創造を策し、舎人親王の子の淳仁天皇を擁立し、天武天皇皇統への継嗣を図った。その過程で甥の藤原仲麻呂《なかまろ》を重用し、対立する橘奈良麻呂ら反対勢力を一掃。孝謙・淳仁朝には、皇太后宮職を拡大改組した紫微中台《しびちゅうだい》に拠り、聖武天皇より受け継いだ御璽・駅鈴を掌中にし、詔を発するなど政治を執り、八世紀中葉の政治に重要な役割を果たした。しかし皇后の病没後、孝謙太上天皇は淳仁天皇・仲麻呂と対立、再度の即位を望み、結果天武天皇皇統の断絶につながった。また天平二年（七三〇）四月には、皇后宮職に施薬院を創設し、諸国から薬草を進めさせ、さらに悲田院を設け、天下の飢病の人々を療養したという。

［文献］　林　陸朗『光明皇后』（吉川弘文館、一九六一）、井上　薫「長屋王の変と光明皇后」（『日本古代の政治と宗教』所収、吉川弘文館、一九六一）、岸　俊男「光明立后の史的意義」（『日本古代政治史研究』所収、塙書房、一九六六）、中川　収「光明、仲麻呂体制の形成」（『奈良朝政治史の研究』所収、高科書店、一九九一）、瀧浪貞子「光明子の立后とその破綻」（『日本古代宮廷社会の研究』所収、思文閣出版、一九九一）、木本好信「仲麻呂と光明皇后」（『藤原仲麻呂政権の基礎的考察』所収、高科書店、一九九三）。　（木本好信）

藤原宇合《ふじわらのうまかい》　（六九四－七三七）　姓は朝臣《あそん》。父は藤原不比等、第三子。武智麻呂・房前の弟。麻呂・宮子《みやこ》・光明皇后の兄。広《ひろ》嗣《つぐ》・良継《よしつぐ》・百川の父。母は石川娼子《まさこ》とするが疑問。式家の祖。霊亀二年（七一六）八月に遣唐副使に任じられ、入唐《にっとう》を契機に名を馬養《うまかい》から改めた。帰国後の養老三年（七一九）七月に常陸守となり、唐の政策を受けて按察使《あぜち》創設を進言し、自らも任じた。同五年（七二一）正月、兄武智麻呂の後を受けて式部卿に任じ、没するまで一七年間に及んだ。神亀元年（七二四）四月に蝦夷《えみし》が反すると持節大将軍となって遠征し、同二年（七二五）閏正月には征夷の功績によって従三位・勲二等を授けられた。同三年（七二六）一〇月には難波遷都を前提とした知造難波宮事に任じたが、そのときの歌が『萬葉集』巻三にみえている。天平元年（七二九）二月、長屋王事件に際しては、六衛の兵を率いて長屋王宅を囲むなど、武智麻呂とともに中心的な役割を果たした。同三年（七三一）八月には参議に昇り、一一月には武智麻呂政権確立と政情安定のために畿内副惣管となった。そして、地方軍事制度の充実のために節度使を設置し、自ら西海道節度使に任じるなど、武智麻呂政権の中心人物として活躍したが、同九年（七三七）八月に病死した。

［文献］　木本好信「藤原武智麻呂政権と宇合」（『奈良朝政治と皇位継承』所収、高科書店、一九九五）、木本好信「藤原宇合」（『藤原式家官人の考察』所収、高科書店、一九九九）。　（木本好信）

藤原武智麻呂《ふじわらのむちまろ》　（六八〇－七三七）　姓は朝臣《あそん》。父は藤原不比等、母は石川娼子《まさこ》。第一子。房前・宇合・麻呂・光明皇后の兄。豊成《とよなり》・仲麻呂《なかまろ》の父。南家の祖。大原第に生まれ、幼くして母を喪った。大宝元年（七〇一）正六位上に叙せられ内舎人となり、中判事・大学助を経て、慶雲三年（七〇六）七月大学頭に任じた。和銅四年（七一一）三月には図書頭兼侍従になり、官書を備え、綸言に伺候したという。同年四月従五位上、同六年（七一三）正月従四位下、霊亀元年（七一五）正月従四位上に叙され、その間和銅五年（七一二）からは近江守として善政を布いたと『藤氏家伝』（『武智麻呂伝』）にはある。霊亀二年（七一六）一〇月には式部大輔となり、養老二年（七一八）九月には式部卿に転じ、同三年（七一九）七月に東宮傅《とうぐうふ》を兼任した。同五年（七二一）正月には従三位に叙され、参議を経ずして中納言に昇任した。同年九月造宮卿、神亀五年（七二八）七月播磨守・按察使《あぜち》を兼任した。天平元年（七二九）二月、*長屋王事件では、その首謀者として王を自殺に追い込み、事件後には大納言に昇り政治の主導権を掌握したが、反対勢力もあり、同六年（七三四）正月になって従二位・右大臣に昇り政権を確立した。しかし、同九年（七三七）七月に疫瘡《えきそう》に罹《かか》り、左京の私第に没した。没前に正一位・左大臣に任じられた。

［文献］瀧浪貞子「武智麻呂政権の成立」（『日本古代宮廷社会の研究』所収、思文閣出版、一九九一）、中川　収「藤原武智麻呂と房前」（『古代文化』四五―八、一九九三）、大山誠一『長屋王家木簡と奈良朝政治史』（吉川弘文館、一九九三）、木本好信「藤原武智麻呂政権の成立」（『奈良朝政治と皇位継承』所収、高科書店、一九九五）。（木本好信）

藤原房前《ふじわらのふささき》（六八一―七三七）総前《ふささき》とも。*姓は朝臣《あそん》、父は*藤原不比等、母は石川娼子《まさこ》。第二子。北家の祖。大宝三年（七〇三）正月、東海道に派遣され政績を巡省し、慶雲二年（七〇五）従五位下に叙せられた。和銅四年（七一一）四月従五位上、霊亀元年（七一五）正月従四位下となり、養老元年（七一七）一〇月には朝政に参議した。同五年（七二一）正月には従三位に昇り、同年一〇月には長屋《ながや》王と二人で*元明太上天皇の遺詔を承り、内外を計会し帝業を輔翼する内臣に任じられた。神亀元年（七二四）二月には正三位に昇り、のち中衛大将を兼任した。天平元年（七二九）二月の*長屋王事件では、兄弟の*武智麻呂・*宇合らと一線を画し積極的ではなかったとみられ、同年九月には内臣から中務卿となった。同二年（七三〇）四月*光明皇后の発願による*興福寺の伽藍工事には文武百官を率いて参加したという。同四年（七三二）正月頃には民部卿に遷り、同年八月東海東山*節度使に任じたが、*参議より昇任せず、同九年（七三七）四月疫瘡《えきそう》によって没した。

［文献］中川　収「藤原武智麻呂と房前」（『古代文化』四五―八、一九九三）、大山誠一『長屋王家木簡と奈良朝政治史』（吉川弘文館、一九九三）、林　陸朗「天平期の藤原四兄弟」（『国史学』一五七、一九九五）。（木本好信）

藤原麻呂《ふじわらのまろ》（六九五―七三七）万里とも。*姓は朝臣《あそん》。父は*藤原不比等、母は藤原五百重娘《いおえのいらつめ》。第四子。京家の祖。養老元年（七一七）一一月、美濃介在任中に当耆《たぎ》郡多度《たど》山の美泉への行幸があり、これによって二階昇って従五位下、同五年（七二一）正月にはさらに一挙に五階昇って従四位上となり、同年六月左京大夫に任じた。神亀三年（七二六）正月には二階昇って正四位上、天平元年（七二九）三月には従三位に至った。同年二月に起こった*長屋王事件では、兄の*武智麻呂・*宇合に協力し長屋王打倒に成功した。この後、同三年（七三一）三月兵部卿に任じ、同年八月には宇合とともに*参議に昇任し、武智麻呂の政権を支えた。同年一一月には山陰道鎮撫使となり、同九年（七三七）正月には陸奥出羽両国に直通道路を開くため、陸奥国多賀城に持節大使として赴き、鎮守将軍大野東人《おおののあずまひと》らと図り雄勝《おがち》村への道を開いたが、帰京してのち同年七月に病死した。

［文献］ 林　陸朗「藤原四子体制と藤原麻呂」（『日本歴史』五六三、一九九五）。　（木本好信）

吉備内親王《きびないしんのう》（？—七二九）　長屋王《ながや》の妻。*草壁皇子と*元明天皇の皇女。*文武天皇・*元正天皇の妹。膳夫王《かしわで》・桑田王《くわた》・葛木《かづらき》王・鉤取王《かぎとり》の母。霊亀元年（七一五）二月、吉備内親王の生んだ男女に限り、皇孫とする処遇がとられたが、そのときは三品とある。この処置は吉備内親王の息子たちが有力な皇嗣となったことを示し、*長屋王事件の伏線ともなった。つまり藤原宮子《みやこ》を母に持つ首皇子《おびとのみこ》を擁立しようとした藤原氏が、対立する長屋王はもちろん、その有力なライバルとなりうる膳夫王ら息子を除くのがその目的であった。神亀元年（七二四）二月、聖武天皇の即位に際しての叙位で二品に昇り、天平元年（七二九）二月の*藤原武智麻呂・*宇合兄弟の主導する長屋王事件によって、王に殉じてともに自縊し、翌日に生駒山に葬られた。長屋王家木簡の発見によって「北宮」と呼ばれていたらしいことや家政のことなどもわかってきている。

［文献］ 直木孝次郎「長屋王の変について」（直木孝次郎『奈良時代史の諸問題』所収、塙書房、一九六八）、大山誠一『長屋王家木簡と奈良朝政治史』（吉川弘文館、一九九三）、木本好信『奈良朝政治と皇位継承』（高科書店、一九九五）。　（木本好信）

安宿王《あすかべおう》（生没年未詳）　父は長屋王《ながや》、母は*藤原不比等の女長《な》娥子《がこ》。天平元年（七二九）二月の*長屋王事件では、母が不比等の娘であることから同母兄弟の黄文王《きぶみ》・山背王《やましろ》らとともに死罪を免れた。同九年（七三七）には無位から従五位下に叙され官人として出身し、玄蕃頭・治部卿・中務大輔・播磨守・讃岐守などを歴任した。天平勝宝六年（七五四）二月には*鑑真を迎える勅使になっている。しかし、天平宝字元年（七五七）七月に起こった橘奈良麻呂《ならまろ》の変では、よく事情のわからないままに黄文王に誘われ謀議に参画して、妻子とともに佐渡に配流となった。その後、宝亀四年（七七三）一〇月になって高階真人《たかしなのまひと》の姓を賜っているから、宝亀に入って許され帰京していたのであろう。この頃六〇歳前後ではなかったかと思われる。『*萬葉集』巻二〇に歌を二首残す。　（木本好信）

［文献］ 瀧川政次郎「安宿王」（『古代文化』一一—二、一九六三）。

橘諸兄《たちばなのもろえ》（六八四—七五七）　もと葛城王《かつらぎ》（葛木王）、父は美《み》努《の》王、母は県犬養橘三千代《あがたいぬかいのたちばなのみちよ》、奈良麻呂《ならまろ》の父。天平八年（七三六）一一月、弟の佐為王《さい》とともに母三千代が和銅元年（七〇八）に賜った姓である橘宿禰《すくね》氏を称することを請い許され、それ以降は橘諸兄と名乗る。和銅三年（七一〇）正月に無位から従五位下に叙せられ、同四年（七一一）一二月には馬寮監《めりょうのげん》に任じた。*聖武天皇が即位した頃から、乳母として天皇に発言力のあった三千代の影響もあってか天平元年（七二九）三月には正四位下に昇り、同年九月には左大弁に、そして同三年（七三一）八月には参議に任じた。同九年（七三七）九月、*藤原武智麻呂をはじめとする四子が急逝したのを受けて大納言となり、翌一〇年（七三八）正月には右大臣に昇り、弱体化した行政機構の再編に努力した。しかし*吉備真備・僧*玄昉を重用し、一族の県犬養石次《いわすき》を参議に登用することなどへの反発もあり、同一二年（七四〇）九月に*藤原広嗣の乱が起こった。乱後、基盤地の南山背に*恭仁京の造営を図り、同一三年（七四一）一一月に大養徳《やまと》恭仁宮と命名し、同一五年（七四三）正月に聖武天皇を迎えた。同年五月にはその功績もあって従一位、左大臣に昇り、天平勝宝元年（七四九）四月には正一位、同二年（七五〇）正月には朝臣《あそん》姓を賜っている。しかし、天平末年から光明皇后の支持を受けた藤原仲麻呂《なかまろ》が台頭、政権運営に苦慮するようになり、天平勝宝六年（七五四）頃からは反*光明皇后・藤原仲麻呂的行動を明確にして対立した。そして同七年（七五五）一一月の*聖武太上天皇の危篤に際して、反状ともとれる不遜な発言をしたが、これを太上天皇が咎めなかったことから、かえって責任を感じて同八年（七五六）二月に辞任し、天平宝字元年（七五七）正月に没した。

［文献］　横田健一「橘諸兄と奈良麻呂」（『白鳳天平の世界』所収、創元社、一九七三）、中川　収「橘諸兄体制の成立と構成」（『日本歴史』三〇八、一九七四）、市村　宏「橘諸兄」（『東洋学研究』九、一九七五）、市村　宏「諸兄父子と家持と万葉集」（『万葉集と万葉びと』所収、明治書院、一九八一）、木本好信「橘諸兄と奈良麻呂の変」（『筑波大学日本史学論集』一四、一九九二）。　（木本好信）

吉備真備《きびのまきび》（六九五？―七七五）　父は下道圀勝《しもつみちのくにかつ》、母は楊貴《やぎ》氏、泉《いずみ》・由利《よしとし》の父。生年は史料によって相違して、『続日本紀』宝亀元年（七七〇）一〇月丙申条には持統天皇九年（六九五）と見え、宝亀六年（七七五）一〇月壬戌条には持統天皇七年（六九三）、『*公卿補任』には同八年（六九四）とあって明確ではない。霊亀二年（七一六）入唐《にっとう》留学し、経史を研覧するなどして*阿倍仲麻呂とともに我国の学生としての名を唐国に知らしめたという。天平七年（七三五）に帰国し、同年四月には従八位下と見え、『唐礼』などの書籍から銅律管・露面漆四節角弓・平射箭などの諸品を献上し、正六位下・大学助に任じられた。同八年（七三六）正月に外従五位下、同九年（七三七）二月に従五位下、同年一二月には中宮亮にあって従五位上に昇った。同一二年（七四〇）八月には藤原広嗣《ひろつぐ》によって*玄昉とともに除かんとする上表文が奉られたが、同年一一月の*広嗣の乱のとき、*聖武天皇の伊勢行幸に従い正五位下を賜った。同一三年（七四一）七月には阿倍《あべ》内親王（*孝謙・称徳天皇）の東宮学士に、引き続いて同一五年（七四三）六月には春宮大夫に任じた。同一八年（七四六）一〇月には吉備朝臣《あそん》の姓を賜った。しかし、藤原仲麻呂《なかまろ》が台頭してきた天平勝宝二年（七五〇）正月には筑前守、そして肥前守に遷され、同三年（七五一）一一月には仲麻呂の外国への追放との意図であろう遣唐副使を命じられた。帰国後、同六年（七五四）四月に大宰大弐となり、怡《い》土《と》城《じょう》造営を専当し、天平宝字五年（七六一）一一月には西海道*節度使に任じたが、同八年（七六四）正月には造東大寺長官として帰京した。同年九月の*仲麻呂の乱には孝謙太上天皇側で活躍、参議・中衛大将に任じてから、天平神護二年（七六六）正月中納言、同年三月大納言、同年九月に右大臣と称徳天皇（孝謙太上天皇）朝に出世を重ねた。宝亀元年（七七〇）八月、称徳天皇の死去に際して、新田部《にいたべ》親王の男子である*文室智努・大《おお》市《ち》兄弟の擁立を主張したが、白壁《しらかべ》王（*光仁天皇）を立てようとした*藤原永手・良継《よしつぐ》・*百川らに敗れ隠居し、同六年（七七五）一〇月に死去した。

［文献］　重野安繹『右大臣吉備公伝纂釈』（吉備公保廟会事務所、一九〇二）、太田晶二郎「吉備真備の漢籍将来」（『かがみ』一、一九五九）、岩本次郎「古代吉備氏に関する一考察」（『ヒストリア』二六、一九六〇）、宮田俊彦『吉備真備』（吉川弘文館、一九六一）。

（木本好信）

玄昉《げんぼう》（?―七四六）　奈良時代の僧。俗姓は阿刀《あと》氏。霊亀二年（七一六）に学問僧として唐に渡り、玄宗皇帝より紫の袈裟を賜った。天平七年（七三五）に遣唐大使の多治比広成《たじひのひろなり》に従って帰朝したが、このとき経論五千余巻と諸仏像をもたらし、*聖武天皇からも紫の袈裟を賜ったという。翌年二月には封一〇〇戸・田一〇町を賜り、同九年（七三七）八月には僧正に任じられ、宮中にあった仏事を行う内道場に安置された。同年一二月には、精神と言動に異常のあった聖武天皇の生母皇太夫人藤原宮子《みやこ》の病を治し、誕生以来一度もなかった母子の対面をなしとげ、その功として絁一〇〇〇疋・綿一〇〇〇屯・糸一〇〇〇絇・布一〇〇〇端を賜り、天皇からの信頼を得た。しかし僧正になった頃より政治的に*橘諸兄に近い立場にあったことから、反橘諸兄の急先鋒であった藤原広嗣《ひろつぐ》から敵視され、除外するよう上奏がなされた。しかし、この上奏が容れられなかったことから、これに反発した広嗣は乱を起こし誅殺された。その後、藤原豊成《とよなり》・仲麻呂《なかまろ》兄弟ら藤原氏の政界での発言力が増してきた同一七年（七四五）一一月になって、橘諸兄の政治力を削ぐこともあり、また都から追放する意味もあって、「僧としての行いに背くことがあった」として筑紫の*観世音寺造営のため九州に遣わされた。その半月後には先の封物を収公する措置がとられて、翌年六月になって*大宰府に没したことが知られる。この死について、当時「藤原広嗣の霊によるもの」という風評がたったという。

［文献］堀　一郎「玄昉法師の死」（『堀一郎著作集3』所収、未来社、一九七八）。

（木本好信）

藤原百川《ふじわらももかわ》（七三二―七七九）　*姓は朝臣《あそん》。小田麻呂《おだまろ》・雄田麻呂ともいう。*藤原宇合の八男、母は久米若女《くめのわくめ》。緒嗣《おつぐ》、桓武天皇女御・淳和天皇母旅子《たびこ》の父。天平宝字三年（七五九）六月に従五位下に昇り、同七年（七六三）四月に智部少輔、称徳朝には山陽道巡察使に任じたのをはじめ、左中弁・侍従・内匠頭・武蔵守・右兵衛督・中務大輔・内豎《ないじゅ》大輔などを歴任し、神護景雲三年（七六九）一〇月に道鏡が河内国に弓削宮造営を策すると河内守に任じられた。称徳天皇・道鏡に信任されたようであるが、一方では道鏡に関わる宇佐八幡神託事件で配流となった和気清麻呂の配所に封郷二〇戸を送ったりしている。宝亀元年（七七〇）八月、称徳天皇が死去すると、その皇嗣に*吉備真備の推す*文室智努に対抗して、兄の良継《よしつぐ》らとともに謀って白壁《しらかべ》王を立てんと企み、宣命の語を偽るなどして白壁王の擁立に成功した。そして右大弁に昇格し、同年一〇月には正四位下に、同二年（七七一）三月には父宇合の時代より式家が重視してきた大宰帥となった。同年一一月には参議となり、右大弁・右兵衛督を兼任し、議政官に行政・軍事の枢要職を占め、良継を中心に田麻呂《たまろ》・倉下麻呂《くらじまろ》式家四兄弟と*石上宅嗣を加えた式家主導政治体制を確立した。またこの間に皇后井上内親王・皇太子他戸《おさべ》親王の廃后・廃太子を画策し、山部《やまべ》親王（*桓武天皇）の立太子に成功した。同五年（七七四）五月には従三位に昇り、同八年（七七七）一〇月には式部卿、同九年（七七八）二月には中衛大将に任じたが、良継の死とともに式家主導政治体制は綻び始め、同一〇年（七七九）七月に死去した。実務官人として優れ、光仁天皇は百川を甚だ信任し、内外の機務で関知せざることはなかったという。

［文献］ 赤羽洋輔「奈良朝後期政治史に於ける藤原式家について（上・中・下）」（『政治経済史学』三九―四一、一九六六）、瀧浪貞子「藤原永手と藤原百川」（『日本古代宮廷社会の研究』所収、思文閣出版、一九九一）、中川 収「光仁朝の成立と井上皇后事件」（『日本歴史』二二七、一九九一）、加納重文「藤原百川」（『女子大国文』一一一、一九九二）、木本好信「藤原百川」（『藤原式家官人の考察』所収、髙科書店、一九九九）、

（木本好信）

和気清麻呂《わけのきよまろ》（七三三―七九九） 父は乎麻呂《こまろ》、広虫《ひろむし》の弟、広世《ひろよ》の父。本姓は磐梨別公《いわなしのわけのおおきみ》、天平神護元年（七六五）三月、姉の広虫とともに藤野別真人《ふじののわけのまひと》から吉備《きび》藤野《ふじの》和気《わけの》真人《まひと》に改姓したが、このときには右兵衛少尉に任じていた。同二年（七六六）一一月には従五位下に昇り、その後に近衛将監を経て、神護景雲三年（七六九）五月にはさらに輔治能《ふじの》真人と改姓した。同年八月、大宰主神《だざいのかみつかさ》の習宜阿曾麻呂《すげのあそまろ》が宇佐八幡の神教によって道鏡を皇位につければ天下太平になると上奏し、これを受けて*称徳天皇は清麻呂を召して、宇佐に神教を聴くことを命じた。道鏡は清麻呂出発に際して、即位後には大臣の位を約束したというが、清麻呂は八幡神の教えとして皇位には皇緒をつけ、*君臣を分別することを報告した。これを聞いた道鏡は激怒し、天皇は清麻呂を翌九月に解任し、因幡員外介に左遷し、さらに名を別部穢麻呂《わけべのきたなまろ》と改め大隅国に流罪とした。姉の法均尼も広虫女《ひろむしめ》、または別部狭虫と改められて備後に流罪となった（*道鏡事件）。宝亀元年（七七〇）九月、*光仁天皇が即位すると広虫とともに許されて帰京し、同二年（七七一）三月には本位従五位下に復されたが、このときには和気公《きみ》清麻呂とある。同二年九月には播磨員外介となったが、このときには和気宿禰《すくね》清麻呂とあるが、同五年（七七四）九月には和気朝臣《あそん》の姓を賜っている。天応元年（七八一）一一月従四位下に叙せられ、延暦二年（七八三）三月に摂津大夫、同三年（七八四）一二月長岡京造営の功績により従四位上に叙せられ、同五年（七八六）八月民部大輔兼任、同七年（七八八）二月に加えて中宮大夫、同九年（七九〇）二月に正四位下に昇り、その後には平安京の造営大夫にもなっている。同一七年（七九八）には引退を請うたが許されず、翌一八年（七九九）二月に死没した。

［文献］ 平野邦雄『和気清麻呂』（吉川弘文館、一九六四）。

（木本好信）

藤原清河《ふじわらのきよかわ》（生没年未詳） *姓は朝臣《あそん》。父は*房前、母は片野《かたの》朝臣《あそん》女という。第四子。永手・真楯《またて》の弟、魚名《うおな》・楓麻呂《かえでまろ》の兄。入唐《にっとう》後に河清《かわきよ》とも名乗る。天平一二年（七四〇）一一月に従五位下に叙せられ、同一三年（七四一）七月に中務少輔、同一五年（七四三）六月大養徳《やまと》守、天平勝宝元年（七四九）七月参議となった。同二年（七五〇）九月に遣唐大使となり、同四年（七五二）入唐した。玄宗に拝謁し、同五年（七五三）元旦の拝賀では新羅の上に列し、特進（正二品）を賜った。帰朝に際して*鑑真の来朝を願ったが、不都合があって鑑真は大伴古麻呂《おおとものこまろ》の第二船に乗船した。清河の第一船は唐南端の驩州に漂着し、清河のみ長安にたどりついたという。朝廷では清河の帰国を願い、天平宝字三年（七五九）正月に迎使高元度を派遣したが、結局帰国は叶わなかった。同四年（七六〇）二月には在唐のまま文部卿（式部卿）に、同七年（七六三）正月には仁部卿（民部卿）・常陸守に任じられ、同八年（七六四）正月には従三位に叙せられ、宝亀三年（七七二）から同九年（七七八）頃に

唐国で没した。同九年（七七八）一〇月に遣唐使船が帰朝したとき、娘の喜娘《きじょう》が来朝し、家を寺とし済恩院と号したことがみえる。

［文献］長野　正「藤原清河伝について」（和歌森太郎還暦記念会『古代・中世の社会と民俗文化』所収、弘文堂、一九七六）、直木孝次郎「藤原清河の娘」（『古代史の人びと』所収、吉川弘文館、一九七六）。

（木本好信）

藤原永手《ふじわらのながて》（七一四―七七一）　*姓は朝臣《あそん》。長岡大臣と号した。父は北家の祖房前、母は美努《みの》王と県犬養《あがたいぬかい》橘《たちばなのみ》三千代《ちよ》との娘、牟漏《むろ》女王。第二子であるが、第一子鳥養《とりかい》が早世したため北家の代表的立場についた。真楯《またて》・*清河・魚名《うおな》らの兄。天平九年（七三七）九月に従六位上から従五位下に昇り、天平勝宝四年（七五二）一一月に大倭守《やまとのかみ》に任じた。その後、左京大夫・侍従を兼任した。天平宝字元年（七五七）三月に*道祖王が廃太子された後、新田部《にいたべ》親王の子塩焼王《しおやきおう》を推したが成功しなかった。同年五月には*中納言に昇り（薨伝には天平勝宝八歳のこととある）、同八年（七六四）九月に大納言、天平神護二年（七六六）正月には右大臣となり、室の大野仲智《おおののなかとも》が従四位下に叙せられたのとともに正二位を賜った。同年一〇月には左大臣となった。宝亀元年（七七〇）六月には*称徳女帝の病状悪化により近衛、外衛、左・右兵衛のことを摂知し、同年八月の女帝死没に際しては、*道鏡を排除し、*藤原百川・良継《よしつぐ》らと皇統の迭立を謀って白壁《しらかべ》王（*光仁天皇）を擁立した。同年一〇月には正一位に叙され、死後に*太政大臣を追贈された。

［文献］瀧浪貞子「藤原永手と藤原百川」（『日本古代宮廷社会の研究』所収、思文閣出版、一九九一）、野村忠夫「藤原北家」（『奈良朝の政治と藤原氏』所収、吉川弘文館、一九九五）。

（木本好信）

道祖王《ふなどおう》（？―七五七）　父は天武天皇皇子の新田部《にいたべ》親王。塩《しお》焼《やき》王の弟。天平九年（七三七）九月に無位から従四位下に叙せられ、中務卿などを歴任したが、天平勝宝八年（七五六）五月、*聖武太上天皇の遺言によって皇太子となった。しかし、翌年三月には大炊《おおい》王を擁立しようとする*光明皇太后と藤原仲麻呂《なかまろ》の画策によって、密かに侍童と通じ、機密のことを民間に漏らし、好んで婦言を用いるなど、また自らも「人として拙愚であり重きに堪えず」といったことなどを理由に太子を廃された。そして天平宝字元年（七五七）七月に起きた橘奈良麻呂の変では、仲麻呂らから深くかかわったとみられ、直ちに右京の宅を兵に囲まれ捕えられた。そして名を麻度比と改められ、拷問を受けて杖下に死んだ。

［文献］北山茂夫「天平末葉における橘奈良麻呂の変」（北山茂夫『日本古代政治史の研究』所収、岩波書店、一九五九）。

（木本好信）

船王《ふねおう》（生没年未詳）　父は天武天皇皇子の*舎人親王。*淳仁天皇の兄。神亀四年（七二七）正月に無位より従四位下に叙せられ、天平一六年（七四四）四月弾正尹、天平勝宝三年（七五一）一〇月頃には治部卿に在任していた。天平宝字元年（七五七）四月、*道祖王が廃太子となったとき、皇太子の候補にあがったが女性関係に問題があるとされ除かれた。同年五月正四位下に昇り、六月には大宰帥に遷った。七月の橘奈良麻呂の変では諸衛の人らを率いて獄囚を防衛、黄文王《きふみおう》・道祖王・大伴古《おおとものこ》麻呂《まろ》・小野東人《おののあづまひと》・賀茂角足《かものつのたり》らを拷掠・窮問して死に至らしめた。八月には正四位上、同二年（七五八）八月には従三位に叙せられた。同三年（七五九）六月には、*光明皇太后の命により淳仁天皇の兄弟姉妹を親王とする処遇がとられ、三品に叙せられ親王となった。同四年（七六〇）正月には信部卿（中務卿）に任じ、同六年（七六二）正月には二品に昇った。しかし同八年（七六四）九月の*藤原仲麻呂の乱（恵美押勝の乱）にかかわって諸王に貶《おと》され、隠岐国に配流となった。息子の葦《あし》田《だ》王、孫の他田《おさだ》王らも三長真人《みながのまひと》を賜って丹後国に配流となったが、宝亀二年（七七一）七月には皇親籍に戻された。『万葉集』巻六・一九に歌三首残す。　（木本好信）

文室智努《ふんやのちの》（六九三—七七〇）　姓は真人《まひと》。父は天武天皇皇子の長親王《ながちか》。文室大市《おおち》の兄、與伎《よき》・大原《おおはら》の父。天平勝宝四年（七五二）九月の臣籍降下前は智努（知努・珍努）王。養老元年（七一七）正月に無位より従四位下に叙せられ、天平勝宝四年（七五二）九月には文室真人の姓を賜り、同六年（七五四）四月に摂津大夫に任じた。天平宝字元年（七五七）三月には、*光明皇太后・藤原仲麻呂《なかまろ》の意図を受けて*道祖王の廃太子にかかわり、翌月には新皇太子に大伴古麻呂《おおとものこまろ》とともに*舎人親王の子池《いけ》田《だ》王を推したが容れられなかった。その後、治部卿、出雲守を歴任し、同四年（七六〇）正月には参議から中納言に昇った。同五年（七六一）正月に正三位となり、この頃より文室浄三《ふんやのじょうさん》と称するようになった。同六年（七六二）正月には御史大夫（大納言）に任じられたが、同八年（七六四）九月には*藤原仲麻呂の乱を避けて致仕した。恭仁宮《くにのみや》の造宮卿や紫香楽村の造離宮司などの造営事業と、また*元正天皇・藤原宮子《みやこ》*・聖武天皇の御装束司など葬送の職に多く任じられている。

［文献］　高島正人「奈良時代の文室真人氏」（『奈良時代諸氏族の研究』所収、吉川弘文館、一九八三）。　（木本好信）

文武天皇《もんむてんのう》（六八三—七〇七）　父は天武天皇皇子の草壁親王、母は*元明天皇。*聖武天皇の父。諱《いみな》は、軽《かるの》（珂瑠）皇子《みこ》。寛仁で怒りの感情を見せず、射芸をよくしたという。持統天皇一一年（六九七）二月、前年七月の太政大臣*高市親王の死没を受け持統天皇の強い希望で皇太子に立てられたが、天武天皇の皇子たちとの確執があって容易ではなかった。同年八月には持統天皇の譲位を受けて即位し、藤原宮子《みやこ》を夫人、紀竈門娘《きのかまどのいらつめ》・石川《いしかわの》刀子娘《とねのいらつめ》を妃としたが、大宝二年（七〇二）一二月に持統太上天皇が没するまでは共治体制をとりその影響が大きかった。その後は知太政官事を新設し、*忍壁《おさかべ》・*穂積親王を任じて輔政させた。同元年（七〇一）三月に初めて「大宝令」によって官位名号を改制し、同年六月には僧尼令を大安寺で説かせ、諸国に「大宝令」にて政治を行うことを宣言している。また同二年（七〇二）七月には内外文武官に令を読習させ、律を講義させるなど、その治政は大宝律令の制定と施行にあった。八月には薩摩などを制圧、戸を校し吏を置くなど版図を拡大し、律令国家の成立に重要な役割を果たした。藤原宮子《みやこ》との関係から*藤原不比等を重用したことも特徴で、文武天皇二年（六九八）八月には、藤原朝臣《あそん》姓は不比等とその子らに継承させることに限定し、没直前には不比等に封戸《ふこ》五〇〇〇戸の賜与を宣するなどしている。慶雲四年（七〇七）六月に没したが、遺詔して挙哀《こあい》三日・凶服《くぶく》一月を願ったという。*『懐風藻』に「五言詠月」「述懐」「詠雪」の三首と『万葉集』巻一に一首が見える。

［文献］　新川登亀男「『祖父』になった文武天皇」（新川登亀男『日本古代文化史の構想』所収、名著刊行会、一九九四）。　（木本好信）

元明天皇《げんめいてんのう》（六六一―七二一）　父は天智天皇、母は蘇我倉山田石川麻呂の女姪娘《めいのいらつめ》。第四女。諱《いみな》は阿閇《あへ》内親王。草壁皇子妃、文武天皇・元正天皇・吉備内親王の母。持統天皇の異母妹。天武天皇四年（六七五）二月、十市《とち》皇女とともに伊勢神宮に参宮した。持統天皇四年（六九〇）九月、紀伊国行幸に従って「背の山」を越えるときに「これやこの大和にしては我が恋ふる紀伊道にありといふ名に負ふ背の山」という草壁皇子を追懐する歌を詠んでいる。慶雲三年（七〇六）一一月、文武天皇が危篤となるに及んで即位を勧められたが固辞して受けず、同四年六月天皇没後に遺言によって大極殿に即位した。和銅元年（七〇八）二月、平城の地は都邑を建てるのに適地だと宣し、同年九月には造平城京司長官以下の官職を任じ、続いて同年一〇月には伊勢神宮に平城京造営を告げ、同年一二月には宮地に鎮祭を行った。そして同二年（七〇九）一二月に平城に行幸し、同三年（七一〇）三月に平城京遷都を宣言した。同五年（七一二）正月には太安麻呂に稗田阿礼の誦習したところの撰録を命じ『古事記』を撰上させている。また同六年（七一三）四月、丹後・美作・大隅三国を設置し、同年五月には畿内七道諸国郡郷名に好字をつけ、郡内の物産を記録させ、土地の由来などを報告させる『風土記』の撰進を命じている。霊亀元年（七一五）九月、年老い政事に疲れたとして皇太子首《おびと》皇子に譲位しようとしたが、皇太子がまだ年歯幼弱なことを理由に、姉の氷高《ひだか》内親王（元正天皇）に譲位。そして養老五年（七二一）一〇月になって右大臣長屋王と参議藤原房前の二人を召し入れ、没後は山倭国《やまと》添上郡《そうのかみ》蔵宝山《ぞうほうやま》に火葬すること、国政を休むことのないよう命じ、同年一二月、平城宮中安殿に没した。

［文献］岸　俊男「元明太上天皇の崩御」（『日本古代政治史研究』所収、塙書房、一九六六）、佐藤宗諄「元明天皇論」（『古代文化』三〇―一、一九七八）、米田雄介「践祚と称制―元明天皇の場合を中心に―」（『続日本紀研究』二〇〇、一九七八）。　（木本好信）

元正天皇《げんしょうてんのう》（六八〇―七四八）　父は天武天皇皇子の草壁親王、母は天智天皇皇女の阿閇《あへ》内親王（元明天皇）。諱《いみな》は氷高《ひだか》内親王、または新家皇女《にいのみのひめみこ》ともいう。天武天皇一一年（六八二）八月、病に罹り、そのため朝廷では平癒を願って死罪以下の男女一九〇人余を赦免したということが見える。和銅七年（七一四）正月には食封一〇〇〇戸が増加され、同八年（七一五）正月には二品から一品に叙させられたが、これらは即位を前提としたものであった。同年九月には母の元明天皇から皇位を譲られ、大極殿に即位したが、その理由は弟の皇太子首皇子《おびとのみこ》がまだ幼弱であったからだという。養老五年（七二一）正月には元明太上天皇の意向に沿って、長屋《ながや》王を右大臣に、同年一〇月には藤原房前を帝業輔翼する内臣に任じて、長屋王・房前体制を構成したが、神亀元年（七二四）二月になると二四歳を迎えた首皇太子に譲位した。その後も太上天皇として政治力を保ったが、天平元年（七二九）二月の長屋王事件にも消極的であったと思われ、またのちには橘諸兄を擁護するなど、どちらかといえば皇親政治を目指し、藤原氏勢力とは一線を画した。同一〇年（七三八）正月に立太子した阿倍《あべ》内親王も、同一五年（七四三）五月になって、聖武天皇が元正太上天皇に出御を要請した宴で、天武天皇が始めた五節舞《ごせちのまい》を踊ったことによって漸く皇太子としての存在を認められたこと、また同一六年（七四四）二月に、聖武天皇が光明皇后・藤原仲麻呂《なかまろ》の意向を受けて難波宮から近江国紫香楽《しがらき》に行幸したのに対し、元正太上天皇は難波に残り橘諸兄に難波を皇都とする勅を宣させていることなどは、このことを示唆している。同一九年（七四七）一二月に病を得て、同二〇年（七四八）四月に寝殿に没したが、これを契機として光明皇后・藤原仲麻呂を中心とする藤原氏勢力が橘諸兄を圧倒していく。

［文献］美多　実「元正天皇の即位事情」（『日本歴史』三九四、一九八一）、直木孝次郎「橘諸兄と元正太上天皇」（『夜の船出』所収、塙書房、一九八五）。　（木本好信）

孝謙天皇《こうけんてんのう》（称徳天皇、七一八—七七〇）　*聖武天皇の皇女。母は*光明皇后。重祚して称徳天皇。諱《いみな》は阿倍《あべ》内親王。天平一〇年（七三八）正月皇太子に立ったが、これは広く群臣の認めるものではなく、同一五年（七四三）五月に五節舞を舞って存在を誇張したが、なお橘奈良麻呂《ならまろ》のように認めない勢力もあった。天平勝宝元年（七四九）七月、女性ではあるが*草壁皇子の皇統を絶やしてはならないとの光明皇太后の意図で皇位についた。しかし政治の実権は、*光明皇太后と藤原仲麻呂《なかまろ》が掌握しており自由にならなかった。これが光明皇太后没後の重祚につながった。天平宝字元年（七五七）四月には大炊《おおい》王を皇太子に立て、同二年（七五八）八月に譲位したものの、これにも光明皇太后の関与があり不満を残した。同五年（七六一）一〇月、近江国保良宮に行幸したときより道鏡を近侍させ、これを諫言した淳仁天皇との間に疎隔を生じ、同六年（七六二）六月には国家大事賞罰は自らが行い、淳仁天皇は常祀小事のみを行えという天皇大権の簒奪を宣言したが、現実化したかは疑問が残る。同八年（七六四）九月淳仁天皇のもとにあった御璽と駅鈴を奪取しようと図り、これが発端となって藤原仲麻呂の乱が勃発した。乱を鎮圧した孝謙太上天皇は、同年一〇月淳仁天皇を淡路に除き、称徳天皇として重祚したが、特に皇太子を定めずのちに政争の起因となった。天平神護元年（七六五）一〇月、紀伊国に行幸し、帰途に河内国弓削行宮《ゆげのあんぐう》に至り、道鏡を太政大臣禅師に、同二年（七六六）一〇月には天皇に準じる法王に任じて寵愛した。神護景雲三年（七六九）九月、宇佐八幡の道鏡を皇位につけよとの神託に和気清麻呂を確認のため宇佐に派遣したが、道鏡をつけてはならないとの報告をした清麻呂を除名し大隅国に流した。河内国由義宮《ゆげのみや》で病を得て、宝亀元年（七七〇）八月、平城宮西宮に没した。

［文献］中川　収「称徳・道鏡政権の構造とその展開」（『奈良朝政治史の研究』所収、髙科書店、一九九一）、瀧浪貞子『最後の女帝孝謙天皇』（吉川弘文館、一九九八）。　（木本好信）

淳仁天皇《じゅんにんてんのう》（七三三—七六五）　諱《いみな》は大炊《おおい》王。父は*舎人親王、母は上総守当麻老女山背《たいまのおゆやましろ》。天平勝宝年間（七四九—七五六）より藤原仲麻呂《なかまろ》の田村第に迎えられ、一子真従《まより》の未亡人粟田諸姉《あわたのもろね》を妻としていたが、天平宝字元年（七五七）三月*道祖王が廃太子になると、同年四月大炊王のみまだ長壮ではないが過悪を聞かないとの理由で皇太子に立てられた。しかし、この強引ともいえる立太子が反対派貴族の不満を呼び、大炊王を退け、仲麻呂を殺し、*光明皇太后を傾けることを目的とした橘奈良麻呂《ならまろ》の変の誘因となった。同年一一月、内裏での肆宴で詠んだ「天地を照らす日月の極みなくあるべきものを何をか思はむ」との歌を『*萬葉集』に残している。同二年（七五八）八月に即位すると、直ちに*孝謙天皇と*聖武太上天皇・光明皇太后、*草壁親王に尊号を奉り、百官の名称を唐風に改め、仲麻呂を大保（右大臣）に任じ恵美押勝《えみのおしかつ》と称すること、鋳銭挙稲と恵美家印を用いることを許した。同年一一月乾政官院で大嘗の事を行い、同三年（七五九）六月孝謙太上天皇の反対を押しきって、光明皇太后の勧めによって父の舎人親王に崇道尽敬皇帝の尊号を贈り、兄弟姉妹を親王とした。同五年（七六一）正月には小治田《おはりだ》岡本宮に行幸し、続いて同年一〇月には都を近江国保良《ほら》に遷すことを宣し、近江按察使藤原御楯《ふじわらのみたて》第・仲麻呂第に行幸した。同六年（七六二）五月、孝謙太上天皇が寵愛していた道鏡のことで諌言したことから、太上天皇との関係に疎隔が生じた。同年六月に太上天皇は自ら国家大事賞罰権を行使し、天皇は常祀小事を行うのみとする天皇からの大権の剝奪を宣言したが、その効力には疑問が残る。同八年（七六四）九月仲麻呂が近江で敗死すると、支持者を失った天皇は一〇月に母とともに淡路に幽閉された。しかし復帰を願う官人の動向もあり、危機を感じた太上天皇は淡路守佐伯助《さえきのたすく》をして圧力を加えた。天平神護元年（七六五）一〇月、天皇は幽憤に堪えず逃走したが、追捕され翌日院中に没した。

［文献］木本好信「淳仁天皇と藤原仲麻呂政権」（『大伴旅人・家持とその時代』所収、桜楓社、一九九三）、木本好信「仲麻呂と孝謙上皇・淳仁天皇」（『藤原仲麻呂政権の基礎的考察』所収、髙科書店、一九九三）。

（木本好信）

称徳天皇→孝謙天皇

光仁天皇《こうにんてんのう》（七〇九―七八二）　*天智天皇の孫。施基《しき》皇子の第六子。母は紀橡姫《きのとちひめ》。*桓武天皇・*早良親王・他戸《おさべ》親王の父。諱《いみな》は白壁《しらかべ》王。天平九年（七三七）九月無位から従四位下に、天平宝字三年（七五九）六月従三位に昇叙し、同六年（七六二）一二月には*藤原仲麻呂《なかまろ》政権下で*中納言に任じた。しかし同八年（七六四）九月の仲麻呂の乱では活躍し、その功績で天平神護元年（七六五）正月には勲二等を授けられ、同二年（七六六）正月大納言に昇任した。この間、*称徳女帝の皇嗣争いをめぐって政情は不安定であったが、酒を盾にして難を免れたという。宝亀元年（七七〇）八月称徳女帝が没すると、右大臣*吉備真備らが文室浄三《ふんやのじょうさん》を推したが、左大臣*藤原永手・*百川らに推され、年長であるとして皇太子に立てられた。時に六二歳であった。皇太子となると、道鏡《どうきょう》を下野国薬師寺別当として都から追放し、*和気清麻呂を配流地の大隅国より召還した。同年一〇月、大極殿で即位し、宝亀と改元、井上内親王を皇后と定め、同二年（七七一）正月には皇后との間に生まれた他戸親王を皇太子とした。しかし、山部《やまべ》親王（*桓武天皇）を立てようとする藤原良《よし》継《つぐ》・*百川兄弟の画策によって、同三年（七七二）三月井上皇后を、同年五月には他戸皇太子をも廃し、二人はともに同六年（七七五）四月没した。他戸親王に代わって、同四年（七七三）正月には山部親王を皇太子に立てた。同一二年（七八一）正月には、伊勢斎宮に美雲が現れたのは天より伊勢神宮に応じる兆しとして天応と改元した。天応元年（七八一）三月、余命ないゆえに養生するとして皇太子山部親王に譲位、皇太子には*早良親王を立てさせ、同年一二月に没した。

［文献］角田文衛「宝亀三年の廃后廃太子事件」（『律令国家の展開』所収、法蔵館、一九八五）、中川　収「光仁朝政治の構造と志向」（『奈良朝政治史の研究』所収、髙科書店、一九九一）。

（木本好信）

（二） 辺境と対外関係

遣新羅使《けんしらぎし》 日本から新羅*へ派遣された外交使節。五、六世紀にも派遣記事がみられるが、白村江*の戦い以降、四〇回以上派遣されており、特に七世紀半ばから八世紀半ばまでの遣使が多い。六七六年、新羅が唐*の勢力を駆逐し朝鮮半島を統一すると、白村江の敗戦で唐との関係が断絶していた日本では、遣新羅使による新羅の文化摂取が律令整備に重要な役割を果たすことになる。しかし新羅との関係が良好な八世紀初めまでで、天平七年（七三五）に新羅使が国号を「王城国」と称して入京したことを契機に関係は悪化する。これは日本を対等視する新羅と、新羅を従属させたい日本との立場の違いからくる。以後、新羅使を入京させずに大宰府*より放還させることが多くなった。なお、この間の天平八年（七三六）の遣新羅使は『萬葉*集』巻一五に歌を残しており、瀬戸内海から博多、対馬を経て新羅へ入る航路が明らかになる。日羅関係の悪化は進み、八世紀半ばの藤原仲麻呂《なかまろ》政権のときに新羅征討計画に発展する。天平勝宝五年（七五三）の遣新羅使小野田守《おののたもり》は新羅の反感を買い、使命を果たさず帰国したため、国内における新羅への非難が高まる。さらに、天平宝字二年（七五八）に帰国した遣渤海使により、唐で起こった安禄山《あんろくざん》の乱（安史の乱*）が伝えられると、淳仁政府は安禄山の軍勢が日本の海上にも攻め入ることを恐れ、吉備真備*を大宰府に派遣して辺境を防備させた。その後に来日した新羅使にも、日本は強硬な態度を示し、軍団を統括する節度使*を任命して新羅征討準備を進めた。この新羅征討計画は、仲麻呂失脚により頓挫したが、その後も積極的な対新羅外交は展開せず、次に遣新羅使が派遣されたのは宝亀一〇年（七七九）であり、これは漂着して帰国できずにいる遣唐使*を迎えるためのものであった。翌一一年（七八〇）に新羅しに与えた国書は新羅の従属を要求するもので、これに反発する新羅側と対立し、新羅からの遣使は途絶えた。九世紀になると、遣唐使の漂着に備えて、新羅に保護を依頼するために数度遣新羅使が派遣されているが、承和三年（八三六）の遣新羅使紀三津《きのみつ》派遣において新羅は自らを大国と称したことから、日本からの遣使も途絶え、日羅間の公式な通交は断絶した。以後民間交易が展開されていく。遣新羅使の構成は、『延喜式*』大蔵省式に規定されており、副使を欠く入新羅使、判官、録事以下で構成されており、絁支給規定も遣唐使や遣渤海使*に比べて低いことから、日本が新羅を付庸国として認識しており、唐や渤海に対する認識とは異なっていたと考えられる。

［文献］ 鈴木靖民『古代対外関係史の研究』（吉川弘文館、一九八五）、田村圓澄『大宰府探求』（吉川弘文館、一九九〇）、佐藤 信編『律令国家と天平文化』（吉川弘文館、二〇〇二）。 （浜田久美子）

遣渤海使《けんぼっかいし》 日本から渤海《ぼっかい》に派遣された外交使節。渤海は六九八年に大祚栄《だいそえい》によって中国東北地方に建国され、日本には第二代渤海王の大武芸《だいぶげい》のとき、神亀四年（七二七）に初めて使者が来日した。以後、渤海が契丹《きったん》に滅ぼされる九二六年まで、三十数回にわたり日本と渤海の外交が展開された。日本からの遣渤海使や送渤海使は、弘仁元年（八一〇）まで派遣されたが、それ以降は、渤海からの使節が来日するのみとなる。新羅使が大*宰府に来着したのと異なり、渤海使は日本海を横断して、出羽から加賀、能登、出雲に至る日本海沿岸諸国に来着した。渤海が日本に遣使してきた背景には、八世紀初めの渤海と*唐・*新羅との緊張関係があり、渤海は日本に同盟を求めたものと考えられる。しかし、第三代渤海王大欽茂《だいきんも》の時代になると、唐との関係も安定し、日本に派遣される渤海使の本官が武官から文官に変化している。天平宝字二年（七五八）に帰国した遣渤海使小《お》野田守《ののたもり》は、唐で起きた安禄山《あんろくざん》の乱（*安史の乱）を伝えており、これにより日本では新羅征討が計画されるが、渤海とは友好関係を保ち続け、翌天平宝字三年には、送渤海使が在唐中の*藤原清河を迎える使も兼ねて、渤海経由で入唐している。また、長《なが》屋王《や》や藤原仲麻呂《なかまろ》が渤海使を私邸でもてなし、漢詩文で交流したことが知られる。このような、渤海使との漢詩での交流は、九世紀にも、*紀長谷雄や*菅原道真などにより行われている。九世紀には、日本と新羅との関係が断絶し、渤海との交渉が唯一の外交となる。このようななか、弘仁元年を最後に、日本からの遣使が行われなくなった背景には、渤海との交易を重視するようになった日本の対外方針の変換が見られる。天長三年（八二六）右大臣*藤原緒嗣が上表文で渤海使を「商旅」と称しているように、渤海がもたらす貂《てん》、虎、熊、海豹《あざらし》などの毛皮や人参、蜜などの交易品には、貴族や国司が強い関心を示した。また、渤海は唐との中継貿易の役割も果たしており、唐の高級品が渤海使により日本に伝わった例もみられる。日本からは絹、*絁《あしぎぬ》、糸、綿などが贈られた。遣渤海使の構成は、遣唐使や遣新羅使とともに*『延喜式』大蔵省にみえる。遣新羅使と同様、副使は存在せず、入渤海使、判官、録事以下が記されている。

［文献］濱田耕策『渤海国興亡史』（吉川弘文館、二〇〇〇）、石井正敏『日本渤海関係史の研究』（吉川弘文館、二〇〇一）、酒寄雅志『渤海と古代の日本』（校倉書房、二〇〇一）。

（浜田久美子）

鴻臚館《こうろかん》　来日した外国使節の宿泊施設。外国使節宿泊のための客館は、継体紀に「難波館」が、持統紀には「筑紫館」が、みえる。また、推古紀や舒明紀には「三韓館」「高麗館」がみえ、客館は国別に分かれていた。八世紀には難波、京、大宰府に客館が整備され、このうち職員令集解諸説によれば、難波と京の客館は、*玄蕃寮が管轄した。九世紀には、それらが鴻臚館と称されるようになった。「鴻臚」とは、中国において漢代から蕃夷《ばんい》の入朝や帰化を担当する官職で、鴻臚館の名称もこれに由来する。中国にも外国使節が滞在する鴻臚客館が存在した。

平城京の客館の位置などは未詳であるが、平安京の鴻臚館は『拾芥抄《しゅうがいしょう》』などによると、朱雀大路を挟み左右対称となる七条一坊三・四町の二町区画に東館と西館が置かれた。九世紀には京の鴻臚館で、外交儀礼だけでなく、渤海使との交易や漢詩文による交流も行われている。また、*大宰府の鴻臚館は、博多津に隣接する福岡市舞鶴公園内の平和台球場跡に遺構が確認されている。難波の鴻臚館は、承和一一年（八四四）に摂津国府の建物に代用された。一〇世紀に日本への外交使節が途絶えると、鴻臚館も存在意義を失っていった。当時の文人貴族、*菅原文時は「意見封事三箇条」で、渤海使との漢詩文交流で文人貴族が活躍した鴻臚館の存続を求めている。

［文献］平野邦雄「鴻臚館の成立」（『古代文化』四二―一二、一九九〇）、『鴻臚館跡一―一三』（福岡市教育委員会、一九九一―二〇〇三）、田島 公「太宰府鴻臚館の終焉」（『日本史研究』三八九、一九九五）。

（浜田久美子）

蝦夷《えみし》と隼人《はやと》　古代日本の辺境居住集団の称。隼人は南九州に蝦夷は東北地方にそれぞれ居住していたが、文化的な違いがあって人類学的にも民族学的にも別種とは考えられない。しかし古代の朝廷が中国的な中華思想を取り入れるに及んで、蔑視・支配の対象とした。その名称は、*『日本書紀』にみられる蝦夷などは潤色や書き換えなどがあるとみられ、人名に使われる「毛人」がえびすへと置換されたものである。また「夷狄《いてき》」とされ、太平洋側の蝦夷を「夷」、日本海側の蝦夷を「狄」と呼び分けていた。陸奥国・出羽国や俘囚となって移配された各国に管掌されたが、*鎮守府が置かれたように古代を通じて全面的に管掌下に置かれたわけではない。一方隼人は、阿多や大隅などの居住地・出身地名を冠せられて呼称される場合があり、薩摩国・日向国・大隅国（和銅六年（七一三）建置）や移配先の各国のほか、*隼人司（衛門府のちに兵部省管轄下）によって管掌されていた。蝦夷よりも内民化は進んでおり、*大嘗祭などで行われる隼人舞や吠声を発することによって、服属儀礼や邪気払いなどの演出にもかり出された。しかし平安時代以前は反抗があり、文武天皇四年（七〇〇）の覓国使《くにまぎし》剽却事件、大宝二年（七〇二）と和銅六年（七一三）の征討、養老四年（七二〇）の大隅守陽侯麻呂《やこのまろ》殺害事件による征討などがあるほか、天平一二年（七四〇）に起こった*藤原広嗣の乱にも参加していた。他方蝦夷については、征夷と反抗の一進一退であり、主な例として斉明天皇頃の*阿倍比羅夫の征討、和銅二年の陸奥・越後蝦夷の叛乱、養老四年の*按察使上毛野広人《かみつけぬのひろひと》の殺害、宝亀七年（七七六）の胆沢地方討伐、同一一年（七八〇）の*伊治呰麻呂の乱、延暦期の坂上田村麻呂と*阿弖流為らの抗争などがある。蝦夷は東北以北に残り、「えぞ」へと変化していくのである。
→鎮守府

〔文献〕伊藤　循「蝦夷と隼人はどこが違うか」（吉村武彦・吉岡眞之編『争点日本の歴史3古代編』所収、新人物往来社、一九九一）、中村光一・野口　剛「辺境の開拓」（中村修也編『続日本紀の世界―奈良時代への招待―』所収、思文閣出版、一九九九）。（中村友一）

多賀城《たがじょう》　古代対*蝦夷のための城柵の一つで、宮城県多賀城市市川と浮島にかけての低丘陵南面に立地している。築地で区画された政庁部は大きく五期に区分され、外郭は築地と湿地にかかる部分のみ板塀となっていた。外郭の規模は東西八八〇メートル、東辺一〇〇〇メートル、西辺七〇〇メートルの台形状を呈している。天平九年（七三七）には「多賀柵」とみえ、宝亀一一年（七八〇）三月には多賀城としてみえるが、このときは*伊治呰麻呂に焼かれている。この時期にはすでに陸奥の行政と征夷の中心施設であったと考えられ、延暦二一年（八〇二）七月*胆沢城築城以後に*鎮守府が移されてゆく陸奥国府と兼置された（『続日本紀』）。貞観一一年（八六九）に陸奥国大地震が起こり「城下」が大被害を蒙っており（『続日本後紀』）、この頃まで存続していたことは間違いない。近年の発掘成果によれば多賀城政庁より南北大路が延び、さらに東西大路や方格地割が確認されている。このような地方軍事・行政の中心としての機能は、中世における軍事活動などの拠点として見える国府へと連続すると考えられており、はっきりとした廃絶年代は明確になっていない。また漆紙文書《うるしがみもんじょ》などの出土遺物が実体解明の資料として注目されている。現在国指定史跡として保存整備が進められている。→多賀城碑

［文献］ 政庁本文編『多賀城跡』（宮城県教育委員会、一九八二）、工藤雅樹『城柵と蝦夷』（ニュー・サイエンス社、一九八九）。

（中村友一）

秋田城《あきたじょう》 古代東北経営のために設けられた城柵の一つで、秋田市寺内の高清水丘陵上、旧雄物川《おものがわ》の東に立地している。天平五年（七三三）に出羽柵を高清水に置いたことが『続日本紀』にみえ、天平宝字四年（七六〇）には「阿支太城」という名称が初見される。元慶二年（八七八）には出羽の夷俘《いふ》が反乱して大半が焼亡した（*元慶俘囚の乱）（『日本三代実録』）。平安時代中頃まで存続したが、その停廃年次は明らかでない。「政庁」とされる東西九四メートル、南北七七メートルの区画を築地塀《ついじべい》による外郭《がいかく》が取り巻き、さらにその外側にも遺跡が分布するといった構造となっている。木簡や墨書土器など多数の遺物が出土し、城柵の各種の様相を浮かびあがらせつつある。現在国指定史跡で史跡公園となっている。

［文献］ 工藤雅樹『城柵と蝦夷』（ニュー・サイエンス社、一九八九）、金曜会編『史跡秋田城跡』（秋田城を語る友の会、一九九三）。

（中村友一）

桃生城《ものうじょう》 宮城県桃生《ものう》郡河北町飯野と小池の北上川東方の丘陵南端に立地する古代の城柵。東西一一六メートル、南北七二メートルの築地塀に囲われた「政庁」と、その外側を東西六五〇メートル、南北七〇〇メートルほどの外郭《がいかく》が囲む。外郭部の土《ど》塁《るい》から東西に区画されていたと見られる。『続日本紀』によれば、天平宝字元年（七五七）四月に不孝などの人が桃生《もむのふ》に配された。同四年（七六〇）正月に、陸奥国*按察使兼鎮守将軍藤原恵美朝獦《えみのあさかり》らに褒賞である叙位が行われているので、築城はその前年であろう。宝亀五年（七七四）七月には「海道蝦夷」によって西郭を破られているが、陸奥国司がこれを討伐している。

［文献］ 工藤雅樹『城柵と蝦夷』（ニュー・サイエンス社、一九八九）、鈴木拓也『古代東北の支配構造』（吉川弘文館、一九九八）。

（中村友一）

多賀城碑《たがじょうひ》 日本三古碑の一つで宮城県多賀城市市川の多賀城跡南門を入った丘陵北斜面に所在。高さ一九六センチメートル、最大幅九二センチメートル、最厚幅七〇センチメートルの花崗質砂岩に薬研彫形式で彫られている。明治時代にはその真偽が論争となったが、近年は真作説がほぼ通説とされる。しかし碑文には問題点も残されており、議論の余地が残される。内容は、京・蝦夷国・常陸国・下野国・靺鞨《まっかつ》国からの里程が記される。神亀元年甲子に*按察使兼鎮守将軍従四位上大野東人《おおののあずまひと》が置き、天平宝字六年壬寅に参議東海東山節度使従四位上仁部卿兼按察使鎮守将軍藤原恵美朝獦《えみのあさかり》が修造したと記す。日付は天平宝字六年（七六二）一二月一日。上部に大きく彫られた「西」の意味は不詳である。江戸時代に発見され、「壺の碑《いしぶみ》」として歌枕にされた。現在重要文化財に指定され、覆屋によって保護されている。→多賀城

［文献］ 安倍辰夫・平川 南編『多賀城碑―その謎を解く』（雄山閣出版、一九八九）、東北歴史博物館編『ふるきいしぶみ―多賀城碑と日本古代の碑―』（オークコーポレーション、二〇〇一）。

（中村友一）

那須国造碑《なすくにのみやつこひ》 「なすこくぞうひ」とも。栃木県那須郡湯津上《ゆづかみ》村の那珂川右岸段丘上に建てられた日本三古碑の一つ。その後、徳川光圀建立の笠石神社の御神体として祀られ「笠石」と

も呼ばれる。材質は花崗岩（黒御影石）で、碑身の最大幅四八センチメートル、最小幅四三・五センチメートル、厚さ四〇センチメートル、高さ一二〇センチメートル、笠石は方五〇センチメートル、高さ三〇センチメートル。一九字八行の計一五二字が六朝風書体で薬研彫りされている。その内容は、中国の則天武后の年号である「永昌元年己丑四月」（持統三年（六八九））に那須国造追大壱《ついだいいつ》の那須直《なすのあたい》韋提《いで》（「直」は姓*）が評督《こおりのかみ》を賜り、「庚子年正月二壬子日」（文武四年（七〇〇））に亡くなった。そこで意斯麻呂《おしまろ》らは「碑銘を立て」偲び詞を綴り、個人を顕彰してその治世の方針を受け継いでいくことを示したものである。「評督」は評制の施行の史料となる。また文頭の年号や漢文調に記された顕彰句（四字句二句で一聯）のなかには「曾子」「仲尼」「堯」など中国の事情や書物に詳しい人物の関与が想定される。国宝に指定されている。→多賀城碑・上野三碑

［文献］栃木県那須郡教育会編『那須郡誌復刻版』（名著出版、一九七四）、斎藤　忠・大和久震平『那須国造碑・侍塚古墳の研究―出土品・関係文書―』（吉川弘文館、一九八六）。　（中村友一）

上野三碑《こうづけさんぴ》　群馬県高崎市山名町にある金井沢碑《かないざわひ》、同町内にある山ノ上碑、同県多野郡吉井町大字池にある多胡碑《たごひ》の三碑をいう。いずれも国の特別史跡に指定されている。金井沢碑の材質は輝石安山岩で、高さ一一〇センチメートル、幅七〇センチメートル、厚さ六五センチメートル。九行一一二字の内容は、群馬郡下賛郷《しもさぬごう》高田里の三家《みやけ》の子孫が七世父母と現在父母供養のために同族や知識らとともに建てた仏教的な供養碑。神亀三年（七二六）二月二九日の年紀を有す。山ノ上碑の材質も輝石安山岩で、高さ一〇二センチメートル、幅四七センチメートル、厚さ五二センチメートル。四行五三字に記された文字の内容は、放光寺の長利僧が母である健守命《たけもりのみこと》の孫の黒売刀自《くろめとじ》を顕彰したもの。「辛巳歳」は天武一〇年（六八一）に当たる。また健守命は「佐野三家《さののみやけ》」を定め賜ったことが知られる。多胡碑の材質は花崗岩質砂岩で、高さ一二六センチメートル、幅六〇―六五センチメートル、厚さ五〇―五五センチメートル、笠石部は方九〇センチメートル、高さ一五―二五センチメートル。六行八〇字の刻まれた内容には釈読などに問題を残すものの、多胡郡《こおり》の建郡記事であることは疑いない。和銅四年（七一一）三月の宣を受けた弁官符により、片岡郡・緑野《みどの》郡・甘楽《かんら》郡内の三〇〇戸を割き立郡したことが知られ、『続日本紀』の記事とも一致する。以上の三碑は主旨は異なるが、この地域の特色ある遺物としての資料的価値も有している。

［文献］あたらしい古代史の会編『東国石文の世界』（吉川弘文館、一九九九）、東北歴史博物館編『ふるきいしぶみ―多賀城碑と日本古代の碑―』（オークコーポレーション、二〇〇一）。　（中村友一）

（三）開発と流通

郷戸《ごうこ》**・房戸**《ぼうこ》　律令制下において人民支配のために設置された地方行政組織の基礎単位。当初律令制では五〇戸で一里を構成していたが、霊亀元年（七一五）から天平一一年末（七三九）の郷里制施行期間では、それまでの里を郷、郷を二ないし三に分割したものを新たに里に編成し、郷を構成する戸を郷戸、郷戸内にあり里を構成する戸を房戸とした。なお郷里制廃止後は

郷のみが存在し、少なくとも一〇世紀半ば頃まで郷戸という呼称が存続しているので、一般的に律令制下の郷（里制下の里）を構成する戸はすべて郷戸と呼んでいる。かつて郷戸については当時存在した共同体をほぼそのまま郷戸として編成したものとみる説、房戸については当時の実態的な家族を示す家とする説が存在していた。しかし郷戸は班田収授や貢租徴税の単位としての役割をもち、郷里制施行期間では房戸にも貢租徴税の単位としての役割を負わせていたので、房戸が家族の実態であるとしたら郷里制施行時の短期間のみにしか存在しなかったというのは不自然である。そのため郷戸・房戸は貢租徴税強化のために唐の支配単位の郷・里にならって支配単位を細分化し、人民をより把握しやすくした郷里制下における人為的に設定された法的擬制であって、当時の家族の形態をそのまま表すものではないとされた。現在では郷戸は当時の家族の実態であると思われる家をいくつかまとめて郷戸として編成したものであり、房戸は郷戸と比較すれば当時の家族の実態に近いものではあるが決してすべてがそのまま家族そのものを表してはいなかったと考えられている。

［文献］門脇禎二「上代の地方政治」（藤　直幹編『古代社会と宗教』所収、若竹書房、一九五一）、岸　俊男『日本古代籍帳の研究』（塙書房、一九七三）。

（長谷川綾子）

浮浪《ふろう》・逃亡《とうぼう》　律令制下において、本籍地および任務・服務から離脱し他所に流浪する行為・状態を指す。律令（捕亡律・捕亡令・戸令）の規定では浮浪・逃亡は課役を欠く者が逃亡、課役を全出する者が浮浪と区別されるが、実際には両者に大差はなく混同して扱われており、本貫地および発生地側から捕えた場合は逃亡、所在地側から捕えた場合は浮浪とすることなどから表記方法の相違であるともいえる。浮浪・逃亡は律令国家の人民支配に大きな影響を及ぼすので厳しく取り締まられた。律令では戸・戸口の逃走について、戸の場合は三年間五保が、戸口の場合は六年間戸が探索し、その間も残されたものが租調を代輸すると規定している。しかし八世紀初期には宮都造営などによる重い課役を逃れるために浮浪人が増大し深刻な問題となったので、霊亀元年（七一五）に三か月以上他所に逗留する者は本貫地に加えてその所在地でも調庸を徴収する二重課税方式を採用し本貫地への帰還を促そうとした。養老五年（七二一）には浮浪人の希望により所在地または本貫地の戸籍に編付して浮浪人を減らそうとしたが、天平八年（七三六）には現実主義に転換し所在地のみで調庸を徴収し、戸籍に編付せず浮浪人帳に録して浮浪人身分のまま把握するようになった。その後は延暦九年（七九〇）より公民と浮浪人が区別されなくなくなると律令国家の帳籍による人民支配は崩壊していき、九世紀になると課役を逃れるために意図的に浮浪人となる者が出現し、私財を蓄えて営田経営を行うようになり、その後の＊負名制につながっていった。

［文献］鎌田元一「律令国家の浮浪対策」（赤松俊秀教授退官記念事業会編『赤松俊秀教授退官記念国史論集』所収、赤松俊秀教授退官記念事業会、一九七二）、大町　健「律令国家の浮浪・逃亡政策の特質」（原始古代社会研究会編『原始古代社会研究4』所収、校倉書房、一九七八）、森田　悌『日本古代律令法史の研究』（文献出版、一九八六）。

（長谷川綾子）

墾田《こんでん》・治田《ちでん》　未墾地に対して既墾田を意味する場合と新たに開墾した田を意味する場合とがあるが、多くは後者を意味する。開墾予定地を「墾田地」としそのなかを「見開田」と「未開野地」とに区別する用法もある。養老田令荒廃条によると空閑地の開墾は国司のみに認められており、国司の任期を終了するとともに還公すべきものとなっている。国司以外の墾田の成立は和銅四年（七一一）の空閑地開墾に関する手続きを示す詔により確認でき、養老六年（七二二）には*百万町歩開墾計画が発布されるなど積極的に開墾が奨励されている。しかし日本の班田制は墾田を班田制に取り込む仕組みが存在しなかったため墾田の取扱いが問題になった。そこで同七年（七二三）の*三世一身法で開墾者に期限つきで私有を認め国司などによる恣意的な収公からとりあえず保護するとともに、最終的には墾田を収公する仕組みを作り出し、天平一五年（七四三）の*墾田永年私財法では墾田の存在を合法化し、身分に応じてその面積に制限を設けた。これによって日本の土地支配は墾田を含めた総体的な管理体制となったが、のちに面積制限もなくなったため墾田は寺社・貴族などによる荘園開発の対象として展開していった。また「墾田」は訓では「はりた」と読み「治田」・「開田」とも表されるが、平安時代に入ると「治田」と記す場合は寺社・貴族などによる大規模開発田の「墾田」と区別して百姓が私的に開発する小規模田を指すことが多くなった。治田は九世紀に立券が公認され田図に登録されたが、一〇世紀になると治田主である田堵には永作手のみが認められ一般の荘田と同じ請作に変わっていった。

[文献]　彌永貞三『日本古代社会経済史研究』（岩波書店、一九八〇）、吉田　孝『律令国家と古代の社会』（岩波書店、一九八三）、宮本　救『律令田制と班田図』（吉川弘文館、一九九八）、小口雅史「国家的土地所有の成立と展開」（渡辺尚志・五味文彦編『新体系日本史3土地所有史』所収、山川出版社、二〇〇二）。

（長谷川綾子）

百万町歩《ひゃくまんちょうぶ》開墾計画《かいこんけいかく》　養老六年（七二二）閏四月二五日に出された良田一〇〇万町歩の開墾を企図した法令。国郡司に百姓を人夫として徴発させ、食料を支給し用具も官物から貸与して一〇日を限度に開墾させる計画。国郡司のなかに偽って作業を遅らせ開墾しない者があれば解任し恩赦にあっても許さないという厳しい罰則があり、また百姓についても荒野や未墾地を開拓して雑穀三〇〇〇石以上を収穫した者には勲六等を賜い、一〇〇〇石以上の者には一生課役を免除するが、もし褒賞をもらった後、怠って耕作しなければもとの身分に戻すという規定が設けられた。この法令は対象とする地域が*陸奥按察使管内か全国か、開墾の対象が陸田か水田かで学説が対立している。陸奥按察使管内を対象とする説は、同日に出されたそのほかの法令が陸奥按察使管内の軍事政策に関係が深いこと、雑穀の大量収穫者を褒章の対象とし勲位を賜うと規定していること、水田とすると良田一〇〇万町は多すぎることなどを理由にあげ、*対蝦夷の兵糧確保のための陸田開発に関する法令としている。全国を対象とする説は良田一〇〇万町は陸奥按察使管内では多すぎることを理由にあげているが、その目的は口分田不足に対する耕地増大政策と旱害に対する備蓄のための陸田開発政策とで説が分かれている。また耕地増大政策とする説はこの法令を条里制地割による全国的開墾奨励策と関連するものとしている。

[文献]　彌永貞三『日本古代社会経済史研究』（岩波書店、一九八

○)、吉田　孝『律令国家と古代の社会』(岩波書店、一九八三)、宮本　救『律令田制と班田図』(吉川弘文館、一九九八)、小口雅史「国家的土地所有の成立と展開」(渡辺尚志・五味文彦編『新体系日本史3土地所有史』所収、山川出版社、二〇〇二)。　(長谷川綾子)

三世一身法《さんぜいっしんのほう》　養老七年(七二三)四月一七日に発布された墾田に関する法令。新たに用水溝や溜池などの灌漑《かんがい》施設を作り開墾した田は三世、既存の灌漑施設を利用して開墾した田は開墾者一代に限り収公しないと規定したもの。三世については本人・子・孫の三代、子・孫・曾孫の三代の二説あるが、令制計世法は功田や功封の例にあるようにすべて子を一世とし、諸家の系図でも子を一世とするのが多い。またこの法令は「給伝三世」とあり、開墾者本人に給じたうえでさらに三世に伝えるようにとしているのだから、子から数えると考える説が有力である。この法令自身はそのなかで発布の理由を人口が増加し田池が不足したための開墾奨励としている。しかし日本の班田制は既墾田(熟田)の集中的把握を目的としており墾田を班田制に取り込む仕組みが存在しなかったため、皇族・貴族などによる土地の大規模な占有や国郡司による恣意的な収公などが起こり、墾田の取扱いが問題になったことがその起因にあるとして、開墾者に期限つきで私有を認め国司などによる恣意的な収公からとりあえず保護するとともに、最終的には墾田を収公する仕組みを作り出したと考えられている。しかし事実上墾田の収公規定がない寺社などによる大土地所有、権門勢家による開墾予定地の大規模な占有、百姓らの耕作放棄による収公期限前後の墾田の荒廃化などが問題となり、わずか二〇年後の天平一五年(七四三)の墾田永年私財法*によってこの法令は廃止された。

〈三世一身法〉
太政官奏すらく、頃者、百姓漸《ようや》く多くして、田池窄《さく》狭《きょう》なり。望み請ふらくは、天下に勧め課せて、田疇《でんちゅう》を開闢《ひら》かしめむ。其れ新たに溝池を造り開墾を営む者あらば、多少を限らず、給して三世《さんぜ》に伝へしめん。若《も》し旧《もと》の溝池を逐はば、其の一身に給せんと。

［文献］彌永貞三『日本古代社会経済史研究』(岩波書店、一九八〇)、吉田　孝『律令国家と古代の社会』(岩波書店、一九八三)、田中　卓『律令制の諸問題』(国書刊行会、一九八六)、宮本　救『律令田制と班田図』(吉川弘文館、一九九八)、小口雅史「国家的土地所有の成立と展開」(渡辺尚志・五味文彦編『新体系日本史3土地所有史』所収、山川出版社、二〇〇二)。　(長谷川綾子)

墾田永年私財法《こんでんえいねんしざいほう》　天平一五年(七四三)五月二七日に発布された墾田に関する法令。①墾田を私財として収公せず、②品位階によって所有できる墾田の面積に制限を付し、③国司在任中に開墾した墾田は前格(三世一身法*または天平元年一一月の官奏)に従い任期終了後に収公し、④開墾のために墾田地を占定する際には国司に申請して許可を得る必要があり、また占定の後三年間開墾しなければほかの人がそこを墾田地として申請することができる、という四つの部分からなっていたと推定される。ただし史料によって相違があり、『令集解』引用の天平一五年五月二七日格では四つの部分がすべて収録されているが、『続日本紀』天平一五年五月二七日条では①―③の部分のみが、「弘仁格*」を引用する『類聚三代格*』では「弘仁格」を編集した段階ですでに②の規定は廃止されていたため①、

③、④のみが収録されている。養老七年（七二三）の三世一身法によって、それまでの土地支配体制では把握できなかった墾田を開墾者に期限つきで私有を認めるとともに、最終的には墾田を収公する仕組みを作り出したが、寺社や権門勢家による大規模な占有や百姓の耕作放棄による収公期限前後の墾田の荒廃化が問題となった。そこでこの法令によって唐令の限田制的要素を取り入れて身分に応じてその面積に制限を設ける代わりに収公規定を撤廃し、墾田の存在を合法化した。これによって日本の土地支配は唐の均田法と同様に墾田を含めた総体的な管理体制となり、律令国家としての土地支配体制がここに完成したといえる。しかし天平神護元年（七六五）にいったん加墾禁止令が出されたものの宝亀三年（七七二）に再び解禁され、②の面積制限も弘仁格編纂まではなくなったため、以後墾田は寺社・貴族などによる荘園開発の対象として展開してくことと なった。

〈墾田永年私財法〉

勅すらく、聞くならく、墾田は養老七年の格に拠るに、限り満つるの後、例に依りて収授す。是に由りて、農夫怠倦して、開く地復た荒ると。自今以後、任に私財と為して、三世一身を論ずること無く、悉《ことごと》くに咸永年に取ること莫《なか》れ。其れ親王一品及び一位には五百町、二品及び二位には四百町、三品四品及三位には三百町、四位には二百町、五位には一百町、六位已下八位已上には五十町、初位已下庶人に至るまでは十町、但し郡司は、大領少領に卅町、主政主張に十町、若し先に給へる地茲の限りより過多なるもの有らば、すなはち公に還せ。姧詐隠欺せば、罪を科すること法の如くにせよ。其れ国司在任の日の墾田は、一に前格に依れ。但し人田を開かむが為に地を占めむは、先ず国に就きて申し請ひ、然る後に之を開け。茲《ここ》に因りて百姓に妨げ有るの地を占請すること得ざれ。若《も》し地を受くるの後、三年に至るも、本主開かざれば、他人の開墾を聴せ。

〔文献〕彌永貞三『日本古代社会経済史研究』（岩波書店、一九八〇）、吉田　孝『律令国家と古代の社会』（岩波書店、一九八三）、田中　卓『律令制の諸問題』（国書刊行会、一九八六）、宮本　救『律令田制と班田図』（吉川弘文館、一九九八）、小口雅史「国家的土地所有の成立と展開」（渡辺尚志・五味文彦編『新体系日本史3　土地所有史』、山川出版社、二〇〇二）。

（長谷川綾子）

条里《じょうり》制《せい》　八世紀中頃に整備された条里呼称法と条里地割からなる土地管理システム。一辺約一〇九メートルの正方形の区画（一町）を坊（九世紀以降は坪）、さらにこれを三六集めた正方形の区画を里（または図）と称し、これらの里の横の列を条（または坊）、縦の列を里と称して番号を付した。個々の里に番号でなく固有名詞を付して「～里」としていた国もある。里内の各坊（坪）には千鳥式（連続式）または平行式で一―三六の番号を付した。坊（坪）内は一段ごとに分けられたが、六〇歩×六歩の長地型（短冊型）と三〇歩×一二歩の半折型（色紙型）の二種類の方式があった。通常郡を単位として編成され国ごとに一定の統一的様式を有することが多く、「―国―郡―条―里―坊（坪）」と表記することによって国内の耕地を正確に把握することができた。かつては七世紀に班田収授に伴って導入されたと考えられていたが、最近では郷里制の廃止や*三世一身法・*墾田永年私財法による墾田の合法化に連動した律令国家の把握する耕地の増大のため、土地管理行政実務を整備するなかで班田図の作成と同時に編成されたものと考えられている。条里制地割が確認される史料上の初見は天平七年（七三五）の「讃岐国山田郡弘福寺領田図」であるが、条里制呼称法については天平一五年（七四三）の山背《やましろ》国久世郡弘福寺領田数帳（『東寺文書』）が初見である。一〇世紀以降班田収授が行われなくなっても班田図の系譜を引く国図が国司の行政の基準となることが多かったため、条里制は各種権益・負担の換算やその範囲の確定に重要な役割を果たした。一二世紀頃からみえる一円支配を確立した荘園内でも条里制を一部踏襲した荘園内のみで完結する地割が使用されることが多かった。

［文献］岸　俊男『日本古代帳籍の研究』（塙書房、一九七三）、彌永貞三『日本古代社会経済史研究』（岩波書店、一九八〇）、金田章裕『条里と村落の歴史地理学研究』（大明堂、一九八五）。

（長谷川綾子）

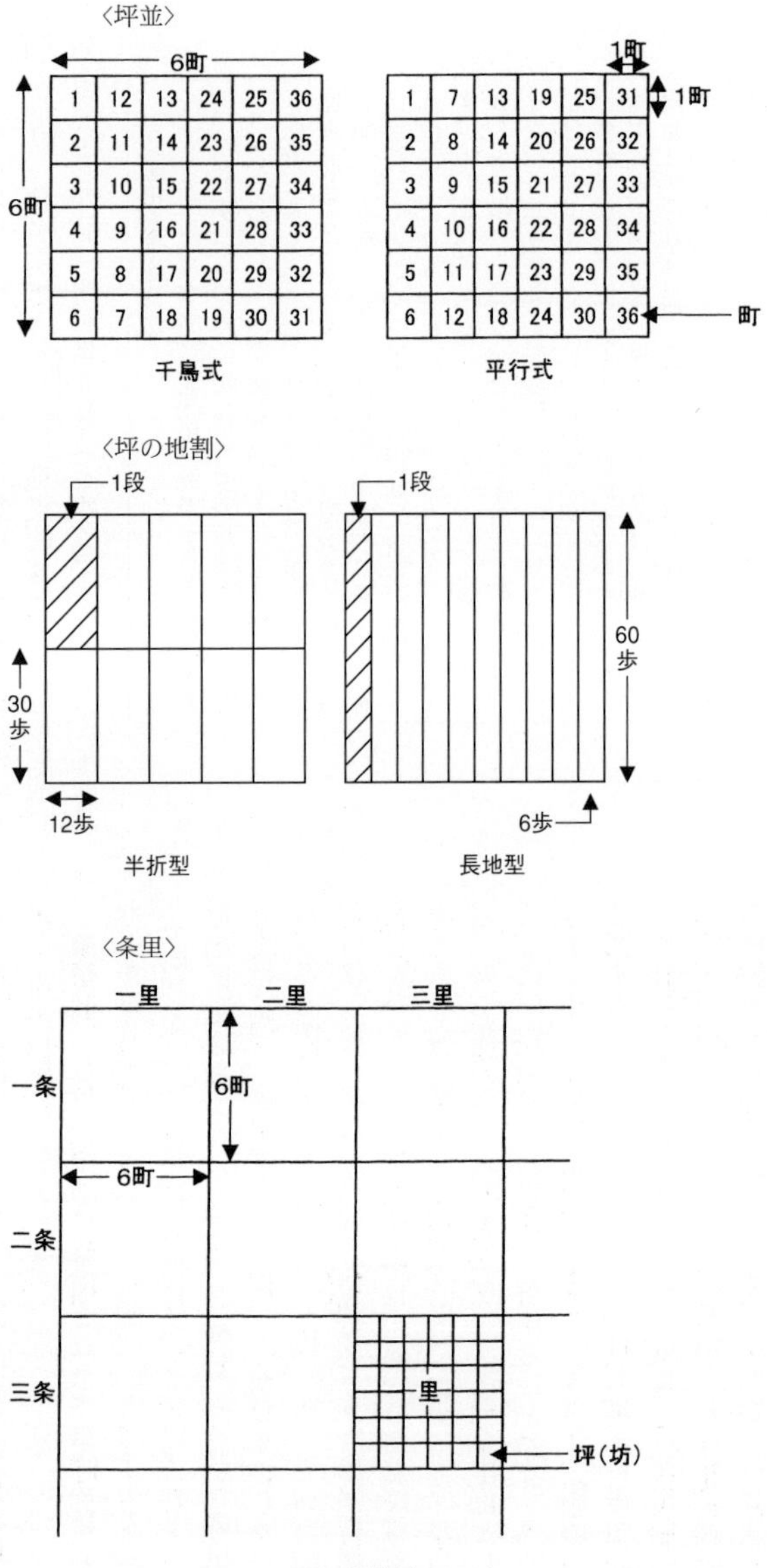

条里制

初期荘園《しょきしょうえん》　八―九世紀における律令国家の支配体制に依存して経営された中央貴族・寺社などの荘園。中世の本格的荘園に対して、その先駆的形態としての初期の荘園という意味でこう呼ばれている。天平一五年（七四三）の*墾田永年私財法によって墾田の存在が合法化され、天平勝宝元年（七四九）の詔による官大寺への大量の墾田施入を受けて活発に展開していった。初期荘園には独自の荘民は存在せず、班田農民による賃租請負に依存しており、荘園所有者は律令国家の地方支配体制を利用して国郡司に現地経営を任せて賃租契約を結ぶ班田農民を徴発した。これは律令国家の地方支配が郡司層などの在地首長の現地支配に依存しており、初期荘園が班田農民をその耕作労働者とする以上、郡司層と無関係に荘園を経営することは難しかったためである。中央官司である造東大寺司や*東大寺による北陸道における荘園経営がその典型であり、越前国坂井郡桑原荘・鯖田国富荘・足羽郡道守荘、越中国射水郡須加荘・新川郡丈部荘・砺波郡石粟荘などがその例としてあげられる。律令国家が弱体化してくると律令国家の地方支配にその経営を依存していた初期荘園は大きな影響を受け、在地首長の勢力が新たに成長してきた有力農民などに圧倒されると、賃租契約を結ぶ班田農民を確保できずやがて消滅した。一方初期荘園の経営形態を在地首長制の存在の有無で分ける説もある。この説では北陸道の荘園に代表される在地首長制の堅固な地域の場合を北陸型、中央豪族や律令以前にさかのぼる古い寺社などが畿内およびその周辺に所有していた土地など、在地首長制が存在しないかあるいは稀薄である地域の場合を畿内型とし、畿内型の初期荘園は在地首長制が稀薄であったため、荘園所有者自らによる直接経営であったと考えられるとしている。近江国東大寺領愛智荘・元興寺領依智荘などがその例であり、直営地である佃と、荘園所有者自らが出挙運営によって営料を準備し田堵などの有力農民を介して班田農民を徴発し賃租契約を結ぶ地子田によって運営された。有力農民に依存していた畿内型は、律令国家の地方支配が弱体化し有力農民が成長するとその経営方式を名田経営に移行し、しだいに中世的荘園へと変質していった。

［文献］岸　俊男『日本古代政治史研究』（塙書房、一九六六）、藤井一二『初期荘園史の研究』（塙書房、一九八六）、丸山幸彦『古代東大寺荘園の研究』（溪水社、二〇〇一）、小口雅史「国家的土地所有の成立と展開」（渡辺尚志・五味文彦編『新体系日本史3土地所有史』所収、山川出版社、二〇〇二）。

（長谷川綾子）

開田図《かいでんず》　古代において校田図・班田図（田図）などをもとに作成された荘園の地図。紙や麻布に描かれる。荘園絵図の一種とされることもあり墾田図とも呼ばれた。初期荘園を対象とし、条里をもとにした方格図様式で、条里地割に沿って境界を設置し坊（坪）ごとにその墾田の状況が書き込まれた。条里の升目の大きさからその縮尺がわかり四至には方位が示されているので、地図としての精度が高い。現存する最古のものは天平七年（七三五）の「讃岐国山田郡弘福寺領田図」（『東寺文書』）であり、そのほかには*東大寺（近江・越前・越中国など。『東大寺開田図』、『日本荘園絵図聚影』所収。）・*唐招提寺（「観音寺領絵図」）・西大寺（「大和国添下郡京北班田図」）・額田寺（「大和国平群郡額田寺伽藍並条里図」）・*東寺（「山城国葛野郡班田図」）などの荘園図が伝わっている。墾田は天平一五年（七四三）の*墾田永年私財法や同二一年（七四九）七月一四日の太政官符などによりその所有面積が制限されており、国家は実際の墾田地の面積がその限度内であることを勘検する必要があった。そのため諸国の国司が墾田地の占定とその開墾状況を把握して国司解と荘園図を作成し太政官に提出し、太政官で勘検して墾田地が限度内であるものはその所有を承認して諸寺に荘園図を渡すという方式をとるようになった。太政官の承認した荘園図はその後諸寺が土地紛争の際に墾田地の所有を主張する根拠として用いられたと考えられる。

（長谷川綾子）

［文献］　岸　俊男『日本古代籍帳の研究』（塙書房、一九七三）、金田章裕『条里と村落の歴史地理学研究』（大明堂、一九八五）、金田章裕・石上英一・鎌田元一・栄原永遠男編『日本古代荘園図』（東京大学出版会、一九九六）。

四証図《しじょうず》　班田収授を記録した田図のうち、天平一四年（七四二）、天平勝宝七年（七五五）、宝亀四年（七七三）、延暦五年（七八六）の四つの図。八世紀後半から一〇世紀にかけての私的土地所有の進行や国郡司・王臣家・有力農民らの良田独占化などに対処するために、田地校勘《でんちこうかん》の証験《しょうげん》として定められた。四証図が史料上に初めてみえるのは弘仁一一年（八二〇）の太政官符においてであるが、延暦一〇年（七九一）の校田時に発布された格によって成立したと推測される。天平一四年図が証図として選ばれた理由は、条里の一条を一巻とする様式で全国統一された最初の班田図であり、天平一五年（七四三）の*墾田永年私財法施行の直前の班田図であったからである。のちの図は天平一四年図を起点に二回目（一三年目）の班田ごとの図を選ぶという方式があったようである。ただし、神護景雲元年（七六七）図は道鏡《どうきょう》政権下で極端な寺院保護的土地政策を背景に行われたため、道鏡失脚後の宝亀四年図が選ばれた。四証図を証験とした例は、*弘福寺・*東大寺・広隆寺関係の寺院文書のなかにみえる。

（長谷川綾子）

［文献］　岸　俊男『日本古代籍帳の研究』（塙書房、一九七三）、彌永貞三『日本古代の政治と史料』（高科書店、一九八八）、宮本　救『律令田制と班田図』（吉川弘文館、一九九八）。

賃租《ちんそ》**と地子**《じし》　律令制下における田地・園地に対する一年間の賃貸借制度。養老律令田令によると、所部官司の許可を経て、賃は春（または前年の秋）の耕作前に、租は秋の収穫後にその価直を払うとしている。租の価直は賃の価直に利子を加えたものなので、本来賃の方式が一般的であったと考えられる。賃租の価直は郷土估価（地域別の価格）によって定められ価格が流動的であるが、租の方式を発展させた地子では田令公田条古記や「弘仁式」・「*延喜式」主税式によると地子の値は公定収穫高の五分の一と規定し、田品により上田（五〇〇束）、中田（四〇〇束）、下田（三〇〇束）、下々田（一五〇束）の四等に分けている。また土地の売買に対する認識は完全な売却ではなかったため、永売の土地価直は賃租料の二、三年分に当たり、戸婚律によると年限を過ぎて賃租すると処罰され田地は本主に返却されるとしている。賃租は『*日本書紀』大化元年（六四五）九月甲申条にそれに類似する行為がみえることから、律令制以前にそのもととなる仕組みがあったと考えられ、律令制下では*公田（乗田）・*私田（口分田・位田・職田・墾田など）の両者ともに広く行われた。公田の場合は賃租料は太政官に送られ雑用に当てられることになっており、その方式はのちに賃租から地子に移行していった。私田の場合は賃租で行われたが、租の価直は地子の値に準拠しており、班田農民の労働力に依存していた初期荘園の経営形態として多くみられた。

［文献］　菊池康明『日本古代土地所有の研究』（東京大学出版会、一九六九）、村井康彦『古代国家解体過程の研究』（岩波書店、一九六五）、阿部　猛『律令国家解体過程の研究』（新生社、一九六六）、岸　俊男『日本古代籍帳の研究』（塙書房、一九七三）、吉村武彦『日本古代の社会と国家』（岩波書店、一九九六）、小口雅史「国家的土地所有の成立と展開」（渡辺尚志・五味文彦編『新体系日本史3土地所有史』所収、山川出版社、二〇〇二）。　　（長谷川綾子）

皇朝《こうちょう》十二《じゅうに》銭《せん》　古代において律令国家が発行した銅銭一二種の総称。「本朝十二銭」ともいう。銅銭のほかに銀銭（和同開珎・太平元宝）、金銭（開基勝宝）も発行されている。またそれ以前の『*日本書紀』天武天皇一二年（六八三）四月壬申条に銅銭・銀銭の使用規定がみえるが、それは平成一〇年（一九九八）に奈良県明日香村の飛鳥池遺跡から出土した富本銭に相当する可能性が高いので、七世紀においてすでに銭貨が使用されていたことがわかる。ただし実態は未詳である。

律令国家は、銅銭に地金よりも高い法定価値を付与して銭貨発行収入を得ていたが、社会的な妥当性のない高い法定価値を維持することは難しく、また私鋳銭が横行したことにより、銭貨の法定価値は下落した。そのため、律令国家は私鋳銭の主犯・共犯・家口に厳しい刑罰を科し、法定価値の切り下げを行って現実の価値との差を緩和した。しかし、あまり成果があがらなかったので、新銭の発行を繰り返した。新銭は八世紀初頭から約二五〇年間継続的に発行されたが、しだいにその形状は小型軽量化し、品質も劣悪化した。九世紀に入ると鉛の含有量が増加し、ほとんど鉛銭のようなものまで鋳造された。皇朝十二銭は、八世紀には畿内の主要部で流通したが、九世紀には京内とその周辺部に限られ、一〇世紀後半には使用されなくなった。また畿外においてはあまり流通せず、主として宝物や*厭勝銭として扱われた。実物の出土例としては和同開珎がもっとも多く、次いで万年通宝・神功開宝・隆平永宝・富寿神宝が多い。

［文献］　栄原永遠男『日本古代銭貨流通史の研究』（塙書房、一九九三）。　　（長谷川綾子）

皇朝十二銭

銭名	銭種	発行年	天皇
和同開珎	銀銭	和銅元年（七〇八）	元明天皇
同	銅銭	同	同
万年通宝	銅銭	天平宝字四年（七六〇）	淳仁天皇
太平元宝	銀銭	同	同
開基勝宝	銀銭	同	同
神功開宝	銅銭	天平神護元年（七六五）	称徳天皇
隆平永宝	同	延暦一五年（七九六）	桓武天皇
富寿神宝	同	弘仁九年（八一八）	嵯峨天皇
承和昌宝	同	承和二年（八三五）	仁明天皇
長年大宝	同	嘉祥元年（八四八）	同
饒益神宝	同	貞観元年（八五九）	清和天皇
貞観永宝	同	貞観一二年（八七〇）	同
寛平大宝	同	寛平二年（八九〇）	宇多天皇
延喜通宝	同	延喜七年（九〇七）	醍醐天皇
乾元大宝	同	天徳二年（九五八）	村上天皇

（金銭・銀銭も含む）

富《ふ》本《ほん》銭《せん》　古代の銅銭。富本銭は江戸時代の銭譜である『和漢古今寶銭図鑑』にみえることから、かつては中世後期から江戸時代の絵銭であるとされていた。しかし平城京跡・藤原京跡・難波京跡から富本銭が出土したため古代にさかのぼるものであることがわかり、特に平城京跡では廃絶された井戸の底部から出土したので、奈良時代の*厭勝銭と考えられるようになった。さらにその後平成一〇年（一九九八）に飛鳥池遺跡（奈良県明日香村）から大量の富本銭とその工房が発掘されたことにより、和同開珎より古い銭貨であることが確認され、*『日本書紀』天武天皇一二年（六八三）四月壬申条にみえる「銅銭」に相当する可能性が高いとされた。この詔は銅銭を通貨として用いることを命じており、したがって富本銭は通貨として発行されたと考えられる。『日本書紀』持統八年（六九四）三月乙酉条・文武天皇三年（六九九）一二月庚子条の鋳銭司任命記事についても、富本銭と関連するものかもしれない。ただし富本銭の流通の程度は不明であり、多くは厭勝銭や宝物として用いられたと考えられるため、富本銭は厭勝銭として作られた銭貨であるという説も根強く存在している。

［文献］栄原永遠男『日本古代銭貨流通史の研究』（塙書房、一九九三）、東野治之『貨幣の日本史』（朝日新聞社、一九九七）、松村恵司「富本七曜銭の再検討」（『出土銭貨』一一、一九九八）、三上嘉孝「富本銭の史的意義」（『出土銭貨』一五、二〇〇一）。（長谷川綾子）

蓄銭叙位法《ちくせんじょいほう》　八世紀前期の銭貨普及法の一つ。和銅元年（七〇八）の和同開珎の発行に伴って、同四年（七一一）一〇月二三日に発布された。一定額の銭貨を蓄えて政府に提出した者に位階を与えるという売位制度の形態をとっている。当初正六位以上は一〇貫以上で勅により処分、従六位以下八位以上は一〇貫以上で位一階、二〇貫以上で位二階、初位以下は五貫で位一階、ただし従八位下に上がるときは一〇貫とし、有位者のみに制限されていたが、同年一二月二〇日に無位は七貫、白丁は一〇貫で位階を与えるという追加法が出されてこの制限は撤廃された。政府は銭貨に地金よりも高い法定価値を付与し、一方的支払手段として使用することによって銭貨発行収入を得ていたため、銭貨は政府の手を離れると実質価値の低さから嫌われて、思うように物資と交換することができず使用されないまま民間に滞っていた。そのため政府は蓄銭した者に位階を与えることによって銭貨に対する需要を生み出して流通させ、かつ政府へ還流を図って銭貨の循環を促そうとしたのである。また嫌われてだぶついていた銭貨を減らすために、銭貨を尊重して蓄える気風を作ることを目的としていたという説もある。時代は下るが延暦一七年（七九八）九月二三日の太政官符（*『類聚三代格』巻一九）では、畿外の吏民が多く蓄銭し畿内では銭貨が足りなくなったため、畿外の吏民に対して蓄銭することを禁じその蓄えた銭貨を政府に献上させることを規定している。したがって延暦年間までには少なくとも蓄銭の習慣があったことがわかる。ただし、この法は同年一二月までという期限が設けられており、叙位の具体的な事例は『続日本紀』和銅四年一一月甲戌条にみえるのみであるので、どの程度実施されたのかはよくわかっていない。

［文献］栄原永遠男『奈良時代流通経済史の研究』（塙書房、一九九二）、利光三津夫『律令研究続貂』（慶應通信、一九九四）、滝沢武雄『日本の貨幣の歴史』（吉川弘文館、一九九六）、東野治之『貨幣の日本史』（朝日新聞社、一九九七）。（長谷川綾子）

鋳銭司《じゅせんし》　古代において銭貨の鋳造を行った令外の官司。「ちゅうせんし」とも。初見は*『日本書紀』持統八年（六九四）三月乙酉条の鋳銭司任命記事であり、『続日本紀』文武天皇三年

(六九九)一二月庚子条にも任命記事がみえる。これらはあるいは天武朝に鋳造された富本銭*とかかわるものかもしれない。『続日本紀』和銅元年(七〇八)二月甲戌条には催鋳銭司を設置して銭貨鋳造を催促したとみえ、同年五月壬寅・八月己巳条には和同開珎(銀銭・銅銭)が発行されたとある。当初は河内鋳銭司(大阪府藤井寺市・柏原市船橋遺跡か)が置かれた。『続日本紀』和銅二年(七〇九)八月乙酉条によると、銀銭を廃した際に寮に准じられており、近江国・播磨国・大宰府の鋳銭組織とともに和同開珎を鋳造した。長門鋳銭司(下関市長府町覚苑寺付近か)は、『続日本紀』天平二年(七三〇)三月丁酉条に周防国で採掘された銅を「長門鋳銭」で鋳造するとみえる。岡田鋳銭司(京都府相楽郡加茂町銭司《ぜず》)は同七年(七三五)閏一一月に、登美鋳銭司(奈良県奈良市・生駒市の富雄川下流域)は天平宝字年間(七五七―七六五)以前に、田原鋳銭司(奈良県生駒市・大阪府四条畷市の田原か)は神護景雲年間(七六七―七七〇)に置かれた。九世紀になると長門鋳銭使(長門国司を改組)が廃止されて周防鋳銭司(山口県山口市鋳《す》銭司《ぜんじ》)が置かれ、また葛野鋳銭司(京都府京都市右京区嵐山付近)なども置かれた。鋳銭司の職員構成は、長官・次官・判官・主典・史生・将領・医師・鋳銭師・造銭形師・造銭形生・鋳手・鉄工・木工などである。鋳銭司は律令国家の解体とともに、一〇世紀以降、衰退していった。

[文献] 中村一紀「鋳銭司の所在地について」(『書陵部紀要』二四、一九七二)、栄原永遠男『日本古代銭貨流通史の研究』(塙書房、一九九三)。 (長谷川綾子)

私鋳銭《しちゅうせん》 律令政府の発行した銭貨に対して、民間で私に鋳造した銭貨をいう。現物はまだ確定されていない。政府は銭貨の鋳造・発行を独占し、地金よりも高い法定価値を付与して銭貨発行収入を得ていたため、私鋳銭による利益は大きく、盛んに行われた。天平宝字四年(七六〇)の万年通宝発行の勅によると、私鋳銭は通用銭の半分にまで達したとされている。私鋳銭は銭貨の法定価値の下落を引き起こし、律令国家の銭貨政策の根本を揺るがすものであったため、厳しい刑罰が科された。和銅四年(七一一)に、私鋳銭の主犯は斬、共犯は没官、家口は流罪と規定している。のちに天平勝宝五年(七五三)には主犯を遠流、宝亀一一年(七八〇)に共犯・家口を徒三年・二年半と軽減したが、恩赦の対称からは除外される場合が多かった。平安時代に入ると、政府発行の銭貨はしだいに劣悪で不完全になっていったので、私鋳銭はさらに増加したものと思われる。

[文献] 小葉田淳『日本貨幣流通史』(刀江書院、一九三〇)、栄原永遠男『奈良時代銭貨流通史の研究』(塙書房、一九九三)。 (長谷川綾子)

月借銭《げっしゃくせん》 古代において中央の官司が行っていた銭貨の貸つけ。出挙銭の一種であり、各官司が下級官人などに月単位で銭を貸しつけた。一般の出挙銭が雑令公私以財物条により四八〇日につき一倍の利率であるのに対して、月借銭は一か月ごとに利率を定めている。『正倉院文書』*には宝亀年間(七七〇―七八〇)に写経生が造東大寺司の写経所に月借銭を申請した文書が残されており、それらによると、利率は宝亀三年(七七二)には月一三パーセント、年一五六パーセントで、同四―六年(七七三―七七五)では月一五パーセント、年一八〇パーセントの高率である。担保には月ごとに支給される給料や布施料、家地や口分田などが当てられ、返済期間は給料や布施が支給されたとき、または一―二か月とされたものが多い。八世紀後半には、物価の高騰により月借銭が盛んに行われたため、土地や家屋を失う官人も多くなった。

［文献］竹内理三『奈良朝時代に於ける寺院経済の研究』（大岡山書店、一九三二）、相田二郎「金銭の融通からみた奈良朝の経師等の生活（上・下）」（『歴史地理』四一―二・三、一九二四）、鬼頭清明『日本古代都市論序説』（法政大学出版局、一九七七）。

（長谷川綾子）

調邸《ちょうてい》　律令制下において諸国が京内に設置した調庸などを取り扱う施設。諸国の調所・庸所などの都における出先機関としての役割をもち、各国から運ばれてくる調庸を一時収納し運脚夫に宿泊施設を提供したと考えられる。『*延喜式』巻四一弾正台式に見える「調宿処」も同じ性格のものと思われる。具体的には東大寺薬師院文書の相模国国司牒・相模国朝集使解・東西市荘解（『大日本古文書4』）にみえる相模国調邸に関する記載が例としてあげられる。それらの文書によると、平城京の相模国調邸は一町の規模で左京八条三坊五・六・七・一〇・一一・一二坪の東市に隣接し、左京八条三坊の二・三・四のいずれかの坪に存在してその地から朝廷に物資を運び入れていたことがわかる。

［文献］高柳光壽『高柳光壽史学論文集（上）』（吉川弘文館、一九七〇）。

（長谷川綾子）

估価法《こかほう》　古代・中世において、中央政府・国衙、または鎌倉幕府が物品売買の価格や代納貢納の際の換算率について定めた法。関市令毎肆立標条の義解によると、市司は時価を基準に物品ごとに上中下の三等に定め、さらにそれをおのおの三等に分けて九等の估価を定め、一〇日間維持して估価帳に記録し、季ごとに左右京職や国司に報告することになっている。また、官私間の取引きは中物中估価をとっている。估価法は収取体系が現物収取から交易による収取が多くなるに従って重要性が増した。中央政府の定める估価は、主として交易雑物や地子雑物などを諸国から中央に送る際の換算に、国衙の定める估価は、農民らから交易雑物を徴収する際の換算に用いられている。諸国の估価については、延暦一七年（七九八）の官符によると、強制的な估価によらず、和市によって取引きするべきであるとされ、延喜一四年（九一四）の官符によると、地子交易物の絹や綿は、諸国一律ではなく諸国の実情に応じて国別の估価を定めるべきとされている。そのため、永延二年（九八八）『尾張国郡司百姓等解』の例にみえるように、国司は国例として時価より安く定めた估価で強制的に買い付け、その差額を収取したと訴えられている。鎌倉幕府も数回估価を定めており、時代が下るに従って估価は物品の規格化の役割を持つようになった。

（長谷川綾子）

［文献］阿部　猛『律令国家解体過程の研究』（大原新生社、一九六六）、脇田晴子『日本中世商業発達史の研究』（御茶の水書房、一九六九）。

軽　市《かるのいち》　古代の市の一つ。海石榴市《つばいち》や窖香市《えがのいち》とともに栄えた。奈良盆地を南北に貫く下ツ道と、上ツ道の延長に位置する阿倍山田道とが交差する交通の要衝であり、軽街《かるのちまた》（『*日本書紀』推古二〇年（六一二）二月条）または軽諸越《かるのもろこし》之衢《のちまた》（『*日本霊異記』上巻一）と呼ばれた地にあった。現在の奈良県橿原市大軽町付近に当たる。上ツ道と横大路の交点にある海石榴市とは対照的な位置にあり、ともに飛鳥・藤原地域の東北と西南の出入口に当るため、駅家的役割を果たしていたという説もある。成立時期は未詳だが、遅くとも七世紀には盛んであったとされている。『日本書紀』天武天皇一〇年（六八一）一〇月是月条によれば、親王以下が軽市に鞍馬《かざりうま》を並べており、『*萬葉集』巻二―二〇七の*柿本人麻呂の妻を恋う長歌では、亡き妻の面影を軽市の雑踏のなかに求めている。

［文献］加藤謙吉「境部の職掌について―軽・海石榴市両衢と蘇我・阿倍両氏」（竹内理三先生喜寿記念論文集刊行会編『律令制と古代社会』所収、東京堂出版、一九八四）。（長谷川綾子）

木《き》津《づ》　山背《やましろ》国相楽《さがら》郡にある地名。現在の京都府相楽郡木津町に当たる。古津、または泉川の名によって泉津・泉木津とも称した。京都盆地南部の木津川（古くは泉川）が西流から北流に変わる屈折点の南岸に位置している。大和地域からは東海道・東山道・北陸道・山陰道・山陽道に至る通過点に当たり、交通の要衝であった。奈良時代には平城京の外港的役割を果たし、大安寺・*薬師寺・*東大寺・西大寺などによる経営拠点である木屋所も置かれ、東大寺や石山寺の造営の際には造東大寺司による材木などの物資の集散地として栄えた。*行基によって建立されたと伝えられる泉鏡寺が木津の北岸にあり、天平一三年（七四一）に行基が架けたと伝えられる泉大橋もこの地にあった。平安時代以降も平安京と南都を結ぶ交通路として重要な場所であった。

［文献］『木津町史・本文篇』（木津町、一九八四―一九八六）。（長谷川綾子）

布施屋《ふせや》・救急院《きゆうきゆういん》　奈良・平安時代に調庸などの都に納入する物資・荘園領主への貢納などを運搬した運脚夫、衛士・仕丁・都で労役に従事した役民などのために交通の要衝や難所に設置された給食・宿泊施設。都までの道のりにおいて必要な食料は課戸が負担しなければならなかったため、運脚夫や役民は餓死することが多かったので、これらの人々を救済するために設けられた。平城京造営の頃から存在したと考えられており、*行基が設けた大江布施屋（山背《やましろ》国乙訓《おとくに》郡大江里）、泉寺布施屋（山背国相楽《さがら》郡高麗里）、崐屋《こや》布施屋（摂津国河辺郡崐屋里）、垂水布施屋（摂津国豊嶋郡垂水里）、度《わたり》布施屋（摂津国西成郡津守里）、楠葉布施屋（河内国交野郡楠葉里）、石原布施屋（河内国丹比郡石原里）、大鳥布施屋（和泉国大鳥郡大鳥里）、野中布施屋（和泉国大鳥郡土師里）、*最澄が東山道の美濃・信濃国境の難所である神坂《みさか》峠の東西に設けた布施屋が有名である。多くは僧侶の慈善事業として行われたが、国家が設置したり関与することもあった。承和二年（八三五）六月二九日の太政官符（『類従三代格』巻一六）によって美濃・尾張国境の墨俣河の両岸に布施屋が設置された例や、承和一一年（八四四）に相模介橘永範《ながのり》が俸稲一万束によって設立した貧民や自存することのできない者を救済する施設である救急院を、同一五年（八四八）に永範が自らの退任のために荒廃することを憂慮し、官舎帳に記載し永続させるように申請したことに対して承認が与えられた例が存在する。また*東大寺などの大寺も自らが用いる物資を運んでくる運脚夫などのため、大和国十市郡の池上と十市に布施屋を設けていた。

［文献］井上　薫『行基』（吉川弘文館、一九五九）。（長谷川綾子）

(四) 仏　教

南都六宗《なんとろくしゅう》　奈良時代に官大寺で研究されていた仏教の六種の宗派、三論宗・成実宗・法相宗・倶舎宗・華厳宗・律宗をいう。『続日本紀』養老二年（七一八）一〇月一〇日条に「五宗の学」・「宗師」とあり、当時五宗派が成立していた。天平一九年（七四七）の大安寺*・元興寺*・法隆寺*の『伽藍縁起并流記資財帳』には、寺内に三論衆・別三論衆・律衆・唯識衆・摂論衆・修多羅衆・成実衆などがあり、衆と称して活動していたことがわかる。これらは宗派といっても近世や現代の宗派の意味ではなく、学習団体ともいうべき集団であった。これらの宗派は新興の東大寺*では大仏開眼（七五二年）の前後に整理され、衆から宗に衣替えして前記の六宗に収まり、やがてほかの大寺にも波及していった。六宗は等しく順調に成長したわけではない。延暦二三年（八〇四）一月の勅によると、三論宗と法相宗の学僧は相合えば諍いになり、近来は三論宗の志望者が少なく法相宗志望者が多いと述べている。また同二五年（八〇六）一月の勅では宗派ごとの年分度者*が定められ、三論業の一人は成実論を学習し、法相業の一人は倶舎論を学習する決まりになった。つまり、成実宗と倶舎宗は付宗に転落してしまったのであり、志望者の減少がその背後にあったろうと推察される。なおこの勅では天台業の年分度者が定められ、同宗は公認された。（吉田靖雄）

［文献］井上光貞「南都六宗の成立」（『日本古代思想史の研究』所収、岩波書店、一九八二）。

南都七大寺《なんとしちだいじ》　平城京*とその近辺に立地した七箇の官大寺。『続日本紀』天平勝宝八年（七五六）五月にみえるのが初見。平城七大寺・南京七大寺ともいう。これより先、大宝二年（七〇二）一二月に四大寺が見え、これは大安寺*・薬師寺*・元興寺*・弘福寺を意味した。平城京にも四大寺があり（天平八年（七三六）七月）、これは大安寺・薬師寺・元興寺・興福寺*を意味した。また五大寺があり（『続日本紀』天平宝字四年（七六〇）閏四月）、これは東大寺*の成立に伴い四大寺に東大寺を加えたことを意味した。七大寺は、西大寺*の成立に伴い、五大寺に西大寺と法隆寺を加えて七大寺としたことがわかる（『扶桑略記』延長四年一二月一九日条所引『醍醐天皇御記』）。大寺の造営は、臨時に設けられた官司である造寺司が担当し、国費で造営修繕が行われた。また運営基金として、莫大な数の封戸や土地荘園があてがわれた。一二世紀半ば大江親通の著になる『七大寺巡礼私記』、『七大寺日記』は、七大寺に含まれない興福院や唐招提寺*についても記事を書いているが、これらが東大寺や薬師寺に近く巡礼道の途中にあり、歴史的由緒も豊富であったため取り上げられたのである。なお延暦二一年（八〇二）までの僧綱*の補任記事と仏教関係記事を記した『七大寺年表』は、もと恵珍が永万元年（一一六五）に撰した『僧綱補任』の残欠本で、『七大寺年表』はもともとの名称ではない。（吉田靖雄）

［文献］太田博太郎『南都七大寺の歴史と年表』（岩波書店、一九七九）。

東大寺《とうだいじ》　奈良市雑司町にある華厳宗の総本山、総国分寺・金光明四天王護国寺・大華厳寺ともいう。聖武天皇*は天平一五年（七四三）一〇月、華厳経の教理に基づき盧舎那大仏造営の詔を発した。この詔では、「一枝の草一把の土を持」って造営に協力する知識の参加を期待している点が、従来の国大寺の建造の在り方と大きく異なっている。のち天平勝宝元年（七四九）一二月の宣命では、去る天平一二年（七四〇）二月、河内国の知識寺の盧舎那仏を礼拝したのが大仏造営の動機になったと述べている。大仏造営の工事は、近江国甲賀郡信楽の地で始まり、このとき行基*は弟子らを率いて勧進に努めた。しかし信楽宮という僻地での工事には反感もあったようで、同一七年（七四五）五月、都は平城京*に戻り、大仏工事は平城京東部の金鐘寺寺地で再開された。工事は金光明寺造仏所が担当し、八度にわたる鋳掛けにより、天平勝宝元年（七四九）一〇月、五丈三尺五寸の大仏が完成した。大仏殿の工事も開始され、塗金用の砂金も陸奥国小田郡で発見され献上された。かくて天平勝宝四年（七五二）四月九日、孝謙天皇*・聖武上皇・光明皇太后*の来臨のもと、大仏開眼供養会が行われた。聖武朝の大仏殿と大仏は、源平の騒乱に巻き込まれて焼失した。このときは重源《ちょうげん》が勧進に努め、文治元年（一一八五）八月大仏開眼供養会が、建久六年（一一九五）三月大仏殿落慶供養会が行われた。しかし永禄一〇年（一五六七）一〇月、戦国の動乱に巻き込まれ再度焼失した。このたびは公慶《こうけい》が勧進に努め、元禄五年（一六九二）三月大仏開眼供養会が、宝永六年（一七〇九）三月大仏殿落慶供養会が行われた。

［文献］奈良六大寺大観刊行会編『奈良六大寺大観9―11』（岩波書店、一九七九）、太田博太郎『南都七大寺の歴史と年表』（岩波書店、一九七九）。　（吉田靖雄）

唐招提寺《とうしょうだいじ》　奈良市五條町にある律宗の総本山。古くは唐寺・招提寺・唐律招提寺ともいい、唐僧鑑真*を開山とする。奈良時代の建造物である講堂・金堂・宝蔵・経蔵が今に残り、この時代の寺院の面影をしのぶことができる。天平宝字元年（七五七）一一月、勅により鑑真は備前国水田一〇〇町を施され、翌二年大僧都の任を解かれ、次いで故新田部親王の宅地である右京五条二坊の地を賜り、同三年（七五九）八月ここに唐律招提と名づけた戒院を建てたのが始まりであるという。鑑真は同七年（七六三）に没したが、弟子らが師の跡を継ぎ伽藍の造営に努めた。講堂（国宝）は平城宮朝集殿を移したと伝え、部材墨書により東朝集殿であったと認められる。桁行九間・梁行四間の切妻造であったが、入母屋造に改造され、さらに鎌倉時代に大修理を受けた。平城宮殿舎の唯一の遺存例として貴重である。金堂（国宝）は桁行七間・梁行四間の寄棟造で、弟子如宝の建立と伝え、宝亀年間（七七〇―七八一）の建造と考えられる。奈良時代建造の金堂として唯一の遺存例である。宝蔵・経蔵（ともに国宝）は寄棟造本瓦葺の校倉で、経蔵はもと親王宅地に残った建物であったと考えられる。金堂には奈良末～平安初期の仏像があり本尊盧舎那仏像（脱乾漆造・三〇四センチメートル余）・薬師如来像（木心乾漆造・三三六センチメートル余）・千手観音像（木心乾漆造・五三五センチメートル余・梵天像帝釈天像（檜一木造・一八八センチメートル内外）・四天王像（檜一木造・一八七センチメートル内外）などは、いずれも国宝。

［文献］奈良六大寺大観刊行会編『奈良六大寺大観12・13』（岩波書店、一九六九―一九七二）。　（吉田靖雄）

興福寺《こうふくじ》　奈良市登大路町にある法相宗の寺。寺伝は、前身は大津京の山科（山階）寺・藤原京の厩坂寺《うまやさかでら》であったというが、藤原不比等が発願して平城京外京に寺地を定め、遷都後まもなく創建されたと見られる。藤原氏の氏寺であって藤原一族から布施帰依を受けたが、養老四年（七二〇）官寺とされ朝廷からの保護をも受けた。北円堂は長屋王が不比等追福のため造立し（七二一）、東金堂は聖武天皇が元正上皇の病気平癒を祈り造立し（七二六）、五重塔は光明皇后の発願で作られ（七三〇）、西金堂も光明皇后の発願で作られ（七三四）、講堂は藤原仲麻呂《なかまろ》の発願で建てられ、南円堂は藤原冬嗣の発願で作られた（八一三頃）。威容を誇る伽藍も度重なる火災のため、奈良・平安時代の建造物で残るものはない。現在残るのは、鎌倉時代再建の三重の塔と北円堂（ともに国宝）、室町時代再建の東金堂と五重塔（ともに国宝）、江戸時代中期の再建になる南円堂などである。創建以前の遺物として、もと東金堂本尊であった銅造丈六仏像の頭部がある。これは応永期の火災で残り、白鳳時代に作られた山田寺の薬師像を強奪したものであった。奈良時代の遺物として、乾漆造の十大弟子像と八部衆（ともに国宝）がある。平安時代の遺物として乾漆造の四天王像（七九一年作）・薬師如来坐像（ともに国宝）などがある。鎌倉時代の遺物として、南円堂の不空羂索《ふくうけんじゃく》観音像《かんのんぞう》と四天王像（ともに国宝）・北円堂の無著像と世親像（ともに国宝）などがある。

［文献］　奈良六大寺大観刊行会編『奈良六大寺大観7・8』（岩波書店、一九七〇）。
（吉田靖雄）

大安寺《だいあんじ》　奈良市大安寺町にある真言宗高野山派の寺。天平一九年（七四七）の『大安寺伽藍縁起并流記資財帳』は、聖徳太子が熊凝寺《くまごりでら》を大寺として作るよう田村皇子（のちの舒明天皇）に託し、この熊凝寺が大安寺の前身というが真偽未詳といわざるをえない。舒明天皇一一年（六三九）百済河のほとりに建てられた百済大寺は皇極天皇に引き継がれ、次いで天武天皇二年（六七三）高市郡に移り高市大寺と称し（『日本書紀』）、同六年（六七七）大官大寺と改称した（『資財帳』）。大宝元年（七〇一）大安寺と薬師寺を作る官を寮に準じることにした（『続日本紀』）ので、この頃すでに大安寺と称されていた。大安寺は薬師寺とならぶ官大寺とされ、舒明天皇・皇極天皇を本願とする天皇家の寺として成立したことが認められる。霊亀二年（七一六）平城左京六条四坊に移転した記事は、造営の開始を意味し、その造営には養老二年（七一八）帰国した道慈《どうじ》が関与し、唐の長安の西明寺を模範としたという。奈良時代は三論宗の学僧を多く出し大安寺流として著名であったが、天長六年（八二九）空海が別当に任じてから真言宗に代わった。度々火災にあい、寛仁元年（一〇一七）・長久二年（一〇四一）の被害は大きく、鎌倉時代の南都諸寺の復興機運にのることができず、しだいに衰微した。現在の本堂は明治の建築であるが、十一面観音像（木造・重文）・千手観音像（木造・重文）・楊柳観音像（木造・重文）など、奈良時代末から平安時代初めの彫像が残る。

［文献］　太田博太郎編『大和古寺大観3』（岩波書店、一九七七）、大安寺史編集委員会『大安寺史・史料』（名著出版、一九八四）。
（吉田靖雄）

元興寺《がんごうじ》　奈良市新屋町にある華厳宗の寺。明日香村にある元興寺（法興寺（飛鳥寺））の別院として、養老二年（七一八）平城京に建てられた。明日香村の本元興寺に対し新元興寺という。南都七大寺の一つ。天平一九年（七四七）の『元興寺伽藍縁起并流記資財帳』によると、水田・食封・奴婢などは法隆寺*・大安寺*より多く、護国の寺として国家の期待がかけられていた。奈良時代から平安時代には、三論宗の智光《ちこう》・法相宗の護命《ごみょう》などの学匠が多く出て、三論宗・法相宗の寺として有力であった。

飛鳥の法興寺にあった道昭《どうしょう》ゆかりの禅院は、本寺より早く和銅四年（七一一）平城京に移り、独立寺院として活動していたが、元慶元年（八七七）元興寺の支配下に入った。しかし平安中期以後寺勢は衰え、興福寺*・東大寺の支配下に入った。度々の火災で往時の建物はすべて焼失した。前述の智光は浄土教の研究者でもあり、寺伝の浄土変相図（重文）は智光の描いたものと信じられ智光曼陀羅と呼ばれ、浄土教の興隆とともに民衆の信仰を集めた。智光の住んだと伝える僧房は極楽房と呼ばれ、百日念仏や念仏三昧が行われていたが、寛元二年（一二四四）には僧房から切り離されて極楽堂（国宝）になり、元興寺から独立した寺院になった。禅室はもとの僧房のことで、奈良時代の部材や瓦を使用している（国宝）。昭和一八年（一九四三）以来、極楽堂と禅室の解体修理により、奈良時代の僧房のことが明らかになり、また中世の印仏・刷仏・柿経など庶民信仰の遺物が多く発見された。極楽坊は現在真言律宗に属する。奈良市西新屋町の小塔院（真言律宗）も往年の元興寺から独立した寺院である。

［文献］岩城隆利『増補版元興寺編年史料1―3』（吉川弘文館、一九六三）。　（吉田靖雄）

秋篠寺《あきしのでら》　奈良市秋篠町にある寺、法相宗・真言宗・浄土宗を経て現在は単立寺院となる。寺地にはもと内経寺と称せられた寺院があったが、両寺が同一なのかどうか不明である。宝亀一一年（七八〇）、勅により封戸一〇〇戸を当てられたのをはじめとし、延暦一七年（七九八）寺田二四町、弘仁三年（八一二）寺封一〇〇戸を当てられるなど、光仁*・桓武*・嵯峨天皇*らの帰依を受けた。法相宗の学僧善珠（七二三―七九七）は、晩年当寺に移り住み、皇太子安殿親王（のちの平城天皇*）の病気回復を祈禱したといい、この善珠を開山とする。保延元年（一一三五）講堂を残しすべて焼失し、鎌倉時代に講堂は修理されて本堂（国宝）になり、本尊薬師《やくし》三尊像《さんそんぞう》（重文・室町期）・脇侍の梵天像《ぼんてんぞう》・帝釈天像《たいしゃくてんぞう》（重文・平安中期）なども修理安置された。

［文献］太田博太郎編『大和古寺大観5』（岩波書店、一九七八）。　（吉田靖雄）

額安寺《がくあんじ》　奈良県大和郡山市額田部寺町にある真言律宗の寺。寺地は平群《へぐり》郡額田部郷に当たるので、額田部連《ぬかたべのむらじ》（宿禰《すくね》）の氏寺として創建されたと考えられる。寺地から飛鳥時代の古瓦が出土しており、創建の古さがわかる。天平宝字頃作成の「額安寺班田図」（歴史民俗博物館蔵）によると、寺地は東西三町・南北二町で、金堂・三重の塔・講堂などが存在した。寺伝によると本願は大安寺道慈であり、彼は入唐して善無畏三蔵から虚空蔵求聞持法を授かり、この法は勤操・空海へ伝えられたという。鎌倉時代に叡尊《えいそん》と忍性《にんしょう》によって再興されたが、明応八年（一四九九）の動乱時に焼失した。虚空蔵菩薩像《こくうぞうぼさつぞう》（重文・鎌倉）・文殊菩薩騎獅像《もんじゅぼさつきしぞう》（重文・鎌倉）がある。昭和五七年（一九八二）、五輪塔群地下から忍性蔵骨器などが発見された。　（吉田靖雄）

観世音寺《かんぜおんじ》　福岡県太宰府市大字観世音寺にある天台宗の寺。*天智天皇が母*斉明天皇の冥福を祈り発願し、天平一八年（七四六）に完成した。*大宰府正庁の東にあり府大寺と称された。天平宝字五年（七六一）寺地内に戒壇院が建てられ、西海道の僧尼の受戒の場となった。奈良の*東大寺・下野国薬師寺の戒壇とならび、天下の三戒壇と称せられた。九世紀初め、大宰府講師・読師が置かれ、九州の寺院僧尼の監督に当たり、西海道一の大寺になった。東に塔・西に金堂があり、中門から延びた回廊が北の講堂を結ぶ。康平七年（一〇六四）以来しばしば火災風害を受け、創建時の建物は存在しない。現在の本堂（講堂）・阿弥陀堂（金堂）は元禄時代の再建にかかる。創建時の遺物は梵鐘《はんしょう》（国宝）のみ。十一面観音像（十一世紀）・馬頭観音像（一二世紀）・不空羂索観音像《ふくうけんじゃくかんのんぞう》（一三世紀）など五メートル前後の巨像群（重文）は圧倒的存在感を持つ。

［文献］竹内理三「筑前国観世音寺史」（『南都仏教』二、一九五五）、谷口鉄雄『観世音寺』（中央公論美術出版、一九六四）。（吉田靖雄）

戒《かい》**壇**《だん》　授戒の儀式を行う壇場をいう。古くは清浄な露地において授戒し、別に壇場を作らなかった。すでに祇園精舎に戒壇があったとする説（『道宣律師感通録』）があるが、不確かである。ナーランダ寺院の戒壇については、義浄《ぎじょう》の『求法高僧伝』（六九一）に記録があり「方大尺一丈余…高さ五寸」とあるが、中国の戒壇との関係については不明である。中国では劉宋の元嘉一一年（四三四）、僧伽跋摩《そうがばつま》が戒壇を築き僧尼に授戒させたのをはじめとし、乾封二年（六六七）道宣は戒壇を長安県清官村精舎に建てたという（『僧史略』巻下）。日本では、天平勝宝六年（七五四）*東大寺大仏殿前に臨時の戒壇を建て、来日した*鑑真を戒和上として、*聖武上皇らが菩薩戒を受けたのをはじめとする。翌七年、大仏殿西方に常設の戒壇と建物が作られた。天平宝字五年（七六一）下野国薬師寺と筑前国*観世音寺に戒壇が設置され、東国と西海道でも授戒が行われるようになった。これらは天下の三戒壇と称せられ、ここで三師七証という師僧のもとで受戒しはじめて大僧（比丘《びく》）になることができた。鑑真らの来日以前、具足戒（比丘戒・声聞戒）を授戒する師僧らが揃わなかったので、受戒しようとする僧尼は、仏陀を前に自誓受戒していた。賢景・志忠ら当時の学匠らが自誓受戒の正当なることを主張して鑑真らと論争した（『大和尚伝』）ことは、鑑真来日の引き起こした波紋であった。最澄は三戒壇を小乗戒壇と決めつけ、比叡山に大乗戒壇の設立を願い、死後に勅許された。大乗戒壇の設立は、戒律観念の分裂と曖昧化を意味し、以後の日本で戒律学が軽視されるもとを作った。

［文献］横超慧日「戒壇について」（『支那仏教史学』五―一・二・三、一九四一）、村田治郎「戒壇小考」（『仏教芸術』五〇、一九六三）。（吉田靖雄）

国分寺《こくぶんじ》**・国分尼寺**《こくぶんにじ》　律令国家が鎮護国家を目的とし国ごとに作らせた官寺。国分寺は僧寺で正式名を金光明四天王護国の寺といい、国分尼寺は尼寺で法華滅罪の寺という。中国では、周の天授元年（六九〇）則天武后が各州に命じて大雲経寺を作らせた例があり、国分寺制の先例とする説がある。天武天皇一四年（六八五）諸国の国府ごとに仏寺を作らせた例があり、国分寺の先例とみなす説がある。また天平九年（七三七）三月、国ごとに釈迦三尊像と大般若経の造写を命じ、一二年（七四〇）六月国ごとに法華経一〇部と七重塔の造写を命じ、同年九月国ごとに観音像と観音経一〇巻の造写を命じた。これらは国分寺創建が単年度でないことを示している。翌一三年（七四一）二月国分僧寺と国分尼寺の造営を指示し、基本財源として僧寺に封戸五〇戸水田一〇町・尼寺に水田一〇町を与え、僧寺には二〇人・尼寺には一〇人を住まわしめ、国ごとの住民への教戒を掌り、僧尼は毎月八日に金光明最勝王経を転読し、月の半ばに戒羯磨《かいかつま》を唱え、六斎日の不殺生を守らしめた。天平の命令は*聖武天皇から出ているが、*光明皇后の崩じたときの伝記には、*東大寺と国分寺を創建したのは皇后の勧めによるとある。国分寺の造営責任は国司にあり、関心の薄い国司は造営に不熱心であったから、政府は郡司や豪族の支援を期待し、国分寺造営のため献物した者に外従五位下を与えた。現在創建時の伽藍や本尊釈迦像の残る例はないが、紺紙金字の金光明最勝王経が、奈良博物館（備後国、国宝）と高野山竜光院（国不明、国宝）に残る。

（吉田靖雄）

［文献］井上　薫『奈良朝仏教史の研究』（吉川弘文館、一九六六）、角田文衛編『新修国分寺の研究1』（吉川弘文館、一九八六—一九九六）。

大仏《だいぶつ》造立《ぞうりゅう》の詔《みことのり》　*聖武天皇は天平一五年（七四三）一〇月一五日盧舎那仏（大仏）を造立する願を発し、知識に参加するよう人々に呼びかけた。「朕、薄徳をもって恭しく大位を承く。志は兼済に存し、勤めて人物を撫す。率土の浜すでに仁恕に霑うと雖も、しかも普天の下いまだ法恩に洽からず。誠に三宝の威霊に頼みて、乾坤あい泰かに、万代の福業を修めて、動植みな栄えんことを欲す。ここに天平十五年歳は癸未に次る十月十五日をもって、菩薩の大願を発し、盧舎那仏の金銅像一軀を造り奉らんとす。国の銅を尽して象を鎔て、大山を削りてもって堂を構え、広く法界に及ぼして、朕が知識となし、遂に同じく利益を蒙りて共に菩提に致さしめん。それ天下の富を有つ者は朕なり。天下の勢を有つ者も朕なり。この富勢をもって、この尊像を造ること、事はまた成りやすくして、心はまた至りがたし。ただ恐らくは、徒に人を労すること有って、よく聖を感ずることなく、或いは誹謗を生じて、反って罪辜に堕せんことを。この故に知識に預かる者は、懇に至誠を発して、おのおの介福を招き、宜しく日ごとに盧舎那仏を三拝し、自ら当に念を存し、おのおの盧舎那仏を造るべきなり。もし更に人の情に、一枝の草一把の土を持ちて像を助け造るを願う者あらば、恣にこれを聴せ。国郡等の司、この事に因り百姓を侵擾して、強て収斂せしめること莫れ。遐邇に布告して朕が意を知らしめよ。」上記『続日本紀』と大同の文が『朝野群載』巻一六・『東大寺要録』巻二にみえる。

（吉田靖雄）

［文献］新日本古典文学大系『続日本紀1—5』（岩波書店、一九八九—一九九八）。

大仏開眼供養《だいぶつかいげんくよう》　*聖武天皇の発願による盧舎那大仏の完成式典は、天平勝宝四年（七五二）四月九日、*東大寺において仏像の眼を書き入れる開眼供養会として行われた。これより先、大仏鋳造の工事は近江国甲賀郡信楽《しがらき》（紫香楽）の甲賀寺で始まり、天平一六年（七四四）一一月には、大仏の体骨柱が建てられるまで進行した。しかし山間僻地の工事は難工事になって各層の反感を産み、信楽宮近くでは放火とみられる山火事が頻発した。結局天平一七年（七四五）五月、都を平城京に戻し、大仏造営工事は平城京東部の金鐘寺寺地で再開された。金鐘寺は、聖武天皇と*光明皇后との間に生まれ二歳でなくなった基親《もとちか》王の冥福を祈るために作られた寺で、天皇皇后にとって思い出深い土地であった。工事は天平一七年八月、大仏の基座を築成することから始まり、同一九年（七四七）九月に鋳掛けの作業が始まり、三か年八回の鋳掛けにより大仏本体が完成した。天平勝宝四年（七五二）三月から塗金の作業が始まり、それが完成しないうちに開眼供養会を迎えた。同年四月九日、聖武上皇・光明皇太后・*孝謙天皇らは文武の百官を率いて東大寺に行幸した。会場には一万の僧侶が集められ、種々の音楽が奏されるなか、天皇らは布板殿に着座した。開眼導師の*菩提僊那僧正が筆をとって眼を書き入れ、人々は筆につけられた紐をとって功徳をともにした。この後、講師読師が高座に登り華厳経の講説が行われた（『東大寺要録』巻二）。『続日本紀』はこの法会について、「斎会の儀、いまだ嘗て此の如くの盛んなることあらざるなり」と記す。　（吉田靖雄）

造寺司《ぞうじし》　主に奈良時代に官寺の造営と営繕のため、臨時に設けられた役所。推古天皇四年（五九六）法興寺寺司として、蘇我善徳《ぜんとこ》が任じられたのを初例とする。七世紀に造高市大寺司（天武天皇二年）・八世紀には造薬師寺司（大宝元年（七〇一））・造大安寺司（大宝元年）・造興福寺仏殿司（養老四年（七二〇））が相次いで設けられ、天平二〇年（七四八）の造東大寺司の設置に至った。造東大寺司は長官・次官・判官・主典の四等官制をとり、令制の寮に相当する構成であった。四等官の下に舎人・史生などの下級官人があり、さらにその下に技術者（工匠）と夫（雑役）が所属していた。造東大寺司の組織は巨大であり、目的に応じて所と呼ばれる下部組織で分業が行われた。所には政所という事務を統括する組織のほか、造仏所・造瓦所・写経所など技術的に高度な製品を製造する組織、造石山院所・造香山薬師寺所など寺院造営を担当する組織、甲賀山作所・田上山作所など材木を切り出し製材する組織などがあった。造東大寺司は延暦八年（七八九）三月に廃止されたが、伽藍の維持修繕のため造寺務所・造東大寺所という組織は存続し、やがて東大寺修理所という名称になった。八世紀後半には造法華寺司・造西大寺司・造西隆寺司などが存在し、造崇福寺使・造秋篠寺司も八世紀には存在したと考えられる。これらは八世紀末に国家財政の観点から縮小廃止に向かった。

［文献］井上　薫『奈良朝仏教史の研究』（吉川弘文館、一九六六）、若井敏明「造東大寺司の成立について」（『続日本紀研究』二四三、一九八六）。　（吉田靖雄）

写経所《しゃきょうしょ》　仏典を書写する公営または私営の施設。七世紀に入り各地で造寺造塔が盛行するようになると、僧尼の読誦や研究のために多量の仏典が必要とされるようになった。現存最古の写経例「金剛場陀羅尼経」は、丙戌年（六八六）に川内国志貴評の知識が七世父母と一切衆生の浄土往生を願って写したもので、写経行為は単なる作業ではなく諸経が説くように自他の功徳を積む作善行でもあった。天武天皇二年（六七三）三月、一切経を河原寺に写し、持統天皇八年（六九四）五月、金光明経一〇〇部を諸国に送った記事は、この頃すでに写経所が存在したことを示唆するが、内容については不明である。井上　薫は写経所の変遷は三期になるという。第一期は、天平元年（七二九）から一九年（七四七）にかけて、*光明皇后の皇后宮職が経営した写経所は、皇后の十二年五月一日経（七千余巻）・十五年大官一切経などの一切経を送り出した。第二期は天平二〇年（七四八）から天平宝字八年（七六四）にかけて、写経所は造東大寺司に移管され、東大寺写経所と称された。天平宝字四年の光明皇太后御願「坤宮官一切経」はここで作成された。第三期は天平神護元年（七六五）から奈良時代末までで、東大寺写経所に代わり奉写御執経所が内裏に置かれ、奉写一切経司と名を変え「景雲経」を作り、称徳天皇没後は造東大寺司に移管され奉写東大寺一切経所となったという。私営の写経所は藤原仲麻呂家・北大臣家などに見られる。

［文献］井上　薫『奈良朝仏教史の研究』（吉川弘文館、一九六六）。
（吉田靖雄）

三《さん》綱《ごう》　上座・寺主・都維那のことで古代寺院に置かれた僧尼統制の三役。インド・中国では各寺院ごとに名称は異なるもののこれに類似の役僧が置かれていた。奈良時代以前、一部の寺院に寺主・知事・佐官などの役僧が置かれていたが、『大唐六典』第四に寺ごとにこの三役を置く規定が設けられ、「大宝僧尼令」がこれにならって以来、どの寺院にも置かれた。上座は長老で衆僧の指導に当たり、寺主は寺院の代表者で寺の運営に当り、都維那は寺の一切の事務を掌る役である。この後、別当・鎮・座主などが置かれるようになるとその下部に位置づけられた。任命は、各寺で能治廉節の人を選んで*僧綱に報告し、*玄蕃寮―*治部省―*太政官の経路を経て任命された（延喜玄蕃寮式）。任期はなかったらしいが、貞観一三年（八七一）、四年に定められた。亀山天皇のとき、僧侶官位の相当を定め、諸寺の三綱は地下四位の諸大夫に準ずるとされた。もと一人ずつであったが、権官制により人数が増大し、九人や一二人にもなった寺がある。

（吉田靖雄）

僧《そう》綱《ごう》　中央にあって仏教界を統制する僧官。推古天皇三二年（六二四）僧が祖父を斧で殴った事件を契機に、僧正と僧都が任命されたのをはじめとする。律令制では、僧正・大少の僧都・律師と実務をとる佐官からなる。僧尼令によると、僧綱は*治部省*玄蕃寮の管理下にあり、職務は①僧尼名籍の管理、②寺院資財の管理、③戒律による僧尼の教導、④教学の振興、⑤得度と授戒の手続き関与などである。律師以上の資格は「徳行ありてよく徒衆を伏せしめ、道俗欽仰して、法務に綱維たらむ者」とされ、任命後はたやすく罷免されなかった。所轄範囲は京内に限られたが、大宝二年（七〇二）国ごとに国師が設置されると、国師を介して全国が所轄に入った。僧綱が政務をとる僧綱所（綱所）は養老六年（七二二）*薬師寺に定められ、平安遷都後は西寺から*東寺に移った。奈良時代末、佐官に代わり威儀師・従儀師が置かれた。その員数は弘仁一〇年（八一九）一二月の太政官符によると、僧正一・大僧都一・少僧都一・律師四・従儀師八とされ、威儀師は旧来のまま六とされた。しかししだいに権官が設けられて員数が増大し、それとともに栄誉職の色彩が濃くなり、実質的権限の低下を招いた。平安時代末には「法務」と称する僧正級の二人と、「惣在庁」「公文」と称する威儀師・従儀師が職務を担当したが、仁安二年（一一六七）綸旨により仁和寺に「綱所を賜」り、実質を失うに至った。

［文献］中井真孝「奈良時代の僧綱」（『日本古代の国家と宗教　上』所収、吉川弘文館一九八〇）、牛山佳幸「僧綱制の変質と惣在庁・公文制の成立」（『史学雑誌』九一―一、一九八二）。
（吉田靖雄）

施薬院《せやくいん》　「やくいん」ともいう。仏教思想に基づき貧窮の病者に薬物を与え療養させる施設。七世紀初め、*聖徳太子が四箇院の一つとして*四天王寺に設置したというが（『聖徳太子伝暦』）、確認できるのは平安時代になってからである。養老七年（七二三）、*興福寺内に*悲田院とともに設置された（『扶桑略記』）のをはじめとし、天平二年（七三〇）*光明皇后の皇后宮職に悲田院とともに設置され（『続日本紀』）、皇后没後も活動は継続された。平安京では五條唐橋の南にあり、藤原氏の寄付した封戸や一万一〇〇〇束の出挙稲（『*延喜式』）を経営基金としていた。平安時代末に活動は衰えたが、院司の任命のみは存続し、丹波氏の独占が続き、中世には和気氏も加わった。

［文献］新村　拓『日本医療社会史の研究』（法政大学出版局、一九八五）。　（吉田靖雄）

悲田院《ひでんいん》　仏教思想に基づき貧窮者や孤独者・病人を収用し養育する施設。七世紀初め、*聖徳太子が四箇院の一つとして四天王寺に設置したというが（『聖徳太子伝暦』）、確認できるのは平安時代になってからである。養老七年（七二三）、*興福寺内に施薬院とともに設置された（『扶桑略記』）のをはじめとし、天平二年（七三〇）*光明皇后の皇后宮職に施薬院とともに設置され（『続日本紀』）、皇后没後も活動は継続された。平安京ではじめ九条南次いで東五条鴨川に移り、東西の二院に分かれ、院司・預・乳母・養女などの職員があって孤児や病人の養育に当たる一方、都内の死体処理を担当した。一一世紀初めには東悲田院が存続し、一三世紀末には安居院大宮悲田院が設置され、両院とも泉涌寺の末寺になり、収用された病人は非人と呼ばれた。

［文献］新村　拓『日本医療社会史の研究』（法政大学出版局、一九八五）。　（吉田靖雄）

観音信仰《かんのんしんこう》　大乗仏教の代表的菩薩である観音菩薩（観自在菩薩）に対する信仰。『妙法蓮華経』の普門品（観音経）では、信者が危機に陥ったときこの菩薩が必ず救済にきてくれると説く。日本では辛亥年（六五一）銘の観音像が古いが、さらに古く飛鳥時代と推定される観音像がいくつか存在する。標準的な姿の観音を聖観音《しょうかんのん》と呼ぶが、奈良時代になると、千手・十一面・馬頭・不空羂索《ふくうけんじゃく》など変化観音像が現れ、観音信仰は多彩になった。観音信仰はもともと現世利益を願う信仰であるが、平安時代になって浄土教が盛んになると、六道輪廻の苦しみを伐除してくれる菩薩とする来世的信仰が盛んになり、六観音や七観音の信仰が生まれた。密教でも六観音信仰を取り入れ、一〇世紀には霊験ある観音像を安置する寺院が畿内各地に生まれた。観音は三三身に変化して悩める衆生を救済するとされ、これに基づいて三十三所霊場が生まれ、最初の巡礼者は、応保元年（一一六一）の覚忠であるという（『寺門高僧記』）。

［文献］速見　侑『観音信仰』（塙書房、一九七〇）。　（吉田靖雄）

寺院《じいん》の奴婢《ぬひ》　寺院に所属した男女の奴隷、家人とともに寺賤ともいう。『*日本書紀』崇峻天皇即位前紀の、物部大連《もののべのおおむらじ》の奴《やっこ》と宅《いえ》を分けて*四天王寺のものとした記事を初見とする。大化元年（六四五）八月に、寺司の任務として諸寺を巡検し、僧尼・奴婢・田畝の実際を調べ奏せよとあり、寺院の奴婢所有は許されていた。天平一九年（七四七）の*元興寺は、帳簿上一七一三人の寺賤を所有していたが、うち七二四人は良賤の訴訟中で、寺賤として確定できるのは九八九人であるが、うち三二七人は有名無実で、実際に支配している奴婢は六六一人であった。良賤訴訟中の七二四人は、寺から逃亡して他所で生活している人々およびその子孫であろう。帳簿上の数値と実際上の数値の間には大きな差がある。宝亀三年（七七二）一二月の*東大寺は、帳簿上奴婢二〇二人を所有したがうち一四人は逃亡し、実際に支配している奴婢は一八八人であった。このほか、「未勘奴婢」一五三人があり、これは寺から逃亡して行方不明になったり良賤の訴訟が確定していない奴婢と考えられ、逃亡率はきわめて高いことがわかる。天平勝宝元年（七四九）一二月の勅は、六〇歳以上の奴婢や廃疾者を従良させ、高年齢でなくとも勤務のよいものは衆僧の申請により従良させることを認めている（『東大寺要録巻一〇』）。こうした措置は、寺奴婢の逃亡を防ぎ寺に定着させることを狙ったものであろう。延暦八年（七八九）五月、良賤通婚による子供は良とする措置がとられ、賤民制度全体が衰退していった。

［文献］神野清一『律令国家と賤民』（吉川弘文館、一九八六）。

（吉田靖雄）

寺院《じいん》の封戸《ふこ》　*食封という給与制度のなかで寺院に当てられた食封を寺封といい、特定の寺院に貢上物を納入するように指定された一般人民の戸をいう。大化三年戊申（六四七頃）、法隆寺に食封三〇〇戸が施入されたのを初例とする（『法隆寺伽藍縁起並流記資財帳』）。天武天皇九年（六八〇）四月、諸寺の食封を三〇年に限定し以後は収公することにしたが、収公しない例外もあって制度として一定しなかった。養老二年（七一八）の養老令では「寺は食封の例にあらず」とし、ただし天皇の勅があれば支給され五年間の所有が認められる（禄令）としたが、実際は無期限の寺封が存在した。天平勝宝二年（七五〇）*聖武上皇は「未来際」にわたり、*東大寺に五〇〇〇戸の寺封を布施し（『東大寺要録』）、これが寺封施入の最大例となった。宝亀一一年（七八〇）六月、*光仁天皇は*秋篠寺へ封戸一〇〇戸を永く施入した際、近年は令条の五年が守られていないとし、次いで永くとは一代限りの意味であり今後はこれを例とせよと命じたが、厳守されなかったらしい。封戸が当てられた封主は、国司郡司が封戸から徴収する租の半分と調と庸の全部を受け取ることができた。

［文献］竹内理三『奈良時代に於ける寺院経済の研究』（大岡山書店、一九三二）、水野柳太郎「大安寺と食封と出挙稲」（『続日本紀研究』二―一二・七・一二、一九五五）。

（吉田靖雄）

百万塔《ひゃくまんとう》　奈良時代、*称徳天皇が作らせた一〇〇万基の木製三重小塔。天平宝字八年（七六四）九月の*藤原仲麻呂の乱後に作られたので、乱時の死者に対する鎮魂の意味もあったと考えられる。『続日本紀』宝亀元年（七七〇）四月二六日条に、「三重小塔一百万基を造らしむ。高さ各四寸五分、基の径三寸五分、露盤の下に根本・慈心・相輪・六度等の陀羅尼を置く。…諸寺に分置す」とある。「高さ各四寸五分、基の径三寸五分」すなわち十三・五センチメートルと十・五センチメートルは塔身部の高さと基部の直径で、相輪部を含む全長は約二一・四センチメートルになる。塔身部と相輪部はロクロで挽いて作られ、塔身部の上部に穴をうがち、縦約五センチメートルの陀羅尼を印刷した紙片を挿入する。印刷は木版か銅版か不明。「小塔一百万基」は、*大安寺・*薬師寺・*元興寺・*興福寺・*東大寺・西大寺・*法隆寺・弘福寺・*四天王寺・崇福寺の一〇寺に一〇万基ずつ納入され、寺によっては小塔院を建設して安置したが、現在法隆寺の四万数千基を残すのみである。一〇〇万基という大量の木製品と印刷品を、五年余のうちに作り出したのであり、当時の手工業生産力のありさまをうかがうことができる。上記の四種の陀羅尼を含むのは『無垢浄光大陀羅尼経』で、弥陀山が則天武后の末年（七〇七）に訳した密教経典である。経のなかで、塔を修理したり小塔を建立して陀羅尼を唱すれば、寿命延長して極楽国に生まれる功徳を得るという。空海のもたらした密教を純密教といいそれ以前の密教を雑密教というが、奈良時代の雑密教の影響力をうかがうことのできる資料である。世界最古の印刷物であったが、昭和三一年（一九五六）韓国で八世紀前半と推定される『無垢浄光大陀羅尼経』が発見され、その座を譲った。

（吉田靖雄）

［文献］奈良六大寺大観刊行会編『奈良六大寺大観４』（岩波書店、一九七二）。

資財帳《しざいちょう》　奈良・平安時代の寺院の財産目録が資財帳であり、これに寺院の創立や堂舎の由緒である伽藍縁起が併記され伽藍縁起並流記資財帳の形をとる場合が多い。流記とは後世に流伝させて永代例とするの意味。大寺・官寺・定額寺などは国家の経済的援助を受けていたから、国家は寺院に財産目録を作らせそれが適正に運用されていることを確認する必要があった。霊亀二年（七一六）の詔は、寺家の財物田園は、国師・衆僧が国司・檀越と互いに検査記録し、使用の節は互いの承認のもとにせよと令している。現存する最古のものは天平一九年（七四七）二月作成の『*元興寺伽藍縁起並流記資財帳』（醍醐寺蔵・重文）であり、*大安寺と法隆寺にも同名のもと同時期に作成した資財帳が残っている。法隆寺帳の奥書きに、天平一八年（七四六）一〇月一四日の僧綱所の牒に「寺家の縁起并に資財等の物は子細に勘録して早く牒上すべし」とあり、都維那僧・上座僧・寺主僧らの署名があるので、天平一八年の僧綱所の命によりこれらが作成され、僧綱所を経て官に提出されたものと推定される。資財帳は毎年提出されたらしいが、平安時代に入ると四年ごと、六年ごとになり、延喜五年（九〇五）の『観世音寺資財帳』（東京芸術大学蔵・国宝）以後は、僧綱所を経て官に提出されることはなくなった。

（吉田靖雄）

護国三経《ごこくさんきょう》　国家を鎮護する経典と考えられた金光明最勝王経・法華経・大般若経をいう。天平六年（七三四）一一月、初めて得度の基準が設けられ、そのなかに法華経または金光明最勝王経の暗誦が規定された。これによりすべての僧尼の基礎的学習として、法華経または金光明最勝王経の学習が位置づけられた。天平一三年（七四一）三月の国分寺建立の詔は、国分僧寺は金光明四天王護国の寺と称し、尼寺は法華滅罪の寺と称せよとある。したがって、金光明最勝王経には、四天王が仏教信者である王者を守護しその国家を護衛することが期待され、法華経には護国よりも罪障消滅を期待されたことがわかる。大般若経は一部六〇〇巻という大部の経典であり、経王としてあらゆる災害を予防し除去することが期待された。奈良時代後半、正月八日から七日間大極殿で最勝王経を講じる御斎会が成立した。

（吉田靖雄）

鑑《がん》**真**《じん》（六八八―七六三）　中国揚州（江蘇省）の人、日本律宗の開祖。長安元年（七〇一）一四歳で出家し、景竜二年（七〇八）二一歳で長安の実際寺に受戒した。以後洛陽・長安の間を往来し、天台学・道宣《どうせん》の『四分律行事鈔』・法礪《ほうれい》の『四分律疏』などを学んだ。洛陽・長安での勉学は七年に及び、その後故郷淮南に帰り、後進・信徒の指導に当った。寺を建て仏像を作り、貧民病人の救済を行う事業に活躍したが、本領は戒律学の普及にあり、戒律の講座を開くこと一三〇回、戒律を授けた弟子は四万人を超え、当時の戒律学の名匠として名高かかった。当時の日本では登壇し三師七証のもとで受戒する制度がなく、僧尼の戒律知識は貧しく行儀を乱す者があった。政府は戒律学の名匠を招くことにし、天平四年（七三二）栄叡《えいよう》・普《ふ》照《しょう》を入唐させた。二人はまず戒律学に明るい*道璿に来日を依頼し、彼は同八年（七三六）に来日した。栄叡・普照は、天宝元年（七四二）揚州大明寺にあった鑑真に来日伝戒を依頼し、彼の受諾を得た。時に鑑真五五歳であり、弟子ら二一人も同行を願った。唐代は出国禁止であったから、鑑真らは秘密裏に出国を企てたが、五回の渡航は失敗に終わり、天平勝宝五年（七五三）末、遣唐使の船に同乗し来日を果たした。六六歳であった。同七年（七五五）、東大寺に戒壇院が築かれ、三師七証による正式な授戒が始まった。同八年（七五六）、鑑真は大僧都に、弟子法進《ほうしん》は律師に任じた。天平宝字三年（七五九）新田部《にいたべ》親王の旧宅を賜り私に唐律招提をはじめ、同七年（七六三）招提寺に没した。七六歳であった。

［文献］安藤更生『鑑真』（吉川弘文館、一九六七）。（吉田靖雄）

行基《ぎょうき》（六六八―七四九）一名を法行、八世紀前半に活躍した僧。父は高志史《こしのふひと》才智で王爾《わに》の子孫に当たり、母は蜂田首《はちだのおびと》古爾比売《こにひめ》といい、母方の実家河内国大鳥郡蜂田郷で生まれた（『舎利瓶記』）。のち生家を家原寺（堺市家原寺町）としたという。一五歳で出家して沙弥になり、二四歳で高宮寺の徳光《とくこう》から受戒した（『行基菩薩伝』）。高宮寺は奈良県御所市鴨神に遺跡が残る、金剛山中腹の山寺である、徳光は山林修行者であり、行基も山林修行者として出発したとみられる。のち*飛鳥寺に移り経典の学習に励み、『瑜伽論』『唯識論』を読んだ（『続日本紀』）というから、これらを重んじる摂論宗や法相宗の系統に属する。四五歳、和銅五年（七一二）まで山林に住み苦行し、四九歳から小寺院を建てる民間布教を始めた。養老元年（七一七）*元正天皇は「小僧行基」の民間布教を厳しく叱責したが、彼の行動はとどまることを知らなかった。橋・直道・布施屋など交通用施設の設置、灌漑用溜め池・配水溝・池院など農業用施設の設置、船息・堀川など船舶用施設の設置（『行基年譜』）などは、畿内民衆・豪族の支持を受けて促進された。天平一三年（七四一）政府は行基の徒の活動を容認し、同一五年（七四三）の大仏造営発願に際し、行基は弟子らを率い協力し、一七年（七四五）大僧正に任命された。二一年（七四九）*平城京の菅原寺に没した。八二歳であった。

［文献］井上　薫『行基』（吉川弘文館、一九五九）、吉田靖雄『行基と律令国家』（吉川弘文館、一九八七）。（吉田靖雄）

良弁《ろうべん》（六八九―七七三）奈良時代の東大寺僧侶。はじめ、*聖武天皇の皇太子基《もとちか》親王の冥福を祈るための金鍾山坊《こんしゅさんぼう》（金鐘寺）の住僧であったとみられる。金鍾寺は、のちに大和国国分寺になり、次いで*東大寺に発展したが、発展には良弁の尽力があったとし、東大寺では根本僧正として敬われている。はじめ義淵《ぎえん》について法相を学び、次いで*新羅の審詳《しんしょう》について華厳経学を学んだ。また『*正倉院文書』に彼の名が散見し、その文書から良弁は密教系の経典陀羅尼の学習者であったことがわかる。天平一七年（七四五）盧遮那大仏の造立地が信楽《しがらき》から大和に移るや、造東大寺司の*佐伯今毛人や*行基とともに、聖武天皇の事業を助けた。天平勝宝四年（七五二）の大仏開眼会の後、初代の東大寺別当に任じられ、同八年（七五六）には聖武上皇の看病に功績があったとして大僧頭に任命され、天平宝字八年（七六四）僧正に昇った。晩年に東大寺別当を辞任し、近江国石山に石山寺を造営する努力をした。宝亀四年（七七三）閏一一月、八五歳で入滅した。東大寺の木造良弁像は一一世紀の作品であるが、像が所持する如意棒は生前所持のものと伝える。良弁には、二歳のときに鷲にさらわれ二月堂下の杉に置かれたとの伝説があり、これを脚色したものに明治期の「二月堂良弁杉の由来」があり、浄瑠璃や歌舞伎で上演された。

〔文献〕平岡定海「良弁の台頭と華厳教学の受容」（『日本寺院史の研究』所収、一九八八）、松本信道「東大寺要録良弁伝について」（『駒沢史学』二九、一九八二）。（吉田靖雄）

菩提僊那《ぼだいせんな》（七〇四―七六〇）南天竺の婆羅門出身の僧侶。天平八年（七三六）に来日した。日本では婆羅門僧正、菩提僧正とも呼ばれた。文殊菩薩が中国五台山にいると聞いて礼拝のため中国に入り、次いで入唐学問僧理鏡《りきょう》らの要請に従い、ベトナム僧仏哲《ぶってつ》・唐僧*道璿らとともに来日した。難波で*行基の出迎えを受け、平城左京の大安寺に入った。華厳経を誦し密呪を誦する日常であった。天平勝宝三年（七五一）僧正に任じられ、翌年の東大寺大仏開眼供養会に開眼の導師になった。天平宝字二年（七五八）*僧綱を代表して天皇・皇太后に尊号を奉り、同四年（七六〇）二月五七歳で没し、登美山の右僕射林に葬られた。奈良市の霊山寺に墓と伝承する中世の石塔がある。

〔文献〕堀池春峰編『霊山寺と菩提僧正記念論集』（霊山寺、一九八八）。（吉田靖雄）

道　璿《どう　せん》（七〇二―七六〇）唐代の僧侶。河南省の出身で洛陽の大福先寺に入り具足戒を受け、定賓《ていひん》に師事して律学を修め、次いで華厳寺の普寂《ふじゃく》に師事して禅と華厳の学を修めた。開元二一年（七三三）、日本の栄叡《えいよう》・普照《ふしょう》は入唐して授戒師の来日を請い、これに応じた道璿は、インド僧*菩提僊那やベトナム僧仏哲《ぶってつ》らとともに、天平八年（七三六）来日し大安寺の西唐院に入った。大安寺では「梵網経」や「四部律行事鈔」を講じ、戒律学の普及に努めた。天平勝宝三年（七五一）律師に任じ、翌年の東大寺大仏開眼供養会に呪願師を勤めた。同六年（七五四）、*鑑真が来日して*東大寺に入った際、菩提僊那とともに行って慰問した。晩年に病気のため吉野の比蘇山寺に入り、『集註菩薩戒経』三巻を著した。彼の作った『四季追福文』では、「達磨和上乃至第七華厳和上」らの罪障消滅が祈られ、*禅と華厳の教学が彼の依拠するところであったことがわかる。*最澄の師行表は天平一三年（七四一）の勅により、恭仁宮で得度したが、師主になったのは道璿であった。行表は師主道璿から禅と華厳を受け、これを弟子の最澄に授けたことになる（『内証仏法相承血脈譜』）。天平宝字四年（七六〇）四月、五九歳で寂した（『延暦僧録』・『僧綱補任』）。天平宝字年中、大宰大弐*吉備真備が作った『道璿和上伝纂』の一部が最澄の『内証仏法相承血脈譜』に引用されている。（吉田靖雄）

安都雄足《あとのおたり》（生没年未詳）奈良時代後半の下級官人。阿刀男足・安刀男足とも。*姓は宿禰《すくね》。天平二〇年（七四八）東大寺写経所の舎人として名がみえ、天平勝宝二年（七五〇）には少初位上の位階を持ち、同六年（七五四）まで同地において郡司らを指揮し東大寺領荘園の管理運営に尽力した。正八位上造東大寺司主典として帰京後は、同三年（七五九）に法華寺阿弥陀浄土院造営別当、同五年（七六一）に造石山寺所別当として活躍しており、東大寺*にとってなくてはならぬ人材であった。こうした公的活動とともに、私的経済活動を活発に展開しており、越前国では私出挙や私田経営を行い、畿内近辺では材木を使っての利潤獲得に努めるなど商才のある人物であった。同八年（七六四）正月以後名がみえなくなる。

［文献］鬼頭清明『日本古代都市論序説』（法政大学出版局、一九七七）。（吉田靖雄）

石川年足《いしかわのとしたり》（六八八―七六二）　奈良時代の上級官人。左大弁従三位石年の子。天平七年（七三五）従五位下に叙せられ出雲守に任じられた。藤原仲麻呂《なかまろ》政権下でも順調に昇進を重ね、天平勝宝元年（七四九）式部卿・紫微中台大弼を兼ね参議になった。天平宝字二年（七五八）仲麻呂とともに官職名を唐風に改め、同三年律令の施行細則である別式の必要性を献策し、のち「別式」二〇巻（今亡逸）を編纂した。官職は、大宰帥・神祇伯・兵部卿・中納言*などの重職を経て、同四年（七六〇）御史大夫（大納言）に昇った。文政三年（一八二〇）摂津国嶋上郡真上光徳寺村の荒神山から木製蔵骨櫃と金銅製墓誌板が発見され、石川年足の墓所であることが判明した。

［文献］飛鳥資料館『日本古代の墓誌』（同朋社出版、一九七九）。（吉田靖雄）

（五）学問と文学

大学寮《だいがくりょう》**における教育**《きょういく》　大学寮*は官人養成を目的に中央に置かれた教育機関。式部省*の被管で、和訓は「ふんやのつかさ」。大宝令により制度的に確立するが、天智一〇年（六七一）正月紀に「学職頭《がくしきのかみ》」がみえ、天智末年には前身官司が存在したらしい。初見史料は天武四年（六七五）正月紀であるが、『日本書紀*』編者による文飾の可能性もある。事務官は頭・助・大少允・大少属が各一人、雑役に従事する使部《しぶ》二〇人・直丁《じきてい》二人、教官は本科（明経科《みょうぎょうか》）の博士一人・助教二人、予科（教養課程）の音《おん》博士・書《しょ》博士・算《さん》博士各二人が置かれ、学生四〇〇人・算生三〇人が所属した。神亀五年（七二八）一〇月に文《もん》章学士《じょうがくし》・律学博士が置かれて文章・明法《みょうぼう》の二科が加わり、九世紀中葉に紀伝《きでん》・明経《みょうぎょう》・明法・算の四道が成立した。入学資格は五位以上の子弟（蔭子孫《おんしそん》）・八位以上の子（位子《いし》）・東西史部《やまとかわちのふひとべ》の子で、一三―一六歳の聡明な者が選ばれ、国学出身者で情願した者も許された。学生は寮内に寄宿して一〇日ごとの旬試《じゅんし》、年に一度の歳試《さいし》（年終試）を受け、応挙試《おうきょし》（卒業試験）に及第すると式部省が実施する秀才・明経・進士《しんじ》・明法などの国家試験を経て官人となった（成績により八位―初位《そい》を授位される）。学令によれば、在学九年を超える者、歳試に三度落第した者、年間の無断欠席が一〇〇日に達した者などは退学となった。大宝から慶雲年間（七〇一―七〇七頃）に大学助・頭に任じた藤原武智麻呂*は大学振興に意を尽くし（『武智麻呂伝』）、藤原仲麻呂《なかまろ》も天平宝字元年（七五七）八月に勧学田《かんがくでん》三〇町を設置している。平安時代の大学寮は左京三条一坊一・二・七・八町に所在し、官衙や*釈奠《せきてん》を行う廟堂院《びょうどういん》、厨町《くりやまち》などがあった。天長元年（八二四）八月に多治比今麻呂《たじひのいまろ》の建言により貴族子弟の大学全入制が図られ、文章経国《もんじょうけいこく》思想の高まりによる紀伝道の隆盛を背景に、一〇世紀頃までは多数の文人《ぶんじん》貴族を輩出して大学教育は全盛期を迎えたが、*大学別曹の公認や博士職の世襲による学問の家学化などにより実質を失い、治承元年（一一七七）四月の焼失後は復興されなかった。

［文献］桃　裕行『上代学制の研究　修訂版』（思文閣出版、一九九三）、久木幸男『日本古代学校の研究』（玉川大学出版部、一九九〇）。（齋藤　融）

国学《こくがく》における教育《きょういく》　国学は国ごとに設置された教育機関。国司の管轄下に置かれ、教官は国博士一人・国医師一人で、学生《がくしょう》（定員は国の等級により異なり、大国五〇人・上国四〇人・中国三〇人・下国二〇人）・医生（学生の五分の一）が所属した。入学資格は一三―一六歳の聡明な郡司子弟で、欠員が生じた場合には庶人の入学が許された。教育内容などは大学寮に准じられ、在籍九年以内に二経以上に通じることを要求された。修了後は希望者は大学に進学し、以外は貢挙《ぐこ》されて官人となった。国博士・国医師は当国人の任用を原則とし、人材が得られない場合には隣国人も認められたが（選叙令《せんじょりょう》）、それすらも困難なため養老七年（七二三）一月に畿外諸国では*按察使の置かれた一三か国以外の国博士・国医師を廃止した。学令経《きょう》解義《かいぎ》条は国郡司が教授する場合の規定で、国郡司が代行することもあったようである。宝亀一〇年（七七九）閏一〇月、ようやく国ごとに置く令制に復旧したが、多くは中央から派遣されるようになったと推測されている。五畿内の国学が延暦一六年（七九七）から弘仁一二年（八二一）にかけて停廃されるなど、運営上の困難さは少なくなかったようである。しかし、仁寿二年（八五二）薩摩国が日向・大隅国の例にならって勧学料田《かんがくりょうでん》を設置しており（『三代格』貞観一八年五月二一日付太政官符）、また貞観二年（八六〇）一二月に諸国釈奠《せきてん》式が七道諸国に頒下されるなど、国学の機能は低下しつつも維持が図られていたことが知られる。

［文献］桃　裕行『上代学制の研究修訂版』（思文閣出版、一九九三）、久木幸男『日本古代学校の研究』（玉川大学出版部、一九九〇）。（齋藤　融）

明経道《みょうぎょうどう》　*大学寮に置かれた四道の一つで、経学（儒教）を教授した学科。令制では本科（専門科目的性格は稀薄）に相当したが、文学・史学専攻課程（*紀伝道）が独立したことにより九世紀中葉に成立した。教官の博士一人・助教二人・直講《ちょくこう》二人、明経得業生《とくごうしょう》四人・問者生《もんざしょう》一〇人・学生四〇〇人が所属した。教科書は必修の『孝経《こうきょう》』『論語』、大経の『礼記《らいき》』『春秋左氏伝』、中経の『毛詩《もうし》』『周礼《しゅらい》』『儀礼《ぎらい》』、小経の『周《す》易《やく》』『尚書《しょうしょ》』『春秋公羊伝《くようでん》』『春秋穀梁伝《こくりょうでん》』の一一経で、経ごとの学習日数も規定された。式部省の行う*明経試では必修の二経に加えて大・小各一経、もしくは中二経から出題された。一〇世紀後半以降、中原・清原氏が博士職を世襲し、家業化していった。

［文献］桃　裕行『上代学制の研究修訂版』（思文閣出版、一九九三）。（齋藤　融）

明法道《みょうぼうどう》　*大学寮に置かれた四道の一つで、法律学を教授する学科。教官の明法博士《みょうぼうはかせ》二人、明法得業生《みょうぼうとくごうしょう》二人・学生《がくしょう》二〇人が所属する。神亀五年（七二八）一〇月、大学寮に律学博士（のちに明法博士）が新置され、次いで天平二年（七三〇）三月に明法生一〇人が置かれたことに始まり、九世紀中葉に明法道の呼称が定着した。明法試は律七条・令三条が出題されており、教科書は律令のみであった。平安前期には讃岐《さぬき》・惟宗《これむね》氏などを輩出して律令解釈の学派を形成し、『*令集解』『*政事要略』などの著作が生まれた。明法道出身者は法律専門家として*刑部省の大少判事、*検非違使（道志《どうのさかん》）などに任官した。一二世紀以降、坂上・中原氏が明法博士を世襲して家業化する。

［文献］　布施弥平治『明法道の研究』（新生社、一九六六）、早川庄八『日本古代官僚制の研究』（岩波書店、一九八六）。　（齋藤　融）

紀伝道《きでんどう》　*大学寮の四道の一つで、文学・史学を教授する学科。神亀五年（七二八）一〇月に創設された文章《もんじょう》科を前身に九世紀中葉に成立した。教官の文章博士二人、文章得業生《もんじょうとくごうしょう》二人・擬《ぎ》文章《もんじょう》生《しょう》二〇人・文章《もんじょう》生《しょう》二〇人が所属し、文章生は擬文章生（寮試《りょうし》の合格者）から選抜（省試《しょうし》）された（のちに登《とう》省宣旨《しょうせんじ》〈省試受験許可〉を得た者も加わる）。教科書は三史（『史記』『*漢書』『*後漢書』）と『文選《もんぜん》』。九世紀前半には文章《もんじょう》経国思想《けいこくしそう》の隆盛を背景に勅撰漢詩文集が相次いで編纂されて紀伝道の地位は高まり、一時期紀伝博士が置かれ、*菅原道真に代表される文人出身の公卿を輩出した。一〇世紀後半以降、文人の活動の場は狭まるが、菅原・大江・日野流藤原氏などが家業化して博士職を独占した。

［文献］　桃　裕行『上代学制の研究　修訂版』（思文閣出版、一九九三）、久木幸男『日本古代学校の研究』（玉川大学出版部、一九九〇）。　（齋藤　融）

文章道《もんじょうどう》　*大学寮の正式な学科呼称ではないが、九世紀後半の一時期に*紀伝道と併用されたとみる所説と、明治時代以降の誤用と説く見解とがある。学科を意味する「道」の使用例は奈良時代には見出せないが、神亀五年（七二八）一〇月文章学《もんじょうがく》士《し》（同時に律学博士・直講）が新置されて文章科が開設され、律学（明法《みょうぼう》科）と併されていた学生定員も天平二年（七三〇）三月に文章得業生《もんじょうとくごうしょう》二人・文章生《もんじょうしょう》一〇人と定まり、紀伝道はこれを前身として成立するのである。ほかの三道と異なって学科呼称に教官・学生の「文章」を冠しない点は不可解であるが、教科内容の比重が史学（紀伝）と文学（文章）の間で揺れていたことに求める説がある。

［文献］　桃　裕行『上代学制の研究　修訂版』（思文閣出版、一九九三）、久木幸男『日本古代学校の研究』（玉川大学出版部、一九九〇）。　（齋藤　融）

算道《さんどう》　*大学寮に置かれた四道の一つで、数学を教授する学科。令制の数学専攻科が発展して九世紀中葉に成立した。教官の算博士二人、算得業生《さんとくごうしょう》二人・算生《さんしょう》二〇人が所属する。教科書は『孫子《そんし》』『五曹《ごそう》』『九章《くしょう》』『海嶋《かいとう》』『六章《ろくしょう》』『綴術《てつじゅつ》』『三開重差《さんかいじゅうしゃ》』『周髀《すひ》』『九司《くし》』の九経で、多くは実用計算を内容とするが、『周髀』は天体や暦算《れきさん》を扱う。藤原仲麻呂《なかまろ》が精通した算学とは、天文算法であろう。算道出身者の就任する専門職には、主計算師・主税算師・大宰算師・修理《すり》算師・木工《もく》算師などがあり、九世紀以降には算博士は必ず主計・主税寮の頭《かみ》ないし助《すけ》を兼任した。八世紀の段階では渡来系氏族の出身者が多い傾向にあったが、一一世紀前半には小槻《おつき》・三善《みよし》氏家業化が進み、博士職を世襲した。

［文献］　亀田隆之『日本古代制度史論』（吉川弘文館、一九八〇）、請田正幸「平安初期の算道出身官人」（田名網宏編『古代国家の支配と構造』所収、東京堂出版、一九八六）。　（齋藤　融）

阿倍仲麻呂《あべのなかまろ》（六九八―七七〇）　*姓は朝臣《あそん》。父は中務大輔《なかつかさのたいふ》船守《ふなもり》。入唐後は仲満と記し、次いで朝衡《ちょうこう》（晁衡）と改名。霊亀二年（七一六）七月、第九次遣唐使任命に際して下道《しもつみち》（*吉備）真備らと留学生《るがくしょう》となり、翌年入唐する。太学《たいがく》に学び科挙《かきょ》に合格して秘書監《ひしょかん》など諸官を歴任し、学識・文才で盛名をはせた。天平勝宝五年（七五三、唐天宝《てんぽう》一二年）、第一二次遣唐大使*藤原清河らと*鑑真の渡日に尽力し、自らも帰国の許可を得て出帆するが、乗船は安南《あんなん》に漂着し帰国は果たせなかった。玄宗《げんそう》に仕えて*安史の乱後に左散騎常侍《ささんきじょうじ》・鎮安南都護《ちんあんなんとご》・安南節度使《あんなんせつどし》などを歴任し、宝亀元年（七七〇、大暦《たいりゃく》五年）に唐土で没した。王維《おうい》・李白《りはく》ら文人と親交を結び、李白作の哀悼詩などが残されている。

［文献］　杉本直治郎『阿倍仲麻呂研究―朝衡伝考―』（育芳社、一九四〇）、蔵中　進「遣唐大使藤原清河と遣唐留学生阿倍仲麻呂」（『万葉集研究』一七、一九八八）。　（齋藤　融）

淡海三船《おうみのみふね》（七二二―七八五）　*姓は真人《まひと》。父は池辺《いけべ》王。*大友皇子の曾孫。御船とも記す。天平年中に出家（僧名元開）して唐僧*道璿に師事したが、天平勝宝三年（七五一）正月に淡海真人を賜姓された。同八年（七五六）五月、人臣の礼を欠く行為（大伴古斐慈《こひじ》を誣告《ぶこく》）を咎められて衛士府に拘禁されるが、時に内豎《ないじゅ》であった。天平宝字五年（七六一）正月従五位下に昇叙し、同八年（七六四）八月に造池使として近江国に派遣され、翌月*藤原仲麻呂（恵美押勝）の乱が勃発すると、仲麻呂《なかまろ》与党の捕縛や勢多《せた》橋（滋賀県大津市）を焼き捨てて仲麻呂の進路を阻むなどの戦功を立て、正五位上勲三等を授けられ、天平神護二年（七六六）二月には功田二〇町を賜与される。同年九月に東山道*巡察使に任じられるが、神護景雲元年（七六七）六月その措置に適切さを欠いたとして勅により解任される。のち大宰少弐・刑部大輔・大学頭・文章博士などを歴任し、宝亀一一年（七八〇）二月に従四位下に昇叙する。天応元年（七八一）一二月、光仁太上天皇の大葬で御装束司を勤め、延暦四年（七八五）七月に刑部卿兼因幡守で没した。卒伝に「性識聡敏《せいしきそうびん》にして群書を渉覧《しょうらん》し、もっとも筆札を好む」とあり、*石上宅嗣とともに「文人の首」と称えられ、『*経国集』に漢詩五首がある。光仁朝に『続日本紀』前半（文武天皇元年―天平宝字元年）の編修に携わり、宝亀一〇年（七七九）には『唐大和上東征伝《とうだいわじょうとうせいでん》』を著した。また、『*懐風藻』や漢風諡号の撰定者に擬する所説もある。

［文献］　小島憲之『国風暗黒時代の文学　上』（塙書房、一九六八）、蔵中　進『唐大和上東征伝の研究』（桜楓社、一九七六）。　（齋藤　融）

石上宅嗣《いそのかみのやかつぐ》（七二九―七八一）　*姓は朝臣《あそん》。父は中納言乙麻呂《おとまろ》。法号は梵行《ぼんぎょう》、芸亭居士《うんていこじ》とも称した。天平勝宝三年（七五一）正月従五位下に叙せられ、治部少輔・相模守などを歴任して、天平宝字五年（七六一）一〇月に第一四次遣唐使の副使に任命されるが、翌年三月に罷めている。同七年（七六三）頃に藤原宿奈麻呂《すくなまろ》（良継）・*佐伯今毛人・*大伴家持と共謀して藤原仲麻呂《なかまろ》の排斥を企てたが、密告により露見し、宿奈麻呂が共謀者を認めなかったために罪は問われなかったものの文部（式部）大輔を解任され、まもなく大宰少弐に左遷された。同年一〇月*藤原仲麻呂の乱の論功行賞として正五位上に進み、翌年正月従四位下に昇叙し、天平神護二年（七六六）正月参議となる。神護景雲二年（七六八）正月従三位に至り、宝亀元年（七七〇）八月称徳天皇の死去による皇嗣選定会議において白壁王《しらかべ》（*光仁天皇）の擁立を主張する*藤原永手・*百川らを支持した。*中納言を経て同一一年（七八〇）二月大納言に昇進し、天応元年（七八一）正月に正三位に進む。同年六月没し、正二位を追贈された。薨伝に「性朗悟《せいろうご》にして姿儀《しぎ》あり。経史《けいし》を愛尚《あいしょう》して渉覧《しょうらん》する所多し。好みて文を属《つら》ね、草隷《そうれい》を工《たく》みにす」とあり、*淡海三船とともに「文人の首」と称えられた。旧宅を阿閦寺《あしゅくじ》（奈良市法華寺町）とし、その東南隅に仏教経典以外の書籍を収める*芸亭を設けて、好学の者に閲覧を許す。文人として知られる賀陽豊年《かやのとよとし》はここで学んだという。芸亭は天長五年（八二八）頃までに廃絶した。

［文献］小島憲之『国風暗黒時代の文学 上』（塙書房、一九六八）、蔵中　進『唐大和上東征伝の研究』（桜楓社、一九七六）。

（齋藤　融）

萬葉集《まんようしゅう》　奈良時代までの和歌を集大成した歌集。全二〇巻。編者未詳であるが、*大伴家持が深く関与していたとみられる。全巻が一時に成立したものではなく、巻一―一六と、巻一七―二〇の二つに大きく分けられる。第一部は雑歌・相聞・挽歌の三大部立《ぶだて》とし、およそ年代順に配列されている。第二部は大伴家持の歌を中心にして年代順に配列し、家持の歌日記の観がある。もっとも古い歌は*舒明天皇の頃のもので、製作年代の明らかなものの最後は天平宝字三年（七五九）である。約一三〇年間の作を集めるが、これを分けると、第一期が壬申の乱まで、第二期は平城遷都まで、第三期は*大伴旅人・*山部赤人らの没した七三一―七三六年頃まで、第四期はそれ以降となる。歌数は約四五〇〇首で、うち短歌が四二〇〇首余、ほかに長歌・旋頭歌・仏足石歌体を含む。『萬葉集』には漢字の意味を無視して、音や訓で日本語の発音を表す萬葉仮名が用いられている。漢字の音による「（借）音仮名《おんがな》」と訓による「（借）訓仮名《くんがな》」がある。作者は天皇から庶民に及ぶが、中心をなしているのは貴族や官人層である。『萬葉集』の原本は遺存せず、最古の写本は平安中期一一世紀中葉の桂宮本で、最古の完本は鎌倉後期の西本願寺本である。『萬葉集』の研究は中世以来の伝統があり、近世には契沖《けいちゅう》の『萬葉代匠記』（一七世紀末）、賀茂真淵《かものまぶち》の『萬葉考』（一七六八年）、加藤千蔭の『萬葉集略解』（一八一二年）、鹿持雅澄の『萬葉集古義』（一八四三年）などが著名で、近代に入ってからも多くの研究書が出版された。現在では、小学館刊『新篇日本古典文学全集』、岩波書店刊『日本古典文学大系』に収録され、講談社文庫、岩波文庫、角川文庫などの文庫本としても刊行されている。最近の全註釈書としては、伊藤博『萬葉集釈注』（全一一巻、集英社）がある。

（阿部　猛）

東《あずま》歌《うた》　『*萬葉集』巻一四の部立《ぶだて》名。東国の和歌。東（東国）の範囲については、大和朝廷の実質的な支配圏の拡大に伴い、時代によって定義が異なる。信濃・遠江以東の東山・東海道の計一〇か国の歌と未勘国歌も含んでいる。約二三〇首は雑歌・相聞・譬喩歌・防人歌・挽歌に分類される。東国方言を含み、あるいは東国の民謡と考えることもあるが、必ずしも民謡とするにふさわしくない歌も含まれる。

［文献］　伊藤　博『萬葉集釈注7』（集英社、一九九七）。

（阿部　猛）

記紀歌謡《ききかよう》　『*古事記』『*日本書紀』に挿入された歌謡で、前者に百余首、後者に百二十余首あり、重複は五十余首もある。短歌・長歌・片歌・旋頭歌など多様で、説話の内容に即する物語歌と、即さない独立歌謡に分類されたりする。歌謡は記紀伝承とは別に、元来歌われた場を持ち、夷振《ひなぶり》・思国歌《くにしのびうた》、酒楽之歌《さかくらのうた》、久米歌など宮廷儀礼にかかわるような歌謡があった。その歌謡が記紀の伝承と結びついたとみられるのである。元来歌謡は文字以前の音声的な表現であり、村落共同体の神話的幻想に支えられた語り、『*萬葉集』以前の歌の様式を知る主要な手がかりとなる。

［文献］　『日本古典文学大系3古代歌謡』（岩波書店、一九五七）、益田勝美『記紀歌謡』（筑摩書房、一九七二）、藤井貞和『古日本文学発生論―記紀歌謡前史―』（思潮社、一九八〇）。

（阿部　猛）

防人歌《さきもりうた》　東国から徴集された防人たちが読んだとされる和歌で、『*萬葉集』巻一四と巻二〇に集中して採録されている。一首を除いて、一〇〇首近くはすべて短歌である。巻二〇所収のものの大部分は天平勝宝七年（七五五）二月、筑紫への途上、難波に集結した*防人の歌を、当時兵部少輔であった*大伴家持が収集したものである。各国の防人の部領使の手を経て提出された。多く東国方言を含み、素朴な感じの歌が多いが、防人らの歌は個人的な詠歌というより、集団歌謡としての性格が強い。

［文献］　木下正俊『萬葉集全注20』（有斐閣、一九八八）、吉野　裕『防人歌の基礎構造』（筑摩書房、一九八四）。

（阿部　猛）

貧窮問答歌《ひんぐうもんどうか》　『*萬葉集』巻五に収める*山上憶良の長歌（八九二番）。憶良の筑前守在任中の天平四年（七三二）冬頃の作かという。貧しさにあえぐ者との問答の形式をとり、社会の現実の厳しさをリアルに描いた歌として評価が高いが、中国の詩文の影響を強く受けた作品といわれる。

［文献］　井村哲夫『萬葉集全注5』（有斐閣、一九八四）、伊藤　博『萬葉集釈注3』（集英社、一九九六）。

（阿部　猛）

〈貧窮問答の歌一首〉并《あわ》せて短歌

風雑《まじ》り　雨降る夜《よ》の　雨雑《まじ》り　雪降る夜《よ》は　すべもなく　寒くしあれば　堅塩《かたしほ》(1)を取りつづしろひ　糟湯酒《かすゆざけ》(2)うち啜《すす》ろひて　咳《しはぶか》ひ(3)洟《はな》びしびし(4)に　しかとあらぬ　鬚《ひげ》かき撫《な》でて　我《あれ》をおきて　人はあらじと　誇《ほこ》ろへど　寒くしあれば　麻衾《あさぶすま》(5)引き被《かがふ》り　布肩衣《ぬのかたぎぬ》(6)有りのことごと　着襲《きそ》へども　寒き夜《よ》すらを　我《われ》よりも　貧《まづ》しき人の　父母《ちちはは》は　飢《う》ゑ寒《こ》ゆらむ　妻《め》子《こ》たちは　乞《こ》ひ乞《こ》ひ泣くらむ　この時は　いかにしつつか　汝《な》が世は渡る　天地《あめつち》は　広しと言へど　我《あ》がためは　狭《さ》くやなりぬる　日月《ひつき》は　明《あか》しと言へど　我《あ》がためは　照《て》りや給はぬ　人皆《ひとみな》か　我《あ》のみや然《しか》る　わくらばに(7)人とは在《あ》るを　人並《ひとなみ》に　我《あれ》も作《な》れるを　綿《わた》もなき　布《ぬの》肩衣《かたぎぬ》の　海松《みる》のごと　わわけ(8)さがれる　かかふ(9)のみ　肩にうち掛《か》け　伏廬《ふせいほ》(10)の　曲廬《まげいほ》(11)の内《うち》に　直土《ひたつち》に　藁《わら》解《と》き敷きて　父母《ちちはは》は　枕の方《かた》に　妻《め》子《こ》どもは　足《あと》の方《かた》に　囲《かく》み居て　憂《うれ》へ吟《さまよ》ひ(12)　竈《かまど》には　火気《ほけ》(13)吹き立てず　甑《こしき》(14)には　蜘蛛《くも》の巣《す》掛《か》きて　飯炊《いひかし》く　ことも忘れて　ぬえ鳥《どり》の　のどよひ(15)居《を》るに　いとのきて　短き物を　端《はし》切る(16)と　言へるがごとく　笞《しもと》(17)取る　里《さと》長《をさ》(18)が声は　寝《ね》屋《や》処《ど》まで　来立ち呼ばひぬ　かくばかり　すべなきものか　世間《よのなか》の道

世間《よのなか》を　憂《う》しと恥《やさ》し(19)と　思へども　飛び立ちかねつ　鳥にしあらねば

山上憶良頓首謹上(20)

〈語句注〉

（1）燻製にした保存用の塩。（2）酒の糟を湯にとかしたもの。（3）咳《せき》をする。（4）鼻水をすする擬声語。（5）麻で織った夜具。（6）麻製の粗末な上衣《うわぎ》。（7）とりわけ。（8）破れる。（9）ぼろきれ。（10）竪穴式住居の掘立小屋。（11）柱のゆがんだ小屋。（12）なげき、うめき声を発する。（13）煙や湯気《ゆげ》。（14）米を蒸《む》す土製の器。（15）細々と悲鳴をあげる。「ぬえ鳥の」は枕詞。（16）当時のことわざであるらしい。（17）むち。（18）律令制下、五〇戸ごとに置かれた長。（19）身のやせる思いをする。（20）この歌を「謹上」したあいてが誰か、諸説あり、定かではない。

萬葉仮名《まんようがな》　漢字の字音や字訓を利用して表音的に用い、日本語を表記した。仮名の一種であるが、文字の形は漢字であり、漢字から作った平仮名とは異なる。特に『*萬葉集』で多用されたので、この名がある。少し例示する。

阿―ア、伊―イ、加―カ、岐―キ、敢―カム、相―サガ、塔―タフ、乞―コチ、甘―カ、反―ヘ、香―カ、乙―オ、尺―サ、鶴―ツル、益―マシ、鴨―カモ、社―コソ、市―チ、跡―ト、嗚呼―ア、石花―セ、馬声―イ、蜂音―ブ、神楽声―ササ、折木四―カリ、山仁復有山―イデ（出）

表記に当ってどの漢字を用いるか、一定の法則性が見出されている。例えば、「エ」の音を表すとき、

甲類―衣、依、愛、哀、埃、英、娃、翳、榎、荏（以上は「榎《エ》」「蝦夷《エゾ》」「得《エ》」などの語に用いる）。

乙類―延、要、曳、叡、江、吉、枝、柄（以上は「枝《エ》」「兄《エ》」「江《エ》」「笛《フエ》」「鴗《ヌエ》」「吉野《エシヌ》」「消《キエ》」「絶《タエ》」「越《コサ》」などの語に用いる）。

という区別がある。甲類のなかではどの字を使ってもよいが、甲・乙が混同されることはない。このような法則性は、エ、キ、ケ、コ、ソ、ト、ノ、ヒ、ヘ、ミ、メ、モ、ヨ、ロの音について見られる。

［文献］　橋本進吉『古代国語の音韻に就いて』（岩波文庫、一九八〇）。

（阿部　猛）

〈萬葉仮名〉

祁布与利波　可敝里見奈久弖　意富伎美乃　之許乃美多弖等　伊偲多都和例波

今日よりは　顧《かえり》みなくて　大君の　醜《しこ》の御《み》楯と　出《い》で立つわれは

（巻二十、四三七三番）

枕詞《まくらことば》　韻文、和歌の修辞法の一つ。発語《おこしことば》、諷詞《よそえことば》、次詞、冠辞などともいわれるが、現在では枕詞が一般的に用いられる。四音の場合もあるが、基本的には五音一句である。「あをによし　寧楽《なら》の京師《みやこ》は　咲く花の　薫《にほ》ふがごとく　今盛りなり」という歌で、「あをによし」は枕詞で「なら」にかかるという。「やま」にかかる「あしひきの」や、「ひかり」「あめ」にかかる「ひさかたの」などもよく知られている。枕詞については古くから多くの論説があり、定義も一定せず、その起源についても定説を見ないのが現状である。本来は、文字のない時代に、祭祀や呪禱に伴う詞章のなかで、重要な地名や物名について、その呪性を強調する修辞として成立したものとの説もあるが、これですべて説明しきれるわけでもない。『*萬葉集』にもっとも多く認められ、平安時代（『*古今和歌集』など）、さら

に中世に入ると使われる頻度は著しく低下する。

［文献］　西郷信綱『古代の声』（朝日新聞社、一九八五）、阿部猛・阿部萬蔵『枕詞辞典』（高科書店、一九八九）。　（阿部　猛）

山上憶良《やまのうえのおくら》　（六六〇頃—七三三頃）　山上氏は孝昭天皇の皇子天足彦国忍人命《あまたらしひこくにおしひとのみこと》の後裔という皇別氏族かと思われるが、百済からの渡来人の子かとの説もあり未詳。*姓は臣《おみ》。『*萬葉集』のなかでも著名な歌人の一人。持統四年（六九〇）九月天皇の紀伊国行幸のときの歌（巻一—三四番）が憶良の歌とすれば、これが初見。大宝元年（七〇一）无位《むい》で遣唐少録に任ぜられて渡唐。在唐中に詠んだ歌もある。慶雲元年（七〇四）帰朝し、和銅七年（七一四）従五位下に叙され、霊亀二年（七一六）伯耆守となった。養老五年（七二一）東宮に侍せしめられた。神亀三年（七二六）頃筑前守として赴任し天平四年（七三二）帰任した。著名な「*貧窮問答歌」はこの間の作という。同五年（七三三）六月の歌によると、十余年以前から病いに悩み、このとき七四歳というがこの頃没したか。作品はすこぶる多く、歌集『類聚歌林』のあったことが知られる。

［文献］　中西　進編『山上憶良—人と作品』（桜楓社、一九九一）。　（阿部　猛）

山辺赤人《やまべのあかひと》　（生没年未詳）　官人としての経歴は未詳。山辺氏は天武一三年（六八四）に*姓が連《むらじ》から宿禰《すくね》に変わった。神亀元年（七二四）聖武天皇の紀伊行幸に従い、同二年（七二五）の吉野離宮行幸、難波行幸、同三年の播磨国印南野行幸、天平八年（七三六）の芳野離宮行幸などに従い歌を残している。天平一三年頃の歌を最後とする。*柿本人麻呂とならび称される宮廷歌人であった。

［文献］　橋本達雄『万葉宮廷歌人の研究』（笠間書院、一九七五）。　（阿部　猛）

大伴旅人《おおとものたびと》　（六七五—七三一）　大納言安麻呂《やすまろ》の子。母は巨勢《こせの》郎女《いらつめ》。*家持の父。和銅三年（七一〇）左将軍正五位上で、朝賀に騎兵を率いて陳列。同四年（七一一）従四位上に昇叙し中務卿に任ぜられた。養老二年（七一八）*中納言、翌三年正四位下山背《やましろ》国摂官。同四年（七二〇）*隼人の乱が起こると三月征隼人持節大将軍に任ぜられ、八月には旅人は入京している。一〇月には長屋王とともに*藤原不比等に太政大臣正一位を贈る使者となった。同五年（七二一）従三位に叙され帯刀舎人四人を賜った。同年*元明太政天皇の大葬の営陵のことに当たっている。神亀元年（七二四）*聖武天皇の即位に当たり正三位に叙され、神亀五年（七二八）頃には大宰師であり、九州で多くの歌を残している。天平二年（七三〇）一〇月（あるいは一一月）大納言に任ぜられ翌年正月従二位を授けられたが七月没した。「験《しるし》なき物を思はずは一坏《ひとつき》の濁れる酒を飲むべくあるらし」（巻三—三三八番）をはじめとする酒を讃むる歌一三首は有名である。　（阿部　猛）

大伴坂上郎女《おおとものさかのうえのいらつめ》　（生没年未詳）　大納言安麻呂《やすまろ》の子。母は石川内命婦《いしかわのないみょうぶ》。*旅人の妹。*家持の叔母に当たる。坂上里（奈良）に住んだのでこの名がある。はじめ*穂積皇子に嫁したが霊亀元年（七一五）皇子が没し、その後*藤原麻呂との交渉が始まるが、やがて別れ、異母兄宿奈麻呂《すくなまろ》の妻となり、*坂上大娘を生んだ。のち宿奈麻呂と別れ、阿倍虫麻呂《むしまろ》と親しい間柄となった。神亀五年（七二八）旅人の妻大伴郎女《いらつめ》が没し、坂上郎女は*大宰府に下向。天平二年（七三〇）旅人に先立って帰京。同五年（七三三）一一月大伴の氏神に供え祀る歌を詠み、同七年（七三五）、数年の間旅人の家に寄宿していた新羅の尼理願の死を悼む歌を詠み、同九年（七三七）相坂上を越えて近江の海（琵琶湖）を望み、同一一年（七三九）*聖武天皇が高円山に狩したとき随従した。『*萬葉集』に多くの歌を残したが、その歌風はみやびの意識が強く働いているものが多く、また類歌の多いことが指摘されている。（阿部　猛）

大伴家持《おおとものやかもち》（?—七八五）*旅人の子。生年については諸説あって定かでない。幼少の頃父旅人に伴われて*大宰府に行ったことがある。天平三年（七三一）七月父が没した後、叔母の*坂上郎女に養育された。同一〇（七三八）一〇月には内舎人であった。同一一年（七三九）六月妾を失う。翌一二年の*藤原広嗣の乱に*聖武天皇が伊賀・伊勢に行幸したとき内舎人として扈従した。同一七年（七四五）従五位下、同一八年（七四六）宮内少輔、次いで越中守となり、同一九年（七四七）正税帳を携えて入京。同二〇年（七四八）春出挙のため国司として諸郡をめぐり、歌を詠んでいる。天平勝宝元年（七四九）従五位上に叙され、東大寺野占使僧平栄《へいえい》を饗応した。同三年（七五一）八月任を終え大帳を携えて上京し、次いで少納言に任じた。同六年（七五四）兵部少輔に任じ山陰道*巡察使となり、天平宝字元年（七五七）兵部大輔、次いで右中弁、同二年に因幡守、同六年（七六二）信部（中務）大輔、同八年（七六四）薩摩守、神護景雲元年（七六七）大宰少武、宝亀元年（七七〇）民部少輔から左中弁兼中務大輔、同二年（七七一）従四位下に叙され、翌三年左中弁のまま兼式部員外大輔、同六年（七七五）相模守から左京大夫兼上総守、同年衛門督、翌七年（七七六）伊勢守、同九年（七七八）正四位下、同一一年参議兼右大弁、天応元年（七八一）右京大夫兼春宮大夫で正四位上、さらに左大弁に。延暦元年（七八二）閏正月の*氷上川継事件に坐して京外に遷されたが罪を赦され、五月春宮大夫、六月兼陸奥出羽*按察使鎮守府将軍、翌二年（七八三）*中納言兼春宮大夫、同三年（七八四）持節将軍に任ぜられたが、同四年（七八五）八月陸奥*多賀城で没した。死後二〇日、その屍いまだ葬らざるうちに大伴継《つぐ》人《ひと》・同竹良《たけよし》らによる*藤原種継暗殺事件が起こり、死後の家持も連坐して除名された。ただしのち延暦二五年（八〇六）に赦にあい従三位に復した。『*萬葉集』の編者とされ、萬葉末期を代表する歌人で、同歌集収録歌の一〇パーセント以上が家持の歌である。

［文献］橋本達雄『大伴家持作品論攷』（塙書房、一九八五）。（阿部　猛）

石上麻呂《いそのかみのまろ》（六四〇—七一七）宇麻呂《うまろ》の子。*壬申の乱（六七二年）に近江朝廷側にあり、*大友皇子に最後まで従った。このときは物部連麻呂と称していた。天武五年（六七六）大乙上（正八位上）で遣新羅大使となり、翌年帰朝し、小錦下（従五位下）を授けられ、同一三年（六八四）八色姓の制定により*姓朝臣《あそん》を賜わり、朱鳥元年（六八六）天武天皇の殯宮《もがりのみや》に法官の事を誄《しのびごと》し直広参（正五位下）に叙される。持統三年（六八九）大宰帥河内王に位記を送る使者となり、筑紫の新しい城《き》を観察した。六年（六九二）天皇の伊勢行幸に従い、一〇年（六九六）資人五〇人を仮賜された。文武四年（七〇〇）直大壱（正四位上）で筑紫捴領に任ぜられ、大宝元年（七〇一）正三位で大納言に任ぜられた。同二年（七〇二）大宰帥、慶雲元年（七〇四）従二位右大臣となり封戸二一七〇戸を賜わった。和銅元年（七〇八）正月正二位左大臣、同三年（七一〇）の平城遷都に当たり藤原京留守司となる。養老元年（七一七）に没す。麻呂は『竹取物語』の五人の貴公子の一人のモデルとされている。

［文献］野村忠夫『律令政治の諸様相』（塙書房、一九六八）。

（阿部　猛）

今奉部与曾布《いままつりべのよそふ》（生没年未詳）天平勝宝七年（七五五）二月下野国から筑紫に遣わされた防人。火長であった。同六年（七五四）二月一四日に下野国の防人部領正六位上田口朝臣大戸《たぐちのあそんおおと》が進上した歌のなかに与曾布の作がある。「今日よりは　顧みなくて　大君の　醜《しこ》の御楯《みたて》と出で立つわれは」（四三―三番）は、第二次大戦中愛国心高揚のため喧伝されて有名である。

（阿部　猛）

大伴坂上大娘《おおとものさかのうえのおおいらつめ》（生没年未詳）宿奈麻呂《すくなまろ》の女。母は大伴坂上郎女。家持のいとこで、家持の妻となる。坂上里の母のもとにおり、坂上大娘と呼ばれた。天平一八年（七四六）から天平勝宝三年（七五一）まで家持の越中守在任中はつき従い任地にいた。『萬葉集』に一〇首が残る。

［文献］北山茂夫『萬葉の世紀　下』（新潮社、一九八五）。

（阿部　猛）

小野《おのの》**老**《おゆ》（?―七三七）石根《いしね》の父。養老三年（七一九）従八位下に叙され、同四年右少弁、神亀年間（七二四―七二八）大宰少武となり、やがて大武となる。天平元年（七二九）従五位上、同三年（七三一）正五位下、同五年（七三三）正五位上、同六年（七三四）従四位下に昇る。同一〇年（七三八）の駿河国正税帳によると、同九年下野国那須湯に療養に赴いたことが知られる。同一〇年（七三八）周防国正税帳によると、死没し遺骨を送る使者として対馬史生が任ぜられている。小野氏は近江国滋賀郡を発祥の地とし、近江・大和・山城に分布した。姓ははじめ臣《おみ》、八色の姓制定時に朝臣《あそん》を賜った。

［文献］阿部　猛『万葉びとの生活』（東京堂出版、一九九五）。

（阿部　猛）

高橋虫麻呂《たかはしのむしまろ》（生没年未詳）『萬葉集』に三五首を残す。採録歌の大部分は養老三年（七一九）から六、七年にかけて作られたと見られ、この時期、藤原宇合が常陸守・按察使で、虫麻呂はその配下として東国にあったと思われる。天平頃は奈良におり、天平四年（七三二）八月宇合が西海道節度使に遣わされるときの歌がある（九七一番）。高橋氏は饒速日命《にぎはやひのみこと》の後裔と称し物部氏の同族である。右京や河内国に分布している。

（阿部　猛）

門部王《かどべおう》（?―七四五）川内王の子。天武天皇の曾孫。和銅三年（七一〇）无位《むい》から従五位下に叙され、養老元年（七一七）従五位上、同三年伊勢守・按察使（伊賀・志摩を管掌）、またこの頃出雲守。同五年正五位下、神亀元年（七二四）正五位上、同五年従四位下。この頃六人部《むとべ》王、長田《ながた》王らと「風流侍従」と称された。天平九年（七三七）彈正尹であり、右京大夫に任ぜられた。『同一一年（七三九）大原眞人の姓を賜り、同一四年（七四二）従四位上。『萬葉集』に四首入る。

（阿部　猛）

田辺福麻呂《たなべのさきまろ》（生没年未詳）天平一六年（七四四）元正太上天皇が難波にあるとき、橘諸兄宅の宴で歌を詠み、また播磨や東国へも旅をしている。天平二〇年（七四八）三月造酒令史で、*橘諸兄の使者として越中国に赴き、*大伴家持の館で饗応を受け、布勢水海に遊覧した。一〇首の長歌を残し、宮廷寿歌の伝統的形式を踏襲する。*『萬葉集』最後の長歌作家という。

［文献］橋本達雄「田辺福麻呂と宮廷歌」（『万葉集を学ぶ4』所収、有斐閣、一九七八）。　（阿部　猛）

笠《かさの》　麻呂《まろ》（生没年未詳）　出家して満誓《まんせい》。慶雲元年（七〇四）従五位下に叙され、同三年（七〇六）美濃守、和銅元年（七〇八）再度美濃守で従五位上。同二年（七〇九）東海・東山両道観察使*藤原房前の報告に基づき、政績を賞され、田・穀・衣を賜った。同四年（七一一）正五位上、同六年（七一三）従四位下に昇る。同七年（七一四）閏二月美濃守で尾張・美濃・信濃三国を管しめられた。同四年右大弁に任ぜられたが養老五年（七二一）五月元明太政天皇の不予に出家入道を請い勅許された。同七年（七二三）勅を受けて造筑紫観世音寺別当となり筑紫に*観世音寺を作る。

［文献］北山茂夫『萬葉集とその世紀 中』（新潮社、一九八四）。

（阿部　猛）

（六）史書・地誌

古事記《こじき》　和銅五年（七一二）正月に成立した物語風歴史書。上中下三巻。上表文（序）によれば、様々な伝承に異伝が生じたことを憂えた*天武天皇は聡明な舎人*稗田阿礼に命じて「帝皇《ていこう》日継《ひつぎ》」と「先代旧辞《せんだいきゅうじ》」を誦習させて調整作業を開始するが、天武の死により中断してしまい、天武の遺志を継いだ*元明天皇が事業を再開して*太安麻呂に撰録させたものと知られる。かつて偽書説も出されたが、上代特殊仮名遣い研究の成果（八世紀末にはわからなくなっていた古くからの特殊な発音が漢字を表記する際に正確に使い分けられる）により退けられた。上巻は国生み・出雲の国譲り・天孫降臨などの神話、中巻は神武天皇から応神天皇まで、下巻は仁徳天皇から推古天皇までを収め、歌謡・系譜などで構成されるが、天皇の統治する世界の成り立ちとその神話的歴史を叙述したものである。その主張するところは、日本の国土が天皇の祖先神によって生成され、ヤマトタケル・神功皇后らによって支配領域の拡大がなされたことなどに基づく天皇による全国支配の正当性に尽きる。古事記の神話では、すでに存在した天の世界である高天原に神々が現れ、伊《い》耶那岐命《ざなぎのみこと》・伊耶那美命《いざなみのみこと》が地に降って地の世界である葦原中国《あしわらなかつくに》を秩序化するが、地の世界自体の力でなく、高天原のムスヒの神のエネルギーの導きにより世界となると説かれる。この神話的世界観は*『日本書紀』とも異なって『古事記』独自のものといえる。近世以前における『古事記』研究は文永一〇年（一二七三）成立の卜部兼文《うらべかねふみ》『古事記裏書』がある程度だが、本居宣長が三五年の歳月を費やした大著『古事記伝』（版行は寛政二年（一七九〇）から文政五年（一八二二））により代表的な古典と認識されるに至った。最古の写本は応安四―五年（一三七一―一三七二）に真福寺の僧賢瑜《けんゆ》が書写した真福寺本（国宝）で、新写本にはこの系統に属する道果本・道祥本・春瑜本、卜部家本系統（兼永筆本・近衛本など）がある。刊本は『新訂増補国史大系』、『日本古典文学大系』、『日本思想大系』。

［文献］神野志隆光『古事記の達成』（東京大学出版会、一九八

三)、坂本太郎『古事記と日本書紀』(吉川弘文館、一九八八)。

(齋藤　融)

日本書紀《にほんしょき》　神代より持統天皇一一年(六九七)までの編年体史書。*舎人親王らにより養老四年(七二〇)五月撰進。三〇巻・系図一巻(伝存せず)。日本の現存最古の史書で、「日本《にほん》紀《ぎ》」と称され、*六国史の最初。*天武天皇が天武天皇一〇年(六八一)三月に『帝紀《ていき》』『上古諸事』の編纂を川島皇子・忍壁《おさかべ》皇子らに命じたことが編纂の始まりで、持統天皇五年(六九一)八月に大三輪《おおみわ》氏ら一八氏が「墓記《ぼき》」を提出したのは編纂にかかわるものとみられる。和銅七年(七一四)二月に紀清人《きのきよひと》・三宅藤麻呂《ふじまろ》が国史編修を命じられるが、律令編纂を優先して中断していた事業の再開かもしれない。巻一・二が国土の生成から天孫降臨までの神代、巻三が神武天皇で、以下一代ないし数代の天皇で一巻とし、巻二八・二九を天武紀に当て、巻三〇を持統紀とする。原資料は『帝紀』『旧辞』、氏族・地方の伝承・記録、伊吉連博徳《いきのむらじはかとこ》書・調淡海《つきのおうみ》日記のような個人の記録、寺院縁起、百済史書(『百済記』・『百済新撰』・『百済本記』)、中国史書(『*魏志』など)である。神代は『*古事記』と異同のある神話で構成され、しばしば異伝を「一書」として掲載する。文章を整えるために中国の『*漢書』『芸文類聚』『文選《もんぜん》』などを利用している。奈良から平安時代初期にかけて講書(日本紀講筵《こうえん》)が行われており、「日本紀私記」「日本紀竟宴和歌《きょうえんわか》」などの記録が残っている。記載内容に信頼性をある程度認めうるのは天武・持統紀で、時代をさかのぼるに従って年紀や事件・系譜、人物の実在性については怪しくなり、*金石文や中国の史書、*木簡などの出土文字資料を用いた史料批判が不可欠となる。代表的な注釈書には卜部兼方《うらべかねかた》『釈日本紀《しゃくにほんぎ》』(一三世紀後期成立)がある。写本には鎌倉時代以降流布した卜部家相伝本系写本(全巻完備、天理図書館本〈天理図書館善本叢書〉など)と、八世紀末から九世紀初めの巻一断簡・巻一〇応神紀や九世紀末から一〇世紀初めの岩崎本(巻二二推古紀・巻二四皇極紀)などの古代の写本がある。刊本は『新訂増補国史大系』、『日本古典文学大系』。

[文献]　坂本太郎古事記と日本書紀(吉川弘文館、一九八八)。

(齋藤　融)

六国史《りっこくし》　八—九世紀に編纂された勅撰史書である『*日本書紀』『続日本紀《しょくにほんぎ》』『日本後紀』『続日本後紀』『日本文徳天皇実録』『日本三代実録』の総称。収載年代は神代から光孝天皇死去の仁和《にんな》三年(八八七)八月二六日まで。中国の史書の体裁を模した漢文体史書で、天皇の事績・政治情勢の推移などを中心に編年体で叙述したものだが、『続日本紀』以下には薨卒伝《こうそつでん》が詳述されるなど紀伝体の要素も取り入れられている。『続日本後紀』は実態として*仁明天皇の一代記で、記事も広範なうえに詳細となり、実録性が濃厚になるが、その次の『日本文徳天皇実録』は書名に一代記・実録を含むなど、その傾向をいっそう強めている。原資料には*太政官・*中務省などに保管されている詔勅・太政官符の案文《あんもん》、諸司・諸国からの上申文書、諸家の提出する「功臣家伝《こうしんかでん》」などが用いられた。年中行事の取扱いなどは国史ごとに編纂方針が異なり、編集事業主宰者の個性を反映している部分も否定できない。職員令は国史編纂を図書寮の職掌とするが、編者には大臣・納言・*参議の公卿、*紀伝道出身の内記・外記を帯した儒者などが選ばれ、『続日本後紀』以降には特に撰日本紀所（国史所）が置かれて編纂に当たった。一〇世紀以降も正史編纂事業は企図されるが継続が困難となり、『新国史』（宇多・醍醐朝の四〇巻、それに朱雀《すざく》朝を加えた五〇巻の二種が存す）は未定稿のまま終わった。六国史の呼称の初見は、文明二年（一四七〇）に完成した『善隣国宝記《ぜんりんこくほうき》』序文（瑞渓周鳳《ずいけいしゅうほう》）だが、六正史を一括して捉えることは*菅原道真の『類聚国史』のように古くから行われた。なお、応仁の乱によって京都は荒廃し、その混乱のなかで多くの典籍が焼失・散逸したが、永正一〇年（一五一三）から天文四年（一五三五）にかけて三条西実隆《さねたか》・公条《きんえだ》父子が精力的に六国史を書写しており、他の国史と異なって散逸の著しい『日本後紀』は三条西家本（天理図書館所蔵）が唯一の古写本である。刊本は『新訂増補国史大系』、『増補六国史』。　（齋藤　融）

［文献］坂本太郎六国史（吉川弘文館、一九八九）、皆川完一・山本信吉編『国史大系書目解題　下』（吉川弘文館、二〇〇一）。

風土記《ふどき》　和銅六年（七一三）の官命に応え、編纂された国別地誌。郡郷名の由来、産物、地味、山川原野の名の由来、古老伝承を国から太政官に解の形で報告したもの。風土記の称は延喜一四年（九一四）*三善清行『意見十二箇条』にみえる。現存する完本は出雲国風土記のみ。脱落や省略のあるものに常陸・播磨・豊後・肥前の風土記がある。これらを総称して五風土記と呼ぶ。平安末から鎌倉にかけて諸文献に引用され確認できる逸文は約五〇国に及ぶ。古代の神話・伝承や地方社会の様子を伝える第一級の史料。五風土記・逸文を古風土記と呼び、江戸時代に編纂された各地の風土記と区別する。刊本は『日本古典文学大系』。

［文献］植垣節也『風土記の研究並びに漢字索引』（風間書房、一九七二）、坂本太郎『風土記と万葉集』（吉川弘文館、一九八八）。荊木美行「古風土記逸文集成」（『皇学館大学紀要』三五、一九九六）。　（齋藤　融）

稗田阿礼《ひえだのあれ》（生没年未詳）『*古事記』序によれば、諸氏に伝わる『帝紀《ていき》』および『本辞《ほんじ》』に含まれる誤伝を正そうとした*天武天皇に起用され、「帝皇日継《ていこうひつぎ》」および「先代旧辞《せんだいきゅうじ》」とを「誦習」した。阿礼は当時二八歳の舎人で、どのような文字であっても即座に読め、一度聞いたことは二度と忘れないほど記憶力に優れていたため選ばれたという。作業は天武の死去によって中断していたが、和銅四年（七一一）九月、*元明天皇が*太安麻呂に阿礼の「誦むところの勅語の旧辞」の撰録を命じ、翌年正月に『古事記』三巻が完成した。阿礼の役割は、撰修作業そのものではなかったとされる。稗田氏は大和国添上《そうのかみ》郡稗田郷（奈良県大和郡山市）を本拠とした。

［文献］瀧口泰行「古事記撰録の周辺―元明天皇・太安万侶・稗田阿礼をめぐって―」（尾畑喜一郎編『記紀万葉の新研究』所収、桜楓舎、一九九二）。　（齋藤　融）

太安麻呂《おおのやすまろ》（？―七二三）*姓は朝臣《あそん》。安万侶とも記す。父は品治《ほむじ》（『多神社注進状』）。慶雲元年（七〇四）正月に従五位下に叙せられ、和銅四年（七一一）四月正五位上に進む。同年九月に元明天皇の詔により*稗田阿礼の誦する『帝紀《ていき》』および『旧辞《きゅうじ》』を撰録し、翌年正月に『*古事記』を献上する。霊亀元年（七一五）正月従四位下に昇叙し、翌年九月に氏長となり、養老七年（七二三）七月に没した。なお、民部卿就任は和銅五年（七一二）五月頃、勲五等は同三年（七一〇）頃（越後国蝦夷に対する鎮撫）と推定されている。なお、昭和五四年（一九七九）一月に奈良市東郊の火葬墓から遺骨と墓誌（重文）が発見され、邸宅が左京四条四坊に所在したことが知られる。

［文献］野村忠夫『古代貴族と地方豪族』（吉川弘文館、一九八九）。　（齋藤　融）

舎人親王《とねりしんのう》（六七六―七三五）天武天皇の皇子。母は天智天皇の皇女新田部皇女《にたべのひめみこ》。大炊《おおい》王（淳仁天皇）・船王・池田《いけだ》王らの父。持統九年（六九五）正月浄広弐《じょうこうに》を授けられ、養老二年（七一八）正月に二品から一品に進む。養老四年（七二〇）五月、『日本書紀』三〇巻および系図を完成奏上するが、その立場は事業の主宰者ではなく、名誉総裁的な性格が強いとされる。同年八月右大臣藤原不比等が死去した翌日に知太政官事《ちだじょうかんじ》に任じられ、元明天皇の補弼に当たる。度々の加封により神亀元年（七二四）二月には二五〇〇戸に達している。天平七年（七三五）一一月に死去し、太政大臣を追贈される。淳仁天皇の即位に伴い、天平宝字三年（七五九）六月崇道尽敬皇帝《すどうじんけいこうてい》を追《つい》尊《そん》された。

［文献］川崎庸之『記紀万葉の世界』（東京大学出版会、一九八二）。　（齋藤　融）

日本霊異記《にほんりょういき》　日本最古の仏教説話集。正式書名は『日本国《にほんこく》現報善悪霊異記《げんぽうぜんあくりょういき》』。薬師寺の僧景戒《きょうかい》が撰述。延暦六年（七八七）に原形ができ、のちに増補されて弘仁一三年（八二二）頃に成立したとされる。三巻。説話はほぼ年代順に配列され、巻ごとに序文を付し、上巻は雄略朝から文武朝までの三五縁、中巻は仏教興隆の聖代として聖武朝の四二縁、下巻は淳仁朝から嵯峨朝までの三九縁、計一一六縁を載せる。唐の『冥報記』『金剛般若経集験記』などの翻案らしいもの、記紀や民間の伝承を素材とするものなど様々な因果応報譚《たん》を集めて仏教の教理をわかりやすく説いている。信仰心に欠けるため非業の最期を遂げたり、死後の世界で苦しめられる説話は民衆の畏怖心を煽り、信心の大切さを教える意図もあるだろう。説話からは私度僧の存在形態、様々な階層における仏教受容の様相、八世紀社会の実相などがうかがわれ、宗教史のみならず社会史・思想史などの分野でも貴重な史料である。下巻三八縁の後半に景戒の自伝的な記述がみられ、出身地は紀伊国名草《なぐさ》郡（和歌山県海草郡）で、俗姓大伴氏と推測されている。後世の『三宝絵詞』『今昔物語集』などに影響を与えた。古写本には、興福寺本（上巻、平安中期書写、国宝）、真福寺本（中・下巻、平安末期から鎌倉初期書写、重文）、来迎院《らいごういん》本（中・下巻、平安後期書写、国宝）、前田家本（下巻、嘉禎二年（一二三六）書写、重文）などがあり、それぞれに複製本が作られている。刊本は『群書類従』、『日本古典文学大系』、『日本古典全集』。

［文献］志田諄一『日本霊異記とその社会』（雄山閣出版、一九七五）、原田行造『日本霊異記の新研究』（桜楓社、一九八四）。　（齋藤　融）

正倉院文書《しょうそういんもんじょ》　東大寺正倉院に伝来した奈良時代の文書群の総称。約一万点。宮内庁正倉院事務所が管理。広義には正倉院に収蔵されたすべての文書で、北倉《ほくそう》の献物帳《けんもつちょう》、宝物出納関係文書、宝物とともに伝来した文書（鳥毛立女図屏風《とりげりゅうじょずのびょうぶ》の下貼りに利用された「買新羅物解」など）も含むが、狭義には中倉《ちゅうそう》の櫃《ひつ》に納められていた八世紀の造営・写経関係の文書群（正倉院古文書)を指す。明治時代に東大寺が皇室に献納した東南院文書も正倉院に一時期収蔵され、これも含めることがある。狭義の正倉院文書は、造東大寺司所属の写経所(もと皇后宮職《こうごうぐうしき》写経所)が事務管理のために作成した多種多様な帳簿類、諸官司・寺院・貴族諸家との往復文書などで、現業官司の事業運営の実相、写経生の日常生活などを知ることができる。用紙には中務・民部省などが払い下げた公文書の紙背《しはい》を再利用しており、戸籍・計帳・正税帳《しょうぜいちょう》などは律令制の公民支配の実態、村落・親族組織などの解明の基礎史料である。天保四年(一八三三)正倉院が修理された際に穂井田忠友《ほいだただとも》が印章のある公文書を抜き取り、「正集」四五巻を編集した。以来、明治年間に内務省・教部省により続修・続修後集・続修別集の整理が行われ、さらに塵芥《じんかい》文書の補修整理、最後に残った未修古文書が続々修に編成された。これらの整理は表文書を中心としたため、写経所文書群の原形は損われた。『正倉院文書目録』『正倉院古文書影印集成』などの刊行が近年の正倉院文書研究の活況をもたらした。刊本は『大日本古文書』。

[文献]　杉本一樹『日本古代文書の研究』(吉川弘文館、二〇〇一)、西　洋子『正倉院文書整理過程の研究』(吉川弘文館、二〇〇二)。　(齋藤　融)

木簡《もっかん》　文字(墨書・線刻)を記した木札の総称。「簡」とは本来、竹を短冊《たんざく》形に加工して筆記したものであるが、素材により木簡・竹簡《ちくかん》と呼称する。正倉院の伝世品や昭和初期に払田《ほったの》柵跡《さくあと》で表採された木簡の存在は知られていたが、古代史研究の貴重な一次史料として活用されるようになったのは昭和三九年(一九六四)に平城宮跡で大量に出土し、以後飛鳥・*藤原京・難波宮・*長岡京・*平安京などの都城遺跡、*大宰府・*多賀城・*秋田城・下野国府などの官衙遺跡、*東大寺などの寺院遺跡、飛鳥池遺跡などの工房遺跡を中心に各地で出土例が増えたからである。現在では墨痕しか確認できない削屑も含めて総数十数万点に及ぶとされる。中国では蔡倫《さいりん》による紙の発明(前漢)以前が盛行された時期であるが、以後も用途に応じて併用された。日本では出土例からすると、七世紀前半から一〇世紀頃まで多用されたらしい。記載内容により文書木簡・付札《つけふだ》木簡・その他(告知札《こくちふだ》・習書・落書《らくしょ》・戯画《ぎが》など)に分類される。規格は多様ながら長さは二〇—三〇センチメートル程度が多く、主として加工しやすい檜《ひのき》・杉材が用いられた。文書木簡には、公式令が規定する書式(符《ふ》・移《い》・解《げ》)などで書かれた狭義の文書と、名簿・帳簿に類した簡略な記録があり、形状は短冊形が多い。藤原宮跡から出土した九世紀初頭の荘園経営にかかわる収納帳簿様の木簡は例外的に長大。付札木簡には、調庸・贄《にえ》などの税物の貢進者・税目・数量・年紀など(運京の責任者である専当国司・綱領《こうりょう》郡司も記す木簡もある)を記した貢進物荷札と、物品の整理保管用の付札があり、形状は紐《ひも》を掛ける便宜を考慮して短冊形の両端ないし一端に左右から切込みを施したものが一般的である。切込みが一端のものには他端を尖らせた形状のものもある。告知札は往来の多い場所の地面に立てて告示(紛失・迷子など)に使用したもので、長大な形状をとる。呪符《じゅふ》・柿経《こけらきょう》・物忌札《ものいみふだ》などの宗教的用途の木札は中世以降においても広く用いられた。刊本は『日本古代木簡選』(木簡学会編、岩波書店、一九九〇)、『上代木簡資料集成』(沖森卓也・佐藤信編、おうふう、一九九四)。

［文献］　鬼頭清明『古代木簡の基礎的研究』（塙書房、一九九三）、今泉隆雄『古代木簡の研究』（吉川弘文館、一九九七）。（齋藤　融）

金石文《きんせきぶん》　金属および石材に刻まれた文字（金文・石文）の総称。硬質のもの（瓦・塼《せん》など）にある文字は本義から外れる。金石文の文章は銘ないし銘文と呼称され、材質を反映して永久保存を目的とする記念（顕彰）的な傾向がある。文字の表現技法には陰刻《いんこく》・陽刻・象眼《ぞうがん》・墨書などがあるが、日本の金石文の技法や形式は中国から伝えられたもので、前漢に朝貢して以降、多数の舶載品《はくさいひん》（福岡県志賀島出土の金印、各地の古墳から出土する三角縁神獣鏡など）がもたらされ、それらを模しながら国産の印章・鏡・刀剣などに銘文が作られた。同時代史料のまれな六世紀以前のものには、隅田《すだ》八幡神社（和歌山県橋本市）蔵の人物画像鏡銘、東大寺山古墳（奈良県天理市）出土鉄刀銘、石上《いそのかみ》神宮（奈良県天理市）蔵の七支刀《しちしとう》銘、江田船山古墳（熊本県菊水町）出土の大刀銘、稲荷山古墳（埼玉県行田市）出土の鉄剣銘、稲荷台一号墳（千葉県市原市）出土の鉄剣銘などがあり、これらは固有の言語表現が見られる点でも貴重な資料である。七世紀以降になると、造像銘には法隆寺金堂釈迦三尊像光背銘・野中寺（大阪府羽曳野市）弥勒菩薩像銘、塔露盤銘には薬師寺東塔檫《さつ》銘・粟原寺伏鉢《ふせばち》銘（奈良県桜井市談山《たんざん》神社蔵）、先祖供養碑には金井沢碑（群馬県高崎市）、墓碑には山ノ上碑（群馬県高崎市）、顕彰碑には那須国造碑（栃木県湯津上村）・多賀城碑、墓誌には*行基（奈良県生駒市出土）・*太安麻呂、骨蔵器には威奈大村、妙心寺鐘銘、造橋碑には宇治橋断碑、記念碑には多胡碑（群馬県吉井町）、さらには矢田部益足《ますたり》買地券（岡山県真備町出土）、弥勒信仰を主因とする*藤原道長の金峰山経筒銘（奈良県吉野町）など多種多様の金石文が作られた。江戸時代後期には、狩谷棭斎《えきさい》が古代金石文の考証を行い、『古京遺文』（自序に文政元年（一八一八）とあるが、以後も補訂作業は継続）を著している。なお、銘文には後世の追刻・偽作もあり、年代決定などには慎重な検討が必要である。刊本は『寧楽遺文』。

［文献］　岡崎　敬・平野邦雄編『古代の日本9』（角川書店、一九七一）、上代文献を読む会編『古京遺文注釈』（桜楓社、一九八九）。

（齋藤　融）

漆紙《うるしがみ》　漆を入れた曲物《まげもの》・土器の蓋紙《ふたがみ》として用いた文書の反故《ほご》紙に漆が染み込み、廃棄後も土中で腐蝕せずに遺存した文書。漆は乾燥・硬化・凝固しやすいが、耐久性に優れているため縄文時代の漆製品が出土する例は三内丸山遺跡（青森県青森市）など少なくない。大半は折り重ねて廃棄され、漆の付着面しか遺存しないため形状は円形ないし半円形を呈す。多賀城跡で最初に漆紙が出土した際には皮製品と誤認されたが、昭和四八年（一九七三）に肉眼でも文字が判読できる漆紙文書（計帳断簡）が出土し、のちに漆紙と思しき遺物を丹念に赤外線テレビカメラを使用して解読作業を行った（新聞発表は昭和五三年（一九七八）六月）。*平城京・*長岡京などの都城遺跡、*秋田城・*胆沢城（岩手県水沢市）・下野国府（栃木県栃木市）などの地方官衙遺跡、下野国分寺跡（栃木市国分寺町）などの寺院遺跡、鹿《か》の子《こ》c遺跡（茨城県石岡市）などの工房・集落遺跡など五十余箇所の遺跡から出土するが、特に八世紀の律令制下の地方における多種多様な行政文書が注目される。常陸国の国衙工房と推測される鹿の子c遺跡（奈良から平安時代初期）では、

*戸籍・*計帳・出挙《すいこ》帳・*検田帳・神戸帳・兵士関係帳簿・*具注暦などが出土しているが、桓武朝の「軍事」政策を支える在地の様相がうかがわれる。また、秋田城跡出土の蚶形駅家《きさかたのうまや》（秋田県象潟町）から発信された書簡は、封じ方（切封）の実際がわかったことで興味深いが、駅家に関する貴重な史料でもある。

［文献］平川　南『漆紙文書の研究』（吉川弘文館、一九八八）、平川　南『よみがえる古代文書』（岩波書店、一九九四）。（齋藤　融）

『寧楽遺文《ならいぶん》』（竹内理三編《たけうちりぞうへん》）　史書および律令を除いた奈良時代の主要な文書・文献を収めた史料集。初版は上巻が昭和一八年（一九四三）、下巻は同一九年（一九四四）に刊行され、次いで同三七年（一九六二）に改訂版が出された。皇国史観の桎《しっ》梏《こく》から解放された戦後の古代史学史に欠くことのできない史料集であろう。改訂版の構成は、上巻に総目録および政治篇として*戸籍・*計帳・*正税帳・四度公文枝文《よどのくもんえだぶみ》・太政官符、中巻に宗教篇として寺院縁起并流記資財帳《るきしざいちょう》・献物帳《けんもつちょう》・造寺所公文《ぞうじしょくもん》・写経所公文、経済篇として諸国田券、下巻に経済篇の続きで奴婢帳、文学篇として風土記・人々伝・詩集（付学書）・人々啓《けい》状《じょう》・*金石文、補遺として経典跋語《きょうてんばつご》・調庸綾絁布墨書・金石文および新補金石文（平城宮址出土木簡墨書）を収め、奈良時代の史料総論と収載史料に関する個別解説を付す。『*正倉院文書』が過半を占めるが（太政官符は九条家本『*延喜式』裏文書、経済篇は東南院文書など）、ほかの史料集では入手困難なものもあり、版を重ねて研究者・大学院生などに利用された。『大日本古文書・編年文書』に比してコンパクトで、テーマ別に配列されている点もきわめて便利であるが、史料集に不可避の誤植は別としても、二段組みのために原文書では一行であっても次行に送られるなど、原文書に忠実な翻刻ではない点は惜しまれる。また、『正倉院文書』の研究がより精致になっている状況からすると、正集・続修・続修後集などの所属に関する記載もあることが望ましいだろう。

［文献］竹内理三編『寧楽遺文　上・中・下』（東京堂出版、一九六二）。（齋藤　融）

（七）美　　術

法隆寺伝法堂《ほうりゅうじでんぽうどう》　法隆寺東院の講堂に当たる建物。国宝。正面七間、側面四間、切妻造。本瓦葺。『法隆寺東院資財帳』の「瓦葺講堂壱間」に該当し、「橘夫人宅」すなわち*聖武天皇の夫人・古那可智《こなかち》の住宅を奉納したと知られる。奈良時代住居建築唯一の遺品。仏堂としては例外的に板床を張り、前面に縁を設ける。来迎壁を作り、天蓋を三個吊る。下方に仏壇を置き、三具の阿弥陀三尊像（奈良時代）などを安置。橘夫人宅を移築したとする『資財帳』の記載の文献的根拠を否定する意見もあったが、解体調査と地下発掘の結果、ほかからの移築が確実となった。建立の時期は『資財帳』が提出された天平宝字五年（七六一）を下限とし、風蝕差から移築の十数年前と推定される。

［文献］奈良六大寺大観刊行会編『補訂版奈良六大寺大観5法隆寺五』（岩波書店、二〇〇一）、資財帳編集委員会編『法隆寺の至宝―昭和資財帳2東院伽藍・子院・石造品』（小学館、一九九六）。（佐々木守俊）

法隆寺夢殿《ほうりゅうじゆめどの》　法隆寺東院の中心をなす八角円堂。国宝。本瓦葺。天平宝字五年（七六一）提出の『法隆寺東院資財帳』の

「瓦葺八角円堂仏殿壱基」に当たる。側柱は八角柱でわずかに内側に倒れる「内転び」をもち、繋虹梁で入側柱と連結する。凝灰岩製の内部仏壇は当初のもので、中央宮殿内に聖徳太子等身とされる救世観音像《ぐぜかんのんぞう》を安置する。屋根の頂上に銅製の宝珠・露盤を乗せる。斑鳩宮にはすでに夢殿と呼ばれる建物があり、*聖徳太子は「金人」に教えを受けたという。八角堂という形態は太子廟の性格を物語る。寛喜二年（一二三〇）の修理で組物を増やし屋根を大きくした。昭和の修理でも当初の姿に戻さず現在に至る。救世観音像のほか行信律師坐像、道宣律師坐像などを安置。

［文献］奈良六大寺大観刊行会編『補訂版奈良六大寺大観5法隆寺五』（岩波書店、二〇〇一）、資財帳編集委員会編『法隆寺の至宝―昭和資財帳2東院伽藍・子院・石造品』（小学館、一九九六）。

（佐々木守俊）

唐招提寺講堂《とうしょうだいじこうどう》　国宝。正面九間、側面四間。入母屋造。本瓦葺。金堂の北に立つ。『招提寺建立縁起』は平城京の朝集堂を施入したと記し、蟇股に残る墨書から東朝集堂であったと判明した。奈良時代宮殿唯一の遺品。切妻造で開放的な構造だったのを、移築時に入母屋造に改め壁や連子窓を設けた。文屋真人浄三が施入を機に*鑑真に入門したこと（『延暦僧録』）や、鑑真の弟子忍基《にんき》が講堂の棟梁が折れる夢で師の死期を悟ったとの伝承（『唐大和上東征伝』）から、施入は天平宝字七年（七六一）の鑑真入滅以前とされる。建治元年（一二七五）、正面前方の空間を広げるなどの改造を行った。現在、軍法力《ぐんほうりき》造立の本尊弥勒菩薩像は鎌倉時代の像に代わり、大部分の像が新宝蔵に移転。

［文献］工藤圭章「唐招提寺・金堂と講堂」（工藤圭章・渡辺義雄・薗部　澄『奈良の寺18唐招提寺　金堂と講堂』所収、岩波書店、一九七四）、奈良六大寺大観刊行会編『補訂版奈良六大寺大観12唐招提寺一』（岩波書店、二〇〇〇）。

（佐々木守俊）

唐招提寺金堂《とうしょうだいじこんどう》　奈良時代金堂唯一の遺品。国宝。正面七間、側面四間。寄棟造。本瓦葺。正面一間は吹き放しで、かつては回廊で中門と連結されていた。内部には当初の彩色が残る。三手先組物は薬師寺東塔から当麻寺東塔に至る過渡期の形式。仏壇は花崗岩製で本尊盧舎那仏坐像ほか諸像を安置。元禄六―七年（一六九三―一六九四）、屋根を重厚な形に改めたが当初は棟が低く勾配も緩やかであった。屋根上西側の鴟尾は当初のもの。建立年代には諸説あるが『招提寺建立縁起』は如宝《にょほう》建立と記し、如宝の活躍が始まる宝亀年間（七七〇―七八〇）、特に播磨国封戸が施入された同七年（七七六）頃が目安となろう。平成一二年（二〇〇〇）より解体修理を開始、同二一年（二〇〇九）落慶予定。

［文献］工藤圭章「唐招提寺・金堂と講堂」（工藤圭章・渡辺義雄・薗部　澄『奈良の寺18唐招提寺　金堂と講堂』所収、岩波書店、一九七四）、奈良六大寺大観刊行会編『補訂版奈良六大寺大観12唐招提寺一』（岩波書店、二〇〇〇）。

（佐々木守俊）

東大寺法華堂《とうだいじほっけどう》　東大寺東部の堂宇。国宝。正面五間、側面八間。本瓦葺。旧暦三月に法華会を行うため法華堂、三月堂という。羂索院（堂）とも呼ばれた。寄棟造の正堂前面に入母屋造の礼堂を置く双堂《ならびどう》である。正堂は奈良時代の建立で本来は全体が板敷きであった。礼堂は鎌倉時代の再建だが、当初から存在し正堂と軒を接していたと推定され、現在は連結する。本尊は不空羂索《ふくうけんじゃく》観音立像《かんのんりゅうぞう》で、良弁*によって法華会や華厳経講説が行われた。創立年代は『東大寺要録』の記す天平五年（七三三）は信憑性を欠き、天平一二年から天平勝宝元年（七四〇―七四九）の範囲で諸説が出された。この点では、流恭仁宮瓦の用が注目される。東大寺*の前身である金鍾寺《こんしゅ》の一堂宇とも目されるが、堂の一帯を同じく前身の福寿寺旧域とみる説が近年ある。

［文献］近畿日本鉄道編纂室編『東大寺法華堂の研究』（吉川弘文館、一九八四、初版は大八洲出版、一九四八）、奈良六大寺大観刊行会編『補訂版奈良六大寺大観9東大寺一』（岩波書店、二〇〇〇）。

（佐々木守俊）

東大寺転害門《とうだいじてがいもん》　東大寺西面大垣の北門。国宝。三間一戸八脚門。切妻造。本瓦葺。棟筋中央間を扉口（扉は現存せず）、同脇間を土壁とするほかは開放。手向山神社の転害会《てがいえ》で御旅所となったことが名の由来か。天平勝宝八年（七五六）の「東大寺山堺四至図」に「佐保路門」としてみえるが建物の存在は疑われる。一方、南面西門と西面南門は天平宝字六年（七六二）当時工事中だったと見られ（『正倉院文書』）、転害門も同じ頃の造営と思われる。稀少な草創期の遺構で、隅の柱を一番長くする隅延びを持ち、当初は側柱が内側に傾く内転びをもっていた。建久六年（一一九五）に平三斗組を出組に改めた。西面中央間の組入天井と床面の礎石は手向山神社の神輿を据えるため設置。

［文献］奈良六大寺大観刊行会編『補訂版奈良六大寺大観9東大寺一』（岩波書店、二〇〇〇）。

（佐々木守俊）

校倉《あぜくら》　木造の倉の一種。束柱を立てて通常鼠返しつきの台輪を置き、断面を略三角形とする不整六角形または不整五角形の校木と呼ばれる材を積み上げて壁体とする。屋根は寄棟造が普通である。壁材を井桁状に組む井籠組《せいろうぐみ》は広い地域で行われたが、校倉は日本でしか知られていない。奈良時代の文書に見える穀倉用の「甲倉《こうくら》」が様式化されて成立したと考えられる。現存する古代の例はすべて高床式だが、『信貴山縁起絵巻』*には平地式の校倉が描かれる。重厚な外観を呈し、寺院で宝物や経典を納める倉として重用され、正倉院正倉のように二つの校倉の間を連結した双倉も作られた。かつては内部の湿度を自然に調節するといわれていたが、内外での湿度差はない。

［文献］石田茂作『校倉の研究』（便利堂、一九五一）、清水真一「校倉」（『日本の美術』（四一九、二〇〇一）。

（佐々木守俊）

塑像《そぞう》　土で作った像。奈良時代の史料では「埝《てん》」「㙷《しょう》」などとする。ガンダーラで発祥し、中国では隋・唐代に最盛期を迎えた。造像はまず心木に藁縄などを巻きつけ、小石混じりの粘土に藁すさや麻の繊維を混ぜた荒土を盛りつけて大まかな形を作る。次に粘土の混じった山土に籾殻を混ぜた中土で像の形を作り出していく。最後に砂分が多くきめの細かい土（雲母が混じった土が好まれた）に麻紙をほぐした紙すさと水溶きした粘土を加えた仕上土で細部を造形する。表面は白土下地に彩色したり漆箔仕上げとする。指先やヘラによる細かい作業が可能で、柔らかな質感の表出や写実的な表現に適する。日本では大化四年（六四八）、四天王寺の塔に安置された霊鷲山と四仏は塑像であったと考えられ、造像の開始は七世紀半ばと見てよい。天智朝の創建とみられる川原寺旧境内からは丈六仏の一部を含む塑像片が大量に出土し、そのほか島根・上淀廃寺など地方の寺址の発掘結果からも、七世紀後半の活発な制作状況が読みとれる。完好な現存例に天武一〇年（六八一）頃の当麻《たいま》寺弥《み》勒仏坐像《ろくぶつざぞう》がある。奈良時代に入り、最初の代表作が和銅四年（七一一）の法隆寺五重塔塔本塑像で、中国の塑壁を源流とする。特に羅漢の表情などに捻塑的技法ならではの写実性が顕著である。七四〇年代頃の東大寺戒壇堂四天王立像および法華堂伝日光《にっこう》・月光《がっこう》菩薩《ぼさつ》立像《りゅうぞう》は、内面性の表出に意が注がれた。法華堂執金剛神《しっこんごうしん》立像《りゅうぞう》も同系統の作であろう。奈良時代後期には、木で大体の像の形を作って土を盛りつける木心塑像が発生する。これは木心乾漆像と同様、木彫表現に刺激されて木心が発達した結果と位置づけられる。法隆寺食堂帝釈天立像《たいしゃくてんりゅうぞう》では木心に足の指が彫出してあり、木心が本格的木彫に近づいた様子を示す。また石を心とする石心塑像も作られ、栃木・大谷磨崖《まがい》仏《ぶつ》千手観音立像はこの時代にさかのぼる可能性がある。平安時代に作例が激減、鎌倉時代の祖師像で再び見られるようになる。

［文献］西川杏太郎「塑像」（『日本の美術』二五五、一九八七。同『日本彫刻史論叢』（中央公論美術出版、二〇〇〇）に抄録）、本間紀男『天平彫刻の技法―古典塑像と乾漆像について』（雄山閣出版、一九八七）。

（佐々木守俊）

乾漆像《かんしつぞう》　漆と麻布を主要材料とする造像技法。中国では乾漆技法を「夾紵《きょうちょ》」といい、秦代には容器が制作され、北魏、東晋に至り夾紵像が作られたという。日本では「即」「塞《そく》」などと記録に載る。仏像の制作は七世紀に始まった。史料上最初の例は天智天皇御願の百済大寺《くだらおおてら》丈六仏および四天王像で、『扶桑略記』は天智七年（六六八）のこととする。乾漆像は脱活乾漆像と木心乾漆像に大別される。脱活乾漆像の制作法は心木に土を盛りつけて原形を作り、漆で麻布を最大十数回貼り重ねる。乾燥したのち麻布部分を切り取ってなかの原型を抜き、切れ目を縫い合わせ、木枠で補強する。さらに木《き》屎漆《くずうるし》（漆に木粉や抹香などを混ぜたもの）を盛って整形し、指や耳朶などは鉄芯で補強する。像表は白土下地の彩色または漆箔仕上げとする。高価な漆を大量に消費するのが難点だが、表面が強固で、軽くて持ち運びも容易であった。柔らかい輪郭を表現しやすく、自在な衣文の表現にも適し、髪筋や装身具などの細かい造形も可能である。七世紀末の当麻寺四天王立像が現存最古の例である（多聞天像は木造、後補）。天平年間に最盛期を迎え、天平六年（七三四）の興福寺八部衆・十大弟子立像や七四〇年代頃の東大寺法華堂不空羂索観音立像《ふくうけんじゃくかんのんりゅうぞう》などが作られた。奈良時代末の秋篠寺諸像に至り、心木を像内に残すという簡略化が起こる。一方この時期、木彫の原型の上に麻布を貼り重ねて木屎漆で仕上げる木心乾漆像が現れる。この場合、原型は像内に残る。かつては木心乾漆像の木心部が発達して一木造技法が成立したとの説があったが、木心部は数材を矧ぐものなど様々で、むしろ木彫像の興隆が木心部の発達を促したとみてよい。法隆寺百済観音立像は全身に木屎漆を盛っており、木心乾漆像の古例とする場合がある。唐招提寺千手観音立像、聖林寺《しょうりんじ》十一面観音立像などが代表的である。平安時代初期にも像表に補助的に乾漆を併用した例は多いが、本格的な乾漆像は制作されなくなった。

［文献］久野健「乾漆仏」（『日本の美術』二五四、一九八七）、本間紀男『X線による木心乾漆像の研究』（美術出版社、一九八七）。

（佐々木守俊）

絵《かい》画《が》（天平の）　天平時代は、大陸からの技法や表現法が取り入れられ、中国の唐代絵画にならった絵画が国家的規模で制作された。「養老令」によると、中務省に置かれた画工司《えだくみのつかさ》は、事務官である正《かみ》、佑《すけ》、令史《さかん》各一名のほか、画師《えし》四名、画部《えかきべ》六〇名、使部《つかいべ》一六名、直丁《じきちょう》一名からなる作画組織であったという。さらに、造東大寺司にも画人たちが組織され、仏画制作や堂内装飾に従事した。遺例として、天平勝宝四年（七五二）開眼供養の大仏蓮弁に線刻された蓮華蔵《れんげぞう》世界図、同じく線刻画によって表された旧二月堂本尊光背の仏教世界図、白描模本で伝わる戒壇院厨子扉絵があげられる。また、藤原武智麻呂の子*仲麻呂《なかまろ》（恵美押勝）が亡くなった父母のために建立した栄山寺八角堂の内陣装飾画は、菩薩の表現から、造東大寺司関係の画人の関与が想定されている。堂内を荘厳する大型の画像としては、『観無量寿経《かんむりょうじゅきょう》』に基づく観経変相図《かんぎょうへんそうず》である「綴織当麻曼茶羅《つづれおりたいままんだら》」（当麻寺）、勧修寺伝来の「刺繍釈迦如来説法図《ししゅうしゃかにょらいせっぽうず》」（奈良国立博物館）が遺存する。法華堂根本曼茶羅の名で知られる「釈迦霊鷲山説法図《しゃかりょうじゅせんせっぽうず》」（ボストン美術館）は、複雑な山水表現が特徴的である。また、薬師寺の「吉祥天像《きちじょうてんぞう》」は、天平宝字二年（七五八）または同三年（七五九）から始められた吉祥悔過《けか》の本尊とも考えられている。この絵と同様に、唐風の美人画を描いたものに、正倉院に伝わる「鳥毛立女図屏風《とりげりゅうじょずのびょうぶ》」がある。第五扇の下貼りから天平勝宝四年（七五二）の年紀のある反古紙が発見されたことから、この年から、屏風が東大寺に施入された天平勝宝八年（七五六）までの間に制作されたことが明らかになった。正倉院にはこのほか、琵琶の捍撥《かんばち》を装飾するために描かれた「騎象奏楽図《きぞうそうがくず》」や「狩猟宴楽図《しゅりょうえんがくず》」、麻布に描かれた山水図や菩薩像も残されている。さらに、諸家に分蔵される「絵因果経《えいんがきょう》」は、『過去現在因果経《かこげんざいいんがきょう》』を下段に書写し、上段には経典に対応する絵を描いたもので、巻子装の絵画作品としては最古の遺例である。

［文献］　正倉院事務所編『正倉院の絵画』（日本経済新聞社、一九六八）、中野政樹他編著『日本美術全集3正倉院と上代絵画』（講談社、一九九二）。

（稲本万里子）

漆《しつ》工《こう》（天平の）　天平時代は、大陸から楽器や調度品が輸入され、平文《ひょうもん》、平脱《へいだつ》、螺鈿《らでん》など、中国唐代の優れた技法が伝えられた。大蔵省に置かれた漆部司《ぬりべのつかさ》の工人たちが、舶載品にならった漆工品の制作に従事したのであろう。正倉院には、この時期の高度な技法による作例が残されている。「金銀平文琴《きんぎんひょうもんのきん》」には平文という技法が用いられているが、これは金銀の薄板を文様に切り、漆面に貼りつけ、毛彫りを施し、その上から漆を重ねて、文様を研ぎ出す技法である。平文が研ぎ出しの技法であるのに対して、文様上の漆を剝ぎ取る技法を平脱という。遺例には、銀平脱による「漆胡瓶《しっこへい》」「銀平脱八角鏡箱《ぎんへいだつはっかくのかがみばこ》」などがある。螺鈿とは、夜光貝やアワビ貝などの殻を文様に切り、木地や漆地の面に貼りつけ、または嵌め込んで、毛彫りを施し、研ぎ出す技法。作例として「螺鈿紫檀五弦琵琶《らでんしたんのごげんびわ》」「螺鈿紫檀阮咸《らでんしたんのげんかん》」「平螺鈿背八角鏡《へいらでんはいのはっかくきょう》」などがある。そのほか、牛や鹿の皮を型に張り、乾燥させてから型からはずし、形を整えて漆を塗った漆皮箱《しっぴばこ》も残されている。また、「金銀鈿荘唐大刀《きんぎんでんそうのからたち》」は、鞘に鳥獣と飛雲の文様が施されているが、この技法は、『東大寺《とうだいじ》献物帳《けんもつちょう》』の「鞘上末金鏤」という記載から、末金鏤《まっきんる》と称されている。中国には遺例がなく、日本で創案された技法ともいわれている。金粉による練描《ねりがき》であるとされていたが、近年、平安時代の研出蒔絵《とぎだしまきえ》と同技法であることが明らかになった。

［文献］　正倉院事務所編『正倉院の漆工』（平凡社、一九七五）、正倉院事務所編『増補改訂正倉院宝物―北倉・中倉・南倉』（朝日新聞社、一九八七―一九八九）。　（稲本万里子）

正倉院宝物《しょうそういんほうもつ》　東大寺*の正倉院と呼ばれる高床式校倉*造の倉に納められ伝世した宝物。その中心は、聖武天皇*の七七忌である天平勝宝八年（七五六）六月二一日に、光明皇太后*によって東大寺の大仏に奉納された聖武天皇の遺愛の品々や、人々の病を救済するために奉納された薬物、天平勝宝四年（七五二）四月九日に行われた大仏開眼会に使用された東大寺の什宝などである。特に、聖武天皇の宝物は、目録である『東大寺献物帳《とうだいじけんもつちょう》』によって、その由来を明らかにすることができる。倉は三つの部分に分かれており、北倉は献納後勅封になり、中倉も平安時代には勅封になった。明治時代には政府が直接管理するようになり、南倉も勅封となり、宝物の整理が行われた結果、北倉には光明皇太后奉納の宝物、南倉には東大寺大仏開眼供養関係の宝物、中倉にはそのほかの宝物が納められるようになった。現在は、宮内庁正倉院事務所の管理のもとに、宝物の整理と修理が続けられ、鉄筋コンクリート造の東宝庫に整理中の宝物が、西宝庫に整理済の宝物が収蔵されている。宝物の種類は、仏具法具、武器武具、薬物、文書典籍、文房具、楽器楽具、遊戯具、宮中儀式の品、調度品、服飾品、飲食器など多種多様であり、動物の毛皮や角、鳥や玉虫の羽、貝殻や真珠、木や金属、玉石、ガラスなどの様々な素材が使われ、螺鈿《らでん》、木画《もくが》、撥鏤《ばちる》、平文《ひょうもん》、平脱《へいだつ》などの優れた技法が用いられている。「鳥毛立女図屏風《とりげりゅうじょずのびょうぶ》」「螺鈿紫檀五弦琵琶《らでんしたんのごげんびわ》」「木画紫檀棊局《もくがしたんのききょく》」「紅牙撥鏤尺《こうげばちるのしゃく》」「銀壺《ぎんこ》」「銀薫炉《ぎんくんろ》」「漆胡瓶《しっこへい》」「三彩鉢《さんさいのはち》」「白瑠璃碗《はくるりのわん》」などが有名。象牙、犀角、瑇瑁《たいまい》などのインドおよび東南アジア産の素材や、狩猟文、葡萄唐草文などの西アジアに起源を持つ意匠から、中国唐代における東西文化交流のありさまを示す国際性豊かな宝物として、高く評価されているが、そこには、「かつての文明国は滅んでしまい、宝物も散逸してしまったが、正倉院にだけは残っている」という言説が込められていることに注意しなければならない。

［文献］　正倉院事務所編『増補改訂正倉院宝物―北倉・中倉・南倉』（朝日新聞社、一九八七―一九八九）。　（稲本万里子）

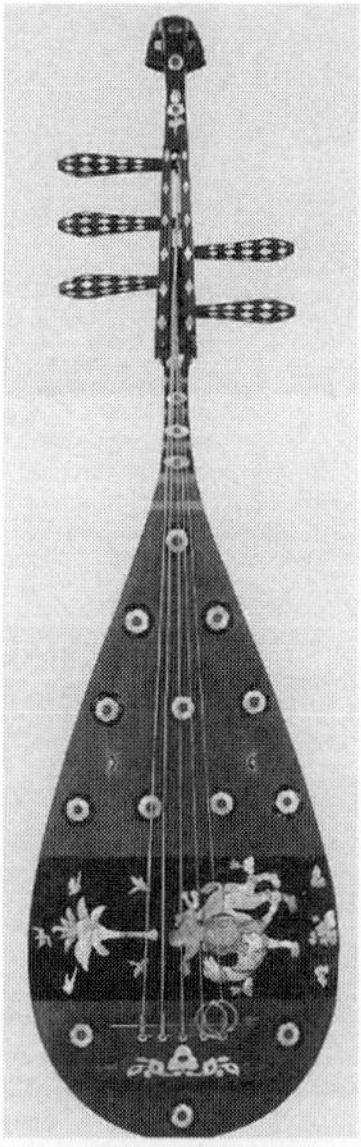
螺鈿紫檀五弦琵琶
（宮内庁正倉院事務所所蔵）

（八）　生　活

長屋王邸の生活《ながやおうていのせいかつ》　昭和六一年から平成元年（一九八六―一九八九）にかけて、奈良市二条大路南から平城京の邸宅跡が検出され、この邸宅跡の東端の溝状土坑から約三万五〇〇〇点の木*簡群が出土し、これらの木簡群（長屋王家木簡と呼ばれている）の調査からこの邸宅が長屋王のものであることが判明した。この地は二条大路と東一坊大路に面し平城宮の東南部に近接する平城京左京三条二坊一・二・七・八坪の四町占地（東西約二四〇メートル、南北約二三〇メートル）であり、貴族の邸宅としては破格の広さである。邸宅は築地塀ないし掘立柱塀で囲まれており、その内部は時期によって多少異なるが大きく内郭と外郭に分かれ、さらに内郭は中央・東・西の三区画、外郭は東・東北・北・西北などの区画に分かれている。内郭は大規模な建物が多く、居住地区であったと考えられる。中央内郭は主に平城宮内裏の正殿に準じた両面庇・床張りの桁行七間・梁間の正殿、床張りの桁行九間・梁間二間（西側に南から七間、東側に南から三間の庇あり）の脇殿、庇のない桁行一三間・梁間二間の脇殿、正殿南の庭から構成され、貴族の住宅としては異例の規模であった。東内郭には主に四面庇・床張り・瓦葺きの桁行八間・梁間四間の殿舎と床張りの桁行六間・梁間二間の殿舎が、西内郭には主に両庇の桁行七間以上・梁間二間の殿舎と桁行五間・梁間二間の殿舎があった。これに対して外郭は小規模な建物が多く、邸宅の北面に接した北・西北部などは倉庫群や事務などを取り扱う家政機関の部署が置かれた建物群が存在したと考えられ、東部は詳細は不明だが東南部には自然流路を利用して作られた蛇行溝が存在し、苑池として使用されていた可能性がある。この邸宅には長屋王とその妻の*吉備内親王が居住し、長屋王の妻妾である石川夫人、阿倍大刀自《おおとじ》、長屋王の子の膳夫《かしわで》王、円方《まどかた》女王、珍努《ちの》女王、忍海《おしぬみ》女王、紀《き》女王、長屋王の兄弟の山形女王、*門部王などの長屋王の血縁者が同居していたと考えられる。邸宅内には長屋王の家政機関があり（吉備内親王の家政機関も存在するまたは長屋王の家政機関に包摂される形となっているとする説もある）、長屋王家令所・務所・奈良務所・政所などと呼ばれる家政の中枢機関や帳内司《ちょうないのつかさ》が置かれ、これらの下部には鏤盤所《ろばんどころ》・鋳物所《いものどころ》・御鞍所《みくらどころ》・御鞍具作司《みくらかいぐづくりのつかさ》・水取司《もいとりのつかさ》・大炊司《おおいのつかさ》・主殿司・酒司・染司・縫殿・書法所・仏像司・薬師処などの工房機関、馬司・犬司・鶴司などの動物を扱う機関があり、家令職員や帳内・資人をはじめ、侍従・衛士・仕丁・少子《しょうし》・経師《きょうじ》・画師《えし》・秩師《ちつし》・鋳物師《いもじ》・書法《しょほう》模人《もじん》・書法《しょほう》作人《さくじん》・僧・尼・医・博士・鏤盤長《ろばんのおさ》・皮作《かわつくり》・鍛冶《かじ》・銅造《どうづくり》・薪取《たきぎとり》・矢作《やはぎ》・土塗《つちぬり》・鞘作《さやつくり》・御垣塞《みかきふさぎ》・椅子工《いすのたくみ》・弓造《ゆみづくり》・大刀造《たちづくり》・沓縫《くつぬい》・奈閉作《なべつくり》・土師女《はじめ》・瓮作女《かめつくりめ》・奴・婢などの多くの職人・使用人を抱えて、食器・調度・衣服・酒など加工食品をはじめ様々なものを自家生産していた。畿内やその周辺には宇太《うだ》・片岡司・木上《きのへ》司・佐保《さほ》・廣瀬・耳梨《みみなし》御田司・矢口司・大庭御厨・渋川御田・高安御田司・山背《やましろ》御薗司・狛《こま》御田司や丹波杣などの私有地とみられるものが多くあり、長屋王邸から直接派遣された帳内・資人などが現地を統括し、邸宅内の家政機関と密接に連絡をとりながら食料と功を支給して徴発した周辺農民などを使って経営され、これらの地からは毎日のように大根・芹・生薑などの蔬菜、桃・柿・橘などの果実や米が届けられた。鰹・鮎・鰒などの海産物は伊豆・駿河・丹後・阿波・上総国からはるばる運んでいる。また都祁の地には本来宮内省主水司のみが管理する氷室を所有し、宮内省大膳職が管理する贄や宮内省典薬寮が管理する牛乳などが届けられているなど、一般の貴族にはない特別な財産を有していた。これらの莫大な資産から長屋王邸での生活は相当豪華なものであり、食生活については米を

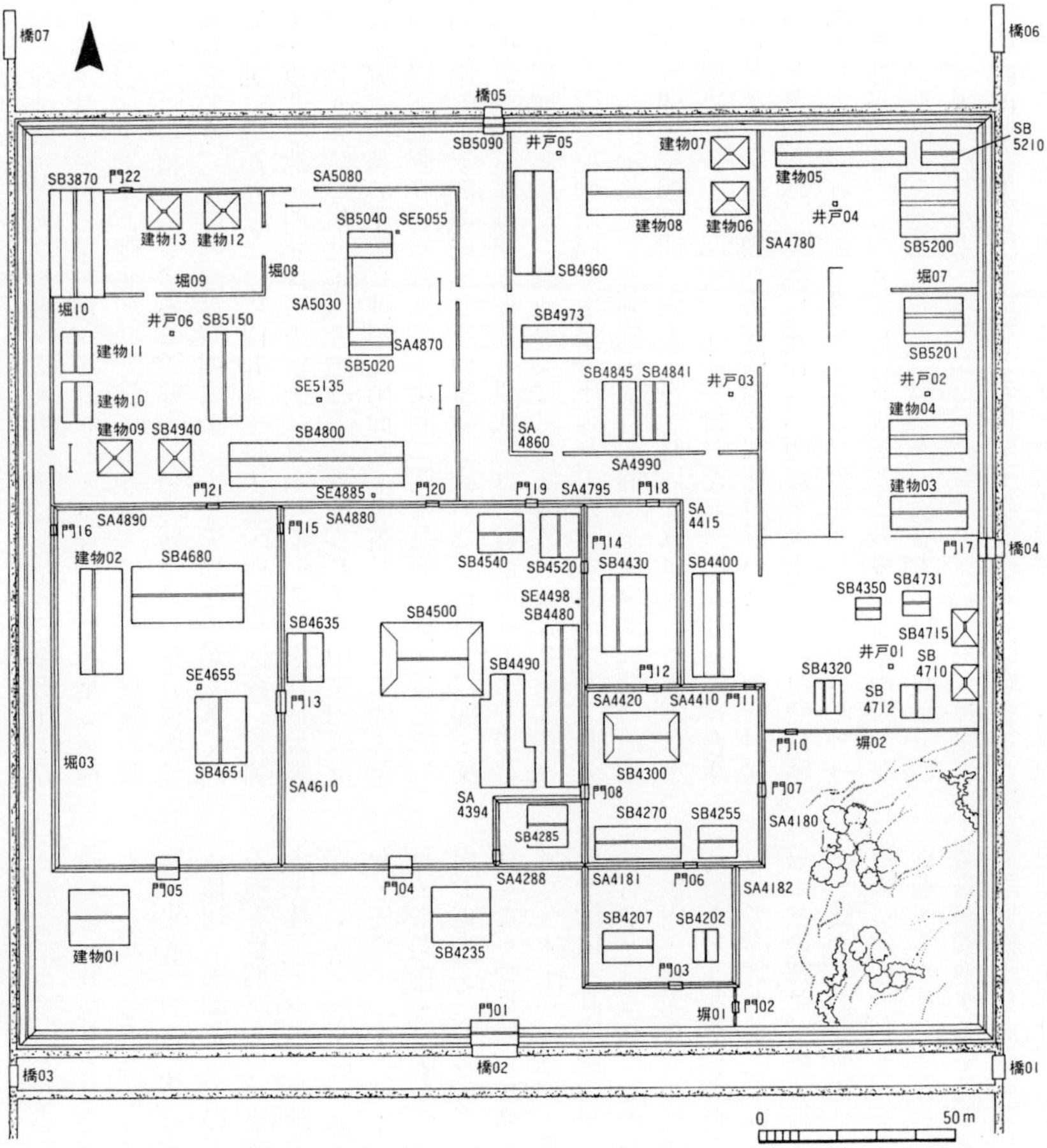

長屋王邸模型復原配置図（奈良国立文化財研究所編『平城京左京二条二坊・三条二坊発掘調査報告』（奈良県教育委員会，2002））

甑《こしき》や瓮《かめ》で炊くかまたは粥にしたもの、季節の食材を使った羹《あつもの》(汁物)、干し鰒《あわび》・鮎の熟鮨《なれずし》などの海産物、鹿や鴨などの干し肉・塩辛、干し柿など果実、牛乳を煮詰めて作った蘇など庶民の口には決して入らないものが多く食卓にのぼったと考えられる。また夏には氷室から氷を取り寄せて冷をとり、倭舞《やまとまい》の踊り手を自家で養成して鑑賞し、犬や鶴などの愛玩動物を飼育し餌として米を与えていたことがわかっており、このことからも優雅な暮らしぶりがうかがえる。

[文献]　奈良国立文化財研究所編『平城京長屋王邸宅と木簡』(吉川弘文館、一九九一)、平野邦雄・鈴木靖民編『木簡が語る古代史 上』(吉川弘文館、一九九六)、寺崎保広『長屋王』(吉川弘文館、一九九九)。
(長谷川綾子)

庶民《しょみん》の生活《せいかつ》　(奈良時代)　庶民の生活は大きく京における生活と地方における生活に分けられる。*平城京には天皇・皇族・貴族・中下級官人・僧尼から白丁《はくてい》などの一般庶民・奴婢が居住しており、このほかにも諸国から期間を限って上京する、兵衛・*采女として貢上される郡司などの子弟、*仕丁などの役民、調庸物などを運ぶ運脚夫、雇役・和雇などの雇傭民が存在した。これらの人々は厳格な身分秩序のもとで暮らしており、中下級官人以下の生活は貴族以上とは大きく異なりかなり厳しいものだった。中下級官人の宅地の広さは一六分の一坪(約八二五平方メートル)が標準であったが、奈良時代の終わり頃になると三二分の一や六四分の一に細分化された区画もあった。家屋は敷地に対してかなり小さい広さ一〇—三〇平方メートルの板屋または板敷屋であり、傍系家族を含めた大家族がそこに住んでいた。役民や雇傭民は配属された官司の宿泊施設で生活し、運脚夫は諸国が都に設置した調邸・調宿処に滞在した。衣服は官人・役民の場合は執務用の公服が所属官司から支給されたが、中下級官人と役民との間には大きな差があった。例をあげると下級官人である造東大寺司の写経所所属の写経生には*絁《あしぎぬ》(絹)製の袍(上半身用の上着)・袴(下半身用の上着)・汗衫《かんさん》(上半身用の下着)・褌(下半身用の下着)や調布(麻)製の襪《ばつ》(足袋の類)・湯帳(浴衣の類)・冠などが支給されるのに対して、仕丁には租布(麻)製の袍・袴、調布(麻)製の冠・前裳・早袖(衣服の汚れを防ぐ仕事着)のみである。この格差は食事についても同様であり、下級官人の場合は、白米の主食に蔬菜・小豆・海藻などの羹(汁物)一椀と蔬菜・海藻などの和え物・酢の物・炒め物・加工品一、二皿からなっており、酒・餅・団子などを食べることもあったようであるが、役民・雇傭民などの場合は黒米(玄米)の主食に羹一椀が普通で、まれに海藻料理など一皿が加えられる程度であった。京内の住民には京外に口分田が班給されたが、遠方の口分田を直接耕作するのは困難であるので賃租に出し、一般庶民などは京の内外で行われる大規模な造営工事に従事したり、中央官司や京職に雑色人として出仕して生計を立てていたと考えられる。また、京内の住民は様々な物資を東西市に頼っていたが、東西市での交易は銭によることが原則であり、京内の住民には調・雑徭も銭納で課されていたため、京内での生活には銭が不可欠であった。薄給の下級官人は給与や宅地を質草に月借銭を重ね、一般庶民は出仕などによる銭収入に加えて銭の出挙を受けて生活を支えていたが、病気による欠勤や旱害により返済不能になると逃亡し、さらに栄養不足・不衛生により食中毒や赤痢・疫痢・天然痘（斑瘡）・赤斑瘡（麻疹）などの伝染病が流行して多数の死者が出たため、庶民の生活は急速に崩壊していった。このため京内には孤児・流民・盗賊が大量に出現して社会不安が広まり、人々は壺の外面に人面を描いた人面墨書土器に息を吹き込んだり、人形や土馬で体を撫でてツミやケガレを払い、私度僧や巫覡《ふげき》に依存するようになった。

一方、地方の庶民はいくつかの家族でムラを形成していた。律令国家の地方支配は人民を郷戸・房戸の単位で個別に把握していたが、郷戸・房戸は貢租徴税のための人為的な区分であって、当時の家族の形態をそのまま表すものではないとされており、地方行政単位である郷（里）についても実際のムラとは異なるものだった。庶民の住居は軒が地面から離れた掘立柱・草葺きの家が普通であり家族ごとに住んでいた。畿内では平地住居が一般的になり、一部分には板を敷いたようであるが、東国では竪穴住居が主流であった。食生活は決して豊かなものではなく、米・麦・粟などの主食と、わらび・水葱・芋・蓮根・芹などの蔬菜が多かった。時には狩猟・漁獲により鹿・猪などの獣肉や鴨・雁・雉などの鳥肉、蛤・牡蠣・ウニ・シジミの魚介類も食べたようである。ムラの生活は農業暦によっており、春先の田植え前の祭りや秋の穫り入れ後の新嘗祭が一年を区切る節になっていて農業神との結びつきが非常に強かった。庶民には口分田が班給されたが、租・庸・調や出挙*、雑徭*・雇役*・兵役や調・庸の運搬などの重い負担があり、特に故郷を離れる雇役・兵役や調・庸の運搬は故郷に帰り着く前に餓死・病死するものが多かったため、浮浪*・逃亡してそれを逃れようとする者が後を絶たなかった。これに対して有力農民は自身の口分田と逃亡した農民の口分田をあわせ、それらの近くに拓いた墾田とを一つにして経営し、初期荘園の賃租も請け負ったため、農民の間の貧富の差がいっそう広まっていった。

［文献］　岸　俊男『日本古代籍帳の研究』（塙書房、一九七三）、岸俊男編『日本の古代9都城の生態』（吉川弘文館、一九八七）、門脇禎二ほか編『日本生活文化史2庶民生活と貴俗生活（飛鳥～平安）』（河出書房新社、一九七四）。　（長谷川綾子）

婚姻《こんいん》の形態（奈良時代）　古代における婚姻の形態は八世紀頃までは妻問婚が主であった。夫婦は各自が所属する氏族を生活拠点としているため別居・別財産であり、夫は妻方の屋敷内に簡単な小屋（妻屋）を建てて通った（初期には女性からの通いもあった）。子どもは妻方の家で育てられ妻方の氏族の一員となったが、大化の改新前後からは妻方で育てられていても夫方の氏姓を名乗ることが多くなった。『正倉院文書*』にみえる大宝二年（七〇二）から養老五年（七二一）までの美濃・筑前・豊前・下総国などの戸籍や神亀三年（七二六）から天平五年（七三三）の山背《やましろ》・右京などの計帳類には、夫婦同籍のもの、男女が配偶者の記載なしに子だけを自籍に付帯させているもの、婚姻適齢者でありながら独身の状態で籍帳に記載されているものがみえる。これら三つの形態のうち、後の二つは当時の別居通い婚を反映したものであり、夫婦同籍のものよりも圧倒的に事例が多く、妻方の籍につけられた子には父の氏姓がつけられていることが特徴的である。離婚については夫婦の結合は緩やかであったため曖昧であり、多くは自然消滅し子は引き続き妻方で育てられた。また婚姻を禁止されていた近親は、当時は母系のみに親戚としての自覚があったため、同母兄妹（同父異父を問わず）の婚姻については禁止されていたが、同父兄妹婚はかなり頻繁に行われており、歴代の天皇にも事例が多い。八世紀末頃になると通い婚の多くは数年後に妻方に同居し、この妻方同居婚はさらに新処居住婚へと移行したと推測される。

［文献］高群逸枝「母系制の研究」（橋本憲三編『高群逸枝全集1』所収、理論社、一九六六）、高群逸枝「招婿婚の研究」（橋本憲三編『高群逸枝全集2、3』所収、理論社、一九六六）。（長谷川綾子）

信仰《しんこう》・迷信《めいしん》　人を神として祀る習いは近代にもあるが、養老二年（七一八）良吏*として慕われた筑後守道君首名《みちのきみのおふとな》が死去すると、人々は彼を神として祀ったという。皇極天皇三年（六四四）大生部多《おおふべのおおし》なる者が、常世神《とこよ》を祀れば富と長寿が得られると人々に説いた。常世神とは不老不死の神仙国の神で、遙かかなたからやってきて幸福をもたらすと信じられた。鳴弦《めいげん》といい、弓弦を引いて鞆《とも》に当て音をたてることがある。これにより悪霊を払うというのだが、宮廷で皇子誕生のときに行われ、近くは、現在の天皇の誕生（一九三三年）のときにも行われた。生まれた子の健やかな成長を願ってエナ（後産）を建物の入口近くに埋める風習もあった。実際、平城京趾からエナ壺が発掘されている。新しく家を建てるとき今でも地鎮祭を行うが、これも奈良時代から行われていた。五穀を捧げ、鋳造貨幣を埋めて平安を祈ったのである。人がくしゃみをすると魂が抜け出ていってしまうというので、「急急如律令《きゅうきゅうにょりつりょう》」と、悪魔退散の呪文を唱えた。神意を占う方法として、辻占《つじうら》・石占《いしうら》・足占《あしうら》、また夢占《ゆめうら》などが行われた。農民たちは、水の神を祀り、山の神・田の神を迎え、旱魃《かんばつ》には祈雨《きう》（雨乞《あまごい》）、霖雨《ながあめ》には止雨を祈った。家ごとに祖霊を祀ることも行われた。（阿部　猛）

厭勝銭《えんしょうせん》　まじないなどに用いられる銭貨。古代において軽くて小さな銭貨を集めることであらゆるものが手に入るということは驚異的なことであったため、銭貨は様々な呪力を持つものと信じられるようになったと考えられる。具体的には、建物の柱下・周辺に埋め込んで建物の安全や地鎮を目的とする祭祀に用いられたり、井戸の底部・周辺に埋め込んで井戸神・水神を鎮める鎮井・御井祭に用いられたり、胞衣壺に納めて長命祈願に用いられたり、墳墓に副葬または蔵骨器に納めて供養に用いられたり、墓域の境界に埋め込んで死者の眠る土地を静める目的に用いられた例がある。中国では漢代から通貨以外の目的で作られた厭勝銭が存在したが、日本の古代においては皇朝十二銭などの一般の貨幣が用いられた。ただし富本銭*については通貨として発行されたのかあるいは厭勝銭として作られたのかどうかが不明であり論点となっている。

［文献］栄原永遠男『日本古代銭貨流通史の研究』（塙書房、一九九三）、東野治之『貨幣の日本史』（朝日新聞社、一九九七）、松村恵司「富本七曜銭の再検討」（『出土銭貨』一一、三一―一六、一九九八）、三上嘉孝「富本銭の史的意義」（『出土銭貨』一五、一〇九―一二四、二〇〇一）。（長谷川綾子）

散《さん》楽《がく》　奈良朝以来調習され、平安から中世にかけて流行した演芸。のちの猿楽*と同じくする。奈良時代に中国から伝来し、日本固有の要素が加わり、滑稽なしぐさ、物真似を主とし、平安朝には朝廷でも行われていたが、やがて庶民の間に流行していった。仁明朝の承和年間には、左右近衛の人々による散楽が、多くは相撲節会《すまいのせちえ》に当たって勝負楽として行われたが

（『日本三代実録』貞観三年（八六一）六月二八日条）散楽の内容に滑稽な分子を含んでいることから、上演されるというよりも、奏楽のなかに含まれて行われていた。醍醐朝より変化が生じ、猿楽という新しい舞楽として発展し、位置づけられていった。

［文献］　林屋辰三郎『中世芸能史の研究』（岩波書店、一九六〇）。

（熊谷良香）

雅《が》楽《がく》　古代、中国唐代の楽が伝えられて、中国の雅楽という語が使われたが、実際に我が国が摂取したものは中国の燕楽（宴楽）であり、内容もまったく異なる音楽であった。奈良時代、大宝元年（七〇一）に成立した「大宝令」の治部省*に雅楽*寮が置かれ、古来在来の歌舞とともに外来楽も掌り、節会、仏教儀式などに奏され、国家的権力誇示の手段として用いられた。したがって狭義に雅楽という言葉は、この雅楽寮の所管となった音楽と舞のことを指す。我が国の楽舞は歌・舞・笛を中心として久米舞《くめまい》・大歌《おおうた》・東遊《あずまあそび》などがあり、外来楽に唐楽・高《こ》麗楽《まがく》・百済楽などがある。平安時代になると新しく作られた歌曲の催馬楽《さいばら》や朗詠《ろうえい》が加えられていき、貴族社会に定着していった。

［文献］　芸能史研究会編『日本の古典芸能2雅楽』（平凡社、一九七〇）、荻美津夫『日本古代音楽史論』（吉川弘文館、一九七七）、東儀俊美監修『雅楽への招待』（小学館、一九九九）。

（熊谷良香）

舞《ぶ》楽《がく》　舞楽は古代の楽舞の主流を占めていた。大陸よりの伝来は伎楽*より遅いとされる。雅楽寮外来楽の一部を構成する三国楽は、すでに允恭朝には種々の楽人八〇人が新羅*より渡来し京に至りて歌舞したとの記述が載せられる。治部省*に雅楽寮*が成立すると、その管掌で久米舞《くめまい》、五節舞《ごせちまい》、倭舞《やまとまい》などが舞師のもとに教習され、数次にわたって伝来した東洋的楽舞とともに教習体制が整備された。平安初期には唐楽、林邑楽を左方とし、高麗楽《こまがく》、渤海楽を右方として整え、ほかに国風舞もある。楽器は唐楽には竜笛・篳篥《ひちりき》・笙《しょう》・羯鼓《かっこ》・鉦鼓《しょうこ》・太鼓、高麗楽には高麗笛・篳篥・三ノ鼓・鉦鼓・太鼓が使用された。

［文献］　芸能史研究会編『日本芸能史1原始・古代』（法政大学出版局、一九八一）、荒木祐臣『古代伎楽・舞楽への招待』（福武書店、一九七二）。

（熊谷良香）

八　平安初期の政治

造都とエゾ戦争　道鏡《どうきょう》失脚の後、藤原氏に擁立された*光仁天皇は、律令制の再建を企て、その方針は*桓武天皇に引き継がれた。仏教界の革新、冗官の整理、財政の引き締めなどを目指したが、しかし、実際には、桓武朝二十余年の政治を特色づけるのは、帝都の造営とエゾ戦争であった。この二大事業は莫大な資金を費やすものであり、あらゆる施策は、この事業を遂行するために行われたといっても過言ではない。財政の基礎を固めるために地方政治の刷新を図り、国司交替の厳正を期し、不正の摘発に努め、地方有力者である郡司層を直接的に把握し、官僚組織に組み込もうとしたのも、軍制改革と相まって、財政的基盤の強化と軍備の充実を目指すものであった。しかし桓武天皇が没する少し前に、自ら二大事業の失敗を認め、人民を疲弊させた原因がここにあったとして、事業の停止を宣言せざるをえなかった。

律令制の再建　平安前期の九—一〇世紀は、律令国家の解体期とされるが、官司の統廃合や新しい官司（令外官）の設置によって、より実情に即応した、機能的な官司組織を創出したのは、律令制の崩壊をくい止めるための施策であり、格式の整備も同じ目的に沿った努力であったと見ることができる。宮廷における権力抗争は、大同二年（八〇七）の*伊予親王事件や弘仁元年（八一〇）の*薬子の変における、*平城上皇と*嵯峨天皇の二つの朝廷の対立を生んだが、それは政治理念、政策や政治の基盤の違いに起因するものではなく、不毛の権力抗争であったと見ることができる。九世紀の政治では、学者・文人の登用とその活躍が目立ったが、これとても、結局は形式や理念による律令制再建政治の一面をなすに過ぎなかった。

土地制度　奈良時代後期から見られる*初期荘園（私営田）の発達は、寺社・豪族層による大土地所有の進展を意味するが、これに対立（あるいは対抗）する形で、天皇権力の基盤強化のため、大量の勅旨田や親王賜田が設置された。*私営田の発達は、律令の根幹である班田制と律令租税体系を揺るがした。弘仁一四年（八二三）の大宰府官内の*公営田制、元慶三年（八七九）の畿内の官田の設置などは、律令体制の維持のための施策であったが、結果的には、律令体制を崩壊させる要因をつくり出してしまった。わずかに政治を支えていたのは「*良吏」と称された一部の有能な地方官層であり、彼らの積極的な勧農策が、律令体制の崩壊をくい止めていた。

租税体系　律令制の租税体系、租調庸雑徭の制は、九世紀末から一〇世紀はじめにかけて大幅な改変を蒙らざるをえなかった。公領における国司の主任務は、中央財政を支える調庸の収奪にあったが、財政基盤はすでに八世紀半ばから主要財源となってきていた出挙制に移り、九世紀にはすでに土地税と化していた。一〇世紀以後の社会の土台をなす国衙領荘園の体制と、新しい収奪方式は、平安初期に用意された。　（阿部　猛）

（一）平　安　京

長岡京《ながおかきょう》　延暦三年（七八四）から同一三年（七九四）まで、山背《やましろ》国乙訓《おとくに》郡長岡村にあった都。現京都府向日市・長岡京市・大山崎町・京都市に該当する。桂川、西山、北山山地、淀川によって画され、東西八坊、南北一〇条（四・三一キロメートル×五・二二キロメートル）の京域があった。宮城は東西二坊、南北二・五条（一・〇一キロメートル×一・三五キロメートル）で、京の北辺中央に位置する。この地が都として選ばれた理由は水陸の便が良いことであるが、その政治的背景は、桓武天皇が天武系天皇の都である平城京を捨て、自ら都を建設しようとしたことによる。延暦三年五月、藤原小黒麻呂《おぐろまろ》らが遷都のため長岡村を視察。藤原種継《たねつぐ》・*佐伯今毛人ら造長岡宮使の指揮下、六月、宮・京の建設を同時に着手。同年一一月には天皇が長岡宮に移り、遷都が行われた。翌四年正月、朝賀の儀などが催され、宮城中枢部の建物はすでに完成していた。しかし九月に、長岡宮遷都の推進者であった*藤原種継暗殺事件が発生し、その犯人逮捕から*早良親王の廃太子・非業の死にまで発展した。種継暗殺後も造営は続き、太政官院や山桃院などが建設され、同一〇年（七九一）九月、平城宮の諸門を解体、移築してほぼ終了した。しかし、順調に進んだ新都の造営は、桓武周辺の度重なる不幸に加えて、安殿《あて》皇太子の病が早良親王の祟りと卜《ぼく》されるに及んで、にわかにその行く末が怪しくなる。さらに大雨が長岡京を襲い、ついに同一二年（七九三）正月葛野郡宇太村が遷都のため視察され、翌年一〇月平安京に遷都した。発掘調査の結果、造営は、後期難波宮移建を中心とし、東西市や条坊が整備された遷都時のものと、平城京殿舎の移建を中心に、前期建物の再編や京域宅地の整備などが行われた延暦七－八年（七八八－七八九）の改作のあったことが知られる。条坊制は、平城京に改変を加えた独自方式で、平安京の原型をなす。宅地四〇〇尺の等質化の思想は平安京に踏襲された。東西市の位置は未確定。長岡京跡の国史跡指定地は、大極殿など四件で宮城の三パーセントに過ぎない。↓藤原種継暗殺事件

［文献］山中　章『長岡京研究序説』（塙書房、二〇〇一）。　（安田政彦）

平安京《へいあんきょう》　*桓武天皇により造営された都城。山背《やましろ》国葛野《かどの》・愛宕《おたぎ》両郡にまたがり、現京都市中心部を占める。形式的には、延暦一三年（七九四）一〇月の遷都から明治二年（一八六九）東京奠都まで首都であり続けたが、宮都としての繁栄は承久二年（一二二〇）頃までで、その頃から平安京に代わって京都と

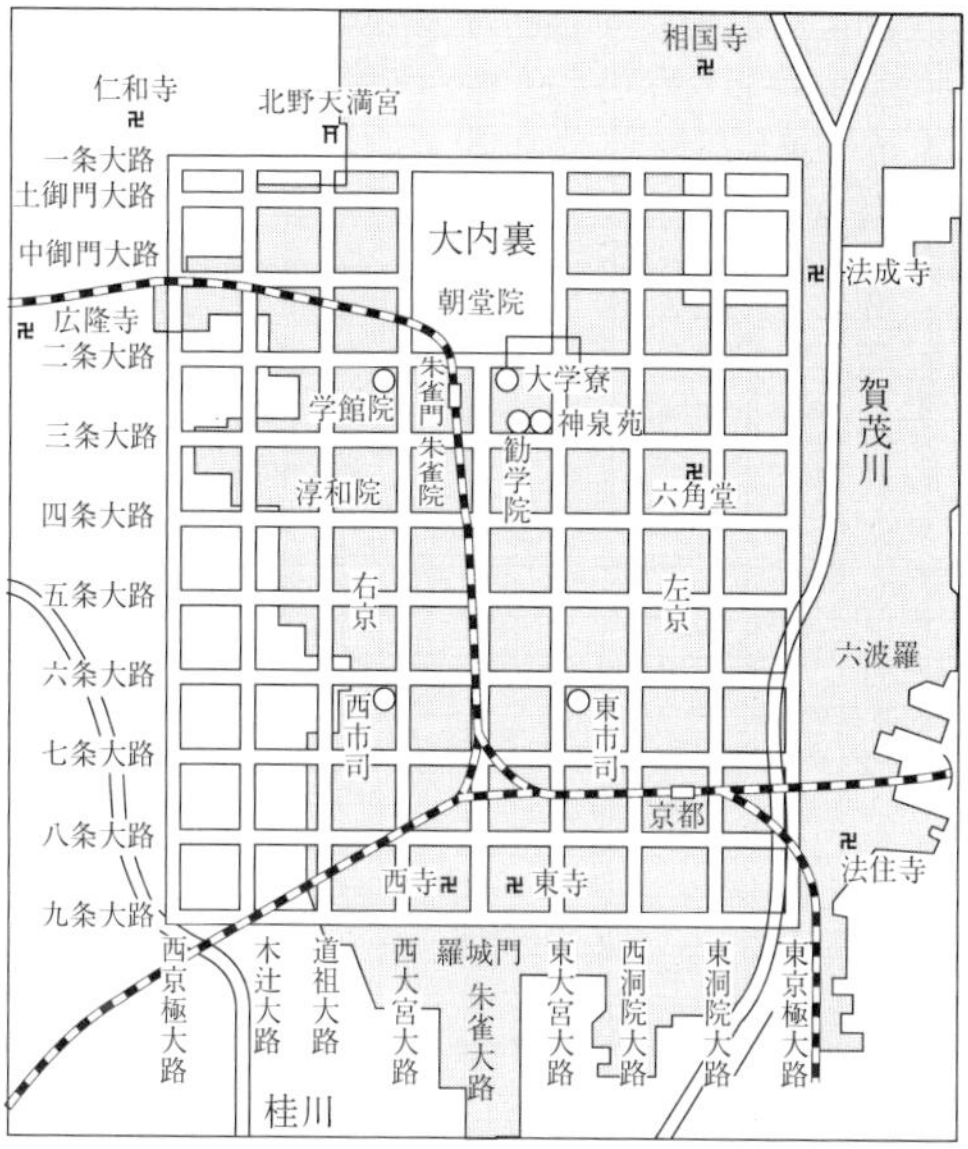

平安京（▒は現在の市街地．藤野　保監『日本史事典』朝倉書店，2001）

いう名称がもっぱら用いられるようになった。平安京は、それ以前の都城同様に唐の長安城に範をとり、碁盤目状で左右対称的都市平面をなし、四周に羅城（城壁）を廻さない。地勢は四神相応の相を呈しており、宮城が都の北辺中央に位置する北闕型である。*『延喜式』によれば、その規模は東西一五〇八丈（約四・五キロメートル）、南北一七五三丈（約五・二キロメートル）。条坊制は四〇丈（一二一メートル）四方の町を構成単位とし、道路の広狭にかかわらない。四町で一保を構成し、各町は三二分する四行八門制により「一戸主《へぬし》」（三〇メートル×一五メートル）に分割される。従来の宮城に比して、内裏と大極殿・*朝堂院の分離、豊楽院《ぶらくいん》の設置などの独自性がみられる。遷都以来、桓武朝を通じて造営が行われ、延暦二四年（八〇五）造宮職の停廃によってほぼ終了した。*薬子の変で再び遷都騒ぎが起こったが、変を鎮圧した*嵯峨天皇により、「万代宮《よろずよのみや》」としての地位を確立した。なお、嵯峨天皇は弘仁九年（八一八）、菅原清公《きよきみ》に諮問して宮殿、門閣などの名称を唐風に改めている。斉衡年間（九世紀中葉）に平安宮ならびに平安京が二町分（八四丈）北に拡張され、この結果、一条大路は北へ移動し、それまでの一条大路は、上東門（土御門）大路と呼ばれるようになり、北へ拡張して造成された左右京各二四か所の町は北辺坊と呼ばれた。一〇世紀半ば以降には右京が衰微する傾向にあったが、平安京がもっとも栄えた時期であり、人口は推計一五万人ほどとされる。物資の豊富な搬入により東西両市は狭隘をきたし、本来の市（四町）に周囲八町が加えられて外町とされたが、すでにその時分から西市は衰微しつつあった。平安京には、東・西市や宮城や離宮（神泉苑・冷然院《れいぜいいん》・朱雀院・淳和院）のほか、*左・右京職、大学寮、*左・右獄などの公的施設があった。当初、貴族の邸宅は一町に限定されていたが、のちには二町・四町を併合した大邸宅が現れた。河原院や宇多院は、その早い例である。京内では、*東・西寺、頂法寺（六角堂）を例外として寺院建立は固く禁制されていた。また京内での墳墓造営や耕作は禁断されていたが、右京域で木棺墓が発掘されており、一〇世紀頃には埋葬の禁が緩んでいたことがわかる。一二世紀には右京域の多くは王臣勢家の*荘園と化し、白河を中心とする洛東の都市化が進み、京・白河と称されて繁栄した。しかし、その左京も、治承元年（一一七七）四月の*太郎焼亡と翌年四月の*次郎焼亡によって多くを焼失し、動乱期における財力欠乏により公的建物の再建は望めなかった。この頃には、朱雀大路は畠地化し（いわゆる*巷所）、一町規模の邸宅もほとんどみられなくなった。この後、惰性的に存続した平安京は、「応仁の乱」によって焼土と化し、律令制的都市のおもかげをまったく失ったのち、やがて町衆の京都として再生する。平安京の研究は、一八世紀の裏松固禅（藤原光世《みつよ》）による『大内裏図考証』、明治期の湯本文彦の『平安通志』を経て、大正期の喜田貞吉による総合的研究、昭和期に入っての西田直二郎による文献学的研究とともに行われた考古学的調査を継承した古代学協会により、昭和三二年（一九五七）の発掘調査以降、平安京の考古学的、文献学的研究が本格的に進展した。平安京址は、現存する建物や道路に埋没しているため、大規模な発掘調査はほとんど望めないが、昭和五一年（一九七六）に発足した京都市埋蔵文化財研究所などによる開発調査の積み重ねによって、平安京の様相は逐次解明されつつあり、現段階での成果は『平安京提要』に結実している。（安田政彦）

［文献］角田文衞総監修『平安京提要』（角川書店、一九九四）、京都市編『京都の歴史1平安の新京』（京都市史編さん所、一九七九）。

藤原《ふじわらの》種継《たねつぐ》暗殺事件《あんさつじけん》　八世紀末に起こった政治事件。延暦四年（七八五）九月、*桓武天皇が平城旧京に行幸中、中納言藤原種継は自ら遷都を主導した造営中の長岡京留守司の任にあったが、二二日の夜、炬《たいまつ》を掲げて造営工事を催検中に箭《や》を射かけられて重傷を負い、翌日、四九歳で死去した。種継は桓武天皇の「信任甚だ篤く、中外の事皆決を取った」とされる。事件を知った天皇は急ぎ還都して犯人追捕を命じた。その結果、大伴継《つぎ》人《ひと》・竹良《たけよし》ら、与党数十人が逮捕された。継人・佐伯高成《たかなり》らの自白によると、故中納言*大伴家持が相謀って、大伴・佐伯両氏に呼びかけて種継を除き、皇太弟*早良親王を擁して朝廷を傾けようとする陰謀であり、このことは早良親王も承知していたという。その結果、継人・高成らが斬刑に処され、五百枝王《いおえ》、藤原雄依《おより》、*家持の子、永主《ながぬし》らが配流となった。早良親王は廃太子されて乙訓寺《おとくにでら》に幽閉され、自ら飲食せずして十余日、淡路へ護送途中の高瀬橋頭において絶命した。しかし、その屍は淡路に移送されて葬られた。また、故大伴家持は死後二十余日、いまだ葬らぬうちに、この事件に連坐して除名された。皇太子には桓武皇子安殿《あて》親王が立てられたが、以後、桓武周辺で災厄が続き、早良親王の怨霊が恐れられた。この事件は、大伴・佐伯らの旧族を中心に種継主導の政治への不満が噴出したもので、事件関係者に*春宮坊官人が多かったことから廃太子にまで及んだが、そこには安殿親王を立太子せんとする桓武の意向が垣間見える。

［文献］北山茂夫「藤原種継事件の前後」（『日本古代政治史の研究』所収、岩波書店、一九九四）、佐藤宗諄「藤原種継暗殺事件以後」（『滋賀大学教育学部紀要―人文・社会・教育科学―』一九、一三―二七、一九六九）。（安田政彦）

伊予《いよ》親王《しんのう》事件《じけん》　九世紀初頭に起こった政治事件。大同二年（八〇七）一〇月、大納言藤原雄友《おとも》が、蔭子《おんし》藤原宗成《むねなり》が伊予《いよ》親王に勧めて不軌《ふき》を謀っていると聞き、右大臣藤原内麻呂《うちまろ》に告げたことに始まる。そこで親王も自ら宗成が自分に勧めた謀反の状を急ぎ*平城天皇に奏したので、宗成は左近衛府に監禁された。しかし、左衛士府において取り調べられた宗成が叛逆の首謀は親王であると主張したので、安倍兄雄《あにお》らが兵一五〇人を率いて親王の第を囲んで親王を捕えた。一一月、親王と桓武夫人であった母藤原吉子《よしこ》は大和国城上《しきのかみ》郡川原寺に幽閉されて飲食を断たれ、次いで親王を廃された翌日の同月一二日、親王母子は薬を飲んで死んだ。「時人」はこれを哀れんだという。また、宗成が配流されたほか、外舅の藤原雄友は伊予国へ配流され、その弟友人は下野守に左遷、中納言藤原乙叡《たかとし》は解官、参議春宮大夫秋篠安人《あきしののやすんど》や橘安麻呂《やすまろ》・永継《ながつぐ》らも失脚した。この事件では藤原南家や橘氏の人々が打撃を蒙っており、皇太弟神野《かみの》親王(*嵯峨天皇)の勢力を抑えるための式家*藤原仲成の陰謀であったとする説もあるが、事件の真相はいまだ定説をみない。桓武天皇に寵愛されて行動的であった伊予親王の存在自体が、皇位継承を紛糾させる可能性を有しており、また、緊縮財政を励行する平城朝になじまなかった点も考慮する必要があろう。平城上皇崩伝には「時議以って淫刑と為す」とあり、「性猜疑多し」といわれた平城天皇の性格が事件を拡大した面は否めない。

[文献] 佐伯有清『新撰姓氏録の研究 研究篇』(吉川弘文館、一九六三)、阿部 猛『平安貴族の実像』(東京堂出版、一九九三)。

(安田政彦)

氷上川継事件《ひかみのかわつぐじけん》 桓武朝初期に起こった政治事件。光仁天皇の死に伴い、*桓武天皇が践祚してまもない延暦元年(七八二)閏正月、氷上川継の資人大和乙人《やまとのおとひと》が兵杖を帯びて密かに宮中へ闌《らん》入《にゅう》して捕えられた。大和乙人の自白によって、川継が衆を集めて朝廷を傾けんとする謀反の企てが露見した。ことの発覚を知った川継は後門から逃走したが、数日後に大和国葛上《かづらきのかみ》郡(奈良県御所市)で捕らえられた。その罪極刑に当たるも、光仁天皇諒闇中により、死一等を減じて妻法壱とともに伊豆国三嶋へ配流された。また、その母不破《ふわ》内親王と川継の姉妹も淡路へ配流された。連坐する者も多く、川継の妻の父で大宰員外帥藤原浜成《はまなり》は参議侍従を解任され、さらに左大弁*大伴家持・右衛士督坂上《さかのうえの》苅田麻呂《かりたまろ》らが解官、散位は京外追放された。山上《やまのうえの》船主《ふなぬし》・三方王も左遷され、両人は三月に別の厭魅《えんみ》事件でさらに配流された。そのほか三五人が連坐追放されている。この事件は、天智系皇統である桓武天皇を否定し、天武系皇統の復活を企てんとする勢力を天皇方が未然に鎮圧した疑いが強く、桓武天皇の天皇権力強化の過程で起こった事件といえる。なお、川継は天武皇子新田部《にいたべ》親王の孫、塩焼《しおやき》王の子で、神護景雲三年(七六九)*称徳天皇を厭魅した事件で、県犬養姉女《あがたいぬかいのあねめ》らに擁立された志計志麻呂《しけしまろ》の弟とされるが、同一人物の可能性が高い。川継はその後、延暦二四年(八〇五)に桓武不予に伴う恩赦で赦免され、大同四年(八〇九)典薬頭、弘仁三年(八一二)伊豆守に任じられている。

[文献] 阿部 猛「天応二年の氷上川継事件」(『新訂版 平安前期政治史の研究』所収、高科書店、一九九〇)、亀田隆之「氷上川継事件」(『奈良時代の政治と制度』所収、吉川弘文館、二〇〇一)。

(安田政彦)

徳政相論《とくせいそうろん》 桓武朝末年の政治論争。延暦二四年(八〇五)一二月、*桓武天皇は勅して参議従四位下*藤原緒嗣と参議正四位下*菅野真道とに「天下徳政」について相論させた。緒嗣は桓武天皇擁立の功臣*百川の子で、頑迷な一面を併せ持つ現実主義的な政論家で、桓武に寵愛された。一方、真道は老練で学識豊かな理念型の政治家で、天皇と同じ百済《くだら》系氏族の血を引き、桓武の政策的腹心として同年参議*に登用された。相論において、緒嗣は「方今《いままさに》天下の苦しむ所、軍事と造作なり」として民生安定の立場から両事の停廃を主張し、真道はこれに対して異議をさしはさんで譲らなかった。双方の意見を聴いた天皇は、真道の緒嗣への反論を抑えて緒嗣の主張を容れ、すみやかに両事を停廃せしめた。有職これを聞いて感嘆せざるはなかったという。軍事は数度にわたる蝦夷*征討であり、坂上田村麻呂*を用いて一応の成功を収めたとはいえ、さらなる征討を計画中であった。また、造作は延暦一三年（七九四）以来継続する平安京造営で、すでにこの日、公卿が疲弊救済・民生安定策を奏議したなかで「営造いまだやまず、黎民《れいみん》或《ある》いは弊《へい》す」と指摘していた（『日本後紀』）。両事は桓武朝の二大事業であったが、桓武朝後半期に頻発した激甚な災害とも相まって、膨大な財政負担と民の疲弊を引き起こしていたのであり、停廃は時間の問題であった。こうした状況を踏まえて、前年来病がちであった桓武天皇は、停廃のための議論を演出させたとの見解もある。

［文献］村尾次郎『桓武天皇』（吉川弘文館、一九六三）、瀧浪貞子『日本の歴史5平安建都』（集英社、二〇〇一）。　（安田政彦）

桓武天皇《かんむてんのう》（七三七―八〇六）九世紀初頭の天皇。在位七八一～八〇六年。光仁天皇の皇子。母は和乙継《やまとのおとつぐ》女、高野新笠《たかののにいがさ》。諱《いみな》は山部《やまべ》。これは乳母山部子虫《こむし》の氏名《うじな》による。天平宝字八年（七六四）従五位下に叙され、大学頭・侍従を歴任。宝亀元年（七七〇）父白壁《しらかべ》王が光仁天皇*になると親王宣下されて四品に叙され、翌年中務卿に任官。他戸《おさべ》親王が廃太子された翌四年、藤原百川*らの策謀により三七歳で立太子した。天応元年（七八一）譲位により即位。延暦元年（七八二）氷上川継事件*を鎮圧して天皇権力の基礎を固め、翌年式家藤原良継女乙牟漏《おとむろ》を皇后に立てた。同四年（七八五）、長岡京*造営中に藤原種継*暗殺事件が起こり、皇太弟早良親王*を廃して死に追いやり、皇子安殿《あて》親王を皇太子とした。しかし、早良の怨霊に悩まされ、同一三年（七九四）平安京*に遷都。造都とともに桓武朝の二大事業であった征夷は同七年（七八八）から断続的に遂行され、坂上田村麻呂*らにより一応の成果を収めた。しかし、これらは民衆を疲弊させ、同二四年（八〇五）の徳政相論*で、藤原緒嗣*の言を容れて停廃した。天皇は天武系から天智系への王朝交替を意識し、中国的皇帝像を理想として郊天祭祀《こうてんさいし》を行っている。その政治は、現実主義的立場から律令制を再編・強化することにあり、勘解由使《かげゆし》の設置などを行ったが、専制的な親政の傾向が顕著である。『続日本紀』『新撰姓氏録《しんせんしょうじろく》』や『延暦交替式』などの編纂を行わせ、史書・法典の整備にも力を入れた。延暦二五年（八〇六）七〇歳で死去。柏原山陵に葬る。↓氷上川継事件、藤原種継暗殺事件、徳政相論

［文献］村尾次郎『桓武天皇』（吉川弘文館、一九六三）。
（安田政彦）

早良親王《さわらしんのう》（七五〇―七八五）八世紀後半の皇太子。光仁天*皇の皇子。母は和乙継《やまとのおとつぐ》女高野新笠《たかののにいがさ》。桓武天皇*の同母弟。神護景雲二年（七六八）出家して東大寺*・大安寺*に住したと伝える。宝亀元年（七七〇）光仁天皇の即位により親王となるが、以後も「親王禅師」と称され、東大寺との関係は深かったとされる。天応元年（七八一）桓武天皇の即位により皇太弟となる。延暦四年（七八五）藤原種継*暗殺事件に際し、大伴継人《つぐひと》・佐伯高成《たかなり》らの自白により、大伴家持*らが早良親王を擁立せんと

する計画であったとされ、親王は乙訓寺《おとくにでら》に幽閉された。その後、淡路に移配されるまでの十余日、親王は飲食を断ち、移送途中の高瀬橋頭で死去した。三六歳。それでもなお、親王の屍は淡路に送られて葬られた。次いで、光仁天皇の田原山陵などに親王廃太子の状が報告され、桓武天皇の皇子安殿《あて》*(平城天皇)が立太子した。この間の事情は『続日本紀』から削除されたが、『日本紀略』に伝わる。延暦九年(七九〇)、桓武皇后藤原乙牟漏《おとむろ》の死に伴う大赦で親王号を復されたらしい。しかし、その後、度重なる桓武周辺の災厄に対して親王の祟りと恐れられ、同一九年(八〇〇)、崇道《すどう》天皇の尊号追贈など、怨霊鎮祀が繰り返し行われた。同二四年(八〇五)改葬崇道天皇司の任命があり、陵墓は大和国八嶋陵(現奈良市八島町)に移された。貞観五年(八六三)神泉苑における御霊会《ごりょうえ》で、御霊の一つとして祀られた。また、京都に親王を祀った崇道神社、上御霊・下御霊神社がある。

[文献] 笹山晴生『平安の朝廷—その光と影—』(吉川弘文館、一九九三)、北山茂夫「藤原種継事件の前後」(『日本古代政治史の研究』所収、岩波書店、一九九四)。 (安田政彦)

藤原緒嗣《ふじわらのおつぐ》(七七四—八四三) 九世紀前半の公卿。式家藤原*百川の長子。母は伊勢大津《いせのおおつ》女。子息に春津《はるなり》らがある。父が桓武*天皇擁立の功臣であったことから優遇され、延暦七年(七八八)殿上に加冠して正六位上内舎人《うどねり》に叙任した。同一〇年(七九一)従五位下に叙され、同二一年(八〇二)二九歳という異例の若さで参議*に列した。時に従四位下。同二四年(八〇五)殿上で菅野真道*と徳政を相論し、征夷と造都の二大事業の停止を直言して天皇の容れるところとなった。平城朝の大同元年(八〇六)諸道観察使*の設置を建議し、山陽、畿内、東山道観察使を歴任、また陸奥出羽按察使*として赴任し、民政と地方政治の安定に努め、現地官人の待遇改善や民政安定策を多く発議した。嵯峨朝に入って北家藤原冬嗣*の後塵を拝するようになり、弘仁六年(八一五)従三位、同一二年(八二一)大納言、淳和期の天長二年(八二五)右大臣に任じたが、度々辞表を提出している。しかし、この間、『新撰姓氏録《しんせんしょうじろく》』の撰述に加わり、いくつかの奏言をなすなど政論家ぶりを発揮。翌三年冬嗣の没後は台閣の首班となり、同九年(八三二)左大臣に昇進。承和一〇年(八四三)七〇歳で没するまで、左大臣正二位として太政官筆頭の座にあった。承和七年(八四〇)『日本後紀』を撰進したが、晩年は病気がちで上卿にも立たなかった。「政術に暁達し、国の利害知りて奏せざることなし」といわれたが、その反面、先人の談を偏信して後人の説を容れぬ頑なな一面があった。贈従一位。→徳政相論

[文献] 林 陸朗「藤原緒嗣と藤原冬嗣」(『上代政治社会の研究』所収、吉川弘文館、一九六九)。 (安田政彦)

菅野真道《すがののまみち》(七四一—八一四) 九世紀初期の公卿。百済系の津連山守《つのむらじやまもり》の子。宝亀九年(七七八)少内記、延暦二年(七八三)外従五位下に昇叙、同四年(七八五)従五位下に進んだ。左兵衛佐、東宮学士、図書頭などを歴任、同九年(七九〇)菅野朝臣を賜姓。次いで勘解由使《かげゆし》長官、左衛士督などを歴任。同一六年(七九七)『続日本紀』の完成奏上により従四位上に昇叙。同二四年(八〇五)左大弁兼東宮学士で参議*となり、一二月、藤原緒嗣*と天下徳政のことを相論し、軍事と造作とを停止すべしとする緒嗣に異議を唱えた。平城朝には山陰道観察使、

東海道観察使となり、民部卿・大蔵卿などを兼任し、大同四年（八〇九）従三位に昇叙。弘仁二年（八一一）常陸守兼宮内卿で上表致仕し、同五年（八一四）七四歳で薨じた。→徳政相論

［文献］坂本太郎『六国史』（吉川弘文館、一九八九）、高橋　崇「藤原緒嗣と菅野真道」（『続日本紀研究』三―六、一九五六）。

（安田政彦）

（二）政　変

薬子《くすこ》の変《へん》　平安時代初期に起こった政治事件。*平城天皇は大同四年（八〇九）、皇太弟（*嵯峨天皇）に譲位して平城旧京に遷居した。しかし、平城上皇は観察使停廃の詔を発するなどして、天皇と上皇の間に「二所朝廷」といわれる対立を引き起した。これに対し、天皇は*巨勢野足・*藤原冬嗣を蔵人頭に補して機密にあずからしめ、天皇権力の強化に努めた。弘仁元年（八一〇）九月六日、上皇が平城古京への遷都を企てるに及んで、人心おおいに動揺し、同一〇日、天皇方は機先を制して、*藤原仲成を監禁して佐渡権守に左降し、上皇の寵愛する薬子の官位を解くなどした。この処置に激怒した上皇は、側近の中納言藤原葛野麻呂《かどのまろ》らの諫言も聴かず、挙兵して、薬子とともに東国に入らんとした。このことは、朝廷の召に応じて平安京に戻った参議藤原真夏《まなつ》らによって伝えられ、翌日、天皇は大納言*坂上田村麻呂をして美濃道より迎え撃たしめるとともに、宇治・山崎両橋と与渡市津に兵を派遣し、仲成を禁所で射殺した。一二日、上皇は大和国添上郡《そうのかみ》越田村に至ったが、朝廷の兵に前途を遮られて、やむなく平城宮に輿《こし》をめぐらして出家し、薬子は毒を仰いで自殺した。平城皇子*高岳は廃太子され、代わって大伴親王（*淳和天皇）が皇太弟に立てられ、上皇の血筋は皇位継承から排除された。また、皇子阿保《あぼ》が大宰権帥に左降されたほか、多数の官人が権任官に左降された。国史は薬子・仲成兄妹にすべての責任を負わせるが、平城上皇の変というべきものである。

［文献］橋本義彦『平安貴族』（平凡社、一九八六）、目崎徳衛『王朝のみやび』（吉川弘文館、一九八九）。

（安田政彦）

承和《じょうわ》の変《へん》　九世紀半ばに起こった政治事件。承和七年（八四〇）*淳和上皇が死去し、次いで同九年（八四二）、*嵯峨上皇が死去した二日後の七月一七日、*伴健岑・*橘逸勢らによる謀反事件が発覚した。これより先、平城皇子の阿保《あぼ》親王が密書を嵯峨太皇太后橘嘉智子《かちこ》に奉り、嘉智子は中納言*藤原良房をして、*仁明天皇に奏上させた。その内容は、伴健岑が阿保親王を訪ねて、嵯峨上皇の死を機に皇太子を奉じて東国に入り、叛乱を起こそうともちかけたという。逸勢・健岑は逮捕訊問され、拷問にも服さなかったが、結果的に春宮坊《とうぐうぼう》を中心とする謀反事件とされ、*恒貞親王は廃太子され、逸勢は伊豆国へ、健岑は隠岐国へ配流された。また、大納言藤原愛発《あらち》・中納言藤原吉野《よしの》・参議兼春宮大夫文室秋津《ふんやのあきつ》らが左遷されて、前代淳和天皇の近臣が排除されたほか、春宮坊官人を中心に六十余名もの官人が左降された。嵯峨・淳和兄弟の皇統で交互に立太子・即位を行い、それに伴って両派の貴族官人の勢力交替が行われた結果、嵯峨上皇の死を機に両者の対立関係が露呈したものである。この事件によって嵯峨―仁明派の中心的存在であった藤原良房は、妹順《のぶ》子《こ》所生の道康《みちやす》親王（仁明天皇皇子、*文徳天皇）を立太子させて

おり、良房が事件に深くかかわっていたことは疑いない。この事件における橘嘉智子や阿保親王と良房との関係は必ずしも明確ではないが、この後、橘氏は外戚の地位を喪失し、藤原北家冬嗣流が天皇外戚の立場を確固たるものとする。

［文献］ 玉井 力「承和の変について」（『歴史学研究』二八六、一九六四）、福井俊彦「承和の変についての一考察」（『日本歴史』二六〇、一九七〇）。
（安田政彦）

善愷訴訟事件《ぜんがいそしょうじけん》　九世紀中頃の訴訟をめぐる政治事件。承和一二年（八四五）法隆寺僧善愷が、同寺檀越の登美真人直名《とみのまひとなおな》が奴婢や財物を勝手に処分し、代価を不当に得たと告訴する。参議左大弁正躬王《まさみ》らは審理の結果、直名の罪は遠流相当と判断したが、弁官が違法に告訴を受理したとして問題化する。「世論嗷々《ごうごう》」として紛糾し、伴善男*と伴良田宗《とものよしだのむね》ほか五人が直名を弁護して、弁官が善愷のために私曲をなしたとして正躬王らを訴えた。「公私相須」をめぐる法文解釈の論争にまで発展したが、翌年判決が下り、正躬王以下の弁官が贖銅《しょくどう》および降位の処分を受けた。善愷も明確には伝えられていないが、笞四十の刑に処せられたらしい。事件に関連し、当時の著名な明法家たちの勘文が残されている。→明法勘文

［文献］ 薗田香融「承和十三年僧善愷訴訟事件に関する覚え書」（『平安仏教の研究』所収、法蔵館、一九八一）、渡辺直彦「法隆寺僧善愷訴訟事件の研究」（『日本古代官位制度の基礎的研究』所収、吉川弘文館、一九七八）。
（安田政彦）

応天門の変《おうてんもんのへん》　九世紀半ばに起きた政治的疑獄事件。貞観八年（八六六）閏三月一〇日の夜、応天門（朝堂院の正門）が棲《せい》鳳《ほう》・翔鸞《しょうらん》両楼とともに炎上した。はじめ右大臣藤原良相《よしみ》と大納言伴善男*によって、左大臣源信*が嫌疑をかけられたが、太政大臣藤原良房*のとりなしで源信は難を逃れた。以後、源信は門を閉ざして出仕しなかったという。その後、八月三日に至り、備中権史生大宅鷹取《おおやけのたかとり》が、大納言伴善男の所為であると告発。そこで善男が取調べを受けたが、承伏しなかった。そうした折、告人大宅鷹取の娘が殺されるという事件が起こり、その犯人として逮捕された伴善男の従者、生江恒山《いくえのつねやま》・伴清縄《きよただ》らが拷問の末自白し、応天門炎上は、伴善男とその子中庸《なかつね》が共謀して放火したことが判明。中庸、次いで善男もついに承伏した。九月二二日、伴善男・中庸以下五人は死一等を減じて遠流に処せられ、紀豊城《きのとよき》・紀夏井*ら八人も縁坐によって配流された。次いで善男の有した莫大な資財田宅も没収された。伴善男は貞観一〇年（八六八）、伊豆の配所で没している。この事件進展中の八月一九日、藤原良房は人臣にして初めて摂政に任じられ、事件後の一二月には姪の高子《たかいこ》を清和天皇*に入内させた。また、養嗣子基経*を中納言に特進させている。炎上の原因は不明であるが、朝廷ははじめ放火とは見ておらず、単なる不審火であった可能性もある。それをもっともうまく政治的に利用したのが藤原

炎上する応天門（『伴大納言絵巻』（出光美術館所蔵）より）

良房であったことは疑いない。伴善男は嵯峨朝（八一〇～八二三）以来、天皇と密着して勢力を伸ばしてきた文人派能吏を代表する人物で、藤原良房にとって邪魔な存在となりつつあり、縁坐した紀夏井もそうした貴族官僚としてきわめて厳しい処分を蒙ったといえる。また、伴善男と対立していた嵯峨源氏はもとより、善男と結んだ藤原良房の弟良相《よしみ》をも抑圧することに成功し、藤原良房・基経による摂関政治への基礎が固められた。なお、この事件を描いた絵巻に『伴大納言絵巻』*がある。

［文献］　佐伯有清『伴善男』（吉川弘文館、一九七〇）。　（安田政彦）

明法勘文《みょうぼうかんもん》　明法学（律令学）の専門家（明法家）が、個々の事件・問題などの法的処置について報告（勘申）した文書。通常は、宣旨などにより勘申の命が明法博士らに下される。はじめは、「明法曹司」名の勘申であったが、平安時代になると個人または連名で提出するようになる。弘仁六年（八一五）太政官符が引く「大判事物部中原宿禰敏久申」（『類聚三代格』）はその早い例である。承和一三年（八四六）善愷訴訟事件*では、大判事讃岐永直*・明法博士御輔長道《みぶのながみち》・勘解由主典川枯勝成《かつなり》三名連名での勘文、左大史伴良田宗《とものよしだのむね》の勘文、弾正大疏漢部松《あやべのまつ》長《なが》の勘文が知られる（『続日本後紀』）。特に刑事事件に関する勘文は罪名勘文といわれた。『法曹類林』『政事要略』に事例が残る。

［文献］　早川庄八『中世に生きる律令―言葉と事件をめぐって』（平凡社、一九八六）。　（安田政彦）

藤原仲成《ふじわらのなかなり》（七六四―八一〇）　九世紀初頭の公卿。式家種継《たねつぐ》の子、母は粟田道麻呂《あわたのみちまろ》女。薬子《くすこ》の兄。延暦四年（七八五）父暗殺後に従五位下に叙され、左右兵衛督、左衛士督、右大弁、治部・兵部大輔や地方官などを歴任した。大同四年（八〇九）北陸道観察使*で大蔵卿を兼ね、翌年観察使の停止により参議に任じた。妹薬子の平城天皇*の寵遇を背景に勢威を振るったが、天皇譲位後の弘仁元年（八一〇）、いわゆる薬子の変*が起こると佐渡権守《ごんのかみ》に左降され、次いで監禁、射殺された。時に四七歳（『尊卑分脈』）。『日本後紀』は仲成兄妹をことさらに悪く記述しており、解釈には慎重な配慮が必要である。なお、大同二年（八〇七）伊予親王*事件の首謀者とする見解もある。

［文献］　橋本義彦『平安貴族』（平凡社、一九八六）、目崎徳衛『王朝のみやび』（吉川弘文館、一九八九）。　（安田政彦）

藤原冬嗣《ふじわらのふゆつぐ》（七七五―八二六）　九世紀初めの公卿。閑院左大臣ともいう。北家内麻呂《うちまろ》の次男。母は飛鳥部奈止麻呂《あすかべのなとまろ》女、女孺《にょじゅ》百済永継《くだらのえいけい》。桓武皇子良岑安世《よしみねのやすよ》とは異父兄弟。子息に良房*らがある。大同元年（八〇六）従五位下となり、平城朝に春宮大進、春宮亮として皇太子神野《かみの》親王（嵯峨天皇*）に近侍した。嵯峨天皇の即位直後に従五位下から正五位下に、次いで従四位下と一か月間に二階級特進を重ねた。弘仁元年（八一〇）薬子の変*に際して、初代蔵人頭に任じられ機密にあずかった。翌年に参議*に昇進。同五年（八一四）に従三位、同七年権中納言、同八年中納言*、同九年正三位大納言、同一二年右大臣と累遷して、天長二年（八二五）、延暦元年（七八二）以来欠官であった左大臣に任じた。翌年五二歳で死去。贈正一位。嘉祥三年（八五〇）贈太政大臣。その妻藤原美都子《みつこ》を嵯峨・淳和朝の尚侍とし、女順子《のぶこ》（文徳母）を正良《まさよし》親王（仁明天皇*）の東宮妃とするなど、嵯峨天皇の篤い信任を背景に皇室との結びつきを強め、北家興隆の基礎を作った。天長元年（八二四）には良吏の起用を奏上するなど現実に立脚した政策を推進し、『日本後紀』の編纂にかかわるとともに、「弘仁格」や『内裏式』を撰した。また、一族のために施薬院・勧学院を置き、氏寺の興福寺に南円堂を建てて法華会を行うなどした。彼は詩文にも優れ、『凌雲集』『文華秀麗集』『経国集』や『後撰和歌集』に詩歌を残している。度量が大きく、文武の才を兼ね備え、かつ寛容でよく衆人の歓心を得たと伝えられる。（安田政彦）

［文献］林　陸朗「藤原緒嗣と冬嗣」（『上代政治社会の研究』所収、吉川弘文館、一九六九）。

藤原良房《ふじわらのよしふさ》（八〇四—八七二）　九世紀の公卿。白河殿、染殿ともいう。冬嗣の二男。母は藤原美都子《みつこ》。同母に良相《よしみ》、仁明女御順子《のぶこ》がいる。嵯峨天皇にその風采と才能を愛され、皇女源潔《きよ》姫《ひめ》と結婚。天長五年（八二八）従五位下に叙され、承和元年（八三四）三一歳で参議となる。その翌年七人を超えて権中納言に昇り、五年後には中納言となった。承和九年（八四二）承和の変で恒貞親王が廃太子され、順子所生の道康《みちやす》親王（文徳天皇）が皇太子となり、自らは失脚した叔父藤原愛発《あらち》の後を襲って大納言に任じた。嘉祥元年（八四八）右大臣に昇進。同三年（八五〇）文徳天皇が即位するや、女明子《あきらけいこ》所生の第四皇子惟《これ》仁《ひと》親王（清和天皇）を生後八か月で立太子させた。天安元年（八五七）人臣初の太政大臣となり、その翌年文徳天皇死去により清和天皇が九歳で即位すると、外祖父として「万機の政《まつりごと》を摂行《せっこう》」した。貞観八年（八六六）応天門の変が起こると、勅を奉じて改めて「天下の政を摂行」し、大納言伴善男らを断罪した。この事件で文人派官僚を抑圧し、弟良相《よしみ》を抑えるとともに、兄長良《ながら》の子で猶子の基経を従三位中納言に抜擢。摂関政治への基盤を確立した。同一三年（八七一）准三宮として年官年爵を賜り、翌年東一条第において没した。時に六九歳。正一位を追贈され、忠仁公と諡《おくりな》され、美濃国に封ぜられた。遺骸は山城国愛宕《おたぎ》郡白河辺の後愛宕墓に葬られた。なお、『貞観格式』『儀式』『続日本後紀』の編纂にかかわり、貞観寺（嘉祥寺）を建立した。（安田政彦）

［文献］目崎徳衛『王朝のみやび』（吉川弘文館、一九八九）、坂本太郎『歴史と人物』（吉川弘文館、一九八九）。

橘逸勢《たちばなのはやなり》（？—八四二）　九世紀前半の官人。父は従四位下入居《いりい》。兄弟姉妹に永継《ながつぐ》・永名《ながな》・田村子《たむらこ》・御井子《みいこ》（桓武女御）がいる。延暦二三年（八〇四）空海・最澄らとともに入唐。二年後帰朝。承和の初め頃、従五位下に叙されたが老病をもって出仕しなかった。承和七年（八四〇）但馬権守《ごんのかみ》に任官。同九年（八四二）七月、承和の変の首謀者とされ罪状否認のまま本姓を剝奪、伊豆に遠流となり、護送途中に遠江国板筑駅において死没した。嘉祥三年（八五〇）正五位下を追贈、都に改葬され、次いで従四位下を追贈。貞観五年（八六三）以来、御霊会《ごりょうえ》に祀られた。嵯峨天皇・空海とともに三筆と称され、平安宮の宮門の扁額を書いた。また伊都《いと》内親王願文なども彼の筆と伝えるが確証はない。（安田政彦）

［文献］玉井　力「承和の変について」（『歴史学研究』二八六、一九六四）、福井俊彦「承和の変についての一考察」（『日本歴史』二六〇、一九七〇）。

伴健岑《とものこわみね》（生没年未詳）　九世紀前半の官人。仁明天皇の皇太子恒貞親王の春宮坊帯刀。承和九年（八四二）、橘逸勢とともに承和の変の首謀者として捕えられ拷問の末、隠岐国に配流された。貞観七年（八六五）、寛宥《かんゆう》により出雲に遷配されている。この事件は、健岑が阿保《あぼ》親王に、嵯峨上皇の死を機に皇太子を奉じて東国に赴く計画をもちかけたとされ、阿保親王が緘書を太后橘嘉智子《かちこ》に奉ったことにより発覚した。恒貞親王は廃太子され、代わって藤原良房の甥である道康《みちやす》親王（仁明皇子、のちの文徳天皇）が立太子した。背景には嵯峨派官人と淳和派官人の対立があり、事件は陰謀であった可能性が高いが、少なくとも良房が廃太子のために密告を利用したものとみてよいであろう。

（安田政彦）

［文献］玉井　力「承和の変について」（『歴史学研究』二八六、一九六四）、福井俊彦「承和の変についての一考察」（『日本歴史』二六〇、一九七〇）。

恒貞親王《つねさだしんのう》（八二五―八八四）淳和天皇第二皇子。母は皇后正子内親王（嵯峨天皇皇女）。同母に恒統《つねむね》・基貞《もとさだ》がいる。天長一〇年（八三三）仁明天皇の即位に伴って九歳で立太子。承和五年（八三八）元服。同九年（八四二）嵯峨上皇の死後に起こった承和の変で廃太子され、代わって藤原良房の甥である道康《みちやす》親王が立太子した。その後、淳和院東亭子《ていし》に閑居し、亭子親王といわれた。嘉祥二年（八四九）に三品に叙されたが、まもなく出家して法名を恒寂《こうじゃく》と称した。貞観一八年（八七六）に創建された大覚寺の開祖とされる。元慶八年（八八四）陽成天皇退位に際し、藤原基経から即位を請われたが、悲泣してこれを受けなかったという。同年六〇歳で死去。『恒貞親王伝』一巻が伝わる。

［文献］河内祥輔『古代政治史における天皇制の論理』（吉川弘文館、一九八六）、玉井　力「承和の変について」（『歴史学研究』二八六、一九六四）、福井俊彦「承和の変についての一考察」（『日本歴史』二六〇、一九七〇）。

（安田政彦）

源　信《みなもとのまこと》（八一〇―八六八）九世紀中葉の公卿。嵯峨天皇の皇子。母は広井氏。弘仁五年（八一四）源朝臣《あそん》を賜姓され左京に戸主として貫付《かんぷ》された。天長二年（八二五）従四位上に直叙され、侍従、治部卿などを歴任。同八年（八三一）参議に列し、同一〇年（八三三）従三位に昇叙。その後累遷して天安元年（八五七）左大臣に至る。翌年正二位となるが、貞観初年頃から大納言伴善男と軋轢《あつれき》を生じ、貞観八年（八六六）応天門放火の犯人と誣告《ぶこく》され、辛《かろ》うじて罪を免れた。しかし、その後門を閉ざして出仕せず、同一〇年（八六八）憂悶《ゆうもん》のうちに五九歳で没した。翌年正一位を追贈。北辺大臣と称され、幼少時から好んで書伝を読み、書画に巧みで狩猟を愛好し、父天皇から琴・笛・琵琶の教習を受けたと伝える。→賜姓源氏、応天門の変

（安田政彦）

［文献］林　陸朗「嵯峨源氏の研究」（『上代政治社会の研究』所収、吉川弘文館、一九六九）、佐伯有清『伴善男』（吉川弘文館、一九七〇）。

源　融《みなもとのとおる》（八二二―八九五）九世紀の公卿。嵯峨天皇第八皇子。母は大原全子《またこ》。同母兄弟に勤《つとむ》・盈姫《みつひめ》がおり、子に湛《たたう》（母は藤原総継《ふさつぐ》女）・昇《のぼる》らがいる。源朝臣《あそん》を賜って臣籍に降下。承和五年（八三八）元服して正四位下を直叙。異母兄仁明天皇の猶子となる。嘉祥三年（八五〇）従三位に昇叙。斉衡三年（八五六）参議。その後、累遷して貞観一四年（八七二）左大臣にまで至る。しかし、元慶四年（八八〇）藤原基経が関白太政大

臣として融を超えて以後は、宇治の別業《べつごう》や嵯峨の棲霞観《せいかかん》で厭世的で風流な生活を送った。同八年（八八四）*陽成天皇退位に際し皇位を望んだと伝える（『大鏡』）。寛平七年（八九五）没。贈正一位。六条河原に河原院を営み、河原左大臣と称される。
→賜姓源氏
［文献］ 山中 裕「源融」（『平安人物志』所収、東京大学出版会、一九七四）、安田政彦「皇位継承と皇親賜姓」（『古代文化』五〇六、二九―三八、二〇〇一）。 （安田政彦）

佐伯今毛人《さえきのいまえみし》（七一九―七九〇） 八世紀後期の官人。左衛士督従五位下人足の子。名ははじめ若干、のち今蝦夷にもなり、東大居士と称された。天平一〇年（七三八）頃、舎人監舎人としてみえ、その後、東大寺造営に携わり、同二一年（七四九）には六階特授で正六位上に昇叙。天平勝宝元年（七四九）従五位下。同七歳には同司長官となった。天平宝字七年（七六三）、藤原仲麻呂《なかまろ》暗殺の謀議に関与したが難を逃れ、称徳朝には造西大寺司長官や大宰大弐として築怡土城《いとのき》専知識官を勤めるなど、造営関係事業にその手腕を発揮した。延暦三年（七八四）藤原種継《たねつぐ》らとともに造長岡宮使に任ぜられ、次いで佐伯氏では異例の参議に昇進。同八年（七八九）致仕し、翌年七二歳正三位で薨じた。
［文献］ 角田文衛『佐伯今毛人』（吉川弘文館、一九六三）。 （安田政彦）

伴善男《とものよしお》（八〇九―八六八） 九世紀中頃の公卿。大伴継人《つぎひと》の孫、国道の第五子。弘仁一四年（八二三）、*淳和天皇の諱《いみな》を避けて大伴宿禰《おおとものすくね》から伴宿禰となる。天長七年（八三〇）校書殿《きょうしょでん》に祇候し、*仁明天皇の知遇を得る。承和一〇年（八四三）従五位下に叙され、同一三年（八四六）*善愷訴訟事件で、正躬王《まさみ》ら弁官の非法を糾弾して被告登美直名《とみのなおな》を弁護した。翌年従五位上で蔵人頭右中弁となり、嘉祥元年（八四八）*参議兼右大弁。同三年（八五〇）*文徳天皇即位に伴い従四位上に叙され、天皇の生母藤原順子《のぶこ》の中宮大夫となった。斉衡三年（八五六）従三位で『続日本後紀』編纂に従事し、貞観二年（八六〇）*中納言、次いで同六年（八六四）、大伴氏では百三十余年ぶりの大納言に就任。この頃から左大臣*源信らと対立を深め、太政大臣*藤原良房の重病を機に、源信・*融兄弟らが反逆を企てているという投書をもとに、源信らを非難した。同八年（八六六）*応天門が炎上すると、はじめ右大臣藤原良相《よしみ》とともに左大臣源信の放火として逮捕しようとしたが、藤原良房によって阻まれた。その後、備中権史生大宅鷹取《おおやけのたかとり》の告発により、伴善男とその子中庸《なかつね》が捕えられ、ついに伊豆国へ配流となり、その厖大な資財田宅などは没収され、同一〇年（八六八）配所で死去した。五八歳（*応天門の変）。仁明天皇の寵愛を受け、藤原良房のもとで力量を発揮したが、藤原北家専権の障害となる人物として犠牲になったと推測される。
［文献］ 佐伯有清『伴善男』（吉川弘文館、一九七〇）。（安田政彦）

平城天皇《へいぜいてんのう》（七七四―八二四） 九世紀初頭の天皇。在位八〇六―八〇九年。奈良帝ともいう。*桓武天皇の第一皇子。諱《いみな》は安《あ》殿《て》親王。母は藤原良継《よしつぐ》女、皇后乙牟漏《おとむろ》。延暦二年（七八三）小殿を安殿に改めている。同四年（七八五）*藤原種継暗殺事件で廃太子された*早良親王に代わって、一二歳で立太子。同七年（七八八）元服。大同元年（八〇六）父帝の死去により践祚《せんそ》。同母弟神野《かみの》親王を皇太弟とした。翌二年異母弟伊予《いよ》親王の謀反事件が起こり、不寛容な性格から親王母子を死に追いやり、「淫刑」と評された。治世の前半は財政緊縮と民力休養のため官司削減と冗官整理を行い、観察使を設置して地方政治の充実に努めた。積極的に令制強調政策を推進し、古《いにしえ》の先哲に比して劣らなかったとされる。しかし、寵愛する尚侍藤原薬子《くすこ》・仲成兄妹を重んじ、同四年（八〇九）病により嵯峨天皇に譲位するも、重祚《ちょうそ》を志向して「二所朝廷」という状況を招き天皇と対立。弘仁元年（八一〇）、平城旧京への遷都を強行しようとして機先を制され、挙兵したが失敗し、薬子は自害し、平城上皇は落飾した。平城皇子で嵯峨天皇の皇太子であった高岳親王は廃され、代わって異母弟大伴親王（淳和天皇）が立太子した。また、阿保《あぼ》親王は大宰権帥に左遷された（薬子の変）。以後も上皇は平城宮に居住し、仏道に帰依して嵯峨・淳和天皇とも比較的良好な関係を保ち、天長元年（八二四）五一歳で死去。大和《やまと》国添下《そうのしも》郡佐紀村（現奈良市内）の楊梅陵に葬られた。諡《おくりな》は日本根子天推国高彦天皇《やまとねこあめおしくにたかひこのすめらみこと》。→伊予親王事件

［文献］　門脇禎二「律令体制の変貌」（家永三郎他編『日本歴史・古代3』所収、岩波書店、一九六二）、目崎徳衛『平安文化史論』（桜楓社、一九六八）、大塚徳郎『平安初期政治史研究』（吉川弘文館、一九六九）。

（安田政彦）

嵯峨天皇《さがてんのう》　（七八六―八四二）　在位八〇九―八二三年。九世紀初頭の天皇。諱《いみな》は賀美能《かみの》（神野）。桓武天皇の皇子。母は藤原良継《よしつぐ》女、皇后乙牟漏《おとむろ》。平城天皇の同母弟。延暦一八年（七九九）元服、三品中務卿に叙任。大同元年（八〇六）平城天皇の皇太弟となり、同四年（八〇九）譲りを受けて践祚《せんそ》。高岳親王（平城皇子）を皇太子としたが、翌年平城旧京への遷都を企て、重祚《ちょうそ》を謀った上皇の動きを武力で鎮圧（薬子の変）。高岳親王を廃して異母弟大伴親王（淳和天皇）を皇太弟とした。この間、上皇の朝政干渉を阻むため、藤原冬嗣らを蔵人頭に補し、天皇権力の強化を図った。この後、約三〇年間は嵯峨天皇（上皇）の権威のもとに政局は安定し、藤原園人《そのんど》・緒嗣や冬嗣・良房父子が重用され、賢臣がよく政治を輔弼した。一方、『弘仁格』『弘仁式』や『内裏式』が編纂され、宮廷儀礼が整備されて宮廷文化が華開いた。空海や小野篁などの人材が輩出したが、天皇自ら三筆に数えられ、漢詩文にも優れて、『凌雲集』『文華秀麗集』などを編纂させた。また、後宮には皇后橘嘉智子ら多くの后妃を擁し、皇子女は五〇名を数えたが、弘仁五年（八一四）そのうちの卑母所生を臣籍降下して源氏を創出した。同一四年（八二三）譲位後は冷然院《れいぜいいん》に居住。天長一〇年（八三三）仁明天皇（正良親王、嵯峨長子）即位後は嵯峨院に隠棲。承和九年（八四二）五七歳で没した。その直後に承和の変が起こっており、嵯峨上皇の権威の大きさがうかがわれる。陵墓は嵯峨山上陵。→薬子の変

［文献］　笹山晴生『平安の朝廷―その光と影―』（吉川弘文館、一九九三）、目崎徳衛『貴族社会と古典文化』（吉川弘文館、一九九五）、川崎庸之『平安の文化と歴史』（東京大学出版会、一九八二）。

（安田政彦）

淳和天皇《じゅんなてんのう》　（七八六―八四〇）　九世紀の天皇。在位八二三―八三三年。桓武天皇の皇子。諱《いみな》は大伴。母は藤原百川《ももかわ》女旅子《たびこ》。延暦一七年（七九八）元服。同二二年（八〇三）三品直叙。兵部卿、治部卿、中務卿などを歴任。弘仁元年（八一〇）薬子の変で高岳親王が廃太子されたのち皇太弟となった。同一四年

（八二三）*嵯峨天皇の譲位により践祚《せんそ》。*検非違使の独立や*勘解由使を再置、親王任国の設定など現実に立脚した政治を進めた。また、『*令義解』や『*経国集』の編纂、「内裏式」の改定や国史編纂の継続などに努めた。天長一〇年（八三三）皇太子正《まさ》良《よし》親王に譲位。後《のち》太上天皇として淳和院に居住。承和七年（八四〇）五五歳で没した。遺骨は遺言により大原野西山嶺に散骨された。

［文献］福井俊彦「淳和朝の官人」（『早稲田大学高等学院研究年誌』一一、四七—六四、一九六六）、「淳和朝の嵯峨派官人」（『史観』一二六、二二一—三九、一九九二）、川崎庸之『平安の文化と歴史』（東京大学出版会、一九八二）。（安田政彦）

仁明天皇《にんみょうてんのう》（八一〇—八五〇）在位八三三—八五〇。九世紀の天皇。*嵯峨天皇第一皇子。母は橘清友《きよとも》女、皇后嘉智子《かちこ》。諱《いみな》は正良《まさよし》。同母に秀良《ひでよし》・正子《しょうし》らがいる。弘仁一四年（八二三）立太子。天長一〇年（八三三）*淳和天皇の譲位により践祚《せんそ》。皇太子に*淳和皇子恒貞親王を立てたが、嵯峨・淳和両上皇没後の承和九年（八四二）*承和の変により廃太子し、代わって*藤原良房の妹順子《のぶこ》との間に生まれた第一皇子道康《みちやす》親王（のち*文徳天皇）を立太子した。嘉祥三年（八五〇）の朝覲行幸《ちょうきんぎょうこう》では北面して母后に跪《ひざまず》き、これを見た者感涙にむせんだという。同年病により出家し、清涼殿に崩御。四一歳。深草陵（現京都市伏見区）に葬られ、深草帝ともいう。経史や老荘の説に明るく、芸能や医術にも通じていたという。→承和の変　（安田政彦）

紀《きの》**夏井**《なつい》（生没年未詳）九世紀後半の官人。美濃守善岑《よしみね》の第三子。母は石川氏。異母弟に豊城《とよき》がいる。生まれつき聡敏で*文徳天皇の寵遇を受け、嘉祥三年（八五〇）少内記に任じ、斉衡二年（八五五）に従五位下。右少弁、右中弁を歴任、播磨介・式部少輔を兼ねた。その後、讃岐守として善政を施し、百姓らの請願により、さらに二年在任。貞観七年（八六五）肥後守に赴任したが、翌年*応天門の変で、豊城に縁坐して土佐国に配流された。その折、民は路を遮って悲哭《ひこく》したという。夏井は長身の眉目秀麗な美男で隷書に秀で、雑芸・医薬にも通じ、*菅原道真や*島田忠臣とも親交のあった典型的な*良吏であったが、彼の配流は、文人派官僚の没落を象徴する事件であった。→応天門の変

［文献］佐伯有清『伴善男』（吉川弘文館、一九七八）。（安田政彦）

（三）基盤の再編

富豪層《ふごうそう》　律令制下、困窮・貧弱の輩に対して、殷富・富強の者を勅や官符で富豪、富豪の輩などと称した。八世紀の富豪には、稲穀や銭を貯え墾田開発や交易活動を行った*郡司や、*力田・力田の輩と称されて律令国家の褒賞の対象にもなった有力な百姓が多かった。班田農民の階層分化がいっそう進んだ九世紀には、王臣家の子弟、任期終了後も留住の前任国司などの浪人らが、調庸の代輸や交易、私出挙によって利をあげ、浮宕《ふとう》・逃亡や貧窮の農民を使役して私営田を経営した。律令国家は当初、彼らを富豪と呼んでその私的な「農・商」の活動を禁じたが効果はなく、王臣家・貴族官人による私財の蓄積と消費への欲求が肥大化するなかで、調庸物の代輸・請負いや京への運送などに逆に彼らの活動を利用するようになった。また、土着の富豪百姓のなかには、課役や租税徴収を免れるため、王臣家・

寺家に属したり衛府舎人・諸司雑任などの下級官職につく者も多くなった。戸田芳実氏は昭和三四年（一九五九）、中世領主制成立史研究の視点から、階層的に多様なこれら富豪の反律令制的な側面を総体的に捉えて「富豪層」という歴史的概念を提唱し、動産蓄積と私出挙・私営田活動をもって特徴づけた。「富豪層」概念はその後の平安時代初期の研究のみならず、古代から中世への転換過程を分析・叙述する研究者に大きな影響を与え、今日に至っている。

［文献］戸田芳実『日本領主制成立史の研究』（岩波書店、一九六七）、門脇禎二『日本古代共同体の研究　第二版』（東京大学出版会、一九七二）。　（坂口　勉）

力田《りきでん》の輩《ともがら》　力田とは農業精励の者をいい、力田の人・力田者ともいわれた。律令国家は古代中国にならって国家による褒賞の対象とし、農事に堪能で貯えた稲穀で飢饉時に貧民を救うなどの行為を褒賞し、叙位などの特典を与えた。力田の生産活動の実態は必ずしも明らかでないが、大家族を構成し、種子営料と労働力にこと欠かない農事に堪能な者であったことがうかがわれる。また、墾田開発や稲穀貯積という点では、王臣家や国司・郡司のそれと変わりないが、民間の土民として農業生産の実をあげたことに特徴がある。正史や官符の史料には褒賞の記事に登場するので、国家的勧農機能の不足を補完する役割を果たしたことは明らかであるが、それとの矛盾・対抗した面は述べられていない。国家的勧農から相対的に自立した農業生産の担い手であったとも考えられる。国家的勧農の目的が徴税・収奪へと傾斜する九世紀以降には、富豪百姓の貯積した稲穀を官使が実録して貧窮百姓に貸与し、秋時に返給する例が多くなり、弘仁一四年（八二三）設置の大宰府公営田*では「村里幹了者」が一町以上の田の耕営を任される正長となり、元慶五年（八八一）畿内官田で「力田の輩」が同じく正長とされた。また耕田数に准じた徴税方式が始まるとその徴税単位となったように、自立的な農業経営者としての存在を国家が直接把握するようになった。同じく富豪・富人と称された王臣家子弟や前司浪人の私営田*・私出挙などの活動との共通性・差異性、また田刀*・田堵の成立との関連など、なお研究史上の課題である。

［文献］亀田隆之『古代用水史の研究』（吉川弘文館、一九七三）、中野栄夫『律令制社会解体過程の研究』（塙書房、一九七九）、坂江渉「古代における力田者について」（『ヒストリア』一三七、一九九二）。　（坂口　勉）

神火《じんか》事件《じけん》　律令古代において、国郡衙の官舎や稲穀備蓄の正倉の火災が神火によって起きたとされる事件。特に八世紀後半から九世紀半ばにかけて頻発し、下総・武蔵・下野・上野・常陸など、蝦夷征討などで社会情勢の不安な東国に多く起きた。律令政府は当初、神火は国郡司が国神を崇めないために神の祟りによって起きるとしたが、宝亀年間（七七〇—七八〇）には、譜第郡司層の郡司職をめぐる争いに原因があるとして、神火を口実に相手方に放火した郡司一家を処刑することなど厳しい禁断策をとった。延暦五年（七八六）八月、譜第郡司の争いのほか国郡司が未納を隠すための放火であるとしたが、解任処分はせずに焼亡官物を弁償補塡させることとした。その後一時、国司公廨による補塡を停止したこともあったが、弘仁三年（八一二）八月、諸国の国司らが神火と称して失火責任を免れようとしているとして、今後は国司・郡司・税長などすべてに焼失官物を補塡させることとした。このように神火事件は具体的には、郡司任用制の変化とあいまって、譜第郡司や新興の郡司などの郡司職をめぐる争闘によって起き、さらに九世紀に多発する神火を口実とする前任国司の空納・虚納隠蔽の行為であったといえよう。律令政府の対応策は、八世紀半ば以来の正倉備蓄稲穀の無実化が進行するなかで、当初の郡司への厳しい処断から、焼失・未納の官物を国司・郡司に補塡させることに重点を置くようになった。正倉の稲穀備蓄や郡司任用の制度が解体する過程で、一〇世紀末には神火を口実とする正倉焼亡の事件は起こらなくなった。

［文献］ 塩沢君夫『古代専制国家の構造 増補版』（御茶の水書房、一九六二）、佐伯有清『新撰姓氏録の研究 研究編』（吉川弘文館、一九六三）、森田 悌『古代の武蔵』（吉川弘文館、一九八八）。 （坂口 勉）

健児制《こんでいせい》 八―九世紀の地方兵制。健児は、『日本書紀』*では「ちからひと」と訓み、一般的には武勇の兵士を指す。天平四年（七三二）の節度使*設置に伴い、同五年（七三三）陸奥国で兵士三〇〇人を健児とするなど、諸国で健児を選抜・編成したが、同一〇年（七三八）には停止した。また天平宝字六年（七六二）にも新羅侵攻を準備した孝謙天皇*・恵美押勝《えみのおしかつ》（藤原仲麻呂《なかまろ》）政権は、郡司子弟・百姓のうち弓馬の習練者を健児とし、近江・美濃など四か国に置いた。律令軍団制に代わる兵制としての健児制は、延暦一一年（七九二）六月に成立した。大宰府*管内や陸奥・出羽など辺要地以外の諸国の軍団の兵士を廃止し、郡司子弟から健児を選んで兵庫*・鈴蔵・国府の守衛に当て、その規模は常陸国と近江国の各二〇〇人、伊勢国一〇〇人、大和国三〇人など国によって差があり、五一か国で総数三一五五人であった。健児は庸・雑徭が免除され、馬子《まご》として中男《ちゅうなん》二人がつけられ、食料の支給には国ごとに置かれた健児田・射田などの地子稲が当てられた。延暦年間に制度が整えられたが、丹波・播磨では白丁《はくてい》が採用されるなど国によって差を生じ、また在地の郡司層の勢力交替や徴発忌避によって九世紀半ば頃から健児の弱体化がしきりに嘆かれるようになった。京や伊勢・伊賀・近江では伊勢幣帛使《へいはくし》のための路次清掃や出迎えに健児が動員されているが、軍制としては無実化し、兵力も縮小して諸国国衙の守備にとどまったと考えられる。一一世紀以降は、国衙在庁機構の「健児所《こんでいしょ》」や、時には武力発動を伴う年貢の徴税使や運送役などにその名称が残った。

［文献］ 井上満郎『平安時代軍事制度の研究』（吉川弘文館、一九八〇）、中尾浩康「延暦十一年の軍制改革について」（『日本史研究』四六七、二〇〇一）。 （坂口 勉）

擬任郡司《ぎにんぐんじ》 擬郡司《ぎぐんじ》ともいう。式部省・太政官による銓衡《せんこう》（簡試）と正規の任用を経た正員郡司のほかに、国司の郡司銓擬《せんぎ》（国擬、国選）によって郡司職にある者をいい、特に九世紀における郡司の任用に顕著である。本来は郡司の定員に欠員が生じた場合の一時的措置であったが、八世紀半ばから擬任郡司が多くなり、弘仁三年（八一二）には、神火事件*など郡司の任用をめぐる混乱を背景に、郡司の銓擬は「一に国定に依る」とされ、国司が実質的に郡司任用の権限を握ることになった。国司は個々の郡務に専当の郡司を擬任するようになり、擬任郡司が正員の郡司と並存して正員の数を上まわったり、さらに従来の擬任郡司に加えて転擬郡司・副擬郡司・権擬郡司などが出現した。一〇世紀末には律令制的郡司制度の崩壊と新たな郡郷制、郡郷司・在庁官人の登場とともに擬任郡司は消えていった。

［文献］米田雄介『郡司の研究』（法政大学出版局、一九七六）、磯貝正義『郡司及び采女制度の研究』（吉川弘文館、一九七八）、山口英男「郡領の詮議とその変遷」（笹山晴生先生還暦記念会編『日本律令制論集 下巻』所収、吉川弘文館、一九九三）。　（坂口　勉）

借位《しゃくい》　律令古代において一時的に、あるいは正規の手続き以前に仮に授与される位階。例えば、承和二年（八三五）一二月遣唐大使の従四位上藤原常嗣《つねつぐ》が一時的に正二位に、同じく副使の従五位上*小野篁が正四位上に叙せられたように、海外派遣の使節や外国使節接待の任にある間、仮授された。また、平安初期の地方行政再編の一環として天長元年（八二四）八月陸奥出羽*按察使良岑安世《よしみねのやすよ》の建議により、国司に善政を推挙された郡領（大領・少領）に五位を借授し、その後の実績により与奪することとし、翌年七月には位禄の給与も定めた。そののち郡領への外従五位下の借授が顕著になり、地方の神社への授位も盛んに行われた。　（坂口　勉）

選士《せんし》・健士《けんし》　九世紀、辺要の地に置かれた兵制。選士は八世紀に節度使設置にあわせて置かれていたが、本格的には天長三年（八二六）*大宰府管内九国二島に置かれ、健士は弘仁六年（八一五）陸奥国に置かれた。延暦一一年（七九二）設置の*健児制は、大宰府管内や陸奥・出羽、辺要の諸国は除外されていた。天長三年（八二六）一一月太宰府奏状によれば、兵役従事の班田農民は兵士とは名ばかりで、鎌斧は使えるが弓は引けないとして軍団の兵士制を廃止し、富裕な者を選抜して選士一七二〇人を置き（うち大宰府に四〇〇人、管内諸国に一三二〇人）、年間九〇日の分番交代で防衛勤務に当たらせるとしている。選士には庸の免除と中男三人が付与され、勤務日の食料が給付された。また選士を統率する選士統領《せんしとうりょう》四二人と雑役従事の衛卒《えいそつ》二〇〇人も置かれた。一方陸奥国では、弘仁六年（八一五）苦役に疲弊した従来の*鎮兵一〇〇〇人を廃止して軍団兵士を増員するほか、戦場経験のある勲位《くんい》者二〇〇〇人を選抜して健士とし、分番交代で年間九〇日、兵士とともに各城塞の守衛に当たらせた。例えば*胆沢城には健士三〇〇人・兵士四〇〇人を配置した。健士には課役はなく、在勤中は公粮が給付され、夫婦の田租が免除された。しかし承和一〇年（八四三）には勲位の者がいないとして白丁をもって健士とし、また兵士と同じく健士も城塞修理の役につかせている。大宰府でも選士に精兵が乏しいとされ、貞観一一年（八六九）には新羅海賊の来襲に備え「一以当千」の俘囚《ふしゅう》を徴発して配置するなど、九世紀後半には選士・健士ともに弱体化し、兵制としての維持は困難になった。

［文献］井上満郎『平安時代軍事制度の研究』（吉川弘文館、一九八〇）、山内邦夫「選士制とその周辺」（遠藤元男先生頌寿記念会編『日本古代史論苑』所収、国書刊行会、一九八三）。　（坂口　勉）

院宮王臣家《いんぐうおうしんけ》　八世紀末から九世紀の史料に特有の表現で、私営田などの豊かな経済力を背景に勢威を振るった皇親、貴族（三位以上、時に四・五位を含む）、後院・諸宮などを総称していう。律令体制の行き詰まりが見え始める奈良時代後半頃から、多くは富豪の輩と呼ばれる在地の有力農民と結託して現地経営を委ね、公民制を離脱した浮浪人などの百姓を私的に囲い込み、墾田・荘家を拠点に山川藪沢・原野や海浜を占有して私的大土地所有の拡大に努めた。これにより律令制的土地所有体系はしだいに変質・解体させられた。しばしば禁制の対象となったが、延喜の荘園整理令により院宮王臣家の大土地所有が公認されるに至ると、院宮王臣家という表現もしだいに用いられなくなる。

［文献］ 森田 悌「王臣家考」（『天皇号と須弥山』所収、髙科書店、一九九九）、笹山晴生『平安の朝廷―その光と影―』（吉川弘文館、一九九三）。 （安田政彦）

親王《しんのう》・諸王《しょおう》 皇族の身分を示す称。諸王の初見は推古紀。天武朝において親王・諸王の別を生じ、親王は天武天皇四年（六七五）が初見（『＊日本書紀』）。「大宝継嗣令」は皇兄弟姉妹・皇子女を親王、皇孫（二世）以下皇玄孫（四世）を諸王として皇親（皇族）の範囲を規定する。また、五世王は王名を名乗るも、皇親の範囲外とする。のち慶雲三年（七〇六）格により皇親の範囲を拡大したが、延暦一七年（七九八）令制に復した。二世王は孫王ともいわれ、三世以下に対して優遇されたが、奈良時代には皇位継承に適した親王が少なく、皇位継承争いに巻き込まれる者もあった。親王身分は本来生得的なものであったが、＊淳仁天皇即位に伴って親王宣下が行われ、平安時代には通例となった。令規定によれば、親王の待遇は大臣や一位に匹敵する場合が多い。諸王も諸臣に比して高い待遇を得るが、叙位任官後は諸臣と大差なかった。平安時代初期には親王数の激増が皇室財政を圧迫し、皇親数削減を目的の一つとして嵯峨朝に源氏が創出された。また、この時期に定められた皇親の待遇は平安時代を通じて流例となった。無品親王封や親王任国、貞観期に整備された年給制、諸王時服・女王禄の定員設定などがある。諸王のなかには待遇悪化を受けて賜姓を願い出るものもあり、平氏が生まれた。なお、親王の称は中国に由来するが、女子は特に内親王と称し、これは我が国で創出されたといわれる。諸王の場合、女子は特に女王という。

［文献］ 竹島 寛『王朝時代皇室史の研究』（名著普及会、一九八二（復刊））、安田政彦『平安時代皇親の研究』（吉川弘文館、一九九八）。 （安田政彦）

勅旨《ちょくし》田《でん》 古代において勅旨により点定された墾田。不輸租田。勅旨をもって設置するゆえ、勅旨田と称された。初見は天平勝宝八年（七五六）正月の美濃国司移とされるが、八世紀の事例に乏しい。九世紀には『日本後紀』以下の国史や『＊類聚三代格』などに勅旨田関係史料が比較的豊富にみられ、九世紀に盛行したとする見解もあるが、史料的偏在も考慮する必要がある。勅旨田は全国的に設置されたが、多くは広大な面積の空閑地・野地・荒廃田を占拠するもので、開墾事業としての特徴が著しい。開墾には公水が用いられ、開発経費には諸国正税や乗稲が当てられており、勅旨田設定は、八・九世紀における水田開発推進政策の一環でもあった。しかし、延喜二年（九〇二）、＊開発経費の国庫負担は廃止され、一〇世紀以後の勅旨田には開墾事業としての性格は稀薄である。勅旨田の主な収益は地子米で、穀倉院や内蔵寮、あるいは後院に収納され、これら諸機関の活動を支える財源の一つとなった。また、勅旨田は賜田や施入田にも転化した。勅旨田として開墾された田地が東大寺に施入された例や、院勅旨田が太上天皇の死後、寺社や縁者に処分された例がある。寺社や貴族の大土地所有の形成を促進しようとする企図は、勅旨田政策の基本的要素であったと考えられる。後世、荘園に転化したのちも、なお勅旨田の名を荘号とする例は多い。勅旨田の性格については、これを皇室の私有地とする見解と、それに反対する見解との対立がある。↓賜田

［文献］村井康彦『古代国家解体過程の研究』（岩波書店、一九六五）、宮本 救「律令制的土地制度」（竹内理三編『土地制度史Ⅰ』所収、山川出版社、一九八二）、河内祥輔「勅旨田について」（土田直鎮先生還暦記念会編『奈良平安時代史論集 下』所収、吉川弘文館、一九八四）。

（安田政彦）

賜田《しでん》　奈良・平安時代、令制の種々の給田のほかに、別勅によって特定の個人に賜う田地。輸租田。本来は耕地（熟田）を与えたと思われ、面積は一件について数町から二〇町程度であり、被賜与者の死後は収公された。主に政績や戦功または学芸上の功労者に褒賞として与えられ、種々の条件では功田に及ばないものの、ほぼこれに類する性格を持ち、功田も賜田の一種と捉えることがある。また、平安時代に本人に限定して与えられた一身田も賜田の一種と考えられる。平安時代初期には、激増した親王の収入源の一つとして、数十町から数百町規模の荒廃田や空閑地が与えられた（親王賜田）。史料上は延暦年間（七八二―八〇六）後半と承和年間（八三四―八四八）がもっとも顕著であり、奈良時代に始まる勅旨によって設定される勅旨田*の発展に相伴う現象である。時康《ときやす》親王（光孝天皇*）が賜った「水陸田地」を即位後ことごとく勅旨田としたことは、両者の性格の類似をよく示している。なかには、桓武天皇皇子の葛《かずら》原《わら》親王が上野《こうずけ》国利根郡の長野牧や甲斐国巨麻《こま》郡に空閑地五〇〇町歩を賜った例などがある。『延喜式*』民部省には、賜田の所有者が新たに位田・職田を給されたり増給された場合、賜田のうちから廻給すべき規定があるが、規定どおり実施されたとは考えにくい。また『延喜式』主税寮には、賜田は未授の間は輸地子《じし》田とする規定が見え、収公された賜田は、賜田用地として確保されていたことが考えられる。

［文献］竹内理三『荘園史研究』（角川書店、一九九八）、宮本 救「律令制的土地制度」（竹内理三編『土地制度史Ⅰ』所収、山川出版社、一九八二）。

（安田政彦）

私営田《しえいでん》　中央官衙・国衙による直営の官田・国営田・公営田*などに対して、荘園や墾田など私領・私田*の経営における直営の田をいう。私営田の具体的な経営形態は必ずしも明らかではないが、弘仁一四年（八二三）設置の大宰府*管内公営田において「功ならびに食を給すること一に民間の如し」とし、一町に徭丁五人を当て、町別に稲一二〇束の佃功（人別二四束）および徭丁一人当たり三〇日間の食料（日別米二升）を支給するとしているように、功直と食料の支給は民間の私営田における方式であった。また、公営田・私営田ともに営田の収穫すべてを収納したが、営料は春時に国庫の正税を当て秋時に回収する公営田に対して、私営田の場合には当然、営料を営田主が用意しなければならなかった。功直や食料、種子営料、水利灌漑《かんがい》や耕地の維持・開発料の支出のためには、私財として貯積した稲穀や私出挙・交易活動による資産を必要とした。営田の労働力も公営田は班田農民の徭役によったが、私営田にあっては従属農民の駆使や雇傭労働など営田主が独自に労働力を編成する必要があった。経営形態としての営田は、郡司や地方豪族・有力農民（力田《りきでん》、田堵*）の農業経営としては一般的な形態であったと考えられるが、史料的には特に九世紀に、浪人や浮宕百姓を

招き寄せた王臣家や貴族の荘園における私営田が、耕地や山野を占拠したり租税を負担せず国務を妨げるとしてしばしば禁制の対象になっている。研究史的には豊後国における前任国司の*中井王や、*『今昔物語集』の説話にも登場する伊賀国の私営田領主藤原清廉《きよかど》・実遠《さねとお》らの経営が知られている。

［文献］戸田芳実『日本領主制成立史の研究』（岩波書店、一九六七）、石母田正『中世的世界の形成』（岩波書店、二〇〇〇（復刊））。

（坂口　勉）

土人《どにん》・浪人《ろうにん》　土人は、その地に土着の者を指して貴族官人の立場から称した語で、律令戸籍制度のもとに本貫地に住む者をいう。浪人は、本籍地を離れて他国・他郷に流浪あるいは留住の者をいい、浮浪《ふろう》・浮宕《ふとう》などとも呼ばれた。課役忌避による逃亡・浮宕の増加に対して、律令政府は本籍地に送還したり、当地の戸籍に編附《へんぷ》あるいは帳簿（浮浪帳）に登録して調庸徴収の対策をとったが、逃亡・浮宕は絶たず、荘園に寄住する浪人の増加も止めることはできなかった。弘仁二年（八一一）官符は「家を棄て業を失ない他郷に浮宕、その由趣を尋ねれば、過《あやまち》は官吏にあり」と述べるなど、九世紀には浮宕・浪人の存在を容認したうえで対策をたてるようになった。*大宰府では府官舎の修理に浪人を使役し、筑前国では貞観一五年（八七三）班田の際、土人・浪人を区別せず良田を「頒《わ》け充《あ》」てた。元慶五年（八八一）畿内官田においても「土人・浪人を問わず」農耕に堪能な者（*力田の輩）を選んで、営田の下級預人《あずかりにん》（正長《しょうちょう》）とした。また官物の運送などに浪人を当てることは、すでに貞観年間以降、諸国の国例ともなっていた。貴族や寺社の荘園では課役を忌避して浪人となった百姓を招き寄せて荘田を耕作させたが、一方、京に本籍を有しながら諸国に浮宕する王臣家の子孫や留住の前任国司などの浪人は、私営田や荘園を経営し、調庸代輸や私出挙など農・商の活動によって私富を蓄積した（富豪の輩）。一〇世紀以降には、耕田数に准じた新たな徴税方式のもとで土人・浪人の区別は意味を持たなくなったが、その後も国衙による新たな賦課を忌避した農民は浪人として荘園に身を寄せ、耕地の開発などに当った。

［文献］直木孝次郎『奈良時代史の諸問題』（塙書房、一九六八）、森田　悌『日本古代律令法史の研究』（文献出版、一九八六）、戸田芳実『日本中世の民衆と領主』（校倉書房、一九九四）。（坂口　勉）

青苗簿《せいびょうぼ》　奈良時代から平安時代前期に、国司が国内の田の営種・耕作の状況を中央政府に報告する帳簿。苗簿《びょうぼ》、青苗簿《せいびょうぼ》帳《ちょう》とも。その始行は明らかでないが、霊亀三年（七一七）五月、苗簿を作る際、水旱蟲霜の損田の実状を確かめるよう国郡に命じ、青苗簿の書式を七道諸国に下している。同年八月には「納租の事、青苗簿に依って手実《しゅじつ》を進ぜしめよ」とし、*『令集解（古記）』には「見営人に縁《よ》って青苗簿を造る」とあって、その眼目は輸租田の耕作者とその熱・不熟を把握して田租徴収に資することにあった。しかし奈良時代における実施状況は明らかでなく、当初の書式も伝存しない。九世紀前半の弘仁・承和年間に、班田農民や浪人の営田数を掌握する必要から、再び青苗簿の作成が命ぜられるようになった。*『延喜式』主税式にある書式では、各郷戸主や浪人ごとにその営田（口分田・賃租田・地子田）の地目・面積・所在里坪を書きあげるものとなっている。

［文献］阿部　猛『律令国家解体過程の研究』（新生社、一九六六）、

菊地康明『日本古代土地所有の研究』(東京大学出版会、一九七八(復刊))、林　陸朗「青苗簿について」(『日本歴史』二七二、一九七一)。　(坂口　勉)

元慶官田《がんぎょうかんでん》　元慶三年(八七九)畿内の班田実施に際して藤原冬緒《ふゆお》の建策により、五畿内諸国に設置した計四〇〇〇町(大和国一二〇〇町、山城国・河内国・摂津国に各八〇〇町、和泉国四〇〇町)の官田をいい、供御田としての令制《りょうせい》の官田とは区別される。『三代実録』によれば元慶三年一二月民部卿藤原冬緒は、京戸女子の口分田の班給を止めて畿内男子に加給すること、また、畿内諸国に計四〇〇〇町の田を割り置きその穫稲・地子をもって公用を支えんことの二事を奏して勅許を得た。同五年(八八一)二月官符によると元慶官田の経営方式は、営料として春時に正税を当て(町別一二〇束)、秋時に本倉に返納すること、穫稲は通常よりも減定して上田三二〇束・中田三〇〇束とし、倉より遠方の地には小院を建て出納の便を図ること、また営田預人として正長《しょうちょう》と惣監《そうかん》を置き、正長には土人・浪人を問わず力田*の輩を選んで営田に預《あず》からせ、郷ごとに配置の惣監には諸司の官人、近衛・兵衛・二宮舎人や雑任などのうち、郷里から推譲された者を任じて収納などの催促・監督に当らせることを定めている。また、官田の半分以上を営田(佃)方式とし、残余を地子(請作)または価直(賃租)方式によるとしている。官田とされた四〇〇〇町が口分田を割いたものか、乗田であったか定かでない。また官衙財政の危機への積極的な対応策であったにせよ、設置当初の収支計画やその効果も史料的に必ずしも明確ではない。元慶三年官田設置の奏状では、京庫財源の不足により位禄・月料などの支給に当てられた畿外諸国の正税不足や不動穀費消を述べていたが、元慶五年一一月には官田から計一二三五町二段余を割いて諸司の要劇料田・番上粮料田を設定している。残る官田についても「官の蓄積、国の資儲なり。永く官田と号して之《これ》を不朽に伝えん」としたが、その後も次々に諸司の要劇料田・番上粮料田に当て、約二〇年後の官田は約二三〇六町余となった。官田は宮内省*が統轄し国ごとに国司の責任で経営したが、直営の営田方式はしだいに地子田方式に移行し、その後の荘園制的収取の方式が体制化するなかで、国衙支配の公領あるいは諸司*田と同じく官*衙領となった。

[文献]　村井康彦『古代国家解体過程の研究』(岩波書店、一九六五)、阿部　猛『律令国家解体過程の研究』(新生社、一九六六)、大塚徳郎『平安初期政治史研究』(吉川弘文館、一九六九)、林　陸朗『上代政治社会の研究』(吉川弘文館、一九六九)、西別府元日『律令国家の展開と地域支配』(思文閣出版、二〇〇二)。　(坂口　勉)

公営田《くえいでん》　律令による班田収授と調庸収取の維持が困難になった九世紀に、民間の私営田*の方式を取り入れ、大宰府*や諸国国衙など官衙によって試行された直営方式の田制をいう。史料的には弘仁四年(八一三)から三年間実施された石見国の国営田三〇町、貞観一八年(八七六)から二年間実施の壱岐嶋における一〇〇町の営田、元慶三年(八七九)上総国での二年間の公営田、仁和元年(八八五)から始められたという信濃国の三〇町の国営佃などがあり、特に弘仁一四年(七二三)の大宰府管内の公営田はもっとも規模が大きく、その耕営方式もおおよそ知られる。同年二月二一日太政官奏によれば、その設置計画は、太宰大弐小野峯守*の建議(原案)に四か年に限って試行するなどの修正を加えてなったもので、大宰府管内九国の口分田・乗田から水旱不損の良田を割取し、肥後国に三六〇二町、ほかの諸国に計八四九三町、あわせて計一万二〇九五町を公営田とし、その耕作には町別に五人、計六万二五七人の徭丁を当てるとしている。営料には正税稲を用いて収穫時に回収するとし、町別一二〇束の佃功（人別二四束）、徭丁の三〇日間の食料に人別一二束（日別米二升）を支給し、村里の幹了者を選んで正長《しょうちょう》とし一町以上の耕営を委任する。また、百姓の居住地近くにそれぞれ小院を建て、田租（国衙正倉に収納）および納官分（大宰府・京進分）を除き公営田の収穫稲をこの小院に収納する。公営田の耕作に当たる徭丁の調庸を免除し、調庸物自体は収穫稲（正税）を運用して交易により調達するとしている。この大宰府公営田については、研究史上、太政官奏の原案と修正部分の判別、さらに班田制・公出挙制・調庸制との関連、救貧・救荒対策、徭役・雇役労働や正長による耕営形態の歴史的性格など、多くの論点からの研究成果があるが、なお定説をみるに至っていない。なお、肥後国では嘉祥三年（八五〇）に公営田を再開、斉衡二年（八五五）には大宰府管内諸国で再開されたことがうかがわれ、その後元慶三年（八七九）畿内五か国に設置された官田四〇〇〇町の経営が大宰府公営田の方式と共通する点も注目されている。

［文献］　長山泰孝『律令負担体系の研究』（塙書房、一九七六）、中野栄夫『律令制社会解体過程の研究』（塙書房、一九七九）、阿部猛「弘仁十四年の公営田制について」（『帝京史学』六、一九九一、『日本荘園史の研究』同成社、二〇〇五所収）、小林昌二『日本古代の村落と農民支配』（塙書房、二〇〇〇）。

（坂口　勉）

諸司田《しょしでん》　中央諸官司の官人給与などに当てるために諸官司に配分された田。すでに八世紀以来大学寮・左右*馬寮・*弾正台などに公廨田《くがいでん》などが設置されてきたが、元慶五年（八八一）大規模に諸司田が設置された。すなわち位禄・月料などの財源補充のため元慶三年（八七九）畿内五か国に設置した計四〇〇〇町の官田のうち、同五年一一月、和泉国を除く四か国から計一二三五町二段余を割き取り、要劇料《ようげきりょう》・番上粮料《ばんじょうろうりょう》として図書寮に一九町八段二九七歩、正親司に九町二段一二六歩、左近衛府に三三町七段三二四歩など、計四九の官司に配分した。翌六年（八八二）四月官符は、太政官・中務省など七司の要劇料・番上粮料は京庫の米で支給し、大舎人寮・内蔵寮など三九司のそれは官田をもって当てるとした。そののちも官田を割いて主税寮・主計寮・典薬寮・陰陽寮などの要劇料田や月料田が相次ぎ設定され、昌泰元年（八九八）時点には官田のうち少なくとも約一七〇〇町が諸司田化した。ほとんど大部分の官司が要劇料・番上料・月料などの料田を有することになったと考えられ、各官司独自の財源として、太政官機構内で自立性を強める経済的基盤となった。*『延喜式』によれば諸司田の経営は、馬寮家が一部を耕営したほかは地子あるいは賃租の方式によっているが、そののち荘園制下での領有権を強め、荘田化・私領化して諸司領（官衙領）を形成するに至った。研究史上に著名な延久二年（一〇七〇）「大和国興福寺雑役免帳」には、地子を諸司に納める一七〇町余の諸司要劇田が記載されている。

［文献］　村井康彦『古代国家解体過程の研究』（岩波書店、一九六五）、阿部　猛『律令国家解体過程の研究』（新生社、一九六六）、大塚徳郎『平安初期政治史研究』（吉川弘文館、一九六九）、菊地康

明『日本古代土地所有の研究』（東京大学出版会、一九七八（復刊））。　（坂口　勉）

官衙領《かんがりょう》　中央官衙諸司が領有した田畠や荘・保、厨町などをいう。特に平安時代後期に多くが形成され、その後中世を通じて存続した。官衙諸司の経費や官人給与のための公廨田《くがいでん》は、すでに八世紀段階から設置されていたが、九世紀以降の官衙財政の窮迫とともに、官人給与などの財源を諸国正税稲に求め、さらには一定の地積の料田をもって当てるようになった。元慶五年（八八一）以降、畿内諸国の官田を分割・分配した大規模な諸司田設置はその最たるもので、これらの諸司田は諸司独自の財源となり、領田化・荘田化して諸司領を形成した。しかし官衙領の成立は、この元慶官田*の系譜を引く諸司田に始まるのみでなく、令制の官田供御料からの大炊寮領、陵戸田からの諸陵寮領など多様であった。また、例えば宮内省*造酒司*への料米納入は山城・備前・備中など一二か国、主殿寮への年料油・大粮米の納入は丹波国をはじめ四十余か国など、官衙諸司への料物の京進が特定の諸国に割り当てられたが、さらに平安後期以降、それら料国において料物負担の土地が指定（便補《びんぽ》の田、名《みょう》、保《ほ》）され、当該の官司が直接に料物収納の使を遣わすなど経営や耕地開発にかかわるようになって所領化が進み、諸司ごとの官衙領が形成された。造酒司領の河内甘南備保、主殿寮領の近江押立保、官厨家領の若狭国富保、穀倉院領の播磨国小犬丸保や武蔵国藤崎荘などである。中世の官衙領は、世襲の諸司長官職の家領荘園として中世一般の荘園と同様に展開し、また配下に雑任や供御人を募ったり、洛中の厨町の所領支配、率分関を設けての関銭課徴の商業活動など、諸司の経済的存立の基盤となった。

［文献］　村井康彦『日本古代国家解体過程の研究』（岩波書店、一九六五）、阿部　猛『律令国家解体過程の研究』（新生社、一九六六）、橋本義彦『平安貴族社会の研究』（吉川弘文館、一九七六）、早川庄八『日本古代の財政制度』（名著刊行会、二〇〇〇）。　（坂口　勉）

良《りょう》**吏**《り》　『史記』をはじめ中国の史書には「良吏伝《りょうりでん》」「循吏《じゅんり》伝《でん》」があり、日本古代の律令国家も優れた治績の官吏を良吏として推称した。特に九世紀には任国の治政に優れた国司を良吏と称し、地方行政の行き詰まりを打開する担い手として期待した。正史の薨卒伝や『類聚三代格*』などに多くの記事があり、例えば、神の祟りを恐れる百姓らの反対を押しきって堤防の修築工事を行い、のちに称賛されたという美濃介藤原高房《たかふさ》や「治政に声誉あり百姓悦服して国内安静・官倉充満」といわれた摂津守有雄王など、数十の名があげられている。仁寿二年（八五二）三月の太政官符は、良吏たる者は国内を巡観して池堰を修築し耕農を勧め、不耕の地があれば営料を貸しつけて播種耕作させ、秋の収穫時にまず返納させる、あるいは公力をもって営種し全穫稲を官の倉庫に納れるなどすれば、荒廃田*は自ら開け、官倉も充ちると述べている。このように、まず令制国司本来の勧農*の職務を遂行することであったが、班田収授制の崩壊過程にあっては任国内の増大する荒廃耕地の状況や郡司・百姓の動向に対応しなければならなかった。当然その対応策は律令など従来の規定とは異なることも避けられず、良吏の登用を述べた天長元年（八二四）八月官符は「経《けい》に反し、宜《ぎ》を制す」（古来の原理に反して時宜にかなう策をとる）場合であっても、私利私欲のためにしたことでなければ「寛恕に従い法違反を問うことはしない」とした。未納を隠蔽したり私利を図る国司(悪吏)が増加するなかで、九世紀の良吏は、古律・旧法にとらわれずに勧農を遂行して郡司・百姓からは善政を謳われ、また新規の施策が現地の抵抗を受け告言・訴訟を起こされることもあったが、多くは私利を顧みず清貧を全うした国司であった。しかし九世紀半ば過ぎから、国司に対する国家の期待は国家財政への寄与をいっそう重視するものとなり、苛政の悪吏として著名な弘宗《ひろむね》王が治政の能吏とされたこともあった。一〇世紀に入って良吏の必要が理念的に強調されたが、良吏の時代は終焉を迎え、その後、任国の国務のすべてを任された国守と百姓が対抗する受領の時代へ向かうことになる。

[文献] 佐藤宗諄『平安前期政治史序説』(東京大学出版会、一九七七)、三善清行『藤原保則伝』(『続群書類従』巻一九一、日本思想大系『古代政治社会思想』所収、岩波書店、一九七九)、亀田隆之『日本古代治水史の研究』(吉川弘文館、二〇〇〇)、坂上康俊『律令国家の転換と「日本」』(講談社、二〇〇一)。 (坂口 勉)

勧《かん》農《のう》 語意は農業を勧めることであるが、各時代の政治的・社会的状況によってその態様や歴史的意義は異なる。古代律令国家の勧農(勧課農桑)は、本来は共同体的な農業生産・農業慣行が政治的に編成されたもので、池溝堰堤の灌漑《かんがい》施設、耕地の開発、公出挙にみられる種稲・営料など、特に稲作と口分田の保障に重点が置かれ、理念的には神祇祭祀と儒教の撫民思想によって裏づけられていた。律令では、勧農を国司・郡司の最重要な職務とし(職員令)、国司は毎年春、国内を巡行して農功を勧め(戸令)、国内の池溝堰堤を修築し、また郡司の行う勧農の実績を評定する(考課令)などを規定している。神護景雲元年(七六七)国司・郡司のうちに勧農専当の者を決めたり、中央からの按察使*や観察使*の派遣、百万町歩開墾計画・三世一身法*・墾田永年私財法*などの墾田開発、灌漑用水施設の整備・修理、雑穀栽培・水車・稲機《いなはた》の奨励など、「農は天下の本なり」とする国家的勧農は八―九世紀を通じて継続する。しかし、律令制の弛緩とともに勧農の理念と実態はしだいに変化し、国郡司の不正の摘発や、正税出挙の稲穀や調庸物の確保など国家財政の維持が前面に出るようになった。延喜一四年(九一四)三善清行《みよしきよゆき》の意見封事にも「水旱を消して豊穣を求め」、「遍《ひとえ》に百姓のために豊年を祈禱」としつつも、「公家、口分田を班《わか》つ所以《ゆえん》は、調庸を収め正税を挙《こ》せんがためなり」と述べ、徴税のための勧農が強調されている。一二世紀以降、荘園領主や国衙は勧農使を派遣して耕作者を決めたり、耕地の開発や種子農料を下すなどして領田の満作《まんさく》を図った。領主による勧農行為は、中世の荘園領主や地頭・荘官の佃*や門田*など直営田の経営に継承される。

[文献] 亀田隆之『日本古代用水史の研究』(吉川弘文館、一九七三)、大山喬平『日本中世農村史の研究』(岩波書店、一九七八)、黒田日出男『日本中世開発史の研究』(校倉書房、一九八四)、山本隆志『荘園制の展開と地域社会』(刀水書房、一九九四)。(坂口 勉)

功《こう》・食《しょく》 功は、造営造寺や開墾・営田などの工程(功程)を指し、それに必要とされる総日数・延人数(人功)で表された。その労働の報酬額が功直《こうちょく》・雇直《こちょく》である。古代において傜役や雇役の徴用労働の功直として稲や銭(功稲、功銭)が支給され、その労働日数に応じて食糧が支給された。功直と食糧をあわせて功食《こうしょく》という場合も多い。功直は労役の性格や労働の形態によって差があるが、一功（一日）に稲一束、食糧は人別一日に米二升が給付される例が多く見られる。弘仁一四年（八二三）の大宰府管内*公営田では、*佃功《つくだこう》に町別百二〇束（人別二四束）、徭丁一人あたり三〇日間の食糧に一二束（日別米二升）が算出されている。なお、功直・雇直は古代における労働の対価のあり方として、特に律令制下の歳役《さいえき》や庸《よう》（布・米）の賦課基準との関連などが注目される。

［文献］　長山泰孝『律令負担体系の研究』（塙書房、一九七六）、大町　健『日本古代の国家と在地首長制』（校倉書房、一九八六）、青木和夫『日本律令国家論攷』（岩波書店、一九九二）、櫛木謙周『日本古代労働力編成の研究』（塙書房、一九九六）。　（坂口　勉）

里倉《りそう》　国衙・郡衙にある官倉（正倉）とは別に、稲穀を収納備蓄した百姓の宅・倉などをいう。その機能は公出挙の実施と関連していたと考えられるが、実態は明らかでない。九世紀後半から公出挙制の一方式として、利稲のみを徴収することが行われ、回収しない本稲分は里倉に残し（返挙《へんこ》）、翌年の出挙本稲に当てるとされた。*『北山抄』巻十の記事によると、一〇世紀末には、正倉の稲穀の欠負・不実（虚納・空納）をかかえた交替時の国司は、正倉にはないが里倉にあるとして後任への引継書類（名帳）を作成し、政府もそれを容認するようになっている。また『江次第鈔』にも正税稲などを「百姓の私倉に納《い》れ、これを里倉という」とあり、百姓の宅・私倉が里倉とされていたことが知られる。里倉自体の出挙機能は明らかでないが、里倉の百姓は国衙の帳簿上常に負物をかかえ、毎年利稲分の納入責任を負うことになり（里倉《りそう》負名《ふみょう》）、この方式は一一世紀半ばまで続いた。

［文献］　村井康彦『古代国家解体過程の研究』（岩波書店、一九六五）、坂上康俊「負名体制の成立」（『史学雑誌』九四—二、一九八五）、森田　悌『日本古代の政治と地方』（高科書店、一九八八）、阿部　猛編『北山抄注解　巻十　吏途指南』（東京堂出版、一九九六）。　（坂口　勉）

賑給《しんごう》　語意は賑恤《しんじゅつ》と同じで、民をあわれみ食糧などを施し与えること。古代においては天皇の発する詔勅により、高齢者、貧窮・疾病の民を救済するために正倉や義倉を開き、穀物・稲束などを支給した。律令制下の救急対策のなかでも、特に賑給は、君主の徳を天下に顕して国家統治の万全を謳《うた》う、儒教思想による統治の手段であった。律令による政治体制を随時に補完する役割を持ち、天皇即位や立太子・改元に伴う大赦・恩赦の一環として実施されたり、大規模な風水害や旱魃《かんばつ》・地震などの自然災害に対する危機対策として発令された。奈良時代の実施状況は、伝存する天平期の出雲国大税賑給歴名帳や正税帳などによって知られ、宝亀四年（七七三）太政官符（『大日本古文書二一』・『寧楽遺文』上巻所収）には平城左京における男女年齢別の受給者数が、高齢・鰥《かん》・寡・孤独・窮乏・疹疫ごとに書かれている。賑給の財源は諸国正倉の租穀・稲束とされたので、賑給を口実に正税未納の補塡に転用したり私腹を肥やすなど、国司・郡司による不正行為も少なくなかった。八世紀末の延暦年間から賑給のあり方が変わり、九世紀初めに設置された救急稲の出挙利稲が賑給の財源に当てられ、天長一〇年（八三三）には国ごとの稲束数と年齢別の支給額（男一〜三束、女一〜二束）が定められた。支給の主な対象も従来の高齢者らへの恩恵的なものから、貧窮・疾病の実質的な飢民救済に移った。しかし律令制再編の挫折とともに、国家的制度としての賑給は衰退し、「京中賑給」として存続した京内の下層民への米・塩支給も形骸化し、年中行事として天皇の恩恵を示すための儀式となった。

［文献］舟尾好正「賑給の実態に関する一考察」（大阪歴史学会編『古代国家の形成と展開』所収、吉川弘文館、一九七六）、寺内 浩「律令制支配と賑給」（『日本史研究』二四一、一九八二）、川本龍市「王朝国家期の賑給について」（坂本賞三編『王朝国家国政史の研究』所収、吉川弘文館、一九八七）、塩田達也「律令国家の勧農政策」（東北歴史資料館『研究紀要』二三・二四、一九九七・一九九八）。

（坂口 勉）

中井王《なかいおう》（生没年未詳） 九世紀半ば、国司のなかには任期を終えたのちも任地に留まり、*私営田を経営するなど富を蓄える者が多く、中井王はその一人。研究史上、前司浪人・富豪浪人の代表的な人物とされる。承和九年（八四二）八月の*大宰府・豊後国の告発によれば、前介《すけ》正六位上中井王は任終後も日田《ひた》郡の私宅に留住して、国内諸郡に私営田を経営し、郡司・百姓を打ち損じて吏民を騒動させていた。その活動は筑後国・肥後国などにも及び、在任時の未進分の徴収のほかに私物を徴収したり、百姓の調庸未進分を代納して倍の利を得ていた。このため太政官の処分を受けて召還された。『文徳天皇実録』にみえる仲井王と同人物とすれば、中央政界に復帰し、仁壽三年（八五三）正月に従五位下に叙任、斉衡三年（八五六）一一月には「文室真人」姓を賜っている。

［文献］『続日本後紀』巻十二、戸田芳実『日本領主制成立史の研究』（岩波書店、一九六七）。

（坂口 勉）

小野岑守《おののみねもり》（七七八―八三〇） *姓は臣《おみ》。九世紀初頭の公卿、漢詩人。*小野妹子の玄孫で、征夷副将軍陸奥介永見《ながみ》の三男。歌人*篁の父。神野《かみの》皇子（のちの*嵯峨天皇）の侍読《じとう》を勤め、延暦二二年（八〇三）権少外記・春宮少進、大同四年（八〇九）従五位外、春宮亮・式部少輔、弘仁元年（八一〇）「*薬子の変」に際して近江鎮固使にも任じられ、同年九月内蔵頭、式部少輔、その後左馬頭、治部大輔を経て、同一二年（八二一）従四位下、皇后宮大夫。その間、美濃国、陸奥国、阿波国、近江国の国守を務め、地方行政にも通じた。四五歳の弘仁一三年（八二二）右大臣*藤原冬嗣のもと参議に列せられた。同時に大宰大弐に任ぜられ、弘仁一四年（八二三）二月*大宰府管内*公営田の設置を建議した。また承和二年（八三五）公私の役で大宰府に往来する農民の飢病救済の施設・続命院《しょくめいいん》を大宰府南郭に設置するなど、解体過程にある律令財政と地方行政再建のために事績を残した。天長三年（八二六）従四位上に昇叙、大宰大弐任終後も参議として勘解由長官・刑部卿を兼ね、天長七年（八三〇）四月一九日に五三歳で没した。『*公卿補任』には、出雲国造の神宝献上の日に「久しく朝堂に立ち、病発りて薨ず」とある。嵯峨天皇の近臣で、文人・漢詩人としても活躍し、弘仁一二年（八二一）正月藤原冬嗣らと「内裏式」を撰進、『日本後紀』の編纂にも参画。*空海との詩の贈答など漢詩の分野でも優れ、弘仁五年（八一四）頃、漢詩集『*凌雲集』を撰して序文を著し、自作の詩篇は一三首を所収。のちの『*文華秀麗集』・『*経国集』にも一七首が収められている。

［文献］小島憲之『国風暗黒時代の文学 中―中』（塙書房、一九五九）、川口久雄『平安朝日本漢文学史の研究 上』（明治書院、一九七

五）。　（坂口　勉）

賜姓源氏《しせいげんじ》　皇族賜姓の一つ。弘仁五年（八一四）*嵯峨天皇が*源信以下の卑母所生の皇子女に源朝臣《みなもとのあそん》の姓を与えて臣籍に降した。これを嵯峨源氏といい、*仁明天皇以降歴代の天皇が即位すると皇子女の一部に源氏賜姓することが流例となった。「源朝臣」は皇胤に源流を同じくするの意があるとされる。これによって、嵯峨・仁明・文徳・清和・陽成・光孝・宇多・醍醐・村上・花山・三条源氏の諸流が生まれたが、時康《ときやす》親王（のちの*光孝天皇）が子女に源氏賜姓を許されて以降、二世王での源氏も現れた。九世紀中頃の仁明朝から文徳朝にかけて、嵯峨源氏や文徳源氏が廟堂に多くの座を占めた。しかし、政治勢力としての一族の紐帯《ちゅうたい》は弱く、宇多・醍醐源氏も大臣を出してはいるが、藤原氏が摂関の地位を確立するにつれて、廟堂に進出する数は減った。しかし、村上源氏は一二世紀以後、院政期に大臣を輩出して二〇人前後の数にのぼり、一時的には摂関家を圧倒する勢力を誇った。なお、源氏は臣籍にある以上、皇位継承とはかかわらない存在だが、親王宣下を蒙ることで親王に復帰することが可能であった。こうして即位した唯一の例が源定省《さだみ》（*宇多天皇）である。また、清和源氏は武士として発展し、平安中・後期に度々反乱鎮定に功をあげて全国に勢力を広げ、同じく賜姓皇族の流れをくむ平氏を打倒して鎌倉幕府を開くに至った。源平藤橘の四姓のうち、鎌倉時代以降藤原氏に次いで有力な氏は源氏であった。

［文献］林　陸朗「嵯峨源氏の研究」「賜姓源氏の成立事情」（『上代政治社会の研究』所収、吉川弘文館、一九六九）。　（安田政彦）

光孝天皇《こうこうてんのう》（八三〇―八八七）九世紀の天皇。在位八八四―八八七年。小松帝ともいう。*仁明天皇第三皇子、諱《いみな》は時康《ときやす》。母は藤原総継《ふさつぐ》の女で贈皇太后澤子《さわこ》。承和一二年（八四五）元服して三品に叙され、上野《こうずけ》太守、大宰帥、常陸太守、中務卿、式部卿などを歴任。元慶六年（八八二）一品となる。この間、子息に源氏賜姓を願い出て許された。同八年（八八四）*陽成天皇の退位後、五五歳で践祚《せんそ》。天皇は*藤原基経を実質的な関白とし、皇太子を立てず、皇子女に源氏賜姓した。しかし、仁和三年（八八七）臨終に際し、第七皇子源定省《さだみ》（*宇多天皇）の即位を望み、基経にその擁立を託して実現させた。同日死去。五八歳。陵墓は京都市宇多野の後田邑《のちのたむら》陵（小松山陵）。『*古事談』にその人柄を示す逸話が見える。

［文献］河内祥輔『古代政治史における天皇制の論理』（吉川弘文館、一九八六）、坂本太郎『歴史と人物』（吉川弘文館、一九八九）、目崎徳衛『貴族社会と古典文化』（吉川弘文館、一九九五）。　（安田政彦）

陽成天皇《ようぜいてんのう》（八六八―九四九）九世紀の天皇。在位八七六―八八四年。諱《いみな》は貞明《さだあき》。*清和天皇第一皇子。母は権中納言長良《ながら》の娘、女御藤原高子《たかいこ》。同母に貞保《さだやす》親王・敦子《あつこ》内親王がいる。貞観一〇年（八六八）染殿において誕生。翌年立太子。同一八年（八七六）清和天皇の譲位により九歳で践祚《せんそ》。元慶元年（八七七）豊楽殿《ぶらくでん》で即位。*藤原基経が摂政となった。同六年（八八二）元服。奇矯な振る舞いが多く、「悪君之極《あくくんのきわみ》」（『扶桑略記』）「物狂帝」（『皇年代略記』）などと評された。乳母子源益《みなもとのます》が殿上で殺害された事件ののち、同八年（八八四）、一七歳で退位した。譲位後は陽成院を後院し、天暦三年（九四九）冷泉院《れいぜいいん》で崩御。神楽岡東陵《かぐらがおか》（現在、京都市左京区浄土寺に所在）に葬られた。『大鏡*』などに逸話が見える。

［文献］河内祥輔『古代政治史における天皇制の論理』（吉川弘文館、一九八六）、角田文衛『王朝の映像』（東京堂出版、一九九二）、安田政彦「皇位継承と皇親賜姓」（『古代文化』五〇六、二九―三八、二〇〇一）。 （安田政彦）

清和天皇《せいわてんのう》（八五〇―八八〇） 九世紀の天皇。在位八五八―八七六年。文徳*天皇の第四皇子。母は藤原良房*女明子《あきらけいこ》。諱《いみな》は惟仁《これひと》。嘉祥三年（八五〇）生後八か月で第一皇子惟喬*親王ら三兄を超えて立太子。天安二年（八五八）文徳*天皇死去により九歳で践祚《せんそ》。史上初の幼帝で太政大臣良房が万機を摂行したが、貞観八年（八六六）応天門*の変に際し、改めて勅命により良房を摂政とした。人臣摂政のはじめとされる。良房の死後は基経*の輔佐により自ら政治をみたが、同一八年（八七六）、皇太子貞明《さだあきら》親王（陽成*天皇）に譲位。元慶三年（八七九）落飾入道。法諱は素真。翌年粟田院で死去。三一歳。天皇は学問を好み、鷹狩などは好まなかったという。京都の水尾に葬ったので水尾帝ともいう。→藤原良房、応天門の変

［文献］佐伯有清『伴善男』（吉川弘文館、一九七〇）、笹山晴生『平安の朝廷―その光と影―』（吉川弘文館、一九九三）。（安田政彦）

文徳天皇《もんとくてんのう》（八二七―八五八） 九世紀半ばの天皇。在位八五〇―八五八年。田邑《たむら》天皇ともいう。仁明*天皇の第一皇子。母は藤原冬嗣の女子、太皇太后順子《のぶこ》。諱《いみな》は道康《みちやす》。承和九年（八四二）元服。同年承和*の変で廃太子された恒貞*親王に代わって立太子。嘉祥三年（八五〇）仁明天皇の死去により践祚《せんそ》。皇太子には第一皇子惟喬*らを超えて、右大臣藤原良房*の娘明子《あきらけいこ》所生の第四皇子惟仁《これひと》（清和*天皇）が生後八か月で立てられた。『大鏡』裏書、『江談抄*』にこのときの逸話を伝える。政治は外戚の良房が主導し、天安元年（八五七）、良房は人臣初の太政大臣に進んだ。同二年（八五八）、突然発病し、新成殿で没。三二歳。山城国葛野《かどの》郡田邑郷真原町（現京都市右京区太秦《うずまさ》三尾町）を山陵地とする。

［文献］坂本太郎『歴史と人物』（吉川弘文館、一九八九）、目崎徳衛『王朝のみやび』（吉川弘文館、一九八九）。 （安田政彦）

惟喬親王《これたかしんのう》（八四四―八九七） 文徳*天皇第一皇子。母は紀名《きのな》虎《とら》女更衣静子《しずこ》。同母妹に、恬子《よしこ》内親王、子に兼覧《かねみ》王がある。父天皇の鍾愛深かったが、嘉祥三年（八五〇）藤原良房*女明子《あきらけいこ》所生の第四皇子惟仁《これひと》親王（清和*天皇）が生後八か月で立太子したため、皇位継承の機会を逸した。『大鏡*』裏書などに、このときの逸話を伝える。天安元年（八五七）帯剣、次いで加冠して四品に叙された。大宰帥、弾正尹などを歴任したが、貞観一四年（八七二）病のため出家。山城国愛宕《おたぎ》郡小野郷に幽居して小野宮と号した。法名素覚。『伊勢物語*』は在原業平*や紀有常《きのありつね》らとの親交を記す。寛平九年（八九七）五四歳で死去。京都市左京区大原上野町の五輪塔は墓と伝える。後世、親王を木地師《きじし》の祖とする伝承が起こった。

［文献］目崎徳衛「惟喬惟仁親王の東宮争い」（『日本歴史』二一二、一九六六）、目崎徳衛『平安文化史論』（桜楓社、一九八三）。 （安田政彦）

（四）格式の時代

格《きゃく》・式《しき》　格式はそれぞれ別個の法典をいうが、ともに律令の付属的な位置を占める。古代日本においては、弘仁・貞観・延喜の三代にわたってそれぞれ格式の編纂が行われた。これらのうち、三代の格はいずれもすべて亡失したものの、一一世紀に成立した『*類聚三代格』にそのうちのかなりの部分が収められている。式については弘仁・貞観の両式は、わずかな断簡、逸文を残すのみで大半が失われているが、『*延喜式』はそのほとんどが残存している。したがって、実際には式は『延喜式』によって、格は『類聚三代格』によって参照されるのが通例である。格は、律・令を改正したものと解釈されているが、実際には、詔書・勅旨・太政官符などによって下達された法令を集成したものであり、その集成段階で編集が加えられている場合もある。これに対して式は、ふつう律令の施行細則とされており、確かに基本的にはそのような性格であるが、令と違い官司ごとに政務手続き上の規定を集成したものであって、本来は官人のマニュアルとして用いられるべきものである。

　本来、格式は律令とともに四者相まって施行されるべきものであり、令条文にも式（別式）の規定を明記する箇所もある。ところが、格も式もようやく平安初期に至って編纂される。このことは日本律令国家は、格式の成立に至る経過のなかで法治システムの成熟が図られたという一面を示している。

［文献］　川尻秋生「平安時代における格の特質」（『史学雑誌』一〇三―一一、一九九四）、虎尾俊哉『訳注日本史料　延喜式　上』（集英社、二〇〇〇）、川尻秋生『日本古代の格と資材帳』（吉川弘文館、二〇〇三）。

（早川万年）

類聚三代格《るいじゅさんだいきゃく》　平安初期の弘仁・貞観・延喜の三代にわたって編纂された格を、改めて内容別に集成した法令集。一一世紀の成立と考えられている。弘仁以下三代の格の大半が失われた今日、律令に並ぶ格の諸法令を知るにはもっとも基本的な史料。ふつう、格は律令を変更したり追加した場合の法令を集めたとされており、実際にほぼ延喜年間に至る重要法令が収められている。内容としては、八世紀初めからの詔書・勅旨・太政官符などを年月日まで含んだ形で列挙したものとなっており、なかでも太政官符の点数が圧倒的に多い。そして、神社事・国分寺事・廃置諸司事・牧宰事・郡司事・出挙事のように、各法令を類別して列挙する体裁となっている。六国史と重複する部分については、三代格所収の法令とほとんど一致する場合もみられるが、六国史に欠落していて格文のみが残される場合もあり、特に『日本後紀』の欠逸部分などは格が研究上、不可欠の価値を有する。やはり個々の格に年月日が記されることから、式と違って発令年次を前提に考察できるところが大きな利点であり、奈良・平安前期の歴史・文化を研究するうえで大きく貢献する史料である。

　『類聚三代格』所収の文書には、その法令が出されるに至った経緯を、直接関係する先行法令を引きながら説明する場合がしばしばみられる。これらの引用関係を読み解くことは必ずしも容易でないが、このような場合は一つの法令を参照する際にも引用されている法令はもちろん、関係史料を広く参照しながら取り組む必要がある。

これまで『類聚三代格』を参照するに当たっては、新訂増補国史大系本をテキストとして用いる場合がほとんどであったが、東北大学の狩野文庫本類聚三代格を参照することによって、訂正、増補が可能な部分も認められる。新訂増補国史大系本刊行後の、『類聚三代格』それ自体の書誌的考察とともに、これら近年の研究を十分踏まえて利用することが望まれる。

［文献］吉田 孝「類聚三代格」（『国史大系書目解題 上』所収、吉川弘文館、一九七一）、関 晃監修、熊田亮介校注解説『狩野文庫本類聚三代格』（吉川弘文館、一九八九）。（早川万年）

延喜式《えんぎしき》 平安時代前期に編纂された法典。全五〇巻。延喜五年（九〇五）、醍醐天皇の勅により時の左大臣*藤原朝臣時平らによって編纂が始まり、延長五年（九二七）に奏進されたが、実際に施行されたのは康保四年（九六七）であった。律令の施行細則、付属規定集としての式は律令とともに部分的に成立していたと考えられるが、勅撰のまとまった形になったのは、まず弘仁式の撰上においてである。弘仁式はそれまでの法令を集録し、全四〇巻として弘仁一一年（八二〇）に撰進されたが、この時点で官司ごとの巻構成となっていた。以後、基本的にその体裁が受け継がれ、貞観一三年（八七一）施行の貞観式は改訂を加えた箇所を今案で明示するとともに、式編纂に応じて新たに立制された条文も認められる。『延喜式』はこれら両式をまとめ、さらにその後の政令による増補改訂などを加えて編纂されたが、例えば、『延喜式』撰上時にはすでに滅亡していた*唐への使節に関する規定が残されているなど、政治・社会の実情に即した内容とはいえない面もある。しかし、巻九・一〇の神名式（神名帳）に見られるように、ほかの文献にはないデータ集的性格が盛り込まれている。その条文の多くは「凡そ」で始まる形式であり、*太政官、*中務省などの官司ごとにまとめられ、民部・主税・主計などはそれぞれ上下二巻に分けられている。このように、神祇祭祀、中央財政、民政、交通などの広い分野にわたる豊かな研究資料を提供している。

『延喜式』のテキストは長らく新訂増補国史大系本が利用されてきたが、虎尾俊哉《とらおとしや》によって全面的な改訂が試みられ、上下二巻の神道大系本が刊行された。現在刊行中の集英社版（訳注日本史料・虎尾俊哉編）は新たな底本（土御門本）のもと、詳細な頭補注がつけ加えられており、利用にもっとも便利であって校訂も行き届いている。『弘仁式貞観式逸文集成』（虎尾俊哉編・国書刊行会）は諸書に引用された式の逸文を集め、補注・解説を付したもので併せて参照することが望ましい。

［文献］宮城栄昌『延喜式の研究―史料編・論述編』（大修館書店、一九五五、一九五七）、虎尾俊哉『延喜式』（吉川弘文館、一九六四）、虎尾俊哉編『訳注日本史料 延喜式 上』（集英社、二〇〇〇）。（早川万年）

政事要略《せいじようりゃく》 平安時代中期の長保四年（一〇〇二）一一月に成立した、政務・儀式などについての規定や記録などを集めた文献。著者は*惟宗朝臣允亮。もと一三〇巻であったが、現存するのは「年中行事」（八月から一二月）、「交替雑事」「糾弾雑事」など、合わせて二五巻に過ぎない。著者の惟宗允亮は代々の明法家の出であり、明法博士・勘解由次官・大判事などを歴任し、一条朝において名高い学者であった。本書の成立に当たっては、*小野宮（藤原）実資の意向が働いていたと見る説が有力であり、実際、もともと本書は小野宮家に伝えられていた。

その内容は、年中行事をはじめ、諸般の政務について、律令や*『延喜式』の関連条文、日記などの記録の関連記事、先行の勘文などを列挙し、著者の見解をも付したものである。また、中国の文献にも目が届いており、やはり関連する記事をいちいち典拠を示しながら取り込んでいる。例えば、「豆まき」の起源である*追儺について、本書巻二九では中国の古典籍から関連記事を抜粋するとともに、国史の記載、『延喜式』の関連条文、*『西宮記』、『清涼記』、*『吏部王記』、外記日記、記文を引いている。このように、幅広く関係史料を摘記しており、それらのなかには今日、逸書となったものもある。また*阿衡事件のように、本書の記載が基本史料となる場合もあり、平安時代史の研究においては必備の文献の一つである。ふつう、本文としては新訂増補国史大系本が用いられており、木本好信・大島幸雄編『政事要略総索引』(国書刊行会、一九八二)がある。

(早川万年)

[文献]　虎尾俊哉「政事要略について」(『古代典籍文書論考』所収、吉川弘文館、一九八二)。

令義解《りょうのぎげ》　平安初期の天長一〇年(八三三)に成立した養老令の注釈書。全一〇巻。勅撰であり、令の公式の解釈を示したもの。撰者として右大臣清原夏野《なつの》以下、参議南淵《みなみぶちの》弘貞《ひろさだ》、同藤原常嗣《つねつぐ》らの名前がみられるが、実質的な検討は明法学者である興原《おきはらの》敏久《としひさ》、*讃岐永直らによって行われたであろう。天長三年(八二六)一〇月に明法博士額田《ぬかたの》国造《くにのみやつこ》今足《いまたり》は、律令制定以来、様々な解釈、学説があり、学者は議論のあるたびに判断に困る場合が生じているので、迂説を省いて正義をとり、今後の解釈に備えるべきとの解状を奉り、これを受けて編纂が始まったと見られる。その事業が本格化したのは天長六年(八二九)頃のようであるが、同一〇年二月の序とともに同年一二月に奏上された。施行は翌承和元年(八三四)一二月。基本的な体裁は、令の各条文の字句ごとに「謂」(いふこころ)として簡潔な解釈を掲げ、内容上も標準的、穏当な理解を示している場合が多い。養老令をみる際には常に座右に置いて参照すべき文献であるが、*『令集解』の諸説と併せ読むことによって、その条文の理解や問題点の所在がいっそう明らかになる。『令集解』にも義解はくみ取られており、また、集解の諸説のなかの令釈は、義解と共通するところがしばしばみられ、延暦六―一〇年(七八七―七九一)頃に成立した令釈の強い影響下に義解が成立したと考えられる。ただ現存する『令義解』は完全なものではなく、倉庫令と医疾令の二編目は散逸しており、その復元が古くから試みられている。ふつう、本文としては新訂増補国史大系本が用いられる。

(早川万年)

[文献]　井上光貞「解説」(『日本思想大系・律令』所収、岩波書店、一九七六)、『紅葉山文庫本令義解』(東京堂出版、一九九九)。

令集解《りょうのしゅうげ》　平安初期の貞観年間頃に編纂された養老令の注釈書。もとは五〇巻あったが現存するのは三五巻。ただし官位令・考課令第三・公式令第五の三巻については体裁がほかの巻と異なっており、本来の『令集解』ではないと考えられている。『本朝書籍目録』によれば明法博士であった*惟宗直本の撰述とされる。直本は讃岐国香河郡の出で、もとの姓を秦公とする。元慶七年(八八三)に惟宗朝臣《これむねのあそん》を賜っており、兄の直宗《なおむね》とともに法曹界において活躍した人物である。その体裁は、まず養老令条文を引き、語句を適宜区切りながら、双行註記の形で諸説を列挙する。書名のとおり様々な解釈を集成したもので、「謂」として『令義解』*を引くのをはじめ、『古記』（天平一〇年頃の成立か）、『令釈』（延暦六―一〇年（七八七―七九一）頃の成立）、『跡記』（同じく延暦年間の成立）、『穴記』（弘仁・天長年間の成立か）、『讃記』（穴記よりやや時代が降るか）などの諸説を引用する。このうち、『古記』は「大宝令」の注釈書と考えられ、現在失われている「大宝令」を復元するうえで基本的な史料となる。『令釈』は訓詁に関心を寄せ、中国の典籍をしばしば引用するところに特色があるが、その著者を伊《い》予部家守《よべのいえもり》に比定する説がある。また、『穴記』は穴太内人《あなほのうちひと》、『跡記』は阿刀《あと》氏に属する誰か、『讃記』は明法博士の讃岐永直*にそれぞれ著者が求められているが、必ずしも確実ではない。このほかにも貞として貞江継人《さだえのつぐひと》の説、額として額田今足*の説、物として興原敏久《おきはらのとしひさ》の説をそれぞれ引き、さらに朱説（朱云など）もみられるなど、『令集解』編纂段階での先行諸説を多く列挙し、しかも相互に引用を行っている場合がある。そのため難解な箇所も少なくない。けれども、天平時代以来の令文解釈を集成し、格や式、あるいは中国の法典などからの引用もみられるなど、単に古代法制史分野にとどまらず、様々な角度から検討されるべき価値を有している。本文としてはふつう新訂増補国史大系本が利用されている。『令義解』や格*・式と併せ参照することが望ましい。

〔文献〕井上光貞「解説」（『日本思想大系・律令』所収、岩波書店、一九七六）、北条秀樹「令集解『穴記』の成立」（『日本古代国家の地方支配』所収、吉川弘文館、二〇〇〇）。

（早川万年）

交替式《こうたいしき》 国司などの交替についての規定を集成した法律書。「延暦交替式」「貞観交替式」「延喜交替式」の三つがある。交替とは前任と新任の官人間で行われる事務引継ぎのことで、前任者の責任の所在を明確にするという意味があった。いずれも勘解由使が中心となって編集している。「延暦交替式」は菅野*真道・和気広世《わけのひろよ》・讃岐千継《さぬきのちつぐ》らによって延暦二二年（八〇三）二月に撰上されているが、式といっても太政官符、関係する令の条文と民部省例などを列挙する体裁となっている。「撰定諸国司交替式」として奏上されていることからも明らかなように国司の交替についての規定集である。「貞観交替式」は、「新定内外官交替式」として上下二巻として撰上されたが、現存するのは下巻のみであって、体裁は「延暦交替式」と同様である。やはり太政官符などを列挙するが、「延暦交替式」は「今案」を付しているのに対して「貞観交替式」は「新案」を加えており、また、内官の交替に関する規定も含む。貞観九年（八六七）の成立。「延喜交替式」は「内外官交替式」として延喜二一年（八〇二）正月に成立。橘清澄《きよすみ》・藤原久貞《ひささだ》・藤原諸蔭《もろかげ》らによって撰上されている。内容的には先行する二つの交替式を増補したものであるが、体裁は異なり、すべて「凡そ」で始まる式条文の形式で列挙されている。いずれも新訂増補国史大系所収。交替式の研究は当時の財政、行政の問題点を知るうえで重要な意義を有する。

（早川万年）

〔文献〕福井俊彦『交替式の研究』（吉川弘文館、一九七八）。

新撰《しんせん》**姓氏**《しょうじ》**録**《ろく》 古代氏族の出自、祖の名および、一部には関連する伝承を記載した書籍。弘仁六年（八一五）七月に撰上された。古代氏族の研究だけでなく、古代史研究全般に重要な位置を占める。姓氏の確定は諸氏族の身分秩序を明らかにするうえで大きな意味を有していた。そのため、奈良時代から氏族系譜の撰修が試みられていたが、*桓武天皇は改めて諸氏に本系帳を提出させた。この事業が終わらないうちに天皇が亡くなったため、その後に*嵯峨天皇が萬多《まんだ》親王・藤原園人《そのんど》・*藤原緒嗣らに命じて完成させた。もと三〇巻に目録一巻が付せられていたが現存するのは抄録本である。内容は、左右京・山城国・大和国・摂津国・河内国・和泉国の氏族を、それぞれ皇別・神別・諸蕃に分け、神別については、さらに天神・天孫・地祇に区分し、諸蕃は*漢・*百済・*高麗・*新羅・*任那に分けて掲載し、末尾には未定雑姓を列挙する。これらの区別自体に、当時の氏族認識がうかがわれる。そして、それぞれの氏族をあげて祖先、同族、氏姓の由来を短く載せており、氏族の系譜的な位置を知るうえでもっとも豊富な資料を提供している。また、*『古事記』*『日本書紀』にみられない記事も含まれる。ただし、その出自および関連記事に見られるところは必ずしも歴史的事実とは限らない。また、同じ氏であっても系統的に異なる場合もあるなど、参照する際には注意を要する点がある。佐伯有清『新撰姓氏録の研究』は浩瀚《こうかん》な研究成果を盛り込んでいる。

[文献]　佐伯有清『新撰姓氏録の研究 本文篇・研究篇・考証篇・索引論考篇・拾遺篇』(吉川弘文館、一九六二―二〇〇三)、田中卓『新撰姓氏録の研究』(国書刊行会、一九九六)。　(早川万年)

古語拾遺《こごしゅうい》　平安時代はじめの大同二年(八〇七)に斎部広成《いんべのひろなり》によって撰述された、忌部《いんべ》氏の伝承を集録した歴史書。一巻。内容は冒頭の序のあと前後に二分される。前半は、天地《てんち》開闢《かいびゃく》から天平年間に至る歴史を祭儀のことがらを中心に振り返り、後半は、祭祀のうえでの問題点を一一条にわたって指摘し、御歳神の伝承を記す。その序には、国史などに洩れたところを書き残すことと、召問を受けたので「蓄憤」を述べるといっている。斎部広成は、中臣氏が奈良時代を通じてしだいに勢力を拡大し、本来、同じく神祇祭祀を担当する氏族であった斎部(忌部)氏が朝廷において冷遇されていることを不満に思っていたようである。これが本書が書かれた契機であるが、その跋《ばつ》には、造式の年に当たって祭祀の礼式を定めたいとの広成の意志も示されている。中臣氏に対抗し、祭祀を担当する忌部氏の歴史的な経緯と立場を明らかにするために本書がまとめられたのであろう。短編ではあるが*『古事記』*『日本書紀』とともに古代史・古代文学研究上、欠かすことのできない史料である。その記載は基本的に『日本書紀』を下敷きにしてはいるものの、独自の伝承も盛り込まれており、末尾の御歳神祭祀の記述も興味深い。

テキストは群書類従本や新撰日本古典文庫本(現代思潮社)があるが、現在では西宮一民校訂・注の岩波文庫本が普及している。

[文献]　舟杉真理子「『古語拾遺』から見た中臣氏の虚・実」(『史窓』五二、一九九五)。　(早川万年)

高橋氏文《たかはしうじぶみ》　延暦一一年(七九二)に高橋氏(膳《かしわで》氏)が*氏の伝承、関連記録を盛り込んでまとめたもの。完全なものは現存せず、*『本朝月令』、*『政事要略』に引用された逸文のみが残されている。『年中行事秘抄』に引かれるところは、『本朝月令』所引逸文の節略文。このうち『本朝月令』には、六月朔日条と六月一一日条の二か所にわたって引用がみられ、前者は、景行天皇朝において磐鹿六雁命《いわかむつかりのみこと》が天皇・皇后の食膳に奉仕し、賞賛されたことから大伴部の膳臣の姓を与えられたとし、後者は延暦一一年三月一九日付の太政官符を引き、霊亀二年（七一六）の*神今食の際に生じた安曇氏《あずみ》との対立から、延暦一〇年（七九一）の安曇継成《つぐなり》の遠流に至る経過を述べる。ただしこの官符は高橋氏による加筆などがなされている可能性が高い。『政事要略』巻二六（新嘗祭条）では、磐鹿六雁命が亡くなった際に天皇が派遣した使者の宣命が引かれており、六雁命の子孫を膳職の長とし、上総・淡路の長とするともされている。このように、律令制下の内膳司において、ともに奉膳に地位にあった安曇氏への対抗意識をもとに、高橋氏（膳臣）の祖が天皇の食膳に供奉したとの伝承を述べて自らの地位と職掌を主張した内容である。そこには、『*古事記』『*日本書紀』にみられない記載も含まれ、天皇に近侍した氏族の伝承として貴重であるが、高橋氏は律令制下においては中級氏族にとどまっており、むしろ自らの伝統的な職掌を主張することでその地位を確保しようとしたものである。

［文献］伴　信友「高橋氏文考註」（『伴信友全集3』所収、ぺりかん社、一九七七復刊）、早川万年「高橋氏文成立の背景」（『日本歴史』五三二、一九九二）。　（早川万年）

先代旧事本紀《せんだいくじほんぎ》　平安初期に成立した系譜記事中心の歴史書。全一〇巻。序が付されており、*蘇我馬子・*聖徳太子の撰するところとある。江戸時代中期まではその序文が信じられ、もっとも尊重される史書の一つであったが、その後の批判的研究により序は偽作とされるに至った。巻一神代本紀・陰陽本紀、巻二神祇本紀、巻三天神本紀、巻四地祇本紀、巻五天孫本紀、巻六皇孫本紀、巻七天皇本紀、巻八神皇本紀、巻九帝皇本紀、巻一〇国造本紀という構成であるが、『*古事記』『*日本書紀』『*古語拾遺』と同文のところがかなりの部分でみられる。そのため、実際の成立は平安初期に降ると考えられている。しかし、『古事記』『日本書紀』にみられない記述も含まれており、巻五天孫本紀における尾張氏の系譜記事、物部氏の祖である饒速日《にぎはやひ》命《みこと》（邇芸速日命）とその子、可美真手命《うましまでのみこと》（宇摩志麻遅命）にかかわる記載には本書独自のものが含まれる。そこには天神の御祖が饒速日に授けた十種神宝を、天孫伊波礼毘古命《いわれひこのみこと》（神武天皇）に奉献したとあり、また、これに関連させて鎮魂祭の由来を語っている。この巻五には物部氏の歴代を詳しく載せており一つの特色を示している。これらの点から本書は物部氏の伝承が少なからず反映していると考えられている。巻一〇には、やはりほかの文献には見られない諸国の国造を列挙しており、国造研究の基本資料として重要である。このように『古事記』『日本書紀』を補うところもあるが、その研究はまだ十分にはなされていない。

［文献］鎌田純一『先代旧事本紀の研究―校本の部・研究の部』（吉川弘文館、一九六〇、一九六二）。　（早川万年）

新国史《しんこくし》　六国史の最後の『日本三代実録』の撰修後、編纂が進められていた史書のこと。わずかな逸文以外は現存しない。四〇巻（『本朝書籍目録』）あるいは五〇巻（『拾芥抄』）とされるが、はたしてどの程度まで編纂が進められていたのかも定かでない。『本朝書籍目録』に大江朝綱《ともつな》、あるいは清慎公（*藤原実頼）の撰、仁和より延喜に至る、とあることからすれば、宇多・醍醐天皇朝を記述したものか。朱雀朝も含めたとの説もある。『類聚符宣抄』からは承平六年（九三六）から安和二年（九六九）に至る時期に撰国史所が活動していたことが知られる。逸文は和田英松『国書逸文』に集められている。（早川万年）

［文献］国書逸文研究会編『新訂増補国書逸文』（国書刊行会、一九九五）。

額田今足《ぬかたのいまたり》（生没年未詳）平安初期の弘仁から天長年間に活躍した明法学者。氏姓は額田国造あるいは額田宿禰《すくね》とも称する。天長三年（八二六）、そのとき明法博士外従五位下であった額田国造今足は、令の撰修がなされて以来、多くの学者の問答や私記が作られたものの、それぞれ違いがあったり誰の作かわからなくなったものもあり混乱を招いていたとし、先儒の旧説を撰し、迂説を省いて正義をとって、令の解釈に備える書物を作るべきとの解状を提出した。これを受けて編纂されたのが、天長一〇年（八三三）に清原夏野《なつの》らによって撰上された『令義解』*である。なお、今足による田租束積についての勘文が『政事要略』*巻五三に見える。（早川万年）

［文献］新野直吉「額田国造今足をめぐって」（『日本歴史』二六〇、一九七〇）。

惟宗直本《これむねのなおもと》（生没年未詳）平安前期の貞観から延喜年間にかけて活躍した明法学者。律令の注釈書を集大成した『律集解』『令集解』*の編纂者。惟宗氏は元慶七年（八八三）一二月に与えられた姓で、もと秦公。本貫の地は讃岐国香河郡であったが京内に移貫。弾正少忠・右衛門大尉・勘解由次官などを経て、延喜七年（九〇七）には主計頭兼明法博士であった。主著の一つというべき『律集解』は今日失われ、わずかな逸文しか残らないが、『令集解』五〇巻の大著からうかがわれるように、律令の諸注釈に明るく、自ら研鑽するところも深かったと思われる。当時、名高い明法道の学者であった。『法曹類林』などにも彼の勘文が残されている。兄の直宗《なおむね》も明法学者としてよく知られていた。（早川万年）

［文献］利光三津夫ほか「惟宗直本に関する一考察」（『続日本紀研究』二一一、一九七八）。

讃岐永直《さぬきのながなお》（七八三―八六二）九世紀前半における律令学の泰斗《たいと》。もとの姓は讃岐公であり、讃岐国寒川郡の出身。弘仁六年（八一五）明法得業生となり、天長七年（八三〇）に明法博士。そののち、明法博士のまま勘解由使の判官・次官などを経る。承和三年に京に移貫するとともに朝臣《あそん》の姓*を賜る。嘉祥元年（八四八）、刑部少輔和気《わけ》朝臣斉之《なりゆき》が大不敬を犯して伊豆に流された際、事情は不明であるが、永直も連坐して土佐国に流された。しかし同三年（八五〇）に赦免され外従五位下に復し、斉衡二年（八五五）にはまた明法博士となる。天安二年（八五八）には私第において律令を教えることを認められ、のちに八〇歳で亡くなった。『令義解』*の編纂に加わり、『令集解』*所収『讃記』の著者と考えられている。（早川万年）

惟宗允亮《これむねのただすけ》（生没年未詳）平安中期の一〇世紀後半から一一世紀はじめにかけて活躍した明法学者。朝廷の政務・儀式についての規定・記録などを集成した『政事要略』*一三〇巻の著者として知られる。惟宗氏はもと秦公を姓とし、讃岐国香河郡を本居としていたが、元慶元年（八七七）に左京に移貫。同七年（八八三）に惟宗朝臣に姓を改めた。惟宗氏は直宗・直本*兄弟をはじめ、優れた明法学者を輩出している。允亮は『本*朝月令』の著者である公方《きみかた》の子、あるいは孫と見なされている。明法博士となり、*検非違使・*勘解由使などの官職を歴任し、寛弘四年（一〇〇七）には河内守。一条朝には学者として名高い存在となっており、長徳四年（九九八）頃に令宗朝臣《よしむねのあそん》と改賜姓された。金剛寺本『*延喜式』に、允亮による加点をみることができる。

［文献］布施弥平治『明法道の研究』（新生社、一九六六）。

（早川万年）

（五）監察機関

問民苦使《もんみんくし》 八世紀後半―九世紀に、地方の民政・民情視察のために派遣された。天平宝字二年（七五八）正月に、従五位下石川豊成《とよなり》を京畿内使、藤原浄弁《きよさだ》を東海東山道使、紀広純《きのひろずみ》を北陸道使、大伴潔足《きよたり》を山陰道使、藤原倉下麻呂《くらじまろ》を山陽道使、阿倍広人《ひろひと》を南海道使、藤原楓麻呂《かえでまろ》を西海道使として、民苦を巡問させたとあるのが問民苦使の始まり。この時期は、藤原仲麻呂《なかまろ》が政権を把握し、唐風尊重の姿勢を示しつつあったので、おそらく唐の観風俗使を参考にして設けられたのであろう。同年七月には藤原浄弁の奏によって、老丁・耆老の年齢を一歳ずつ下げ、それぞれ六〇歳、六五歳とすること、また同年九月には、藤原楓麻呂が民の疾苦二九件を採訪したので、*大宰府に処分させたとある（『続日本紀』）。また『続日本紀』神護景雲二年（七六八）八月一九日条によれば、藤原浄弁が鬼怒川の治水工事について献策していたことが知られる。そののち、延暦一六年（七九七）に紀浜臣《はまおみ》らが派遣されたことがあったようで、このときは夏月、正倉の修理に徴発された百姓に公粮を支給すべきことを提言している（『*類聚三代格』所収弘仁二年九月二四日官符）。さらに寛平八年（八九六）にも派遣されており、山城国問民苦使平季長《すえなが》の奏上によって、百姓の土地利用の利便を図るべきとする具体的献策がなされている（『*類聚三代格』所収寛平八年四月二日官符）。実際にどの程度の頻度でその派遣がなされたかは問題であるが、問民苦使の建言により、地域に即した施策を図ったことは認められよう。

［文献］阿部　猛『平安前期政治史の研究（新訂版）』（高科書店、一九九〇）。

（早川万年）

巡察使《じゅんさつし》 およそ七世紀後半から九世紀前半にかけて、地方に派遣された臨時の国司監察官。その名称の国史上の初見は『*日本書紀』持統八年（六九四）七月条であるが、天武一四年（六八五）九月条には、都努朝臣牛飼《つぬのあそんうしかい》を東海に、石川朝臣虫名《あそんむしな》を東山に、佐味朝臣少麻呂《さみのあそんすくなまろ》を山陽になどとして行政区画の道別に使者を派遣し、国司・郡司・百姓の消息を巡察させたとあり、おそらくこれが実質的な開始とみられる。「養老令」職員令によると、巡察使は太政官に置かれるが常置でなく、仮に内外の官のなかから清正なる者を当て、巡察の事項や使人の数はその都度決めるとする。『続日本紀』によれば文武三年（六九九）三月には畿内、同年一〇月に諸国、翌年二月には東山道に巡察使が派遣され、和銅五年（七一二）五月には、以後、毎年派遣し、国内の豊倹・得失を検校させるとある。天平宝字二年（七五八）一〇月には、三年ごとに巡察使を派遣し、国司の政績を推検するとあるが、この間、実際にどれほどの頻度で諸国に派遣されていたか定かでない。『日本紀略』によれば、延暦一四年（七九五）閏七月に畿内七道巡察使が任じられるも、翌月には停止され、また、天長二年（八二五）八月に五畿内七道巡察使が任じられ、一二月に紫宸殿において辞見とあるが、これは前年八月の右大臣*藤原冬嗣の奏状によったものであり（*『類聚三代格』所収）、史上明らかななかではこれが巡察使の最後の派遣となった。（早川万年）

［文献］林　陸朗『上代政治社会の研究』（吉川弘文館、一九五九）。

検税使《けんぜいし》　諸国の*正税の蓄積を検査するために遣わされた官吏をいう。*『萬葉集』（一七五三番歌）に「検税使大伴卿の筑波山に登りし時の歌」とある。この大伴卿は大伴旅人の可能性が高く、地方にかなりの高官が検税使として派遣されている一例である。正税は国衙財政の基盤であり、その適確な管理が望まれたが、それを国司からの報告によってのみ把握するのではなく、直接、中央政府から検察官を派遣することで、国郡司の不正を防止するとともに、より厳格な稲穀の保管、運用を期したものであろう。早く養老三年（七一九）に任命された*按察使が検税を行っていたことが*正税帳からわかり、「延暦交替式」によれば、天平六年（七三四）には検税使の算計法が定められ、東海道は二七〇〇寸をもって斛法とするなど、七道別に正倉の穀の計算基準が示されている。その後、宝亀七年（七七六）正月にも、東海道には正五位下大伴潔足《きよたり》、東山道に正五位下石《いその》上家成《かみのいえなり》などとして、七道および畿内諸国に派遣する検税使が任命されている（『続日本紀』）。これはその前年に出された京官の俸禄に公廨の一部を充てる施策と関連するとみられる。また、「延暦交替式」によればこの宝亀七年に道別の斛法を改めている。その後、*『類聚三代格』天長二年（八二五）五月一〇日官符によれば検税使は詔使の例にならうとあり、寛平八年（八九六）に検税使の派遣が決められた際には、*菅原道真がその派遣の可否を再検討すべきとの申し出をしている（*『菅家文草』）。（早川万年）

［文献］亀田隆之『奈良時代の政治と制度』（吉川弘文館、二〇〇一）。

観察使《かんさつし》　平安初期の大同元年（八〇六）五月に初めて派遣された地方監察官。*平城天皇の意向により設置された令外官であるが、平城譲位後まもなくの弘仁元年（八一〇）六月に停止。当初、*藤原緒嗣が山陰道観察使に、秋篠安人《あきしのやすんど》が北陸道観察使、藤原葛野麻呂《かどのまろ》が東海道観察使、藤原園人《そのんど》が山陽道観察使、吉備《きび》泉《いずみ》が南海道観察使に任じられており（*『公卿補任』）、参議在任者を兼任させる原則であったとみられる。設置直後の大同元年六月一日には早くも山陽道観察使藤原園人の奏言がなされており、この地域は西海道からの雑使の路次に当たり、度重なる応接のために疲弊しているとして、西海道五位以上者の入京の制限を求めている（『日本後紀』）。同月一〇日には、六道観察使の官制を道別一人・判官一人・主典一人とし、判官以下を遣わして地方を督察させるとするとともに、延暦五年（七八六）四月の詔を引き、ここで戸口の増益、勧課農桑をはじめ、国郡司の職務の精励を述べているにもかかわらず、その後長らく年を経て遵行されていないと指摘している（『日本後紀』）。翌大同二年（八〇七）四月には、参議の号をやめて独り観察使のみを置くとあり（『日本紀略』）、民政の監察官として、その職制上の位置を明確にしている。観察使からの奏言に応じて具体的な施策もしばしば行われており、その活動は顕著であったが、*嵯峨天皇の即位とともに、観察使の処遇が変更され、結局、平城上皇は観察使をやめて*参議を復する旨を表明した。

［文献］　大塚徳郎『平安初期政治史研究』（吉川弘文館、一九五九）、笠井純一「観察使に関する一考察・上下」（『続日本紀研究』一九四・一九五、一九七七、一九七八）。　（早川万年）

勘解由使《かげゆし》　新旧官人の交替に当たって、その引継書類を審査する機関。当初、国司が対象であったが、のちに京官などにも範囲が拡大された。官庁としての勘解由使の設置時期は明確ではないものの、延暦一六年（七九七）と考えられる。ところが大同元年（八〇六）閏六月に廃止され（『日本後紀』）、その実質的業務はいったん観察使に引き継がれたようであるが、のち天長元年（八二四）八月に再置が決まり、九月一〇日に官員が制定された（狩野文庫本『*類聚三代格』）。長官一、次官二、判官・主典三、史生八とするもので、長官の位階は延暦一七年の制によって従五位であったが、天安元年（八五七）一一月一〇日官符（『類聚三代格』所収）により従四位下とされた。この間、勘解由使が中心となり「延暦交替式」が延暦二二年（八〇三）二月に撰上され、再置後の貞観九年（八六七）には「貞観交替式」ができ、交替業務遂行のうえでの関係法令の整理が進められた。国司交替の際に、前司に官物の未納などがないと後司は解由状を太政官に提出するが、何らかの理由で解由状が出せない場合は不与解由状が出された。このような解由制度は天平頃からあったが、中央財政の維持のため国司の責任が重視されるなか、引継ぎに問題が生じることが多くなり勘解由使の役割も大きくなって、その官人は法制実務に通じていることが求められた。その後、平安中期にはしだいに機能が低下し、やがて形骸化した。

［文献］　笠井純一「平安初期国司監察制度の展開をめぐって」（『ヒストリア』七〇、一九七六）、増淵　徹「勘解由使勘判抄の基礎的考察」（『史学雑誌』九五—四、一九八六）、吉岡真之『古代文献の基礎的研究』（吉川弘文館、一九九四）。　（早川万年）

検非違使《けびいし》　平安初期の弘仁年間以降、主に京中の警備を担当した官司。令外官。初めて設置された年代は明らかではないが、『文徳実録』一一月六日条にみられる興世朝臣書主《おきよのあそんふみぬし》の卒伝には、弘仁七年（八一六）に検非違使の事を行ったとあるので、嵯峨朝の比較的早い頃に設けられたのであろう。盗賊の取締りをはじめ、祭儀の際の警護も含め治安維持に当たるのがその職掌であった。別当・佐・大少尉・大少志（以上四等官）・府生・看督長・案主長などの職制が設けられていた。長官である別当は、参議以上で優れた見識を有する者を当てるとされ、次官の佐は衛門府・近衛府の官人が当てられた。実質的には衛門府の人員が中枢を占めており、律令制下の京職・弾正台の権限も一部吸収しつつしだいに政府内の有力な機関となった。検非違使の業務機関である検非違使庁は、別当の置かれた承和元年頃に成立したと見られるが、もとは左右衛門府にそれぞれ置かれており、のち天暦元年（九七四）に至って、左庁に統合された（『*政事要略』）。平安中後期には活動範囲が拡大して、法令違反の取締りや地方に赴《おもむ》くこともあり、諸国にも検非違使が置かれる場合もあった。鎌倉時代にも継続するが、幕府の京都支配が確立するにつれて衰微した。なお検非違使に関する規定集として検非違使式が貞観一七年（八七五）に編纂されたが、

『政事要略』などにわずかな逸文を残すのみである。

［文献］井上満郎『平安時代軍事制度の研究』（吉川弘文館、一九八〇）、渡辺直彦『日本古代官位制度の基礎的研究（増訂版）』（吉川弘文館、一九七八）。　（早川万年）

按察使《あぜち》　養老三年（七一九）七月に設置された地方官で令外官の一つ。当初は、伊勢国守*門部王が伊賀・志摩を、遠江国守大伴山守《やまもり》が駿河・伊豆・甲斐を、常陸国守*藤原宇合が安房・上総・下総を、美濃国守笠麻呂《かさまろ》が尾張・参河・信濃をなどと、特定の国守が周辺のいくつかの国を管轄する形で任命された。管するところの国司の非違を検察するとしたが、具体的には「在職公平、立身清慎」をはじめとする国司や百姓に対する訪察事条が立てられている（『*類聚三代格』所収養老三年七月一九日格）。国司に対する監察官としてはこれ以前に巡察使があったが、按察使は有力国守がそのまま任じられ、律令制下の道区分にかかわらず、自らの任国の周辺地域を数か国担当する点に特色があった。その前に設けられていた唐の按察使制の影響下に新置されたと見られる。養老五年八月には長門按察使を置くなどの変更があり、この時点でほぼ畿内と西海道（大宰府管内）を除き、それぞれの按察使の管轄する範囲、その職制や給与も定まったようである。しかし孝謙朝頃からしだいに形骸化し、陸奥出羽按察使以外は置かれていなかったようである。平安初期の対蝦夷政策の積極的展開のなかで陸奥出羽按察使は重要な役割を果たし、陸奥国守や鎮守府将軍が兼任する場合が多かった。その後、奥羽地域が平穏になると中央政府高官の兼任する名誉職となり、実態を失うに至った。
［文献］坂元義種「按察使制の研究」（『ヒストリア』四四・四五、一九六六）。　（早川万年）

検損田使《けんそんでんし》　災害のため田地に不熟などが生じた場合、その程度によって租調庸が免除されることになっていた。これは国司によって申請されることになっていたが、その実情を検査するために諸国に派遣されたのが検損田使である。国司が恣意的に損田の報告をしていないか検察を行う必要があったのであろう。天長二年（八二五）五月一〇日官符（『*類聚三代格』所収）によれば官使（太政官使）とされる。また『続日本後紀』承和五年一〇月条からは民部省が「検損田使帳」を問題にしていることがわかるが、史料上にみられるところは断片的であり、その活動の具体的な状況は明らかでない。『延喜式』主税上には検損田使に供給される食法などが定められている。（早川万年）

拒捍使《こかんし》　平安中期以降、しばしば史料にみられる派遣官で、臨時に任命された。官物を納入せず反抗する者を糾問し納入させる役割を有していた。多く検非違使の人員が任命されたようであり、例えば『*政事要略』所収の長保五（三か）年五月二二日宣旨によれば、畿内国司、左右京職は官物未進の者を勘徴するために拒捍使を申請したが、これに対して検非違使庁の官人を定め置く旨の宣旨が下されている。検非違使以外の官司でも、史生クラスの者が任じられている場合がある。畿外諸国においても官物納入、雑役の徴発などのために拒捍使が置かれることがあった。　（早川万年）

固関使《こげんし》　政変や天皇の崩御などの際に*三関に派遣され、関を閉じることを伝えた。三関とは東海道・東山道・北陸道に設けられた、伊勢の鈴鹿《すずか》、美濃の不破《ふわ》、越前の愛発《あらち》の各関である。それらが設置された年代は明らかでないが、養老律令（軍防令）にはほかの関と区別して、三関は国司が守固するとあり、特に重視された関であった。養老五年（七二一）一二月の元明太上天皇崩御に当たり、使いを遣わして三関を固守させたとあるのが固関使の初見。その後、天皇や太上天皇の崩御の際、および*長屋王事件（長屋王の変）や*藤原仲麻呂（恵美押勝《えみのおしかつ》）の乱のような争乱惹起のときにあわただしく固関使が派遣されている。例えば藤原仲麻呂が鈴印争奪の闘いののち京外へ脱出したときには、即座に使者を遣わし三関を固守させたため、仲麻呂は愛発関において前進を阻まれている。固関使は臨時に任命され、*馬寮の馬の準備のもと、*木工寮が作った木契と勅符・太政官符・駅鈴を携行することになっていた。このうち木契は大臣の手書ののち字の中央で分割し、右片を御所に留めた（『儀式』）。三関は延暦八年（七八九）に停廃されたが、固関使の派遣自体は平安時代を通じて継続し、皇后・皇太后の崩御や摂政・関白の薨去の際にまでその派遣がなされるようになり、むしろ朝廷の儀式として形態を整えるに至った。その後、中世・近世を通じて固関使の任命はなされており、譲位儀の一部を構成していた。

（早川万年）

[文献] 岸 俊男『日本古代政治史研究』（塙書房、一九六六）、仁藤智子『平安初期の王権と官僚制』（吉川弘文館、二〇〇〇）。

（六） 令 外 官

蔵人所《くろうどどころ》 令外官。天皇の側近にあって諸々の用を務める。創置については諸説あるが、弘仁元年（八一〇）*薬子の変を契機として*嵯峨天皇が機密漏洩を防ぐため*巨勢野足と*藤原冬嗣を任命したのに始まるというのが定説化している。九世紀末*宇多天皇のとき拡充された後の所の構成は表のとおり。頭は「トウ」と読む。二人なので「両頭」という。大弁のうち一人を任じ「頭弁《とうのべん》」という。蔵人には名家の器量の者を任ずる。雑色には多く良家の子を補し、彼らはやがて蔵人に転じた。蔵人の職務は多様であるが、列挙すると①伝勅旨、②伝奏、③公文及書写、④殿上記事、⑤諫奏、⑥侍御饌、⑦御装束、⑧執御挿鞋、⑨侍御浴、⑩奉使、⑪格子開閉、⑫修理洒掃、⑬点灯、⑭名謁問籍、⑮殿上の簡《ふだ》、⑯昇殿人、⑰除目、⑱殿上の犯人の勘禁、⑲聴訟、⑳殿上の用途徴集、㉑内蔵の鑰《やく》匙《し》、㉒御猟などである。瀧口は清涼殿の北黒戸の東にあった出入口で、ここを守護する侍を瀧口の侍と称した。寛平年間（八八九―八九七）に設置されたという。

（阿部 猛）

[文献] 玉井 力『平安時代の貴族と天皇』（岩波書店、二〇〇〇）。

蔵人所

	定員	
別当	1	計8
頭	2	
五位蔵人	2〜3	
六位蔵人	6〜5	
預	2	
出納	3	
小舎人	6	
所衆	20	
滝口	22	
雑色	8	

内竪省《ないじゅしょう》 神護景雲元年（七六七）七月、道鏡《どうきょう》政権下で設置された令外官。そのときの構成は表のとおり。卿・輔の肩書き

から予想されるように、天皇側近の軍事力強化という意味を持ったであろう。内豎は宮中殿上で駆使する童子のこと。宝亀三年（七七二）廃省し、省の舎人を近衛、中衛、左右兵衛に配分した。ただし、この舎人が内豎《ないじゅ》を指すか否か未詳である。

［文献］ 山本信吉「内豎省の研究」（『国史学』七一、一九五四）。

（阿部　猛）

内豎省

	定員			兼任官
卿	1	弓削御浄	正三位	中納言・衛門督
大輔	1	藤原是公	従四位上	左衛士督
少輔	1	藤原雄依	従五位下	右衛士督
大丞	2	田口安麻呂	従五位下	
少丞	2			
大録	1			
少録	3			
内豎				

勅旨省《ちょくししょう》　機密保持、勅命伝達および勅旨田の管理を行う天皇の官房。『続日本紀』天平宝字八年（七六四）一〇月二〇日条に初見し、式部大輔・勅旨員外大輔・授刀中将粟田朝臣道麻呂《あわたのあそんみちまろ》に因幡守を兼ねしめたもの。*孝謙太上天皇の意向により恵美押《えみのおし》勝《かつ》（藤原仲麻呂《なかまろ》）に対抗するために置かれたものと推測している。職員構成の全容を示す史料は存在しないが、推測すると表のとおり。延暦元年（七八二）四月廃省されたが、勅旨所として実質は存続したらしい。延暦八年（七八九）六月の勅旨所牒によると、長官紀古佐美《こさみ》、次官藤原内麻呂《うちまろ》で、この二人以外の職員はいずれも*内蔵寮の官人の兼任であった。勅旨所の倉庫は*京職の兵士によって守護された。

［文献］ 角田文衛『律令国家の展開』（塙書房、一九六五）。

（阿部　猛）

勅旨省

	定員	相当位
卿	1	
大輔	1	
少輔	2	
大丞	2	
少丞	2?	
大録	2?	
少録	2?	

造宮省《ぞうぐうしょう》　宮殿や離宮などの造営・修理を行う。令外官。和銅元年（七〇八）三月以前、*造宮職を昇格させ省としたが、平城京建設のための準備とみられる。その構成は表のとおり。のち延暦元年（七八二）四月勅旨省とともに廃された。

［文献］ 亀田隆之『日本古代制度史論』（吉川弘文館、一九八〇）。

（阿部　猛）

造宮省

	定員	相当位
卿	1～2	従二位～正五位上
大輔	1	従五位上～従五位下
少輔	1	正五位下～外従五位下
大丞		従五位下～正六位上
少丞		
録		
史生	8	
算師		
長上工	13～14	
医師		
省掌		
民領	(29)	
番上工	60(63)	
直丁	5(5)	
飛驒匠	54(57)	
仕丁	34(38)	
衛士	795(760)	
火頭	404(397)	

造宮職《ぞうぐうしき》 宮殿や離宮などを造営・修理する令外官。大宝元年(七〇一)七月造宮官を改め設置。のち造宮省となるが、延暦元年(七八二)廃省。同一五年(七九六)七月頃また造宮職が設置された。職員構成は表のとおり。大同元年(八〇六)二月*木工寮に併合された。 (阿部 猛)

修理職《しゅり(すり)しき》 皇居などの造営を掌る令外官。天長三年(八二六)に設置されたらしい。しかしすぐに廃止され、寛平二年(八九〇)に復置。職員構成は表のように推定される。現場作業部門は、長上(一〇人)、将領(二二人)、工部(六〇人)、仕丁(二二七人)、飛驒工(六三人)であった。当職には木屋《きや》(貯木場)が付属しており、寛平頃、梅津木屋があった。

[文献] 亀田隆之『日本古代制度史論』(吉川弘文館、一九八〇)。 (阿部 猛)

修理司《しゅり(すり)し》 奈良時代の宮殿造営機関。令外官。*修理職の先行官司。職員構成は表のとおり。工(技術官人)と民領(現場監督)の存在から、現場作業に臨む性格の官司とみられる。 (阿部 猛)

修理坊条使《しゅり(すり)ぼうじょうし》 京内の整備を行う修造官司。令外官。左右二司あり、弘仁年間(八一〇―八二三)に設置されたが、仁寿二年(八五二)三月木工寮に併合。しかし*木工寮が作業繁多であるからと左右坊条使が再置された。寛平二年(八九〇)に廃司。 (阿部 猛)

修理宮城使《しゅり(すり)きゅうじょうし》 宮城の修理を任とする令外官。延久三年(一〇七一)三月に設置され左右二司ある。職員構成は表のとおり。 (阿部 猛)

防鴨河使《ぼうかし》 鴨(賀茂)川を管理する令外官。長官一人(検非

造宮職

	定員	相当位
大夫	1	従四位下
亮	1	従五位下
大進	1	従六位上
少進	2	従六位下
大属	1	従七位
少属	2	従八位上
算師		従八位
大工		
少工		

修理職

	定員	職原抄	拾芥抄	中宮職
大夫	1	従四位下	従四位下	従四位下
亮	1	従五位下	従五位下	従五位下
大進	1	従六位上	従六位上	従六位上
少進	(2)	従六位下	従六位下	従六位下
大属	1	従七位下	正八位下	正八位下
少属	(2)	従八位上	従八位上	従八位上
史生	8			
算師	1			

修理司

	定員	相当位
長官	1	(従四位下)
次官	2	(従五位下)
判官		
史生		
(司)工		
民領		

修理宮城使

	定員	相当位
使	1	四位
判官	2	五～六位
主典		

違使佐兼帯）、判官二人（衛門尉・志兼帯）、主典二人（同上）よりなる。天長元年（八二四）に三年一替とし、同八年に四年一替と定めた。貞観三年（八六一）三月に廃止され、鴨川の管理は山城国司の任となった。しかし、のちに折々、防鴨河使の任命されることがあった。（阿部　猛）

平準署《へいじゅんしょ》　常平倉による飢民救済と京中の穀価を平準するため天平宝字三年（七五九）に設置された令外官。左右両司あり。長官（令《かみ》）は従五位官。宝亀二年（七七一）九月に廃止された。（阿部　猛）

常平所《じょうへいしょ》　飢饉のとき貧窮民に米の廉売《れんばい》を行う機関。常平倉が公廨《くげ》を割いて穀物を蓄積し、主として運脚*の飢寒を救うこと、および平時の京中の穀価の安定を図ったのに対し、常平所は臨時的性格が強い。貞観九年（八六七）四月常平所を置いて米を廉売、延喜五年（九〇五）七月木工寮*と穀倉院*に所を置いて穀を売り、同九年正月にも同様に売った。のち承平元年（九三一）、天暦一一年（九五七）にも同様にみえる。（阿部　猛）

常平司《じょうへいし》　飢饉のときなどに官米を売った臨時の官。元慶二年（八七八）正月東西京中に設けられた。このとき河内・和泉両国には賑給使が派遣された。（阿部　猛）

太皇太后宮職《たいこうたいごうぐうしき》　太皇太后（天皇の祖母）家の庶務を扱う令外官。貞観六年（八六四）正月、藤原順子《のぶこ》は皇太后から太皇太后に進み当職がつけられた。その機構は、大夫《だいぶ》・亮・大進・少進・大属・少属各一員で、大夫には、はじめ伴善男*、のち藤原良縄《よしただ》が任ぜられた。（阿部　猛）

皇太后宮職《こうたいごうぐうしき》　皇太后の庶務を扱う令外官。天安二年（八五八）一一月藤原順子《のぶこ》の中宮職を改めて皇太后宮職とした。その構成は大夫・亮・大進各一員、少進二員、大属一員、少属二員であった。仁安三年（一一六八）平滋子《しげこ》の場合の構成は表のとおり。組織に変遷はあるが、当職は昭和二〇年（一九四五）まで存在した。

皇太后宮職

	氏名	位階	兼官
大夫	源雅通	正二位	大納言
権大夫	平宗盛	従三位	右近衛中将
亮	藤原定隆	従四位下	左京大夫
権亮	藤原頼実	従四位上	右近衛中将
大進	藤原経房	正五位下	左衛門権佐・蔵人
権大進	藤原光雅	正五位下	蔵人
〃	平親宗	従五位上	兵部少輔・伯耆守
少進	平時家	従五位下	
権少進	高階経仲	正六位上	
大属	中原宗家	従五位下	伊豆守
少属	中原盛直		左大史
権少属	中原久孝		西市祐

皇后宮職

	定員	相当位
大夫	1	従四位下
亮	1	従五位下
大進	1	従六位上
少進	1	従六位下
大属	1	正八位下
少属	1	従八位上
舎人	150	
掌	2	
使部		
直丁		

[文献] 岸　俊男『日本古代政治史研究』(塙書房、一九六六)。

(阿部　猛)

皇后宮職《こうごうぐうしき》　皇后宮の庶務を扱う令外官。令制では皇后には中宮職が付属していたが、天平元年（七二九）八月立后の*光明子の場合は、*聖武天皇の生母皇太夫人藤原宮子《みやこ》に中宮職が付属していたので、皇后宮職を新設した。職員構成は表のとおり。のち中宮職のみの場合、中宮職・皇后宮職併立の場合があったが、一二世紀以降は皇后宮職のみとなり、制度は昭和二〇年（一九四五）まで続いた。

(阿部　猛)

紫微中台《しびちゅうだい》　天平勝宝元年（七四九）八月に*光明皇后の皇后宮職を改称して設置された令外官。*聖武天皇が譲位して*孝謙天皇が即位すると、光明皇太后は藤原仲麻呂《なかまろ》と謀り天皇の大権を代行した。その機関が紫微中台で、この官号は唐の中台（尚書省）紫微省（中書省）にならったものである。その構成は表のとおり。皇太后に対して上《たてまつ》られる文書を取り次ぎ、皇太后が勅の形で発する命令を頒下する。職員の大忠以上は他官の兼任。天平宝字三年（七五七）藤原仲麻呂は紫微令を改めて紫微内相とし、その権限を拡張し軍事大権を掌握した。同二年（七五八）八月には坤宮官《こんぐうかん》と改称した。

紫微中台

	定員	相当位
令	1	正三位
大弼	2	正四位下
少弼	3	従四位下
大忠	4	正五位下
少忠	4	従五位下
大疏	4	従六位上
少疏	4	正七位上

[文献] 岸　俊男『藤原仲麻呂』(吉川弘文館、一九六九)。

(阿部　猛)

内匠寮《ないしょうりょう》　神亀五年（七二八）七月に設置された中務省被官の令外官。供御物や伊勢・賀茂の初斎院、野宮の調度品などの製作に当たる官司。職員構成は表のとおり（ただし、相当位は推測による）。画工・細工・金銀工・玉石帯工・銅鉄工・鋳工・造舟工・屏風工・漆塗工・木工・轆轤工・捻工・革筥工・黒革筥工・柳箱工などが所属していた。

[文献] 仁藤敦史「内匠寮の成立とその性格」(『続日本的研究』二三九、一九八五)。

(阿部　猛)

内匠寮

	定員	相当位
頭	1	従五位上
助	1	正六位下
大允	1	正七位下
少允	2	従七位上
大属	1	従八位上
少属	2	従八位下
史生	8	
織手	20	
使部		
直丁	2	
駈使丁	20	

大歌所《おおうたどころ》　宮中の節会に歌笛を掌る。令外官。光仁朝に成立か。職員構成は「別当―十生―案主―琴師―和琴師―笛師―歌師」のごとくか。大歌の内容は神楽歌・催馬楽《さいばら》などであろう。大内裏の西面の上西門を入った右手図書寮の東にあった。

(阿部　猛)

楽所《がくしょ》　唐・韓の音楽を教習するところ。蔵人所の管轄下にあった令外官。内裏北門の朔平門内の桂林坊内にあった。元来は節会・行幸のとき臨時に雅楽寮の楽人を駐め置く詰所であった。初見は延喜四年（九〇四）にある。整備された段階での構成は「別当―預―勾当―寄人―舞人―楽人」となっていた。源平内乱期に実質は失われたが、建久五年（一一九四）に復活し、「別当（二人）―預（一人）―寄人（一一人）―楽人（笛・笙《しょう》・篳《ひち》・篥《りき》）」となっていた。楽人は五〇人で、*近衛府・*衛門府・*兵衛府の者たちで、*雅楽寮の楽人ではない。この段階では雅楽寮は事務機関となっていた。中世には、楽所別当は四《よつ》辻《じ》家が世襲し、楽人は豊原・大神・安倍・戸部・藤原・尾張（以上京都）、狛《こま》（奈良）、秦（天王寺）の各氏が世襲し三所の楽人と称された。

［文献］　林屋辰三郎『中世芸能史の研究』（岩波書店、一九六〇）。

（阿部　猛）

内教坊《ないきょうぼう》　節会・内宴で舞楽・踏歌を演ずる舞妓の養成所。大内裏東面の上東門を入った右側にあった。初見は天平宝字三年（七五九）で、職員構成は表のとおり。長官である別当には大納言・*中納言が任ぜられる例であった。平安末期には実質を失い、保元三年（一一二三）に復活を図ったとみえる。

（阿部　猛）

内教坊

	定員
別　当	1
頭　預	1
妓　女	
娼　女	
女　孺	50

穀倉院《こくそういん》　もとは米穀貯蔵の倉庫。初見は大同三年（八〇八）で、二条の南、朱雀院の西に方二町を占めた。弘仁一三年（八二二）近江国の穀一〇万石を納入し、翌年飢民に廉売《れんばい》したとみえる。その職員構成は表のとおり。このうち五位別当は中原氏と清原氏の家職化した。穀倉院の機能は、①畿内調銭、②無主品位田・畿内無主職田地子、③没官田、④大宰府貢納稲などを収納し、賻物《ふもつ》・学問料・饗饌供進料などとして支出した。穀倉院領は、大和国に七四町九段余、播磨国小犬丸保・武蔵国藤崎荘・信濃国院領・越後国比角荘・京中水田などがあった。

［文献］　山本信吉「穀倉院の機能と職員」（『日本歴史』三〇〇、一九七三）。

（阿部　猛）

穀倉院

	定員	
公卿別当	1	
四位別当	1	四位
五位別当	1	五位
預	1	
蔵　人	1	

正蔵率分所《しょうぞうりつぶんしょ》　*大蔵省への貢納物のうち一〇分の二を割いて諸国に別納させる正蔵率分制に基づく別納物を管掌・収納する所。大内裏北面の達智門を入った左手、大蔵省正倉蔵院内にあった。正蔵率分制は天暦六年（九五二）調・庸・*中男作物・交易雑物・年料米の年輪の一〇分の一を納入させる制度として成立し、のち年輪の一〇分の二と改められた。非常の用に宛てる財源であったが、用途が拡大され、恒例・臨時の行事費に宛てられるようになり、一〇世紀末には中央官司のなかでも重要な位置を占めた。しかし、一一世紀にはすでに荒廃していた様子が知られる。職員は中央諸官司の官人の兼任であった。

［文献］川本龍市「正蔵率分制と率分所」（『国史研究』七五、一九八三）、大津　透『律令国家支配構造の研究』（岩波書店、一九九三）。 （阿部　猛）

乳牛院《にゅうぎゅういん》　乳牛を飼育し、宮中に乳を供御する。設置時期については、天平宝字三年（七五九）説と、弘仁・天長年間（八一〇―八三三）説とがある。典薬別所ともいわれ、右近馬場（北野天満宮の近く）西の地にあった。職員には別当、乳師、預があった。飼育する牛は摂津味原牧から貢上される。母牛七頭と子牛七頭が廐で飼育されていた。

［文献］新村　拓『古代医療官人制の研究』（法政大学出版局、一九八三）。 （阿部　猛）

進物所《しんもつしょ》　天皇の供御を扱う令外官。もと内膳司*に属し、のち蔵人の管轄下にあった。内膳司で作られた供御をここで温め直して進め、また調理も行った。別当・頭・膳部・預・執事などの職員がいた。 （阿部　猛）

御厨子所《みずしどころ》　朝夕の御膳を供進し節会に酒肴を出す。蔵人所の管下にあった。別当―預―所衆―膳部―女孺《にょうじゅ》―刀自《とじ》の構成であった。一一世紀、御厨の荘園化に伴い津江供御厨、菅浦供御人、桂供御人などを支配した。別当は山科家が世襲した。 （阿部　猛）

御書所《ごしょどころ》　宮中の書籍の保管および書写を掌る令外官。内裏北面の式乾門東脇にあった。内御書所に対して外御書所ともいう。別当（紀伝儒者を任ずる）―預―所衆（書手）の構成。所衆は学生のうちから試験により選抜任命する。**内御書所**は承香殿の東片廂にあり、一〇世紀初めに設置された。別当―覆勘―開闔―衆を置いた。**一本御書所**は稀覯《きこう》・貴重文書を扱うもので、内裏東面の建春門の外、侍従所の南にあった。別当―預―書手の構成であった。 （阿部　猛）

作物所《つくもどころ》　宮中の調度などを調進する細工所。令外官。承和七年（八四〇）四月以降に設置された。内裏南面の永安門の南西の角にあった。別当―預―案主―工人の構成であった。 （阿部　猛）

掃部寮《かもんりょう》　宮中の清掃と設営を掌る令外官。弘仁一一年（八二〇）大蔵省掃部司と宮内省内掃部司を併合して掃部寮を置き宮内省被官とした。職員構成は表のとおり。また本寮には女《にょう》孺《じゅ》が所属し、雑色五〇人がいた。寮領として藺田《いでん》（山城国）と蒋沼《こもぬ》（河内国）があり、藺や菅《すげ》が納入された。また淀川と神崎川の分岐点に寮領大庭荘があった。

［文献］奥野高広「掃部寮の研究」（『国史学』七二・七三合併、一九六〇）。 （阿部　猛）

掃部寮

	定員	相当位
頭	1	従五位下
助	1	従六位上
允	1	従七位上
大属	1	従八位下
少属	1	大初位上
史生	4	
寮掌		
掃部	(50) 40	
使部	(10) 20	
直丁	2	
駈使丁	80	

授刀衛《じゅとうえい》　天皇側近の護衛を任とする令外官。天平宝字三年（七五九）一二月設置。職員構成は表のとおり。同八年（七六四）に四等官の名称は中衛府にならって改められ、大将・中将・少将・将監・将曹となった。舎人は授刀舎人。天平神護元

授刀衛

	定員	相当位
督	1	従四位上
佐	1	正五位上
大　尉	1	従六位上
少　尉	1	正七位上
大　志	2	従七位下
少　志	2	正八位上
舎　人	400	

近衛府

	定員	相当位
大　将	1	正　三　位
中　将	1	従 四 位 下
少　将	1	正 五 位 下
将　監	4	従 六 位 上
将　曹	4	従 七 位 下
医　師	1	（正八位下）
府　生	6	
番　長	6	
近　衛	400	
府　掌		
使　部		

中衛府

	定員	相当位
大　将	1	従四位上
少　将	1	正五位上
将　監	4	従六位上
将　曹	4	従七位上
府　生	6	
番　長	6	
中　衛	300	
使　部		

年（七六五）二月、授刀衛は近衛府と改称された。

［文献］　笹山晴生『日本古代衛府制度の研究』（東京大学出版会、一九八五）。　（阿部　猛）

近衛府《このえふ》　天平神護元年（七六五）二月、授刀衛*を改称。職員構成は表のとおり。職掌は①天皇の守衛、②殿上の督察、③陣中雑事を糺す、④宿直、⑤陪膳、⑥夜まわり、⑦夜中の異変を奏す、⑧閤門《こうもん》の開閉、⑨儀仗、⑩祭事に奉仕、⑪警固、⑫警蹕《けいひつ》、⑬舞楽、⑭供奉、⑮行幸供奉、⑯一員御幸供奉、⑰禁囚人、⑱大索《おおあなぐり》、⑲犬狩、⑳雷陣に候す、㉑上奏を掌るなど。大同二年（八〇七）近衛府を改め左近衛府とし、中衛府*を改め右近衛府とした。左近衛府は大内裏東面の陽明門を入り左手、右近衛府は大内裏西門の殷富門を入り左手にあった。

［文献］　笹山晴生『日本古代衛府制度の研究』（東京大学出版会、一九八五）。　（阿部　猛）

中衛府《ちゅうえふ》　天皇の側近にあって警固に当たる。神亀五年（七二八）七月に設置された令外官。職員構成は表のとおり。その性格は近衛に近い。中衛（舎人）はその勇猛をもって、「東《あずま》舎人《とねり》」と称された。大同二年（八〇七）四月、中衛府は右近衛府に改称された。

［文献］　笹山晴生『日本古代衛府制度の研究』（東京大学出版会、一九八五）。　（阿部　猛）

外衛府《がいえふ》　禁中の警衛に当たった令外官。設置の時期は不明。天平宝字八年（七六四）一〇月に初見。天平神護元年（七六五）二月に定められた定員と相当位は表のとおり。宝亀三年（七七二）二月に廃止され、所属の舎人は近衛府・中衛府・左右兵衛府に分配された。

［文献］　笹山晴生『日本古代衛府制度の研究』（東京大学出版会、

外衛府

	定員	相当位
大　将	1	従四位上
中　将	1	正五位上
少　将	1	従五位上
将　監	4	従六位上
将　曹	4	従七位下
舎　人		

一九八五）。 （阿部　猛）

授刀舎人寮《じゅとうとねりりょう》　天皇側近の警固に当たる授刀舎人を統轄した。慶雲四年（七〇七）七月設置の令外官。授刀寮、帯剣寮とも称した。授刀舎人の前身は行幸騎兵であろうという。寮の職員構成は詳かでない。神亀四年（七二七）一〇月以後廃止され、翌年七月設置された中衛府に吸収された。天平一八年（七四六）二月騎舎人を改めて授刀舎人としたが、このとき授刀舎人寮が再置されたかと思われる。授刀舎人の変遷については未詳の部分が多い。 （阿部　猛）

主馬寮《しゅめりょう》　馬の飼養と調習、飼部の管理に当った令外官。光仁朝末・桓武のはじめに、それまでの左右馬寮*を統合して主馬寮を設けたのであろう。天応元年（七八一）五月、従四位上伊勢《いせ》朝臣老人《あそんおゆと》を主馬頭に、従五位下安倍朝臣祖足《ひろたり》を主馬助に任じ、延暦一四年（七九五）七月使部を一〇人と定めた。大同元年（八〇六）四月従五位下藤原朝臣山人《やまひと》を主馬権助に任じたのを最後として本寮の名はみえなくなる。 （阿部　猛）

内厩寮《ないきゅうりょう》　宮中の厩《うまや》のことを掌る。天平神護元年（七六五）二月に設置された令外官。職員構成は表のとおり。藤原仲麻呂没落後の軍政改変の一環と思われる。頭の職掌は①天皇の御馬を進める、②官牧からの駒の貢上を管する。大同元年（八〇六）正月内厩頭坂上石津麻呂《いしづまろ》が兼因幡介に任ぜられた『日本後紀』の記事を最後に史上から姿を消す。

［文献］　亀田隆之『日本古代制度史論』（吉川弘文館、一九八〇）。 （阿部　猛）

内厩寮

	定員	相当位
頭	1	従五位上
助	1	正六位下
大　允	1	正七位下
少　允	1	従七位上
大　属	1	従八位上
少　属	1	従八位下

兵庫寮《ひょうごりょう》　儀仗用・実用の武器・武具の生産と管理を行う令外官。寛平八年（八九六）八月、左右兵庫*と造兵司*・鼓吹司*の四司を併合して兵庫寮を置いた。大内裏北面の安嘉門を入った右側にあった。推測される職員構成は表のとおり。旧左右兵庫の使部、鼓吹司の大角長上・少角長上・鉦鼓長上・鼓吹部・鼓吹戸・旧造兵司の武器生産の雑工部・雑工戸が兵庫寮に付属した。平安末期に本寮の倉庫はしばしば倒壊し実質が失われたらしい。 （阿部　猛）

兵庫寮

	定員	相当位
頭	1	（従五位上）
助	1	（正六位下）
大　允	1	（正七位下）
少　允	1	（従七位上）
大　属	1	（従八位上）
少　属	（1）	（従八位下）
史　生	4	
使　部	12	
直　丁	（　）	
大角長上	1	
少角長上	1	
鉦鼓長上	1	
鼓　吹　部	34	
鼓　吹　戸	100	
雑　工　部	20	
雑　工　戸	376	
弩　師	1	

傔仗《けんじょう》　弓矢で官人を護衛する武官。和銅元年（七〇八）に設けられた令外官。唐*の傔人制度にならい、当初は大宰師・大武および三関国司と尾張守に与えられ、その選考方法と給与される公廨田は史生と同じであった。のち支給の範囲は拡大、近

江守、総官、陸奥守、出羽守、鎮守将軍、陸奥出羽按察使*などにも給した。傔仗*は式部省で判補された。（阿部　猛）

内大臣《ないだいじん》　令外官。右大臣の次にあって、左右大臣と同じく太政官の政務を統理する。天智八年（六六九）藤原鎌足*の内臣*を内大臣と改称し、宝亀八年（七七七）藤原良継《よしつぐ》の内臣を内大臣と改称、同一〇年（七七九）藤原魚名《うおな》の忠臣《ちゅうしん》（もと内臣）を改めて内大臣としたなどは、実質を伴わない名誉の称号的処置であった。のち天禄三年（九七二）藤原兼通*が内大臣・関白に任ぜられ、永延三年（九八九）藤原道隆*が権大納言から内大臣に任ぜられ、正暦二年（九九一）藤原道兼*が、同五年藤原伊周*が任ぜられ、常置の職のようになった。（阿部　猛）

中納言《ちゅうなごん》　令外官。大宝元年（七〇一）「大宝令」に基づいて官名位号を改めたが、それまであった「飛鳥浄御原令*」による中納言を廃した。しかし慶雲二年（七〇五）大納言の定員を二名削ったとき中納言（正四位上相当）三人を置いて大納言の不足を補った。その職掌は、「宣旨を敷奏し、参議を待問す」とされ、封戸二〇〇戸と賃人三〇人を給された。のち天平宝字五年（七六一）従三位官とされた。「飛鳥浄御原令」による中納言が国政参議官的性格を有したのに対して令制中納言は議政官であり、侍奉官としての性格が強い。

［文献］早川庄八『日本古代官僚制の研究』（岩波書店、一九八六）。（阿部　猛）

畫所《えどころ》　宮廷の絵画のことを掌る。初見は仁和二年（八八六）九月。内裏西北の式乾門内御書所の南にあったとする説と、建春門内一本御書所にあったとする説がある。別当（五位蔵人）―預―墨書―内豎《ないじゅ》よりなる。（阿部　猛）

（七）辺　境

征夷大将軍《せいいたいしょうぐん》　蝦夷*討伐を目的とした臨時の官職。養老軍防令将帥出征条に基づいて大将軍とされる。別称として征夷大使や持節大将軍などともする。征夷将軍には多治比県守《たじひのあがたもり》や藤原*宇合がみえるが、延暦期の征夷が活発となる延暦一〇年（七九一）に大伴弟麻呂《おとまろ》が征夷大使に任じられる。同一六年（七九七）には坂上田村麻呂*が同職に任じられて武勲を顕わした。田村麻呂の後には弘仁二年（八一一）に文室綿麻呂*が任じられるが、征夷の中断によって任命も途絶えた。平将門*の乱に際して征東大将軍に任命された藤原忠文《ただふみ》以後、征夷と同職との関係は稀薄となった。田村麻呂以後称揚された同職は武官としての名誉も派生し、鎌倉から江戸時代における幕府開設者の任じられる職となった。

［文献］野田嶺志『律令国家の軍事制』（吉川弘文館、一九八四）、高橋　崇『律令国家東北史の研究』（吉川弘文館、一九九一）。（中村友一）

征狄将軍《せいてきしょうぐん》　日本海側（越後国・出羽国）の蝦夷*の討伐を目的として任じられた臨時の将軍。日本海側の蝦夷は夷狄《いてき》の「狄」とも呼ばれることからこの名称となったが、固定された将軍号ではなく、「鎮狄将軍」などとも記載された。『続日本紀』和銅二年（七〇九）三月に佐伯石湯《いわゆ》が任命されたが、「征蝦夷将軍・征狄将軍」とも記されて混合している。その後、養老四年（七二〇）九月の阿倍駿河《するが》・神亀元年（七二四）五月の小野牛養《うしかい》・宝亀一一年（七八〇）三月の阿倍家麻呂《いえまろ》の任命例が知られる。さらに石湯の例以外では属僚に軍監・軍曹各二人任命されたことも知られる。

［文献］『青森県史資料編・古代1』（青森県、二〇〇一）。（中村友二）

征東将軍《せいとうしょうぐん》　古代、*蝦夷の討伐のために任命された臨時の将軍。初見は『続日本紀』延暦三年（七八四）二月に「持節征東将軍」に任命された*大伴家持の事例である。それ以前、宝亀一一年（七八〇）の「征東大使」の藤原継縄《つぐただ》、同年の藤原小黒麻《おぐろま》呂《ろ》の事例も同様である。家持以後は、紀古佐美《きのこさみ》、大伴乙麻呂《おとまろ》の任命が知られる。藤原忠文《ただふみ》が天慶三年（九四〇）正月に平将門《まさかど》追討に際して任命された「征東大将軍」の事例以降は征夷と直接結びつかなくなる。また「征東使」と呼称された時期は、宝亀一一年の*伊治呰麻呂の乱に際しての継縄の任命から延暦一二年（七九三）の「征夷使」への改称までという説があり、文献の面からは妥当である。

［文献］松本政春「征夷使と征東使」（『日本歴史』四七七、一九八八『律令兵制史の研究』（清文堂、二〇〇二）に再録）、『青森県史資料編・古代1』（青森県、二〇〇一）。（中村友二）

鎮兵《ちんぺい》　古代陸奥・出羽両国に置かれた軍事力の一つ。「ちんぴょう」ともいう。『続日本紀』神亀元年（七二四）二月条を初見とし、諸国から父母・妻子を伴って派遣されていた。『日本紀略』延暦二一年（八〇二）正月条に「出羽国雄勝城鎮兵」が、『日本後紀』弘仁二年（八一一）七月に「出羽国鎮兵」がみえる。また、蝦夷征討の落ち着いた同年閏一二月に*文室綿麻呂の鎮兵廃止の奏言がなされ、同六年（八一五）八月に*胆沢城・*徳丹城の鎮兵が減員された。さらに鎮兵の差発も陸奥・出羽両国を中心に行われるように移行していった。また元慶三年（八七九）頃の出羽国の鎮兵については『日本三代実録』同年六月条に詳しく、*元慶俘囚の乱を鎮定するのに功があった*藤原保則による軍制改革も行われたが、それ以前は軍団兵士と並立しながらもそれほど強力な軍事力ではなかった。

［文献］高橋　崇「古代出羽の軍制」（角田文衞先生古稀記念事業会編『角田文衞博士古稀記念古代学叢論』所収、一九八三）、新野直吉『古代東北史の基本的研究』（角川書店、一九八六）、鈴木拓也『古代東北の支配構造』（吉川弘文館、一九九八）。（中村友二）

鎮守府《ちんじゅふ》　古代において蝦夷の鎮定などの軍政を中心にした役所。養老六年（七二三）に初見の陸奥鎮所より発展し、それ以後は*多賀城に置かれたが、延暦二一年（八〇二）に*坂上田村麻呂により*胆沢城に移された。胆沢城に置かれた段階では、北上川流域であるのちの奥六郡域を管掌した。府官は按察使や陸奥守を兼務することが多かった将軍をはじめ、時に副将軍も任じられたが、軍監《ぐんげん》・軍曹・弩師《どし》・医師などの下僚や*鎮兵などが属した。将軍には、大野東人《おおののあずまびと》・大伴古麻呂《こまろ》・坂上苅田麻呂《かりたまろ》・佐伯美濃《みの》・大伴駿河麻呂《するがまろ》・紀広純《きのひろずみ》・*大伴家持・*坂上田村麻呂・佐伯耳麻呂《みみまろ》・坂上清野《きよの》などが任じられているように、武人を輩出する氏族が中心に任命され、のちに源氏や奥州藤原氏へと引き継がれていった。

［文献］新野直吉『古代東北史の基本的研究』（角川書店、一九八六）、鈴木拓也『古代東北の支配構造』（吉川弘文館、一九九八）、*徳田奈保子「陸奥国鎮守府制についての一考察―城司制論をめぐって―」（『続日本紀研究』三二二、一九九九）。（中村友二）

元慶《がんぎょう》俘囚《ふしゅう》の乱《らん》　元慶二年（八七八）三月一五日に出羽国内で起こった俘囚・*蝦夷による叛乱。『日本三代実録』や『藤原保則伝』などにより乱の大要が知られる。はじめ中央政府は叛乱の原因を国司の苛政に求め、時の出羽守藤原興世《おきよ》以下に俘囚の慰撫を命じる。しかし叛乱の規模は大きく、政府は陸奥国に救援を命じる。四月には坂上好蔭《よしかげ》を陸奥権介に、五月には*藤原保則を出羽権守、清原令望《よしもち》を権掾、茨田貞額《まんだのさだぬか》を権大目に任じて体制を整えた。しかし、五月から六月にかけて官軍の被害は増加、最上郡擬大領伴貞道《さだみち》の戦死や*秋田城での大敗北など相次いだ。これに対して、さらに七月八日に至り*小野春風を安倍比高《ひだか》に替えて鎮守将軍に任命する。その後、出羽に着いた保則が主導して、防衛体制を整えるとともに、詳細な状況報告と援兵の要求や叛乱に参加しなかった者や降伏者などの慰撫などの方策をとる。その後戦局の変化があったようで、八月に入ると秋田城下に賊が降伏を願い、陸奥側から進軍した春風の説得工作も功を奏した。さらに翌年にかけて、降賊への対応や津軽や渡島の*蝦夷への大饗などに終始したが、*鎮兵・兵士や兵装備などの補充・確保などは同四年（八九〇）に至るまで続けられた。叛乱が長期化した要因は様々な要素が絡んでいるが、地方行政の弛緩と、それに伴っての「例兵」などの非常時の備えがおろそかにされていたことが保則の上奏などからうかがえる。↓鎮守府

［文献］　熊田亮介「元慶の乱関係史料の再検討―『日本三代実録』を中心として―」（『新潟大学教育学部紀要』二七―二、一九八六、『古代国家と東北』所収（吉川弘文館、二〇〇三））、新野直吉『古代東北の兵乱』（吉川弘文館、一九八九）。　（中村友一）

胆沢城《いさわじょう》　古代東北経営のために築城された城柵の一つで、岩手県水沢市佐倉河に遺跡が所在。一辺六七五メートルの外郭と一辺九〇メートルの政庁からなり、政庁は三期に区分される。『日本紀略』延暦二一年（八〇二）正月条に*坂上田村麻呂を造胆沢城使に任命して築城開始。大同三年（八〇八）には胆沢城に*鎮守府が置かれた。『日本後紀』弘仁五年（八一四）一一月己丑条に、国府から遠く離れているので、糒《ほしいい》・塩を備えることが*徳丹城とともに許されている。しかし、同六年（八一五）六月に徳丹城とともに鎮兵一〇〇〇人が廃止されたが、廃絶は明確でない。現在国指定史跡として整備されている。

［文献］　工藤雅樹『城柵と蝦夷』（ニュー・サイエンス社、一九八九）、佐々木博泰「東北古代城柵」（『平泉と東北古代史』所収、岩手出版、一九九二）、工藤雅樹『蝦夷と東北古代史』（吉川弘文館、一九九八）。　（中村友一）

志波城《しわじょう》　盛岡市太田の雫石川《しずくいしがわ》の沖積段丘上に立地する古代城柵。一辺が一五〇メートル四方の築地塀《ついじへい》により区画される「政庁」と、八四〇メートル四方の築地塀による外郭《がいかく》、さらに九三〇メートル四方の溝が取り巻く構造である。延暦年間（七八二―八〇五）には志波（子波・斯波とも）の地で征夷活動が行われていた。延暦二二年（八〇三）二月に造志波城所、三月には造志波城使*坂上田村麻呂が『日本紀略』にみえ、この頃造営が開始されたと考えられる。弘仁二年（八一一）閏一二月、*文室綿麻呂の奏言によって水害の多い志波城を便地に移し、守衛として一〇〇〇人を留めさせた（『日本後紀』）。現在国指定史跡として保存整備されている。

［文献］　工藤雅樹『城柵と蝦夷』（ニュー・サイエンス社、一九八

九）、佐々木博泰「東北古代城柵」（『平泉と東北古代史』所収、岩手出版、一九九二）。　（中村友一）

徳丹城《とくたんじょう》　岩手県紫波《しわ》郡矢巾《やはば》町徳田に位置する古代城柵《じょうさく》の一つ。東側に北上川が流れる砂礫段丘上に立地している。東西約三五〇メートル、南北約三五二メートルで南東隅が角取りされた外郭《がいかく》と板塀に囲まれた内郭《ないかく》からなる。水害の多い*志波城に替わって、弘仁二年（八一一）から翌年にかけて作られたと見られる。文献上の初見は『日本後紀』弘仁五年（八一四）一一月己丑条に、国府から遠く離れているので、糒《ほしいい》・塩を備えることが許されたとみえるので、それ以前に築城されていたことがうかがえる。しかし、同六年（八一五）六月に*鎮兵が廃止されしばらくして廃絶した。現在は国指定史跡とされ、公園として整備されている。

［文献］工藤雅樹『城柵と蝦夷』（ニュー・サイエンス社、一九八九）、佐々木博泰「東北古代城柵」（『平泉と東北古代史』所収、岩手出版、一九九二）、八木光則「徳丹城・胆沢城と蝦夷政策」（『古代文化』五四―一一、二〇〇二）。　（中村友一）

城輪柵《きのわさく》　山形県酒田市城輪で昭和六年（一九三一）に発見された古代の城柵遺跡。内郭《ないかく》は、推定で南北一一二メートル・東西一一四メートルの築地で囲まれた方形を呈し、外郭は南北七三五メートル・東西七一六メートルの方形で、掘建《ほったて》式に立てた杉材を板塀のように挟んで土塁の基壇としていた。内郭は正殿と後殿・東西脇殿があり、南門の南側には広場と南に延びる大路が敷かれていた。平安時代の官衙的性格を有し、『日本後紀』延暦二三年（八〇四）一一月に出羽国河辺に移された出羽国府に当てる説が有力である。仮に出羽国府だとすると、その廃絶は仁和三年（八八七）の国府の再移転のときと考えられる。現在国指定史跡として復原整備されている。

［文献］工藤雅樹『城柵と蝦夷』（ニュー・サイエンス社、一九八九）、佐々木博泰「東北古代城柵」（『平泉と東北古代史』所収、岩手出版、一九九二）。　（中村友一）

唐物使《からもののつかい》　「交易唐物使」「唐物交易使」などの呼称がある、平安時代に朝廷が*大宰府などに来着した*唐・*宋や*新羅・高麗などの商船から商品を買得・交換するために派遣した使。派遣が行われるようになった時期は明確ではないが、九世紀後半以前には成立していたとみられる。派遣される官人は、弁官以下であったが、康保年間（九六四―九六七）頃に成立した『新儀式』によれば蔵人や蔵人所の出納《すいのう》・所《ところの》雑色《ぞうしき》などであり、ほかに所小舎人なども任じられていた。外交・交易などを管理した律令国家が、時代に即した形で貴族や在地の豪族に対して優越的な先買権を保持する手段となった。その後、使の職権を大宰府が代行するなど形式化したうえ、使の路次諸国の負担や政権構造の変化などから一二世紀には廃絶した。

［文献］松原弘宣「陳泰信の書状と唐交易使の成立」（『続日本紀研究』三一七、一九九八）、河内春人「宋商曾令文と唐物使」（『古代史研究』一七、二〇〇〇）。　（中村友一）

文室宮田麻呂事件《ふんやのみやたまろじけん》　宮田麻呂は生没年、系譜とも未詳。天長三年（八二六）五月従五位下（『類聚国史』）、承和六年（八三九）五月に従五位上に昇叙（『続日本後紀』）。以上は「富田麿」とするが、宮田麻呂と同一人である。承和七年（八四〇）、任筑前守。事件の遠因は承和九年正月の*新羅の故張宝高《ちょうほうこう》の使がもたらした雑物を収取したが、返還させられた出来事である。

前年正月に守とみえるが（『平安遺文』六七）、発覚以前に解任されていた。同一〇年（八四三）一二月二二日、宮田麻呂の従者陽侯氏雄《やごのうじお》が謀反の企てを密告、即日蔵人所に参り左衛門府に拘禁された。また宮田麻呂の京および難波宅を捜索し、諸門を禁固した。二四日に至って氏雄を左近衛府に拘禁、さらに捜索の結果兵具を発見した。二六日に宮田麻呂を推問、二九日に斬刑を一等減じられて伊豆国に配流、二人の息子と内舎人《うどねり》忠基《ただもと》は佐渡国へ配流となった。密告した氏雄は大初位下を授かり筑前権少目《ごんのしょうさかん》に任じられた（『続日本後紀』）。しかし冤罪とされ、貞観五年（八六三）五月の御霊会《ごりょうえ》で祀られたが、同年八月にかつての私財である近江国所在の家・地・水田が勅によって貞観寺に施入された（『日本三代実録』）。この際「庶人文室宮田麻呂」とあって地位が回復していないことから、御霊とされたのは貞観寺への施入への方便であるとも考えられている。宮田麻呂の謀反事件については、藤原北家の瀬戸内海交易の障害になったからという可能性も指摘されている。

［文献］松原弘宣「文室朝臣宮田麻呂について」（続日本紀研究会編『続日本紀の時代』所収、塙書房、一九九四）、山崎雅稔「貞観五年神泉苑御霊会の政治史的意義—文室宮田麻呂の慰撫を中心に—」（十世紀研究会編『中世成立期の政治文化』所収、東京堂出版、一九九九）。

（中村友二）

藤原元利麻呂事件《ふじわらのもりまろじけん》　*新羅との通謀事件。藤原元利麻呂は式家種継《たねつぐ》の孫で*仲成の弟大隅守藤生《ふじお》の子。*姓は朝臣《あそん》。従五位下大宰少弐の官歴がみえる（*『尊卑分脈』）。『行歴抄《ぎょうれきしょう》』天安二年（八五八）一二月に藤原良相《よしみ》の使いとして「右京少進元利萬侶」とみえ、*円珍らの一行を存問するために派遣されている。貞観五年（八六三）正月に従五位下に叙任、時に式部大丞。右少弁を兼ねて同年二月に大宰少弐に任官。同七年（八六五）一〇月に次侍従に、同九年（八六七）正月に大宰少弐に復す。同一二年（八七〇）一一月一三日、筑後権史生佐伯真継《さねつぐ》が新羅国牒《ちょう》をもたらし検非違使に拘禁された。牒の内容は、新羅国王と元利麻呂（「元利萬侶」と記す）が通謀して国家を害せんと欲していたというものである。一七日には元利麻呂以下、上家人・清原宗継《むねつぐ》・中臣年麿《としまろ》・興世有年《おきよのありとし》ら五人が追禁され、安倍興行《おきゆき》が推問密告使として派遣された。二六日には真継を防援に加えて*大宰府に下し対応させた（『日本三代実録』）。貞観年間には新羅の賊がしばしば問題となっている。また、貞観一二年（八七〇）二月には新羅国に捕えられた対馬島の卜部乙屎麿《うらべのおとくそまろ》が逃げ帰り新羅の不穏な情勢を伝えている。藤原元利麻呂事件もこのような流れのなかに位置づけられる。

［文献］遠藤元男「貞観期の日羅関係について」（『駿台史学』一九、一九六六）、石上英一「古代国家と対外関係」（歴史学研究会日本史研究会編『講座日本歴史2　古代2』所収、東京大学出版会、一九八四）。

（中村友二）

坂上田村麻呂《さかのうえのたむらまろ》（七五八—八一一）　平安時代初期の武官官人。苅田麻呂《かりたまろ》の子で*姓は大宿禰《おおすくね》。国史では延暦四年（七八五）一一月の正六位上から従五位下への叙位記事が初見である（『続日本紀』）。同一〇年（七九一）正月には*蝦夷を征するための戎具点検、軍士の簡閲のために東海道に派遣され、七月に大伴弟麻呂《おとまろ》が征夷大使に任命された際、その副使の一人に任命され（『続日本紀』）、同一二年（七九三）二月に出征した（『日本紀略』）。以後征夷と築城にかかわっていく。陸奥出羽*按察使兼陸奥守、のちに兼鎮守将軍を経て同一六年一一月に*征夷大将軍に任じられる（『同』）。同二〇年（八〇一）の征夷では閉伊《へい》村まで討ち、その功により同年一一月に従三位に叙された（『同』）。同二一年（八〇二）、*胆沢城築造のために派遣され、*鎮守府も同時に機能が移転。四月、蝦夷の首長*阿弖流為と母礼《もれ》らの降服した将兵を率いて帰京する。阿弖流為らを生かしての蝦夷の撫育を願うが二人は処刑された（『同』）。同二二年（八〇三）、造志波城使として陸奥国へ下向（『同』）、翌年再び征夷大将軍に任じられ、造西大寺長官を兼ねる。同二四年（八〇四）には*参議となり、議政官に名を連ねた。極官は正三位大納言。弘仁二年（八一一）五月に山城国粟田別業で薨じた。時に五四歳。贈従二位。山城国宇治郡に墓所として地三町を賜った（『同』）。→志波城

［文献］高橋　崇『坂上田村麻呂』（吉川弘文館、一九八六）、佐々木博泰「坂上田村麻呂とその周辺」（『平泉と東北古代史』所収、岩手出版、一九九一）、工藤雅樹『蝦夷と東北古代史』（吉川弘文館、一九九八）。

（中村友一）

文室綿麻呂《ふんやのわたまろ》（七六五―八二三）*姓は朝臣《あそん》。三諸大原の子。*『公卿補任』によれば、綿麻呂は延暦一四年（七九五）従五位下右大舎人助から近衛将監、近江大掾、出羽権守、近衛少将播磨守兼侍従兼中務大輔などを経る。大同四年（八〇九）正月、三山朝臣、六月に文室朝臣と改賜姓される（『日本後紀』）。翌年九月、参議正四位下となり大蔵卿・陸奥出羽按察使に叙任。弘仁二年（八一一）奥羽の兵を動員しての征夷の策を立て、四月に征夷将軍に叙任。功あって宣命を受け、さらに*志波城移転から*徳丹城造営にかかわる。同四年（八一三）五月に従三位征夷将軍、同七年（八一六）右近衛大将、同九年（八一八）六月には*中納言にまで昇り、弘仁一四年（八二三）四月に薨じた。中納言兼右近衛大将従三位勲四等、五九歳。

［文献］工藤雅樹『城柵と蝦夷』（ニュー・サイエンス社、一九八九）、新野直吉『古代東北史の基本的研究』（角川書店、一九八六）。

（中村友一）

藤原保則《ふじわらのやすのり》（八二五―八九五）藤原南家乙叡《たかとし》の孫、貞雄《さだお》の子。母は安倍弟富女《おととみ》。天長二年（八二五）に生まれ、*文徳天皇の斉衡二年より治部少丞として出仕し、民部・兵部・式部の少丞を歴任した。貞観八年（八六六）に至り従五位下備中権介に任じられる。以後、備中守・備前権守を務めて*良吏と称されるような仁政を施して名を残した。右衛門権佐・*検非違使・右中弁を経て、元慶二年（八七八）に俘囚の叛乱が起こると、五月に出羽権守に任じられ下向する。*小野春風の説得工作を容認しながら防御態勢を整え、叛乱を鎮定した。讃岐権守・大宰大弐を歴任、仁和三年（八八七）に従四位上に昇叙。左大弁ののち寛平四年（八九二）参議となり、のち兼民部卿となるが、同七年四月、七一歳で卒した。その後、三善清行《きよゆき》によって*『藤原保則伝』が著され、模範的な良吏像として知られることとなった。→元慶俘囚の乱

［文献］大曾根章介校注『藤原保則伝』（『古代政治社会思想』所収、岩波書店、一九八四）、阿部　猛「良吏の典型―藤原保則小伝―」（『平安前期政治史の研究　新訂版』所収、高科書店、一九九〇）。

（中村友一）

伊治呰麻呂《これはるのあざまろ》（生没年未詳）氏名は「いじ」とも読まれるが、*多賀城出土漆紙文書に「此治城」とあるので「これはる」

と読むのが妥当。奈良時代後期の夷俘《いふ》の首長。*姓は公《きみ》。宝亀八年（七七七）一二月（同九年六月に重複）、出羽蝦夷叛乱鎮定の功により*蝦夷第二等から外従五位下を授けられる。同一一年（七八〇）、胆沢地方平定を企図した覚鱉城《かくべつじょう》築城のために陸奥*按察使紀広純《きのひろすみ》は呰麻呂の本拠伊治城（宮城県栗原郡）に赴《おもむ》いた。三月、上治（伊治か）郡大領となっていた呰麻呂は、突如帰降蝦夷の俘軍《ふぐん》を率いて叛乱した。牡鹿郡《おしかぐん》大領道嶋大楯《みちしまのおおたて》と広純を殺害し、陸奥介大伴真綱《まつな》を*多賀城へ護送した。真綱と掾石川浄足《きよたり》は多賀城後門より逃亡し、百姓は四散したため、賊軍によって略奪放火された。呰麻呂のその後は不明である。叛乱の原因は、呰麻呂の広純や大楯に対する私怨であった（『続日本紀』）。

[文献]　新野直吉『古代東北の兵乱』（吉川弘文館、一九八九）、佐々木博康「呰麻呂のよみかた」（『平泉と東北古代史』所収、岩手出版、一九九一）、工藤雅樹『蝦夷と東北古代史』（吉川弘文館、一九九八）。　（中村友一）

阿弖流為《あてるい》（？—八〇二）　奈良時代末期から平安時代初期にかけて叛乱し、鎮圧された*蝦夷の首長。『日本紀略』や『類聚国史』では「大墓公《おおはかのきみ》阿弖利為」とも記される。『続日本紀』延暦八年（七八九）六月条には紀古佐美の奏によって、阿弖流為の率いる蝦夷軍のために別将の丈部善理《はせつかべのぜんり》以下の戦死者を出して官軍が敗れたことを伝える。同一六年（七九七）一一月に*征夷大将軍に任じられた*坂上田村麻呂の征夷活動が行われ、同二一年（八〇二）、*胆沢城が築造され、さらに同時に*鎮守府の機能も移転された。同年四月に、同じく蝦夷の首長盤具公母礼《いわとものきみもれ》（「母体」とする説が有力）とともに五百余人を率いて投降し（『類聚国史』）、田村麻呂に率いられて二人は入京した（『日本紀略』）。田村麻呂による助命嘆願も出されたが、八月に河内国杜山において二人は斬られた（『日本紀略』）。

[文献]　高橋富雄「大墓公阿弖流為と盤具公母禮」（平安博物館研究部編『角田文衛博士古稀記念古代学叢論』所収、角田文衛先生古稀記念事業会、一九八三）、新野直吉『田村麻呂と阿弖流為』（吉川弘文館、一九九四）。　（中村友一）

小野春風《おののはるかぜ》（生没年未詳）　石雄《いわお》の子、春枝《はるえだ》の弟。*姓は朝臣《あそん》。『古今和歌集目録』によれば仁寿四年（斉衡元年・八五四）一一月右衛門少尉、天安二年（八五八）九月右近将監、貞観六年（八六四）正月武蔵介。同一二年（八九〇）正月対馬守に任、それ以前に従五位下に叙されている。同年三月に起請二事を奏請し許可され、肥前権介も兼ねる。左近衛将監に進んだが讒言により散位となる。*元慶二年（八七八）の俘囚の叛乱に際して*藤原保則の推挙によって鎮守府将軍に登用され下向し、説得工作により降伏した賊首七人を率いて*秋田城に入城。同六年（八八二）正月従五位上に叙された。その後は大膳大夫、摂津権守（以上『日本三代実録』）、左衛門権佐、右近衛少将、陸奥権守、讃岐権守を兼ねるなどを経て、昌泰元年（八九八）正五位上に叙された（『古今和歌集目録』）。→元慶俘囚の乱・鎮守府

[文献]　新野直吉『古代東北史の基本的研究』（角川書店、一九八六）、阿部猛「平安前期の小野氏」（『平安前期政治史の研究 新訂版』所収、高科書店、一九九〇）。　（中村友一）

巨勢野足《こせののたり》（七四九—八一六）　*姓は朝臣《あそん》。堺麻呂《せきまろ》の孫、苗麻呂《なえまろ》の子。天平勝宝元年（七四九）に生まれ、延暦八年（七八九）一〇月に従五位下陸奥鎮守副将軍に任官。同一〇年七月、

*坂上田村麻呂とともに大伴弟麻呂《おとまろ》の征夷副使となる（『続日本紀』）。正五位下陸奥介・下野守・兵部大輔・左衛士督・左兵衛督・兼春宮大夫を経て、弘仁元年（八一〇）三月、*藤原冬嗣とともに初めての蔵人頭に任じられた。同年九月*参議に列し、翌年従三位勲三等・兼右近衛大将。同三年（八一二）*中納言、同六年（八一五）には*文室綿麻呂の後任として兼陸奥出羽*按察使に（『日本後紀』）。同七年（八一六）一二月に正三位に昇叙するが、同月一四日に死去。六八歳（『日本紀略』）。

［文献］ 新野直吉『古代東北史の基本的研究』（角川書店、一九八六）。

（中村友一）

九　弘仁貞観文化

文化の基調　弘仁（八一〇―八二三）は*嵯峨天皇のときの年号、貞観（八五九―八七六）は*清和天皇のときの年号である。平安初期のこの時期は、美術史上では「弘仁貞観時代」と呼ばれ、これを拡大して文化史上の時代呼称として用いる。平安初期に続いて唐風文化が積極的に輸入された時期であった。貴族たちの、中国文物・制度に対する憧れは強く、朝廷の儀式は唐風に整備された。「内裏式」「弘仁儀式」「貞観儀式」「延喜儀式」などが編纂され、宮中の恒例・臨時の儀式が定着し、多くの仏教的行事が年中行事のサイクルのなかに組み込まれるようになった。宮城十二門の称号が朱雀門（旧大伴門）、待賢門（旧建部《たけるべ》門）という中国風の名称や文字を用いるようになったのも、その現れであった。ただ、天平文化が唐風文化の直訳的な文化の性格を有していたのに対して、平安初期には、自分なりに消化しようとする傾向が生まれてきていた。

学問と文化　大学における教科の中心は*紀伝道（史学科）と*文章道（文学科）となり、なかでも代表的なものは漢文学とされた。国を治めるためには文章が大切で、官人・貴族にとっての必須の教養とされたことから、彼らは作詩・作文に熱中した。*小野篁・*菅原清公《きよきみ》・*空海・*島田忠臣・*都良香・*菅原道真・*紀長谷雄らの文人が輩出し、勅撰詩文集、私家集が相次いで出された。漢文学隆盛の一方で、仮名文字が新しい展開を見せ、のちにその作品が『古今和歌集』に収められる歌人たちが活躍し、物語の祖といわれる『竹取物語』も現れた。

六国史と経典　史書では、『*日本書紀』に次いで、五種の史書が編《あ》まれて、いわゆる「*六国史」が完成したが、『日本三代実録』を最後として、のち官撰の史書は編纂されなかった。律令については、官撰の『*令義解』が諸家の法解釈の統一を図り、また*惟宗直本は『令義解』をはじめ、奈良末から平安初期にかけての二〇余の注釈書を集めて『*令集解』を編んだ。律令を補足・修正した「格」と施行規則である「式」を分類・編集した「弘仁格式」「貞観格式」「延喜格式」の三代の格式のうち、「格」を分類編集した『*類聚三代格』と、式のうち『*延喜式』が現存しており、古代制度史・政治史の重要史料になっている。

山林仏教　奈良時代の世俗化した仏教を排し、政治と仏教を切り離すことが、平安遷都の目的の一つだといわれる。この政治的動向にそい、新しい仏教が*最澄と*空海によって始められた。二人は、ともに唐に渡って中国仏教を学んだが、学術的仏教とは異なる信仰的宗派仏教を樹立した。最澄の*天台宗、空海の*真言宗は、いずれも山林仏教の行き方をとった。天台宗では、最澄の没後、*円仁・*円珍が入唐して密教を取り入れて密教化し、真言宗の東密に対して台密と称された。両者とも国家・貴族との結びつきが強く、国家鎮護や個人の延命息災・銷災致福の祈願を行った。

美術　仏教のあり方を反映して寺院建築は大きく変わった。山林仏教の性格に呼応して寺院は山間に建てられたので、堂塔は地形に応じて分散する形をとり、また本堂も、内陣・外陣の区別が厳重になり、神秘的な雰囲気をかもし出した。比叡山*延暦寺や高野山*金剛峯寺はその状態をよく示し、大和の*室生寺の金堂、五重塔は代表的な遺構である。密教芸術の性格は絵画によく現れた。密教は図像を尊び、諸尊の絵画が多く作られた。大和西大寺の十二天像、近江園城寺の黄不動明王像など、気迫のこもった名品である。*曼荼羅が多く作られたが、山城*神護寺・大和子嶋寺の両界曼荼羅が著名である。肖像画としては、京都*東寺の龍智《りゅうち》・龍猛《りゅうもう》像がある。彫刻では、東寺の五大明王、河内観応寺の如意輪観音が名高い。（阿部　猛）

（一）宗教・信仰

密教《みっきょう》　言葉や論理だけでは把握し得ない秘密の教え。顕教《けんぎょう》に対する語。インド大乗仏教のなかに起こり、中国を経て我が国に伝わった。金剛界《こんごうかい》・胎蔵界《たいぞうかい》の金胎両部の大法よりなる密教を純密、そのほかの雑部の密教を雑密《ぞうみつ》という。現世利益を主体とする雑密はすでに奈良時代に伝わっていたが、成仏を目的とする純密が我が国で確立するのは*最澄・*空海以降である。最澄は延暦二三年（八〇四）還学生として入唐、越州の竜興寺の順暁《じゅんぎょう》より密教を受け帰国。高雄山寺で灌頂《かんじょう》を行い、*天台宗年分度者二名のうち一名を遮那業《しゃなごう》（密教専攻者）に当てた。最澄以降も*円仁・*円珍が入唐して密教を習学、円仁は一乗教を密教とするとともに事相（修法）においては密教が法華仏教よりも優るとし、円珍は教理・事相とも密教の優位性を説き、安然に至って天台密教は教義的に大成された。天台宗の密教を台密というのに対し、*真言宗の密教を東密と呼ぶ。真言宗の開祖空海は長安の青竜寺の恵果から金剛・胎蔵の両部の大法の灌頂を受け帰国。大同四年（八〇九）嵯峨天皇の勅許を得て入京した空海は弘仁三年（八一二）高雄山寺にて金剛・胎蔵両界の灌頂を行った。また、同七年（八一六）には高野山を、同一四（八二三）年には東寺を賜わり真言宗を確立した。空海はその著書『秘密曼荼羅十住心論』（*十住心論）で真言密教を最高の教えとし、『弁顕密二教論《べんけんみつにきょうろん》』にて顕教に対する密教の優れたる所以を明かし、『即身成仏義《そくしんじょうぶつぎ》』において真言密教の最終目的である即身成仏の意義と方法を示し、密教思想を宣揚した。このように

空海により確立した真言宗の教理は、空海亡き後も弟子の実恵《じつえ》らによって継承されていった。（八木真博）

天台宗《てんだいしゅう》　中国、日本仏教宗派の一つ。天台宗そのものの開祖は天台智者大師智顗《ちぎ》であり、日本天台宗は最澄*の入唐求法によって創始された。天台の宗名は中国浙江省の天台山に由来する。『法華経』を主要な所依の教典とする。最澄は延暦二三年（八〇四）還学生として入唐、天台山に赴き、天台中興の祖荊《けい》渓湛然《けいたんぜん》の弟子道邃《どうすい》・行満《ぎょうまん》らから天台の法門を伝授され、越州龍興寺の順暁《じゅんぎょう》から密教を受け帰国、朝廷より密教の将来者として迎えられた。大同元年（八〇六）、南部六宗とともに年分度者二名を賜り、ここに最澄による日本天台宗が開創されることになったが、年分度者*一名は遮那号《しゃなごう》（密教）であって、天台宗への期待と関心は密教にあった。弘仁一三年（八二二）大乗戒壇建立が許され南都僧綱*の所管を外れることになり、翌一四年、延暦七年（七八九）以来の比叡山寺を改めて延暦寺*と号し、初めての戒の授受が行われ天台宗は完全に自立する。最澄亡き後、第三代座主円仁*は、入唐求法により金剛界・胎蔵界・蘇悉地《そしつじ》の大法を受けて帰国、嘉祥三年（八五〇）天皇護持の道場として比叡山に総持院を建立、同年年分度者を四名に増員し、うち二名を密教に当て、さらに密教を三部組織にするなど天台密教の形成と理論化を進めた。第五代座主円珍*は貞観六年（八六四）仁寿殿において灌頂《かんじょう》を修し、園城寺を開き伝法灌頂の道場とするなど天台宗の密教化を進展させ、さらに安然《あんねん》が円《えん》教《きょう》の上に密教を置き台密を天台宗と区別するに及び、天台密教化の一つの到着点を示した。また円仁・円珍にみられた藤原氏との結びつきをいっそう強固にしたのが第一八代座主良源*である。康保三年（九六六）大火により堂舎など三一宇が焼失、良源は摂関家の支援を受けてこれを再建した。また、広学竪義《こうがくりゅうぎ》によって学問を奨励し、山上の綱紀粛正を図るなど中興の祖と謳われたが、円珍門徒排斥は禍根を残すこととなり、正暦四年（九九三）座主人事に端を発した円仁・円珍門徒の争いが激化し、円珍門徒は園城寺に移り以後山門*（円仁）と寺門*（円珍）に分裂し対立を続けていくことになった。

［文献］安藤俊雄・薗田香融校注『日本思想体系・最澄』（岩波文庫、一九七四）、田村晃祐『最澄』（吉川弘文館、一九八八）。

（八木真博）

真言宗《しんごんしゅう》　日本仏教八宗の一つ。空海*を開祖とする。真言陀羅尼を重視することから真言陀羅尼宗、天台系の密教を台密というのに対し東密ともいう。延暦二三年（八〇四）得度した空海は同年遣唐大使藤原葛野麻呂《かどのまろ》の一行とともに入唐。諸大寺を歴訪し、青竜寺の恵果《けいか》に胎蔵《たいぞう》・金剛《こんごう》両部の灌頂《かんじょう》を受け、さらに伝法阿闍梨《あじゃり》位を許され帰朝する。大同四年（八〇九）嵯峨*天皇の勅許を得て入京した空海は弘仁三年（八一二）高雄山寺にて金剛・胎蔵両界の灌頂を行った。同七年（八一六）高野山を賜らんことを上表し許され、同一四年（八二三）東寺長者に補されるとともに、同寺を賜り活動の中心とする。東寺*は真言僧以外の止住を禁じることを許され教王護国寺と改称、真言宗僧五〇人を置く密教の根本道場とした。承和元年（八三四）唐の内道場にならい宮中に真言院を建立し鎮護国家のために後七《ごしち》日御修法《にちのみしほ》を行い、以後恒例の儀となり、翌二年（八三五）真言宗に年分度者*三人が許された。この年空海入滅するも、同四年（八三七）真言の法教を辺境にまで普及させるため、諸国に真言宗講読師の常置を許される。空海亡き後も*東寺、*神護寺、*金剛峯寺などを中心として発展したが、金剛峯寺別当真然《しんねん》は高野山中心主義をとったため東寺・神護寺との間で*年分度者確保の問題や『三十帖冊子《さんじゅうじょうさっし》』の帰属権争いを起こすこともあったが、東寺長者観賢は『三十帖冊子』問題を解決し、これを契機に東寺中心の体制を確立した。一〇世紀になると益信《やくしん》と*聖宝それぞれの法流を受け継ぐ野沢二流(広沢・小野流)が生じ、さらにこれがそれぞれ六派に分派し野沢十二流を形成するに至った。

(八木真博)

大師号《たいしごう》 高僧に対して死後贈られる諡号。大師とは、偉大なる師「大導師」「大師範」の意味で、はじめは仏の尊称として用いられた。のちに中国では徳の高い僧に対して用いられる私的な敬称となり、その後諡号化する。日本でも原則的に諡号として用いられ、*清和天皇の貞観八年(八六六)に*最澄に伝教大師、*円仁に慈覚大師が贈られたのをはじめとする。平安時代にはこのほかに、*空海、実慧《じつえ》、真雅《しんが》、*円珍、益信《やくしん》、*聖宝、良忍《りょうにん》、*覚鑁《かくばん》ら一〇人に諡号が贈られている。

(八木真博)

留学僧《りゅうがくそう》・請益僧《しょうやくそう》 遣唐使に従って入唐し、中国仏教の輸入を目的として仏教を習学・研究する僧侶。長期にわたって留学し、年月をかけて研究する者を学問僧といい、比較的短い間留学に及ぶ者を請益僧という。その初期・中期には学問僧が多くみられるが、末期になるとほとんどが請益僧となる。請益僧は国内において解しがたい疑問などを解決・研究するために留学する僧である。そのため国内ですでにひととおりの研究と修行を積み、ある程度の地位についている者が任命された。また、留学僧は教学の輸入ばかりにとどまらず、多くの書籍・仏像・仏画・仏具などをもたらした。特に請益僧はその時間的制約のため、盛んに書物を書写し持ち帰る態度もうかがえる。このほかに、同じ遣唐使と往復をともにした留学僧は還学僧と呼ばれた。

[文献] 木宮泰彦『日華文化交流史』(冨山房、一九五五)。

(八木真博)

延暦寺《えんりゃくじ》 滋賀県大津市坂本本町にある。*天台宗の総本山。山門とも。延暦四年(七八五)*最澄は*東大寺で受戒、この年比叡山に入り草庵を建てる。同七年(七八八)一乗止観院を創し、薬師仏を安置したと伝える。最澄は鎮護国家のため比叡山上の山城の国境と近江の国境および日本の四所に宝塔院を建立。近江側が東塔、山城側が西塔と呼ばれ、山上の区画となる。同二五年(八〇六)*年分度者二人を賜り、弘仁一三年(八二二)大乗戒壇を比叡山に設立することの勅許が下り、南都*僧綱の所管を脱し独立を果たす。翌一四年(八二三)勅によりそれまでの比叡山寺を延暦寺と改称した。第三代天台座主*円仁は九年の入唐求法の間五台山・長安にて主に密教を学び帰国。嘉祥三年(八五〇)護国修法として熾盛光法《しじょうこうほう》を修すべきことを上表、これを許され総持院を建立し、台密の根本道場を完成し、一二月には年分度者二人が増加された。また、横川《よかわ》の首楞厳院《しゅりょうごんいん》に根本観音堂を建立、のちに東塔・西塔とともに比叡山三塔として整備される。第五代座主円珍も入唐により密教を修学し帰国。天台密教の形成・理論化を推し進めるとともに円仁からみられる貴族との結びつきを強固にした。康保三年(九六六)大火により堂塔房舎の大半が焼失、第一八代座主*良源はこれらの再建に努め、翌四年(九六七)に法華堂が再建されたのをはじめとし、総持院の再度の焼失がありながらも、天元三年（九八〇）頃にはこれらの復興はほぼ完成した。また楞厳《りょうごん》三昧院《ざんまいいん》や四季講堂などを建立し横川の整備を進め、天禄三年（九七二）には横川の独立を果たす。永祚元年（九八九）余慶《よけい》が座主に補されると、円仁門徒と円珍門徒の争いが激化、正暦四年（九九三）円珍門徒千余人は下山し園城寺に移ることとなり、以後*山門（円仁門徒）と*寺門（円珍門徒）に分裂し、山寺両門の対立が始まることとなった。これ以降座主就任と寺門の戒壇建立問題を中心に両者の妨害が繰り返される。この抗争にはしばしば*僧兵と呼ばれる武力が行使されており、他教団との争いにも行使された。僧兵の横暴は院政期にもっとも甚だしく、様々な要求を掲げ朝廷や貴族にその貫徹を迫ることもあった。　（八木真博）

金剛峯寺《こんごうぶじ》　和歌山県伊都郡高野町にある。高野山全域を総称して金剛峯寺といい、その由来は『金剛峯楼閣一切瑜伽瑜祇経《こんごうぶろうかくいっさいゆがゆぎきょう》』からであるとされる。弘仁七年（八一六）*空海が入定の場として高野山の下賜を申請し、*嵯峨天皇より許されて開創したのに始まる。天長九年（八三二）空海はこの地に移り、以後山を出ることなく承和二年（八三五）三月入定。同年正月*真言宗に年分度者三人が許され、試験と得度は高野山で行われた。同年二月金剛峯寺は定額寺に列す。空海亡き後高野山の経営は真然《しんねん》がこれに当たり大塔、西塔の建立に尽力し伽藍を整備する。仁和四年（八八八）真然の奏上により金剛峯寺座主職を設けて初代座主に弟子の寿長《じゅちょう》を補任、山上の整備を進めるがこの頃より*神護寺・*東寺との争いが激化する。承和二年（八三五）より*年分度者三人が置かれその課試得度は高野山で行われてきたが、仁寿三年（八五三）東寺の真済《しんぜい》の奏請により定員は六人に増加され、得度は高野山と神護寺おのおの三人、課試はすべて東寺で行うこととなった。これに対し元慶六年（八八二）真然の奏請に基づき旧に復してすべて高野山で行うこととなり、年分度者における両寺との対立は延喜九年（九〇七）に至って一応の決着が着くまで続いた。また、入唐中の空海が作成した『三十帖冊子《さんじゅうじょうさっし》』が東寺から高野山に移管されていたことに対し、延喜一五年（九一五）宇多法皇の院宣を得て東寺側が返納を迫り、時の座主無空《むくう》は弟子とともに下山、同一九年（九一九）観賢《かんげん》によりこの問題は解決をみるが高野山はその力を弱めることとなる。東寺長者観賢は金剛峯寺座主を兼務し、金剛峯寺を東寺の末寺として*真言宗の本末体制を確立する。天暦六年（九五二）奥院廟塔が落雷で焼失、雅真《がしん》が復興するも、正暦五年（九九四）御影堂を除く諸堂が焼失、高野山は以後数度の大火に見舞われる。治安三年（一〇二三）以降の*藤原道長・*頼通の参詣を機に復興が本格化し、*白河・*鳥羽上皇らの参詣の先鞭となり、これに伴う荘園の寄進などにより興隆期を迎えることとなった。　（八木真博）

東《とう》**寺**《じ》　京都市南区九条町にある。教王護国寺とも。*真言宗東寺派の総本山。平安京遷都に際し、*桓武天皇の勅命により京内・国内の鎮護のために羅城門の東側に建てられたことから東寺、あるいは左寺、左大寺と呼ばれる。その創建時期は明らかではないが、延暦一五年（七九六）大納言藤原伊勢人《いせひと》が造東寺長官に任じられており、翌一六年にも造西寺次官信濃守笠《かさ》朝臣江人《えひと》の名が見え、東西両寺の造営が同時に行われていたと考えれば、この頃には造営・着工されていたものと考えられる。弘仁三年（八一二）布勢《ふせ》内親王の墾田七七二町が東寺・西寺に施入された。このうち伊勢国大国荘・摂津国垂水《たるみ》荘・越前国高興《たかこし》荘・同蒜島荘が東寺に施入されている。同一四年（八二三）正月嵯峨天皇は藤原良房*を勅使として、東寺を空海*に勅賜した。同一〇月定額僧五〇口を置き、真言宗僧以外の雑住を禁じてより、京都における真言宗の根本道場としての契機となった。天長二年（八二五）講堂を建立、翌三年には五重塔の着工に着手、承和二年（八三五）正月、空海は鎮護国家のため宮中真言院にて後七日御修法を勤修、以後東寺長者はこれを務めることになる。同年空海の上表により、真言宗に年分度者三人が許された。同三月二一日空海は高野山にて入定、後を受けた第二代長者実慧《じつえ》は空海の意志を継ぎ、灌頂《かんじょう》壇を建て東寺を根本道場と定めた。こののち、平安時代末にかけて寺勢は徐々に衰退するが、文治五年（一一八九）文覚*は後白河法皇に働きかけ、播磨国を東寺修理に宛て、五重塔・金堂・講堂など修造が相次ぎ、源頼朝*の助力もあって諸堂舎が復興するに至った。

（八木真博）

室生寺《むろうじ》　奈良県宇陀郡室生村にある。山号は宀一山《べんいちさん》。真言宗*室生寺派大本山。高野山が女人禁制であったのに対し、室生寺は女性の参詣を認めたので女人高野《にょにんこうや》とも呼ばれる。室生山は火山活動によってできた独特な地形であり、古くから神の宿る神聖な場所として崇拝されていた。また、この地を流れる室生川は重要な水源をなし、早くから水神の信仰を集めていた。宝亀八―九年（七七七―七七八）にかけての皇太子山部《やまべ》親王（のちの桓武天皇*）の不預に際し延寿法が修され験あったとされる。これにより興福寺僧賢璟《けんけい》が即位した桓武天皇の仰旨を蒙り、国家のために創建した。その創建時期は詳らかでないが、おおよそ宝亀九年（七七八）から延暦一二年（七九三）に求められる。創建事業は賢璟とその弟子修円によって進められたが、その実質は主に修円が当たったと考えられる。初期の室生寺は興福寺別院室生山寺として山林修行の場であった。この後空海*の高弟真泰《しんたい》が入山し真言密教をもたらし、さらに比叡山の座主人事紛争により比叡山を退出した円修《えんしゅう》・堅慧《けんえ》が入山、天台教学をもたらす。賢璟・修円《しゅうえん》はともに興福寺法相教学に秀で、修円は最澄*と親交厚く戒を受けて密教を修学しており、これにより教学・人材ともに充実期を迎える。円修の弟子堅慧は同じ室生山内に仏隆寺を建立し、山林修行の場として室生山内の教域をいっそう拡大した。寺内には賢璟・修円の頃の建立と考えられる五重塔や平安初期のものとされる金堂ほか、釈迦如来像、十一面観音像などの国宝をはじめとし平安初期以来の文化財を多く残している。

［文献］　逵日出典『室生寺史の研究』（巌南堂書店、一九七九）。

（八木真博）

神護寺《じんごじ》　京都市右京区梅ヶ畑高雄町にある。真言宗*東寺派の別格本山。古名は高雄山寺。天長元年（八二四）九月、和気真《ま》綱《つな》の上表により、神願寺の寺地が地勢汚穢のため、その定額を高雄山寺と相替することが許された。このとき寺名も改めて神護国祚真言寺とし真言僧一四人を置くことを許された。延暦二一年（八〇二）和気広世《わけのひろよ》・真綱は最澄*を請じて法華会を修し天台の法門を講説させた。大同元年（八〇六）一〇月帰国後の空海は請来の経論・法具を表進、弘仁元年（八一〇）仁王経法を修することを請い、同三年（八一二）一一月には金剛《こんごう》界、一二月には胎蔵《たいぞう》界の灌頂《かんじょう》を行った。天長六年（八二九）和気氏により当寺は*空海に付属され灌頂堂・護摩堂などを建立。こののち伽藍が徐々に整備されるが、正暦五年（九九四）、久安五年（一一四九）の大火により荒廃する。仁安三年（一一六八）に当寺を訪れた*文覚はこの状況を嘆き、*源頼朝の助成により、*後白河法皇からの寄進を受けて伽藍の復興に成功した。

［文献］林屋辰三郎『神護寺』（淡交社、一九七六）。　（八木真博）

醍醐寺《だいごじ》　京都市伏見区にある。*真言宗醍醐派の総本山。深雪山と号する。*聖宝が笠取山の山頂に草庵を構え、貞観一六年（八七四）准胝・如意輪の両観音像とその像を安置する堂舎を作り始め、同一八年（八七六）に完成したのに始まる。当時山城国宇治郡の大領であった宮道弥益《みやじのいやます》は*醍醐天皇の外曾祖父として知られ、醍醐寺の創建と発展の背景には宮道氏の存在があったと考えられる。延喜七年（九〇七）醍醐寺は醍醐天皇の御願寺となる。聖宝の門初代座主弟観賢《かんけん》は、この頃より貴族の参詣が多くなったため、笠取山の麓に下醍醐の伽藍の造営を始める。延長四年（九二六）醍醐天皇により下醍醐に釈迦堂が建立され、山麓の中心となる。天暦五年（九五一）に落成し翌六年落慶供養を行った五重塔は京都府下では最古の建造物として知られる。当寺は聖宝の開創以来東大寺と密接な関係を持ち、東密小野流の中心であり、*また三論教学の拠点としても重要であった。院政期に至って*白河上皇の帰依を受けた勝覚《しょうかく》・勝賢《しょうけん》らによって伽藍が整備され醍醐寺発展の基礎となった。

［文献］中島俊司『醍醐寺略史』（醍醐寺寺務所、一九三〇）。　（八木真博）

雲林院《うりんいん》　京都市北区にあった寺。はじめ*淳和天皇の離宮として創建、紫野院と号した。『類聚国史』に淳和天皇がしばしばこの地を訪れたことが記されている。天長九年（八三二）四月、雲林亭と改称。*仁明天皇の第七皇子常康《つねやす》親王に伝えられ雲林院と呼ばれるに至った。常康親王は父仁明天皇崩御の翌年に出家。この地に居住したため雲林院宮とも呼ばれる。貞観一一年（八六九）二月、雲林院は僧遍昭《へんじょう》に渡り仏寺となった。遍昭は奏請により当院を官寺となし、また当時遍昭が元慶寺に住していたことから、その別院とし*年分度者三人を得て天台宗寺院とした。応和三年（九六三）三月*村上天皇により、多宝塔に五仏像が安置され塔供養が行われた。元弘四年（一三三四）大徳寺が創建されたことにより、当院はその子院として施入され、その後の応仁の乱により焼失した。当院の菩提講は*源信が始めたとされる。なお、『大鏡』の世継翁と夏山繁樹の対話は当院の菩提講にて行われたものとされている。　（八木真博）

三一権実論争《さんいちごんじつろんそう》　*徳一と*最澄との法相天台両宗の教学上の論争。徳一が『仏性抄《ぶっしょうしょう》』を著し、法華経は権の教えであり一乗は方便であるとして天台教学を批判したことに始まる。最澄はこれに対し『照権実鏡《しょうごんじっきょう》』一巻を著し、一乗こそが真実であり三乗は方便であるに過ぎないと反論。これに対し徳一は天台法華の義を一つ一つ批判すると同時に法相宗の教義を示した『中辺義鏡《ちゅうへんぎきょう》』にて再び批判を加えた。この『中辺義鏡』を受けて弘仁九年（八一八）これを全面的に批判したのが『守護国界章《しゅごこっかいしょう》』である。これに対し徳一は『遮異見章《しゃいけんしょう》』などをもってさらに反論、最澄が『決権実論』『法華秀句《ほっけしゅうく》』を著してこれに応え、弘仁一二年（八二一）まで両者の論争は続いた。その論争の範囲は仏教教学の全般にまで及んでいるが、中心となるのは法相三乗と法華一乗の教えのいずれが真実かにある。法華一乗では一切の衆生がことごとく仏性を有するためいずれの人も成仏できると説くのに対し、法相三乗では、有情には本来五性（声聞定・縁覚定・菩薩定・不定・一闡提）の区別があり、先天的に成仏できるか否かが決定されるとし、法華一乗は方便であると主張した。これに対し最澄は法相三乗は絶対ではなく、一切皆成を主張した。徳一と最澄の論争は『法華秀句』を最後に一応の区切りをみたが、天台と法相との一乗三乗の論争はこののちも続くこととなった。

［文献］田村晃祐編『徳一論叢』（国書刊行会、一九八六）。

（八木真博）

御願寺《ごがんじ》　天皇の御願を修する寺の意で、天皇の息災・不予などの際の祈願を込める目的のもとに設立された、天皇家の氏寺的性格を持った寺院。太上皇・皇后などの建立の寺院についても称される。また、僧侶や公卿が私に寺を造り、その後に勅許を得て公家に付属して御願寺とするものもある。御願寺の建立は平安時代を通じて行われ、その初期に属するものは、*延暦寺・嘉祥寺・貞観寺・仁和寺など、その名に年号を配したものと、*醍醐寺・円融寺・花山院などの天皇名を冠したものとが多くみられる。後期には院政期の*六勝寺（法勝寺・尊勝寺・最勝寺・円勝寺・成勝寺・延勝寺）を中心として皇室の経済的基礎とともに御所兼院庁的性格を伴った寺院も現れてくる。御願寺の経営には座主・別当・*三綱が当たり*僧綱の介入を排除して自主的に管理運営されていた。また寺院の僧侶の住持は入室の弟子によって相承されることになっていた。

［文献］竹内理三『律令制と貴族政権　I』（御茶の水書房、一九五八）。

（八木真博）

年分度者《ねんぶんどしゃ》　奈良・平安時代を通じて一定数の得度にあずかる者。単に年分とも。持統天皇一〇年に金光明経の読誦のための目的度者として、一〇人の定数を定められたのをはじめとする。延暦二二年（八〇三）に至り三論・法相両宗におのおの五人ずつ与えられることとなり、年分度者は宗学と結びつけられるようになる。奈良時代を通じてその数は一〇名だったと考えられるが、大同元年（八〇六）*最澄の上表により年分度者を一二人とし、華厳二人、天台二人、律二人、三論三人（うち成実一人）、法相三人（うち倶舎一人）の七宗に配分した。得度の期日も一二月晦日（のちに正月）であったが、弘仁一四年（八二三）*天台宗年分度者が*桓武天皇の国忌に改められ、承和二年（八三五）*空海の上表にて*真言宗年分度者三名が許され、その得度の日が九月二四日となることにより、その宗学・期日が多様になる。このほか高雄寺、海院寺、嘉祥寺などの特定の寺院にも度者が許され一〇世紀末頃までその数は増加した。

［文献］二葉憲香『日本古代仏教史の研究』（永田文昌堂、一九八四）。

（八木真博）

私度僧《しどそう》　国家の許可を得ないで出家した僧。日本古代律令国家は、仏教を国家の体制秩序に包摂し、僧尼もこれに準じ管理されるものとしていたため、得度に対しては各教団の自立性に基づく承認ではなく、国家の許可を得なければならない官度制であり、その公験として僧尼に度牒を与えていた。このため私度（自度）は僧尼令に禁じられていたが、しばしば私度の禁圧を行っていたことから、広く存在していたことがうかがえる。

（八木真博）

御霊信仰《ごりょうしんこう》　疫病の流行は死霊の祟りであるとし、この霊魂を慰める信仰。古くから不遇の死を遂げた霊に対する畏怖・信仰はあったが疫病と死霊とが結びつき政治に影響を及ぼすようになるとき、ここに御霊信仰の形成がうかがわれる。祟りを顕す御霊となった者には政治上の失脚者が多く、特にその初期段階においては皇室関係者が大部分を占める。宝亀八年（七七七）に*光仁天皇と皇太子山部《やまべ》親王（のちの*桓武天皇）が病となった後、井上内親王の墳墓を改葬して御墓と称し、*淳仁天皇の墓を山陵と改称していることは、疫病と死霊とが結びついた史料に見える最初の例である。『日本三代実録』貞観五年（八六三）五月二〇日の記事から神泉苑にて御霊（崇道天皇（*早良親王）・伊予《いよ》親王・藤原夫人・*橘逸勢・*文室宮田麻呂）の五体を慰めるための御霊会が行われたことが知られる。御霊信仰は民衆の霊魂観念の変化発達の過程に生じ、貴族社会にもその影響を及ぼした。一〇世紀に入ると御霊として新たに*菅原道真が加えられ、各所に御霊堂や祭場が設けられることになる。これ以降御霊信仰は民間に広まることとなり、民間の個々の死者に対する霊魂観念の発達を促し、民間念仏普及の土壌となった。

［文献］柴田　実『御霊信仰』（雄山閣出版、一九七八）。

（八木真博）

神仏習合《しんぶつしゅうごう》　我が国固有の神祇信仰と外来宗教である仏教とが接触、融合し展開された現象。その端緒は『日本霊異記』に備後国三谷郡の大領の祖先が三谷寺を造立したのをはじめとし、霊亀年間に気比《けび》神宮寺、養老年間に若狭彦《わかさひこ》神願寺の建立に続く。この思想背景には神は神であることの宿業に悩み、仏の力を借りて救われたいと望むという神身離脱の思想があった。またこれとは別に神は仏法を守護する護法善神であるとする説も唱えられた。宇佐八幡においては古くから神仏習合思想が発達しており、東大寺大仏造立に当たってその援助のため京に勧請されている。平安時代に入ると大安寺僧行教によって石清水八幡宮が建立され、神社と寺院が一体化した宮寺制が成立する。貞観五年（八六三）には、奈良時代末より高まりつつあった*御霊信仰により、京都の神泉苑にて御霊会が行われ、読経・説教・礼仏が行われるなど仏教色が強く打ち出されている。また、古来の山岳信仰と密教とが習合した修験道の発達も著しく、山岳修行者は神仏習合思想の流布と神宮寺の創建に寄与することになった。『法華経』「如来寿量品」に説く理念上の釈迦と実在の釈迦を神仏関係に敷衍した本地垂迹説は、神は仏の垂迹、仏は神の本地という関係を築き、平安時代後期になると伊勢神宮の本地は大日如来などのように具体的な本地仏が当てられ、中世までに祭神に本地の仏尊を設定することが一般化していった。

［文献］村山修一『神仏習合思潮』（平楽寺書店、一九六七）。

（八木真博）

神宮寺《じんぐうじ》　神仏習合思想に基づき、神社に付属して営まれた寺院。神願寺・神護寺・宮寺などともいう。神宮寺の初見は『日本霊異記』に七世紀頃、備後国三谷郡の大領の祖先が創建した三谷寺であるが、神宮寺の呼称がみえるのは霊亀年間に藤原*武智麻呂が創設したとされる越前国気比《けび》神宮寺と養老年間の若狭《わかさ》彦《ひこ》神願寺がその早い例である。奈良時代においては、称徳朝に伊勢国逢鹿瀬《おうかせ》寺を大神宮寺として官寺として定めており、民間においては僧満願《まんがん》が多度神社や鹿島神宮に神宮寺を創建している。平安時代になると大安寺僧行教が宇佐から勧進した石清水八幡宮は神宮寺と神社が一体となる宮寺制を形成し、以後各社もこの形態をとることが多かった。神宮寺は明治政府の神仏分離令により廃寺となりことごとく破却されたが、わずかに若狭神宮寺などが残る。

（八木真博）

石《いわ》清《し》水《みず》八幡宮《はちまんぐう》 京都府八幡市男山の山頂に鎮座する。祭神は誉田別尊《ほんだわけのみこと》・息長帯比売命《おきながたらしひめのみこと》・比咩大神《ひめおおかみ》。貞観元年（八五九）大安寺僧行教が宇佐八幡大菩薩より託宣を受けたことにより宇佐宮勧請を奏請、*清和天皇は木工寮権允橘良基《よしき》に命じ六宇の宝殿を造営させた。同二年（八六〇）宇佐三所の御体を遷座し祭祀したことに始まる。この遷座の頃より皇室の祖神を祭祀する祖廟とされた。同五年（八六三）には行教《ぎょうきょう》の甥安宗《あんそう》が初代別当に補され、同一八年（八七六）紀御豊《きのみとよ》が初めて神主に補され、同年山城国の年米四二斛が当てられ、天慶三年（九四〇）には封戸二五烟が寄せられた。当宮は当初より賀茂・松尾・稲荷などの大社とともに数えられ、天慶の乱以降は伊勢に次ぐ第二の宗廟として崇敬を受け、同五年（九四二）には臨時祭が始められた。天元二年（九七九）には*円融天皇が初めて行幸し、以来その御代に一度の参詣が恒例となった。放生会は貞観五年（一八年とも）より始まり、天暦二年（九四八）には宣命使が遣わされ勅祭とされ、天永二年（九七四）には雅楽寮の官人がこれに供奉し、*延久二年（一〇七〇）から神幸を行幸に擬されるようになった。*白河天皇は当宮に対する関心厚く度々の行幸に及び、その後の*鳥羽・*後白河天皇らの信仰をも集めた。*源頼義が前九年の役の際に戦勝を期して以来、源氏の信仰厚く源氏の祖神として崇敬されるに至った。

［文献］中野幡能『八幡信仰史の研究』（吉川弘文館、一九七五）。

（八木真博）

斎《さい》院《いん》 賀茂神に奉仕した斎王。「いつきのみや」とも呼ばれる。その設置の理由には諸説あるが、*嵯峨天皇が*薬子の変に際し賀茂社に勝利を祈願し験あったため、皇女の有智子《うちこ》内親王を同社に奉ったことに始まるとされる。『*延喜式』によれば斎院司には、天皇が即位の際に未嫁の内親王、該当する者がいない場合には女王のなかから卜定《ぼくじょう》された。斎王が定められた後は、宮城内の便所《びんしょ》を卜して初斎院とし潔斎《けっさい》を行うことになっていた。その後三年目の四月に賀茂川で祓禊《ふっけい》したのち、斎院に入った。斎院内では忌詞《いみことば》を用いて仏事・不浄を避け祭時には賀茂社に参入し神事に奉仕した。斎院は天皇の代替わりや身内の不幸・本人の病や事故のときには退下することになっていたが、天皇の代替わりに斎院の退下が行われなかった例もあり、伊勢の斎王との大きな相違点である。*斎院司は弘仁九年（八一八）に設置されその構成は長官・次官・判官がおのおの一名、主典が二名置かれ、伊勢の斎宮寮よりも規模は小さいものであった。嵯峨天皇の皇女有智子内親王を初代として三五人が賀茂の斎王として卜定されたが、一三世紀はじめ土御門天皇の代の礼子内親王を最後に廃絶した。

（八木真博）

斎《さい》宮《ぐう》 斎王の居所および*斎宮寮を指す。「いつきのみや」ともいう。斎王のうち天皇の皇女は斎内親王と呼ばれ、斎王・斎内親王・斎宮寮を総称して斎宮と呼ぶこともあった。『*延喜式』によれば、天皇が即位した際に内親王のうち嫁せざるものを選卜することになっており、該当する者がいない場合には女王から選ばれることになっていた。斎王が選ばれた後は、宮城内の便所《びんしょ》を初斎院《しょさいいん》とし、この所にて明年の七月まで留まり、城外の浄野を卜して野宮を作り八月上旬の吉日に入り再び明年の八月まで留まる。こののち、翌年の九月上旬の吉日に賀茂川ないしは大堰川にて祓禊し伊勢神宮に参入することになっていた。*『日本書紀』崇神天皇六年条にみえる豊鍬入姫命《とよすきいりひめのみこと》をもって初代の斎王されるが、斎王制度が整い始めたのは天武期に至ってからと考えられる。天武以降は若干の例外を除いて天皇の即位ごとに斎王が任命されるが、文永元年（一二六四）に亀山天皇の斎王愷子が伊勢に群行し同九年（一二七二）に退下してより、伊勢に群行した斎王はおらず、元弘三年（一三三三）に後醍醐天皇の斎王祥子《さちこ》が卜定《ぼくじょう》されたのを最後とする。斎宮寮は『続日本紀』大宝元年（七〇一）八月四日条に「斎宮司」とみえるのを初見とし、寮の構成は頭・助・大少允・大少属の六人のほか使部一〇人が置かれ、その下に舎人・織部・膳部・炊部・酒部・水部・釆部・殿部・薬部・掃部・門部・馬部の一三の司が置かれていた。（八木真博）

群行《ぐんこう》　斎王が伊勢の斎宮に参入すること。天皇が即位した後、内親王・女王のうちより斎王が卜定《ぼくじょう》され、初斎院・野宮で潔斎したのちに斎宮群行を行うことになっていた。*『延喜式』によれば、九月の上旬に吉日を卜して、賀茂川または大堰川で祓禊し伊勢斎宮に参入することが定められている。この群行は五日間の日程で行われ、近江国国府、甲賀、垂水《たるみ》、伊勢国鈴《すず》鹿《か》、壱志《いし》の五か所の頓宮を経て斎宮に参入することになっていた。（八木真博）

入唐求法巡礼行記《にっとうぐほうじゅんれいこうき》　四巻。*円仁の著。円仁が入唐請益僧として出発し、帰朝するまで日記をつけており、その日記を整理し四巻にまとめたもの。その期間は承和五年（八三八）六月一三日に始まり同一四年（八四七）一二月一四日までの一〇年七か月間に及ぶ。その内容は円仁自身の直接または間接による体験であり、円仁の伝記史料として貴重であると同時に、当時の*唐、*新羅間の国際的活動や航海、交通、唐土の地理、風俗、制度、社会、経済、政治、宗教などについても高い史料的価値を有する。原本は散佚したが、東寺観智院に旧蔵した正応四年（一二九一）の抄本が残る。

［文献］小野勝年『入唐求法巡礼行記の研究』（鈴木学術財団、一九六九）。（八木真博）

山家学生式《さんげがくしょうしき》　*最澄の著。一巻。『天台法華宗年分学生式』（六条式）、『勧奨《かんしょう》天台宗年分学生式』（八条式）、『天台法華宗年分度者回小向大式《えしょうこうだいしき》』（四条式）の三首からなる。弘仁九年（八一八）五月、最澄は天台宗の僧の養成制度として、大乗戒による受戒を必要として「六条式」を上表した。同年八月に「六条式」を補う細則的な意味をもつ「八条式」を、翌一〇年三月には「四条式」を上表し、大乗寺および大乗戒の必要性を述べた。最澄は比叡山に大乗戒壇を設け、南都仏教界からの独立を図り、天台僧の養成制度を打ち立て天台法華宗の確立を願ったが、*僧綱の反対にあい朝廷からも許されなかった。これに対し最澄は『*顕戒論』を著して上表したが、*戒壇院建立が許されたのは最澄死後七日目弘仁一三年（八二二）六月一一日であった。なお、『天台法華宗年分学生式』は最澄の自筆本が残る。

［文献］田村晃祐『最澄』（吉川弘文館、一九八八）。（八木真博）

三教指帰《さんごうしいき》 三巻。空海*の著。三教論とも。延暦一六年（七九七）一二月に著した空海の処女作。三教とは儒教・道教・仏教を意味する。序において空海が出家を志したいわれを述べ、儒教の教えを説き、これを道教の立場から批判し道教が儒教よりも優れているものとし、さらに道教を仏教の立場から批判することで仏教の真理が最勝であることを証明するものである。また、『三教指帰』と序文・巻尾の詩を異にする『聾瞽指帰《ろうこしいき》』があり、空海の自筆本が現存する。

［文献］『日本思想体系・空海』（岩波書店、一九七五）。

（八木真博）

十住心論《じゅうじゅうしんろん》 空海*の著。一〇巻。正確には『秘密曼荼羅十住心論』。天長年間（八二四―八三四）淳和天皇*の勅命により真言宗義を述べた書。華厳宗・三論宗・律宗・法相宗・天台宗*が同諮問に応え、これを天長の六本宗書という。人間の精神の宗教的段階（住心）を一〇に区別し、第一住心の因果善悪をわきまえない状態である異生羝羊住心から、第十住心の最高の悟りを得る状態とされる秘密荘厳住心までを順を追って段階的に説く。第二・三住心の儒教、道教思想の段階から、仏教に入り小乗、大乗の段階に至り、さらに天台、華厳を経て最終の秘密荘厳住心の密教に至るとする。

（八木真博）

顕戒論《けんかいろん》 最澄*の著。三巻。弘仁一〇年（八一九）最澄は四か条からなる『天台法華宗年分度者回小向大式』（四条式）にて天台宗年分度者*は一二年間叡山で修学し菩薩戒を受け菩薩僧とする旨を上表、これに対して南都七大寺などはこれに反対し、護命*等六大寺はいわゆる「六統表」により反意を表し、さらに東大寺*の景深《けいしん》は『迷方示正論』を著して最澄の二八失を指摘した。翌一一年「六統表」への反対意見として最澄の本来的立場・思想を著したのが『顕戒論』であり、『内証仏法血脈譜《ないしょうぶっぽうけつみゃくふ》』とともに奉進した。内容は五篇五八明拠に分かれており、その総論ともいうべき「開雲顕月第一」では「六統表」を引き、これに対する反論を述べ、「開顕三寺所有国篇第二」、「開顕文殊上座篇第三」、「開顕大乗大僧戒篇第四」、「開顕授大乗戒為大僧篇第五」はそれぞれ四条式第一条から四条までの各条に相応し、条文の根拠・主張を明示したものである。

［文献］田村晃祐『最澄』（吉川弘文館、一九八八）。

（八木真博）

最澄《さいちょう》 （七六七―八二二） 日本天台宗*の始祖。生誕は神護景雲元年（七六七）、父は三津首百枝《みつのおびとももえだ》とされるが、生誕を天平神護二年（七六六）、父を三津首浄足《きよたり》とする説もある。近江国分寺に入り行表のもとで学び、宝亀一一年（七八〇）国分寺僧の闕《けつ》によって得度を許され、最澄を名乗ったとされる。延暦四年（七八五）に東大寺*の戒壇院で受戒するが、無常観と自己反省からその後比叡山に登り天台法華の教学に傾倒することになる。同二一年（八〇二）和気広世《ひろよ》によって高雄山寺の法華会に招かれ法華一乗を論じた。これが桓武天皇*の知るところとなり、還学生に任命、同二三年（八〇四）入唐。天台山に赴き、天台中興の祖荊渓湛然《けいけいたんぜん》の弟子道邃《どうすい》・行満《ぎょうまん》から天台の法門を伝授、越州龍興寺の順暁《じゅんぎょう》から密教を受け帰国、経論二三〇部を将来した。帰国した最澄は宮中にて毘盧舎那《びるしゃな》法を修すなど密教の将来者として迎えられた。大同元年（八〇六）最澄の上表により天台宗に年分度者*二人が許され、最澄による日本天台宗が開創された。朝廷から最澄に寄せられた期待は密教であったため、空海*に接近する。大同四年（八〇九）頃より密教関係の書籍を借覧し、弘仁三年（八一二）には高雄山寺で弟子たちとともに金剛《こんごう》界・胎蔵《たいぞう》界灌頂《かんじょう》を受け、空海から新たに密教について学ぶこととなったが親交は長く続かなかった。同五年（八一四）には九州へ、その後東国へ巡化した。同八年（八一七）頃より法相宗の*徳一の著した『仏性抄《ぶっしょうしょう》』をきっかけに、法相天台両宗の教学上の論争、*「三一権実論争」が行われるとともに、南都仏教からの独立を図る。翌九年南都仏教の小乗戒の棄捨を宣言、同年から翌一〇年にかけて*『山家学生式』を上表し、比叡山に大乗戒壇院を設置し天台僧独自の養成制度を願ったが、*僧綱の反対に遭い朝廷からも許されなかった。これに対し最澄は*『顕戒論』を著して上表するも、同一三年（八二二）六月四日最澄は比叡山の中道院で示寂。最澄の願った戒壇院建立が許されたのは最澄死後七日目の弘仁一三年六月一一日であった。貞観八年（八六六）七月、*清和天皇より伝教大師の諡号を贈られた。

［文献］田村晃祐『最澄』（吉川弘文館、一九八七）、塩入良道・木内堯央編『最澄』（吉川弘文館、一九八二）。（八木真博）

空《くう》　海《かい》（七七四―八三五）*真言宗の宗祖。宝亀五年（七七四）讃岐国多度郡に生まれる。父は佐伯直《あたい》、母は阿刀《あと》氏。延暦七年（七八八）伯父の阿刀大足《あとのおおたり》に伴われて入京、儒教を学び、同一〇年（七九一）大学寮明教科の学生となる。この頃虚空蔵求聞持法を説く一沙門との出会いを契機に仏門に帰すという。このの ち四国の各地で山林修行する。延暦二二（二三とも）年（八〇三）得度し、翌年入唐。諸大寺を歴訪し、青竜寺の恵果《けいか》に胎蔵《たいぞう》・金剛《こんごう》両部の灌頂《かんじょう》を受け、伝法阿闍梨《あじゃり》位を許される。大同元年（八〇六）帰国するも入京を許されず、同四年（八〇九）ようやく高雄山寺に入る。弘仁三年（八一二）南都諸大寺の僧および*最澄やその弟子らに金剛・胎蔵両界の灌頂を行う。同七年（八一六）高野山を賜らんことを*嵯峨天皇に上表し許される。同一三年（八二二）真言密教の灌頂道場として*東大寺に真言院を創設。翌一四年*東寺長者に補されるとともに、同寺を賜る。空海は真言僧以外の東寺止住を禁じることを願い、これが許され密教の根本道場とし、教王護国寺と改称、真言宗僧五〇人を置く。天長元年（八二四）高雄山寺を定額寺とし神護国祚真言寺として真言僧一四人を置くことを許された。天長五年（八二八）頃庶民教育普及のために*綜芸種智院を開設。同七年（八三〇）*淳和天皇の勅命により*『秘密曼荼羅十住心論』を著し、真言の宗義を説き撰進す。承和二年（八三五）一月真言宗*年分度者三人が許されるのを見届けて、同三月高野山にて入定。天安元年（八五七）に大僧正、貞観六年（八六四）に法印大和上位を追贈され、延喜二一年（九二一）弘法大師の諡号が贈られた。（八木真博）

円《えん》　仁《にん》（七九四―八六四）平安時代前期の僧。延暦一三年（七九四）下野国都賀郡に生まれる。俗姓は壬生《みぶ》氏。幼くして大慈寺の僧広智について仏教を学ぶ。大同年間（八〇六―八〇九）に比叡山に登り、*最澄に師事する。弘仁五年（八一四）止観業にて得度し、同七年（八一六）*東大寺にて具足戒を受け、天長元年（八三二）に伝燈満位の僧位を授けられる。この後体調を崩し横川《よかわ》に蟄居、この頃首楞厳《しゅりょうごんいん》院を建て横川を開いたとされる。承和二年（八三五）天台請益僧として第一七次*遣唐使の一行に加わる。この入唐に際し伝燈法師位が授けられる。同五年（八三八）入唐するもその目的であった天台山に登ることを許されず、五台山を巡礼し金剛《こんごう》界・胎蔵《たいぞう》界・蘇悉地《そしつじ》の大法を授けられ、承和一四年（八四七）帰朝。嘉祥三年（八五〇）熾盛光法を修せんことを奏上し総持院を建立、金剛頂・蘇悉地両業の*年分度者二人を許され、天台密教の習学、理論化に意を注ぐ。仁寿四年（八五四）第三代*延暦寺座主。斉衡三年（八五六）に*文徳天皇に灌頂《かんじょう》を授けたのをはじめとしこれ以降皇族・貴族に灌頂・授戒を度々行いその繋がりを深める。貞観六年（八六四）正月一四日入滅。同八年（八六六）七月法印大和尚の位とともに慈覚大師の諡号を贈られた。また*『入唐求法巡礼行記』は入唐の際の円仁の行動を知る貴重な史料である。

［文献］佐伯有清『円仁』（吉川弘文館、一九八九）。（八木真博）

円《えん》 珍《ちん》（八一四－八九一）平安時代前期の僧。*延暦寺第五世座主。*天台宗寺門派の祖。讃岐国那珂《なか》郡金倉郷に生まれる。本姓因支首《いなきのおびと》。俗名広雄《ひろみ》。父は宅成《やかなり》、母は佐伯直《あたい》の出で、空海の姪に当たる。幼くして『毛詩』『論語』などを学び、天長五年（八二八）叔父の仁徳に従って叡山に登り、義真《ぎしん》に師事する。同一〇年（八三三）得度し山規に従い一二年籠山す。嘉祥三年（八五〇）内供奉十禅師に任ぜられる。仁寿三年（八五三）入唐、天台山・長安を歴訪し青竜寺の法全から金剛《こんごう》・胎蔵《たいぞう》の両部の大法と三昧耶戒を受け、開元寺にて天台宗を学び、天安二年（八五八）六月、大小乗律論疏など四四一部一〇〇〇巻を持ち帰朝。貞観六年（八六四）宮中仁寿殿において、*清和天皇・*藤原良房ら三十余人に胎蔵灌頂《かんじょう》を授け、同八年（八六六）には天皇の母である明子の護持僧となり、貴族との結びつきを深めていく。同一〇年（八六八）延暦寺座主に任じられ、元慶元年（八七七）*陽成天皇の代はじめに御前講師となり、同七年（八八三）には法眼和尚位となる。寛平二年（八九〇）少僧都となるも翌三年一〇月二九日入滅。延長五年（九二七）一二月法印大和尚位と智証大師の諡号が贈られた。円珍以後の天代座主には第九世長意を除くと第一三世まで円珍の門流が占め、のちに天台座主の人事をめぐり円仁系（*山門）と円珍系（*寺門）とで争われることになる。

［文献］佐伯有清『智証大師伝の研究』（吉川弘文館、一九八九）。

（八木真博）

徳《とく》 一《いつ》（生没年未詳）奈良・平安時代の法相《ほっそう》宗の僧。『南都高僧伝』・『本朝高僧伝』などに父は藤原仲麻呂《なかまろ》とするが不明、*『尊卑分脈』には一説として仲麻呂の第六子刷雄《よしお》とも。生没年代にも神護景雲元年から承和九年（七六七－八四二）、天平宝字四年から承和二年（七六〇－八三五）、天応元年（七八一）から承和九年などの諸説がある。『元亨釈書』などの諸書の伝えるところでは、*興福寺別当修円《しゅうえん》に法相教学を学び、弱冠にして都を去り東国に赴き、会津の慧日《えにち》寺に住し久しく辺境の地に留まったことが知られるのみである。弘仁八年（八一七）春の*最澄の東国巡化を機に、徳一は法相三乗教を主張し、『仏性《ぶっしょう》抄《しょう》』を著して天台教学を批判。これに対し最澄は『照権実《しょうごんじつ》鏡《きょう》』を著し反論を行った。以後、法相天台両宗の教学上の論争である*「三一権実論争」が展開される。徳一は最澄の反論に対し『慧日羽足《えにちうそく》』『中辺義鏡《ちゅうへんぎきょう》』『遮異見章《しゃいけんしょう》』などを漸次著して五性各別・法華権法を主張し、一切皆成・法華一乗を非難し、弘仁一二年（八二一）の最澄の『法華秀句《ほっけしゅうく》』まで争われることとなった。また*空海の真言教学への疑問一一か条をあげた『真言宗未決』を著し非難を加えた。徳一は筑波山寺（中禅寺知足院）を開創したのをはじめ東国に多くの寺院を建立し東国の化主と仰がれ、その終焉地は慧日寺であったとされる。

［文献］ 田村晃祐編『徳一論叢』（国書刊行会、一九八六）。 （八木真博）

聖《しょう》 宝《ぼう》（八三二—九〇九） 平安時代初期の僧侶。俗名は恒蔭王、父は葛声王。承和一四年（八四七）東大寺の真雅《しんが》のもとで出家。最初元興寺の願暁《がんぎょう》・円宗《えんしゅう》らに師事し三論宗の教義を学ぶ。次いで東大寺の平仁《へいにん》のもとで法相《ほっそう》宗の法文を受学、玄栄《げんえい》より華厳《けごん》宗、真蔵《しんぞう》より律宗を学ぶ。貞観一三年（八七一） 真雅のもとで無量寿法を受学しつつ、山林修行にいっそう力を注ぎ同一八年（八七六）、笠取山に堂を築き開山しこれがのちの醍*醐寺となる。元慶三年（八七九）弘福寺の別当、時に伝燈大法師位。同四年（八八〇）真然《しんねん》より胎蔵《たいぞう》・金剛《こんごう》の両部の大法を受け、翌五年には空海*の撰述とされる『胎蔵普礼五三次第』を授けられる。同八年（八八四）源仁《げんにん》より伝法灌頂を受け、仁和三年（八八七）勅により阿闍梨《あじゃり》位の灌頂《かんじょう》を伝授される。寛平二年（八九〇）帖観寺の座主に補任、同六年（八九四）一二月二二日権律師、同月二九日権法務に補任される。翌七年寺の座主ともいうべき東寺*の長者となり、翌年には東寺の別当を兼任。同九年（八九七）少僧都、昌泰四年（九〇一）に大僧都、延喜二年（九〇二）権僧正、同五年（九〇五）には東大寺東南院を統括することとなり、同院の整備を行い、これ以降聖宝の門流が東南院の院主となる。翌六年僧正となり栄達を果たすも、同九年（九〇九）七月六日普明寺にて入滅。宝永四年（一七〇七）に理源大師の諡号が贈られた。

［文献］ 佐伯有清『聖宝』（吉川弘文館、一九九一）。 （八木真博）

良《りょう》 源《げん》（九一二—九八五） 一〇世紀に活躍した比叡山延暦*寺の僧。父は木津氏、母は物部氏であるが、いずれも名は不明。誕生の地は近江国浅井郡岡本郷または大井郷とも。延長元年（九二三）梵釈寺の覚恵《かくえ》の勧めにより比叡山西塔の理仙に師事する。同四年（九二六）天台座主尊意《そんい》により戒を授けられる。承平七年（九三七）興福寺維摩会にて名を高め、藤原忠平・師*輔の後援を得、応和三年（九六三）宮中で行われたいわゆる応和の衆論で名を博す。天暦二年（九四八）大日院の落慶供養の天台僧の堂達に大法師として見える。同四年（九五〇）親交のあった藤原師輔の外孫憲平《のりひら》親王が皇太子に定められたのにつき東宮護持僧となる。翌五年元慶寺の覚恵より阿闍梨《あじゃり》職を譲り受ける。応和元年（九六一）東宮御修法により度者一人を賜る。康保元年（九六四）内供奉十禅師、翌二年一二月の僧綱*召により権律師となる。同三年（九六六）八月二七日の勅命により第一八代天台座主。同年九月一〇か条の改革案を奏上し、一二月にそのうちの二条が許される。同年一〇月比叡山東塔より出火し、講堂など計三一宇が消失する大火に遭うも、諸堂の再建に努め同時に叡山の綱紀粛正にも尽力している。安和元年（九六八）三月権少僧都。天禄元年（九七〇）叡山の綱紀粛正をさらに進めるべく二六か条制式を布告。翌二年権法務。同三年（九七二）横川《よかわ》の単独の季帳提出を許し、ここに自らが築き上げた横川の叡山内での独立を果たす。天延元年（九七三）正少僧都、翌二年（九七四）権大僧都、同三年（九七五）大僧都、貞元二年（九七七）権僧正、天元二年（九七九）僧正と栄達を果たすも寛和元年（九八五）入滅。永延元年（九八七）慈慧の諡号を賜る。堂舎復興のほか、経済基盤の確立や僧侶の習学に力を注ぎ中興の祖とされる。著作に『極楽浄土九品往生義』などがある。

［文献］ 平林盛得『良源』（吉川弘文館、一九七六）。 （八木真博）

高丘親王《たかおかしんのう》 （生没年未詳） 延暦一八年（七九九）生まれとの説もある。*平城天皇の第三皇子。母は伊勢継子《つぐこ》。大同四年（八〇九）四月*嵯峨天皇が即位するにより皇太子となる。弘仁元年（八一〇）九月、平城太上天皇の重祚を謀った*薬子の変により皇太子を廃された。同一三年（八二二）正月無品より四品に叙されるも、拝辞返上し出家、東大寺に入寺する。この頃*空海の河内国龍泉寺遊行に従ったと伝える。天長年間（八二四—八三三）頃受戒し、金剛院を草創したとされる。法名は最初真忠《しんちゅう》であったがのちに真如《しんにょ》と改める。斉衡二年（八五五）東大寺大仏の頭部が落下したことにより、藤原良相《よしみ》とともに、修理東大寺大仏司検校に任じられる。貞観二年（八六〇）大和国平城京中の水田五五町余を親王建立の不退・超昇両寺に施入。翌年回国修行のため南海道に向かうこと請いて上表し許され、その後さらに入唐の勅許を得る。同四年（八六二）僧俗六〇人とともに大宰府を出発、九月唐の明州に着く。同六年（八六四）青龍寺の法全より胎蔵《たいぞう》界および金剛《こんごう》界の両部の大法を受け、真如の法号を遍明《へんみょう》と改める。この後広州から天竺に向けて出発したが、途中にて消息を絶つ。元慶五年（八八一）在唐僧中瓘《ちゅうかん》の申状により羅越国にて死亡したことが伝えられた。死亡時期は明らかではないが、貞観七年（八六五）中とする説もある。

［文献］ 杉本直次郎『真如親王伝研究』（吉川弘文館、一九六五）、佐伯有清『高丘親王入唐記』（吉川弘文館、二〇〇二）。 （八木真博）

氏　神《うじがみ》 社会を構成する人間集団の氏が奉祭する神。本来はその氏にゆかりの土地の在地神であったと考えられ、のちにこの神を祖先とするようになり、またこれとは逆に系譜上の始祖を神として祭るようにもなる。史料上では氏神の語は八世紀の後半頃より現れ、氏神祭祀に関する記事もこの頃より多出する。これは在地における社会的な繋がりを意味するものではなく、氏という集団に関連して成立したものとされる。すなわちこの時期における氏の地縁性の喪失や共同体的秩序の崩壊、分裂や抗争の激化という政治状況のなかで氏の強固な結束が必要となり、氏の構成員の繋がりを強固にするための手段として氏神を祭ったものである。延暦二〇年（八〇一）五月一四日付の太政官符には藤原氏と和気氏の氏神祭祀である春日祭と平野祭とが国家的な恒例祭祀とともに列記されており、氏神祭の公祭化がうかがわれ、またこれらの祭祀の闕怠者には罰則が設けられている。平安前期以降天皇の外祖父母の氏族の氏神祭は公祭化していくようになる。

［文献］ 義江明子『日本古代の氏の構造』（吉川弘文館、一九八六）。 （八木真博）

氏《うじ》　**寺**《でら》 氏族によって建立された寺院で、氏族の祈願所としてその氏族の繁栄を祈った。祖先神化した氏神に対する信仰と対応して共同体の族長層の祖先の霊を祀る場所であり、その氏族によって経営され、寺僧もその一門から選ばれることが多かった。推古朝のいわゆる「三宝興隆詔」以後寺院が急速に増加するが、これは氏族の族長らが私寺を建立したことによると考えられる。また、この頃の寺院の付近には古墳が多く確認され、古墳・寺・氏族の三者の緊密な関係が指摘される。蘇我氏の*飛鳥寺などのように六―七世紀頃の私寺がその古い例とされるが、氏寺の語が史料上に現れるのは平安時代に入ってからである。平安時代に入ると氏寺の造立が相次ぎ、代表的なものには藤原氏の興福寺、和気《わけ》氏の*神護寺、菅原氏の道明寺などがある。特に*興福寺は藤原氏の興隆とともに栄え、別当には藤原氏出身者が当てられるとともに、俗別当をおいてその経営を維持した。院政期に至ると*白河院の法勝寺をはじめとするいわゆる*六勝寺が相次いで建立され、これらの*御願寺が国王の氏寺と称されることもあった。

［文献］竹内理三『律令制と貴族政権』（御茶の水書房、一九五八）、義江明子『日本古代の氏の構造』（吉川弘文館、一九八六）。

（八木真博）

（二）国文学の発達

五十音図《ごじゅうおんず》　日本語の清音の直音音節仮名を、音韻面から組織的に排列した、平安中期成立の字母表。子音の同じ音節を縦の行に、母音の同じ音節を横の段（列）に配置する。平安時代には「五音《ごいん》」と呼ばれ、「五十音図」という名称は、契沖《けいちゅう》の『和字正濫鈔』をはじめとする。現存最古の五十音図は、醍醐寺蔵『孔雀経音義』に付記されたものであるが、ア行・ナ行を欠く。完全なものでは『金光明最勝王経音義』付載のものが最古である。段の順序は当初まちまちであったが、明覚《みょうがく》以後、悉曇章《しったんしょう》の母音の排列にならって、「アイウエオ」順となった。起源については、①悉曇学《しったんがく》の影響で成立した、②漢字音の反切のために作られた、③日本人の創意になるもので、日本語の音韻組織を明らかにするためのもの、④日本語に存在する縦横相通の理を、韻紐図《いんちゅうず》にならって一図にまとめようとし、悉曇学の知識によって整理したもの、など諸説ある。平安中期以後、ア行・ヤ行・ワ行の音の一部が混同する。この音韻変化に伴って、平安末期から、音図上に種々の混乱が起こった。ア行の「イ」「エ」「オ」とワ行の「ヰ」「ヱ」「ヲ」の錯誤、ヤ行の「イ」「エ」とワ行の「ヰ」「ヱ」の錯誤である。これらの誤りは、後世、浄厳《じょうげん》・契沖・富士谷《ふじや》成章《なりあきら》・本居宣長により訂正・復元された。五十音図は、音義類や悉曇の書物に多く記され、梵字を添えたものも多い。また、動詞の活用そのほかの語形交替や、語源説明など、日本語の種々の現象の説明に利用された。

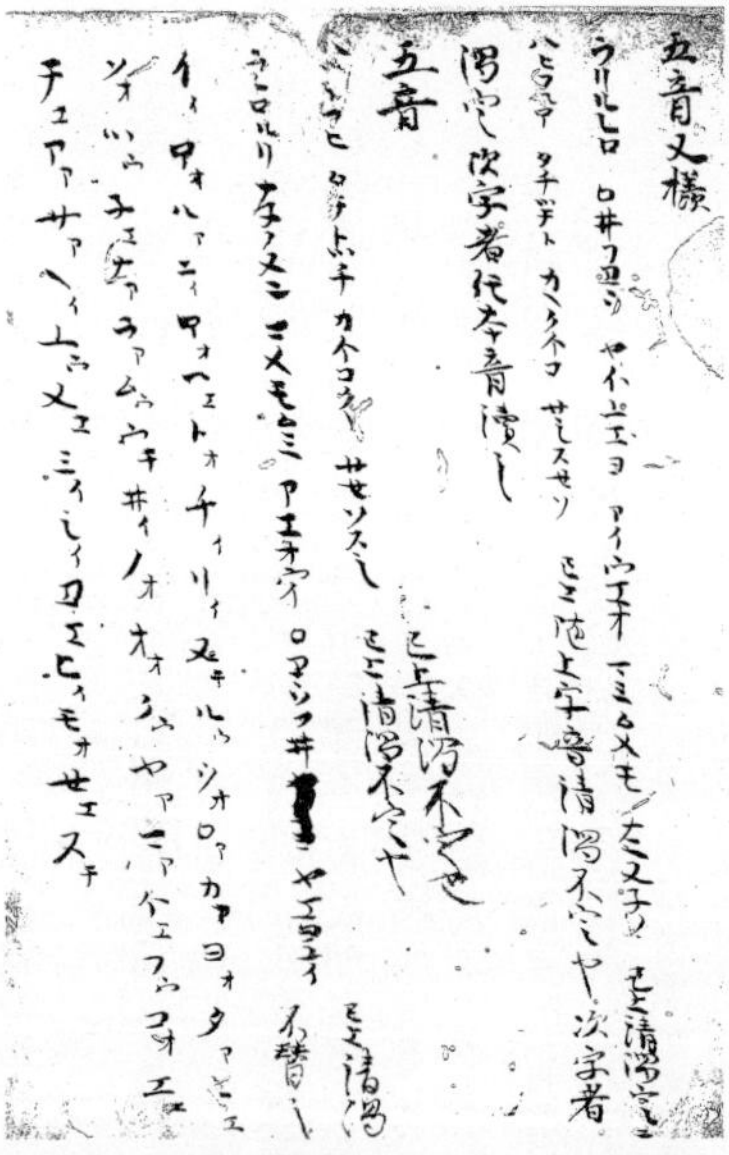

五十音図（『金光明最勝王経音義』大東急記念文庫所蔵，築島　裕解題・索引「古辞書音義集成12 金光明最勝王経音義」所収，汲古書院，1996）

［文献］山田孝雄『五十音図の歴史』（復刻版、宝文館出版、一九

七〇（復刻））、馬淵和夫『日本韻学史の研究Ⅰ～Ⅲ』（日本学術振興会、一九六二―一九六四）。（高橋久子）

いろは歌　互いに音の異なる仮名四七字からなる七五調四句の今様調の歌。四七種すべての仮名を重複することなく網羅する。康治二年（一一四三）に没した覚鑁*の『密厳諸秘釈』以来、『涅槃経《ねはんぎょう》』の偈「諸行無常、是生滅法、生滅滅已、寂滅為楽」の意をとり作ったとされるが、両者の関係はなお不明である。平安中期成立、作者未詳。現存最古のいろは歌は承暦三年（一〇七九）の『金光明最勝王経音義』所載のものである。韻学の世界で作られ、漢字音の声調を習得するのに使用された。手習い詞としても広く利用され、さらに、治承年間（一一七七―一一八一）成立の国語辞書、橘忠兼《ただかね》撰『色葉字類抄《いろはじるいしょう》』の単語排列や、養和二年（一一八二）没の心覚《しんがく》の梵語字書『多羅葉記』の梵語排列にみるように、いろは引きが辞書の排列基準として行われるとともに、物の順序を示すのにも用いられた。院政時代、大江匡房*の『江談』に天仁二年（一一〇九）の談話として、空海*（弘法大師）の作とする説がみえる。しかし、ア行とヤ行のエを区別し四八字となっている「あめつちの詞」に比べると、いろは歌は一字少なく、エの区別がない。したがって、その成立は、ア行とヤ行のエの音韻的区別が失われた天暦年間（九四七―九五七）までさかのぼりえないことなどから、空海説は否定された。仮名一覧表には「あめつちの詞」・「たゐにの歌」もあるが、いろは歌はこれらの後に作られ、格段に歌詞がよかったために、ほかを駆逐して流布したと推定される。

［文献］大矢　透『音図及手習詞歌考』（大日本図書、一九一八、勉誠社、一九六九（復刻））、亀井　孝他『日本語の歴史４五十音図といろは歌の文化』（平凡社、一九六四）、小松英雄『いろはうた―日本語史へのいざない―』（中央公論社、一九七九）。（高橋久子）

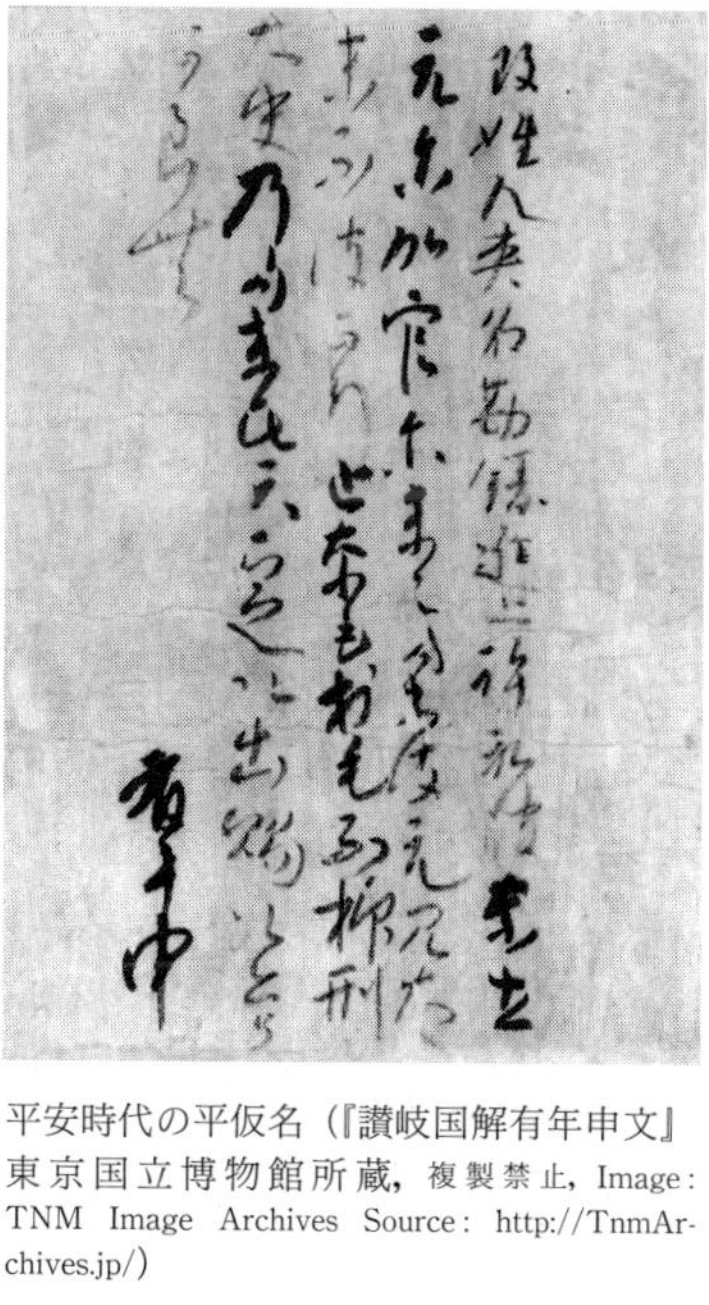

平安時代の平仮名（『讃岐国解有年申文』東京国立博物館所蔵，複製禁止，Image: TNM Image Archives Source: http://TnmArchives.jp/）

平仮名《ひらがな》・片仮名《かたかな》の成立　漢字を自家薬籠中のものとし、万葉仮名の使用に習熟するにつれて、日本語をさらに簡単に表記する試みが行われた。九世紀初頭以降、万葉仮名の字体を極端に簡略化したところに、平仮名・片仮名が成立した。

平仮名　奈良時代末期になると、ほぼ全文を万葉仮名のみで表記した仮名文書が現れる。このような文書で使用される万葉仮名は、一音節一字体に統一される傾向が強く、さらに、画数の少ない簡単なものが採用されるようになった。正倉院文書の天平宝字六年（七六二）頃の仮名文書ではすでに草体化の兆しが見える。その後、貞観九年（八六七）「讃岐国司解《さぬきのこくしげ》」（東京国立博物館所蔵）巻首の「藤原《ふじわらの》有年申文《ありとしもうしぶみ》」や、宮城県多賀城跡から発掘された、貞観年間（八五九―八七七）筆の漆紙文書に用いられている草書体の音仮名は、のちの平仮名と字源・書体の一致するものが多い。次いで、承平年間（九三一―九三八）頃に書かれた『因幡国司解案《いなばのこくしげあん》』紙背の仮名消息は、完全な平仮名となっている。

片仮名　九世紀初頭、南都古宗派の僧徒によって、漢文に訓点が施されるようになった。萬葉仮名にその略体を交え、さらにヲコト点を用いて、助詞・用言の活用語尾などを示す方法がとられた。そのような訓点記入の際、漢文の行間など狭い余白に速やかに書き込んでいく必要が生じ、その結果、萬葉仮名の略体化が進められ、省画仮名が片仮名へと発展した。片仮名の用いられた訓点資料のうち、年代の明確な最古のものは、天長五年（八二八）加点の『成実論《じょうじつろん》』（聖語蔵・東大寺図書館蔵）である。

文字体系としての成立　平仮名・片仮名それぞれの文字体系としての成立は、両者の体系的な区別が意識され、截然とした使い分けが行われるようになった時期である。文献では、宇多天皇宸翰『周易抄《しゅうやくしょう》』（寛平九年（八九七）頃、京都御所東山御文庫《ひがしやまごぶんこ》所蔵）が最も早い例とされ、九世紀末から一〇世紀前半頃、ともに文字体系としての成立をみたことになる。

［文献］　築島　裕『講座国語史2古代の文字』（大修館書店、一九七二）、小林芳規『図説日本の漢字』（大修館書店、一九九八）。

（高橋久子）

国風暗黒時代《こくふうあんこくじだい》　奈良時代（八世紀）末期から平安時代（九世紀）初期にかけての約一〇〇年をいう。この時代は中国文化模倣の時代で、宮廷社会では和歌がほとんど詠まれず、逆に漢詩漢文が多く詠まれた。*嵯峨天皇の時代を中心に『*凌雲集』『*文華秀麗集』『*経国集』といった勅撰集が相次いで編まれた。その後、九世紀中頃、政治的には摂関政治が始まる頃から、貴族の邸宅で歌合が起こるなど、宮廷社会において和歌を復興する気運が高まりだした。やがて晴れやかな遊戯の場でも和歌を詠みあうようになり、挨拶、文通でも詠まれ、折々の興にまかせて心やりの歌を詠むようになった。一〇世紀初頭には最初の勅撰和歌集である『*古今和歌集』が成立し、和歌が貴族文化での中心的位置を占めるようになった。

［文献］　小島憲之『国風暗黒時代の文学』（塙書房、二〇〇二）。

（菅原　秀）

歌《うた》合《あわせ》　平安時代初期（八八〇年代）以来、宮廷や貴族の間で行われた一種の文学的遊戯で、左右二組に分かれ、左右一首ずつ詠みその和歌の優劣を競う。基本的には、まず主催者が左右の「方人《かたうど》」とその代表である「頭」をそれぞれ任命する。方人は歌題に即して作ることになるが、当日出題の即題（当座）もしくはあらかじめ出題される宿題（兼題）の場合がある。方人の歌は順番に従って左右交互に「読師《とくし》」が歌をとって、読み上げ役の「講師《こうじ》」に取り次がれ読み上げられる。順番は左方が先で、二番以降は負けた方を先とする。会によっては左方の一番目は身分の高い人や主催者が位置し、最初の左方は負にならない習慣もあった。勝負の「判（判定）」をする者は「判者《はんじゃ》」といい、批評をし、その歌の優劣を判定し勝負を決する。普通は一人であるが、判者が二人の「共判」、特に判者を置かず会に参加した人たちで行う「衆議判」の場合もある。判定は「勝・負・持《じ》（引き分け）」があるが、優劣を決めない会もあった。判定理由の「判詞《はんじ》」は歌論としても重視されている。形態は多種多様であり、女郎花、菊、菖蒲根などで合わせる物合のような歌合や、物には特にこだわらない純粋な歌合などもあった。使用される歌も、自作、歌人への委嘱、既成の歌を用いる場合もある。飾り物である「洲浜」や勝の数を数えるための「員刺《かずさし》」、そのほか「燈台」、「薫香」、「前栽」、「舞楽」なども主催側の工夫で用いられた。「饗応」、「賜録」などもあり、勝者・敗者が饗応する「勝態・負態」を行うこともあった。行われた時代や場所によって流行があり、方法や様式は様々である。「歌合」の歌は、その場、行事独特の様式をもつものなので、ごく普通に詠まれた和歌とは性質が異なる。主要なものには、天慶八年（八八四）から仁和三年（八八七）の『在民部卿家歌合』、延喜一三年（九一三）三月一三日の『亭子院歌合』、『天徳四年三月三十日内裏歌合』などがある。

［文献］峰岸義秋『歌合の研究』（三省堂、一九五四）、萩谷　朴・谷山　茂『日本古典文学大系74歌合集』（岩波書店、一九六五）、峰岸義秋『新訂歌合集』（朝日新聞社、一九六九）、萩谷　朴『平安朝歌合大成』（同朋舎、一九七九）。　（菅原　秀）

六歌仙《ろっかせん》　歌の道に秀でた人物で、*在原業平、僧正遍照《へんじょう》、小《お》野小町《ののこまち》、大伴黒主《くろぬし》、文屋康秀《ぶんやのやすひで》、喜撰《きせん》法師の六人をいう。『*古今和歌集』の「仮名序」で*紀貫之が、「近き代にその名聞こえたる人」と六名の歌人をあげ、詠風を評論していることに由来する。「六歌仙」という呼称自体は、鎌倉時代の『古今和歌集集聞書（三流抄）』にみえる。在原業平は、*平城天皇の皇子*阿保親王の第五子で、最終的な官位は従四位上右近衛中将である。僧正遍昭は、弘仁七年（八一六）生まれで寛平二年（八九〇）没。*桓武天皇の孫で安世の子である。俗姓を良岑宗貞《よしみねのむねさだ》といい、仁明天皇の寵臣で蔵人頭を勤めた。天皇崩御後に出家し、慈覚大師（*円仁）に法を受け、のちに元慶寺で花山僧正と号した。歌は『遍照集』にまとまっている。小野小町は、生没年は未詳で、伝説、謎が多い。出羽国の郡司小野良誠《よしまさ》女、*篁の孫、美材《よしき》、*好古の従妹とされるが諸説ある。和歌は勅撰集や『小町集』にある。大伴黒主は、生没年未詳で、弘文天皇（*大友皇子）の皇子で大伴姓を賜った与多《よだ》王の孫である。歌は、*醍醐天皇の*大嘗会に風俗歌、*宇田法皇の石山寺参詣の折に打出の浜での歌などがある。文屋康秀は、縫殿助宗于《ぬいどのすけむねゆき》の子で、文琳《ぶんりん》と称した。生没年は未詳である。最終的には元慶三年（八八〇）に縫殿助であった。喜撰法師は、宇治山に隠棲した法師で生没年は未詳である。紀貫之に「よめる歌多くもきこえねば」と『古今和歌集』に一首のみとられている。

［文献］高崎正秀『六歌仙前後』（桜楓社、一九七一）、久曾神昇『三十六人集』（塙書房、一九六〇）、鈴木日出男「六歌仙前後」（秋山　虔・神保五弥・佐竹昭広編『日本古典文学史の基礎知識』所収、有斐閣、一九七五）、秋山　虔「六歌仙時代とは何か」（『王朝の文学空間』所収、東京大学出版会、一九八四）。　（菅原　秀）

三筆《さんぴつ》　特に優れた書家、画家でその時代を代表する三人のこと。一般に、*空海（弘法大師）、*嵯峨天皇、*橘逸勢の三人の能書家をいい、書道史においても重要視される。特に「平安三筆」「本朝三筆」と呼ぶ場合もある。遺墨は、空海のもののなかで確実に自筆とされるものには『灌頂歴名《かんじょうれきめい》』『*風信帖』『金剛般若経開題』『大日経疏要文記』、嵯峨天皇は『光定戒牒《こうじょうかいちょう》』、橘逸勢は確たるものはなく、『伊都内親王願文』一巻のみが伝わる。そのほか中世では世尊寺三筆の*藤原行成、藤原行能《ゆきよし》、藤原行尹《ゆきただ》をいう。近世では近衛信尹《のぶただ》、本阿弥光悦《ほんあみこうえつ》、松花堂昭乗《しょうかどうしょうじょう》をいう場合、黄檗《おうばく》宗の隠元《いんげん》、木庵《もくあん》、即非《そくひ》をいう場合、そして幕末の市川米庵《べいあん》をいう場合もある。書家だけでなく画家の場合もあり、大和絵で土佐氏の光長《みつなが》、光信《みつのぶ》、光起《みつおき》の三人をいう。

[文献]　小松茂美『日本書流全史』（講談社、一九七〇）。

（菅原　秀）

風信帖《ふうしんじょう》　空海（弘法大師）自筆の書状で、三通を合わせて一つの巻子本に仕立ててある。縦二八・八センチメートル、長さ（横）一・五七三メートルである。奥書によればもとは五通であったことがわかるが、一つは盗まれ、一つは豊臣秀次の所望で切り取られた。空海が最澄に送った手紙で、第一通目冒頭の「風信雲書自天翔臨」というところからこの名で呼ばれる。三通合わせ全体で『風信帖』と呼ばれるが、別に第二通は「忽披帖」、第三通は「忽恵帖」とも呼ばれる。弘仁三－四年（八一二－八一三）、空海の三〇－四〇才の作と推定される。空海の自筆遺墨のなかでももっとも優れたものとして、書の手本とされる。延暦寺旧蔵、教王護国寺所蔵、国宝。

[文献]　『弘法大師風信帖灌頂記・和装本』（清雅堂、一九四九）、『原色法帖選11風信帖』（二玄社、一九八五）、飯島春敬編『風信帖』（書芸文化新社、一九八八）。

（菅原　秀）

和歌所《わかどころ》　平安時代以降、勅撰集の撰集のため設置された役所で、天暦五年（九五一）一〇月晦日、*宣旨によって宮中梨壺《なしつぼ》（昭陽舎）に撰和歌所が置かれたのが始まりである。最初の勅撰集である*『古今和歌集』のときにはなく、*『後撰和歌集』撰の際、別当に藤原伊尹《これただ》、寄人《よりうど》に大中臣能宣《おおなかとみのよしのり》、清原元輔《もとすけ》、*源順、紀時文《ときふみ》、坂上望城《もちき》が任命され、『後撰和歌集』の撰集のほか*『萬葉集』の訓読を行った。*『拾遺和歌集』から『千載和歌集』までは撰者が一人のためか設置されず、『新古今和歌集』撰の建仁元年（一二〇一）七月に後鳥羽上皇御所内に設置され、寄人に藤原（九条）良経《よしつね》ほか一四名、開闔《かいこう》に源家長《いえなが》、やがて寄人のなかから源通具《みちとも》、藤原定家《ていか》、藤原家隆《いえたか》、藤原雅経《まさつね》、藤原有家《ありいえ》、寂蓮《じゃくれん》を撰者に任命した。これ以後は、撰者私邸に設置されることも多かった。

（菅原　秀）

古今和歌集《こきんわかしゅう》　二〇巻からなる、我が国最初の勅撰和歌集である。延喜四年（九〇四）に*醍醐天皇が「歌集並古来旧家」（真名序）を献ぜさせ、翌五年に勅命で、*紀貫之、凡河内躬恒《おおしこうちのみつね》、紀友則《とものり》、壬生忠岑《みぶのただみね》の四人が選者となり、*『萬葉集』以後の歌の約一一〇〇首を選び、二〇巻の歌集とした。このうち早くに紀友則が没して紀貫之が中心となり、延喜六年（九〇六）二月から翌七年正月の間に「仮名序」が書かれた。成立は仮名序では延期五年（九〇五）四月が奉勅の日とされ、「真名序《まなじょ》」では同年月が奏覧の日を意味するが、この年以後に成立した歌があるため、諸説あり確定せず、延喜一〇年代と考えられる。和歌は、全二〇巻を性質上、和歌と歌謡に分け、和歌は形態により短歌と雑体に分かれる。部立は、仮名序、春（上下）、夏、秋（上下）、冬、賀、離別、羇旅《きりょ》、物名、恋（一－五）、哀傷、雑（上下）、雑体、大歌所御歌、東歌《あずまうた》、真名序からなる。四季の部と恋の部の二つを軸とした編成や、特定の作者を明示しない和歌についても作者の存在を予定する「よみびとしらず」と明示することなど、以後の勅撰和歌集などの規範となる形を作った。主要な歌人で一〇首以上入集しているのは、紀貫之が一〇二首、凡河内躬恒が六〇首、紀友則が四六首、壬生忠岑が三七首、素性《そせい》法師が三六首、*在原業平が三〇首、伊勢が二二首、藤原敏之《としゆき》が一九首、小野小町が一八首、清原深養父《ふかやふ》と藤原興風《おきかぜ》と遍照《へんじょう》が一七首ずつ、藤原元方《もとかた》が一四首、大江千里《ちさと》が一〇首である。入集した顔ぶれは、平安時代の人物で、奈良時代の人物は*阿倍仲麻呂のみである。また、作者不詳の歌（「よみびとしらず」）は約四五〇首である。和歌の特長として、七五調、理知的、観念的、たおやめぶり、縁語、掛詞《かけことば》などの技巧、比喩、見立ての多いところがあげられ、「古今風」と呼ばれた。また「仮名序」は、まとまった文学論としては初めてのもので、後世に多くの影響を与えた。後続の勅撰集の模範とされたことはもちろん、和歌を詠むうえで規範とされた。

［文献］竹岡正夫『古今和歌集全評釈』（右文書院、一九七六）、奥村恒哉『新潮日本古典集成 古今和歌集』（新潮社、一九七八）、小島憲之・新井栄蔵『新日本古典文学大系5古今和歌集』（岩波書店、一九八九）、藤岡春男編『別冊國文學古今集新古今集必携』（學燈社、一九八一）、小沢正夫・松田成穂『新編 日本古典文学全集11古今和歌集』（小学館、一九九四）。

（菅原　秀）

後撰和歌集《ごせんわかしゅう》　二〇巻からなる、我が国における第二番目の勅撰和歌集で、*『古今和歌集』*『拾遺和歌集』とともに三代集に数えられる。『源順集』にあるとおり、天暦五年（九五一）、村上天皇の勅命で和歌所が置かれ、藤原伊尹《これただ》が別当に、大中臣能《おおなかとみのよし》宣《のぶ》、清原元輔《もとすけ》、*源順、紀時文《ときふみ》、坂上望城《もちき》のいわゆる梨壺《なしつぼ》の五人が撰者となった。ただ、『古来風体抄』では小野宮左大臣（*藤原）実頼も撰者としているが、先の五人とするのが通例である。成立は、天暦九年（九五五）や、康保三年（九六六）頃など諸説あるが、この事業は*『萬葉集』の訓詁との併行事業だったため、かなりの年月を要したものと考えられ、天暦一〇年（九五六）前後に成立したとみられる。部立は、先行する『古今和歌集』とはやや異なり、春（上中下）、夏、秋（上中下）、冬、恋（一―六）、雑（一―四）、離別羇旅《きりょ》、慶賀哀愁となっている。作者は約二二〇人で、作者別では*紀貫之が七七首、伊勢が六九首、藤原兼輔《かねすけ》が二四首、凡河内《おおしこうちの》躬恒《みつね》と二三首と多く収録されている。特徴としては私的な贈答歌が多く、長い詞書が多いことがあげられる。さらに、なかには詞書で作者を三人称で表現したものもみられる。こうした特徴は当時の家集においても見られたが、物語の流行から歌集も歌物語的となった傾向の現れである。なお、最初の勅撰和歌集である『古今和歌集』に漏れたものをとることを書とした目的としており、撰者の和歌は入集していない。

［文献］佐藤高明『後撰和歌集の研究』（日本学術振興会、一九七〇）、山口博『王朝歌壇の研究』（桜楓社、一九七三）、木船重昭『後撰和歌集全釈』（笠間書院、一九八八）、岸上慎二・杉谷寿郎『後撰和歌集』（笠間書院、一九八八）、片桐洋一『新日本古典文学大系8後撰和歌集』（岩波書店、一九九〇）。

（菅原　秀）

拾遺和歌集《しゅういわかしゅう》　二〇巻からなる、我が国で三番目の勅撰和歌集で、*『古今和歌集』*『後撰和歌集』とともに三代集に数えられる。成立時期は明確でないが、集中作者の官位から寛弘二年（一〇〇五）六月から同四年（一〇〇七）一月までの間と推定される。撰者は花山法皇説、藤原公任説、また藤原長能《ながとう》、源道済《みちなり》の撰とする説もある。藤原定家、のちには北村季吟《きぎん》も花山法皇撰としており、一方で公任説では集中の様々な面に公任色が濃厚であるとしているが、現在は花山法皇の親撰で、側近が協力したと考えるのが妥当である。*藤原公任の私撰集である『拾遺抄』との関係が密接であるが、『拾遺抄』は公任の撰で、『拾遺和歌集』の母体となったというのが大方の見方である。成立事情としては、『拾遺抄』の歌をすべて吸収して増補修正を経ながら、『拾遺和歌集』異本系統を経て、流布本系統に至って成立したと推定されている。歌数は流布本であれば一三五一首あり、部立は春、夏、秋、冬、賀、別、物名、雑上、雑下（旋頭歌・長歌）、神楽歌、恋（一―五）、雑春、雑秋、雑賀（連歌）、雑恋、哀傷となっている。特徴としては、『*萬葉集』の歌をかなりの数採用していることがある。主要な歌人は、*紀貫之、*柿本人麻呂（伝承歌を含む）、大中臣能宣《おおなかとみのよしのぶ》、清原元輔《もとすけ》、平兼盛《かねもり》、藤原輔相《すけみ》、凡河内躬恒《おおしこうちのみつね》、*源順、伊勢などがあげられる。歌人ごとには*紀貫之が一〇七首、*柿本人麻呂が一〇四首と多く、能宣、元輔、兼盛と続く。

［文献］片桐洋一『拾遺和歌集の研究　索引篇』（大学堂書店、一九八〇）、小町谷照彦『新日本古典文学大系7拾遺和歌集』（岩波書店、一九九〇）。

（菅原　秀）

八代集《はちだいしゅう》　『*古今和歌集』『*後撰和歌集』『*拾遺和歌集』『後拾遺和歌集』『金葉和歌集』『詞花和歌集』『千載和歌集』『新古今和歌集』の総称である。これは二一代ある勅撰和歌集において、平安時代前期から鎌倉時代初期にかけての勅撰和歌集に当る。ただし『無名草子』に、人に問われた藤原定家が、当時は勅撰和歌集と考えられていた『*萬葉集』を含め『千載和歌集』までを八代集と答えているところがある。しかし『新古今和歌集』の成立後は、『萬葉集』を外して『新古今和歌集』までとするのが一般的となった。定家自身も『定家八代抄（八代知顕抄）』『八代集秀逸』では、一般的である八つをもとにしている。八代集には王朝文化隆盛期の和歌が収められており、基盤となった『古今和歌集』に始まる三代集、『後拾遺和歌集』以後の三集を経て、『千載和歌集』『新古今和歌集』へと至る過程には、古今調から新古今調へと詠風が変化していく様が見てとれる。これ以後から室町時代にかけての『新勅撰和歌集』から『新続古今和歌集』までの勅撰和歌集を十三代集といい、併せて二十一代集という。なお、『八代集秀逸』という作品は、晩年七三歳の藤原定家が、『古今和歌集』から『新古今和歌集』までの八代集から各一〇首ずつ秀逸歌を抄出した秀歌撰である。

［文献］松田武夫『勅撰和歌集の研究』（日本電報通信社、一九四四）、山岸徳平編『八代集全註』（有精堂、一九六〇）、奥村恒哉『八代集1―4』（平凡社、一九八六―一九八八）。

（菅原　秀）

竹取物語《たけとりものがたり》　現存する仮名の物語の最古のもので、二〇巻からなり、伝奇的な性格を持つ。別名『かぐや姫の物語』『竹取翁の物語』とも呼ばれる。『*源氏物語』の「絵合」の巻で「ものがたりのいできはじめの祖《おや》」といわれている。成立年代、作者とも未詳であるが、九世紀末から一〇世紀初頭に成立したと考えられ、物語の内容が漢籍や漢訳仏典を参考にし、表現にも漢文的手法がみられることなどから、かなりの学識を持ち、和歌の才能もある男性の作者であろうと考えられる。内容は、竹をとりながら暮らす老人が、竹のなかから女の子を見つける。その子は美しく成長し、やがて美しい姫（なよ竹のかぐや姫）として世間の評判となる。五人の貴公子が現れ熱心に求婚するが、それに対して姫は結婚の条件に無理難題を与え続け、皆失敗に終わる。最後には帝までが、その絶大な権威を持って求婚するが、断られてしまう。八月一五日に地上の人々の嘆きを後に、姫は月の世界に帰っていく、というものである。

かぐや姫をめぐってのこうした求婚難題、昇天譚の入れ子型構造と、贋語源譚、富士の地名起源譚の文体などが、内容的にも形式的にも神話伝承を超えた物語文学たらしめた。羽衣伝説をはじめとする民間伝承を素材とすることで、読者にかなりの親しみを感じさせたであろうし、貴族を登場させ、特に五人の貴公子は実在の人物をモデルにしたもので、より現実味も増したであろう。さらに、漢字の読み物が多かった当時にあって、仮名文字で書かれたこともあり、女性にも歓迎されたと考えられる。

［文献］ 鈴木日出男編『別冊國文學竹取物語伊勢物語必携』（學燈社、一九八八）、片桐洋一・福井貞助・高橋正治・清水好子『新編日本古典文学全集12竹取物語・伊勢物語・大和物語・平中物語』（小学館、一九九四）、堀内秀晃・秋山 虔『新日本古典文学大系17竹取物語・伊勢物語』（岩波書店、一九九七）。 （菅原 秀）

宇津保物語《うつほものがたり》 全二〇巻に及ぶ長編物語で、長編物語としては最古のものである。成立、作者とも未詳であるが、『*蜻蛉日記』『*枕草子』『*源氏物語』『*公任集』には、ものによってこの物語の歌や内容の一部が引かれていたり、登場人物の藤原仲忠《なかただ》と源涼《すずし》の優劣論争が行われた記事があることから、平安中期以前の成立とみられ、少なくとも円融朝の天元年間（九七八―九八三）までにはある程度まとまっていたと考えられる。そしてこうした長編がいっぺんに完成したとは考えにくく、最終的には一条朝初期にかけての成立とみられる。作者は確定的ではないが*源順とするのが有力である。内容から、三つに分け、「沖つ白波」までを第一部、「国譲・下」までを第二部、後を第三部とするのが一般的である。ことの起こりは遣唐使として渡唐の途中に、波斯国に漂流したことに始まり、その地で仙人に琴を習い、阿修羅が樵った桐の木で天使たちが作った三〇の琴を与えられ、弾いていると仏陀が現れ、一家の繁栄を約束し、特に孫の仲忠の幸運を予言されたりしたのち、それらの琴とともに帰国する。清原俊蔭《としかげ》から、「なん風《ぶ》」「はし風《ふ》」といった琴が俊蔭の娘、その子の仲忠、さらにその娘の犬宮《いぬみや》の四代にわたって受け継がれていく琴の名手の家系の話と、仲忠の美女貴宮《あてみや》をめぐる求婚譚から貴宮腹の皇子立坊へといった二つが交錯して、多様な人間関係も織り交ぜた長編が書かれている。当時実在したと思われる人物が登場し、当時の社会や人間像が反映され、写実的に書かれているが、物語自体は構成に貧しく、混乱もみられる。

［文献］ 中野幸一『新編 日本古典文学全集14うつほ物語（1・2）』（小学館、一九九九・二〇〇〇）。 （菅原 秀）

伊勢物語《いせものがたり》 作者は、*在原業平の遺稿をほかの人が補筆整理したとする説、*紀貫之説、業平の近親者説など諸説あるが未詳である。成立も、『*古今和歌集』以前、それ以後から『*後撰和歌集』以前、それ以後など諸説ある。段階を経て現存の形になったのは一〇世紀中頃『後撰和歌集』成立（九五一年）以後とし、家集の形の『業平集』を原形とし、これにほかの和歌や説話を加えて業平の一代記風になったとする段階成立論が主流であるが、あくまで仮説である。典型的な歌物語で、一首ないし数首の和歌をもとにして、その歌の詠まれた状況を物語る短い章段からなる。「昔、男」「昔、男ありけり」で各段が書き始められ、その大部分はいろいろな立場の女性たちとの恋の話であるが、なかには美しい友情や主従間の厚い情、母子の情の話もある。普通の本の場合は一二五の章段からなり、引用も含めて二〇九首の和歌を含む。それぞれ一編の物語のなかで和歌は最高潮に達した感情の吐露であり、散文はそこまでの経緯を語るという和歌を頂点とした一つの世界を形成している。この物語の異名には『在五が物語』『在中将物語』『在中将の日記』などがあるが、これらは「在原氏の五男、近衛中将の物語（日記）」という意味で名づけられたものである。しかし在原業平の物語というのではなく、在原業平とおぼしき男の第一段での初冠に始まり第一二五段の薨去をもって終わるという一代記風に仕立てられているとみるべきである。作品全体で「みやび」という理念が重視されているが、そのほかの諸要素も軽視はできない。

［文献］池田亀鑑『伊勢物語に就きての研究』（大岡山書店、一九三三）、石田穣二『新版　伊勢物語』（角川書店、一九七九）、鈴木日出男編『別冊國文學竹取物語伊勢物語必携』（學燈社、一九八八）、片桐洋一・福井貞助・高橋正治・清水好子『新編　日本古典文学全集12竹取物語・伊勢物語・大和物語・平中物語』（小学館、一九九四）、堀内秀晃・秋山　虔『新日本古典文学大系17竹取物語・伊勢物語』（岩波書店、一九九七）。

（菅原　秀）

大和《やまと》物語《ものがたり》　二巻からなる平安中期の歌物語で、天暦五年（九五一）から一条朝初年（一〇〇〇）の間に成立したと考えられる。作者は在原滋春《ありわらのしげはる》*、花山院、在原滋春の作に花山院が加筆した、敦慶《あつよし》親王侍女大和、伊勢の御など諸説あるが未詳である。一七三段からなり、一四七段までを前編、以後を後編とするのが一般的である。前編は延喜から天慶の歌人にまつわる和歌を中心にした歌語りの集成で、貴族社会における生活儀礼としての和歌の諸相や、別離、恋、憂き世のあはれ、官位昇進のままならぬ嘆きなど、現実における人間の諸相が書かれている。ただ、この前編にあるのは、どうにもならない状態を打開しようとする積極的な姿勢というよりも、過酷な運命のなかで、ただ静かに、情趣的に悲しみに浸ったままで、よりよい状態を待つ姿勢である。後編は口碑、伝説を中心とした和歌説話となっており、前編にあるような現実にあっても常に人の心を捉える、昔の純愛に生きた人間の純粋な姿が書かれている。前編で現実に対する消極的な姿勢を持ち、どうにもならず漂うような人間の姿の後に、後編で純愛に生きるという純粋な人間の姿が描かれ、このある種のロマン性が、より悲しい美しさを感じさせる。社交の場でもあった当時の宮廷の後宮では、実在する有名な人々の和歌も、当然話題の中心であり、その和歌にまつわる話（歌語り）が盛んであったと考えられる。なおこの『大和物語』では、このような歌にまつわる説話が、人に語るような、いわゆる語りの文体で書かれている。

［文献］片桐洋一・福井貞助・高橋正治・清水好子『新編　日本古典文学全集12竹取物語・伊勢物語・大和物語・平中物語』（小学館、一九九四）。

（菅原　秀）

落窪物語《おちくぼものがたり》　全四巻からなる伝奇的な物語で、典型的な継子《ままこ》いじめの物語である。一〇世紀末の成立とみられるが、詳細は未詳である。書名は、物語の主人公の姫君が、床の低く下がった（「おちくぼなる」）一室に住まわされて、「落窪の君」と呼ばれたところに由来する。内容は、主人公の姫君は中納言の娘で、亡き母は皇族の出でありながらも、中納言正妻の北の方という継母に、北の方の実子たちと同等には扱われず、床の低く下がった一室に住まわされ、裁縫などに酷使され、虐待され続ける日々を送る。この姫君には阿漕《あこぎ》という侍女がおり、献身的に仕えていた。この阿漕のもとに帯刀《たちはき》惟成《これなり》という男が通い、やがて夫婦となる。帯刀は左近少将道頼《みちより》の乳母子《めのとご》で道頼の家来でもあり、姫君の噂が道頼の耳に入り、道頼は姫君の境遇を同情して興味を示し、中納言一家の留守中の姫君のもとを訪れ、契りを結び深い愛情を示すようになる。北の方の妨害にも、阿漕の機転の利いた働きによって脱出し、道頼邸に引き取られ、幸せに暮らす。その後、道頼が継母北の方、中納言一家に復讐をしていくが、道頼は順調に出世し、中納言家の人々にも配慮をみせるようになる。やがて道頼は左大臣、太政大臣となり、その娘も入内し后となり、息子たちも昇進し栄華を極める。阿漕は典侍となり二〇〇世まで生きたという。このように、継母に虐待され続けた継子が、よき夫を得て幸せに暮らすという典型的な継子いじめの物語である。勧善懲悪で道徳的教訓的な面をもつが、当時多く実在したであろう継子たちの夢を実現するかのような、現世での現実的な幸福の実現といった読者の理想をよく理解して物語を展開している。

［文献］　藤井貞和・稲賀敬二『新日本古典文学大系18落窪物語・住吉物語』（岩波書店、一九八九）、三谷栄一・三谷邦明・稲賀敬二『新編　日本古典文学全集10落窪物語・堤中納言物語』（小学館、二〇〇〇）。

（菅原　秀）

土佐日記《ときにっき》　紀行・旅日記としての性格が強い日記文学作品で、作者は『*古今和歌集』の中心的撰者でもある*紀貫之である。帰京後まもなくの承平五年（九三五）頃に成立したと見られる。古くは『土左日記』『とさの日記』とも表記された。作者が延長八年（九三〇）正月に土佐守となってから、四年の任期を終え、後任者の解由状もとり、承平四年（九三四）一二月二一日に赴任先の土佐を出発し、翌年二月一六日に帰京するまでの五五日間の経験が、時に虚構も交じえながら書かれている。同船の人々の言動、船旅の不安、海賊の恐怖、土佐で女児を亡くした悲しみ、珍しい風景、帰京の喜び、出発・到着時における人情の厚薄、社会風刺、さらに古歌故人への追想や和歌に対する信念などが、*阿倍仲麻呂、*在原業平の古歌を含め五七首の和歌と三首の民謡を交じえながら書かれており、歌論的性格も強い。全体を通して底流には土佐で亡くした娘への哀惜と心ない世相への憤りがある。また、冒頭に「男もすなる日記といふものを、女もしてみむとてすなり。」とあるように女性仮託の形をとり、仮名散文で書かれていることも際立った特徴である。従来の宮廷行事の備忘録のような、漢字で書かれた公的な日記に対して、仮名を用い、私生活を題材として、自己の内面の告白するという創作的なものへと日記観を大きく転換させた。日記文学の創始、仮名散文の向上というきわめて大きな役割を果たし、後世に影響を与えた。

［文献］　萩谷　朴『土佐日記全注釈』（角川書店、一九六七）、木村正中『新潮古典集成　土佐日記　貫之集』（新潮社、一九八八）、長谷川政治・今西祐一郎・伊藤　博・吉岡　曠『新日本古典文学大系24土佐日記・蜻蛉日記・紫式部日記・更級日記』（岩波書店、一九八九）、

菊池靖彦・木村正中・伊牟田経久『新編 古典文学全集13土佐日記・蜻蛉日記』（小学館、一九九五）。

（菅原　秀）

紀《きの》 貫之《つらゆき》（八七二頃－九四五） 武内宿禰《たけのうちのすくね》の後裔、紀望行《もちゆき》の子で、童名を内教坊阿古久曾という。延喜年間（九〇一－九二二）に御書所預、越前権少掾、内膳典膳、少内記から大内記となり、従五位下に叙せられ、加賀介、美濃介となる。延長年間（九二三－九三〇）には大監物、右京亮となり、土佐守に任ぜられた。承平四年（九三四）一二月に土佐の国を発ち、翌年二月に帰京する。この後に一時失職するが、天慶年間に玄蕃頭となり、従五位上に叙せられ、その後に大工権頭となり、従四位下に叙せられた。天慶八年（九四五）一〇月以前に死去したと考えられている。役人としては恵まれていたとはいえないが、優れた歌人として有名であり、平安時代を代表する歌人である。またその本領は和漢いずれをも極めた華麗な文章によっても発揮され、その歌論の学識、鑑賞眼も確かなもので、後世でも歌の道の師とされた。『*古今和歌集』の撰者の一人でもあり、「仮名序《かなじょ》」の執筆者でもあった。勅撰集に入集した歌は、疑わしいものもあるが、『*古今和歌集』に一〇二首、『*後撰和歌集』に七九首、『*拾遺和歌集』に一〇八首、『新古今和歌集』に三二首、『玉葉和歌集』に二六首、『風雅和歌集』に二八首といった多さである。そのほか、任国の土佐からの帰京の様子を書き、文学史的に日記文学への扉を開いた『*土佐日記』の作者としても有名である。また家集として『貫之集』がある。

［文献］ 村瀬敏雄『日本の作家8王朝の秀歌人紀貫之』（新典社、一九八四）、目崎徳衛『紀貫之（新装版）』（吉川弘文館、一九八五）。

（菅原　秀）

在原業平《ありわらのなりひら》（八二五－八八〇） 平安時代を代表する歌人で、*六歌仙、三十六歌仙に数えられる。父は*平城天皇の皇子の弾正尹*阿保親王、母は*桓武天皇の皇女の伊登《いと》内親王で、兄に中納言行平《ゆきひら》がいる。在原氏第五子で、近衛中将であったことから、在五、在五中将、在中将などとも呼ばれた。承和八年（八四一）に右近衛将監、同一四年（八四七）に蔵人、嘉祥三年（八五〇）に従五位下、貞観四年（八六二）に従五位上、翌五年に左兵衛佐、同六年（八四三）に左近衛権少将（右近衛権少将とも）、翌七年に右馬頭（八四四）、同一一年（八四八）に正五位下、同一四年（八五一）に*鴻臚館で渤海客を労問、翌一五年に従四位下、同一九年（八五六）正月に右近衛権中将（左近衛権中将とも）、同年に従四位上、天慶二年（八七八）に兼相模権守、のちに兼美濃権守、翌三年に蔵人頭となった。『*古今和歌集』に三〇首、『*後撰和歌集』に一一首（疑わしい三首を含む）、『*拾遺和歌集』に三首、『新古今和歌集』に一二首をはじめ、新勅撰以下にも入集している。家集に『業平集』がある。後世に伝説を残す人物であるが、『*伊勢物語』や『*古今和歌集』でみられるような、二条后高子《たかこ》との恋愛、東下り、*惟喬親王への親近などは伝説であり、すべてを事実と認めることはできない。

［文献］ 目崎徳衛『在原業平・小野小町』（筑摩書房、一九七三）、片桐洋一『日本の作家5王朝の秀歌人在原業平・小野小町』（新典社、一九八四）、片桐洋一『在原業平・小野小町・天才作家の虚像と実像』（新典社、一九九一）。

（菅原　秀）

（三）漢文学

大学別曹《だいがくべっそう》　平安時代に有力貴族が一門の子弟教育のために設置し、大学寮付属機関として公認された寄宿施設。大学寮（左京三条一坊一・二・七・八町に所在）の直轄する文章《もんじょう》院《いん》などの直曹《じきそう》に対して敷地外にある曹司の意。和気《わけ》氏の弘文院《こうぶんいん》（延暦年間（七八二―八〇五）に和気広世が設立、左京三条一坊六町に所在）、藤原氏の勧学院《かんがくいん》（弘仁一二年（八二一）に*藤原冬嗣が設立、左京三条一坊五町に所在）、橘氏の学館院《がっかんいん》（「学官院」とも。承和一四年（八四七）以前に橘嘉智子《かちこ》・氏公《うじきみ》が設立、左京三条一坊一六町に所在）、源氏・在原《ありわら》氏など王氏《おうし》の奨学院《しょうがくいん》（在原行平《ゆきひら》が元慶五年（八八八）に設立、左京三条一坊四町に所在）が知られるが、弘文院については『*西宮記』（臨時五、諸院）以外に大学別曹とする史料がないため疑問視する見解もある。延喜一四年（九一四）四月に上奏した三善清行《みよしきよゆき》の『*意見封事十二箇条』（『*本朝文粋』巻二）の引く式逸文（「弘仁式」「貞観式」のいずれに当たるか未詳）に大学寮不寄宿学生の貢《ぐ》挙《こ》を禁止する規定があり、これに抵触することを避けるために貞観一三年（八七一）頃に勧学院が申請して別曹認定を受け、これにならって奨学院は昌泰三年（九〇〇）九月、学館院は康保元年（九六四）一一月に公認された。大学別曹は諸国掾《じょう》に学生を推挙する特権（三院年挙《さんいんねんきょ》）も与えられるが、学館院は公認される前年に勧学院に準じて付与され、奨学院は『西宮記』にみえないことから遅れるらしい。学生は大学別曹に寄住して衣食・学資・書籍などの便宜を得て大学の講義・試験を受けた。*氏長者の管理下に置かれ、別当・知院事《ちいんじ》・*案主などの職員が維持・管理に当たり、有力者の寄進した荘園・封戸《ふこ》を財政的基盤とするなど、大学寮付属機関は名目に過ぎなかった。直曹の文章院が文章博士家の菅原・大江氏の私的機関化するに伴い、大学別曹も教育的機能を喪失して漸次衰退に向かうが、勧学院は学生支援のみならず春日社・大原野社・吉田社・鹿島社・香取社・*興福寺など氏社・氏寺の事務を行う氏院としての機能も有するようになり、重要性を増すことになった。（齋藤　融）

［文献］久木幸男『日本古代学校の研究』（玉川大学出版部、一九九〇）、桃　裕行『上代学制の研究（修訂版）』（思文閣出版、一九九三）。

綜藝種智院《しゅげいしゅちいん》　庶民教育も予定して*空海が創設した学校。設立は天長五年（八二八）前後で、所在地は左京九条（藤原三守《みもり》の旧宅）。名称は『大日経』具縁品《ぐえんほん》の「衆芸《しゅうげい》を兼ね綜《す》ぶ」および『大品般若経』六喩《りくゆ》品の「一切種智《いっさいしゅち》を用いて一切法を知る已《の》み」に由来する。三教院とも称されたが、三教が仏・儒・道教を指すのか、顕・密教と儒教であるのか不詳。空海が教育理念や設立の趣旨を述べた「綜藝種智院式并序」（『*性霊集』）によれば、仏教・儒教のみならず東アジアのあらゆる思想・科学をも取り込んだ教育課程を設けること、完全寄宿制で衣食を支給する給費制度の採用、身分によって学生を差別しないことなどが謳われる。特に僧侶が俗人に内典《ないてん》（経典）を教授し、また俗人が僧侶に外典《げてん》（儒教典籍）を教授するとしたのは、道俗が学問的に偏らない、総合的な教育を理想としたからである。承和一二年（八四五）に東寺長者実慧《じつえ》は施設を売却し、代わりに丹波国多紀郡内（兵庫県多紀郡丹南町）の墾田・山林など（のちに大山荘となる）を購入して同一〇年（八四三）に始修した東寺伝法《でんぽう》会《え》料に充当した。売却理由について、古くから経営難説が主張されたが、「実恵（慧）奏状」（東寺文書）には「将《まさ》に以《もち》て経史を設けて教業に備え、田圃を配して支用に充てんとす。宿心未だ畢《お》えざるに、人化《け》し時遷《うつ》れり」とあり、若干にしても専用財源は存在しており、財政的な問題もあったにせよ、理想主義的な教育と現実との乖離なども要因の一つにあげられるだろう。

［文献］久木幸男・小山田和夫編『空海と綜芸種智院』（思文閣出版、一九八四）。　（齋藤　融）

神泉苑《しんせんえん》　平安京左京三条一坊に所在した園地。二条・三条・大宮・壬生大路に囲まれた八町を占地。延暦一九年（八〇〇）以前に創設され、桓武から仁明までの天皇が行幸して遊猟・騎《うま》射《ゆみ》・相撲《すまい》・観桜・詩宴などが行われた。敷地内には正殿の乾臨《けんりん》閣《かく》と左右閣、南池に面して東西釣台・滝殿、馬埒《ばらち》殿、東北隅に貴布禰《きふね》社などの殿舎があった。天長元年（八二四）に空海*と守《しゅ》敏《びん》が請雨を競った伝承（『今昔物語集*』）があるように、一〇世紀以降には祈雨の霊場となり、旱魃の際には池水が庶民にも開放された。治承元年（一一七七）の「太郎焼亡*」により全焼して荒廃し、のちに二条城築城などで大幅に規模を縮小された。現在は真言宗東寺派に属する寺院となっている。

［文献］太田静六『寝殿造の研究』（吉川弘文館、一九八七）。　（齋藤　融）

詩《し》**合**《あわせ》　左右が一人ずつ同一の詩題で漢詩を作り、優劣を競う文学遊戯で、判者が勝負を判定した。中国の闘詩《とうし》に影響されたものではなく、歌合を模して日本で生まれたもの。天徳三年（九五九）八月一六日清涼殿《せいりょうでん》において催された「天徳内裏詩合」が初例で、当代の文人を代表する大江維時《これとき》・菅原文時《ふみとき》らが参加している。以後、宮中・貴族の邸宅などで行われ、応和三年（九六三）慶滋保胤*・源為憲《ためのり》・橘倚平《よりひら》・橘正通《まさみち》・慶滋保章《よししげやすあき》・藤原有国《ありくに》ら一五人が三善道統《みよしのみちむね》邸で行った「善秀才《ぜんしゅうさい》宅詩合」は、のちに勧学会結衆《かんがくえけっしゅ》として名の見える者が含まれ、その文章生時代の交遊関係がうかがわれて興味深い。ほかに永承六年（一〇五一）の侍臣詩合、天喜四年（一〇五六）の殿上詩合などが知られる。

［文献］中嶋朋子「天徳三年八月十六日内裏詩合の研究」（『東京淑徳短期大学紀要』一六、一九八六）、岡田正之『日本漢文学史（増訂版）』（吉川弘文館、一九五四）。　（齋藤　融）

文鏡秘府論《ぶんきょうひふろん》　空海*撰の詩文評論書。六巻。大同四年（八〇九）から弘仁一一年（八二〇）頃に成立。六朝《りくちょう》後期から中唐期にかけての音韻論・詩格論の書籍から、原典の字句をそのまま引用し、声譜調声・八種韻・四声論・十七勢・十四例・六義・十体・八階・六志・二十九種対文・三十種病累・十種疾・論文意・論対属など一五類に分けて、漢詩文制作上の技法、理論などを説く。引用書には沈約《ちんやく》の『四声譜』、『文筆式』など中国で早くに散逸した書籍も見られ、逸書逸文の復原研究においても貴重。『文筆眼心抄《ぶんぴつがんしんしょう》』（弘仁一一年成立）は本書の要点を再編集した抄略本。写本には宮内庁書陵部本・高野山三宝院本・高山寺本などがあり、書陵部本のコロタイプ複製もある。刊本に『弘法大師全集』、『真言宗全書』など。

［文献］小西甚一『文鏡秘府論考—研究篇上・下』（大八洲出版・大日本雄弁会講談社、一九四八・一九五一）。　（齋藤　融）

性霊集《しょうりょうしゅう》　*空海の漢詩文集。詳名は『遍照発揮性霊集《へんしょうはっきせいれいしゅう》』で、当時は漢音で読んだ。遍照は空海の灌頂《かんじょう》号の略称。弟子の高雄僧正真済《しんさい》編。一〇巻。成立年代は、空海の存命中説が有力（入寂は承和二年（八三五）三月）。延暦二三年（八〇四）の入唐時から承和元年（八三四）までの一一一編を収めるが、現存本の巻八―一〇は、承暦三年（一〇七九）に仁和寺の済暹《さいしん》が散逸巻を追補した『続遍照発揮性霊集補闕鈔《ぞくへんしょうはっきせいれいしゅうほけつしょう》』で、空海作か疑わしいものも含まれる。「綜藝種智院式并序《しゅげいしゅちいんしきならびにじょ》」は巻一〇にある。空海の人間像・思想を知る最良の史料であり、願文・表白《ひょうはく》類も当時の密教儀礼・追善仏事に関する重要な史料である。古写本には醍醐寺本・高野山大学本・尊経閣文庫本などがある。

［文献］　川口久雄『平安朝日本漢文学史の研究　上』（明治書院、一九七五）、和田秀乗・高木訷元編『空海』（吉川弘文館、一九八二）。（齋藤　融）

秘府略《ひふりやく》　漢籍・漢語の百科事典。天長八年（八三一）に滋野貞主《しげののさだぬし》をはじめとする博覧の碩儒《せきじゅ》が*淳和天皇の勅により編纂。一〇〇〇巻。書名は秘府（朝廷の書庫）に収蔵された典籍を類聚略記したことに由来。体裁は部ごとに項目を立て、経書・史書・詩文などから関連記事を抄出する。漢籍からの直接引用ではなく、『芸文類聚《げいぶんるいじゅ》』など先行する中国の類書を用いたが、内容的には後代の『太平御覧《たいへいぎょらん》』よりも豊富と評される。お茶の水図書館蔵（重文）の巻八六四（百穀部中）および尊経閣文庫蔵（国宝）の巻八六八（布帛部三）の二巻のみ現存し、それぞれ古典保存会・成簣堂文庫刊行会、副本協会による複製本があり、また影印本に尊経閣影印集成（八木書店）がある。

［文献］　川口久雄『平安朝日本漢文学史の研究　上』（明治書院、一九七五）、飯田瑞穂『古代史籍の研究　中』（吉川弘文館、二〇〇〇）。（齋藤　融）

懐風藻《かいふうそう》　現存最古の私撰漢詩集。一巻。序に「余が此の文を撰ぶ意は、先哲の遺風を忘れずあらんが為なり。故懐風を以て名づくる云爾」とあり、撰修の意図および書名の由来を記す。壬申の乱により宮廷の詩は滅尽したが、天武朝以降に多くの詩人が輩出したので、それを後世に伝えることを目的とした。天平勝宝三年（七五一）一一月に成立。撰者は未詳。ただし、古来より*淡海三船、葛井広成《ふじいのひろなり》、*石上宅嗣、藤原刷雄《よしお》、亡名氏などを撰者に擬す説がある。構成は巻頭に序文・目録を置き、おおむね年代順に作者ごとに詩を掲載する。作者は*大友皇子から葛井広成まで六四人、漢詩数は一二〇首を収める。現行本では大友皇子・河島皇子・*大津皇子・葛野王《かどのおう》・釈智蔵《しゃくちぞう》・釈弁正《べんしょう》・釈道慈《どうじ》・釈道融《どうゆう》・石上乙麻呂《いそのかみのおとまろ》の九人のみ略伝を載せる。内容は侍宴・応詔詩が多く、長屋《ながや》王邸での四季折々の宴にて詠まれた詩は最多の一七首を数える。詩形は五言律詩が多く、六朝詩《りくちょうし》や初唐詩の影響を受けたものであろう。また、儒教思想をうかがわせる詩もみられる。作詩年代は四期（天智朝以前・養老以前・天平以前・天平勝宝三年まで）に分けられるが、第三期に集中している（長屋王サロン）。写本は群書類従系、それ以外の系統に分かれるが、すべて長久二年（一〇四一）惟宗孝言《これむねのたかとき》書写本を祖本とする康永元年（一三四二）転写本（蓮華王院本）を親本とする。後者の尾州家本（蓬左《ほうさ》文庫蔵）は室町時代末期書写、来歴志本（内閣文庫蔵）は元和元年（一六一五）書写である。

［文献］　小島憲之『上代日本文学と中国文学 上』（塙書房、一九六五）。

（齋藤　融）

凌雲集《りょううんしゅう》　弘仁五年（八一四）頃に成立した初の勅撰漢詩文集。一巻。書名は雲を凌《しの》いで高く聳《そび》える詩文集の意で、『史記』によるとされる。正式名は『凌雲新集』。撰者は小野岑守《みねもり》が中心となり、菅原清公《きよきみ》・勇山文継《いさやまのふみつぐ》が輔佐した。序によれば、文《もん》章《じょう》を経国の大業とする思想（魏の文帝の『典論』）の実践が勅撰集編集の動機という。延暦元年（七八二）から弘仁五年までの九〇首を採録し、作者は*平城上皇・*嵯峨天皇・皇太弟大伴親王（*淳和天皇）以下の二三人（現行本は目録にない巨勢識人《こせのしきひと》の一首が加わり、二四人九一首）で、配列は個人別に官爵《かんしゃく》の順とする。これは天皇を頂点とする宮廷社会秩序を意識したものであろう。詩の内容は遊覧《ゆうらん》・宴集《えんしゅう》・餞別《せんべつ》・贈答《ぞうとう》などであるが、内裏および行幸した*神泉苑・河陽院《かやのいん》などにおける遊宴での応《おう》詔詩《しょうし》が多数みられ、帝王賛美・君臣唱和の傾向が顕著である。嵯峨朝の政治社会の一面を反映するものといえる。詩形については七言が過半を越える。盛唐の頃に完成した近体詩と比べると平仄《ひょうそく》の一致しない詩が多いが、唐詩の俗語を取り入れるなど律詩体を学んだ形跡がうかがわれる点は、作者が撰者をはじめとする当代一流の文人に限定されるにしても、中国文化の摂取と浸透を示唆するものであろう。写本には、群書類従本系として内閣文庫本（国立公文書館蔵）・宮内庁書陵部本・静嘉堂文庫本などがあり、これ以外の系統に属するものとして三手文庫本・神宮文庫本などがあるが、いずれも江戸時代のものである。

［文献］　小島憲之「凌雲集の基礎的研究—その成立・内容分類などについて—」（山岸徳平編『日本漢文史論考』所収、岩波書店、一九七四）、小島憲之『国風暗黒時代の文学 中—中』（塙書房、一九七八）。

（齋藤　融）

文華秀麗集《ぶんかしゅうれいしゅう》　弘仁九年（八一八）頃に成立した第二勅撰漢詩文集。三巻。撰者は菅原清公《きよきみ》・仲雄王・勇山文継《いさやまのふみつぐ》・滋野貞《しげののさだ》主《ぬし》・桑原腹赤《くわはらのはらか》。書名は文を花に喩えたもので、梁の昭明太子の『古今詩苑英華集』にならったとされる。序によれば、編集の契機は文学活動の隆盛で、『*凌雲集』から四年足らずのうちに多くの詩が作られたことによる。先の撰に漏れた詩も若干含まれるが、主として以降の詩を採録する。作者は*嵯峨天皇・皇太弟大伴親王（*淳和天皇）以下の二八人で、一四八首を収める（現行本は下巻の末尾が脱落し、五首を欠く）。部立は『文選《もんぜん》』の体裁にならい、遊覧・宴集・餞別・贈答・詠史《えいし》・述懐《じゅっかい》・艶《えん》情《じょう》・楽府《がくふ》・梵門《ぼんもん》・哀傷《あいしょう》・雑詠《ざつえい》の一一部門とするが、艶情・梵門など『文選』にない部立もある。嵯峨天皇の詩は最多の三四首を数え、文人らの応詔詩《おうしょうし》が中心であることからも、嵯峨詩壇の様相を呈している。贈答部には弘仁五年に来朝した渤海客使の詩もあり、迎接使《げいせつし》という職務もあるだろうが、国史の記事にはない外国使節との個人レベルの交流がうかがわれる。女性は姫大伴氏《ひめおおともし》のみ。作品的には美的な表現措辞に重きを置く傾向にあり、文章経国《もんじょうけいこく》の文学観は稀薄である。採択に際しては嵯峨天皇の勅裁を仰いでいるので、嵯峨の美意識の反映とも見られよう。作者名は野岑守のように唐風に三文字で表記し、以後これが定着することになる。写本は内閣文庫本（四種）・静嘉堂文庫本（三種）・陽明文庫本など少なくないが、いずれも江戸時代の書写である。

［文献］ 小島憲之『上代日本文学と中国文学 下』（塙書房、一九六五）、後藤昭雄『平安朝漢文学論考』（桜楓社、一九八一）、『日本古典文学大系―懐風藻・文華秀麗集・本朝文粋』。 （齋藤 融）

経国集《けいこくしゅう》 天長四年（八二七）に成立した第三勅撰漢詩文集（序の日付は五月一四日）。二〇巻。ただし、現存するのは巻一（賦《ふ》）、一〇（楽府《がくふ》・梵門《ぼんもん》）、一一・一三・一四（雑詠《ざつえい》）、二〇（策《さく》）の六巻。書名は魏の文帝『典論』の「文章は経国の大業にして不朽の盛事なり」に由来する。撰者は良岑安世《よしみねやすよ》・南淵弘貞《みなふちのひろさだ》・菅原清公《きよきみ》・安野文継《やすののふみつぐ》・安部吉人《よしひと》・滋野貞主《しげののさだぬし》。序によれば、慶雲四年（七〇七）から天長四年まで一二一年間の散文・韻文を対象とし、先行する勅撰集の遺漏を補い、八世紀以来の漢文学の精粋を集大成しようとしたもので、作者数は一七八人、作品数は一〇二三首（賦一七首・詩九一七首・序五一首・対策三八首）に上る。奈良時代後半に「文人の首」と称えられた*石上宅嗣・*淡海三船、あるいは芸亭《うんてい》で研鑽した賀陽豊年《かやのとよとし》も収載されているが、*嵯峨上皇を中心とする詩壇で活躍した勅撰集撰者をはじめとする官人らが主体をなす。各巻の巻頭に目録を置き、類似する詩題によって分類したうえで作者の官爵《かんしゃく》に基づいて配列し、作者名は『*文華秀麗集』にならって三文字で表記する。入唐《にっとう》経験を有する菅原清公の建言により、弘仁九年（八一八）四月に内裏殿舎などの名称を唐風に改め、儀礼も同様に立礼・再拝舞踏に変更しているが、本書はまさに嵯峨朝から淳和朝にかけての唐風文化の最盛期を象徴するものであった。なお、写本は内閣文庫本（慶長六年〈一六〇一〉書写）・静嘉堂文庫本・蓬左文庫本など江戸時代の新写本しか伝存しない。

［文献］ 小島憲之『国風暗黒時代の文学 中―上・中―下Ⅰ』（塙書房、一九七三―一九八五）、後藤昭雄『天台仏教と平安朝文人』吉川弘文館、二〇〇一）。 （齋藤 融）

日本国見在書目録《にほんこくげんざいしょもくろく》 九世紀末までに日本に将来され、現存していた漢籍（仏典は除く）の目録。一巻。『外典《げてん》書籍目録』『本朝見在書目録』とも。*宇多天皇の勅により*藤原佐世が撰録し、寛平三年（八九一）以前に成立した。一部国書も混入するが、一五七八部一万数千巻もの漢籍を『隋書』経籍志《けいせきし》の体裁にならって四〇家に分類し、書名・巻数および一部に著者を掲げる。漢籍の舶載状況をほぼ正確に知ることができるほか、『旧唐書』経籍志・『新唐書』芸文志などに見出せない書目も多数含まれている点でも貴重である。古写本は平安時代末期書写の室生寺旧蔵本（現宮内庁書陵部蔵）のみで、古典保存会による複製本および『日本書目大成』一に影印本がある。

［文献］ 小長谷恵吉『日本見在書目録解説稿』（小宮山書店、一九五六）、矢島玄亮『日本見在書目録―集証と研究―』（汲古書院、一九八四）。 （齋藤 融）

春澄善縄《はるすみのよしただ》（七九七―八七〇） *姓は朝臣《あそん》。字は名達《みょうたつ》。本姓は猪名部造《いなべのみやつこ》で、伊勢国員弁《いなべ》郡（三重県員弁郡）出身。父は周防大目《だいさかん》豊雄《とよお》。天長五年（八二八）俊士《しゅんし》から文章得業生《もんじょうとくごうしょう》になり、同七年（八三〇）対策に及第して、少内記に任官し、同九年（八三二）正月従五位下に叙せられる。翌一〇年二月に東宮学士（皇太子は恒貞親王）を兼ねるが、承和九年（八四二）七月承和の変に坐して周防権守に左遷される。翌年文章博士に任じられ、以後内外の諸官を歴任して貞観二年（八六〇）正月に*参議となり、同一二年（八七〇）二月従三位に昇叙してまもなく死去した。*藤原良房らと『続日本後紀』の編纂に携わり、仁明・文徳天皇に漢籍を講じるなど、*大江音人と並ぶ「在朝の通儒」と評せられた。

［文献］坂本太郎『六国史』（吉川弘文館、一九八九）、阿部猛『平安前期政治史の研究（新訂版）』（高科書店、一九九〇）。（齋藤　融）

小野　篁《おののたかむら》（八〇二―八五二）*姓は朝臣《あそん》。野相公《やしょうこう》・野宰相《やさいしょう》と称す。父は参議岑守《みねもり》。文章生《もんじょうしょう》を経て大内記・式部少丞を歴任し、天長九年（八三二）正月従五位下に進む。翌一〇年三月に大宰少弐となり、承和元年（八三四）正月遣唐副使に任じられたが、大使藤原常嗣《つねつぐ》に乗船を替えられたことを不服として病と称して*大宰府に留まり、「西道謡」と題する詩が嵯峨上皇の怒りを買い、同五年（八三八）一〇月隠岐に配流された。同七年（八四〇）四月に許され、蔵人頭・左中弁などを経て同一四年（八四七）正月*参議となり、仁寿《にんじゅ》二年（八五二）一二月従三位に昇叙、ほどなく死去した。『*令義解』の撰修に携わり、序文を述作している。漢詩をよくし、和歌にも優れており、書の名手としても知られた。

［文献］小島憲之『国風暗黒時代の文学 中―上』（塙書房、一九七三）、藤原克己「小野篁―承和期の文人の一典型として―」（和漢比較文学会編『和漢比較文学叢書3中古文学と漢文学・1』所収、汲古書院、一九八六）。（齋藤　融）

都　良香《みやこのよしか》（八三四―八七九）*姓は朝臣《あそん》。初名は言道《ときみち》で、掌《しょう》渤海客使《ぼっかいきゃくし》を勤めた際に改名。都賢《とけん》と号す。父は主計頭貞継《さだつぐ》。文章生《もんじょうしょう》・文章得業生《とくごうしょう》を経て貞観一一年（八六九）六月対策（対策文は『*本朝文粋』に収載）に及第する。同一五年（八七三）正月に従五位下に叙せられ、大内記・文章博士などを歴任する。*大江音人らと『日本文徳天皇実録』編纂に携わるが、元慶三年（八七九）二月に完成を待たず死去する。史伝に精通したほかに詩文に優れ、*元慶俘囚の乱の際に諸国に発給された勅符は良香の作で、著作には家集『都氏文集《としもんじゅう》』六巻（巻三・四・五が現存）、『道場法師伝《どうじょうほっしでん》』『富士山記』などがある。また、*大江匡房著『本朝神仙伝』に神仙的人物として描かれている。

［文献］川口久雄『平安朝日本漢文学史の研究 上』（明治書院、一九七五）、中條順子「都良香伝考」（今井源衛教授退官記念文学論叢刊行会編『文学論叢』所収、九州大学文学部国語学国文学研究室、一九八二）。（齋藤　融）

大江音人《おおえのおとんど》（八一一―八七七）*姓は朝臣。元は大枝。父は備中権介本主《もとぬし》。母は中臣氏（*阿保親王の侍女）。千里《ちさと》・千古《ちふる》らの父。江相公《ごうしょうこう》と号し、江家《ごうけ》の祖。文章生《もんじょうしょう》・秀才（文章得業生《とくごうしょう》）を経て出身し、*承和の変に坐して尾張国に配流されるが、のちに許されて大内記・東宮学士（惟仁《これひと》親王（*清和天皇））・左中弁・右大弁などを歴任し、貞観六年（八六四）正月*参議となり、同一六年（八七四）正月従三位に昇叙する。同年二月左衛門督を兼ねて翌月検非違使別当となる。*藤原良房・*都良香らと『日本文徳天皇実録』の編纂に携わり、菅原是善《これよし》と「貞観格式」を撰定する。清和天皇の侍読を勤め、*春澄善縄と並ぶ「在朝の通儒」と称された。著作に『群籍要覧』『弘帝範』『江音人集』などがある。

［文献］川口久雄『平安朝日本漢文学史の研究 上』（明治書院、一九七五）。（齋藤　融）

（四）　弘仁・貞観期の美術

密教芸術《みっきょうげいじゅつ》　密教の信仰に基づく芸術。奈良時代にはすでに密教経典が請来され、変化《へんげ》観音や求聞持《ぐもんじ》虚空蔵菩薩などを本尊として真言により祈願の成就を図る雑部《ぞうぶ》密教（雑密《ぞうみつ》）が隆盛した。西大寺には多くの雑密像が存在したことが知られる。しかし、本格的な密教芸術は九世紀初頭の入唐僧の帰朝後に開花する。特に*空海は長安青龍寺の恵果《けいか》に学び、大同元年（八〇六）、多数の密教経典、*曼荼羅などを携えて帰国した。空海がもたらしたのは胎蔵《たいぞう》法と金剛《こんごう》界法を統合した、大日如来を中心とする理論体系であった。これを正純密教（純密）という。空海は弘仁一四年（八二三）に東寺を真言密教の拠点とし、彫像による立体曼荼羅の造立を計画、死後の承和六年（八三九）に開眼されたのが、現存する講堂諸像である。また空海が帰朝後に入った*神護寺、晩年を過ごした高野山や、弟子の実恵《じつえ》が開いた観心寺などで仏像、仏画が盛んに制作された。当時の密教像は怪奇性、官能性に満ち、特に魁偉な明王像は斬新な存在だった。空海の没後も常暁《じょうぎょう》、円行《えんぎょう》、恵運《えうん》、宗叡《しゅうえい》ら空海の系統にある僧侶が相次いで入唐し、様々な経典や作品を伝えた。*真言宗の密教を東寺の密教の意から東密という。*天台宗では*円仁・*円珍が入唐、密教請来に大きな成果を収め、台密の興隆に尽くした。*最澄・空海にこの六人を加え入唐八家と呼ぶ。密教修法では身（印を結ぶ）・口《く》（真言を唱える）・意（本尊を観想する）の三密により、本尊と一体化する即身成仏が重視された。その次第は経典や儀軌に詳細な規定があって厳密に実践され、師から弟子への伝授は秘密裡に行われた。本尊像の制作法も経軌に基づくが、僧侶によって考案・改変された意楽《いぎょう》像や口伝も尊重された。授法の際、尊像の姿を描いたものも用いられ理解を助けた。その多くは紙に墨線で描かれ彩色のない白描図像で、はじめ唐から請来され、形の伝播に重要な役割を演じた。修法には金剛杵、金剛鈴、輪宝など独自の密教法具が用いられ、工芸品としても重要である。

［文献］　佐和隆研・濱田　隆編『密教美術大観１－４』（朝日新聞社、一九八三－一九八四）、立川武蔵・頼富本宏編『シリーズ密教４日本密教』（春秋社、二〇〇〇）。　（佐々木守俊）

仏像《ぶつぞう》　彫刻史上の平安時代前期とは、延暦三年（七八四）の長岡京遷都から醍醐朝末期の延長年間（九二二－九三一）末頃までをいう。弘仁・貞観彫刻とのいい方がしばしばなされるが、弘仁（八一〇－八二四）・貞観期（八五九－八七七）の作例をもって時代を代表させるのは不適切との見方がある。当期の大きな動きの一つは、木彫の飛躍的な発達である。前代に始まる、檀像を意識した一木造の流行が受け継がれ、ほかの技法の像は激減した。カヤやヒノキなど針葉樹材が檀木の代用とされ、像表は素地のままとするか檀木に似せた彩色を施した例が多い。体軀の厚み、粘りのある素材を活かした鋭く深い彫り口が特徴的だが、特に早期の作例は威圧的な塊量感、局部の強調、厳しい顔立ち、捻塑的技法にならう変化に富んだ衣文が目立つ。神護寺薬師如来立像はその好例である。一方、同時期の*広隆寺不空羂索観音立像は均整のとれたプロポーションを特徴とし、多様性が認められる。もう一つの重要な転機は、*空海による純密の導入である。大日如来や五大明王など造像の対象は急増し、官能性・怪奇性に満ち、動感あふれる像が制作された。唐から請来された曼荼羅*や図像が粉本となり、像は曼荼羅の立体化として観念的な配置をとる。東寺講堂諸像や観心寺如意輪観音坐像などが作られた承和期（八三四―八四八）が最盛期で、これら諸像はやはり一木造だが、天皇など貴顕の発願、像表の乾漆仕上げ、量感と古典的整斉の調和といった点から、製作には奈良時代の官営工房の流れをくむ工人グループの関与が考えられる。密教像以外でも、広隆寺阿弥陀如来坐像は同傾向を示す。檀像系の作例でも法華寺十一面観音立像は顔立ちに共通性が顕著で、技術的混交が想起される。八五〇年代には造形がやや弛緩するが、八八〇年代以降は穏健さを加えた仁和寺阿弥陀三尊像や、衣文を装飾的に整えた清凉寺阿弥陀三尊像など、新たな志向が現れる。この二例は中尊が力端定印を結び、平安後期に流行する阿弥陀像の先駆としての意義も大きい。

［文献］水野敬三郎ほか編著『日本美術全集5密教寺院と仏像―平安の建築・彫刻I』（講談社、一九九二）。（佐々木守俊）

一木造《いちぼくづくり》　像の頭体幹部を一材から彫出する技法。腕や坐像の両脚部など、木取りした材の外へはみ出す部分は別材を矧いでも一木造と呼ぶ。干割れを防ぐため内刳りして木芯を取り去るか、木芯を外して木取りする場合が多い。木彫像はすでに飛鳥時代に行われ、八世紀後半から末期に再び興隆、九世紀には中心的な造像技法として他を圧した。その要因には山林修行者からの発生、木心乾漆像の木心部の発展などが考えられたが、鑑真《がんじん》来朝と唐招提寺木彫群の制作を直接的な契機と見るのが妥当であろう。木に対する愛着や畏敬の念も見逃せないが、入手が容易な針葉樹材（特にカヤ）を檀木の代用とする意識が重要視される。一一世紀に寄木造が主流となったのちも行われた。

［文献］西川杏太郎『日本の美術202一木造と寄木造』（至文堂、一九八三、『日本彫刻史論叢』（中央公論美術出版、二〇〇〇）に再録）。（佐々木守俊）

神像彫刻《しんぞうちょうこく》　神の姿を表した彫像。本来、日本の神祇信仰では偶像崇拝を行わなかったが、神霊が宿る「形代《かたしろ》」には石、鏡などのほか、一部に人形の像が現れた。八世紀には神仏習合が始まり、仏像による刺激は神の姿を具体化する意識を高めた。『多度神宮寺伽藍縁起并資財帳』にみるように、習合初期には日本の神が神身の離脱を望む形で仏教側に接近、神域に神宮寺が建てられ仏像または習合像が安置された。神宮寺に伝来した僧形像は出家した神とみるほか、神仏間を媒介した異能僧の姿に神意を託した習合像との説もある。九世紀には仏教図像による像のほか八幡神像、俗形像など独自の図像が確立、習合形態を離れた神社での造像も行われた。

［文献］岡　直己『神像彫刻の研究』（角川書店、一九六六）、田邊三郎助編『図説日本の仏教6神仏習合と修験』（新潮社、一九八九）。（佐々木守俊）

曼荼羅《まんだら》　密教の経典や儀軌に基づく諸尊の配置図。サンスクリット語mandala（本質を得る）の音訳。仏教では観想による仏の姿の感得が重視されたが、感得は難しいので仏の姿を壇上に描くようになった。インド密教では土檀上に諸尊を描いたり彫像を置き、修法ののち破壊した。中国では曼荼羅を絹や紙に描いて掛幅とするようになり、日本にもその形式が伝わった。幾何学的構成を特徴とし、形態上は梵字による法曼荼羅、仏を象徴する標幟《ひょうじ》（三昧耶形《さんまやぎょう》）による三昧耶曼荼羅、尊像による大曼荼羅、彫像による羯磨《かつま》曼荼羅の四つに分類され、大曼荼羅がもっとも行われた。まず個々の修法の目的に応じた本尊を中心とする別尊曼荼羅が成立し、これを整理統合して普集会《ふしゅうえ》曼荼羅が登場した。代表例が大日如来を中心とする両界曼荼羅で、本来別個に発生した胎蔵《たいぞう》界・金剛《こんごう》界曼荼羅が統合され、長安の恵《けい》果《か》によって完成された。空海*は恵果《けいか》に両界曼荼羅を伝授され日本に請来、この系統を現図曼荼羅という。高雄曼荼羅（神護寺*蔵）は空海生存中の転写本である。また、円珍*請来の五部心観（園城寺蔵）は現図成立以前の形式を持つ金剛界曼荼羅で、唐本図像の原本としても貴重である。各種の別尊曼荼羅も請来され、転写本や白描図像から図容がしのばれる例もある。そのほか、堂内の板壁にも描かれ、唐からの請来品にならい板彫曼荼羅も制作された。なお密教成立以前の叙景的な浄土図も叙景曼荼羅（浄土曼荼羅）と考えられ、密教の曼荼羅にも影響した。

［文献］石田尚豊『曼荼羅のみかた―パターン認識』（岩波書店、一九八四）、頼富本宏『曼荼羅の鑑賞基礎知識』（至文堂、一九九一）。

（佐々木守俊）

百済河成《くだらのかわなり》（七八二―八五三）平安時代前期の絵師。『文徳実録』仁寿三年（八五三）八月二四日条によると、この日七三歳で没した河成の本姓は余《あぐり》。承和七年（八四〇）百済姓を賜わった（『続日本後紀』）。画技に優れ、その絵は、「写す所の古人の真及び山水草木等皆自ら生きるが如し」と記されるところから、写実的な画風であったと思われる。また、『今昔物語集』*巻二四にも、飛騨の工に挑み、迫真的な人物像を描いたという逸話が収録されている。武芸に長じ、強弓を引き、大同三年（八〇八）左近衛、弘仁一四年（八二三）美作権少目、天長一〇年（八三三）従五位下、承和年中には備中介、播磨介を歴任し、社会的地位も高かったことがうかがえる。

［文献］秋山光和『平安時代世俗画の研究』（吉川弘文館、一九六四）、平田　寛『絵仏師の時代』（中央公論美術出版、一九九四）。

（稲本万里子）

巨勢金岡《こせのかなおか》（生没年未詳）平安時代前期の絵師。巨勢派の祖。元慶四年（八八〇）唐本により大学寮の「先聖《せんせい》先師《せんし》九哲像《きゅうてつぞう》」を、仁和四年（八八八）御所の南庇の東西障子に弘仁以後の「鴻儒像《こうじゅぞう》」を描いたことから、唐絵《からえ》もやまと絵も手がけたことが知られる。『菅家文草』*によると、貞観年間に神泉苑*の監を務め、菅原道真*から神泉苑の図を求められ、仁和元年（八八五）に藤原基経*の、寛平七年（八九五）には源能有の五十賀の屏風絵を描いたという。金岡の絵は「新様」と称されていたが、これは、金岡が中国の絵画様式を消化吸収し、新たな様式を生み出したと解釈されている。また、仁和寺や清涼殿に描いた馬が、夜になると抜け出したという逸話（『古今著聞集』一一）は、その絵が写実的なものであったことを示唆している。金岡作の伝承を持つ作品は多いが、遺品は現存しない。

［文献］秋山光和『平安時代世俗画の研究』（吉川弘文館、一九六四）、平田　寛『絵仏師の時代』（中央公論美術出版、一九九四）。

（稲本万里子）

飛鳥部常則《あすかべのつねのり》（生没年未詳）平安時代中期の宮廷絵師。天暦八年（九五四）村上天皇宸筆法華経の表紙絵を、応和四年（九六四）村上天皇の命により、清涼殿西庇南壁に「白沢王像《はくたくおうぞう》」を描くほか、応和三年（九六三）御苑に雪で蓬萊山を築き、天禄三年（九七二）歳末の御祓に用いるための牛馬犬鶏形を彩色したことが知られるが、現存する作品はない。長保元年（九九九）に入内した藤原彰子のための倭絵《やまとえ》屏風は「故常則絵」と記され（『権記』）、常則の没年の下限を示すとともに、「倭絵」という語の初見として著名。*『源氏物語』絵合巻では、巨勢相覧《こせのおうみ》に比べ、「いまめかしうをかしげに、目も輝くまで見ゆ」といわれた常則の絵も、巨勢弘高《こせのひろたか》に比べると、「古体なるべし」（*『栄花物語』二〇）と評されるなど、この時期、やまと絵の様式展開に何らかの変化があったと考えられている。

［文献］秋山光和『平安時代世俗画の研究』（吉川弘文館、一九六四）、平田　寛『絵仏師の時代』（中央公論美術出版、一九九四）。

（稲本万里子）

寺院建築《じいんけんちく》　平安時代前期の寺院建築はほかの時代に比べ現存例に恵まれず、様式の実体については不明な部分も多い。中国や朝鮮半島からの新様式の明確な導入もなされず、様式的観点による時代区分が難しい面がある。しかし、遷都による政治と南都仏教勢力の乖離、密教請来による仏教界の刷新を契機とする寺院形態の変化は特筆される。まず寺院の所在地であるが、平安京内では官寺の*東寺・西寺のほか寺院建立は許されず、新しい寺院は京郊外に造営された。特に、山上の寺院経営が本格化した。奈良時代にもすでに比蘇寺や*室生寺など、中央との連絡を保ちつつ山間部で盛んな活動を行った寺院があったが、*最澄と*空海がそれぞれの本拠地に山間部を選んだことは、山岳寺院の定着と発展につながった。空海は高雄山の*神護寺に入り密教化を進め、高野山に*金剛峯寺を建立した。空海の弟子実恵《じつえ》の観心寺や、恵運《えうん》の安祥寺《あんじょうじ》、*聖宝の醍醐寺などの真言寺院も山上に造営された。一方、最澄は比叡山に*延暦寺を建立し、*天台宗の拠点とした。山岳寺院は平地と異なり地形の制約があるため、奈良時代までに定着した規則的な*伽藍配置が放棄されたことは大きな特色である。修行の場としての静寂な雰囲気が好まれ、当初は檜皮葺《ひわだぶき》の簡素な草堂から出発したものも多かった。さらに密教の教義に基づき、宝塔、多宝塔、五大堂、護摩堂、灌頂堂など従来なかった建物が新たに加わり、境内の構成要素が多様化した。特に塔は、平安初期の例では層塔形式の当麻寺西塔と室生寺五重塔しか現存しないが、密教寺院では新しい形式が考案されていたことが知られる。これは大日如来の三昧耶形または大日如来の所説が奉安されていた南天鉄塔に由来すると考えられ、金剛《こんごう》界・胎蔵《たいぞう》界五仏や金剛界五仏の所変である五大虚空蔵菩薩などが安置された。宝塔は円形平面の一重塔で、神護寺では五大虚空蔵菩薩坐像（現存）が安置された。多宝塔は下層が正方形で、上層が円形の塔身を持つ二重塔で、下層内部に円形に並ぶ柱列を持ち規模が大きいものを大塔という。空海が計画し、没後に完成した高野山の毘盧遮那《びるしゃな》法界体性塔《ほっかいたいしょうとう》二基は東塔が大塔、西塔が多宝塔形式で、それぞれ胎蔵界と金剛界の五仏が安置された。天台宗では最澄が六処宝塔院に千部法華経を安置する計画を立てたが、これも多宝塔または一級宝塔と称された。最澄の生前に完成したのは二か所だったが、六処のうち近江宝塔院は*円仁のとき惣持院となり、胎蔵界五仏が安置された。天台宗の建築では、のちの阿弥陀堂建築の基礎となった常行三昧堂も重要である。また、両界曼荼羅の安置空間として、専用の堂宇が営まれた。空海生存中に建てられた神護寺根本真言堂は胎蔵界・金剛界曼荼羅をそれぞれ東西に掛けて対面させる形式で、当時描かれたのが現在の高雄曼荼羅である。

宮中真言院、東大寺真言院、東寺灌頂院も同形式であった。同時に、従来からある建物の担う意味も変化した。*東寺が金堂を中心とする既存の構成を温存しつつ、講堂の比重を高めたのは顕著な例で、そのほか講堂に本尊級の仏像を安置した例に観心寺などがある。仏堂の建築構造に注目すると、金堂の前面に礼堂を設けることが増え、さらに岩や崖に床の一部が張り出す懸《かけ》造《づくり》の形式が現れて堂の奥行きが増した。また土間式から床式への変遷なども特徴としてあげられる。これらの変化は仏の座と人の出入りする場を区分する機能を有し、九世紀の建立とみられる室生寺金堂は稀少な現存例である。内部は意図的に暗くなるよう設計された。顕教では堂内に仏像を安置して仏の世界を造形することを目的としたのに対し、密教寺院では修法者が即身成仏を目指す場としての性格が重視され、顕教寺院の開かれた空間と異なり閉鎖的な構造がとられたのである。仏像も顕教寺院では浄土を再現する叙景的な配置が行われたのに対し、曼荼羅の立体化の如く幾何学的・観念的に配置された。後世の再建であるが、東寺講堂はその代表例である。

［文献］伊藤延男『日本の美術143密教建築』（至文堂、一九七八）、藤井恵介『密教建築空間論』（中央公論美術出版、一九九八）。

（佐々木守俊）

室生寺金堂

一〇　摂関政治

藤原北家の躍進　藤原氏は、*不比等の男子四人が、南家・北家・式家・京家を立てて四家に分かれたが、北家は*房前の曾孫*冬嗣が*薬子の変（八一〇）のときに蔵人頭に任命されてから、もっとも有力であった。冬嗣の子*良房は天安事件（八五七）で右大臣から太政大臣となり、北家の地位は抜群のものがあった。しかし、旧来の名家として伴（大伴）氏・紀氏があり、嵯峨天皇のとき創立された賜姓諸氏の勢力もまた無視できなかった。藤原北家は機会を捉え、また事を構えては他氏を排斥していった。*承和の変（八四二年）で伴氏・橘氏を、*応天門事件（八六六）で*伴善男を、そして右大臣*菅原道真（九〇一）、左大臣*源高明（*安和の変（九六九））を政界から追放した。*醍醐・*村上天皇のときには摂政関白を置かず、いわゆる「延喜天暦の治」と称される一時期もあったが、一〇世紀後半になると、摂政関白の地位を藤原北家が独占するようになった。一一世紀前半の*藤原道長とその子*頼通のときが北家の全盛時代であった。

摂関政治とは　摂関政治は、*摂政あるいは関白の地位にある者が中心となって政務を行っているという認識からつけられた呼び名である。摂関政治の主導権は藤原氏摂関にあったが、その地位は天皇の権威に由来するものであり、実態としても、天皇と摂関との共同執政の形をとった。したがって、藤原氏は天皇の尊厳を示し、その権威を高めることを怠らず、常に天皇との血縁関係を求めた。血縁関係を失うと権力を失うのである。一方、摂関家の一族は、大臣・大納言・*中納言・*参議など、政務にあずかる公卿《くぎょう》の過半を占め、そのうえ、官人の任免権を握った。藤原北家が長期間にわたって権力を握ることができたのは、①先祖*藤原（中臣）鎌足以来の功徳によって、政治の中枢に参与すべき氏族と観念されていたこと（こうした観念は奈良末から平安初期には成立していた）、②外戚すなわち天皇の母方身内として摂政・関白の座を確保したこと、③一族の者が重要な官職を独占し、彼らが受ける給与の総額は莫大なものがあったことにより、こうしたことが摂関政治を持続させる条件となったのである。

政務の儀式化　藤原道長・頼通の時代を頂点とする、藤原氏の政界独占体制の樹立過程で、政務の儀式化、あるいは政務と儀式の一体化が進んだ。政策の決定・政務の決裁は、大臣・納言・参議による最高会議である陣座において行われた。その決定（陣定*）は多数決原理をとりながら、実際には、摂関と天皇の合議によって最終決定がなされた。政務においては、故実・先例が重んじられ、官人・貴族たちは、先例に従い政務を進めることが大切であると考えられた。失錯を犯すと、嘲笑の対象とされた。貴族・官人は「日記」を書くことによって、自らの体験した儀式・政務を記録・保存し、また儀式に関する書物をも編纂した。そのなかでも源高明の『西宮記*』、藤原公任*の『北山抄*』、大江匡房*『江家次第*』などは著名である。宮廷における年中行事が形を整えたのも同じ頃である。貴族・官人の社会では、家格が成立・固定し、序列化が進行した。官職・位階を売買することが通常化し、年官年爵の制（年給制）が行われ、それによる任料は皇族・貴族の収入となった。朝廷に仏事や造営の費用を寄進することによって、一定の官職に補任される売官（成功*）は受領*の場合に多く、任期を延ばす延任・重任*も認められた。

大土地所有の進展　律令制の土地制度は変質し、院*皇君臣家（貴族）や有力な寺院・神社による大土地所有制（荘園制）の発展が進み、平安初期の在地の有力者（「家業之輩」と呼ばれた）は、土地の開発・営田と周辺人民への米銭の貸つけ（出挙）を行って富を蓄積したが、彼らの活動が荘園設置の基礎となった。

受領による収奪　土地の状況の著しい変化に対応するため、律令制の維持を試みた中央政府は、全国的・画一的な方式を必ずしもとらず、国司（受領*）による国政のあり方に大幅な裁量を認め（国例）、それぞれの国での租税収奪を請け負わせる方式に傾斜していった。受領として地方政治に当たったのは、主に中流貴族層の出身者で、摂関家のような有力貴族家の家司を務める者が多かった。受領は任国を収奪利得の対象として見る傾向が強く、有能な目代*や軍事力としての郎等従者を引きつれて下国し、法の許す限り、力づくで租税を徴収したので、一任（四―六年）の間に莫大な富を築くほど利得があった。これは当然、人民の反発を買うだけでなく、在地の豪族層（郡司層）の抵抗を受けることとなった。一〇世紀から一一世紀の半ば頃まで、郡司・百姓らが国司（受領）の苛政を太政官に訴える事例が多くみられたが、永延二年（九八八）の尾張国郡司百姓等解《げ》はもっとも名高い。

（阿部　猛）

（一）　藤原北家の躍進

阿《あ》衡《こう》事《じ》件《けん》　平安時代前期に起こった政治抗争。「阿衡紛議」ともいわれる。仁和三年（八八七）一一月に即位した宇多天皇*が、太政大臣藤原基経*に対し「其の万機《ばんき》臣細《こさい》、百官己《おのれ》に惣《す》べ、皆、太政大臣に関《あづか》り白《むう》し、然る後に奏し下すこと、一に旧事の如し、」との詔を下した。基経は重要な地位に任命・就任するときには三顧・三譲の礼をもってするという慣例に基づき辞表を奉った。基経の辞退に対して参議で左大弁兼文章博士の橘広*相の起草による勅答があり、そのなかに「宜《よろ》しく阿衡の任を以て卿の任と為すべし」とあった。基経の家司藤原佐世*は阿衡は典職なき冷遇にすぎないと論じ、これにより基経は出仕するのをやめ、政務をとらない期間が半年にも及んだ。政界・学界を巻き込んだ論争となり、明経・紀伝道の学者たちは阿衡に典職なしとしたが、広相は殷代の賢人伊尹《いいん》の例を引っ張り出しこれに反論した。翌年六月に天皇の御前において論じられたが決着せず、左大臣源融*の要請に応じて天皇はついに勅答を訂正し、起草者であった広相は責任を問われる立場に追い込まれていった。一〇月に基経女温子《よしこ》が入内し女御となったことにより事態は落着した。この一件の背景には、宇多天皇は基経を外戚とせず、広相女義子《よしこ》との間にすでに皇子があり、広相が外戚となりうる立場にあったため、基経はそれを防ごうとしたのではないかとの説がある。また、学者間の派閥の争いがあったのではないかとされる。この一件において、讃岐守となっていた菅原道*真は、基経に意見書を提出して基経を諫めようとした。これを契機に宇多天皇は道真を信任するようになっていったとされる。

（平郡さやか）

［文献］ 坂本太郎『菅原道真』（吉川弘文館、一九六二）、瀧浪貞子「阿衡の紛議」（『史窓』五八、二〇〇一）。

菅原道真《すがわらみちざね》失脚《しっきゃく》 延喜元年（九〇一）正月二五日に右大臣菅*原道真*が醍醐天皇を廃立し、天皇の異母弟で道真女を室とする斉*世親王を即位させようとしているとされ、大宰権帥に左遷された。これにより斉世親王は出家し、また官途にあった道真の子大学頭高視《たかみ》は土佐介、式部丞景行《かげつら》は駿河権介、右衛門尉兼茂《かねしげ》は飛騨権掾、秀才淳茂《あつしげ》*は播磨に左遷された。さらに道真の党与と目される右近中将源善《よしお》は出雲権守、右大史大春日晴蔭《はるかげ》は三河掾、勝諸明《すぐりのもろあき》は遠江権掾、源厳《いわお》は能登権掾などに左遷された。この一件は左大臣藤原時平*らの策謀であったといわれ、藤原氏による他氏排斥の一つとみられている。道真は特に宇多*天皇の信任が篤く、宇多天皇は皇子である醍醐天皇に譲位するにあたり『寛平御遺誡*』を書き贈り、時平と道真らを重用するように諭した。そして延喜元年正月七日には左大臣時平とともに従二位に叙される。さらに道真の長女衍子《ひろこ》は寛平八年（八九六）に入内し宇多天皇の女御となっており、また別の女は宇多天皇の第三皇子斉世親王の室となっており、宇多天皇との結びつきも深かった。道真の左遷については、宇多上皇にはまったく知らせずに断行したという。道真は宇多上皇の信任を得て、また学者としてはまれな大臣の任についていた。さらに道真の門弟は数多く、すでに諸司にある者もおり、この先重要な諸司の地位を占めるだろうとされた。これらのことが時平側の反感を招いたため、道真の左遷に至ったとみられている。

（平郡さやか）

［文献］ 坂本太郎『菅原道真』（吉川弘文館、一九六二）、太宰府天満宮文化研究所編『菅原道真と太宰府天満宮 上』（吉川弘文館、一九七五）。

延喜《えんぎ》の国政《こくせい》改革《かいかく》 延喜年間（九〇一―九二三）は醍醐天皇*（在位八九七―九三〇）の治世で、後世に醍醐天皇の皇子村上*天皇の治世と合わせて聖代視され、延喜・天暦*の治と称された。天皇親政のもと諸儀式が整備され、文運が隆盛したとして理想の治世とされたが、実情は班田収授・調庸制などの諸制度の崩壊・治安の乱れや民力の疲弊など律令国家体制の解体が進んでいた。延喜元年に*菅原道真が左遷された後は、左大臣*藤原時平が太政官の権力を掌握し、醍醐天皇を補佐した。延喜二年（九〇二）三月一二日・一三日に延喜の荘園整理令を含む太政官符が出され、現在知られているのは『*類聚三代格』『*政事要略』に収められている九通である。これらは地方支配政策を中心とした律令制の再編を図るために出された太政官符である。このほか醍醐天皇の治世においては「延喜格」「*延喜式」「延喜交替式」が編纂され、六国史の一つ『日本三代実録』の編修も行われた。また*皇朝十二銭の一つである延喜通宝が鋳造された。さらに*紀貫之・紀友則《とものり》・凡河内躬恒《おおしこうちのみつね》・壬生忠岑《みぶのただみね》らを撰者として、最初の勅撰和歌集である『*古今和歌集』も編纂された。

［文献］古代学協会編『延喜天暦時代の研究』（吉川弘文館、一九六九）、佐藤宗諄『平安前期政治史序説』（東京大学出版会、一九七七）。（平郡さやか）

意見《いけん》十二《じゅうに》箇条《かじょう》　延喜一四年（九一四）四月に三善清行《きよゆき》が封進した一二か条にわたる政治上の意見書。この意見書は同年二月に公卿や五位以下の京官および国司に徴召の詔が発せられたのに応じて、密封して提出したものである。意見封進制度の規定は「大宝令」にあり、具体的な手順は『新儀式』『*西宮記』などに見られる。奈良時代より平安時代前期までの徴召・封進が行われた実例は十数例ある。意見封事の全文が伝わっているのは、清行のものと、天徳元年（九五七）に菅原文時《ふみとき》が*村上天皇に提出した『意見封事三箇条』である。『意見十二箇条』は序論と一二か条の建議からなり、序論では律令財政の衰微について論じている。一二か条の事書は以下のとおりである。①水旱《すいかん》を消し豊穣を求むべきこと、②奢侈《しゃし》を禁ぜんと請うこと、③諸国に勅して見口の数に随いて口分田を授けんと請うこと、④大学の生徒の食料を加え給わらんと請うこと、⑤五節の妓の員《かず》を減ぜんと請うこと、⑥旧により判事の員を増し置かんと請うこと、⑦平均に百官の季禄を充て給わんと請うこと、⑧諸国の少吏并びて百姓の告言・訴訟により朝使を差し遣すことを停止せんと請うこと、⑨諸国の勘籍人《かんじゃくにん》の定数を置かんと請うこと、⑩贖労の人をもて諸国の検非違使及び弩師《どし》に補任することを停めんと請うこと、⑪諸国僧従の濫悪及び宿衛《しゅくえ》舎人《とねり》の凶暴を禁ぜんと請うこと、⑫重ねて播磨国の魚住の泊《とまり》を修復せんと請うこと。清行は備中介や大学頭の経験を踏まえて、政治的・社会的な問題点を指摘し、その対応策を論じた。実際の政策のなかにはほとんど反映されなかった。『意見十二箇条』は『本朝文粋』二、『群書類従』雑部、『古代政治社会思想』（日本思想大系8）などに収められている。

［文献］所　功「律令時代における意見封進制度の実態」（古代学協会編『延喜天暦時代の研究』所収、吉川弘文館、一九六九）、所　功「三善清行『意見十二箇條』試注」（『帝京史学』一三号、一九九八）。（平郡さやか）

延喜《えんぎ》・天暦《てんりゃく》の治　延喜は*醍醐天皇の治世（在位八九七―九三〇年）、天暦は*村上天皇の治世（在位九四六―九六七年）のときの年号で、後世に両天皇の治世期間を聖代視し、その代表的な年号を冠して延喜・天暦の治と称した。この呼称は唐の太宗の治世を貞観の治と称したのにならったものである。延喜の治は寛平の治といわれる*宇多天皇の治世を受け継ぎ、醍醐天皇親政のもと延喜の荘園整理令の発令、「延喜格式」の編纂、儀式の制定、『日本三代実録』の編修、延喜通宝の鋳造、初の勅選和歌集である『古今和歌集』の撰進などが行われた。醍醐天皇より皇位を譲られた朱雀天皇の治世には、承平・天慶の乱が起こった。その後、朱雀天皇より弟の村上天皇へと皇位が継承されていった。関白藤原忠平の死後村上天皇による親政が行われ、儀式の制定、『新国史』の編纂、皇朝十二銭の最後の貨幣に当たる乾元大宝の鋳造、勅選和歌集である『後撰和歌集』が撰進された。両天皇の治世期間は聖代視されてはいるが、実際は律令体制の解体期に当たっていた。一一世紀初期には、両天皇の治世期間は聖代視され始め、その聖代観の成立については、摂関時代になって学者文人層が学識に比してその地位が低下し、文物盛行し文人優遇の時期であった延喜・天暦の治を理想化し自己の主張に利用しようとしたのだとする説がある。また、皇室と藤原氏の一体観が生まれた時期であるとして藤原氏の間から往時を回顧し賛美して起こってきたとする説もある。

［文献］古代学協会編『延喜天暦時代の研究』（吉川弘文館、一九六九）。（平郡さやか）

安和《あんな》の変《へん》　平安時代中期に起きた政変。安和二年（九六九）三月二五日に左馬助源満仲、前武蔵介藤原善時《よしとき》らが、中務少輔橘敏延《としのぶ》・左兵衛大尉源連《むらじ》らの謀叛を密告したのを発端に、右大臣藤原師尹以下の公卿が参内し警固・固関が行われた。前相模介藤原千晴《ちはる》らが捕えられ訊問を受け、その累は左大臣の源高明にまで及んだ。翌日、高明は大宰権帥に左遷され、捕えられた者は伊豆・土佐・隠岐国などに流された。高明の失脚は、師尹・藤原伊尹《これただ》・藤原兼家ら藤原氏北家による陰謀であったと考えられる。源高明は醍醐天皇の皇子で、高明の上位に関白太政大臣藤原実頼がいたが、高齢のため実質上太政官の頂点にいたのは左大臣の高明であった。さらに高明の女は、冷泉天皇の同母弟為平《ためひら》親王の妃となっていた。為平親王は冷泉天皇の皇太子候補と目されていたが、為平親王を越えその同母弟の守平《もりひら》親王（のちの円融天皇）が皇太子となった。これは高明が天皇の外戚となることを藤原氏が危惧したため、為平親王を皇太子とはしなかったという。安和の変は藤原氏による他氏排斥の最後の事件とされ、高明の左遷後は師尹が左大臣となり、藤原摂関家の地位が固まっていった。また、この変の背景の一つに、源満仲・藤原秀郷の子千晴らによる武士同士の対立も考えられ、変後は満仲ら清和源氏が台頭してくる。

［文献］松村博司「安和の変に関する大鏡・栄花物語の記述について」（『名古屋大学文学部二十周年記念論集』所収、名古屋大学文学部、一九六八）、山中　裕『平安時代の古記録と貴族文化』（思文閣出版、一九八八）。（平郡さやか）

延喜《えんぎ》の奴婢《ぬひ》解放令《かいほうれい》　延喜年間（九〇一―九二三）の醍醐天皇の治世に出された奴婢に関する法令。奴婢停止令ともいう。延喜の奴婢解放令に関する唯一の史料は、『政事要略』巻八四の糺弾雑事の「告言三審誣告等事」に所収されている長徳三年（九九七）一〇月二七日付の但馬国朝来郡司全見挙章と明法家惟宗允亮との問答である。そのなかで婢某女は「延喜格奴婢を停止し了んぬ、格後奴婢あるべからず」と述べている。この「延喜格」は奴婢制を廃止したものと見られてきたが、「延喜格」の存在を否定する説も多くある。これに対して「延喜格」の存在を認めたうえで全面的な奴婢の解放令ではなく、奴隷制の拡大を防止するため、すでに奴隷状態から解放されていた奴婢のみを良民とするため、売買により良民や奴婢が奴隷となることを防止するため、相伝の奴婢を除いて新規の奴婢の売買・伝領を禁じるためなどといった、限定的な法令であったとする説もある。

［文献］ 神野清一『律令国家と賤民』（吉川弘文館、一九八六）、阿部 猛『平安前期政治史の研究』（高科書店、一九九〇）。

（平郡さやか）

革命勘文《かくめいかんもん》 中国古代から伝わった讖緯*思想に辛酉《しんゆう》革命説があり、特定の辛酉の年に政治的社会的に大変革が起こるとされていた。そのため、平安中期以降から幕末に至るまで辛酉の年ごとに、その年が大変革の年に当たるのか、また改元するべきか、紀伝・明経・算・暦・陰陽の諸道による勘申《かんじん》が行われた。革命勘文とは勘申した文書のこと。また甲子《かっし》の年にも辛酉の年と同様なことが行われ、革令勘文が勘申された。革命勘文でもっとも古く著名なものは、昌泰四年（九〇一）二月二二日に三善清行《きよゆき》が奉ったもので、この勘文の建議は用いられて、「延喜」と改元される。清行の『革命勘文』は『群書類従』雑部、『古代政治社会思想』（日本思想大系8）などに収録されている。また内閣文庫などには、革命勘文・革令勘文を部類集成した『革暦類』（全一五巻・写本）がある。

［文献］ 佐藤 均「革命勘文・革令勘文について」（『史報』一、一九七九）、所 功『新装版 三善清行』（吉川弘文館、一九八九）。

（平郡さやか）

譲国《じょうこく》**・譲位**《じょうい》 皇位を譲ること。あるいは禅《ゆずり》を受けて皇位につくこと（受禅）を含める場合も多い。古くは天皇の崩御に伴い皇位が継承されたが、大化元年（六四五）に皇極*天皇が孝徳*天皇に皇位を譲ったのを譲位の最初とする。これ以降、天皇の崩御による皇位継承よりも譲位によるものの方が多くなった。『儀式』には「譲国儀」があり、平安時代初期には譲位の儀制が成立していた。『西宮記*』『北山抄*』などの儀式書にみられる譲位の儀は、まず譲位の日に先立ち警固・固関が行われる。譲位の儀の当日天皇が紫宸殿に出御し、続いて皇太子、そして親王以下官人らが参列する。次に宣命使が譲位の旨を宣し、群臣が再拝し舞踏する。群臣の退出ののち新帝が南階より降りて拝舞し還御する。内侍二人が神璽と宝剣を持って前後に従い、伝国璽の櫃、鈴・印・鑰なども新帝に進《たてまつ》り、剣璽渡御の儀が行われた。先帝は本殿に還御し、新帝に御笏と御袍を奉じた。新帝は辞譲の表を奉り、その翌日にも同様に重ねて上表の儀が行われた。その後御袍を着して皇太后に拝賀するなどが行われ、数日後には開関・解陣がなされた。明治および現行の『皇室典範』では、皇位の継承は天皇の崩御により行われることが規定され、譲位による皇位の継承は廃止された。

（平郡さやか）

［文献］ 加茂正典『日本古代即位儀礼史の研究』（思文閣出版、一九九九）、藤森健太郎『古代天皇の即位儀礼』（吉川弘文館、二〇〇〇）。

践祚《せんそ》**・即位**《そくい》 皇位につくこと。践祚・即位ともにその語の原義は同じで、「アマツヒツギシロシメス」と読む。古くは践祚と即位には区別がなかった。その儀式の内容は、『日本書紀*』持統天皇四年（六九〇）正月戊寅朔条と、「大宝令」「養老令」によると、中臣が天神の寿詞を奏し、忌部が神璽の鏡剣を新天皇に奉上する。さらに即位の旨を群臣に告げ、群臣よりの拝賀を受けるのが践祚、すなわち即位の儀であった。践祚と即位が初めて分かれて行われたのは、*文武天皇のときで践祚後数十日を経て即位の詔を宣した。これが恒例化するのは*桓武天皇以降で、践祚と即位の分離により、儀式も変化していった。*大嘗祭のときに天神の寿詞の奏上がなされ、践祚の儀では剣璽渡御の儀などの神器の伝承が中心に行われた。剣璽渡御の儀においては、新天皇に剣と璽が奉上されるが、神鏡は内侍所に安置され践祚のときも動座しなかった。即位の礼では参列した群臣を前にして即位を宣布し、群臣より拝賀を受けた。践祚は先帝の崩御、あるいは譲位の即日に行われるのが例であったが、時日を隔てることもあった。即位の礼は践祚の儀と同じ年に行われていたが、平安時代末以降は翌年またはそれ以後に行われることもあった。明治および現行の皇室典範では、践祚は天皇の崩御後直ちに行われるべきことを定めている。（平郡さやか）

［文献］ 加茂正典『日本古代即位儀礼史の研究』（思文閣出版、一九九九）、藤森健太郎『古代天皇の即位儀礼』（吉川弘文館、二〇〇〇）。

立《りつ》后《こう》 皇后を立てること。皇后冊立とも称する。古来は皇后冊立に関する定まった規定はなかったが、皇親を皇后とする慣例があり、令制にも引き継がれた。しかし、奈良時代前期の*聖武天皇のときに藤原安宿媛《あすかべひめ》（*光明皇后）が皇后に立てられたことにより、皇親より皇后を輩出するという慣例は破られた。これより江戸時代末に至るまで、藤原氏出身の皇后が多く見られた。また、大臣以上の娘が皇后になることが多かった。藤原安宿媛が皇后に冊立されたときに宣命体《せんみょうたい》の詔書をもって冊立されたことにならい、それ以降明治時代初年に至るまで皇后冊立時には詔書が下された。『儀式』にある「立皇后儀」には立后の儀の当日、紫宸殿に天皇が出御し、紫宸殿南庭に集まった親王・諸臣を前にして宣命使が立后の宣命を読むことがみられる。平安時代中期以降、女御より冊立されるようになると、入内し女御宣下を蒙ったのちに立后兼宣旨を賜った。皇后宮職を付され皇后と称される場合と、*中宮職を付されて中宮と称される場合があり、ときには皇后と中宮が併立することもあった。また、院政期に入ると天皇の准母として未婚の内親王が立后する例もみられるようになる。（平郡さやか）

［文献］ 橋本義彦『平安貴族社会の研究』（吉川弘文館、一九七六）、田村葉子「『儀式』からみた立后儀式の構造」（『国学院雑誌』九九―六、一九九八）。

立太子《りったいし》 皇太子を冊立すること。冊立された皇嗣が皇弟・皇孫のときには皇太弟・皇太孫とされることがあったが、皇嗣が皇弟、皇孫あるいはそのほかの皇親であっても皇太子と称された。皇太子冊立の儀式は「儀式」の「立皇太子儀」にみられ、立太子の儀は紫宸殿の前庭において親王以下官人らが参列するなか、宣命大夫が立太子の宣命を宣して行われた。さらに皇太子に奉仕する職員の任命が行われ、拝賀・節会が催された。延喜四年（九〇四）の*醍醐天皇の皇子保明《やすあきら》親王の立太子のときに、「壺切御剣」を皇太子に授け、以後踏襲されていった。立太子の儀は後小松天皇から後西天皇の間の約三〇〇年、中絶していた。天和三年（一六八三）に霊元天皇が朝仁親王（のちの東山天皇）を皇太子とするときに再興された。また江戸時代においては立太子の儀に先立ち、儲君治定が行われるのが慣《なら》わしとなった。明治および現行の皇室典範では、皇嗣である皇子を皇太子とし、皇孫および皇曾孫を皇太孫と定めている。また立太子は皇嗣を定めるものではなく、すでに皇太子・皇太孫である皇子・皇孫が皇嗣の地位にあることを宣示するものになった。

［文献］斎藤　融「立太子儀の成立」（『神田外語大学日本研究所紀要』二、一九九五）、斎藤　融「立太子宣命にみえる「随法」覚書」（阿部　猛編『日本社会における王権と封建』所収、東京堂出版、一九九七）。

（平郡さやか）

里内裏《さとだいり》　平安時代以降において平安宮内裏「大内」に対する、それ以外の里第の内裏。仮皇居の称。「里第（亭）」「里第皇居」「里内」などとも称する。里内裏ははじめ内裏の火災などによる仮皇居であったが、平安後期には天皇の居拠となり、内裏・里内裏が併用される。貴族の私邸を仮皇居とした場合は、家主らは他所に移った。里内裏の初例を承和九年（八四二）の仁明天皇の冷泉院遷御とする説もあるが、一般には貞元元年（九七六）の円融天皇による藤原兼通の堀河第への遷御とする。鳥羽天皇以後は内裏は晴《ハレ》の儀式の場、里内裏は平常の居所となっていく。後白河天皇のときに荒廃した内裏復興が行われるも、再び内裏と里内裏の併用に至る。安貞元年（一二二七）に内裏が全焼し廃絶する。光厳天皇以降は土御門東洞院殿が里内裏となり、現在の京都御所に引き継がれる。

［文献］橋本義彦『平安貴族』（平凡社、一九八六）、朧谷　寿・加納重文・高橋康夫編『平安京の邸第』（望稜舎、一九八八）。

（平郡さやか）

摂政《せっしょう》**・関白**《かんぱく》　摂政は天皇に代わり万機を執り行う人、また執り行うことをいい、関白は摂政に類する職である。摂政と関白を合わせて摂関と称し、その地位から一の人・一の所などもいわれ、殿下とも称された。摂政の唐名には摂籙《せつろく》・執柄《しっぺい》・博陸《はくり(ろ)く》などがあり、関白には執柄・博陸・霍光《かくこう》などがあり、唐名でも称された。摂政は皇族摂政と人臣摂政に分けられ、皇族摂政となったのは厩戸《うまやど》皇子（聖徳太子）、中大兄皇子（天智天皇）、草壁皇子であった。人臣摂政のはじめは清和天皇の貞観八年（八六六）藤原良房が摂政に命ぜられたことにある。関白については天慶八年（八八四）に光孝天皇が藤原基経に下した勅にのちに関白と実質を等しくする語があったことから、これを関白の起源とする説もみられる。関白の語のみえる初例は仁和三年（八八七）に宇多天皇が基経に下した詔である。基経の死後、宇多・醍醐天皇は摂政・関白を補任せず、その後に朱雀天皇が幼くして践祚すると藤原忠平が摂政となり、次いで天皇の元服後は関白となった。そして天皇の幼少の間は摂政を、天皇が成人したのちは関白を置くのが例となった。人臣摂政が任ぜられる条件は天皇の外戚、藤原氏北家の一流、大臣またはその経験者であることだったが、鳥羽天皇のときに天皇の外戚ではない藤原忠実が摂政となって以降は、天皇と外戚関係にない者も摂政となった。当初摂政は必ず大臣の兼摂する職であったが、寛和二年（九八六）に摂政藤原兼家が右大臣を辞任して摂政専任となってからは、摂政は正官のように見なされ、摂政に在任中は大臣を辞任する例もみられるようになった。関白は天皇の外戚ではなくとも任ぜられたが、藤原氏北家の一流、大臣または前大臣であることは必要であった。関白も関白専任の例が見られ、正官のごとくみなされるようになった。摂政の補任は譲位践祚においては先帝の譲位の宣命により、崩御による践

摂政・関白

天皇	摂政	関白	在職期間 就任	辞任
清和	藤原良房		貞観八年（八六六）八月一九日	貞観一四年（八七二）九月二日
陽成	藤原基経		貞観一八年（八七六）一一月二九日	元慶八年（八八四）二月四日
宇多		藤原基経	仁和三年（八八七）一一月二一日	寛平二年（八九〇）一二月一四日
朱雀	藤原忠平		延長八年（九三〇）九月二二日	天慶四年（九四一）一一月八日
		藤原忠平	天慶四年（九四一）一一月八日	天慶九年（九四六）四月二〇日
村上		藤原忠平	天慶九年（九四六）五月二〇日	天暦三年（九四九）八月一四日
冷泉		藤原実頼	康保四年（九六七）六月二二日	安和二年（九六九）八月一三日
円融	藤原実頼		安和二年（九六九）八月一三日	天禄元年（九七〇）五月一八日
	藤原伊尹		天禄元年（九七〇）五月二〇日	天禄三年（九七二）一〇月二三日
		藤原兼通	天延二年（九七四）三月二六日	貞元二年（九七七）一〇月一一日
		藤原頼忠	貞元二年（九七七）一〇月一一日	永観二年（九八四）八月二七日
花山		藤原頼忠	永観二年（九八四）八月二七日	寛和二年（九八六）六月二三日
一条	藤原兼家		寛和二年（九八六）六月二三日	正暦元年（九九〇）五月五日
		藤原兼家	正暦元年（九九〇）五月五日	正暦元年（九九〇）五月八日
		藤原道隆	正暦元年（九九〇）五月八日	正暦元年（九九〇）五月二六日
	藤原道隆		正暦元年（九九〇）五月二六日	正暦四年（九九三）四月二二日
		藤原道隆	正暦四年（九九三）四月二二日	長徳元年（九九五）四月三日
		藤原道兼	長徳元年（九九五）四月二七日	長徳元年（九九五）五月八日
後一条	藤原道長		長和五年（一〇一六）一月二九日	寛仁元年（一〇一七）三月一六日
	藤原頼通		寛仁元年（一〇一七）三月一六日	寛仁三年（一〇一九）一二月二二日
		藤原頼通	寛仁三年（一〇一九）一二月二二日	長元九年（一〇三六）四月一七日
後朱雀		藤原頼通	長元九年（一〇三六）四月一七日	寛徳二年（一〇四五）一月一六日
後冷泉		藤原頼通	寛徳二年（一〇四五）一月一六日	治暦三年（一〇六七）一二月五日
		藤原教通	治暦四年（一〇六八）四月一七日	治暦四年（一〇六八）四月一九日
後三条		藤原教通	治暦四年（一〇六八）四月一九日	延久四年（一〇七二）一二月八日

祚では太上天皇の詔旨を載せる宣命により、そのほかは詔書により行われた。関白の補任は詔書によるが、譲位の宣命により詔書を下さない例もあった。摂政の解任は天皇の譲位や崩御、政治的な要因など様々であったが、天皇の成長による場合は元服の年または次の年に復辟の表を奏上し勅許を得るが、だいたいは引き続き関白に任ぜられた。摂政や関白は三公の上に列する一座宣旨、身辺の警護・儀仗のための随身兵仗、牛車で宮中に出入りすることを許される牛車宣旨、藤原氏長者の宣旨などが下された。

（平郡さやか）

［文献］橋本義彦『平安貴族社会の研究』（吉川弘文館、一九七六）、藤木邦彦『平安王朝の政治と制度』（吉川弘文館、一九九一）。

内覧《ないらん》 太政官から天皇に奏上する文書および宣下の文書を内見すること。またその職を行う者をいう。内覧の起源は、*宇多天皇が*醍醐天皇に譲位するにあたり、大

摂政・関白

白河		藤原教通 藤原師実	延久四年（一〇七二）一二月八日 承保二年（一〇七五）一〇月一五日	承保二年（一〇七五）九月二五日 応徳三年（一〇八六）一一月二六日
堀河	藤原師実	藤原師実 藤原師通 藤原忠実	応徳三年（一〇八六）一一月二六日 寛治四年（一〇九〇）一二月二〇日 嘉保元年（一〇九四）三月九日 長治二年（一一〇五）一二月二五日	寛治四年（一〇九〇）一二月二〇日 嘉保元年（一〇九四）三月九日 康和元年（一〇九九）六月二八日 嘉承二年（一一〇七）七月一九日
鳥羽	藤原忠実	藤原忠実 藤原忠通	嘉承二年（一一〇七）七月一九日 永久元年（一一一三）一二月二六日 保安二年（一一二一）三月五日	永久元年（一一一三）一二月二六日 保安二年（一一二一）一月二二日 保安四年（一一二三）一月二八日
崇徳	藤原忠通	藤原忠通	保安四年（一一二三）一月二八日 大治四年（一一二九）七月一日	大治四年（一一二九）七月一日 永治元年（一一四一）一二月七日
近衛	藤原忠通	藤原忠通	永治元年（一一四一）一二月七日 久安六年（一一五〇）一二月九日	久安六年（一一五〇）一二月九日 久寿二年（一一五五）七月二三日
後白河		藤原忠通 藤原基実	久寿二年（一一五五）七月二四日 保元三年（一一五八）八月一一日	保元三年（一一五八）八月一一日
二条		藤原基実	保元三年（一一五八）八月一一日	永万元年（一一六五）六月二五日
六条	藤原基実 藤原基房		永万元年（一一六五）六月二五日 仁安元年（一一六六）七月二七日	仁安元年（一一六六）七月二六日 仁安三年（一一六八）二月一九日
高倉	藤原基房	藤原基房 藤原基通	仁安三年（一一六八）二月一九日 承安二年（一一七二）一二月二七日 治承三年（一一七九）一一月一五日	承安二年（一一七二）一二月二七日 治承三年（一一七九）一一月一五日 治承四年（一一八〇）二月二一日
安徳	藤原基通		治承四年（一一八〇）二月二一日	寿永二年（一一八三）八月二〇日
後鳥羽	藤原基通 藤原師家 藤原基通 藤原兼実	藤原兼実 藤原基通	寿永二年（一一八三）八月二〇日 寿永二年（一一八三）一一月二一日 元暦元年（一一八四）一月二二日 文治二年（一一八六）三月一二日 建久二年（一一九一）一二月一七日 建久七年（一一九六）一一月二五日	寿永二年（一一八三）一一月二一日 元暦元年（一一八四）一月二二日 文治二年（一一八六）三月一二日 建久二年（一一九一）一二月一七日 建久七年（一一九六）一一月二五日 建久九年（一一九八）一月一一日

納言藤原時平*・権大納言菅原道真*の二人に、天皇を補佐し奏請・宣行の事を行うようにとの詔命を下したこととされる。のちに摂政・関白の不在のときや病気のときに、宣旨を下して特定の大臣あるいは大納言などに奏下すべき文書の内覧を命じる例が多くなる。内覧は関白に準ずる職掌となっていき、天皇の代替わりには改めて宣下された。平安時代末以降は関白藤原忠通*の在任中にその弟左大臣藤原頼長*が内覧になるなど、摂政・関白と内覧の併置や複数の内覧が置かれるなどの例がみられる。江戸時代には摂政・関白が補任と同時に内覧の宣旨を受けるようになった。明治維新のときに内覧は摂政・関白とともに廃止された。

［文献］　山本信吉「平安中期の内覧について」（坂本太郎博士古稀記念会編『続日本古代史論集　下』所収、吉川弘文館、一九七二）、米田雄介「内覧について」（『書陵部紀要』三五、一九八四）。

（平郡さやか）

氏長者《うじのちょうじゃ》 「大宝令」では氏上と規定されていたと考えられるが、氏長と称される場合もあった。「養老令」では氏宗となり、平安期以降は氏長者の称が一般化する。氏長者の職務は氏神の祭祀をはじめ氏社・氏寺の管理、*大学別曹の管理、氏爵の推挙などである。氏長者は藤原・源・橘・伴《とも》・高階《たかしな》・中臣《なかとみ》・菅原・忌部《いんべ》・卜部《うらべ》・越智《おち》・和気《わけ》・小槻《おづき》・三善《みよし》などの諸氏にみられたが、その様態は一様ではなかった。氏長者は氏中の官位第一の者を任じていたが、のちにそれも変化していき、藤原氏では摂政・関白が兼ね、氏長者の交替に際しては長者印・渡荘券文、*朱器台盤などが授受された。小槻氏においては官務の兼帯となっていた。また、橘氏では橘氏衰退に伴い、氏爵の推挙は他氏の有力者を当てるという橘氏是定があった。

［文献］ 橋本義彦『平安貴族社会の研究』（吉川弘文館、一九七六）、宇根俊範「氏爵と氏長者」（坂本賞三編『王朝国家国政史の研究』所収、吉川弘文館、一九八七）。 （平郡さやか）

朱器台盤《しゅきだいばん》 藤原氏の重宝として氏長者の地位に付属して伝領した朱漆の器と台盤。『*江家次第』によると藤氏長者の朱器台盤は、藤原北家の閑院左大臣*冬嗣公の御物で、冬嗣の創設した勧学院に納められていた。そして氏長者の初任のときに朱器台盤を渡し、正月の大饗のときに用いたとある。朱器大饗とは初任・正月の大饗で朱器台盤を使用したことによる。藤原氏の重宝としての朱器台盤の成立時期は、一〇世紀末頃の*藤原兼家のときとみられている。氏長者の交替に当たっては、長者印・渡荘券文・蒭斤《まぐさのはかり》・朱器台盤などの授受がなされた。これらの授受については、『*水左記』承保二年（一〇七五）一〇月三日条、『*兵範記』保元三年（一一五八）八月一一日条などにみられる。授受の儀は摂関家の本邸の地位を占めていた東三条殿で行われ、長者印・朱器台盤などは東三条殿の東隣の御倉町の倉に納められていた。

［文献］ 岩井隆次「朱器台盤考」「藤原氏長者継承方式の変遷と朱器台盤」（『古代文化』三五―二・三六―九、一九八三・一九八四）。 （平郡さやか）

殿下渡領《でんかわたりりょう》 藤原氏の*氏長者の地位に付属して伝領された所領で、摂籙渡荘《せつろくわたりしょう》ともいう。渡領とは一般に特定の地位に付随して渡り伝えられる所領をいう。寛仁元年（一〇一七）に氏長者が*道長より子*頼通に譲られた際には、すでに四か所の渡領があったことが知られている。その四か所とは大和国佐保殿・備前国鹿田荘・越前国方上荘・河内国楠葉牧で、これらを記載した渡文が頼通に譲り渡された。この渡文は「庄々送文」「庄園渡文」と呼ばれ、氏長者の交替のときに、長者印・*朱器台盤などとともに前氏長者から新氏長者に譲渡された。氏長者と摂関の地位が*道長の子孫へと受け継がれてからは、道長が建立した*法成寺・道長女*彰子《しょうし》が建立した東北院・*頼通が建立した平等院の所領と氏院である勧学院の所領が、佐保殿以下四か所の渡領のほかに伝領され、「長者の摂するところの庄園」「御摂籙渡庄」などと称された。摂関家が近衛・九条に、さらに鷹司・二条・一条に分かれ五摂家となって以後も佐保殿以下四か所の渡領と氏院寺領は、氏長者・摂関職に付随して授受され、氏院寺領も殿下渡領と称されるようになった。鎌倉時代後期の氏院寺領は、法成寺領が二八か所と一九の末寺、東北院領が三四か所、平等院は一八か所と一一の末寺、氏院領においては三四か所に及んだ。氏院寺領が殿下渡領に含まれて以後も、佐保殿以下四か所の渡領は譲渡に際して、旧来の伝統的な渡文が作成され別個に伝領された。また、佐保殿では摂関政所の執事が、鹿田荘・方上荘では執事および年預のいずれかが、楠葉牧では御厩別当が知行するのが例となっていた。

[文献] 橋本義彦『平安貴族社会の研究』(吉川弘文館、一九七六)。

(平郡さやか)

三代御記《さんだいぎょき》 *宇多・*醍醐・*村上天皇の日記の併称。宇多天皇の日記『宇多天皇御記』は、『宇多天皇宸記』『寛平御記』とも称する。『花園天皇宸記』によると当時は一〇巻あったとするが現存しない。宇多天皇の日記は、朝儀の典拠として重んじられ、『*西宮記』『*小野宮年中行事』『*政事要略』『扶桑略記』などに引用されている。醍醐天皇の日記は『醍醐天皇御記』『醍醐天皇宸記』『延喜御記』ともいう。『*春記』によると二〇巻あり、『*権記』では『延喜御記』の部類抄『延喜御記抄』の存在が知られる。応仁の乱以後消滅し、現在は『西宮記』『*北山抄』などに寛平九年(八九七)九月から延長七年(九二九)一〇月までの逸文がみられる。また、村上天皇の日記と併せて部類した『延喜天暦御記抄』『二代御記抄』の残闕一巻が伝わる。逸文の内容は、宮中の儀式行事に関するものが多い。村上天皇の日記『村上天皇御記』は、『天暦御記』『村上天皇宸記』とも称される。三〇巻ほどあったとされるが、現在は伝わっていない。儀式書や公卿の日記に、天暦元年(九四七)から康保四年(九六七)までの逸文がみられる。宇多・醍醐天皇の日記と同様に村上天皇の日記も、宮中の儀式に関するものが多い。三天皇の日記の逸文は『続々群書類従』記録部、『列聖全集』宸記集上、『増補史料大成』に収められている。

[文献] 和田英松『皇室御撰之研究』(明治書院、一九三三)、所功編『三代御記逸文集成』(国書刊行会、一九八二)。 (平郡さやか)

菅家伝《かんけでん》 平安時代にできた*菅原道真(八四五—九〇三)の最古の伝記。正式名称は『北野天神御伝』。『菅家伝』の名称は、前田綱紀《つなのり》が鎌倉荏柄神社蔵本を影写させた写本に題したものである。一巻。巻首に「右大臣兼右近衛大将贈正二位菅原卿」とあるが、道真が正暦四年(九九三)一月に左大臣正一位を、同閏一〇月に太政大臣を贈られたことは記されていない。また道真の子高視《たかみ》が延喜一三年(九一三)に死去したことについての記載はあるが、高視の子*文時が天慶五年(九四二)に対策及第したことは記されていないことから、その成立は承平・天慶年間(九三一—九四七)と考えられている。著者は道真の孫在躬《ありみ》とする説がある。唯一の伝本は鎌倉荏柄神社所蔵で、この古写本の紙背に承久二年(一二二〇)の*具注暦がある。前田家影写本の複製が『尊経閣叢刊』に収められている。

[文献] 真壁俊信『天神信仰の基礎的研究』(日本古典籍註釈研究会、近藤出版社、一九八四)。 (平郡さやか)

寛平御遺誡《かんぴょうのごゆいかい》 寛平九年(八九七)に*宇多天皇が*醍醐天皇に位を譲るにあたり、教訓とすべきことを書き贈ったもの。その内容は年中行事や叙位任官などの政務の心得、日中行事や勉学などの天皇の日常の心得などである。また、*藤原時平・*菅原道真・平季長《すえなが》・*紀長谷雄らの長所を述べてそれぞれを評価し、重用するように勧めている。本書は古来天皇の金科玉条とされた。『寛平御遺誡』の完本は現在は伝わっていないが、平安中期以降の儀式書、そのほか多くの諸書に逸文が引かれている。その主要な逸文を収集したとみられる写本があり、承安二年

(一一七二)以前に成立している。逸文を収録したものに『群書類従』雑部、『列聖全集』御撰集六、『古代政治社会思想』(日本思想大系8)などがある。

[文献] 籠谷真智子「中世の教訓」(『論叢日本文化』一二、一九七九)、所 功『平安朝儀式書成立史の研究』(国書刊行会、一九八五)。

(平郡さやか)

吏部王記《りほうおうき》 *醍醐天皇の皇子重明《しげあきら》親王(九〇六―九五四)の日記。「りぶおうき」とも読まれる。重明親王の極官が式部卿であることから、その唐名吏部尚書にちなみ、『吏部王記』という。記録のなかには『李部王記』『李部記』『李部王年々記』の名称でもみられ、『吏記』『李記』とも略される。また別称に『式部卿親王記』『重明親王記』『重王記』『重記』などがある。重明親王の日記は原本も写本も現在は伝わっていない。『吏部王記』『李部王記』の書名で流布する写本は三つに大別できる。一つはのちの人が逸文を収集し編纂したもの。二つ目は『醍醐寺雑事記』の表紙が紛失し同書のはじめに『吏部王記』の記事を引き、そこから誤って称されたもの。三番目は後世に偽作されたものである。日記の逸文は『*北山抄』『*政事要略』などにみられ、一〇世紀の朝儀に関する記載がある。『史料拾遺』『史料纂集』に逸文を収める。

[文献] 星野 恒「歴世記録考」(『史学叢説』一、一九〇九)、和田英松『皇室御撰之研究』(明治書院、一九三三)。

(平郡さやか)

九《きゅう》**暦**《れき》 *藤原師輔(九〇八―九六〇)の日記。『九条殿記』『九条右大臣記』『九条右丞相記』『九記』『九条記』などとも称す。日記の名称は師輔が九条に住んでいたこと、右大臣であったことによる。また当時の日記は具注暦に書かれ、後人が九条の九と*具注暦の暦をとり『九暦』と称した。原本は伝わっていないが、現存する逸文は延長八年(九三〇)より天徳四年(九六〇)までみられる。日記の逸文は、本記と部類記を抄出した抄録本『九暦抄』、師輔自身が日記より年中行事に関する記事のみを部類した『九条殿記』、師輔の父忠平の儀式などに関する教命を筆録した『九暦記』(『貞信公教命』)、師輔の自筆本の断簡であるとされる『九暦断簡』、『*西宮記』、『*小右記』などに多数引用されている。『九暦抄』は宮内庁書陵部などに蔵され、『九条殿記』は平安末期の書写と考えられるものが天理図書館にある。また『九暦記』は古写本が陽明文庫に伝存している。刊本としては『大日本古記録』があり、『九暦抄』に当たるものが『続々群書類従』記録部に収録されている。

[文献] 山中 裕『平安時代の古記録と貴族文化』(思文閣出版、一九八八)。

(平郡さやか)

藤原時平《ふじわらのときひら》(八七一―九〇九) 父は*藤原基経。母は人康《さねやす》親王女。同母弟妹に仲平《なかひら》・*忠平・醍醐天皇中宮穏子《やすこ》らがいる。室に本康《もとやす》親王女廉子《やすこ》女王・源昇《のぼる》女・在原棟梁《むねやな》女がいる。子には顕《あき》忠《ただ》・保忠《やすただ》・敦忠《あつただ》・宇多天皇妃褒子《よしこ》・敦実《あつみ》親王室・藤原実頼室らがいる。本院大臣・中御門《なかみかど》左大臣などとも称される。仁和二年(八八六)に*光孝天皇の加冠で元服し、正五位下に叙される。翌三年二月に右近衛権中将、八月に蔵人頭となる。寛平二年(八九〇)に従三位に叙され、翌三年三月に参議となる。左右衛門督・検非違使別当を兼任し、同五年(八九三)に中納言で右大将・春宮大夫を兼ねる。同九年(八九七)六月には大納言で*左大将を兼任し、政権の首座につき、また*氏長者ともなる。同七月に*醍醐天皇が即位しこの際正三位となり、翌一〇年には

*菅原道真とともに内覧宣旨を蒙る。昌泰二年（八九九）に左大臣となり、道真は右大臣となる。延喜元年（九〇一）に道真は道真女を室とする*斉世親王を即位させようとしたとして、大宰権帥に左遷される。この一件は時平らによる策謀といわれている。時平は醍醐天皇を補佐し、*延喜の荘園整理令の発布などの推進や「延喜格式」『日本三代実録』の撰修に携わった。同七年（九〇七）に正二位に叙される。同九年（九〇九）四月四日に三九歳で没する。翌日太政大臣、正一位を贈られる。時平女仁善子《よしこ》が醍醐天皇皇子で皇太子保明《やすあきら》親王に嫁ぎ、親王が早世したため二人の間に誕生した慶頼王を皇太孫としたが、夭折してしまう。時平の子顕忠は右大臣になるが、政権の主流は弟の忠平の子孫へ移ってしまう。

［文献］佐藤宗諄『平安前期政治史序説』（東京大学出版会、一九七七）、藤木邦彦『平安王朝の政治と制度』（吉川弘文館、一九九一）。

（平郡さやか）

菅原道真《すがわらのみちざね》（八四五―九〇三）　父は*菅原是善。母は伴氏の女。室は島田忠臣女宣来子《のぶきこ》。子には高視《たかみ》・景行《かげつら》・景茂《かげしげ》・淳茂《あつしげ》・宇多天皇女御衍子《ひろこ》・尚侍寧子《やすこ》・斉世《ときよ》親王室らがいる。一五歳で元服し、貞観四年（八六二）に文章生となる。同九年（八六七）に文章得業生となり、同二月正六位下・下野権少掾に任ぜられる。同一二年（八七〇）方略試に及第する。玄蕃助・少内記を経て兵部少輔・民部少輔・式部少輔となり、元慶元年（八七七）に文章博士を兼任する。同七年（八八三）渤海使の来朝に際し加賀権守を兼ね、接伴員として任を果たす。仁和二年（八八六）讃岐守となり任国へ赴く。任中に*阿衡事件が起こり、*藤原基経に意見書を提出し詔書の作者*橘広相を弁護する。寛平三年（八九一）に蔵人頭となり、式部少輔・左中弁を兼任する。同五年（八九三）*参議に任ぜられ、式部大輔を兼ねる。次いで左大弁・勘解由長官・春宮亮を兼帯する。同六年（八九四）遣唐大使に任ぜられるが、諸公卿に議定を請い、*遣唐使の派遣は中止される。翌年に*中納言・従三位となる。春宮権大夫・民部卿を兼任し、同九年（八九七）権大納言・右大将となり、正三位に叙される。*宇多天皇は譲位に際し、*醍醐天皇に*藤原時平・道真らを重用するように勧める。昌泰二年（八九九）右大臣となり、翌三年自分の詩文を集めた『*菅家文草』、父是善の集『菅相公集』、祖父清公《きよきみ》の集『菅家集』を天皇に献上する。延喜元年（九〇一）、*斉世親王を即位させようとしているとして、大宰権帥に左遷されるが、これは時平らの策謀であったといわれる。同三年（九〇三）二月二五日大宰府にて五九歳で没する。時平・東宮保明《やすあきら》親王の死、清涼殿の落雷などは道真の祟りとされ、延長元年（九二三）に本官に復し、のちに正一位・太政大臣を贈られ、天満天神として祀られる。道真が編集に携わったものに『日本三代実録』『*類聚国史』がある。

［文献］坂本太郎『菅原道真』（吉川弘文館、一九六二）、太宰府天満宮文化研究所編『菅原道真と太宰府天満宮 上』（吉川弘文館、一九七五）、阿部　猛『菅原道真』（教育社、一九七九）。

（平郡さやか）

藤原佐世《ふじわらのすけよ》（八四七―八九七）　父は*藤原式家種継の孫菅雄《すがお》。母は伴氏の女。*菅原是善のもとで学び、藤原儒者の始めといわれる。文章得業生となり、貞観一四年（八七二）越前大掾従七位下で渤海国使の接待をする。同一六年（八七四）に対策を受け及第する。民部少丞を経て、元慶元年（八七七）に従五位下に、翌年には彈正少弼となる。同三年（八七九）に*陽成天皇の都講を務め、『御注孝経』を講じる。同七年（八八三）に従五位上右少弁となり、翌年には大学頭を兼任する。仁和二年（八八六）に左少弁に転じ、式部少輔を兼ねる。翌年、*藤原基経の関白辞表に対する*宇多天皇の勅答に「阿衡」の一語があり、基経の家司である佐世は阿衡には職掌なしと論じる。これにより*阿衡事件が起こる。寛平三年（八九一）正月に基経が死去すると、陸奥守兼大蔵権大輔に左遷される。宇多天皇譲位後の同九年（八九七）秋に従四位下右大弁に任ぜられ、陸奥国より帰京の途中、五一歳で死去した。『古今集注考経』を撰し、また勅撰の漢籍目録である『日本国見在書目録』を撰した。

［文献］川口久雄「日本見在書目録の編修とその特色」（『三訂版平安朝日本漢文学史の研究　上』所収、明治書院、一九七五）、後藤昭雄『平安朝漢文学論考』（吉川弘文館、一九八一）。（平郡さやか）

藤原師輔《ふじわらのもろすけ》（九〇八―九六〇）　父は*藤原忠平。母は源能有《よしあり》女昭子《あきこ》。異母兄に*実頼、同母弟に師氏《もろうじ》・*師尹らがいる。室に藤原経邦《つねくに》女盛子《もりこ》・醍醐天皇皇女雅子《まさこ》・康子《やすこ》内親王らがいる。子には伊尹《これただ》・*兼通・*兼家・為光《ためみつ》・公季《きんすえ》・村上天皇皇后安子《やすこ》・冷泉天皇女御怤子《よしこ》らがいる。九条右大臣・坊城右大臣などとも称される。延長元年（九二三）に従五位下に叙される。侍従・右兵衛佐などを経て、承平元年（九三一）に蔵人頭となる。同五年（九三五）*参議となり、天慶元年（九三八）に権中納言・従三位に叙される。同五年（九四二）に大納言となり、三年後には右近衛大将を兼任する。天暦元年（九四七）に右大臣に任ぜられる。同四年（九五〇）七月師輔の女で村上天皇女御安子所生の第二皇子憲平《のりひら》親王（のちの*冷泉天皇）が、藤原元方女祐姫《すけひめ》所生の第一皇子広平《ひろひら》親王を退けて皇太子となる。同九年（九五五）に正二位に叙される。その三日後に五三歳で没する。天徳四年（九六〇）五月一日に病により出家する。その三日後に五三歳で没する。師輔の極官は右大臣であったが、師輔女安子《やすこ》所生の皇子らが即位し冷泉・*円融天皇となった。また子の伊尹・兼通・兼家が摂関となり、外戚の地位を固めていき、摂関の地位を独占していった。兄*実頼は小野宮流の祖、師輔は九条流の祖とされた。師輔の著作には日記『*九暦』、儀式書『*九条年中行事』、父忠平の教えを筆録した『貞信公教命』、子孫に書き残した『*九条殿遺誡』、家集『師輔集』がある。

［文献］山中　裕『平安時代の古記録と貴族文化』（思文閣出版、一九八八）、藤木邦彦『平安王朝の政治と制度』（吉川弘文館、一九九一）。（平郡さやか）

藤原基経《ふじわらのもとつね》（八三六―八九一）　父は藤原長良《ながら》。母は藤原総継《ふさつぐ》女乙春《たかはる》。同母妹に清和天皇女御高子《たかいこ》がいる。室に人康《さねやす》親王女がおり、子に*時平・兼平《かねひら》・仲平《なかひら》・*忠平・清和天皇女御頼子《よりこ》・同佳珠子《かずこ》・醍醐天皇中宮穏子《やすこ》らがいる。叔父*良房の養子となる。蔵人頭などを経て、貞観六年（八六四）に*参議となる。同八年（八六六）に起こった*応天門の変では良房とともに*伴善男らを失脚させる。変後、従三位*中納言となる。同一二年（八七〇）に大納言、同一四年（八七二）には正三位右大臣となる。同一八年（八七六）一一月に*清和天皇の譲位により即位した*陽成天皇の摂政となる。元慶四年（八八〇）に*太政大臣に任ぜられた。さらに同六年（八八二）に天皇が元服すると摂政辞任の上表を繰り返し、この間出仕をしないことが何度か辞意を表明する。さらに同六年（八八二）に天皇が元服すると摂政辞任の上表を繰り返し、この間出仕をしないことが多かった。この行動は陽成天皇の天皇としての資質などに不満を抱いたためとされる。同七年（八八三）一一月に禁中での格殺事件をきっかけとして天皇の廃立を決め、翌年二月に天皇は退位した。次の天皇には五五歳の仁明天皇皇子時康《ときやす》親王（*光孝天皇）を擁立した。天皇は基経に関白に等しい権限を与えた。仁和三年（八八七）基経が天皇の意をくんで推挙した第七皇子定省《さだみ》親王（*宇多天皇）が、光孝天皇崩御後に即位した。基経は、関白とするという詔に対し慣例どおり辞退し、それに対して*橘広相による起草の勅答があったが、そのなかに「阿衡」という一語があり、阿衡に典職なしとして基経は出仕をしなくなった。翌年天皇が勅答を訂正し、基経の女温子《よしこ》が入内し女御となることで落着した。この政界・学界を巻き込んだ政争は、*阿衡事件と称されている。この一件は基経が外戚となりうる立場にあった広相への警戒や、学者間の派閥争いなどがあったことによるとされる。寛平三年（八九一）正月一三日堀河院にて五六歳で没する。死の直前に准三宮となり、死後に正一位が贈られ、越前国に封ぜられた。昭宣公と諡され、堀河太政大臣と称された。『日本文徳天皇実録』を撰集し、年中行事御障子を献じた。

［文献］米田雄介「藤原良房の猶子基経」（亀田隆之先生還暦記念会編『律令制社会の成立と展開』所収、吉川弘文館、一九八九）、佐藤宗諄「藤原基経と太政大臣」（門脇禎二編『日本古代国家の展開 上』所収、思文閣出版、一九九五）。

（平郡さやか）

冷泉天皇《れいぜいてんのう》（九五〇―一〇一一） 在位は九六七―九六九年。諱《いみな》は憲平《のりひら》。*村上天皇の第二皇子。母は藤原師輔女安子《やすこ》。后妃には朱雀天皇皇女昌子《まさこ》内親王・藤原伊尹《これただ》女懐子《かねこ》・藤原兼家女超子《とおこ》らがおり、子に*花山天皇・*三条天皇らがいる。生後二か月の七月に親王宣下を受ける。同二三日には藤原元方女祐姫《すけひめ》所生の兄広平《ひろひら》を越えて皇太子となる。応和三年（九六三）に元服し、康保四年（九六七）五月に村上天皇の崩御により践祚。同六月に*藤原実頼を関白とし、同九月に同母弟為平《ためひら》親王をさしおき、その弟の守平《もりひら》親王（のちの*円融天皇）を皇太子とする。一〇月、紫宸殿にて即位する。安和二年（九六九）三月に*安和の変で*源高明が失脚。同八月に在位三年で譲位する。冷泉院を後院とし、寛弘八年（一〇一一）一〇月二四日に六二歳で崩御。陵は桜本陵（京都市左京区鹿ケ谷《ししがたに》法然院町）。冷泉天皇は幼少より精神的異常があったとされ、それは元方の祟りによるものといわれていた。

［文献］服部敏良『王朝貴族の病状診断』（吉川弘文館、一九七五）、山本信吉「冷泉朝における小野宮家・九条家をめぐって」（古代学協会編『摂関時代史の研究』所収、吉川弘文館、一九六五）。

（平郡さやか）

宇多天皇《うだてんのう》（八六七―九三一） 在位は八八七―八九七年。*光孝天皇の第七皇子。母は桓武天皇皇子の仲野親王女班子《なかこ》女王。諱《いみな》は定省《さだみ》。后妃には藤原基経女温子《よしこ》・藤原高藤《たかふじ》女胤子《たねこ》・橘広相女義子《よしこ》・菅原道真女衍子《ひろこ》らがいる。子には*醍醐天皇・*斉世親王らがいる。尚侍藤原淑子《よしこ》（藤原長良女・基経妹）の猶子となる。元慶年間（八七七―八八五）に元服し、侍従となり王侍従と称される。同八年（八八四）四月一三日に源朝臣《あそん》をほかの皇子女とともに賜わる。*光孝天皇の崩御の直前に、天皇の意をくんだ*藤原基経の推挙により、仁和三年（八八七）八月二五日に親王宣下を受け、翌日に皇太子となる。同日に天皇が崩じたことにより践祚し、同一一月一七日に即位する。基経を関白とするが、阿衡の紛議（*阿衡事件）が起こる。寛平三年（八九一）に基経の薨去により、関白を置かずに*菅原道真や藤原保則《やすのり》らを登用し親政を行う。道真の進言により*遣唐使の派遣の停止などをした宇多天皇の治世は、のちに寛平の治と称される。同九年（八九七）七月三日に第一皇子敦仁《あつぎみ》親王（*醍醐天皇）に譲位する。同一〇月に太上天皇尊号宣下を受ける。醍醐天皇のために『*寛平御遺誡』を書き与える。譲位後は朱雀院・仁和寺御室・亭子院・六条院・宇多院などに住む。昌泰二年（八九九）一〇月に仁和寺で出家し、法名を空理とする。のちに灌頂《かんじょう》を受けて金剛覚とする。太上天皇の尊号を辞して法皇とする（法皇の初例）。醍醐天皇の治世における法皇の発言力は大きかったとされる。法皇は醍醐天皇崩御後の承平元年（九三一）七月一九日に仁和寺御室で六五歳で崩御。陵は大内山陵（京都市右京区鳴滝宇多野谷）。日記に『宇多天皇御記』一〇巻があるが、逸文のみが伝わる。

［文献］目崎徳衛「宇多上皇の院と国政」（古代学協会編『延喜天暦時代の研究』所収、吉川弘文館、一九六九）、佐藤宗諄『平安前期政治史序説』（東京大学出版会、一九七七）。

（平郡さやか）

花山天皇《かざんてんのう》（九六八―一〇〇八）在位は九八四―九八六年。冷泉天皇の第一皇子。母は藤原伊尹《これただ》女懐子《かねこ》。諱《いみな》は師貞《もろさだ》。后妃には藤原為光《ためみつ》女忯子・藤原朝光《ともみつ》女姚子《よしこ》・藤原頼忠女諟子《ただこ》・為平《ためひら》親王女婉子《つやこ》女王がいる。子には清仁《きよひと》・昭登《あきなり》親王らがいる。生後二か月の一二月に親王宣下を受ける。安和二年（九六九）八月一三日に叔父*円融天皇の皇太子となる。永観二年（九八四）八月二七日に践祚し、同一〇月一〇日に即位する。関白には*藤原頼忠がなるが、伊尹の子義懐《よしちか》と天皇の乳母の子藤原惟成《これしげ》が実権を握る。同一一月に*延喜の荘園整理令以後の新立荘園の停止などの政策に取り組む。寛和二年（九八六）六月二三日に*藤原兼家らの陰謀で、女御忯子の死を悲しむ天皇は出家し、兼家女詮子《あきこ》所生の懐仁《やすひと》親王（*一条天皇）が即位する。法名は入覚と称する。出家後は播磨国の書写山へ参詣し、叡山・熊野で仏道修行をする。帰京後は東院に住む。花山法皇は藤原為光女のもとに通っており、*藤原伊周の誤解から、伊周・*隆家兄弟に矢を射かけられる。この一件により伊周・隆家は左遷され、伊周と*藤原道長の政権争いにも決着がつく。家集に『花山院御集』があったが散逸する。また、『*拾遺和歌集』の撰にかかわったとされる。寛弘五年（一〇〇八）二月八日に四一歳で崩御。陵は紙屋《かみやの》上《ほとり》陵（京都市北区衣笠北高橋町）。

［文献］今井源衛『花山院の生涯』（桜楓社、一九六八）、服部敏良『王朝貴族の病状診断』（吉川弘文館、一九七五）、阿部猛『平安前期政治史の研究 新訂版』（高科書店、一九九〇）。

（平郡さやか）

醍醐天皇《だいごてんのう》（八八五―九三〇）在位は八九七―九三〇年。*宇多天皇の第一皇子。母は藤原高藤《たかふじ》女胤子《たねこ》。諱《いみな》は維城《これざね》のちに敦仁《あつぎみ》。后妃には光孝天皇皇女為子《いし》内親王・藤原基経女穏子《やすこ》らがいる。子には*朱雀・*村上天皇・保明《やすあきら》親王・*源高明らがいる。寛平元年（八八九）一二月に親王宣下を受ける。同五年（八九三）四月に皇太子となり、同九年（八九七）七月三日に元服する。同日に践祚し、同一三日に即位する。宇多天皇は譲位に際して『*寛平御遺誡』を書き与え、*藤原時平と*菅原道真を重用するように諭す。しかし道真は延喜元年（九〇一）に讒言により左遷される。天皇は*延喜の荘園整理令を発布し、また『日本三代実録』「延喜格式」の編纂や、『*古今和歌集』の勅撰などを行う。後世、村上天皇の治世と合わせて*延喜・天暦の治と称され、聖代視される。延長八年（九三〇）九月二二日に病により皇太子寛明親王（朱雀天皇）に譲位する。同二九日に出家し、法名を金剛宝とする。同日に四六歳で崩御。陵は後山科《のちのやましな》陵（京都市伏見区醍醐古道町）。天皇の日記に『醍醐天皇御記』がある。

［文献］　古代学協会編『延喜天暦時代の研究』（吉川弘文館、一九六九）、藤木邦彦『平安王朝の政治と制度』（吉川弘文館、一九九一）。

（平郡さやか）

朱雀天皇《すざくてんのう》（九二三—九五二）　在位は九三〇—九四六年。*醍醐天皇の第一一皇子。母は藤原基経女穏子《やすこ》。諱《いみな》は寛明《ひろあきら》（「ゆたあきら」とも）。生誕の年の一一月一七日に親王宣下を受ける。延長元年（九二三）に同母兄の皇太子保明《やすあきら》親王が薨去し、さらに同三年（九二五）に保明親王の王子で皇太孫慶頼《よしより》王が亡くなった。このため同一〇月二一日に三歳で皇太子となる。同八年（九三〇）九月二二日に八歳で践祚し、同一一月二一日に即位する。在位中の摂政・関白には*藤原忠平がついた。皇后には保明親王女熙子《ひろこ》女王・藤原実頼女慶子《よしこ》がいる。子は昌子《まさこ》内親王がいるだけで、皇子は誕生しなかった。皇太子には、同母弟の成明《なりあきら》親王（のちの*村上天皇）が立つ。在世中は*承平・天慶の乱や天災・疫疾が起こる。天慶九年（九四六）四月二〇日に譲位し、朱雀院を後院とする。天暦六年（九五二）三月に出家し、法名を仏陀寿とする。同八月一五日に三〇歳で崩御。陵は醍醐陵（京都市伏見区醍醐御陵東裏町）。

［文献］　藤木邦彦「藤原穏子とその時代」（『平安王朝の政治と制度』所収、吉川弘文館、一九九一）。

（平郡さやか）

村上天皇《むらかみてんのう》（九二六—九六七）　在位は九四六—九六七年。*醍醐天皇の第一四皇子。母は藤原基経女穏子《やすこ》。諱《いみな》は成明《なりあきら》。后妃には藤原師輔女安子《やすこ》、藤原実頼女述子《のぶこ》、藤原師尹女芳子《よしこ》・藤原元方女祐姫《すけひめ》らがいる。子には*冷泉・*円融天皇・広平・為平親王らがいる。生誕の年の一一月に親王宣下を受ける。天慶三年（九四〇）二月一五日に元服し、三品に叙される。上野太守・大宰帥となる。同七年（九四四）四月二二日に同母兄朱雀天皇の皇太子となる。同九年（九四六）四月二〇日に践祚し、同四月二八日に即位する。天暦三年（九四九）に関白*藤原忠平が没したのちは、関白を置かず親政を行う。後世には親政を行った醍醐・村上天皇の治世を聖代視し、*延喜・天暦の治と称される。同四年（九五〇）に安子所生の第二皇子憲平親王（のちの冷泉天皇）を皇太子とする。康保四年（九六七）五月二五日に四二歳で崩御。陵は村上陵（京都市右京区鳴滝宇多野谷）。天皇の歌集に『村上天皇御集』、日記に『村上天皇御記』などがあり、また天皇撰といわれる儀式書『清涼記』の逸文がある。

［文献］　古代学協会編『延喜天暦時代の研究』（吉川弘文館、一九六九）、山中　裕「摂関政治史—村上天皇より一条天皇まで—」（『調布日本文化』一、一九九一）。

（平郡さやか）

円融天皇《えんゆうてんのう》（九五九—九九一）　在位は九六九—九八四年。*村上天皇の第五皇子。母は藤原師輔女安子《やすこ》。諱《いみな》は守平《もりひら》。后妃には藤原兼通女媓子《てるこ》・藤原頼忠女遵子《のぶこ》・藤原兼家女詮子《あきこ》・冷泉天皇皇女尊子《たかこ》内親王がいる。生後七か月の一〇月に親王宣下を受ける。康保四年（九六七）九月一日に同母兄冷泉天皇の皇太子となる。安和二年（九六九）八月一三日に*践祚し、同九月二三日に即位する。摂政には*藤原実頼がなるが、即位の翌年には没し、*師輔の子伊尹《これただ》が摂政となる。天禄三年（九七二）正月三日に元服する。同年伊尹が亡くなるとその弟の*兼通と*兼家が争うが、兼通が内覧宣旨を受け、次いで関白となる。兼通の後は実頼の子*頼忠が関白となる。永観二年（九八四）八月二七日に*冷泉天皇の子である皇太子師貞親王（のちの*花山天皇）に譲位する。そして詮子所生の懐仁《やすひと》親王（のちの一条天皇）が皇太子となる。譲位後は御遊を行ったり、*御願寺の円融寺を建立する。寛和元年（九八五）八月二九日に出家し、法名を金剛法と称する。正暦二年（九九一）二月一二日に三三歳で崩御。陵は後村上陵（京都市右京区宇多野福王寺町）。

［文献］目崎徳衛「円融上皇と宇多源氏」（坂本太郎博士古稀記念会編『続日本古代史論集 下』所収、吉川弘文館、一九七二）、服部敏良『王朝貴族の病状診断』（吉川弘文館、一九七五）、阿部猛『平安貴族の実像』（東京堂出版、一九九三）。

（平郡さやか）

一条天皇《いちじょうてんのう》（九八〇―一〇一一）在位は九八六―一〇一一年。円融天皇の第一皇子。母は藤原兼家女詮子《あきこ》。諱《いみな》は懐仁《やすひと》。后妃には藤原道隆女定子《ていし》・藤原道長女彰子《しょうし》・藤原公季《きんすえ》女義子《よしこ》・藤原顕光《あきみつ》女元子《もとこ》・藤原道兼女尊子《たかこ》がいる。子には*後一条・*後朱雀天皇らがいる。永観二年（九八四）八月に従兄に当たる*花山天皇の皇太子となる。花山天皇の出家により、寛和二年（九八六）六月二三日に践祚。同七月二二日に即位する。摂政には外祖父*兼家がなる。正暦元年（九九〇）正月五日に元服。兼家の死後はその子*道隆が摂政・関白となり、次いで道隆の弟*道兼が関白となる。長徳元年（九九五）には*藤原道長が内覧の宣旨を受ける。この時期は藤原氏の全盛期となり、*紫式部・*清少納言らにより女流文学作品が生み出された。寛弘八年（一〇一一）六月一三日に病により、従兄の居貞《いやさだ》親王（のちの*三条天皇）に譲位する。同二二日に三二歳で一条院にて崩御する。陵は円融寺北陵（京都市右京区竜安寺朱山）。天皇の日記として『一条天皇御記』があるが、逸文しか伝わっていない。

［文献］山中 裕『平安朝文学の史的研究』（吉川弘文館、一九七四）、角田文衛『王朝史の軌跡』（学燈社、一九八三）、倉本一宏『一条天皇』（吉川弘文館、二〇〇三）。

（平郡さやか）

後一条天皇《ごいちじょうてんのう》（一〇〇八―一〇三六）在位は一〇一六―一〇三六年。一条天皇の第二皇子。母は藤原道長女彰子《しょうし》。諱《いみな》は敦《あつ》成《ひら》。生後一か月の一〇月一六日に親王宣下を受ける。寛弘八年（一〇一一）六月一三日に皇太子となる。長和五年（一〇一六）正月二九日に践祚し、二月七日に即位する。皇太子として三条天皇の皇子敦明《あつあきら》親王を立てるが、敦明親王の辞意により同母弟の敦良《あつなが》親王（のちの*後朱雀天皇）を皇太弟とする。寛仁二年（一〇一八）正月三日に元服し、同三月に道長女威子《たけこ》を妃とし、四月に女御、一〇月に中宮とする。威子との間に章子《あきこ》・馨子《かおるこ》内親王をもうけるが、皇子は誕生しなかった。即位当初の摂政は外祖父の*道長であったが、寛仁元年（一〇一七）三月以降は道長の子*頼通がなり、同三年（一〇一九）一二月に頼通は関白となった。長元九年（一〇三六）四月一七日に二九歳で崩御。陵は菩提樹院《ぼだいじゅいん》陵（京都市左京区吉田神楽岡町）。

［文献］山中 裕『平安人物志』（東京大学出版会、一九七四）、山中 裕『平安朝文学の史的研究』（吉川弘文館、一九七四）。

（平郡さやか）

後朱雀天皇《ごすざくてんのう》（一〇〇九―一〇四五）在位は一〇三六―一〇四五年。一条天皇の第三皇子。母は藤原道長女彰子《しょうし》。諱《いみな》は敦《あつ》

良《なが》。后妃には藤原道長女嬉子《よしこ》・三条天皇皇女禎子《さだこ》内親王・藤原頼通養女嫄子《もとこ》（実父敦康《あつやす》親王）・藤原教通女生子《なりこ》・藤原頼宗《よりむね》女延子《のぶこ》がいる。子には御冷泉・後三条天皇らがいる。寛弘七年（一〇一〇）正月一六日に親王宣下を受ける。寛仁元年（一〇一七）八月、三条天皇の皇子敦明《あつあきら》親王が皇太子を辞意したことにより、皇太子となる。同三年（一〇一九）八月に一一歳で元服。兄後一条天皇の崩御により、長元九年（一〇三六）四月一七日に践祚し、同七月一〇日に即位する。寛徳二年（一〇四五）正月一六日に第一皇子親仁《ちかひと》親王（のちの*後冷泉天皇）に譲位し、同一八日に三七歳で崩御。陵は円乗寺陵（京都市右京区竜安寺朱山）。逸文のみであるが、天皇の日記として『後朱雀天皇御記』があり、『*後拾遺和歌集』『新古今和歌集』などに天皇の和歌がある。

［文献］山中　裕『平安人物志』（東京大学出版会、一九七四）。

（平郡さやか）

後冷泉天皇《ごれいぜいてんのう》（一〇二五―一〇六八）　在位は一〇四五―一〇六八年。諱《いみな》は親仁《ちかひと》。後朱雀天皇の第一皇子。母は藤原道長女嬉《よし》子《こ》。母嬉子が出産後に没したのち、藤原彰子《しょうし》のもとで育てられる。乳母に藤原賢子《かたいこ》（紫式部女）・藤原経子《つねこ》・藤原親子《ちかこ》らがいる。長元九年（一〇三六）一二月二二日に親王宣下を受け、翌年（長暦元年（一〇三七））八月一七日に皇太子となる。寛徳二年（一〇四五）正月一六日に*後朱雀天皇の譲位に伴い践祚し、同四月八日に即位する。*藤原頼通が関白となる。后妃には後一条天皇皇女章子《あきこ》内親王・頼通女寛子《ひろこ》・藤原教通女歓子《よしこ》がいたが、皇子はなかった。皇太子となったのは、藤原氏を外戚としない異母弟の尊仁《たかひと》親王（のちの*後三条天皇）であった。治暦四年（一〇六八）四月一九日に四四歳で崩御。陵は円教寺陵（京都市右京区竜安寺朱山）。逸文のみであるが、天皇の日記として『御冷泉天皇御記』があり、『*後拾遺和歌集』『金葉和歌集』などに天皇の和歌が収められている。

［文献］角田文衛『王朝の明暗』（東京堂出版、一九七七）、角田文衛『王朝史の軌跡』（学燈社、一九八三）。

（平郡さやか）

菅原文時《すがわらのふみとき》（八九九―九八一）　父は*菅原道真の子高視《たかみ》。母は菅原宗岳《むねたけ》女。子には惟熙《これひろ》・輔昭《すけあき》・元真《げんしん》・安杲《あんこう》がいる。延長年間（九二三―九三一）のはじめに内御書所に勤務する。承平三年（九三三）に文章生に、同五年（九三五）に穀倉院の学問料を下付される。承平年間（九三一―九三八）の末に文章得業生となる。天慶五年（九四二）に対策及第する。少内記に任ぜられ、次いで大内記兼美濃介となる。内記のときに五畿七道諸神の名称と位階の誤謬を考正する。天暦二年（九四八）に撰式所で勤務し、のちには撰国史所の仕事にも従事する。内記を十余年勤めて、弁官となる。天徳元年（九五七）六月に文章博士となる。同年に村上天皇の勅に応じて三箇条の意見封事を上奏する。応和二年（九六二）の段階で従四位下で大学頭と文章博士を兼任している。康保元年（九六四）七月に式部権大輔となり、天元元年（九七八）三月に式部大輔に転じている。翌二年に*大江匡衡が方略試を受験するに当たり、文時が問頭博士となり策問を課す。このとき、式部大輔・文章博士・尾張権守を兼任している。同四年（九八一）正月に従三位に叙せられ、同九月八日に八三歳で没する。文時は詔命により『叙位略例』一帙と目録を合わせて一一巻を撰す。作品は『*本朝文粋』『扶桑集』などにみられ、『*江談抄』には逸話がある。著書に『文芥集』

『教童指帰抄』などがある。文時には*慶滋保胤・藤原在国《ありくに》（有国）などの弟子が多くいた。

［文献］真壁俊信「菅原文時伝」（『国学院大学日本文化研究所紀要』三三、一九七四）、川口久雄「菅原文時とその作品」（『三訂版平安朝日本漢文学史の研究 中』所収、明治書院、一九八二）。

（平郡さやか）

斉世親王《ときよしんのう》（八八六―九二七）*宇多天皇の第三皇子。母は橘広相女義子《よしこ》。同母兄弟に斉中《ときなか》・斉邦《ときくに》親王、君子《きみこ》内親王がいる。室は菅原道真女。子に源英明《ふさあきら》・源庶明《もろあきら》がいる。昌泰元年（八九八）に元服する。三品となり兵部卿、上総太守などになる。延喜元年（九〇一）正月に*藤原時平・源光《ひかる》・藤原定国《さだくに》・藤原菅根《すがね》らが、右大臣*菅原道真が斉世親王を擁立しようとし、宇多法皇の承認を得たと密奏したため、*醍醐天皇は道真を大宰権帥に左遷する。この一件により斉世親王は出家し、仁和寺に入り名を真寂《しんじゃく》とする。また、法三宮とも呼ばれる。延喜八年（九〇八）五月東寺において宇多法皇より灌頂《かんじょう》を授けられる。延喜一〇年（九一〇）八月、円城寺にて寂照《じゃくしょう》から伝法灌頂を受ける。また延喜一三年（九一三）五月東寺で宇多法皇より両部灌頂三部大法を伝授される。延長五年（九二七）九月一〇日に四二歳で没す。

［文献］坂本太郎『菅原道真』（吉川弘文館、一九六二）。

（平郡さやか）

（二） 政　務

朝政《ちょうせい》 推古朝頃から行われていた政務形態。官人が未明に宮に朝参し、朝庭の庁で昼過ぎまで執務したことに由来し、朝廷政治一般を意味する。「庶政」とも。平安宮では、諸司が各朝堂で事務を処理し（執務する殿舎は『*延喜式』式部式に規定）、重要事項については暉章堂《きしょうどう》で事務受理機関である弁官の審査を経たのち、昌福堂に赴いて議政官（左右大臣・大中納言・*参議）の決裁を受けた（公卿聴政）。律令制以前からの伝統を持ち、八世紀には大極殿に出御した天皇による聴政も行われたとみる所説もある。文書行政の進展に伴い曹司における執務が通例となり、また内裏と大極殿院・*朝堂院の分離により内裏での政務が常態化したことで漸次衰退し、*除目など深夜に及ぶ政務も現れた。

［文献］寺崎保広「朝堂院と朝政に関する覚書」（『川内古代史論集4』所収、一九八八）、橋本義則『平安宮成立史の研究』（塙書房、一九九五）。

（齋藤　融）

朝堂院《ちょうどういん》 元日朝賀《ちょうが》・即位・*大嘗祭など国家的儀礼執行の儀場で、大内裏の正庁。朱雀《すざく》門の後方に位置する。藤原宮・平城宮では朝政《ちょうせい》なども行われた。八世紀後半に太政官庁《だじょうかんちょう》と称し、内裏と朝堂院が分離した長岡宮以降、朝堂院と呼ばれた。弘仁年間以降には八省院とも。広義には北に天皇の出御する大極殿《だいごくでん》院《いん》、南に*朝集堂を含む回廊で囲まれた区域を指す。大極殿院とは竜尾道《りゅうびどう》で画され、朝集院とは会昌門《かいしょうもん》で結ばれる。狭義の朝堂院は朝庭と一二堂（長岡宮は八堂）からなる区域をいう。弘仁六年（八一五）正月に尾張など六か国から役夫を徴発して大修理が施され、貞観八年（八六六）閏三月朝堂院正門の応天門《おうてんもん》などが焼失する。平安時代後期になると度重なる火災のため廃絶した。

［文献］ 岸 俊男『日本古代宮都の研究』（岩波書店、一九八八）、古瀬奈津子『日本古代王権と儀式』（吉川弘文館、一九九八）。
（齋藤 融）

朝集堂《ちょうしゅうどう》 宮城内の朝堂院（太政官院）の南に位置し、朝参《ちょうさん》した官人が服装を整え、刻限まで待機する殿舎。朝集殿とも。史料上の初見は『日本後紀』弘仁二年（八一一）正月条だが、発掘調査により藤原宮においても存在が確認される。ただし、長岡宮では想定位置に遺構は未検出。東西二堂からなり、平城宮では築地塀（東区）、平安宮では回廊で区画した朝集院を構成した。規模は藤原宮では梁行《はりゆき》四間・桁行《けたゆき》一五間の礎石建ちの南北棟で、平城宮では四間・九間、平安宮では二間・九間、屋根の構造は切妻造とされる（『大内裏図考証』裏松固禅）。九世紀には来朝した渤海使の帰国に際して太政官が主催する饗宴の儀場ともなった。唐招提寺講堂は平城宮東朝集堂を施入したもの。

［文献］ 岸 俊男『日本古代宮都の研究』（岩波書店、一九八八）、橋本義則『平安宮成立史の研究』（塙書房、一九九五）。（齋藤 融）

官政《かんせい》 太政官曹司庁（朝堂院の東方に位置し、正庁・東西庁のほかに*朝所・*勘解由使・官文殿が設けられる）で行われた*太政官の政務形態。*朝政における公卿聴政とともに八世紀にさかのぼる儀だが、九世紀初めに略儀である*外記政が成立したことにより形式化し、四・七・一〇月の朔日、*列見・*定考・*郡司召・*釋奠《せきてん》など特定の儀式に随伴してのみ開催された。外記政と同じく内外諸司から上申された*申文の裁定と請印からなり、準備として弁官による西庁政（官結政。類別した申文を弁官が一々披見し、史が結びかためる儀）があり、政務終了後には朝所での食事があった。平安末期には廃れたが、*藤原頼長が古儀として再興したこともある（『*台記』別記久安三年（一一四七）四月一日条）。

［文献］ 橋本義則『平安宮成立史の研究』（塙書房、一九九五）。
（齋藤 融）

外記政《げきせい》 外記庁（太政官候庁とも。建春門外に所在）で行われた*太政官の政務形態。公卿などの内裏伺候が常態化するに伴い、*官政（太政官曹司庁で行われた公卿聴政）の略儀として弘仁一三年（八二二）に制度的に確立。曹司における律令政務の次第と作法をよく伝える。式日は官政の行われる四・七・一〇月朔日を除いた毎月一・四・一六日であるが、原則的には*国忌・日食などによる廃務日・休日以外の毎日とされていた。庁申文の儀と外印請印の儀から構成され、前者は諸司・諸国から上申されて*結政を経た*申文（案件）を弁・史が読み上げ、*日上が決裁する儀、後者は施行すべき文書に*外印を押捺する儀であった。政務の後には外記庁南隣の侍従所（南所《なんそ》）で食事があり、そこでも申政（上宣官符の作成、担当官司への下達、陣座への転送などの指示）が行われた。庁申文の儀は早い時期から儀式化しており、政務の実質は外印請印の儀にあったが、一〇世紀後期には急速に衰退して結政請印が代行するようになった。

［文献］ 橋本義則『平安宮成立史の研究』（塙書房、一九九五）。
（齋藤 融）

結政《かたなし》 結政所（建春門外に所在する太政官候庁（外記庁）と渡廊で結ばれた南舎が官結政所、それに隣接する西舎が外記結政所）における弁官局の政務で、*太政官の政務執行（公卿聴政）の一過程。「けっせい」とも。「かたなし」という名称は、結文を「結ね成す」ことに由来し、文書の事書を読み上げ、決裁を経たものを束ねる意。諸司・諸国から上申されてきた文書の書面審査（申文）、審査を通り庁申文・南所《なんそ》申文として公卿に上申することになった文書の最終確認（結文）、施行文書への加署などを経て官政ないし外記政に提出された。朝堂などにおける伝統的な弁官執務とは系譜を異にするらしいが、すでに九世紀前期には行われていたとみられる。太政官政務が官政の略儀であった外記政に移行すると、緊急時に参議以下による結政請印のみで文書を発給する例も現れ、平安後期には外記政も衰退して結政が代行した。また、一〇世紀に入って陣申文が発達すると、結文は内裏敷政門外の床子座（弁・史の候所）でも行われた。

［文献］橋本義則『平安宮成立史の研究』（塙書房、一九九五）、吉川真司『律令官僚制の研究』（塙書房、一九九八）。　（齋藤　融）

陣《じんの》定《さだめ》　仗議（儀）・陣議（儀）とも。陣座《じんのざ》（左右近衛府の陣に設けられた公卿の座。ふつうは左近衛府の陣座を指し、紫宸殿東北廊の南面に所在）で、天皇の諮問に対して大臣以下の公卿が各自の意見を陳べる政務。初見は九世紀後期の光孝朝。その次第は、ある案件について定め申せという天皇の勅を受けた上卿が外記を介して諸卿を召集し、式日に蔵人が提出した文書を上卿が諸卿に回覧させ、席次の低い参議から順に発言し、参議大弁（執筆）がそれを定文にまとめ、上卿が定文を蔵人頭に付して天皇に奏上した。筆記用具を納めた硯筥《すずりばこ》には、弁官が先例を勘申するために作成した続文（継文とも）があり、外記も別途に勘文を提出して参考資料とした。受領功過定・不堪田佃定・諸国に課す造内裏役など重要な国政事項の多くが陣定にかけられたが、定例として開かれる政務ではなく、最終決定権もなかった。天皇もしくは摂関が裁断したが、おおむね定文の通りに裁可された。寛仁三年（一〇一九）四月に対馬・壱岐島、北九州沿岸を襲った刀伊の入寇に際して開催された陣定については『小右記』に詳しい記事がみえ、開催手続き・機能・定文の体裁などがわかる。公卿聴政や太政官の一般政務は、平城宮では太政官曹司で執り行われたが、長岡宮で内裏が東方に移転（第二次内裏）したことを契機に公卿の内裏伺候が始まり、それが常態化した平安宮で陣座に公卿の座が設けられた。院政の開始により重要政務の審議機能は院評定に奪われ、陣定は形骸化した。

［文献］藤木邦彦『平安王朝の政治と制度』（吉川弘文館、一九九一）、倉本一宏『摂関政治と王朝貴族』（吉川弘文館、二〇〇〇）。　（齋藤　融）

朝《あいたん》所《どころ》　平安宮東南部の太政官曹司庁の東北隅に所在する屋舎。「あしたどころ」「あいたどころ」とも読み、朝食所（『延喜式』太政官式）・朝膳所（『九暦』）とも記す。『枕草子』によれば四方に御簾を掛けた瓦葺の建物で、『大内裏図考証』（裏松固禅）では規模を東西一六丈、南北一一丈と推定している。本来は太政官の官人が太政官曹司庁にて執務する際に朝食をとった施設と思われるが、列見・定考などの政務儀礼において宴座に先立って公卿が着座して酒食を受けた。臨時の政務の場にも利用され、一一世紀以降には内裏焼亡・方違いの折に天皇・皇后が遷御して仮の御所にもなった。延久元年（一〇六九）の荘園整理令に際しては記録荘園券契所（記録所）が置かれた。

［文献］古代学協会・古代学研究所編『平安京提要』（角川書店、一九九四）。（齋藤　融）

告《こう》　朔《さく》　毎月一日に在京諸司が朝堂院*において前月の政務や官人の勤務状況などに関する公文を天皇に奉呈する儀式。天皇出御の場合は「視告朔」と記す。史料上の初見は『日本書紀*』天武五年（六七六）九月丙寅朔条。九世紀に入ると天皇が大極殿に出御する視告朔の儀は四孟月（一、四、七、一〇月）のみとなり、毎月諸司が太政官*に提出する行政報告と分化した。「儀制令*」『延喜式*』太政官式の規定では、大臣があらかじめ殿上侍従四人・奏事者二人を選び、当日は諸司の官人（原則として五位以上）が弁官一人に率いられて朝庭の案（机）上の函に公文を置き、大納言がそれを天皇に奏上した。官司内でも月例や季ごとの行政報告が行われ、実例として『正倉院文書*』に天平宝字六―七年（七六二―三）の年紀を持つ造東大寺司*などの告朔解（五〇通余）が伝存する。地方でも毎月郡司が国司に告朔帳を提出した。寛平年間（八八九―八九八）以降、天皇出御儀は廃絶した（『年中行事秘抄』所引『清涼記』）。

［文献］古瀬奈津子『日本古代王権と儀式』（吉川弘文館、一九九八）、新川登亀男『日本古代の対外交渉と仏教―アジアの中の政治文化―』（吉川弘文館、一九九九）。（齋藤　融）

官《かん》　奏《そう》　太政官政務（公卿聴政）で勅裁案件と判定された重要事項を天皇に奏上して勅許を請う政務。史料上の初見は『宇多天皇御記』仁和四年（八八八）六月三日条。令制（公式令）には公卿らが発議して大納言が奏上する論奏、諸司の発議を受けて公卿が審議して大納言が奏上する奏事、小事を少納言が奏上する便奏（尋常奏）の別があり、論奏・奏事の系譜を引くとみる所説と、否定的な所説がある。官奏の次第は、弁官が受理して結政*を経た諸司・諸国の上申文書（解文）を大臣（大中納言の場合もある）が陣座《じんのざ》で検閲し（覧文の儀）、清涼殿（または紫宸殿）に赴いて奏上し（結申）、勅許された内容を陣座に戻り弁官局の史に伝宣（奏報）した。官奏は一〇世紀中頃まで主要な天皇聴政として機能し、摂関期における摂政はその勅裁を代行し、関白は解文を内覧することで強大な権限を得た。九世紀末（醍醐朝）には天皇が指名（藤原時平*・菅原道真*）する例も始まる（官奏候侍制）。律令制の弛緩《しかん》にともなって形式化し、官奏事項は主として不堪佃田（輸租・輸地子田でありながら荒廃して播種されない田の免租許可申請）・減省（正税本稲の式数からの減額申請）・鎰匙（不動倉開用許可申請）など地方政治に関わる事柄に限定されていった。

［文献］森田　悌『日本古代の政治と地方』（髙科書店、一九八八）、岡村幸子「官奏の系譜」（『史学雑誌』一〇八―一二、一九九九）。（齋藤　融）

太政官符《だいじょうかんぷ》　太政官*が被管の神祇官*・八省・彈正台*・大宰府*の諸司および諸国に発給した下達文書。「官符」と略称。重要事項の布告から事務的な事柄の伝達にも用いられ、律令国家の法令の多くは太政官符の形で布告された。勅裁を経た場合には奉勅の旨を記し、八世紀後半以降は上宣（中納言*以上の宣）を明記することが通例となる。詔書・勅旨を伝達する場合は、在京諸司には詔勅に官符を添え、諸国には詔勅の本文を官符に転記（謄詔官符《とうしょうかんぷ》・謄勅符《とうちょくふ》）する方式をとった。書式は冒頭に「太政官符」と宛所を記し、次行から事書・事実書・署名・年月日で（公式令）、その手続きは弁官局の左右史生が作成して弁・史が署名を加え、請印儀で在外官司・諸国宛てには内印（天皇御璽）、在京諸司宛てには外印（太政官印）を押捺して施行された。*内印・外印の使用規定は『*延喜式』太政官式にみえる。平安時代中期以降には発給手続きの簡便な*官宣旨を用いる例が増加した。

［文献］早川庄八『日本古代官僚制の研究』（岩波書店、一九八六）、飯田瑞穂『日本古代史叢説』（吉川弘文館、二〇〇一）。（齋藤　融）

勅旨《ちょくし》　公式令勅旨式に規定された天皇の命令を下達する文書。詔書よりも軽微な事項に用いられ、書式も作成・発給手続きも簡略で、侍従などの受勅者が*中務省に伝宣し、内記が起草した勅旨に中務卿・大少輔が天皇の裁可後に加署して写し一通が*太政官（弁官）に送られ（正文《しょうもん》は中務省が保管）、弁官では史が「奉勅旨如右、符到奉行」などを起草して大弁以下が加署し、施行用にさらに一通を写して発給された。*参議以上の議政官の関与がない点に特徴がある。平安時代に入ると勅書と称されるようになり、しばしば御画日《ぎょかくにち》（御画可）の有無について論議された。また、勅旨荘・勅旨田・勅旨牧・勅旨炭のように、供御《くご》料であることを示す語にも使われた。

［文献］早川庄八『日本古代官僚制の研究』（岩波書店、一九八六）、坂上康俊「詔書・勅旨と天皇」（池田　温編『中国礼法と日本律令制』所収、東方書店、一九九二）。（齋藤　融）

官宣旨《かんせんじ》　在京官司・諸国・寺社宛に発給する太政官文書の一つで、太政官符・太政官牒に必要な請印《しょういん》手続きなどの簡略化と、緊急性のある案件処理の迅速化を図るために案出される。書式は「左（右）弁官下某司（国・寺・社）」と書き出し、次行に事書、書留文言は「依宣行之」で、日下《にっか》に史、奥上に弁が署名し、上卿の宣を伝達した。貞観一一年（八六九）五月一日付官宣旨（園城寺文書）が現存最古のもの。*太政官の事務中枢の弁官が作成主体のため弁官下文とも称され、追捕《ついぶ》などの凶事は右弁官、それ以外は左弁官が担当した。この区別は『*西宮記』にみえ、一〇世紀後半には通例になっていた。一一世紀以降には諸権門と受領との荘園相論の裁定文書として多用される。

［文献］早川庄八『宣旨試論』（岩波書店、一九九〇）、鈴木茂男『古代文書の機能論的研究』（吉川弘文館、一九九七）。（齋藤　融）

内印《ないいん》・外印《げいん》　内印とは天皇印で、「天皇御璽《ぎょじ》」と陽刻した三寸の方印。駅鈴《えきれい》とともに天皇大権の象徴で、政変に際して争奪の対象ともなった。「大宝令」公式令では五位以上位記および諸国に下す公文に捺す規定であったが、のちに京官宛の文書にも用いられた。平安宮では長楽門内に保管され、諸国に下す公文は*中務省の主鈴、勅符・位記は少納言が捺印（請印《しょういん》）した。外印とは*太政官の公印で「太政官印」と陽刻した二寸半の方印。諸国に下す公文の案文《あんもん》と六位以下の位記に捺す規定であったが、養老四年（七二〇）から小事に関する文書の正文にも用いるようになった。通常は太政官曹司内に保管され、官政・外記政において少納言が捺印した。『*延喜式』太政官式に使用印の事項規定がある。

［文献］吉川真司『律令官僚制の研究』（塙書房、一九九八）。（齋藤　融）

吉書《きっしょ》　年始・政始《まつりごとはじめ》・代始・改元・任初など物事始めの儀式において儀礼的に主人に奏覧される吉例の文書。名称は吉日を撰んだことに由来する。平安時代中期に天皇に奏覧する吉書奏が年中行事化し、遅れて上皇・女院・中宮・東宮・摂関も吉書御覧を行うようになった。『建武年中行事』によれば、年始（正月二、三日）の吉書奏において弁官（官方）は諸国年料米進上の解文、蔵人（蔵人方）は美濃国の広絹進上の解文ないし諸社幣料申請の文書を用い、政始（正月九日）においては大臣が不動倉《ふどうそう》の鈎匙《かぎ》申請文書を奏した。古記録によれば院政期には院庁始、内覧始、大将着陣、除服後着陣、移徙《いし》、女御政所始、大臣室政所始などにおいても吉書がみられる。（齋藤　融）

［文献］和田英松『修訂 建武年中行事註解―付・日中行事註解』（明治書院、一九三〇）、遠藤基郎「モノを介する吉書」（『東北中世史研究会会報』一一、一九九七）。

切下文《きりくだしぶみ》　一〇世紀半ば以降に中央財政および祭祀・法会などの経費を調達・賦課するために作成された文書。発給主体により官切下文と諸司切下文に分類される。官切下文は行事を主管する官司より申請のあった料物を*太政官が関係官司への割当てを認可したもので、『朝野群載』巻六によれば料物・数量に「下某司」の文言を付す。この官切下文をもとに料物弁備を命じる*官宣旨が官司ごとに作成されたとみられる。官切下文という名称は『朝野群載』以外にはみられず、同形式の文書を『*西宮記』は「大宣旨」と称し、古記録にも「大宣旨」が散見することから、官切下文を一般的な名称と見なすことには疑問も残る。諸司切下文は*大蔵省・*正蔵率分所・*大炊寮などの財政官司が諸国に料物弁済を命じるもので、奉幣における幣料賦課の例が多い。名称の初見は『*権記』長徳三年（九九七）七月一九日条であるが、この文書による行事費用調達方式は一〇世紀前半における中央財政の窮乏化を契機に臨時の措置として採用されたと推測される。のちに納物の有無に関係なく行事費用を諸国に割り充てた。切下文による行事費徴収も次第に未進が増加するようになり、遵守を命じる御教書などが発給された。料国制をとる官司が切下文による料物を徴収する場合もみられる。（齋藤　融）

［文献］川本龍市「切下文に関する基礎的研究」（『史学研究』一七八、一九八八）、大津　透『律令国家支配構造の研究』（岩波書店、一九九三）。

続文《つぎぶみ》　ある事柄について関連する先例・傍証・反証などを貼り継いだ文書、転じて文書を貼り継ぐことも指した。「継文」とも記す。太政官に提出する様々な申請の解文（諸国申請雑事《ぞうじ》など）・*中文（受領功過・延任など）や訴状（土地相論など）に、当人もしくは弁・史・外記などの事務官、所管の官司が続文を作成して添えて*陣定における裁定の根拠として用いた。全国画一的な地方行政から国ごとの国内事情に対応するために、ある程度の裁量権が国司（受領）に認められるようになると国《くに》例《れい》が成立し、続文は広範に作成・蓄積されて先例集としても機能した。例えば『*小右記』万寿二年（一〇二五）一一月二九日条に讃岐守の延任申請の中文を「官底《かんてい》」に下給して続文せしめている。同長和二年（一〇一三）正月二三日条に、飛驒守藤原為信《ためのぶ》の受領功過申請に対して*勘解由使・*主計寮・主税寮に続文提出を命じた記事がみえるが、『朝野群載』巻二八（諸国功過）に主計寮および主税寮の解由続文・合否続文が収められている。同巻二六（諸国公文中）には主税寮・勘解由使の減省続文が見えるが、数代にわたる承認状況などはそれ以前の続文に基づいて記述するのであろう。『*北山抄』巻三（拾遺雑抄上）官奏事に大臣が奏文を読む手順として「先ず本解を見、次で続文を見、端よりこれを見る。或いは奥より見る。若《も》し疑わしきことあらば、即ち大弁に問い、状に随いて進止す」とあり、同巻七（都省雑例）*外記政にも解文および続文を読む上卿の作法が記されており、利用の一端がうかがわれる。

［文献］谷口 昭「続文攷―太政官行政の一側面―」（『法制史研究』二二、一九七八）。 （齋藤 融）

一上《いちのかみ》 朝廷の諸公事《くじ》を執行する公卿のうち筆頭の者。一の*上卿の意。史料上の初見は『*貞信公記』逸文承平四年（九三四）九月一二日条（『*小右記』長和五年（一〇一六）三月一六日条）。通常は左大臣を指すが、左大臣が摂政・関白を兼帯するときはその宣により譲られ、欠官の場合は次席の大臣が一上宣旨を蒙って一上のことを行った。元日節会・祈年穀奉幣《きねんこくほうべい》など重要な朝儀は一上が内弁《ないべん》を奉仕した。『*九条年中行事』は一上に申して処置を仰ぐ政務事項として「雑物色替事」など二六項列挙し、『*北山抄』都省雑事には「恩詔賑給事」など二八項がみえる。天皇大権を代行する摂政、天皇を輔佐する関白の存在が*太政官の政務執行の責任者たる一上の成立を促したか。一上が蔵人所別当に補せられる例も多い。

［文献］山本信吉「一上考」（『国史学』九六、一九七五）、土田直鎮『奈良平安時代史研究』（吉川弘文館、一九九二）。 （齋藤 融）

上卿《しょうけい》 朝廷の恒例・臨時の儀礼および太政官の政務などを執行する公卿の上首。上とも略記する。公事の規模により大臣（*太政大臣は除く）、大・*中納言が担当し、一部の小行事（*国忌・吉田祭など）は*参議が勤めた。原則的に*一上（通例では左大臣）が内弁を奉仕する諸節会・祈年穀奉幣などは除外して、前年一二月に大臣が主宰する公卿分配にて公事を割り振られた。太政官の政務では弁官・史・外記に指示して太政官符や官宣旨の作成に当たったが、これも原則として中納言以上が行った。伊勢神宮や法勝寺など特定の社寺に関する奏宣を担当する公卿、記録所の長官も上卿と称し、古記録では公卿と同義に用いられることもある。

［文献］土田直鎮『奈良平安時代史研究』（吉川弘文館、一九九二）、今江廣道「公事の分配について」（『国史学』一二三、一九八四）。 （齋藤 融）

日上《ひのしょう》 その日の太政官政務を執行する上卿の意。太政官が関与する恒例の神事・法会・国家的儀礼などは、前年一二月に大臣が主宰する公卿分配によってあらかじめ担当責任者が割り振られたが、太政官の政務は原則的に当日参内した公卿のうちで最上位者が執行した。具体的には弁・史・外記《げき》を指揮して*外記政・南所申文《なんそもうしぶみ》・陣申文《じんのもうしぶみ》などの日常的政務において、日上が申請文書の決裁・請印《しょういん》を行った。外記政の日上は*中納言以上が勤めており、*参議は日上になれなかったらしい。「分配の公卿」が諸公事《くじ》をしばしば懈怠《けたい》したように、公卿の不参・遅参により日上を奉仕する者がいないため太政官政務が滞ることも少なくなかった。

［文献］土田直鎮『奈良平安時代史研究』（吉川弘文館、一九九二）、吉川真司『律令官僚制の研究』（塙書房、一九九八）。 （齋藤 融）

叙位《じょい》 *位階を授与すること。考課・選叙令の規定では、毎年の考課（勤務評価）を重ねて成選年（内長上官は慶雲三年（七〇六）格により六年から四年に短縮）に九等（上々から下々第）の考第によって昇叙の階数が定められたが、即位・立后・立太子などの国家的慶事、祥瑞の出現、特別な功績による臨時の叙位もあった。位階の高下によって五位以上の勅授、六位以下内八位・外七位以上の奏授、外八位・内外初位の判授にわかれ（公式令）、叙位を証する位記（唐風に告身とも）が交付された。奏授・判授は令制に則った運用が九世紀以後も残存し、叙位儀も四月に行われたが、六位以下の下級位階は次第に官人社会から消滅していく。勅授については九世紀に年労を基準とする昇叙制度が生れ、叙位の式日も八世紀末頃から正月七日（白馬節会）に固定化し、平安中期には前々日ないし前日に叙位者を定める叙位議が始行された。その儀式次第は、執筆《しゅひつ》の大臣が御前座で位階ごとに決定者を続文（叙位簿）に筆記し、議所（宜陽殿南廂第二間）ないし陣座《じんのざ》（紫宸殿東北廊の南面）に退下して入眼《じゅがん》（内記が位記に姓名を記入）が行われた。九世紀末以降には院宮および准三后が叙爵（従五位下）者一人を推挙する年爵の制度もあった。

［文献］　高田　淳「『巡爵』とその成立—平安時代的叙位制度の成立—」（『国学院大学紀要』二六、一九八八）、玉井　力『平安時代の貴族と天皇』（岩波書店、二〇〇〇）。　（齋藤　融）

下名《おりな》　恒例および臨時に叙位・任官された官人のうち、四位以下の叙任者の姓名を式部省・兵部省に通達すること、またはその名簿。参議が担当し、儀式書などにみえる書様は文官と武官を別紙とし、位階（叙位の場合は本位）ごとに叙人あるいは任人を一字下げで列挙する。叙位（正月七日）では位記入眼《じゅがん》の後、除目では除目（召名）清書の後に作成されて式部丞・兵部丞に授けられ、これに基づいて叙任者が叙位・任官儀が行われる太政官などの儀場に召された。『西宮記』によれば、一〇世紀半ばの村上朝には天皇の紫宸殿出御のもとで除目下名が行われたが、しだいに簡略化されるに至り、太政官庁ないし外記庁に式部丞・兵部丞が召された。

召名《めしな》　除目の結果を清書し、任官者の官位・姓名を列記した文書。『西宮記』によれば、奏覧を経た大間書を議所ないし陣座《じんのざ》において清書の上卿が読み上げ、参議が分担して納言・参議・左右大弁などの勅任召名（のちに親王は別紙にする）、公卿の兼官・兼国などの奏任別紙召名、神祇伯・八省輔以下・諸国司などの奏任召名の三種を、文官・武官に分けて作成した。勅任召名は黄紙に「勅」の書様、奏任別紙召名・奏任召名は白紙折堺（紙屋紙）に「太政官謹奏」の書様を用いた。召名も奏覧を経て太政官庁ないし外記庁において式部・兵部省に渡され（下名の儀）、任官者が一人ずつ召される任官儀で読み上げられた。古記録ではこの儀のことも召名と称することがある。　（齋藤　融）

［文献］　早川庄八『日本古代官僚制の研究』（岩波書店、一九八六）、西本昌弘『平安朝儀式書成立史の研究』（塙書房、一九九七）。

除目《じもく》　官職を任命する政務儀式。除は旧官を除いて新官を授ける意。除書ともいい、任官結果を記した目録から転じて、任官選考儀式を意味するようになった。八世紀末に外官（地方官）と京官の任官儀が分離した後、前者は県召除目《あがためしのじもく》（春除目）と称され、多くは正月下旬に三日間行われた。後者は京官除目（秋除目）と称され、初め二月が多いが、一一世紀以降には秋から冬にかけて二夜ないし一夜で行われた。除目の際には、任官希望者が提出した申文、巡給のある蔵人所・検非違使・式部省・兵部省などが提出した労帳などに基づいて任官候補者を選定し、先例を考慮しつつ天皇や摂関の意向により任官者を決定し、執筆《しゆひつ》の大臣が姓名を大間書に記入した。原則として第一の大臣が執筆を勤めるなど、除目は国家の重事と認識され、『大間成文抄』『魚魯愚抄』など先例を集成し、作法を解説する故実書・儀式書が著された。なお、諸国史生などの一分官は別に一分召において任命され、ほかに臨時に行われる小除目や、立太子や立后の際に坊官や宮司を任命する坊官除目・宮司除目、女官を任命する女官除目、賀茂祭に奉仕する者を任命する祭除目などがあり、下名などの誤記・書き漏らしを訂正する直物の場においても任官が行われた。

［文献］早川庄八『日本古代官僚制の研究』（岩波書店、一九八六）、玉井　力『平安時代の貴族と天皇』（岩波書店、二〇〇〇）。　（齋藤　融）

大間書《おおまがき》　県召除目《あがためしのじもく》（春除目）および京官除目（秋除目）に際して作成された文書。大間ともいう。前年一二月までに太政官に提出された内外文武官の闕官帳《けつかんちよう》をもとに、外記《げき》が内外諸司の欠員ある官職名を職員令に準拠した順序（京官は神祇官・太政官から鋳銭司までを、地方官は五畿七道の順に、最後に武官を衛府から鎮守府まで載せる）に一官一行で列挙したもので、これに執筆《しゆひつ》大臣が任官者の位階・姓名と任官事由（尻付）を記入した（入眼《じゆがん》）。除目が終了すると末尾に年月日を書き入れ、奏覧を経て参議が清書した（清書されたものを召名という）。名称は行間を広くとっていることに由来するか。鎌倉時代書写の『長徳二年大間書』が現存最古のもの（東洋文庫所蔵）。刊本は『続群書類従』。

［文献］吉田早苗編『大間成文抄　上・下』（吉川弘文館、一九九三・一九九四）、玉井　力『平安時代の貴族と天皇』（岩波書店、二〇〇〇）。　（齋藤　融）

尻《し》**付**《づけ》　叙位簿および春秋の除目で作成された大間書などの叙任者の位階・姓名の下に、その官人が受爵・加階・任官した事由を小字で注記したもの。「しりつけ」ともいう。具体的には内給・院御給・年給・臨時給・巡・挙・労・成功・賞などで、さらに兼官・復任についても記された。誤記・記入漏れの場合には執筆者の失態と見なされるなど、重要視されていた。『長徳二年大間書』『魚魯愚抄《ぎよろぐしよう》』などは平安中期以降の除目・叙位における叙任方式および実態がうかがわれる好史料で、給主との人間関係を知るうえでも貴重。『公卿補任』『弁官補任』『職事補任』などで、公卿・官人の初出の箇所に付された父母名・官歴などの注記も尻付と称する。

［文献］吉田早苗編『大間成文抄　上・下』（吉川弘文館、一九九三・一九九四）。　（齋藤　融）

申《もうし》**文**《ぶみ》　個人が政府や所属官司ないし支配者などへ提出する文書の様式の一つ。下位の者が上位の者に差し出す上申書の一つで、その内容には官位授与の請願や訴訟・命令に対する報告など様々な事項があった。令制の文書様式には、解・奏などがあり、奏の様式を持つものは「某誠惶誠恐謹言」の文言で書き始め、「某誠惶誠恐謹言」の文言で締めくくり、年月日と官位姓名を書くのが普通である。申文は、解の様式を持つものは解文や解状などといわれたが、上申文書一般に使われるようになると申状とも呼ばれ、中世・近世になると貴族の官位申請文書のみを申文といった。除目*が近づくと任官希望者が申文を手に有力貴族などに天皇への取次ぎを求めた。申文は古典の文章を引いた美辞麗句の文章であったが、名文家の作成したものも伝えられている。

［文献］森田　悌『古代日本の政治と地方』（高科書店、一九八八）。

（堀井典子）

月《げつ》奏《そう》　毎月一日に参議*以上および天皇近侍の官僚の前月の上日を天皇に奏聞する儀式。奈良時代は、四等官の上日のみ告朔文によって奏聞されたが、大同四年（八〇九）正月一一日宣旨で観察使*（参議）以上の上日を毎月奏聞することとなった。『弘仁式』*では内侍所が奏聞し、その後蔵人所の成立などを経て内侍所奏聞と蔵人所奏聞が行われるようになった。『西宮記』*巻三によれば、参議以上・少納言・外記《げき》*・弁・史の前月の上日、ならびに左近陣より出居侍従・内記の上日を内侍所が奏聞し、殿上・蔵人所・諸所（進物所*・御厨子所*など）・諸陣（六衛府など）の上日を蔵人が奏聞した。

［文献］渡辺直彦『日本古代官位制度の基礎的研究　増訂版』（吉川弘文館、一九七八）。

（堀井典子）

郡《ぐん》司《じ》召《めし》　平安時代宮廷で行われた郡司補任の儀式。郡司は律令制下の地方行政機構である郡の官人で、大領・少領・主政・主帳の四等官。郡司の定員は郡を五等に分けた等級によって定められていた。任命法には時代により多少の差はあるが、九世紀には宮中の年中行事の一つとなる。国司が候補者を銓衡してその歴名を朝集使につけて中央へ送ると、式部省*は候補者を集めて試験を課し、優劣を比較して銓衡結果の擬文を奏上し（郡司読奏）、その後太政官において任命式（郡司召）を行うのが一般であった。『儀式』『西宮記』*『北山抄』*などにも規定が見られる。

［文献］米田雄介『郡司の研究』（法政大学出版局、一九七六）。

（堀井典子）

不《ふ》堪《かん》佃《でん》田《でん》奏《そう》　平安時代の主要な行事の一つ。不堪佃田とは、荒廃して耕作不能と認定された田地のことで、毎年その数が太政官に報告されたが、申請する不堪佃田の面積は増大する一方であった。そのため政府は、一国内の輸租田の一割を例不堪として公認し、二割以上の場合は過分不堪として太政官において裁定され、認められると租の三分の二が免除された。平安時代中期頃には儀式化が進み、年中行事として行われるようになったと考えられる。不堪佃田に関しては、『西宮記』*や『江家次第』*などの儀式書の年中行事九月部にみられるが、不堪佃田奏は毎年九月七日に行われる。八月三〇日以前に諸国司より坪付帳が弁官に届けられ、九月一日には大弁に、五日には一大臣に上申（不堪佃田申文）される。九月七日には申請に基づく不堪佃田の坪付の文が奏され（荒奏）、その後諸卿による議定が行われたのち、それぞれの国ごとの具体的な対策を定めた定文が決定され再度奏聞された（和奏）。のちに不堪佃田を言上する国数も三五国に定められるなど、形式化していった。

［文献］佐藤宗諄『平安前期政治史序説』（東京大学出版会、一九七七）。

（堀井典子）

納《なっ》所《しょ》　年貢などを納入する場所、またはそれを掌る役人をいう。平安時代以降に年貢*・公事《くじ》*などの収納事務を担当した部署・施設。荘園領主や国衙が港湾などの物資流通の拠点に設置し、物資の輸送や保管業務を扱った。諸国の荘園や公領では郷などの単位ごとに設置されたものもあり、有力農民が預として管理するという農民的納所も生まれてきた。貴族の邸宅や寺院などの内部にも収納施設の名称としてみられる。また平安中期以降の郡・郷の収納所を略称して納所と呼んだ。東大寺などでは、付属の納所を設置し、それらに上下の僧が収納役として選任された。のちに寺院下級僧侶を納所坊主と呼んだ。寺院の納所は中世を通じて存続した。

[文献] 吉田 晶「納所小論」(『史林』四一―三、一九五八)。 (堀井典子)

日給簡《にっきゅうのふだ》 殿上簡《てんじょうのふだ》ともいう。日給とは、出勤者の上日・上夜のことをいい、それらを記録した簡を日給簡といった。日給簡は長さ五尺三寸、上端の幅八寸、下端の幅七寸、厚さ六分の大きなもので檜板でできている。簡の上部に大きく「殿上日給」と書いた下に、殿上人*の官位・姓名が三段に分けて書かれた(四位・五位・六位を順に、上段・中段・下段に記載した)。殿上人*は、昇殿が許されたとき、簡に氏名が記載され、犯罪などがあった場合除籍され名が削られた。おのおのの氏名の下には放紙と呼ばれる紙が貼られ、出仕した日を記録した。夜の場合はその上日の傍らに「夕」と書きつけ、不参の者には「不」を、仮文(休暇願)を献じている者には「仮若干」と記録した。日給簡は、未三點(未二刻)をもって封をして袋に入れたのち、横座の北壁に立てかけた。一か月の上日・上夜の記録は、蔵人から毎月一日に行われる月奏*として奏上された。

[文献]『古事類苑』政治部一。 (堀井典子)

殿上人《てんじょうびと》 四位・五位の廷臣のなかで、内裏清涼殿の殿上の間に昇ることを許された者をいい、昇殿を許されなかった地下《じげ》と明確に区別された。「うえひと」「うえのをのこ」「雲上人」「雲客」とも。天皇の代替わりごとに選び直され、蔵人頭の指揮下、殿上の間に伺候し天皇の身辺の雑事に奉仕し、宿直・陪膳の番(輪番制)を勤めた。殿上人は、上日・上夜が日給簡*に記録され、蔵人所から毎月月奏*として奏上された。殿上人の人数は、『禁秘抄』「殿上人事」に『寛平遺誡*』を引いて「凡員数廿五(二五)人、具六位卅(三〇)人」とし、のちの人数の変遷も述べ、土御門天皇代には百余人、順徳天皇代には七十余人であったと記載されている。昇殿の制は、院・東宮・女院・中宮などにもあり、特に院政期には執政している上皇の院殿上人希望者が多く、白河院*のときには七四、鳥羽院*のときには減らされて四四人となり、以後これが先蹤とされた。また昇殿を許された弁を殿上弁といい、太政官*と禁中を結ぶ役割を果たした。

[文献] 橋本義彦『平安貴族』(平凡社、一九八六)。 (堀井典子)

直廬《じきろ》 「ちょくろ」とも。宮廷内において、皇親・摂政・関白・大臣・大納言などが与えられた個室。宿直や休息、または私的な会合に用いられた。ただし、摂政の場合は直廬において官奏・礼服の閲覧、叙位*・除目*が行われることもあった。直廬の場所については、『西宮記*』巻八によれば「大臣納言宿廬職曹司。見国史也」「大臣宿所在宣陽殿東庇」とある。また『御堂関白記*』をはじめとする平安時代の公卿の日記には数多くみられる。

分配《ぶんぱい》 恒例公事に参仕する上卿*・弁官・蔵人などをあらかじめ定めておくことをいう。上卿の分を公卿分配といい、毎年一二月に翌一年分の分配を受ける上卿の名を定めて、大臣が天皇に奏聞した。現任の大納言・*中納言・*参議は、分配を受けることができ、大臣は含まなかった。分配が行われる公事は、*一上が行うことになっている諸公事《くじ》を除いて、諸社の祭祀や*国忌が中心であったが、時代が降るに従い、女王禄・*釈奠・*追儺も加えられていき増大していった。弁官は、中・少弁が分配の対象になっており、分配が行われるのは、公卿分配から国忌を除いた公事についてであった。

［文献］今江廣道「公事の分配について」（『国史学』一二三、一九八四）。

（堀井典子）

版《へん》位《い》 版とも。朝廷の政務や儀式の際に参列する群臣や、特定の役目の者が立つべき位置を示すために置かれた木の板をいう。「儀制令」版位条によれば、大きさ七寸四方、厚さ五寸であり、天皇の版位はなく皇太子以下諸臣のものが存在し、漆で書かれたとある。同条の集解では、古記には火で焼いて文字にすることが行われており、のちに漆に墨を混ぜた黒漆を使うようになったとされている。唐制を継受したものだが、唐では皇帝・皇太子以下諸臣の版位があり、それぞれ大きさを異にしているのに対し、日本の規定では天皇のものは存在せず、皇太子の版位と諸臣の版位に大きさの違いはない。平城宮跡から、塼製の版位が出土している。

［文献］鈴木琢郎「版位制の展開と標の成立」（『行政社会論集』一五―三、二〇〇三）。

（堀井典子）

受領《ずりょう》功《こう》課定《かさだめ》 平安時代の中期頃、毎年春の除目の際、任期が終わる*受領につきその在任中の成績を審査し、功過を判定する公卿の会議。考課定とも書かれている。受領とは、*遙任国主に対して任国に赴いた国の最高責任者である守《かみ》をいう。当時の受領は、徴税請負人化して私利を得ていたと思われるが、平安時代後期以降は、受領は必ずしも任国にいたわけではなく、目代を派遣して政務に当たらせる方法も行われていた。受領は*除目の前年の一二月二〇日以前までにいちおう*主計・*主税二寮・*勘解由使から功過を勘禄されていた。また自らの功を録して、次期の受領に自薦する*申文を官に提出する。申文は、中国の古典を引用した美辞麗句を連ねた文章で作成されており、天皇のもとに集められた。蔵人頭が整理し、蔵人外記に内容を確認・検討させた後天皇に奏覧した。天皇は、大臣に命じて公卿にその功過を判定させる会議を開いた。大納言は、*上卿として会議を開き、会議に参加する参議のうち一人は、申文と主計寮・主税寮・勘解由使などの提出する勘文に基づいて、調庸返抄・雑米惣返抄・勘済税帳・率分無欠・封租抄・新委不動穀・斎院禊際料・勘解由勘文など、主に在任中の財政上の事項についての成績審査を行った。特に所定の貢進の完納、中央の勘査を受ける公文の遺漏がないかどうか、公文が正確に記載されているか否かなどに留意して審査された。功・過の判定は、会議出席者の全員一致が求められ、全員一致の結論になるまで続けられた。受領以外のほかの官の功過については、おのおの別に判定され、大功を立てた者や摂関などとの因縁により優先的に補任される者もあり、功過は形式化していく。院政期には成功による売官も盛行し、知行国制の進展により功過定はほぼ有名無実化した。

（堀井典子）

［文献］森田悌『受領』（教育社、一九七八）。

成《じょう》功《ごう》 朝儀や法会の費用、殿舎の営繕、寺社の堂塔の修造の費用など、公費から支出される財源に資材を提供して希望の官職・位階を得るという売官売位制度の一種。奈良時代よりすでに蓄銭叙位・献物叙位・贖労銭《しょくろうせん》（続労銭）など、律令官僚制の原則とは異なった位階の与え方が行われていた。六位以下の散位*・勲位のみの者などを諸官司・国府に勤務させ、労（年功）を継続して考課を受けさせ、昇進の機会を与えたことを贖労といった。贖労を求める者が出勤の代わりに納めた銭を贖労銭といい、成功の起源は、贖労銭にさかのぼるが、律令制解体の一方で造営業が増大化した平安中期以降盛んとなる。ことに諸国の受領*が御所・堂塔の造営などの事業を請け負い、竣工ののち重任*・延任、あるいは他国の受領に遷任される例が多くなった。官職のなかでは特に国司を希望するものが多く、また一官職複数名の希望者がある場合、成功はその官職への任官優先権獲得手段にもなった。平安後期にもっとも盛行し、南北朝期まで続いた。（堀井典子）

［文献］橋本義彦『平安貴族社会の研究』（吉川弘文館、一九七六）。

重任《ちょうにん》 任期のある官職についている者を任期終了後引き続き同じ官職に任じられること、特に平安中期以降の国司に多く、成功*による重任が盛行した。重任のほかに任期の延長を図る延任、他国の国司に遷る遷任なども存在した。平安時代中期以降、中央財政は窮乏の一途をたどったが、その一方で国司のなかには四年の任期の間に私服を肥やし、それによって朝廷の造営費・朝儀や法会の費用・寺社の堂塔・社殿の造営費用などを負担し、その功によって重任を認める方法が行われた。国司はこれらの費用を個人的に負担したが、実態は領民に負担が転嫁された。院政期には寺院造営の折の成功による重任が盛んになり、なかには重任に延任も加えて一〇年前後、一国の国司として在任する者もあった。（堀井典子）

［文献］竹内理三『律令制と貴族政権Ⅰ』（御茶の水書房、一九五八）。

遙任《ようにん》 遙授とも。地方官に任命されながら、赴任・執務しないこと。律令制下において地方官に任命された者は任地への赴任が原則となっていたが、京官の地方官兼任により赴任することなく経済的優遇が与えられることがあった。京官の地方官兼任の例は奈良時代にも見られるが、弘仁二年（八一一）に「遙授官」の公廨《くがい》は年にその半分を京に送ることを許されていることから、平安時代初期頃にはすでに遙任・遙授も制度化していたと思われる。また天長三年（八二六）九月に設置された親王任国制は遙任を前提として設置されたため、遙任制の盛行に拍車をかけるものとなった。遙任国司は赴任・執務せず、解由を責められることはなく、一方公廨田や事力は給与されなかったが、公廨稲*の配分など国司の俸禄のみ支給された。地方行政は、目代*・在庁官人*などに委ねられ、赴任しない国司長官の守は在任期間中に任地に赴くのは短期間であった。遙任は平安中期以降、ますます盛んになり、遙任を前提とする宿官の制も現れた。（堀井典子）

［文献］吉村茂樹『国司制度崩壊に関する研究』（東京大学出版会、一九五七）、森田 悌『受領』（教育社、一九五八）。

年給制《ねんきゅうせい》 年料給分の略。古代の封禄の一つ。年爵と年官からなる。年官とは院・三宮（皇后・皇太后・太皇太后）・親王・公卿らに、毎年国司の判官・主典などを申請する権利を与えることで、年爵とは、院と三宮に毎年叙爵者（初めて従五位下に叙せられる者）一人を申請する権利を与えることである。年官・年爵を与えられた者を給主といい、給主は自分たちに与えられた任・叙権のある官・位についてそれぞれ希望する者を募り、彼らから任料もしくは叙料を収取した。年官・年爵は、*成功・栄爵と同じような売官売位制度であったと考えられる。年官制の成立は、九世紀前半の淳仁・仁明朝の頃で、まず三宮給が行われ、次いで親王給が行われ、院給・内給・公卿給が起こり、*宇多天皇の時代には尚侍・典侍も年給にあずかっていた。宇多朝の寛平年間（八八九―八九八）に年官・年爵は整理制度化された。この頃までに規定された年官・年爵における給主の範囲と給数は表のとおり。一〇世紀の前半頃までは成功していたが、中期以降、諸国の国務の権限が受領国司に集中して、律令の国司制度が変容していく過程で年官は衰退していく。院制下では京官のみが唯一年官として意味をなしており、特に武官は武士に好まれた。この時期になるとすでに年給と成功の区別は難しくなり、内給はますます成功化していった。

年給制

給主	給数
内給	掾２人・目３人・一分20人
一院三宮	掾１人・目１人・一分３人
京官	允１人
親王	目１人・一分１人
太政大臣	目１人・一分２人
納言	目１人・一分１人
宰相	目１人・一分１人
尚侍・典侍	一分１人

［文献］　時野谷滋『律令封禄制度史の研究』（吉川弘文館、一九七七）。
（堀井典子）

名《な》替《がえ》　古代、院・三宮・親王・公卿などに、毎年国司の判官・主典などを申請する権利を与え、任官を任された給主が任官希望者を募って、彼らから任料を収取する制度を*年官といった。この年官に応募して給主に任料を納め、給主の申請によって某国のある官に任ぜられた者が、希望の官と異なるなどの理由で任符を賜らなかった場合、給主がほかの者を代わりにその官に申請することを名替といった。また、同じく年官応募して任官された者がその国を望まないとき、改めて他国に振り替えることを国替といった。これらは、応募者の希望と国司の欠員のある国との関係や、任料の額や納入などをめぐって発生したと考えられる。掾・目を賜ることが給与としての意味をなさなくなった後も儀礼的に行われた。

［文献］　時野谷滋『律令封禄制度史の研究』（吉川弘文館、一九七七）。
（堀井典子）

官《かん》司《し》請《うけ》負《おい》制《せい》　律令官人社会において、官人、特に下級官人層がその特殊技能を家業として成立させ、特定の官司の特定のポストを世襲する体制。支配層を形成した貴族たちの上層部分は摂関・大臣・公卿層であるが、実務を支えていたのは圧倒的多数の下級官人であった。受領（地方官）・技能官人・武士の三層であるが、特に「諸道の者」と呼ばれた専門的、学問的知識や技能を持った人々である。例えば、明経道の中原氏・清原氏、明法道の坂上《さかのうえ》氏・中原氏、算道の小槻《おづき》氏、医道の丹波《たんば》氏・和気《わけ》氏、暦道の賀茂《かも》氏、陰陽道の安倍氏など、平安末期にはほぼ固定し、近世まで続いた。この体制は、将来到達しうる地位・官職が家業によって固定されていること、別な見方をすれば、ある官職を特定の家が独占・世襲することを意味する。例えば、算博士家小槻氏は弁官局の大夫史、明経博士家の中原氏と清原氏は外記局の大外記、高橋氏が御厨子所預を世襲するというものである。中世に入ると、官司請負いのこうした傾向はさらに明らかになり、造酒司*の長官（正《かみ》）を大外記中原氏が、大炊寮*の長官（頭《かみ》）も中原氏が世襲する。そして諸道の家々のみならず、公卿の下層部分でも官司請負いに参入する。山科家が内蔵頭、中御門家が右京職の大夫、坊城家が左京職の大夫を世襲するようになる。当然それぞれの官司の領有する荘園所職などを各家が家産化するのである。

（阿部 猛）

［文献］佐藤進一『日本の中世国家』（岩波書店、一九八三）、上杉和彦『日本中世法体系成立史論』（校倉書房、一九九六）。

笏《しゃく》紙《し》 貴族の持つ笏に貼《は》りつける紙（貼紙）で、公務を遂行する際の備忘のためのメモ用紙。笏紙は続飯《そくい》（めし粒を練って作ったのり）で貼りつける。式次第などを笏紙に書くが、公《く》事《じ》が終わるとこれをはがした。これを繰り返すと笏の光沢が失われてしまう。そこで、公事行事が連続するときには、別の笏を用意した。『枕草子』*は、「いやしげなるもの」に「式部丞の笏」をあげているが、式部丞は御用繁多で、笏紙を貼ったりはがしたりするため笏が汚なくなり、下品だというのであろう。

［文献］阿部 猛『平安貴族の実像』（東京堂出版、一九九三）。

（阿部 猛）

貴族《きぞく》の政治思想《せいじしそう》 「夫《そ》れ農は天下の本なり」という表現は中国の文言を借りたものではあるが、農耕を基幹とする古代国家の官人たちの基本的な考え方であった。したがって、池を築いたり灌漑用の水路を設けることは重要な仕事であり、この点について、国司が人民の蒙を啓《ひら》いて工事を進める話がいくつか伝えられている。迷信にとらわれる人民を啓蒙することは良吏*の任務であった。官人たちは進歩的で人民は愚かであるとする考え方からして、官人は愚かな人民を教喩すべきものであった。「境内（国内）の興衰は国司の治乱に随うものなり、人民の愁苦は国家の患《うれ》うところなり、善政を施すに非ざれば何ぞ窮困の民を優せん」「凡そ細民の愚かなる必ず権変に昧《くら》し、偏《ひとえ》に利を求むる意《こころ》を懐《いだ》き、利を得る謀《はかりごと》を知らず」というのは、愚かな人民の教導が国司の任であることを強調している。弘仁一四年（八二三）の大宰管内の公営田制の採用に当たって、太政官は提案者小野岑守*の計画について「抑《そもそ》も取るべきあり」と認めながら「但し古来行うところは誠に卒改を憚《はばか》る」として、四年を限って試行することとした。一般的に、行政の継続性は必要な事柄であり、急激な変改は混乱をもたらす恐れがあるとして避けられる。法規の制定に当って「永く恒例となす」というのは当然のことである。しかし「沿革」という言葉が示すように、「依ㇾ旧」（沿）と「革《あらた》」めることは、相反する概念であるが、守旧性と革新性との組合せ、あるいは繰り返しが、まさに世の「うつりかわり」なのであった。法・規定の永続性の希求にもかかわらず、「時を観《み》て制を革《あらた》むるは、政を為す要枢にして、代を論じて規《のり》を立つるは民を済《すく》うの本務なり」というのも、また一方の論理であった。「政は簡要を期す」とともに、政治は公平でなければならず、偏頗《へんぱ》があってはならないとする。法に背いた場合の処罰について、位階や身分によって差異のあることは「人に随いて法を殊《こと》にする」ものであり、「政《まつりごと》平均にあらず」なので、不公平であり改めなければならない。官人個人については、先例に背いてはならず、故実に違う言行があってはならない。公事における違式・違例は「公事失錯」として嘲笑されるのである。有能なる官人とは、故実・先例に詳しく、その作法進退が例に従っている者をいう。（阿部　猛）

（三）　権力者と実務官人

藤原忠平《ふじわらのただひら》（八八〇―九四九）　太政大臣基経*の子。母は人康《さねやす》親王女。寛平七年（八九五）正五位下に叙され、昌泰三年（九〇〇）二一歳で参議*となるが、叔父清経《きよつね》に参議を譲り右大弁となる。延喜八年（九〇八）参議となる。のち権中納言・大納言を経て延喜一〇年（九一〇）時平*が没すると右大臣となり、延長二年（九二四）左大臣、承平六年（九三六）太政大臣*に昇った。これより先延長八年（九三〇）朱雀天皇*が即位すると摂政となり、天慶四年（九四一）関白の詔を受け、同九年（九四六）村上天皇*が即位してからも続いて関白。天暦三年（九四九）に没し、貞信公を諡《おくりな》された。忠平は同母兄時平と不和で、当時の政治状況に対する認識を異にしていたとみられる。兄時平とその一門が菅原道真*の怨霊に祟られ衰亡したのに対して、忠平一門は道真（天神）の加護を受けて繁栄したとされる。忠平政権の時代は、承平*・天慶の乱もあったが、比較的に安定した時代であった。忠平は故実に通じていたので、その日記『貞*信公記』は後世珍重された。

［文献］　村井康彦「藤原時平と忠平」（『歴史教育』一四―六、一九六六）、木村茂光「藤原忠平政権の成立過程」（十世紀研究会編『中世成立期の歴史像』所収、東京堂出版、一九九三）。（阿部　猛）

藤原実頼《ふじわらのさねより》（九〇〇―九七〇）　関白忠平*の子。母は宇多天皇皇女源順子《のぶこ》。延喜一五年（九一五）従五位下に叙され、諸官を経て延長八年（九三〇）蔵人頭、翌年参議*となる。天慶七年（九四四）右大臣、天暦元年（九四七）左大臣、同三年（九四九）忠平没後氏長者*となった。康保四年（九六七）太政大臣。安和元年（九六八）関白、翌年摂政。極位は従一位。正一位を追贈された。諡《おくりな》は清慎公。日記『清慎公記』があったが、『小*右記』『西宮記』*などに逸文を残すのみである。和歌にも秀で、家集『清慎公集』があり、『後撰和歌集』*にも三十数首を残す。父忠平の教命《きょうめい》により有識《ゆうそく》の流儀小野宮流を形成し、孫の実資は『小野宮年中行事』*をまとめた。実頼女慶子《よしこ》は朱雀天皇女御、述子《のぶこ》は村上天皇女御となったが、実頼は天皇の外戚となることはできなかった。これに対して弟師輔*は右大臣ながら天皇の外戚となり、のちにこの九条流から摂政・関白が輩出されることになった。

［文献］　山中　裕『平安朝文学の史的研究』（東京大学出版会、一九七四）、山中　裕『平安時代の古記録と貴族文化』（思文閣出版、一九八八）。（阿部　猛）

藤原兼家《ふじわらのかねいえ》（九二九―九九〇）　右大臣師輔*の子。母は藤原経《つね》邦《くに》女。東三条殿・法興院摂政・大入道殿などと呼ばれた。室時《とき》姫《ひめ》との間に道隆*・道兼*・道長*・超子《とおこ》（冷泉天皇女御）・詮子《あきこ》（円融天皇皇后）を、藤原倫寧《ともやす》女との間に道綱《みちつな》を、藤原国章《くにあき》女との間に綏子《やすこ》（三条天皇尚侍）を儲けた。天暦二年（九四八）従五位下に叙され、康保四年（九六七）蔵人頭、安和二年（九六九）従三位*中納言、天禄三年（九七二）正三位大納言となる。同年太政大臣伊尹《これただ》の没後、実権を握った兄*兼通に忌まれ、貞元二年（九七七）右大将から治部卿に左遷された。しかし翌月兼通は没し、兼家は政界に復帰、天元元年（九七八）右大臣となった。永観二年（九八四）*花山天皇が即位すると娘の詮子の生んだ懐仁《やすひと》親王を皇太子とし、寛和二年（九八六）策謀により花山を退位させ懐仁を立て*一条天皇とした。兼家は摂政となり、永祚《えいそ》元年（九八九）摂政・*太政大臣に昇った。

[文献] 山中 裕『平安時代の古記録と貴族文化』（思文閣出版、一九八八）。 （阿部 猛）

藤原師尹《ふじわらのもろまさ》（九二〇―九六九） 摂政太政大臣*忠平の子。母は右大臣源能有《よしあり》女昭子《あきこ》。室は右大臣藤原定方《さだかた》女。承平二年（九三二）従五位下に叙され、天慶七年（九四四）蔵人頭、翌年従四位下で*参議となる。天暦元年（九四七）左兵衛督、翌年権中納言、従三位、*中納言、右近衛大将、正三位、権大納言（九六〇）から康保三年（九六六）従二位大納言、翌年正二位右大臣兼蔵人所別当となる。*安和の変（九六九）で*源高明が失脚すると左大臣・左近衛大将となったが同年没した。安和の変の首謀者の一人と目されることもあるが、具体的にどうかかわったか不明である。父忠平から小一条院第を伝領し、小一条左大臣と呼ばれた。日記『小左記』は現存しない。『*後撰和歌集』に三首入る。子に定時《さだとき》・済時《なりとき》・芳子《よしこ》（村上天皇女御）らがいたが、師尹の一門は振るわなかった。

[文献] 山本信吉「冷泉朝における小野宮家・九条家をめぐって」（古代学協会編『摂関時代史の研究』所収、吉川弘文館、一九六五）、山中 裕『平安朝文学の史的研究』（東京大学出版会、一九七四）。 （阿部 猛）

源高明《みなもとのたかあきら》（九一四―九八二） *醍醐天皇の皇子。母は右大弁源唱《となう》女周子《ちかこ》。延喜二〇年（九二〇）源朝臣《あそん》を賜わり臣籍に下る。延長七年（九二九）元服、翌年従四位上。天慶二年（九三九）*参議、康保三年（九六六）右大臣、翌年正二位で左大臣に任ぜられる。同年村上天皇のあと冷泉天皇が即位したが、安和二年（九六九）三月、左馬助*源満仲が密告し、橘敏延《としのぶ》・源連《つらぬ》らが為平親王（妻は高明女）擁立を謀り、守平《もりひら》親王（のちの*円融天皇）廃立を企てていると右大臣*藤原師尹に告げ、高明に累が及び、大宰権帥に左遷された。いわゆる*安和の変である。この事件は藤原氏による有力他氏排斥事件の一つとされている。高明に罪なしとは当時の人々の間でもささやかれたことであるらしく、天禄二年（九七一）一〇月高明は京都に召還され、翌年帰京した。しかし高明は政界には復帰せず西宮の邸で暮らした。彼は岳父師輔と同じく故実に通じ、『*西宮記』を著した。この書は公事典礼の典拠として重んじられ、『*北山抄』『*江家次第』とともに平安時代の三大儀式書と称され、現在でも珍重されている。『西宮記』は師輔の日記『*九暦』からの引用が多く、九条家流の流れを汲むことは明白である。

[文献] 山中 裕『平安時代の古記録と貴族文化』（思文閣出版、一九八八）。 （阿部 猛）

藤原伊周《ふじわらのこれちか》（九七四―一〇一〇） 関白*道隆の子。母は高階成《なり》忠《ただ》女貴子《たかこ》。儀同三司、帥内大臣と呼ばれた。寛和二年（九八五）従五位下に叙され、諸官を経て正暦二年（九九一）*参議次いで従三位*中納言、同三年に正三位権大納言、同五年*内大臣。長徳元年（九九五）父の病気期間中*内覧の宣旨を受けたが、父の没後は叔父*道兼の関白就任により内覧を停められた。同二年*弟隆家とともに*花山院を襲撃し、ほかの罪状も加えて*大宰府に左遷と決した。病気のため播磨国に留められたが、不法に入京して発覚し大宰府に追われた。しかし翌年許されて入京し、長保三年（一〇〇一）本位（正三位）に復し、同五年従二位、同六年正二位に昇る。しかし中宮彰子《しょうし》・左大臣道長呪詛《じゅそ》事件に坐して朝参を禁じられた。伊周は父の後を継いで関白となることを切望していたが果たさず、道兼・*道長との政争に敗れ失意のうちに没した。彼は和歌に優れ『*後拾遺和歌集』に入集。また漢詩人としては一条天皇朝第一級の人だったといわれ『*本朝麗藻』に作品を残している。

［文献］土田直鎮『奈良平安時代史研究』（吉川弘文館、一九九二）。

（阿部　猛）

藤原隆家《ふじわらのたかいえ》（九七九―一〇四四）関白*道隆の子。母は高階成《なり》忠《ただ》女貴子《たかこ》。長徳元年（九九五）一七歳で従三位*中納言となるも、翌二年花山院襲撃事件により但馬国に配流された。同四年（九九八）恩赦で帰京し、寛弘四年（一〇〇九）には中納言に更任。長和三年（一〇一四）大宰権帥となり、寛仁三年（一〇一九）*刀伊の入寇に際して奮戦、これを撃退した。有能な人物であったらしく、『*大鏡』はそうした世評を記している。

［文献］関口　力「藤原隆家考」（『国史学』一一五、一九八一）。

（阿部　猛）

藤原道長《ふじわらのみちなが》（九六六―一〇二七）摂政*兼家の子。母は藤原時《とき》姫《ひめ》。天元三年（九八〇）従五位下に叙され、侍従・蔵人・少納言・左近衛少将・左京大夫を経て永延元年（九八七）従三位に昇る。長徳元年（九九五）兄*道隆が没し、さらに兄右大臣*道兼や左大臣源重信《しげのぶ》・大納言藤原朝光《ともみつ》が続いて世を去ったことにより、道長は一挙に右大臣に昇り*内覧の宣旨を蒙った。これには姉詮子《せんし》が強く天皇に推挙した事情があったという。長徳二年（九九六）*伊周と*隆家が花山院襲撃事件で失脚したことにより、長保元年（九九九）娘の彰子《しょうし》が入内《じゅだい》、翌年中宮となり、同五年（一〇〇三）には外孫敦成《あつなり》親王（*後一条天皇）翌年には敦良《あつなが》親王（*後朱雀天皇）が生まれた。長和五年（一〇一六）*後一条天皇が即位すると外祖父として摂政となり、名実ともに権力の座についた。寛仁二年（一〇一八）三女威子《いし》が入内し、一〇月立后のとき、道長は有名な「望月の和歌」を詠んだという。翌三年出家し無量寿院（*法成寺）を創建。同四年（一〇二〇）一二月、同寺阿弥陀堂で阿弥陀仏の手に結んだ五色の糸を握りしめながら没したという。道長の日記『*御堂関白記』は京都陽明文庫に自筆本が現存する。歌人としても秀で、『*拾遺和歌集』以下勅撰集に多く入集。

［文献］山中　裕『藤原道長』（教育社、一九八八）。

（阿部　猛）

藤原実資《ふじわらのさねすけ》（九五七―一〇四六）斉敏《ただとし》の子。母は藤原尹文《まさふみ》女。*実頼の養子となる。安和二年（九六九）従五位下に叙され、天元四年（九八一）*円融天皇のもとで蔵人頭となり永祚元年（九八九）参議。のち昇進して従一位・右大臣に至る。小野宮流の故実に詳しく、当時においても評価は高かった。九歳年少の*道長を常に意識し、日記『*小右記』には関連の記事が多くみられる。故実書『小野宮年中行事』を著す。

［文献］朧谷　寿『藤原実資論』（『古代文化』三〇―四・五、一九

七八)。

藤原公任《ふじわらのきんとう》(九六六—一〇四一) 関白*頼忠の子。母は代明《しろあき》親王女厳子《たけこ》女王。天元三年(九八〇)従五位下に叙され、長保元年(九九九)従三位。同三年正三位権中納言、同四年*中納言、寛弘二年(一〇〇五)従二位、六年権大納言、長和元年(一〇一二)正二位に昇るも万寿三年(一〇二六)解脱寺で出家し北山の長谷に隠棲した。一条朝の四納言(藤原*斉信《ただのぶ》・行成・源*俊《とし》賢《かた》と公任)の一人といわれ、多才・有能な官人であった。*道長が大井河を逍遥した折、作文・管絃・和歌の船を仕立て、公任は和歌の船で「小倉山あらしの風の寒ければ紅葉の錦きぬ人ぞなき」と詠み賞賛されたが、公任は「作文の船でこれほどの詩を詠めば名声を得たであろう」と述べたという話は名高い。また寛和二年(九八六)の*円融法皇の大井川遊覧のときには三船の名誉を得たというように、和歌・漢詩・音楽の三道に秀でていた。秀歌撰『三十六人撰』『*和漢朗詠集』故実書『*北山抄』を編纂した。『北山抄』は『*西宮記』(源高明)『*江家次第』(*大江匡房)とともに平安時代の三大儀式書といわれ称揚される。

[文献] 小町谷照彦『藤原公任』(集英社、一九八五)、阿部 猛『北山抄注解 巻十 吏途指南』(東京堂出版、一九九六)。 (阿部 猛)

藤原行成《ふじわらのゆきなり》(九七二—一〇二七) 摂政*伊尹《これただ》の孫。父は成孝《なりたか》、母は中納言保光《やすみつ》女。幼時に父を失い外祖父保光に養育された。長徳元年(九九九)蔵人頭となり、長保三年(一〇〇一)参議・右大弁、さらに左大弁となる。寛弘六年(一〇〇九)権中納言、寛仁三年(一〇一九)兼大宰権帥、翌年権大納言となる。長和二年(一〇一三)正二位に達し、これが極位。万寿四年(一〇二七)一二月四日*藤原道長と同日に没した。有能な実務官人で、蔵人頭のときの精勤ぶりは著名である。*一条天皇の信任篤く、道長も行成を重んじた。故実に明るくまた能書として名声を得、後世三蹟の一人として称賛されている。和歌は不得意だったが詩文に優れ『*本朝文粋』にも作品を残している。

[文献] 黒板伸夫『藤原行成』(吉川弘文館、一九九四)。 (阿部 猛)

藤原頼通《ふじわらのよりみち》(九九二—一〇七四) *道長の子。母は左大臣源雅《まさ》信《のぶ》女倫子《ともこ》。長保五年(一〇〇三)元服し正五位下に叙され、侍従・右近衛少将。翌年春日祭使を務め、寛弘三年(一〇〇六)従三位に昇り直ちに正三位となり、同六年(一〇〇九)従二位で権中納言、長和二年(一〇一三)*権大納言、寛仁元年(一〇一七)二六歳で摂政となり、以後、*後一条、*後朱雀、*後冷泉の三代五一年の間摂政の座にあった。治暦三年(一〇六七)准三后となり弟の*教通にその地位を譲った。父から伝領した宇治の別業を永承七年(一〇五二)寺院に改めた。これが平等院であり、この世の極楽と謳われる華麗な造りであった。人柄は温厚であった。頼通の時代は、相次ぐ荘園整理令の公布によって知られるが、一つの転換期であった。

[文献] 坂本賞三『藤原頼通の時代』(平凡社、一九九一)、槇 道雄『院政時代史論集』(続群書類従完成会、一九九三)。 (阿部 猛)

藤原朝成《ふじわらのあさひら》(九一七—九七四) 右大臣定方《さだかた》の子。母は中納言山蔭《やまかげ》女。「アサナリ」「トモヒラ」とも読む。延長八年(九三〇)従五位下に叙され、侍従・左兵衛権佐・右少弁・右中将・左中将から天暦九年(九五五)蔵人頭となり従四位上。天徳二年(九五八)*参議、康保四年(九六七)従三位、安和三年(九七〇)権中納言、天禄二年(九七一)*中納言。天延二年に没したとき兼皇后宮大夫であった。応和二年（九六二）伊賀国名張郡夏見郷内の薦生牧《こもおのまき》および大和国山辺郡と名張《なばる》郡の境の地などを伝領した。また山城国紀伊郡内に一〇町余の田地を買得しており、『今昔物語集』には「有徳人《うとくにん》」（富裕な者）と書かれている。『大鏡』によると、朝成は藤原伊尹《これただ》との出世争いに敗れて怨霊となり、伊尹とその孫の行成にも祟ったという。また、彼は異常なまでの肥満体で大食漢であったと『今昔物語集』は記している。朝成は笙《しょう》の名人といわれている。

（阿部　猛）

［文献］　阿部　猛『平安貴族の実像』（東京堂出版、一九九三）。

藤原元方《ふじわらのもとかた》（八八八—九五三）　参議菅根《すがね》の子。母は藤原氏江《うじうみ》女。文章得業生から対策を経て出身し、延喜七年（九一七）従五位下に叙され、諸官を歴官して天慶二年（九三九）正四位下で参議となり、同五年従三位中納言、天元五年（九五一）正三位で大納言となる。女の祐姫《すけひめ》は、村上天皇女御となり、広平《ひろひら》親王を生み、外祖父として権力の座を期待したこともあったが、師輔の女安子《やすこ》の生んだ憲平《のりひら》親王（のちの冷泉天皇）が皇太子に立つと希望は断たれ、のち、元方は怨霊となり、冷泉天皇や九条流の人々に祟ったという。冷泉天皇には狂気の振舞いがあり、皇子師貞《もろさだ》親王（のちの花山天皇）も同様で、また三条天皇も難聴で失明状態であり、その皇子も東宮に立ちながら自らその地位を捨てた。いずれも元方の怨霊のためといわれた。

（阿部　猛）

［文献］　阿部　猛『平安貴族の実像』（東京堂出版、一九九三）。

藤原兼通《ふじわらのかねみち》（九二五—九七七）　右大臣師輔の子。母は藤原経《つね》邦《くに》女盛子《もりこ》。伊尹《これただ》・兼家の同母弟。天暦六年（九四三）従五位下に叙され、諸官を歴任して、康平四年（九六七）蔵人頭となり、安和二年（九六九）正四位下で参議となる。同四年（九七一）従三位、天禄三年（九七二）権中納言となり、一一月には、内大臣を経て、天延二年（九七四）氏長者、太政大臣関白となった。関白就任には、弟兼家との争いがあり、兼通は、妹安子《やすこ》（円融天皇母）の書付けを根拠に関白になったという。

（阿部　猛）

藤原頼忠《ふじわらのよりただ》（九二四—九八九）　関白実頼の子。母は藤原時平女。天暦四年（九四一）従五位下に叙され、諸官を経て、元和三年（九六三）参議に就任。安和九年（九六八）中納言。天禄元年（九七〇）権大納言、同二年（九七一）右大臣、貞元二年（九九七）左大臣、同年秋関白となった。天元元年（九七八）女道子《みちこ》が入内立后したが皇子出産のことはなく、「素腹の后」といわれた。同年太政大臣となる。一条天皇が即位すると、兼家が摂政・氏長者となり、頼忠は権力を失った。ついに天皇の外戚となることはなく、「よそ人」であったと『大鏡』は記している。

（阿部　猛）

藤原道隆《ふじわらのみちたか》（九五三—九九五）　摂政兼家の子。母は藤原中正《なかまさ》女時姫《ときひめ》。道長の同母兄。康保四年（九六七）従五位下に叙され、諸官を経て、永観二年（九八四）従三位・非参議となり、寛和二年（九八六）一条天皇が即位すると正二位・権大納言に昇る。永祚元年（九八九）内大臣兼左近衛大将、正暦元年（九九〇）父の出家により関白を継ぎ、さらに摂政となる。同四年（九九三）関白に復したが、長徳元年（九九五）病のため出家。容姿優れ、大酒家であったが、度量が狭く、評判は必ずしもよくなかった。

［文献］ 土田直鎮『奈良平安時代史の研究』（吉川弘文館、一九九二）。 （阿部 猛）

藤原道兼《ふじわらのみちかね》（九六一―九九五） 摂政兼家*の子。母は藤原中正《なかまさ》女時姫《ときひめ》。天延三年（九七五）従五位下に叙されたが、正五位下に至るまで一四年もかかり不遇であった。寛和二年（九八六）一条*天皇が即位し、父兼家が摂政となると、急速に昇進した。従四位下参議*となり、たちまち従三位に叙し、権中納言に昇り、同三年（九八七）従二位、永祚元年（九八九）権大納言、正二位、正暦二年（九九一）内大臣*、同五年（九九四）右大臣となる。長徳元年（九九五）道隆*が没して関白職につくが、わずか十余日で道兼は死没した。世に「七日関白」と称する。道兼は容姿が醜く、性格的にもゆがんだところがあったといわれる。花山*天皇を謀略によって退位させた企ては、道兼によるものという。

［文献］ 山中 裕『平安期文学の史的研究』（東京大学出版会、一九七四）。 （阿部 猛）

藤原公季《ふじわらのきんすえ》（九五七―一〇二九） 左大臣師輔*の子。母は康子《やすこ》内親王（醍醐天皇皇女）。康保四年（九六七）正五位下に叙され、侍従・左中将・備前守を経て、天元四年（九八一）従三位、非参議、永観元年（九八三）参議*に就任。正暦二年（九九一）中納言*、長徳元年（九九五）大納言、同三年（九九七）内大臣*、寛仁元年（一〇一七）右大臣となり、同五年（一〇二一）太政大臣*となった。階位は従一位。没後正一位を贈られた。諡《おくりな》は仁義公。居処にちなみ、閑院と号した。閑院は、もと左大臣藤原冬嗣第であった。

［文献］ 山中 裕『平安期文学の史的研究』（東京大学出版会、一九七四）。 （阿部 猛）

藤原顕光《ふじわらのあきみつ》（九四四―一〇二一） 関白兼通*の子。母は昭子《あきこ》女王。元和元年（九六一）従五位下に叙され、左衛門佐、五位蔵人から天延二年（九七四）従四位下で蔵人頭となる。翌年右近衛中将を兼ね、次いで参議*に就任した。貞元二年（九七七）従三位権中納言、次いで正三位に叙され、寛和二年（九八六）中納言*、正暦六年（九九五）従二位大納言、長徳二年（九九六）右大臣、寛仁元年（一〇一七）正二位左大臣に至る。官人としての資質に乏しく、立居振舞いは、批判・嘲笑の的となっており、藤原実資*は日記（『小右記*』）で、「至愚之又至愚也」と記した。彼の怨霊が道長一門に祟るとされ、「悪霊左府」と呼ばれたりした。

［文献］ 山中 裕『平安時代の古記録と貴族文化』（思文閣出版、一九八八）。 （阿部 猛）

源雅信《みなもとのまさのぶ》（九二〇―九九三） 宇多源氏。敦実《あつざね》親王の子。母は藤原時平女。承平六年（九三六）従四位下に叙され、侍従・右近衛権中将・大和権守などを歴任し、蔵人頭を経て、天暦五年（九五一）参議*に就任。最終的には、従一位・左大臣に至る。没後正一位を贈られた。一条左大臣、鷹司左大臣といわれる。貴族社会の女性の間には評判の、あこがれの男性であったらしい。音楽に優れ、「一代の名匠」と称された。

［文献］ 林 陸朗『上代政治社会の研究』（吉川弘文館、一九六九）。 （阿部 猛）

源経頼《みなもとのつねより》（九八五―一〇三九） 扶義《すけよし》の子。長徳四年（九九八）従五位下に叙され、諸官を歴任し、蔵人頭を経て長元元年（一〇三〇）参議*に就任。正三位まで昇る。二五年にわたって弁官を務め、実務に通じた官人であったとみられる。和泉・近江・丹後守など地方官としても治績をあげ称揚され、故実にも通じ、『西宮記』勘物（青縹書）を作る。その日記（『左経記』）を残す。『類聚符宣抄』も経頼の編纂になると思われている。

［文献］竹内理三『律令制と貴族政権Ⅱ』（御茶の水書房、一九五八）。（阿部 猛）

藤原資房《ふじわらのすけふさ》（一〇〇七―一〇五七）大納言資平《すけひら》の子。長和四年（一〇一五）従五位下に叙され、諸官を経て長暦二年（一〇三八）蔵人頭となり、長久三年（一〇四二）正四位下で参議に就任。同五年（一〇四四）従三位に昇り、永承六年（一〇五一）正三位、天喜五年（一〇五七）参議・春宮権大夫で没した。音楽・詩文をよくし、また日記『春記』は当代の重要な史料として珍重される。

［文献］赤木志津子『摂関時代の諸相』（吉川弘文館、一九八八）。（阿部 猛）

上達部《かんだちめ》 公卿を指す言葉。位階では三位以上、官職では参議（四位を含む）・中納言・大納言・大臣・関白・太政大臣を指す。平安時代のかな文学のなかで多用された言葉。「大臣、上達部」として納言以下を称する場合もある。参議以上の公卿は多い場合でも、現職の者は二五名を超えず、いわゆる「貴族」社会のなかでも、ひと握りの少数の人々であった。（阿部 猛）

日記の家《にっきのいえ》 日記、すなわち日次記《ひなみき》は、単に個人の私的な記録というに留まらず、貴族社会では重要な意味を持っていた。朝廷の政務・儀式・年中行事に参加した官人が、その見聞したところを記録し、しかもその重要な部分については父祖の日記を参照し、それを先例として書き入れ、日記を「家」の記録として蓄積し、次の機会のための指針として備えた。それは私的な「日記」ではなく「家記」というべきものであり、関連の資料をも合わせて代々蓄積されていったのであろう。この場合、ほかの家の日記をも参照注記することにより比較検討し「故実」が形を整えてくるのである。「日記の家」という語は平安末期『中右記』（藤原宗忠）や、『中外抄』『宝物集』などの説話、『今鏡』など歴史物語にみえ、「弓馬の家」「楽の家」というのと同様、いわば「家業」「家職」というべき職能、すなわち「有職《ゆうそく》の家」のことである。有職故実に関して蓄積された厖大な知識・記録は、古代国家の記録機関である太政官の外記局などの無実化に伴い、それに代わって重要な役割を担うことになった。

［文献］松薗斉『日記の家』（吉川弘文館、一九九七）。（阿部 猛）

貞信公記《ていしんこうき》 藤原忠平（八八〇―九四九）の日記。忠平は摂政・関白・太政大臣となり、その第宅にちなみ小一条太政大臣と呼ばれ、諡《おくりな》の貞信公により日記を『貞信公記』と称する。日記の現存部分は延喜七年（九〇七）から天暦二年（九四八）までであるが、欠落部分も多い。日記は、忠平の子実頼が抜き書きした抄本であるが、欠落部分の逸文が『西宮記』や『北山抄』などに見出される。内容は朝廷の儀式や政務、宮中雑事に関するものが大部分で、抄本であるため記述は簡略である。九条家本は天理図書館、平松本は京都大学に所蔵されている。活字化され、『大日本古記録』『続々群書類従』に収められ、九条家本は「天理図書館善本叢書」で影印刊行されている。（阿部 猛）

御堂関白記《みどうかんぱくき》　*藤原道長の日記。*具注暦に書き込まれたもので、平安末期には三六巻あったとされるが現在自筆本一四巻と古写本一二巻が陽明文庫に存在し、国宝に指定されている。内容は長徳四年（九九八）から治安元年（一〇二一）に至る。『*小右記』『*権記』『*左経記』などの記述と重なるところが多く、それらとの比較からも有益な問題を引き出せる。誤字・脱字・当て字が多い。具注暦はスペースが限られているので、書ききれないときは裏に記したりしている。影印本・複製本もあるが、『大日本古記録』『日本古典全書』に翻刻されており、一部の注釈書が、山中　裕編『御堂関白日記全注釈』（高科書房、思文閣出版、未完）として出版されている。（阿部　猛）

小右記《しょうゆうき》　*藤原実資の日記。実資は故実に明るく、政務に通じており、誇り高く、権力者*藤原道長に対しても、いたづらに従うことなく、毅然としており、批判的であった。日記は天元五年（九八二）から長元五年（一〇三二）まで。『目録』と逸文によると天元元年（九七八）正月一日以前から、長久元年（一〇四〇）一一月一〇日以後にわたり書かれたらしい。自筆本は存在せず、写本は尊経閣文庫、宮内庁書陵部、国立公文書館内閣文庫などにある。刊本は『大日本古記録』に収める。記述は詳細で、政治・朝儀・社会の諸事象をよく写し、当代第一級の記録と称される。（阿部　猛）

権《ごん》記《き》　*藤原行成の日記。伝本は正暦二年（九九一）から寛弘八年（一〇一一）に至る二一年間を収めるが、逸文によって死没の直前まで書かれたらしいことがわかる。自筆原本は存在せず、宮内庁書陵部の二二巻本は鎌倉時代の書写本。刊本には『史料大成』『史料纂集』本がある。行成は有能・勤勉な実務官人で、この日記は『*小右記』とならび当代屈指の主要な記録とされる。（阿部　猛）

左経記《さけいき》　*源経頼の日記。長年、弁官の職にあり、実務に通じ、受領の経験もあり、故実にも通じ、有能な官人であった。日記は寛弘六年（一〇〇九）から長暦三年（一〇三九）に及び、一条・三条・後一条・後朱雀の四代にわたる。参議・左大弁を極官とした実務官僚の記録であるから、当代の政務・儀式に詳しい。（阿部　猛）

春《しゅん》記《き》　*藤原資房の日記。日記は万寿三年（一〇二六）から天喜二年（一〇五四）に及ぶ。自筆本は存在しない。写本中の最善本は東寺本と称され、宮内庁書陵部、京都国立博物館、大谷大学に現蔵されている。刊本は『丹鶴叢書』『史料大成』『増補史料大成』に収められている。一一世紀ほとんど唯一の記録で、政務・儀式・世評など、記述が豊富である。

[文献]　赤木志津子『摂関時代の諸相』（吉川弘文館、一九八八）。（阿部　猛）

水左記《すいさき》　源俊房《としふさ》の日記。『土左記』とも。日記は康平五年（一〇六二）から天仁元年（一一〇八）まで断続的に残る。一年完備するのは承暦四年（一〇八〇）のみである。自筆本六巻が宮内庁書陵部に、二巻が尊経閣文庫にある。いずれも国宝。前九年の役関連の貴重な記事もある。康平七年（一〇六四）の自筆本二巻の複製がある。（阿部　猛）

(四)　地方政治

国司交替《こくしこうたい》の制《せい》　前任の国司と新任の国司との間で行われる事

務引継ぎを「交替政」という。前司から新司に文書・現物を引き渡し（「分付《ぶんづけ》する」という）、新司はこれを受領《ずりょう》する。引き継ぐ文書などはたいへん多く以下のとおり。前々司任終の年の四《よ》度《ど》の公文《くもん》の土代《どだい》（写し）と、交替廻日記、前司任中の四度の公文土代、僧尼度縁（度牒、得度を認めた証状）、戒牒（受戒の証状）、国印、倉印、文印、駅鈴、鈎匙、鉄尺、田図、戸籍、詔書、勅符、官符、省符、譜第図、風俗記文（風土記）、代々の勘判、封符、代々の不与状、実録帳案、交替日記（税帳、大帳、租帳、出挙帳、調帳、官符帳案、地子帳、諸郡収納帳などを含む）などである。公文の引継ぎを受けてのち、新司は国内を巡検し、諸郡の糒《ほしいい》・塩・穀・穎と雑官舎・五行器を点検する。糒と塩は軍団の倉庫に収納されていたもの、穀は不動倉に蓄えられた不動穀、穎は出挙本稲である。雑官舎・五行器は、神社・学校・孔子廟とその祭器、国庁院・駅館・厨家、諸郡院・別院・駅家、国分二寺の堂塔・仏像・経論などである。前司から受領する新司のうち、現地に直接赴いた者の最上位の者を「受領」と称する。ふつう国司とは、守・介・掾・目の四等官を指すが、九世紀の『令義解』*は史生をも国司に含めている。ただし、通常「分付―受領」の実務を行うのは目代*である。公文の記載と官物の現在量を対照して欠剰を明らかにし、現物に余剰があれば前司は放免（放還）される。これを本任放還といい、新司は前司に解由状《げゆじょう》を与える。もし、帳簿と現物が一致せず、勘済に疑いあって合格《がっきゃく》とならない場合は、前司は帰京できない。解由状が出されないと交替が滞《とどこ》おる。そこで、のちには不与解由状《ふよげゆじょう》（解由状を発給できない理由を記した公文）を交付して帰京できるようにした。不与解由状は前司・新司の争訟を決すべき資料であるから、論点を明記して前司・新司双方が納得して署判するを要した。しかし、前司と新司のなれあいによる交替も多く、国司交替のトラブルでときを過ごすと、前司も次の官職につくことができず支障が生ずる。そこで、官物の実否も調べず、白紙委任の解由状を出すこともあった。ついには、本人の奏請に基づいて、本任放還を待たずに新司に任符*を出せるようになった。

［文献］森田　悌『受領』（教育社、一九七八）、阿部　猛『平安貴族の実像』（東京堂出版、一九九三）。（阿部　猛）

国司《こくし》の赴任《ふにん》　新たに国司に任命された者には装束假《しょうぞくか》が与えられる。假は休暇で、赴任準備期間である。その日数は、近国は二〇日、中国は三〇日、遠国は四〇日である。しかし「令」には、何日以内に交替・引継ぎを完了せよという規定はなかった。そこで天平宝字二年（七五八）に、国司の交替は太政官符がついてから一二〇日以内に完了せよと定められた。国司に任ぜられた者は摂関や大臣に貢物（志）を持って挨拶に行く。大臣らは餞別を与える。蔵人を通じて天皇にも挨拶をする。赴任の挨拶であり、これを罷申《まかりもうし》という。吉日を選び出発する。赴任に際しては任符*（罷符《まかりのふ》）を持参する。明白な規定はないが、赴任に当たっては伝馬《てんま》と人夫の使用許可を受ける。山陽道・西海道諸国へ赴く者は船を用いる。赴任のとき妻子を伴うことがある。「令」では二一歳以上の子弟を伴うことは禁じられているが、必ずしも守られず、五位以上の官人がみだりに畿外に出ることは禁ぜられていたにもかかわらず、官人を帯同することがあった。また国司は赴任に当たって郎等・従者を引きつれて行った。正暦元年（九九〇）筑前守藤原知章《ともあき》は三〇人以上の郎等・従者を伴っていた。また事務能力ある代官目代を伴った。特に文書を扱う公文《くもん》目代には堪能な人物が求められた。国司一行は道祖神を祀って行路の平安を祈った。国の境に着くと、国の官人や下働きの者が国境まで迎えにきている（*坂迎え）。そして吉日を選んで館《たち》に入り、任符を目《さかん》に渡し、目は史《し》生《しょう》に渡して皆に披露する。こうした国司の赴任の様子を知らせる『*時範記』という記録があり珍重されている。

［文献］土田直鎮『奈良平安時代史研究』（吉川弘文館、一九九二）、阿部 猛『平安貴族の実像』（東京堂出版、一九九三）。

（阿部 猛）

目《もく》代《だい》 国司の代官で複数いるが、文書を扱う公文《くもん》目代が国《こく》衙《が》留守所の中心となる。平安末期の史料「国務条々事」には「公文優長の人を以て目代となすべきこと」として、「諸国の公文目代は、必ず優長なる少なし、然れば則ち貴賤を論ぜず、ただ堪能の人を以て目代となすべし、公文未練の者は、公文を勘済する時、并に前後司分付の間、極めて以て不便なり、事畢《おわ》りし後に首を掻くも益无《な》し」と書かれている。すなわち、有能な目代を伴うことが国司の治績にかかわるので、貴賤を問わず堪能の人を求めたのである。『*今昔物語集』（二八―二七）に、伊豆守小野五倫《いつとも》が目代として雇った者は、能書とはいえないが文書の作成に長け重用していたが、その前身は傀儡子《くぐつ》であったという話がみえる。

（阿部 猛）

留《る》守所《すどころ》 平安後期、国司不在の国衙に置かれた政務機関。国司の*遙任が増加すると、国衙の政所《まんどころ》（公文所《くもんじょ》）を統轄する庁目代（公文目代）が留守所を統率した。都から発せられる国司の庁宣《ちょうぜん》を受けて、留守所は下文《くだしぶみ》を出して国務をとった。下文には目代以下在庁官人が署判を加えている。

（阿部 猛）

留守所の下文

留守所下す善通寺三綱
　本別当を以て寺家の雑事を執行せしむべきこと
右、庁宣に依り、本別当を以て寺務を執行せしむべきの状、仰する所件の如し、寺家宜しく承知し、件に依り、これを行なえ、故《ことさら》に下す
　応徳元―十二月五日
散位紀朝臣
藤原朝臣
橘　朝臣
紀　朝臣（花押）
目代三善宿禰（花押）

在庁官人《ざいちょうかんじん》 平安時代末期から鎌倉時代に、現地国衙で地方行政の実務に当たった官人。国司*遙任が一般化すると、守は都にいて現地にほとんど赴かず、*目代を派遣して留守所を統轄させ実務を行わせた。元来「在庁」と称するのは、雑色人の系統を引く惣大判官代・大判官代・判官代・録事代などを指し、権守・介・大掾・少掾・目など四等官の系統を引く雑人国司は官人と称していたが、平安末期、両者が合体して留守所行政を独占するに至り、在庁官人なる概念が生じた。

（阿部 猛）

国《こく》例《れい》 律令制下の政治は、基本的には「令」「格式」によって全国一律に行われるのが原則であったが、実際には地域差があり、地域あるいは国ごとに条件が異なり、一律施行は無理であった。*令や格式を一国単位で修正・補足するための慣習法を国例と呼び、八世紀から用語としては存在する。諸国司の申請が中央で審議され官符などで認められたが、その積み重ねが、国衙法の形成を促すようになる。

［文献］ 戸田芳実『日本領主制成立史の研究』（岩波書店、一九六七）。 （阿部 猛）

三日厨《みつかくりや》 国司・郡司が着任したとき、あるいは預所*・下司・地頭が荘園に下向・入部したときに行う饗応のことで「落付三日厨」とも称し、文字どおり三日にわたって宴を催すものであった。「供給」ともいう。『奥州後三年記上』に「永保三年の秋、源義家朝臣陸奥守になりて、にはかにくだれり。真衡まづ戦のことをわすれて新司を饗応せんことをいとなむ。三日厨という事あり。日ごとに上馬五十疋なん引ける。其ほか金羽あざらし絹布のたぐひ、数しらずもてまいれり」とある。建久元年（一一九〇）高野山領備後国太田荘の場合、預所が現地に下向したとき落付三日厨と称する供給料が田一段について白米一升五合、乃米五合を徴収され、郡司下着のときも三日厨雑事が徴収された。文永元年（一二六四）紀伊国阿弖河荘《あてがわ》の場合、定使分「三日くりや一斗」そのほかがみえ、嘉暦二年（一三二七）紀伊国和佐荘では、公文《くもん》は夏、秋の二度、三日厨公事を徴収できた。

［文献］ 早川庄八『中世に生きる律令』（平凡社、一九八六）。 （阿部 猛）

坂迎え《さかむかえ》 「境迎」とも。ドウブレ、ドウブルイ（道振）ともいう。一般に、霊山、霊地に詣《まい》った者が、外の強い霊力を負ってきたのを、村界や鎮守で緩和させる行事。参詣を終えてムラに帰ってきた者たちを迎えて村界で酒宴が行われた。古代・中世に、新任の国司が任国の境に入る儀礼をもいう。承徳三年（一〇九九）二月、任国因幡国に赴いた平時範《ときのり》の場合は次のようであった。卯刻（六時）に束帯を着け、劔を帯び、黒毛馬に騎乗し峠を越える。峠の頂上の手前で下馬し、頂に立ち西面する。国の官人以下は頂の下に立ち南面する。前官人らはそれぞれ名乗りをあげ、時範はこれに応え、次いで馬に乗り、官人らの先導で行進する（『時範記*』）。

［文献］ 桜井徳太郎『日本民間信仰論』（雄山閣出版、一九五八）、阿部 猛『摂関政治』（教育社、一九七七）。 （阿部 猛）

受 領《ずりょう》 平安時代以降、現地に赴任した国司のうち最高責任者をいう。その呼称は、国司交替の際の文書・官物を引き渡す事務引継ぎ―「分付―受領」から生じたものであろう。令制によると国司は複数置かれ共同で政務に当たることになっていたが、九世紀末頃からは徴税・裁判などの権限は受領に集中するようになった。受領は合法・非合法の手段を通じて私財を蓄え、受領任命権を持つ摂関は、様々な奉仕を受領に求めた。摂関家の家司《けいし》、院司家司らで受領に任ぜられる者が多く、そのポストは利権化した。

［文献］ 森田 悌『受領』（教育社、一九七八）。 （阿部 猛）

任用国司《にんようこくし》 令制国司制では、諸国には複数の国司がいた。四等官（守・介・掾・目）を備えるのは大国・上国のみで、中国は介を欠き、下国は介・掾を欠く。除目*によって正規に任命された国司を任用国司というが、受領*に政務の権限が集中するようになると、受領以外の任用国司は国政から疎外されるようになった。

［文献］ 泉谷康夫「受領国司と任用国司」（『日本中世社会成立史の研究』高科書店、一九九二）。 （阿部 猛）

家司受領《けいしずりょう》 令制では、親王・内親王や職事三位以上の摂関・大臣などの家政を掌った職員を家司と総称し、特に摂関家の家司であって受領に任ぜられたものを家司受領と呼ぶ。和泉式部の夫としても知られる藤原保昌*は、貴族でありながら「兵《つわもの》」的な性格を有し、丹後守として任国に赴いたが「朝暮に郎等眷属ト共ニ鹿ヲ狩ヲ以テ役トス」といわれ、自分の命令に従わない郎等には「速ニ汝ガ頸ヲ召スベキナリ」という野蛮さを持っていた。保昌は藤原道長家の家司であり、日向守・肥後守・大和守・丹後守・摂津守を歴任した。 （阿部 猛）

国雑掌《くにざつしょう》 各官衙で雑務に従う下級官人を雑掌といい、令制下、公文《くもん》の調進に従う四度使《よどのつかい》雑掌が存在した。平安時代、国衙の貢納物の運送・納入事務に携わる雑掌を国雑掌と呼んだ。公文を扱うところから「某成安（案）」という仮名《けみょう》（本名以外の通称）で実務に当たった。荘園制下でもこの呼称は用いられ、所務雑掌といえば預所*のことを指した。 （阿部 猛）

任符《にんぷ》 「罷符《まかりのふ》」ともいう。新たに補任された者に与えられる任命書。国司は除目*によって新任されると太政官符を与えられ、これを携帯して任国に赴く。その様式は左のとおりである。任符を紛失した場合には再交付を受けた。万寿二年（一〇二五）一〇月大和守藤原保昌*は、先に貰った任符を「途中に於て落とし失い」し、任国大和から関白（藤原頼通*）に申請し再交付を受けた。

［文献］阿部 猛「国司の交替」（『日本歴史』三三九、一九七六）。 （阿部 猛）

> **任 符**
>
> 太政官符　信濃国司
> 　正五位下藤原朝臣永平
> 右、今月一日、彼の国の守《かみ》に任じおわんぬ、国宜《よろ》しく
> 承知し、官物一事已上《いじょう》、例に依り分付せよ、符到らば
> 奉行せよ
> 弁　　　　史
> 　年　月　日
> （『朝野群載』）

刀禰《とね》 令制下では、主典《さかん》（第四等官）以上の官人を指した。しかし八世紀末から都市や農漁村の在地の有力者の呼称として用いられるようになり、平安京の保刀禰、郷村の郷刀禰・村刀禰・保刀禰、津（港湾）には津刀禰がいた。彼らは、家地・田畠売買の保証の役割を担い（保証刀禰）、また、非違の検察に当たる警察機能、平安末期からは検注・徴税機能をも担うに至った。 （阿部 猛）

諸国申請雑事《しょこくしんせいぞうじ》 平安時代中期以降、諸国および大宰府*から出された種々の雑事についての申請をいう。申請は公卿の陣定*で審議され、その結果は条事定文《じょうじさだめぶみ》としてまとめられ、上奏された。陣定での審議には、先例を記した続文*や諸司の勘文《かんもん》が提出され、それらを資料としながら申請の取扱いを決めた。令制の地方行政は、国司に大幅な権限を与えて行われていたが、個別の問題について、また各国の実情に応じた事例については、申請雑事の形で中央の判断を仰いだのである。個別の事案については続文の形で累積された資料が「先例」を形作ることになる。

［文献］谷口 昭「諸国申請雑事」（『中世の権力と民衆』所収、創元社、一九七〇）。 （阿部 猛）

郡老《ぐんろう》 令制では、郡司は、大領・少領・主政・主帳の四等官よりなるが、九世紀後半から、郡判の署名者に、郡摂使・郡務使・郡目代・郡司代そして郡老の名が出現する。このような

制度の変改についての史料的裏づけは難しいが、国衙が郡務を吸収する形で、国衙官人郡司制が一般化していったものと見られる。　（阿部　猛）

勘合《かんごう》　「勘会」とも。令制下の租税徴収・行政内容に関する監査方式のこと。特に都に運送されてきた調庸の現物と帳簿との照合、正税帳と租帳・青苗簿との照合などが重要視された。照合の結果、矛盾・不正が明らかになると（*勘出）その補塡を待って返抄（請取状）が与えられた。

[文献]　梅村　喬『日本古代財政組織の研究』（吉川弘文館、一九八九）。　（阿部　猛）

勘出《かんしゅつ》　諸国から提出される大帳・調庸帳（以上主計寮宛）、租帳・正税帳（以上主税寮宛）などの公文を*勘合（照合調査）することにより、国司の不正・雑怠を摘発することをいう。それを記録し国司の責任を問うことを「勘出を置く」という。　（阿部　猛）

国充《くにあて》　律令財政機構が崩壊した平安中期以降鎌倉期に、国の諸経費を特定の国に負担させる方式。例えば皇居造営を行うとき、特定の殿舎造営を特定の国（例えば周防国とか備後国）に負担させるもの。その国で徴収した租税を*大蔵省などの財政官司を経由せず直接当該部署に納める。

[文献]　大津　透『律令国家支配構造の研究』（岩波書店、一九九三）。　（阿部　猛）

国司《こくし》**苛政**《かせい》**上訴**《じょうそ》　国内の人民が受領の非法を朝廷に訴え出ること。永延二年（九八八）一一月八日付の尾張国郡司百姓等解は尾張守*藤原元命の非法を訴えたものとして著名であるが、ほかにも多くの事例がある。主なものを列挙する。　（阿部　猛）

主要な国司苛政上訴

○承和元年（八三四）佐渡国の百姓らが守嗣根を訴える（『政事要略』）。
○天安元年（八五七）讃岐国の百姓らが守弘宗王を訴える（『文徳天皇実録』）。
○貞観三年（八六一）伊勢国の百姓らが介清原長統以下国郡司の不正を訴える（『日本三代実録』）。
○貞観一三年（八七一）越前国の百姓らが守弘宗王を訴える（『日本三代実録』）。
○天延二年（九七四）尾張国の百姓らが守藤原連貞を訴える（『日本紀略』）。
○永延元年（九八七）伊勢神人が守清邦を訴える（『百錬抄』）。
○永延二年（九八八）尾張国の郡司・百姓らが守藤原元命を訴える（『尾張国郡司百姓等解』）。
○長保元年（九九九）淡路国の百姓が守讃岐扶範を訴える（『日本紀略』）。
○長保三年（一〇〇一）大和国の百姓が守源孝道を訴える（『権記』）。
○寛弘元年（一〇〇四）住吉神人が摂津守説孝を訴える（『日本紀略』）。
○寛弘元年（一〇〇四）宇佐神人が大宰帥平惟仲を訴える（『百錬抄』）。
○寛弘三年（一〇〇六）興福寺僧徒らが大和守源頼親の停任を求める（『日本紀略』『御堂関白記』『権記』）。
○寛弘四年（一〇〇七）因幡国官人・百姓らが守橘行平の件を訴える（『権記』『日本紀略』）。
○寛弘五年（一〇〇八）尾張国郡司・百姓らが守藤原仲清を訴える（『御堂関白記』）。
○長和元年（一〇一二）加賀国百姓らが守源政職を訴

える（『御堂関白記』）。
○長和五年（一〇一六）尾張国郡司・百姓らが守藤原経国を訴える（『御堂関白記』）。
○寛仁二年（一〇一八）長門国百姓らが守高階業敏を訴える（『左経記』『小右記』）。
○寛仁三年（一〇一九）丹波国の百姓らが守藤原頼任を訴える（『日本紀略』『小右記』『左経記』）。
○万寿三年（一〇二六）伊勢国在庁官人・百姓らが守藤原親任を訴える（『日本紀略』）。
○長元二年（一〇二九）伊賀国の太神宮神人らが守源光清を訴える（『小右記』）。
○長元九年（一〇三六）近江国の百姓が守藤原実経を訴える（『本朝世紀』）。
○長治元年（一一〇四）越前国気比宮の神人が守藤原為家を訴える（『中右記』）。

尾張国郡司百姓等解《おわりのくにぐんじひゃくせいらのげ》　永延二年（九八八）一一月八日付で*太政官に提出された、尾張国の郡司・百姓らによる訴状。守*藤原元命の非法横法三一か条を列記し、その解任を要求したもの。日本調漢文で書かれ、四六騈儷体《べんれいたい》を用いたかなりの名文である。全文約八〇〇〇字の長文である。もちろん原本は存在せず、数種の写本が伝わる。早稲田大学本、東京大学本、宝生院本（またその写本）などがあるが一部を欠き、完本は史籍集覧本のみである。以下に、解文の前文と三一か条の事書《ことがき》部分のみ抜き書きする。

［文献］阿部　猛『尾張国解文の研究』（新生社、一九七一）。

（阿部　猛）

尾張国郡司百姓等解（事書のみ）

尾張国の郡司・百姓等解《げ》し申し請《こ》う官裁の事
裁断を被《こうむ》らんと請う、当国の守藤原朝臣元命の、三箇年が内に責め取る非法の官物并《ならび》に濫行横法卅一箇条の愁状《しゅうじょう》

① 一、裁断を被らんと請う、例挙の外に、三箇年の収納《すのう》、暗《そら》に以て加徴せる正税《しょうぜい》卅三万千二百卅八束が息利十二万九千三百七十四束四把一分が事

② 一、官符の旨の任《まま》に裁断を被らんと請う、租税・地子田《ちしでん》を別《わか》たず、偏《ひと》えに租税田に准じて加徴する官物《かんもつ》の事

③ 一、裁断を被らんと請う、官法の外に、意《こころ》の任《まま》に加徴せる租穀段別三斗六升の事

④ 一、裁断を被らんと請う、守元命朝臣、正税利稲の外に率徴する由無き稲の事

⑤ 一、裁断を被らんと請う、例数官法の外に加徴する段別の租税地子准穎十三束の事

⑥ 一、裁断を被らんと請う、進《まい》らする所の調絹の減直《げんじき》并《なら》びに精好《せいごう》の生糸《すずしのいと》の事

⑦ 一、裁断を被らんと請う、交易《きょうやく》と号《なづ》けて誣《し》い取る絹・手作布・信濃布・麻布・柒《うるし》・油・苧《からむし》・茜《あかね》・綿等の事

⑧ 一、裁断を被らんと請う、代《よ》ごとの国宰の分附せる新古の絹・布并《ならび》に米穎等を郡司・百姓の烟《かまど》より責め取る事

⑨ 一、裁断を被らんと請う、守元命朝臣の、三箇年の間に毎月借絹と号けて誣《し》い取る諸郡の絹千二百十二疋并に使ごとに副え取る土毛《どもう》の事

⑩ 一、裁恤《さいじゅつ》を被らんと請う。年ごとに物実を下行《げぎょう》せずして官帳に立用《りゅうよう》せる在路救民三箇年の析の籾《もみ》百五十石の事

⑪ 一、裁断を被らんと請う、宛行わざる諸駅の伝食析并びに駅子口分田百五十六町の直《あたい》の米の事

⑫ 一、裁断を被らんと請う、下行せざる三箇所の駅家《うまや》の雑用准穎六千七百九十五束の事

⑬ 一、裁断を被らんと請う、宛行わざる三箇年の池溝并びに救急《くきゅう》析稲万二千余束の事

⑭ 一、裁断を被らんと請う、御調の絹の旬法の符に放《なら》わずし

て、五六日を隔てて面々使々を部内に放ち入れ勘徴せしむる事

⑮ 一、裁断を被らんと請う、守元命朝臣の、田の直《あたい》の代《しろ》と号けて所部の上中下より徴《はた》り納《と》る麦の事

⑯ 一、裁断を被らんと請う、雑使等を入部せしめて責め取る所の雑物の事

⑰ 一、裁断を被らんと請う、旧年用残の稲穀を以て京宅に舂《うすつ》き運ばしむる事

⑱ 一、停止を被らんと請う、蔵人所の召有りと号けて、例貢進の外に加徴する漆拾余石の事

⑲ 一、裁定を被らんと請う、馬津の渡《わたり》に船なきに依り、所《くにの》部《うち》の少船并に津の辺《ほとり》の人を以て渡し煩わしむる事

⑳ 一、裁定を被らんと請う、三分以下品官以上の国司等の公《く》廨《げ》俸析稲を下行《げぎょう》せざる事

㉑ 一、裁糺を被らんと請う、下行せざる書生《しょしょう》并びに雑色人等の毎日の食析の事

㉒ 一、裁断を被らんと請う、不法の賃を以て京宅に運上せしむる白米・糒《ほしいい》・黒米并びに雑物等のこと

㉓ 一、裁断を被らんと請う、旧例に非ずして、国の雑色人并びに部内の人民等に、夫馬を差し負せて京都・朝妻の両所に雑物を運送せしむる事

㉔ 一、裁断を被らんと請う、下行せざる国分尼寺の修理料稲万八千束の事

㉕ 一、裁断を被らんと請う、下行せざる講読師の衣供并びに僧尼等の毎年の布施稲万二千余束の事

㉖ 一、裁定を被らんと請う、守元命朝臣の、庁の務《まつりごと》無きに依りて、郡司百姓の愁《うたえ》を通《かよ》わし難き事

㉗ 一、裁断を被らんと請う、守元命朝臣の子弟郎等の、郡司百姓の手より乞《こ》い取る雑物の事

㉘ 一、裁断を被らんと請う、守元命朝臣の息男頼方、国内に数匹の夫駄を宛て負《おお》せ、其の功物に絹の色を以て強いて責め取る事

㉙ 一、永く停止を被らんと請う、守元命朝臣の子弟并びに郎等の、郡司百姓毎に誣《し》い作らしむる佃数百町の析の穫稲の事

㉚ 一、裁断を被らんと請う、守元命朝臣、京より下向する度ごとに引率《ひきい》る有官散位の従類同じき不善の輩の事

㉛ 一、裁糺を被らんと請う、去ぬる寛和三年ム月ム日《ぼうげつぼうじつ》を以て、諸国に下し給える九箇条の官符の内、三箇条を放ち知らしめ、六箇条を下知せしめざる事

以前の条事、憲法の貴きを知らんがために言上する件の如し、(中略) 望み請うらくは、件の元命朝臣を停止して良吏を改任せられ、以て将に他国の牧宰に治国優民の褒賞《ほうしょう》を知らしめんとす、方今《いま》、馬風鳥枝の愁歎《しゅうたん》に勝《た》えず。宜しく龍門鳳闕の綸旨を銜《ふく》むべし、仍りて具《つぶさ》に三十一箇条の事状を勒し、謹みて解す。

永延二年十一月八日　　郡司百姓等

僦馬《しゅうば》の党《とう》　九世紀末から一〇世紀に、東海道足柄《あしがら》峠や東山道碓氷《うすい》峠で駄《だ》による運送に従事した集団。「僦」は「やとう」で雇い馬、賃馬。昌泰二年（八九九）上野国は、彼らが運送用の馬を略取する凶賊と断じている。僦馬の党を富豪層の集団とみる意見があるが、それは誤解に基づくものだとする説もある。僦馬の党の活動と、東国の群盗また平将門の乱とのかかわりを考える研究者もある。しかし傍証史料がなく詳しいことはわからない。　（阿部　猛）

親王任国《しんのうにんごく》　親王が国守に任ぜられた上総・常陸・上野の三国。守に任ぜられた親王は任国には赴任せず在京したままで、俸給である公廨稲*のみ受けた。守となった親王は太守《たいしゅ》と呼ばれ、国務は介《すけ》がとった。この制度は天長三年（八二六）清原夏《なつ》野《の》の奏上に始まり、当初は淳和天皇*一代限りとされたが、実際にはその後長く続いた。なお、守に欠員があるときは、その公

廨稲は無品親王に分配された。

［文献］安田政彦『平安時代皇親の研究』（吉川弘文館、一九九八）。

（阿部 猛）

大介《おおすけ》 「おおいすけ」とも。『扶桑略記』の承平六年（九三六）の記事に初見。①知行国を賜った者、すなわち知行国主のこと。②大国の守の別名。③親王任国の介。④大宰大弐の称で「おおいすけ」と読む。鎌倉時代になると、国司制度の解体に伴い、地方豪族が大介職を世襲するようになった。

［文献］飯田悠紀子「大介考」（『学習院史学』四、一九六七）。

（阿部 猛）

時範記《ときのりき》 平時範《ときのり》（一〇五四—一一〇八）の日記。時範は正四位下右大弁に至り、摂関家の家司であった。承暦元年（一〇七七）から康和元年（一〇九九）に至る記録。しかし欠失部分が多い。写本は宮内庁書陵部、東山御文庫、国立歴史民俗博物館、国立公文書館、尊経閣文庫などにある。康和元年、時範が因幡守として任地に赴き国務を行い、帰京するまでの記録は、平安後期の国司の任地における行事を詳しく語るものとして珍重されている。

［文献］土田直鎮『古代の武蔵を読む』（吉川弘文館、一九九四）。

（阿部 猛）

藤原元命《ふじわらもとなが》 （生没年未詳）名は「もとよし」とも。魚名《うおな》流藤原氏で、父は正五位下肥前守経臣《つねおみ》（一説には従四位下山城守国隣）、母は周防守源致《いたる》女。兄は従五位下右少弁雅材《まさき》。式部丞から寛和二年（九八六）尾張守に任ぜられた。九条家本『延喜式*』紙背文書（『大日本史料』二—一）に「永延二年七月十四日 尾張守（草名）」とあるのは元命の自署。永延二年（九八八）一一月八日付で尾張国の郡司・百姓らによってその非法を太政官に訴えられ、翌年二月解任された。後任は藤原文信《ふみのぶ》であった。その後、長徳元年（九九五）元命は吉田祭の上卿*を務めており、政治生命を絶たれたわけではない。しかし後世、元命の評判は悪く、『地蔵霊験記』では「終《つい》ニ所帯ヲ召上ラレ京都ニ上リシニ、術ツキテ、東寺門ニテ乞食シケルカ、終ニハ餓死シタリケリ」と書かれ、『尾張名所図会』には地獄に堕《お》ちた元命の話が記されている。

［文献］阿部猛『尾張国解文の研究』（新生社、一九七一）。

（阿部 猛）

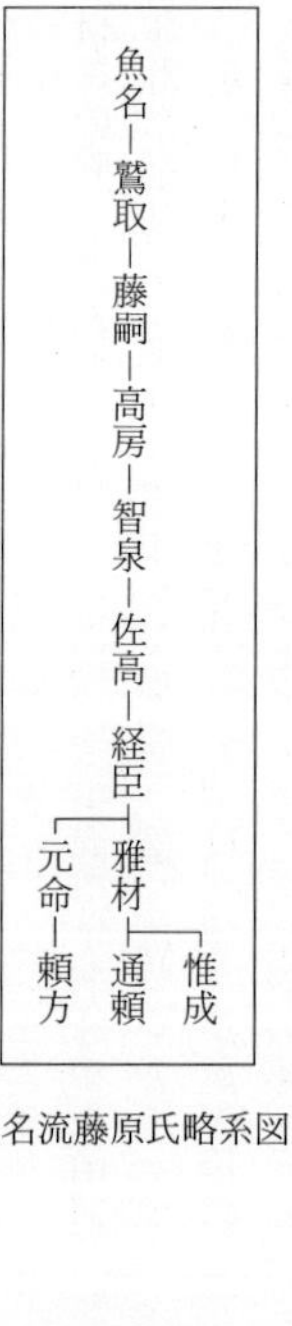

魚名流藤原氏略系図

藤原陳忠《ふじわらののぶただ》 （生没年未詳）元方*の子。著名な保昌*・保輔*の叔父に当たる。信濃守となって任終《は》てて都へ帰る途中、信濃国と美濃国の境の御坂峠で谷に転落した。籠で引き上げられるとき、谷で見つけた平茸《ひらたけ》をたくさん持って上がってきたという。「受領ハ倒ル所ニ土ヲ摑《つか》メ」というではないかとの名言を吐き、貪欲な受領の典型と称される。『今昔物語集*』（二八—三八）に記されたこの有名な話は、おそらく永観年間（九八三—九八四）のことであろう。

（阿部 猛）

藤原保昌《ふじわらのやすまさ》（九五八—一〇三六） 南家武智麻呂流致忠《むねただ》の子。母は元明《もとあきら》親王の女。典型的な中流貴族で、藤原道長*・頼通*に家司《けいし》として仕え、日向守・肥後守・大和守・丹後守・摂津守を歴任した。妻は歌人として有名な和泉式部。正暦三年（九九二）正月日向守に任ぜられたが、任終《は》てて交替するとき、前任国司の未進二年分と自らの五年分の計七年分を勘済したという能吏であった。おそらく治安元年（一〇二一）か同二年丹後守に任ぜられ、妻を伴って任国に赴く途中、与謝《よさ》峠（大江山の西）で平致頼《むねより》とその子致経《むねつね》に遭った。保昌は一騎木の下に立つ老武者（致頼）を見て「一人当千」の武士であると見抜いたという。保昌は武家の生まれではないが、「勇士武略之長」「武者」と称され「心猛クシテ弓箭ノ道《どう》ニ達《いた》レリ」といわれ、当時の代表的な「兵《つわもの》」四人の一人に数えられている。盗賊袴垂*を心服させた説話は、第二次世界大戦前の小学校教科書にも採用され、よく知られている。

［文献］ 阿部 猛『平安貴族の実像』（東京堂出版、一九九三）。

（阿部 猛）

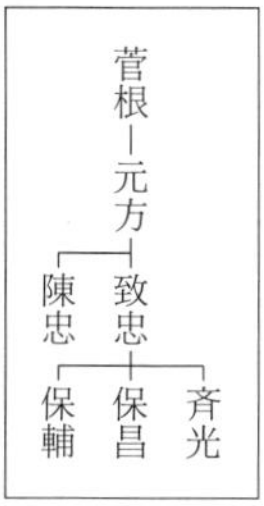

藤原保昌関係略系図

中原師遠《なかはらもろとお》（一〇七〇—一一三〇） 大外記師平《もろひら》（一〇二二—一〇九一）の子。家学を継承し明経道より出身。応徳元年（一〇八四）課試及第、大舎人少允・少外記、寛治四年（一〇九〇）大外記・従五位下。諸官を兼任し、極位は正五位上。才学に優れ、大江匡房*は師遠を「諸道兼学者欤《か》、今世尤物也」と称している。朝廷実務に詳しく『師遠年中行事』を著す。日記『鯨珠記』がある。

（阿部 猛）

小野五倫《おののいつとも》（生没年未詳） 少判事・明法得業生から長保三年（一〇〇一）権少外記。寛弘元年（一〇〇四）従五位下・大外記に任ずる。『本朝世紀』『御堂関白記』*に外記としての活動がみえる。伊豆守となり現地で雇った有能な目代*がもと傀儡子《くぐつ》であったという著名な話が『今昔物語集』*（二八—二七）にみえる。

（阿部 猛）

（五） 国際関係の変化

安史《あんし》**の乱**《らん》 中国・唐中期の玄宗《げんそう》末期に二人の節度使が主導した反乱。ソグド人を父に持つ安禄山《あんろくざん》（七〇五—七五七）は玄宗・楊貴妃《ようきひ》に取り入って三節度使を兼ね、河北の軍・政の実権を握った。やがて宰相の楊国忠《ようこくちゅう》と対立して七五五年に反乱を起こし、翌年洛陽で帝位につき国号を大燕《たいえん》としたが、まもなくその子安慶緒《あんけいちょ》に殺された。史思明《ししめい》（？—七六一）もソグド系の人物といわれ、安禄山の部下であったが、安禄山の死後はいったん唐に下って范陽《はんよう》節度使となった。七五八年再び反旗をひるがえし、安慶緒を殺して翌年洛陽にもどり、大燕皇帝を称した。しかし二年後に長子に殺され、反乱は各地の節度使の軍事力やウイグルの応援を得た唐によって七六三年に鎮圧された。この乱の最中に玄宗は退位し、以後各地の節度使が権力を得て割拠する状勢となり、唐帝国は衰退へ向かった。↓唐

［文献］ 藤善真澄『安禄山と楊貴妃―安史の乱前後―』（清水書院、一九七二）、藤善真澄『安禄山―皇帝の座をうかがった男』（中公文庫、二〇〇〇）。

（太田幸男）

唐帝国《とうていこく》の衰退《すいたい》 貞観《じょうがん》の治の時代に確立した律令体制がほころびをみせるのは八世紀初頭、玄宗《げんそう》（在位七一二―七五六）の初期頃からである。府兵制はしだいに募兵制に代わり、ウイグル人などの異民族も兵士に採用され、七四九年には府兵制は行われなくなった。逃戸《とうこ》（本籍地から逃亡した農民）は増え続け、宇文融《うぶんゆう》（?―七二九）の括戸《かっこ》（人民を戸籍にくりつけること）政策の実施（七二三年）によって、農民の約一割が客戸《きゃっこ》として寄寓地で戸籍に再登録された。七一〇年以後辺境に置かれた節度使は独自の軍事・行政権を持ち、在地勢力となっていった。七五一年のタラス河畔におけるアッバース朝軍との戦いでの敗北は唐の国際的威信をも傷つけた。律令政治体制を基本的に揺るがしたのは安史の乱*（七五五―七六三）であり、玄宗は退位を余儀なくされ、その鎮圧にはウイグルや各地節度使の武力を借りたため、以後の対外的統制力は弱まって、ウイグル・吐蕃《とばん》・南詔《なんしょう》などはしばしば唐に反抗した。節度使は内地にも置かれるようになり、藩鎮《はんちん》と呼ばれる分権勢力と化した。七八〇年の両税法の施行は各地の地主の存在を公認することとなり、租庸調制・均田制の崩壊を意味するものであった。しかし唐王朝が一〇世紀初頭まで存続しえたのは、中央・地方の官僚組織がしっかりと維持されていたからであり、節度使も官僚組織にある程度依拠しなければ自らの権力を存続できない状況にあったのである。九世紀末に起こった黄巣《こうそう》（?―八八四）、王仙芝《おうせんし》（?―八七八）の指導する農民反乱（黄巣の乱）は王朝の組織を決定的に破壊する結果となり、以後は藩鎮の分立する時代へと移っていく。↓唐

［文献］ 栗原益男・布目潮渢『隋唐帝国』（講談社学術文庫、一九九七）。

（太田幸男）

北宋《ほくそう》の中国統一《ちゅうごくとういつ》 九〇七年に唐が滅亡すると、各地に置かれていた節度使が独立して武人政権を立て、中国は一時分裂時代となった。華北には後梁《こうりょう》（九〇七―九二三）、後唐《こうとう》（九二三―九三六）、後晋《こうしん》（九三六―九四六）、後漢《こうかん》（九四七―九五〇）、後周《こうしゅう》（九五一―九六〇）の五王朝が継起した（五代）。後梁のみ都は洛陽でほかは開封であり、後唐・後晋・後漢はトルコ系の沙陀《さだ》人が建国した。華中・華南・四川の各地には呉《ご》（九〇二―九三七）、南唐《なんとう》（九三七―九七五）、呉越《ごえつ》（九〇七―九七八）、楚《そ》（九〇七―九五一）、閩《びん》（九〇九―九四六）、南漢《なんかん》（九一七―九七一）、荊南《けいなん》（九〇七―九六三）、前蜀《ぜんしょく》（九〇七―九二五）、後蜀《こうしょく》（九三四―九六五）、北漢《ほくかん》（九五一―九七九）の一〇国があった（十国）。趙匡胤《ちょうきょういん》（太祖、九二七―九七六、在位九六〇―九七六）は後周に仕えた節度使であったが、九六〇年、幼帝から禅譲を受けて宋《そう》王朝（九六〇―一二七九、一一二六年に都を開封《かいふう》から臨安《りんあん》に移すまでを北宋という）を開いた。このときには十国のうち六国が存在したが、これらを次々と滅ぼし、九七九年、次の太宗（在位九七六―九九八）の時代に北漢を滅ぼして中国全土を統一した。北宋は各地の節度使の軍事・行政権を次々と中央政府に奪って、地方分権的体制を改めた。中央

には行政担当の中書門下省《ちゅうしょもんか》、軍事担当の枢密院《すうみついん》、財政経済担当の三司《さんし》を設置し、すべて皇帝直属とした。科挙に新たに殿試《でんし》（皇帝出題の最終試験）を設け、皇帝の臣下としての官僚による政治体制を作るなど、文治主義に徹した。→宋

［文献］ 竺沙雅章『宋の太祖と太宗―変革期の帝王たち―』（清水書院、一九七五）、周藤吉之・中嶋 敏『中国の歴史5 五代・宋』（講談社、一九七六）。

（太田幸男）

高麗《こうらい》の朝鮮半島統一《ちょうせんはんとうとういつ》 高麗王朝（九一八―一三九二）の創立者は王建《おうけん》（太祖、八七七―九四三、在位九一八―九四三）である。王建は松岳（現在の開城市）の豪族の家に生まれた。当時の朝鮮半島では*新羅の勢力は衰退の一途をたどって南西部を支配するのみであり、各地で地方豪族が割拠している状態であった。なかでも甄萱《けんけん》（?―九三六）は自らは貧農出身であったが、農民反乱を糾合し、中小豪族とも組んで南東部で後百済《こうくだら》国を建て、弓裔《きゅうえい》（?―九一八）は江原道で蜂起して北に勢力を延ばし、後高句麗《こうこうくり》などの国号を称してそれぞれ有力であった。王建は弓裔に帰服し、その部将として主に水軍を率いて後百済と戦って功績をあげた。弓裔はやがて部下の信頼を失い、九一八年にクーデターで追放されると、王建が王に推戴された。王建は国号を高麗とし、翌年都を出身地の松岳に定めて開京《かいけい》と称した。以後、高麗と後百済が対立したが、後百済に内紛が起こって九三五年に甄萱は高麗に亡命し、新羅は国をあげて高麗に帰服した。翌年、高麗は後百済を滅ぼして朝鮮半島を統一した。太祖は各地の豪族を国家体制内に組み込む方針をとり、地方の郡・県などは豪族の支配領域と一致し、豪族が官僚となって、中央から官僚を派遣しなかった。中央官制は中国の制度にならって作られ、官吏は科挙と蔭位の制によって選ばれ、文班と武班に分ける両班制をとったが、文班に属する文臣の方が重んぜられて支配体制の中枢を握り、武臣はその隷属下に置かれた。

（太田幸男）

遼《りょう》の建国《けんこく》 契丹《きったん》族はモンゴル系の遊牧狩猟民族で、モンゴル高原東部のシラムレン川とラオハ川の合流する地域を根拠地とし、八つの部族からなっていた。七世紀初め頃から八部を結合する組織が作られるようになり、各部族の首長から三年交替制で君長が選ばれ、統制機能を果たすようになった。七世紀中期以後は唐王朝に従属して一族を維持してきたが、九世紀末になって*唐が衰退すると、しだいに中国東北部にも勢力を伸張させた。迭剌《てつら》部出身の耶律阿保機《やりつあほき》（太祖、八七二―九二六、在位九一六―九二六）は遙輦痕徳革可汗《ようれんこんとくかくかかん》に仕えて軍功をあげ、また漢人を連行して定住・農耕をさせたり、塩池を支配して塩の生産・販売の利益をあげるなどして于越《うえつ》という最高の官職につき、政治の実権を握った。九〇七年、可汗が死ぬと天を祀る儀式を経て選挙交替制に代わって世襲制の君長となり、さらに九一六年には自ら天皇帝と称し、国号を大契丹と称した。「遼」の国号になるのは次の太宗（在位九二六―九四七）からである。内モンゴルの上京臨潢府《じょうけいりんこうふ》を都とし、九二六年には渤海を滅ぼし、九三六年には中国の後晋《こうしん》から燕雲《えんうん》一六州を獲得して、モンゴル・中国東北地方・華北の一部にまたがる領域を支配した。太祖は出身の部族である迭剌部を二分するなど氏族組織であった部を行政・軍事の単位に改変して「太祖二十部」を編成し、旧来の法を整理するとともに唐の律令をも採用して、のちの二重制度のもとを作った。農耕をさせた漢人の集落は自らの

直属にしたり、軍功ある者に与えたりした。九二〇年には独自の文字である契丹文字を作成した。

［文献］島田正郎『契丹国―遊牧の民キタイの王朝』（東方書店、一九九三）。（太田幸男）

遣唐使《けんとうし》の廃止《はいし》 寛平六年（八九四）に*菅原道真の建議で*遣唐使の派遣が停止された。『日本紀略』には「遣唐使を停む」と記されており、以後、遣唐使派遣は実施されなかったため、遣唐使の廃止は寛平六年と称している。派遣停止における経緯は次のとおりである。寛平六年に、前回の承和の遣唐使から約六〇年ぶりに遣唐使派遣が計画され、遣唐大使に菅原道真が、遣唐副使に*紀長谷雄が任命された。しかし、任命から程なくして大使の道真が、在唐僧*中瓘の書状にみえる唐の疲弊や入唐航路の危険を理由に、遣使派遣について再検討を要請し、結局派遣は停止された。このときの道真の奏状は、道真の漢詩文集『*菅家文草』に収められている。これ以後、遣唐使派遣は計画、実行ともになされず、九〇七年に唐が滅亡すると、日唐関係は終止符を打った。遣唐使の廃止については、寛平六年以降も大使などが遣唐使の職名を公式に称していることから、遣唐使の任務が継続されており、遣唐使の派遣停止が朝議で決定されず、結論が出ないまま沙汰やみになり、結果的に派遣されずに終わったとする見方がある。寛平の遣唐使が約六〇年ぶりに計画された経緯は明らかではないが、九世紀の安禄山《あんろくざん》の乱（*安史の乱）や黄巣《こうそう》の乱（八七五）により唐が衰退の一途をたどったため、唐の制度や文化輸入という当初の遣唐使の役割は果たされていなかった。この時代は、従来の国家間レベルの外交と異なり、唐や新羅商人による交易活動が盛んになる。また、新羅海賊が頻繁に博多津を襲うようになるが、新羅海賊について政府の認識は甘く、遣唐使の廃止理由に新羅海賊の脅威が想定されていたかについては明らかではない。

［文献］鈴木靖民『古代対外関係史の研究』（吉川弘文館、一九八五）、増村宏『遣唐使の研究』（同朋舎、一九八八）、石井正敏「寛平六年の遣唐使計画と新羅の海賊」（『アジア遊学』二六、二〇〇一）。（浜田久美子）

中《ちゅう》瓘《かん》（生没年未詳） 入唐僧で、在唐中の寛平五年（八九三）に唐の疲弊や入京航路の危険を知らせる書状を日本に来航した商人王訥《おうとつ》らに託した。（『*菅家文草』）この書状をみた*菅原道真が*遣唐使の派遣中止を要請している。中瓘の入唐年や経歴は明らかではないが、貞観四年（八六二）に入唐した*高丘（真如《しんにょ》）親王が、天竺へ向かう途中の羅越《らえつ》国で死去したことを元慶五年（八八一）に唐から書状で知らせており、それ以前に入唐したことが確認できる。延喜九年（九〇九）には、太政官が中瓘に牒状と沙金一〇〇両を送っており（『扶桑略記』裡書）、長期にわたり在唐していたとみられる。帰国の有無についても明らかではない。

［文献］鈴木靖民『古代対外関係史の研究』（吉川弘文館、一九八五）、増村宏『遣唐使の研究』（同朋舎、一九八八）。（浜田久美子）

刀伊《とい》の入寇《にゅうこう》 寛仁三年（一〇一九）、中国東北部の女真人《にょしんじん》（女真族）が北九州を襲った事件。「刀伊」とは、朝鮮語で「蛮夷」を意味する。女真人が高麗人を日本に連行し、その高麗人を大宰府で捕虜としたため、高麗人の言葉でいうところの「刀伊」が日本でも用いられた。『朝野群載』や『小右記』によれば、寛仁三年に刀伊が五十余艘で対馬、壱岐を来襲し、壱岐守以下多くが殺害された。さらに刀伊は「乃古嶋《のこじま》」（福岡市）に達し、五、六〇人が太刀や弓矢を持って上陸して、殺害や略奪を行った。これに対抗して、*大宰府では大宰権帥*藤原隆家（*道隆の子で、*伊周の弟）のもと防御、防戦に努め、筥前宮の放火を防ぐなど多くの死傷者を出しながらも刀伊を撃退した。この事件は、外敵の恐れを忘れていた平安貴族を驚かせ、*陣定では北陸・山陰・山陽・南海道の警固が決められた。しかし、事件が京に報告されたのは、刀伊の撃退を果たした後であり、大宰府と*平安京との情報伝達体制が弛緩していたことが指摘されている。また、戦功者への恩賞を決める陣定では、実際の戦闘がすでに終了しているため恩賞の必要がないという意見も出されており、結局は恩賞が与えられたものの、平安貴族の国際意識の乏しさを垣間見ることができる。この事件で奮戦した大宰府官人には地域の有力者がおり、その有力者と随兵という主従関係から、中世武士団の萌芽をみることもできる。

［文献］　佐藤宗諄「『刀伊の入寇』と平安貴族－事件の経緯と情報の伝達についての覚書－」（『奈良女子大学文学部研究年報』四一、一九九八）、関　幸彦『武士の誕生－坂東の兵どもの夢』（日本放送協会出版局、一九九九）、大津　透『道長と宮廷社会』（講談社、二〇〇一）。
（浜田久美子）

奝然《ちょうねん》（九三八－一〇一六）　平安中期の入宋僧。俗姓秦氏。東大寺で三論宗を学んだ僧で、永観元年（九八三）、中国五台山巡礼のため*円融天皇の勅許を得て、宋商人の船に便乗して入宋。天台山を巡礼した後、北宋の雍熙元年（九八四）宋の都汴《べん》京《けい》（開封《かいほう》）で皇帝太宗に謁見した。謁見時には、銅器と「職員令」と「年代紀」を献上したが、この「年代紀」の内容については、『宋史』日本伝に円融天皇までの歴代天皇と日本の地理についての詳細な記述がみえる。その後、五台山を巡り、法済大師の号を賜り、寛和二年（九八六）に台州商人の船に便乗して帰国した。奝然は宋の皇帝と謁見した最初の日本巡礼僧で、以後、*寂照、*成尋などの入宋僧が皇帝と謁見して日本事情を紹介することは恒例となった。在宋中の日記四巻があったことが知られるが、現在は散逸して、逸文のみが知られる。また、奝然が宋から将来した釈迦如来像《しゃかにょらいぞう》（山城愛宕山清涼寺蔵）の胎内から奝然の幼名を記した文書が発見され、入宋時に携帯していたものとみられている（『大日本史料』二－一〇長和五年三月一六日条）。

［文献］　木宮之彦『入宋僧奝然の研究』（鹿島出版会、一九八三）、石原道博編訳『新訂旧唐書倭国日本伝』（岩波書店、一九八六）、木宮之彦『日宋文化交流史－主として北宋を中心に』（鹿島出版会、一九八七）。
（浜田久美子）

成尋《じょうじん》（一〇一一－一〇八一）　平安中期の入宋僧。父方は藤原氏、母方は源氏で、母は歌集『成尋阿闍梨母集《じょうじんあじゃりのははしゅう》』を残す。京都岩倉大雲寺の僧で、のちに関白*藤原頼通の護持僧になった。天台宗寺門派。延久二年（一〇七〇）に五台山と天台山を巡礼するため渡宋を申請したが勅許が下りず、同四年、密航の形で宋商船に便乗して入宋した。天台山巡礼の後、首都汴京《べんけい》（開封《かいほう》）で皇帝神宗《しんそう》に謁見し、香炉や念珠や経文のほか、五台山に供養するために日本から携行した、皇太后藤原寛子《ひろこ》（頼通女）や故後冷泉天皇の写経、*円仁や*奝然の日記などを進上し、日本の風俗などについての質問に答えた。また、勅旨によって祈雨の秘法を行じ、雨を降らせたことから、善恵大師の号を賜った。その後、五台山で後冷泉の写経と太皇太后宮亮藤原師信《もろのぶ》の亡妻（藤原頼宗《よりむね》の第六女）の遺髪とその愛用の鏡を供養し、翌延久五年、随行の僧である頼縁《らいえん》ら五人に、神宗下賜の経典や文書などを託して日本に帰国させた。入宋中の行動については、成尋の日記『*参天台五臺山記』に詳しいが、帰国する頼縁らを見送ったところで日記は終わっており、宋に留まった成尋は開封の開宝寺で没している。『宋史』日本伝には「誠尋」と記す。

［文献］石井正敏「入宋巡礼僧」（荒野泰典・石井正敏・村井章介編『アジアのなかの日本史5』所収、東京大学出版会、一九九三）、伊井春樹『成尋の入宋とその生涯』（吉川弘文館、一九九六）。（浜田久美子）

参天台五臺山記《さんてんだいごだいさんき》 成尋の宋滞在中の日記。八巻。入宋僧の日記として唯一完全に残っている史料。延久四年（一〇七二）三月一五日肥前国壁島で宋商船に乗り込む記事から始まり、翌五年六月一二日、日本に帰国させる随行僧頼縁《らいえん》など五人を明州で見送る記事で終わる。旅の行程は、杭州に上陸後、天台山巡礼を経て、汴京《べんけい》（開封《かいほう》）で皇帝太宗に謁見し、五台山に詣でるが、その間の水陸交通や逓送体制、旅費の収支などが詳細に記述されており、宋代社会を理解するうえで貴重な史料となる。古写本は、東福寺本八冊（重要文化財）があり、承安元年（一一七一）に成尋自筆本と校合した写本を底本として、承久二年（一二二〇）に書写されたもので、「普門院」の印があり、東福寺の開山円爾《えんに》弁円《べんえん》（聖一《しょういつ》国師）の蔵書であったとみられる。日記のなかに、旅行中に実際に交わされた公私文書を転載している点も貴重である。東福寺本の影印は『参天台五臺山記』東洋文庫叢刊七に収録される。刊本に『大日本仏教全書』、『改訂史籍集覧』など。

［文献］平林文雄『参天台五臺山記校本並に研究』（風間書房、一九七八）、斎藤円真『参天台五臺山記1』（山喜房仏書林、一九九七）、王麗萍『宋代の中日交流史研究』（勉誠出版、二〇〇二）。（浜田久美子）

寂《じゃく》**照**《しょう》（?—一〇三四）平安中期の入宋僧。俗名は大江定《さだ》基《もと》。父は大江斉光《ただみつ》。三河守のとき妻を亡くし出家した。*寂心（慶滋保胤）を師とし、比叡山横川の*源信に*天台宗を、*醍醐寺の仁海《にんかい》に真言密教を学ぶ。長保四年（一〇〇二）、五台山巡礼を奏申し、翌年入宋。寛弘元年（一〇〇四）に真宗《しんそう》皇帝と謁見し、無量寿仏像などを献上し、円通大師の号を賜った。また、天台山への巡礼を願ったところ、食料の便宜を与えられている。源信から託された『天台宗疑問二十七か条』の答釈を得たので帰国しようとしたところ、引き止められて留住、長元七年（一〇三四）に杭州で没した。入宋中の日記『来唐日記』を著していたことが*成尋の『*参天台五臺山記』にみえる。『宋史』日本伝には、中国語が話せなかったが、漢字はわかったので筆談を行い、達筆であったと記されている。

［文献］西岡虎之助「入宋僧寂照についての研究」（『西岡虎之助著作集』3三一書房、一九八四）、石井正敏「入宋巡礼僧」（荒野泰典・石井正敏・村井章介編『アジアのなかの日本史5』所収、東京大学出版会、一九九三）。（浜田久美子）

二　国風文化

国風文化とは　「国風」とは都の洗練された文化に対して、地方の素朴な、土俗的な文化を意味する。国文学の分野で用いられた用語であるが、昭和五年（一九三〇）頃から摂関期を中心とする日本的な貴族文化を指して用いられるようになった。特に国粋主義的な思想が強調されるようになると、日本文化の独自性を主張する意味を込めて用いられた。唐風文化の全盛期を経て、一〇世紀に入ると、日本的文化の創造への傾向が現れてくる。一〇世紀末に遣唐使が廃止されたことに示されるように、衰弱した唐の文化が幾分魅力を失い自国文化の自主性を認める空気が生まれてくる。かつて、文化の日本化の主要な契機を遣唐使の停廃に置く見方があったが、こうした考え方は現在では否定されている。唐風文化は、その後もむしろ盛んに輸入され、唐風文化に対する憧れは、高揚しこそすれ、衰えることはなかった。

貴族の生活　平安宮は大極殿以下朝堂院*の殿舎は、石畳・瓦葺の唐風の造りであったが、居住区の内裏は和風建築であった。貴族たちは、いわゆる寝殿造*の住宅に住み、そのなかには、日本の風景や風俗を描いた大和絵の屏風や几帳《きちょう》を置き、蒔絵の調度品が用いられた。邸内には、前栽《せんざい》や築山、あるいは池を配した。男性の衣服は、ふだんは直衣*・狩衣*で礼服には衣冠束帯を用いた。女性は、ふだんは小袿*、正式には裳唐衣《もからぎぬ》（十二単《ひとえ》）をまとった。彼らは音楽を奏し、また、宴会や物見遊山を行った。貴族たちの教養として詩歌・音楽が重んじられ、様々な遊戯も発達した。宮廷や貴族社会での年中行事は、唐風色の強い節日《せちび》行事が仏教行事と結びつき、また我が国の民間習俗なども取り入れられて、形を整えた。一方、大陸に起源をもつ宮廷の追儺*が民間の鬼やらいになったように、都市の行事が地方へ流布した例もある。

文学　九世紀における二種類の表音文字、片仮名と平仮名の発生は、和歌や散文の世界を豊かなものにした。一〇世紀には最初の勅撰和歌集の『古今和歌集*』が作られ、その後の八代集、二十一代集へと続いていった。九世紀から一〇世紀初頭にかけて、和歌の世界では歌合《うたあわせ》が生まれた。和歌の優劣を競うこの遊戯は判詞（批評語）の付加を伴い、歌論・歌学を勃興させた。仮名を用いた散文も生まれた。和歌と結びついた『伊勢物語*』『大和物語*』、民間説話をとり入れた『*宇津保物語』『*落窪物語』、仮名日記『*土佐日記』も書かれた。紫式部の『*源氏物語』は貴族の生活や愛欲心理を克明に描き、『*蜻蛉日記』『*紫式部日記』『*和泉式部日記』『*更級日記』などの日記文学も主として中流貴族出身の女性たちによって書かれた。清少納言の随筆『*枕草子』は、筆者の才気溢れた傑作とされる。国文学の隆盛は、辞（字）書の編纂も促した。『*新撰字鏡』『*倭名類聚抄』『*伊呂波字類抄』などが知られる。

信仰　貴族たちは陰陽思想に支配されて迷信を信じ、また*天台宗・*真言宗の密教の祈禱をさせた。しかし、平安中期になると、現世を離れて極楽浄土への再生を願う浄土信仰を導入した。我が国では、永承七年（一〇五二）に末法第一年に入ると信じられたので、人々は現実社会の混乱した有様と照らし合わせて、悲観と絶望と、浄土へのあこがれを募らせた。また、政治や社会の不安に伴い、*御霊信仰が広まった。政争で失脚し非業の最期を遂げた貴族の霊魂が祟り、疫病や異変が起こると信じられたから、これを祀り、祟りを鎮める御霊会が始まった。神仏習合の風潮は、神前読誦、神宮寺の建立、寺院の鎮守神勧請、神に菩薩号をつけ、権現号をもって呼ぶことなどとなって現れ、やがて*本地垂迹説も形成された。前代以来の山岳信仰もいよいよ盛んで、吉野・奈良・熊野などには山林修行者が回峯し、貴族の参詣も盛んであった。神社や寺院における祭祀・法会などは華麗なものとなり、そこに赴く貴族たちの行列も贅を尽くすようになった。伊勢斎王や賀茂斎宮の行列の美しさも、人々の見物の対象となった。

美術　浄土信仰の盛行に伴い、貴族たちは極楽浄土をこの世に具象化しようとして、盛んに阿弥陀堂を作った。*藤原道長の*法成寺、*頼通の*宇治平等院鳳凰堂などは、彼らの信仰を具体化したもので、後者は現存している。阿弥陀堂には、阿弥陀来迎図を掛け、阿弥陀仏を安置した。仏像彫刻も、平安初期の神秘的なものとは違い、円満豊麗な顔を持つようになると同時に、製作技術も一木造から寄木造に変わり、分業による量産が可能になった。絵画では大和絵が発達した。画師の社会的地位が向上し、画業の世襲が行われ、流派が生ずるようになった。書では、六朝・唐風の三筆に代わって、三蹟と称された*小野道風・*藤原佐理・*藤原行成らが和風を完成させた。連綿体と称する洗練された草仮名は、和歌の盛行にあい伴うものであった。

（阿部　猛）

（一）儀式・年中行事

西宮記《さいきゅうき》　平安時代の儀式書。巻数は未詳だが、年中恒例行事と臨時儀式で構成される。醍醐天皇皇子*源高明（九一四—九八二）著。書名は高明の邸宅が「西宮」と呼ばれたことに由来し、別名『西宮抄』とも。高明は安和二年（九六九）に藤原氏の他氏排斥（*安和の変）で*大宰府に左遷された。本書の成立時期は未詳だが、高明左遷以前に書き始められ、左遷後や天禄三年（九七二）の帰京後にも加筆され、現行本は死後三〇年以上たってからも多く補訂されている。『西宮記』『北山抄』*『江家次第』は平安朝三大儀式書として古代の儀式や諸制度の研究に欠かせない典籍である。古写本は①前田育徳会尊経閣文庫所蔵巻子本一八巻（重要文化財）、②宮内庁書陵部所蔵壬生本一七巻、③前田育徳会尊経閣文庫所蔵大永本九冊が代表的で、①の一部は平安末期の古写本だとされる。①、③については、『尊経閣善本影印集成』西宮記一―六（八木書店、一九九三―一九九五）に影印が収録される。刊本は『史籍集覧』（底本は松岡明義校訂本でその祖本は壬生本とみられる）、『新訂増補故実叢書』（底本は巻子本で、底本にない部分を史籍集覧と九条公爵家所蔵本より補う）、『神道大系』（底本は大永本で、底本にない部分をほかの二つより補う）。
（浜田久美子）

［文献］所　功『宮廷儀式書成立史の再検討』（国書刊行会、二〇〇一）。

北山抄《ほくざんしょう》　平安中期の儀式書。一〇巻。*藤原公任（九六六―一〇四一）著。権大納言の公任が京都四条の邸宅に住んでいたことから、本書は『四条記』『四条大納言記』などと呼ばれ、また、晩年に公任が北山の長谷に閑居したことから『北山抄』『北山納言抄』などと称された。年中行事を記した「年中要抄《ねんじゅうようしょう》」（巻一、二）、臨時行事についての「拾遺雑抄《しゅういざっしょう》」（巻三、四）、皇位継承儀に関する「践祚抄《せんそしょう》」（巻五）、臨時儀式を記す「備忘略記《びぼうりゃっき》」（巻六）、*太政官の政務に関する「都省雑事《としょうぞうじ》」（巻七）、近衛府の儀式や行事に関する「大将儀」（巻八）と「羽林要抄《うりんようしょう》」（巻九）、国司の功過に関する「吏途指南《りとしなん》」（巻十）で構成され、各巻個別に作成されたものが一〇巻に編成されたと考えられる。成立は巻ごとに異なるが、長和年間から寛仁年間（一〇一二―一〇二一）とみられる。古写本には、①京都国立博物館所蔵本（巻十のみで三条家所蔵の公任自筆本、国宝）、②前田育徳会尊経閣文庫所蔵巻子本一二巻。（鎌倉時代成立とされる）、③前田育徳会尊経閣文庫所蔵冊子本五冊（室町時代の永正年間成立とされる）、などがあり、③には、『官奏事北山抄』と題する一冊があり、『北山抄』とは別本と考えられる。①については、『稿本北山抄』（日本名跡叢刊七十五、二玄社、一九八三）に全文写真所収、②、③については、『尊経閣善本影印集成』北山抄一―三（八木書店、一九九五～一九九六）に影印を収録する。刊本は『新訂増補故実叢書』（嘉永五年の木版本を底本とする一九一三刊『丹鶴叢書』の再刻）、『神道大系』（底本は巻子本と巻十のみ冊子本）。
（浜田久美子）

［文献］阿部　猛『北山抄注解　巻十　吏途指南』（東京堂出版、一九九六）、所　功『宮廷儀式書成立史の再検討』（国書刊行会、二〇〇一）。

江家次第《ごうけしだい》　平安後期の儀式書。二一巻。書名は『江次第』とも。関白*藤原師通の依頼により、学者の*大江匡房（一〇四一―一一一一）が著す。「江家」とは大江家のことで、大江氏は平安時代に文章道を家学とした。本書の原形が成立したのは寛治年間（一〇八七―一〇九四）にさかのぼるが、現在の形に完成したのは後人の加筆によるとされる。構成は恒例年中行事（巻一―一一）、神事（巻一二）、仏事（巻一三）、践祚（巻一四、一五）、臨時行事（巻一六―二一）となっているが、巻一六と巻二一は欠失して現存は一九巻。本書以前に成立した『西宮*記』『北山抄』*を多く引用する。注釈書には一条兼良《いちじょうかねら》の『江次《ごうし》第鈔《だいしょう》』がある。古写本は、①下郷共済会文庫所蔵『除目鈔《じもくしょう》』、②天理図書館所蔵本六冊、③京都大学所蔵旧勧修寺家旧蔵本四冊、④前田育徳会尊経閣文庫所蔵巻子本一〇巻、⑤前田育徳会尊経閣文庫所蔵冊子本八冊などで、①は広橋文書のうちに巻四のみがあり「除目鈔」と外題されており、これが『江家次第』巻四であることが吉田早苗の研究により判明した。④、⑤については、『尊経閣善本影印集成』江次第一―三（八木書店、一九九六―一九九七）に影印が収録される。刊本は『新訂増補故実叢書』（底本は承応二年版本を和田英松が影写したもの）、『日本古典全集』（底本は流布刊本）、『神道大系』（底本は承応二年版本）。

［文献］川口久雄『大江匡房』（吉川弘文館、一九六八）、吉田早苗「藤原宗忠の『除目次第』」（『史学雑誌』九三―七、一九八四）。

（浜田久美子）

内裏式《だいりしき》　平安前期に成立した現存最古の勅撰儀式書。三巻。序文によれば、本書以前の儀式は不備が多かったため、嵯峨*天皇の詔命により弘仁一二年（八二一）正月に右大臣藤原冬嗣*らが年中恒例行事、臨時儀式三巻を編纂、その後、淳和*天皇の詔命で、天長一〇年（八三三）二月に右大臣清原夏野《なつの》らが修訂を終えて再進したことが見える。この弘仁、天長の完本は失われ、現存本は上巻と中巻に恒例行事二〇編と下巻に臨時行事四編を残すだけであるが、諸書所引の逸文より多くの編目を復原できる。本書は「式筥《しきばこ》」に納められ、節会や行幸に蔵人が持参したように、朝廷では重要な儀式書であった。なお、本書以前の儀式書の存在については、国史に「別式」や「記文」が見え、本書はこれらを体系化したものであると考えられているが、類似する儀式書の『内裏儀式』が本書の編纂素材となったという説もある。儀式内容の比較から『内裏儀式』は弘仁九年（八一八）までに成立したとみられるが、両者の関係については明らかではない。古写本は、①宮内庁書陵部所蔵九条家本（冊子本と巻子本）、②宮内庁書陵部所蔵鷹司家本三冊、③内閣文庫所蔵紅葉山本二冊などで、①には鎌倉期写と推定される本がある。②、③はいずれも江戸時代の写本で、②は現在所在不明の官務家小槻氏に伝えられた壬生本を親本としていることが知られている。刊本は『新訂増補故実叢書』（享和三年（一八〇三）刊の藤原貞幹校、山田以文ら再校本を底本）、『群書類従』公事部（底本未詳）、『新註皇学叢書』（底本未詳）、『神道大系』（底本は鷹司家本）。

［文献］西本昌弘『日本古代儀礼成立史の研究』（塙書房、一九九七）、所功『宮廷儀式書成立史の再検討』（国書刊行会、二〇〇一）。

（浜田久美子）

本朝月令《ほんちょうがつりょう》*　平安中期の年中行事の起源、沿革を示した公事書。一巻。「ほんちょうげつれい」とも。「月令」とは、中国の『礼記《らいき》』月礼篇にもみえるように、年中行事の記録であり、儀式書のように儀式次第を記したものではない。編者は明法学者惟宗公方《きみかた》（生没年未詳）に比定され、成立は延喜一〇年（九一〇）代とも朱雀朝（九三〇―九四六）とも推測される。現存するのは四月から六月の一巻のみであるが、一二か月を完備していたと思われる。本書の特徴は、必ず書名を明記してから典籍を引用していることであり、このため、本書には「弘仁式」や

『高橋氏文』などの逸文が多く引用されており貴重である。古写本は、①前田育徳会尊経閣文庫所蔵『本朝月令要文』一冊（南北朝初期成立、金沢文庫旧蔵）、②宮内庁書陵部所蔵本一冊など。刊本は『群書類従』公事部（底本は『本朝月令要文』を写本とした金沢文庫本）、『新校本朝月令』（清水　潔編、皇学館大学神道研究所、二〇〇二）。

［文献］和田英松編、森　克己校訂『新訂増補国書逸文』（国書刊行会、一九九五）。

（浜田久美子）

年中行事《ねんじゅうぎょうじ》御障子《みしょうじ》　清涼殿殿上の間の東上戸前に立てられた衝立《ついたて》障子で、宮廷の年中行事が列記されている。『帝王編年記』光孝天皇仁和元年（八八五）に、太政大臣藤原基経*が献上したことがみえる。御障子は、年中行事を怠りなく行おうとする天皇の意志のもと作成された。仁和元年の記事が「年中行事」の初見であることから、宮廷年中行事がこの頃までに整備されたと考えられる。障子には両面に年中行事項目が二八四条書かれており、奥書には月中行事九条などがみえる。この障子に書かれた記事をまとめたのが編者不明の『年中行事御障子文』である。『年中行事御障子文』には、仁和元年以降に定められた行事が組み入れられていることから、編纂過程で後の補入が行われたようで、その成立は長和二―六年（一〇一三―一〇一七）頃とみられる。現在、御障子は京都御所清涼殿に立てられているが、これは江戸時代寛政年間の内裏造営に当たり、転写して復原されたものである。刊本は『年中行事御障子文』『続群書類従』公事部。

［文献］山中　裕『平安朝の年中行事』（塙書房、一九七二）、甲田利雄『年中行事御障子文注解』（続群書類従完成会、一九七六）、石村貞吉『有職故実―上・下』（講談社、一九八七）。

（浜田久美子）

雲図抄《うんずしょう》　雲図とは「雲上の指図」を意味し、内裏で行われた主要な年中行事の舗設を図示したもの。一巻と裏書一巻からなり、内容は正月四方拝*、御薬、小朝拝、五日叙位*、八日女叙位、上卯日御杖、一四日御斎会内論義、一八日賭弓*、除目*、二月上未日春日祭使、祈年穀奉幣、季御読経《きのみどきょう》、仁王会《にんのうえ》、三月三日御燈、中午日石清水臨時祭、試楽、御禊、庭座、覧舞、還立《かえりだち》、四月上申日平野祭使、八日灌仏《かんぶつ》、五月五日供菖蒲、最勝講、六月晦日節折《よおり》、七月七夕乞巧奠《きっこうでん》、一四日御盆供、相撲、九月一日例幣御拝、一〇月五日弓場始《ゆばはじめ》、一一月五節《ごせち》、一二月一九日御《お》仏名《ぶつみょう》、内侍所《ないしどころ》御神楽《みかぐら》、追儺*についての説明と図（一部図を欠くものもある）からなり、裏書には正月の御薬や賭弓、季御読経、灌仏、五節、内侍所御神楽などの行事次第を記している。本書の成立は、奥書に藤原顕隆《あきたか》（一〇七二―一一二九）の蔵人頭在任中に、弟重隆《しげたか》（一〇七六―一一一八）が本書を作ったことが見えることから、顕隆が蔵人頭となった永久三年（一一一五）から重隆卒の元永元年（一一一八）の間で、鳥羽天皇*の頃であると考えられる。写本は、前田育徳会尊経閣文庫所蔵本（正和五年（一三一六）書写）などがある。刊本は『群書類従』公事部。

［文献］続群書類従完成会編『群書解題5』（続群書類従完成会、一九六〇）。

（浜田久美子）

九条年中行事《くじょうねんじゅうぎょうじ》　平安時代中期の儀式書。一巻。右大臣藤原師輔*（九〇七―九六〇）著。成立年は未詳であるが、天徳三年（九五九）の記事があるので、師輔晩年の作であろう。師輔は、邸宅が平安京左京九条三坊六町にあったことから「九条殿」と呼ばれ、本書の名もこれに由来する。師輔の日記は『*九暦』、年中行事部類記は『九暦別記』(『九条殿記』とも)と呼ばれた。師輔の父で*村上天皇の関白である*忠平は『*貞信公記』の著者としても有名であり、儀式作法を子の*実頼と師輔に伝えようとした。師輔による本書と、実頼の養子*実資による『*小野宮年中行事』はともに、藤原氏のなかの九条流、小野宮流儀式作法の典拠として尊重された。本書の内容は、朝廷の恒例と臨時の年中行事の説明である。現存本は首部に欠文があり、二月の釈奠より始まるが、諸書の引用から正月部分も補うことができる。延喜、延長年間やそれ以外の多くの先例を引用しており、忠平の教えを集大成したものとみられる。古写本は宮内庁書陵部所蔵本(うち柳原本は群書類従に欠けている一二月条中の記事を補うことができる)がある。刊本は『群書類従』公事部。

[文献] 山中 裕『平安時代古記録と貴族文化』(思文閣出版、一九八八)。 (浜田久美子)

小野宮年中行事《おののみやねんじゅうぎょうじ》 平安時代後期の儀式書。一巻。右大臣*藤原実資(九五七—一〇四六)著。祖父*実頼が*惟喬親王(文徳天皇皇子)の小野宮邸を伝領し、その養子となった実資が譲り受けたことから、実資は「小野宮右大臣」と呼ばれ、本書もこの名に由来する。また、実資の日記は『*小右記』と呼ばれる。本書の成立は、寛弘八年(一〇一一)に定められた贈皇太后藤原超子《ちょうし》の*国忌を記していることや、長元二年(一〇二九)の宣旨がみえることから、実資晩年であろう。年中行事を説明したものだが、儀式の前例や沿革の記述に重点がおかれ、古書や勘物の引用が多く、「弘仁式」「貞観式」『外記庁例』、宇多・醍醐・村上三代の『御記』や『*李部王記』、『水心記』などの逸文を伝えており貴重である。九条流儀式作法を記した*師輔の『*九条年中行事』と、小野宮流作法を記した実頼の『*水心記』(『清慎公記』とも呼ばれ、散逸して現存しない)や実資の本書は、ともに父*忠平の教えた儀式作法を受け継いでいるが、しだいに両者の流派が政治的立場もあり、対立をみせるようになる。本書には九条家流の作法に対して先例に反すると指摘する記述も見られる。古写本の一つ宮内庁書陵部所蔵鷹司本は、各行事ごとに「首書云」として行事の沿革や先例などを追記しており、刊本にはみえない記述がある。また「裏書」と注した記事のなかにも刊本にないものがある。刊本は『群書類従』公事部。

[文献] 所 功『平安朝儀式書成立史の研究』(国書刊行会、一九八五)、山中 裕『平安時代古記録と貴族文化』(思文閣出版、一九八八)。 (浜田久美子)

四方拝《しほうはい》 元日の早朝、その年の最初に行われる儀式。天皇が自分の属星や天・地・四方・山陵を拝し、新しい年の災いを払い宝祚長久を祈念するもの。『*日本書紀』皇極天皇元年(六四二)八月朔日に天皇が祈雨のため四方を拝したのが史料上の初見である。元日の寅の刻(午前四時)に清涼殿の東庭の東階の前に屏風を立て廻《めぐ》らし、そのなかに御座を設ける。その前に白木の机を置き香炉・造花(削掛で木を削り鉋屑《かんなくず》を垂れたもの)・燈台(燭台)などを供え、天皇が自分の属星《しょくじょう》を唱え天地四方の神を拝し山陵を拝し、年災を払い、宝祚(帝位の栄えること)を祈る儀式。属星は北斗七星の七つの星のうち、それぞれ人の生まれ年に当たる星の名。柄杓の形の先端から柄に向かって順に、巨門《こもん》星(丑・亥)、貪狼《どんろう》星(子)、禄存《ろくぞん》星(寅・戌)、文曲《もんごく》星(卯・酉)、*廉貞《れんてい》星(辰・申)、武曲《ぶごく》星(巳・未)、破軍《はぐん》星（午）、の七つである。拝は北に向かって天を拝し、西北に向かって地を拝し、東・南・西・北の順に四方を拝す。山陵拝は『日本三代実録』にある十陵を拝するものである。もし天皇の父母が死んだ後ならばその山陵も拝する。天皇は黄櫨染《こうろぜん》の袍の束帯という姿で関白が裾を持ち、薦《こも》の上に長筵《ながむしろ》を敷いた道を屏風の前に進み、呪文を唱え、拝礼し、国の幸福を祈る。この行事は臣下も行ったようである。元旦の恒例行事として定着。応仁・文明の大乱勃発により一時断絶したが、文明七年（一四七五）に再興された。　（溝川晃司）

［文献］　河鰭実英『有職故実（改訂版）』（塙書房、一九七一）、山中　裕『平安朝の年中行事』（塙書房、一九七二）、江馬　務『有職故実』（中央公論社、一九七八）。

朝賀《ちょうが》　正月元日に天皇が臣下・百官から拝賀を受ける儀式をいう。延喜式制では大儀と規定される。単に拝賀とも朝拝とも。当日は、辰刻（午前八時頃）に天皇と皇后は大極殿後房の小安殿に入る。その後、諸門が開門となり、礼服を着用した東宮以下の諸官人が列立する。天皇は冕《べん》服を着用して大極殿中央の高御座に着座。太鼓の合図とともに帳が開けられる。次に兵庫寮が打つ鉦の合図により、御前に控える女孺九人は翳《さしば》を八字形に開く。このときに丈者による警蹕《けいひつ》があり、群臣は面伏する。図書寮は庭の炉に香を焚く。やがて、典儀の「再拝」の声とともに東宮による奏賀が行われる。群臣は再拝。次に奏瑞者・奏賀者の二人が進み出て、まず奏瑞者が去年のうちに現れた祥瑞を奏上し、退出。奏賀者は新年の宣命宣下を受ける。群臣は称唯再拝、さらに拝舞・再拝。これにより武官が立ち上がり、旗を振りながら万歳を唱える。こうして朝賀の儀は終わり、天皇は退出し小安殿に還御となる。その起源は、「みかどおがみ」という日本独自の元日儀礼であるが、律令と唐風文化の流入により唐に準拠した形として整備・完成される。朝賀の文献上の初見は*『日本書紀』大化二年（六四六）正月一日条の「賀正礼畢」の記事である。平安前期にはほぼ整備された形になった。しかし、平安中期の一条朝の頃から行われなくなり、正暦（九九〇―九九五）頃には廃絶した。それに代わるものとして小朝拝《こちょうはい》が行われた。　（溝川晃司）

［文献］　山中　裕『平安朝の年中行事』（塙書房、一九七二）、江馬　務『有職故実』（中央公論社、一九七八）。

子《ね》の日《ひ》の宴《えん》　正月の上の子の日に行われる遊宴をいう。この日に丘に登り四方の景色を望めば、陰陽の静気を得て邪気を払い、煩悩を除くとされている。起源は中国の『十節録』に記されているものであるが、日本の春の野遊びの風習もこれと混合したものと思われる。文献上の初見は、『続日本紀』天平一五年（七四三）正月壬子に平城京東北にある石原離宮の楼《たかどの》において饗宴が開かれたとするものである。嵯峨朝の弘仁年間には恒例の遊宴行事として定着していた。当初は内裏での催宴が中心であったが、宇多・醍醐朝の頃より北野や紫野などの洛北にて野遊びが行われるようになった。その内容は小松を引き若菜を摘むのが特徴で、ほかに和歌を詠むことや蹴鞠が行われるなど、様々な遊宴が行われる。小松を引くのは一種の縁起物であるからで、*『源氏物語』や*『後拾遺和歌集』などの文学の題材にも取り入れられている。また、このときに摘まれる若菜は天皇に献上されるものであり、『河海抄』によると、若菜・薊《あざみ》・苣《ちしゃ》・芹《せり》・蕨《わらび》・薺《なずな》・葵《あおい》・芝・蓬《よもぎ》・水蓼《みずたで》・水雲《もずく》・松の一二種であった。のちにこのほかに七種の菜（薺・蘩蔞《はこべ》・芹・菁《すずな》・御形《ごぎょう》・須々代《すずしろ》・仏座《ほとけのざ》）を調理し羹《あつもの》にして食する習慣が生まれた。鎌倉期以降は子の日の宴自体は廃れ、粥に入れて食する七草粥の風習として今日に至っている。

［文献］山中　裕『平安朝の年中行事』（塙書房、一九七二）、江馬　務『有職故実』（中央公論社、一九七八）。　（溝川晃司）

白馬《あおうま》の節会《せちえ》　正月七日に天皇が紫宸殿にて馬寮の官人の牽く白馬を覧ずる年中行事。この日に白馬を見れば、邪気を払い年中息災に過ごせるという伝承に由来している。史料上にみえる初見は景行天皇五一年正月戊子（七日）に「招群臣卿而宴数日矣」（『日本書紀*』）とあるものだが確証はない。このように、この時点ではまだ白馬の御覧はなく、ただ宴のみのものであった。宴に青（白）馬が付随するようになる確実なものは『続日本後紀』承和元年（八三四）に「天皇、豊楽殿に御し、青馬を観《み》たまい、群臣に宴し、叙位すと云々」とあり、以後は恒例化している。白馬を「あおうま」と読むのは、白馬には青みがあるからという説がある。延長年間（九二三―九三一）頃より白馬と表記するようになった。初期は豊楽殿で行われていたが、陽成朝頃より紫宸殿に定まる。当日、天皇の出御の後に外任奏・御弓奏《みたらしのそう》が行われる。続いて白馬奏となり、馬寮の官人が計二一匹の馬を牽いて庭に参入する。そのうちわけは、左馬寮から一〇匹、右馬寮から一〇匹で、残りの余馬一匹は年ごとに左右から交替に出すものである。この計二一匹は七匹ずつ三つに分けられて南庭を引き廻された。すなわち、左近衛舎人一〇人（左白馬陣）を先頭に左右馬頭、白馬七匹、左右馬允、白馬七匹、左右馬属、白馬七匹、左右馬助、右近衛舎人一〇人（右白馬陣）、の順であった。そののち、東宮や斎院にも引き廻らされた。この儀式は中世社会ではしだいに廃れていき、近世においてもあまり行われなくなり、明治初期に廃絶に至った。

［文献］山中　裕『平安朝の年中行事』（塙書房、一九七二）、江馬　務『有職故実』（中央公論社、一九七八）。　（溝川晃司）

卯《う》杖《づえ》　正月の上の卯の日に大学寮などから祝杖《いわいのつえ》を天皇・皇后・東宮に献上する儀式のこと。この杖をもって邪気を払うと考えられていた。その起源は中国において、新を建国した王莽が前漢の劉氏の名のなかに卯の字があることを嫌い、剛卯という杖を作ったという伝承に由来している。その風習に、日本の年木《としぎ》の信仰が混合したものと考えられる。文献上は『日本書紀*』持統天皇三年（六八九）正月乙卯の大学寮から杖を献上したのが初見である。この日、天皇・東宮は南殿に出御。大舎寮が杖六〇束を献上する。作物所が天皇の生気の方角に当たる獣の形を作りこれに杖を持たせる、というものであった。建武年間までは行われていたようだが、室町中期の後花園天皇の頃にはまったく行われなくなった。

［文献］河鰭実英『有職故実（改訂版）』（塙書房、一九七一）、山中　裕『平安朝の年中行事』（塙書房、一九七二）、江馬　務『有職故実』（中央公論社、一九七八）、江馬　務「毬打・卯杖・卯槌・左義長と羽子板の関係について」（『風習と習俗』所収、中央公論社、一九八八）。　（溝川晃司）

左《さ》義杖《ぎちょう》　正月一五日に、打毬《だきゅう》という遊戯で使用した杖（毬《ぎっ》杖《ちょう》）を燃やす風習をいう。「左義長」「三毬杖」などとも表記される。その性質上、卯杖*・粥杖・御薪などの年木の一種と考えられる。『弁内侍日記』建長三年（一二五一）正月一六日条

「さき丁やかれしに、たれたれもまいりしかとも」とあるのが初見。鎌倉中期に成立した。打毬は正月の年頭に、その年の吉凶を占うため行われたのが起源とされる。『徒然草』一八〇によると毬杖三本を宮中の真言院から神泉苑にて燃やす、とされる。室町末期以降は清涼殿の東庭または小御所の庭で竹三本を縄で巻いて扇を吊したものが三毬杖の代わりとされ、これと一緒に天皇の*吉書も燃やす「御吉書左義長」となった。民間でも正月の装飾を火にくべるなど、日本各地に伝わる小正月の火祭り行事として伝わる。

［文献］山中　裕『平安朝の年中行事』（塙書房、一九七二）、江馬　務「毬打・卯杖・卯槌・左義長と羽子板の関係について」（『風習と習俗』所収、中央公論社、一九八八）、江馬　務『有職故実』（中央公論社、一九七八）。

（溝川晃司）

二宮大饗《にぐうだいきょう》　正月二日に群臣が後宮・東宮に新年の拝賀にうかがい、そこで行われる饗宴をいう。後宮は皇后のほかに中宮・皇太后なども含む。『日本紀略』天長八年（八三一）正月二日に皇后正子《まさこ》内親王・東宮正良《まさよし》親王に拝賀し、被物や禄を賜ったことが史料上の初見である。当日、公卿以下の群臣が本宮に参上。皇后宮亮に拝礼の由を啓させて庭中に列立する。公卿・四、五位・六位はそれぞれ一列、つまり計三列の形であるが、平安後期では六位は整列しない。再拝の後に玄輝門の辺に退出。続いて中宮饗である。公卿は玄輝門の西の回廊に（東を上とする）、四位は徽安門西に設けられた床子に、五位は庭中の幄に着座。それから一献・二献・勧盃儀・三献があり、餛飩や飯汁が振る舞われる。その後、雅楽寮官人が進み来て、庭中にて左右に分かれ二曲舞う（左は万歳楽・北庭楽、右は地久楽・延喜楽）。以後七、八献まで行われるようだが、平安後期には三献を越えることはなかった。群臣は宮司などから禄を賜い、退去する。続いて東宮饗に移行する。場所は玄鬼門東の回廊で、西を上とする。『*江家次第』では東宮饗の詳細な饗宴での描写がみられないので、その内容は中宮饗と変化がないものと思われる。中世以降はしだいに廃れていき、『建武年中行事』では「近頃はたえにたればその儀を忘るさず」とされるように、まったく行われなくなったようである。

［文献］山中　裕『平安朝の年中行事』（塙書房、一九七二）、江馬　務『有職故実』（中央公論社、一九七八）。

（溝川晃司）

御斎会《ごさいえ》　正月の八日から一四日にかけて、天皇が大極殿において『金光明最勝王経』を転読し国家の安寧を祈る仏教儀式。「みさいえ」とも。『*日本書紀』天武天皇九年（六八〇）五月朔日に宮中・諸寺にて講説されたことが起源とされているが、「御斎会」の呼称はまだみられない。称徳天皇の頃には正月行事になっていたようだが、儀式の形が固まるのは桓武朝の延暦二一年（八〇二）正月庚午に、正月の最勝王経と一〇月の維摩経会を恒例とする勅が出されたのをはじめとする（『類聚国史』）。斎会は僧に斎食を施すの意。結願の日には*内論義が行われた。正月八日に天皇が大極殿に出御。公卿・殿上人以下が供物を献じ座に座る。*上卿が弁に鐘を打たせ手水《ちょうず》を供す。式部・弾正台が着座し、王卿は昇殿。衆僧・雅楽寮楽人が先行し、輿に乗った講師僧二人が参入する。楽人・堂童子が着座し、唄・散花・行道が行われる。その後、内弁が着座。舞・講説があり、講師僧は退去。天皇の還御となる。天皇の出御がない場合には、講師僧の退去の後に一献、奉中文、二献、三献、奉宣命があり、*大蔵省から衆僧への布施が出された。このようにして正月一三日までの六日間行われ、最終日の内論義となるわけである。古代日本に根づいていた仏教の鎮護国家の性格を受け継いでいるものと思われる。貞観年間以後は御斎会・興福寺維摩会・薬師寺最勝会の三会の講師は同一の人が行うよう規定された。中世以降はしだいに廃れていき、室町期に断絶した。

［文献］　山中　裕『平安朝の年中行事』（塙書房、一九七二）。

（溝川晃司）

内論義《うちろんぎ》　「内」は宮中を意味し、宮中にて行われる論議のこと。「ないろんぎ」とも称す。御斎会や*釋奠において見られ、御斎会の場合は結願の日に宮中にて、釋奠では八月の釋奠の翌日に行われる。初例は『日本後紀』弘仁四年（八一三）正月一四日条に見え、御斎会の結願日に大極殿に*大安寺の勤操《ごんぞう》ら学僧一一人の僧を招いて論議が行われたことである。内論義は釋奠におけるものより御斎会の際に行われるものの方が知られている。『金光明最勝王経』の内容について問者と答者が五問五答し、それを天皇や公卿が拝聴する。論議が終わると僧に禄が出される、というものであった。この講師を務めることは已講《いこう》と称し大変な名誉であり、出世の階段と目された。釋奠においては諸博士が紫宸殿に招かれ問答・論議が行われた。

［文献］『古事類苑』宗教部一、文学部二。

（溝川晃司）

踏歌《とうか》　正月に行われた集団歌舞のこと。踏歌節会とも。「あられはしり」とも読む。もとは、唐に正月一五日から一七日の三夜に行われる風習が日本に輸入されたもの。そこに、日本に元来存在した*歌垣が結合して成立した、と考えられる。唐においては男女ともに遊び戯れるもので、当初は日本でもそのように行われていた。しかしその性質上、風紀も乱れがちであり、*称徳天皇の天平神護二年（七六六）には勅により両京・畿内での踏歌が禁止されることもあった。平安期になると、正月一四日に男踏歌・一六日に女踏歌というように男女別に行われるようになる。儀式次第は『*江家次第』では以下のようになる。当日、天皇は清涼殿に出御、内弁は宜陽殿の兀子に着座す。次いで王卿以下が参入。内膳が日華門より入り御膳を供える。次いで臣下にも餛飩《こんとん》・蚫羹《ほうよう》・御飯といった膳が振る舞われる。一献の後に国栖《くず》奏。続いて二献、三献の後に立楽となる。治部省の官人が雅楽寮の楽人を率いて長楽・永安両門より入り承明門の北に参集し二曲を奏して退出となる。舞伎が参入し王卿は殿を下り拝舞、その後宣命・見参文が給われ、天皇還御となるのが儀式の流れである。『河海抄』初音に記される永観元年（九八三）正月一四日条では、太政大臣*藤原頼忠以下が承香殿東庭にて男踏歌を行ったことがみえるが、同時に「今後男踏歌絶而無之」とある。この年を最後に男踏歌は廃止となり以後は女踏歌のみが行われた。女踏歌は中世期以後も続けられた。

［文献］　河鰭実英『有職故実（改訂版）』（塙書房、一九七一）、山中　裕『平安朝の年中行事』（塙書房、一九七二）、江馬　務『有職故実』（中央公論社、一九七八）。

（溝川晃司）

御薪《みかまぎ》　正月一五日に百官から朝廷に薪が進貢される儀式のこと。御薪は御竈木に通じ、正月の神聖な火を起こすための燃料として使用されるため、百官・畿内の国司から献上されるものとなった。その初見は『*日本書紀』天武天皇四年（六七五）正月三日に初位以上の百寮の官人が薪を進上した、というものである。その翌年には正月一五日に行われ、以後正月一五日に行われるのが例となった。『令義解』*雑令の文武官人条には諸官より進上される薪の規定が定められている。それによると、長さ七尺・二〇株を一担として、一位は一〇担、三位以上は八担、四位は六担、五位は四担、初位以上は二担、無位は一担、というのがノルマで、諸王もこれに准ずるもの、とされている。当日、宮内庁に諸司は順序に従い列立。式部省掌が門外で諸司・畿内の国司を数える。一人が版につき「司々申さく御薪の札進れる」と奏上する。宮内丞が「進れ」と返答すると、諸司はともに称唯《いしょう》し献上していく。宮内録は「司々の進れる御薪の数札若干枚申し賜わん」と申し上げる。それを受け輔に「従《よし》」と言う。諸司は称唯し退出し、次いで所司が酒や饌・粥を設け弁や諸司に振る舞った。集められた薪は弁官・式部・兵部・宮内の官人らがともに検校し主殿寮*に貯納された。平安期全般にわたり貴族の日記にはその記述がしばしばみられるが、詳細に記されているものは少なく、あまり重要視されていなかったと思われる。

［文献］山中 裕『平安朝の年中行事』(塙書房、一九七二)、江馬 務『有職故実』(中央公論社、一九七八)、江馬 務「毬打・卯杖・卯槌・左義長と羽子板の関係について」(『風習と習俗』所収、中央公論社、一九八八)。 (溝川晃司)

射《じゃ》礼《らい》 正月一七日に親王以下殿上人以上と六衛府の官人が弓を射る競技。一六日の兵部《ひょうぶの》手結《てつがい》・一八日の賭弓*と合わせて行われた。文献上の初見は『日本書紀』*天平宝字四年(七六〇)正月一七日。恒例の儀式としては天武朝の頃に固まった。当初は豊楽院で行われたが、豊楽院の荒廃により建礼門前に的を備えて行うようになった。正月一五日に兵部手結と称する試射が行われる。これは、一七日の射礼においての射手を選考するための調練という意味合いを持つ。これにより射手二〇人が選考される。当日、天皇の出御がない場合は六衛府の舎人が射手を務める。建礼門前の広庭に七丈の幄を建て王卿の座を設ける。鉦鼓が立てられるが幡は立てない。兵衛・衛門は仗戟を立てる。王卿は仰せにより春華門より入り弓矢をとり着座する。造酒正の進盃により三献あり、兵部丞二人が名を唱え、木工寮*が的を二つ懸ける。鉦鼓《しょうこ》を合図に各二人が射る。的の一つは王卿殿上人・左右近衛府・左兵衛府が射るもので、もう一つは右兵衛府・左右衛門府が射るものである。当たれば鉦鼓が鳴りその数が記録され、成績のよいものは褒賞される。もしすべての矢を射尽くさずに日没のため終了する際には、翌日に射遺《いのこし》として引き続き射ることになる。なお、天皇の出御はしだいになくなっていき、上卿*の監察のもとに行われるようになった。また、鎌倉期以後はしだいに廃れ、室町期には廃絶となった。 (溝川晃司)

［文献］河鰭実英『有職故実(改訂版)』(塙書房、一九七二)、江馬 務『有職故実』(中央公論社、一九七八)。

賭《のり》弓《ゆみ》 正月一八日に行われる儀式。「賭」は賞を出して勝を求める、という意である。前日に行われる射礼よりも勝負性が強い弓の競技である。記録上の初見は『類聚国史』*歳示部の天長元年(八二四)正月戊辰(一八日)条に「賭射、右近衛右兵衛並勝之」とある。左右の近衛・兵衛などは事前に荒《あら》手結《てつがい》・真《ま》手結《てつがい》と呼ばれる調練を正月七日・一一日・一三日に行う。荒は大略という意で真手結の下稽古のようなものである。当日、天皇は弓場殿に出御。続いて召しにより公卿が参上、着座する。左右の大将が幔から出て奏をとる。天皇は奏を見て上卿に合図。それを受けて上卿は弓をとり膝行し進む。次将は奏文を受け取り弓をとる。木工寮史生が的二つを懸ける。勝負の数を計算する籌刺《かずさし》が到着した後、一番目の射となる。射手としては左右近衛が一〇人、左右兵衛が七人であり、左右近衛より二人ずつ出て射るものである。勝負は一番ごとに三回射る。勝敗の判定として籌刺が盛砂に矢を刺して点をとる。勝者には賭物として布が賜われ、敗者は罰酒といって勝者から酒を飲まされる。終わると勝方が乱声を発する。この勝負は一〇番行われるのを例としたが、のちに短縮され五番もしくは三番となった。その後、勝負舞として左は羅陵王・右は納蘇利《なそり》が舞われる。やがて天皇の還御となり公卿も退出し式は終了する。中世期以降は徐々に廃れていったものと思われる。（溝川晃司）

［文献］ 山中 裕『平安朝の年中行事』（塙書房、一九七二）、江馬務『有職故実』（中央公論社、一九七八）。

節折《よおり》 年二回、六月と一二月の晦日に天皇家のために行われる祓のこと。御《み》贖物《あがもの》儀《ぎ》ともいわれる。平安中期には大祓とは別のものとして認識されていたことがうかがえる。それがいつからかは不明だが、『西宮記』*にその名がみえることより天徳・応和年間（九五七―九六四）以降か。節の原義は竹の節で、これで天皇の体を計測するためこの名称がつけられた。一説に、節は世に通じ、天皇の御世を表す吉字としてこう呼ばれたともいわれている。この儀式は荒世《あらよ》の儀・和世《にごよ》の儀の二種により構成される。当日は、まず天皇の出御。中臣・節折蔵人・縫司・宮主・東西文部らが参候。縫殿寮*が中臣の女に豆豆志呂比御服を渡し、女はこれを天皇に奉る。天皇はこれを着し息を吹きかけて返す。続いて中臣が御麻《みぬさ》を中臣女に渡し、女はまた天皇に奉る。天皇はこれを体に撫でつけてまた返す。同様に、東西の文部が剣を中臣女に伝えて天皇に奉り、天皇はまた息を吹きかけて返す。宮主が着座、卜部官人が祓所にて竹枝の解除《はらえ》を行う。宮主が荒世服を奉り、中臣、中臣女を経て天皇に奉る。天皇がこれを着し中臣女が天皇の背丈を竹で測る。つまり、身長・両肩から足まで・両胸から指先まで・左右の腰から足まで・左右の膝から足まで、の五種目を測る。卜部が壺を用意し中臣女が天皇に奉る。天皇は壺のなかに息を三度吹きかけて返す。以上が荒世の儀で、和世の儀も同様にして行われた。節折は天皇のみならず中宮・東宮などにも行われた。平安期から中世にかけて行われ、応仁の乱により断絶したが、近代に至り再興されるようになった。（溝川晃司）

［文献］ 山中 裕『平安朝の年中行事』（塙書房、一九七二）。

釋奠《せきてん》 二月と八月の上の丁の日に、大学寮にて孔子ら儒教の偉人たちを祀る儀式。つまり、孔子とその一〇人の弟子（十哲）で、顔淵《がんえん》・閔子騫《びんしけん》・冉伯牛《ぜんはくぎゅう》・仲弓《ちゅうきゅう》・宰我《さいが》・子貢《しこう》・冉有《ぜんゆう》・季路《きろ》・子遊《しゆう》・子夏《しか》が祀られる。「しゃくてん」「さくてん」とも。釋は釋菜・奠は幣を奠するというのが原義である。その初見は大宝元年（七〇一）二月丁巳（『続日本紀』）である。当日、上卿*が大学寮*の廊門座に着座。召使の連絡により大学寮は廟堂の戸を開く。王卿らは起座。手水《ちょうず》が用意され、王卿は壇上西辺に昇り手を洗う。弁・少納言は壇の下にて洗う。参列者は廟堂内に入る。その後三献振る舞われる。それから廟堂の西にある都堂に移動し、そこで一同列立。博士らは礼服を着し参入する。音博士が題を読み上げると、大学属が如意をとって問者に授け、問者は座を立ち登壇し論議を行う。この講義を七経輪転という。このとき、孔子と十哲の画像が掲げられ酒食が供えられる。終わると王卿・得業生《とくごうしょう》らが退出、というものである。その後、宴座《えんのざ》・穏座《おんのざ》が開かれる。宴座は『論語』『孝経』などの問答が行われる。穏座は比較的和やかな雰囲気のなか、詩歌が講ぜられた。なお、後一条朝の寛仁年間（一〇一七―一〇二〇）などに晴儀で行われた以外は、大体雨儀で行われたのも特徴である。この行事は平安期を通じて盛んで、中世社会に至っても行われた。江戸期には徳川将軍家の儒教重視政策により、盛大に行われるようになったが、近代に至って廃絶した。

［文献］山中　裕『平安朝の年中行事』（塙書房、一九七二）、江馬　務『有職故実』（中央公論社、一九七八）。　（溝川晃司）

春日祭《かすがのまつり》　奈良市内の春日神社（現在は大社）にて行われる例祭のこと。二月と一一月の上申日に行われた（現在は三月一三日）。その起源は『二代要記』*仁明天皇の項によると嘉祥三年（八五〇）に行われていたとされるが、『日本三代実録』天安二年（八五八）一一月三日条の「停平野春日等祭焉」との記事が確実な初見か。春日社は藤原氏の氏神として同氏に篤く崇拝され、同氏の発展とともに春日社とその祭の格は上昇していった。特に、春日祭は平安京の賀茂祭と並ぶ盛大な祭礼とされていた。藤原氏の社格上昇の手段として、①藤氏の女性から春日斎女を選出し派遣する（のち廃止）、②朝廷からも使者派遣、③永祚元年（九八九）に初の天皇の行幸、④藤氏長者の社参、などであった。斎女が中心となり神宝奉幣が行われたが、斎女廃止の後は摂関家の中・少将で近衛府使であるもの（祭使《まつりのつかい》）が中心となって行われた。斎女（または祭使）は京より現地に下向し神殿に奉幣、内蔵使・中宮使らの奉幣などがあり東遊《あずまあそび》や倭舞《やまとまい》、馬場にて走馬などが行われるものであった。天暦元年（九四七）より興福寺もこの祭に参加するようになった（『興福寺略年代記』）。中世前期には春日祭の記事がよく見受けられるが戦国期にはほとんどみられなく、衰退・中絶していたようである。江戸期に復興されるが上卿の参加がないことも多く、簡略化の傾向が進んだ。明治一九年（一八九六）に勅祭となるが藤原氏の氏祭としての性質は弱まった。

［文献］永島福太郎『奈良文化の伝流』（中央公論社、一九四四）、下中邦彦編『奈良県の地名』（平凡社、一九八一）。　（溝川晃司）

三枝祭《さえぐさまつり》　*平城京の外京のなかに鎮座する率川坐大神御《いさかわにいますおおみわのかみのみ》子《こ》神社（奈良市本子守町）にて毎年六月一七日に行われる例祭。名前が似ていることにより率川祭と混同されてきたが、率川祭は率川阿波神社の祭礼であり、まったくの別物である。*『令義解』や*『令集解』の神祇の条に三枝花で酒罇を飾る祭とあり、また大神《おおみわ》氏の宗家がこれを祭祀すると記している。三枝花は百合の花とされるため、「ゆりまつり」の異称もあるが、福寿を祝う瑞草の一種とする説もある。*『延喜式』巻一（四時祭上）にはこの祭に捧げられる幣物の詳細な記述が残る。祭祀は瑞草で飾った酒樽が奉納されるというものであった。この祭は平安中期以後は行われなくなっていたが、近代になってから再興された。

［文献］宮地治邦「三枝祭について」（『神道史学』一、一九四九）、和田　萃「率川社の相八卦読み」（和田　萃編『日本古代の儀礼と祭祀・信仰』所収、塙書房、一九九五）、虎尾俊哉編『延喜式　上』（集英社、二〇〇〇）。　（溝川晃司）

列見《れっけん》　二月一一日に、六位以下の叙位候補者を太政官において大臣に昇進考査させる儀式。「れけん」とも。初見は「弘仁式」に列見の記述がみえるがその頃に行われた確証はない。記録における初見は『日本三代実録』貞観二年（八六〇）二月一一日条で、「公卿於太政官曹司庁、列見文武官成選之人」とされているものである。前年八月三〇日以前に考査が開始される。二月一〇日には中務・式部・兵部の輔が*太政官に参上し、選考者の目録を大臣に提出。翌一一日に式部・兵部の輔が主典以上の候補者を率いて大臣に列見。大臣は適格者の名を成選《じょうせん》短冊《たんざく》と呼ばれる短冊に記入する。終わると宴座《えんのざ》・穏座《おんのざ》が行われる。穏座では*上卿以下は挿頭花を冠にさした。成選短冊は四月の擬階奏に奏上され位記を賜った。

［文献］『古事類苑』政治部一、河鰭実英『有職故実（改訂版）』（塙書房、一九七一）、山中　裕『平安朝の年中行事』（塙書房、一九七二）、江馬　務『有職故実』（中央公論社、一九七八）。

（溝川晃司）

上巳祓《じょうしのはらえ》　三月の上の巳の日に海・川・湖沼などの水辺にて穢を祓う儀式。元来は大陸からの輸入儀式で、漢の章帝の頃、除肇なるものが三月初めに三人の娘を産んだが三日に全員死んだのを受けて水辺で穢を祓った（『続斎諧記』）という伝承が起源である。やがてこの風習が日本にも取り入れられた。初見は*『日本書紀』顕宗天皇元年三月上巳で「幸後苑、曲水宴」とあるように*曲水宴と未分化であった。中国で魏に至って巳の日が不吉であるゆえに三日に改められたが、日本もそれにならい大宝元年（七〇一）より三月三日に行われるようになる。呼称としての「上巳」の字は残存した。この日には、天皇が水辺に御幸し宴が行われる。このとき、文章生らも集まり詩歌が詠まれたが、平安期以後には曲水宴として別の儀式と認識されるようになる。また、祓としては人形《ひとがた》をもって自分の体に撫でつけ、息を吹きかけて陰陽師に祓わせてから水辺に捨てた。これは、自覚または無意識のうちに体に溜まった穢を人形に託して身を清めるという意味を持っていた。なお、この人形は、「比々奈」という幼児の人形遊びが融合し、三月三日の雛人形に発展していく。この行事は*『宇津保物語』や*『源氏物語』といった文学作品の題材にもなっている。中世以降には曲水宴や雛祭が主流となり、上巳祓自体は廃れていった。

［文献］山中　裕『平安朝の年中行事』（塙書房、一九七二）、江馬　務『有職故実』（中央公論社、一九七八）。

（溝川晃司）

季御読経《きのみどきょう》　毎年二月と八月の二回、四日間行われ、一〇〇人の僧を招請し『大般若経』を転読させ国家の安寧を祈願させる仏教儀式。和銅元年（七〇八）に行われたものが初見とされる。儀式として固まるのは平安初期の貞観元年（八五九）二月二五日で、六四人の僧に三日間東宮において大般若経を転読させ、年四回行われることが規定された（『日本三代実録』）。これは、貞観寺の真雅《しんが》が*清和天皇の護持僧だった関係から大般若経転読を国家的行事に仕立て上げたという説がある。その後、元慶元年（八七七）三月二六日には「今上践祚之後、二季修之、変於貞観四季之例也」と『日本三代実録』にあるように年二回の修法となった。また、天慶以後は四日間行われた。場所は大極殿もしくは紫宸殿にて修法されることが*『延喜式』に規定されているが、元慶以後は主に紫宸殿にて修法された。清涼殿にて行われることもあった。儀式の内容は、まず初日に上卿*の鳴らす鐘により公卿、次いで衆僧が参入する。導師が参入。堂童子により花筥を開き花を分ける。導師により啓白・教化・読経・作法などが行われる。その後、呪願・三礼となるが、このときに行香がある。終わると従儀師が仏前に跪き導師を差す。僧らは退出し王卿は陣饗に着する。二日目には行茶、三日目に論議があり、最終日は結願日であり、法要・行香が初日のように行われた。ただし、最終日には布施が導師以下の衆僧に出された。

［文献］『古事類苑』宗教部一、二。 （溝川晃司）

御《ご》燈《とう》 毎年三月三日と九月三日の年二回、天皇が北辰（北極星）を祀り国家の安寧を祈念した儀式。「みとう」とも呼ばれる。史料上の初見は『類聚国史*』巻一〇、延暦一五年（七九六）三月庚戌条に「勅すらく、北辰を祭るを禁ずる朝制已に久し、而《しか》るに所司の侮慢にして、禁止を事とせず、今京畿の吏民、春秋□月の至る毎に、職を棄て業を忘れ、其の場に相い集まる（中略）自分以後殊に禁断を加え、若し已《や》むを獲《え》ずは、人ごとに日を異にし、会集せしむる莫《な》かれ」とあるものである。このように、少なくとも平安初期までには成立しており、民間でも盛んであったが、人々が職も忘れて男女が相交わり風紀も乱れがちであるとの理由で以後民間での祭祀は禁止された。儀式の内容自体に関しては以下のとおりである。まず三月朔日より天皇は精進潔斎に入る。当日三日には宮主により御卜が行われる。その結果、不浄と判断されると御燈が奉されずに天皇には禊が行われる。不浄なしと出れば内蔵寮が霊巌寺に御燈を奉ずる。天皇は沐浴し体を清めたのち、出御となる。内蔵寮から御贖物《みあがもの》が、宮主より御麻《みぬさ》が献上される。天皇はこれらの御贖物で体を撫でつけ、息を吹きかけて宮主に返す。宮主が祝詞を読み御贖物を片づけた後、天皇が三度北辰に向かって遙拝する。それから官人が魚を天皇に供する。大嘗会が行われる年には御卜も御禊も行われなかった。なお、平安後期より御燈を奉らなくなり、御燈なしの祓である「由《よし》の祓」が宮主により行われるようになった。この儀式は平安後期には徐々に廃れていき、鎌倉期には行われなくなっていた。

［文献］山中 裕『平安朝の年中行事』（塙書房、一九七二）、江馬務『有職故実』（中央公論社、一九七八）。 （溝川晃司）

曲水宴《ごくすいのえん》 平安期に盛んに行われた詠歌会のこと。「きょくすいのえん」とも称される。元来は三月三日の上巳祓に行われる行事の一つ。清涼殿の脇を流れる御溝水《みかわみず》に酒を満たした盃を浮かべ、その盃が自分の前を流れ過ぎるまでにその日の題に従って詩歌を詠む、というものであった。その起源は大陸で『宋書』「荊楚歳時記」などにあるが日本での初見は『日本書紀*』顕宗天皇元年三月上巳で、「幸後苑、曲水宴」とされている。奥州藤原氏二代目の藤原基衡が建立した平泉（岩手県西磐井郡平泉町）の毛越寺*には、平安末期に作られた遣水《やりみず》がほぼ完全な形で出土・発見された。これは平安期の遣水の遺構としては日本唯一のもので、この遣水で曲水宴が行われていた。このように地方に大きな勢力を持ち、中央文化の吸収も怠らなかった大豪族もこの行事を行っていたことがうかがえる。

［文献］山中 裕『平安朝の年中行事』（塙書房、一九七二）、江馬務『有職故実』（中央公論社、一九七八）、荒木伸介「平泉の庭園遺跡」（『仏教芸術』一九二、一九九〇）。 （溝川晃司）

彼《ひ》岸《がん》　毎年春分と秋分、それぞれの日とその前後三日間（つまり計七日間）に行われる法会を指す。彼岸会ともいう。彼岸の語の原義はサンスクリット語のpāramitā（波羅蜜多）の訳で「到彼岸」（煩悩の世界を離れ悟りの境地に達する）であり、悟りの境地に達するために行われる修行期間である。春分・秋分は太陽が真西に沈むことから、西方極楽浄土に導かれる最適な日と考えられたという説がある。もとは『燕都年中行事』に春分と秋分の前後に祠廟の祭祀を行うとされているように中国で始まった。日本での初例は『日本後紀』大同元年（八〇六）三月一七日条にみえる「奉為崇道天皇令諸国国分寺僧春秋、二仲月別七日、読金剛般若経」である。この日は桓武天皇*が逝去した日でもある。桓武の嫌疑により憤死した彼の弟早良*親王（追号され崇道天皇）の祟りに対する恐怖が契機となり、唐渡来の法要が初めて行われたのであろう。『延喜式』*主税条の規定では①二月八月の一七日に諸国国分寺にて行え、②布施には綿一〇屯で各僧には布一端、③国分寺がない場合や施物がないときは正税を用いよ、とされていた。朝廷儀礼としては特に定められていたわけではないが、『拾芥抄』斎日月部に「此時修功徳者、所願成就、凡万事相叶不滅失云々」と考えられ、公家社会においてもおおいに修法された。『拾遺往生伝』*では備中国吉備津宮の神人の藤井久任《ひさとう》なるものが寛治四年（一〇九〇）二月の彼岸中に出家し念仏三昧の日々を送るという記述があるように、民間においても法会が盛んに行われた。

［文献］　山中　裕『平安朝の年中行事』（塙書房、一九七二）。

（溝川晃司）

賀茂祭《かものまつり》　毎年四月の中酉日に行われる京都市内の上賀茂神社（賀茂別雷《かものわけいかずち》神社）と下鴨神社（賀茂《かも》御祖《みおや》神社）の例祭。現在は五月一五日に行う葵祭。初見は『続日本紀』文武天皇二年（六九八）三月辛巳（二一日）条「禁山背国賀茂祭日会衆騎射」で、少なくとも文武朝にはすでに祭が存在していたようで、『一代要記』によると天智天皇六年（六六七）に賀茂祭が始まったとされる。社伝では欽明朝より開始とされ、その明確な起源は定かでない。弘仁元年（八一〇）に嵯峨天皇女有智子《うちこ》内親王が賀茂斎院に選出されて以後、斎院*が中心となり挙行された。斎院を務める内親王は午か未の日に鴨川で御禊し、当日は勅使や斎院がまず下鴨社、次いで上賀茂社の順に参拝し、奉幣や走馬などが挙行される。その後、内裏に帰ると宴があり禄が与えられた。この行列は壮麗を極め、貴族から庶民に至るまでこの行列をみるために多くの人が通りに押し寄せる程で、その壮麗さゆえ、この見物は貴族社会では一種のステータスであり、多くの平安期文学の題材にもなった。また、よくみえる位置に牛車を留めようとして、牛追いの稚児の場所取り争いも頻繁だった。なお、この行列の壮麗さはあまりに派手すぎたため、建久二年（一一九一）に供人装束の華美をたしなめる後鳥羽天皇*の宣旨が出されたほどだった。その後、応仁の乱後久しく中絶、元禄七年（一六九四）に幕府から祭料七〇〇石を寄進され復興。明治に入って賀茂臨時祭は廃止、本祭のみが葵祭として定着、「京都の三大祭」に数えられ現在に至る。

［文献］　江馬　務「賀茂祭の研究」（『立命館文学』二―三、一九三五）、『古事類苑』神祇部三、平凡社地方資料センター編『京都市の地名』（平凡社、一九七九）。

（溝川晃司）

広瀬《ひろせ》・龍田祭《たつたまつり》　大和国広瀬郡にある広瀬坐和加宇加之売命《ひろせにいますわかうかのめのみこと》神社（奈良県北葛城郡河合町）と龍田坐天御柱国御柱《たつたにいますあまのみはしらくにのみはしら》神社（奈良県生駒郡斑鳩町）に行われる例祭のこと。広瀬祭は大忌《おおいみの》祭《まつり》とも称される。この二祭はともに四月一〇日と七月四日に行われる。起源は*『延喜式』神祇官式所載の龍田祭の祝詞や『広瀬神社明細帳』によると崇神天皇の頃とされている。史上の確かな初見は*『日本書紀』天武天皇四年（六七五）四月癸未（一〇日）条で、間人連《はしひとのむらじ》大蓋《おおふた》と曾弥連《そねのむらじ》韓犬《からいぬ》の両名を広瀬社に遣わし大忌神を祀り、美濃《みの》王と佐伯連広足《ひろたり》を使者として龍田社に遣わし風神を祀った、というものである。広瀬社は水の神、龍田社は風の神である。この二社に幣帛の使を遣わすことにより水・風の災禍から逃れ五穀豊穣を祈念する、というものであった。使者は王と五位以上の臣二人であり神祇官から六位以下が一人・卜部一人・神部二人が随伴した。これに大和の国司・介以上が祭事に当った。その際の幣料そのほかの必要品は『延喜式』巻一に詳しく規定されている。そのほかの幣として大和の諸郡別に大和国正税より贄二荷も奉納された。また、広瀬社一座・龍田社二座だけでなく御県六座・山口一四座の神々も合わせて祀られた。『日本後紀』延暦一八年（七九九）六月戊子条には広瀬・龍田両祭に大和国司が怠慢であることを戒め、守・介が斎戒して祭祀するよう勅が出されている。この祭は、平安期はしばしば記録にみえるが、中世以降は徐々に廃れていったものと思われる。

［文献］　志賀　剛『式内社の研究2宮中・京中・大和編』（雄山閣出版、一九七七）、下中邦彦編『奈良県の地名』（平凡社、一九八一）、虎尾俊哉編『延喜式 上』（集英社、二〇〇〇）。
（溝川晃司）

着鈦政《ちゃくだのまつりごと》　五月と一二月に、検非違使庁により行われる犯罪者への刑執行儀式のこと。各月の吉日を選んで、盗犯・私鋳銭鋳造などの軽犯罪による囚人で未決裁の者（未決囚）の首に鈦《だ》（刑具の一つ）をつけ、東西の市に引き廻し、服役させるというものである。起源は『公事根源』の説では和銅年間（七〇八―七一五）より始まるとしているが、その後しばらく行われた形跡がない。*検非違使の権限が拡大された貞観年間（八五九―八七七）以降に発生したとする説もある。*『西宮記』には詳細な記述と諸例が記載されており、天徳・応和年間（九五七―九六四）には確実に儀式として固まっていた。当日、検非違使尉が看督長《かどのおさ》を呼ぶ。参上した長に尉が「版木を置け」と命じ、長は版をとり幄の南に置く。筥に入った囚過状が回覧されるので佐以下がこれを見る。終わると看督長は退く。東西より囚人が連行される。左右の看督長は起座し幄の前に列立する。左第一の看督長は版につき「左右看督長、某姓某丸等申久、可給鈦之犯人、左若干、右若干、並若干候」という。佐は「依例給鈦」と命ずる。看督長は称唯。退き鈦を囚人に着けさせる。終わるとまた列立し「左右看督長某姓某丸等申く、犯人等爾鈦給了」と述べる。佐が「令候本禁與」と命じる。看督長は称唯し、囚人らは連行されていく。佐以下は互いに揖する。しだいに還座し一献のち各々が退出、というものであった。獄に連行された囚人は杖で打擲されるなどの罰が加えられた。鎌倉期の記録にも見受けられ、中世前期には存続していたようである。

［文献］　江馬　務『有職故実』（中央公論社、一九七八）、『古事類苑』法律部一。
（溝川晃司）

灌《かん》仏《ぶつ》 四月八日に釈迦が誕生したことを祝い、誕生仏の像に香水をかける仏教儀式。仏生会とも。釈迦が誕生した際、七歩歩いて右手で天を、左手で地を指し「天上天下唯我独尊」といったとき、天が祝福として甘露の雨を降らせた、という伝承に基づいている。中国でも早くから行われていたようだが、日本での初見は『*日本書紀』推古天皇一四年（六〇六）四月に「太子奏曰、自此年初毎寺四月八日・七月十五日設斎」とあるもので、*聖徳太子の招請によるものであった。これは隋における仏教儀礼を取り入れたものであろうか。灌仏の語の初見は『続日本後紀』承和七年（八四〇）四月八日条に「請律師伝灯大法師静安於清涼殿始行灌仏之事」とあるように、静安律師により行われたときに灌仏の語が生まれた。儀式次第は以下のとおり。当日早旦に図書・掃部寮が参上し御装束を勤仕する。清涼殿内の昼御座を撤し図書寮の官人が灌仏台を設置する。『*延喜式』図書寮では金色の釈迦像一体と山形二基（青竜形と赤竜形）となっている。王卿・出居などが参上し布施料を置き着座。滝口から（雨儀は仙華門より）導師が参入、仏像を礼し花筥をとって唄華する。杓をとり、五つの鉢に入れられた五色の水を混ぜ合わせ、起立したまま三度讃嘆し三度誕生仏に水をかける。導師は杓を置いて座に戻り、王卿以下が灌仏していく。その後、祝詞により国家の誓護がなされ、布施が出されて王卿が退出する。平安期を通じて行われ、中世社会においても続けられた。 （溝川晃司）

［文献］ 河鰭実英『有職故実（改訂版）』（塙書房、一九七一）、山中 裕『平安朝の年中行事』（塙書房、一九七二）、江馬 務『有職故実』（中央公論社、一九七八）。

端午《たんご》の節《せち》 毎年五月五日に行われる節会のこと。中国では五月は悪月とされ、午の日を特に忌み、邪気を祓った。「端」は「初め」の意味があり、五月の最初の午の日に行われるものであった。魏の頃より五日に行われるようになる。この風習が日本でも取り入れられ、『*日本書紀』推古天皇一九年（六一一）五月五日条に「薬猟於菟田野、取鶏鳴時集于藤原池上、以会明乃往之」と記されているのがはじめである。「端午」の語が初めてみえるのは『続日本後紀』承和六年（八三九）五月五日条の「是端午之節也、天皇御武徳殿、観騎射」である。その内容としては、悪月・悪日を祓うために薬猟《くすりがり》（戸外にて薬草を摘む競争）や蓬《よもぎ》で人形を作り戸口にかけること、競渡（競艇）などが行われた。薬草が多用されているのはその効用により邪気を祓うと信じられたためである。当日、天皇出御。菖蒲を冠にかけて参入する。群臣も菖蒲をかけている。王卿以下が列立。謝酒あり、菖蒲の机が四脚用意される。女蔵人により菖蒲や薬玉が分与される。平安初期には天皇は武徳殿に御幸するのが恒例となっていたが、華麗な風習が好まれる中期以降は、菖蒲を屋根に葺くことや薬玉を奉ることが主流となる。『建武年中行事』では、「五日の節絶て久し」と記されており、中世貴族社会ではあまり行われなくなった。中世武家社会になると、菖蒲は「尚武」に通ずる縁起物とされ、この節会は盛んに行われ、今日の菖蒲を飾ったり菖蒲湯に入る風習に受け継がれている。 （溝川晃司）

［文献］ 河鰭実英『有職故実（改訂版）』（塙書房、一九七一）、山中 裕『平安朝の年中行事』（塙書房、一九七二）、江馬 務『有職故実』（中央公論社、一九七八）、大日方克也『古代国家と年中行事』（吉川弘文館、一九九三）。

競《くらべ》馬《うま》　二頭の馬を走らせ、その速度の優劣を競う競技。「きおいうま」「こまくらべ」とも。平安初期までは五月五日の端午の節において、天皇が武徳殿に御幸し騎射とともに行われた。初例は天武天皇八年（六七九）八月己未の走馬の観覧である。『続日本紀』大宝元年（七〇一）五月丁丑（五日）条の「令群臣五位已上出走馬、天皇臨観焉」と記されているものが五月に行われた初例。以後恒例となっていたが、安和元年（九六八）八月二二日に出された*円融天皇の勅で「五月者、先帝昇遐之月也、端午之遊、縦在閲武、胤子之思、何同臨文五月之節」とある（*『政事要略』）。父帝、*村上天皇の忌月に当たるため停廃され、以後はもっぱら臨時に行われるのみとなった。しかし、賀茂別雷《かものわけいかずち》神社（上賀茂社）や*石清水八幡宮などの神社において神事として行われた。特に賀茂競馬は寛治七年（一〇九三）以降は勅願により武徳殿で行われていたものに準拠して催された。賀茂競馬では十番勝負の計二〇匹の馬が用意され、賀茂社所有の諸国の荘園から調達された。競走は馬出《うまだし》から馬《うま》駐《とどめ》までである。二匹とも同じ位置から出発するのではなく、右の馬は北・左の馬は南にあって北向きに走るため、右が先行する儲馬《もうけのうま》、左は追馬《おいうま》となる。追馬が差を詰めると追馬の勝利、詰められないと儲馬の勝利となった。『後法興院政家記』応仁元年（一四六七）五月五日条の記述に「是《こ》の日賀茂に向い競馬を見物せしむ、桟敷なり」とあり、応仁の乱が本格化する直前でも競馬を観覧していたことがうかがえる。これ以外の年にも近衛政家は五月五日には頻繁に競馬を観覧しており、中世公家社会においては上賀茂社の競馬が定着していたようである。

［文献］『古事類苑』武技部、大日方克也『古代国家と年中行事』（吉川弘文館、一九九三）。　（溝川晃司）

御体御卜《ごたいのみうら》　毎年六月と一二月の上旬に、*神祇官により天皇自身の体について占われ、その結果を奏上する儀式のこと。「おおみまのみうら」とも。それぞれ九日に占われ、翌一〇日に奏上となる。六月に占われるのはその年の七月から一二月についてであり、一二月のものは翌年一月から六月に関することである。初見は天安二年（八五八）一二月一〇日で、「神祇官所奏御躰御卜、大臣奏之」とみえる（『日本三代実録』）。一〇日に*上卿・*参議は着陣。外記《げき》は小庭に跪いて「神祇官御体を御占い候」と申す。上卿は「奏案進らしめよ」と命ずると外記は称唯して退出。上卿は外座に渡る。神祇副が奏案を文杖に挟み敷政門より入り膝突に進み奉る。上卿は見終わって奏案を座の前に置き神祇副は退出。次官四人が机をかついで軒廊の東二間に立て、退出。上卿は外記を呼び寄せ「神祇官召せ」という。外記は退出し神祇官人を率いて戻る。官人は函をとり外記に授けると退出。この函に前日占った結果が納められている。外記はこれをとって小庭に立てる。上卿は起座し軒廊の西二間を経て御所に進み、蔵人に授けて奏す。上卿は返事を待たずに帰り陣座《じんのざ》に着す。蔵人が来て「奏によりこれを行え」と伝える。上卿は奏案を外記に渡し退出する。中世社会にもしばしば行われていたことが確認できる。

［文献］『古事類苑』神祇部二、中村英重『古代祭祀論』（吉川弘文館、一九九九）。　（溝川晃司）

神今食《じんごんじき》　六月と一二月の一一日に、天皇が中和院内の神嘉殿に出御して神座に天照大神《あまてらすおおみかみ》を招請し、神とともに食事をとる儀式のこと。本居宣長の説によると「加牟伊麻気《かむいまけ》」とも称される（『玉勝間』）。同日に挙行される月次祭の後に行われた。初見は『二十二社註式』で、霊亀二年（七一六）六月に初めて行われたとしている。挙行の確かな記録は、『続日本紀』延暦九年（七九〇）六月戊申（一三日）条の「於神祇官曹司行神今食之事」であり、平安初期には儀式として確実に存在していた。当日は、天皇は身を清めるため沐浴。戌の刻に天皇が乗輿し中和院に出御（一二月は酉の刻）。王卿は神嘉殿に列立する。神座・寝具なども用意される。亥の刻に夕御膳と称される膳が出される。囲碁の興といった遊興も行われる。丑の刻（または寅の刻）に采女が御膳を用意する。これが暁御膳で、先の夕御膳と合わせて計二回膳が出される。食事が終わると近衛が開門、神座が撤される。終わると王卿は屏幔の南に列立する。卯の刻に天皇は服を換え還御する。以上が大まかな式の流れである。小異はあるが一二月も六月とほぼ同じであった。供される米は新米でなく古米であるが、神と食と寝をともにするのは新嘗祭にも共通するものである。会場は当初は中和院であったが、神祇官や宮内省で行われるようになった。なお、朔日の忌火御飯の供や一二日の大殿祭・忌火庭火祭もこれに関連している。神今食は、月次祭とともに中世以後徐々に廃れていき、応仁年間（一四六七―一四六八）以後はまったく挙行されなくなった。

（溝川晃司）

［文献］『古事類苑』神祇部二、江馬 務『有職故実』（中央公論社、一九七八）、黒崎輝人「月次祭試論」（『日本思想史研究』一〇、一九七八）、中村英重『古代祭祀論』（吉川弘文館、一九九九）。

七《たな》夕《ばた》 七月七日の夜、牽牛（鷲座のアルタイル）・織女（琴座のベガ）の二星を祭る行事。「しちせき」ともいう。この二星が天の河を渡って一年に一度の逢瀬を楽しむ伝説により、二星を祭る風習が中国から伝わり、日本でも古代から行われた。中国の伝説は、織女が牽牛を訪れるのであるが、日本では中国と異なり、牽牛が織女のもとに通うという妻問婚の形態がみえる。*『萬葉集』には七夕の二星会合を詠んだ歌が多くみられるが、七夕を「ナヌカノヨ（七日の夜）」と呼んでおり、「タナバタ」と呼ばれるようになるのは、古事記歌謡にみえる棚機《たなばた》津女《つめ》（弟棚機《おとたなばた》）信仰と結合した結果とされる。棚機津女は機を織る女性のことで、民俗学では神聖な水辺に設けられた棚の上で神のために機を織る女性と解釈されるが、棚機津女の解釈については諸説があり、七夕の物語と一体化した詳細は明らかではない。平安中期になると、七本の針に糸を通して裁縫の上達を祈る中国の行事と結びついて、「乞巧奠《きっこうでん》」と呼ばれる儀式が清涼殿において行われるようになる。七夕の成立は、持統五年（六九一）七月七日に行幸先の吉野宮で宴が行われており、また、『萬葉集』にも七世紀後半とみられる*柿本人麻呂の七夕歌が載せられていることから、この頃には宮廷儀礼としての七夕が行われていたと考えられる。七月七日は養老雑令に規定された節日であり、七夕が中国から伝わる以前から、この日には*相撲の節会が行われていた。しかし、七月七日が*平城天皇（七七四―八二四）の*国忌となってからは、これを避けて相撲が行われなくなったため、七日は七夕の賦詩と宴が盛んに行われるようになった。なお、五色の短冊や色紙を笹竹に飾りつけるようになったのは、江戸時代からである。

［文献］倉林正次『饗宴の研究 文学編』（桜楓社、一九六九）、山中 裕『平安朝の年中行事』（塙書房、一九七二）、平林章仁『七夕

と相撲の古代史』（白水社、一九九八）。

（浜田久美子）

相撲《すまい》　諸国から集められた相撲人による相撲を天皇が観覧する行事。養老雑令に七月七日が節日として規定されており、この日に相撲の節会が行われた。『日本書紀』には相撲の起源として垂仁七年七月七日条に当摩蹶速《たいまのけはや》と野見宿禰《のみのすくね》が「捔力《すまい》」をとった話がみえるが、これは、相撲神事の持つ収穫祭や年占《としうら》としての性格を仮託した説話といえる。天平六年（七三四）七月七日に、聖武天皇が「相撲戯」を観覧した記事があることから、奈良時代には七月七日の宮廷行事となっていた。平安時代になると、七月七日が平城天皇（七七四―八二四）の国忌に当たったので、これを避けて七月一六日に行われるようになり、さらに九世紀半ばには七月二八日に召合《めしあわせ》が行われるようになり、相撲は七日に行われる七夕とは別の日の行事となった。儀式次第は、諸国から集めた相撲人を召して装束の準備などをする召仰《めしおおせ》、天皇の御前と近衛府で稽古を行う内取りの儀、紫宸殿や武徳殿に天皇臨御のもと相撲が行われる召合、翌日に前日の優秀者に相撲をとらせる抜出《ぬきいで》、後日勝方の近衛大将が相撲人を自邸に招いて饗応する還饗《かえりあるじ》などで構成される。相撲人は召集の際に左右に分けられ、召合は一七番または二〇番で行われる。勝方は乱舞を行い、舞楽があった。相撲人は犢鼻褌《とうさぎ》（褌、まわし）を着け、烏帽子をかぶり、召合の場に出るときは、左方は葵の造花を、右方は匏《ひさご》の造花を頭につけた。相撲人の最強者は最手《ほて》といい、その次が脇であった。節会としての相撲は、一二世紀中頃まで廃絶と中興を繰り返したが、承安四年（一一七四）を最後に絶えた。

［文献］　大日方克己『古代国家と年中行事』（吉川弘文館、一九九三）、平林章仁『七夕と相撲の古代史』（白水社、一九九八）。

（浜田久美子）

盂蘭盆会《うらぼんえ》　七月一五日に飯食を供えて先祖を供養する行事。盆は盂蘭盆会の略称。七月一五日は四月一六日から始まる夏安《げあん》居《ご》の最終日であることから、修行を終えた衆僧に食物を供える儀式でもある。起源については諸説あるが、インドから伝来し中国で訳された『仏説盂蘭盆経』にみえる目蓮《もくれん》救母説話によれば、目蓮が餓鬼道《がきどう》に堕ちた亡母に盂蘭盆会を行って供養し、亡母を倒懸（逆さに吊るされること）の苦から救ったことに由来するといわれるが、これは、盂蘭盆の語が倒懸を意味する梵語のullambanaから派生したことに基づく説であり、盂蘭盆の語源については諸説あり明らかではない。盂蘭盆会の初見は、『日本書紀』推古一四年（六〇六）にみえる四月八日と七月一五日に寺ごとに斎を設けた記事で、斉明三年（六五七）七月一五日には須弥山像を飛鳥寺の西に作って盂蘭盆会を行っており、天平五年（七三三）七月六日にも大膳職に盂蘭盆会供養をさせたことから、八世紀までに内裏の恒例行事となったとみられる。平安時代には、七月一四日に清涼殿に供物を並べ、天皇が御拝し、一五日に太政官がこれらの供物を諸寺に送り、先皇の冥福を祈るという一連の儀式が行われていた。摂関期になると、貴族社会でも盂蘭盆会が行われた。藤原道長は法成寺阿弥陀堂や私邸で盂蘭盆会を行い、また、貴族の邸宅での盂蘭盆会が常例となっていたことは道長の日記『御堂関白記』からも明らかである。『枕草子』や『蜻蛉日記』に庶民の盆供の話がみえるように、平安末期には民間にも広まっている。中世以降は施餓鬼会《せがきえ》と習合し、死者の追善回向が中心となった。

［文献］田中久夫『祖先祭祀の研究』（弘文堂、一九七八）、石村貞吉『有職故実 上』（講談社、一九八七）。 （浜田久美子）

道饗祭《みちあえのまつり》 厄神や疫神である「鬼魅《きみ》」が都城へ侵入することを防ぐために、京城四隅で卜部が牛皮や鹿、猪皮を用いて行う国家的祭祀。養老神祇令に季夏（六月）と季冬（一二月）の祭として規定されるが、祭日は定められておらず、晦日とする説と吉日を選ぶ説がある。祭祀形態は、路上での鬼魅への饗遏《きょうあつ》（饗して遮る）であることが『令義解』*にみえるが、「延喜祝詞式」によると、八衢比古《やちまたひこ》、八衢比売《やちまたひめ》、久那斗《くなと》の諸神が路上で鬼魅を防ぐことが祈願されており、どちらが本来の形態であるかについては明らかではない。道饗祭や鎮火祭《ちんかさい》といった宮城四隅で行う境界祭祀の成立は、都城の境界が画定した藤原京段階とされるが、五―六世紀の敏達朝や推古朝には外国使節を海石榴《つば》市《いち》や軽《かる》といった飛鳥の衢《ちまた》で迎えており、境界祭祀の原形がこの頃すでに行われていたとみられる。道饗祭の実例には、天平七年（七三五）八月に天然痘が九州から京まで広まった際に、山陽道諸国の国司に臨時に道饗祭を行わせ、疫病の伝播を防ごうとした記事などがあるが、すべて臨時の祭であり、恒例の道饗祭に関する史料をみることはできない。都城が整備された『延喜式』段階には、八衢祭、宮城四隅疫神祭、京城四隅疫神祭、障神祭などの多くの境界祭祀がみえるようになり、これらは外から進入する神を追い返すための祭祀ではなく、都城内部の疫神を都城外へ退散させる陰陽寮祭祀に変質したものである。

［文献］和田 萃『日本古代の儀礼と祭祀・信仰 中』（塙書房、一九九五）、前田晴人『日本古代の道と衢』（吉川弘文館、一九九六）。 （浜田久美子）

大祓《おおはらえ》 六月と一二月の晦日に行われる祭祀であるが、天皇即位式の前や疫病流行の際に臨時に行われる場合もある。罪や穢を除くため、朝廷だけでなく諸国でも行われた。中央の大祓は、内裏の朱雀門の前に官人を集めて神祇官*が祓を行い、諸国大祓は国衙で行われていた。中央、諸国ともに「養老神祇令」に規定がある。儀式次第は、中臣氏が御祓麻《おおぬさ》を天皇に奉り、東《やまと》西文部《かわちのふひとべ》（渡来系の東文直《やまとのあやのあたい》と西文首《かわちのふみのおびと》）が祓刀《はらいたち》を天皇に奉り、祓詞《はらえごと》を読む。次いで、すべての官人を祓所（平安時代は朱雀門だが、紫宸殿前庭や建礼門などでも行われている）に集めて中臣氏は祓詞を宣り、卜部《うらべ》は解除《はらえ》（「祓」に同じ）をする。この祓詞は、延喜祝詞式に収められており、官人の犯した天津《あまつ》罪《つみ》と国津罪《くにつつみ》を祓い清め、川や海に流す内容で、スサノオノミコトが高天原から追放された記紀神話に由来する。大祓の初見は「大解除」と記される『日本書紀』*天武五年（六七六）八月条で、国ごとに祓物を出させており、天武一〇年（六八一）や朱鳥元年（六八六）にも諸国大解除の記事がみえる。また、大祓に伴う人形、人面土器の遺物が藤原京跡から発見されていることから、七世紀後半には大祓の儀が成立していたとみられる。九世紀には、貴族層だけでなく民間でも大祓が行われるようになった。

［文献］山本幸司『穢と大祓』（平凡社、一九九二）、三宅和朗『古代国家の神祇と祭祀』（吉川弘文館、一九九五）、中村英重『古代祭祀論』（吉川弘文館、一九九九）。 （浜田久美子）

施米《せまい》 五月から六月にかけて、京郊外の山々で修行している僧に料米と塩を班給する行事。文殿《ふどの》（文書を管理する機関。蔵人所など。）の官人が、京郊外の東山、西山、北山に二人ずつ五組の使者を派遣して、料物班給の必要な人数を確認させる。そして、これをもとに人数勘文と、班給に必要な量を勘定した米塩勘文を作成し、陣定を経て天皇に奏聞する。天皇の裁可を受けると、班給日を山々に知らせて、料物の班給を行う。班給場所は、東山の僧は愛宕寺《おたぎでら》（六道珍皇寺《ろくどうちんこうじ》）、北山の僧は右近馬場（『九条年中行事』では左近馬場）、西山の僧は右兵衛馬場である。実際の班給日は六月であるが、山々への施米使派遣が五月であることから、京内の恒例賑給のための賑給使派遣と同日に陣定にかけられることが多い。班給する料米は『別聚符宣抄』にみえる天禄元年（九七〇）の永宣旨以降は備前一五〇石、尾張五〇石、紀伊一〇〇石の計三〇〇石を五月一〇日以前に進納することが決められた。施米の初見は、天安元年（八五七）六月二四日に左右近衛五、六人が西山と北山に派遣され、修行者の名を録して米塩を施す記事であるが、この段階では年中行事として確立しておらず、儀式の形態を備えるものとしては、延喜一三年（九一三）五月二〇日『*西宮記』所引の勘物が最初である。このことから、九世紀中頃までに施米儀が成立したと考えられる。（浜田久美子）

［文献］　浜田久美子「施米に関する一考察」（『日本社会史研究』五〇、二〇〇〇）。

駒牽《こまびき》　四月と八月に天皇が宮中で貢馬を御覧になる行事。四月二八日（小の月は二七日）の駒牽は、五月五日の騎射《うまゆみ》に用いる馬を品定めするため、武徳殿に出御した天皇が、左右馬寮が飼う櫪飼《いたがい》御馬と京の近隣諸国より献上された国飼《くにがい》御馬を御覧になる儀式。八月の駒牽は、甲斐、武蔵、信濃、上野の勅旨牧《ちょくしまき》（御牧《みまき》）から献上された馬を天皇が御覧になり、馬寮や諸臣に分給する儀式。八月七日に甲斐真衣野《まきの》、柏前《かしわざき》、一三日に武蔵秩父、一五日に信濃諸牧、一七日に甲斐穂坂、二〇日に武蔵小野、二三日に信濃望月、二五日に武蔵諸牧（由比《ゆい》、小川、石川、立野《たての》）、二八日に上野諸牧からそれぞれ貢馬が牽かれる。八月駒牽の儀式次第は、御馬の数や毛色を記した御馬解文《おうまのげぶみ》が奏上され、牧監《もくげん》や衛府官人が貢馬を牽き回したのち、大臣以下の参列者に馬を分給するものである。駒牽の前には、逢坂関で馬を迎える駒迎《こまむかえ》が行われるが、一〇世紀には、八月一五日の中秋の満月（望月）と逢坂関、駒迎が一体化した「望月の駒」というイメージが成立し、これを詠んだ紀貫之の「相坂の関の清水に影みえていまや牽くらん望月の駒」という『*拾遺和歌集』の歌は有名である。四月、八月の駒牽は、諸国からの馬の献上や諸臣への馬の分与という儀式であることから、天皇への服属儀礼の性格が濃い儀式とみられる。八月駒牽の初見は弘仁一四年（八二三）の信濃の御馬御覧であるが、儀式としての整備は、駒牽の記録が集中してみえる貞観年間とされる。その後、駒牽は貢馬の時期が遅れながらも、一一世紀初頭まで維持されたが、天皇出御は*一条天皇を最後にみられなくなり、信濃望月牧の貢馬だけが室町時代まで行われた。（浜田久美子）

［文献］　大日方克己『古代国家と年中行事』（吉川弘文館、一九九三）。

定考《こうじょう》　毎年八月一一日に、前年八月一日以降一年間の長上官（六位以下八位以上の官人）の勤務評価を大臣に上申する儀式で、二月の*列見と並ぶ官人昇進に関する二大行事。「こうじょう」と読むのは、「上皇」と音が通じるのを避けるためと見られる。官人昇進に関する一連の儀式は、八月一日に勤務評定書である考選文《こうせんもん》の案を少納言や弁、外記、史が作成し、一一日に太政官庁で考にあずかるべき者とあずからない者の累計やそのうちわけ、上日（勤務日）などを少納言らが大臣に読みあげる。大臣の承認が得られた後、この日は酒宴が行われ、参加者に禄が賜られる。この一一日の儀式が定考であり、番上官（八位以下）の定考は翌一二日に行われ、これを特に「小定考《ここうじょう》」と称した。作成された考選文は、京官と畿内国司の場合は十月一日に、諸国国司の場合は一一月一日に弁官を経て式部・兵部二省に下される。『政事要略』*には天暦五年（九五一）の考選文の実例がみえる。各省に下された考選文を受けて、翌年の二月一〇日に、中務省が成選人（叙位される人）の目録を太政官に提出し、翌一一日には六位以下の官人を太政官に参上させ大臣が引見する列見の儀が行われる。この後、四月七日の擬階《ぎかいの》奏《そう》で官人の位階を擬定して名簿を奏上する儀を経て、四月一五日に官人に位記を賜り、官人昇進手続が完了する。定考の成立時期は明らかではないが、列見の儀は貞観二年（八六〇）が初見である。

［文献］野村忠夫『古代官僚の世界―その構造と勤務評定・昇進―』（塙書房、一九六九）、野村忠夫『日本官僚の原像』（PHP研究所、一九八三）。（浜田久美子）

重陽《ちょうよう》の宴《えん》 九月九日に行われ、紫宸殿で杯に菊を浮かべた「菊酒」を飲むことなどで長寿を祈った行事。菊花宴ともいう。重陽とは陽数（奇数）の極である九が重なることにより、中国では漢代から、丘に上り（登高という）茱萸《しゅゆ》の実（ハジカミ。山椒のこと）を身につけ、延寿に効のある菊酒を飲んで悪気を払うことが行われてきた。この風習が日本にも伝来し、日本では天皇が紫宸殿に出御し、皇太子以下の公卿が着座した後、文人による賦詩があり、賜宴、賜禄が行われた。『宇津保物語』*には内裏でなく紀伊国の吹上御殿で行われた貴族の私的な重陽宴がみえる。史料上の初見は、『日本書紀』*天武一四年（六八五）九月九日条の宴会記事で、その後、天武天皇*の国忌*が九月九日となったため、養老雑令には節日に規定されていない。しかし、大同二年（八〇七）九月九日には、嵯峨天皇*が節会に準ずるものとして、神泉苑に行幸して文人に賜宴を行った。天長八年（八三一）からは、紫宸殿で行われるようになり、節会として儀式次第が整備されたとみられる。九世紀半ばには天皇が出御しない平座《ひらざ》の儀として宜陽殿《ぎようでん》で菊酒が賜られる場合が多くなった。前日の夜に菊にかぶせておいた真綿の「菊の綿」を身につけることで不老長寿を保つ習慣が宇多天皇*のときに始まったとされる。

［文献］倉林正次『饗宴の研究 文学編』（桜楓社、一九六九）、山中裕『平安朝の年中行事』（塙書房、一九七二）。（浜田久美子）

祈年祭《きねんさい》 「養老神祇令」に規定された律令国家の祭儀。「としごいのまつり」とも読む。年は「稔」に通じ、稲の稔りを全国の神祇に祈願する祭である。『延喜式』*によれば、祭日は二月四日で、この日神祇官*斎院*に神祇官人、大臣以下の群官、全国の官社の祝部《はふりべ》が参集し、中臣が祝詞を宣り、忌部が班幣を行い祝部に幣帛を授ける。伊勢神宮の幣帛のみ特別に幣帛使が発遣されて届けられた。幣帛は布帛類・武具・酒・海産物で構成される。班幣の対象は、『延喜式』神名帳所載の全官社の三一三二座。律令国家における年中恒例の祭祀のなかで、全官社を班幣対象とする唯一の祭祀であり、官社制度は祈年祭の施行によって機能したということができ、その意味で律令国家の神祇制度の根幹にかかわる祭儀であったといえる。成立については、*『日本書紀』天智九年（六七〇）三月条の記事を重視する説もあるが、律令制祭祀の整備が全般的に天武朝から進行することから、天武四年（六七五）とする『年中行事秘抄』の説は妥当性が高いと見られる。当初は、全官社の祝部の神祇官参集が求められたが、八世紀後半には不参が目立つようになり、延暦一七年（七九八）より畿外については特定の大社を除いては国司が国庁において班幣を行うこととなった。その後も衰退し、一〇世紀初頭の三善清行《きよゆき》*『意見十二箇条』では、中央の神祇官で班たれた幣帛が祝部《はふりべ》に私物化されている実態が告発されている。

［文献］岡田精司『古代王権の祭祀と神話』（塙書房、一九七〇）、西山　徳『増補　上代神道史の研究』（国書刊行会、一九八三）、早川庄八『日本古代官僚制の研究』（岩波書店、一九八六）。

（浜田久美子）

新嘗祭《にいなめさい》　律令国家の祭儀。「ニヒナヘノマツリ」とも読む。一一月の中卯日の夜、宮中神嘉殿《しんかでん》において天皇に当年の新穀の御酒・御饌が供薦され、天皇がそれを飲食することにより、天皇の霊威が更新される。祭日の朝には、特定の大社に班幣が行われ、翌辰日には豊明節会《とよのあかりのせちえ》が行われた。祭儀の次第は、六月と一二月の一一日、月次祭《つきなみさい》の夜に行われる*神今食とまったく同じであり、ただ天皇に供せられる御酒・御饌の材料が、新嘗祭では新穀であるのに対し、神今食では旧穀であった点のみが異なる。御酒・御饌の材料は、天皇の直轄領である畿内の官田から収穫された稲・粟が用いられた。天皇即位後初めて行われる新嘗祭は、*大嘗祭と称され、皇位就任儀礼の一環として、毎年の新嘗祭とは規模も方式も異なる形で行われた。その最大の相違点は、大嘗祭では、畿内の官田の収穫物ではなく、畿外の悠紀《ゆき》国・主基《すき》国のうちに設定された斎田で収穫された稲による御酒・御饌が天皇に供されるという点にある。しかし、律令制成立期に当たる天武朝には、毎年の新嘗祭でも畿外に悠紀・主基両国が設定されていたようであり、当初は、毎年の新嘗祭をのちの大嘗祭の方式で実施する意図があったとみられるが、おそらくは、持統朝の*飛鳥浄御原令の段階で一代一度の大嘗祭と毎年の新嘗祭の別が規定されたと考えられる。なお、神祇令では、一世一度の大嘗祭も毎年の新嘗祭も「大嘗祭」と表記されている。

［文献］岡田精司『古代王権の祭祀と神話』（塙書房、一九七〇）、にひなめ研究会編『新嘗の研究1・2』（学生社、一九七八）、岡田精司編『大嘗祭と新嘗』（学生社、一九七九）、中村英重『古代祭祀論』（吉川弘文館、二〇〇〇）。

（浜田久美子）

相嘗祭《あいなめさい》　神祇令に規定された国家祭祀。祭日は一一月上卯日で、天皇が行う*新嘗祭の一巡前の卯日に当たり、この日に畿内および紀伊国の特定神社に国家の幣物が供献される。対象社は神祇令集解所引の古記によれば、八世紀中頃には一五社であったが、*『延喜式』では四一社（七一座）に増加しており、これらはいずれも王権・国家の守護神的な性格を有する神社であった。幣物の詳細は『延喜式』に規定され、それらが調の初荷（荷前《のさき》）であることから、相嘗祭の意義は、天皇の新嘗祭に先立って畿内と紀伊の王権・国家の守護神に全国の公民から収奪した調の荷前を奉献することにより、国家支配の無事を報告することにあったと考えられる。

［文献］菊地照夫「律令国家と相嘗祭」（虎尾俊哉編『律令国家の政務と儀礼』所収、吉川弘文館、一九九五）。

（浜田久美子）

亥子餅《いのこもち》 平安時代、一〇月の最初の亥《い》の日に餅を食べ、また餅を贈る慣わしがあり、中国伝来の行事であるが、我が国の民間で行われていた収穫祭の日に田の神を迎える行事と融合したものと思われる。中国では、この日餅を食べれば年中の病を避《さ》くといい、また亥（猪）は多くの子を産《う》むので、子孫繁栄の意もあり、女性が互いに餅を贈りあった。平安時代、大炊寮*から供給された糯米《もちごめ》で餅を作り天皇の供御《くご》に供え、殿上の男女は餅を賜わった。この餅は、大豆・大角豆・胡麻・栗・柿・糖の七種を混《ま》ぜて作った。亥子餅は、結婚のしるしである三日夜餅《みかよもち》や、誕生後五〇日目の五十日《いか》の餅とも重ね合わせられる。

［文献］山中 裕『平安朝の年中行事』（塙書房、一九七二）。

（阿部 猛）

五節舞《ごせちのまい》 豊明節会*で行われる五節舞姫*の舞のこと。五節舞の起源は天武天皇*の吉野行幸の故事に由来するというが、史料的には弘仁五年（八一四）を初見とする。公卿の娘二人と受領*の娘二人を舞姫に定め、一一月中の丑《うし》の日に帳台試《ちょうだいのこころみ》、寅《とら》の日に御前試、卯《う》の日に童女御覧、そして辰《たつ》の日が豊明節会*で舞が行われた。節会の宴ののち大歌所別当が大歌を歌うと舞姫が出て五度袖をひるがえして舞う。

［文献］服藤早苗「五節舞姫の成立と変容」（『歴史学研究』六六七―一九九五）。

（阿部 猛）

豊明節会《とよのあかりのせちえ》 宮中の儀式の後に行われる宴会のことであるが、平安時代には、新嘗祭*・大嘗祭*の後、豊楽院で行われた宴会をいう。奈良時代には平城宮の朱雀門《すざく》正面の中央区で行われた。新嘗祭の翌日（辰《たつ》の日、大嘗祭のときは午《うま》の日）天皇が出御して行われる。天皇は新穀を天神地祇に祈り、新穀を食し、また群臣に賜る。白酒《しろき》（醴酒）、黒酒《くろき》（久佐木《くさぎ》を焼いた灰と和す）を賜い、吉野国栖《くず》の奏楽があり、大歌所の別当が大歌を歌うと五節舞姫*が現れて五節舞を舞う。その後、賜禄・叙位のことが行われた。

［文献］倉林正次『饗宴の研究 儀礼編』（桜楓社、一九七一）。

（阿部 猛）

射場始《いばはじめ》 「弓場始」ともいう。天皇が弓場殿《ゆばどの》に出御して、弓射を観る儀式。弓場殿は、清涼殿の南、校書殿の東廂《ひさし》の北の二間《ま》の前方に張り出した東面の建物で、方一間の規模である。射場殿の前方東に弓場があり、安福殿前に垜《あづち》を築き的《まと》を置いた。射場始は醍醐天皇の昌泰元年（八九八）閏一〇月一〇日に行われたのを初例とするという。ふつうは一〇月五日を式日とするが、一一月、一二月に行われた例もある。式次第は『西宮記』*『北山抄』*『江家次第』*などに詳記されている。式に先立って左右衛門府は垜を築く。具体的な様子は『年中行事絵巻』*によってうかがうことができ、『雲図抄』*には平面図が描かれ、儀式の流れを知ることができる。射場始は平安後期に中断したが鎌倉初期に復活。しかし『建武年中行事』にみえないので、南北朝期には廃絶したものと思われる。

（阿部 猛）

追儺《ついな》 「おにやらい」のこと。一二月晦日夜、内裏で行われる悪鬼を払う儀式。中国伝来の行事で、中国では「大儺」と称する。中国では鉦鼓を打って大きな音をたて鬼を追うが、のち弓矢で射る形になった。我が国では慶雲三年（七〇六）に流行病を払うために「大儺」を行ったとみえるのがはじめで、貞観一二年（八七〇）以降は「追儺」とみえる。一二月大晦日夜、天皇は直衣姿で紫宸殿に出御し、中務省が侍従・大舎人を率いて参入、王卿以下は桃弓・葦矢を持ち参入する。陰陽師が呪文を読み、大舎人寮の長大な者が方相氏となり黄金四目の仮面をつけて、左手に楯、右手に戈をとり、見えぬ鬼を追う所作をする。このとき一〇―一二歳の童が紺の布衣を着し侲子といい、手に振鼓《ふりつづみ》を持ち方相氏の後ろに従う。群臣も桃の弓で葦の矢を射て鬼を追う。鬼は瀧口の戸から外へ逃れる。

［文献］山中　裕『平安朝の年中行事』（塙書房、一九七二）、中村義雄『魔よけとまじない』（塙書房、一九七八）。　（阿部　猛）

仏名会《ぶつみょうえ》　宮中また諸国で、毎年一二月に三日三晩にわたって行われた仏事で、過去・現在・未来の一万三〇〇〇の諸仏の仏名を唱えて、その年の罪障を懺悔《ざんげ》し、国家と天皇の安寧と息災を祈願した。宝亀五年（七七四）に行われたのを初例とし、承和五年（八三八）以後恒例化した。当初は一二月一五日から三日間行われたが、仁寿三年（八五三）からは一二月一九日から二一日までの三日間に変更された。宮中の式場は内殿・清涼殿・綾綺殿・仁寿殿などが当てられ、御帳のうちに本尊の聖観音を安置し、左右に一万三〇〇〇仏図像を配し、廂には地獄変屏風を立てた。承和一三年（八四六）の勅により諸国でも仏名会が始まり、国衙で僧七人を請じてとり行われた。貞観一三年（八七一）には一万三〇〇〇仏の図像を*図書寮・*太政官・五畿七道諸国・*大宰府*観世音寺・八幡神宮寺などに安置した。仏名会は諸大寺、諸国寺院、貴族の邸宅でも行われたが、平安末期には衰え、宮中の仏名会は鎌倉時代には衰微して一四世紀には一夜のみの行事となり、応仁の乱で絶えたという。

［文献］和歌森太郎『修験道史研究』（弘文堂、一九四三（平凡社東洋文庫所収））畠山恵美子「仏名会についての一考案」（『日本社会史研究』五八、二〇〇三）。　（阿部　猛）

荷《の》**前**《さき》　「のざき」とも。もとは「初穂」の意。諸国が貢進する調の年初のものを荷前と称するのはこの意味である。ふつうは、毎年一二月に山陵に奉幣する祭祀を指し、奉幣の使者が荷前使である。荷前は平安時代以前から存在したが、九世紀初め頃から天皇の近親の山陵、外戚の墓に奉幣する別貢幣の儀が定着し、狭義の荷前となる。別貢の幣物は*内蔵寮が調進するもので、常例の荷前幣物が大蔵省所進であるのと異なり、天皇親祭の性格を有する。荷前の対象となる陵墓は天安二年（八五八）詔で一〇陵四墓とされた。墓の数は増減するが陵の数は固定している。陵墓の入れ替えがしばしば行われたが、一〇世紀以降はおよそ固定した。主要山陵への荷前使には参議以上の者が当てられたが、しばしばこれを闕怠する者があった。天暦元年（九四七）宣旨は荷前使闕怠の者は節会への出席を停止するとした「式部式」を引用して、仮病を使って怠った者の処分を厳しくすると述べている。荷前闕怠の件では、*小野道風や*藤原頼通・藤原道綱《みちつな》も注意を与えられている。

［文献］服藤早苗『家成立史の研究』（校倉書房、一九九一）。　（阿部　猛）

国《こ》**忌**《き》　皇祖・先皇・母后などの国家的忌日で、当日は政務は行わず（*廃務）、歌舞音曲を慎んで追善法要を行うべきものとされた。持統天皇元年（六八七）*天武天皇の一周忌に当たる九月九日に行われたのを初例とする。平安時代には、*天智天皇

（一二月三日）・*桓武天皇（三月一七日）・*光孝天皇（八月二六日）・*仁明天皇（三月二一日）・*醍醐天皇（九月二九日）・*村上天皇（五月二五日）・*円融天皇（二月一二日）などの国忌が見える。国忌の日に当たると年中行事が延引される。国忌には、仁和寺（*光孝天皇）・*東寺（*仁明天皇）・円融寺（*一条天皇）・法興院（*三条天皇）・円宗寺（*後三条天皇）・法勝寺（*白河天皇）・尊勝寺（*堀河天皇）など特定の寺に付して法要が行われた。本来「国忌」は天皇忌日を指すものであったが、天皇の父母・后妃にも拡大し、ときとともに増加したので、しばしばその廃置の議が起こった。したがって国忌は固定したものではない。

［文献］　中村一郎「国忌の廃置について」（『書陵部紀要』二、一九五二）。　（阿部　猛）

祈雨《きう》・祈晴《せい》　日照り続きのとき雨の降ることを祈り、反対に、長雨の続いたとき止雨晴天を祈ること。農業を基幹とする経済に立脚する古代国家では、年穀祈願と結びついて天候のコントロールは王権の重要事であった。したがって、それは仏事・神事・陰陽道など種々の手法を用いて行われた。一般的にいえば、平安初期には神事中心に行われ、九世紀前半からは仏事が並行するようになり、のち密教修法によるものが目立ってくる。丹生川上社・貴布禰《きふね》社への奉幣祈雨はもっとも重んじられ、少し遅れて龍王への祈願が盛んになる。諸国における祈雨・祈晴は国司の掌るところであり、民間においても、いわゆる雨乞いとして様々な祈願が行われた。

［文献］　並木和子「平安時代の祈雨奉幣」（二十二社研究会編『平安時代の神社と祭祀』所収、国書刊行会、一九八六）。　（阿部　猛）

大嘗祭《だいじょうさい》　「おおにえのまつり」とも読む。天皇が即位した後、初めて新穀を天照大神をはじめ天神地祇に奉る儀式。もと毎年行う*新嘗祭を称したが、天皇代始めに行われるものを践祚《せんそ》大嘗祭と呼び、のち大嘗祭といえば践祚大嘗祭を指すようになり、毎年行うものを新嘗祭と称した。「嘗」は「ニヘ」で「贄」であり、神・天皇への供薦の意とされる。大嘗祭の始まりは天武天皇二年（六七三）とされるが、実体はそれ以前からあったと認められる。令制においては、大嘗祭は即位儀礼として行われた。平安時代の儀式の様子は次のとおりである。天皇の即位が七月以前のときは年内に、即位が八月以後であれば翌年の一〇月下の卯《う》の日に行う。悠紀《ゆき》・主基《すき》の国郡を卜定し、斎田で稲の耕作を行い、九月吉日に抜穂使による抜穂の儀がある。抜き取った稲は京の北野の斎場に運ばれ、白酒《しろき》・黒酒《くろき》を始め贄が調えられる。ほかに、紀伊・淡路・阿波・三河などの国から鮑《あわび》・螺《にな》・鮎《あゆ》や酒器・神服などが調進される。一〇月下旬に天皇の禊《みそぎ》祓《はらえ》が行われる。儀式の場である大嘗宮は大極殿前庭龍尾壇下に設けられる。大嘗祭の前日寅《とら》の日に鎮魂祭があり、当日は大行列を組んで北野の斎場を出て朱雀門下に到る。吉野国栖《くず》・*隼人の風俗歌舞などもあって、座についた天皇は神饌を供え、また自ら御飯と御酒を食する。豊楽院で中臣の寿詞《よごと》などがあって饗宴に移り、風俗歌舞・大和舞・田舞がある。翌日は豊明節会である。天皇一代一度の大祀であるが、文正元年（一四六六）後土御門天皇のときを最後として廃絶し、江戸時代に復興された。

［文献］　平野孝国『大嘗祭の構造』（ぺりかん社、一九八六）、吉野裕子『大嘗祭』（弘文堂、一九八七）。　（阿部　猛）

仁王会《にんのうえ》　「仁王般若経」を講じて鎮護国家を祈る法会。『*日本書紀』斉明天皇六年（六六〇）の記事を所見とする。平安時代には、①天皇の即位ごとに行われる一代一度仁王会（践祚仁王会）、②春秋に行われる定季仁王会、③臨時仁王会の三種ある。①は宮中の諸殿舎に一〇〇の高座を設け、京中諸寺、五畿七道諸国分寺においても一斉に「仁王般若経」を講説するもの。②は春季（二月または三月）と秋季（七月または八月）の年二回行う。大極殿・紫宸殿・清涼殿などに一〇〇の高座を設け講説を行うが、諸国では会日の前三日間殺生禁断を求めた。定季仁王会は一〇世紀前半には定着したものと見られる。③は何事か災禍の起こったとき臨時に行われるもの。講説される「仁王般若経」は単に「仁王経」ともいわれる。この経を受持すると災害を祓い福を得るとされ、「法華経」「金光明経」とともに護国三部経として重んじられた。（阿部　猛）

雷鳴陣《かんなりのじん》　平安時代の臨時の儀式。雷鳴三度以上大声のとき、衙府の官人たちが宮中殿舎の諸所に陣（隊列）を組んで警護をした。はじめ、左右近衛府官人が天皇の御在所前に、左右兵衛府官人が紫宸殿前庭、中務省内舎人が春興殿西廂および安福田東廂に陣を敷いたが、のち左右近衛の大・中・少将が弓矢を帯して清涼殿孫廂に祇候して鳴弦をして天皇を守護し、将監以下は蓑笠を着用して紫宸殿前庭に陣した。平安末期には衰退し、蔵人また*滝口の武士による鳴弦のみとなった。雷鳴が終わると大将が「下《お》り（陣を解け）」と令する。（阿部　猛）

謝座《しゃざ》**・謝酒**《しゃしゅ》　朝廷の節会などで、参入した王卿が着座するに先立って再拝し謝意を表するのを謝座という。まず内弁がおじぎをし、再びおじぎをするのに合わせて群臣が再拝する例であった。謝酒は、同じく宴席で、酒を下賜されたことに謝意を表して再拝するもの。（阿部　猛）

(二)　学問・文学

橘直幹《たちばなのなおもと》（生没年未詳）　長門守長盛の子。橘公統に学び、対策に及第し大内記・大学頭となるが、天暦三年（九四九）両官を停められて文章博士に任ぜられた。同八年、欠員の民部大輔を望む申文《もうしぶみ》を提出した。『*本朝文粋』に収められた申文は、前例によると文章博士は兼官していること、自分は一職を守っていること、高齢になり貧賤にあえいでいること、人事に偏頗あるべからざることなどを述べている。申文の文字は*小野道風の手になるものという。申文を読んだ村上天皇は不快の念を抱いたが、内裏火災のとき、「直幹の申文は取出でたりや」と尋ねたという。この話をもとにして描かれた『直幹申文絵巻』（一四世紀の作）は名高い。天徳年間（九五七―九六〇）正四位下で式部大輔となったこと、冷泉天皇の侍読となったことが知られている。

［文献］　阿部　猛『平安前期政治史の研究　新訂版』（高科書店、一九九〇）。（阿部　猛）

大蔵善行《おおくらよしゆき》（八三二―？）　進士出身。仁和三年（八八七）外従五下位に叙され、外記・民部大輔・勘解由次官を歴任。延喜八年（九〇八）七八歳で致仕。その後も東宮学士として保明《やすあきら》親王に進講。『日本三代実録』「*延喜式」「延喜格」の編纂に携わる。*藤原基経・*忠平の侍読を務める。多くの門弟子を有し、*菅原道真の*菅家廊下に対して、大蔵学閥というべき勢力を有し

ていたらしい。彼の七〇の祝いには*藤原時平が宴を催しており、時平も弟子の一人であったとみられる。　（阿部　猛）

菅原是善《すがわらのこれよし》（八一二―八八〇）　清公《きよきみ》の子。*道真の父。父から教育を受け、一一歳で殿上に侍し、文章得業生から承和一二年（八四五）文章博士となる。次いで東宮学士・大学頭・美作守・備前守・播磨守・式部大輔・刑部卿を経て貞観一四年（八七二）*参議に就任した。天皇に『文選』『*漢書』を進講し、元慶三年（八七九）従三位に至る。文章に優れ比類なく、多くの門弟子を教えた。『文徳天皇実録』の撰進に携わり、また多くの著作があったという。　（阿部　猛）

橘広相《たちばなのひろみ》（八三七―八九〇）　峯範の子。母は藤原末永《すえなが》女。本名は博覧。文章生より出身し貞観六年（八六四）対策及第。九年従五位下、翌年名を改め広相とする。東宮学士・民部少輔・右少弁・左少弁・式部大輔を経て元慶元年（八七七）蔵人頭となり同八年（八八四）参議に就任し、兼右大弁・勘解由長官・文章博士。仁和三年（八八七）*宇多天皇の即位後、*藤原基経の関白就任に際しての基経の上表に対する勅答を作文したが、そこに「阿衡《あこう》」の文字があり、これがもとでいわゆる*阿衡事件が起こった。この事件で、天皇は広相に責任を負わせて事態を拾収した。*菅原道真は広相を擁護する立場をとっている。事件の背後に、菅原学閥と大蔵学閥の対立があったとする見方もある。寛平二年（八九〇）没したが、時に正四位上・参議・左大弁で、従三位・中納言を追贈された。当代一流の詩人であり、また著作などもあったが散佚した。

［文献］阿部　猛『菅原道真』（教育社、一九七九）。　（阿部　猛）

島田忠臣《しまだのただおみ》（八二八―八九二）　清田の孫。菅原是善の弟子。女宣来子《のぶきこ》は*菅原道真の妻。若くして詩文の才を賞され、従七位下の卑官ながら渤海使の接客使を務めた。また*藤原基経の近習。因幡権介・大宰少弐から元慶三年（八七九）従五位上。兵部少輔・美濃介・典薬頭・伊勢介を歴任。能吏であった。『田氏家集』がある。　（阿部　猛）

紀長谷雄《きのはせお》（八四五―九一二）　貞範《さだのり》の子。長谷寺に祈って生まれたので命名。学問は*都良香に学ぶ。貞観一八年（八七六）三〇歳を越えてようやく文章生となり、*菅原道真の門下となる。文章得業生から仁和二年（八八六）少外記。寛平二年（八九〇）文章博士、同六年（八九四）遣唐副使となるが遣唐使派遣中止により沙汰やみとなる。大学頭・式部大輔・左右大弁を歴任して延喜二年（九〇二）*参議に就任した。同一〇年（九一〇）従三位・権中納言、翌一一年*中納言に昇る。当代の漢詩文、学問の世界の指導的立場にあり、菅原道真亡き後第一人者と目された。『紀家集』があり、『*本朝文粋』『朝野群載』などに多くの詩文を残す。また自伝的文章である『延喜以後詩序』がある。

［文献］川口久雄『平安朝日本漢文学史の研究』（明治書院、一九七五）。　（阿部　猛）

源博雅《みなもとのひろまさ》（九一八―九八〇）　克明《かつあき》親王（*醍醐天皇の皇子）の子。母は藤原時平女。承平四年（九三四）従四位下に叙され、中務大輔、右近衛中将・右兵衛督・左近衛中将を歴任して天延二年（九七四）従三位。和琴・横笛・琵琶・篳篥《ひちりき》などの名手で、楽才を讃える説話や逸話に富み、『*今昔物語集』『古今著聞集』『十訓抄』などに収録されている。『新撰楽譜』（『博雅笛

譜』）『長竹譜』を著す。　（阿部　猛）

大江匡衡《おおえのまさひら》（九五二―一〇一二）　重光《しげみつ》の子。母は藤原伊尹《これただ》家の女房三河。赤染衛門*の夫としても知られる。文章生として出身、永観二年（九八四）従五位下に叙され、弾正少弼から永祚元年（九八九）文章博士となり、長保・寛弘の元号を勘申した。長徳三年（九九七）兼東宮学士。没したとき、正四位下・式部大輔・文章博士・侍従・丹波守であった。和漢の才に秀で、藤原実資*はその日記（『小右記*』）で「当時の名儒、人比肩するなし」と書いた。また匡衡が物語風歴史の編纂に着手し、その没後に遺志を継いで妻の赤染衛門が完成させたのが『栄花*物語』だといわれる。『古本説話集』によると、丈《たけ》たかく、いかり肩で、容貌は優れなかったという。

［文献］後藤昭雄『平安朝漢文学論考』（桜楓社、一九八一）。　（阿部　猛）

医心方《いしんほう》　丹波康頼《たんばのやすより》撰述の、現存する我が国最古の医書。全三〇巻。永観二年（九八四）円融天皇*に奏進された。中国の六朝・隋・唐、朝鮮の医薬関係書からの引用よりなる。記述は医学全般にわたり、引用文献は百数十種に及ぶ。その多くはすでに散佚して伝わらないので、中国医学史研究上でも重要な史料となっている。伝本には半井本と仁和寺本があり、前者は文化庁保管で国宝に指定されている。後者は五巻が現存し（国宝）、ほかには江戸時代の写本からうかがわれる。

［文献］槇　佐知子『医心方全訳精解』（三〇巻、筑摩書房、一九八三）。　（阿部　猛）

菅家廊下《かんけろうか》　菅原氏の家塾のこと。菅原道真*の祖父清公《きよきみ》が私邸の廊下で門人に教育したことに始まる。多くの人材がここから送り出されたが、道真の時代になると、門弟は数百人を数えたといい、官人の半ばは門弟子たちという盛況だったという。私塾は「山陰亭」また単に「書斎」とも呼ばれていたが、道真の散文『書斎記』には次のような趣旨のことが記されている。

「左京五条の菅原氏の邸宅の西南の隅に一廊あり、廊の南端に書斎がある。一丈四方（六畳に満たない）の狭い書斎に過ぎないが、ここから一〇〇人近い秀才（文章得業生）・進士（文章生）が出た。そのゆえに、学生たちは書斎を龍門と呼んだ。書斎はまた小山の西にあったので山陰亭ともいわれた。亭の戸のそばに一株の梅があり、東に数歩のところに竹が植えられている。書斎はもちろん学問の場であるが、門人や朋友のなかには無作法な者もいて、道真をいらいらさせることがある。筆をもてあそんで書物を汚したり、書き損じを削る刀で机を削る者もいる。また道真の資料カードを失敬する者、破りすてる者、友と語っているところへ無遠慮に割り込んでくる無礼者もいる」

――菅家廊下は一一世紀の終わりまで存続したらしい。　（阿部　猛）

口伝《くでん》**と教命**《きょうめい》　口伝とは口頭であることを伝授することで、技芸を一子または特定の門弟に口授し、口決ともいう。貴族・官人の社会では朝儀・典礼に関する知識をこの形で伝えた。教命というのは、同じく有職故実《ゆうそくこじつ》を直接教え指導することで、北家の基経*から忠平*へ、忠平より実頼*・師輔*・師尹へ伝えられた。忠平は「故実」として家の儀式作法を直接教えた。教命は筆録されて、実頼による『貞信公教命*』、師輔の『九暦*』となったが、少し差異を生じ、実頼の小野宮流、師輔の九条流、師尹の小一条流が成立し、小野宮流は頼忠*・公任*・実資へと受け継がれ、九条流は*道長・*頼通へ伝えられた。小一条流は継ぐべき人なく、廃れた。

（阿部 猛）

［文献］ 竹内理三『律令制と貴族政権第II部』（御茶の水書房、一九五八）。

源 為憲《みなもとのためのり》（九三五頃―一〇一一） 平安中期の漢学者、漢詩人、歌人。光孝天皇皇子是恒《これつね》親王の曾孫。筑前守源忠幹《ただみき》の子。文章生から、内記、蔵人、式部丞、三河権守、遠江・美濃守を歴任、寛弘六年（一〇〇九）正五位下伊賀守、同八年（一〇一一）任地で没。*源順に師事。*大江匡衡・大江以言《もちとき》・紀斉名《ただな》などと並び称される一流の文人であった。天禄元年（九七〇）、藤原為光の長子誠信のために『*口遊』、永観二年（九八四）、冷泉天皇皇女尊子内親王のために『*三宝絵詞』、寛弘四年（一〇〇七）、藤原道長の長子*頼通のために『世俗諺文《せぞくげんぶん》』を書いた。ほかに『*本朝詞林』を著したが散佚。師の衣鉢を継ぎ、詩文に通じ、和歌をよくし、『*本朝文粋』『*本朝麗藻』『類聚句題抄』『拾遺和歌集』などに作品を残す。

（高橋久子）

［文献］ 岡田希雄「源為憲伝攷」（『国語と国文学』一九―一一、一九四二）。

藤原 明衡《ふじわらのあきひら》（九九〇頃―一〇六六） 平安時代中期の漢文学者、漢詩人。*藤原式家宇合の後裔。父敦信《あつのぶ》は、*円融天皇のとき文章生となり、漢詩文・和歌の才に秀でていたが、不遇で、生涯を地方官で終えた。母は良岑英材《よしみねのひでき》の女。寛弘元年（一〇〇四）文章院に入学、長和三年（一〇一四）*穀倉院の学問料を支給されるに至った。しかし、累代の儒家出身でなかったため、下積みの時期が長く、長元五年（一〇三二）、四〇代の初めにようやく官吏登用試験の対策に及第した。これにより、翌六年、左衛門権少尉に任ぜられたが、長元七年（一〇三四）と長久二年（一〇四一）に、二つの省試不正事件を起こしている。その後、勘解由次官、出雲守、式部少輔などを歴任、康平五年（一〇六二）文章博士、翌六年には東宮学士を兼ねる。治暦二年（一〇六六）大学頭となり、同年九月、病気のため文章博士を辞し、一〇月に没した。代表的な業績は、『*本朝文粋』一四巻の編纂である。*嵯峨天皇から*後一条天皇時代までの名家の詩文四二七編を『文選』の体裁にならって撰したもので、平安漢文学の精粋である。『*明衡往来』は、男子用の書簡模範文例集、いわゆる往来物の嚆矢として、後世に多大な影響を与えた。当時流行した猿楽の様子と庶民の各職業別の実情を叙述した『*新猿楽記』は、この時代の生活史料としてことに貴重である。そのほか、詩文の秀句を集めた『本朝秀句』五巻は散佚した。博学多識の学者であるとともに、当代一流の漢詩人であり、また、和歌にも堪能であった。

（高橋久子）

［文献］ 三保忠夫「藤原明衡論考」（『大谷女子大国文』一六、一九八六）、三保忠夫「藤原明衡論考（続）」（『大谷女子大学紀要』二〇―二、一九八六）。

源 順《みなもとのしたごう》（九一一―九八三） 平安中期の歌人、学者。*嵯峨天皇の玄孫。挙《こぞる》の子。天暦七年（九五三）文章生、同一〇年（九五六）勘解由判官、応和二年（九六二）民部少丞・東宮蔵人、同三年（九六三）民部大丞、康保三年（九六六）従五位下、下総権守、同四年（九六七）和泉守、天延二年（九七四）従五位上、天元二年（九七九）能登守。承平四年（九三四）頃、勤子内親王の令旨により『*倭名類聚抄』を撰進。百科事典的な性格を兼ね備えた意義分類体の漢和辞書で、漢語に対応する和名を多く示し、我が国の辞書に新生面を開く。二四歳頃すでに該博な知識を身につけていた。歌人として名高く、天暦五年（九五一）、宮中の梨壺（昭陽舎）に置かれた撰和歌所の寄人となり、梨壺の五人の一人として、『萬葉集』付訓に参与し、『後撰和歌集』の撰集に従事した。『天徳四年内裏歌合』に召され、天禄三年『規子内親王家歌合』では判者を務め、康保三年『源順馬名歌合《うまのなうたあわせ》』を主催した。あめつちの歌四八首（あめつちの詞四八字を首尾に置いた歌）・双六盤歌・碁盤歌・物名歌など、優れた技巧を凝らした、機知に富む歌を詠んだ。家集は『源順集』。『拾遺和歌集』以下勅撰集への入集歌が五十余首ある。藤原公任の『三十六人撰』に収められ、三十六歌仙の一人。詩文も善くし、『本朝文粋』に「奉同源澄才子河原院賦」・「無尾牛歌」など三三篇が収められ、また、『扶桑集』に、父母・長兄の死を嘆き、自らは学問に励みながらも立身出世できない境遇を嘆いた「五嘆吟并序」などが収められている。
（高橋久子）

菅家文草《かんけぶんそう》　菅原道真の漢詩文集。一二巻。昌泰三年（九〇〇）八月、道真は菅家三代集二八巻、すなわち、祖父清公《きよきみ》の『菅家集』六巻、父是善の『菅相公集』一〇巻、本書一二巻を、醍醐天皇に献上した。現存本は奏進当時の原型をほぼそのまま伝える。前半六巻は詩四六八首を年代順に収め、後半六巻は散文一六九篇をジャンル別に収める。詩・散文ともに、公的な晴れの場における絢爛たる修辞的な作品と、私的な日常生活の事実に即した、内容本位の平明な作品とに大きく分かれる。道真の文才はすべての作品に現れているが、特に後者の作品は、もはや中国詩文の模倣ではなく、独自の優れた文学表現となりえており、新しい境地を開拓した点で、日本文学史上重要な意味を持つ。

［文献］川口久雄校注・解説『日本古典文学大系72菅家文草菅家後集』（岩波書店、一九六六）。
（高橋久子）

口遊《くちずさみ》　平安貴族の子弟に必要な知識を授けるための意味分類体教科書。源為憲撰。一巻一冊。天禄元年（九七〇）成立。のちの太政大臣藤原為光《ためみつ》の長子松雄君（誠信《まさのぶ》。当時七歳）のために編纂された。全体を乾象・時節・年代・坤儀・諸国・田舎・宮城・居処・内典・人倫・官職・陰陽・薬方・飲食・書籍・音楽・伎芸・禽獣・雑事の一九門に分類して項目をあげ、時に「今案」として注文を付す。「五蔵」「七星」のような名数語彙、掛け算の「九々」のほか、夢を見たときに誦する言葉、庚申の夜に誦する言葉、薬を飲むときの願文、薬を調合するときの願文などが記され、当時の風習がうかがえる。また、当時仮名字母表として「あめつち」の詞と「たゐに」の歌が存在したことも知られる。

［文献］山田孝雄解説『口遊』（古典保存会、一九二四）。
（高橋久子）

池亭記《ちていのき》　漢文。慶滋保胤作。一編。『本朝文粋』巻一二所収。天元五年（九八二）一〇月成立。その内容は、作者が構えた小宅の池亭における閑雅な生活を描いた部分を中心とするが、その前後に、当時の荒廃した西京と人口の密集した東京北部を微細に描写し、治水に対する政治の無策を批判し、贅沢な建築にいそしむ人々を非難し、最後は、徳をすみかと考えるべきだとの教訓をもってまとめる。文体としては、多くの故事・出典を織り混ぜ、対偶に工夫を示すが、なお和臭がある。白楽天の

『池上篇并序』『草堂記』に範を仰ぎ、また、兼明《かねあき》親王の『池亭記』（九五九年成立）の影響を受けている。構想の大なる点、文章の雄渾なる点で、平安漢文の傑作ということができる。

［文献］ 小島憲之解説・校注『日本古典文学大系69懐風藻・文華秀麗集・本朝文粋』（岩波書店、一九六四）。 （高橋久子）

類聚国史《るいじゅこくし》 歴史書。菅原道真*が宇多天皇*の命により編纂したもの。史二〇〇巻、目録二巻、帝王系図三巻。現存六二巻。寛平四年（八九二）成立、撰進。編年体の六国史の記事を、内容によって分類し、検索しやすくしたもの。中国の『芸文類聚《げいもんるいじゅう》』や『初学記』などの類書にならって、全体を神祇・帝王・後宮・人・歳時・音楽・賞宴・奉献・政理・刑法・職官・文・田地・祥瑞・災異・仏道・風俗・殊俗の一八部に分け、各部をさらに細かく分類する。政務や儀式を執行する際、検索・参照に便利であるため、為政者・官人・学者に重んじられた。諸書に引用された六国史の記事が本書からの引用であることも多い。『日本後紀』『続日本後紀』などの佚文を補うものとして貴重である。

［文献］ 黒板勝美編『新訂 増補 国史大系5・6類聚国史』（吉川弘文館、一九三三）。 （高橋久子）

新撰字鏡《しんせんじきょう》 現存最古の漢和辞書。僧昌住《しょうじゅう》撰。一二巻。昌泰年間（八九八―九〇一）成立。標出漢字約二万一三〇〇字を、基本的には、一六〇の部首に分類し、各字に発音・意味・和訓を示す。部首は、天文、人倫、人体……のように、意味により類聚・排列され、後世に影響を与えた。中国の『一切経音義《いっさいきょうおんぎ》』『切韻《せついん》』『玉篇《ごくへん》』を主要な編纂資料とするが、約三七〇〇に及ぶ和訓を有する点で、古代日本語研究上重要である。すでに散佚した字書・韻書からの引用も多く、また、いくつかの部の末尾に、国字を収めた「小学篇字」を持ち、佚文研究・文字史研究にも有益である。完本としては天治本があり、別に、和訓のある項目だけを抄出した、享和本・群書類従本などの抄録本がある。

［文献］ 京都大学文学部国語学国文学研究室編・阪倉篤義解題『新撰字鏡 増訂版―天治本・享和本・群書類従本』（臨川書店、一九六七）、貞苅伊徳『新撰字鏡の研究』（汲古書院、一九九八）。 （高橋久子）

倭名類聚抄《わみょうるいじゅうしょう》 意義分類体の漢和辞書。源順*撰。一〇巻本と二〇巻本があり、いずれが原撰本に近いかは未詳。承平四年（九三四）頃成立。醍醐天皇第四皇女勤子《いそこ》内親王の令旨により撰進された。意味により、全体を「部」、さらにその内部を「類」に分かつ。漢語を標出し、出典を明記したうえで、発音・意味・和名などを注し、時に編者の考えも示す。標出語は、いわゆる物の名がほとんどであり、百科事典的な性格をも兼ね備える。引用書は、漢籍に次いで国書が多く、約二九〇種にのぼる。佚書を多く含む点で貴重である。編纂後直ちに転写を経て世に広まり、後世の辞書にも多大な影響を与えた。古代日本語研究のみならず、日本文化史研究のうえでも、不可欠の貴重な資料である。

［文献］ 京都大学文学部国語学国文学研究室編・阪倉篤義解題『諸本集成倭名類聚抄』（臨川書店、一九六八）。 （高橋久子）

色葉字類抄《いろはじるいしょう》 日本語を中心に据えた国語辞書の嚆矢《こうし》。橘忠《ただ》兼《かね》編。二巻本・三巻本・一〇巻本がある。二・三巻本は平安末期、一〇巻本は鎌倉初期成立。単語の第一音節により、全体を、いろは四七篇に分類し、下位分類として、各篇を天象・地儀・植物・動物・人倫・人体……の二一部に分かつ。この組織体裁によって、日本語から、それに対応する漢字を検索することが、初めて可能となった。後世に与えた影響は絶大で、以後、明治初期まで、国語辞書はいろは引きが伝統となった。各項目は、まず漢字を標出し、その下に和訓を片仮名で示し、時に簡単な注記も施す。日本語研究、文字研究に必須であり、また、古文書・古記録・古典文学作品の読解にも有益な重要資料である。

［文献］中田祝夫・峰岸明共編『色葉字類抄研究並びに総合索引・黒川本影印篇』（風間書房、一九七七）。　（高橋久子）

本朝文粋《ほんちょうもんずい》　一四巻からなる漢詩文集で、*藤原明衡の編。成立は、「後一条院御時女一宮御著袴翌日宴和歌序」に、「三年之冬十一月二十一日」とあるが、長元三年（一〇三〇）年のことなので、これ以後と考えられる。書名は「与夫姚鉉所編同其号」と林羅山の序にあるように、宋の姚鉉の編による『唐文粋』に対しての、『本朝文粋』との命名である。*嵯峨天皇の弘仁年間（八一〇—）から*後一条天皇の長元年間（—一〇三六）までの約二〇〇年にわたる六七人の漢詩文四二七編を収める。『文選』の体裁にならって、賦、雑詩、詔、勅書、勅答、位記など、さらに文体によって三九部門に分け、部門によってはさらに細かく分けられている。詩賦のような文学的なものは少なく、政治向きの文章が多い。奏状、表、序が豊富で、願文、諷《ふう》誦《じゅ》文などをも含む。種々の文体が収められており、学生の文学教育、学者の文章作成に役立つ、文人の実用的模範集として編まれた。主な作者は、*大江匡衡、大江朝綱《ともつな》、*菅原文時、*紀長谷雄、*菅原道真、*源順、大江以言《もちとき》、兼明《かねあき》親王、*都良香、紀斉名《ただな》などで、儒家として名のあった菅家、江家、次いで紀家の人々の文章がかなり多くとられている。書名のとおり、各編は日本の文章の精粋であり、後世の規範とされ、秀句などは朗詠によって親しまれ、後世の文学に影響を与えたことはもちろん、歴史資料として用いられることも多い。なお、『*和漢朗詠集』の日本人の長句の九割が本書にみえる。

［文献］柿村重松『本朝文粋註釈（上・下）』（富山房、一九八二）、大曾根章介・金原理・後藤昭雄『新日本古典文学大系27本朝文粋』（岩波書店、一九九二）、土井洋一ほか『本朝文粋の研究』（勉誠社、一九九九）。　（菅原　秀）

本朝麗藻《ほんちょうれいそう》　二巻からなる漢詩集で、現存する本は上巻の首尾を欠く。したがって序文は伝わっておらず、さらに上下巻中にも脱落箇所がある。撰者は高階積善《もりよし》である。成立は一条朝末期、厳密には作者の官位から寛弘六年（一〇〇九）三月以後、*一条天皇のものを御製としているところから天皇退位の寛弘八年（一〇一一）六月以前の撰ということになる。天皇、中書王具平親王、儀同三司*藤原伊周、左相府*藤原道長、左金吾*藤原頼通、藤原為時《ためとき》、大江以言《もちとき》、*大江匡衡、*源為憲、撰者の高階積善をはじめとする二九名の作がある。編集は類従的に行われている。詩形は七言律で、長い序がついているものもある。漢詩ではあるが、表現や詩想などは平安時代初期のものに比べると和風である。

［文献］今浜通隆『本朝麗藻全注釈1・2』（新典社、一九九三・一九九八）、川口久雄『平安朝日本漢文学史の研究 上・中・下』（明治書院、一九八八）。　（菅原　秀）

和漢朗詠集《わかんろうえいしゅう》　二巻からなる朗詠集で、*藤原公任の撰である。成立の年代、経緯ともに諸説ありはっきりしない。書名の「和漢」とは本朝と唐家の意味で、両朝の詩を選んだものである。ただし日本の方は漢詩と和歌である。別称に『倭漢抄』『朗詠集』『和漢朗詠』『朗詠』がある。諸本間に異同はあるが、漢詩文五八八、和歌二一六首を収める。このうち漢詩文は、詩句四四八句、四六文などの摘句一四〇首で、詩句は七言二句のものが四三二句でもっとも多い。漢家詩文は二三四首、本朝詩文は三五四首で本朝の作品が多い。作者の人数は日本人が約五〇人、漢人が約三〇人、和歌の作者は約八〇人である。作者別の漢人では白居易の一三九首、元稹一一首、許渾一〇首、日本人では*菅原文時四四首、*菅原道真三八首、大江朝綱《ともつな》と*源順三〇首、*紀長谷雄二二首などが多いが、白居易の三分の一にも満たない。和歌は*紀貫之の二六首、凡河内《おおしこうちの》躬恒《みつね》の一二首、*柿本人麻呂と中務《なかつかさ》の八首などが多い。構成は、上巻は春夏秋冬の四つで分け、さらに季節順に立春から仏名までの歳事、その後に季節的風物というふうに題を設けて分けて、六六題を立てている。下巻はすべて雑の部となっていて、天象の風・雲・晴・暁、草木禽獣の松・竹・草・鶴・猿などのように類題によってさらに分けて、類聚的に四八題が立てられている。後世の文学に多く引用されており、その影響は大きい。

［文献］　大曾根章介・堀内秀晃『新潮日本古典集成　和漢朗詠集』(新潮社、一九八三)、菅野禮行『新編　日本古典文学全集19和漢朗詠集』(小学館、一九九九)。

(菅原　秀)

源氏物語《げんじものがたり》　一一世紀初頭に、*紫式部によって書かれた。全五四帖からなる長編物語である。「桐壺」から「藤裏葉」までの三三帖を第一部、「若菜上」から「幻」までの八帖を第二部、「匂宮」から「夢浮橋」までの一三帖を第三部とするのが一般的である。第三部のうち、後半の一〇帖を舞台が宇治であることから、特に「宇治十帖」と呼ぶ。なお、「若菜」は「上」「下」と分割する。また第二部の終わりに本文がなく巻名のみ伝わる「雲隠」という巻があるが、これは数えない。第一部は、光源氏の誕生から青年期にかけての物語で、光源氏の誕生以前のことである母親桐壺の更衣の境遇から、ほかの物語にはない入念さで書き始められる。光源氏は葵の上と結婚するが、死別した母に似通った藤壺（父桐壺帝の妃）を愛し、秘密の子（冷泉帝）が生まれる。また藤壺の生き写しのような可憐な少女紫の上との関係を軸としながら、六条の御息所、明石の君、朧月夜の君、花散里、朝顔斎院、秋好中宮、玉鬘、空蝉、夕顔、末摘花など多くの女性たちとのかかわりから苦悩や悲哀を持ちながらも、光源氏は准太上天皇という地位（本来ならばありえない地位）と、天皇さえも持てない権勢を得るまでに栄華の道を歩んで行く。第二部は、光源氏の壮年期から晩年にかけての物語である。栄華を極めた光源氏ではあったが、しだいに絶望的な苦悩へと導かれる晩年を迎える。光源氏は女三の宮を妻として迎えるが、紫の上は動揺し、二人の間には修復しがたい溝が生まれる。紫の上は病床に伏し死去する。また女三の宮と密通した柏木は、若くして命を失う。さらに死去した柏木の未亡人落葉宮と夕霧の恋など、事件の主役はしだいに光源氏の次の世代に移る。第三部は、光源氏死後の物語であり、柏木と女三の宮の不義の子である薫を主人公として、明石の中宮腹の皇子である匂宮、宇治の八の宮の姫君たちである大君・中君、さらに大君の面影をたたえる浮舟とが、複雑にかかわりあう。
［文献］ 石田穣二・清水好子『新潮日本古典集成 源氏物語（1—8）』（新潮社、一九七六—一九八六）、秋山 虔編『別冊国文學源氏物語必携』（學燈社、一九七八）、秋山 虔編『別冊國文學源氏物語必携II』（學燈社、一九八二）、柳井 滋・室伏信助・大朝雄二・鈴木日出男『新日本古典文学大系19—23源氏物語（1—5）』（岩波書店、一九九三—一九九七）、阿部秋生・秋山 虔・今井源衛・鈴木日出男『新編 日本古典文学全集20—25源氏物語（1—6）』（小学館、一九九四—一九九八）、鈴木一雄監修『源氏物語の鑑賞と基礎知識』各巻（至文堂、一九九八—）、鈴木日出男編『源氏物語ハンドブック』（三省堂、一九九八）。 （菅原 秀）

蜻蛉日記《かげろうにっき》 作者は藤原道綱《みちつな》母、藤原倫寧《ともやす》女で本名生没年とも未詳である。成立は記載の終わる天延二年（九七四）以後と思われるが詳細は不明である。上・中・下の三巻からなり、上巻は天暦八年（九五四）から安和元年（九六八）までの一五年間で、天暦八年、作者二六歳当時の兼家の求婚に始まり、結婚、陸奥へ赴任する父との別れ、道綱の誕生、兼家の愛人の事件、母の死、兼家の病、*村上天皇の崩御、初めての初瀬詣までが、兼家との消息や贈答歌、短い手記などを含み、一二六首（長歌二首・連歌一首・初句のみのもの一首を含む）を交えながら書かれている。中巻は安和二年（九六九）から天禄二年（九七一）までの三年間であるが、上巻よりも記述量が多く、より詳細で作者の心理に触れる場面も多い。年頭の寿歌から、左大臣源高明の左遷、道綱の賭弓、石山参籠と鳴滝参籠、二回目の初瀬詣までが書かれている。下巻は天禄三年（九七二）から天延二年（九七四）までの三年間で、あきらめ、落ち着いた心境を見せ、兼家の子でもある兼忠女の子を養女に迎え、兼家との関係も絶ち、広幡中川の父の別邸に隠退し、母としての生活の日々が書かれ、道綱二〇歳の晴れ姿を記し、大晦日の夜更けに*追儺の門をたたく音の近づくのに耳を傾けているところで終わっている。全体はあわせて二一年間で、一夫多妻制の世のなかで兼家の第二婦人として、その愛の独占を願い、悩み続けるが、やがて期待を我が子に向けるようになり、寂しいあきらめに落ち着いていく女の一生が、心の遍歴を中心に自伝風に綴られている。
［文献］ 柿本 奨『蜻蛉日記全注釈（上・下）』（角川書店、一九六六）、上村悦子『蜻蛉日記解釈大成（1—9）』（明治書院、一九八三—一九九五）、犬養 廉『新潮古典集成 蜻蛉日記』（新潮社、一九八二）、秋山 虔編『別冊國文學王朝女流日記必携』（學燈社、一九八六）、長谷川政治・今西祐一郎・伊藤 博・吉岡 曠『新日本古典文学大系24土佐日記・蜻蛉日記・紫式部日記・更級日記』（岩波書店、一九八九）、菊池靖彦・木村正中・伊牟田経久『新編 日本古典文学全集13土佐日記・蜻蛉日記』（小学館、一九九五）。 （菅原 秀）

和泉式部日記《いずみしきぶにっき》 平安時代中期の日記文学作品であるが、『和泉式部物語』との別称もある。作者は書名のとおり、多情奔放な恋愛や歌人として有名な和泉式部とする自作説のほかに、種々の他作説がある。成立年代は未詳で、自作か他作かによって影響されるが、自作とすれば、年月を経て老後に昔を懐かしんで回想して書いたとは思えず、少なくとも寛弘四年（一〇〇七）以後そう遠くない時期と考えられる。長保五年（一〇〇三）四月から寛弘元年（一〇〇四）正月にかけての「女（和泉式部）」と「宮（冷泉院第四皇子敦道親王）」との一〇か月にわたる恋愛のいきさつが、一四七首に及ぶ和歌の贈答を軸に書かれている。為尊《ためたか》親王の喪に服していた頃の敦道《あつみち》親王との出会いに始まり、人目を避けながらの不安ななかでしだいに厚情が深まっていく様子、そして周囲の非難と反対を押し切り、親王妃を退けて邸に引き取られていくまでの、親王と女房という格段の身分差をも越えた純粋な恋愛関係が描かれており、それに対する作者のありのままの心情が綴られている。この作品においては「女（和泉式部）」というふうに、三人称で記されており、さらに本来は知るはずのない記述などもあることから、「物語」で「他作」とする説もあり、*藤原俊成と推定されたりしているが、人称、体験外記述の問題などをはじめとする物語的特徴も、ある種の文芸的な創作上の工夫と考え、「自作」で書名も「日記」とするのが一般的である。

［文献］円地文子・鈴木一雄『全講和泉式部日記』（至文堂、一九六七）、野村精一『新潮日本古典集成 和泉式部日記』（新潮社、一九八一）、秋山 虔編『別冊國文學王朝女流日記必携』（學燈社、一九八六）、藤岡忠美・中野幸一・犬養 廉・石井文夫『新編 日本古典文学全集26和泉式部日記・紫式部日記・更級日記・讃岐典侍日記』（小学館、一九九四）、中嶋 尚『和泉式部日記全注釈』（笠間書院、二〇〇二）。 （菅原 秀）

紫式部《むらさきしきぶ》日記《にっき》 二巻からなる平安時代中期の日記文学作品で、作者は『源氏物語』の作者として名高い*紫式部。書名を「紫日記」と表記する本もある。成立年代は寛弘七年（一〇一〇）頃と見られるが未詳である。作者が一条天皇中宮 彰子《しょうし》に仕えた際の、寛弘五年（一〇〇八）七月からの彰子が第二皇子敦成《あつひら》親王出産のため、父・左大臣*藤原道長の土御門殿に里下りしての出産、それにかかわる五壇の御修法、三夜・五夜・七夜の産養などの行事や、寛弘七年一月の第三皇子敦良《あつなが》親王の誕生にかかわる記事を中心に、宮仕え生活を通しての感想や見聞が書き綴られている。敦成・敦良両親王の誕生（中宮の御産）にかかわる記事が大半を占め、一見、記録的性格の強い作品であるが、寛弘六年正月の記事と寛弘七年正月の記事の間に、中宮方と斎院方の女房比較や、和泉式部、*赤染衛門、*清少納言などの性格や才気に対する批評、内省思索による自己の心境が述べられた、性質の異なる消息的性格を持つ部分が存在し、単なる御産部類記のような記録や主家賛美を目的とした見聞記とは考えにくい。性格の異なるものが混在するようにみえることから主題の認定が難しい。また、冒頭欠落、「一一日の暁」の段前後の欠脱錯簡、消息的部分竄入、残欠など、現存形態の信憑性や成立過程の問題もあるが、現存形態がほぼ本来の形を留めているものとするのが一般的。なお、この作品冒頭部分が『*栄花物語』「はつはな」の巻の下敷きになっていることは有名である。

［文献］萩谷 朴『紫式部日記全注釈（上・下）』（角川書店、一九七一・一九七三）、山本利達『新潮古典集成 紫式部日記・紫式部集』（新潮社、一九八〇）、秋山 虔編『別冊國文學王朝女流日記必携』（學燈社、一九八六）、長谷川政治・今西祐一郎・伊藤 博・吉岡 曠『新日本古典文学大系24土佐日記・蜻蛉日記・紫式部日記・更級*日記』（岩波書店、一九八九）、藤岡忠美・中野幸一・犬養 廉・石井文夫『新編日本古典文学全集26和泉式部日記・紫式部日記・更級日記・讃岐典侍日記』（小学館、一九九四）。 （菅原 秀）

更級日記《さらしなにっき》　平安時代中期の日記文学作品で、作者は菅原孝標《たかすえ》女である。書名は、古くは『さらしなの日記』『更科日記』とも表記された。書名の由来は、夫の任国が信濃国であったことからその名所の名をとったとする説や、この作品末尾付近の「月も出でで闇にくれたる姨捨になにとて今宵たづね来つらむ」という和歌が、『古今和歌集』＊の「わが心なぐさめかねつ更級や姨捨山に照る月をみて」の和歌に基づくところからとったとする説がある。成立年代は康平三年（一〇六〇）頃、作者が五三歳頃に回想して書いたと考えられる。内容は、作者が一三歳の秋、父の任国である上総を出発して都に至る道中、都での生活、宮仕え、結婚生活、五一歳のときの夫との死別、その後の一、二年頃までの約四〇年間が書かれている。この間の少女時代の物語世界への思慕憧憬から、妻として母としての現実的な幸福へと変化し、さらに阿弥陀仏来迎の夢に最後の魂の安住を見出すといった精神の遍歴が、回想的自伝的に綴られている。こうしたなかで、作者の憧れの対象は現実の壁によって変化を余儀なくされるが、絶望的にならずに、憧れは生涯持続されている。全体を通して、宗教的意識が色濃く見られることも特徴の一つであるが、晩年に回想して書かれたこの作品には過去の自分を否定的に捉える傾向があり、それだけ彼岸世界への頼みも強かったと思われる。

［文献］秋山　虔『新潮古典集成 更級日記』（新潮社、一九八〇）、秋山　虔編『別冊國文學王朝女流日記必携』（學燈社、一九八六）、長谷川政治・今西祐一郎・伊藤　博・吉岡　曠『新日本古典文学大系24土佐日記・蜻蛉日記・紫式部日記・更級日記』（岩波書店、一九八九）、藤岡忠美・中野幸一・犬養　廉・石井文夫『新編　日本古典文学全集26和泉式部日記・紫式部日記・更級日記・讃岐典侍日記』（小学館、一九九四）、小谷野純一『更級日記全評釈』（風間書房、一九九六）。

（菅原　秀）

讃岐典侍日記《さぬきのすけにっき》　作者は讃岐守藤原顕綱《あきつな》女で堀河天皇＊の典侍である長子《ながこ》である。成立は天仁二年（一一〇九）以後数年のうちと考えられる。作者と堀川天皇とはほぼ同年輩と考えられ、執筆時は三〇歳前後と推定される。二巻からなり、上巻は嘉承二年（一一〇七）の堀河天皇の風病発病から崩御までで、天皇の様態を終始見守りながら病状の推移を軸として、行動したこと、見聞きしたこと、感じたことなど看病に尽くした詳細が書かれ、下巻は鳥羽天皇＊へ再出仕し、折に触れては亡き堀河天皇を追慕する日々の一年間、天仁元年（一一〇八）の記事までが書かれている。全体で嘉承二年六月二一日から天仁元年一二月末日までの、一年半ほどの間の記事である。冒頭から、ある年の五月雨の頃の昔のことがしきりに思い出されるのでとあり、堀河天皇に対する絶ちがたい追慕の情を書き綴ることによって自らを慰めるために書かれたと考えられる。天皇の崩御といういわば特異な経験を、性質上から形式的な枠のなかで表現しているものの、親身な愛情が根底にあり、より切実な哀惜となって現れる心情の機微が、平易で明確な文章で綴られている。死の問題を観念的に拡大するというよりも、天皇とはいえ親しみを感じていた人の死の純粋な悲しみが書かれている。

［文献］小谷野純一『讃岐典侍日記全評釈』（風間書房、一九八八）、藤岡忠美・中野幸一・犬養　廉・石井文夫『新編　日本古典文学全集26和泉式部日記・紫式部日記・更級日記・讃岐典侍日記』（小学館、一九九四）。

（菅原　秀）

平中物語《へいちゅうものがたり》 平安時代の歌物語で、三八段からなる。作者は未詳である。成立は、天徳三年（九五九）から康保二年（九六五）頃と考えられている。別名『平中日記』『貞文日記』とも呼ばれる。書名の「平中」とはこの物語の主人公である平貞文《さだふみ》が中将であることからとったものである。物語は、主人公の平貞文にまつわる話で、私家集のように四季の順に配列されていない。ほとんどが平貞文と多くの女性たちとの恋愛譚であるが、成就するものは少なく、破綻の積み重ねの物語でもある。また、短歌が一四七首、長歌が一首、連歌が二首含まれており、話はそれぞれ和歌を中心に展開されているが、和歌そのものよりも状況に意が注がれている面がある。『伊勢物語』*を強く意識した作品であり、『貞文集』を母体に物語化されたものと考えられている。

［文献］ 目加田さくを『平中物語新講』（武蔵野書院、一九五八）、萩谷 朴『平中全講』（同朋社、一九五九）、片桐洋一・福井貞助・高橋正治・清水好子『新編 日本古典文学全集12竹取物語・伊勢物語・大和物語・平中物語』（小学館、一九九四）。 （菅原 秀）

枕草子《まくらのそうし》 作者は清少納言*で、長保・長徳年間の成立と見られる。書名は様々あるが、『清少納言枕草子』『枕草子』が正当である。「草子」は「草紙」「双紙」とも表記される。また、現在は「まくらのそうし」と呼ぶが、古くは「まくらさうし」「まくらざうし」と呼ばれた。形式・内容・長短様々の、全体で三〇〇余りの章段からなり、「春は曙」に始まり、最後を跋文で締めくくる。テーマは各方面にわたるが、作者の宮仕えの折の経験を中心に、自然、事物、情意、人生など、鋭い視点で見つめたものに対しての折に触れての独特な感想が、自由な形式と独特の表現で書き綴られている。おおまかにその特徴から、全章段の半数以上を占める「類聚的章段（ものづくし）」、経験や見聞が記され、後宮の記録としての性格を持つ「日記・回想的章段」、先の二つ以外のもので自然や人事に関する抽象的な感想が自由な形式で書かれている「随想的章段」の三種の章段に分類できる。今日では一般に随筆文学とされ、その先駆となった作品として、後世の随筆に与えた影響は無視できないとされるが、この当時に随筆という形態が確立されていたわけではない。跋文に「ただ心ひとつにおのづから思ふことを、戯れにかきつけたれば」とあるように、そのときどきの感想をそれまでにない自由な形で書きとめた作品である。鋭い観察眼によって自然や人事の美を捉えようとしている点にこの作品の特色がある。対象を個別に断片的に把握しようし、非常に感覚的な印象を書き記しており、その根底には宮廷のすばらしさを絶対的に賛美する精神がみられる。

［文献］ 田中重太郎『枕冊子全注釈1－5』（角川書店、一九七二）、萩谷 朴『新潮古典集成 枕草子 上・下』（新潮社、一九七七）、石田穣二『新版 枕草子 上・下』（角川書店、一九七九）、渡辺実『新日本古典文学大系25枕草子』（岩波書店、一九九一）、松尾聰・永井和子『新編 日本古典文学全集18枕草子』（小学館、一九九七）。 （菅原 秀）

栄花物語《えいがものがたり》 平安時代の歴史物語で別名『世継《よつぎ》』『世継物語』とも呼ばれる。四〇巻からなり、このうち上編の三〇巻と下編の一〇巻に分かれる。さらに下編の方は作者は巻三七と巻三八の間を区分し、作者も成立年代も別と考えられている。成立年代について、上編は巻三〇に書かれている藤原道長*の死後数年たった長元二年（一〇二九）から同六年（一〇三三）の頃とされ、下編が完成したのは巻四〇の最終記事の寛治六年（一〇九二）二月以後まもなくと考えられている。作者は、上編は*赤染衛門とするのが有力で、下編は巻三七までの作者は一品宮に仕えた女房とされ出羽の弁が有力で、巻三八以降は周防内侍説もあるが未詳である。*宇多天皇の代から*堀河天皇の寛治六年まで、一五代の約二〇〇年間の宮廷を中心とする貴族社会の歴史を編年体で記述したものである。このうち上編は*後一条天皇の万寿五年（一〇二八）二月までの約一四〇年間、下編は*後一条天皇の長元三年（一〇三〇）から寛治六年三月までの約六〇年間を収めている。上編はあくまで歴代天皇を骨子とした歴史物語となっているものの、道長物語の色が濃く、巻三から後は政治の中心になっていく。巻六から一四は子女の幸せを中心に、巻一五から二〇などは*法成寺造成とその供養を中心に、巻二一から三〇は晩年の道長が書かれている。そのほか、服装、生活習慣などの叙述は精細で当時を知る資料として、また正史にはない面を知る意味でも重要である。下編は道長没後の子孫の物語で、宮廷貴族生活が書かれているが、后妃などの消息が詳しく書かれ、特異な面を持つ。この物語全体は、史書としての性格と物語的虚構の性格の二つをあわせ持っている。

（菅原　秀）

［文献］松村博司『栄花物語全注釈（1—8・別冊）』（角川書店、一九六九）、秋山　虔・山中　裕・池田尚隆・福永　進『新編 日本古典文学全集「栄花物語（1—3）」』（小学館、一九九七）。

紫式部《むらさきしきぶ》と清少納言《せいしょうなごん》　紫式部は『*源氏物語』、清少納言は『*枕草子』の作者であり、平安時代を代表する女性作家とされ、作品を通して両者の才能は比較されることが多い。また『*紫式部日記』のいわゆる女房批評のところでの清少納言への辛辣な批評は有名である。紫式部は、天延元年（九七三）頃（そのほか九七八、九七〇年とする説もある）受領階層ではあるが当時屈指の文人藤原為時《ためとき》の女として生まれ、幼い頃から和漢の書になじんだ。のちに年の離れた藤原宣孝《のぶたか》の妻となるが長保三年（一〇〇一）死別する。その後、諸説あるが寛弘二年（一〇〇五）または同三年頃*藤原道長の長女中宮彰子《しょうし》のもとに出仕し、宮廷において物語作者としての評判が高かった。本来の女房名は父為時の姓、前官名にちなんで「藤式部」であった。「紫式部」とはいわばあだ名であり、その理由は『源氏物語』登場人物「紫の上」にちなんでなど諸説ある。本名も諸説あり確定しない。長和二年（一〇一三）秋か翌春頃に没したと推定されるがはっきりしない。清少納言は、後撰集時代の優れた歌人であった清原元輔《もとすけ》女として生まれ、幼い頃から和漢の書になじんだ。橘則光《これみつ》の妻となるが離婚し、その後、正暦四年（九九三）頃と推定されるが関白藤原道隆長女の中宮定子《ていし》のもとに出仕した。呼び名の「清」は清原氏の略称で、「少納言」は宮仕えにおける呼称である。宮仕えを辞したのち、藤原棟世《むねよ》と再婚したがのちに出家し京の郊外、月の輪あたりに住み、治安、万寿年間（一〇二一—一〇二七）頃に没したと推定されている。作品はほかに紫式部には『*紫式部日記』、『紫式部集』があり、清少納言には『清少納言集』がある。

［文献］角田文衛『紫式部の身辺』（古代学協会、一九六五）、山中　裕『平安時代の女流作家』（至文堂、一九六六）、角田文衛『紫式部とその時代』（角川書店、一九六六）、清水好子『紫式部』（岩波書

店、一九七三)、稲賀敬二『紫式部』(新典社、一九八二)、今井源衛『新装版 紫式部』(吉川弘文館、一九八五)、岸上慎二『新装版 清少納言』(吉川弘文館、一九八六)、鈴木日出男『清少納言と紫式部—王朝女流文学の世界—』(放送大学教育振興会、一九九八)。

(菅原 秀)

相模《さがみ》 (生没年未詳) 平安時代中期の女流歌人で*中古三十六歌仙に数えられる。父は源頼光《よりみつ》とする説もあるが未詳で、母は慶滋保章《よししげのやすあき》女、別に保胤《やすたね》女とする説もある。長徳四年(九九八)頃の誕生と推測される。寛仁三年(一〇一九)頃相模守大江公資の妻となったことからこのように呼ばれる。のちに不仲となり、帰京後には藤原定頼《さだより》との恋愛が始まる。一品宮脩子《いっぽんのみやながこ》内親王に仕え、歌人として能因《のういん》や和歌六人党の歌人たちと交流があった。長元八年(一〇三五)『高陽院水閣《かやのいんすいかく》年歌合』から、康平四年(一〇六一)『祐子院内親王家名所歌合』に至るまで数多くの歌合にその和歌が確認できる。そのほか、家集に『相模集』がある。また『*後拾遺和歌集』に四〇首をはじめとして、勅撰集には一一〇首が選ばれている。

[文献] 臼田甚五郎『平安歌人研究』(三弥井書店、一九七六)、犬養 廉「相模に関する考察—いわゆる走湯百首をめぐって」(上村悦子編『論叢王朝文学』所収、笠間書院、一九七八)。 (菅原 秀)

赤染衛門《あかぞめえもん》 (九六〇頃—一〇四一頃) 天徳四年(九六〇)以前の誕生と考えられる。平安中期の女流歌人で、三十六歌仙の一人に数えられる。父は赤染時用《ときもち》、『中古歌仙伝』『袋草紙』などには、実父は平兼盛《かねもり》と書かれており、母は兼盛の胤を宿して赤染時用(時望)に再嫁したとしている。貞元元年(九七六)頃に*大江匡衡の妻となった。*藤原道長の妻源倫子《ともこ》(源雅信《まさのぶ》女。上東門院彰子《しょうし》の母)に仕え、父の姓と官職(衛門志)から赤染衛門と呼ばれた。尾張守《かみ》に任じられた夫とともに、長保三年(一〇〇一)と寛弘六年(一〇〇九)の二度にわたり赴いた。長和元年(一〇一二)に匡衡と死別し、長久二年(一〇四一)の弘徽殿《こきでん》女御生子《せいし》歌合での記録を最後に、まもなく没したと考えられる。家集『赤染衛門集』がある。二十一代の勅撰集への入集は一〇〇首に近い。『*栄花物語』正編の著者としても有力視される。

[文献] 上村悦子『王朝の秀歌人赤染衛門』(新典社、一九八四)。

(菅原 秀)

馬内侍《うまのないし》 (生没年未詳) 源到明《よしあき》女で、到明の弟の右馬権頭源時明《ときあき》の養女となった。村上朝では斎宮女御徽子、円融朝では中宮(女皇)子、花山朝では大斎院選子《のぶこ》内親王に仕え、一条院では定子立后のときに掌侍として宮中に戻り仕えた。藤原朝光《ともみつ》、*道隆、*道長、*公任、実方《さねかた》など、多くの人々と交渉を持ち、恋愛でも華やかな生活を送ったが、晩年は出家して宇治に暮らしたらしい。選子内親王に出仕していた頃の様子は『大斎院前御集』にあり、四〇首程度の和歌もある。*中古三十六歌仙の一人に数えられ、『*拾遺和歌集』をはじめ勅撰集に四〇首ほど選ばれている。その他に『馬内侍集』がある。

[文献] 福井迪子『一条朝文壇の研究』(桜楓社、一九八七)。

(菅原 秀)

三十六歌仙《さんじゅうろっかせん》 三六人の優れた歌人の呼称で、平安時代中期の歌学者*藤原公任の撰である。公任の『三十六人撰』に収められた*柿本人麻呂・*紀貫之・凡河内躬恒《おおしこうちのみつね》・伊勢《いせ》・*大伴家持・*山部赤人・*在原業平・僧正遍昭《そうじょうへんじょう》・素性法師《そせいほうし》・紀友則《とものり》・猿丸太《さるまるだ》夫《ゆう》・小野小町《おののこまち》・藤原兼輔《かねすけ》・藤原朝忠《ともただ》・藤原敦忠《あつただ》・藤原高光《たかみつ》・源公忠《きんただ》・壬生忠岑《みぶのただみね》・斎宮女御・大中臣頼基・藤原敏行・源重之《しげゆき》・源宗于《むねゆき》・源信明《のぶあき》・藤原仲文《なかふみ》・大中臣能宣《おおなかとみのよしのぶ》・壬生忠見《ただみ》・平兼盛《かねもり》・藤原清正《きよまさ》・源順*・藤原興風《おきかぜ》・清原元輔《もとすけ》・坂上是則《これのり》・藤原元真《もとざね》・小大君《こだいのきみ》・中務《なかつかさ》をいう。この『三十六人撰』は、成立年時は未詳であるが、公任が具平《ともひら》親王と柿本人麻呂と紀貫之の優劣を論じ合ったことがきっかけとなり選ばれたとされているので、寛弘年間（一〇〇四―一〇一二）の末頃と推測される。全歌数は一五〇首にのぼる。公任は『三十六人撰』の前に、平安中期以前の三〇人の歌人の秀歌から各人一首を『十五番歌合』として選び、この後歌人六人を入れ替えて、一三〇首の『三十人撰』を作り、具平親王に贈っている。そして、さらに歌人の入れ替えと増加を経て、最終的にできあがったのが『三十六人撰』である。なお、三十六歌仙の私家集を集めたもの、また彼らの家集（『三十六人家集』）を総称して『三十六人集』と呼ぶことがある。また、これらの歌人の伝記として、藤原盛房《もりふさ》による『三十六人歌仙伝』という、家計・生没・官歴などが漢文体で簡略に記されているものがある。

［文献］　久曾神昇『三十六人集』（塙書房、一九六〇）、島田良二『平安前期私家集の研究』（桜楓社、一九七八）、樋口芳麻呂『平安鎌倉時代秀歌撰の研究』（ひたく書房、一九八三）。

（菅原　秀）

(三)　宗教・信仰

末法思想《まっぽうしそう》　仏教における終末思想。釈迦入滅後、正法・像法・末法の三時を通じて仏法が衰えていくという思想。正法の時代には釈迦の教え（教）とそれに基づく正しい実践（行）が行われ、悟り（証）も得られるが、像法の時代には証が得られなくなり、末法の時代には行・証ともなくなり、教のみになり、仏法が衰退するという。末法の始期については正・像・末三時の期間や釈迦入滅年次について説が分かれているため、その組合せにより諸説がある。日本では仏滅を周の穆王《ぼくおう》五三年として①正法五〇〇年、像法一〇〇〇年とし、末法初年を五五二年とする説、②正法一〇〇〇年、像法一〇〇〇年とし、末法初年を一〇五二年とする説などが主張された。①の五五二年は『日本書紀』*の仏教公伝年に当たる。この点について日本書紀は仏教公伝を敢えて入末法年とし、その後の仏法興隆の事実によって末法思想を克服しようとしたと解釈する見解もある。一方平安中期には②の一〇五二年（永承七）説が流布し藤原頼通*がこの年に宇治平等院を創建したのも末法思想の影響といわれている。末法思想は自らの信仰を宣揚するため、宗教者によってことさら強調された側面もあるが、平安後期の人々に強い影響を与えた。危機感を持った人々は様々な仏神と結縁して救済を求めるようになったが、このように末法思想は浄土*教、釈迦信仰、弥勒信仰、経塚*などを流行させ、顕密仏教を発達させている。

［文献］　田村円澄「末法思想の形成」（『史淵』六三、一九五四）、佐藤弘夫「日本の末法思想」（『歴史学研究』七二二、一九九九）。

（戸川　点）

本地垂迹説《ほんじすいじゃくせつ》　仏や菩薩が日本では神祇信仰の神々として姿を現すという教説。仏教の仏・菩薩と日本の神々との関係を説明する理論である。本地垂迹とは本体（本地）が姿（迹）を現す（垂）の意。本地垂迹説自体はもともと大乗仏教の経典に見られるもので、『法華経』寿量品《じゅりょうぼん》では絶対的理想の仏陀である釈迦を本地として、歴史的に実在した釈迦は垂迹であるとしている。こうした教説が日本では仏・菩薩と神々との関係に転用されたのである。本地垂迹説以前にも神仏の関係を説明する神仏習合思想は存在した。八世紀には神が仏法を悦び、仏法を守る護法善神となったり、神も罪業に苦しみ、仏法によって苦悩を逃れることを願う神身離脱の神などの言説が見られた。本地垂迹説もこうした神仏習合思想の延長上に位置づけられるが、八世紀のように日本の神々が仏教に帰依するという方向ではなく、本地垂迹説の場合は仏教側からのより積極的な神祇信仰取り込みと評価されている。本地垂迹説が一般化するのは一〇世紀後半以降のことで、一一世紀末頃には多くの神社で祭神の本地仏が特定され、鎌倉時代には有名な神社の本地仏は人々の共通認識になるほど一般化したといわれている。また、密教行者による山岳修行に伴って山の神々と仏・菩薩との習合・同体化も行われている。

［文献］村山修一『本地垂迹』（吉川弘文館、一九七四）、義江彰夫『神仏習合』（岩波書店、一九九六）。

（戸川 点）

浄土教《じょうどきょう》 阿弥陀如来の本願を信じて極楽浄土に往生し、成仏することを勧める教え。本来浄土とは仏・菩薩の清浄な国土をいい、阿弥陀の極楽浄土のほか、弥勒の兜率天《とそつてん》、薬師の浄瑠璃浄土など様々なものがあるが、日本では阿弥陀の極楽浄土が信仰された。こうした阿弥陀浄土への信仰は奈良時代にはみられたが、この時期の阿弥陀信仰は死者追善のために行われたもので、自らの往生を願うものではなかった。自らの往生のための阿弥陀信仰は平安初期に円仁*が比叡山に常行三昧堂《じょうぎょうざんまいどう》を建てたことに始まる。一〇世紀には源信*が『往生要集』*を著し、浄土教は教学体系を確立した。『往生要集』では阿弥陀如来の姿を正確に心に描き念じ、念仏者が阿弥陀如来と一体となる観想念《かんそうねん》仏《ぶつ》が説かれたが、その一方で造寺・造仏・写経・持戒・布施など様々な行為も往生の手段として認められた。そのため、末法思想の流布とともに貴族の手により阿弥陀堂が建立され、多くの浄土教美術が生み出されていくのである。また、慶滋保胤*の『日本往生極楽記』*のような往生伝も次々と編纂された。一方、源信より早く一〇世紀前半に阿弥陀の名を唱える称名念仏を勧めたのが空也*であった。称名念仏は院政期には大寺院を離れた聖*によって民衆に広められていった。平安末期に法然*が登場し、称名念仏を教理体系として位置づけた。以後、浄土教のなかから親鸞《しんらん》・一遍《いっぺん》などの教えも生み出されていくのである。

［文献］井上光貞『新訂 日本浄土教成立史の研究』（山川出版社、一九五六）、速水 侑『浄土信仰論』（雄山閣出版、一九七八）。

（戸川 点）

地蔵信仰《じぞうしんこう》 六道《ろくどう》衆生の救済に当たる地蔵菩薩に対する信仰。地蔵の利益は『地蔵十輪経』『地蔵本願経』などに説かれているが、釈迦入滅から弥勒出現までの間、五濁悪世無仏世界の衆生を解脱させることにある。特に地獄で苦しむ衆生を救うことが本願とされる。つまり地蔵信仰は本来、現世利益よりも来世の六道輪廻の苦しみに対応するものであった。『十輪経』などの地蔵経典は奈良時代には日本に伝わっていたが、その段階での地蔵信仰が盛んにならなかったのは地蔵信仰のこのような来世的な性格のためである。こうした地蔵信仰が発達するのは一〇世紀以降のことである。*源信が寛和元年（九八五）に著した『*往生要集』は地獄の様相を描いたことでも知られるが、そのなかで源信は地獄で衆生を救う地蔵を讃えている。地蔵信仰はこのように地獄に対する恐怖や浄土教が発達するのにともなって盛んになっていくのである。ただし、仏像としての地蔵像をみるかぎり、この段階の地蔵像は阿弥陀を取り巻く聖衆として造像されており、*浄土教のなかに包摂された信仰といえるものであった。地蔵信仰が独立し民間に広まっていくのは平安後期から院政期にかけてのことである。『*今昔物語集』には地獄で苦しむ人々を救う地蔵説話が多く見られ、地蔵専修の信仰が生まれたことを示す説話もある。こうしたなかで、やがて中世には人々の危難の身代わりになる身代わり地蔵や辻々の六地蔵などの信仰が生まれていくのである。

［文献］速水 侑『地蔵信仰』（塙書房、一九七五）、桜井徳太郎編『地蔵信仰』（雄山閣出版、一九八三）。

（戸川 点）

聖《ひじり》 大寺院を離れ、隠遁修行する者、あるいは民間布教などを行う宗教者。その存在形態は多様であるが、大別すれば山林で修行し験力を得て治病や除災に当る修験聖と葬祭を行う念仏聖とに二分でき、それぞれ役小角《えんのおづぬ》、*行基を初期の事例としてあげることができる。奈良時代の在俗の優婆塞《うばそく》・優婆夷《うばい》も聖といえるが、より多様な存在形態を示すのは平安時代、摂関・院政期になってからである。摂関期以降大寺院には摂関家の子弟が入り込むなど門閥化が進められた。院政期には学生と堂衆の対立もみられるようになり、*天台宗や*真言宗では修法の違いによりいくつもの分流ができるなど寺院内部がいわば世俗化していく傾向にあった。そのためこうした傾向を嫌い、大寺院を離れ、独自に修行や民間布教に励む者が多く現れるようになったのである。彼らは聖・聖人・上人などと呼ばれ、多くの尊崇を受ける者もいた。彼らは多様な存在形態を示しており、山林に入ってもっぱら自己のための修行に励む者、別所と呼ばれる修行地に隠遁し修行する者、全国を遊行して歩く者、造寺、造仏、写経、供養などの勧進をして歩く者など様々な聖がいた。市聖《いちのひじり》と呼ばれた*空也はこうした聖の代表的な一例で彼は念仏を広める一方、葬送儀礼にも携わった。また、彼らが修行した山林はやがて霊場として貴賤の信仰を集めることになった。『*梁塵秘抄』には聖の住所として箕面、勝尾寺、書写山、熊野那智などがあげられている。

［文献］平林盛得『聖と説話の史的研究』（吉川弘文館、一九八一）、萩原龍夫・真野俊和編『聖と民衆』（名著出版、一九八六）。

（戸川 点）

絵《え》**解**《とき》 宗教的絵画の内容や思想を解き語ること、またはそれを担当する者のこと。絵解きには説話を絵画化した説話画が用いられたが、中世以降用いられた説話画の種類には法華経曼《まん》荼《だ》羅《ら》図や地獄極楽図のような経典の内容を描いたもの、釈迦八《はっ》相《そう》図のような釈迦の伝記を描いたもの、聖徳太子絵伝や弘法大師絵伝のような祖師・高僧などの伝記を描いたもの、寺社の縁起を描いたもの、物語や伝説を描いたものなどがあった。これらはいずれもストーリーを持ち、その内容が解説者によって語られ、中世以降は芸能化していった。古代において史料上確認できる最初のものは『*吏部王記』承平元年（九三一）九月三〇日条で、重明《しげあきら》親王が貞観寺を訪れた際、良房太政大臣堂の釈迦八相図について寺座主がその意を説いたというもの。院政期の藤原頼長の日記『台記』には四天王寺絵堂で聖徳太子絵伝の絵解きを受けた記事がみられる（康治二年（一一四三）一〇月二二日条など）。このように古代においても絵解きが行われていたことが確認できるが、対象は貴族層に限られていたようで、また解き手も高僧であり、中世のように下級の絵解僧が幅広い階層を対象に行った絵解きとは様相を異にしている。なお、『栄花物語』巻十七「おむがく」には法成寺御堂の扉に描かれた釈迦八相図の説明が書かれているが、これは八相図の絵解きの文句と考えられる。

［文献］川口久雄『絵解きの世界』（明治書院、一九八〇）、林　雅彦『日本の絵解き』（三弥井書店、一九八二）。　（戸川　点）

行円《ぎょうえん》（九四七頃—？）　平安後期の聖。鎮西の出身。生没年は未詳だが、寛弘七年（一〇一〇）に「生年六十余」であった。頭に宝冠を戴き、皮服を身にまとい、千手陀羅尼《せんじゅだらに》を持って布教を行ったといい、そのため皮聖人《かわしょうにん》、皮聖《かわひじり》、皮仙《かわせん》などと呼ばれた。『小右記』長保元年（九九九）一一月七日条にみえる横川皮仙が行円であれば、比叡山で修行したものと思われる。寛弘元年（一〇〇四）、一条北辺に行願寺《ぎょうがんじ》を建立、堂供養している。藤原道長、藤原実資などの帰依も受け、行願寺の寺額は藤原行成の筆になる。法華経の書写供養、普賢講、釈迦講などの宗教活動のほか、長和五年（一〇一六）には実資の援助を受けながら粟田山路の整備も行っている。

［文献］平林盛得『聖と説話の史的研究』（吉川弘文館、一九八一）、勝浦令子「皮聖行円の宗教活動の特質」（土田直鎮先生還暦記念会『奈良平安時代史論集 下』所収、吉川弘文館、一九八四年）。
（戸川　点）

空也《くうや》（九〇三—九七二）　平安中期に浄土教を布教した僧。弘也とも。市聖《いちのひじり》、阿弥陀聖、市上人などと呼ばれた。醍醐天皇の子とも仁明天皇皇子常康《つねやす》親王の子ともいうが、その出自は不明。若い頃から諸国を遍歴し道や橋の整備、井戸掘削などの社会事業を行い、野ざらしになった死骸を一か所に集めて火葬し阿弥陀の名を唱えるなど死者追善にも当たった。二十余歳のとき尾張国分寺で出家、空也と名乗り、さらに播磨峰相寺《みねあいじ》、四国湯島などで修行し、奥羽地方で布教を行った。天慶元年（九三八）には京都市中で念仏の布教を始めた。天暦二年（九四八）には比叡山で天台座主《てんだいざす》延昌《えんしょう》より受戒し、光勝の戒名を与えられた。その後は民間への布教とともに貴族層への働きかけもみられるようになり、京に疫病が流行すると貴族、庶民から寄付を募り、一丈の十一面観音像、六尺の梵天・帝釈天・四天王像を作っている。また、金泥『大般若経』六〇〇巻の書写を行い、応和三年（九六三）に完成させている。この供養は左大臣藤原実頼以下多くの諸人が参会し、賀茂川の西に宝塔を作って行われた。そしてこの地に建てられたのが西光寺で、のちの六波羅蜜寺である。空也は天禄三年（九七二）ここで没する。空也の事績については同時代の源為憲が書いた『空也誄《くうやるい》』、慶滋保胤の『日本往生極楽記』の空也伝などに詳しいが、保胤は空也の出現によって初めて念仏が人々の間に広まったとその事績を讃えている。

［文献］堀　一郎『空也』（吉川弘文館、一九六三）。　（戸川　点）

慶滋保胤《よししげのやすたね》（九三三頃—一〇〇二？）　平安中期の文人。陰陽家賀茂忠行《かものただゆき》の第二子。兄に保憲《やすのり》、弟に保遠《やすとお》がいる。慶滋は賀茂の訓読みを読み替えたもの。兄弟が陰陽家になったのに対して保胤は*菅原文時に師事し文章生となる。内御書所《うちのごしょどころ》衆、近江掾、内記などを経て大内記、従五位下が極官位。若い頃より浄土信仰を持ち、叡山の僧らと念仏、作文、法華経講経を行う勧学会《かんがくえ》を結成する。著書『*日本往生極楽記』は最初の往生伝でその後の*浄土教の発展に強い影響を与えた。『*池亭記』は保胤の心情を吐露した随筆であるが、右京の荒廃など*平安京の様相を記している。寛和二年（九八六）出家、長徳三年（九九七）没とも長保四年（一〇〇二）没ともいう。

［文献］小原　仁『文人貴族の系譜』（吉川弘文館、一九八七）、後藤昭雄「慶滋保胤」（今野　達ほか編『日本文学と仏教1』所収、岩波書店、一九九三）、虎尾俊哉「慶滋保胤の改姓」（『古代東北と律令法』所収、吉川弘文館、一九九五）、平林盛得『慶滋保胤と浄土思想』（吉川弘文館、二〇〇一）。

（戸川　点）

往生要集《おうじょうようしゅう》　念仏の重要性を説いた書。著者は比叡山横川《よかわ》恵《え》心院《しんいん》にいた僧都《そうず》の*源信。寛和元年（九八五）成立。三巻。序文は有名な「それ往生極楽の教行《きょうぎょう》は、濁世末代《じょくせまつだい》の目足《もくそく》なり。道俗貴賤《どうぞくきせん》、誰か帰せざる者あらん」という一節で始まり、末世においては極楽往生のための教えと修行が重要である、そのために念仏に関して経論から要となる文章を集める、と本書の執筆意図を述べている。このように念仏の重要性を説く本書は平安期の*浄土教信仰に関するもっとも基本的、かつ重要な書物である。内容は①厭離穢土《おんりえど》、②欣求浄土《ごんぐじょうど》、③極楽証拠、④正修《しょうしゅう》念仏、⑤助念《じょねん》方法、⑥別時《べつじ》念仏、⑦念仏利益《りやく》、⑧念仏証拠、⑨往生諸業、⑩問答料簡《りょうけん》の一〇門からなり、①—③では穢れた娑婆《しゃば》世界を厭い、極楽浄土を願い求めることなどを述べる。このうち、①では地獄の様相についても述べており、日本人の地獄観にも大きな影響を与えている。④以降では往生の方法について述べ、阿弥陀の姿形を観察する観想念仏や阿弥陀の名号を唱える称名念仏の重要性を説いている。本書は完成の翌年、寛和二年（九八六）、宋の周文徳《しゅうぶんとく》を介して天台山国清寺《こくせいじ》へ納められ、五百余人もの人々が帰依したという。刊本や本書を訳出したものは多くあるが、主なものに花山信勝『（原本校註和漢対照）往生要集』、『大正新修大蔵経』八四、『大日本仏教全書』三一、『恵心僧都全集』一、『日本思想大系』六、岩波文庫、東洋文庫などがある。

［文献］井上光貞『新訂　日本浄土教成立史の研究』（山川出版社、一九五六）、大野達之助『上代の浄土教』（吉川弘文館、一九七二）。

（戸川　点）

続本朝往生伝《ぞくほんちょうおうじょうでん》　*大江匡房が撰述した往生伝。一巻。成立年代は不明であるが、本書の序文に「康和に竟へぬ」とあり、また本書の往生人の没年のうち、もっとも新しいものが康和三年（一一〇一）であることからこの頃の成立と考えられる。なお、匡房は天永二年（一一一一）に没しているので、康和を下ってもこの年以前の成立である。序文によれば本書は*慶滋保胤の『*日本往生極楽記』の遺漏を補い、同書以後の往生者の行業を集め、*浄土教を勧めるために著されたものである。取り上げられている往生人は*一条天皇、*後三条天皇、藤原頼宗、源顕基、*大江音人らの天皇・公卿、遍照《へんじょう》、慈忍《じにん》、覚運《かくうん》、*源信、覚超《かくちょう》、桓舜《かんしゅん》らの*僧綱、増賀《ぞうが》以下一九人の凡僧、慶滋保胤、大江為基《ためもと》、大江定基《さだもと》、大江挙周《たかちか》、源章任《あきとう》、*源頼義、小槻兼任《おづきのかねとう》ら殿上・地下、藤原兼経妻、源頼俊少女、比丘尼《びくに》願証、比丘尼縁妙、源忠《ただ》遠《とお》妻ら女性の四二人である。『日本往生極楽記』が仏弟子の分類である七衆による配列順序をとったのに対して本書では世俗的な身分秩序による配列となっており、特徴的である。匡房に近い人々の伝も多く、身近な取材によって書かれたものも多いと考えられる。天台系、特に*良源門下の伝も多く、本書から当時の天台浄土教の動向をうかがうこともできる。刊本は『群書類従』伝部、『浄土宗全書』続一七、『大日本仏教全書』一〇七、『日本往生全伝』六、『日本思想大系』七など。

［文献］ 井上光貞「文献解題」（井上光貞他校注『日本思想大系7往生伝法華験記』所収、岩波書店、一九七四）、小原 仁『文人貴族の系譜』（吉川弘文館、一九八七）。 （戸川 点）

日本《にほん》往生《おうじょう》極楽記《ごくらくき》 *慶滋保胤の編纂した往生伝。一巻。本書は三段階を経て編纂された。原形のできる第一段階は永観元年（九八三）没の千観伝があることからこれ以後、寛和元年（九八五）四月成立の*『往生要集』が本書に言及していることから寛和元年四月以前と考えられる。なお*『続本朝往生伝』序には「寛和年中、著作郎慶保胤作往生記伝於世」とある。両者を勘案すれば寛和元年頃の成立か。その後の変遷については本書行基伝の後に記載されている。本書成巻後、保胤は出家し執筆をやめたが、さらに往生人五、六人を得たため*兼明《かねあきら》親王に託して書き加えた（第二段階）。その際、兼明親王は*聖徳太子、*行基の二伝を載せよとの夢告を得たが病のため果たせず、保胤が二伝を書き加え（第三段階）現行本となる。第二段階は保胤の出家後であるから寛和二年（九八六）以後、兼明親王が没する永延元年（九八七）以前。第三段階はその後まもなくのことと推測される。本書は唐の*「浄土論」や「瑞応刪伝」にならい、国史や別伝、故老の伝聞に取材して往生人の行業を編纂したもので、四五人の伝を四二項目にまとめている。往生人には僧侶のほか在俗の男女も取り上げられ、巻頭の聖徳太子、行基を除いて仏弟子の七衆の配列に従って記載されている。これ以後本書にならって多くの往生伝が編纂されるなど後世に大きな影響を与えている。刊本には『群書類従』伝部、『大日本仏教全書』一〇七、『日本思想大系』七などがある。

［文献］ 井上光貞「文献解題」（『日本思想大系7往生伝法華験記』所収、岩波書店、一九七四）。 （戸川 点）

拾遺《しゅうい》往生伝《おうじょうでん》 三善為康《ためやす》が撰述した往生伝。三巻。当初は一巻の予定で撰述されたが、その後巻中・巻下が順次編纂された。そのため成立年次は各巻ごとに異なる。巻下所収往生人没年の最下限は天永二年（一一一一）であるので全体の完成はこの頃のことか。本書の序に「接江家続往生伝、予記其古今遺漏之輩」とあることから執筆開始は*大江匡房の*『続本朝往生伝』の成立した康和三―四年頃（一一〇一―一一〇二）以後となる。本書は匡房の*『続本朝往生伝』の後を継いでそれまでに遺漏のあった往生人の行業を集めたものである。書名の拾遺は『続本朝往生伝』の拾遺という意味である。本書に記載された往生人は三巻合わせて九五人にのぼる。往生人の配列は巻上・巻中が*『日本往生極楽記』と同様に仏弟子の配列である七衆の配列によって記載され、巻下は採訪順に配列されている。取り上げられた往生人は僧侶、尼、俗人男女などで階級の低い者も多く取り上げられている点に特徴がある。往生伝の素材としては国史、別伝、寺院の縁起などがあげられるが、巻上・巻中には*『本朝法華験記』からとった往生伝も多くみられる。刊本としては『続群書類従』伝部、『大日本仏教全書』一〇七、『浄土宗全書』続一七、『日本往生全伝』三・四、『改定史籍集覧』、『日本思想大系』七などがある。

〔文献〕 井上光貞「文献解題」(『日本思想大系7往生伝法華験記』所収、岩波書店、一九七四)。 (戸川 点)

本朝法華験記《ほんちょうほっけげんき》 法華経を受持読誦する持経者《じきょうしゃ》の略伝や法華経の霊験に関する話を集めた書。三巻。比叡山横川《よかわ》首楞厳院《しゅりょうごんいん》の僧鎮源《ちんげん》の著。鎮源自身の経歴は不明であるが、首楞厳院は源*信が止住したところであり、源信が建立したと伝える霊山院の釈迦堂毎日作法の結縁衆に名を連ねることなどから源信を取り巻く人々の一人であったと思われる。本書に記載された年紀のもっとも新しいものが長久四年(一〇四三)であり、序文にも「長久之年季秋之月記矣」とあることから長久年間(一〇四〇—一〇四四)の成立と考えられる。序文には中国では宋の義寂《ぎじゃく》の『法華験記』が流布しているのに日本ではいまだ同様の書がないと述べており、本書は義寂の『法華験記』を意識して書かれたものであることがわかる。ただし義寂の『法華験記』は現存しないため構成などの程度参照したものかは不明である。本書の配列は菩薩・比丘《びく》・在家沙弥《ざいけしゃみ》・比丘尼《びくに》・優婆塞《うばそく》・優婆夷《うばい》・異類の順に記載され、上巻四〇、中巻四〇、下巻四九、計一二九の伝を収めている。蛇と鼠、猿、野干、道祖神など人間以外のものも取り上げている点が注目される。本書編集の素材には『三宝絵詞』*『日本往生極楽記』*などが用いられているが、そのほか鎮源自身が取材したものや伝承からとったものも含まれる。翻刻・刊本には『続群書類従』伝部、『日本思想大系』七、藤井俊博『大日本国法華経験記 校本・索引と研究』、『京都大学国語国文資料叢書』三八などがある。

〔文献〕 井上光貞「文献解題」(井上光貞他校注『日本思想大系7往生伝法華験記』所収、岩波書店、一九七四)、千本英史『験記文学の研究』(勉誠出版、一九九九)。 (戸川 点)

陰陽道《おんみょうどう》 古代日本の貴族社会において成立・機能した思想体系。陰陽道とは、古代中国で生み出された陰陽五行説、天文、暦、道教、易などの思想をその基礎とし、そこに陰陽道祭や祓などにみられる宗教的行事を付加し、さらに占術面において呪術性・神秘性を強調した、古代日本の貴族社会に機能する宗教体系。神祇・仏教とは異なる独自の性格を得て成立したもので、その成立期は九—一〇世紀頃に求められる。継体天皇七年(五一三)七月、五経博士段楊爾《だんようじ》が百済から我が国に派遣されたことが、その伝来と考えられる。推古一〇年(六〇四)一〇月に百済僧観勒が暦本・天文地理書・遁甲方術の書をもたらし、天智天皇一〇年(六七一)正月には「陰陽」を習学していた人物の存在が知られ、天武天皇四年(六七五)正月条には「陰陽寮」の語が見え、同五月には占星台が設けられている。律令官制下においては中務省*の管轄下に陰陽寮*が置かれた。陰陽寮には頭以下の事務官僚とは別に、技術官として陰陽・天文・暦・漏刻の四科にそれぞれ博士一名(漏刻は二人)とその下に各科を習学する者各一〇名が置かれ(漏刻はなし)、陰陽のみ陰陽師六名が置かれ占筮相地を掌った。陰陽・天文・暦の三科それぞれを陰陽道と呼ぶこともあり、総称して陰陽道と呼ぶこともある。陰陽寮の頭の職務として「掌、天文、暦数、風雲気色、有異密封奏聞事」とあるが、奈良時代末頃より一事務官として任じられる者が多く、専門家としての意味が徐々に減じていたようである。しかし貞観期に、大春日真野麻呂や滋岳川人らの技術官出身者が陰陽頭になるに至って、その専門性を取り戻し始めた。これ以前は占いや祭祀の活動の主体は陰陽寮であったのに対し、この頃より陰陽家個人の名が前面に出てくるようになる。一〇世紀後半には賀茂保憲《かものやすのり》や*安倍晴明らの高名な陰陽師が登場し陰陽道の繁栄期を迎える。保憲・晴明らは寮を退いた後も私的にその活動を続けており、権力者との結びつきを強めていった。賀茂保憲は天文を安倍晴明に、暦を息子の光栄《みつひで》に伝えたとされ、院政期以降は賀茂・安倍両家によって家業化されることになった。

[文献] 村山修一『日本陰陽道史総説』(塙書房、一九八一)。

(八木真博)

返閇《へんばい》 天皇や貴人の出御の際、陰陽師が神を拝み、祓いや浄めを行う陰陽道の呪法の一つ。返閉の語は『隋書』経籍志の「玉女返閇局法」に初めてみられる。中国のこの返閇局法は日本にも伝来していたと考えられるが、日本で行われた返閉作法はこれと異なる部分が多い。返閇には大・中・小の三種があり、このうち大返閉は一〇世紀から一一世紀には絶えたとされる。小返閇についていえばその作法は、出づべき便門に向かい事由を玉女に申し、五気を観じ三度天鼓を打ち臨目思する。次いで勧請・天門・地戸・玉女・刀禁・四縦五横の呪を呪す。次いで禹歩を行い立ち留まって呪し、六歩歩むとされる。返閇は主に移徙や出行儀礼の際に行われたが、これ以外にも一部の陰陽道祭や相撲などの勝負事の際にも行われている。

[文献] 小坂眞二「陰陽道の返閇について」(村山修一編『陰陽道叢書4』所収、名著出版、一九九三)。

(八木真博)

宿曜道《すくようどう》 平安中期以降展開された、符天暦に基づき占星・暦算を行う科学・思想体系。天徳元年(九五七)に延暦寺僧日延が『符天暦経』を杭州より持ち帰り、翌年より符天暦が用いられるようになったとされる。符天暦とは八世紀末に唐の曹士蔿が作ったインド暦法の系統を引く暦法書である。*清和天皇の貞観三年(八六一)より行われた宣明暦《せんみょうれき》を用いて造暦を行った暦家とともに、造暦の宣旨を蒙って符天暦を用いて造暦を行うのが宿曜師である。その請来は賀茂保憲《かものやすのり》の請託によるものであったが、元来占星と暦算とを内包する密教側に特に受容され、『二中歴』には宿曜師として多くの僧の名を見ることができる。宿曜師の活動には天皇や貴族の運命を占う宿曜勘文の作成・転禍為福の祈禱・暦算がある。宿曜勘文には、個人の生年月日から一生の運命を占うもの、ある年の個人の運命を占うもの、日食・月食から個人の運命を占うものなどがある。また、初期の活動の中心であった造暦については長徳元年(九九五)に造暦の宣旨を蒙った*興福寺の仁宗《にんしゅう》以後、しばしば暦博士とともに共同で造暦を行ったが、長くは続かず暦家の暦と宿曜師の暦に相違があった場合には、争われることもあった。

[文献] 桃 裕行『暦法の研究』(思文閣出版、一九九〇)。

(八木真博)

道教《どうきょう》 古く中国で成立した民族宗教。儒教・仏教とともに三教に数えられる。神仙思想を中心とし陰陽・儒学・墨子・医学・讖緯思想のほかに呪術などの諸要素を内包する。「道教」の語は聖人の道の教え、道を説く教えの意であり道を究める術の意から道術とも呼ばれた。このため儒教・仏教の教えを道教と呼ぶこともあり、儒・仏二教と切り離して道教と呼ばれるようになったのは五世紀頃からである。二世紀の半ば頃に成立した五斗米道《ごとべいどう》と太平道の二集団を道教の源流とする。仏教の僧侶に当るものを道士、寺院に当たるものを道観というが、我が国では道士・道観の存在は確認することができず、公式には輸入されなかった。しかしながら道教は前述のような諸思想や方術・呪術と深いかかわりを有していたため、使節や渡来人などの人間の移動に伴って我が国に流入されており、陰陽道祭や修験者の行う作法や儀式には道教の影響が強くうかがわれる。
［文献］　下出積与『日本古代の神祇と道教』（吉川弘文館、一九八二）。
（八木真博）

安倍晴明《あべのせいめい》　（九二一―一〇〇五）平安時代中期の陰陽師。土御門家の祖。父は大膳大夫益材《ますき》。天文得業生・天文博士・大膳大夫・左京大夫・穀倉院別当・播磨守を歴任し従四位下に至る。賀茂忠行《かものただゆき》・保憲《やすのり》父子に師事しその道を習う。占・相地・天文暦数に優れ、*陰陽寮を退いた後も摂関家らに重用された。晴明以後天文は安倍家に、暦は賀茂家に伝えられることになるが、後世安倍家が繁栄したため数多くの伝承が残る。『*大鏡』では*花山天皇の譲位を天文の変より察知したこと、『宇治拾遺物語』・『源平盛衰記』では陰陽家の使役神とされる式神を召使ったこと、『*古事談』では*道長への呪詛を暴いたことなどが残る。著作に『占事略決《せんじりゃくけつ》』がある。
［文献］　村山修一『日本陰陽道史総説』（塙書房、一九八一）。
（八木真博）

官幣社《かんぺいしゃ》**・国幣社**《こくへいしゃ》　神社（官社）の格、等級。一〇世紀に成立した『*延喜式』神名帳《じんみょうちょう》には、東北から九州まで三一三二座の祭神が記載されている。これら神社には、神祇官から幣帛を頒《わか》つ官幣社と、国司から頒つ国幣社があり、それぞれ大・小社に分かれていた。その数は、官幣大社三〇四座、同小社四三三座、国幣大社一八八座、同小社二二〇七座であった。官社には、もと毎年二月、六月、一二月の*祈年祭に神祇官の幣帛を奉ることになっており、祝《はふり》が上京して幣帛を受け、帰社して祭ることになっていたが、特に僻遠の地では実行困難であったため、延暦一七年（七九八）に、国司が代わって奉幣することとなり、これを国幣社と呼んだのである。延喜一四年（九一四）の三善清行《きよゆき》の『*意見封事十二箇条』は、*神祇官において、祝は幣帛、清酒、鉄鉾を受け、あるいは馬（神馬）を受けるがその場で幣の絹を懐中にねじ込み、鉾の柄を抜き棄てて鉾のみとり、酒を飲み尽くしてしまい、神馬は郁芳門外で市人に売り払ってしまうありさまだと記している。一一世紀には二十二社奉幣制度が成立し、また諸国には*一宮・総社が置かれ、全国的な神社秩序が形成されてくるようになる。
（阿部　猛）

一宮《いちのみや》**・総社**《そうじゃ》　一国を代表する総鎮守神社を一宮と称し、それに次ぐものとして二宮《にのみや》・三宮《さんのみや》もあった。こうした各国内の神社の秩序づけは一一世紀末頃から現れた。一方、国・郡・郷などの一定の領域の神社に祀られた神を一か所に勧請《かんじょう》・合祀《ごうし》した神社を総社と称した。康和元年（一〇九九）の因幡国総社を初見とする。鎌倉時代までに文献上で存在が認められるのは、尾張・駿河・相模・武蔵・常陸・下野・若狭・加賀・因幡・安芸・淡路などの国々である。
［文献］　伊藤邦彦「諸国一宮・総社の成立」（『日本歴史』三五五、一九七七）。
（阿部　猛）

北野天満宮《きたのてんまんぐう》　京都市上京区にある*菅原道真を祀《まつ》った神社。単に北野神社ともいう。延喜元年（九〇一）右大臣から大宰権師に左遷され、同三年（九〇三）に没した道真の怨霊《おんりょう》が、しばしば祟《たた》りをなすとして、都の貴族をおびやかした。没後四〇年の天慶五年（九四二）に多治文子《たじひのあやこ》に道真の霊の託宣があって、小祠を建て、さらに天暦元年（九四七）近江国比良宮の禰宜《ねぎ》神良種《みわのよしたね》の子太郎丸に託宣あって、北野に社殿を建立した。のち天徳三年（九五九）には右大臣*藤原師輔が邸宅を寄付して堂舎を改築した。天満宮は神仏習合の神で、在地の雷神信仰と道真の霊が結びついて成立したもので、創建以来、*天台宗の曼殊院門跡のもとに宮寺として運営された。本殿は北野造と称され国宝に指定されている。現在でも、学問の神、農業の神などとして信仰を集めている。

［文献］竹内秀雄『天満宮』（吉川弘文館、一九六八）。（阿部　猛）

春日神社《かすがじんじゃ》　奈良市の御蓋《みかさ》山麓に鎮座する藤原氏の氏神。創始については、神護景雲二年（七六八）あるいは和銅年間（七〇八―七一五）の平城遷都前後の成立とする説、また天平勝宝年間（七四九―七五七）以前とする説がある。現在の祭神はタケミカヅチノミコト（鹿島神社から勧請《かんじょう》）・フツヌシノミコト・アメノコヤネノミコト・ヒメカミ。平城京の東北に位置する御蓋山は神体山として崇敬されていて、この祭祀の延長線上に春日神社が設けられたものと思われる。春日社の氏神祭祀が春日祭で、賀茂祭・石清水祭とともに三代勅祭の一つである。平安初期から春日祭に勅使が派遣されるようになり、もと旧暦の二月と一一月の年二回行われた。ただし現在は三月の春祭りのみである。平安末期に興福寺は春日若宮を創祀し、保延二年（一一三六）から若宮祭が行われた。春日社には天平神護元年（七六五）鹿島社神封が神祭料として寄進され、のち天皇や藤原氏をはじめとする貴族、庶民からも多くの所領・所職が寄進された。本所が摂関家、領家が春日社という形の荘園が多く、春日社摂関家の氏寺興福寺の支配下にあったから、すべての所領は興福寺領兼春日社領ということになる。なお、神社本殿は切妻造の妻側を正面として向拝《こうはい》をつけた形で、春日造と称される。

［文献］永島福太郎『奈良文化の伝統』（中央公論社、一九四四）、福山敏男『日本建築史の研究（訂正版）』（綜芸社、一九八〇）、義江明子『日本古代の氏の構造』（吉川弘文館、一九八六）。（阿部　猛）

二十二社《にじゅうにしゃ》　平安中期から、臨時奉幣の対象として朝廷から特に崇敬されるようになった二二の神社。祈雨（雨乞）や祈止雨（祈晴）などの奉幣を受けた。一種の社格。遣使奉幣の形をとるもので、平安後期までに恒例化した春秋二季の祈年穀奉幣にもあずかるようになった。二二の神社を列記する。伊勢神宮・春日神社・平野神社・大原野神社・吉田神社・梅宮神社・石上神社・大和神社・大神神社・広瀬神社・龍田神社・住吉神社・丹生川上神社・広田神社・賀茂神社・石清水神社・稲荷神社・松尾神社・貴布祢神社・北野神社・祇園社・日吉神社。（阿部　猛）

清水寺《きよみずでら》　京都市東山区清水にある寺。本尊は重要文化財の木造十一面観音像。本堂（国宝）は舞台造で有名。宝亀九年（七七八）大和国子島寺《こじまでら》の僧賢心《けんしん》が音羽の瀧で僧行叡《ぎょうえい》からこの地を譲られたのに始まると伝える。のち*坂上田村麻呂が堂舎を建て*桓武天皇が寺地を施入した。康平六年（一〇六三）以後、しばしば火災に遭い、現在の本堂は寛永一〇年（一六三三）のもの。隣接する祇園社・清閑寺と堺論を繰り返した史料が残る。康平七年（一〇六四）以後に成立した*藤原明衡作『清水寺縁起』(『大日本仏教全書』『群書類従』)がある。

［文献］清水寺史編纂委員会編『清水寺史１』(清水寺、一九九五)。

(阿部　猛)

金峯山寺《きんぷせんじ》　奈良県吉野町にある寺。蔵王権現《ざおうごんげん》を祀る金峯山修験本宗大本山。蔵王堂や二王門を中心とする。役行者《えんのぎょうじゃ》による草創、聖宝*による中興説や、行基*開山説などがある。平安時代、武力を蓄え神人*の強訴《ごうそ》もみられたが、平安末期からは興福寺*僧兵の武力に屈し、同寺の支配下に入った。これより先、平安中期には、弥勒浄土の兜率天《とそつてん》に比定され、白河上皇*や藤原道長*ら貴族の参詣が盛んであった。役小角《えんのおづぬ》にまつわる山上蔵王権現から湧出した霊石から蔵王堂にかけて経塚*が営まれ、道長が寛弘四年(一〇〇七)に埋納した経筒がここから出土している(元禄四年(一六九一))。金峯山寺の信仰と習合した地主神が金峯神社で、『延喜式*』神名帳では名神《みょうじん》大社。

(阿部　猛)

四円寺《しえんじ》　平安時代中期、天皇の御願寺*として建てられた「円」字のつく四か寺。仁和寺周辺に建てられた。円融寺(円融天皇御願寺、永観元年(九八三))、円教寺(一条天皇御願寺、長徳四年(九九八))、円乗寺(後朱雀天皇御願寺、天喜三年(一〇五五))、円宗寺《えんしゅうじ》(後三条天皇御願寺、延久二年(一〇七〇))の四か寺。各寺の検校は仁和寺御室《おむろ》が兼ねた。

(阿部　猛)

祇園会《ぎおんえ》　京都の祇園感神院の例祭。旧暦六月(現在は七月)に行われる。元来は御霊会《ごりょうえ》であるが、京都の町衆の祭りとして現在に至る。祇園信仰は元来神である牛頭天王《ごずてんのう》の信仰で、天王信仰ともいう。祇園祭は一〇世紀半ばまでには成立していたとみられる。元来は疫病退散を願う祭りであるが、鴨川で御輿を洗う「御輿洗」は神迎えの禊《みそぎ》であろう。平安末期の一二世紀には御輿迎えの行列がすでにみられる。御輿の行列の馬長《うまおさ》は宮中より派遣され、『枕草子*』に所見するから一〇世紀末には成立していたと思われ、院政期にはその行列は見物の対象となっていた。長保元年(九九九)無骨という僧形の雑芸者による飾りつきの引き物が大嘗祭の「標の山《しめのやま》」に似ていたことから、宣旨によって禁止された(『本朝世紀*』)。

［文献］米山俊直『祇園祭』(中央公論社、一九七四)、脇田晴子『中世京都と祇園祭』(中央公論社、一九九九)。

(阿部　猛)

辻祭《つじまつり》　社殿ではなく、街路の辻に祭場を設け神を祭ること。辻は道の交わるところ、人の集まるところで、境界でもある。天慶元年(九三八)九月、平安京の辻に木造の神が安置され、人々がこれを拝したといい(『本朝世紀*』)、応徳二年(一〇八五)七月、同じく東西二京に福徳神・長福神などと称した神を祭り人々が群集したという(『百錬抄』)。一般に、村境や広場に祀られた道祖神、石地蔵の祭りをも辻祭と称する。

(阿部　猛)

楽人《がくじん》・舞人《ぶにん》　雅楽の音楽を奏する人と舞踊を行う人。令制下、宮廷音楽を掌る官司は雅楽寮で、ここに楽人・舞人が属していた。倭楽・唐楽・高麗楽・百済楽・新羅楽などに分かれた。一方、蔵人所の管轄下に楽所《がくしょ》(令外官、天暦二年(九四八)設置)があり、唐・韓の楽を教習し、ここにも楽人・舞人がいた。彼らは雅楽寮*の楽人ではなく、多く近衛府*・衛門府*・兵衛府*に所属した。内教坊は女の舞人の教習所であった。神事・仏事法会のなかで雅楽が要求され、社寺の内部に楽所が設けられた。*興福寺・*東大寺・*薬師寺・*天王寺・*石清水八幡宮など多くの社寺が音楽家・舞踊家を抱えていた。楽人らは饗料・禄料を給与され、楽所では人別日別五升の米が給されたりした。一一―一二世紀に近衛府の舞人であった山村氏は、大和国内に所領を有する私領主であって、東大寺にも音楽をもって仕えていた。

［文献］ 林屋辰三郎『中世芸能史の研究』（岩波書店、一九六〇）。（阿部 猛）

多資忠《おおのすけただ》（一〇四六―一一〇〇） 節資《ときすけ》（時資）の子で伯父*政資の養子。寛治二年（一〇八八）右近衛将曹に任じ、同年一〇月相伝の「採桑老」を舞い勧賞された。四年右近衛将監となり、節資から「採桑老」、政資から「胡飲酒」の伝授を受けた。御神楽でも秘曲を相伝し*堀河天皇の師となった。康和二年（一一〇〇）六月、秘曲の伝授を拒んだため山村吉貞《よしさだ》・政連《まさつら》父子に殺害された。（阿部 猛）

多吉茂《おおのよしもち》（九三四―一〇一五） 好用とも書く。公用《きんもち》の子。右兵衛尉で、当時の「舞の上手」と『*御堂関白記』に所見。（阿部 猛）

多忠方《おおのただかた》（一〇八五―一一三五） *資忠の子。父資忠と兄節方《ときかた》が殺害された後、楽家多氏嫡流を継いだ。康和四年（一一〇二）臨時楽に舞人として奉仕し右近衛将曹に任ぜられた。永久二年（一一一四）白河新御願寺供養に「貴徳」を舞い右近将監に任ぜらる。三十余年の長きにわたって舞の第一人者と称された。（阿部 猛）

多近方《おおのちかかた》（一〇八八―一一五二） *資忠の子。楽家多氏の庶流。永久二年（一一一四）白河新御願寺供養の*除目で右近衛将曹に任じ、天承元年（一一三一）朝覲《ちょうきん》行幸に「採桑老」を舞い右近将監となる。父・兄の死後絶えていた「採桑老」の舞は四天王寺楽人秦公貞《はたのきみさだ》から伝えられた。（阿部 猛）

多政方《おおのまさかた》（?―一〇四五） *吉茂の子。右近衛将曹・同将監・周防守を歴任。寛仁元年（一〇一七）舞を賞され、摂政*藤原頼通から衣を賜わった。長元元年（一〇二八）*姓朝臣《あそん》を賜わる。（阿部 猛）

多近久《おおのちかひさ》（?―一一二一） *近方の子。はじめ崇徳院の武者所。右方の舞人で、右近衛将曹から右近衛将監・従五位下に至る。左大臣藤原経宗《つねむね》・内大臣藤原実定《さねさだ》の近習で、政界の事情に通じ、*九条兼実は日記『*玉葉』に「日本第一の京童《きょうわらんべ》」と呼んでいる。「情報通」とでもいうのであろう。（阿部 猛）

多政資《おおのまさすけ》（一〇〇四―一〇七七） *政方の子。永承五年（一〇五〇）右近衛将曹で、高陽院での試楽に舞っている。のち右近衛将監となる。（阿部 猛）

（四） 芸 術

平等院鳳凰堂《びょうどういんほうおうどう》 京都府宇治市にある寺院。現在は単立。*藤原頼通が父*道長から譲られた別業宇治殿を、永承七年（一〇五二）に寺に改め平等院と号した。天喜元年（一〇五三）三月四日に供養された阿弥陀堂は、翼を広げたような建物の外観と、棟上の金銅製鳳凰から、鳳凰堂と呼ばれている。国宝。南北幅四六メートル。池の中島に東面して立つ。本尊阿弥陀如来坐像は仏師*定朝作（『定家朝臣記』）。国宝。像高二七八・八センチメートル。檜材の*寄木造、漆箔。定印を結び、像内に心月輪を納入する。伏目がちな目、薄い衣、丸味のある体など、ゆるやかな曲面で構成された穏やかで円満な姿が特徴的。堂内長押上の小壁には、定朝工房による雲中供養菩薩像《うんちゅうくようぼさつぞう》が懸けられ、現在五二軀が残る。国宝。像高四〇―八七センチメートル。檜材の割矧造《わりはぎづくり》、もとは切金文様を交えた彩色像であった。雲の上で奏楽、歌舞、合掌など、本尊を讃嘆供養する姿が高浮彫りで表される。壁扉には、『観無量寿経』に説かれる阿弥陀十六想観のうち、九品往生観と日想観が描かれていた。九品来迎図《くぼんらいごうず》のうち「上品中生図《じょうぼんちゅうしょうず》」「上品下生図《じょうぼんげしょうず》」「中品上生図《ちゅうぼんじょうしょうず》」「下品上《げぼんじょう》生図《しょうず》」と「日想観図《にっそうかんず》」の扉絵が現存する。国宝。板絵着色。九品来迎図の背景に描かれたやまと絵は、北面から右回りに春夏秋冬を表す四季絵《しきえ》であり、宇治を表す名所絵《めいしょえ》でもある。扉絵は現在鳳翔館に収蔵され、堂内には復原模写がはめ込まれている。

[文献] 『平等院大観1―3』(岩波書店、一九八七―一九九二)。

(稲本万里子)

法成寺《ほうじょうじ》 *藤原道長によって造営された寺院。道長の病のため、寛仁四年(一〇二〇)に供養された無量寿院を取り込む形で、治安二年(一〇二二)に金堂と五大堂が建立され、法成寺が成立した。道長の邸宅である土御門殿の東側、鴨川までの地に、金堂、五大堂、阿弥陀堂(無量寿院)、十斎堂、薬師堂、釈迦堂などの巨大な堂宇が立ち並んだ。その美しいさまは『*栄華物語』『*小右記』などに詳しい。一一間四面の阿弥陀堂には、仏師康尚《こうじょう》と*定朝らによって作られた金色丈六阿弥陀如来像九体と、金色一丈観音・勢至、彩色四天王像が安置され、扉には九品来迎図《くぼんらいごうず》が描かれていた。また、金堂には金色三丈二尺大日如来像をはじめ、金色二丈釈迦・薬師・文殊・弥勒などが、五大堂には彩色二丈不動、丈六四大尊が安置され、定朝はこれらの造仏の功により法橋に叙せられた。万寿元年(一〇二四)薬師堂、同四年(一〇二七)釈迦堂供養。そのほか、治安元年(一〇二一)には道長の室倫子のための西北院、長元三年(一〇三〇)上東門院の東北院、永承五年(一〇五〇)頼通の講堂が供養された。このように、法成寺は道長の私的な浄土往生を祈願する一堂として始まったが、金堂、講堂を持つ一大伽藍へと発展して公的な性格を持つに至り、道長の氏寺として機能した。康平元年(一〇五八)に焼亡したが、その後直ちに再建され、摂関家の法会の主要な舞台となった。鎌倉時代末期には荒廃し、南北朝時代には跡形もなくなったという。

[文献] 杉山信三『院家建築の研究』(吉川弘文館、一九八一)、清水 擴『平安時代仏教建築史の研究』(中央公論美術出版、一九九二)。

(稲本万里子)

法界寺《ほうかいじ》 京都市伏見区にある寺院。真言宗。永承六年(一〇五一)日野資業が、日野家に相伝した薬師如来像を本尊として、薬師堂を創建。以後、日野一族の氏寺として整備・拡充され、一二世紀には、資業《すけなり》の子実綱《さねつな》女を母とする藤原宗忠《むねただ》によって、弥勒堂、塔、阿弥陀新堂が造営された。現在は、承久三年(一二二一)から嘉禎元年(一二三五)の間に安居院聖覚法印により再建された阿弥陀堂(国宝)と、康正二年(一四五六)建立の伝燈寺の灌頂堂を明治時代に移築した薬師堂(重文)が残る。薬師堂に安置される木造薬師如来立像は、永承頃の作とされる鞘仏である。方五間の阿弥陀堂には、定朝様《じょうちょうよう》の阿弥陀如来坐像を安置する。国宝。像高二八〇・〇センチメートル。

檜材の寄木造*、漆箔。定印を結ぶ。この像については、①康平三年（一〇六〇）以前造立の日野一族発願像（伝仏師定朝作）、②永保三年（一〇八三）完成供養の藤原俊家発願像、③承徳二年（一〇九八）完成供養の藤原宗俊発願像、④大治五年（一一三〇）完成供養の藤原宗忠発願像（仏師康助《こうじょ》作）、⑤保安元年（一一二〇）完成の藤原忠実発願像（仏師院覚《いんかく》作）、⑥承徳元年（一〇九七）頃に建立された藤原知信発願堂の本尊像などの諸説があるが、おおむね一一〇〇年前後の作と考えられている。内陣上方の小壁内側には飛天図一〇面と火舎図、楽器図各一面を描き、小壁外側には阿弥陀如来坐像一六体を描き並べる。また、四天柱には金剛界諸尊六四体を月輪中に配置する。これらは堂とほぼ同時期の作と見られる。

〔文献〕中野玄三『法界寺』（中央公論美術出版、一九七四）、宮次男編著『日本古寺美術全集15平等院と南山城の古寺』（集英社、一九八〇）。

（稲本万里子）

やまと絵《え》 平安時代以来の絵画用語。日本の絵画は中国唐時代の絵画を学びながら展開したが、九世紀中頃から日本の風景や風俗を描くようになると、これをやまと絵と呼び、中国的な主題を描いた唐絵《からえ》と区別した。平安時代のやまと絵は、四季の自然や年中行事を描いた四季絵《しきえ》や月次絵《つきなみえ》、または、それらを特定の名所に見立てた名所絵《めいしょえ》であった。この時代のやまと絵と唐絵には様式の違いはなかったが、唐絵は公的、やまと絵は私的な空間を表す絵画として機能していた。やまと絵用語の初例は、飛鳥部常則*が描いた藤原彰子《しょうし》入内の「倭絵《やまとえ》四尺屏風」（『権記』長保元年（九九九）一〇月三〇日条）。しかし、平安時代のやまと絵の障子絵や屏風絵は現存せず、鎌倉時代初頭の「山水屏風《せんずいびょうぶ》」（神護寺*）が現存最古のやまと絵屏風の遺例。鎌倉時代以降、宋元画が請来されると、これらの中国絵画にならった新しい主題や様式の絵、すなわち水墨画が唐絵または漢画《かんが》と呼ばれ、やまと絵は平安時代以来の伝統的な様式で描かれた絵を広く意味するようになった。室町時代には、伝統的なやまと絵を継承した土佐派《とさは》や、江戸時代に土佐派から分派した住吉《すみよし》派、俵屋宗達《たわらやそうたつ》に始まる琳派《りんぱ》や江戸時代末期の復古大和絵派などの流派の画風を表すことばとして用いられた。明治時代以降、ヨーロッパから油絵の技法が導入されると、この技法によって描かれた洋画に対し、伝統的な画材を使って描かれた日本画を意味するようになった。なお、大和絵と表記するのは江戸時代末期からである。

〔文献〕秋山光和『平安時代世俗画の研究』（吉川弘文館、一九六四）、千野香織「古代文学と絵画」（久保田淳ほか編『岩波講座日本文学史3 一一・一二世紀の文学』所収、岩波書店、一九九六）。

（稲本万里子）

来迎図《らいごうず》 来迎を主題とした絵画。来迎とは、臨終に当たって、仏ないし聖衆が極楽浄土に往生させること。阿弥陀仏が観音菩薩、勢至菩薩以下の聖衆を従え、臨終の信者の前に出現し、極楽浄土に迎える様子を描いた阿弥陀来迎図は、浄土教の盛行とともに数多く作られた。これらは、臨終に際して、阿弥陀仏の来迎の様子をイメージするための絵画であった。『観無量寿経』に説かれる九品往生は、極楽浄土に往生することを願う人々を、修行の深浅や能力の高低に応じて三品に分け、各品をさらに三つに開いて上品上生、上品中生、上品下生、中品上生、中品中生、中品下生、下品上生、下品中生、下品下生の九種とし、九品ごとに来迎のあり方が異なるとしている。九品来迎図の遺例として、*平等院鳳凰堂の扉絵や瀧上寺の「九品来迎図《くぼんらいごうず》」などがある。このほか、来迎印を結ぶ阿弥陀仏が、蓮台を持つ観音菩薩と合掌する勢至菩薩以下、多くの奏楽菩薩を従え来迎する「阿弥陀聖衆来迎図《あみだしょうじゅらいごうず》」(高野山有志八幡講十八箇院)、聖衆を二十五菩薩に限定し、スピード感あふれる来迎表現が特徴的な「阿弥陀二十五菩薩来迎図《あみだにじゅうごぼさつらいごうず》(早来迎《はやらいごう》)」(知恩院)、山の彼方から半身を見せて来迎する「山越阿弥陀図《やまごえあみだず》」(禅林寺)、阿弥陀来迎図にならった弥勒菩薩や十一面観音の来迎図などがある。また、来迎の様子を彫像で表した即成院阿弥陀二十五菩薩像などの来迎彫像の遺例もある。

[文献]　中野玄三『来迎図の美術』(同朋舎、一九八五)、濱田　隆「来迎図」(『日本の美術』二七三、一九八九)。

(稲本万里子)

山越阿弥陀図(禅林寺所蔵)

絵仏師《えぶつし》　仏画の制作や仏像の彩色を専門とする絵師。大同三年(八〇八)の画工 司《えだくみのつかさ》廃止以後、宮廷の絵所《えどころ》に再編された絵師以外は、仏教寺院専属の絵仏師になったと考えられる。彼らは僧籍に身を置き、制作の功により、*僧綱位に任ぜられた。ただし、絵所の絵師たちも、天皇や貴族の注文に応じて、仏画制作に携わったため、両者の様式に厳格な区別をつけることはできない。絵仏師の用語は、治暦四年(一〇六八)教禅《きょうぜん》が*法成寺の丈六仏の絵像一二〇余体を描いた功により法橋に叙せられたとあるのが初見(『初例抄』)。以後、応源《おうげん》、定智《じょうち》、智順《ちじゅん》らが活躍した。定智筆「善女竜王像《ぜんにょりゅうおうぞう》」(金剛峯寺)が現存する。なお、正規の僧侶でありながら、優れた画技を持ち仏画を描いた者は、画僧《がそう》と呼ばれている。

[文献]　平田　寛『絵仏師の時代』(中央公論美術出版、一九九四)。

(稲本万里子)

円《えん》　派《ぱ》　平安時代後期に始まる仏師の一派。*定朝の弟子 長《ちょう》勢《せい》の系譜を継ぐ円勢《えんせい》以下、名前に円の字がつく一派を円派仏師という。円派は、*院派や奈良仏師と異なり、摂関家と関係の薄い傍系であったが、*白河上皇や*鳥羽上皇の支持を得て、その膨大な造像を請け負い、一二世紀前半の造仏界を主導した。円派は、定 朝様《じょうちょうよう》を受け継ぎ、穏やかで円満な像を制作した。遺例として、康和五年(一一〇三)仁和寺旧北院薬師如来坐像(円勢・長円《ちょうえん》作)、保延五年(一一三九)安楽寿院阿弥陀如来坐像(長円作)、久安元年(一一四五)西大寺四王堂十一面観音立像(円信《えんしん》作)、安元二年(一一七六)大覚寺五大明王像(明円《みょうえん》作)などがある。

[文献]　京都国立博物館編『院政期の仏像』(岩波書店、一九九

二)、水野敬三郎ほか編著『日本美術全集6平等院と定朝』(講談社、一九九四)。　(稲本万里子)

院《いん》　派《ぱ》　平安時代後期に始まる仏師の一派。*定朝の子覚助《かくじょ》の子には院助《いんじょ》と頼助《らいじょ》がいたが、このうち、院助以下の、名前に院の字がつく一派を院派仏師という。院派は、定朝の正嫡として、定朝のもっとも重要な仕事であった摂関家の造像を受け継いだが、摂関家の弱体化とともに低迷した。院助の子院覚《いんかく》は、*鳥羽上皇の代になって、ようやく院の造像に携わるようになった。法金剛院の阿弥陀如来坐像は、大治五年(一一三〇)に院覚が制作した鳥羽上皇の中宮待賢門院璋子の御堂法金剛院の本尊と伝えられる。院派は、その後勢力を拡大し、一二世紀後半には円派に代わって造仏界を主導した。南都復興造像では、院《いん》尊《そん》が奈良仏師の成朝《せいちょう》をおさえて、興福寺講堂阿弥陀三尊像を担当したことが知られている。

〔文献〕　京都国立博物館編『院政期の仏像』(岩波書店、一九九二)、水野敬三郎ほか編著『日本美術全集6平等院と定朝』(講談社、一九九四)。　(稲本万里子)

慶《けい》　派《は》　平安時代末期に始まる仏師の一派。この派の祖である康慶《こうけい》は、*定朝《じょうちょう》の系譜を継ぐ正系仏師のうち、奈良に拠点を置いた奈良仏師の傍流であったが、康慶の子運慶《うんけい》、康慶の弟子快慶《かいけい》など、優れた仏師を輩出した。名前に慶の字がつく者が多いことから慶派と呼ばれている。鎌倉時代初頭に、運慶と快慶が*東大寺や*興福寺の復興造像に活躍し、また、鎌倉時代中期には、運慶の子湛慶《たんけい》が蓮華王院の復興造像を行った。運慶は、奈良や京都の古仏を研究し、古典様式を集大成し、写実的で力強い新様式を作り出した。一方、端正で美しい快慶の阿弥陀如来立像は、安阿弥様《あんなみよう》と呼ばれ継承された。慶派の仏師たちは、興福寺大仏師職、東寺大仏師職を相承し、京都七条に仏所《ぶっしょ》を構えて活躍した。

〔文献〕　水野敬三郎ほか編著『日本美術全集10運慶と快慶』(講談社、一九九一)、京都国立博物館編『院政期の仏像』(岩波書店、一九九二)。　(稲本万里子)

仏《ぶっ》　所《しょ》　仏像の制作を行う工房、または仏師が所属する組織。奈良時代には、律令制下の造寺司のなかに造仏所が設けられ、仏師たちが統合され、その長官として造仏長官が置かれていた。東大寺造仏長官として、大仏造営事業を監督指揮した国《くに》中連公麻呂《なかのむらじきみまろ》の名が知られる。延暦八年(七八九)造東大寺司の廃止後、仏像の制作・修理は造東大寺所に引き継がれた。平安時代に入ると、造東寺司が設けられたが、東寺講堂諸尊と東大寺の諸像との様式の類似から、造東寺司は造東大寺司系の仏師たちによって構成されていたと推測される。その後の仏師たちの動向は不明であるが、官営工房とのつながりを失った仏師たちは、大寺院の所属になっていったと考えられる。仏師康《こう》尚《じょう》と*定朝は、僧籍に身を置き、制作の功により、僧綱位に任ぜられたが、特定の寺院の内部で制作に当たるのではなく、私工房を経営していたと考えられる。彼らの事績から、*藤原道長をはじめとする宮廷貴顕の注文に応じて、大量の巨大な仏像制作に当たる工房の存在がうかがえるが、その実態は不明である。その後、定朝の系譜を継ぐ*円派や*院派の工房が京都における造像を行い、興福寺関係の造像は頼助《らいじょ》以下の奈良仏師やその傍流である*慶派の仏師が担当した。鎌倉時代以降、院派の流れを汲む京都の七条大宮仏所、運慶が奈良の地を離れ京都に設けた七条仏所、南都の椿《つばい》井仏所、宿院《しゅくいん》仏所などの存在が知られる。

［文献］小林　剛『日本彫刻作家研究』（有隣堂、一九七八）、田中嗣人『日本古代仏師の研究』（吉川弘文館、一九八三）。

（稲本万里子）

寄木造《よせぎづくり》　仏教彫刻の技法の一つ。仏像および神像の主要な部分を一材から彫り出す一木造《いちぼくづくり》に対して、像の主要な部分を複数の材を組み合わせて作り、内部に大きな内刳《うちぐ》りを施す木彫の技法、またはこの技法によって作られた像の構造をいう。一〇世紀後半に作られた六波羅蜜寺薬師如来坐像は、正中線で左右二材を矧《は》ぎつけており、寄木造による早い頃の作例である。天喜元年（一〇五三）に仏師定朝*によって作られた平等院鳳凰堂阿弥陀如来坐像は、寄木造による典型的な作例であり、頭体部は前後左右四材を寄せ、両腕、両脚部は別材で作って寄せ、頭体部、両脚部に内刳りを施す。内刳りは、表面の起伏に沿うように、しかも材をきわめて薄く処理している。一一世紀以降、一木造に代わり木彫像の一般的な技法になったが、このような技法が生まれたのは、仏像や木に対する意識に何らかの変化があったためと想像される。この技法によって、小さな材から巨像を作ることが可能になり、分業により工法が能率化し、さらに、大きく内刳りを施すことによって、干割れを防ぎ、軽量化することが可能になった。これによって、天皇家や摂関家からの大量の巨大造仏の注文にも応じることができるようになった。また、平等院鳳凰堂の雲中供養菩薩像《うんちゅうくようぼさつぞう》は、割矧造《わりはぎづくり》によって作られているが、これは、干割れを防ぐために、材を縦に割り、木心を刳り抜いたうえで、矧ぎ合わせる技法である。

［文献］西川杏太郎「一木造と寄木造」（『日本の美術』二〇二、一九八三）、同『日本彫刻史論叢』（中央公論美術出版、二〇〇〇）に収録）。

（稲本万里子）

蒔絵《まきえ》（平安時代）　漆を用いた加飾技法の一つ。漆で文様を描き、乾かないうちに金、銀、青金（金と銀の合金）などの金属粉や顔料の粉末である色粉などを蒔きつけて文様を表す技法。蒔絵の源流は、正倉院の「金銀鈿荘唐大刀《きんぎんでんそうのからたち》」の鞘に施された末金鏤《まっきんる》が研出蒔絵《とぎだしまきえ》と同技法であることから、天平時代までさかのぼることができる。研出蒔絵とは、金属粉や色粉を蒔きつけて乾燥させ、表面に漆を塗って木炭で研ぎ出す技法で、平安時代には漆工品の加飾技法の主流になった。初期の遺品には、空海が請来した三十帖冊子を納めるために延喜一九年（九一九）に作られた「宝相華迦陵頻伽蒔絵冊子箱《ほうそうげかりょうびんがまきえさっしばこ》」（仁和寺）、宇多法皇の所持品と伝えられる「宝相華蒔絵宝珠箱《ほうそうげまきえほうじゅばこ》」（仁和寺）、空海が請来した犍陀穀糸《けんだこくし》の袈裟を納めるために作られた「海賦蒔絵袈裟箱《かいふまきえけさばこ》」（教王護国寺*）などがある。平安時代後期には、「沢千鳥蒔絵螺鈿小唐櫃《さわちどりまきえらでんこからびつ》」（金剛峯寺*）、「片輪車蒔絵螺鈿手箱《かたわぐるままきえらでんてばこ》」（東京国立博物館）などのように、微細な金銀粉を用いて、抒情的な自然景を表すようになる。蒔絵と螺鈿を併用する技法は、調度品のほか、建築の堂内装飾にも応用された。平*《びょう》等院鳳凰堂《どういんほうおうどう》の須弥壇は平塵地《へいじんじ》（荒い粉を密に蒔き研ぎ出す技法）螺鈿で装飾されており、中尊寺金色堂《ちゅうそんじこんじきどう》は内陣のすべてを沃懸地《いかけじ》（荒い粉を淡く蒔き研ぎ出す技法）螺鈿で覆い、四天柱には研出蒔絵で菩薩像を表している。

（稲本万里子）

［文献］岡田　譲『東洋漆芸史の研究』（中央公論美術出版、一九七八）。

三《さん》蹟《せき》　平安時代の書に優れた*小野道風（八九四―九六六）、*藤原佐理（九四四―九九八）、*藤原行成（九七二―一〇二七）の三人、または三人の筆蹟（野蹟《やせき》、佐蹟《させき》、権蹟《ごんせき》）を江戸時代以降三蹟という。道風は、王羲之《おうぎし》の書を規範としながらも、穏やかで豊潤な書風から、和様の書の創始者とされる。遺墨には楷書・行書・草書の三体を交えた『玉泉帖《ぎょくせんじょう》』（宮内庁三の丸尚蔵館）、『三体白氏詩巻《さんたいはくししかん》』（正木美術館）などがある。佐理は道風の書を学んだが、やや癖の強い草書に特徴がある。遺墨は『詩懐紙《しかいし》』（香川県歴史博物館）など。行成は、端正な行書の名手として、和様の書を完成させ、その書流は世尊寺流《せそんじりゅう》と呼ばれた。遺墨は『白氏詩巻《はくししかん》』（東京国立博物館）など。『権記』の記主としても名高い。

[文献]　小松茂美『平安朝伝来の白氏文集と三蹟の研究』（墨水書房、一九六五）。　（稲本万里子）

定《じょう》朝《ちょう》　（?―一〇五七）　平安時代後期の仏師。仏師康尚《こうじょう》の子と伝えられる。治安二年（一〇二二）藤原道長建立の法成寺金堂・五大堂の造像や永承三年（一〇四八）*興福寺の復興造像に携わり、仏師として初めて法橋、法眼の位についた。天喜元年（一〇五三）*藤原頼通のために作られた*平等院鳳凰堂の阿弥陀如来坐像は現存する唯一の作例である。*寄木造の技法を用いて、緩やかな曲面で構成された穏やかで円満な姿に作られている。定朝は、鋭い彫法を見せる前代の彫刻を脱し、和様彫刻を完成させたといわれている。翌年に作られた西院邦恒堂の阿弥陀如来像は後世「仏の本様」と仰がれ、定朝の様式（定朝様《じょうちょうよう》）は、その後一世紀以上、造仏の規範になった。天喜五年（一〇五七）八月一日没（『初例抄』）。

[文献]　水野敬三郎「大仏師定朝」（『日本の美術』一六四、一九八〇）。　（稲本万里子）

小《お》野《のの》道《みち》風《かぜ》　（八九四―九六六）　平安時代中期の官人、能書。「とうふう」とも読む。*小野篁の孫。延喜五年（九〇五）*醍醐天皇に仕え、延喜二〇年（九二〇）能書により昇殿。紫宸殿の賢聖障子《けんじょうしょうじ》や、*朱雀・*村上天皇の*大嘗会の屏風に筆をふるったことが知られる（『日本紀略』『帝王編年記』）。「直幹申文絵巻《なおもともうしぶみえまき》」（出光美術館）は、天暦八年（九五四）民部大輔を望む橘直幹の申文を清書したという『*古今著聞集』の説話を絵画化したもの。王羲之《おうぎし》の書を規範としながらも、穏やかで豊潤な書風から、和様の書の創始者とされる。遺墨には『屏風土代《びょうぶどだい》』（宮内庁三の丸尚蔵館）、「円珍贈法印大和尚位並智証大師諡号勅書《えんちんぞうほういんだいかしょういならびにちしょうだいししごうちょくしょ》」（東京国立博物館）などがある。*藤原佐理、*藤原行成とともに、江戸時代以降*三蹟と呼ばれた。

[文献]　小松茂美『平安朝伝来の白氏文集と三蹟の研究』（墨水書房、一九六五）。　（稲本万里子）

藤原佐理《ふじわらのすけまさ》　（九四四―九九八）　平安時代中期の公卿、能書。「さり」とも読む。摂政太政大臣*藤原実頼の孫。*円融・*花山・*一条天皇の*大嘗会の屏風に和歌を書いたことや、内裏の殿舎の門額や、*東寺・伊予三島社の額を書いたことが知られる。正暦五年（九九四）大宰府に赴任したとき、宇佐八幡宮の*神人と争い、翌年大弐の職を解かれて京に召還された。『*大鏡』に「懈怠人」「如泥人」と評されるなど、放縦な性格であったらしい。安和二年（九六九）実頼主催の詩歌会で、自作の漢詩を懐紙に清書した『詩懐紙《しかいし》』（香川県歴史博物館）が現存する。そのほか、書状五通（『離洛帖《りらくじょう》』、『恩命帖《おんめいじょう》』、『国申文帖《くにのもうしぶみじょう》』、『頭弁《とうのべん》帖《じょう》』、『去《きょ》夏帖《かじょう》』）が残る。*小野道風、*藤原行成とともに、江戸時代以降*三蹟と呼ばれた。

［文献］小松茂美『平安朝伝来の白氏文集と三蹟の研究』（墨水書房、一九六五）。　（稲本万里子）

（五）平安貴族の生活

寝殿造《しんでんづくり》　平安時代の貴族住宅。固定的間仕切りのない空間が特徴である。条坊制による一町が基本で四〇丈（約一二〇メートル）四方であるが、四町の冷泉院や二町の東三条殿・土御門殿なども作られた。周囲は築地塀《ついじべい》を廻らし、東西あるいは北に正門を設ける。主屋である寝殿を南向きに建て、その東西あるいは北や北東に構造的にはほぼ同じ対屋と呼ばれる副屋を配置した。その間は透渡殿《すきわたどの》や壁渡殿《かべわたどの》でつないだ。寝殿の南庭には砂子（白砂）を敷き、池を設け、釣殿《つりどの》を建て、築山《つきやま》にした中島を作ったりした。東西の対から南に中門廊を釣殿までのばし、間に中門を設けその外側に、車宿や随身所、侍所などを配置した。北側には雑舎（下屋）が設けられた。寝殿は、板敷きで、中央を母屋《もや》、一段下がった周囲を廂、さらに長押《なげし》から一段下がった簀子《すのこ》が取り巻いた。簀子の中央から五級の階があり、その上には階隠《はしがくし》と呼ぶ屋根が突き出ていた。寝殿側面の南と北に妻戸《つまど》という扉があり渡殿に連絡しており、外は格子だった。広さは五間四面などといったが、母屋の正面に五つの柱間があり、母屋の周囲に四面の廂《ひさし》があることを表していた。一間は三メートル内外だった。一般的には、母屋は主人や正妻の居室となることが多かった。母屋の片側の端に二間四方の壁で塗り籠められた閉鎖的な塗籠《ぬりごめ》があり伝来の家宝などが保管されていた。対屋には、娘が住み婿取りすることも多かった。院政期以降、規模が徐々に縮小していった。

［文献］太田静六『寝殿造の研究』（吉川弘文館、一九八七）、「特輯寝殿造研究の現状と課題」（『古代文化』三九―一一、一九八七）。　（服藤早苗）

東三条第《ひがしさんじょうてい》　平安左京三条三坊一・二町にあった平安時代の代表的貴族邸宅。『拾芥抄』には、九世紀中頃*藤原良房により創建され、*基経―*忠平―重明《しげあきら》親王―*兼家へと伝領されたとあるが、*陽成・*宇多上皇の御院に使用され、また貞元二年（九七七）四月頃には*兼通が居住していた。永観二年（九八四）三月に焼失し、三年後に新造されている。この頃には、東三条院南院が独立しており、兼家の外孫居貞親王（のちの*三条天皇）の元服や立太子などが行われた。その後、*道長に伝領されたが、姉詮子《せんし》が長く住み、のちの*一条天皇を産み、最初の女院東三条院となっている。長保二年（一〇〇〇）一二月にも焼け、寛弘二年（一〇〇五）二月に新造されたが、一一月に内裏が焼亡したため一条天皇の*里内裏として用いられた。翌年三月一条院に遷御する際に、東三条第の鎮守神の角振・隼両社に正二位を授けている。のちには、三条・*後朱雀・*二条天皇の里内裏に使用され、また上東門院彰子の御所ともなった。道長の後には、*頼通―*師実―*師通―*忠実―*忠通―*基実と摂関家嫡流に伝領された。院政期になると、摂関家の重要な儀式に使用され、『*中右記』『*兵範記』『*台記』『*類聚雑要抄』などに詳細な儀式次第や指図などが記載され、また『*年中行事絵巻』大饗の場面に描かれており、復元模型が国立歴史民俗博物館にある。仁安元年

（一一六六）一二月、憲仁《のりひと》親王（のちの*高倉天皇）の東宮御所として使用中に焼亡し、以後再建されることはなかった。

［文献］川本重雄「東三条院と儀式」（『建築学会論文集』二八六、一九七九）、太田静六『寝殿造の研究』（吉川弘文館、一九八七）。

（服藤早苗）

蔀《しとみ》　廂《ひさし》の周囲の柱間に設ける建具。風雨を遮るための覆いをする「しとむ」が語源という。草や柴で作ったものもあるが（『*延喜式』神祇式）、板の両面に格子が張ってあるのが正式で、突き上げて開ける一枚蔀と、上半分だけ突き上げて開ける半蔀《はじとみ》あり、庭や縁側に立てて目隠しの役割をする立蔀《たてじとみ》もあった。奈良時代から仏堂に使われており、平安時代には寝殿に用いられた。特に上等のものは格子と呼ばれるようになった。『*源氏物語』では、夕顔の五条の宿と宇治の八の宮邸にしか蔀戸の記述がなく、粗末なものだったようである。

［文献］高橋康夫『物語ものの建築史』（鹿島出版会、一九八五）、小泉和子『日本史小百科・家具』（東京堂出版、一九八〇）。

（服藤早苗）

車宿《くるまやどり》　*牛車から牛を放して車を入れる建物。車庫。貴族の邸宅や寺社などに作られ、外の大門と中門の間に設けられた。普通、屋根は切妻、床は土間だった。平安中期には僧侶が京内に持つ控え家（妾宅）のことも指した。長保二年（一〇〇〇）四月、明豪《みょうごう》僧都が賀茂祭見物のために車宿に高く柵を構えたため、*衛門府に撤去させた記事がみえ、五月一四日には「僧侶車宿の事、先に制止を加う」とあり、前年の新制で禁止されたことがうかがえる。僧侶の車宿は、当時の記録や物語に多く、禁制が出るほど風紀上問題が多かったという。（服藤早苗）

家政機関《かせいきかん》　家政に従事する職員と組織。律令家令職員令では、有品親王と職事三位以上の男女には、公的家が設置され、家令・扶・従・書吏の四等官の公的職員が国家から支給される規定であった。養老三年（七一九）一二月には、五位以上に事業・防閤などが給されることになり、散三位以上と四位・五位にも公的家政職員が置かれることになった。これを宅司という。さらに、八世紀から、別当や知家事、知宅事、家司など、律令にはない職員がみられるようになる。一〇世紀初頭から、公的家には、令制職員のほかに、家司や知家事などが独自に任命され、主として家令以下の令制職員は下家司と呼ばれるようになった。組織も統括的役割を果たす政所のほかに、例えば摂関家などでは侍所、随身所、蔵人所、膳所、厩、雑色所、文殿、納殿、贄殿、大盤所、小舎人所など多くの下部組織が設置され、膨大な人員を包摂し、封戸や禄などの国家的給付物や荘園などの収入を管理運営し、私的な家行事ばかりではなく、摂関家が関与する国家的な年中行事なども主の命のもと家政機関職員が分担し奉仕していた。一方、女性には女御や内親王や摂関の妻などのほかには位階に対応した家政機関がしだいに置かれなくなり、一一世紀後期には、摂関家の正妻の北政所に家司が任命される程度になった。

［文献］渡辺直彦『日本古代官位制度の基礎的研究』（吉川弘文館、一九七八）、元木康雄『院政期政治史研究』（思文閣出版、一九九六）、服藤早苗『平安朝の家と女性』（平凡社、一九九七）、佐藤健治『中世権門の成立と家政』（吉川弘文館、二〇〇〇）。（服藤早苗）

婚姻形態《こんいんけいたい》　婚姻とは、男女が性結合を基本として夫婦共同生活を営むことであり、その形態は民族・時代・階級によって相違していた。日本古代社会では、正倉院に残る戸籍記載から、従来は一時的妻方居住ののち、夫方に移行する形態、婿入りを経た嫁入婚であるとされていた。また、戸籍では夫に何人もの妾が付籍されているので家父長制的嫁入婚であるとされていた。しかし、近年では戸籍の記載は編戸されたものであること、『*古事記』『*日本書紀』や『*風土記』、『*万葉集』などのほかの史料ではほとんど妻方居住であり嫁入婚史料がまれであること、平安時代は妻方居住を経た独立居住であり嫁入婚は未成立であることなどから家父長制的嫁入婚は否定されている。八世紀までは、天皇（大王）以外のほぼ全階層で男女当事者が性愛相手を決定でき、その後、妻の父母の同意を得、ある場合は共同体の同意を得て結婚が承認され、当面は男女双方が通い合い、配偶者以外の異性との性愛関係もさほどタブーではなく、離婚も頻繁な緩やかな結合形態である対偶婚であった、とされている。九世紀後期以降になると貴族層ではしだいに女性の父が決定し、儀式を伴う「婿取」が行われ、一定期間妻方同居し、その後独立居住する婚姻形態だった。妻方居住を経た独立居住婚である。院政期以降になると、妻の父主権の婿取儀式が行われるものの当初から独立居住だった。

［文献］高群逸枝『招婿婚の研究』（理論社、一九五三）、服藤早苗「純婿取婚をめぐって」（『歴史評論』四五五、一九八八）、関口裕子『日本古代婚姻史の研究 上・下』（塙書房、一九九三）、胡 潔『平安貴族の婚姻慣習と源氏物語』（風間書房、二〇〇一）。（服藤早苗）

露《ところ》顕《あらわし》 貴族層の正式な婚姻儀式において、新郎が新婦の家に通い始めて三日目の夜に行われる結婚披露宴。一一世紀になると吉日を選んで行うようになり、新郎の行始から四五日後に行われる場合もあった。また『*江家次第』執聟事では「近代露顕一夜なり」とあり、院政期には短縮され第一日目に行うようになっている。新婦方の家で酒肴を設け、親戚知人を招いて饗応が行われたが、新郎の両親は出席しなかった。結婚を社会的に認知し、社会に告知する意味を持っていた。この夜に小さな白い餅を用意し、帳内の新夫婦に食べさせる三日夜の餅の儀があり、披露宴よりも三日夜の餅の方が正式な婚姻締結の必要用件として重要視された。

［文献］高群逸枝『招婿婚の研究』（理論社、一九五三）、中村義雄『王朝の風俗と文学』（塙書房、一九六二）。（服藤早苗）

歯《は》固《がため》 元旦から三日まで鹿や猪の肉、押鮎、大根、瓜などを食べ、歯を強くして、寿命を延ばす祝いで、平安中期以降、天皇や貴族の邸宅で行われた年中行事。中国で行われる固い飴を噛んで歯を丈夫にする正月行事にならったと推察されているが、我が国では飴は用いない。『江次第鈔』に「年を延べ、齢を固める義なり」とあり、歯と齢を固める意義を持っていた。「歯固」の初見は、『*土佐日記』であり、一〇世紀初頭には貴族層に浸透していたことがうかがえる。延喜一一年（九一一）頃に年始における天皇への贄の供進が特別な儀礼的意義を付加されて、のちに歯固とされるに至ったとの説も出されているが、貴族層への浸透を考えると検討の余地が残されている。

［文献］山中 裕『平安朝の年中行事』（塙書房、一九七二）、井上亘「供御薬立制史考証―「歯固」の成立をめぐって」（『延喜式研究』一一、一九九五）。（服藤早苗）

戴《いただき》餅《もちい》 年の初めに寿詞を唱えながら幼児の頭に餅を戴かせる儀式。一〇世紀頃より貴族社会で行われた。正月一日から三が日の間、父や祖父が手筥の蓋に載せた三枚の切り餅を幼児の頭頂部に当て、三度戴かせる。女児は五歳、男児は七歳くらいまでの間行われたが、男女児では寿詞が違っていたと推察される。男児は、信西が「才学は祖父の如し、文章は父の如き」（『古事談』*）と唱えたように家業の継承や官職の昇進など成人後の理想像を言祝いだようである。女児の寿言は不明だが、誕生後の産養儀の廻粥《めぐりがゆ》では「女御后に成るように」との問答があるので同様なものと思われる。（服藤早苗）

［文献］中村義雄『王朝の風俗と文学』（塙書房、一九六二）。

元服《げんぷく》 男子の成人儀式で、童垂髪《わらわたれがみ》だった頭髪を元結いで結髪し、冠を加えること。平安初期には女子の成人式も称していた。元は首、服は冠を表す。九世紀までは、貴族層から庶民層まで一六歳前後であったが、一〇世紀には天皇から若年化が進行し、一一、二歳からになり、地位が高いほど早かった。院政期になると、官職や位階を早期に獲得するため五歳頃に行われる場合もあった。庶民層では一五、六歳が続いた。天皇の元服は、正月に行われることが多く、一二月には伊勢神宮や祖先陵墓に奉告され、当日は紫宸殿で能冠役が髻《もとどり》を結び、空頂黒《くうちょうこく》幘《さく》をつける。さらに、理髪役の左大臣が黒幘を脱がせ、太政大臣*が加冠し、左大臣が冠をただす。天皇は大人の朝衣に着替え出御し、醴酒を飲み、御肴を食した。同日に勧学院の児童から身長四尺五寸以上の者を選び元服後参入し、成人式後の天皇に前庭で引見した。二、三日後の吉日に大極殿で群臣の拝賀を受け、高齢者が祝辞を述べた。貴族層では、陰陽師が吉日を選び、親族や知人を招き、一門や親戚の尊長に加冠役や理髪役を依頼した。加冠役が重要で中世には烏帽子親として生涯にわたり主従関係を結ぶことが多かった。天皇や親王などは、元服の夜、副臥と呼ばれる年上の女性と性関係を持った。副臥は女御やキサキとなることが多かった。一〇世紀になると摂関や公卿層の子弟は、元服と同時に叙爵され、しかも摂関の正妻の男子は正五位下を叙位された。（服藤早苗）

［文献］中村義雄『王朝の風俗と文学』（塙書房、一九六二）、服藤早苗『家成立史の研究』（校倉書房、一九九一）。

出産習俗《しゅっさんしゅうぞく》 『古事記』*『日本書紀』*には、出産に際して産屋を建てる記事がいくつもみえ、古くからの習俗だったことが知られる。従来、出産を穢れとする禁忌思想から出たものとされてきたが、朝廷でも産の穢は九世紀以降であり、むしろ出産を保護する習俗だとされている。平安時代には、懐妊後三―五か月頃着帯が行われた。九世紀以降、皇后でも内裏の外の職御曹司で出産しており、女御たちは八か月近くになると後宮から里弟に出て出産した。出産の兆候が現れると産婦も介添えの女房たちも白一色に着替え、白木で作られた寝殿などの一角に設営された御簾内で出産した。難産が多く命を落とすことも多かったため、悪霊や怨霊を払うため僧侶や陰陽師・巫女らが呼ばれ、散米も行われた。出産は、座産で、女房たちが前後から抱えて介添えしたが、父親が行うこともあった。出産後、無事後産が降りるよう甑《こしき》を落とし割る習俗が行われた。縄文時代の土偶も同様な意義を想定されている。新生児の臍《へそ》の緒は産婦の母や産婦自身が竹刀で切ったが、父が切ることもあった。皇子の場合、誕生後すぐ天皇から御剣が賜与されたが、一一世紀以降、皇女の場合も誕生三日後頃賜与されるようになった。出産後は、朝晩の二回、新生児をお湯に入れる御湯殿儀が七日間行われた。さらに、三・五・七・九などの奇数日に出産を祝う産養が親族主催で行われ、一〇世紀後期になると第七日は父親が主催した。その後、五〇日・一〇〇日などの祝いが行われた。

［文献］中村義雄『王朝の風俗と文学』（塙書房、一九六二）、服藤早苗『平安朝―女性のライフサイクル』（吉川弘文館、一九九八）。（服藤早苗）

乳母《めのと》　生母に代わって授乳し養育する女性。院政期には男性の養育者も現れ、乳父と記しメノトと呼ばれた。『*日本書紀』神代に、「世乳母を取りて児を養う」とあり、チオモと読まれ、七世紀以前から大王や豪族層では、乳母が存在したことがわかる。皇子・皇女のためには乳部《みぶ》（壬生）が置かれていた。「養老律令」後宮職員令には、「凡そ親王及び子には皆乳母給へ。親王に三人、子に二人」とあり、親王・内親王と二世王に乳母が支給される規定であった。九世紀初頭までは皇子女の名は乳母氏名からとられた。養君が即位して天皇になると乳母は叙位されることが八世紀から見られるが、一〇世紀後期の円融朝以降、典侍になり実質的な後宮の統括者として勢力を持ち、三位に叙されるようになった。*後冷泉天皇の乳母だった*紫式部の娘大弐三位藤原賢子《かたいこ》はその典型である。院政期になると、例えば*堀河天皇と*鳥羽天皇の乳母を兼ねた典侍藤原光子《みつこ》は従二位に昇り、夫の権大納言藤原公実《きんざね》と息子通季《みちすえ》（乳母子）は院近臣として勢力を伸ばし、娘は鳥羽天皇に入内し待賢門院璋子《たまこ》となるなど政治力を発揮した。父子で継承される家が成立し、親権が確立した結果、親代わりとして影響力を及ぼせたからである。さらに、乳母や乳父が養親として政治的地位を上昇させる平安末になると、授乳は地位の低い女性が担い、乳人、おちのひとと呼ばれた。

［文献］角田文衞『著作集6平安人物志 下』（宝蔵館、一九八五）、吉海直人『平安朝の乳母達』（世界思想社、一九九五）。（服藤早苗）

算賀《さんが》　四〇歳から一〇年ごとに長寿を祝う通過儀礼。賀算ともいう。年数にちなむ献物や経巻供養の法会が行われた。初見は、*聖武天皇の四〇歳であり（『東大寺要録』一）、『*懐風藻』にも「五言。賀五八年」などとある。四〇歳賀は、四の字を忌み五八賀とも称されていた。平安時代には盛んになり、天皇の場合は中宮らが献呈者となり天皇への献物や公卿以下の列席者の饗膳などを*中宮職が用意し歌舞管弦を伴う祝賀宴が開かれた。天皇以外の賀算では、子弟・親戚・知人が主催者になり、子弟らが童舞を舞い、作文・作歌などが行われた。また、上皇、皇太后などや摂関の賀算は内裏で行われた。『*源氏物語』では重要な要素となっており、院政期にはその影響のもと、盛大になっていった。

［文献］中村義雄『王朝の風俗と文学』（塙書房、一九六二）。（服藤早苗）

尚歯会《しょうしかい》　尚歯は高齢を貴ぶこと。高齢者が集まり長寿を祝い酒宴を催し、詩や和歌を賦し、音楽を奏した。唐の白居易が会昌五年（八五四）三月に履道坊に高齢者六人を招いて七叟尚歯会を行った故事にならった。貞観一九年（八七七）三月、南淵年名が小野山荘に、*大江音人・藤原冬緒《ふゆお》・*菅原是善・文室有真《ざね》・菅原秋緒《あきお》・大中臣是直《おおなかとみのこれなお》の六人を招き酒宴し漢詩を賦したのが初見。安和二年（九六九）には藤原有衡《ありひら》が粟田山荘で行い実頼が倭漢両会の肖像画を贈った。天承元年（一一三一）には藤原宗忠《むねただ》が白河山荘で行った。承安二年（一一七二）には藤原清輔《きよすけ》が宝荘厳院で和歌を詠じた。養和二年（一一八一）には賀茂重保が主催している。平安時代には以上の五回の尚歯会が行われた。

［文献］中村義雄『王朝の風俗と文学』（塙書房、一九六二）。（服藤早苗）

男色《なんしょく》　「だんしょく」とも。男同士の同性愛。*『日本書紀』神功皇后摂政元年二月条に、生前麗しい友達だった男同士を同墓に葬ったため太陽が昇らない日々が続き、阿豆那比《あずない》の罪とされ、別墓にすると太陽が昇った、とある。同性同士の性愛は生殖を伴わないため、共同体のタブーとされていた。農業から離脱した都市が成立した一〇世紀になると、男性同士の性愛が始まり、院政期には貴族層に蔓延した。*藤原頼長の日記『*台記』には、多くの男色相手やその具体相が詳細に記されている。頼長は妻や妾もおり、遊女を買っている記事も見られる。院や摂関など上層貴族層は政治的勢力関係を広げるための男色関係を持ったとされている。

［文献］五味文彦『院政期社会の研究』（山川出版社、一九八四）、服藤早苗『平安朝の女と男』（中央公論社、一九九五）。（服藤早苗）

食生活《しょくせいかつ》　貴族の正式の食事回数は二度であった。しかし、朝起きたときに粥を食べることもあったようである。主食は、甑《こしき》で蒸した強飯《こわいい》で、現在の「おこわ」に近い。また、水で炊いた米飯を姫飯といい、これも主食であった。副食には、干し魚や野菜を食したようである。一年間のそれぞれの節目である年中行事には、決まった食事をとっていた。例えば、正月元旦から三日間、*歯固といい、長寿を祈って押し鮎・大根・瓜・猪宍《いのしし》・鹿宍などを食した。また鏡餅を飾り見た。一五日には米・粟・黍・薭子・葟子《みの》・胡麻子・小豆など七種の雑穀を使った七草粥が食された。一五日の望にちなみ望粥《もちがゆ》ともいった。さらに、着《ちゃっ》袴《こ》・*元服・着裳や婚姻などの人生儀礼には多種類の副食が盛りつけられた膳が参列者に供された。鯛や鮑などの魚貝類のみならず、米や麦の粉を練ってのばした物を種々の形に曲げ、油で揚げた糫餅《まがりもち》、米や麦などの粉を餅にして茹で、甘葛と合わせ、竹筒などに押し入れて固めた粉熟などの菓子類が供された。参列者の前に置かれた豊富な料理の残りは「下ろし」と称され、家の従者・雑色・下人らが階層秩序にしたがって次々に食した。また、人生儀礼などの祝には、頓食《とんじき》という堅く握った飯が同様に分配され、門前に出され平安京の庶民にも振る舞われることがあった。

［文献］池田亀鑑『平安時代の生活と文学』（角川書店、一九六六）、山中　裕『平安朝の年中行事』（塙書房、一九七二）、山中　裕ほか編『平安時代の信仰と生活』（至文堂、一九九四）。（服藤早苗）

物忌《ものいみ》　①神事や法会などに関係する者が、一定期間、酒肉や五辛の食べ物、性関係を断ち、沐浴などをして心身を清浄にし潔斎すること。*『日本書紀』雄略天皇七年七月に「天皇斎《もの》戒《いみ》したまはず」とあり、物忌しなかった天皇は三諸神を見ることができなかったとされる。神祇令では散斎《あらいみ》と致斎《まいみ》の二段階に分け、散斎は喪を弔うことなど六禁を、致斎は祭祀以外一切を行わないことと規定している。②陰陽師の判断により、一定期間、家や特定の建物に籠って謹慎すること。また広く占いや暦が凶であるときや、触穢にある者が籠居して身を慎むこと。物怪や悪夢の際に陰陽師が六壬式占で占申し、期間を決めた。

天皇の場合、物忌札を各所の柱や清涼殿の各装束に貼り、柳の木を削って物忌と書いた札に糸をつけ、御冠の纓《えい》に挿し、ほかの殿社に出ず籠った。貴族層は物忌簡を門などに立て、閉門し外来者を禁じた。九世紀頃から史料に現れる。③伊勢神宮をはじめ、鹿島・賀茂などの大社に置かれて、神事にあずかった童男・童女。童女を伊勢神宮では子良《こら》とも称した。各物忌には補佐役である物忌父が付き添った。本来は大人の男女の役職だったが、子どもになった。　（服藤早苗）

方《かた》違《たがい》　陰陽道の方忌思想に基づく忌避行為をいう。陰陽道の政治思想を導入した桓武朝から始まるが、一時衰退し、清和朝に藤原良房*の主導で天皇の方違が始まる。一〇世紀には賀茂《かもの》保憲《やすのり》*や安倍晴明*らの陰陽家が排出したこともあり、一〇世紀後半には方違が盛んに行われた。方違には、大将軍・金神などにかかわる長期の方忌《かたいみ》を必要とする犯土造作と、天一神などの短期の旅行移徙に分類できる。後者の天一神遊行の方向・方位を避ける方忌は、一一世紀初頭から盛んになり、藤原道長*や実資*の日記には頻出し、貴族層に浸透したことがうかがえる。『源氏物語』*には、方違を口実に光源氏が受領の娘に会う場面があり、陰陽道信仰への批判や形骸化もうかがわれる。

［文献］ベルナール・フランク『方忌みと方違え』（岩波書店、一九八九）、村山修一他編『陰陽道叢書1古代編』（名著出版、一九九一）。　（服藤早苗）

占《うらな》い　物の形や予兆によって神の意志をさぐり、物事の成否・吉凶を判断すること。古くは、鹿の肩胛骨を焼きそのひびの入り方でことの成否を判断する太占《ふとまに》が行われていた。その後大陸から亀の甲を焼いてできたひび割れの形状で吉凶を判断する亀卜が伝わり、その担い手として卜部集団が形成されたらしい。神奈川県三浦市の間口洞窟から出土した遺物は五世紀のものとされており、その頃から行われていたことがわかる。律令では神祇官所属の卜部が亀卜を行い、長官が掌握する規定だった。奈良時代後期から卜部のなかで技術の優れた二人が卜部を指揮することになり宮主と呼ばれた。また、陰陽寮には、陰陽師が置かれ、式盤を回転して行う式占や筮竹を使う卜筮が行われる規定であった。朝廷では、天災地異や戦乱や年中行事などでも宮主・卜部に亀卜をさせ、陰陽師には占筮させている。九世紀後期には「有売卜者年加八十」（『本朝文粋』）とあり、売卜者、俗にいう易者が、平安京にいたことがうかがえる。平安貴族社会では朝廷の年中行事や元服や入内、婚姻などの人生儀礼あるいは建築、移徙など、生活の全般にわたって、陰陽師による様々な卜占が行われていた。また、『万葉集』には、辻占や名占などが出ており、また平安時代になると、見た夢を判断する夢占などが史料に散見する。

［文献］村山修一『日本陰陽道史総説』（塙書房*、一九八一）。　（服藤早苗）

夢《ゆめ》解《とき》　夢の意味を解読すること。「夢合《ゆめあわせ》」「夢相《ゆめあわせ》」「夢占《ゆめうら》」ともいう。夢は未来の前兆《ぜんちょう》・予告と思われ、神意として扱われた。古代中国には占夢、占夢博士などの専門職が置かれたが、我が国では陰陽師が夢の解釈を行い、個人の行動や国の政策決定にも影響を及ぼすことがあった。宗教的にも重要な役割を担い、特に密教の僧は夢想を重んじた。夢のなかで隠れた因果応報が語られ、往生《おうじょう》の予告や結果が告げられ、夢体験はのちの鎌倉仏教においても重要なものとして見られた。明恵《みょうえ》の

『夢記《ゆめき》』は名高い。

［文献］ 酒井紀美『夢語り・夢解きの中世』（朝日新聞社、二〇〇一）。 （阿部 猛）

束《そく》帯《たい》 律令制下の礼服・朝服のうち、朝服の系譜を引く和様化した服装。冠・袍《うえのきぬ》・下襲《したがさね》・袙《あこめ》・単《ひとえ》・表袴《うえのはかま》・大口袴・沓《くつ》などによって構成され、石帯《せきたい》によって全体を束ねることからこの名がある。平安中期以降、礼服の着用が実質には即位式のみとなったため、束帯が平安貴族の正装といえる。袍は着用者の位階によって色分けされ、「位袍《いほう》」という。衣服令では、深紫（一位）・浅紫（二位・三位）・深緋（四位）・浅緋（五位）・深緑（六位）などと規定する。ただし、その規定は平安中期になると変容した。『小右記*』正暦三年（九九二）九月一日条では、四位に加階した者が「近代三・四位袍其色一同」との返事を受け、驚いている。位袍の趨勢と、実資の故実家としてのありようが、よく現れた一件である。一条朝には四位以上はみな黒袍と化している。

そのため、上級貴族たちは袍以外の服飾で個性を発揮しようとした。その一つは下襲である。とくに晴れの儀式では公卿・殿上人らが彩り豊かな下襲を着用し、その裾を高欄にかけて列座することがある。これを「一日晴れ」という。『駒競行幸絵巻』に描かれるその眺めは、下襲の彩りをよく伝えている。摂関家が自分たちと同色の下襲を着ている他家の者に着替えさせた（『後二条師通記*』嘉保三年（一〇九六）正月一一日条）、下襲が持つ機能をよく示した一件である。石帯には、献上品や伝来品として「高名の帯」と称されるものがあった。摂関家には法成寺宝蔵に納められた帯（『江談抄*』第三）や、父祖代々伝来して元服などの晴れの儀で着用された帯などがあった（『兵範記*』久安五年（一一四九）一〇月一九日条）。『源氏物語*』紅葉賀巻では、婿光源氏を大切に思う舅左大臣が「名高き御帯、御手づから持たせて」来てのやりとりがみえる。

［文献］ 飯沼清子「『高名の帯』攷—宇津保物語に描かれた〝帯〟の意味とその背景—」（『國學院雑誌』八六—六、一九八五）、加藤静子「男性装束」（山中 裕・鈴木一雄編『平安時代の信仰と生活』所収、至文堂、一九九三）、河上繁樹「公家の服飾」（『日本の美術』三三九、一九九四）。 （末松 剛）

衣《い》冠《かん》 束帯*の略装。冠を被り、袍も位袍であるが、半臂《はんぴ》・袙《あこめ》・下襲《したがさね》などが省かれ、石帯でなく腰帯をつけ、下も表袴《うえのはかま》でなく指貫《さしぬき》となり、笏*でなく扇を持つ。冠と袍《うえのきぬ》（表衣とも書く）からこの名がある。束帯を「昼の装束」というのに対し、宿直装束であったことから「宿直衣《とのいぎぬ》」ともいう。同じく束帯の略装として布袴《ほうこ》があるが、衣冠はさらに略装に位置づけられる。衣冠での参内が許されるのは、大弁や検非違使別当ぐらいであったが、『御堂関白記*』や『小右記*』の頃になると、道長*やそのほかの公卿が「宿衣」で参内している記事が散見する。平安後期に強装束《こわしょうぞく》が普及し、束帯が特殊な場合のみ着用されるようになると、その趨勢はますます広まった。

［文献］ 河上繁樹「公家の服飾」（『日本の美術』三三九、一九九四）。 （末松 剛）

直《のう》衣《し》 直の衣、すなわち平常の服ということよりこの名がある。装束の構成はほぼ衣冠*と同じであるが、冠でなく烏帽子*を被る。自宅での普段着であり、外出着としては平服に当たる。『小右記*』長徳二年（九九六）五月一五日条には、内覧左大臣道長*による右近馬場での競馬に際して、実資*は「早旦、左府に詣《まう》る［余、彼の命により直衣を着す］」と記した。その日会合した諸卿も「或布袴、或直衣」であった。道長の命とは、参加者に平服で構わない旨を通達したことを示している。直衣の特徴は、袍が位階に基づく色規定を有する位袍でなく、配色の自由を許されることである。これを「雑袍《ざつぽう》」という。中納言*以上の者は雑袍宣旨が下されることで、直衣による参内が勅許された。参内時には冠を被るため、その姿を「冠《かんむり》直衣《のうし》」という。特に下襲《したがさね》を着用する場合は、「直衣下襲（のち直衣布袴）」という。雑袍宣旨とは、袍色の自由を勅許されたことであり、参内時の直衣は高位者であることを表象する服装である。三位のことを「直衣の位」ともいった。父光源氏の方針により六位で出仕することとなった夕霧が、その位袍を恥として出仕を拒んでいたところ、天皇より「直衣などさま変れる色ゆるされて」、すなわち雑袍宣旨を下され位袍を着ることなく参内した叙述（『源氏物語』*少女巻）は、位袍と直衣それぞれの色がもつ表象機能を存分に生かした物語設定である。同様の理由で藤原師長《もろなが》が参内を拒んだ記事が、現実に『台記』*仁平元年（一一五一）一〇月一一日条にみえる。また季節や場面に見合った公卿の直衣姿は、その色合いが着用者の個性として宮廷女房の注目を集めるもので、文学作品にはその姿が細かく描写される。

［文献］加藤静子「男性装束」（山中　裕・鈴木一雄編『平安時代の信仰と生活』至文堂、一九九三）、河上繁樹「公家の服飾」（『日本の美術』三三九、一九九四）。

（末松　剛）

狩《かり》衣《ぎぬ》　鷹狩や旅に際して着用することよりこの名があり、「狩襖《かりおう》」ともいう。布製一重からなることより「布衣《ほうい》」ともいう。烏帽子を被り、下は指貫もしくは狩袴を着用し、直衣よりもさらに略装に当る。活動的であることから、下級貴族からしだいに上層へと広まって貴族の私服として着用されるようになった。地質も絹製や袷《あわせ》のものが登場し、色も多様化した。『枕草子』*「狩衣は」には、様々な色の狩衣があげられている。天皇・東宮が着用することはなく、臣下の狩衣での参内も許されないが、上皇は「御布衣始《ごほういはじめ》」という儀式を経て着用し、臣下も上皇御所へは狩衣で参仕することができた。『源氏物語』*では、大原野行幸に狩衣本来の着用が見られる（行幸巻）が、それ以外に、光源氏の須磨下向（須磨巻）や、薫・匂宮の宇治通い（橋姫巻）など、やつれた姿や身分を隠す恋の忍び姿としても狩衣装束が散見する。

［文献］加藤静子「男性装束」（山中　裕・鈴木一雄編『平安時代の信仰と生活』所収、至文堂、一九九三）、河上繁樹「公家の服飾」（『日本の美術』三三九、一九九四）。

（末松　剛）

女房装束《にょうぼうしょうぞく》　唐衣《からぎぬ》・裳《も》を着用した女房の正装のこと。唐衣は、一番上に着る表着。地質・色は多様であるが、青色・赤色の織物は禁色とされた。丈は上半身に羽織る程度の長さであり、『枕草子』*には「なぞ唐衣は短衣と言へかし」とみえる。裳は、腰から下の後方部を覆うもの。唐衣・裳は、女房の階層にあることを表象する服装であり、『紫式部日記絵巻』楽譜《がふ》進講段では、中宮彰子《しょうし》が小袿*姿なのに対して、紫式部*は唐衣・裳姿で描かれている。主人や来客を前にするとき、唐衣が省かれることはあるが、裳は必ず着用するものであった。『枕草子』*「かへる年の二月廿よ日」には、清少納言が頭中将藤原斉信から伝言を受ける際、「（中宮定子《ていし》が）おはしまさねば、裳も着ず袿姿にてゐたるこそ、物ぞこなひにて口惜しけれ」と自らの失態を記している。また、自ら着用することで、同席する中心人物より格下であることを示す服装でもあった。『枕草子』「関白殿二月十日のほどに」では、桟敷に集った女房はもちろん唐衣・裳を着ていたが、小袿姿の中宮定子と関白の妻もが裳をつけていた。それを見た関白*道隆が中宮定子の裳についてのみ、「宮の御裳ぬがせたまへ。この主には御前こそおはしませ」と命じている。女房装束を構成する唐衣・袿・裳などは、禄や被け物・布施として用いられることも多かった。なお、女房装束のことを「十二《じゅうに》単《ひとえ》」ともいうのは、後世生じた俗称である。『源平盛衰記』巻四十三に建礼門院の姿を「藤重の十二単をぞ召されける」と記すのが初見に近いが、これは単の上に袿を重ね着しただけの普段着（袿姿）を指し、女房装束ではない。後世の称においても単を一二枚着るわけではなく、重ね着するのは袿である。名の由来は不明といわざるをえない。

（末松　剛）

［文献］　石埜敬子「女性装束」（山中　裕・鈴木一雄編『平安時代の信仰と生活』所収、至文堂、一九九三）、河上繁樹「公家の服飾」（『日本の美術』三三九、一九九四）。

小《こ》袿《うちぎ》　袿と同型ながら丈を小ぶりに仕立てているためにこの名がある。重ね着をした袿《うちぎ》の上に着用する。唐衣の代わりとして小袿を裳とともに着用する場合もあった。中宮や女御などの高貴な女性にとって、小袿姿は正装ではないが、もっとも正式な褻の装束であった。小袿をつけない袿姿は来客の前では許されない。*『源氏物語』野分巻で、光源氏の見舞いに対し、明石の君が衣《い》桁《こう》にかけた小袿を羽織り「けぢめ見せたる」のは、小袿姿と袿姿との相違をよく示している。*『紫式部日記』楽《が》譜《ふ》進講段では、中宮*彰子《しょうし》が小袿姿で描かれている。進講する*紫式部は唐衣・裳姿の女房装束である。『台記別記』久安四年（一一四八）九月二八日条では、入内する娘多子《かずこ》の入内に際し、唐衣の下に小袿を着せるべきか、と*藤原頼長が問い合わせている。*『中右記』寛治五年（一〇九一）一〇月二五日条に、女御《にょうご》の装束を「黄菊五重小打着《こうちぎ》・赤色五重唐衣・白羅御裳」と記し、頼長の問いもこうした実例を考慮してのことらしい。しかし、問いに対して高陽院が「唐衣を着るの時、小袿を着ず。小袿を着るの時、唐衣を着ず。これ礼なり」と答えており、大勢は小袿と唐衣とを併用することはない。

（末松　剛）

［文献］　石埜敬子「女性装束」（山中　裕・鈴木一雄編『平安時代の信仰と生活』所収、至文堂、一九九三）、河上繁樹「公家の服飾」（『日本の美術』三三九、一九九四）。

袙《あこめ》　表衣と肌衣との間に着込めることからこの名がある。単《ひとえ》の上に、本来は防寒用として着るものであるため、裏地のついた袷《あわせ》であり、複数枚重ね着をした。盛夏に着用する場合は裏地をとってしまうことから、これを引剝《ひへぎ》（比倍木とも）といった。色は紅を主とし、他色の場合は「色袙」という。*『源氏物語』若菜・下巻では、住吉詣の上達部が袍を肩脱ぎし、濃き紅の袙が時雨に濡れて映えたさまを、「松原をば忘れて紅葉の散るに思ひわたさる」と記す。女性の場合、童女が汗衫《かざみ》の下に着用する事例が多い。成人女性は袙でなく、袿《うちぎ》を重ね着する。

（末松　剛）

［文献］　加藤静子「男性装束」（山中　裕・鈴木一雄編『平安時代の信仰と生活』所収、至文堂、一九九三）、河上繁樹『日本の美術三三九公家の服飾』（至文堂、一九九四）。

市女笠《いちめがさ》 頭頂部を高く仕立てた菅製の被り笠。晴雨ともに用いられた。多くは成人女性が外出や物詣《ものもうで》に出るときに、髪を着込めて被った。髪を着込むとは、長い垂髪を表着や袿《うちぎ》のなかに入れて着ること。顔を隠すために被衣《かずき》を被った上に笠を被る場合と、笠の周囲に枲《むし》（帔とも書く）を垂らす場合とがある。服装は袿・単《ひとえ》などを壺折にして着用する。このような女性の姿を「壺装束」という。『源氏物語』*では、御禊見物に出た女房らの服装や（葵巻）、玉鬘一行の初瀬詣（玉鬘巻）に際して見える。『春日権現験記絵巻』『石山寺縁起絵巻』などの寺社縁起絵巻にも、度々描かれている。（末松　剛）

［文献］ 日野西資孝編「服飾」（『日本の美術』二六、一九六八）。

烏帽子《えぼし》 烏色（黒）塗の帽子のこと。平服に際しての被りもの。束帯*・布袴*・衣冠*では冠を被るのに対し、直衣*や狩衣*のときは烏帽子を被る。ただし烏帽子での参内は許されないため、直衣での参内を勅許（雑袍宣旨《ざつぽうのせんじ》）された者が参内するときには、「冠直衣《かんむりのうし》」といって冠を被った。髪を束ねた髻《もとどり》が露見することを当時は恥辱とし、私生活においても眠るとき以外は常に烏帽子を被っていた。『源氏物語』*柏木巻では、見舞いに来た夕霧に対して病床の柏木が「烏帽子ばかり押し入れて、すこし起き上らむと」したとある。『今昔物語集』*巻二八第四三話は、就寝中に烏帽子を鼠に喰われたため、袖で頭を覆って宿直部屋に籠ってしまった男の話である。公的な場での落冠も当然恥ずべきことであり、『御堂関白記』*寛弘四年（一〇〇七）正月二八日条、『今昔物語集』巻二八第六話では、行事の最中にふとしたことから冠を落とし、周囲から笑われた官人の話が見える。逆に『十訓抄』巻八第一話では、藤原行成*が殿上の間で冠を打ち落とされたにもかかわらず、冷静に対処したことが天皇の目にとまり、蔵人頭に抜擢されたという。（末松　剛）

扇《おうぎ》 檜《ひのき》の細長い板の一端を絹糸でとじ合わせた「檜扇《ひおうぎ》」、木や竹の骨に紙を張った「蝙蝠《かわほり》」がある。束帯*のときには笏*を持つが、衣冠*や直衣*のときには扇を持った。笏のように手に持って歩くことはなく、懐中に入れておく。用途は涼をとる以外にも、かなり多様であった。あらかじめ行事の式次第を書いておいたり、あるいは行事中のメモにも使われた。『小右記』*万寿二年（一〇二五）二月九日条によると、前月の踏歌節会における大納言藤原斉信《なりのぶ》の失策を、行成*はあとで日記に記録するため扇にメモしていた。それを子息が持ち出したことで、失策の内容が知れわたり、斉信は行成を怨んだという。また、儀式の進行を促すのに扇で笏を叩いたり、沓《くつ》を脱いで着座するのに際して扇で沓の向きを外向きに変え、退出時にすぐ履けるようにしておくことが故実であった。さらに、和歌を記したり、香をたきこめた扇を送ることで、送り主の意思を伝えることもある。『源氏物語』*夕顔巻には、夕顔から光源氏へ送られた扇が「もて馴らしたる移り香いとしみ深うなつかしくて、をかしうすさび書きたり」と記す。女性の場合、装飾として持ち、顔を隠すためにも用いた。『紫式部日記』*には、意匠を凝らした扇を競って作らせた記事があるが、そうした扇を使った「扇合《おうぎあわせ》」が、物合*の一種として行われることもあった。（末松　剛）

［文献］『古事類苑』服飾部。

蹴鞠《けまり》 「しゅうきく」とも。『倭名類聚抄』*では「まりこゆ」と読む。競技場は「懸《かかり》」「鞠壺《まりつぼ》」などと呼ばれ、南庭に柳・桜・松・楓を植えて四方を区切り、なかには砂を敷いた。競技者である「鞠足《まりあし》」と、懸の外に出た鞠を蹴り返す「野伏《のぶせ》」という補助役がおり、審判は数人の「見証《けんぞ》」が務めた。服装は*直衣や*狩衣である。『*枕草子』に「遊びわざは、さまあしけれども、鞠をかし」と見え、宮中の遊戯として見る者をも楽しませた。『*年中行事絵巻』巻三にも描かれている。練習や雨天時、あるいは下臈による蹴鞠では懸を設けずに行った。これを「庭《にわ》鞠《まり》」という。蹴鞠は鞠を落とさずに蹴り続ける遊戯であるが、高度な技を発揮して蹴り返すという演技的な要素もあった。藤原成通《なりみち》（一〇九七―一一六二頃）は、蹴鞠の名人（上足《じょうそく》といい、特に優れた者を名足《めいそく》という）として有名であり、蹴鞠法に関する『三十箇条式』を残し、説話にも語られるほか、後人によって『成通卿口伝日記』が編まれている。同じく名人として知られ、成通の弟子にして*後白河院の蹴鞠の師範であった藤原頼輔《よりすけ》（一一一二―一一八六）には『蹴鞠口伝集』の著作がある。『*古今著聞集』巻一一には、成通や頼輔の話を含む蹴鞠に関する説話が集成されている。後白河院・後鳥羽院は蹴鞠をたいへん好み、自ら嗜むとともに、頻繁に鞠会を催している。院政期は蹴鞠の技法や装束などの故実が成立し、蹴鞠が芸道化した時期である。以後、藤原頼輔を祖とする難波家・飛鳥井家が蹴鞠を家芸とした。これまで『群書類従』『続群書類従』蹴鞠部や『群書解題』が、刊行史料および解説として使用されてきたが、近年の研究によって、蹴鞠研究は大きく進展している。

［文献］桜井　秀「本邦蹴鞠史考」（『時代と風俗』所収、宝文館、一九三一）、渡辺　融・桑山浩然『蹴鞠の研究』（東京大学出版会、一九九四）、村戸弥生『遊戯から芸道へ』（玉川大学出版部、二〇〇二）。

（末松　剛）

草《くさ》合《あわせ》　『*文華秀麗集』『*経国集』に「闘草」という植物の比べ合いに関する詩文があり、『*倭名類聚抄』などの字書類では、「闘草」を「久佐阿波世《くさあはせ》」と説明する。「闘草」はもともと古代中国の遊戯であり、『荊楚歳時記』に五月五日の行事としてみえる。日本では物合の一種として、左右に分かれて行う宮廷の集団遊戯となり、古記録に「草合」「闘草」の実施記事が散見する。詞書に「草合」を持つ和歌も詠まれている。対象となる草花により、菊合、女郎花合などとも呼ばれるものが一〇世紀初頭から見え始めるが、一〇世紀半ば以降さらに多様化した。多くは内裏や後宮、院宮のもとで実施された。また宮廷行事とは別に、幼童の野遊びとしての草合があり、『*年中行事絵巻』別本巻三や『*扇面法華経』に描かれている。物合の記事を類聚した黒川春村著『競物名彙』や『古事類苑』遊戯部では、「草合」「闘草」と並んで「種合《くさあわせ》」を同じものとする。その有名な例は、『*今昔物語集』巻二八第三五話「右近の馬場にて殿上人種合のこと」であり、後一条院の御代、殿上人・蔵人の数を尽くして左右に分け、見物に来ていた関白*藤原頼通をも巻き込んでの勝負が行われたという。類話を収める『教訓抄』巻第五では「草合」と記す。しかし、このときは草花は明記されず、「方人《かたうど》ども各世の中に有り難き物をば諸宮の諸院寺々国々京田舎となく、心を尽くし肝も迷はして求」めたという。「種々《くさぐさ》の物」を合わせた行事と考えられ、草合とは同一視しがたい。物合は一〇―一一世紀を通じて、宮廷の遊戯として多様化・盛大化するが、そうした流れのなかで、一つに限定されない*物合が「種合」の名を持つに至ったのであろう。

〔文献〕『古事類苑』遊戯部。（末松 剛）

物合《ものあわせ》 左右に分かれて技量や器物の優劣を競い合い、数番の勝負ののち、勝ち数の総計により左右の勝ち負けを決める遊戯。左右に分かれた人々を「方人《かたうど》」といい、その応援を「念人」、勝負の計算を「籌刺《かずさし》」、判定を「判者」と呼ばれる者たちが担当した。宇多朝より内裏、後宮での実施が散見するようになる。回数的にも規模的にも歌合がほかを圧倒しているなかで、天徳四年（九六〇）の内裏歌合はそれまでにない大規模な歌合であった。一〇世紀半ば以降、しだいに物合の種類は多様化した。当事者たちは準備に心を砕き、当日の服装を統一したり、洲浜《すはま》などの工芸品に粋を凝らすなどした。『*枕草子』「うれしきもの」に、「物あはせ、何くれといどむ事に勝ちたる。いかでかうれしからざらん」とあり、宮廷貴族は勝負の行方に一喜一憂した。勝負の後で酒宴、管絃を設けることも多く、物合が宮廷生活にもたらした興趣は大きかった。『*紫式部日記』には、皇子の五〇日の祝いに参集した、着飾った女房たちを、「絵にかきたる物合の所にぞ、いとよう似て侍りし」と例えて記す。物合は華やかな宮廷行事の代表であった。一一世紀半ばになると、貴族邸でも実施されるようになる。*藤原頼通が自邸高陽院《かやのいん》で長元八年（一〇三五）に実施した水閣歌合は、天徳四年以来といわれる盛大なものであった。盛大な物合は、よき時代の象徴とされ、政治的色彩を帯びて実施されることもあった。『*源氏物語』絵合巻も、そうした認識のもとに構想されている。頼通も後宮政策の一環として、後宮における物合の後見を務めている。物合の種類は多様であり、鶏合、前栽合、根合、虫合、扇合、貝合、香合、技量を競うものとしては、歌合、詩合、物語合、絵合などがある。物合記事を類聚した黒川春村著『競物名彙』では、〜競、〜合と題するもの計七〇種が立項されている。

〔文献〕萩谷 朴『平安朝歌合大成』（同朋社、一九七九）、西村さとみ「平安時代の貴族と物合」（『寧楽史苑』三四、一九八九）。（末松 剛）

牛車《ぎっしゃ》 平安貴族が乗る車には、人がひく「輦車《てぐるま》」と牛車とがある。牛車は屋形の材質や構造により種類がわかれ、身分や用途によって使い分けられた。逆に身分を隠すために車を代えて出かけることもあった。女性が乗る場合は、袖口や裳の裾などを簾の下から出した。これを「出衣《いだしぎぬ》」といい、その車を「出車《いだしぐるま》」という。乗降は後方から乗り、前方から降りる。定員は四名。駐車するには軛《くびき》を榻《しじ》に据えるが、これを「車を立てる」という。混雑した場ではほかの牛車の轅《ながえ》の上に自車の轅をかけることもあった。貴族が参内に際して牛車に乗るのは、ふつう宮城門までであるが、親王・摂関・大臣・僧侶などの場合、牛車宣旨《ぎっしゃのせんじ》が下されることで、内裏の外郭門（朔平門・春華門・建春門など）までの乗車を勅許された。牛車の轅が多く並ぶさまは、喧噪を象徴する光景として、度々話題となった。『*枕草子』「すさまじきもの」では、*除目の噂を聞きつけて親戚縁者が集うさまを「皆集まり来て、出で入る車の轅も隙なく見え」と記す。法成寺金堂供養に際し、参集してくる王卿のために、*藤原道長が「大垣を壊して榻などの高さに地を残して有りければ、見物車の轅かけたりけり」とも伝えている（『中外抄』康治二年（一一四三）九月一一日条）。また、牛車は単なる交通手段でなく、庭中や大路に駐車し、車中から儀式や行列を見物したり聴聞することにも利用された。『枕草子』「小白河八講」や「見物は」は、女房のそうした姿をよく伝えている。『*山槐記』治承三年（一一七九）三月四日条の平等院一切経会の記事には、指図のなかに「見物車」が「七八両有り」、「女房は下りず車を立てて見物す」と記している。

［文献］『古事類苑』器用部二。（末松　剛）

車争い《くるまあらそい》　牛車の立て場所や先後をめぐる争いのこと。『沙石集』巻一〇第八話に、金剛王院僧正実賢《じつけん》と御室《おむろ》（道助《どうじょ》法親王か）の従者同士が「車立論《くるまたてろん》ジテ、御室ノ御車ヲ散々トシタリケル」とあるが、別本では「車立論ジテ」を「車アラソヒシテ」と記す。『*小右記』寛弘二年（一〇〇五）四月二四日条には、藤原高遠《たかとお》の「両妻車論ず、前の典侍大いに怒り留む、人々相い勧め、晩景僅かに乗車し山埼に向かう」とみえる。『*源氏物語』葵巻に、斎院御禊行列を見物に出た六条御息所の車が、葵の上の一行と争いとなり、従者によって榻《しじ》を折られ後ろに押しやられた有名な話がある。この場面を画題とした狩野山楽筆『車争図屛風』に代表されるように、葵巻の叙述についても「車争い」という語が通用している。しかし、『源氏物語』葵巻では「かの御車の所争ひ」という。同巻には別に「はかなかりし所の車争ひ」ともあるが、これは青表紙本のみの本文であり、河内本、別本では「はかなかりし車の所あらそひ」とする。平安時代のほかの史料をみても、行列見物をめぐる乱闘は、*桟敷同士や桟敷と物見車との事件である。あらかじめ場所をとる手段として、杭を打ったり（『*落窪物語』巻二）、札を立てたり（『*今昔物語集』巻三十一第五話）、空の車を並べ置くこと（『十訓抄』巻一第二七話）もみえる。すなわち、史料的には見物場所をめぐる「所争い」が散見するのであり、行列見物に際して牛車同士が出会い頭に場所を取り合ったという事例はない。葵巻の叙述に類似する事例として、『*小右記』長徳三年（九九七）四月一六日条に、道長邸より帰宅する藤原斉信《なりのぶ》・*公任の同乗した車を、*花山上皇の従者数十人が取り囲み、榻を持った牛飼童に乱暴を働いた記事がある。これは賀茂祭日のことであるが、場所の取り合いではない。前述した藤原高遠の両妻の場合は、妻同士の車による争いではあるが、高遠の赴任に際しての事件である。『*蜻蛉日記』上巻、康保三年条には、賀茂祭の見物に出た作者が時姫《ときひめ》の車に気づき、歌を交わそうとした記事がある。妻同士の応酬であるが、車で争うことはない。『源氏物語』葵巻の争いは、このような日頃の事件と祭りの日特有の解放感がもたらす諸現象とを、巧妙に複合した叙述とみるべきであろう。これを当時より存在した後妻《うわなり》打《う》ちの慣行に基づく叙述とみる説もある。車同士の立て場所や先後を争う語として「車争い」ということはできるが、行列見物に際しての見物場所をめぐる争いを意味する語としてこれを強調する必要は史料的にはない。その際の当時の一般的現象は「所争い」であった。

［文献］林田孝和「源氏物語の祭りの場と車争い」（宮崎荘平編『源氏物語の鑑賞と基礎知識9葵』所収、至文堂、二〇〇〇）。（末松　剛）

桟《さ》**敷**《じき》　賀茂祭などの行列を見物するために、*一条大路などに面して設けられた施設。「桟屋」「狭敷」「狭食」ともみえる。その構造は、邸宅の築垣に沿って軒を付し、打板の上に畳を敷き高欄を構えた臨時仮設的なものと、築垣を壊してそこに一屋を営造し、内部に簾や軟障《ぜじょう》を備えた常設的なものとがみられる。わざわざ屋根を檜皮葺《ひわだぶき》に仕立てたものもあった。行列見物で賑わう大路には、立ち並ぶ物見車や見物人のほか、桟敷から見物する貴族たちの姿があった。桟敷の早い例は、『百錬抄』永延二年（九八二）四月二三日条の斎院御禊記事であり、摂政*藤原兼家が左大臣*源雅信の桟敷から見物している。桟敷の流行は*一条天皇の頃から始まり、院政期にもっとも隆盛を極めた。*藤原道長や*実資も、一条大路に桟敷を持っていたことが知られる。貴族たちは一家で桟敷見物を楽しんだが、道長の場合、親王や后妃が招かれたり、親しい公卿が参入するなど、大々的に桟敷見物を営んでいることが特徴である。その傾向は院政期の上皇の桟敷に受け継がれ、そこには摂関はじめ多くの公卿・殿上人が参仕している。上皇の桟敷は、造進者に受領が多く大型化するのが特徴である。『*年中行事絵巻』巻一六賀茂祭は、祭列を見物する大路の人々、桟敷の光景を描いた恰好の史料である。

［文献］林屋辰三郎「平安京の街頭桟敷」（『古代国家の解体』所収、東京大学出版会、一九五五）、朧谷　寿「賀茂祭の桟敷」（『平安貴族と邸第』所収、吉川弘文館、二〇〇〇）。

（末松　剛）

暦《れき》**法**《ほう》　明治五年（一八七二）に太陽暦を導入する以前の日本の暦は、月の満ち欠け周期による暦月に、季節循環をもたらす太陽の運行を示す二十四節気を暦注として付した、太陰太陽暦であった。その特徴は閏月を要することである。月の満ち欠けにより一月を二九日もしくは三〇日とする暦法では、一二か月で三五四日にしかならないため、太陽の周期と一一日の差が生じる。そのままでは暦月と実際の季節とのずれが大きくなるため、二―三年に一度、閏月を挿入し一年を一三か月とすることで、暦月と季節との調整を図っていた。このように暦月と季節を定める基準が別々であるので、時には一二月のうちに立春を迎えてしまうことがあった。在原元方の「年の内に春は来にけり一年《ひととせ》を去年《こぞ》とやいはむ今年とやいはむ」（『*古今和歌集』巻第一、春歌・上）は、そうした事態を詠んだ歌である。暦の編纂には、*陰陽寮の職員である暦博士・暦生が携わった。『*延喜式』式部式の規定によれば、天皇用の御暦・七曜御暦、東宮・中宮用の御暦、諸官司に配布する頒暦が作成される。これらは七曜御暦を除いて、前年の一一月朔日に奏進される。暦道は平安中期以降、賀茂家の家学と化し、現存する平安時代の*具注暦の暦跋には、暦博士として賀茂家の人物の署名が多く見られる。現存する暦によると、正倉院に所蔵される天平頃の具注暦は儀鳳暦《ぎほうれき》である。次に使用された大衍暦《だいえんれき》は、近年、漆紙文書として発掘される暦により実態が解明されつつある。貴族の日記として残る具注暦は宣明暦《せんみょうれき》であり、日本では貞観四年（八六二）から使用された。*藤原道長の自筆として有名な『*御堂関白記』には、日付の上に朱筆で宿・曜が注記されている。この頃になると*宿曜道の知識が暦にも必要とされ、暦道の賀茂家と宿曜師である僧との共同で暦が編纂されていた。平安中期、宣明暦に代わる暦の導入が図られたことがあった。天台僧日延の業績を記す「大宰府政所牒案」（太宰府天満宮所蔵、『平安遺文』九―四六二三）によれば、日延が呉越国に派遣される際、暦博士賀茂保憲が奏上し、新しい暦を持ち帰ることを願っている。しかし、勅命を受け日延が持ち帰った「符天暦」は公式な暦ではなかったため、もっぱら宿曜道の計算に用いられ、結果として宣明暦が江戸時代まで使用された。

［文献］　渡辺敏夫『日本の暦』（雄山閣出版、一九七六）、桃　裕行『暦法の研究　上・下』（思文閣出版、一九九〇）、山下克明『平安時代の宗教文化と陰陽道』（岩田書院、一九九六）。

（末松　剛）

具注暦《ぐちゅうれき》　日付の下にその日の吉凶や陰陽道の禁忌などの注を具えた暦のこと。平安貴族の生活に暦注は不可欠のものであり、『日本後紀』弘仁元年（八一〇）九月二八日条によると、虚妄の甚だしいとの理由で平城天皇が暦注の削除を命じたところ、臣下の上奏により暦注が復されたという。『*九条殿遺誡』には、起床後の行動の一つに「次に暦を見て日の吉凶を知る」と記す。また『*宇治拾遺物語』第七六話「仮名暦あつらへたる事」は、ある女房が若い僧に仮名暦の書写を依頼したところ、ありもしない暦注をいろいろ書き込まれ、しかし女房はそれを忠実に守ったために、大失態を演じた話である。暦注が日常生活の指針として役割をますとともに、暦の作成者や使用者、暦の形態などは多様化していった。具注暦は日記帳にも使用された。正倉院に所蔵される天平一八年（七四六）暦断簡には、すでに私事に関する書き込みがみられる。現存する宮廷貴族の具注暦日記には、*藤原道長の『*御堂関白記』と源俊房《としふさ》の『*水左記』とがあるが、一日ごとにそれぞれ二行、三行の間明きを有する。ここに日記を記すのであり、欄が足りない場合は、同日条の裏に続けて書いた。両者の間明きが異なるのは、これら宮廷貴族個人の具注暦が、国家から支給されたものではなく、私的に暦道の専門家に注文して調達していたからである。『*小右記』『*殿暦』の一一月や一二月の記事には、翌年の暦を届けてもらい謝礼を払ったこと、受け取ると早速一通り開いてなかを確認したことが記されている。

［文献］　渡辺敏夫『日本の暦』（雄山閣出版、一九七六）、藤本孝一「頒暦と日記」（『日本の美術』四五四、二〇〇四）、山下克明『平安時代の宗教文化と陰陽道』（岩田書院、一九九六）、益田　宗「暦に日記をつける」（国立歴史民俗博物館編『新しい史料学を求めて』所収、吉川弘文館、一九九七）。

（末松　剛）

時刻法《じこくほう》　朝廷で用いられた時刻法は、一日を一二辰刻に等分した定時法であった。『*延喜式』陰陽寮式において、季節によって異なる日の出・日の入りとそれに応じた宮門の開閉を、四〇通りの異なる時刻で規定するのはその証である。時刻を知らせる鐘鼓は陰陽寮の楼上にあり、辰刻ごとに鼓を、刻ごとに鐘を打って時刻を知らせた。『*枕草子』「故殿の御服のころ」には、隣の太政官庁で過ごすこととなった女房たちが、「時づかさなどは、ただかたはらにて、鼓の音も例のには似ずぞ聞こゆる」ことに誘われて、楼に登る姿が活写されている。「例の」という語より、後宮に住む后妃たちも、この鼓の知らせる時刻によって日常生活を送っていたことがわかる。一方、貴族の日記には時刻を判断する根拠として、月の位置、寺院からの鐘・法螺の音などを記す。朝廷以外の場では、不定時法による時刻法も存在し利用されていた。日付（干支）や時刻による禁忌をかかえた生活が、時刻への認識を高める要因となり、宮廷貴族は様々な手段によって定時法・不定時法のどちらの時刻をも認識しつつ生活していたのである。文学作品には、丑刻と知ることで女のもとから帰る男や、夜明けを思う叙述がみえる。生活感覚のうえで、丑刻は日付の変更を意識する時刻であった。ただし宮廷貴族の時刻法に対する認識では、寅刻が一日の始まりであった。『小右記』*長徳二年（九九六）一〇月八日条には、緊急の会議に際して、「丑剋許、左右大臣・左大将・藤中納言・右衛門督参入云々。他卿相今日参入」と記す。丑剋が昨日と認識されているために生じた記述である。

［文献］ 橋本万平『日本の時刻制度 増補版』（塙書房、一九七八）、厚谷和雄「平安時代古記録と時刻について」（『日本歴史』五四三、一九九三）。 （末松 剛）

花押《かおう》 文書に署名する際に、草書体の自署を「草名《そうみょう》」というが、その筆順・形状が文字とはみなせない特殊性を帯びたものを「花押」という。その形状が花模様のようであることからの名である。「押字」「判」「判形《はんぎょう》」ともいい、印判に対して「書判《かきはん》」ともいった。その発生は、記主が独自の署名を持つことで、間違いなく本人の名義であることを顕示する目的に由来する。改名や地位の変化、あるいは年代とともに、同一人物の花押でもしだいに変化した。よって花押は、文書の真偽判定、発給者の特定、年代推定などに大きく役立つものである。現存する奈良時代の文書に花押を見ることはできないが、一〇世紀に入ると、実名（諱）の草書体を独自に崩した花押が見られるようになる。能書家として知られた藤原行成*の花押もその類である。一方、藤原佐理*のものは、実名二字を部分的に組み合わせて草体化している。平安後期になると、実名の一字だけを崩した花押が見られるようになり、以後これが花押の主流となる。さらに時代が下ると、鳥姿などを模した別様体、天地二本の横線の間に線を入れる明朝体など、実名に基づかない花押も登場する。また、花押が武家や庶民にも普及すると、実名とは別に花押を記す潮も始まった。同時に、個人を識別する花押も、同一集団では類似の傾向を有することとなり、摂家様、足利様、禅僧様などと分類される。

［文献］ 佐藤進一編『書の日本史9』（平凡社、一九七六）、佐藤進一『花押を読む』（平凡社、一九八八）。 （末松 剛）

九条殿遺誡《くじょうどのゆいかい》 『本朝書籍目録』には『九条右丞相遺誡』と記す。九条殿と呼ばれた藤原師輔*（九〇八―九六〇）による訓戒書。成立は彼が右大臣となった天暦元年（九四七）以降とされる。内容は仏神への信仰、暦注の吉凶を遵守した生活、日記をつけること、質素を重んじ、朝務に励むことなどである。師輔は忠平*を父とし、娘安子*は村上天皇の皇后となるなど、摂関家の一員、天皇の外戚として権勢を振るった。兼家*は子、道長*は孫に当たる。ただし、師輔自身は摂関を務めたことがなく、極官は右大臣であった。本書のほかに、日記『九暦』*、その部類記や『九条年中行事』*など師輔にかかわる記録や故実書も少なくない。これらは兄実頼*の小野宮流に対し九条流の故実作法として、当時の宮廷社会において重用された。

九条殿遺誡の内容は、宮廷貴族の心得として日記や訓戒書などに引用されており、平安宮廷貴族の生活を知りうる、きわめて重要な史料である。また『拾芥抄』下巻第一六、諸教誡部にも収められるなど、訓戒書として広く知られていた。『江談抄』*（前田本第八七話、類聚本第一第二八話）の治部卿藤原伊房の発言中にも、遺誡が引用されている。その内容は賀茂・春日社に参詣すべきことであるが、最後に「件の事いみじき秘事にして、世間に流布せる遺誡には載せず。もしくは件の事、別の御記にあるか」と記す。引用された内容は現存する本書にも師輔の日記にも見えないため、本書には流布本とは別に、異本があったのかもしれない。広橋家旧蔵典籍古文書（国立歴史民俗博物館所蔵）のなかに、『制誡』と題した広橋光業による写本がある。これは前欠ながら本書の一四世紀半ばにさかのぼる写本である。

［文献］大曾根章介校注「九条右丞相遺誡」（山岸徳平他編『日本思想大系8古代政治社会思想』所収、岩波書店、一九七九）。

（末松　剛）

執政所《しっせいしょ》抄《しょう》　執政所とは、摂関家の政所のこと。『御厨子所年中行事』とも。成立時期は、元永元年（一一一八）から保安二年（一一二一）の間と考えられ、摂関家の当主は藤原忠実*に当る。摂関家政所が携わる朝廷行事や摂関家の年中行事における、調度や用途、その調達先を細かく記す。摂関家の家政職員の分担や用途調達などの執行体制を知るうえで貴重な史料である。記事によると、その決定手続きには所宛・雑事定・奉行人指名があり、責任者や用途調達者が定められた。用途調達は、家政機関である政所・納殿・御厩などが務めるが、諸国所課・荘園所課・家司所課とされる場合もあった。「近年は寺家に付」すとの記述も見え、寺家の沙汰に移管するものもあった。記された固有の地名は、摂関家の有する封戸・荘園・知行国などを示しており、当該期の摂関家家政の状況を知ることができる。

　これまで刊本として『改定史籍集覧』『続群書類従』があったが、近年『大日本史料』第三編之二十六にも翻刻された。

［文献］義江彰夫「摂関家領相続の研究序説」（『史学雑誌』七六―四、一九六七）、佐藤健治「摂関家年中行事と家政経済」（『中世権門の成立と家政』所収、吉川弘文館、二〇〇〇）。

（末松　剛）

二　荘園・公領と武士

荘園の成立　天平一五年（七四三）に出された墾田永年私財法は、貴族・寺社による大規模な開墾と買得、占有を容認することとなり、大土地所有制の進展を見ることとなった。占有した土地を管理するために設けられた施設が「荘」で、そこには管理事務所・倉庫が建てられていた。しかし、やがて荘を取りまく土地（田・畠・開墾予定地）そのものを「荘」と呼ぶようになった。私的大土地所有の発展は、一般農民の生業を妨げることが多く、政府はしばしばこれを抑制しようとした。

官省符荘と雑役免荘　貴族・寺社などの大土地所有者は、種々の名目を設けては租税の一部を免除されるよう働きかけ、太政官や民部省の許しを受けて、不入の特権を獲得した。このような荘園を官省符荘*と呼び、開墾予定地をも含めて境界を示す牓示を打ち、占有・開発権のしるしとした。権門による囲い込みは、しばしば農民の耕地をも取り込むことがあり、紛争を惹起した。また、荘園には、雑役のみ免除され、官物*を国衙に納入する雑役免荘園があった。雑役は律令制の調・庸・雑徭*などの田租以外のものの系譜を引き、その分が荘園領有者の得分（収入）となった。荘園として立荘の手続きを経ても、すべての荘園が租税を全免されることは少なく、多くの場合は、官物租税の一部の免除に留まり、国衙による検注（田地の測量や年貢額の決定）、検断（警察権の行使）を免れなかったのである。しかし、荘園領主は、検注・検断のための国衙使（国使《くにのつかい》）の入部・臨時の諸国平均役催促のための使の荘園への立ち入りを拒否する権限（不入権*）を要求するようになった。

田堵と名主　九―一〇世紀の荘園では、直属の住人（荘民）は少なかったが、田堵*と呼ばれた有力農民が領主と契約して荘園の耕作を請負っていた。田堵が請負った田畠が名《みょう》で、官物・年貢*・公事などを納める単位として把握されていた。名に対する田堵の権利はきわめて弱く、一年ごとに更新される耕作権という域を出なかった。しかし、荘園領主側は、田堵を専属農民として編成し、安定した経営を確立しようと企図し、田堵も安定した耕作権を確立しようとし、両者の要求が合致した形で、専属農民化が進行していった。田堵のうち有力な者は「力田の輩」「幹了の者」と称され、その私倉は国の正倉の機能を代行し、納所*（農民的納所）と呼ばれた。彼らは、ここを拠点として周辺の弱小農民に*出挙を行い、富を蓄えた。田堵は徴税単位である名の責任者で*負名とも呼ばれたが、一一世紀から一二世紀にかかる頃には、名田の持ち主という意味で*名主と呼ばれるようになった。名主は、家族や*所従・下人を使って農業経営を行った。その規模の大きなものは、直接経営部分のほかに保有する耕地をほかの名主・作人に小作させた。

重層的職の体系　奈良末期から平安初期に発達した初期荘園の経営はやがて行き詰まり、寄進型の荘園が増大してくる。郡司層をはじめとする地方豪族や、地方有力農民、あるいは中・下級の官人層、寺社は*池や用水路を作り開発を進め、零細な農民の小規模な墾（治）田を買収して、これを中央の貴族・寺社に寄進することにより荘園として立券して、特権を獲得し、自らは中間管理者としての地位を保持した。*国衙領内の地を、私費を投じて開発し、これを「*保」として一部租税免除の地とし、自らは保司《ほじ》となる例も多かった。被寄進者は*本家・領家といわれ、寄進者は*預所・下司・地頭として権利を確保した。それぞれの地位には一定の得分（収入）が伴い、これを「*職」と称した。こうして、重層的な職の体系が形成されたのである。

初期武士団　律令体制の解体過程に、地方の郡司・郷司・荘官などの豪族層は、自己の所領の支配と保全のために武装し、周辺の名主層をも郎従・所従として編成し、武士団を形成した。彼らは国衙の軍事力として編成され「国の兵《つわもの》」と呼ばれ「侍」身分を形成する。一方、荘園の支配組織を通じて、地方の武士が都にのぼり、有力貴族の私兵として働く者も多かった。彼らは、在地では大規模な*開発領主であり、国衙領内の別名・別保の領主として経済力を誇示した。平安末期には、各地の小武士団がしだいにまとめられ、一つに結集していく傾向が見られ、大きな集団の組織者（棟梁）として立ったのが、源氏と平氏であった。*摂津守となり、同国多田荘を拠点とした*源満仲は、藤原摂関家の爪牙《そうが》として、地位を築き、河内に土着した子の*頼信の系統は、*頼義・*義家に至って、*前九年の役・*後三年の役を通じて東国武士との間に強固な主従関係を形成した。

（阿部　猛）

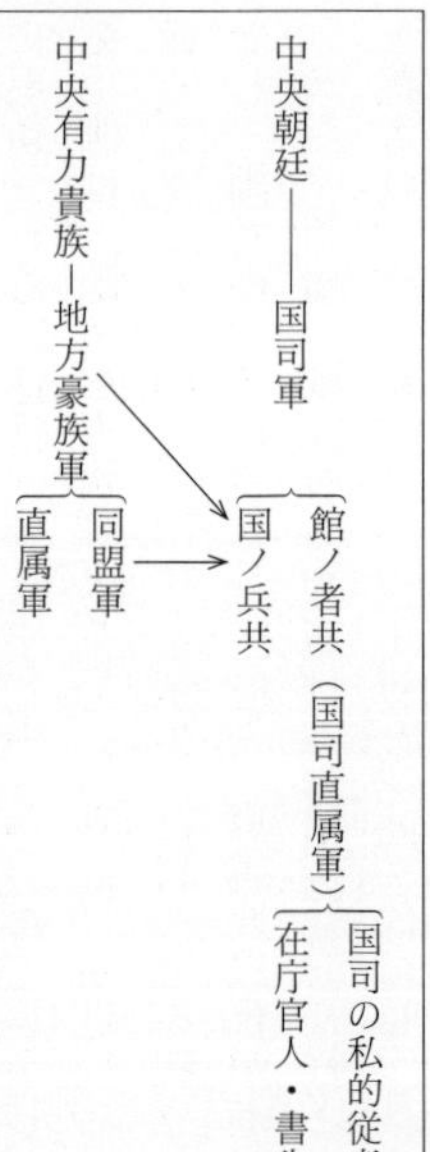

（石井　進『鎌倉武士の実像』（平凡社、一九八七））

平安末期の軍事組織

（一） 荘園の成立

墾田地系荘園《こんでんちけいしょうえん》 荘園を古代から中世にかけての私的大土地所有とそれに基づく社会的諸関係とみる立場からの荘園の一類型。墾田とは、天平一五年（七四三）の墾田永年私財法に基づき東大寺などの中央官寺が開発や買得などの行為を通じて集積した開墾地のことであり、こうした墾田あるいは墾田の系譜を引く荘園が墾田地系荘園である。これに対して、土地制度史の立場からは、墾田地系荘園を初期荘園と呼ぶが、どちらにしても輸租田*であり、実際の経営は郡司層などの地方豪族を主体とする賃租《ちんそ》経営によるものであった。かつては墾田地系荘園を荘園の発生経路から、さらに既墾地《きこんち》系荘園と自墾地《じこんち》系荘園とに分類する場合もあった。

［文献］ 村井康彦『古代国家解体過程の研究』（岩波書店、一九六五）。 （鈴木哲雄）

寄進地系荘園《きしんちけいしょうえん》 荘園を古代から中世にかけての私的大土地所有とそれに基づく社会的諸関係とみる立場からの荘園の一類型。寄進型荘園ともいう。もともとは墾田地系荘園*に対して、寄進を契機として成立した荘園のことであるが、院政時代以降の中世荘園を指す場合が多い。その多くは公家領荘園であり、在地領主層による公家や天皇家への所領寄進によって成立し、在地領主層と荘園領主層との間に職の重層的な関係（職*の体系）が成立した段階の荘園を指している。近年には、荘園を段階論的に分類することが提起され、中世荘園の特徴をその領域性（四至牓示*を持つこと）に求めて領域型荘園と呼ぶことも多くなっている。

［文献］ 安田元久『日本荘園史概説』（吉川弘文館、一九五七）、小山靖憲『中世寺社と荘園制』（塙書房、一九九八）。 （鈴木哲雄）

雑役免系荘園《ぞうやくめんけいしょうえん》 荘園を古代から中世にかけての私的大土地所有とそれに基づく社会的諸関係とみる立場からの荘園の一類型。墾田地系荘園*とは対照的に、土地への占有が先行せず、国衙が公民百姓《こうみんひゃくせい》から収取する雑役などを荘園領主に対して委譲することから出発し、それが土地からの収取に転化して成立した荘園のことである。一〇世紀以降の荘田の多くは、国衙が支配する公田*のうち、官物*や雑役の一方を免除され、その免除分が荘園領主の収入となるものであったが、雑役免系荘園とは、後者の雑役免除の荘園を意味している。つまり、国衙に支払うべき雑役などが免除されたことによって成立した荘園であった。畿内の寺領荘園に多く、畿内《きない》（型）荘園と呼ぶ場合もある。

［文献］ 渡辺澄夫『増訂 畿内庄園の基礎構造』（吉川弘文館、一九六九・一九七〇）、阿部 猛『日本荘園成立史の研究』（雄山閣出版、一九六〇）。 （鈴木哲雄）

国衙領《こくがりょう》 国司や国衙が領有した所領のこと。公領・国領ともいい、荘園公領制という場合、国衙領（公領）は中世荘園と対比される。平安時代中期以降の国衙行政権の再編に伴って、一国内の領地はすべて国司の支配下に置かれたが、領地に対する免除領田制《めんじょりょうでんせい》によって官物などを免除された荘田とそれ以外の公田との区別がなされた。この公田を公領と呼ぶ場合もある。一一世紀後半に郡郷制《ぐんごうせい》が再編されるなかで、開発や買得などを契機に開発領主が公田や荘田を私領として囲い込む運動が進んだ。こうした私領化運動によって、新たな郡や郷、院《いん》・*保・*別名などの中世的な所領が形成され、中世的郡郷制が成立した。こうした中世的な郡郷が国衙領の中核であり、郡司や郷司、院司・保司・別名*名主の地位を確保した*開発領主の多くは、国衙の*在庁官人でもあったため、中世の国衙および国衙領は在地領主層の権力基盤となっていった。また、中世の郡と郷とは並列して国衙に直結する同等の所領でった。他方で私領化運動は、*国免荘の形成を促し、国免荘が中央の権門寺社に再寄進されることによって中世荘園が成立し拡大していったが、一国内の所領の半分程度は国衙領として確保され、中世を通じて一国支配の基盤として存続した。国衙領の郡司・郷司・院司・別名名主の地位はちょうど中世荘園の下司に相当しており、国衙領と中世荘園はほぼ同質の構造を持つものであった。

［文献］　坂本賞三『荘園制成立と王朝国家』（塙書房、一九八五）、中野栄夫『中世荘園史研究の歩み』（新人物往来社、一九八二）。

（鈴木哲雄）

立券荘号《りっけんしょうごう》　荘園の立荘《りっしょう》に際しての手続きのこと。荘園を設置することを立荘といったが、立荘には国司による認可の段階（*国免荘）と中央の太政官や民部省による公認の段階（*官省符荘）があった。国司や太政官・民部省から立荘に当って与えられた証明書を立券文《りっけんもん》といったが、立券とは立荘の証明をすること、あるいは立券文（証明書）のことであった。一〇世紀以降、公田の官物や雑役などの免除は国司の権限に属したため、立荘は国司の認可＝国司免判（国免）によって立券された。こうして立荘された荘園が国免荘であるが、国免は国司の任期を限ったものであり、立券のための最終的な手続きとしては*太政官や*民部省による立券が必要とされた。それが太政官や民部省の官省符によって立券された官省符荘である。中世荘園の多くは領域型荘園であることを特徴としたため、立荘に当たっては太政官の官使《かんのつかい》などが国使《くにのつかい》・郡司・荘官などとともに現地の境界の四隅《よすみ》に牓示を打ち、領域を確定することが必要とされ、そのうえで立券文が作成された。平安時代以来の荘田が中世荘園に転化する場合は、立券荘号の手続きが常に問題とされ、官省符の存在が重要視された。また、宣旨も官省符と同等の立券文として意味を持っていた。なお、最近の研究では立荘を国家的給付という観点から再構成し、一一世紀末に国家的給付のための便補《びんぽ》としての立荘が朝廷主導によって始められ、さらに院・女院・摂関の近臣層による領域型荘園の立荘が主流となっていたことなどが論じられている。

［文献］　佐藤泰弘『日本中世の黎明』（京都大学学術出版会、二〇〇一）、川端　新『荘園制成立史の研究』（思文閣出版、二〇〇〇）。

（鈴木哲雄）

四至牓示《しいしぼうじ》　荘園や領地・寺社の境内などの東西南北の境界の交点（四隅）を四至といい、これらの領域を示すために四至に設定された標識が牓示である。中世荘園の場合、荘域が明確な領域型荘園が多く、立券荘号に際しては、官使が国使《くにのつかい》・郡司・荘官などとともに現地の四至に牓示を打ち、領域を確定した。牓示には、石や木杭、自然の石や木などが利用された。紀伊国桛田荘絵図をはじめとして多くの荘園絵図に四至牓示を確認することができ、こうした荘園絵図は四至牓示図とも呼ばれている。現存する牓示としては、越後国奥山荘や播磨国鵤荘の牓示石が有名である。

［文献］　荘園研究会編『荘園絵図の基礎的研究』（三一書房、一九七三）、小山靖憲・佐藤和彦編『絵図にみる荘園の世界』（東京大学出版会、一九八七）。（鈴木哲雄）

荘園絵図《しょうえんえず》　古代・中世の所領や荘園を描いた絵図の総称。寺社境内図や用水図などを含める場合もある。古代には、墾田図や開田図と呼ばれた初期荘園の絵図が作成されたが、なかでも東大寺開田図は条里制の区画に基づいて作図されており、坪ごとに地種《じしゅ》や公田・荘田の区別などが記載されている。中世の荘園絵図には、実検図や土帳《どちょう》・坪付図《つぼつけず》などの検注《けんちゅう》に関連して作成された徴税目的の絵図と、荘園や公領の領域の把握を目的とした絵図とに大別できる。前者は、古代の開田図の系譜を引くとも考えられ、本来検注（取）帳とともに分析される必要があろう。また後者はさらに、四至牓示図や立券図などと呼ばれた*立券荘号にかかわって作成されたものと、下地中分図《したじちゅうぶんず》や和《わ》与図《よず》と呼ばれた所領の境相論《さかいそうろん》にかかわって作図されたものとに分類される。なかでも四至牓示図や立券図などは中世荘園の中核に位置する領域型荘園の特徴をよく示すものであり、絵画的な表現方法が用いられており、一般に荘園絵図といえばこうした領域型の荘園絵図を指す場合が多い。神護寺領の紀伊国桛《かせ》田《だ》荘絵図・同国神野真国《こうのまくに》荘絵図・備中国足守《あしもり》荘絵図などが有名である。下地中分図や和与図には、地頭分と領家分との中分線が引かれ、その中分線を地頭と領家が相互に確認する花押《かおう》が据えられている場合もあり、下地中分や和与にかかわる重要な情報が書き込まれいる。下地中分図としては、薩摩国《さつまのくに》伊作《いさく》荘内日《ひ》置北郷《おききたのごう》下地中分図や伯耆国東郷荘《ほうきのくにとうごうのしょう》下地中分図などが知られている。

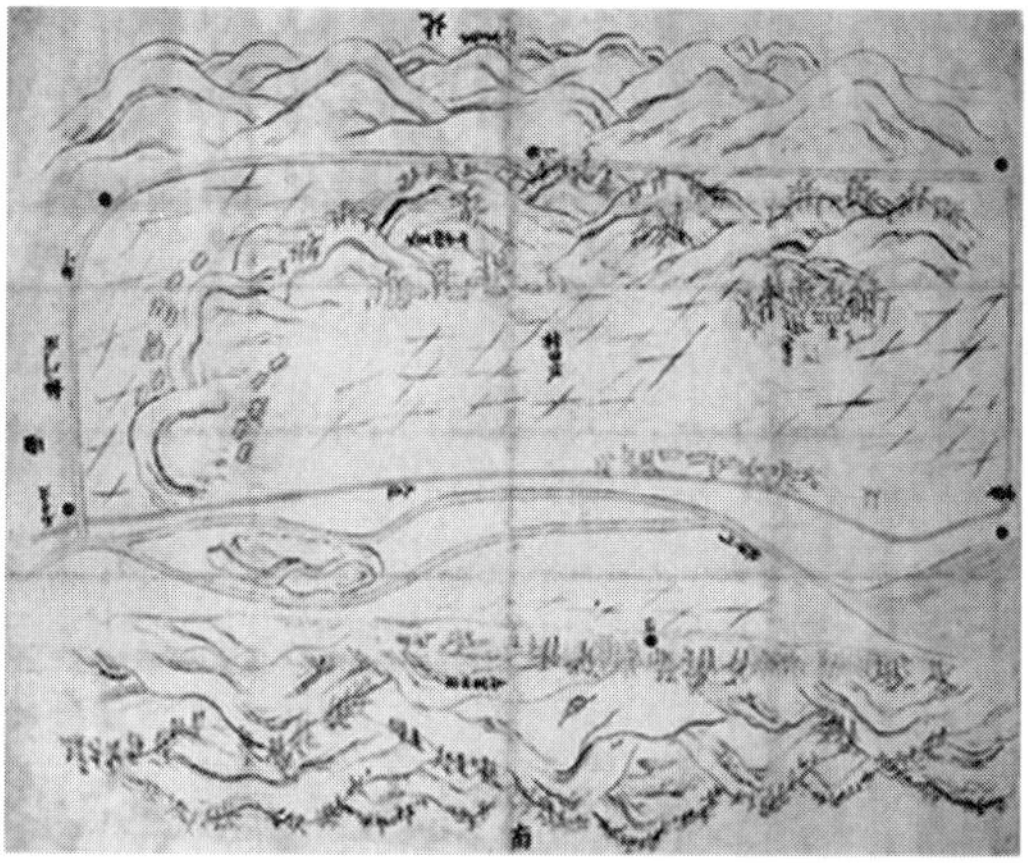

桛田荘絵図（神護寺所蔵）

［文献］　東京大学史料編纂所編『日本荘園絵図聚影1―5』（東京大学出版会、一九八七―二〇〇二）、小山靖憲・佐藤和彦編『絵図にみる荘園の世界』（東京大学出版会、一九八七）。（鈴木哲雄）

不輸《ふゆ》・不入《ふにゅう》　不輸とは国衙への租税の一部またはすべてを免除される特権、不入とは中世荘園などの所領に対する国衙や中央官衙《かんが》の使者の立ち入りを拒絶できる権利。不輸と不入はもともと別個の特権であったが、*立券荘号に当たり中世荘園の多くが両方の権利を確保したために一つの用語となった。不輸とは古代の*不輸租田に由来する語で、一〇世紀以降の荘田において一般化した。荘田には、公田官物の免除を受けた場合と、臨時雑役の免除を受けた場合とがあり、これが不輸の権であった。しかし不輸権を得た荘田であっても、太政官からの官使や国衙からの検田使《けんでんし》・収納使《しゅうのうし》などの入部を受けたため、中世荘園としての立券荘号に際しては、不入権をも獲得する場合が多かった。不入権は鎌倉時代以降、守護使《しゅごし》不入権へと展開した。

［文献］　坂本賞三『荘園制成立と王朝国家』（塙書房、一九八五）、木村茂光「不入権の成立について」（『東京学芸大学紀要（第三部門社会科学）』三二、一九八〇）。　（鈴木哲雄）

官省符荘《かんしょうふしょう》　太政官によって不輸の特権を認められた荘田・荘園のこと。官とは太政官、省とは民部省で、不輸租の特権は太政官が決定し、その指示を受けた民部省が省符を諸国に下すという手続きが行われた。一〇世紀になり、税制が租から官物に変化するとともに、国司の任国に対する権限が強化され、国司が独断で荘田・荘園の不輸権を認めるようになり、国司の免判のみによって不輸権を得た国免地（あるいは*国免荘）が一般化した。他方、一一世紀には官省符荘は特定の寺社以外にも付与されるようになり、貴族層への給付の代替えとして、官省符荘が設定されるようになった。そのため、国司の任期限りの国免地が官省符荘として立荘されることもしばしば行われた。

［文献］　坂本賞三『荘園制成立と王朝国家』（塙書房、一九八五）。　（鈴木哲雄）

国免地《こくめんのち》　国司免判《こくしめんぱん》によって不輸の特権を獲得した荘田や荘園などの所領のこと。このうち立荘されたものが国免荘である。本来、不輸の特権は太政官によって認定されたが、一〇世紀に入ると、国司が任国に対する行政権を掌握するようになり、独断で荘田・荘園の不輸権を認めることができるようになった。そのため国内に所領を持つ領主が、所領に対する官物や雑役などの免除を国司に求めた場合、国司は申請書類に対して外題《げだい》の形式で認可の証判《しょうはん》を与えた。こうした証判を与える行為や外題の記載された文書が免判であった。ただし、国免は国司の任期中に限られており、一二世紀には国免荘の多くが官省符荘に転換されていった。

［文献］　泉谷康夫『日本中世社会成立史の研究』（高科書店、一九九二）。　（鈴木哲雄）

便補の地《びんぽのち》　中央官衙の諸経費に当てる納物《のうもつ》や封主《ふしゅ》に納める封《ふ》戸《こ》の所出物（封物）を、国司が国内の特定地を指定してその地の官物・雑役でまかなう制度が便補であり、便補に指定された特定地あるいは所領が便補の地である。「べんぽのち」とも読む。古代では中央官衙の諸経費は諸国から大蔵省に納入された調庸物が割り当てられ、封戸も国司から封主に納入されていた。しかし平安中期以降、国内の行政権を握った国司は納物や封物を直接納入する代わりに、特定地の官物の徴収権を官衙や封主に与えるようになった。さらに院政時代になると、国司は開発を条件に国内の所領を中央官衙や封主に付与し、これによって便補の地は所領としての便補保《びんぽのほ》となったのである。こうした便補保を有した官衙には、*太政官厨家・*内蔵寮・*大炊寮・*主殿寮・*造酒司などがあった。また、封物の便補保としては、伊勢神宮・北野社・*東大寺などの所領があった。他方で*立券荘号されて中世荘園に転換した所領も多く、中世の荘園制の成立を国家的給付の再編成とみる立場からは、便補の地あるいは便補保は国家的な給付の再編によって成立したものであり、中世荘園成立の基本的なルートであったことになる。なお、立荘されないままの便補の地も鎌倉時代初めまでには、官符《かんぷ》や官宣旨*・宣旨などによって「官省符の地に准《じゅん》ずる」と見なされ、国家的な承認を得た諸門所司領として確立していった。

［文献］橋本義彦『平安貴族社会の研究』(吉川弘文館、一九七六)、勝山清次『中世年貢制成立史の研究』(塙書房、一九九五)。

(鈴木哲雄)

保《ほ》 「ほう」とも読む。平安後期に現れた中世的な所領単位の一つであり、荘・郷・別《べっ(ち)》名《みょう》などと並存した。一一世紀後半の郡郷制の中世的な再編成のなかで成立したもので、開発の申請を契機として国司の認定によって立保され、申請者は保司として保の支配権を掌握した。こうした意味では、保は別名と本質は変わらないが、保の場合には在家《ざいけ》(住人)を支配する権限を有していたと考えられている。また開発申請者は多様であり、在地領主以外にも、中央寺社の僧侶や神官、知行国主や国守の近臣、中央官衙の中下級官人層など、官衙や権門に属する在京領主も多かった。そのため開発申請者(保司)の性格によって、国保《こくほ》と京保《きょうほ》に区別されている。国保の場合は、官物が国衙に納入される国衙領*であり、在地領主が開発申請者(保司)であった。これに対して京保は、官物*が国衙を経由せずに直接中央の官衙や権門勢家《けんもんせいか》に納入されるものであり、在京領主が開発申請者(保司)であり、荘園とほとんど変わりのないものであった。便補保はその典型例である。開発申請者が在京領主であった場合には、現地で開発を請け負った在地領主は公文職《くもんしき》を与えられたと考えられている。国保・京保とも国司の交替に際して再度その承認を必要としたものと考えられ、なかには官符や宣旨によって中世荘園として立荘されたものや保の名称のまま権門諸司領となったものあり、国衙領として存続したものもあった。

［文献］義江彰夫「「保」の形成とその特質」(『北海道大学文学部紀要』二二―一、一九七四)、網野善彦『日本中世土地制度史の研究』(塙書房、一九九一)。

(鈴木哲雄)

一円荘園《いちえんしょうえん》と散在荘園《さんざいしょうえん》 本来荘園とは、古代・中世の荘と呼ばれた領地支配のあり方を示す用語であるが、一円荘園という場合は一つの荘園に対する現地での支配の重層性(荘官や地頭など)が整理され、単一の領主による排他的な支配が実現した荘園のことである。また、散在荘園とは国衙領*(公領)やほかの荘園との荘域が明確ではなく、国衙領のなかに荘田が耕地片としてバラバラに存在している荘園を意味している。一円か散在かは荘園の成立契機や収取上の性格、さらに地域的な特質ともかかわっている。例えば一二世紀に成立した寄進地系荘園*の多くは、原則として立券荘号*に基づく四至牓示*によって領域が明確化された領域型荘園であったが、領域型荘園における現地の支配者は重層しており、鎌倉中期からの地頭請《じとううけ》(所《しょ》)や下地中分によって荘園の一円化が進んだと考えられている。そのため一円荘園の典型は、南北朝時代以降の「寺社本所一円領《じしゃほんじょいちえんりょう》」や「武家領《ぶけりょう》」に求めることができるのである。他方、典型的な散在荘園は畿内(型)荘園とも呼ばれた雑役免系荘園であった。雑役免系荘園*は、国衙に納入される官物*・雑役のうち雑役のみが荘園領主の収入となるもの(半不輸《はんふゆ》)で、多くの場合は名《みょう》に均等に割り当てられていることが多く(均等名荘園《きんとうみょうしょうえん》)、もともと散在的なものであった。また、鎌倉初期までの九州荘園の多くも、散在荘園であったことが知られている。

［文献］　工藤敬一『荘園公領制の成立と内乱』（思文閣出版、一九九二）、永原慶二『日本中世社会構造の研究』（岩波書店、一九七三）。
（鈴木哲雄）

荘園公領制《しょうえんこうりょうせい》　中世の荘園と公領（*国衙領）を総合した土地制度あるいは社会体制にかかわる用語。中世の土地制度を荘園制と表現すると、どうしても荘園という用語の持つ「私的な」土地制度という意味合いが強くなってしまうために、あえて公的・国家的な性格の意味合いが残る公領（国衙領）の語を併記することによって中世社会の土地制度あるいは社会体制の国家的な性格を強調しようとしたものである。また、実際に中世社会での荘園と公領の比重はほぼ対等であるとともに、*年貢・公事の体系や職の体系にも共通する部分が多く、*大田文には荘園・公領が記載されて国家的賦課の対象となり続けたのであった。ただし、近年には荘園公領制概念の限界を指摘する考え方も生まれている。

［文献］　網野善彦『日本中世土地制度史の研究』（塙書房、一九九一）、「特集　荘園公領制・再考」（『歴史評論』六二二、二〇〇二）。
（鈴木哲雄）

田屋《たや》　古代・中世の農業経営において、本宅から遠く離れた耕地を管理・経営するために置かれた家屋や施設。『*萬葉集』には、神田《しんでん》の管理人がいた田屋は聖なる場所とされており、古代には田居《たい》などとも呼ばれた。平安後期の地方の領主は、諸郡に分散していた所領に田屋を建て、周辺住人を動員して農業経営に当たっていた。また、荘園の*田堵のなかには、往来の不便な公領の出作《でさく》地に田屋を建てて農業に従事する者がいたが、荘園領主側からの田堵に対する住人支配が進むと、こうした出作地は田屋とともに荘園として取り込まれていった。こうした場合、田屋は出作地を取り込むための有力な根拠となったものと推定される。

［文献］　桜井徳太郎『民間信仰の研究　上』（吉川弘文館、一九八八）。
（鈴木哲雄）

御薗《みその》　古代・中世に天皇家・摂関家や伊勢神宮・*石清水八幡宮などが領有した所領。本来は、天皇家や摂関家などへの供《く》御《ご》、あるいは神への御饌《みけ》としての畠作物を貢納する園地のことであり、主に蔬菜《そさい》や果実・薬草などが納入された。古代に京・畿内に設けられた御薗は園池司《えんちし》によって管理されたが、平安時代には*内膳司のもとに再編された。さらに一一世紀には御厨子《みずし》所《ところ》の支配下に置かれたが、のちには御厨《みくりや》と同じように供御人《くごにん》の編成が行われるとともに、中世荘園に転化していった。精《しょう》進《じん》御薗・地黄《じおう》御薗などが有名。なお、平安末期から鎌倉初期には、伊勢・伊賀から東海地方にかけて、多数の伊勢神宮の御薗が設定されていた。

［文献］　網野善彦『日本中世の非農業民と天皇』（岩波書店、一九八四）。
（鈴木哲雄）

手継券文《てつぎけんもん》　手継つまり手から手へと代々引き継がれていった券文のこと。券文とは立券文《りっけんもん》のことで、立券文とは荘園の立荘に際しての証明書である官省符や国司免判を意味するほか、売《うり》券《けん》や譲状《ゆずりじょう》など土地所有権の移動を証明する文書のことである。手継証文ともいう。平安後期以降、荘園や私領そして田畠など土地に対する自己の所有権を主張するためには、その土地を自分が正当に引き継いできたものであることを証明しうる文書が必要であった。ある人から土地を買ったとすれば売った人からの売券が、ある人から土地を譲られた場合には譲った人の譲状が必要であった。つまり中世では、土地に関する権利が移転される場合には、その土地に関する既存の文書全部とともに、権利を移転する意思を明示する文書が移転先に交付されたのである。こうした文書は、最初の文書の右端に次の文書の左端が貼り継がれるという形で綴《つづ》られた。こうした連券《れんけん》が手継券文であった。ただし、土地が分割されて移転された場合には、手継券文を分割することはできず、寄進状や譲状・売券にはその旨が記載されたりした。しかし、実際には譲渡関係を漏れなく示した手継券文はほとんどなく、中世の土地所有は手継券文という文書の相伝のみによって保証されたのではなく、当知行《とうちぎょう》（当知行二〇か年法）に基づく所有権の発生も重要視されていた。なお現在まで伝来した中世文書の大半は、こうした土地所有権の保証にかかわるものである。

［文献］佐藤進一『新版 古文書学入門』（法政大学出版局、一九九七）、菅野文夫「手継証文の成立」（『歴史』二一、一九八八）。

（鈴木哲雄）

画指《かくし》 中国を中心として東アジア一帯で行われた自署の代用法。文字を書けず自署できない者が指（多くは食指）の長さと節の位置とを描いたもの。もともと中国に始まったもので、日本では「大宝令」（「養老令」も）にも取り入れられ、戸令において、妻を離婚する場合は、字が書けない夫は画指をせよと規定されていた。実例としては、奈良時代の文書にいずれも男子のものが数例、平安時代には残存数が増加するが、いずれも女子のものに限られる。画指の描き方には、指の節の位置を点で表したものや、指の長さや指の外形と節の位置とを表したものなどがあった。いずれにも売券や借銭《しゃくせん》文書に使用されたものであり、個人（女性を含む）の自立を前提とした権利の移動が古代からあったことを示すものである。

［文献］仁井田陞・彌永貞三「画指」（貝塚茂樹他編『世界歴史事典4』所収、平凡社、一九五一）。

（鈴木哲雄）

（二） 荘園の支配

本家《ほんけ》**・領家**《りょうけ》 荘園領主のこと。荘園制的な領有体系のなかで、多くの場合荘園の代表権者として荘務権を持つのが領家であり、領家がさらに上級の権力者に保護を求めた場合、その上級権力者が本家である。中世荘園の多くは、平安後期の国免荘を前提としたものであった。そのために院政時代には、国免荘の領家であった中流貴族や官人層は、国司の任期切れに荘号が否定されることを恐れ、上級の権力者に国免荘を再度寄進して本家と仰ぎ、本家の保護を求めようとした。この結果、本家の多くは院の周辺や摂関家などに集中し、院領荘園（天皇家領荘園）や摂関家領荘園が形成された。荘園の成り立ちによっては、荘務権を本家が有する場合もあったが、一般的には「式目抄」に「本所トハ領家也、元来ノ領主ヲ云也」とあるように、領家が本所であり、荘務権を有することが一般的であった。こうした本家—領家関係としては、肥後国鹿子木荘《かのこぎのしょう》における開発領主の孫高方《たかかた》から領家の大宰大弐藤原実政《さねまさ》に寄進され、それを受け継いだ願西《がんせい》がさらに領家の権利（得分）の半分を高陽院《かやのいん》内親王に寄進して本家と仰いだことが有名である。しかし、鹿子木荘の場合、正式な立荘*は開発領主からの領家への寄進ではなく、本家を仰いだ段階に求めるべきことが明らかになっている。こうした観点からは、荘園の立荘とは下からの寄進に意味があるのではなく、上からの荘園の分与に意味があることになる。

［文献］　西岡虎之助『荘園史の研究 下巻一』（岩波書店、一九五六）、石井　進『中世史を考える』（校倉書房、一九九一）。

（鈴木哲雄）

預所《あずかりどころ》・雑掌《ざっしょう》　古代・中世の荘園において荘務を掌る者。荘官の一種。預所は「あずかっそ」「あずかりしょ」とも読む。荘園領主の代官として荘務権を預かった者が預所である。一方雑掌とは、もともとは官衙の雑務を掌る者のことであったが、荘園制下では荘園の管理・経営の雑務を担当する者を意味した。預所には、在京の者と在荘の者とがあり、在京預所には本家が荘務権を有する場合は領家が、領家が荘務権を有する場合には領家の家司などが任命された。在荘預所には現地の在地領主などが任じられた。そのため、領家と預所が重複する場合があったが、この点については、預所とは本所に対する用語であり、荘園の寄進主体が預所の地位を確保したと見る説もある。他方、立荘の主体は上級の権力者側にあったと見るならば、預所は荘務権を持つ本所から荘務をまさに預かった者ということになる。また、預所は現地の下司や公文などの下級荘官を指揮して荘園の経営や管理に当ったが、寺社領などの場合には寺僧や神官が複数の荘園の荘務を担う場合もあり、現地の荘官を指揮する者として大きな権限を持っていた。雑掌には現地で年貢・公事の徴収に当る所務《しょむ》雑掌と、在京して訴訟の事務などに当った沙汰《さた》雑掌とがあり、預所の別称でもあった。

［文献］　阿部　猛『日本荘園史』（大原新生社、一九七二）、泉谷康夫『律令制度崩壊過程の研究』（髙科書店、一九七一）。

（鈴木哲雄）

荘《しょう》　官《かん》　荘園領主によって任命された荘園（荘田）の役人の総称。荘司《しょうじ》や沙汰人《さたにん》とも呼ばれた。古代の墾田（初期荘園）では、田使《たつかい》・田令《でんれい》・荘目代《しょうのもくだい》・荘領《しょうりょう》などと呼ばれたが、平安時代の荘田においては、荘預《しょうのあずかり》・荘別当・検校《けんぎょう》・荘司《しょうじ》などと呼ばれた。中世荘園の成立後には、*預所・下司《げす》・*案主・公文《くもん》・田所《たどころ》などの荘官名が一般化したが、名称そのものは場所や時期によっても多様であった。荘官には、荘園の現地にいない上級の荘官（上司や在京預所など）と現地で実務を担当した下級の荘官があった。下司や公文・田所などの下級荘官には、「兼ねてまた*在庁官人・郡司・百姓をもって荘官に補《ほ》し」（『*兵範記』）とあるように、在地領主や百姓の上層が任じられたが、上司は荘園領主の政所や公文所に属する役人であった。上司は下司などの下級荘官を指揮して勧農や収納などの荘園経営に当った。荘官の地位（荘官職）は、在地領主などが領主制を展開する基盤となったが、地頭も荘官職の一つであった。荘官には、職務分として給名や給免田が与えられた。また、「沙汰未練書《さたみれんしょ》」には、「名主・荘官・下司・公文・田所・惣追捕使《そうついぶし》以下職人等事、件の所職等は地頭・領家進止《しんし》の職《しき》也」とあり、鎌倉時代の荘官は地頭と領家の双方の支配下にあった。

［文献］　網野善彦『日本中世土地制度史の研究』（塙書房、一九九一）。

（鈴木哲雄）

案《あん》　主《ず》　「あんじゅ」とも読む。古代・中世の文書・記録の作成や保管に当った下級の職員。案文《あんもん》を主（つかさどる）の意。もとは官司の書記分野の担当官であったが、平安時代以降には、国・郡や院司、諸家の政所など多くの機関に置かれた。荘園の荘官としては、公文や下司の指揮のもとで、文案の作成や保管などに従事した下級荘官であった。中世の香取社（領）に置かれた案主は、録司代《ろくしだい》・田所とともに三奉行《さんぶぎょう》と呼ばれ、社領に関する土地台帳には三奉行が署判を加えたが、その場合、案主は日下に署判している。また、三奉行の家には、大禰宜家《おおねぎけ》とともに香取社領に関する多くの土地台帳が伝来した。

［文献］竹内理三『寺領荘園の研究』（吉川弘文館、一九四二）。

（鈴木哲雄）

図師《ずし》 古代・中世の国衙や荘園に所属して、図帳《ずちょう》・田図《でんず》さらに検注帳《けんちゅうちょう》などの土地台帳の作成に当たった下級の役人。一国検注では、図師が実際の検注作業に当たったらしく、保元三年（一一五八）五月の山城国の一国検注では「検注図師」と見える。また、荘園の立券荘号に際しても、図師は四至内の耕地を確定する作業を行っている。鎌倉時代には「図師給」とも見え、荘官職の一つとして図師職が存在した。図師職の成立に伴ってその地位も得分権化し、室町時代以降には指図《さしず》などの意味に使われるようになった。

［文献］田中寿朗「平安・鎌倉時代の図師」（竹内理三編『荘園絵図研究』所収、東京堂出版、一九八二）。

（鈴木哲雄）

職《しき》 平安中期以降の官職の世襲化と私財化に伴って、その官職が職と呼ばれるようになった。職とは職務的権限と職務に付随した収益権を意味したが、のちには土地の用益権などの権益そのものを意味するようになった。世襲されることの多かった郡司の地位において、まず職は成立した。郡大領職《ぐんのだいりょうしき》や少領《しょうりょう》職《しき》・郡司職などであった。さらに、中世の荘園公領制下において、荘園では本家職・領家職・預所職・下司職などの荘園所職《しょしき》が成立し、公領*（国衙領）においては郷司職・保司職などが生まれた。こうして、荘園や公領に対する重層的な領主諸階層の地位や権利が職で表される「職の体系」が成立した。これらの職は、役人としての職務や地位を表すとともに、付随した権益は私的な財産として譲与された。また鎌倉時代には、鎌倉殿と御家人との主従関係を前提にして地頭職《じとうしき》が生まれ、荘園や公領の内部においても名主職《みょうしゅしき》・作職《さくしき》・下作職《げさくしき》という農民などの土地に対する権利が職で示され（「農民的職」という）、その得分は売買の対象とされた。なお、職の特質をめぐっては、それを不動産物権としての権益権と見る考え方や、権益と同時に職務上の地位をも意味したとの説や職とは職能そのものだとの考え方もある。また農民的職の成立は、土地に対する農民的な権利の深化を意味するとの見解が一般的である。中世後期には加地《かじ》子名主職《しみょうしゅしき》などは地主層や荘園領主に集積され、地頭職も荘園領主に集積されるようになり、職の体系の形骸化が進んだ。

［文献］島田次郎『日本中世の領主制と村落 上』（吉川弘文館、一九八五）、網野善彦『日本中世土地制度史の研究』（塙書房、一九九一）。

（鈴木哲雄）

荘務権《しょうむけん》 荘園を支配するうえで必要な職務権限。もともとは国衙が保有した国務を分割継承したものであった。荘園領主の本家・領家などのうち、多くは領家が掌握した。本所―預所との関係でいえば、本所が荘務権を掌握し、預所が荘務を預かるところであった。具体的な職務には、勧農と検断とがあった。勧農とは検注による耕地の掌握、定田《じょうでん》・除田《じょでん》と年貢の確定、種子農料の下行《げぎょう》による開発、井料《いりょう》の下行なども含むものであり、検断とは、荘内の警察権や裁判権を含むものであった。南北朝時代以降には、地頭や商人さらに禅僧などが定額の年貢納入を約束して荘務を請け負う請負荘園も増加し、多くの荘園領主が荘務権を喪失していった。

［文献］ 永原慶二『日本封建制成立過程の研究』（岩波書店、一九六一）。

（鈴木哲雄）

（三） 荘園の構成

負《ふ》名《みょう》 平安時代、*官物・*年貢・*出挙などの負担を負った者。*公田を経営し、所当官物などを納入した。田地の耕作と税の納入を自分の名に負ったことに由来する。また、負名の負う田を負田という。このような負名の多くは*田堵であったため負名田堵ともいわれる。田堵とは、平安中期頃に荘園や公領を請作して農業経営を行った農作を職能とする者であるが、その請作の規模に応じて大名田堵・小名田堵とも称された。負名や田堵のなかには前代において富豪層であって、その私倉である里倉を持つ者もいた。

また、律令国家体制は*戸籍・計帳に基づいた人頭税収取方式をとっていたが行き詰まったとされている。次いで王朝国家体制は年貢徴収単位である名を負名に割り当てて貢納物を徴収させるという年貢請負制をとった。これを負名体制という。このような負名は公領においては「平民公田の負名」、荘園においては「出作負名」と呼ばれた。彼らは春に請文を提出して領主から宛文を与えられ、田地を耕作していた。請作はおよそ一年単位が基本的で、請作地に対する耕作権である作手は微弱であった。しかし経営の安定化を望む領主と田堵双方の利害があいまって作手は漸進的に強化され、田堵の名主化が進み、のちの名体制の基礎となった。場合によっては中世荘園の名主に発展する者もいた。

（藤井　崇）

田《た》堵《と》 「田刀」「田都」「田頭」とも書く。その由来は耕作経営地を堵（かき）で囲ったことともいう。初見史料は貞観元年（八五九）の元興寺領近江国依智荘検田帳で「田刀」として前伊勢宰依智秦公安雄らの名がみえる。一〇世紀以降、こうした田堵に対して年貢課役請負単位である名を割り当てて、賦課物の納入責任を負わせた。この名を請負った者を負名田堵と呼ぶこともあった。領主側による名の割り当てのことを散田というが、その割当て規模は負名田堵の実力に応じたもので、大きいものは「大名田堵」、小さいものは「小名田堵」などと呼ばれた。

田堵は春に請文を提出して領主から宛文を与えられた。その請作は一年単位が基本的で、年ごとに更新するのが原則とされた。田堵のなかにはいわゆる弱小な田堵もいたが、たいていは請作地以外に生活拠点を持っている有力農民の場合が多かった。彼らは地子の納入を怠れば改易されるなど、当初は請作地に対する耕作権すなわち作手権は微弱であった。しかし経営の安定化を望む領主と田堵との双方の利害が合致して作手は漸進的に強化されて田堵の*名主化が進み、名田に対する耕作権は名主職となって領主側に把握され、のちの名体制の基礎となった。

［文献］ 村井康彦『古代国家解体過程の研究』（岩波書店、一九六五）。

（藤井　崇）

名主《みょうしゅ》 平安時代後期以降、荘園制の中核をなす百姓。初見史料は、永承二年（一〇四七）の高橋世犬丸田地売券で、「名主僧」とある。かつて、有力農民である田堵*は年貢納入を請負って貢納物徴収単位である名を割り当てられていた。当初は請作地に対する耕作権すなわち作手権は微弱であったものの、経営の安定化を望む領主と田堵双方の利害が相まって作手は漸進的に強化されて田堵の名主化が進んだ。また、荘園・公領の名に属する田地を名田と呼ぶが、名田に賦課されている年貢や公事などの貢納物の納入責任者が名主である。その名主の得分権を名主職と呼び、売買・譲渡の対象となった。

日本における封建制成立に関する学説としてはごく大まかにいうと、名主を農奴と見て、在地領主と名主の関係を封建的関係であるとする説と、名主は名田の地主として所従*・下人を奴隷とした家父長的奴隷経営を行っており、名主に従属する奴隷が農奴へと成長することが封建制成立を意味するとして荘園制社会を奴隷制社会とし、太閤検地以降をもって封建制が成立するとした説が出た。ただし現在は一般的に院政期以降を指して中世とし、中世は封建制社会と考えられている。また名主が鎌倉・室町期を経て、支配層である守護大名などの被官化をすることによってその支配構造の末端を担い、中世後期の民衆勢力の台頭を阻んだとする説は「名主裏切論」と呼ばれている。

［文献］ 戸田芳実『日本領主制成立史の研究』（岩波書店、一九六七）。 （藤井 崇）

名田《みょうでん》 荘園・公領の名に属する田地。初見史料は、天喜元年（一〇五三）の大和国大田犬丸名結解。かつて、有力農民である田堵は年貢納入を請負って貢納物徴収単位である名を割り当てられていた。当初は請作地に対する耕作権すなわち作手権は微弱であったものの、経営の安定化を望む領主と田堵双方の利害が相まって作手は漸進的に強化されて田堵の名主化が進んだ。そういった荘園・公領の名に属する田地を名田と呼ぶ。名田の規模は数段単位のものが多いが辺境地域の荘園においてはより広大であることが珍しくない。逆に畿内荘園においては、名田は散在的に耕地片として分布する、いわゆる均等名の形態をとる。また現在ではほとんど否定されているが、かつて松本新八郎は名田経営に関して、名主は下人・所従を奴隷とし、名田の地主として家父長的奴隷経営を行ったとする名田経営論が唱えられた。

［文献］ 稲垣泰彦『日本中世社会史論』（東京大学出版会、一九八一）。 （藤井 崇）

地《じ》主《ぬし》 平安時代、荘園・公領の現地で私的に田畠を領有する者を私領主と呼びまたは地主ともいった。地主は一般的に土地を占有し、そこから一定の得分を取得する権利を有する者をいう。しかし古代・中世において土地の私有権は確立していないため、何がしかの得分権などを有するといった程度の意味で多様に用いられる。例えば、私領主のほかに開発領主*を指したり、荘園所領の所職を給与された給主のことであったり、加地子名主のことをいったりする。大和国では、東大寺*や興福寺*の寺僧の所有する名主職を指して地主的土地所有という場合がある。こういった地主職は相伝・譲与の対象となり、地主職保有者が貴族や寺社などの権門勢家にその職を寄進することもあった。 （藤井 崇）

佃《つくだ》　古代から中世にかけての荘園・公領における領主・*預所・地頭・下司・郡司・郷司らの直営地。領有者によって本家佃、本所佃、領家佃、預所佃、保司佃、中司佃、地頭佃などと呼ばれる。

　佃は系譜的に、古代の屯倉にまつわる令制下の宮内省の官田が班田農民に種子と営料を支給して耕作させた直営方式や、弘仁一四年（八二三）以来九州*大宰府において良田一万二〇九五町にたいし六万余とされる労働力を投入して財政収入を図ったとされる公営田や初期荘園の直営法に連なるとされる。貞観一八年（八七六）の近江国愛智荘に荘佃が二町ばかりみえるのがその早い例。わずかな種子・営料を支給するが、農民の無償労働によって経営され、ほとんど全収穫を領主がとる。平安末期には名にほぼ均等に佃を割りつけ、名主の責任で経営させることが起こるようになり、時代が下るとともに佃の平田化が進む。その過程において通常の名田と同様に斗代が付されるようになって佃としての特質は失われる。また、一般に地頭・荘官の直営地を指して正作と呼び、西日本、特に九州においては用作と称され、また特に中世武士の屋敷地の門前などに接し、屋敷をめぐる濠の水を用いた水利の条件がよく、領主や国衙の検注の対象とならずに年貢や公事が賦課されない耕地を指す場合は門田と呼ばれる。または手作ともいう。

［文献］水上一久『中世荘園と社会』（吉川弘文館、一九六九）。

（藤井　崇）

給免田《きゅうめんでん》　一般的に、荘園領主が、荘官や手工業・運輸に従事する者に職務の代償として給与する田である人給田を指していう。例えば、『又続宝簡集』一四二の貞応二年（一二二三）一一月日備後国太田荘地頭等陳状案に「地頭給田雑免事、預所ならびに高野御使度々検注文目録に就いて募り来る所也」とあるように、給免田を「引き募る」という文言に類するものは中世史料にしばしばみられる。これらは、先例や検注目録によりあらかじめ決まっていた給免田の田積総数を合議のうえで検田取帳の一筆一筆から募るという作業を指すという。また、『宝簡集』五の嘉禎元年（一二三五）一〇月二五日関東御教書に、「地頭また預所正検の時、地頭の身として、給田を申し立てるは、定法也」とあるように正検のときに地頭が新たな給田を申請することもあった。給免田の具体的な内容としては、預所給、地頭給、下司給、田所給、公文給、定使給、番頭給、図師給、案主給、梶取給・鍛冶給、番匠給、紙漉給・土器給などの種類がある。こういった給免田は、検注帳の記載において総田数から除かれた除田とされ、年貢や公事を免除される。以上のような給田や給名を与えられた者を給主と呼ぶこともある。

［文献］富澤清人『中世荘園と検注』（吉川弘文館、一九九六）。

（藤井　崇）

均等名《きんとうみょう》　平安時代末期から鎌倉時代における畿内の荘園・公領のうちに、その徴税単位であり主要構成要素である名田部分が、一町数段ないし二町前後の面積のほぼ均等な名によって構成されているものがある。その荘園を均等名荘園と呼ぶ。また、名屋敷が一段ずつで名田は散在的であることが多い。その発生要因は古代の土地編成や班田制や奴婢の土地植えつけであったり、古代的家族の解体によって生じたなど種々の説があるが、雑多な公事や夫役が名ごとに均等に賦課されたことからもわかるとおり、均等名とは荘園領主が公事収取の便宜上設けたものであって、農業経営の単位とは一致しない擬制的なもので、東大寺領大和国小東荘を代表的な事例として、荘園領主による荘園再編成の結果生じたものと考えられている。また、大和国における興福寺*の雑役免系荘園*に多くみられる。例えば興福寺大乗院領大和国高田荘のような完全均等な名構成である完全均等名とほぼ均等な名構成のものである不完全均等名とがある。また均等名の一形態として合名がある。合名もやはり領主側の貢納物収取の便宜のために、二つの名を機械的に合わせて一つの名としたもので、一名田に複数の名主が存在するように破片的な田堵層を集めて名を形成する。「相名」とも書き、多数集めた場合には「集名」という。

［文献］渡辺澄夫『増訂 畿内庄園の基礎構造』（吉川弘文館、一九六九、一九七〇）。 （藤井 崇）

開発領主《かいほつりょうしゅ》 平安時代以来の開発により本領を確立相伝した中世社会の典型的な在地領主。根本領主ともいう。鎌倉幕府の訴訟手続き関係の解説書である『沙汰未練書』には御家人と開発領主について、「御家人とは往昔以来開発領主として、武家の御下文を賜う人の事也」とあり、また「本領とは開発領主として代々武家御下文を賜う所領田畠の事也」とある。同書の見解としては、御家人とは幕府によって開発領主として代々安堵された本領を持つ者とされている。その代表的な例としては年月日未詳の肥前国鹿子木荘条々事書案がある。鹿子木に関して「当寺相承は、開発領主沙弥寿妙嫡々相伝次第也」と、沙弥の寿妙《じゅみょう》が開発をしてその子孫が代々相伝したとある。この寿妙の子孫であるという高方《たかかた》は従二位前参議大宰大弐藤原実政《さねまさ》を年貢四〇〇石でもって領家とし、自身はその荘家領掌の進退の権利を持つ預所職となった。一方で藤原実政は高方に対して、「預所職と荘務領掌については高方の子孫が管理すべきである。もしこのことに違約したならば実政の子孫は領家となってはならない」という証文を作って与えたという。しかし実政の子孫である願西《がんせい》の実力は微力なものとなり国衙からの圧力に抗しえなくなったので願西はその得分二〇〇石を後鳥羽天皇*の皇女である高陽院《かやのいん》内親王に寄進し、その内親王薨去ののちは菩提所である勝功徳院に寄進され、その後は仁和寺に寄進され、仁和寺を本家と仰いでいる。

［文献］戸田芳実『日本領主制成立史の研究』（岩波書店、一九六七）。 （藤井 崇）

私営田領主《しえいでんりょうしゅ》 平安時代、朝廷が経営した公営田に対して、在地豪族たちが私的な財でもって大規模に経営した田のことをいう。近在する農民を労働力とした直営田経営で、その経営主体を私営田領主といい、一一世紀以降の在地領主の前提となるもの。延暦一六年（七九七）の太政官符は親王王臣家の荘園の経営をしている荘長が私田*を営むことを禁じている。この私田は私営田であって、耕作者に籾などの種子と功料や食料である農料を支給し、種子と農料すなわち営料以外の収穫を富豪層たち経営者が収奪するというものであった。石母田正は『中世的世界の形成』（岩波文庫）において、伊賀国名張《なばり》郡の藤原実遠《さねとお》をその典型として描いた。私営田領主は平安末期の歴史のなかで、国・郡組織と深く結びついていた。彼らは農村現地に根拠を置いて所領支配を行う荘園の荘官・下司・公文・地頭のような階層である在地領主への道を歩むか、あるいは在地から離れて、段別五升から一升程度を作人から徴収する権利のある

「職」を有することを国衙などから公認された私領主を指す加地子領主となるかのいずれかの道を歩んだ。

［文献］ 戸田芳実『日本領主制成立史の研究』（岩波書店、一九六七）。 （藤井　崇）

在《ざい》家《け》　平安時代後期以降の荘園、公領において屋敷と付属耕地を一体として把握し、在家役賦課の対象とした。またその負担者を指していう場合もある。調庸物の系譜を引くものとされ、一一世紀頃から所見される在家役の賦課の対象とされたもの。その発生要因としては、一〇世紀後半頃に中央諸権門が田地に必ずしもしばられない供御人《くごにん》*や神人、散所民をはじめとした非農業民による広汎な活動を把握するために、在家として編成しようとしたものとされている。特に東国では「田在家」が成立している。付属する耕地が一町歩前後に均等化されている場合が多いがこれを「一町在家」と呼ぶ。概して東国の在家には大規模なものが多い。また、九州においては「薗」ともいう。南九州などの辺境のように、一般に百姓名の成立しにくかった地に多くみられて重要な意味を持つ。また在家を有する領主的な名主やその一族が居住し公事などが賦課されない在家を居在家、居屋敷、居薗などと呼び、もともと在家役を負担してきた草分け百姓の在家を本在家と呼び、のちの時期に在家と把握された場合は脇在家とか新在家もしくは今在家と呼ばれる。一般的に本在家を百姓名主と捉え、脇在家は小百姓であると考えられている。よって一部の下人化された在家は例外として、おおむね領主権力は在家住人に対して圧倒的なものではないとされ、在家は隷属民ではなく班田農民の系譜を引くといわれている。

［文献］ 誉田慶恩『東国在家の研究』（法政大学出版局、一九七七）。 （藤井　崇）

寄人《よりゅうど》　①記録所、御書所、院文殿、後院などにつけられた。特に和歌所寄人の場合は和歌の選定を掌って召人と呼ばれた。②鎌倉幕府、室町幕府の政所、問注所、侍所の構成員を指し、庶務執事を担当する。③平安時代の荘園制における荘民の形態の一つ。特定の所領の住人でありながら、それ以外の公家・寺社などと身分的従属関係を持つ者。年貢*は本領主に納入し、雑役は免除された。寄人はもともと公民百姓である者が臨時雑役を免除されながら負名田堵*として公田*の所当官物を当該国衙に貢納・弁済するといういわば荘公両属な支配関係であった。寄人は本所領家などの権門の威勢を背景として国衙の国務に対し激しく対捍した。これによって荘園に住む寄人が公領の公田を耕作したり、ほかの荘園に居住する者が居住地ではない荘園を耕作するいわゆる「出作*」が行われたとき、出作農民や出作農民の耕作地の帰属をめぐってその農民の居住地と出作地の領主間にしばしば紛争が起こり、場合によってはその出作農民の田地がその紛争において有利である方に組み込まれることもあった。これは加納と呼ばれ、一一―一二世紀に荘園、公領拡大の手段とされ、取り込まれた田は加納田または余田と呼ばれた。

［文献］ 戸田芳実『日本領主制成立史の研究』（岩波書店、一九六七）。 （藤井　崇）

別《べつ》名《みょう》　平安後期にみられる所領単位の一つ。「べちのう」ともいう。「別符の名」の略称に起因するという。荘園・公領で、正規の手続きではない徴税・納入方法がとられること。公領で官物・雑役の一部が国衙以外の給主に与えられたときは別納。またこのような荘園・公領において別納を認める文書を別符という。または別納免符ともいうが、しだいに別符は別納を認められた土地を指すことが多くなった。別名の多くは貢納物収納の単位として多く設定され、荒廃地や未開墾地の開発のために一定の地域で在地の富豪層に雑公事免除などの特権を認め、かつその荘園や国衙の有する勧農権などを付与して開発と徴税を請負わせたことが別名成立の要因という。また、「下地の別名」といったときには別名領主が所領経営上の独立性を有すとされるが、「得分の別名」といったときには給主が別符を得て独自に徴税を行い経営には直接関与しない。

［文献］　坂本賞三『荘園制成立と王朝国家』（塙書房、一九八五）。

（藤井　崇）

負所《おっしょ》　公領における貢納は官物と雑役であるが、その公領の田地に対する賦課のうち、官物は国衙が収納し雑役分が免除されて寺社など荘園領主の収入とされているものを負所と呼ぶ。興福寺の雑役免田や東大寺の大仏供白米田・香菜免田・油免田などは負所からなる荘園。負所からの得分は段別一斗程度で、荘園領主は下地支配権を持たない。例えば東大寺*は大和国衙からいろいろな儀式費用の名目で正税*などを受け取っていたが、雑役がその寺費用に当てられていた地は、多く国衙に対して年貢課役を負担する田地である負田であった。当初、東大寺はその貢納物である大仏供米などをいったん国衙を介してから受け取っており、その請取状である返抄を国衙に対して送っていた。また国衙は郡・郷に返抄を送っていた。しかし、一〇—一一世紀にかかる頃になると、東大寺が直接に郡・郷に対して返抄を出すようになっており、このことは郡・郷から国衙を介さずに東大寺へ米が納められていたことを指すとされている。おおむねこのような経緯を経て成立した荘園の代表的例が東大寺領大和国小東荘である。このようにもともと負所とは寺社などの給主が耕地を直接支配し、雑役分を直納させる構造ではなく、雑役分の貢納額は一定であったが負所たるべき田地の坪付は固定しない浮免であった。しかしその坪付の固定化が進むにつれて寺社直属田としての性格が強まっていき、しだいに荘園化していった。

（藤井　崇）

(四)　年貢・公事

***検田帳**《けんでんちょう》　荘園領主や国司が租税徴収のために田畠、桑、漆、在家などを対象として土地を丈量し、耕地の所在や耕作者を確定する作業のことを検注といい、検田・検地も同意である。またこういった検注のために領主から派遣されるのが検注使で、検注使が所領の検注の結果を書きしるした耕地一筆ごとの所在地、面積、租税量、名請人の名などを記した帳簿のことを検田帳または検注帳と呼ぶ。

建武二年（一三三五）の東大寺学侶起請文案に「凡そ荘務の法、地下の取帳・目録等、所務の目足として、年損等の勘定は定例也」とあり、検田（取）帳は土地台帳の基本と考えられていた。また、①取帳は坪付帳として耕地片一筆ごとの所在地を具体的に示す役割を持っている、②取帳は検注時点での耕地の状況と面積を確定する、③取帳は一筆ごとの、検注使・荘官・農民の了承に基づく耕作権所有者を指す「名請人」を確定する、④取帳の記載は領主の下地進止権の及ぶ範囲を確定する。その書きあげ作業については、現存する取帳原本は記載の文字といい行間といい、かなり整然としたものであって、田頭において逐次書いたものではなく厳密にいう案文であると考えられる。また、検注帳作成ののち、神前や寺の前などの場所で一筆一筆読み合い、朱合点を付すという神聖な「読合」作業が行われた。

［文献］　富澤清人『中世荘園と検注』（吉川弘文館、一九九六）。　（藤井　崇）

散用状《さんようじょう》　平安時代から江戸時代まで使われた収支決算書。「算用状」とも書く。特に平安時代前期から鎌倉時代にかけては結解状と呼ばれ、鎌倉時代末期あたりから散用状と呼ばれた。散用状とは荘園や国衙領の年貢・公事や寺院などの法会・諸行事の費用などの収支を明らかにするもので、担当者が年初に前年分を作成し領主に報告する。

山城国乙訓《おとくに》郡の上久世荘は建武三年（一三三六）以来東寺八幡宮領の荘園であるが、干魃があった応永一五年（一四〇八）の同荘年貢散用状には、「注進　上久世庄御年貢散用状事」と事書があって、上久世荘の合わせて二二八石四斗四升五合五勺のうち、年貢から除外される除分が損亡一二石や井料などを含めた二一石五斗であるので、領家東寺に対して納めるべきものは二〇六石九斗四升五合五勺であり、そのうち現納したのは除分を含めて上申された一九〇石七斗三升八合八勺であって未進分は三七石七斗六合七勺である由を公文康貞が花押を据えて報告している。また、この散用状には「未進徴符」との端裏書があるので、年貢の未進分を明らかにしようと作成されたものとされている。　（藤井　崇）

坪付《つぼづけ》　律令制下から荘園制下に継承された、田地の所在地と面積を条里制の坪に従って記載した帳簿。その帳簿が坪付帳、領主に上申するものを坪付注文という。中世末期から近世にかけては大名が家臣に発給した所領目録を指す。また班田図帳、検田帳、坪付帳、土地売券といった田地に関する書類のことを総称して田文という。

坪付状や坪付帳は、譲状や売券や寄進状において「委細別紙に載す」、「坪付別紙に有り」とされる別紙に当たる。多様な体裁をとりながらも共通するものは、一筆の所在を示す記載が付されていることで、譲状・売券などで一括して量的に表現された田畠在家の在所すなわち坪付を示すことが本来の目的として作成された。領有耕地が散在・錯圃状態に存在し、それぞれの田品の格差が著しいという条件下で必要とされたために一筆ごとに条里坪・地字や耕作人を付し、その所在は明確にされねばならなかった。また、記載形式上、田→畠→在家というまとまりで坪付が示され、それぞれひとまとまりとして画然と区別されているのは収取内容・支配内容の違いからくる認識上の区別であり、収取のための台帳としての書分けである。

［文献］　富澤清人『中世荘園と検注』（吉川弘文館、一九九六）。　（藤井　崇）

官物《かんもつ》　令制下の租・調・庸・雑物など貢納物の総称。また、平安中期以降の公領における貢納は官物と雑役であるが、田租と地子米をあわせて官物と呼ぶ。また貢納物を官物と田率雑事に分ける。『日本書紀』*によると「オホヤケモノ」と読み、『政事要略』*では田租を官物と称するといい、『令義解』*に「官物は郡稲也」とあることに関して「郡稲一色をもって官物と称すべからず」とも述べている。『*類聚国史』には出納官物、収納官物、塡納官物、乗官物、犯官物、陰截官物、焼亡官物、漂損官物、免官物などの項がある。永延二年（九八八）の「*尾張国郡司百姓等解」によると国守*藤原元命が地子田にも租税田と同様に官物を加徴したとあり、それはおそらくのちの臨時雑役に相当するものではないかといわれている。平安後期になると、官物と臨時雑役の体系に代わって国ごとに公田官物率法が定められた。官物率法とは一一世紀半ばに国ごとに定められた官物の段当賦課率で、保安三年（一一二二）伊賀国では、別符では段別に見米五斗で、公田では段別に見（現）米三斗、准米一斗七升二合、油一合、見稲一束、頴二束で、院御荘出作田では見米三斗、准米一斗七升二合、頴三束であった。ほかには荘園における年貢所当のことも指す。

［文献］阿部 猛『尾張国解文の研究』（大原新生社、一九七一）。

（藤井 崇）

臨時雑役《りんじぞうやく》 単に雑役ともいう。律令租税体系が崩れた後一〇から一一世紀の公領では、官物と雑役からなる租税体系に移った。雑役は夫役と雑物を内容とする。夫役とは、人民に課された公事のうち労働力を徴収するもので、荘園領主が荘民に課する宿直役や兵士役、地頭・荘官らが直営田に使役する農業労働、京上夫などの雑事等がある。しかし中世においては、在地の各種運動によって、このような生の労働力徴収から米・銭による代納へと徐々に変化していった。

延久三年（一〇七一）に太政官は、*後三条天皇の妹正子《まさこ》内親王家の荘園である摂津輪田荘について、「輪田荘の本免田である五町と輪田荘の荘官五人と寄人一〇人にかかる臨時雑役を免除すること」に関して、「記録荘園券契所の調査の結果、臨時雑役を免除せよ」と裁定されたことを摂津国司に伝達している。

（藤井 崇）

年貢《ねんぐ》**・公事**《くじ》**・夫役**《ぶやく》 一般的に中世社会の農民の貢納は年貢、公事、夫役であるといわれる。年貢とは領主が経済外の強制力を背景に人民から年々収奪した貢祖であり、土地に賦課された租税をいい、荘園制の展開に伴って成立していくが時期や地域によってその意味は多義的である。年貢は主として土地にかかるもので、人頭にかかるものは公事である。公事はそもそも調庸や雑徭の系譜を引くものが雑役・雑事と呼ばれていたことから生まれた。朝廷が賦課する臨時の課役である勅事、*上皇などが賦課する院事や神事などの雑多広汎なものに対するものであったので、万雑公事、雑公事などと総称される。銭納されると公事銭という。この公事の一部または大部分が夫役である。夫役には宿直役や兵士役、地頭・荘官らが直営田に使役する農業労働、京上夫、送夫、迎夫などの労働力を徴収する。長期間にわたって賦課される夫役は長夫、または長日夫という。また建治元年（一二七五）五月の紀伊国阿氏川荘上村百姓重訴状案には、同村百姓が地頭の「点定百姓等作麦」について「難堪之由」を主張したところ、「如地頭方御返答者、不勤夫役之故也」、すなわち地頭が百姓の作麦を没収したことの理由は、百姓が夫役を勤めなかったからであると答えていることが見える。

［文献］網野善彦『日本中世土地制度史の研究』（塙書房、一九九一）。

（藤井 崇）

公田官物率法《こうでんかんもつりっぽう》　平安後期になると、*官物と臨時雑役の体系に代わって国ごとに公田官物率法が定められた。官物率法とは一一世紀半ばに国ごとに定められた官物の段当賦課率で、保安三年（一一二二）伊賀国では、別符では段別に見米五斗で、公田では段別に見米三斗、准米一斗七升二合、油一合、見稲一束、頴（刈り取って穂のついたままの稲）二束で、院御荘出作田では現米三斗、准米一斗七升二合、頴三束であった。

また、翌四年の官宣旨によると、左弁官は東大寺に対して、「応令弁申伊賀国司訴申寺領字黒田庄住人等濫行参箇条子細事」、すなわち「伊賀国司が訴えている、東大寺領黒田荘住人の非法行為三か条について説明・弁解せよ」と申し送っている。その第一条目は「出作公田官物率法段別見米参斗事」、すなわち「荘園の住民が公田を出作した場合の負担すべき官物は段別現米で三斗である」ことに対して黒田荘住人は「任意構私率法、段別弐斗可令弁済之由、強依成執論」と「意にまかせて私的な率法を設定して、段別二斗の弁済とすると強引に主張している」とある。これに対し「早任公田率法可令弁済」という宣旨が黒田荘民に下されている。しかし彼らはこの宣旨に対し東大寺の「寺威」をかりて、「全無心承引」つまりまったく承知しなかったとあり、再度宣旨が発給されていることが伝達されている。

［文献］坂本賞三『日本王朝国家体制論』（東京大学出版会、一九七二）。　（藤井　崇）

免除領田制《めんじょりょうでんせい》　一〇世紀以降一二世紀末までの、いわゆる「摂関政治」から「院政」を経て「平氏政権」へという政治史のなかで地方行政組織や税制の変化に注目し、一〇世紀以降、律令制国家の特徴である中央集権制は大幅に弱まり、諸国の国司への国内支配の委任度が高まったこと、人頭税中心の税制から地税中心のものへと変化したこと、それに対応して中央の政治機構は官司請負制がとられたを明らかにし、いわゆる律令国家と区別してこれを王朝国家と称した。国から賦課される税目の一部が太政官あるいは国衙によって免除されることを不輸というが、この*不輸租田の拡大を防ぐために国衙に納入すべき官物・雑役の全部あるいは一部が免除されている田（免田）として基準国図に記された土地にのみ不輸租の特権を与え、それ以外の新開田からは官物などを徴収するという制度を免除領田制と呼ぶ。この免除領田制の成立と同時に国司による検田権の強化や、新開田の国図への登録促進などが行われて、新しい国内支配体制の確立が目指された。

［文献］坂本賞三『日本王朝国家体制論』（東京大学出版会、一九七二）。　（藤井　崇）

王朝国家体制《おうちょうこっかたいせい》　一〇－一一世紀に税制や地方行政組織が変化し、それに対応して中央の政治機構は官司請負制がとられた。こういった国家形態を律令国家体制とは異なるものと認識したのが王朝国家体制論である。この王朝国家論を土地制度の側面から展開して体系的な研究に発展させた坂本賞三は、王朝国家体制を前期と後期に分けて理解している。一〇世紀初頭からの前期王朝国家とは、権力側からいえば、中央政府すなわち朝廷からの各国司に対する地方行政的支配の委任度が高まっている点と、その結果在地においては名体制に進展が見られることが特徴的である。ただしこの体制に対し、永延二年（九八八）の「*尾張国郡司百姓等解文」において、朝廷から国政委任度が増えたことが反映されたのであろう、時の尾張守藤原元命による苛政が訴えられたように、一〇―一一世紀に愁訴が続発した。この愁訴の克服が目指される過程で後期王朝国家が成立する。後期における特徴は、公田官物率法の成立により国ごとに官物の段当賦課率が定められて受領層の支配に一定の制約が加えられ、別名制の実施により在地領主が郡司や郷司に任じられたことで、中世国家への萌芽的要素が生まれた点である。

［文献］ 阿部 猛『尾張国解文の研究』（大原新生社、一九七一）、石母田正『中世的世界の形成』（伊藤書店、一九四六）、坂本賞三『日本王朝国家体制論』（東京大学出版会、一九七二）。（藤井 崇）

散田《さんでん》 春季に荘園領主が田堵らの請作農民から請文を提出させて、田を割り当てることをいい、灌漑《かんがい》施設の保全や種子・営料の下行《げぎょう》などとともに、在地領主層の重要な勧農行為の一つであった。その割り当てられた田そのものも散田といい、多く領主直属の田を意味する。律令制下の八―九世紀においては、口分田やその余剰田である乗田以外の田地である墾田・寺田・神田や損田を指した。中世に入ると、領主が逃散百姓や犯罪人の田地を点定、没収することによって生じた闕所地も散田と呼ばれた。このような田地の再開発は、領主層にとって重要課題であった。よって荘園制下の基本税目である年貢と公事のうち、公事が免除され年貢の貢納のみが課される一色田として、下作人や小百姓・脇在家などと呼ばれた小農民に請作させた。このことなどから、時として一色田そのものを散田と呼ぶ場合もある。また、散田を請作する階層のことを散田作人層という。一般的に散田作人層の者たちは有力農民によりも経済的に不安定であるとされている。しかし、中世から後期頃になるとこの散田作人層の一部は成長し、名主や脇名主に身分上昇することもあった。

［文献］ 村井康彦『古代国家解体過程の研究』（岩波書店、一九六五）。（藤井 崇）

一色田《いっしきでん》 荘園において一色（一種類）の課役のみ負担する田地のことをいう。一般に名田においては官物と公事が賦課されるが、そのうちのいずれかが免除された場合、一色田と呼ばれる。また、ふつう一色田が国衙に納めるのは官物で、公事が免除されている場合が多い。よって一色不輸ともいい、一色の対象によって、一色別符、一色保、一色名などと呼ばれた。また、「一職」の宛字で「一色」と書かれたこともある。

弘安二年（一二七九）三月一八日付の平成近若狭国太良荘年貢米請文によれば、若狭国太良荘の預所である定宴の配下である平成近は太良荘の預所に対して、「うけおい候一色田所当米事」と一色田の所当米の貢納を請負っている。その請負った額は合わせて「七斗五升三合」であり、「今年八月内ニけたい（懈怠）なく沙汰しつかまつり候へく候」と述べている。また、一色田は各地に地名としても残っており、足利氏の有力な氏族であって室町期に鎮西探題一色範氏《のりうじ》を輩出した一色氏は、鎌倉期に足利泰氏《やすうじ》の子である公深が三河国吉良荘一色に住して一色阿闍梨《あじゃり》と号したことによるといわれている。

［文献］ 渡辺澄夫『増訂畿内庄園の基礎構造』（吉川弘文館、一九七〇）。（藤井 崇）

加地子《かじし》 「加徳」「片子」ともいう。私領主や加地子名主が作人から徴収する地子。一一世紀半ば頃からみえ、段別五升から一斗程度。この加地子徴収を国衙から公認された私領主は加地子領主と呼ばれ、それを基盤に実力を蓄えた者も発生し、様々な相克が生まれた。古代末期、官職が世襲化され私財化されるに及んで、その官職を職*と呼び、領家職・預所職・下司職・公文職などといった職が発生して重層的な体系を形成していた。こういった職の体系は名主*にも及び、名主職なる概念が生まれた。名主職は農業経営が発展するに従って耕作権を伴う作職部分と、不在地主的性格の加地子名主職に分化した。その加地子名主職は農業経営とあまりかかわりなく、その職自体が独立の得分権として売買・譲与・寄進の対象とされ、中世末期の畿内では、在地小領主（国人）が加地子名主職を集積する傾向が見られた。

平安時代中期の伊賀国黒田荘において著名な藤原実遠《さねとお》は寛治二年（一〇八八）の「東大寺定使懸光国解案」に「彼の真遠は東国の猛者たり、諸郡に彼の真遠の所領あり、仍て郡々に田屋を立てしめ佃を宛て作る所なり、国内の人民は皆彼の従者として服仕する所なり、仍て加地子を取らず、他の在京の領主に至りては皆加地子を徴取せしめる所なり」とあり、真遠（実遠）は在京せずに、在地において直接経営を行っていたことがうかがえるとされている。

［文献］石母田正『中世的世界の形成』（伊藤書店、一九四六）。

（藤井　崇）

大《だい》・半《はん》・小制《しょうせい》　田畠の面積の単位。一段＝三六〇歩制のもとで、大は一段の三分の二、半は一段の二分の一、小は一段の三分の一であり、すなわち大＝二四〇歩、半＝一八〇歩、小＝一二〇歩とされた。その使用の古い例としては延喜二二年（九二二）の『大鳥神社流記帳』などがある。主に鎌倉期から近世初期頃までに散見される。特に大歩、半歩、小歩と称することもある。例えば六〇〇歩は一段大、五四〇歩は一段半、四八〇歩は一段小などという。しかし天正一一年（一五八三）に実施されたいわゆる太閤検地によって一段が三〇〇歩となったので、大は二〇〇歩、半は一五〇歩、小は一〇〇歩となり、新しく三〇歩を一畝とする「畝」が単位として採用された。

（藤井　崇）

（五）荘園の拡大

出《で》作《さく》　特定の所領の住人がほかの所領を耕作すること。「しゅっさく」「でづくり」ともいう。荘民が公領やほかの荘園の土地を耕作したり、公民が荘園の土地を耕作する例が見られる。その土地や出作している者の帰属あるいは課役の負担・徴収をめぐって相論がしばしば起こった。出作の事例で特に有名なのが、東大寺領伊賀国黒田荘である。黒田荘の荘民は公領への出作を行っており、天治二年（一一二五）には黒田荘の本免田がわずか二五町余なのに対し、黒田荘出作田は二四七町余に及んでいる。これ以前より出作田は伊賀国の東大寺封戸の便補*地に当てられ、黒田荘の加納*田化していた。承安四年（一一七四）の後白河院庁下文によって、出作田と新荘が不輸の寺領となり、大荘園となった。

［文献］入間田宣夫『百姓申状と起請文の世界』（東京大学出版会、一九八六）、網野善彦『日本中世土地制度史の研究』（塙書房、一九九一）。

（平郡さやか）

加納《かのう》 荘園の本免田に対し、のちに付加された荘田で、そのような荘田を加納田といい、加納余田・余田とも称された。加納は荘域拡大の一形態であった。加納田の成立には様々な要因があげられ、封戸の便補地として付加された場合、荘民が四至外への出作地を取り込んだ場合、四至内にある他領を自己の所領化する*籠作を行った場合などがある。*出作・籠作などにより成立した加納田は、正式の手続きを経て半不輸および一円不輸地化されていった。しかし、実際は非合法に加納田と称して公領を荘園化することが多かった。そのため延久元年（一〇六九）の荘園整理令では、寛徳二年（一〇四五）以後の新立荘園とともに、加納田畠の停止もされ、荘園整理の対象となっていった。

［文献］坂本賞三「延久荘園整理令と加納」（福尾教授退官記念事業会編『日本中世史論集』所収、吉川弘文館、一九七二）、網野善彦『日本中世土地制度史の研究』（塙書房、一九九一）。（平郡さやか）

籠作《ろうさく》 平安時代後期における荘域拡大の一形態で、四至内の公領や他領の土地を荘田化すること。「こめさく」ともいう。籠作は四至外の出作田を荘田とするなどの*加納と同義に用いられる場合もあった。籠作の史料上の初見は延久二年（一〇七〇）の官宣旨に引かれる美濃国司の申状で、それによると東大寺領大井・茜部荘は、両荘の本免田が各二〇町のほかに*公田を六八町余籠作して、荘田と称して国務に従わないとある。籠作は東寺領伊勢国川合大国荘、近江国香御園、河内国の石清水八幡宮領などで、荘園整理の対象とされて大きな問題となった。

［文献］網野善彦『日本中世土地制度史の研究』（塙書房、一九九一）。（平郡さやか）

杣《そま》 律令国家や権門貴族・寺社が、都の造営や寺院などを建築するための用材を伐り出すために設定した山林。杣から伐り出した木を杣と称することもあり、また杣から木を伐り出すことを生業とする者を杣ということもあったが、伐木・造材作業に従事する林業労働者を杣と専称するようになるのは近世になってからである。杣は当時の交通条件により畿内やその近隣の国に設けられることが多かった。近江国には宇治平等院領の子田上杣・山城国寂楽寺（白川寺喜多院）領の朽木杣、法成寺領の三尾杣、藤原京造営用の田上杣、丹波国には平安京造営のための山国杣、西大寺領の船坂杣などがあった。また伊賀国には南部に東大寺領の板蠅《いたばえ》杣、北部に同じく東大寺領の玉滝杣などがあった。杣や山には経営管理機関として「山作所《さんさくしょ》」や「作所」と称されるものが設置された。そこの管理者である杣司らが、杣工・筏師らをとりまとめていた。杣の領域を侵犯した者に対する罰として、侵犯者の持ち物の鎌や斧などの道具を取り上げる行為が行われていた。そして近世に至るまで山林の侵犯者に対する罰として、道具の奪取が慣習としてあった。一〇世紀末以降、杣は荘園化していき、板蠅杣は黒田荘、田上杣は田上杣荘などと転じていった。

［文献］仲村研『荘園支配構造の研究』（吉川弘文館、一九七八）、黒田日出男『日本中世開発史の研究』（校倉書房、一九八四）。（平郡さやか）

牧《まき》 牛馬を放牧して飼育するために設けられた土地のこと。周囲に柵や壕をめぐらしたり、河川などの自然地形を利用して外界と遮断していた。牧では良馬を生産するために種牡馬を中心に十数頭の種牝馬が群れる、巻き馬放牧が行われていた。天智天皇七年（六六八）に多くの牧を設置したことがみられる。令制の牧は*兵部省の*兵馬司が管轄し、牧には牧の管理・運営に当る牧長が一人、文書実務に当る牧帳が一人、飼育に当たる牧子がおり、牧子は馬一〇〇頭当り二人が置かれた。『*延喜式』では牧は勅旨牧である御牧、官牧である諸国牧、近都牧からなっている。御牧は*左右馬寮が管轄し、甲斐・武蔵・信濃・上野の四か国に計三二牧が設置され、貢進馬数が甲斐六〇疋・武蔵五〇疋・信濃八〇疋・上野五〇疋と定められていた。国ごとに任命された牧監が牧の管理・運営に当たっていたが、武蔵国では牧ごとに別当が置かれた。諸国から貢進された牛馬は、左右馬寮の所轄の摂津・近江・丹波・播磨の四か国に設置された計六牧の近都牧で飼養された。諸国牧は兵部省が管轄し、駿河・相模・武蔵・安房・上総・下総・常陸・下野・伯耆・備前・周防・長門・伊予・土佐・筑前・肥前・肥後・日向の一八か国に計三九牧が設置された。平安時代中期になると公牧は衰退していった。牛馬の放牧は王臣貴族や寺社の間でも行われ、九、一〇世紀になると私牧が増加していった。一一世紀以降になると牧地は開発され耕地となり、荘園化する例が多くみられる。

［文献］　佐藤虎雄「平安時代前期における馬政」（古代学協会編『延喜天暦時代の研究』所収、吉川弘文館、一九六九）、山口英男「八・九世紀の牧について」（『史学雑誌』九五―一、一九八六）。

（平郡さやか）

（六）農業経営

名田経営論《みょうでんけいえいろん》　昭和一七年（一九四二）に発表された松本新八郎の論文「名田経営の成立」（中村孝也編『生活と社会』所収）で提唱された、平安時代―鎌倉時代の名田の経営形態に関する学説。松本によると、名田経営とは、「名主の所有地名田のうえで行われる農業生産および名主の生産者に対する収取関係の総体」である。この学説は、それまでの通説であった、名主は名田の所有者（地主）であり、名田の直接生産者（作人）は名主に対して「小作人」的な者であるという見方を批判している。松本は、名田経営＝家父長的大家族経営と考え、「郷戸↓家父長制大家族＝名田経営主↓封建的小作制名主」というシエーマを想定した。これは、藤間生大《とうませいた》『日本古代家族』（伊藤書店、一九四三）の立てた「親族共同体↓郷戸↓名主＝地方豪族＝武士」という見解すなわち、郷戸↓房戸↓名主との分解縮小化の傾向を認めたことに対する批判の形をとっている。松本は、名田経営の具体的な事例として大和国の東大寺領小東荘の山村氏の場合をあげたが、史料の解釈に誤解のあることが指摘されていて、その立場の実証的基礎は揺らいでいる。また松本の古代古籍・古代家族に関する理解も、その後の研究で否定されており、現在では名田経営論の妥当性を認める議論はないといってよい。

［文献］　松本新八郎『中世社会の研究』（東京大学出版会、一九五六）、渡辺澄夫『畿内庄園の基礎構造』（吉川弘文館、一九五六）、阿部　猛『日本荘園史』（大原新生社、一九七二）、岸　俊男『日本古代籍帳の研究』（塙書房、一九七三）、稲垣泰彦『日本中世社会史論』（東京大学出版会、一九八一）。

（阿部　猛）

苗代《なわしろ》　水田に殖《う》える稲苗を育てる苗床《なえどこ》。一般には水苗代といい、湛水状態で苗を育てる。肥料としては苗草が施された。

苗代田は苗の育成にのみ用い、ここで稲を作ることは、ふつうはない。通常、乾燥保存してあった種子を一定期間水に浸し、その種子を苗代に蒔《ま》く。種子として保存するには、そのための小さい俵《たわら》を用い、俵ごと水につける。浸種は「たな井」「たな池」で行い、これを「たねかす」と称する。苗代の種子蒔きのときは、水口祭《みなくちまつり》といって田の神を祀る神事が行われる。播種は八十八夜前後の一か月に行われる。水口・あぜ・苗代田の中央に、柳・かや・山吹・つつじなどの枝・花を立てる。（阿部　猛）

門《かど》田《た》　「もんでん」とも。地方の豪族屋敷・地頭館などの周辺に広がる耕地。本来は門前の田の意で「前田」とも称する。畠の場合は「門畠」である。門田は、屋敷地、堀ノ内をめぐる堀の水を受けて水利もよく、豊かな耕地で、段当収量も多く上田とされる。所従*・下人の労働力による直接経営が行われ、また周辺の農民の夫役*をも用いて耕作された。『田植草紙』に「沖の三反田より門《かど》の弐反田」とうたわれている。（阿部　猛）

便宜要門田《びんぎようもんでん》　便田、便宜田とも。家屋敷に付属した権利として公田に設定され、その権利の内容は、占有権・耕作権である。家地を売買・譲渡するとき、宅地に付属するものとして扱われる。権利の設定には、在地の刀祢《とね》・郡司の証判を必要とし、寺社や上級官人らに許された特権であったらしい。

［文献］泉谷康夫『律令制度崩壊過程の研究』（鳴鳳社、一九七二、再版高科書店、一九九二）。（阿部　猛）

田《た》植《うえ》　古代には、水田への直蒔《じかまき》が広く行われていたが、平安時代には田植が普及したと思われる。苗代で育てた稲苗を殖える作業を田植と称し、おおよそ旧暦の五月が田植月であった。水田に縄を張ったり線を引いたりして、縦横のサクを揃える正条植は明治以降に普及したもので、かつては、かなり不揃いな植え方であった。田植は和歌の詠題としては「早苗」としてみえる。『栄花物語』*には、田楽を奏して五、六〇人の女たちが田主人《たあるじ》の指揮のもとに田植を行う様子が描かれている。田植には一時に多量の労働力が要求されるが、有力な田堵・名主は、抱える下人の労働力を駆使し、また雇用労働力によったが、一般の人民の場合は「ユイ」と呼ばれる労働の交換によって行われたのであろう。酒食をもって労働力を集めることが禁じられているが、平安時代は、慢性的な労働力不足の状態があったと推測される。

［文献］古島敏雄『日本農業技術史』（時潮社、一九四七）、義江明子『日本古代の祭祀と女性』（吉川弘文館、一九九六）。（阿部　猛）

棚《たな》田《だ》　谷間の斜面に造成された階段状の水田。細長い水田が棚のように段々に連なり「千枚田」などと呼ばれる。谷奥の湧水を小さい池に溜《た》め、あるいは谷奥から流れ出る小川の水を、水路によらず畦越《あぜご》えで取水するのがふつうである。傾斜の強いところでは石垣を築いて水田を保つ。棚田は狭小であり、労働生産性が低く、用水も冷水であり、必ずしも恵まれた条件にはないが、河川氾濫などによる被害は少なく、その意味では比較的安定した耕地であった。（阿部　猛）

焼《やき》畑《はた》　「サス」（武蔵）「ツクリヤマ」（三河）「ヤブ」（土佐）「ヤキボク」（日向）などと呼ばれ「切替畑《きりかえばた》」と汎称される。林野の草木を伐り掃って、夏に火を入れて焼き、冬までの間に、成育期間の短いソバなどを播種し、翌年からは粟・稗・

小豆・赤蕪などを栽培する。広大な林野を必要とし、火災の危険もあるので、人里から遠く離れた奥山に拓《ひら》くことが多い。通常は、利用しがたい急傾斜地を耕地化できる。なお、焼畑は「畑」、通常の畑は「畠」の字を用いて区別した。

[文献]　佐々木高明『日本の焼畑』(古今書院、一九七二)。　(阿部　猛)

池《いけ》　①庭園に池を築くことは古く、*『日本書紀』推古三四年(六二六)にみえる。*蘇我馬子の邸に飛鳥川の水を引いて池を作り、池のなかに小さな島を築いたとある。明日香村の石舞台西方の島ノ庄遺跡で発見された遺構がそれであろうといわれる。奈良・平安時代の貴族の邸宅、中世禅宗寺院の方丈庭の枯山水風の小池、江戸時代の大名屋敷の回遊式庭園など、各時代を通じて工夫が凝らされた。②灌漑《かんがい》用の溜池の築造も古く、水田の造成には必須のものであった。小谷の奥の湧水から流れ出す小河川を堰《せ》き止めて水を蓄えるが、初期には国家的な事業として行われ、その管理・維持は国司の任であり、維持費・修理費は「修理池溝料」として国ごとの出挙稲のなかに用意された。中世の荘園では池の管理権は荘園領主の手中にあり、荘民の労働力を用い、井料を費用に当てて維持された。戦国末から近世初頭には溜池の築造が盛んになり、農書にも池の築造に関する記述が多くなる。

[文献]　亀田隆之『日本古代用水史の研究』(吉川弘文館、一九七三)。　(阿部　猛)

井《い》**料**《りょう》　井溝・井堰・堤防・池・堀などの灌漑施設の造築・修理の費用をいう。百姓らから段別に米・銭を徴収したり、井料田と称する水田からの収穫物を蓄積して、不時に備えて施設の工事費や労役に従う者の食料などに当てた。百姓らは、しばしば井料の支出を領主に求め、それを年貢から控除するよう要求した。

[文献]　宝月圭吾『中世灌漑史の研究』(吉川弘文館、一九八三)。　(阿部　猛)

畠《はたけ》　水田に対して白田《はくでん》を意味する国字。灌水しない耕地をいう。中世では焼畑を意味する「畑」と区別して用いられたが、戦国時代から混用されるようになり、近世にはふつう「畑」の字が用いられた。律令のなかには畠についての規定がなく、国家が直接支配の対象としたのは「田」であった。平安時代にも畠は国司の管轄外だとするのが常識であった。平安後期、畠の二毛作(夏は豆、冬は麦)が行われ、水田の裏作としての冬麦の栽培も行われて、生産力は急速に増大した。

[文献]　木村茂光『日本古代・中世畠作史の研究』(校倉書房、一九九二)。　(阿部　猛)

屋敷地《やしきち》　家屋を中心に各種の建物を配した生活の拠点としての空間をいい、古くは宅地《たくち》、屋地《やち》、家地《やち》と記され、平安時代後期に入り「屋敷」の語が出現するが、広く用いられるようになったのは中世に入ってからである。「田令」では、宅地の売買は所部の官司に経《ふ》れて行えと記すのみであり、宅地の性格は不明である。地方の領主や土豪の場合、ふつうは「堀ノ内」「土居」と呼ばれ、方一—二町の周囲を堀や塀・柵・土塁に囲まれ、その囲いのなかに家屋・庭・菜園などがあった。荘園関係の史料で屋敷地の存在が確認されるのは一部の*田堵・*名主の場合のみであって、作人・下作人ら直接耕作者の宅地は記載されない。検注帳に登録された屋敷は一—一・五段程度の広さで、

これには在家役が賦課された。（阿部　猛）

林《はやし》　律令には「林」という地目はない。しかし慶雲三年（七〇六）三月の詔は、先祖を祀る墓地および宅地に樹を栽《う》えて林としたものについては、周二〇―三〇歩ほどはほかの百姓による柴草採取・樵蘇権を認めず、一元的な領有を認めるとしている。平安初期になると、相伝の地であって、私力を加えて樹を栽《う》えて林としたものについては、身分により区別はあるが、五町歩以下の領有を認めるとした。さらに栗林の私有が認められる。一〇世紀以降の史料では、林といえば栗林を指す場合がふつうで、栗林は町・段の面積表示である。これに対して桑・漆・柿などは一本ずつ数え、「本《ほん》」で表記される立木《たちき》作りである。

〔文献〕木村茂光『日本古代・中世畠作史の研究』（校倉書房、一九九二）。（阿部　猛）

早稲《わせ》**・中稲**《なかて》**・晩稲**《おくて》　稲の生育する熟期の長短によって分類した品種。長年にわたる稲栽培の経験のなかから、自ずから成熟の期の異なる品種が撰別されるようになったと思われる。早稲は「むろ」ともいい、晩稲は「おしね（遅稲）」とも書かれる。*『令義解』には、田租の収納期について、早稲は九月、晩稲は一一月と記している。収納された早稲の米は「早米」とされ、期の遅いものは「後米」とされている。出穂は早稲が七月上旬、中稲が七月中旬で、早稲のうち七月中旬には刈り取られるものもある。晩稲の刈り取りは一〇月にかかるものもあった。早稲・中稲・晩稲の成立は、豊凶差、危険の分散、労働力の配分による効率化、二毛作の可能性の拡大をもたらした。

〔文献〕古島敏雄『日本農業技術史』（時潮社、一九四七）。（阿部　猛）

片《かた》**荒**《あらし》　「年荒」ともいう。その年だけ意図的に耕作を放棄した耕地のこと。地力が弱く連作できない耕地の場合が多い。検注帳の上では、長期間荒れた状態にある「常荒」とは区別されて記載される。史料上は平安中期にみえることから、荒地を開発していく過程に現れる、当時の田堵による農業経営に特徴的な農法とする見方もある。田堵経営は片荒的農法を克服し、中世に入ると、農業経営はより安定的な名田経営の成立に向かう。

〔文献〕戸田芳実『日本領主制成立史の研究』（岩波書店、一九六七）。（阿部　猛）

散《さん》**所**《じょ》　もと「本所《ほんじょ》」に対する語で「散在する」の意。衛《え》士《じ》・随身《ずいじん》・雑色《ぞうしき》などの下級官人が本司を離れて貴族の家に参仕していることを指す。のち院宮諸家など貴族に仕え、一般の公事・雑事を免除された。中世後期になると、河原者・非人と同類の卑賤の者と見なされるようになったが、その系譜については、院宮諸家の散所とは関係がないとする説、前代の散所のうち掃除などキヨメの職能に従事した者を卑賤な「散所」と呼称したとの説もある。一四世紀、大徳寺領播磨国小宅荘《おやけのしょう》絵図には「散所屋敷」がみられ、一般の村落とは区別されて描かれている。（阿部　猛）

塩《しお》**浜**《はま》　塩をとる作業を行う場所の総称で、塩田《えんでん》と同義に用いられることもある。ただし、塩田のようには区画されていない自然浜をもいう。古代から、田・畠とは区別されて領有・売買・譲与の対象とされていた。『日本三代実録』貞観一七年一二月一五日条に初見。（阿部　猛）

水争《みずあらそ》い　『日本霊異記』にみえる「道場法師」の説話は、古代の水争いについての資料を提供する。道場法師が*元興寺の寺田に水を引くに当たり諸王と争ったとの記事である。道場法師が田に水を引こうとしたところ、諸王たちがこれを妨げた。法師は、十余人でやっと持つことのできる重い鋤柄を杖について水門に赴き、それを水口《みなくち》に立てた。ところが諸王はそれを抜き棄ててしまう。今度は、法師は一〇〇人余りの力を要する大石を持って行き、水門をふさいで寺田に水を引いたという。鋤柄を立てるとは、取水のための堰を作ったことだとする説と、水口祭の儀礼を示すものだと理解する説がある。寛平四年（八九二）五月の太政官符（『*類聚三代格』巻十六）は、用水源である江河池沼に、供御にことよせて内膳司進物所や官家の諸人が牓示を立て独占しようとし、農民の業を妨げることを禁じている。しかし、古代には水争いについての史料は乏しく実情を知ることが難しい。中世に入ると水論は激しくなり、史料も多く残されている。（阿部　猛）

［文献］　亀田隆之『日本古代治水史の研究』（吉川弘文館、二〇〇〇）。

噴火災害《ふんかさいがい》　嘉承三年（一一〇八）七月、信濃・上野の国境にある浅間山が大爆発した。権中納言宗忠は、上野国司からの報告を聞き、その日記（『*中右記』）に次のように記した。浅間山は、治暦（一〇六五―一〇六八）の頃から噴煙をあげていたが、規模も小さく、気にかけるほどのことはなかった。ところが今月（七月）二一日に、猛火は山嶺を焼き、その煙は天に冲し、砂礫・火山灰が国中に満ち、田畠はすでに以《もっ》て滅亡した。ということであると。朝廷はこの報を受けて、この災害が国にとって凶か吉か軒廊御《こんろうのみ》卜《うら》（吉凶判断）を行わせた。浅間山の噴火以前、永保三年（一〇八三）に富士山の爆発があり、平安後期の為政者たちにとっては、かなり衝撃的な事件であった。浅間山の大爆発は嘉承三年以前には、四世紀前半と縄文中期に起こっており、後世では天明三年（一七八三）にも起こっている。嘉承の大爆発では、もっとも多いところでは火山灰が数十センチメートルも積もり、田畠・用水路は埋没した。しかも稲の開花期に当たったので、収穫は皆無という惨害をもたらしたと思われる。復興には長い期間を要したと思われるが、数十年たつと荒廃地の再開発が進み、一二世紀中葉には上野国では荘園の新立が相次いだ。（阿部　猛）

［文献］　峰岸純夫『中世災害・戦乱の社会史』（吉川弘文館、二〇〇一）。

女《おんな》　堀《ぼり》　群馬県前橋市上泉から前橋市東部、佐波郡赤堀町を東西に貫き、東《あずま》村西国定に至る約一二キロメートルの長大な古代水路。嘉承三年（一一〇八）の浅間山大爆発による火山灰によって潰滅した耕地の再開発のために開かれた用水路と考えられる。当時の利根川から引水する目的で一二世紀中葉に工事が行われたが未完に終わった。なお「女堀」とは役立たずの堀の意で、「姥《おうな》」に語源があると考えられる。（阿部　猛）

［文献］　峰岸純夫『中世災害・戦乱の社会史』（吉川弘文館、二〇〇一）。

荘園《しょうえん》と村落《そんらく》　おおまかにいえば、荘園は支配―年貢・公事収奪のための組織であって、人々（荘民）の再生産また生活の単位であるムラと、領域的に必ずしも一致しない。牓示で区切られた一つの荘園のなかに、数個のムラ（生活の単位）が含まれていることもあるが、人々の生活の単位が現実の生活とはかかわりのない領有・支配のための組織（荘園）によって分断されることもある。この問題について最初に明確に論じた清水三男は、平安末期の東大寺領伊賀国黒田荘は、矢河・中村・佐久田・築瀬の村々に分かれていたことなどをあげている。

［文献］清水三男『日本中世の村落』（岩波書店、一九九六）。

（阿部 猛）

〔古代の荘園〕

〈山城国〉

石垣荘《いしがきのしょう》 綴喜郡《つづき》・相楽郡《さがら》にわたる荘園。現在の京都府綴喜郡井手町付近。東は和束杣《わづかのそま》、南は綺荘《かばのしょう》、北は玉井荘に接していた。天喜四年（一〇五六）七月の文書に初見。玉井荘との間に水論があり、のち長く続いた。所領は、はじめ仁和寺末寺円提寺領。

［文献］黒田俊雄『日本中世封建制論』（東京大学出版会、一九七四）。

石原荘《いしはらのしょう》 紀伊郡の荘園。現在の京都市南区吉祥院の地域の南半分に相当する。古くは「百姓葬送、放牧之地」であったが、しだいに耕地化され、一〇世紀半ばには下級官人の所領化し、一一世紀には有力豪族による買得一円化が進行、長元六年（一〇三三）二五町七段余が権大納言家領として立券され、翌年臨時雑役が免除された。荘名の初見は長久五年（一〇四四）。

［文献］須磨千頴「山城国紀伊郡における荘園制と農民」（稲垣泰彦ほか編『中世の社会と経済』所収、東京大学出版会、一九六二）。

大住荘《おおすみのしょう》 綴喜郡《つづき》の荘園。現在の京都府綴喜郡田辺町付近。大治四年（一一二九）興福寺領として初見。一部に石清水八幡宮領、東大寺領も存在した。平安末期、石清水社領橘薗《たちばなのその》との間に堺相論を起こした。

岡屋荘《おかのやのしょう》 宇治郡の荘園。現在の京都府宇治市岡屋付近。天禄三年（九七二）の天台座主良源遺告によると、もと藤原師輔領で、天徳四年（九六〇）師輔の没後、比叡山楞《りょう》厳院《ごんいん》法華堂に寄進された。田数一二〇町余、地子米二〇―三〇石で、のち一六〇町余の租税官物と荘司・荘子五〇人の雑役が免除された。天禄二年、本所は摂関家で、年料地子一六〇石余は法華堂常灯料、修理料、八講料などに当てられていた。

巨倉荘《おぐらのしょう》 久世郡《くぜ》の荘園。現在の京都府宇治市小倉付近。巨椋池《おぐらのいけ》の東端にあった。『平知信記』天承元年（一一三一）一〇月一四日条に初見。荘司平国親《くにちか》の田地を刑部少輔宗親《むねちか》が押領したという。保元元年（一一五六）藤原忠通領とみえ、建長五年（一二五三）の近衛家領目録に高陽院《かやのいん》領として所見。

小野荘《おののしょう》 葛野郡《かつらの》の荘園。現在の京都市北区内。主殿寮領であったが寛治年間（一〇八七―一〇九四）一部が白河上皇領となった。久安五年（一一四九）の蔵人所下文にみえ、伴正方《まさかた》が年預職に任ぜられ、以後寮領として壬生《みぶ》家の支配するところであった。

鶏冠井荘《かいでのしょう》 乙訓郡《おとくに》の荘園。現在の京都府向日市《むこうし》内。延久四年（一〇七二）・大治六年（一一三一）の史料に地名がみえる。一二世紀後半から徳大寺家領とみえ、安貞二年（一二二八）荘内の田地三町が善峰寺往生院（三鈷寺）に寄進された。

笠置荘《かさぎのしょう》　相楽《さがら》郡の荘園。現在の京都府相楽郡笠置町内に当たる。杣*の開発から生まれた東大寺領。保延二年（一一三六）の検田帳によると、一町二段から一段に至る区々な規模の三九か名よりなる。保元二年（一一五九）検田帳*では三二か名。

笠取荘《かさとりのしょう》　宇治郡の荘園。現在の京都府宇治市東笠取・西笠取の地域。笠取山の東北に醍醐寺延命院領笠取東荘、西麓の笠取川流域に同寺観音堂領西荘があった。東荘は康和二年（一一〇〇）初見。天慶二年（九三九）延命院の建立者藤原元方が買得施入したという。承安元年（一一七一）の実検取帳では九町七段余。西荘は承和一三年（八四六）に清原長谷《はせ》が醍醐寺末寺清住寺に施入した。長元七年（一〇三四）初見。醍醐寺観音堂灯分料の近江国加挙稲三〇〇〇束の利米と相博《そうはく》された。『醍醐雑事記』は、田地二〇九町四段余とするが、大部分は山林で、水田は当初五段余に過ぎず、治承三年（一一七九）の実検帳では一七町余であった。

［文献］　渡辺澄夫『増訂　畿内庄園の基礎構造』（吉川弘文館、一九七〇）。

上桂荘《かみかつらのしょう》　葛野《かどの》郡の荘園。現在の京都市右京区上桂、桂上野《かみの》の付近。一〇世紀半ば頃、桂津守《つもり》であった津公《つきみ》が開発し、長徳三年（九九七）玉手則光《たまてののりみつ》が中司職を留保して東三条院の女房大納言局に寄進して領家とした。のち本家を設定し、七条院―修明門院―四辻入道親王―後宇多院へと伝領された。

［文献］　竹内理三『寺領荘園の研究』（畝傍書房、一九四二）。

賀茂荘《かものしょう》　相楽《さがら》郡の荘園。現在の京都府相楽郡賀茂町の付近。東大寺領、興福寺領、下鴨社領などがあり、山田荘・大野荘・当尾荘などに隣接していた。東大寺領は嘉保二年（一〇九五）に立券し五町一段。のち建保二年（一二一四）には一一町三段余に増加した。右大臣家領山田荘とは天治二年（一一二五）から永治元年（一一四一）頃まで紛争を起こし、その記録が残っている。

［文献］　阿部　猛『中世日本荘園史の研究』（新生社、一九六七）。

木津荘《きづのしょう》　相楽《さがら》郡の荘園。現在の京都府相楽郡木津町付近。興福寺*・観自在院・東福寺などの所領があった。東大寺泉木津の木所四町内に住みついた興福寺木守が東大寺領の一部を押領して独立したところを興福寺が支配して興福寺領が成立した。本家は近衛家であった。藤原摂関家領の一部が高陽院《かやのいん》に寄進され、これがさらに観自在院に寄せられ同院領となった。元暦二年（一一八五）に梶原景時《かげとき》によって押領されたとして荘官が訴えている。

芹河荘《せりかわのしょう》　紀伊郡の荘園。現在の京都市伏見区芹川町付近。摂関家領を藤原頼通*が平等院に寄進したが、応徳年中（一〇八四―一〇八七）備中国橋本荘と相博され白河院領となった。保延五年（一一三九）頃、四八町四段二九〇歩で年貢米一三二石余、油一石二斗余を負担した。康治二年（一一四三）鳥羽法皇*は当荘を安楽寺院に施入。荘域内には、城南寺領・不断光院領・大炊寮領・東寺領も存在した。

曾束荘《そづかのしょう》　綴喜《つづき》郡の荘園。現在の滋賀県大津市内。安泰の開発にかかり、安興寺（曾末寺）を建設し、寺領一〇〇〇町歩で、治安年間（一〇二一—一〇二四）藤原公季*に寄進した。のち摂関家領となり、久安四年（一一四八）藤原*忠通は領家職を最勝金剛院長日護摩料所に寄進した。本家職は皇嘉門院→九条兼実→宜秋門院→九条道家へと伝領された。

薪荘《たきぎのしょう》　綴喜《つづき》郡の荘園。現在の京都府綴喜郡田辺町薪の辺り。石清水八幡宮領。村上天皇*のとき（九四六—九六六）二四節二季の神楽燎料所として寄進された。荘名は保元三年（一一五八）に初見。鎌倉時代、興福寺領大住荘との間に激しい水論・堺論が繰り返された。

[文献]　黒田俊雄『日本中世の国家と宗教』（岩波書店、一九七四）。

橘園《たちばなのその》　綴喜《つづき》郡の荘園。現在の京都府綴喜郡田辺町大住付近。天禄二年（九七一）以前の立荘にかかる。大治四年（一一二九）石清水八幡宮領として所見。興福寺領大住荘と堺相論を起こす。保元三年（一一五八）八幡宮護国寺宿院極楽寺領とみえ、鎌倉時代、若宮長日月宛油や供米、また綱引神人役を負担した。

玉井荘《たまいのしょう》　綴喜《つづき》郡の荘園。現在の京都府綴喜郡井手町の玉水付近。天永三年（一一一二）東大寺*領とみえ、東は山、南は川原、西は泉河（木津川）、北は公田と四至を記している。天平宝字四年（七六〇）に施入された封戸五〇〇戸の一部が荘園化したものか。長徳四年（九九八）注文には「本地卅六町但六町法花寺被取云々」と記されるが、大治三年（一一二八）目録では「田八丁、畠八丁余」とあり、これは荒地・原野を含む田数であろう。臨時雑役を免除されていたが、長久年間（一〇四〇—一〇四四）造内裏料加徴物などが賦課された。東の円提寺（井手寺）、南の石垣荘との間に、田畠の所属、用水・山林をめぐって、しばしば相論があった。

[文献]　黒田俊雄『日本中世封建制論』（東京大学出版会、一九七四）。

富坂荘《とみさかのしょう》　乙訓《おとくに》郡の荘園。現在の京都府向日《むこうし》市上植野町付近。長久五年（一〇四四）春宮大夫藤原頼宗《よりむね》領とみえ、保安二年（一一二一）陸奥守橘則光《のりみつ》の私領とみえる。後者は権少僧都成源《じょうげん》に伝領され、さらに三鈷寺善思《ぜんし》上人に売却された。前者は持明院家から三鈷寺に寄進された。ほかに左馬寮田や大炊寮領田も存在し、菖・秣・稲を貢納していた。

真幡木荘《まうたぎのしょう》　紀伊郡の荘園。現在の京都市南区上鳥羽鉾立町付近。安楽寿院領。立荘は応徳年中（一〇八四—一〇八七）といい、康治二年（一一四三）七月鳥羽法皇*により安楽寿院に施入され、造内裏役免除、官使不入が認められた。田畠八町余、四至外散在所領八町一段余とみえる。

前瀧荘《まえたきのしょう》　紀伊郡の荘園。現在の京都市南区の勧進橋の辺り。天長八年（八三一）立荘。延喜一一年（九一一）醍*醐寺に施入され、土器を納入していた。

物集荘《もずめのしょう》　「物集女」とも書く。乙訓《おとくに》郡の荘園。現在の京都府向日市《むこうし》物集女付近。荘名は仁平四年（一一五四）に初見し、荒野を開発すれば四か年の地利を免除するとした預所下文がある。保元二年（一一五七）には、物集北荘内沓懸村の住人に、死亡人の古作畠を安堵した。鎌倉期からは九条家領。

山田荘《やまだのしょう》　相楽《さがら》郡の荘園。現在の京都府相楽郡加茂町山田付近。天治二年（一一二五）の*官宣旨にみえて右大臣花山院家忠《いえただ》領。東大寺領加茂荘との間に堺相論を生じた。

山田牧《やまだのまき》　相楽《さがら》郡の牧。現在の京都府相楽郡加茂町山田付近。右大臣花山院家忠《いえただ》家領。天治二年（一一二五）牧使宗元と住人ら八〇人余が加茂荘に乱入する事件があった。永治元年（一一四一）にも近隣荘園と紛争を起こした。

〈大和国〉

安堵荘《あんどのしょう》　平群《へぐり》郡の荘園。現在の奈良県生駒《いこま》郡安堵付近。興福寺大乗院領、同一乗院領また皇室領が存在した。延久二年（一〇七〇）の興福寺雑役免帳では田数五町五段。のち大乗院領として所見、預所は喜多院二階堂、興福寺維摩会用途を負担した。名田三十余町、年貢米九〇石、うち六〇石は仏地院家の得分。

池田荘《いけだのしょう》　添上《そうのかみ》郡の荘園。現在の奈良市池田町付近。延久二年（一〇七〇）の興福寺雑役免帳に五五町一段余と見え、荘田は京南二条三・四里、三条三・四里に分布していた。文治二年（一一八六）丸帳では三六町一八〇歩で、二町前後の一一のほぼ均等な名に編成され、米・絹・紅花・油などを負担した。雑役収取は興福寺一乗院。

［文献］稲垣泰彦編『荘園の世界』（東京大学出版会、一九七三）。

生馬荘《いこまのしょう》　平群《へぐり》郡の荘園。現在の奈良県生駒《いこま》市壱分《いちぶ》付近。上・下に分かれ、上荘は仁和寺宮門跡領、下荘は興福寺一乗院門跡領。もと厚厳房律師定覚《じょうかく》の私領で、平安末期一乗院玄覚《げんかく》に寄進された。中世には、年貢米五〇石、細美白布二〇端、瓜、炭などを負担した。

石名荘《いしなのしょう》　山辺郡の荘園。現在の奈良県天理市九条町・長柄町付近。長寛元年（一一六三）頃の坪付によると東大寺雑役免荘で、公田畠一町三段三四〇歩と左京職田二町七段二二〇歩が九か坪に散在した。負名村石丸の負田に設定された雑役免田で、大治二年（一一二七）防鴨河使人夫役、平治元年（一一五九）野宮柴垣役を賦課された。

［文献］阿部　猛『日本荘園成立史の研究』（雄山閣出版、一九六〇）。

出雲荘《いずものしょう》　城上郡の荘園。現在の奈良県桜井市江包・大泉・大西付近。江堤荘ともいう。興福寺領・同寺大乗院領。延久二年（一〇七〇）興福寺雑役免帳に、不輸田畠四町、公田畠一七町三段半とみえる。雑役免出雲荘田の官物・雑役が大乗院門跡に付されることで成立した荘園。久安年間（一一四五―一一五一）、荘内の東大寺田所在の有無をめぐり相論があった。

［文献］島田次郎『日本中世の領土と村落　上』（吉川弘文館、一九八五）。

櫟北荘《いちきたのしょう》　添上《そうのかみ》郡の荘園。現在の奈良県天理市櫟本《いちのもと》町《ちょう》・大和郡山市石川町付近。康保四年（九六七）尊勝院本願光智《こうち》が尊勝院に施入したもの。嘉承三年（一一〇八）一町五段の永作手が田堵丹治牛犬《たじのうしいぬ》に宛行われた。東大寺大仏供香菜免としては寛弘七年（一〇一〇）に初見。一一世紀後半に田数六町七段と見え、康和五年（一一〇三）坪付では田八町二段、畠八段とある。

［文献］阿部　猛『日本荘園成立史の研究』（雄山閣出版、一九六〇）。

櫟本荘《いちいもとのしょう》　添上《そうのかみ》郡の荘園。現在の奈良県天理市櫟本町付近。東大寺領として奈良時代からみえる。天暦四年（九五〇）の寺用帳によると三〇町五段余で定田一七町七段余。保延三年（一一三七）検田帳*では四一町四段が四一か坪に散在していたという。同五年（一一三九）検畠帳では畠七町余で、東大寺の主要な法会・講会の料所であった。また養和二年（一一八二）春日神社節供料所があった。

［文献］阿部　猛『日本荘園成立史の研究』（雄山閣出版、一九六〇）。

井上荘《いのうえのしょう》　山辺郡の荘園。現在の奈良県天理市南六条町付近。興福寺一乗院領。市正《いちのかみ》藤原延助《のぶすけ》が私領を尼善妙《ぜんみょう》に相伝し、田数三三町五段。天喜二年（一〇五四）頃藤原季《すえ》高《たか》によって押領《おうりょう》された。康平元年（一〇五八）子息僧正《しょう》清《せい》に譲られ、さらに弟子に伝えられた。

今井荘《いまいのしょう》　①宇智郡の荘園。現在の奈良県五条市今井町付近。古くから栄山寺領。平安末期、荘内の私領主の台頭により実質を失う。寿永二年（一一八三）興福寺僧弁公厳《こうげん》範の私領九町三段余とわずかな栄山寺領の存在が認められる。②山辺郡の荘園。比定地未詳。東大寺香菜免荘。平安後期の雑役免帳には「今井庄　五町　不輸一町」とみえ、平安末期、防鴨河人夫役や野宮柴垣役を負担している。③忍海《おしみ》郡の荘園。現在の奈良県大和高田市、北葛城《きたかつらぎ》郡新庄町付近。延久二年（一〇七〇）興福寺雑役免帳によると灯油免田一八町が二二か坪に存在し、寿永二年（一一八三）頃、興福寺僧領八町が所見。

今木荘《いまきのしょう》　①添上《そうのかみ》郡の荘園。現在の奈良市古市南町付近。寛弘九年（一〇一二）に田数一六町八段。今木社神主藤原幹高《みきたか》が今木社田を中心とする私領を大僧正雅慶に寄進することによって成立した。しかし、東大寺*は同寺領春日荘田を押領《おうりょう》して不法に立荘したものと訴えた。②葛上《かつらぎのかみ》郡の荘園。現在の奈良県御所《ごせ》市付近。延久二年（一〇七〇）興福寺雑役免帳によると、公田畠二町二段余と不輸免田二〇町三段が六四か坪と五つの垣内に散在していた。しかし正治二年（一二〇〇）頃実質を失っていた。荘内の田地六段が嘉承年間（一一〇六―一一〇八）春日神社二季十講供料所に寄進された。

［文献］西岡虎之助『荘園史の研究　下』（岩波書店、一九五六）。

宇野荘《うののしょう》　宇智郡の荘園。現在の奈良県五条市宇野町付近。養老年間（七一七―七二四）から栄山寺領二町三段があったが、源頼治《よりはる》が相伝し寺領は退転した。保元三年（一一五八）嫡子親治《ちかはる》知行となり、同荘は醍醐寺三宝院勝賢《しょうけん》に寄進された。親治の知行に対して弟基重《もとしげ》・親満《ちかみつ》が訴え相論があった。興福寺大乗院領としては東北院主円玄《えんげん》から円実《じつ》へと譲られた。

笠間荘《かさまのしょう》　山辺郡の荘園。伊賀国との国境にあり、伊賀国とする史料もある。現在の奈良県室生村上笠間・下笠間付近。東大寺領板蠅杣《いたばえ》の杣工らの居住・開発によって成立し、長徳四年（九九八）田地注文では三二町余の規模。名張川支流笠間川に沿い、材木を伐り出す杣工、筏師も存在した。

春日荘《かすがのしょう》　添上《そうのかみ》郡の荘園。現在の奈良市古市町付近。聖武天皇*の春日別宮の地で、天平勝宝八年（七五六）東大寺*に勅施入された。長徳四年（九九八）注文によると治開田二町三段余と荘田六町二段余。正暦二年（九九一）興福寺*は荘田四町九段を菟足社田などと称して押領し争いが起きた。寛弘三年（一〇〇六）、同九年（一〇一二）にも荘田の帰属をめぐり争った。天治二年（一一二五）検田帳*では荘田二五町四段余・所当米五〇石八斗であった。

河上荘《かわかみのしょう》　添上《そうのかみ》郡の荘園。現在の奈良市川上町付近。康平五年（一〇六二）に初見。永久五年（一一一七）大法師慶観の所領一町二段が東大寺大湯屋温室田として寄進された。保元元年（一一五六）、平治元年（一一五九）に検注が行われ、東大寺はこれに基づいて段別三斗の年貢米を収納した。

［文献］清水三男『日本中世の村落』（日本評論社、一九四二）。

喜殿荘《きどののしょう》　高市《たけち》郡の荘園。現在の奈良県橿原《かしはら》市内。豊瀬《とよせの》荘《しょう》とも呼ばれる。承保三年（一〇七六）源頼親《よりちか》は所領を子の頼房《よりふさ》に譲り、のちさらに頼房女子と高階業房《なりふさ》に伝領された。所領は田畠と飛鳥川の井堰七か所、池五か所と山野からなり、荘内に東大寺領飛騨荘田も含まれていた。所領の一部は四条宮*（藤原頼通の女寛子《ひろこ》）に寄進され、相伝の摂関家領となり、鎌倉時代には近衛家領として所見。

清澄荘《きよすみのしょう》　添下《そうのしも》郡の荘園。現在の奈良県大和郡山市野垣内付近と同市本庄町付近の二か所に分かれていた。天平年間（七二九―七四九）聖武天皇*が東大寺*に施入したと伝える。天暦四年（九五〇）現作田畠二七町二段余、常荒・年荒田が一九町余あった。現在の富雄川の水が当地域の水源で、当荘は二つの井堰を所有したが、平安時代、近隣の薬園荘・豊浦荘と相論があった。

小東荘《こひがしのしょう》　広瀬郡の荘園。現在の奈良県北葛城《きたかつらぎ》郡河合町と広陵町の一部。大和の国衙領大田犬丸名が前身。東大寺*に大仏供白米などを納めていた。天喜二年（一〇五四）同名が東大寺大仏供白米免田七町分に指定され、東大寺は段別一斗の白米徴収権を得た。その田は浮免田であったが承保三年（一〇七六）に坪を定め東大寺領として成立した。名田の灌漑は荘内また周辺の池水によったが、小規模であり、水田としてはいまだ不安定であった。嘉承元年（一一〇六）検注権が国衙から東大寺*に移り、東大寺による支配が確立された。大田犬丸名は領主を異にする複数の所領からなり、山村氏がそれを代表する負名となっていた。平安末期分割譲与や売買により所領が細分化され多数の領主が生まれたが、それに対応して東大寺は新たに名を編成した。山村吉則《よしのり》が子ども九人に所領を分け与え、それぞれが東大寺への負担について請負った文書をめぐって、それが当時の名田経営の実態を示すものとした学説があったが、むしろ名役などの収取のための単位（擬制的名）として理解すべきであるという批判もあった。

〔文献〕 阿部 猛『日本荘園成立史の研究』（雄山閣出版、一九六〇）、稲垣泰彦『日本中世社会史論』（東京大学出版会、一九八一）。

簀川荘《すがわのしょう》 添上郡《そうのかみ》の荘園。現在の奈良市須川町付近。東大寺・国衙・興福寺一乗院門跡・喜多院領。康保四年（九六七）東大寺尊勝院の本願光智《こうち》が同院に施入したが顚倒。寛弘七年（一〇一〇）に東大寺香菜免荘園としてみえるが、存続できなかった。永承六年（一〇五一）山村兼道《かねみち》が私領を姉の姉子に譲り、姉子はこれを興福寺僧能春《のうしゅん》に売却した。

高殿荘《たかどののしょう》 高市郡《たけち》の荘園。現在の奈良県橿原《かしはら》市高殿町付近。永暦二年（一一六一）初見。一一世紀の大和守源頼親《よりちか》の私領を前身とする。頼親は自己の私領のうえに二五町の東大寺油免田を設定し、ここから東大寺御油荘としての本荘が成立した。頼親の所領は源師房《もろふさ》に寄進され、のち領家職は村上源氏に相伝された。この荘には興福寺西金堂・春*日神社・神通寺・法花寺・海龍王寺などの負所が設定されており、複雑であった。中世には、本家職は北白河院―式穀門院―室町院と伝領され、領家職は村上源氏から西園寺公衡《きんひら》の手に渡った。

〔文献〕 平岡定海「東大寺灯油料荘園としての大和国高殿庄について」（京都大学読史会編『国史論集1』所収、小葉田淳教授退官記念事業会、一九七〇）。

長瀬荘《ながせのしょう》 宇陀郡《うだ》の荘園。現在の奈良県室生村三本松付近。興福寺伝法院・同寺東門院領。もと室生寺*の所領で、室生寺を管していた伝法院支配のもとにあった。伊賀・大和国境付近に位置するため堺相論が絶えなかった。平安末期、名張《なばり》郡司源近俊《ちかとし》が室生寺別当の房人となり給免田を与えられた。

〔文献〕 藤井 崇「伊賀国黒田荘と大和国長瀬荘の堺論」（『日本社会史研究』四九、二〇〇〇）。

長屋荘《ながやのしょう》 山辺郡の荘園。現在の奈良県天理市内。①天平勝宝元年（七四九）東大寺に勅施入され、天暦四年（九五〇）に二町二段、長徳四年（九九八）に八町と見え、戒壇院北堂の梵網会料所。②康保四年（九六七）東大寺尊勝院領とみえる。僧光智《こうち》の施入にかかる。③東大寺大仏御仏聖白米免一町五段があった。④延久二年（一〇七〇）興福寺雑役免帳に、中荘二一町余（預所は南円堂）、東荘六町、西荘二町。ともに常楽会料所。

〔文献〕 阿部 猛「興福寺領大和国長屋荘」（『日本社会史研究』五、一九五九）。

飛驒荘《ひだのしょう》 高市郡《たけち》の荘園。現在の奈良県橿原《かしはら》市飛驒町付近。天暦四年（九五〇）の東大寺封戸荘園并寺用帳に初見。平安時代には大和国守源頼親《よりちか》の所領喜殿荘の一部であった。嘉応元年（一一六九）内検帳によると地積は八町三段余で定田畠は七か名に編成され、各名は六―八段のほぼ均等な田畠からなっていた。

檜牧荘《ひのまきのしょう》 宇陀郡《うだ》の荘園。現在の奈良県宇陀郡榛原町大字檜牧付近。古代の肥伊《ひい》牧を在地の豪族県《あがた》氏が開発したもの。康平四年（一〇六一）に荘号初見。建久二年（一一九一）平盛相《もりみ》は京都の教令院長厳《ながよし》を介して七条院に寄進し本家とした。盛相は下司、長厳は領家・預所両職を得た。

のち本家職は大覚寺領として伝領された。

広瀬荘《ひろせのしょう》　広瀬郡の荘園。現在の奈良県北葛城《きたかつらぎ》郡広陵町付近。天平六年（七三四）水主《みぬし》内親王*（天智天皇の皇女）が買得した土地を弘福寺に寄進し、水田三五町二段余、墾田三段余、墾陸田一町、瓦水一処の規模。寛弘三年（一〇〇六）には田数四三町一段余が五十余坪に分散。荘田は国衙から官物・雑役を免除され地子を弘福寺に納入した。康平五年（一〇六二）丸帳によると見作田七町八段余（地子米二三石四斗余）見作畠三町八段（地子四石三斗）で二四人の田堵の存在が知られる。天永年間（一一一〇―一一一三）平田荘下司により荘田を押領され地子が滞納された。この頃から弘福寺による支配は実質を失っていった。

［文献］阿部　猛『日本荘園成立史の研究』（雄山閣出版、一九六〇）。

藤井荘《ふじいのしょう》　山辺郡の荘園。現在の奈良県山辺郡山添村内。*藤原朝成の私領広瀬牧を浪人らが寄住開発しこれを春日神社に寄進立荘した。領家源俊通《としみち》*（藤原頼長の家司）は黒田《くろだ》杣《そま》からの押妨を防ぐため荘を頼長に進め本家とした。*保元の乱で没官され領家職は後院領となった。北面武士を預所職に任じて支配したが、名張《なばり》川に津を設けて津料をとったので、黒田杣から造営材木を筏に組んで流していた東大寺との間に紛争が起こった。また川を隔てた伊賀国へ住人らが出作することもあり紛争は絶えなかった。

［文献］西岡虎之助『荘園史の研究　上』（岩波書店、一九五三）。

水間杣《みまのそま》　添上《そうのかみ》郡の荘園。現在の奈良市水間町付近。平安末期杣の住人らの開発により成立。久安六年（一一五〇）の内検丸帳によると水田四町四段一八〇歩で六か名に編成された。年貢六斗五升。新薬師寺領。

山口荘《やまぐちのしょう》　山辺郡の荘園。現在の奈良県天理市内。もと大江公資《きみすけ》の所領で一一世紀に藤原長家《ながいえ》を本家としたが、のち本家職は藤原信長《のぶなが》の手に渡り、領家職は公資の孫公仲《きみなか》に伝えられた。嘉保元年（一〇九四）公仲が隠岐に配流となり、所領は養子有経《ありつね》に渡ったが、永久（一一一三―一一一八）・大治（一一二六―一一三一）の頃、公仲の遺子仲子《なかこ》との間に相論が起こり有経が勝訴した。

〈河内国〉

石川荘《いしかわのしょう》　石川郡の荘園。現在の大阪府南河内郡河南《かなん》町と千早赤坂村・富田林《とんだばやし》・羽曳野《はびきの》市付近。康治二年（一一四三）源義時《よしとき》*（義家の子）または義基《よしもと》（義家の孫）の所領としてみえ約七〇町余の規模。平治元年（一一五九）二七か名とみえる。七条院に本家職が寄進され、のち室町院領となる。

［文献］*西岡虎之助『荘園史の研究　下1』（岩波書店、一九五六）。

会賀牧《えがのまき》　丹北郡の牧。現在の大阪府藤井寺市・羽曳野《はびきの》市・松原市付近。仁平二年（一一五二）頃、*平忠盛は院御厩別当として牧の預所であり、醍醐寺領荘田を請作する牧住人が租税などを弁済しないのを責めている。

大江御厨《おおえのみくりや》　河内国の古大和川水系と河内江一帯、摂津国渡辺を含む広大な御厨。現在の大阪市、門真《かどま》市、大東《だいとう》市、東大阪市の各一部を含む。御厨子所の支配下にあり、*内蔵寮が供御人《くごにん》を直接支配した。永承三年（一〇四八）関白藤*原頼通の高野山詣の時に大江御厨夫三〇人が水手《かこ》を務めたのが初見。天養元年（一一四四）頃、水走氏の祖藤原季忠《すえただ》が水走《みずはい》の地を開発し御厨の現地管理人となった。寿永三年（一一八四）水走康忠《やすただ》は鎌倉御家人となった。

楠葉牧《くずはのまき》　交野《かたの》郡の牧。現在の大阪府枚方《ひらかた》市の楠葉付近。永観二年（九八四）御牧司の住宅焼亡の記事が『小*右記』にみえる。摂関家殿下渡領で御厩別当（摂関家の家司）が御厩舎人を管し、舎人は牧に下す馬を管理した。牧には下司がおり、寄人が馬の放牧・飼養・管理の雑事に従った。平安末期には北牧と南牧に分かれた。この地は土器の生産でも著名であった。

郡　荘《こおりのしょう》　河内郡の荘園。現在の大阪府東大阪市内。醍醐寺領。天暦六年（九五二）の立荘。荘田五〇町、所当官物は段別四斗。常に大和川の氾濫に悩まされ、延久三年（一〇七一）頃には現作田は全体の三分の一程度であった。『醍醐雑事記』久安五年（一一四九）の条によると、酒・餅・菓子・土器などを納めている。保元（一一五六―一一五九）の頃、当荘をめぐり式*部省と醍*醐寺の間に紛争があった。

玉串荘《たまぐしのしょう》　河内郡の荘園。現在の大阪府東大阪市・八尾《やお》市付近。長和四年（一〇一五）藤原道長家領で、藤原実資家領辛島荘と堺相論を起こした。永承七年（一〇五二）藤*原頼通が平*等院を建立したとき寄進され、年貢は七五〇石。

古市荘《ふるいちのしょう》　古市郡の荘園。現在の大阪府羽曳野市《はびきのし》古市付近。貞観一六年（八七四）淳和院太皇太后が嵯峨院太皇太后橘嘉智子《かちこ》御願堂修理料として観心寺に施入した一四町余に基づき、元慶七年（八八三）の「観心寺縁起資財帳」では地一六町六段一六〇歩とみえる。保元三年（一一五八）には石清水八幡宮寺領とみえる。

星田荘《ほしだのしょう》　交野《かたの》郡の荘園。現在の大阪府交野市・寝屋川《ねやがわ》市付近。もと福牧《ふくのまき》の一部だったが、長承（一一三二―一一三四）の頃に分離し、久寿元年（一一五四）鳥羽天皇により円成院（奈良興福寺の別院）の仏聖料に当てられた。保元年間（一一五六―一一五八）帰属をめぐり争いがあった。応保二年（一一六二）摂関家領楠葉牧《くずはのまき》住人が星田荘内に出*作しながら所当を納めず紛争があった。

〈和泉国〉

網曳御厨《あびこのみくりや》　現在の大阪府泉大津市から泉佐野市にかけての海岸部に散在した内膳司領。『延*喜式』によると、徭丁五〇人を置き毎年雑味塩魚二〇石六斗を貢進した。漁民で、定期的に魚を京進した。

［文献］　網野善彦『日本中世の非農業民と天皇』（岩波書店、一九八四）。

地黄御園《じおうのみその》　和泉郡の御園。現在の大阪府和泉市池田下町付近。地黄は薬草で、典薬寮領。奈良時代に起源を有し、康和三年（一一〇一）頃、寄*人らの存在が認められる。

信達荘《しんだちのしょう》　日根《ひね》郡の荘園。現在の大阪府泉南市付近。摂関家領、大伝法院領。永保元年（一〇八一）藤原為房《ためふさ》が熊野詣の帰途ここに宿したといい（『為*房卿記』）、嘉承二年（一一〇七）藤*原忠実は当荘を源師俊《もろとし》母に預けた（『殿*

暦』)。毎年正月薦三〇枚を摂関家に納めた。

春木荘《はるきのしょう》　和泉郡の荘園。現在の大阪府和泉市春木付近。長寛二年（一一六四）九条兼実*は父忠実*の供養のため立荘し春日神社に寄進した。承安四年（一一七四）預所平信兼（和泉国司）は荘務をめぐって領家春日神社・興福寺*と対立した。

日根荘《ひねのしょう》　日根郡の荘園。現在の大阪府泉佐野市・泉南郡田尻町付近。山城国嘉祥寺領。元慶五年（八八一）頃の成立。康和五年（一一〇三）宣旨により堂舎修復の料とされた。のち嘉祥寺は仁和寺別院となったので仁和寺成就院の管理するところとなった。

〈摂津国〉

猪名荘《いなのしょう》　川辺郡の荘園。現在の兵庫県尼崎《あまがさき》市内。天平勝宝八年（七五六）孝謙天皇*により東大寺へ勅施入された。四六町六段余の荘園のほか、墾田三七町六段余、浜二五〇町、江一一処、野一〇〇町があった。堤防を築いて開発を進め、天暦四年（九五〇）の段階では荘田は八五町余であった。その後荘園整理令の影響もあり荘田は四五町に減少した。東大寺は浜の住人から在家地子を徴収したが、住民のなかには摂関家領寄人らもいて地子納入を拒否するなど紛争が絶えなかった。相論の結果、嘉承元年（一一〇六）に屋敷地子は東大寺、住人役は賀茂社が収納することに決まった。

［文献］渡辺久雄「東大寺領摂津国猪名庄の歴史地理」（『史林』四八―五）

榎並荘《えなみのしょう》　東成《ひがしなり》郡の荘園。現在の大阪市城東区付近。長元（一〇二八―一〇三六）頃法隆寺が当荘を売却した。領有関係が錯綜していたが、藤原師実*（一〇四二―一一〇一）のとき摂関家領として確立。春日詣の前駈、春日祭の舞人の饗膳、正月行事の薦《こも》を負担した。

倉橋荘《くらはしのしょう》　豊島郡・川辺郡の荘園。猪名川《いながわ》を挟んで東・西二荘に分けられていた。現在の大阪府豊中《とよなか》市、兵庫県尼崎《あまがさき》市にわたる。永承三年（一〇四八）関白藤原頼通*の高野参詣に三〇人の水手《かこ》役を負担した。応保二年（一一六二）東大寺領猪名荘の下司が西荘の田地を押領《おうりょう》する事件があった。平安末期、東荘は京極家から近衛家へ伝領、西荘は高陽院《かやのいん》から春日社の請所となっており、東荘領家職は後鳥羽院領であった。

宿久荘《すくのしょう》　島下郡の荘園。現在の大阪府茨木《いばらき》市の中央部に当たる。安和二年（九六九）法勝院領目録によると田地三町三段余。本荘は、摂津守藤原佐光《すけみつ》の立てた中宮職領であったが、天永三年（一一一二）頃、石清水八幡宮*は灯油荘と号して押妨した。

新羅江荘《しらぎえのしょう》　東成《ひがしなり》郡の荘園。現在の大阪市内。延暦二年（七八三）相博《そうはく》（交換）により東大寺*が得た勅旨荘一町五段の地。大治五年（一一三〇）以前に立荘。

多田荘《ただのしょう》　川辺郡の荘園。現在の兵庫県川西市・宝塚市・三田《さんだ》市・猪名川町《いながわまち》にわたる地域。仁平三年（一一五三）摂関家領として初見。源満仲*が摂津守となり、猪名川ぞいの地、多田に館を建て、周辺を開発して拠点とした。広大な領域で鉱山もあった。

垂水荘《たるみのしょう》　豊島郡の荘園。現在の大阪府吹田《すいた》市から豊中《とよなか》市にわたる地域。弘仁三年（八一二）に没した布施《ふせ》内親王の施入した墾田により東寺領として成立した。文治五年（一一八九）榎坂郷加納田畠取帳によると八六か名よりなり、田数は約九〇町歩余。下司重経は平家与同により没官。

［文献］島田次郎『日本中世村落史の研究』（吉川弘文館、一九六六）。

垂水牧《たるみのまき》　島下郡・豊島郡の牧。東・西二牧あり、東牧は島下郡、西牧は豊島郡にあった。摂関家領で摂関の春日詣雑事を負担し、のち奈良春日神社領となる。

長洲御厨《ながすのみくりや》　川辺郡の御厨。現在の兵庫県尼崎《あまがさき》市に当たる。淀川河口にあり賀茂御祖《かものみおや》社領。長徳四年（九九八）には二五〇町の規模で荒浜であった。荘名の初見は寛治四年（一〇九〇）。*東大寺から在家地子、*検非違使庁から庁役が賦課され、御厨住人は権門の散所となる。藤原歓子はこれを常寿院に寄進し、同院は賀茂社領田と相博した。こうして散所三十余人よりなる賀茂御祖社領長洲御厨が成立した。浜在家は鴨社供祭人として諸役を免除されたが、浜を開発し農業も営み東大寺の干渉を受けた。嘉承元年（一一〇六）土地は東大寺、在家（人）は鴨社の支配ということで一応の決着を見た。

［文献］西岡虎之助『荘園史の研究 上』（岩波書店、一九五三）。

水成瀬荘《みなせのしょう》　島上郡の荘園。現在の大阪府三島郡島本町付近。天平勝宝八年（七五六）の「水無瀬庄絵図」（正倉院蔵）があり、淀川の低温地帯に田畠と屋四軒、倉一軒が描かれている。長元二年（一〇二九）に荘田は八町六段余で、請作する田堵らは殿下散所雑色、八幡宮寄人と称して東大寺の支配に抵抗した。

輪田荘《わだのしょう》　八部郡の荘園。現在の兵庫県神戸市兵庫区。*延久の荘園整理令で正子《まさこ》内親王（*後朱雀天皇の皇女）家領として認められた本免田五町、荘司五人、寄人一〇人の雑役免を起源とし、長治二年（一一〇五）橘経遠《つねとお》の石重名三〇町を加えて藤原宗通《むねみち》に寄進され、九条家に伝えられた。

〈伊賀国〉

伊賀神戸《いがかんべ》　伊賀郡にあった伊勢神宮の神戸。現在の三重県上野市。伊賀国造家が貢進したという神戸二〇戸の神民が公田に出作し、天喜元年（一〇五三）出作公田の収公を企てる国司と抗争。一一世紀末には出作公田は五百余町に達したという。

板蠅杣《いたばえのそま》　名張《なばり》郡から大和国山辺郡にわたる*杣。現在の三重県名張市から奈良県山辺郡山添村・宇陀《うだ》郡室生村にわたる。一〇世紀前半には東大寺領の杣となり、伐り出した材木は筏《いかだ》に組んで名張川を下し、木津川《きづがわ》の*木津で陸揚げされ、ここから陸路*東大寺へ運ばれた。杣の範囲については一〇世紀後半から近隣の荘・牧と紛争を生じていたが、長元七年（一〇三四）に四至が確定し官物・雑役が免除され、長暦二年（一〇三八）には杣工ら五〇人の臨時雑役が免除された。杣工による隣接の公領への出作は続き、天喜元年（一〇五三）から、これを抑止しようとする国司との間に紛争が起こった。開発の進行に伴い黒田荘・薦生《こもお》荘・笠間荘などの荘園が成立していった。

柏野荘《かしわののしょう》　阿拝《あへ》郡の荘園。現在の三重県阿山郡伊賀町付近。天暦四年（九五〇）の「東大寺封戸庄園并寺用帳」に荘名初見。田地二〇町余はほとんど荒廃していた。中世には長講堂領としてのみみえる。

国見杣《くにみのそま》　名張《なばり》郡の杣*。現在の三重県名張市から奈良県宇陀郡に至る。寛治二年（一〇八八）伊賀国司から名張郡司丈部近国に「国見杣麓字龍　并鷹尾山栖」が与えられたという。天永年間（一一一〇―一一一三）杣の領有をめぐって東大寺と興福寺の間で相論が展開された。

黒田荘《くろだのしょう》　名張《なばり》郡の庄園。現在の三重県名張市付近。天平勝宝七年（七五五）東大寺*に施入された板蠅杣《いたばえのそま》を起源とする。長暦二年（一〇三八）杣内の見作田六町余が黒田本荘となった。荘名の初見は長久四年（一〇四三）。荘民は宇陀川右岸に出作し国司の抑制を受けた。天喜元年（一〇五三）国守藤原棟方《むねかた》は宇陀川右岸の牓示《ぼうじ》*を抜き東大寺の反撃を受ける。同二年新司小野守経《もりつね》は軍隊を動員して在家を焼き出作田二四町を刈り取った。牓示の打ち直しにより黒田本荘が確立し、出作田の官物は封物代に便補されたが、国司と在地勢力の間での紛争が続いた。保元二年（一一五七）威儀師覚仁《かくにん》が預所に任じて体制を整え、承安四年（一一七四）院庁下文が下って不輸不入の東大寺領として確立。

［文献］　石母田正『中世的世界の形成』（東京大学出版会、一九五七）。

薦生荘《こもおのしょう》　名張《なばり》郡の荘園。現在の三重県名張市付近。東大寺領。夏見郷から分立、一一世紀前半の開発の進行に伴い、板蠅杣《いたばえのそま》の外側に薦生出作と称されて拡大し、安元元年（一一七五）には三十余町に及んだ。東大寺領荘園として名のみえるのは大治三年（一一二八）からで、承安四年（一一七四）に不輸不入が認められたが、その後、隣接の公領や興福寺領と紛争が続いた。

玉瀧荘《たまたきのしょう》　阿拝《あへ》郡の荘園。三重県伊賀市五瀧。東大寺*に施入された玉瀧杣に由来する。杣*の拡大と開発による田畠の増加、住人の増加が起こり、近隣の公領・荘園との間に紛争が引き起こされた。承徳元年（一〇九七）の平正盛による鞆田村の六条院領化が東大寺*の支配を圧迫したが、平氏滅亡後に領有権を回復した。

［文献］　赤松俊秀『古代中世社会経済史研究』（平楽寺書店、一九七二）。

柘植荘《つげのしょう》　阿拝《あへ》郡の荘園。現在の三重県伊賀市柘植町付近。天平神護二年（七六六）までに東大寺*は二二町余の田地を買得し、平安時代には玉瀧杣工の出作田が四八町にも及んだ。しかし天仁二年（一一〇九）平正盛によって押領されて六条院領とされた。平氏滅亡後は東大寺に戻った。

鞆田荘《ともだのしょう》　阿拝《あへ》郡の荘園。現在の三重県伊賀市友田付近。天徳二年（九五八）玉瀧村の地が東大寺*に施入され、住人らが隣接の鞆田村へ出作し、その出作田が東大寺*の封戸代に便補され、やがて六〇町歩ほどの東大寺領となった。しかし承徳元年（一〇九七）平正盛*が田畠・家地二〇町を六条院に寄進して鞆田荘が成立。以後、正盛と東大寺および国衙の間で争いが続いた。平氏滅亡後は東大寺領として認められた。

［文献］　高橋昌明『清盛以前―伊勢平氏の興隆―』（平凡社、

一九八四)。

中村荘《なかむらのしょう》 名張《なばり》郡の荘園。現在の三重県名張市付近。もと在地領主藤原実遠《さねとお》の私領であったが、延久六年(一〇七四)実遠の孫から薬師寺別当隆経《たかつね》に売却され、相博により東大寺東南院僧都覚樹の手に渡り、のち寄進・買得*により東大寺領となる。しかし、所当官物をめぐって東大寺と国衙の間に紛争が続いた。

山田荘《やまだのしょう》 山田郡の荘園。現在の三重県阿山《あやま》郡大山田村付近か。永長二年(一〇九七)平正盛*が所有する私領三町八段を六条院に寄進して成立した。『保元物語』に山田荘司山田行季《ゆきすえ》の名がみえる。なお行季の孫是行《これゆき》は保元の乱*に平清盛*軍中にあり、白河殿攻撃戦で源為朝*に射殺された。

湯船荘《ゆぶねのしょう》 阿拝《あへ》郡の荘園。現在の三重県阿山《あやま》郡阿山町付近。天禄二年(九七一)橘貞子《さだこ》により立券荘号。永久三年(一一一五)頃東大寺は荘内の一五人を東大寺杣工*とし、その作田一五町を寺領と主張した。さらに東大寺は、国司による公事賦課に抵抗し争いとなっていた。

〈伊勢国〉

大国荘《おおくにのしょう》 飯野郡・多気《たけ》郡の荘園。現在の三重県多気《たき》郡多気町付近。布施《ふせ》内親王の賜田の一部(一八五町九段余)が弘仁三年(八一二)東寺に施入されて成立。公田と入り組み散在し、承和二年(八三五)荘内の公田二一町余を川合荘田と相博し一円化が図られ、天長九年(八三二)から浪人の雑役免除が行われた。荘田は田堵*の請作によって経営されたが、田堵らは神郡の故をもって地子を未進した。田堵の一人稲木大夫(荒木田延能《あらきだのぶよし》)が請文を提出せず耕作権を没収されたことに反発し、他人の耕地に重ねて押し蒔きし、三十余人の従数に命じ東寺使に乱暴を働かせた。

[文献] 村井康彦『古代国家解体過程の研究』(岩波書店、一九六五)。

川合荘《かわいのしょう》 多気《たけ》郡・飯野郡の荘園。現在の三重県多気《たき》郡多気町付近。延暦二二年(八〇三)山部《やまべ》親王(桓武天皇*)が東寺*に施入した勅旨田六六町により成立。大国荘に接する散在荘園で、天長九年(八三二)から浪人の雑役が免除され開発を進めた。承和二年(八三五)荘田の一部が大国荘内公田と相博された。一一世紀後半には神宮の圧力を蒙って荘田は減少し、加えて保安二年(一一二一)の櫛田《くしだ》川の洪水で衰微した。

[文献] 村井康彦『古代国家解体過程の研究』(岩波書店、一九六五)。

曾禰荘《そねのしょう》 一志《いちし》郡の荘園。現在の三重県一志郡三雲町・松阪市付近。天暦二年(九四八)朱雀院*から醍醐寺*に寄進された百四十余町により成立。同四年租税・雑役免除、同七年官省符荘として成立した。安和元年(九六八)浪人五〇人が施入された。平安末期、平信兼《のぶかね》が預所であった。

益田荘《ますだのしょう》 桑名郡の荘園。現在の三重県桑名市付近。長和二年(一〇一三)平致経《むねつね》が所領を藤原頼通*に寄進して成立。以後近衛家領として存続したが荘務権はなく、領家職は藤原忠通*—藤原邦綱《くにつな》—興福寺一乗院へと伝えられた。

寛御厨《ゆたけのみくりや》 三重郡の御厨。寛丸名、河後御厨とも。現在の三重県四日市市付近。伊勢神宮領。もと民有年の私領。応徳元年(一〇八四)頃から寛丸名をめぐり民有年、大中《おおなか》臣奉恒《とみのやすつね》、大中臣真国《まさくに》の間で、康和元年（一〇九九）からは安倍守富（三重郡司）も加わり相論が続いた。天永二年（一一一一）には河後御厨で郷司目代藤原重宗《しげむね》による押作事件があった。保延元年（一一三五）の検田馬上帳があり、田地一八町余と畠一町余が確認される。

［文献］棚橋光男『中世成立期の法と国家』（塙書房、一九八三）。

〈志摩国〉

木本御厨《このもとのみくりや》　英虞《あご》郡の御厨。現在の三重県北牟婁《きたむろ》郡内。寛治八年（一〇九四）神宮の給主大中臣輔成《おおなかとみのすけなり》が御厨検校息長宮貞《おきながのみやさだ》を杣山預職に補任した下文を初見とする。息長一族は在地の土豪で、のち下司職・荘司職をもあわせ持った。

〈尾張国〉

安食荘《あじきのしょう》　春部《かすべ》郡の荘園。現在の愛知県名古屋市から春日井《かすがい》市辺り。延喜一四年（九一四）統正《むねまさ》王が*醍醐寺に寄進した所領に起源がある。国司によって収公されたこともあったが康治二年（一一四三）もとの如く立荘。検注帳によると総田数百六十余町、うち定田は一〇四町余。畠地（一二八町余）はすべて他領で、醍醐寺は桑の代糸八七両余を徴取するのみであった。在家六十余宇。

一楊御厨《いちやなぎのみくりや》　愛知郡の御厨。現在の名古屋市内。伊勢神宮領で、一四世紀の富田荘と堺相論に関する史料から一一世紀末に荘園の存在が認められる。『神鳳鈔』によると内宮領で、田六二町、畠二四町五段で、上分米三〇石。

小弓荘《おゆみのしょう》　丹羽郡の荘園。現在の愛知県犬山市付近。正暦年中（九九〇—九九五）に良峰季光《よしみねのすえみつ》または舎弟惟光《これみつ》が所領を*藤原道長に寄進して成立した（「良峰氏系図」）。その後摂関家領、そして鎌倉時代には近衛家領として伝えられた。

長岡荘《ながおかのしょう》　中島郡の荘園。現在の愛知県中島郡、岐阜県安八《あんぱち》郡、海津郡にわたる。寛治八年（一〇九四）頃国衙と相論があり、*在地官人・絵師らが実検し四至が定められた。近衛家領。

〈参河国〉

吉良荘《きらのしょう》　幡豆《はず》郡の荘園。現在の愛知県西尾市、吉良町、一色町にわたる。保元元年（一一五六）以後に、*藤原忠通から姉の皇嘉門院聖子《きよこ》に譲られ、平治元年（一一五九）に下司平弘蔭と見える。西条預所職は治承元年（一一七七）藤原参子《せんし》に安堵された。東西に分かれ、治承四年（一一八〇）荘園は皇嘉門院から養子九条良通《よしみち》に譲られ、さらに九条兼実—宜秋門院任子と伝えられた。

志貴荘《しきのしょう》　碧海《へきかい》郡の荘園。現在の愛知県安城市、碧南市、高浜市、岡崎市にわたる。国司*藤原保相が開発私領を長元元年（一〇二八）、*藤原頼通に寄進して成立。本家職は*藤原師実—*師通—*忠実—*基実へと伝領された。荘は上条と下条に分かれ、下条は藤原成頼《なりより》（皇后宮大進）—平信範《のぶのり》と知行された。承安三年（一一七九）信範の課役に対し住人二〇人が解状を出して訴えた。

吉田御園《よしだのみその》　渥美《あつみ》郡の荘園。現在の愛知県豊橋市内。伊勢神宮領。もと飽海神戸のうちであったが長寛元年（一一六三）宣旨を受けて独立。建久三年（一一九二）の伊勢神宮神領注文によると給主は上分米三石、雑用料一七石を受けた。

〈遠江国〉

池田荘《いけだのしょう》　磐田《いわた》郡の荘園。現在の静岡県磐田郡豊田町付近。保元年間（一一五六―一一五八）の成立で、嘉応二年（一一七〇）太皇太后宮権大夫から山城国松尾神社に寄進された。広大な荘園で、田数三八五町、うち見作田二六一町、畠一六四町、野五八町、浜二町余、河原四〇町余、在家五〇宇など。美園御厨・羽鳥荘・蒲御厨・川勾荘に接し堺争いが絶えなかった。

［文献］　金田章裕『微地形と中世村落』（吉川弘文館、一九九三）。

蒲御厨《かばのみくりや》　長上郡の御厨。現在の静岡県浜松市東部。永保元年（一〇八一）遠江国牒に初見。蒲神明宮の神官蒲氏の開発地を内宮に寄進したことに始まる。『神鳳鈔』によると五五〇町に及ぶ広大な御厨であったが、内宮の収取は三〇石であった。

質侶荘《しどろのしょう》　榛原郡の荘園。現在の静岡県榛原郡金谷町付近。大治三年（一一二八）藤原永範《ながのり》（文章博士）は質侶牧の領家職・預所職を留保して本家職を円勝寺に寄進し、年貢米三〇〇石を進上することとした。荘の規模は、水田二〇九町（うち見作田一八六町）、畠一二六町（うち見作畠七五町）、原二一〇町、山五四七町、野二九一町、河原三六〇町、在家二一八宇という広大なものであった。

初倉荘《はつくらのしょう》　榛原郡の荘園。現在の静岡県島田市付近。古代の初倉駅の置かれたところ。平治元年（一一五九）高野山宝荘厳院領として初見。もと長承元年（一一三二）美福門院から高野山大伝法院に寄進されたもので年貢米は一三六〇石余という。これは八条院領として伝えられた。

〈駿河国〉

益頭荘《ましずのしょう》　益頭郡の荘園。現在の静岡県藤枝市・焼津《やいづ》市付近。天暦四年（九五〇）には益頭郷は*東大寺の封戸郷であり、その封戸郷の荘園化したものであろう。治安二年（一〇二二）平将常《まさつね》に与えられたが、文治三年（一一八七）には、本家は円勝寺、領家は故藤原信業《のぶなり》で、地頭は北条時《とき》政《まさ》であった。

〈甲斐国〉

甘利荘《あまりのしょう》　巨摩《こま》郡の荘園。現在の山梨県韮崎市《にらさきし》付近。平治元年（一一五九）本家職は高野山宝荘厳院領で領家職は藤原忠房《ただふさ》であった。甲斐源氏一条忠頼《ただより》の根拠地であったが元暦元年（一一八四）忠頼が*源頼朝に討たれて所領を没収された。のち北条得宗《とくそう》領となる。

大井荘《おおいのしょう》　巨摩《こま》郡の荘園。現在の山梨県中巨摩郡櫛形町《くしがたまち》付近。元永二年（一一一九）摂関家領で領家職は藤原宗忠《むねただ》の一族が保有していた（『中右記』）。

八代荘《やつしろのしょう》　八代郡の荘園。現在の山梨県八代町付近。久安年間（一一四五―一一五一）甲斐守藤原顕時《あきとき》が熊野神社に寄進して成立。応保二年（一一六二）新任の甲斐守藤原忠重《ただしげ》は*目代中原氏を派遣し*在庁官人とともに国内の検注を行わせた。目代らは兵を率いて八代荘に乱入し、牓示を抜き神人を搦《から》め捕《と》り乱暴を働いた。朝廷は国守、在庁官人らの罪名を判定したが、中原業倫《なりのり》は、国守らの罪は絞刑に当たると勘申した（『長寛勘文』）。国守忠重は解任され、長寛二年（一一六四）藤原盛隆《もりたか》が後任として任ぜられた。

〈相模国〉

大庭御厨《おおばのみくりや》　高座《こうざ》郡の御厨。現在の神奈川県藤沢市から茅ヶ崎市にわたる。一二世紀前半に名がみえ、もと当国の住人平景政《かげまさ》先祖相伝の私領であり伊勢神宮に寄進され、長治年間（一一〇四―一一〇六）以来浮浪人を招き寄せて開発した。永久四年（一一一六）または五年に伊勢神宮領となり、天養元年（一一四四）には作田九五町、四万七七七〇苅の地であった。大庭《おおば》氏名字の地で、下司は景宗《かげむね》。子の景《かげ》義《よし》・景親《かげちか》は源平内乱時に平家方にあって活躍した。

［文献］石井　進『鎌倉武士の実像』（平凡社、一九八七）。

糟屋荘《かすやのしょう》　大住郡の荘園。現在の神奈川県伊勢原市内。久寿元年（一一五四）安楽寿院領として立券し、平治元年（一一五九）官使・国使の不入、国役免除が認められた。糟屋氏名字の地で、鎌倉初期の注文によると、田地一九八町余、畠地五五町余であった。

成田荘《なりたのしょう》　足下《あしのしも》郡の荘園。現在の神奈川県小田原市付近。摂関家領として*藤原頼長に伝えられたが保元の乱後没収されて後院領となる。永暦二年（一一六一）本家職は新日吉《いまひえ》神社に寄進された。領家職は保元の乱後、天台座主昌雲に与えられた。

波多野荘《はたののしょう》　餘綾《よろぎ》郡の荘園。現在の神奈川県秦野市付近。平安時代摂関家領となり、のち近衛家領。保元三年（一一五八）波多野義通《よしみち》がここに移り住み、同氏名字の地。

早川牧《はやかわのまき》　足下《あしのしも》郡の荘園。現在の神奈川県小田原市付近。嘉保二年（一〇九五）の文書に見え、万寿元年（一〇二四）頃相模守大江公資《きみすけ》が立荘し*藤原道長の子長家《ながいえ》に寄進した。領家職は、公資―広経《ひろつね》―公仲《きみなか》―以実《もちざね》と伝えられたが、大治五年（一一三〇）公仲の娘仲子《なかこ》が領有を主張して以実と争った。小早川氏名字の地である。

〈武蔵国〉

稲毛荘《いなげのしょう》　橘樹《たちばな》郡の荘園。現在の神奈川県川崎市から東京都大田区にわたる。摂関家領。平治元年（一一五九）に本田二〇六町余で町別八丈絹二疋で計三七九疋という。承安元年（一一七一）検注目録によると、現作田二六二町余、荒田一町余、除田一三町余、神田一町余とある。平安末期、本・新二荘となり、本荘は比叡山大乗院、新荘は宜秋門院に渡った。

［文献］石井　進『鎌倉武士の実像』（平凡社、一九八七）。

船木田荘《ふなきたのしょう》　多磨郡の荘園。現在の東京都八王子市・日野市付近。仁平四年（一一五四）の史料に荘名初見。皇嘉門院―*藤原忠通へ伝えられた摂関家領。

〈安房国〉

群房荘《ぐんぼうのしょう》　平群《へぐり》郡・安房《あわ》郡の荘園。現在の千葉県館山《たてやま》市付近。永暦年間（一一六〇―一一六一）*後白河上皇が諸公事を免除して新熊野《いまくまの》社に寄進した。領家職で、預所は平基《もと》親《ちか》―大納言局へと伝えられた。

丸御厨《まるのみくりや》　朝夷《あさい》郡の御厨。現在の千葉県安房郡丸山町付近。前九年役の功により*源頼義が与えられたといい、平治元年（一一五九）*源義朝が伊勢神宮に寄進した。在地領主丸氏は源家譜代の家人であった。

〈上総国〉

二宮　荘《にのみやのしょう》　長柄《ながえ》郡の荘園。現在の千葉県茂原《もばら》市付近。もと上総国二宮《にのみや》橘木社領で、保延六年（一一四〇）*藤原通憲が安楽寿院に寄進、永治元年（一一四一）立券。永暦元年（一一六〇）通憲の娘蓮西が預所職に任ぜられた。

藻原　荘《もばらのしょう》　長柄《ながえ》郡の荘園。現在の千葉県茂原《もばら》市内。もと藤原里麻呂《さとまろ》の牧。曾孫藤原菅根《すがね》らにより寛平二年（八九〇）*興福寺に施入。東西約三キロメートル、南北約一・五キロメートルの規模。一二世紀中頃まで荘名がみえる。

〈下総国〉

印　東　荘《いんどうのしょう》　印旛《いんば》郡の荘園。現在の千葉県佐倉《さくら》市、酒々井《さきい》町付近。平安末期に平常澄《つねずみ》の所領で、上総広常《ひろつね》滅亡後は千葉氏の所領となった。文治二年（一一八六）注文では成就寺領とみえる。

大戸　荘《おおとのしょう》　香取郡の荘園。現在の千葉県佐原《さわら》市付近。下総国一宮香取社の末社大戸社領を基礎とする荘園。殿下御領で、長寛二年（一一六四）に香取社大禰宜大中臣真房《おおなかとみのまさふさ》に知行が認められた。

葛西御厨《かさいのみくりや》　葛飾《かつしか》郡の御厨。現在の東京都東部。本領主葛西清重《きよしげ》が永万元年（一一六五）頃までに葛西三三郷を伊勢神宮に寄進して成立したと伝える。

神　崎　荘《こうざきのしょう》　香取郡の荘園。現在の千葉県香取郡神崎町付近。香取社の末社神崎社領を基礎とする摂関家領。一二世紀末、香取社大禰宜家領で、応保二年（一一六二）大禰宜実房《さねふさ》は子の知房《ともふさ》を神崎社宮司に任じ神崎荘を譲与した。地頭は千葉氏。

下河辺荘《しもこうべのしょう》　葛飾《かつしか》郡の荘園。現在の茨城県古河《こが》市から埼玉県栗橋町・松伏町・春日部《かすかべ》市・越谷《こしがや》市にわたる。下河辺氏の名字の地。本家職は八条院—藤原良輔《よしすけ》—永嘉門院へ伝えられた。「下河辺庄司行平」と下河辺行平《ゆきひら》の名が『吾妻鏡』にみえる。

相馬御厨《そうまのみくりや》　相馬郡の御厨。現在の茨城県取手市から千葉県我孫子《あびこ》市・柏市・鎌ケ谷市付近。天治二年（一一二四）下総権介常重《つねしげ》が叔父常晴《つねはる》から相馬郡司職を譲られ、大治五年（一一三〇）郡内布施郷を伊勢内宮に寄進し、*国免荘として立荘した。『神鳳鈔』によると田数一〇〇〇町の広大な領域を有した。本所（内宮一禰宜荒木田之親《あらきだのこれちか》）—領家（口入神主内宮権禰宜荒木田延明《のぶあき》—預所（口入人源友定《ともさだ》）—下司（常重）という重層的関係が成立した。保延元年（一一三五）常重から子の常胤《つねたね》に譲与されたが、翌年下総国司藤原親通《ちかみち》によって収公された。すると常晴の実子常澄《つねずみ》は*源義朝と結び相馬郡司職の回復を企てる。義朝は常重から郡司職譲状を手に入れ、天養二年（一一四五）相馬御厨を寄進し直して国司収公を否定した。平治の乱で義朝が敗れると再び収公され、国司親通の子親盛《ちかもり》が佐竹義宗《さたけよしむね》と結び永暦二年（一一六一）また新たに御厨を内宮・外宮に寄進した。相馬御厨の下司職をめぐる争いは佐竹義宗対千葉常胤という形をとり、長寛元年（一一六三）佐竹氏の勝利となるが、やがて平氏政権が打倒され、佐竹氏が討たれると常胤が領有権を回復した。

［文献］　福田豊彦『千葉常胤』（吉川弘文館、一九七三）、阿部猛・佐藤和彦編『人物でたどる日本荘園史』（東京堂出版、一九

九〇)。

〈常陸国〉

信太荘《しだのしょう》　信太郡の荘園。現在の茨城県土浦市、稲敷《いなしき》郡西部、新治《にいはる》郡南部にわたる。郡の西条を仁平元年(一一五一)*池禅尼《いけのぜんに》が美福門院に寄進して信太荘を立てた。鎌倉期の大田文によると田地六二〇町の広大な荘園。本家職は美福門院から八条院に伝えられた。

下妻荘《しもつまのしょう》　新治《にいはる》郡の荘園。現在の茨城県下妻市付近。承安四年(一一七四)の記録にみえる。下妻氏の開発にかかり、領家職は八条院から九条院に伝えられ、鎌倉時代下妻氏の没落により地頭職は小山氏の領するところとなった。

吉田荘《よしだのしょう》　那珂《なか》郡の荘園。現在の茨城県水戸《みと》市・ひたちなか市付近。常陸国三の宮吉田社の神郡として吉田郡が分立し、同社の私領化が進行し、禰宜吉美侯氏《きびのときうじ》により長承年中(一一三二—一一三五)官務小槻氏に領家職が寄進され吉田荘となった。

〈近江国〉

伊香立荘《いがだちのしょう》　滋賀郡の荘園。現在の滋賀県大津市内。立荘時期は未詳。無動寺領で、長承元年(一一三二)青蓮院行玄《ゆきつね》が無動寺検校を兼ね、これを契機に青蓮院が本所となったものか。『保延元年(一一三五)の記録に荘名がみえ鎌倉初期、青蓮院の収取は米六〇石。北にあった葛川《かつらがわ》との間に鎌倉期を通じて堺相論が展開された。

[文献]『新修大津市史7』(大津市、一九八四)。

愛智荘《えちのしょう》　愛智郡の荘園。現在の滋賀県愛知川町、湖東町付近。天平勝宝五年(七五三)六年の頃*聖武天皇が*元興寺に施入した経論転読料を財源として買得した墾田を基礎として成立。貞観元年(八五九)の*検田帳によると荘田は六十余町で、田堵によって請作されていた。保延年間(一一三五—一一四一)までその存在を確認できるが、永暦二年(一一六一)頃東大寺領愛智荘(大国荘とも)と紛れてしまい、その姿を消す。

大浦荘《おおうらのしょう》　浅井郡の荘園。現在の滋賀県西浅井町大浦付近。もと皇室領で、元慶五年(八八一)墾田二八町余が延暦寺文殊院に寄進された。のち長久二年(一〇四一)円満院の領有となる。中世を通じて隣接する菅浦荘との間に堺相論の交わされたことは有名である。

[文献]赤松俊秀『古代中世社会経済史研究』(平楽寺書店、一九七二)。

香荘《こうのしょう》　愛智《えち》郡の荘園。現在の滋賀県秦荘町付近。もと大学頭大江通国《みちくに》の私領で、保延四年(一一三八)尊勝寺に寄進された。本所が尊勝寺、領家が大江氏で、当荘は尊勝寺の香料を負担し、その名がある。

勢多荘《せたのしょう》　栗太郡の荘園。現在の滋賀県大津市内。天平宝字六年(七六二)頃造東大寺司領勢多荘がみえ、石山寺造営の拠点とされた。神護景雲二年(七六八)西大寺に施入された勢多荘もあり、宝亀一一年(七八〇)の「西大寺資財流記帳」によると荘園一巻が存在した。

土田荘《つちだのしょう》　蒲生《がもう》郡の荘園。現在の滋賀県竜王町から近江八幡市にかけての辺り。在地の郡司が買得した墾田を大納言源昇《のぼる》に売却して成立したいわゆる初期荘園で、承平二年(九三二)の田地注文がある。一一世紀初頭に*法成寺に寄進された。

覇流荘《へるのしょう》　犬上郡・愛智《えち》郡の荘園。現在の滋賀県彦根市付近。天平勝宝三年（七五一）の「近江国覇流村墾田地図」があり、勅命により正税を用いて開墾されたことが知られる。水沼村三〇町、覇流村七〇町の計一〇〇町。このとき*東大寺に施入されたか。宝亀六年（七七五）頃、東大寺僧法訓《ほうくん》が荘の経営に当たっていた。長徳四年（九九八）の記録によると一一三町七段余の規模。しかし、その後この荘は曾根沼《そねぬま》に水没したとみられる。

［文献］　彌永貞三『奈良時代の貴族と農民』（至文堂、一九五六）。

水沼荘《みぬまのしょう》　犬上郡の荘園。現在の滋賀県多賀町付近。天平勝宝三年（七五一）の「墾田地図」があり、このとき東大寺に施入されたか。宝亀六年（七七五）頃東大寺僧法訓が経営に当たっていた。長徳四年（九九八）の記録によると田地は七町八段余で、*東大寺の千灯会（一一月一四日）料に宛てられていた。平安中期に実質を失ったらしい。

野洲荘《やすのしょう》　野洲郡の荘園。現在の滋賀県守山市付近。大安寺領。勅施入の荘で、嘉保元年（一〇九四）大安寺の造営終了まで臨時雑役を免除された。これより先、寛治五年（一〇九一）に京法華寺領野洲荘と中津荘との間に相論が起こった。

〈美濃国〉

茜部荘《あかなべのしょう》　厚見《あつみ》郡の荘園。現在の岐阜市南部に当たる。もと厚見荘と称し、桓武天皇勅旨田。大同四年（八〇九）立券荘郷。弘仁九年（八一八）酒人《さかひと》内親王から*東大寺へ寄進され墾田一一〇町余。一一世紀後半に不輸不入が認められ、毎年絹一〇〇疋、綿一〇〇〇両を東大寺に納めた。久安三年（一一四七）の実検によると本田数七七町四段余、定得田五〇町一段余であった。

明智荘《あけちのしょう》　可児《かに》郡の荘園。現在の岐阜県可児市付近。一〇世紀半ば*藤原実頼の所領で、没後百数十年藤原氏領であった。のち石清水八幡宮の二三代別当頼清《よりきよ》に渡り、光清のとき元永元年（一一一八）一円不輸の同宮大塔院領となった。建久七年（一一九六）の検田目録によると荘田一八七町余、得田一一一町余とある。

大井荘《おおいのしょう》　安八《あはち》郡の荘園。現在の岐阜県大垣市内。天平勝宝八年（七五六）*東大寺に勅施入された。天暦四年（九五〇）に五二町九段余とみえ、嘉保二年（一〇九五）に見作田は一八八町余とみえる。開発領主大中臣氏が下司職を持ち、下司名六九町を有した。

［文献］　中村直勝『荘園の研究』（星野書店、一九三九）。

平野荘《ひらののしょう》　安八《あはち》郡の荘園。現在の岐阜県神戸町から大野町にわたる。延暦寺領。嘉保二年（一〇九五）荘に下った僧らが国司源義綱《よしつな》と合戦した。保安三年（一一二二）中河御厨を平野荘加納と称して取り込もうとした。荘内には日吉神社が勧請されていた。

〈飛驒国〉

白川荘《しらかわのしょう》　大野郡の荘園。現在の岐阜県白川村・荘川村付近。藤原俊家《としいえ》から女の一条殿（*藤原師通の妻全子《やすこ》）に譲られ、*預所は静暹《じょうせん》であったが*平治の乱で収公された。そこで平治元年（一一五九）静暹の女、藤原太子《ひろこ》は返還を求めて藤原忠通*に訴えた。

〈信濃国〉

塩田荘《しおだのしょう》　小県《ちいさがた》郡の荘園。現在の長野県上田市内。もと公領で、承安四年（一一七四）布一〇〇〇端の貢納契約で最勝光院へ寄進され立荘。地頭職は文治二年（一一八六）惟宗忠久《ただひさ》に安堵されたが比企《ひき》の乱に坐して没収され、のち北条氏一門の領するところとなった。

〈上野国〉

薗田御厨《そのだのみくりや》　山田郡の荘園。現在の群馬県桐生《きりゅう》市付近。久寿三年（一一五六）立荘。伊勢神宮内宮領、田数二〇〇町余。承安二年（一一七二）隣接する新田荘との間に争いが起こった。

高山御厨《たかやまのみくりや》　緑野郡の荘園。現在の群馬県藤岡市内。天承元年（一一三一）源義朝*が伊勢神宮に寄進し、永治二年（一一四二）に成立。安元元年（一一七五）武蔵国児玉荘と堺相論を起こした。鎌倉期の田数は二八〇町歩。

新田荘《にったのしょう》　新田郡の荘園。現在の群馬県太田市、新田町・尾島町・藪塚本町・笠懸町《かさがけまち》・堺町、埼玉県深谷《ふかや》市に及ぶ地域。天仁元年（一一〇八）の浅間山の大爆発により火山灰で大きな被害を受け、その再開発の過程で新田義重《よししげ》の私領が形成され、自ら「地主」職を持った一九郷を藤原忠《ただ》政《まさ》に寄進し、下司職に任命された。その後、荘園は新田郡全域に拡大され、後白河法皇*の御願寺金剛心院を本家とし、藤原忠雅《ただまさ》家を領家、新田氏を下司とする体制が確立した。

淵名荘《ふちなのしょう》　佐位《さい》郡の荘園。現在の群馬県伊勢崎市付近。佐位荘とも称した。法金剛院を本所とする。渕名一族の開発にかかる。赤城山南麓に一二キロメートルにわたって開削された女堀*は淵名荘開発を企図したものという。

〈下野国〉

足利荘《あしかがのしょう》　足利郡・梁田《やなぎだ》郡の荘園。現在の栃木県足利市付近。康治元年（一一四二）源義国《よしくに》が私領を安楽寿院に寄進することによって成立した。田九八町七段余、畠一〇六町二段余で、国絹七一疋余、四丈白布二〇〇段、油五石代が安楽寿院に納入された。美福門院─八条院へ伝えられ、大覚寺統に伝領。義国は下司職を把握し、義兼《よしかね》─義氏《よしうじ》─泰《やす》氏《うじ》─頼氏《よりうじ》と伝領された。

［文献］佐藤和彦「下野足利荘の成立と展開─内乱と足利一族─」（中世東国史研究会編『中世東国史の研究』所収、東京大学出版会、一九八八）。

佐野荘《さののしょう》　安蘇《あそ》郡の荘園。現在の栃木県佐野市付近。足利家綱《いえつな》が開発私領を藤原信長《のぶなが》に寄進して成立。天仁元年（一一〇八）の浅間山大噴火の被害を受けたため、数年にわたって年貢・公事の対捍《たいかん》が続き現地の下司との間に紛争が起こった。その後御子左家に伝えられ藤原頼長*へ寄進されたが、保元*の乱で頼長が敗死すると本家職は後白河院領となった。

梁田御厨《やなだのみくりや》　梁田郡の荘園。現在の栃木県足利市付近。康治二年（一一四三）伊勢神宮領として立券。神宮内部で口入神主職をめぐる争いがあり、現地では給主職をめぐって足利（源）義国《よしくに》と足利（藤原）家綱《いえつな》の争いがあった。家綱は争いに敗れたが、子の俊綱《としつな》は荘の領主職を持ち、争いは続いた。寿永二年（一一八三）藤原姓足利氏が滅亡して源姓足利氏による支配が確立した。

〈陸奥国〉

安達荘《あだちのしょう》　安達郡の荘園。現在の福島県二本松市および安達郡域。開発領主惟宗定兼《さだかね》が仁平元年（一一五一）太政官厨家の便補の地として立保。保司職は官務小槻《おづきの》隆職《たかよし》に伝えられた。

信夫荘《しのぶのしょう》　信夫郡の荘園。現在の福島市付近。郡司佐藤季春《すえはる》により一郡の荘園化されたもの。季春は*藤原基衡の郎従か。鎌倉期には御家人に給与された。

高鞍荘《たかくらのしょう》　栗原郡の荘園。現在の宮城県金成町・栗駒町付近。一二世紀前半の立荘か。久安四年（一一四八）*藤原忠実から*頼長に譲与された。預所は藤原成隆《なりたか》。現地の管理は藤原基衡《もとひら》が行っていた。金一〇両・布二〇〇段・細布一〇段・馬二疋を貢納。のち金二五両・布五〇〇段・馬三疋に増額された。頼長が*保元の乱で敗死すると後院領となった。

〈出羽国〉

大曾禰荘《おおそねのしょう》　最上《もがみ》郡の荘園。現在の山形市付近。摂関家領で、久安四年（一一四八）父*藤原忠実から*頼長が譲与された。布二〇〇段、馬二疋を貢納し、のち布三〇〇段・馬二疋となった。*保元の乱後没官され後院領となった。

成島荘《なるしまのしょう》　置賜《おきたま》郡の荘園。現在の山形県米沢市付近。一二世紀初頭に成立した摂関家領。天永三年（一一一二）馬が年貢として貢納されていた。

屋代荘《やしろのしょう》　置賜《おきたま》郡の荘園。現在の山形県高畠町付近。一二世紀前半までに成立した摂関家領。仁平三年（一一五三）に布一〇〇段、漆一斗、馬二疋が年貢として見える。*藤原忠実から*頼長に譲られ、年貢は布一五〇段、漆一斗五升、馬三疋に増額。*保元の乱で没官され後院領とされた。

遊佐荘《ゆざのしょう》　飽海《あくみ》郡の荘園。現在の山形県遊佐《ゆさ》町《まち》・酒田市付近。一二世紀前半摂関家領として成立。*藤原基衡が管理し、金五両・鷲羽三尻・馬一疋を年貢とした。のち金一〇両・鷲羽五尻・馬一疋に増額。久安四年（一一四八）*藤原忠実から*頼長に譲られたが保元の乱後没官され、後院領となった。

〈若狭国〉

国富荘《くにとみのしょう》　遠敷《おにゅう》郡の荘園。現在の福井県小浜《おばま》市内。小槻隆職《たかよし》の私領を永万元年（一一六五）国富保として立て、荒地の開発を進め、建久六年（一一九五）四至を定めた。小槻氏が領家職を相伝。当初の田地は三四町余。

太良荘《たらのしょう》　遠敷《おにゅう》郡の荘園。現在の福井県小浜市内。一二世紀中頃、丹生忠政《にうのただまさ》が松永保内恒枝名田とその周辺を*国衙領太良保と称し、子の雲厳《うんげん》に譲与した。雲厳は治承二年（一一七八）太良保公文職に補任され、御家人として活躍した。

［文献］網野善彦『中世荘園の様相』（塙書房、一九六六）。

宮川荘《みやかわのしょう》　遠敷《おにゅう》郡の荘園。現在の福井県小浜《おばま》市付近。寛治四年（一〇九〇）*堀河天皇が賀茂社に寄進して成立。預所は院の女房が相伝したが、のち賀茂社家の知行となった。

宮川保《みやがわのほ》　遠敷《おにゅう》郡の保。現在の福井県小浜《おばま》市内。文治四年（一一八八）保地頭藤原重頼《しげより》の名が見える。

〈越前国〉

足羽荘《あすはのしょう》　足羽郡の荘園。現在の福井市内。伊勢内宮領として立荘。足羽御厨ともいう。源平合戦後、平家没官領となった。

牛原荘《うしがはらのしょう》　大野郡の荘園。現在の福井県大野市付近。応徳三年（一〇八六）越前守源高実《たかざね》が荒地二百余町を醍醐寺に施入。当初の開田二五町で、のち浪人を招き据えて開発を進め、総地積四百六十余町、年貢五〇〇石に及んだ。

［文献］竹内理三『寺領荘園の研究』（畝傍書房、一九四二）。

大蔵荘《おおくらのしょう》　丹生《にう》郡の荘園。現在の福井県鯖江《さばえ》市付近。もと平清盛領。永万（一一六五―一一六六）の頃、最勝寺に寄進された。嘉応元年（一一六九）に四至に牓示を打ち、堺を定めるよう要求している。

方上荘《かたがみのしょう》　今立《いまだて》郡の荘園。現在の福井県鯖江《さばえ》市付近。摂関家領。天暦五年（九五一）に初見し、惣別当は在地の生《いく》江《え》氏とある。生江氏によって開発が進められ、殿下渡領として伝えられた。

河口坪江荘《かわぐちつぼえのしょう》　坂井郡の荘園。河口荘は現在の福井県芦原町・坂井町・金津町付近。坪江荘は現在の金津町・三国町・丸岡町付近。あわせて興福寺領。河口荘は康和二年（一一〇〇）*白河法皇の寄進にかかる。坪江荘は正応元年（一二八八）後深草上皇の施入による。

糞置荘《くそきのしょう》　足羽《あすのは》郡の荘園。現在の福井市付近。天平勝宝元年（七四九）に成立したとみられる。天平宝字三年（七五九）天平神護二年（七六六）の絵図があり、前者によると地積一五町余に対して開田は二町五段余に過ぎず、後者によると開田は四町二段余で、あまり増加していない。経営不振で、天暦五年（九五一）には、現地においてその名さえ忘れられた状況であった。

栗川荘《くりかわのしょう》　足羽《あすのは》郡の荘園。現在の福井市付近。天平勝宝元年（七四九）占定され東大寺領となり、天平神護二年（七六六）寺領の一円化が図られた。一三世紀には廃絶。

桑原荘《くわばらのしょう》　坂井郡の荘園。現在の福井県金津町付近。天平勝宝七年（七五五）*東大寺が大伴宿禰麻呂《すくねまろ》から堀江郷の地九六町二段余を買得して成立。天平勝宝七年から天平宝字元年（七五七）に至る荘園経営関係史料が現存し、八世紀の荘園のあり方を具体的に知ることができる。経営には、足羽郡大領生江臣東人《いくえのおみあずまびと》、越前国史生で造東寺司主典となった*安都宿禰雄足らの協力があり、天平宝字元年には開田四二町、うち荒田九町二段であった。用水路や倉屋の整備が行われ、近傍の班田農民の賃租により、一町当たり六〇―八〇束の地子稲が徴収された。当荘の盛衰は律令国家の動向に左右され、天平宝字二年以後の存在を示す史料はない。

［文献］岸　俊男『日本古代政治史研究』（塙書房、一九六六）、岸　俊男『日本古代籍帳の研究』（塙書房、一九七三）。

鯖田国富荘《さばたくにとみのしょう》　坂井郡の荘園。現在の福井市付近。天平宝字元年（七五七）坂井郡司品治部公広耳《しなはりべのきみひろみみ》が東大寺に田地一〇〇町を寄進したのに始まる。天平神護三年（七六七）散在田を口分田と相賛し集中化を行う。天暦四年（九五〇）の寺用帳では、一〇一町余であったが、長徳四年（九九八）の目録では記載はあるものの荒廃無実となっていたらしい。

曾万布荘《そまふのしょう》　吉田郡の荘園。現在の福井市付近。法成寺東北院・殿下渡領。長寛二年（一一六四）百姓らは、本免田三五町のところ、国司が勘出分一七町、利分三町余を押領したと訴えている。

高串荘《たかくしのしょう》　坂井郡の荘園。現在の福井県三国町付近という。天平宝字七年（七六三）*東大寺が坂井郡の葦原九町三段余と家一区を買得したのに始まる。天平神護二年（七六六）の絵図がある。

道守荘《ちもりのしょう》　足羽《あすのは》郡の荘園。現在の福井市付近。天平神護二年（七六六）の絵図がある。足羽郡司生江臣東人《いくえのおみあずまびと》の寄進した墾田一〇〇町に起源を有する。天暦四年（九五〇）には三二六町余の規模を示しているが、翌年の史料では「条里ありと雖も、本より或いは荒野、或いは原沢にして、更に寄作人あるなし」と記され、すでに荒廃していた。

［文献］亀田隆之『日本古代用水史の研究』（吉川弘文館、一九七三）。

鎧荘《よろいのしょう》　足羽《あすのは》郡の荘園。現在の福井市内。天暦四年（九五〇）目録に田数一〇〇町九段余とみえるが、翌年の足羽郡庁牒によると荒野・原沢で寄作人なしという荒廃に陥っていた。

〈加賀国〉

高羽荘《たかはのしょう》　比定地未詳。延長八年（九三〇）醍醐寺准胝堂領となる。天暦七年（九五三）*官省符荘となる。寛治三年（一〇八九）以前に、国司によって収公され代替地として大野郡得蔵荘を与えられた。

得蔵荘《とくくらのしょう》　加賀郡の荘園。現在の石川県金沢市内。醍醐寺少別当賢円《けんえん》が荒地を再開発し、寛治二年（一〇八八）収公されていた同寺領高羽・治田両荘の代わりとして翌年国免を受け醍醐寺領得蔵荘が成立した。当初の規模は本田五〇町、不作田五〇町で斗代は八斗。

額田荘《ぬかたのしょう》　江沼郡の荘園。現在の石川県加賀市付近。一二世紀初め白河院領として立荘後、周辺の八田郷・額田郷を加納田として取り込んだ。大治二年（一一二七）*案主の*大江氏が寄人一〇名とともに御服綿・地子米などを納入していた。皇室領。*預所は中院家で、戦国時代まで伝えられた。

幡生荘《はたうのしょう》　「はたなりのしょう」とも。江沼郡の荘園。現在の石川県辰口町周辺。天平勝宝七年（七五五）*東大寺に施入され立荘。天平宝字三年（七五九）に地積五十余町。天暦四年（九五〇）に二五〇町と見える。一二世紀には東大寺の支配から離れたらしい。

横江荘《よこえのしょう》　石川郡の荘園。現在の石川県松任市付近。弘仁九年（八一八）酒人《さかひと》内親王から*東大寺に施入された朝原《あさはら》内親王賜田が起源。長徳四年（九九八）目録では一八六町六段余で「己荒」と記され、実質を失っていた。

〈能登国〉

菅原荘《すがわらのしょう》　羽咋《はくい》郡の荘園。現在の石川県志雄町付近。一一世紀末に菅原保と称し、一二世紀初期に能登守藤原基頼《もとより》が北野神社常灯料所に寄進したという。見作田二〇町、荒野三〇町とある。ただし「能登国大田文」によると元暦二年（一一八五）の立券で公田二三町四段余とある。

土田荘《つちだのしょう》　羽咋《はくい》郡の荘園。現在の石川県志賀町付近。保延二年（一一三六）上賀茂社領として成立。保元新制（一一五六）により一部は収公されて国衙領に編入されたが、この部分は文治四年（一一八八）に再び立荘され二つの土田荘が並ぶことになった。

若山荘《わかやまのしょう》　珠洲郡の荘園。現在の石川県珠洲《すず》市付近。康治二年（一一四三）源季兼《すえかね》が父から譲得した私領を皇嘉門院に寄進して成立。『能登国大田文』（一二二一）では田数五〇〇町とある。本家職は九条家に伝えられた。

〈越中国〉

石粟荘《いしあわのしょう》　砺波《となみ》郡の荘園。現在の富山県砺波市付近。もと橘奈良麻呂《ならまろ》の私有地で、天平宝字元年（七五七）奈良麻呂の乱により収公、同三年東大寺*に施入された。総田数一一二町で見開田は九六町余。

石黒荘《いしぐろのしょう》　砺波《となみ》郡の荘園。現在の富山県福光町付近。延久二年（一〇七〇）仁和寺円宗寺《えんしゅうじ》領として立荘。大規模な荘園で、康和元年（一〇九九）荘内山田郷は三三七町余。

井山荘《いやまのしょう》　砺波《となみ》郡の荘園。現在の富山県庄川町付近。神護景雲元年（七六七）の墾田地図が現存する。天平神護三年（七六七）に荘地一二〇町、うち見開四七町余、未開七二町九段余。在地の土豪利波臣志留志《としなみのおみしるし》が私有地一〇〇町を東大寺に寄進したのを起源とする。一〇世紀末には規模も四〇町となり、しかも「已荒」と記され、実質を失っていた。

大判荘《おおやぶのしょう》　新川郡の荘園。現在の富山県立山町付近か。天平勝宝元年（七四九）野地一五〇町を東大寺地として占定し、天平宝字三年（七五九）に開田図が作られた。神護景雲元年（七六七）の墾田地図によると見開田一九町一段余、未開地一三〇町八段余で、開発は進行しなかった。長徳四年（九九八）には「百五十町歩悉く荒廃」と記録された。

鹿田荘《かだのしょう》　射水《いみず》郡の荘園。現在の富山県高岡市付近。天平宝字三年（七五九）東大寺*に勅施入された。荘名は天平神護三年（七六七）に初見。神護景雲元年（七六七）の「鹿田村墾田地図」がある。初期の規模は開田二二町四段余、未開六町八段余。経営の拠点「三宅所」（荘所）は四段の規模。平安時代後半まで存続した。

狩城荘《かるきのしょう》　砺波《となみ》郡の荘園。比定地未詳。奈良時代に成立した伊加流伎荘の別称。東大寺領で一〇〇町。天暦四年（九五〇）の記録にみえるが、長徳四年（九九八）注文では「庄田悉く荒廃」と記されている。

須加荘《すかのしょう》　射水《いみず》郡の荘園。現在の富山県高岡市付近。天平勝宝元年（七四九）勅施入された東大寺領。天平宝字三年（七五九）の開田図では開田二八町五段余、未開六町五段余。神護景雲元年（七六九）墾田図によると開発は進まず未開地が多い。長徳四年（九九八）には「荘田悉く荒廃」と記されているが、大治五年（一一三〇）には荘地二八町余とみえ、鎌倉時代にも東大寺領として記録されている。

鳴戸荘《なるとのしょう》　射水《いみず》郡の荘園。現在の富山県大門町付近か。

東大寺領。天平宝字三年（七五九）開田図に「鳴戸村」と見え、神護景雲三年（七六九）に「鳴戸荘」とみえる。開田図によると開田三三町余、未開二五町余であったが、神護景雲三年には開田五一町四段余へと増加した。一〇世紀末には東大寺の支配は及ばず実質を失った。

丈部荘《はせつかべのしょう》　新川郡の荘園。現在の富山県滑川《なめりかわ》市付近。東大寺領で天平宝字三年（七五九）「丈部村開田図」があり、開田三六町四段余、未開四七町六段余。荘名の初見は天平神護三年（七六七）で、神護景雲元年（七六七）の開田は七六町三段余、未開は七町六段余と開田が倍増している。中に四町規模の荘所があり、そこに倉や屋があり、味当社があった。一〇世紀後半には「悉く荒廃」と記されている。

〈越後国〉

石《いわ(し)》**井荘**《いのしょう》　頸城《くびき》郡の荘園。現在の新潟県三和村付近にあった東大寺領。天平勝宝五年（七五三）に成立。永承七年（一〇五二）荘園回復のため現地に赴いた大法師《だいほっし》兼算《けんさん》は、名簿《みょうぶ》を捧げて従者となった古志得延《こしのとくえん》を用い、*田堵として信濃国から浪人を招き寄せ、段別三斗の地子を納める約束で耕作させ、二〇町歩を開田した。しかし国衙の圧迫などもあって経営は破綻し、兼算と得延が対立し、得延は地子も支払わず荘子をひきつれ信濃へ逃亡した。*東大寺は新たに荘司を派遣したが農民らは逃散し得延の従者となった。

［文献］　鈴木哲雄『中世日本の開発と百姓』（岩田書院、二〇〇一）。

白河荘《しらかわのしょう》　蒲原《かんばら》郡の荘園。現在の新潟県水原町・安田町付近。長承三年（一一三四）成立した摂関家領。開発領主は越後城《じょう》氏。仁平二年（一一五二）関白*藤原忠通が検注させたとき本田数三〇〇町歩という。領家職は治承四年（一一八〇）皇嘉門院から九条良通へ譲られたが一四世紀末には「有名無実」となった。城氏は源平内乱期に没落し、伊豆国の御家人大見氏が地頭として入部した。

豊田荘《とよたのしょう》　蒲原《かんばら》郡の荘園。現在の新潟県豊浦町付近。長承四年（一一三五）に成立した東大寺領。鎌倉初期の田数三〇〇町（うち見作田は三五町二段）山野二千余町で、広大な領域を占めた。

〈丹波国〉

大山荘《おおやまのしょう》　多紀《たき》郡の荘園。現在の兵庫県丹南町の辺り。*東寺が*綜藝種智院を売却した代金で購入した田地が承和一二年（八四五）に官省符により認められ立荘。当初は墾田九町余・池一処・野林三五町に過ぎず、一一世紀半ばまでは*東大寺の支配は承和の官省符に記された範囲に限られた。一一世紀半ばには衰微した状態にあったが、応徳三年（一〇八六）東寺の塔再建に際して大山荘も復興された。国司による収公とあったが康和四年（一一〇二）国司高階為章によって立券され田数九〇町余の領域型荘園に転換した。鎌倉時代には東国御家人中沢氏が地頭として入部した。

［文献］　阿部　猛『日本荘園史』（大原新生社、一九七二）、大山喬平『日本中世農村史の研究』（岩波書店、一九七八）。

雀部荘《ささいべのしょう》　天田郡の荘園。現在の京都府福知山市付近。

松尾社領。寛治五年（一〇九一）前貫首丹波兼定《たんばのかねさだ》が私領を松尾社へ寄進し天承二年（一一三二）宣旨により成立した。下司・公文・案主など荘官職は社家成敗に任された。天田川（由良川）のうち、社領雀部荘堺から下流の丹後国堺までが松尾社供菜所で、私の漁は禁じられていた。

後川荘《しつかわのしょう》　多紀《たき》郡の荘園。現在の兵庫県篠山町《ささやままち》付近。天平二〇年（七四八）には東大寺領として所見。天喜三年（一〇五五）国衙が鴨頭花紙五〇枚を賦課してくると荘官・田堵らはその停止を要求した。

多紀荘《たきのしょう》　多紀郡の荘園。現在の兵庫県篠山《ささやま》市付近。承和一〇年（八四三）上毛野《かみつけぬ》内親王領として立券。大治年間（一一二六―一一三一）藤原師時《もろとき》領となり、師時の子師行《もろゆき》が永治元年（一一四一）歓喜光院に寄進。本家職は八条院に伝えられた。

波々伯部保《ははかべのほ》　多紀《たき》郡の荘園。現在の兵庫県篠山《ささやま》市付近。承徳二年（一〇九八）波々伯部村の田堵一三人が、相伝の私領田二五町八段余を京都祇園感神院の加徴米代として別当行円に譲った。この地は改めて行円から感神院に寄進され、御封便補により感神院保となり、行円は保司、*田堵らは*神人となった。大治五年（一一三〇）と六年に造営材木を提供した功により、保は再建され、大嘗会雑事や国衙万雑役を免除された。仁平四年（一一五四）から保司職について行円の子孫の間で紛争が起こった。

宮田荘《みやたのしょう》　多紀《たき》郡の荘園。現在の兵庫県篠山《ささやま》市付近。摂関家領。荘名は天承二年（一一三二）の文書にみえるが、延久（一〇六九―一〇七三）以前の成立であろう。承安三年（一一七三）隣接の東寺領大山荘との間に用水についての契約が結ばれた。

山国荘《やまぐにのしょう》　桑田郡の荘園。現在の京都市北部から京北町にわたる。天元三年（九八〇）某寺資財帳に「山国庄廿五町余加林十二町　小塩黒田三町」とみえる。応保二年（一一六二）の文書や承安四年（一一七四）絵図などから、修理職の杣であったことが知られ、約二町の均等名三六か名から編成されていた。

［文献］　仲村　研『荘園支配構造の研究』（吉川弘文館、一九七八）。

〈但馬国〉

温泉荘《ゆのしょう》　二方郡の荘園。現在の兵庫県温泉町付近。公領内の平季盛《すえもり》の私領に起源し、季盛→季広《すえひろ》→僧聖顕《せいけん》へ伝領され、長寛三年（一一六五）聖顕は*蓮華王院に寄進して能米一〇〇石を貢納することにより自らは領家職を確保し官物雑事免除の特権を得た。永万（一一六五―一一六六）承安（一一七一―一一七五）の頃、東の射添郷、西の八太荘との間に堺相論が起こった。寿永二年（一一八三）木曾義仲《よしなか》の進出に紛れ下司平季広は年貢を押領し荘園の倉庫から米を奪った。

〈因幡国〉

高庭荘《たかばのしょう》　高草郡の荘園。現在の鳥取市域。天平勝宝八年（七五六）東大寺野占使僧平栄らが現地に赴いて国司や在地の豪族国造難《かつ》（勝）磐《いわ》らの協力を得て占定した勅施入地から成立。難磐は墾田長として開発・経営に当たった。難磐の売却田五町八段余を含んで七三町八段の地積であったが開田は遅々として進まず、延暦二〇年（八〇一）東大寺は荘地五五町余を参議藤原縄主《なわぬし》に、同二二年一二町八段余を国司藤原藤嗣《ふじつぐ》に売却した。東大寺の手もとに残った地五町八段余のうち得田は二町に過ぎなかった。その後寺使を派遣して回復を図ったが失敗し、一〇世紀末には実質を失った。

［文献］林　陸朗『上代政治社会の研究』（吉川弘文館、一九六九）、阿部　猛『日本荘園史』（大原新生社、一九七二）。

〈伯耆国〉

宇多河荘《うだがわのしょう》　汗入《あせり》郡の荘園。現在の鳥取県淀江町付近。僧心豪の相伝の私領を保元年中（一一五六―一一五九）近江国日吉社二季彼岸御油荘として寄進し、さらに長寛元年（一一六三）頃同社大宮二宮九月相撲会に寄進した。心豪は沙汰人として現地の管理に当たり年貢を備進した。

〈出雲国〉

揖屋荘《いやのしょう》　意宇《おう》郡の荘園。現在の島根県東出雲町付近。成勝寺領。天養二年（一一四五）藤原資憲《すけのり》の寄進立荘にかかり年貢の筵五〇枚を進めた。三〇町規模の荘園。

母里荘《もりのしょう》　能義《のぎ》郡の荘園。現在の島根県伯太《はくた》町付近。左近衛府領で、応保元年（一一六一）筵《むしろ》三〇枚を貢納していた。

〈播磨国〉

赤穂荘《あこうのしょう》　赤穂郡の荘園。現在の兵庫県赤穂市内。天平勝宝八年（七五六）*東大寺に勅施入された塩山に起源がある。延暦一二年（七九三）石塩生荘として成立、仁平三年（一一五三）以降は赤穂荘と呼ばれた。大治五年（一一三〇）に塩浜五〇町九段余、塩山六〇町。

有年荘《うねのしょう》　赤穂《あこう》郡の荘園。現在の兵庫県赤穂市内。長和四年（一〇一五）頃円融皇后家領であったが火災により公験を失い、国司に更めて立券を求めた。一二世紀中頃には近衛家領。

大部荘《おおべのしょう》　賀東《かとう》郡の荘園。現在の兵庫県小野市付近。久安三年（一一四七）大部郷の田地荒野を立券荘号。のち東大寺の復興のために建久元年（一一九〇）重源に与えられ、支配体制が整備された。

［文献］中村直勝『荘園の研究』（星野書店、一九三九）。

小犬丸保《こいぬまるのほ》　揖保《いぼ》郡の保。現在の兵庫県龍野市内。九―一〇世紀に成立した穀倉院領で、同院別当中原氏が支配していた。応保年中（一一六一―一一六三）布施荘の立荘に際して小犬丸保の山林・畠地を取り込んだので中原師元《もろもと》は抗議している。建久八年（一一九七）に至り抗議が認められ失地を回復した。

椙原荘《すぎはらのしょう》　多可《たか》郡の荘園。現在の兵庫県加美町付近。一一世紀前半に摂関家領として成立。永久四年（一一一六）の記録に「椙原庄紙」とみえる。早くから良質の紙の生産地として知られた。

田原荘《たわらのしょう》　神埼《かんざき》郡の荘園。現在の兵庫県福崎町付近。保延七年（一一四一）源師行《もろゆき》が鳥羽院に寄進して成立。ただし、師行の子孫が預所職を相伝することと、灯油一八石一斗一升を毎年熊野山に貢進することが条件であった。鎌倉初期の惣田数は二〇五町六段余、年貢米七二三石であった。

矢野荘《やののしょう》　赤穂《あこう》郡の荘園。現在の兵庫県相生《あいおい》市付近。はじめ久富保と称し、一一世紀半ば頃、郡司秦為辰《はたのためとき》が開発し荒田五〇町を私領として領したと伝えるが、史実か否か疑わしいとされている。保延二年（一一三六）の鳥羽院庁牒案によると、久富保は播磨守藤原顕季《あきすえ》の家領で、これが美福門院へ伝領された。保延三年、田畠一六三町二段余その他未開地として立券。仁安二年（一一六七）には四三町一段余の別当米が美福門院から歓喜光院に寄進され別名が成立し、残った部分は例名と称された。

［文献］網野善彦『中世東寺と東寺領荘園』（東京大学出版会、一九七八）、佐藤和彦『南北朝内乱史論』（東京大学出版会、一九七九）。

〈備前国〉

香登荘《かがとのしょう》　和気《わけ》郡の荘園。現在の岡山県備前市付近。白河天皇（一〇七二―一〇八六在位）のとき勅旨田とされ堀河天皇（一〇八六―一一〇七在位）のとき立荘。聡子内親王―鳥羽院―八条院へ伝えられた。康治二年（一一四三）の大洪水で四一町余の損田が出たので靫負《ゆげい》、服部両郷内の二十余町が香登荘に繰り入れられた。承安年中（一一七一―一一七五）の年貢は九三〇石。応保元年（一一六一）領家職は高野山菩提心院《ぼだいしんいん》に寄進された。

鹿田荘《しかたのしょう》　御野《みの》郡の荘園。現在の岡山市内。殿下渡領。一〇世紀半ばの立荘。寛和（九八五―九八七）以前から国司藤原理兼《まさかね》の非法を受けた。寛和二年理兼は数百の兵を率いて荘に乱入し、荘倉の地子米三二〇石を奪い、荘司・寄人らの居宅三百余畑を損亡させた。長徳四年（九九八）別当渋河幸運《しぶかわこううん》は二六〇石積の船を所有して他荘の年貢を運んでいた。当荘については正安二年（一三〇〇）の絵図が現存し往時をしのぶことができる。

〈備中国〉

足守荘《あしもりのしょう》　賀陽《かや》郡の荘園。現在の岡山市内。神護寺領で嘉応元年（一一六九）の絵図がある。在地の賀陽氏が開発し後白河院に寄進して成立した。荘官は*案主賀陽氏、下司藤原氏。絵図によると、中央に条里に基づく水田、南北に足守川が流れ、池・寺社・在家が描かれている。元暦元年（一一八四）*後白河院は年貢を*神護寺の*文覚に寄進し、文覚はこれを同寺薬師如来に寄進した。

［文献］西岡虎之助『荘園の研究　下』（岩波書店、一九五六）。

〈備後国〉

太田荘《おおたのしょう》　世羅《せら》郡の荘園。現在の広島県世羅町・甲山《こうざん》町付近。平重衡《しげひら》が世羅郡東条の太田・桑原両郷の開発を名目として*後白河院に寄進し、自らは預所職を留保、永万二年（一一六六）立荘。現作田三〇町八段余、定田二一町六段余、在家二六宇、桑二三五本、栗林二町八段。下司は開発領主の子孫橘基兼・親光で、橘氏は治承・寿永の内乱期に鎌倉御家人となった。文治二年（一一八六）後白河院は当荘を高野山金剛峯寺根本大塔領に寄進し、翌年鑁阿《ばんな》が預所に任ぜられ、現地に今高野山を勧請した。建久元年（一一九〇）に現作田六一三町六段余、定田五八〇町二段余で、後白河院に六丈白布一〇〇端、高野山に米一八三八石余・胡麻三四石・半畳一二帖・大幕・巾布六丈、白布一〇段、桑代布四二段が納入された。

［文献］ 江頭恒治『高野山領荘園の研究』（有斐閣、一九三八）、阿部 猛『日本荘園史』（大原新生社、一九七二）。

小童保《こわらわのほ》 「ひちのほ」と読むか。世羅《せら》郡の荘園。現在の広島県甲奴《こうぬ》町《まち》付近。山城国祇園社領。承徳二年（一〇九八）*堀河天皇から寄進された封戸の便補保となったもの。神供料米五一石五斗四升などを納入した。保司職は開発領主社僧勝尊《しょうそん》の一流に伝えられた。

〈安芸国〉

安摩荘《あまのしょう》 安芸《あき》郡の荘園。現在の広島市、呉《くれ》市付近。天永年中（一一一〇―一一一三）の立荘。長承元年（一一三二）*鳥羽天皇から高野山西塔に寄進された。本家職は美福門院を経て八条院領として伝えられた。

可部荘《かべのしょう》 安北郡の荘園。現在の広島市内。白河院政期の成立とみられるが、大治二年（一一二七）鳥羽院により一〇八石名分が高野山に寄進された。安元二年（一一七六）の*八条院領目録に所見。鎌倉初期の地頭は守護の宗孝《そうたか》親《ちか》。

志道原荘《しじはらのしょう》 山県《やまがた》郡の荘園。現在の広島県豊平町内。相伝の地主凡《おおしの》家綱《いえつな》が長寛二年（一一六四）*平清盛に寄進して成立。本家は平氏、領家は厳島神社、預所は厳島神主佐伯氏、下司は凡氏であった。

竹原荘《たけはらのしょう》 沼田郡の荘園。現在の広島県竹原市付近。寛治四年の立荘で賀茂御祖《かもみおや》（下鴨）社領。田数四〇町。北にあった都宇《つう》荘と領家を同じくするために「都宇竹原荘」と連称される。

三田荘《みたのしょう》 高田郡の荘園。現在の広島市内。仁平四年（一一五四）立荘。二五か村、田七四町余、畠一九町余、栗林九町余、在家三三宇。郷司藤原成孝《なりすえ》かその養子源頼信《よりのぶ》が立券にかかわったとみられる。国衙領三田郷の私領化によるもので、一部は厳島社領三田新荘となった。

壬生荘《みぶのしょう》 山県《やまがた》郡の荘園。現在の広島県千代田町付近。*高倉天皇の母建春門院の祈禱料として、在地領主凡《おおし》氏が厳島社神主佐伯景弘《さえきのかげひろ》を通じて同社に寄進し、嘉応三年（一一七一）立荘。本家職は平清盛が保有。治承四年（一一八〇）現在の現作田は一六二町余で六か名に編成されていた。太田川河口の桑原郷に倉敷地が存在した。

吉田荘《よしだのしょう》 高田郡の荘園。現在の広島県吉田町・向原町・甲田町付近。永治元年（一一四一）頃崇徳院領として成立し領家は花山院家。久安五年（一一四九）祇園社一切経会費用に当てるため当荘の本家得分米三〇〇石が寄進された。

〈周防国〉

伊保荘《いほのしょう》 熊毛《くまげ》郡の荘園。現在の山口県柳井市・上関町・平生町にわたる。寛治七年（一〇九三）*賀茂社競馬の馬料として寄進された。源平内乱期には土肥実平《どひさねひら》や在地の大野遠正《おおのとおまさ》によって押領された。

竈戸御厨《かまとのみくりや》 熊毛《くまげ》郡の御厨。現在の山口県上関町付近。康保三年（九六六）の史料に所見。黒作御贄を進納していた。のち山城国の賀茂別雷《かものわけいかずち》神社領となり、平安末期以降は「竈戸関」としてみえる。

多仁荘《たにのしょう》 熊毛《くまげ》郡の荘園。現在の山口県田布施《たぶせ》町《まち》付近。康保三年（九六六）の史料に「多仁村」とみえ国衙領。平安末期、山城国の成勝寺（六勝寺の一つ）の所領で油を納入していた。荘名の初見は養和二年（一一八二）。

椹野荘《ふしののしょう》　吉敷《よしき》郡の荘園。現在の山口県小郡《おごおり》町付近。仁平三年（一一五三）の文書目録によると八世紀*東大寺によって開発された。天暦四年（九五〇）の東大寺封戸荘園并寺用帳に田数九一町六段余とあるが、すでに荒廃していた。建久八年（一一九八）重源によって再興された。

〈長門国〉

厚狭荘《あつさのしょう》　厚狭郡の荘園。現在の山口県山陽町付近。寛治四年（一〇九〇）*堀川天皇によって賀茂御祖社《かものみおや》に日供料七四五町が寄進されたが、その一部公田三〇町として成立。のち鴨荘と呼ばれている。

向津具荘《むかつくのしょう》　大津郡の荘園。現在の山口県油谷町付近。*鳥羽天皇（一一〇七―一一二三在位）のとき妙法院領として成立。国司からの抑圧を逸れるため妙法院は新日吉社《いまひえ》に寄進し永暦二年（一一六一）*後白河庁下文を得た。建久八年（一一九七）地頭職も源頼朝から新日吉社に寄進された。

〈紀伊国〉

阿氐河荘《あてがわのしょう》　有田郡の荘園。現在の和歌山県清水町付近。正暦三年（九九二）平惟仲《これなか》（右大弁）が藤原仲平《なかひら》（左大臣）の遺領を買得し長保三年（一〇〇一）寂楽寺に寄進した。本家は園城寺円満院門跡。荘地の多くは山地で耕地は少なかった。絹・綿・材木などを年貢としていた。一二世紀後半、高野山は当荘の領有を企図したが失敗している。承元四年（一二一〇）湯浅宗光《ゆあさむねみつ》が地頭職に任ぜられた。

［文献］　仲村　研『荘園支配構造の研究』（吉川弘文館、一九七八）。

荒川荘《あらかわのしょう》　那賀《なか》郡の荘園。現在の和歌山県桃山町・粉河《こかわ》町《まち》付近。大治四年（一一二九）園城寺長吏大僧正行尊《ぎょうそん》が*鳥羽院に寄進して成立。保延元年（一一三五）の検注によると、田三六町余・畠五三町余・桑二九三六本・在家三一宇。鳥羽院の没後平治元年（一一五九）美福門院から高野山に寄進された。長寛二年（一一六四）在家七〇宇などを検校以下一四三名に分配する分田支配を始めた。建久四年（一一九三）には在地領主公文盛景《くもんもりかげ》を追放して高野山の直《じき》務《む》支配が確立した。一三世紀半ばの田数は一〇一町余。分米三五〇石余。

石手荘《いわでのしょう》　那賀《なか》郡の荘園。現在の和歌山県岩出町付近。大治三年（一一二八）立券し、規模は一七五町五段。翌年高野山伝法院領となる。のち正応元年（一二八八）根来寺《ねごろでら》が成立すると同寺領となった。

相賀荘《おうがのしょう》　伊都《いと》郡の荘園。現在の和歌山県橋本市付近。長承元年（一一三二）密厳院荘とみえ、在地の土豪坂上氏が下司職に補任された。同二年には不輸不入が認められた。しかし、隣接する石清水八幡宮領隅田荘《すだのしょう》や高野山金剛峯寺領官省符荘との間に堺相論は絶えなかった。

桛田荘《かせだのしょう》　伊都《いと》郡の荘園。現在の和歌山県かつらぎ町付近。久安三年（一一四七）崇徳院領として立荘するが翌年国司によって収公された。長寛二年（一一六四）蓮華王院領として立荘したが、寿永二年（一一八三）*文覚の働きで神護寺領となった。当時の田数は約六〇町。

賀太荘《かだのしょう》 海部《かいふ》郡の荘園。現在の和歌山市内。荘名は永保元年（一〇八一）が初見。仁平三年（一一五三）下司の存在が知られる。近衛家領で地頭職は茂本氏、公文職は向井氏。

［文献］ 伊藤正敏『中世後期の村落』（吉川弘文館、一九九一）。

官省符荘《かんしょうふしょう》 伊都《いと》郡の荘園。現在の和歌山県高野口町・九度山町・かつらぎ町・橋本市にわたる。永承四年（一〇四九）から康平六年（一〇六三）にかけて高野政所周辺について立荘。寛治元年（一〇八七）在地領主坂上経澄《つねずみ》や長《なが》氏《し》を追放して直務体制を確立した。

神野眞国荘《こうのまくにのしょう》 那賀《なか》郡の荘園。現在の和歌山県美里町付近。別箇の二つの荘園であるが当初から一体と考えられ併称される。康治二年（一一四三）の絵図がある。在地の長《ながの》依友《よりとも》が先祖相伝の私領を高野山に寄進したが、国衙の収公に遭い荒廃した。依友は藤原成通《なりみち》を通じて高野山へ寄進。さらに*鳥羽院に寄進して康治元年に立券した。成通は領家職を保持し、のちこれを*神護寺に寄せた。隣荘野上荘、鞆《とも》渕荘《ふちのしょう》と堺相論があった。

［文献］ 江頭恒治『高野山領荘園の研究』（有斐閣、一九三八）。

木本荘《きのもとのしょう》 海部《かいふ》郡の荘園。現在の和歌山市内。奈良時代には大安寺領であったが、平安時代には東大寺末崇敬寺が領有し開発を進め、一一世紀半ばには一〇〇町余の耕地があった。国司による収公、源有政《ありまさ》の介入などがあって、崇敬寺は東大寺鎮守八幡宮に年貢を納入してその保護を求めた。

［文献］ 西岡虎之助『荘園史の研究 下1』（岩波書店、一九五六）。

栗栖荘《くるすのしょう》 名草《なぐさ》郡の荘園。現在の和歌山市内。保延四年（一一三八）藤原公能《きみよし》から粉河寺《こかわでら》に寄進され、久安二年（一一四六）不輸権が与えられた。

粉河荘《こかわのしょう》 那賀《なか》郡の荘園。現在の和歌山県粉河町付近。粉河寺領。荘名の初見は久安四年（一一四八）。仁治二年（一二四一）頃の高野山領名手荘との堺相論は名高い。

山東荘《さんどうのしょう》 名草《なぐさ》郡の荘園。現在の和歌山市内。長承元年（一一三二）平光昌《みつまさ》が*覚鑁の高野山大伝法院に寄進し、翌年官物・国役・雑役が免除された。見作田は三七町六段余で、伊太嘗《いたきそ》社免田五町、年荒三八町七段余、見作畠二町余、池一一か所（いずれも破損）および山野から成る。康治二年（一一四三）日前国懸社が八講頭役を賦課しようとして紛争が起きた。

志富田荘《しぶたのしょう》 伊都《いと》郡の荘園。現在の和歌山県かつらぎ町付近。久安二年（一一四六）には高野山大伝法院領で、興福寺と領有を争い長寛二年（一一六四）太政官牒が大伝法院に下され決着したが、のち長く桛田荘《かせだのしょう》との堺相論が続いた。

隅田荘《すだのしょう》 伊都《いと》郡の荘園。現在の和歌山県橋本市・紀見町、奈良県五条市にわたる。寛和年間（九八五―九八七）*藤原兼家が石清水八幡宮内の御願寺三昧院に寄進したのに始まる。のち本家は一条院となるが、領家職は*石清水八幡宮の領するところであった。

［文献］ 佐藤和彦『南北朝内乱史論』（東京大学出版会、一九

七九)。

野上荘《のがみのしょう》　那賀《なか》郡の荘園。現在の和歌山県野上町、海南市付近。石清水八幡宮領。一〇世紀末の立荘。長元元年(一〇二八)に田地三二町余。荘内に八幡宮別宮が勧請されていた。康治二年(一一四三)と文治二年(一一八六)に神野荘との間に堺相論があった。

湯浅荘《ゆあさのしょう》　在田《ありだ》郡の荘園。現在の和歌山県湯浅町付近。承安四年(一一七四)荘名初見。後白河院領。のち一三世紀には施無畏寺領。文治二年(一一八六)在地の武士湯浅《ゆあさ》宗重《むねしげ》が地頭に任ぜられた。

［文献］　安田元久『武士団』(塙書房、一九六四)。

吉仲荘《よしなかのしょう》　那賀《なか》郡の荘園。現在の和歌山県貴志川《きしがわ》町・桃山町付近。法成寺領。仁平三年(一一五三)の記録に初見。一二世紀初頭の成立で藤原為親《ためちか》から平信範《のぶのり》へ、そして再び為親へと領有者が代わった。平治元年(一一五九)から荒川荘との間に堺論争が激しく行われた。応保二年(一一六二)摂関家領田中荘の預所佐藤仲清《なかきよ》らとともに吉仲荘民らが荒川荘に乱入した。

〈阿波国〉

篠原荘《しのはらのしょう》　勝浦郡の荘園。現在の徳島市内。元永元年(一一一八)の記録に初見。仁和寺領。材木などのことで国司藤原尹経《ただつね》に訴えられていた。久安五年(一一四九)高野山丈六堂供養料にも当てられた。

富田荘《とみだのしょう》　名東《なひがし》郡の荘園。現在の徳島市内。奈良春日神社領。元久元年(一二〇四)成立。もと国衙領で、在地の栗田氏、藤原氏の開発にかかり、大江泰兼《やすかね》を経て春日社に寄進された。田八町三段余、畠一三町五段余、常荒三〇町五段余からなる。

［文献］　中村直勝『荘園の研究』(星野書店、一九三九)。

名東荘《なひがしのしょう》　名東郡の荘園。現在の徳島市内。康和二年(一一〇〇)安楽寿院領として立券。田地一〇五町二段余、畠地八九町五段余、年貢は米二八三石九斗、檜皮三五〇。

新島荘《にいじまのしょう》　名方郡の荘園。現在の徳島市内。天平勝宝元年(七四九)*東大寺によって占完され、墾田一町五段余、陸田四一町三段余。天平宝字二年(七五八)の絵図がある。吉野川流域の低湿地に立てられた荘園。

〈讃岐国〉

多度荘《たどのしょう》　多度郡の荘園。現在の香川県多度津《たどつ》町付近。保安四年(一一二三)立荘。保延三年(一一三七)安楽寿院に施入された。康治二年(一一四三)田畠一六〇町六段余で米一一九石二斗、油四石余とみえる。保延六年*八条院の手に渡り、鎌倉初期には故花山院兼雅《かねまさ》の妻(*平清盛の女)が領家職を持ち、のち大覚寺統に伝えられた。

富田荘《とみだのしょう》　寒川郡の荘園。現在の香川県大川町・白鳥町付近。安楽寿院領。長承三年(一一三四)鳥羽院領として成立。田畠二〇九町四段余、年貢は一〇〇石。八条院―春華門院―順徳天皇―安嘉門院―後宇多天皇へ伝えられた。領家職は九条家―最勝金剛院と伝えられた。

〈伊予国〉

大島荘《おおしまのしょう》　越智《おち》郡の荘園。現在の愛媛県吉海町・宮窪町付近。源師房《もろふさ》家領三〇町と伊予守藤原基隆《もとたか》が白河皇后賢子《たかこ》に寄進した五〇町が賢子の御願寺上醍醐円光院に寄進されて成立。大治二年（一一二七）に官使が赴き牓示を打った。領家職は村上源氏に伝えられ久我家領として伝わる。

新居荘《にいのしょう》 新居郡の荘園。現在の愛媛県新居浜市付近。東大寺領で、天平勝宝八年（七五六）野地八〇町、池地三町六段余。一〇世紀中頃には田四町六段余と畠八八町三段余とみえるが一〇世紀末には荒廃し一二世紀には東大寺領新居荘の名はみえなくなる。

吉岡荘《よしおかのしょう》 桑村郡の荘園。現在の愛媛県東予市付近。安楽寿院領で、仁平二年（一一五二）立荘。田一三二町余、畠一二四町余。

〈筑前国〉

安志岐荘《あしきのしょう》 御笠《みかさ》郡の荘園。現在の福岡県筑紫野市付近。長和四年（一〇一五）阿志岐封一五三町四段余を安楽寺に寄進して立券。延久四年（一〇七二）県立の同寺金堂修理所、同東法華堂料所に当てられた。

［文献］ 正木喜三郎『大宰府領の研究』（文献出版、一九九一）。

植木荘《うえきのしょう》 鞍手《くらて》郡の荘園。現在の福岡県直方市付近。藤原頼長《よりなが》領で、保元*の乱の後没官。のち七条院領。領家職・預所職は教会院門跡領となる。

碓井荘《うすいのしょう》 嘉麻《かま》郡の荘園。現在の福岡県碓井町付近。朱《あかみ》鳥《とり》元年（六八六）観世音寺*に施入された封戸五〇戸に起源がある。長和三年（一〇一四）頃一円化して立荘。一五一町四段余。永長二年（一〇九七）安楽寺領土師荘との間に山口村をめぐる相論が行われ、保延七年（一一四一）には在庁官人による押妨事件があった。

釜生荘《かのうのしょう》 鞍手《くらて》郡の荘園。現在の福岡県若宮町付近。朱《あかみ》鳥《とり》元年（六八七）観世音寺*に施入された封戸五〇戸に起源がある。大治年中（一一二六―一一三一）東大寺領で定田数一二六町余。荘内に加納田が多く、在庁官人*らの押妨を受けた。

博太荘《はかたのしょう》 席田郡の荘園。現在の福岡市内。賀茂斎院だった高子《たかこ》内親王家領で、貞観八年（八六六）内親王の没後内蔵寮領となる。鴻臚館*に近い貿易の拠点であったらしい。同一〇年墾田三町余をめぐって観世音寺*と争った。

把岐荘《はきのしょう》 上座《かみつあさくら》郡の荘園。現在の福岡県把木町付近。大宝二年（七〇二）観世音寺*に寄進された把岐郷の薗地四九町に起源がある。保延三年（一一三七）に見作田五一町五段余。永延三年（九八九）寺家政所直務となる。寛治三年（一〇八九）に大宰府贄人《にえびと》の押妨を受け、天養元年（一一四四）皇后宮領方からの押妨を受けた。

山鹿荘《やまがのしょう》 遠賀《おんが》郡の荘園。現在の福岡県芦屋町・北九州市付近。大宝三年（七〇三）観世音寺*に施入された塩木山に起源し、弘仁九年（八一八）に荘園化し、保安元年（一一二〇）に東大寺領となる。平家方に与同し没落した山鹿《やまが》秀遠《ひでとお》の拠点。

津隈荘《つくまのしょう》 京都《みやこ》郡の荘園。現在の福岡県行橋市付近。一一世紀前半、散在封田と国衙公田を相博して宇佐八幡宮領として成立。康平四年（一〇六一）には荘田七〇町、用作一町九段となった。

長野荘《ながののしょう》 企救《きく》郡の荘園。現在の福岡県北九州市付近。永保年中（一〇八一―一〇八四）大宰権帥藤原資仲《すけなか》が宇佐宮に寄進した府佃一一町、同権帥藤原顕頼《あきより》が寄進した三〇町に起源し、嘉応元年（一一六九）田数四五町で臨時雑役を免除された。

貫荘《ぬきのしょう》　企救《きく》郡の荘園。現在の福岡県北九州市付近。天喜二年（一〇五四）宇佐八幡宮領として立券。建久図田帳では八〇町歩で、仁治二年（一二四一）の散田帳では一〇か名からなる。

〈豊後国〉

玖珠荘《くすのしょう》　玖珠郡の荘園。現在の大分県玖珠町付近。安楽寿院領。康治二年（一一四三）太政官牒に初見。清原正《まさ》高《たか》が天延元年（九七三）に都から下って土着し、支配を広げたという。保延五年（一一三九）安楽寿院領長野新荘として再び立券した。

〈肥前国〉

宇野御厨《うののみくりや》　松浦郡の御厨。現在の長崎県松浦市を中心に平戸・五島にも及ぶ広範な地域にわたる。朝廷に対する供膳・供菜の魚介類を貢納する贄所。名称の初見は寛治三年（一〇八九）。康和四年（一一〇二）源久譲状にもその名がみえる。中世を通じて松浦党の根拠地。

太田荘《おおたのしょう》　杵島《きしま》郡の荘園。現在の佐賀県武雄市・北方町・大町町付近。承暦三年（一〇七九）殿下渡領であったが、源資綱《すけつな》により円宗寺に寄進された。治承四年（一一八〇）皇嘉門院領としてみえ、最勝金剛院を経て宜秋門院に伝えられた。

川副荘《かわぞえのしょう》　佐賀郡の荘園。現在の佐賀市、川副町、諸富《もろどみ》町《まち》にわたる。大治五年（一一三〇）の記録に初見し、最勝寺に二〇〇〇石を納めていた。干潟荒野を開墾したもの。鎌倉初期には惣田数一〇六七町余の広大な荘園に発展した。

神埼荘《かんざきのしょう》　神埼郡の荘園。現在の佐賀県神埼町付近。承和三年（八三六）に置かれた勅旨田六九〇町（空閑地）に起源する。一一世紀初頭には皇室領荘園として成立していたとみられ、長和四年（一〇一五）には後院領として所見する。一二世紀前期、宗船の入港があり、*平忠盛が貿易に関与していたことが認められる。源平内乱期には在地武士の濫妨《らんぼう》が絶えなかった。

佐嘉荘《さがのしょう》　佐賀郡の荘園。現在の佐賀市・大和町の付近。大宰府安楽寺領。永保二年（一〇八二）大宰権帥藤原仲資《なかすけ》のとき四三町余が寄進された。鎌倉時代、開発領主の後裔である小地頭と新来の惣地頭の間の軋轢《あつれき》はよく知られている。

藤津荘《ふじつのしょう》　藤津郡の荘園。現在の佐賀県藤津郡・鹿島市に当る。貞観八年（八六六）郡領葛津《ふじつ》貞津の対馬攻略計画発覚による失脚後大宰帥時康《ときやす》親王（*光孝天皇）によって仁和寺に施入され立荘。鎌倉期の田数注文によると六〇〇町の規模とみえる。

〈肥後国〉

阿蘇社《あそしゃ》　阿蘇郡に鎮座する肥後国一〇の宮阿蘇社領で、ほぼ一郡を占める。荘号を示す史料は少ない。承暦二年（一〇七八）立荘と伝え、一二世紀には安楽寿院領で、領家職は源定房《さだふさ》の子孫が伝領。鎌倉時代、預所・地頭職は北条得宗家《とくそうけ》が領有した。

鹿子木荘《かのこぎのしょう》　飽田《あきた》郡の荘園。現在の熊本市・植木町・西《にし》合志《ごうし》町《まち》に及ぶ。本領主沙弥《しゃみ》寿妙《としただ》の孫高方《たかかた》が応徳三年（一〇八六）大宰大弐藤原実政《さねまさ》に寄進し四〇〇石を上納した。この権利は閑院流に伝えられ、藤原公実《きんざね》の外孫願西は国衙の圧迫を免れるため高陽院《かやのいん》内親王に二〇〇石の上納を約して保延五年（一一三九）立荘。願西は権利の保全を求めて承安元年（一一七二）建春門院に頼って立券した。本家職は仁和寺に伝えられた。

山鹿荘《やまがのしょう》　山鹿郡の荘園。現在の山鹿市域。本主壱岐守能高《よしたか》の子能輔《よしすけ》が六条院宣旨（蓮妙《れんみょう》）に寄進し、蓮妙がこれを*白河院に寄進して立券。永長二年（一〇九七）、院はこれを無量光院領とし（年貢は四八〇石—六〇〇石）、蓮妙の後裔が領家職、能輔の子孫が下司職を伝領した。田数一二五六町余の大荘園であった。久安元年（一一四五）*鳥羽院はその一部、田五〇〇町、畠二〇〇町余を仁和寺孔雀明王堂に寄進。

［文献］工藤敬一『荘園公領制の成立と内乱』（思文閣出版、一九九二）。

〈日向・大隅・薩摩国〉

島津荘《しまづのしょう》　三国にわたる広大な荘園で、現在の宮崎県・鹿児島県にまたがる。大宰大監平季基《すえもと》と弟の平判官良宗《よしむね》が日向国島津院の無主の荒野を開発し万寿三年（一〇二六）*藤原頼通に寄進したのに始まる。一二世紀前半に拡大し全国一の大荘園となった。建久八年（一一九七）の図田帳によると、日向国に三八三七町、大隅国に一四六五町、薩摩国に二九三二町あった。一円荘と寄郡に分けられ、前者は不輸不入権の確立した部分、後者は雑役免の一種の半不輸地で本所と国衙に両属する関係にあった。一円荘田は三四〇五町余、寄郡は四八二九町余。

［文献］工藤敬一『九州庄園の研究』（塙書房、一九六九）。

（阿部　猛）

（七）初期の武士団

武士団《ぶしだん》　武芸を職能とする武士を中心に編成された戦闘的集団。九—一〇世紀にかけて班田収授法に代表される既存の土地制度の崩壊や地方の行政機能の弱体化が進み、社会情勢が急速に不安定となるなか、地方の農村では階級差が生じ、田堵と呼ばれる新たな富豪農民層が誕生したり、郡司・郷司・荘官など地方の富裕層の間では私的な国内支配が盛んとなっていった。彼らは、さらなる私領拡大のため未開地などを開拓して新たな土地を所有する「*開発領主」や「根本領主」と称される在地領主に成長し、あわせて支配下にある領地を様々な災難から守るために私的な武装集団を形成していった。この武装集団は、基本的に惣領を中心とした一族、*家の子、*郎党（郎等・郎従）などが同族的に結びついたもので、やがて国衙や郡衙にその戦闘能力を買われ、それぞれ郡司・郷司などに任命されることでその軍事体制下に組み込まれていった。このようにして形成された武士団は平安時代末期以降、特に同族的武士団として「*党」と称されるようになった。一般的に*武蔵七党、松浦党、隅田党などが有名である。中世後期には武士団の構成も血縁的結合から地縁的結合へと変化し、中小の武士団の間で競合と統合が繰り返され、武家の棟梁と称される有力な統率者のもと、大武士団へと成長していった。武家の棟梁には、多くは中央から*押領使・追捕使として下ってきたものや、中下級層に属する貴族や一族が赴任地に土着したものがあったが、代表的なのは賜姓皇族である*清和源氏・*桓武平氏の子孫である。武士団の構成員は、*武家の棟梁を頂点に、家の子と呼ばれる棟梁との血縁的関係により従者となっている庶家があり、彼らが武士団の中核をなしていた。郎党（郎等・朗従）は、家の子より格下の独立した所領を持たない従者の称で、のちに一族以外の武士の総称となった。やがて*源頼朝により幕府が創立されると、全国の武士団はこの政治権力下に編成されることになり、新たな時代が開かれることになった。

［文献］安田元久『武士団』（塙書房、一九六四）、豊田　武『日本の封建制』（吉川弘文館、一九八三）、高橋昌明『清盛以前』（平凡社、一九八四）、元木康雄『武士の成立』（吉川弘文館、一九九四）。

（齊藤保子）

国《こく》衙《が》軍《ぐん》制《せい》　平安時代中期以降、反体制武装蜂起集団である「凶党（凶賊）」を武力で鎮圧するため国衙を拠点として編成された軍事組織のこと。九世紀末から一二世紀にかけて起こった、地方勢力を中心として発生した武装蜂起をきっかけに軍事組織が形成されていったと見られている。国衙は「凶党（賊）」の反乱が起こると、国解により太政官に対して「凶党（賊）」追捕を命じる「追捕官符」を申請し、太政官はその武装蜂起集団が「重犯」（謀反や殺害以上の犯罪）を犯したと認めると、中央政府が有する軍事指揮権の発動を意味する「追捕官符」を発給する。これを受け取った国衙は、*押領使・追捕使に「凶党（賊）」追補の指令を下し、それに従って押領使・追捕使は自己の*家の子・*郎党などを中心に国内の武士を動員して「凶党（賊）」の追捕・鎮圧に向かった。押領使・追捕使らが鎮圧に成功すると、捕えられた犯人の首級や身柄は国衙から太政官に送られ、押領使・追捕使たちは軍功に合わせてそれぞれ勲功賞を受けることができた。こうした追補・鎮圧行為は、*承平天慶の乱前後から源平争乱に至るまでに発生したほとんどの武装蜂起に対して行われていたとみられており、中世における主従制が形成される過程において基礎的な役割を果たしたということができる。押領使・追捕使は、徐々に特定の有力武士に世襲されていくようになり、さらに有力武士が国衙機構の下級官人などを兼任することで国衙の軍事・行政機構を実質的に支配・掌握し、有力武士とそれ以外の武士との間に軍事的主従関係が生まれ、これが平安時代末に登場する一国棟梁と称される地域軍事権力につながっていった。さらに、*源頼朝によって治承寿永の内乱の際に設置された惣追捕使に権力が受け継がれ、のちに創立された鎌倉幕府における守護・地頭制度にその機構と権限が継承されていくのである。

［文献］下向井龍彦「国衙軍制」（『古代史研究の最前線2』所収、雄山閣出版、一九八六）、石井　進「中世成立期の軍制」（『鎌倉武士の実像』所収、平凡社、一九八七）、戸田芳実「国衙軍制の形成過程」（『初期中世社会の研究』所収、東京大学出版会、一九九一）。

（齊藤保子）

滝《たき》口《ぐち》の武《ぶ》士《し》　平安時代中期以降、禁裏の警護を務めた天皇直属の武士。滝口という名は、清涼殿の東庭北方にあった御溝水の落ち口（滝口）近くに詰所（滝口所・滝口陣）があったことによる。*宇多天皇の寛平年間（八八九―八九八）に創設。武芸堪能の者が選ばれ、*蔵人所に属した。相当位は六位。定員は一〇人、のちに二〇人。*白河天皇のときには三〇人。天皇乗船の供奉《ぐぶ》をはじめ、*斎宮・*斎院の随行・警備、*検非違使に従って追補なども行った。宿直《とのい》のとき、勤番の者は姓名を名乗り、蔵人がこれを取り次いで奏聞した。これを宿直申・問籍・名対面という。最初は官職のない者が任ぜられていたが、平安時代末以降は源平代々のなかから任ぜられるようになった。

(齊藤保子)

[文献] 笹山晴生『日本古代衛府制度の研究』(東京大学出版会、一九八五)、米谷豊之祐「瀧口武者考」(『院政期軍事・警察史拾遺』所収、近代文芸社、一九九三)。

押領使《おうりょうし》・追捕使《ついぶし》 一〇—一二世紀に発生した凶党追捕のために置かれた*令外官。九世紀末頃から諸国で「凶党(凶賊)」と呼ばれる地方勢力による武装蜂起が起こり、朝廷がこれを鎮圧するため臨時に補任《ぶにん》した官であったが、*承平天慶の乱以降、全国的に常置されるようになった。補任形式や任務内容については、押領使・追捕使ともほぼ同様である。補任は、国司が国内の武勇の者を選抜して「国解」で*太政官に推挙し、太政官符により任命されるという手続きがとられた。任務は、国司は凶党が発生すると太政官から「追捕官符」という凶党追捕を命じる官符を受けて指令を下し、それに基づいて押領使・追捕使は自己の*郎党を中心に国内の兵士を動員して凶党の追捕・鎮圧を行った。なお、押領使は当初兵士の移送が主な任務であったが、凶党の活発化により追捕を目的とする軍事機関へと変化していった。押領使は東海・東山・山陰・西海道の諸国、追捕使は畿内近国、北陸・山陽・南海道の諸国には両使が混在して置かれるという地域的な分布傾向がみられる。ただし、坂東諸国については受領が押領使を兼任したようである。この官は、やがて在地の特定の武力者による世襲となり、さらにはこの武力者が国衙機構の下級官人などを兼任することで国衙の軍事・行政機構を実質的に支配していった。のちに創立された鎌倉幕府における守護・地頭制度は、これらの機構と権限を受け継いだものとみられている。

(齊藤保子)

[文献] 井上満朗『平安時代軍事制度の研究』(吉川弘文館、一九八〇)、竹内理三『律令制と貴族政権』(角川書店、二〇〇〇)、下向井龍彦「武士の成長と院政」(『日本の歴史7』所収、講談社、二〇〇一)。

鎮守府《ちんじゅふ》将軍《しょうぐん》 奈良時代以降、蝦夷への軍事対策のため、陸奥国*多賀城(のちに*胆沢城に移転)に置かれた軍事機構である鎮守府の長官。当初は鎮守将軍と称した。*多賀城碑によれば、神亀元年(七二四)頃には設置され、将軍には大野東人《おおののあずまびと》が置かれたという。はじめは、陸奥出羽按察使または陸奥守の兼任であったが、平安時代中期以降、武力のある名の知られた国守が将軍職を兼任した。しかし、現地に赴くことのない遙任であったため、鎮守府は留守所と化し、さらに、地方豪族の清原氏などが対蝦夷戦での軍功などでこの職に任命されると、鎮守府の権限は彼らに吸収されその機能は衰退していったのである。

(齊藤保子)

[文献] 熊谷公男「「受領官」鎮守府将軍の成立」(羽下徳彦編『中世の地域社会と交流』所収、吉川弘文館、一九九四)。

家《いえ》の子《こ》 中世以降の武士団における一族庶流の者をいう。古くは、子息や近親者、良家の子弟などを意味した。平安時代末期頃、各地に同族的武士団が成立するなか、一族庶流は所領を持ち経済的には自立していた。やがて一族の長である惣領の統轄を受け、軍事的にはその指揮下に入り、惣領は一族庶流それぞれの家長をもって家の子とした。はじめは惣領と家の子の間に主従関係はなく、封建制度の成立・発展に伴い惣領の支配権が拡大したことで、庶流はその被官となったのである。その後、鎌倉幕府が源頼朝*により創立されると、源氏一族に準ずる形で近隣諸国の有力御家人も家の子と位置づけられた。その代表例が北条氏である。→郎党

［文献］安田元久『武士団』（塙書房、一九六四）、大饗　亮『封建的主従制成立史の研究』（風間書房、一九六七）。（齊藤保子）

郎《ろう》党《とう》　中世以降の武士団の従者のうち、上位に属した者の呼称。郎等・郎頭などとも書かれる。その成立については諸説あるが、受領*の従者として一時的に雇われた者が、主人である受領の任地土着に伴い、私的な主従関係を結び、のちに軍事的支配下に入ったとみられている。平安時代後期以降、各地に武士団が成立すると、その存在は惣領の一族庶流で構成される家*の子に準ずる位置に定められた。そのため「家子郎党」と総称されることも多かったが、立場的には家の子と厳しく区別された。鎌倉幕府が創立されると、幕府の長である鎌倉殿の従者が御家人で、その御家人の従者が郎党という二重の主従関係が構成されていった。

［文献］大饗　亮『封建的主従制成立史の研究』（風間書房、一九六七）、福田豊彦「古代末期の傭兵と傭兵隊長」（安田元久先生退任記念論集刊行委員会編『日本中世の諸相　上』所収、吉川弘文館、一九八九）。（齊藤保子）

所従《しょじゅう》・下人《げにん》　中世の被支配者身分である隷属民の呼称。主として貴族・寺社・領主などに世襲的に人身隷属した。所従は、主従関係における下級従者の呼称で、下人は、古代では下級の非支配者全体を、中世では様々な理由により自らその身分になった者を指した。両者は同義に扱われており、主人から農耕や雑用などに召し使われ、屋敷や田畑などと同じく財産として売買・譲与が行われ、主人を訴える主従対論は禁じられていた。所従や下人になる契機は、自ら保護を求め、贖罪のために従属契約書である卑文を出したり、債務の身代であったりと様々であった。中世の領主制や荘園制の成立とともに、名主・百姓と所従・下人という二大被支配者身分が確立した。

［文献］稲垣泰彦・戸田芳実編『中世民衆の歴史２』（三省堂、一九八三）。（齊藤保子）

名《みょう》簿《ぶ》　名符・名付・名書・二字ともいう。自らの姓名および官職位階、年月日を記載した札のこと。官途についたり上流貴族に家人として仕えたりする者が、勤仕する証しとして主人に名簿を提出した。これは、名簿捧呈（奉呈）といわれる儀式の一種で、見参の式という主人に謁見する儀式と合わせて行われた。また合戦の際、敗者が勝者に降伏したことを示す場合などにも用いられた。こうした行為は、平安時代初期以降に慣習化していったと見られている。名簿の提出を行って自らの名を捧げるということには、自身のすべてを相手に委ねるという意味も含まれていたようである。

［文献］中田　薫「「コムメンダチオ」と名簿捧呈の式」（『法制史論集２』所収、岩波書店、一九七〇）。（齊藤保子）

承平《じょうへい》天慶《てんぎょう》の乱《らん》　承平・天慶年間（九三一―九四七）に東国および瀬戸内海で起こった平将門*と藤原純友*の叛乱の総称。

〈平将門の乱〉桓武平氏高望王《たかもちおう》の孫将門は、下総国猿島《さしま》・豊

田郡などを勢力基盤としていた。女事や所領を巡って一族間で対立していたが、承平五年（九三五）前常陸掾源護《まもる》と紛争を起こし、護の子扶《たすく》や伯父国香《くにか》らを殺害したため、護の姻戚である伯父の良兼《よしかね》・良正《よしまさ》や国香の子*貞盛らと合戦に及び、一族間の抗争は激化した。天慶元年（九三八）将門は武蔵国司と足立郡司武蔵武芝《むさしのたけしば》との対立に加わり、次いで常陸国司と争っていた土豪藤原玄明《ひろあき》に加担し、常陸国府を襲撃して印鎰奪取・国司追放を行い、さらに坂東諸国府を攻撃・掌握したため内部抗争は国家の叛乱へと変貌した。『将門記』によれば、将門は「新皇」と称し王城を建て、国司を任じたとされているが疑問視するむきもある。朝廷は征伐軍を派遣するも、その到着前に下野*押領使*藤原秀郷と平貞盛の連合軍の攻撃により、天慶三年（九四〇）二月、将門は下総国猿島郡（現在の茨城県猿島郡）の戦いで敗死した。

〈藤原純友の乱〉古来より瀬戸内海地域は海上交通が盛んであったが、九世紀後半から海賊による物資の掠奪が相次いだ。藤原北家支流の純友は、前伊予掾として任地の伊予に土着し、日振島《ひぶりじま》に拠点をおいて海賊を組織し掠奪行為を繰り返していた。承平六年（九三六）伊予国守紀淑人《きのよしと》の政策により横行は一時鎮まったが、天慶二年（九三九）頃から再び活発化し、南海・山陽両道の諸国で海賊による強奪や国府への襲撃が続いた。朝廷は懐柔策として純友に従五位下を授けたが、海賊による襲撃が繰り返されたため、*小野好古を追補凶賊使に任じて追討させた。天慶四年（九四一）四月、純友軍は博多津の戦いで大敗し、純友も伊予に逃れたところを警固使橘遠保《とおやす》に捕縛され、同年六月に殺害された。のちに、反乱鎮圧の主力となった在地豪族は朝廷に武士として奉仕し、これが源頼朝による武家政権を関東に成立せしめる基盤となった。

［文献］北山茂夫『平将門』（朝日新聞社、一九七五）、林　睦朗『古代末期の反乱』（教育社、一九七七）、福田豊彦『平将門の乱』（岩波書店、一九八一）。

（齊藤保子）

前九年《ぜんくねん》・後三年《ごさんねん》の役《えき》　平安時代後期に奥州で起こった戦乱。

〈前九年の役〉一二年に及ぶ戦乱のため「一二年合戦」とも称す。陸奥国*奥六郡を支配していた俘囚《ふしゅう》長の安倍頼良《あべのよしより》は、勢力拡大のため奥六郡以南に進出し、永承六年（一〇五一）陸奥守藤原登任《たかとう》・出羽国秋田城介平重成《しげなり》の連合軍と合戦となったが、国司軍が大敗した。この事態に、朝廷は武家の棟梁である*源頼義を陸奥守兼鎮守府将軍に任じ、その子*義家とともに討伐に向かわせた。翌七年上東門院彰子《しょうし》の病気平癒による大赦があり、罪を免れた頼良は*頼時と改名して頼義に帰順した。天喜四年（一〇五六）頼義が任期を終え国府へ帰還する途中、阿久利川で人馬殺傷事件が起き、頼義は頼時の子貞任《さだとう》を首謀者と断定・処罰しようとしたため、安倍氏と再び戦闘状態となった。翌五年、頼時は*鳥海柵で敗死したが、貞任が強烈に抵抗し続けたため、苦戦した頼義は出羽国の豪族清原光頼《みつより》と*武則に援軍を要請、康平五年（一〇六二）頼義と清原氏の連合軍は*厨川柵で貞任を敗り、安倍氏は滅亡した。

〈後三年の役〉前九年の役の功により鎮守府将軍に任ぜられた清原武則は、*奥六郡をも領有し奥州を掌握した。武則の死後、嫡宗専制の強化を図る武則の孫真衡《さねひら》に対し、真衡とは父母・母の異なる弟清衡《きよひら》・家衡《いえひら》が反発し内紛が生じた。そこへ、永保三年（一〇八三）陸奥守として赴任してきた源義家が介入したが、真衡の急死により一時鎮まった。しかし、義家が奥六郡を清衡と家衡の双方へ二分したことが原因で一族内の権力の座を巡って清衡と家衡が対立、さらに義家が清衡の要請を受け弟の新羅三郎義光《よしみつ》とともに清衡に加勢したことから、源氏対清原氏の武家の棟梁の地位を巡る対立に発展した。寛治二年（一〇八八）一一月、苦闘の末、義家は家衡を敗り乱は終結、清原氏は滅亡した。しかし、朝廷はこれを私闘と見なして恩賞を与えなかったため義家は私財をもって兵士に報いたという。この乱の勝利により、源氏は東国における武家の棟梁の地位を確立し、清衡は奥州藤原氏の基礎を築くこととなった。

［文献］高橋富雄『奥州藤原氏四代』（吉川弘文館、一九五八）、小林清治・大石直正編『中世奥羽の世界』（東京大学出版会、一九七八）、高橋　崇『蝦夷の末裔』（中央公論社、一九九一）。（齊藤保子）

奥州藤原氏《おうしゅうふじわらし》　平安時代末期、約一〇〇年にわたって奥州を支配した豪族。清衡《きよひら》・基衡《もとひら》・秀衡《ひでひら》をして藤原三代、または泰衡《やすひら》を加えて四代ともいわれる。藤原北家魚名流の*藤原秀郷の後裔とされており、陸奥国平泉（岩手県西磐井郡平泉町）を本拠地とした。清衡の父亘理《わたり》（藤原）経清《つねきよ》は、*奥六郡の俘囚《ふしゅう》長である*安倍頼時の女婿であった関係から、前九年の役では安倍方に加勢し、敗死している。乱後、清衡の生母が清原武貞《たけさだ》に再嫁したため清原氏のもとで人となり、一時清原姓を名乗っていた。その後、清原氏嫡流である*武則の孫真衡《さねひら》と対立し、真衡の急死後は異父弟家衡《いえひら》と争ったが、陸奥守として赴任してきた*源義家の援軍を得て清衡は勝利を収め奥六郡を掌握した（*後三年の役）。清衡は、はじめ豊田（岩手県江刺市《えさしし》）に館を置いたが、嘉保年間（一〇九四—一〇九六）か康和年間（一〇九九—一一〇四）に館を平泉に移し、奥御館《おくのみたち》と呼ばれ、ここを政治拠点とし中尊寺を建立した。清衡の後を継ぎ、中御館と呼ばれた二代基衡は奥州支配をさらに強力なものとし*毛越寺を建立している。三代秀衡は*鎮守府将軍・陸奥守に任ぜられ、奥州における地位と支配力を確実なものとし、無量光院を創建している。源平内乱期の際は中立の立場をとったが、四代泰衡のとき、*源頼朝に追われた源義経《よしつね》をかくまったことで、文治五年（一一八九）頼朝の討伐を受け泰衡は戦死、奥州藤原氏は滅ぼされ、約一世紀に及ぶ奥州支配は終焉した。

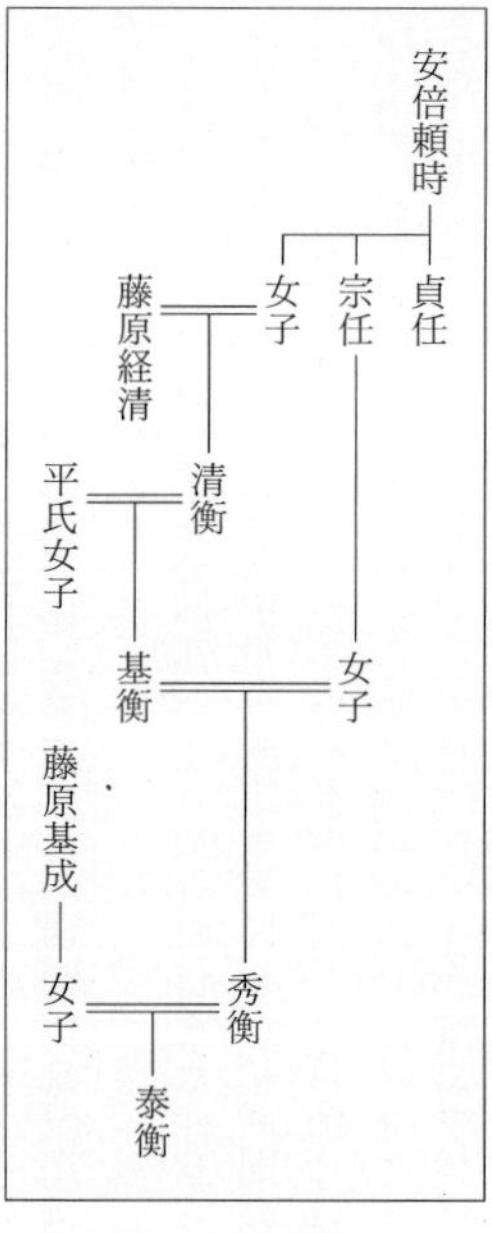

奥州藤原氏略系図

［文献］高橋富雄『奥州藤原氏四代』（吉川弘文館、一九五八）、斉藤利男『平泉』（岩波書店、一九九二）、大石直正『奥州藤原氏の時代』（吉川弘文館、二〇〇一）。（齊藤保子）

奥六郡《おくろくぐん》　古代東北の辺境地にあった、胆沢《いさわ》・江刺《えさし》・和賀《わが》・稗《ひえ》抜《ぬき》（稗貫）・志波《しわ》（紫波）・岩手の六郡の総称。現在の岩手県の内陸部を南北に流れる北上川周辺の地域に当たる。奥州の在地豪族のなかで、この六郡を支配していた者が奥州全体の実質的な支配者とされていた。『陸奥話記』によれば、はじめにこの六郡の郡司権を握っていたのは奥州の俘囚《ふしゅう》長であった安倍氏であり、一族は代々奥六郡の司としてこの地を治め固有の領土としていたことがわかる。*前九年の役で安倍氏が滅びると、出羽国山北の俘囚長であった清原氏がこの地を掌握し、*後三年の役で清原氏が衰退したのちは*平泉の藤原氏の支配するところとなった。

［文献］庄司　浩『辺境の争乱』（教育社、一九七七）。

（齊藤保子）

平《ひら》泉《いずみ》　現在の岩手県西磐井郡平泉町。平安時代末期、奥州を統治していた藤原氏の本拠地。東には奥羽山脈を源流とする衣川が北上川に流れこみ、西は*多賀城から*胆沢城を結ぶ大道が走り、南は太田川の流れる湿地が広がり、北は関山と呼ばれる山に囲まれた四神相応の土地とされ、古来から要害地として知られた軍事的要所であった。延暦年間（七八二－八〇六）に行われた征夷の拠点として「衣川営」が置かれ、平安時代中期頃には*衣川柵が設けられた。この柵（城柵）は最初の*奥六郡の支配者であった安倍氏の拠点であり、この柵を越えて南進しようとした安倍氏の行動が*前九年の役に発展する。次いで起きた*後三年の役を勝ち抜いた藤原清衡《きよひら》は、嘉保年間（一〇九四－一〇九六）か康和年間（一〇九九－一一〇四）に江刺《えさし》郡豊田館（岩手県江刺市餅田）から平泉に移居し、ここを政治拠点として実質的な東国の支配者となった（なお『吾妻鏡』では康保としているが誤りと見られている）。以降、約一〇〇年の間、奥州藤原氏の本拠地として繁栄した。この地に、初代清衡は関山中尊寺、二代基衡《もとひら》は*毛越寺、三代秀衡《ひでひら》は無量光院をそれぞれ建立し、その豪奢な様相は藤原氏の財力の豊潤さを表していたという。地理的にも平泉は奥州の中央に当るため、奥州全土の政治および文化の中心都市と目された。文治五年（一一八九）四代泰衡《やすひら》のときに*源頼朝の奥州征伐により奥州藤原氏は滅亡、約一世紀に及んだ平泉政治も崩壊した。

［文献］高橋富雄『奥州藤原氏四代』（吉川弘文館、一九五八）、斉藤利男『平泉』（岩波書店、一九九二）。

（齊藤保子）

白河関《しらかわのせき》　陸奥国白河郡内に置かれた関。勿来関《なこそのせき》（菊多関《きくたのせき》）・念珠関《ねずのせき》とともに奥州三関として知られた。設置時期は不明だが、「白河剗」として『河海抄』延暦一八年（七九九）一二月や『日本三代格』承和二年（八三五）一二月の太政官符にみえる。はじめは軍事的機能を持つ関であったが、平安時代末頃には衰退し、以後その名は歌枕などの文学的表現に用いられるにとどまった。設置場所は明確でないが、昭和三四年（一九五九）比定地の一つとされた福島県白河市旗宿の関ノ森の発掘調査が行われ、空堀・柵列・土塁などで区画された住居跡や須恵器・土師器・鉄器などが出土した。昭和四一年（一九六七）関ノ森遺跡は国指定史跡とされた。

［文献］平川　南「古代の白河郡」（福島県教育委員会編『関和久遺跡』所収、福島県教育委員会、一九七五）。

（齊藤保子）

衣川柵《ころもがわのさく》　古代末期、陸奥国の奥六郡最南端の胆沢《いざわ》郡に置かれた城柵。北上川支流の衣川に接した要塞地で、*奥六郡を支配していた安倍氏の最大拠点である。柵の正確な位置は不明だが、衣川南岸（岩手県西磐井郡平泉町）や衣川北岸（岩手県胆沢郡衣川村）などが比定地とされている。古くは、源重之《しげゆき》の歌集『重之集』にこの地を詠んだ和歌があり、重之が陸奥国で没した長保年間（九九九－一〇〇四）には存在していたとみられている。*前九年の役では、この柵で源氏・清原氏の連合軍と安倍氏が激突し、源氏・清原氏の両軍が勝利を収めている。後年、『吾妻鏡』文治五年（一一八九）九月に、*源頼朝が奥州征伐後にこの柵跡を巡検した様子が記されている。

［文献］『岩手県史1』（岩手県、一九六一）、高橋富雄『胆沢城』（学生社、一九七一）。（齊藤保子）

厨川柵《くりやがわのさく》　古代末期、陸奥国の*奥六郡最北端、岩手郡に置かれた城柵。奥六郡を支配していた安倍氏の軍事拠点で、厨川二郎と呼ばれた貞任《さだとう》の本拠地とみられている。『陸奥話記』は、北上川と雫石川の合流する岩手県盛岡市安倍館町とされていたが、*『陸奥話記』の伝える柵の要件と異なるため、近年では雫石川左岸にある同市下厨川の里館遺跡一帯が比定地とされている。*前九年の役の最終合戦地であり、源頼義・*義家の攻撃により柵は陥落、安倍一族は滅亡した。『吾妻鏡』に*源頼朝が文治年間の奥州征伐の際、この柵に逗留した記事があるが、安倍氏の支配下にあった柵と同一とするのは疑問視されている。

［文献］『岩手県史1』（岩手県、一九六一）。（齊藤保子）

沼柵《ぬまのさく》　平安時代中期、出羽国平鹿郡に置かれた城柵。出羽国山北の俘囚《ふしゅう》長清原氏の軍事拠点の一つで、家衡《いえひら》の本拠地とみられている。その位置については諸説あるが、秋田県平鹿郡雄物川町沼館と同県大曲市藤木の二か所が擬定地とされている。清原氏の真衡《さねひら》・清衡《きよひら》・家衡の兄弟間で起きた相続争いに、永保三年（一〇八三）陸奥守として赴いた*源義家が介入する。はじめは真衡対清衡・家衡の争いであったが、真衡の急死により義家・清衡対家衡となった。応徳三年（一〇八六）義家と対峙した家衡は、この柵で義家軍を敗退させている。その後、家衡は金沢柵（秋田県横手市金沢）に移ったが、そこで再度義家軍の攻撃を受け、柵を落とされ戦死している。

［文献］高橋富雄『平泉の世紀―藤原清衡』（清水書院、一九八四）。（齊藤保子）

鳥海柵《とのみのさく》　「とりうみのさく」とも。古代末期、陸奥国*奥六郡の胆沢《いさわ》郡に置かれた城柵。奥六郡を支配していた安倍氏の軍事拠点であり、*衣川柵・*厨川柵と並ぶ要所とされていた。鳥海三郎と呼ばれた宗任《むねとう》の本拠地とみられている。その位置については、岩手県胆沢郡金ヶ崎町にある城柵跡が擬定地となっている。前九年の役において、*源頼義に攻められた*安倍頼時が流れ矢に当たり負傷し、この柵に戻り没したとされている。進撃を続ける頼義軍は衣川柵を破り、安倍頼時の子貞任《さだとう》・宗任が抗戦する鳥海柵を攻めこれを落とし、貞任・宗任は厨川柵に後退を余儀なくされた。

［文献］高橋富雄『胆沢城』（学生社、一九七一）。（齊藤保子）

桓武平氏《かんむへいし》　*桓武天皇の賜姓皇子のうち、平朝臣《たいらのあそん》を称した子孫の総称。葛原《かつらはら》親王・賀陽《かや》親王・万多《まんだ》親王・仲野親王の四流があり、このうち葛原親王流がもっとも栄えた。葛原親王の系統は子の高棟《たかむね》王と孫の高望《たかもち》王の二流に分かれる。高棟王流は朝廷に基盤を置き、一族のなかから公卿を輩出するなど中流貴族として繁栄した。一般的に有名なのは武家の高望王流である。高望王は、寛平元年（八八九）に賜姓ののち上総介に補されて任地に赴き、そのまま土着した。子の国香《くにか》・良文《よしぶみ》・良茂《よししげ》なども近在の国衙の官人などに任じられ、坂東諸国に土着して勢力を広げた。国香の系統から、伊勢地方に拠点を置いた*伊勢平氏が生まれ、孫の維衡《これひら》が祖とされる。維衡の曾孫*正盛は*白河上皇に

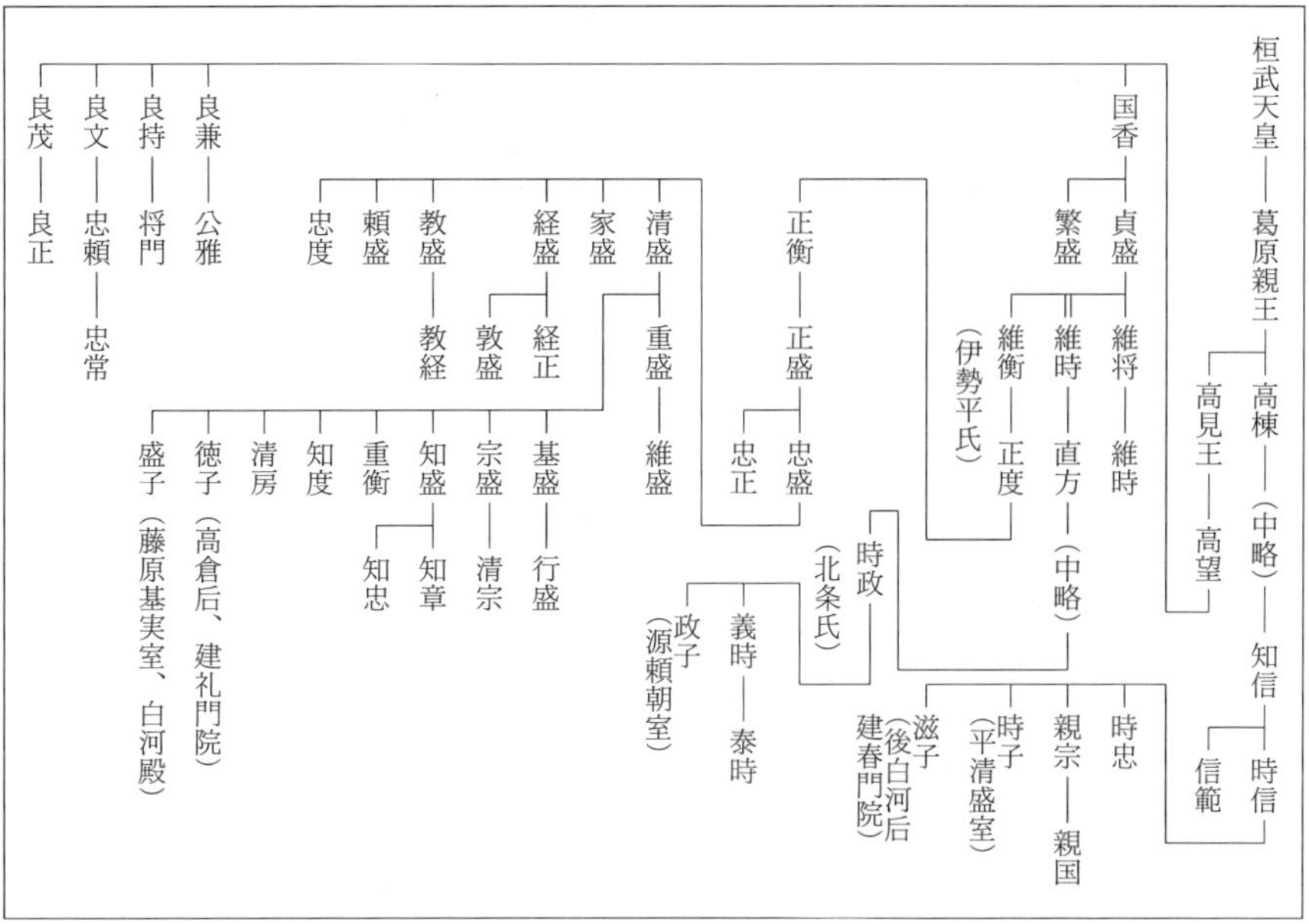

桓武平氏系図

接近し、*源義親の追討や海賊討伐などの活躍で功名し、白河院の近臣となって朝廷へ進出した。子の*忠盛も鳥羽院の近習となり朝廷内の地位を確立、その子*清盛も*保元の乱・*平治の乱に勝利し、武力を背景に後白河院に接近、太政大臣まで昇進し、治承三年（一一七九）院政停止を行い平氏政権を樹立した。その女*徳子《とくこ》は高倉天皇の中宮となり安徳天皇を生み、*建礼門院の院号宣下を受けるなど一族は権勢を誇ったが、治承寿永の内乱で政権は瓦解し、一族は壇ノ浦で安徳天皇とともに滅亡した。一方、良文・*良茂の系統は東国を拠点とした坂東八平氏などの諸氏に分かれ、*平忠常の乱や*前九年・後三年の役を通じて*清和源氏の勢力下に置かれた。　（齊藤保子）

［文献］　安田元久『平家の群像』（塙書房、一九六三）、高橋昌明『清盛以前』（平凡社、一九八四）。

清和源氏《せいわげんじ》　*清和天皇の賜姓皇子のうち、源朝臣《みなもとのあそん》を称した子孫の総称。賜姓を受けた五人の親王のなかで、貞純《さだずみ》親王の系統がもっとも栄えた。貞純親王の子*経基《つねもと》は*承平天慶の乱の鎮圧で活躍したが、武士としては未成熟であったとされる。清和源氏が有名となったのは経基の子*満仲のときで、安和二年（九六九）に起きた*安和の変が契機となっている。満仲は摂関家と強く結びつく一方、摂津国多田（兵庫県川西市）で荘園を経営し多田院を創立して基盤を築いた。その後を継いだ満仲の長子頼《より》光《みつ》は摂津源氏（多田源氏）の祖となり、父と同じく摂関家に追従して朝廷内での地位を築いた。次子頼親は、大和守に補《ぶ》された関係から大和国に基盤を置き、一族は大和源氏を称した。三子*頼信は河内守に補されたことから河内国石川郡（大阪府羽曳野市）を拠点に勢力を伸ばし、一族は*河内源氏を称した。頼信

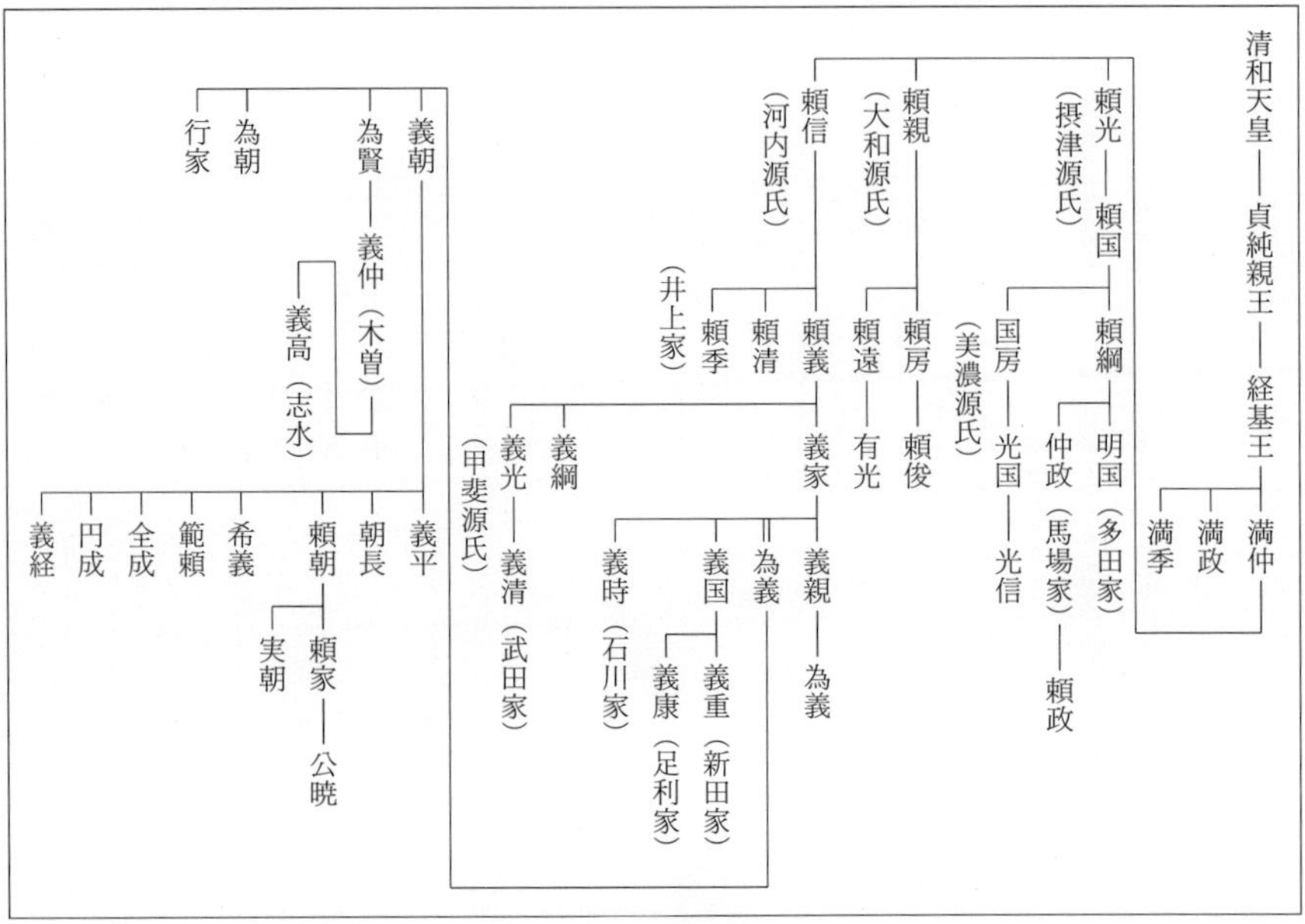

清和源氏系図

は*平忠常の乱で武名をあげ、その子*頼義と孫*頼家は*前九年・後三年の役で活躍したのを通じて東国武士の信望を集め、*武家の棟梁の地位を確立し、東国に強力な地盤を築いた。その後、一族の内紛や*保元の乱・平治の乱などで平氏に武家の棟梁の地位を奪われ勢力は衰退するが、頼信の後裔である*源頼朝が平氏を倒し、征夷大将軍の地位を得て鎌倉幕府を開いたことで、武家の棟梁の地位を不動のものとした。源氏の正統は三代実朝《さねとも》で絶えるが、のちの徳川氏に至るまで武力を背景に政権掌握を謀る者には清和源氏の一流を主張する者が多かった。

［文献］　上横手雅敬『日本中世政治史研究』（塙書房、一九七〇）、朧谷　寿『清和源氏』（教育社、一九八四）、奥富敬之『天皇家と多田源氏』（新人物往来社、一九八八）。　（齊藤保子）

河内源氏《かわちげんじ》　清和源氏の一流で、*源満仲の三男*頼信を祖とする一族。頼信は河内守に任じられた関係から河内国石川郡を拠点に勢力を築いていった。長元元年（一〇二八）に起きた*平忠常の乱を頼信が鎮圧したのを契機に、この一族は武家の棟梁の地位と東国進出の足掛かりを得た。頼信の子*頼義と孫の*義家のときに前九年・後三年の役が起き、この争乱を平定したことで一族の東国における支配力と武家の棟梁としての地位は強固なものとなった。なお頼義の代に、河内国古市郡壺井（大阪府羽曳《はびき》野《の》市）の地に通法寺と壺井八幡宮を創建している。義家の子義親は対馬守に任じられたが、九州において度々騒乱を起こし大宰府への反抗を重ねたため、義親の四男*為義が義家の養子となり、この一流が河内源氏の嫡流を継承していくこととなった。保元元年（一一五六）に起きた*保元の乱の際、為義は*崇徳上皇方につき敗北。その後、*後白河天皇方につき勝利した嫡男の*義朝を頼ったが斬首に処された。その義朝も、平治元年（一一五九）に起きた*平治の乱において*平清盛ら平氏一門に敗れたことで源氏の勢力は衰退し、*武家の棟梁の地位も平氏に取って代わられた。しかし、義朝の嫡男*頼朝が流刑先の伊豆で挙兵し、治承寿永の内乱を経て平氏を滅亡に追い込み、さらに征夷大将軍に任ぜられ初の武家政権である鎌倉幕府を開いたことで、名実ともに武家の棟梁としての地位を確立し、*清和源氏の諸系統のなかでももっとも傑出した一流となった。

［文献］庄司　浩「平忠常の乱と河内源氏」（立正大学史学会編『宗教社会史研究』所収、雄山閣出版、一九七七）、朧谷　寿『清和源氏』（教育社、一九八四）、元木泰雄「十一世紀末期の河内源氏」（古代学協会編『後期摂関時代史の研究』所収、吉川弘文館、一九九〇）。

（齊藤保子）

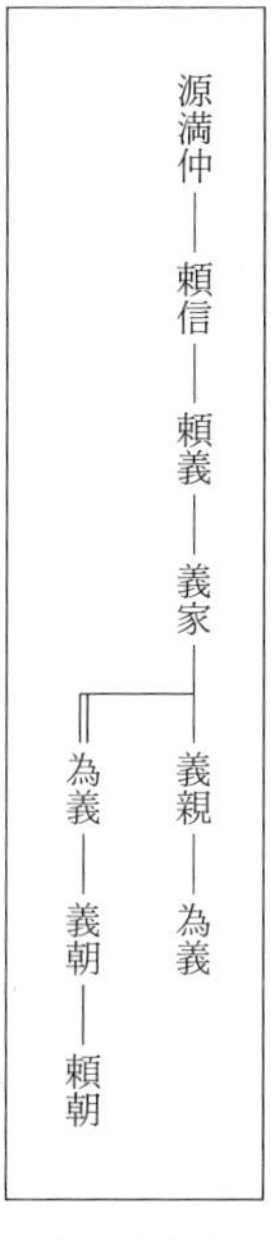

河内源氏略系図

党《とう》　平安時代後期から鎌倉時代にかけて存在した武士の連合体。元来、党の意味するところは、仲間、ともに行動する集団、一門や一族の集団というものであった。九世紀末頃から東国を中心に馬を使い運搬輸送を行う集団が生まれたが、やがて武力を背景に物品の強奪を行った「*僦馬の党」と呼ばれる賊団などが例としてあげられる。平安時代後期頃から、一族の惣領を中心にその血縁者などによって同族的意識のもとに形成される武士団が発生し、なかでも一定の場所に分布している中小の武士団の連合体を党と称した。一般的に有名なのは、*武蔵七党と称される横山党・猪俣党・村山党・児玉党・野与党・西党・丹（丹治）党・私市党・綴党など、下野国の紀党・清党、紀伊国の湯浅党・隅田党、摂津国の渡辺党、肥前国の松浦党などである。こうした党は、主に祖先を同じくする諸氏によって結びつき、惣領家を中心として血縁関係にある庶子家などが開墾・祭祀・戦闘などといった一族の大事に際して一つの党として行動をともにしたとされる。鎌倉時代後期になると、惣領家の統制力は失われ、庶子家はそれぞれ主体性を持つ独立した領主となり、さらに利害の一致する近隣の他氏と結合して地域的関係を形成するようになった。また、構成員である諸氏が数郡から隣国にまで広がると、党としての統一行動から地域ごとに分立した行動へと変化し、しだいに連合体としての実質は衰退していったとされる。

［文献］石井　進『中世武士団』（小学館、一九九〇）、豊田　武「中世の武士団」（『豊田武著作集8』所収、吉川弘文館、一九八二）。

（齊藤保子）

武蔵七党《むさししちとう》　平安時代末期から鎌倉・室町時代にかけて、武蔵国を拠点として成立した同族的武士団の総称。七党と称されたのは南北朝時代頃と思われる。七党についても諸説あり、『武蔵七党系図』では横山・猪俣・野与・村山・西・児玉・丹（丹治）となっており、『節用集』では野与ではなく私市があげられ、このほか綴を入れる説などもあり、党数が定まっていない。このうち、横山党は一二世紀初頭にはその存在を知られている。党の構成については、それぞれ中小の開発領主層から分出し、異なる氏族も婚姻関係を結ぶことで同族化していったと

思われる。開墾や祭祀、戦闘状態において一つの「党」として行動する共和的な同族血縁集団といえる。→党

［文献］安田元久『武蔵の武士団』（有隣堂、一九八六）。

（齊藤保子）

武家《ぶけ》の棟梁《とうりょう》　棟梁は、家屋全体や屋根を支える建物の主要部分である棟と梁のことだが、これが転じて集団の統率者を指すようになった。平安時代中期頃から武士の一族を率いる中心人物を「武門之棟梁」と称した。例えば、源満仲*や平維時《これとき》*などがそうである。平安時代後期になると、清和源氏*、特に河内源氏の源頼信*の系統が突出し、子孫の源頼義*・義家*などが勢力を得て、彼らを武家全体の統率者と目すようになった。平安時代末に桓武平氏の平清盛*にその地位を奪取されるが、源頼朝*が鎌倉幕府を開き、公に武士全般の権利を掌握し、「武家の棟梁」の地位を不動のものとしたことから、以降幕府の最高責任者をしてこれを称するようになった。

［文献］野口　実『武家の棟梁の条件』（中央公論社、一九九四）。

（齊藤保子）

平将門《たいらのまさかど》（?—九四〇）　平安時代中期の武将。桓武平氏*。高《たか》望王《もち》（平高望）の孫。父は良持《よしもち》（一説に良将《よしまさ》）。母は犬養春枝《いぬかいのはるえ》の女と伝えられる。はじめは相馬小次郎と称した。下総国猿《さ》島《しま》・豊田地方（茨城県西部）に拠点を置き、上洛して藤原忠平《ただひら》に勤仕したこともある。承平元年（九三一）女事により伯父良《よし》兼《かね》と対立し、同五年（九三五）、源護《まもる》と平真樹《まさき》の領地を巡る勢力争いにかかわり、護の子扶《たすく》や伯父国香《くにか》らを討ち取った。その後も争いは続き、護と姻戚関係にあった伯（叔）父良兼・良《よし》正《まさ》*や国香の子貞盛*らとの一族間の争いに拡大した。翌六年、護の訴えにより朝廷に召喚・禁獄されたが、大赦により帰国すると、一族間の抗争はさらに激化した。天慶元年（九三八）武蔵権守興世王《おきよ》・介《すけ》源経基《つねもと》と足立郡司武蔵《むさしの》武芝《たけしば》との内部抗争の調停に乗り出すが失敗、経基に謀反として朝廷に訴えられた。翌二年、今度は常陸国司と同国の土豪藤原玄明《ひろあき》の争いに介入し、玄明を援護して国府を攻撃、印鎰を奪い国司を追い払ったことで一族間の抗争は国家への反逆行為に発展した。将門は、ほかの坂東諸国府も襲撃し、国司を追放して坂東八国を掌握すると、自ら新皇と称し、下総国に王城を建て、弟などを諸国の国司に任命したという。同三年（九四〇）朝廷は東海・東山両道に将門追討の官符を下し、征伐軍を差し向けるが、それ以前に下野国押領使*藤原秀郷*と貞盛の連合軍が将門を攻撃し、同年二月、下総国猿島郡の合戦で将門は敗死した。→承平天慶の乱

［文献］北山茂夫『平将門』（朝日新聞社、一九七五）、福田豊彦『平将門の乱』（岩波書店、一九八一）。

（齊藤保子）

藤原純友《ふじわらのすみとも》（?—九四一）　平安時代中期の海賊の首領。父は藤原北家長良《ながら》流の大宰少弐良範《よしのり》。承平二年（九三二）頃、伊代掾に任じられている。この頃、瀬戸内海では海賊が横行し、官物や私物の略奪が行われていたため、同六年（九三六）朝廷は伊予守紀淑人《きのよしと》や前掾の純友などに追補を命じ、一時海賊の横行は鎮まった。しかし、天慶二年（九三九）頃には再び活発となり、純友も伊予国日振島《ひぶりじま》（愛媛県宇和島市）を拠点に海賊を組織し、その首領となっていた。純友の配下が京に向かう備前介藤原子高《しげたか》を摂津国芦屋付近で襲撃するなど、南海・山陽両道沿いの諸国で略奪を行い武装蜂起を起こしているが、同時期に東国で発生した平将門*による反乱に乗じたともいわれている。朝

廷は懐柔策として純友を従五位下に叙したため、いったん濫《らん》行《ぎょう》は鎮まったが、同三年（九四〇）八月頃から伊予・讃岐・備中などの諸国で海賊による強奪や国府への襲撃が激化し、大宰府警固使の軍と対立するもこれを敗走させるなど騒乱は拡大した。そこで、朝廷は乱の鎮静化のために*小野好古・源経基《つねもと》らを追捕使に任じて派遣し、対する純友らは兵船一五〇〇艘でこれを迎え撃つも、同四年（九四一）藤原三辰《みつたつ》が討ち取られ、次将藤原恒利《つねとし》が離反し官軍に降ったため形勢不利となり*大宰府に逃れた。しかし、征伐軍の追撃が迫り博多津で合戦となり、これに敗れた純友は伊予まで逃げ戻ったが、そこを警固使の橘遠保《とおやす》に捕縛され、同年六月に殺害された。↓承平天慶の乱

［文献］小林昌二「藤原純友の乱」（八木　充編『古代の地方史2』所収、朝倉書店、一九七七）、松原弘宣『藤原純友』（吉川弘文館、二〇〇〇）。

（齊藤保子）

平　忠常《たいらのただつね》（?—一〇三一）　平安時代中期の武将。*桓武平氏。上総氏・千葉氏の祖。高望《たかもち》王（平高望）の曾孫。父は陸奥介忠《ただ》頼《より》。祖父は村岡五郎良文《よしぶみ》。子に常昌《つねまさ》・常近《つねちか》がいる。従五位上、上総介（権介）・下総権介・武蔵国*押領使などに補された。房総半島に拠点を置き、国司の命令に従わないことが度々あったという。そのため、常陸介と赴任していた*源頼信と対立し、これに敗れて頼信の家人となった。しかし、長元元年（一〇二八）安房国守惟忠《これただ》を攻撃・焼殺し、房総半島を手中にするという反乱行動を起こした。同年六月、朝廷は坂東諸国に追討官符を下し、検非違使平直方《なおかた》・中原成通《なりみち》を追討使として派遣したが、忠常は激しく抵抗し、事態は一進一退となった。同三年（一〇三〇）三月、忠常は安房国守藤原光業《みつなり》を襲撃・追放するなど乱を拡大したため、朝廷は乱の早期収拾を図り直方を召還、甲斐守源頼信を追討使に任命した。これにより、翌四年四月、頼信の家人である忠常は戦わずに降伏した。しかし、同年六月、京都への護送中に美濃で病没した（平忠常の乱）。この乱が起きた当時、関東地方の豪族層が領主支配を確立しようと国司と深く対立していた。この乱も、そうした状況のなかから発生したようにみられているが、以前から忠常と敵対していた直方が忠常打倒の契機とみて積極的に追討使を望んだ形跡があり、私的な面が強かったようである。乱を鎮圧した頼信は、これを契機に*清和源氏の東国進出の基盤を築いた。

［文献］福田豊彦『千葉常胤』（吉川弘文館、一九七三）、庄司　浩「平忠常の乱と河内源氏」（立正大学史学会編『宗教社会史研究』所収、雄山閣出版、一九七七）、野口　実『坂東武士団の成立と発展』（弘生書林、一九八二）。

（齊藤保子）

小野好古《おののよしふる》（八八四—九六八）　平安時代中期の公卿。祖父は*篁、父は葛絃。弟に能書家の*道風がいる。延喜一二年（九一二）讃岐権掾に任ぜられ、右京亮、中宮大進、右衛門権佐などを経て、承平元年（九三一）昇殿を許される。天慶三年（九四〇）に起きた*藤原純友の乱では、*追捕使に任命され、博多津（福岡県福岡市）の戦いにおいて純友軍に大勝、乱を鎮圧した。その後、左中弁、備前守、山城守、大宰大弐を歴任し、天暦元年（九四七）*参議に任ぜられる。康保四年（九六七）致仕、翌年八五歳で没す。妻の中将内侍《ちゅうじょうのないじ》、女の野内侍《ののないじ》とともに歌人としても知られ、『*後撰和歌集』『*拾遺和歌集』などに歌がとられている。↓承平天慶の乱

［文献］井上満朗『平安時代軍事制度の研究』（吉川弘文館、一九

八〇）。　（齊藤保子）

源満仲《みなもとのみつなか》（九一七―九九七）　平安時代中期の武将。*清和源氏。*清和天皇の曾孫。父は経基《つねもと》。子に*頼信がいる。多田満仲、出家後は満慶《まんけい》または多田新発意《ただしんぼち》と称した。左馬権頭、武蔵・越前・摂津などの諸国守に補された。*安和の変において、右大臣*藤原師尹に陰謀を密告、その功により正五位下に叙され、対立関係にあった藤原千春《ちはる》を失脚させている。彼の武力については、左京一条三坊にあった邸宅に入った強盗を追ったことや、故平将門《まさかど》の息子入京の知らせに、朝廷から警備のため発遣されたことなどが知られる。また、『*続本朝往生伝』には、一条天皇朝の武将六名のうちの一人として名があげられている。*藤原兼家・*道長などの摂関家に臣従する一方、摂津国多田（兵庫県川西市）に多田院を建立し、のちの多田源氏の基盤を築いている。永延元年（九八七）八月一六日に出家。『*小右記』逸文の同日条には、彼に従って約五〇人ほどが出家したことが記されている。なお、満仲の一族や*郎党、数百人の従者により武士団が形成されていたと『*今昔物語集』の説話によって伝えられているが、これは満仲時代のことではなく、説話集の成立した一二世紀中葉の武士団の投影と考えられている。長徳三年（九九七）八六歳（一説には八八歳）で没す。兵庫県川西市猪名川に接する多田神社に祀られている。

［文献］鮎沢（朧谷）寿「摂関家と多田満仲」（古代学協会編『摂関時代史の研究』所収、吉川弘文館、一九六五）、朧谷　寿『清和源氏』（教育社、一九八四）。　（齊藤保子）

源頼義《みなもとのよりよし》（九八八―一〇七五）　平安時代中期の武将。*清和源氏。父は鎮守府将軍*頼信。母は修理命婦《しゅりのみょうぶ》。子に*義家・義綱《よしつな》・義光《よしみつ》がいる。幼名は王代丸。出家後は伊予入道と称す。京都において敦明《あつあき》親王に判官代として仕え、騎射の達人といわれた。長元四年（一〇三一）父とともに*平忠常の乱を平定し、相模・常陸などの諸国守在任中に在地武士団の形成を進め、多数の東国武士を家人にしたといわれる。永承年間（一〇四六―一〇五三）陸奥国*奥六郡の俘囚《ふしゅう》長*安倍頼良（頼時）が*衣川柵を越え南進を図り、陸奥国守藤原登任《たかとう》と対立、これを破った。そこで、永承六年（一〇五一）頼義は登任の後任として朝廷から陸奥守に任命され同国に下向、さらに天喜元年（一〇五三）*鎮守府将軍も兼務して頼良と争ったが、大赦により頼良が帰順、騒乱は一時鎮まった。しかし、同四年（一〇五六）に起きた阿久利川の変を機に、安倍氏と再び戦闘状態となる。強力な抵抗を受け苦戦したが、康平五年（一〇六二）出羽国の俘囚長清原氏の援軍を得て、乱を平定した（前九年の役）。この乱を通じて頼義は東国に強力な基盤を築き、また*武家の棟梁としての地位を確立した。翌年、陸奥国から帰京の途中、相模国由比郷（神奈川県鎌倉市）に*石清水八幡宮を歓請、これが鶴岡八幡宮の起源となる。この乱の功により、頼義は正四位下伊予守、長子義家は従五位下出羽守に任ぜられた。承保二年（一〇七五）二月出家、同年一二月、八八歳で没した。↓前九年・後三年の役

［文献］庄司　浩『辺境の騒乱』（教育社、一九七七）、朧谷　寿『清和源氏』（教育社、一九八四）。　（齊藤保子）

源義家《みなもとのよしいえ》（一〇三九―一一〇六）　平安時代後期の武将。*清和源氏。父は鎮守府将軍*頼義。母は平直方《なおかた》女。子に義親《よしちか》・義忠《ただ》・義国《よしくに》がいる。幼名は源太。*石清水八幡宮で元服したことか

ら八幡太郎と称す。正四位下、左衛門尉・検非違使・左馬権頭、河内・相模・武蔵・信濃・下野などの諸国守に補されている。前九年の役では父に従い乱を平定、その功により康平六年（一〇六三）従五位下、出羽守に補されている。承暦三年（一〇七九）美濃国で起きた源重宗《しげむね》と国房の争いに、勅命を受けて重宗を追討し、永保元年（一〇八一）園城寺と延暦寺の騒乱に、検非違使とともに園城寺側の悪僧を追補した。同三年（一〇八三）、陸奥守兼鎮守府将軍として奥羽に下向するが、その頃発生した清原氏の内紛に介入し、清原（藤原）清衡《きよひら》を支援してこれを平定した（後三年の役）。この争乱の際、義家は国解を提出し追討官符を求めたが、朝廷は私闘として功賞を与えなかったため、義家は私財をもって武士たちに報いたという。その結果、義家は武家の棟梁としての信望を集め、両者の主従関係は強化され、所領寄進が相次いだ。そこで朝廷は、寛治五年（一〇九一）諸国百姓に義家への寄進を禁じ、翌年義家が創立した諸国荘園を停止する宣旨を出している。承徳二年（一〇九八）院の昇殿を許されるが、晩年は嫡男義親が騒動を起こし追討されるなど不遇であった。嘉承元年（一一〇六）七月四日、六八歳で没す。墓は大阪府羽曳野市通宝寺の通宝寺跡。↓前九年・後三年の役

［文献］安田元久『源義家』（吉川弘文館、一九六六）、野口　実『坂東武士団の成立と発展』（弘生書林、一九八二）。（齊藤保子）

源頼信《みなもとのよりのぶ》（九六八―一〇四八）平安時代中期の武将。清和源氏。河内源氏の祖。父は満仲。母は藤原致忠《むねただ》（一説に元方《もとかた》）女。子に頼義がいる。鎌倉幕府を開いた源頼朝は、この系統の後裔である。摂関家や有力公卿に追従し、特に藤原道長に家人として仕え、多くの貢進を行っている。従四位上に叙され、上野介・上総介、石見・美濃・河内などの諸国守、左兵衛尉・鎮守府将軍などを歴任した。頼信の武勇については、正暦五年（九九四）叔父満政《みつまさ》や兄頼親《よりちか》らと京内の強盗追補などを行ったことが知られているが、まだこの頃は武士としての知名度は低かった。長元元年（一〇二八）房総半島で平忠常の乱が発生し、平直方《なおかた》らが追討使として赴くが失敗したため、同三年甲斐守であった頼信が追討使として遣わされた。しかし、忠常が頼信の家人であった関係などから、忠常は抵抗することなく帰順し、乱は早期に終結した。頼信に伴われて忠常は連行されるが、上洛途中で病没している。この乱の功により頼信は美濃守に補され、関東諸国にその武名が知れ渡り、東国地方における清和源氏の勢力拡大の礎を築くきっかけともなった。河内守在任中に河内国に拠点を置き、子の頼義のときに通法寺および壺井八幡宮を建立している。また、頼信の兵士については、私的・公的の双方から形成されていたことが『今昔物語集』により伝えられている。永承三年（一〇四八）に没す。墓は大阪府羽曳野《はびきの》市通宝寺の通宝寺跡。

［文献］庄司　浩「平忠常の乱と河内源氏」（立正大学史学会編『宗教社会史研究』所収、雄山閣出版、一九七七）、朧谷　寿『清和源氏』（教育社、一九八四）。（齊藤保子）

藤原秀郷《ふじわらのひでさと》（生没年未詳）平安時代中期の武将。藤原北家魚《うお》名《な》流。小山氏および藤原姓足利氏の祖。父は下野大掾村雄《むらお》。母は下野掾鹿嶋《かしま》氏女。俵《たわら》（田原）藤太《とうた》と称す。一族は数代前から下野国に土着しており、秀郷も同国に拠点を置き勢力基盤を築いていた。延喜一六年（九一六）一族郎党とともに下野国で

武装蜂起するが、国守に朝廷へ訴えられ流罪の処分を受けた。しかし、刑に従わないまま、延長七年（九二九）再び同国で騒乱を起こしたため、国守は朝廷に追補官符を求めている。天慶三年（九四〇）坂東諸国府を襲撃し、これを掌握した*平将門の反乱に対して追補官符が朝廷から下った際、秀郷は下野掾および*押領使に補されており、朝廷の差し向けた征伐軍の到着以前に常陸掾*平貞盛とともに将門を討伐・滅亡させ乱を平定した。その軍功により、六位から従四位下に叙され、下野・武蔵両国の国守に任ぜられ功田を下賜されたことから、秀郷はこの乱を契機に坂東の北部地方に勢力を拡大して支配下に収めた。秀郷は優れた軍略家としても知られ、その能力については『*将門記』にも記されている。後裔に当たる歌人の西行は、秀郷の代から嫡流に受け継がれている兵法を会得していたとも伝えられている。また、武芸の面においても秀でた才能を持っていたため、一二世紀に入っても東国にその名が知れ渡っていた。↓承平天慶の乱

（齊藤保子）

［文献］福田豊彦「王朝軍事機構と内乱」（『日本歴史4古代4』所収、岩波書店、一九七六）、野口　実『伝説の将軍藤原秀郷』（吉川弘文館、二〇〇一）。

平貞盛《たいらのさだもり》（生没年未詳）　平安時代中期の武将。伊勢平氏の祖。父は常陸国の在地豪族である国香《くにか》。常平太《つねへいた》、平将軍と称す。朝廷に左馬允として仕えていたが、承平五年（九三五）父の国香が従兄弟の*将門に殺害されたため、常陸国に下向した。常陸掾として伯（叔）父良兼《よしかね》・良正《よしまさ》らとともに将門と対戦したが、将門軍の勢力に押され苦戦を強いられた。天慶元年（九三八）いったん京都に戻るため上洛する途中、信濃国小県郡（長野県北部）において将門に攻撃され敗走し、そのまま京都に逃れて朝廷に将門の騒乱を訴え、追補官符を得て再び常陸国に帰国した。しかし、将門の乱は拡大する一方であったため、山野に潜んで将門追討の機をうかがい、天慶三年（九四〇）二月、下野国*押領使*藤原秀郷や従兄弟の藤原為憲《ためのり》との連合軍によって将門らを討ち果たし、この軍功により従五位上、右馬助に任ぜられた。のちに、当時の武将としては最高位の従四位下まで昇進し、*鎮守府将軍や丹波・陸奥などの諸国守を歴任した。また、朝廷に対したびたび馬などの貢進も行っていたことが諸史料にみられる。多くの逸話が『*今昔物語集』に残されているが、そのなかに貞盛が自分の孫や甥など一族のなかから養子を迎えたことが記されており、朝廷における軍事貴族、いわゆる都の武者としての地位を確立する礎を築いていったとみられる。このほか『*古事談』などにも多くの逸話が残っている。↓承平天慶の乱

（齊藤保子）

［文献］福田豊彦「王朝軍事機構と内乱」（『日本歴史4古代4』所収、岩波書店、一九七六）、高橋昌明『清盛以前』（平凡社、一九八四）。

安倍頼時《あべよりとき》（?—一〇五七）　平安時代中期の陸奥国奥六郡の俘囚《ふしゅう》長。はじめは頼良と名乗っていたが、*源頼義との同訓を避け頼時と改名した。父は忠良《ただよし》、祖父は「東夷酋長」といわれた忠頼《ただより》。子に貞任《さだとう》・宗任《むねとう》がいる。父祖以来、*奥六郡の支配権を掌握し、さらに*衣川柵を越えて南下を図ったため、永承年間中（一〇四六—一〇五三）陸奥国守藤原登任《たかとう》の討伐を受けるも、これを破っている。朝廷は源頼義を後任の国守として派遣したが、大赦により頼時は帰順した。しかし、天喜四年（一〇五

六）阿久利川の変で再び戦闘状態となり、この戦いが*前九年の役につながっていった。翌五年七月、奥地の俘囚を味方にしようと自ら説得に向かい、流れ矢に当たり*鳥海柵で戦死した。↓前九年・後三年の役

［文献］高橋　崇『蝦夷の末裔』（中央公論社、一九九一）。

（齊藤保子）

清原武則《きよはらのたけのり》（生没年未詳）平安時代中・後期の豪族。出羽国山北の俘囚《ふしゅう》長。*前九年の役で安倍氏に苦戦していた*源頼義の要請を受け、康平五年（一〇六二）七月、一万余の軍兵を率いて陸奥国に赴き、頼義軍三千余に加勢した。戦況優勢となった頼義は、同年八月小松柵（岩手県一関《いちのせき》市萩荘）を攻撃して安倍宗任《むねとう》を破り、同年九月安倍貞任《さだとう》に反撃されるが宗任配下の藤原業近《なりちか》の柵を急襲、貞任は拠点である衣川柵を捨て*鳥海柵に敗走した。さらに頼義は鳥海柵を攻め、黒沢尻・鶴脛・比与鳥の三柵を破り、一七日、*厨川柵において激闘の末安倍氏を壊滅させた。翌年、武則は軍功により従五位下鎮守府将軍に任ぜられ安倍氏の旧領を併合し奥州に強力な基盤を築いた。↓前九年・後三年の役

［文献］新野直吉『古代東北史の基本的研究』（角川書店、一九八六）。

（齊藤保子）

兵《つわもの》の道《どう》「弓矢の道」とも呼ばれる。平安時代に形成された武家社会における道徳・規範・儀礼などのこと。「兵」は、はじめ兵器・武器を意味していたが、のちに武芸（特に騎射）を専業とする者やその一群を指すようになっていった。平安時代に入ると、貴族社会において医術・文章・明経・陰陽などをそれぞれ専門とし、家職として代々継承していく家系が生まれた。そのなかで、武芸を家職とした家柄を「兵の家」と呼ぶようになり、当時、地方で発生し始めた凶党（反国衙武装蜂起集団）などに対し、武力によって平定・鎮圧する集団として成立していった。そして、この家において「兵」としての生き方や技能を体得し保持するために成立した規範や道徳などを「兵の道」と称した。その具体的な内容については、当時の合戦における中心的戦闘方法であった馬上から矢を射る騎射（流鏑馬《やぶさめ》・笠懸《かさがけ》など）や乗馬などの武技、合戦における戦陣や采配などの技術・方法を、日常の生活で行われる狩猟などを通じて習得・練達していくというものであった。また、「兵」としての名誉にも重点が置かれ、剛毅・冷静沈着などの精神面が尊重された。のちの近世の武士道と比較すると、「兵」が成立した当時としては実践的な面が強く、また中世以降にみられる武士（団）の主従関係も確立していなかったことから、道徳的・倫理的な面は弱かったと見られている。

［文献］福田豊彦『平将門の乱』（岩波書店、一九八一）。

（齊藤保子）

一三　院政と平氏政権

院庁政治　三五才で皇位についた後三条天皇*は、摂関家の力を抑え親政を行った。延久元年（一〇六九）には荘園整理令を出して、記録荘園券契所*で立荘の券契の厳しい調査を行い、新立の荘園や証拠不十分なものを収公（没収）して国家の財政基盤の強化を図ろうとした。後三条天皇は在位わずか四年で位を白河天皇*に譲り、自らは上皇として院庁を開き、強力な政治を行おうとしたが、果たせなかった。その遺志を継いだのが白河天皇である。白河天皇は、在位一四年、外戚の権勢を顧慮することなく政治を行い、退位後は上皇（院）として四三年の長期間政務をとった。太上天皇（上皇）が実質的に国政に参与する形式は、律令制以来の貴族政治の枠を出ないが、従来の政治形態が、天皇から委託を受けた貴族の政治、あるいは天皇と特定貴族の共同執政という形式であったのに対して、院庁政治は、太上天皇が独自に権力を掌握するものであって、ときとして、専制君主的性格が現れる。しかも、院庁政治は、中・下級貴族層（受領層）と武士階級をその直接的な基盤に据えたとみられ、藤原摂関家がその独自の権力基盤としての社会的階層を創出しなかったのと対照的である。

国衙領と荘園　院庁政治の経済的基盤の第一は国衙領*である。「治天の君」と呼ばれ知行国地分権を持つ上皇の政治を支持したのは、摂関政治下で必ずしも恵まれなかった中・下級の官人層、ことに国司（受領）層であったとされる。基盤の第二は荘園であった。荘園整理令を強行し、院権力の強さが認識されると、それまで摂関家に集中していた荘園が、一転して上皇のもとに寄進されるようになった。地方荘園の武士は、北面の武士*やそのほかの形で院庁政権の軍事的基盤を形成した。長講堂領*・八条院領*などの大荘園群が院政を支える巨大な財源となった。院政期には荘園整理令が何回も発布されたが、荘園を否定するというよりも、むしろ荘園を公認し、一つの土地・人民の上に競合していた国衙支配と荘園支配の二元的形態を一元化することになった。院政期は、それまでの複雑な土地・人民支配を単純化し、かえって荘園領主の支配権を強化した時期ともいえる。院が「専制君主」であったか否か議論の分かれるところであるが、院権力は想像以上に強大で、歴史の流れのなかでいえば、律令的支配の崩壊を食い止める反動的役割を果たしたといえる。

平氏政権　白河上皇の院政下、上皇に登用された*平正盛・*忠盛父子の伊勢平氏の台頭がめざましかった。平氏は、伊勢・伊賀地方を拠点として武士団を成長させ、その勢力の飛躍的発展を達成したのは、忠盛の子*清盛のときであった。*保元の乱では、貴族間の権力抗争に軍事力として働き、*平治の乱では、対立する*源義朝を打倒し、清盛は権力の座についた。清盛の家は棟梁で、三代にわたって院権力に接近し、院の傭兵として実力を蓄えたものであり、その政権は軍事政権としての性格が明らかであるが、権力掌握の方式は藤原摂関家と同様、天皇家と縁戚関係を結び、貴族として高位・高官に昇るというものであって、武家政権としての性格を打ち出すことができなかった。ここに平氏＝清盛の政権が急速に崩壊せざるをえなかった理由を見出すことができる。

(阿部　猛)

(一)　院　政

院《いん》政《せい》　譲位した天皇である上皇または*法皇が、院庁において政務を決裁する政治形態。例えば*孝謙天皇などのように譲位後の上皇が朝政や国政に介入することは奈良時代以降しばしばみられるが、一般にいう院政は白河・鳥羽・後白河の三代を院政期とし、場合によっては*後鳥羽上皇の承久の変までをその本格的な時期とする。このような本格的院政期においては院宣や院庁下文が国政上重要なものとなる場合もある。特に院政を行う上皇を治天の君と呼ぶ。院政は形式的には、天保一一年（一八四〇）一一月に光格上皇が没するまで断続的に存続した。院政の成立時期については一三世紀前期の天台座主である*慈円が*後三条天皇について*『愚管抄』に「後三条院オリサセ給テ後、世を知食サントスル程ニ、程ナククカクレサセ給フ、此時ヨリカク太上天皇ニテ世ヲ知食事久也」と記しており、後三条が太上天皇すなわち上皇が「世を知食」す例のはじまりであったとしている。このように後三条に院政を行う意図があったのか否かについては古くから議論があり、白河期に本格化したことにはおおむね異論はないものの、その上限は定かではない。また、院政は藤原氏の外戚としての勢力を抑制するのみにとどまらず、院の近臣や、中・下級官人出身の受領層の登場や、源氏と平氏を中心とした武士の登場などを促し、社会発展史上大きな役割を果たしていることが強調され、なかでも鳥羽院政期に荘園制が定着したと認め、以降は中世的社会であると捉える潮流が生まれた。

(藤井　崇)

[文献]　五味文彦『院政期社会の研究』(山川出版社、一九八四)、美川　圭『院政の研究』(臨川書店、一九九六)。

院評定所《いんのひょうじょうしょ》　院評定制は上皇の院中に置かれた議定制度で院政成立期より存在した。承久の変後、寛元四年（一二四六）に後嵯峨上皇が院政を開き、幕府職制にならって評定衆と式日を設定したことによって制度的なものとなった。弘安九年（一二八六）には亀山上皇が一般政務を取り扱う徳政評定と訴訟を取り扱う雑訴評定が分類されて公家裁判制度としての整備が進んだ。また、後醍醐天皇の建武政権下では評定衆に代わって記録所のもとに雑訴決断所を置いたが、鎮守府においては評定奉

行以下の式評定衆が置かれた。（藤井　崇）

院宣《いんぜん》　上皇や*法皇に近侍する院司が上皇・法皇の意向をもって発給する文書。九世紀末の宇多法皇の例に始まり、以後院政とともに江戸時代まで続いた。院政の決定は院宣によって表され、その効果は院宣が奉じた意向の持ち主である上皇や法皇個人の占める政治的位置によっては、国政上最重要なものとなることもあった。「依院御気色」、「依院宣」、「院宣如此」、「院宣所候也」、「依御気色」や「御気色所候也」などという文言が文末にみられるのが特徴。また、院宣はおおむね白紙を用いるが、綸旨と同じく宿紙をもってするときもある。（藤井　崇）

院庁下文《いんのちょうくだしぶみ》　原則として上位者から下位者に下す文書の様式名を下文という。この下文が院庁より発給された場合を院庁下文という。通例文頭は「院庁下す」として宛所を記す。書止めの文言は「故（ことさら）に下す」。令制官の公文書に関係官人が連署する場合、長官と次官は上段に署し、判官以下は下段に署することとなっていた。院庁の場合は令外官であるが、令制に准じて判官代や主典代が下段に署名し、上段には別当以下の院司が署名する。上段は右から上位者順に署名し、下段は左から上位者が署名する。よって日付の下すなわち日下《にっか》に署名するものが最下位者。初見は永久二年（一一一四）の白河院庁下文。（藤井　崇）

法皇《ほうおう》　正式には太上法皇という。太上天皇が出家した場合の称号。昌泰二年（八九九）に*宇多上皇が落飾して法皇となった例から江戸期の霊元法皇まで多数の例がある。またその異称としては禅定法皇、禅皇、禅定仙院、禅院、法帝、法院などがある。また天皇に当極せずして太上天皇となった後高倉院と後崇光院は親王のときより出家していたので、尊号宣下の後は法皇とも呼ばれた。（藤井　崇）

院の近臣《いんのきんしん》　院政期における上皇、法皇の側近の臣。主に中流以下の階層の貴族である受領層や実務官僚の者が多い。彼らは上皇、天皇の夫人や乳母を一族から出したり、特別な個人的関係を結ぶことによって恩寵を得た。またその対象となる上皇、法皇の政治的位置によっては権勢を振るった。白河期の藤原国明《くにあき》、顕隆《あきたか》、基隆《もとたか》、忠隆《ただたか》、高階為章《ためあき》、鳥羽院期の藤原忠隆《ただたか》、顕頼《あきより》、家成《いえなり》、後白河院期の*藤原信頼、隆季《たかすえ》、俊盛《としもり》、高階泰経《やすつね》などが代表的近臣である。

*白河・*鳥羽院の近臣で「数国の刺史を経て、家は富み財は多し」と評された藤原忠隆《ただたか》が一〇歳で丹波守に任ぜられたについて、藤原宗忠《むねただ》は『*中右記』の天永二年一〇月二五日条で、「忠隆は、伊予守基隆朝臣二男、院判官代也、但し年十歳、幼少極まり無し、しかのみならず、受領無し、本官また成功無し、ただ殊寵により、偏に大恩に浴す也、十歳の人、初めに丹波に任ず、古今未だ此例有らず、人々皆敢えて口に出さず歟」と批判的に述べている。

また院の近臣が直接的、間接的に関係した大事件として、平治元年（一一五九）の*平治の乱がある。平治の乱は*平清盛と*源義朝の抗争が中心であるが、その背景として清盛は後白河院の近臣、*藤原通憲（信西）と結んでいたのに対し、義朝は通憲と対立関係にある院の近臣藤原信頼と組んでおり、この兵乱には両近臣の対立を反映していた面もあった。（藤井　崇）

［文献］　槇　道雄『院政時代史論集』（続群書類従完成会、一九九三）。

北面《ほくめん》の武士《ぶし》　*白河上皇が創設した武力組織。院御所の北面の詰所に伺候する武士を北面の武士という。北面は諸大夫身分以上が上北面、五位・六位の下級貴族や侍以下を下北面と称す。天台座主の*慈円は『*愚管抄』の白河院の項で「此御時（白河院の時）院中ニ上下ノ北面ヲオカレテ、上ハ諸大夫下ハ衛府所司允オホク候テ、下北面、御幸御後ニハ矢オイテツカフマツリケリ、後ニモ皆其例也」と上下の北面について言及している。しかし後白河期の北面において*西行こと藤原義清《よしきよ》のような著名な文化人たちが輩出されたようにしだいに軍事組織としては機能しなくなり、後鳥羽院は新たに西面の武士を設け、承久の変においてはその主要な軍事力となった。

［文献］高橋昌明『清盛以前』（平凡社、一九八四）。（藤井　崇）

武者所《むしゃどころ》　院御所や内裏を警備し、院の御幸に供奉する武者の詰所。院武者所ともいう。円融院が永観三年（九八五）に院武者所一〇人に弓箭を帯せしめたことが確認できる早い例。天皇在任中の滝口から転補されたものもあった。またその役所を武者所庁とも称した。建武新政期では新田義貞《よしさだ》の一党が多く任じられ、その後、南北両朝に武者所が置かれていた形跡がある。（藤井　崇）

院《いん》司《じ》　「いんのつかさ」ともいう。上皇、*法皇、女院、後院などの院庁の諸事を掌る職員。院庁は、政所、蔵人所、文殿、御随身所、進物所、御厩などからなり、そこに別当、執事、年預、判官代、主典代、蔵人などが勤めるとともに、二、三〇人の*北面の武士が警衛に当たっていた。このうち別当は院中を統括する長官であり、以下年預、判官代、主典代が令制の四等官に当てられる。しかし院司は時期によってその構成や人員は若干異なる。承和二年（八三五）二月の嵯峨院の院別当安倍安仁《やすひと》がその早い例で、その後、円融院の頃まではその機構がほぼ完成したが、江戸末期の上皇・女院の廃絶とともに廃止された。（藤井　崇）

口宣《くぜん》・口宣案《くぜんあん》　一般に口頭の命令を指し、狭義には職事である蔵人頭や五位の蔵人が、その儀式の上卿に口頭で勅命を伝達するときの控えを指す。天皇の勅命を下達する詔勅、勅書は天皇付の女官である内侍から*中務省に伝えられ、中務省での原案作成、御画日、太政官回送、太政官覆奏、御画可、太政官発布などという手続きが必要であるが、*嵯峨天皇の弘仁元年（八一〇）に蔵人所が設置されると、勅命は、内侍、蔵人、*上卿、を経て外記局か弁官か内記局に下達された。このときの蔵人が上卿に伝宣するときの控えが口宣であるが、しだいに口宣が文章化されて上卿に交付されるようになり、その文章を特に口宣案といった。（藤井　崇）

公家新制《こうけしんせい》　平安初期から南北朝期頃までに発布された特殊な形の法令を新制という。また特に天皇の勅として発布されたものは公家新制という。宣旨、太政官符・官宣旨・院宣の形態をとって出された。その契機としては、『*本朝世紀』久安元年（一一四五）八月一四日条に「左大臣奉勅、被下新制九箇條宣旨、依彗星事也」とあるように、彗星や日蝕、地震、飢饉、疫病などの天変地異や辛酉革命説によって出されることが多い。また、*保元新制のような天皇の代替りに当たっての徳政の一環として出されたこともある。数か条から場合によっては数十か条にも及ぶ条項を備えていることもあり、荘園整理や裁判制度の刷新や華美な服飾や乗物を禁じるなどの条項が多い。鎌倉期には幕府も新制を発布し武家新制と呼ばれ、大寺院が発布したものを寺辺新制という。水戸部正男《みとべまさお》によれば、新制とは、天暦元年（九四七）の例を最初の新制としその特徴を、新しい法律・規定であり、天皇の勅旨に発源し、禁制法的性格が強く、太政官符・宣旨・官宣旨・院宣*などをもって発給され、下級官人や地方官、大社寺に交付したものであるとしている。

平安末期の兵部卿平信範《のぶのり》が記した『兵範記*』の保元元年（一一五六）閏九月一八日条には、保元新制のうちの、保元荘園整理令である、保元元年閏九月一八日の宣旨が引用されている。「一、諸国司に下知し、且つは停止に従い、且つは状に録し、神社仏寺院宮諸家新立庄園を言上せしむべき事」とあり、「九州の地は一人これを有す也、王命の外、何ぞ私威を施すや」とある。この部分について国土を王土とする王土思想がみられるという見解もある。また同新制について、久寿二年（一一五五）以降の新立荘園を停止して加納や出作田及び寄人の整理を定めているように以前発布された荘園整理令と同様な面も有しているが、特に大寺社の神人や悪僧による「濫行」の禁圧について盛り込まれていた点にも大きな特徴がある。

［文献］水戸部正男『公家新制の研究』（創文社、一九六一）、棚橋光男『中世成立期の法と国家』（塙書房、一九八三）。（藤井　崇）

知行国《ちぎょうこく》　平安中期から室町時代頃まで続いた封禄制度。除*目のときなどに国の知行権を特定の公卿や寺社に給し、それぞれの国の正税や官物などを徴収させる制度をいう。延喜八年（九〇八）の宇多上皇*の信濃国の例以来、院、女院、皇后、中宮などが特定の国の受領を推挙することによって貢納物を納めさせた院宮分国制に起源があるという。東大寺*の周防国の例などにみられる寺社知行国や、歴代の鎌倉殿の知行国を指す関東御分国などに代表される武家知行国も以後盛行となる。また、知行国を得た公卿や寺社などのことは知行国主といい、国司の長官である守を推薦する権利も与えられ、その子弟や近親者を任ずることによって収入を得た。

［文献］時野谷滋『律令封禄制度の研究』（吉川弘文館、一九七七）。（藤井　崇）

院分国《いんぶんこく》　分国とは平安中期から室町時代頃まで続いた封禄制度で、除目*のときに国の知行権を特定の公卿や寺社に給し、それぞれの国の正税や官物などを徴収させることをいう。賜国制ともいう。また知行国を得た公卿や寺社などのことは知行国主といい、国司の長官である守などを推薦する権利も与えられ、その子弟や近親を任ずることによって収入を得た。延喜八年（九〇八）の宇多上皇*の信濃国の例以来、院、女院、皇后、中宮などが特定の国の受領を推挙することによって貢納物を納めさせた院宮分国制に起源があるという。院政期以降、院分の受領層が増えたが、これは結果的に摂関家の中下級公家を中心とした受領層に対する影響力を弱めた。（藤井　崇）

八条院領《はちじょういんりょう》　八条院とは、保延三年（一一三七）に生まれ、建暦元年（一二一一）に没した、父に鳥羽天皇*、母に美福門院得子《とくこ》をもつ八条院暲子内親王を指し、その八条院の荘園の総称は一般的に八条院領と呼ばれた。保延六年（一一四〇）の鳥羽院の御領処分や永治元年（一一四一）の同院の出家によって鳥羽院領の荘園と、保延三年（一一三七）に同院が鳥羽離宮内に藤原家成に建立させた安楽寿院に寄進された荘園を譲渡されたことに始まり、母美福門院の永暦元年（一一六〇）の死去後、同院領であった歓喜光院領や弘誓院領と八条院の建立した蓮華心院領が加わり、最盛期には二〇〇か所以上もの大荘園群となり、京八条には八条院ゆかりの公家の邸宅や御倉、院庁などが置かれた。相伝にはその経済的重要性から来る紆余曲折がある。まず八条院から猶子であり、のちに反平家の兵を挙げた以仁王の息女三条姫宮に伝え、三条姫宮死去ののちに再度八条院のもとに帰した後、春華門院 昇子《しょうこ》内親王に譲渡され、昇子内親王崩御の後は猶子である*順徳天皇に伝わり、後鳥羽上皇が管領した。後鳥羽は承久の変に敗北したため幕府によって没収されたが、承久三年（一二二一）に後堀河天皇の父後高倉院守貞《もりさだ》親王は特に討幕計画に参画していないという理由で返却された。後高倉院は安嘉門院邦子《くにこ》内親王に同領を伝えたが、弘安六年（一二八三）に伝領者を定めずに死去した。ときの亀山上皇は幕府と交渉して八条院領を取得し、亀山は後宇多上皇とその弟の恒明《つねあき》親王に譲与した。亀山は恒明親王を皇位につけようとしたがその死後、後宇多は恒明親王立太子を見送り、同時に恒明親王領は昭慶門院憙子《よしこ》内親王に譲られた。のちに後宇多院領も憙子内親王に譲られ、内親王は後醍醐天皇に譲渡した。以後、室町院領とともに大覚寺統の有力経済基盤となり、持明院統の*長講堂領に相対していくこととなった。　（藤井　崇）

長講堂領《ちょうこうどうりょう》　長講堂とは*後白河法皇が六条西洞院の六条殿に建立した持仏堂であり、正式には法華長講弥陀三昧堂《ほっけちょうこうみださんまいどう》という。文治四年（一一八八）に焼失して再建されたが、貞応元年（一二二二）、文永一〇年（一二七三）、建治三年（一二七七）など数度の焼失とそのたびの再建を経験し、土御門《つちみかど》内裏や土御門油小路に移り、天正一六年（一五八八）には現在の五条寺町に移築された。長講堂領とは約一八〇か所にも及ぶその荘園群の総称である。その伝領について、まず後白河院は丹後局《たんごのつぼね》高階栄《ひで》子《こ》との間になした宣陽門院覲子《あきこ》内親王に譲渡した。宣陽門院は後鳥羽上皇の皇子の雅成《まさなり》親王を猶子としていたが雅成親王は承久の変の謀議に加わっていたために長講堂領は幕府に没収された。しかし乱後しばらくして同内親王に返還された。宣陽門院は近衛家実の娘長子を養女とし、後堀川天皇に入内させた。長子はやがて中宮となり、のち鷹司《たかつかさ》院となった。宣陽門院は寛元四年（一二四六）に鷹司院に長講堂領を譲渡することとなったが、鷹司院への譲渡の際に、一期ののちは後深草院へ譲ることとなった。しかし、のちに後嵯峨上皇の申入れで長講堂は鷹司院の一期分を経ずして後深草天皇へと伝わり、後深草は皇女の遊義門院姈子《れいこ》内親王に伝え、その崩御後は伏見上皇領となった。伏見上皇は後伏見上皇に伝え、後伏見崩御の後は光厳上皇に伝わり、光厳は崇光上皇に譲与した。崇光上皇が応永五年（一三九八）に崩御すると後小松天皇は長講堂領を没収した。しかしのちに後花園天皇に伝わっている。また、長講堂領に関して後嵯峨院が、晩年溺愛した亀山上皇の子孫が代々皇位につくかわりに、長講堂領以下の荘園は後深草上皇の子孫が伝領せよと遺勅としたという説は『増鏡』や『梅松論』にあるが事実ではないようである。しかし長講堂領という膨大な経済的影響力を持つ荘園群の伝領には皇位の継承にも匹敵するばかりな重要性があった。　（藤井　崇）

永久《えいきゅう》の変《へん》　白河院政期の永久元年（一一一三）に起きた政変。そのあらましは、『*殿暦』によると、同年一〇月に皇后令《れい》子《こ》内親王の御所に「鳥羽天皇を殺害しようと計画している者がある」という落書があり、落書には「左大臣源俊房《としふさ》の子醍醐寺座主勝覚《しょうかく》のもとにいる千手丸を操って行われるものだ」とあったので皇后宮は白河院にこのことを報告し、千手丸は逮捕された。千手丸は「密告は事実で、後三条天皇皇子の輔仁親王の護持僧である、源俊房の子仁寛《にんかん》が計画した」と証言し、千手丸と仁覚は流罪となったもの。この事件によって*後三条院の遺詔であったという輔仁親王当極の機会は絶たれ、勝覚・仁覚の生家である村上源氏の勢いは源通親《みちちか》の登場までは減退した。（藤井　崇）

三不如意《さんふにょい》　摂関家の権力を抑制して院政の確立に成功した*白河法皇にまつわる著名な逸話。例えば、平家物語巻一の「願立」に、「賀茂河の水、双六の賽《さい》、山法師《やまほうし》。是ぞわが心にかなはぬものと白河院も仰せなりけるとかや」と白河法皇が自分の意のままにならぬものとして、賀茂川の洪水や、賽の目とともに当時頻繁に起こって対応に苦慮していた*比叡山延暦寺の*僧兵（山法師）による強訴についてあげたという、いわゆる「三不如意」に関する記事などがみえる。（藤井　崇）

鳥羽離宮《とばりきゅう》　鳥羽殿ともいう。*白河天皇が*堀河天皇に譲位したときに洛南鳥羽の藤原季綱《すえつな》の鳥羽水閣を改めた離宮。*鳥羽天皇も譲位後に居住して殿舎や仏殿、寝殿を造営した。なかでも白河院の近臣、*藤原顕季の一流は白河・鳥羽院政期の鳥羽離宮の土木経営に主要な役回りを果たした。離宮は大きく分けて東殿、北殿、南殿からなる。後白河院も御所として使用した。このうち、鳥羽院はこの離宮で崩御し、藤原家成《いえなり》に建立させた三重塔下に葬られ、安楽寿院が管轄して安楽寿院陵とされた。ほかに白河院の成菩提陵や近衛天皇の安楽寿院南陵がある。現存する安楽寿院は東殿のうちの一院である。昭和三五年（一九六〇）に発掘調査が行われた。（藤井　崇）

白河上皇《しらかわじょうこう》　（一〇五三―一一二九）　*後三条天皇の皇子で名は貞仁《さだひと》。母は藤原茂子《しげこ》。応徳三年（一〇八六）の退位ののち、*堀河・*鳥羽・*崇徳天皇の三代約四〇年間にわたって院政をとった。平家物語巻一の「願立」に「賀茂河の水、双六の賽《さい》、山法《やまほう》師《し》。是ぞわが心にかなはぬものと白河院も仰せなりけるとかや」といういわゆる「*三不如意」の記事がある。永久元年（一一一三）の*永久の変によって当極が有力視されていた輔仁《すけひと》親王や村上源氏の勢いをくじき、急成長した*源義家以下の*清和源氏は*平正盛・*忠盛の登用で退けるなどして「治天の君」としての権力を確立した。永長元年（一〇九六）に落飾した。陵は京都市成菩提院陵。

［文献］美川　圭『白河法皇』（日本放送出版協会、二〇〇三）。

（藤井　崇）

堀河天皇《ほりかわてんのう》　（一〇七九―一一〇七）　在位は応徳三年（一〇八六）から嘉承二年（一一〇七）。父は*白河天皇、母は藤原賢《かたい》子《こ》。名は善仁《よしひと》。*後三条天皇は白河天皇に譲位したが白河の外戚は藤原氏であるので、摂関家を掣肘するためにも白河の東宮には源基子《もとこ》を母とする実仁《さねひと》親王を立て、実仁の後は実仁と同母弟の三宮輔仁《さんのみやすけひと》親王を立てる遺志を持っていたとされる。しかし白河天皇は東宮実仁親王病死後、当時八歳であった善仁親王を東宮とし、その日のうちに善仁親王を即位させた。これを堀河天皇という。堀河は源俊房《としふさ》や*大江匡房らの廷臣に支えられて「末代の賢王」とたたえられ、文学、音楽、和歌、笛などに優れていたという。（藤井　崇）

近衛天皇《このえてんのう》（一一三九―一一五五）　在位永治元年（一一四一）から久寿二年（一一五五）。父は*鳥羽天皇、母は美福門院藤原得子《とくこ》。名は体仁《なりひと》。*白河院の没後、鳥羽院が院政をとったが、そのときの天皇は鳥羽院と待賢門院璋子《たまこ》との皇子であった*崇徳天皇であった。しかし崇徳は実は白河と待賢門院の子であるとの風聞があったため鳥羽・崇徳は不仲であったともいう。鳥羽は美福門院得子との間に産まれた体仁親王を生後三か月で東宮とし、永治元年になると鳥羽院は体仁を崇徳天皇の子として譲位すべきと崇徳に勧めてその運びとなった。これを近衛天皇という。しかしその実、譲位の宣命において体仁は皇太子ではなく皇太弟であるとされていたため、崇徳院政の道は絶たれた。

（藤井　崇）

鳥羽天皇《とばてんのう》（一一〇三―一一五六）　在位は嘉承二年（一一〇七）から保安四年（一一二三）。父は*堀河天皇、母は藤原苡子《よしこ》。白河院の没後院政をとった。その政策の特徴は、女御である美福門院得子《とくこ》との間に産まれた八条院に伝えられた広大な八条院領の形成に代表される、荘園整理の緩和による院領荘園の拡大にみられ、中世的土地制度が確立したとされる点にある。しかし一方で近衛天皇即位に絡んで崇徳院との対立が深まり、藤原*忠実・*頼長と*忠通の摂関家内部の争いも混迷を極め、それぞれが*保元の乱の遠因となった。陵は京都市安楽寿院陵。

（藤井　崇）

崇徳天皇《すとくてんのう》（一一一九―一一六四）　在位は保安四年（一一二三）から永治元年（一一四一）。父は*鳥羽天皇、母は待賢門院璋子《たまこ》。名は顕仁《あきひと》。崇徳天皇期に院政をとったのは父である鳥羽院であった。崇徳は実は白河院と待賢門院の子であるとの風聞があり、鳥羽は美福門院得子《とくこ》との間に産まれた体仁《なりひと》親王を東宮とし、永治元年になると即位させた。これが*近衛天皇である。しかし近衛天皇は崇徳の皇太弟であるので崇徳による院政の道は絶たれた。その後、*藤原忠通との争いに敗れた*藤原頼長とあい語らって*保元の乱を起こすも敗北し、讃岐に流刑とされた。

（藤井　崇）

藤原教通《ふじわらのりみち》（九九六―一〇七五）　父は*藤原道長。母は源雅信女、倫子《のりこ》。日記『二東記』がある。号は大二条《おおにじょう》殿、大二条関白など。治暦四年（一〇六八）、兄*頼通の譲りで関白となる。しかし同年に藤原氏を外戚とせず、三条天皇皇女禎子《さだこ》内親王を母とする*後三条天皇が践祚すると、関白教通はしばしば後三条と対立した。また教通は白河天皇期においても関白であったが、先に兄頼通から関白を譲られた際に、教通の後の関白は頼通の子*師実に譲るという約定があったようで、教通はその晩年に師実への関白移譲を求められたが没するまでそれを拒んだという。よって師実が関白となったのは教通の死後である。

（藤井　崇）

藤原師実《ふじわらもろざね》（一一七二―一二三八）　父は*藤原頼通。号は京極殿、京極太閤、後宇治殿など。叔父*藤原教通が父頼通から関白を譲られた際には、教通の後は頼通の子師実に関白を譲るという約定があったようで、教通はその晩年に師実への関白移譲を求められたが没するまでそれを拒んだという。よって師実が関白となったのは教通の死後、承保二年（一〇七五）である。師実は当時廟堂において全盛であった村上源氏との結びつきを強め、源師房《もろふさ》女麗子《れいこ》を室とした。また、師実は*堀河天皇の外戚であるが、堀河の母賢子は源顕房《あきふさ》女を養女としたものであった。

晩年、嫡子*師通の急逝にあったが師通の子*忠実を後見するなどした。（藤井　崇）

藤原師通《ふじわらもろみち》（一〇六二—一〇九九）　父は*藤原師実。母は源麗《れい》子《こ》。号は後二条殿。*堀河天皇の嘉保元年（一〇九四）に父師実の移譲によって関白*氏長者となる。堀河を輔弼してしばしば*白河上皇と対立し、凋落しつつあった摂関家の維持に努めたが康和元年（一〇九九）に疱瘡によって死去した。嘉保二年（一〇九五）に延暦寺の大衆によって神輿が入洛したが、その原因は*源義家の弟で当時美濃守であった源義綱《よしつな》と延暦寺が同国の寺領に関して紛争し、それが合戦に発展して僧侶に死傷者が出たことによる。その神輿入洛に際し、関白師通は武士を派遣して神輿を撃退した。後日、師通の急逝はこのとき神輿に矢を放たせたからだと世上に喧しかった。（藤井　崇）

藤原忠実《ふじわらただざね》（一〇七八—一一六二）　父は*藤原師通。号は知足院、富家殿。*氏長者で関白、摂政を歴任。忠実は*白河院のとき逼塞《ひっそく》したが鳥羽院に召し出された。その頃から嫡子*忠通と不和になり次子*頼長を重んじた。また、摂関家を背景に成長していた*清和源氏は、白河院期に*源義家の男*義親の乱行が契機となって平氏にその位置を奪われた。義親はそのとき*平正盛に討ち取られたとされたが、生存説も頻繁に浮上した。またそのたびに義親を匿っている人物として忠実の名があげられた。その義親男*為義は忠実・頼長と忠通の争いに終止忠実側に立って働いた末、*保元の乱でも頼長と行動をともにして敗れ、忠実も知足院に閉居した。（藤井　崇）

藤原忠通《ふじわらただみち》（一〇九七—一一六四）　父は*藤原忠実。号は法性《ほっしょう》寺《じ》殿。保安二年（一一二一）に*白河院に不興を買って逼塞《ひっそく》した忠実に代わって関白となる。この頃から父忠実・弟*頼長と不和になり、*氏長者を追われる。しかし忠実・頼長は近衛天皇呪詛事件に絡んで失脚した。頼長は*崇徳院と語らって保元の乱を起こしたが敗れて死亡し、忠通は氏長者に復帰して忠実の所領を相続した。保元三年（一一五八）の二条天皇即位に際して嫡子*基実に関白を移譲したのち、応保二年（一一六二）法性寺殿で出家し、長寛二年に死去した。能書家としても知られ、その書風は法性寺流と称された。日記として『法性寺関白記』がある。（藤井　崇）

藤原顕季《ふじわらあきすえ》（一〇五五—一一二三）　父は藤原隆経《たかつね》。母は*白河天皇の乳母、従二位親子《ちかこ》。大納言実季《さねすえ》の養子。母親子が白河院の乳母であったために院近臣となり、その別当となって、伊予や播磨などの大国の受領を歴任して財力を蓄えた。嘉保元年（一〇九四）に修理大夫となり、仁和寺新堂内の丈六阿弥陀仏九体を私費で造進するなどした。顕季の一流は白河・鳥羽院政期の鳥羽離宮の土木経営に主要な役回りを果たした。保安四年没。他方、顕季は多くの歌会、歌合に出詠するなどして歌人として活躍し、しだいに歌壇を形成した。また顕季はその居所であった六条烏丸にちなんで六条修理大夫と呼ばれ、歌道家六条家の祖となった。（藤井　崇）

小槻隆職《おづきたかもと》（一一三五—一一九八）　父は左大史政重《まさしげ》。小槻氏は、平安中期以降には事実上左右の弁官局が一局となっていた弁官の実務を統括する左大史すなわち官務を世襲していた氏族で、もともとは近江国栗本郡出身で阿保朝臣《あぼのあそん》と称した。その後、小槻宿禰《すくね》と改姓した。隆職は永万元年（一一六五）に官務となっていたが、文治元年（一一八五）に源義経、行家らが奏講した源頼朝追討宣旨の奉行を務めたために、のちに頼朝から「天下草創の時、禁忌候うべき者也」として蔵人頭葉室《はむろ》光雅《みつまさ》とともに更迭の要求があり解官された。建久二年（一一九一）になると*後白河法皇の要請によって官務に復した。（藤井　崇）

殿暦《でんりゃく》　摂政関白太政大臣*藤原忠実の日記。父は後二条関白*師通で子に法性寺関白忠通と*保元の乱を起こした左大臣*頼長がいる。忠実は富家殿または知足院殿と称されたため、その日記『殿暦』または『殿記』は『知足院関白記』、『知足院殿記』ともいわれた。『殿記』の呼称はすでに息男頼長の日記『*台記』にもみえる。自筆原本は現存しないが、忠実六代後胤の左大臣藤原基平《もとひら》とその家司による書写の記事が承徳二年（一〇九八）から元永元年（一一一八）まで陽明文庫にある。白河院政期の社会・政治状況が摂関家を中心にうかがえる貴重な史料。（藤井　崇）

春記《しゅんき》　『資房卿記』『野房記』とも。参議春宮権大夫藤原資房《すけふさ》（一〇〇七―一〇五七）の日記。資房の父は藤原資平《すけひら》、母は藤原友章《ともあき》女で、祖父は小野宮右大臣*実資。蔵人頭を経て参議となり、寛徳二年（一〇四五）春宮権大夫を兼ねた。資房の日記は官途である春宮権大夫からとって『春記』、または家号小野宮家と諱からとって『野房記』と呼ばれ、万寿三年（一〇二六）から天喜二年（一〇五四）までの記事が知られているが欠失年もある。藤原定家がこの『春記』を愛読していたことが『明月記』にある。（藤井　崇）

富家語談《ふけごだん》　単に『富家語』ともいう。摂政関白太政大臣*藤原忠実の談話を家司の高階*仲行《なかゆき》が記録した説話集。父は後二条関白*師通で子に法性寺関白忠通と*保元の乱を起こした左大臣*頼長がいる。忠実は知足院殿または富家殿と称されたためにこの説話は『富家語談』と呼ばれる。大外記中原師元《もろもと》が同じく忠実の談話を筆録した『中外抄』の後を受ける性格のものである。（藤井　崇）

(二)　荘園整理

荘園整理令《しょうえんせいりれい》　九世紀末より貴族・寺社などの所有する荘園が増加してきたため、それを抑制し整理する目的から発布された法令。最初の荘園整理令は延喜二年（九〇二）に出された太政官符で、これ以降に発令された荘園整理令の基準となった。その内容は勅旨田の停止、諸院諸宮および五位以上の者が百姓の田地・舎宅を買い取り閑地・荒田を占請することを停止、また山川藪沢を占固することの禁制、さらに臨時の御厨・諸院諸宮王臣家の厨の停止などである。次いで永観二年（九八四）に格（*延喜の荘園整理令）後の新立荘園の停止が定められた。さらに長久元年（一〇四〇）に*後朱雀天皇と関白*藤原頼通との間で当任以後の新立荘園を停止する荘園整理令の発布が議された。寛徳二年（一〇四五）になると前司任中以後の新立荘園を停止とする荘園整理令が発令され、また官符の旨に背いた国司に対しては、現任を解却して永く叙用しないという罰則規定もみられる。次に出された天喜三年（一〇五五）の荘園整理令は、寛徳二年以後の新立荘園を停止の基準とした。これ以後、延久元年（一〇六九）、承保二年（一〇七五）に発令された荘園整理令もこの基準を踏襲した。*延久元年には荘園整理令を下し、さらに*記録荘園券契所を設置し、荘園領主らが提出した券

荘園整理令一覧表（12 世紀まで）

発令年月日	天皇	内容	出典
延喜二年（九〇二）三月一二日	醍醐	臨時の御厨、諸院・諸宮・王臣家の厨を停止	『類従三代格』巻一〇
一三日		①勅旨開田・諸院・諸宮・五位以上官人が百姓の田地・舎宅を買い取り、閑地・荒田を占請することを停止	『類従三代格』巻一九
		②諸院・諸宮・王臣家が民の私宅を仮りて庄家と号し、稲穀などの物を貯積することを禁断	同右、巻一九
		③諸院・諸宮・王臣家が山川藪澤を占固することを禁制	同右、巻一六
永観二年（九八四）一一月二八日	花山	格後の庄園の停止	『日本紀略』同年月日条
永延元年（九八七）三月五日	一条	王臣家が庄園・田地を設けて国郡の妨げすることを制止。	『尾張国郡司百姓等解』第三一条 『政事要略』巻五一
長久元年（一〇四〇）六月八日	後朱雀	（議）当任国司以後の新立荘園を停止	『春記』同年五月二日、六月三日・八日条
寛徳二年（一〇四五）一〇月二一日	後冷泉	①前司任中以後の新立庄園の停止 ②符旨に違犯の輩は国司は現任を解却し、永く叙用せず百姓は重科に処す	『平安遺文』三巻六八一号 同右一一巻補二七三号
天喜三年（一〇五五）三月一三日	後冷泉	①寛徳二年以後の新立庄園の停止 ②官符の旨を忘れ勤行しない国司は現任を解却し、永く叙用せず。 ③公地を庄園と謀り成す輩は早くその身を搦め進り、その力が及ばない時は姓名を注申する。	『平安遺文』三巻八八一号 同右一一巻補二七三号 同右三巻一〇一六号
延久元年（一〇六九）二月二二日	後三条	①社神・仏寺・院宮王臣家庄園で寛徳二年以後の新立庄園の停止 ②やせた地を嫌い肥えた地を不法に交換したもの、平民を駆使して公田を籠隠したもの、定まった坪付のない荘園、諸庄園の所在・領主・田畠の惣数を注進。	『平安遺文』三巻一〇三九号
二月二三日		①寛徳二年以後の新立庄園の停止 ②券契の不分明なもの、国務の妨げになるものは停止	『百錬抄』同日条 『扶桑略記』同日条
三月二三日		（『百錬抄』『扶桑略記』に同じ）	『平安遺文』三巻一〇四一号
閏一〇月一一日		記録庄園券契所の設置	『平安遺文』三巻一一一八号他 『百錬抄』同年閏二月一一日条

荘園整理令一覧表（12世紀まで）

承保二年（一〇七五）閏四月二三日	白河	①寛徳二年以後の新立庄園の停止 ②加納田畠は禁止 ③起請以前の荘園でも国務の妨げになるものは停止	『愚管抄』巻四 『平安遺文』三巻一一一八号 同上四巻一二〇五号
寛治七年（一〇九三）三月三日	堀河 （白河院政）	（議）延久・応徳・寛治元年などを停止するべきか。	『後二條師通記』同日条
康和元年（一〇九九）五月一二日	堀河 （白河院政）	新立庄園の停止	『後二條師通記』同日条
保元元年（一一五六）閏九月二三日	後白河	①久寿二年七月二四日以後に宣旨を帯びず庄園を立てれば停廃。 ②本免外の加納余田および庄民の濫行を停止。 ③神人の濫行を停止。 ④悪僧　〃　。 ⑤国中の寺社　〃　。 ⑥社領・神事用途を注進。 ⑦寺領・仏事用途　〃　。	『兵範記』同月一八日条
保元二年（一一五七）三月一七日		右の①～⑤に同じ	『続左丞抄』第一 『平安遺文』六巻二八七六号
建久二年（一一九一）三月二二日	後鳥羽 （後白河院政）	①神社・仏寺・院宮諸家庄園の本免外の加納余田、保元以後の新立庄園および国中の訴訟、荘民の濫行を注進。 ②神社・仏寺及び諸人の所領で上奏を経ず国免の庁宣を成すものを停止。 ③諸国の人民が私領をもって神人・悪僧ならび武勇の輩に寄せ与えることを停止。 ④諸社の神人の濫行を停止。 ⑤諸寺・諸山の悪僧の濫行を停止。 ⑥国中の社寺の濫行を停止。 ⑦神領の子細ならびに神事用途を注進。 ⑧寺　〃　仏　〃　。	『鎌倉遺文』一巻五二三号

契を審査し、それをもとに券契が不分明なもの・国務の妨げになるものおよび寛徳二年以後の新立荘園が停止された。保元元年（一一五六）に出された荘園整理令は、*後白河天皇の践祚の日である久寿二年（一一五五）七月二四日以後の宣旨のない荘園の停廃を行った。建久二年（一一九一）に発布された荘園整理令は、保元以後の新立荘園を停止するとし、そのほかの内容は保元の荘園整理令とほぼ同じである。国司により荘園整理は行われていたが、任期が終わる年になると免判を与え新立荘園を承認することも多かった。

［文献］坂本賞三『荘園制成立と王朝国家』（塙書房、一九八五）。

（平郡さやか）

記録荘園券契所《きろくしょうえんけんけいじょ》　記録荘園券契所は延久元年（一〇六九）、天永二年（一一一一）、保元元年（一一五六）、文治三年（一一八七）に設置された。記録所ともいう。延久元年に後三条天皇が設置した記録荘園券契所は諸国の荘園の公験を中央政府で審査するために設けられた。『百錬抄』に延久元年閏二月一一日に初めて記録荘園券契所を置き寄人らを定め、太政官朝所において行われたとある。天永二年の白河院政期に置かれた記録所は、延久元年のものとは異なり、荘園領有に関する訴訟を取り扱う機関であった。この記録所では上卿に*権中納言藤原宗忠《むねただ》、弁に蔵人佐少弁源雅兼《まさかね》、寄人に大外記中原師遠《もろとお》・大夫史小槻盛《もり》仲《なか》・明法博士三善信貞《のぶさだ》らが任ぜられ、これは延久の例にならったものとされる。保元新制を受けて設置された保元の記録所は、荘園券契の審査と荘園領有に関する訴訟の両方を扱った。しかし荘園券契の審査は寺社領の公験に限定され、公家領荘園の公験は提出させなかったようである。上卿は権大納言藤原公教、弁は権右中弁藤原惟方・左少弁源雅頼・右少弁藤原俊憲で寄人には一二人が任ぜられた。*九条兼実の提言により設置された文治の記録所は荘園券契の審査、また荘園関係のみではなく貴賤の訴訟も扱われた。

［文献］五味文彦『院政期社会の研究』（山川出版社、一九八四）、槇道雄『院政時代史論集』（続群書類従完成会、一九九三）。

（平郡さやか）

延久の記録荘園券契所

（一）『百錬抄』第五

〈原文〉

閏二月十一日。始置㆓記録庄園券契所㆒。定㆓寄人等㆒。於㆓官朝所㆒始㆓行之㆒。

〈読み下し〉

閏二月十一日。はじめて記録庄園券契所を置く。寄人等を定む。（官朝所に於いて之を始め行う。）

（『改訂増補国史大系』一一）

（二）『愚管抄』第四

延久ノ記録所トテハジメテヲカレタリケルハ。諸國七道ノ所領ノ宣旨官符モナクテ公田ヲカスムル事。一天四海ノ巨害ナリトキコシメシツメテアリケルハ。スナハチ宇治殿ノ時一ノ所ノ御領〳〵トノミ云テ。庄園諸國ニミチテ受領ノツトメタヘガタシナド云ヲ。キコシメシモチタリケルニコソ。サテ宣旨ヲ下サレテ。諸人領知ノ庄園ノ文書ヲメサレケルニ。宇治殿へ仰ラレタリケル御返事ニ。皆サ心得ラレタリケルニヤ。五十餘年君ノ御ウシロミヲツカウマツリテ候シ間。所領モチテ候者ノ強縁ニセンナンド思ヒツゝヨセタビ候ヒシカバ。サニコソナンド申タルバカリニテマカリスギ候キ。ナンデウ文書カハ候ベキ。タベソレガシガ領ト申候ハン所ノ。シカルベカラズタシカナラズ聞シメサレ候ハンヲバ。イサゝカノ御ハゞカリ候ベキ事ニモ候ハズ。カヤウノ事ハカクコソ申サタスベキ身ニテ候ヘバ。カズヲツクシテタヲサレ候ベキナリト。サハヤカニ申サレタリケレバ。アダニ御支度相違ノ事ニテ。ムコニ御案アリテ。別ニ宣旨ヲ下サレテ。コノ記録所ヘ文書ドモメスコトニハ。前大相國ノ領ヲバノゾクト云宣下アリテ中〳〵ツヤ〳〵ト御沙汰ナカリケリ。コノ御沙汰ヲバイミジキ事カナトコソ世ノ中ニ申ケレ。

（『改訂増補国史大系』一九）

天永の記録所

〈『中右記』四〉

天永二年九月九日条

爲二殿下御使一早旦參院、依二御物忌一以二清隆一令レ申、是大炊殿地前大納言領進之由也、欲二歸參一處、殿下堅固御物忌也、件事夜前以二御消息一被レ仰也、便參二一條殿一、晩頭歸入、夜藏人辨雅兼来仰云、庄園記録所上卿可二奉行一、辨雅兼、大外記師遠、大夫史盛仲、明法博士信貞可レ爲二寄人一也、便仰二左少辨一了、是依二延久例一被二仰下一者、但件事國司與二本家一相論之時可二檢知一云々、不二申上一者強不レ及二沙汰一歟、

今日平座、上卿新中納言忠教卿、

（『増補史料大成』）

保元の記録所

〈『兵範記』二〉

保元元年十月十三日条

十三日辛亥　被レ宣二下記録所寄人一、

文章博士越後權介藤原朝臣長光

大炊頭兼大外記主税權助教備中介中原朝臣師業

修理左宮城判官兼主計頭左大史算博士能登權介小槻宿禰師經、

治部權少輔攝津守藤原朝臣俊經、

諸陵頭兼竿博士長門介三善朝臣行康、

助教兼越後介中原朝臣師元、

散位小槻宿禰永業、

直講兼周防介清原眞人頼業、

右大史三善朝臣爲信、

西市佐惟宗朝臣成直、

修理右宮城主曲明法博士兼左衛門大志坂上兼成

防鴨主曲明法博士兼右衛門少志中原業倫、

權右中辨藤原朝臣惟方傳宣、權大納言藤原朝臣公教宣、奉レ勅、宣令件等人勤行記録所事、

保元元年十月十三日、左大史小槻宿禰師經、

權右中辨藤原惟方、左少辨源雅頼、

右少辨藤原俊憲、

幷十五人云々、

（『増補史料大成』）

文治の記録所

〈『玉葉』巻三〉

文治三年二月廿八日条

廿八日、獉天晴、召二定經一、仰下來月一日直物事可二申沙汰一之由上、本親經奉行也、而依二穢氣一改二仰之一、此日、始被レ置二記録所一、以二閑院亭中門南内侍所南廊一爲二其所一、執權辨定長也、親經依レ觸レ穢不二出仕一、寄人十二人參入、奉行職事定經也、仰詞二通、先内二覽之一、

一通、諸司諸國幷諸人訴訟、及庄園券契、於二記錄所一、宣レ令レ勘二決理非一、

一通、年中式日公事用途、宜レ令三記録所勘二申式數一、

（國書双書刊行會）

延久《えんきゅう》の宣旨枡《せんじます》　延久四年（一〇七二）に後*三条天皇により制定された公定枡。この公定枡を宣旨枡、または制定時の年号をとり延久の宣旨枡と称する。宣旨枡の容積は、『伊*呂波字類抄』によると、京枡一升の六合二勺余にあたる。宣旨枡は平安時代中期から公家関係の料米、伊勢大神宮の役夫工米や諸法会の料米など神社・仏寺関係の計量に使用され、鎌倉時代に入ると全国的に使用されるようになる。元徳二年（一三三〇）には後醍醐天皇が宣旨枡一升の米価を銭一〇〇文と公定する。室町時代中期になると、宣旨枡は公定枡から私枡と化し、京都の北部や東部の地域に使用範囲も限られてくるようになる。そして地名や領主名をとり、「仁和寺宣旨枡」「太秦宣旨枡」「徳大寺宣旨枡」と称されるに至る。

［文献］　宝月圭吾『中世量制史の研究』（吉川弘文館、一九六一）。

（平郡さやか）

大田文《おおたぶみ》　中世、特に鎌倉時代を中心に各国ごとに国内の国衙領・荘園別の田地面積、所有関係などを記載し作成した文書。大田文は「田文」「田数帳」「惣田数帳」「田数目録」「作田惣勘文」などと称された。大田文の成立については、一国平均役や荘園整理などが行われるようになり、その必要から作成されたものではないかと考えられ、その成立時期を平安時代後期の一一世紀半ばから院政期と見ている。しかし、現存する大田文は鎌倉時代のもので、断簡まで含めると二一種ある。そのうち完全な形で残っているものは一三種に及び、そのなかの一種は年記を鎌倉時代とするが内容そのものは室町時代のものである。大田文は国司が国衙の在*庁官人に命令して作成させたものと、幕府の命を受けて各国の守護が作成させたものに大別できる。前者は伊*勢神宮役夫工米・造*内裏役・大嘗会役などの一*国平均役の賦課・徴収のための台帳とされる場合が多かった。後者の大田文は、田地面積と領有関係、特に地頭の氏名を記し、地頭補任の状況や大番役などを課すための台帳とされた。大田文の作成に当たって、国衙に整理・保存されている種々の検注帳や荘園の立券文書などが資料とされた。鎌倉中期以降になると、守護が御家人や各荘園・郷・保ごとに報告を求め、それを資料として大田文の作成を行った例も見られる。

［文献］　石井　進『日本中世国家史の研究』（岩波書店、一九七〇）。

（平郡さやか）

一国平均役《いっこくへいきんやく》　平安時代中・後期から鎌倉・室町時代を通じて、朝廷や幕府が国衙・守護を介して一国内の国衙領・荘園を問わず平均に賦課した臨時課役。税目としては「勅事」「院事」「国役」などと称されたもので、伊勢神宮の二〇年に一度の式年遷宮の費用のための伊*勢神宮役夫工米、内裏の造営・修造のための造*内裏役、天皇の即位後最初の新*嘗祭である大*嘗祭のための大嘗会役、伊勢神宮に奉仕する斎*宮のための造野宮役および斎宮の群行・帰京役、伊勢神宮に公卿を奉幣使として発遣させる際の伊勢公卿勅使役、宇佐神宮の造営・修造のための造宇佐宮役、各国一宮などの造営役があった。これらの諸役は九・一〇世紀頃から律令制に基づく収取体系が崩れ、官物・雑公事制へ移行する過程において国家的諸事業・行事を行うための臨時課役として成立した。そして一国平均役として体制的に成立したのは、後*三条天皇のときとされる。一国平均役の賦課は、国衙の土地台帳に記載してある田数を基準とした。そして、この時期に各国ごとに国衙領・荘園別の田積・所有関係を明記した大田文が作成され始めたとみられている。また、後三条天皇が制定した宣旨枡が、一国平均役の徴収の基準として用いられたとも考えられている。一国平均の賦課とされてはいたが、社寺領などでは免除されることもあった。鎌倉時代になると幕府関係の一国平均役も現れ、賦課徴収を行っている。室町時代には段銭として課徴されるようになった。

［文献］ 詫間直樹「一国平均役の成立について」（坂本賞三編『王朝国家国政史の研究』所収、吉川弘文館、一九八七）。（平郡さやか）

造内裏役《ぞうだいりやく》 内裏の造営・修造の費用として諸国の公領・荘園に賦課した臨時の課役。「造宮料加徴米」「造宮加徴作料」「造宮料物」「造内裏料加徴」などとして賦課した。院政期には造内裏役の名称が一般化した。造宮費・労働は調庸・雇役などで賄われていたが、一〇世紀以降になると諸国に各殿舎の造営を割り当てるようになった。さらに、一一世紀以降諸国は国内の公領・荘園に一国平均役として臨時に賦課した。造内裏役は朝廷内に設けられた造内裏行事所より、諸国に割り当てられた。国司は負担額などを記した配符を国内の公領・荘園に下し、国衙が把握している田積に基づいて公領・荘領に臨時に賦課した。室町時代には守護が造内裏段米・造内裏段銭の徴収に当たった。

［文献］ 小山田義夫「造内裏役の成立」（『史潮』八四・八五合併号、一九六三）、小山田義夫「承久の大内裏再建事業について」（『流通経済大学論集』一〇―四、一九七六）。（平郡さやか）

伊勢神宮役夫工米《いせじんぐうやくぶくまい》 「いせじんぐうやくぶたくまい」とも。伊勢神宮の二〇年に一度の式年遷宮の費用として諸国の公領・荘園に賦課された課役。「造大神宮役夫工米」「役夫工米」「造伊勢太神宮作料米」「役夫工作料」などとも称された。『皇太神宮儀式帳』によると伊勢・美濃・尾張・三河・遠江《とおとうみ》の五か国の国司・郡司各一人が国内より役夫を率いて造営することになっていた。しかし、一一世紀末には全国的に賦課され、また代米化していった。役夫工米は朝廷内に設置された遷宮行事所より諸国に割り当てられ、これを国司が国内の公領・荘園に*一国平均役として賦課した。役夫工米の弁済責任は国司が負っていたが、現地における徴収は国衙官人や造宮使より派遣された役夫工使が当たった。荘園領主などの抵抗により、免除の宣旨を下すこともあった。

［文献］ 小山田義夫「伊勢神宮役夫工米制度について」（『流通経済大学論集』二―二、一九六七）、小山田義夫「鎌倉期役夫工米政策についての一考察」（阿部 猛編『日本社会における王権と封建』所収、東京堂出版、一九九七）。（平郡さやか）

後三条天皇《ごさんじょうてんのう》 （一〇三四―一〇七三） 在位は一〇六八―一〇七二。後朱雀天皇の第二皇子。母は三条天皇皇女禎子《よしこ》内親王。諱は尊仁《たかひと》。后妃には後一条天皇皇女馨子《かおるこ》内親王・藤原能信《よしのぶ》養女茂子《しげこ》（実父藤原公成《きんなり》）・藤原頼宗《よりむね》女昭子・源基平《もとひら》女基子《もとこ》らがいる。長元九年（一〇三六）一二月二二日に親王宣下を受ける。寛徳二年（一〇四五）正月一六日に異母兄親仁《ちかひと》親王（後冷泉天皇）の践祚とともに皇太弟となる。永承元年（一〇四六）一二月一九日に元服する。治暦四（一〇六八）年四月一九日に後冷泉天皇の崩御により践祚し、同七月二一日に即位する。関白には*藤原教通がなるが、藤原氏を外戚としない天皇は親政を行い、村上源氏の師房《もろふさ》・顕房《あきふさ》や*大江匡房らを重用する。そして*延久宣旨枡の制定や荘園整理令の発令と*記録荘園券契所の設置などを行う。在位四年の延久四年（一〇七二）一二月八日に茂子所生の第一皇子貞仁《さだひと》親王（*白河天皇）に譲位する。同日には源基子所生の二歳の第二皇子実仁《さねひと》親王を皇子とする。後三条天皇の譲位に関しては、古くから天皇が院政を行うためとする説があるが、確かではない。延久五年（一〇七三）四月二一日に病により出家し、法名を金剛行とする。同五月七日に四〇歳で崩御。陵は円宗寺陵（京都市右京区竜安寺朱山）。天皇の日記に『後三条天皇御記』があるが、逸文のみしか伝わっていない。

［文献］槇　道雄『院政時代史論集』（続群書類従完成会、一九九三）、橋本義彦『平安の宮廷と貴族』（吉川弘文館、一九九六）。

（平郡さやか）

大江匡房《おおえのまさふさ》（一〇四一―一一一一）父は*大江匡衡の孫成衡《なりひら》。母は宮内大輔橘孝親《たかちか》女。子に隆兼《たかかね》・維順《これのぶ》・大江広房《ひろふさ》室がいる。養子に陸奥守源有宗《ありむね》長男有元《ありもと》・匡房女と結婚した広房《ひろふさ》（実父は橘以綱《もちつな》）がいる。江都督・江帥・江大府卿などと称される。天喜四年（一〇五六）一二月に一六歳で文章得業生となる。翌年二月には丹波掾に任ぜられる。天喜六年（一〇五八）に対策に及第する。治部少丞・式部少丞を経て、治暦三年（一〇六七）に東宮学士となり、翌年四月一九日の*後三条天皇践祚に伴い蔵人に任ぜられる。同七月には中務大輔となり、正五位下に叙せられる。治暦五年（一〇六九）正月に左衛門権佐となり、同一二月には右少弁も兼ねる。延久四年（一〇七二）に備中介を兼任し、同一二月の*白河天皇即位とともに蔵人に補せられ、東宮学士も兼ねる。美作守・権左中弁などを経て、寛治二年（一〇八八）八月二九日に参議に昇り、左大弁・勘解由長官・式部大輔・周防権守を兼任する。嘉保元年（一〇九四）に権中納言となる。承徳元年（一〇九七）に大宰権帥となり、嘉承元年（一一〇六）には再度大宰権帥に任ぜられる。天永二年（一一一一）七月に正二位大蔵卿となる。病により同一一月五日に出家し、同日に七一歳で死去する。匡房は後三条・白河・*堀河の三代の天皇の侍読を勤めた。匡房の著作には、宮廷儀式の次第をまとめた『*江家次第』をはじめ、『江都督納言願文集』『*続本朝往生伝』『*本朝神仙伝』『谷阿闍梨伝』などがある。詩文は『本朝続文粋』『朝野群載』『本朝無題詩』などにみられる。家集として『江帥集』、日記に『江記』、談話筆記に『*江談抄』がある。

［文献］山中　裕『平安人物志』（東京大学出版会、一九七四）、川口久雄『大江匡房（新装版）』（吉川弘文館、一九八九）。

（平郡さやか）

（三）　変貌する平安京

弁済使《べんざいし》　平安時代、諸国が、中央への官物・租税の徴収を送進する者および公文の調進を掌る者として置いた役職。元来は、国司受領によって私的に設置されたもの。中央の下級官人が任ぜられることが多く、国雑掌を兼任する場合があった。初見は天暦元年（九四七）閏七月の太政官符。九州の摂関家領島津荘では半不輸の寄郡に設置され、荘園の課役を勤仕せしめることを任とした。

［文献］工藤敬一『九州庄園の研究』（塙書房、一九六九）。

（阿部　猛）

荘園制《しょうえんせい》と綱丁《ごうちょう》　令制下、調庸物などを都まで運送する運脚夫を指揮・監督する者。綱丁とは宰領の意で、国司・郡司がこれに当たるときは「綱領」と呼ぶ。綱丁の非法の多かったことは史料の語るところで、調庸物を着服したり、文書を改竄《かいざん》する者があり、財貨を蓄えて官職を買うといわれた。万寿二年（一〇二五）丹波・讃岐両国の綱丁は悪米を進納して杖八十に処された。承和六年（八三九）上野国司は前年の綱領郡司の宰領した調庸の不足分の補塡が翌年の綱領郡司の責任とされ、返抄（請取状）が与えられない事情を訴えている。公領のみならず、荘園の年貢運送に携わる者も綱丁と呼ばれた。（阿部　猛）

梶取《かんどり》　「挟抄」とも書き「かじとり」とも読む。船の船長、梶をとった人。令制下、官物の輸送や年貢の運送を行い、輸送責任者となる。公領・荘園内で給免田を与えられた場合があった。名主や下級荘官が務めたが、中世には専業の運輸業者が生まれた。のちの「船頭《せんどう》」の源流。梶取の下に水主《かこ》が乗り組み操船に従事した。

［文献］　新城常三『中世水運史の研究』（塙書房、一九九四）。（阿部　猛）

問《とい》　問男、戸居男、問丸とも。公領・荘園からの年貢・官物などの運送を行い、また倉庫業、委託販売業などを行った。一二世紀前半から淀川沿岸に初見。問題の機能は、①領主のための水上交通の労役奉仕、②荘園年貢の輸送、③倉庫の管理であった。倉庫は津屋《つや》、邸屋《つや》といわれ、平安末期の史料に見える港津の*納所が問丸の起源をなすとみられる。初期の問丸は給免田を与えられて運輸や倉庫の管理に従事したが、やがて中世となると、年貢の委託販売を行うようになる。

［文献］　豊田　武『増訂　中世日本商業史の研究』（岩波書店、一九五二）、阿部　猛『律令国家解体過程の研究』（新生社、一九六六）。（阿部　猛）

棚《たな》　「店」とも書く。小売店舗で、店頭に商品を置く台のこと。市場は立って物を売る立売に始まるが、やがて不断の需要に応ずるため常設の小売店舗が成立する。奈良・平安時代の東西市の肆《いちくら》の構造は未詳であるが、平安末期、市町に開かれた店舗では、棚を設けここに商品を置いて買い手を待った。絵巻物などに描かれていて、その構造をうかがうことができる。

［文献］　豊田　武『日本商人史　中世篇』（東京堂出版、一九四九）。（阿部　猛）

座《ざ》　座が史料上にみえるのは平安末期からで、まず神仏をめぐる祭祀集団として現れる。寛治六年（一〇九二）京都の八瀬の里の刀祢《とね》らの座がみえるが、これが宮座かあるいはほかの目的を持った結合体かは不明である。元永元年（一一一八）東大寺で鍛冶の座頭二人と職事一人に禄を賜わったという史料があるが、この座は東大寺専属の工人の組織であろう。醍醐寺では大治二年（一一二七）頃に油座がみえ、春日若宮では寿永二年（一一八三）に酒座があった。*『兵範記』仁平三年（一一五三）四月条に田楽法師の座がみえ、同年五月の宇治離宮の祭に宇治・白河の座法師原が芸能を演じたとある。座の起源については、①古代官営工房の解体に伴って、*品部・雑戸が新たな保護者のもとに集団を組織して特権的商工業者に転化したもの、②平安京の東西市の市人が権門勢家の保護下に特権的商人集団を組織したもの、③官衙（厨）町の住人がその官衙の保護下に座を結成したもの（西陣機業の源流をなした大舎人座など）、④貴族に仕えた雑色らが営利行為をなすようになり座を結成したもの、⑤供御人らが座を結んだもの、⑥寺社の寄人・神人らが商工行為をなし組織を作ったものなど諸説がある。座の最盛期は室町時代である。　（阿部　猛）

［文献］豊田　武『座の研究』（吉川弘文館、一九八二）、脇田晴子『日本中世商業発達史の研究』（御茶の水書房、一九六九）。

市《いち》　物品の交換取引の行われる場。市場。市の発生については、①歌垣起源説、②政治起源説、③余剰貨物交換起源説、④祭祀起源説などがある。我が国の市について『日本書紀』には、餌香市《えがのいち》・海石榴市《つばのいち》・軽市《かるのいち》・阿《あ》斗桑市《とくわのいち》の名がみえ、奈良時代には餌香市・小川市・深津市・難波市の存在が知られ、平城京では官営の東西市があった。「関市令」「雑令」に市場についての規定がある。平安時代には『延喜式』に交易・売買に関する規定が列記されているが、平安末期には東西市は衰退し、代わって平安京の町通（新町通）と二条・三条・六角・錦小路・四条・七条通りとの交叉点が商業区として発達した。町通と東西の道路の交叉するところが「町《まち》」（市町）と呼ばれたのである。生産力の向上に伴い、地方にも多くの市が立つようになっていた。市の立つ場は、浜と里、里と山の接点、国衙のある国府の中心、神社・寺院の門前、港などが多かった。

［文献］西村真次『日本古代経済—交換篇２市場』（東京堂出版、一九三三）。　（阿部　猛）

市神《いちがみ》　市に祀られる市の守護神。円形の石や六角の木柱、また小祠を市神とするのが多い。祭神には市杵島《いちきしま》姫が多いが、ほかに、大国主《おおくにぬし》命、言代主《ことしろぬし》神もある。市神が町の境の標識になっている例もあり、そもそも交易・交換が神の支配する場において始まったことを示している。　（阿部　猛）

［文献］北見俊夫『市と行商の民俗』（岩崎美術社、一九七〇）。

木屋《きや》　貯木場のこと。木津川（泉川）沿いの山城の泉木津には、奈良時代、大安寺・薬師寺・東大寺・興福寺・元興寺の木屋が設置されていた。これら諸大寺はその造営・修理に多量の材木を消費したので、上流の杣から伐り出した材木を筏に組んで下し、泉木津に貯えたのである。木屋には、木屋預・本守・寄人がいて、材木の搬出入、保管に当たった。

［文献］西岡虎之助『荘園史の研究　上』（岩波書店、一九五三）、宇佐美隆之『日本中世の流通と商業』（吉川弘文館、一九九九）。　（阿部　猛）

馬借《ばしゃく》　馬匹を輸送具とする交通労働者。牛馬を用いる物資輸送は古くから行われており、平安前期には東国における僦馬の党の活動がみられるが、馬借の称は平安末期から見える。『新猿楽記』には、「東は大津、三津まで馳《は》せ、西は淀の渡り・山崎まで走る。牛の首がただれても一日も休まず、馬の背がえぐれても片時も休ませない。駄賃の少ないことや人夫の不足をいつも言い争っている。いいかげんなことでは人に腰をかがめたりしないし、役人をも恐れない」と書かれている。また『今昔物語集』には、馬百余疋に多くの商品を積んで伊勢国に往来する水銀商の話が載せられている。

［文献］豊田　武『日本商人史　中世篇』（東京堂出版、一九四九）。　（阿部　猛）

車借《しゃしゃく》 車によって物資の運送を行う者。「賃車の徒」と呼ばれる。*『延喜式』木工寮式には「車載」の法が記され、車一輛に積むべき量が規定されている。それによると、旧材（三万寸）雑材（二万七〇〇〇寸）榻榑（一六材）板瓦（一二〇枚）筒瓦（一四〇板）鐙瓦（八〇枚）宇瓦（六〇枚）大坂石（七九二〇寸、小石は九〇〇〇寸）讃岐石（六三〇〇寸、小石は七二〇〇寸）白土（二石三斗）藁（五〇囲）四尺檜皮（一二囲）三尺檜皮（一八囲）であった。運賃については、山城国大井津から*木工寮まで、車一両五〇文、小野と栗栖野《くるすの》の瓦屋から宮中までは車一両四〇文と定められていた。

［文献］阿部　猛『律令国家解体過程の研究』（新生社、一九六六）。 （阿部　猛）

桂女《かつらめ》 京都郊外の桂川の住人で、平安時代、都に鮎鮨《あゆずし》を売りに出て、また時に売春もした女たち。その主な者は、御厨子所桂供御人・摂関家の鵜飼《うかい》・贄人《にえびと》として組織されていた。

［文献］名取壌之助編『桂女資料』（大岡山書店、一九三八）、網野善彦『日本中世の非農業民と天皇』（岩波書店、一九八四）。 （阿部　猛）

看督長《かどのおさ》 検非違使庁の下級職員で左・右衛門府の火長《かちょう》。元来は定員四人であったが、摂関期には一六人、院政期には四〇―五〇人となった。彼らは摂津・河内など畿内の在地土豪の出で、津守・雀部・恩智・日下部などの姓を持った。犯罪人の追捕、住宅の検封、捜索、牢獄の守衛などに当たり、少数の放免を率いて活動した。赤狩衣《あかかりぎぬ》・白衣《びゃくえ》・布袴《ぬのばかま》のいでたちで使庁の権威をかさに着て乱暴を働くこと多く、人々に恐れられていた。なお、左・右近衛府には類似の職員として「看督」「看督使」がいた。

［文献］井上満郎『平安時代軍事制度の研究』（吉川弘文館、一九八〇）。 （阿部　猛）

放免《ほうめん》 刑期を終えて出獄した後、検非違使庁の下部に使われ、犯罪捜査に働いた者。犯罪者としての経験から情報に詳しく、犯人の捜索・逮捕に活動した。権威をかさに着て乱暴を働く者、あるいは再び強盗を働く者なども多かった。絵巻物（例えば*『伴大納言絵巻』）には、ひげを生やし派手な摺衣《すりごろも》を着し、長大な鉾《ほこ》を持った放免の姿が描かれている。 （阿部　猛）

勾引《かどわかし》 「こういん」とも。売却目的で人を不法に連行すること。古代法（律）では「略」という。人を略しまた略売して奴婢《ぬひ》とした者は一般に「遠流《おんる》」の罪に処された（「賊盗律」）。 （阿部　猛）

盗賊《とうぞく》の横行《おうこう》 盗賊はいつの世にも絶えず、特に警察力の弱かった時代また警備の手薄な地域では群盗の横行を免れなかった。天延元年（九七三）四月、都で前越前守*源満仲宅が群盗に包囲され放火された。永延二年（九八八）一〇月、猪熊殿《いのくまどの》が放火され焼失した。貴族の邸宅は盗賊たちにねらわれ、火を放たれることしばしばであった。天禄三年（九七二）四月、紀伊守藤原棟和《むねかず》宅、天元三年（九八〇）一二月但馬守藤原景斉《かげなり》宅、長徳三年（九九七）二月備後守藤原致《むね》遠《とお》宅、上総権介季雅《すえまさ》宅、四月中納言平惟仲《これなか》宅、右少弁閑院朝経《ともつね》宅に強盗が入った。財力豊かな受領の宅が多くねらわれた。*『今昔物語集』には、盗賊の話が多く載せられているが、独り働きの盗人もあれば、数十人の手下を率いる大強盗団もあった。多分に伝説的であるが、*袴垂と称された著名な盗賊は、はじめ独り働きをしていたが、やがて数十人の部下を持ち、盗賊の「大将軍」と称された。貴族の子弟でも盗賊となる者があり、そのうちもっとも名高いのは*藤原保輔である。保輔は致忠《むねただ》の子で、兄*保昌は諸国の受領を歴任した中級貴族、和泉式部の夫であった。*平安京の大路では白昼強盗が出没し、夜ともなれば無事に通ることも難しい様子であり、内裏でさえ盗賊の侵入を免れず、清少納言も恐怖の体験を書き遺している。都を離れると盗賊の活動はいっそう活発であり、逢坂山《おうさかやま》、鈴鹿峠、奈良坂など著名であった。

［文献］　京都市編『京都の歴史1』（京都市、一九七〇）、阿部　猛『平安貴族の実像』（東京堂出版、一九九三）。　（阿部　猛）

袴《はかま》　垂《だれ》　（生没年未詳）　一〇世紀後半から一一世紀の著名な盗賊。大赦により出獄した袴垂が逢坂山《おうさかやま》で、死んだふりをして、愚かな武士の着衣などを剝ぎ取り、のち手下数十人を率いる盗賊集団の長となった話と、*藤原保昌を襲おうとして果たさず、位負《くらいま》けしてかがみ込み、かえって衣類を与えられた話が知られている。豪胆で機敏で、優れた兵《つわもの》と同じ言葉で形容されている。　（阿部　猛）

藤原《ふじわらの》　保輔《やすすけ》　（？—九八八）　致忠《むねただ》の子。*藤原保昌の弟。正五位下・右兵衛尉・右馬助・右京亮を歴任した。寛和元年（九八五）左大臣*源雅信邸の大饗で藤原季孝《すえたか》を傷つけ、また藤原斉《なり》景《かげ》・茜《あかね》是茂《これしげ》らの家を襲った。追討の宣旨を蒙ること十数度という。姉小路高倉の保輔の邸には大きな穴があって、ここに行商人を誘い商品を奪い取って殺したという。貴族の邸宅にかくまわれたが、逃れぬものとあきらめ切腹、死にきれずに獄中で死んだ。「本朝第一の武略」と称された大盗賊。　（阿部　猛）

落《らく》　書《しょ》　匿名《とくめい》の投書、掲示のこと。政治批判や社会風刺、あるいは個人の行状の密告を目的とした。詩歌の形式をとるものは落首《らくしゅ》と呼ばれる。人眼につくところに、わざと落としておいたり、門や壁に書きつけたりする。平安初期から政争の具に用いられた。寺院内部では、他人の罪状を告発する方法として用いられたが、中世に入ると荘園内で犯罪があったとき犯人を指名する落書が行われた。また建武政権期に現れた「二条河原落書」は名高い。　（阿部　猛）

シダラ神《がみ》運動《うんどう》　「設楽神」「志多羅神」とも書き、一〇世紀頃、民間で信仰されていた神であるが、地方の開発領主層の信仰対象としての開発神的性格を持ち、また当時の天神信仰や御霊信仰ともかかわる神であるらしい。天慶八年（九四五）シダラ神の神輿が数千、数万の民衆の興奮のなか、摂津から都に向かって進んだが、託宣あって*石清水八幡宮に入った。西国から村々を転送されてくる神で、集団的熱狂のなかで行われる民衆運動の一形態とみられる。

［文献］　戸田芳実『日本中世の民衆と領主』（校倉書房、一九九四）、河音能平『中世封建社会の首都と農村』（東京大学出版会、一九八四）。　（阿部　猛）

永長《えいちょう》の大田楽《だいでんがく》　嘉保三年（一〇九六）夏に起こった田楽大流行の現象をいう。もと農耕儀礼に発する田楽が、庶民の不安・不満を表明する集団的行動として現れ、都市下層民に始まり、貴族層をも巻き込む熱狂的な田楽の大流行となった。直接の原因として、伊勢外宮造営に伴う課役賦課があったともみられるが、社会変革期における大衆行動として幕末の「ええじゃないか」と対比される。

［文献］ 戸田芳実『初期中世社会史の研究』（東京大学出版会、一九九一）。 （阿部 猛）

太郎焼亡《たろうしょうぼう》・次郎焼亡《じろうしょうぼう》 太郎焼亡とは、安元三年（一一七七）四月二八日に起こった京都の大火。次郎焼亡とは治承二年（一一七八）の大火を呼ぶ。太郎焼亡は、夜八時頃、都の東北方、樋口富小路の小屋（病人が収容されていた）から出火し、折からの南東の強風にあおられて、またたく間に火が拡がり内裏にまで及び、大極殿・朝堂院・大学寮・勧学院も焼けた。かつて、貞観一八年（八七六）、天喜六年（一〇五八）の二回大極殿は焼け落ちているが、その都度再建されていた。しかし太郎焼亡で焼けた大極殿は以後再建されることはなかった。

［文献］ 京都市編『京都の歴史2』（京都市、一九七一）。 （阿部 猛）

正暦大疫癘《しょうれきのだいえきれい》 正暦四年（九九三）から同六年（九九五）にかけて都を中心に大流行した疫癘。いわゆる疱瘡《ほうそう》で、九州から起こり、同五年（九九四）四月頃病臥する者多数にのぼり、これを三条京極辺にあった薬王寺に収容した。正暦五年五月京中の小路辻ごとに高座を設けて仁王経を修し、六月疫神を船岡山に祀ったが甲斐なく、四月から七月に至る死者は京中の半ばを超え、五位以上の者も六七人死亡した。三月に大納言藤原朝《とも》光《みつ》、四月に左大将藤原済時《なりとき》、五月に左大臣源重信《しげのぶ》・関白*藤原道兼・中納言源保光《やすみつ》・中納言源伊陟《これただ》、六月に権大納言藤原道頼《みちより》が死んでいる。『*大鏡』は正暦六年を「大疫癘の年」と呼ぶ。 （阿部 猛）

養和の飢饉《ようわのききん》 養和元年（一一八一）から翌二年にかけて起こった大飢饉。養和元年には天変が相次いだ。春と夏はひでりが続き、稔《みの》りの秋には大風・洪水に見舞われ、穀物はほとんど収穫できなかった。人々は家を捨てて山に入り、木の根を掘って命をつないだ。都では貴族たちが僧に祈禱させ神にも祈ったが効果はなく、田舎からの年貢は上らず、諸物資も都には入らず、市場も機能を失った。翌二年には、追い討ちをかけるように悪疫が流行し、飢えと病で死ぬ者が続出した。人々は都に流入し、死骸も片づけることができず、放棄された死者は四万数千人に及び、町中に死臭が満ちた。燃料が途絶えたので、家を壊して廃材を市で売る者も現れた。鴨長明は『方丈記』のなかで、飢饉の様子をリアルに描き、「京のならひ《（習）》、何わざ《（業）》につけても、みなもとは田舎をこそ頼める」といい、都市の弱点を指摘した。しかし、為政者は、せいぜい賑給を行って庶民に食料を配ることしかできず、社会的な矛盾の拡大に対する認識が浅かった。

［文献］ 京都市編『京都の歴史2』（京都市、一九七一）。 （阿部 猛）

諸司厨町《しょしくりやまち》 官衙町とも。令制下の諸官司に勤務する者の宿所。地方から造営事業のために送り込まれた役夫や、衛士として毎年交替で上京し、衛門府・衛士府に配されて宮門の警備や雑役に当った者たち、大舎人・東宮舎人・中宮舎人などの下級官人らの集団宿所である。*平安京の成立とともに作られたものと思われ、寝食の場であったので、「厨《くりや》」町と呼ばれた。『拾芥抄』（巻中）による所在地を収録。

［文献］ 村井康彦『古代国家解体過程の研究』（岩波書店、一九六五）。 （阿部 猛）

御倉町《みくらまち》　「倉町」とも。平安時代中・後期に、受領や摂関家・院などの財物を収納する倉庫の立ち並ぶ地をいった。平安京内や鳥羽・白河などにあり、またここには多くの工人を集めた工房も営まれ、富の集積所の観があった。　（阿部　猛）

巷所《こうしょ》　平安京の道路であったものが田畠・宅地となったものをいう。承久三年（一二二一）四月日次記《ひなみき》に、朱雀大路を耕作する者のあることを咎めて「九重に巷所あるべからず、一向に只《ただ》停止に従うべし」と記していることから、巷所の意を知ることができる。永久三年（一一一五）三月の史料では「件の巷所、元は古《いにし》えより道路たり、耕作なし」と書かれている。「巷所」の字はみえないが、長岡遷都後の旧平城京の道路が私に開墾されて田畝となっている例も知られる。巷所は、いわば「番外地」であって、巷所と散所の関係を推測する意見もある。

［文献］林屋辰三郎『古代国家の解体』（東京大学出版会、一九五五）、阿部　猛『律令国家解体過程の研究』（新生社、一九六六）、秋山国三・仲村　研『京都「町」の研究』（法政大学出版局、一九七五）。　（阿部　猛）

頬《つら》　都市の道路に面している部分。「面《おもて》」に同じ。道路を中心にして「東側《ひがしがわ》」「西側《にしがわ》」を「東の頬《つら》」「西の頬」と呼び、街角は、道路の交叉点からみれば図のように、東北頬、東南頬、と呼ぶ。平安京では、例えば「左京七条一坊十五町西一行北四五六七門」というように表記されていた（⇨行門制）。しかし、行門制の崩壊に伴い、新しい地点指示法として、頬、面が生まれたものと思われる。「頬」は都市のみならず、中世以降、地方でも用いられていた。

［文献］阿部　猛『律令国家解体過程の研究』（新生社、一九六六）、秋山周三・仲村　研『京都「町」の研究』（法政大学出版局、一九七五）。　（阿部　猛）

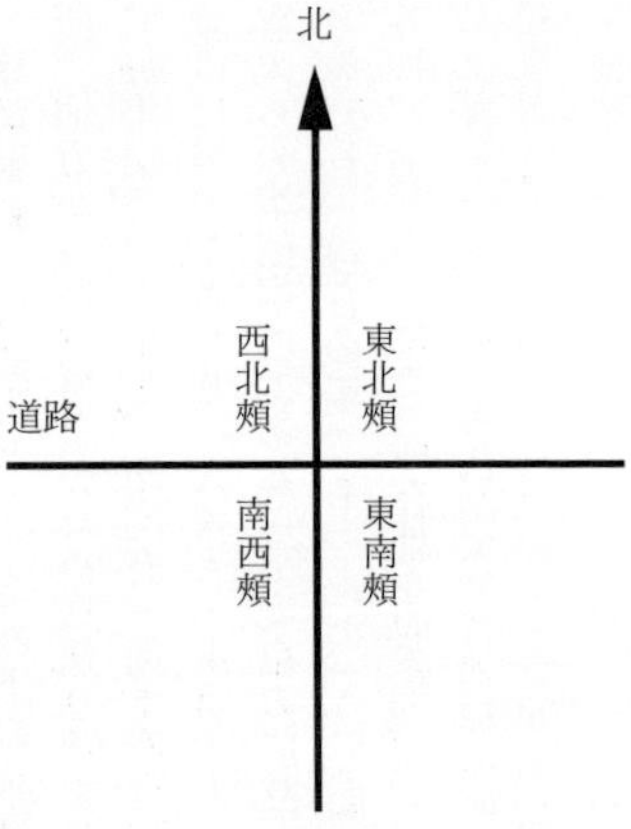

道路と頬

（四）平清盛の政権

保元《ほうげん》の乱《らん》　保元元年（一一五六）七月に京都で起こった争乱。白河院政の成立後、院と天皇との競合する二つの権力が出現したため、貴族政界の勢力争いは複雑かつ激しいものとなった。鳥羽院政が開始されると、皇位継承をめぐる鳥羽院*と崇徳*天皇の対立が深刻化し、永治元年（一一四一）、鳥羽院は崇徳天皇に譲位を迫り、寵妃の美福門院（藤原得子《とくこ》）が生んだ近衛*天皇を強引に即位させた。崇徳上皇は、その後、皇子の重仁《しげひと》親王の即位に望みをつないでいたが、久寿二年（一一五五）七月に近衛天皇が没すると、鳥羽院・美福門院らは、近衛天皇の兄の後白河*天皇を位につけ、その子の守仁《もりひと》親王を皇太子としたため、崇徳上皇の悲願は完全に断たれるに至った。他方、その頃、摂関家でも、関白*藤原忠通と父*忠実・弟*頼長との間に、関白*氏長者の地位をめぐって争いが生じていた。忠実ははじめ関白氏長者を忠通に譲ったが、やがて忠通から氏長者を奪い返して頼長に与え、さらに鳥羽院に懇望して頼長を*内覧に任じた。そこで忠通が美福門院に接近して種々画策したため、忠実・頼長はしだいに鳥羽院の信任を失い、後白河天皇の即位とともに政治的窮地に陥った。ここに中央政界は、天皇家と摂関家の内部抗争をめぐって、鳥羽―後白河―忠通と、崇徳―忠実・頼長という二大勢力に分裂することとなった。

やがて、保元元年（一一五六）七月二日に鳥羽院が没するとこの対立は激発した。崇徳天皇方は、*源為義・*為朝父子や平忠正《ただまさ》らの武士を集め、後白河天皇方は*源義朝・*平清盛を中心とする源平の武士を集結し、ついに一一日未明、天皇方が上皇の御所を一挙に襲撃して勝利した。その結果、崇徳上皇は讃岐に流され、頼長は戦死し、為義・忠正らは斬罪となった。忠通は氏長者に返り咲いたが、摂関家の権勢は大きく失墜した。この乱は貴族層内部の権力抗争に端を発したが、乱の結果は政争の勝敗を決するものが武力であることを世人に認識させ、平清盛や源義朝らの武士勢力が急速に中央政界へ進出し、「武者ノ世」（『*愚管抄』）の到来を告げる幕開けとなったのである。

［文献］　飯田悠紀子『保元平治の乱』（教育社、一九七五）、橋本義彦『平安貴族社会の研究』（吉川弘文館、一九七六）、五味文彦『院政期社会の研究』（山川出版社、一九八四）。（田中文英）

保元《ほうげん》の新制《しんせい》　*後白河天皇の保元年間に制定された法令。特に、保元元年（一一五六）閏九月一八日に発布されたものが有名。これは、保元の乱に勝利した後白河天皇が、天皇支配権を強調して荘園整理と寺社勢力の統制を図ろうとしたもので、保元の荘園整理令ともいう。全七か条。第一条で、後白河天皇即位の久寿二年（一一五五）七月二四日以降の宣旨を持たない荘園の新立を禁じ、第二条で、本免《ほんめん》以外の加納田《かのうでん》を停止して荘園の拡張と荘民の濫行《らんぎょう》を禁じるのをはじめ、伊勢神宮・興福寺以下の大寺社が多数の*神人・*寄人や悪僧・夏衆《げしゅう》・先達《せんだつ》などを擁して濫行を働くことを停止し（第三・四条）、諸国司に対しては管内寺社の濫行の禁止を命じ（第五条）、次いで、伊勢神宮以下の二十二社と、東大寺以下の十大寺には、寺社領と仏神事用途（費用）の注進を命じて、仏神事の執行に必要なもの以上に荘園などの拡張を図ることを統制しようとした（第六・七条）。この新制は、寺社勢力を真正面に据えて荘園整理策を遂行しようとした点に特色を持つ。それを実施するため、翌一〇月に記録荘園券契所《きろくしょうえんけんけいしょ》（記録所）が設置された。このほか、翌保元二年一〇月八日には三五か条の新制が発布された。全体の内容は詳らかでないが、そのなかには京都市中の取締り・検察、朝廷公事の振興、過差の禁止などの条項が含まれていたことが判明している。保元元年の新制とあわせて後白河親政の政策基調をなすものであった。

［文献］　水戸部正男『公家新制の研究』（創文社、一九六一）、棚橋光男『中世成立期の法と国家』（塙書房、一九八三）。（田中文英）

平治《へいじ》の乱《らん》　平治元年（一一五九）に京都で起こった争乱。*保元の乱に勝った*後白河天皇は、*藤原信西（通憲）を重用して親政を行った。しかし、保元三年（一一五八）八月に*二条天皇に譲位して院政を始めると、廷臣らが後白河上皇と二条天皇の周辺にそれぞれ近臣グループを作って勢力争いを展開するようになった。そのなかでも、院近臣の藤原信西と*藤原信頼の争いが激しく、信頼は信西によって近衛大将への就任を阻止されると、信西を排斥する機をうかがうに至った。一方、武士の棟梁では、*平清盛と*源義朝が互いに競って中央政界への進出を図ったが、保元の乱で武勲第一の義朝は、乱後の行賞で清盛より低く処遇されたことに不満を抱き、勢力挽回の機会を窺っていた。義朝ははじめ信西に接近しようとしたが、清盛が巧みに機先を制して信西と結んだため、信頼と相結ぶに至り、ここに信西・清盛と信頼・義朝の二つの政治勢力が対立する情況となった。その対立が極点に達し、ついに平治元年一二月九日、信頼・義朝は清盛が一族を率いて熊野参詣に出かけた隙をついて挙兵し、後白河上皇・二条天皇を内裏に幽閉、信西を大和国の田原に追いつめて自害させた。信頼は一時朝廷の実権を握って*除目を行い、自ら近衛大将となり、義朝を播磨守に任じたりした。しかし、急ぎ帰京した清盛が機敏に対処したため寝返る者が続出し、二条天皇派の藤原経宗《つねもと》・同惟方《これかた》らも清盛に内通して天皇らを内裏から脱出させて六波羅第に移し、上皇も仁和寺へ逃れたので信頼らは孤立した。二六日、清盛は大軍をもって大内裏を攻撃、義朝らはよく抗戦したがついに敗北し、信頼は捕えられて翌日処刑された。義朝は再起を図って東国へ逃れる途中尾張国で長田忠致《おさだただむね》に謀殺され、長男義平《よしひら》は斬罪、三男*頼朝は伊豆に流された。この乱の結果、源氏の勢力が没落し、平清盛が中央政界におけるほとんど唯一の武門としての地位を確立した。以後、平氏一門の権勢の樹立へと向かうこととなった。

［文献］　飯田悠紀子『保元平治の乱』（教育社、一九七五）、松島周一「平治の乱について」（『日本歴史』四六九、一九八七）。（田中文英）

伊勢平氏《いせへいし》　桓武平氏の一流で、伊勢国を本拠とした武士の一族。*桓武天皇の曾孫高望《たかもち》王は、平姓を得て東国に下り、その子孫は関東地方に分布して坂東八平氏と称されるに至った。このうち、高望王の孫*貞盛は*平将門の乱を平定して名を高め、その子維衡《これひら》が伊勢国の北部に本拠地を築いて伊勢平氏の祖となった。維衡は伊勢守をはじめ数か国の受領を歴任し、その一族は北伊勢からさらに尾張・伊賀両国の一部にも進出したが、同氏一族の中央政界での地位はあまり振るわなかった。ところが、院政期に入り、維衡の曾孫*正盛は、承徳元年（一〇九七）に伊賀国の所領を六条院御堂に寄進して鞆田荘《ともだのしょう》を成立させたのを契機に*白河上皇に重用され、隠岐・若狭・因幡・但馬・丹後・備前・讃岐などを歴任するとともに検非違使・追討使などとしても活躍し、伊勢平氏が政界へ進出する基盤を築いた。その子*忠盛は、白河・鳥羽両院政の武力的支柱としての役割を果たす一方、伯耆・越前・備前・美作・尾張・播磨などの受領を務めて勢力基盤を拡大して刑部卿にまで昇進し、その政治的地歩を確実なものとした。次いで忠盛の子*清盛は、保元・平治の乱を勝ち抜いて平氏政権を樹立するが、やがて源平の争乱が勃発。文治元年（一一八五）、伊勢平氏の一門は長門壇ノ浦《だんのうら》の戦いで滅亡し、その余流が元久元年（一二〇四）伊勢で蜂起したが鎌倉方に鎮圧された。その結果、わずかに清盛の異母弟頼盛の一流のみが鎌倉時代以降も公家として残った。

［文献］　高橋昌明『清盛以前』（平凡社、一九八四）。（田中文英）

清盛政権《きよもりせいけん》**の性格**《せいかく》　*平清盛の政権（平氏政権）がその軍事力をもっとも重要な支柱として樹立されたとする点では諸説はほぼ一致している。しかし、その政権の基盤、権力組織、政権の成立時期など基本的な点をめぐって諸説があり、まだ定説はない。清盛政権の基盤としては、その軍事力とともに、数多の知*行国と荘園、さらに*日宋貿易が注目されるが、その歴史的位置づけについては相対立する二つの見解がある。一つは、平氏が*知行国・荘園などを足場にしたことは、院や摂関家などの貴族権門と同じ基盤に立脚したことを意味し、そこにこの政権の古代的・貴族的性格が示されていると評価するものである。もう一つは、平氏の知行国や荘園の支配内容などを具体的に検討して、平氏がこれらの支配を通じて在地武士を家人・郎等などに組織しつつ貴族と違った権力組織を形成していくことや、日宋貿易の開明的な意義などを指摘して、その政権の中世的・武家政権的性格を強調する見解である。後者の見解に立つ研究が多くなりつつあるが、治承寿永の内乱期以前の権力基盤や在地支配体制などについてはまだ個別的な分析に留まっており、不明な点が多い。また、政権の成立時期についても、清盛が後白河院政を停止した治承三年（一一七九）一一月の政変を画期とするか否かをめぐって論争があるが、清盛の国政掌握形態や構造についての研究が遅れているため決着を見ていない。これら多くの未解決の課題が、清盛政権の性格づけを困難にしているのが現状である。

［文献］林屋辰三郎『古代国家の解體』（東京大学出版会、一九五五）、石母田正『古代末期政治史序説』（未来社、一九六四）、五味文彦「平氏軍制の諸段階」（『史学雑誌』八八―八、一九七九）、上横手雅敬「平氏政権の諸段階」（安田元久先生退任記念論集刊行委員会編『中世日本の諸相 上』所収、吉川弘文館、一九八九）、田中文英『平氏政権の研究』（思文閣出版、一九九四）。

（田中文英）

日宋貿易《にっそうぼうえき》　平安中期から鎌倉中期にかけて日本と中国の宋朝*（北宋・南宋）との間で行われた貿易。寛平六年（八九四）の遣唐使の廃止後、中国との正式の国交は途絶え、僧侶以外の日本人の渡航を禁じ、中国船の来航も博多に限定するなど種々の制限を加えたため、日中交流は停滞した。ところが、宋朝が成立して、その産業の発達を背景に貿易振興策を展開し始めると宋商船の来航が頻繁になった。宋船が中国、明州の寧波から博多に来航すると、朝廷は唐物使《からもののつかい》を派遣して優先的に必要な品物を買い上げ、残りを民間の交易にゆだねる方法をとった。しかし、宋船の来航がますます盛んになるにつれて、日本の貿易管理体制もしだいに崩壊し、一一世紀末頃になると、九州沿岸に荘園を持つ荘園領主のなかには宋船を自分の荘園に着岸させて直接貿易を行う者も出現し始めた。また九州から瀬戸内海沿岸地域の武士や住人のなかからも宋商人との交易を求める者が登場し、一二世紀に入ると博多などに居住する宋商人も増加するなど、民間貿易が急激に発展するに至った。そうした情勢のなかで、日宋貿易の利益に注目した*平清盛は、*大宰府と福原とを結ぶ瀬戸内海航路の整備に力を注ぐとともに、摂津国の大輪《おおわ》田泊《だのとまり》を修築して、日宋貿易の拠点を北九州から大輪田泊まで延長するなど積極的な貿易策を推進したので、一二世紀後半には日本人の渡宋も盛んになった。鎌倉幕府は、一時貿易を制限しようとしたがあまり効果はなく、一三世紀後半の宋朝の滅亡に至るまで日宋貿易は活発に展開された。貿易品としては、宋から香料、絹織物、陶磁器、薬材類、書籍、文房具、宋銭（銅銭）などがもたらされ、日本からは砂金、水銀、硫黄、真珠、木材や日本刀、蒔絵《まきえ》・螺鈿《らでん》・檜扇《ひおうぎ》などの工芸品などが輸出された。特に宋からの大量の宋銭の輸入は、日本における貨幣経済の発展に大きな影響を与えた。さらに貿易船に乗船して往来した僧侶たちがもたらした仏教文化、学問思想、諸技術などが日本文化の形式に及ぼした影響も甚大であった。

［文献］森　克己『新訂 日宋貿易の研究』（国書刊行会、一九七五）、亀井明徳「日宋貿易関係の展開」（『日本通史6古代5』所収、岩波書店、一九九五）、対外関係史総合年表編纂委員会『対外関係史総合年表』（吉川弘文館、一九九九）。　（田中文英）

六波羅《ろくはら》　京都市東山区にある鳥辺山《とりべやま》の西麓付近の地名。この地は鳥辺野の入口に位置するため、古くより死者を回向するための寺院が立ち信仰の場として知られていた。地名の起源については諸説あるが、*空也の建立した六波羅蜜寺にちなむとする説が有力である。一二世紀初頭に*平正盛が私堂を建て、次いでその子*忠盛が邸宅を構え、*清盛のとき平氏一門の集住地として大いに繁栄したが、平氏の都落ちに際してその邸宅のすべてが炎上した。承久三年（一二二一）の承久の変後、鎌倉幕府がこの地に六波羅探題を設置したので、再び武士の集住地として発展したが、元弘三年（一三三三）に足利尊氏《たかうじ》の攻撃を受けて六波羅探題は滅亡した。しかし、その後もこの地は信仰の場としては栄えた。

［文献］高橋慎一郎『中世の都市と武士』（吉川弘文館、一九九六）、竹内理三『院政と平氏政権』（角川書店、一九九九）。　（田中文英）

鹿ケ谷事件《ししがだにじけん》　治承元年（一一七七）に*後白河法皇の近臣らが平氏打倒を企てて発覚した事件。権大納言藤原成親《なりちか》、西光（藤原師光《もろみつ》）をはじめ平康頼《よりやす》・藤原成経《なりつね》（成親《なりちか》の子）・法勝寺執行の俊寛《しゅんかん》らが、俊寛の京都東山鹿ケ谷の山荘（一説に静賢《じょうけん》法師の山荘ともいう）で謀議をめぐらしたので、こういわれる。*平治の乱後、*平清盛一門が急速に台頭して国政の実権を握るのに比例して、官途を閉ざされた政治勢力との対立が激化するに至った。特に院近臣との対立が激しくなり、『平家物語』によると、藤原成親が左近衛大将を望んだが清盛に阻止されたことを恨み、平氏の専横に反発する西光らの院近臣や北面の武士の*多田蔵人行綱《ゆきつな》らと平氏討滅の密議をこらし始めたという。その計画は、祇園会の雑踏に乗じて平氏の本拠地の六波羅を攻撃しようとするものであった。しかし、多田行綱の密告によって発覚し、清盛は六月一日に関係者を逮捕し、西光を斬殺、成親を備前へ流したうえで殺害、俊寛・平康頼・藤原成経を九州の鬼界ケ島へ流した。この謀議に後白河法皇自身がどの程度関与していたか詳らかでないが、この事件の結果、法皇と清盛との対立は決定的となり、やがて治承三年（一一七九）一一月には清盛がクーデターを敢行して法皇を幽閉し、その院政を停止するに至るのである。なお、成経と康頼は流刑の翌年に恩赦により帰京するが、俊寛は許されず鬼界ケ島に残されたといい、その悲話は『平家物語』や謡曲などで有名である。

［文献］田中文英『平氏政権の研究』（思文閣出版、一九九四）、北爪真佐夫『中世初期政治史研究』（吉川弘文館、一九九八）。　（田中文英）

福原遷都《ふくはらせんと》　治承四年（一一八〇）に*平清盛が行った遷都。福原は現在の神戸市兵庫区の一部。清盛は仁安二年（一一六八）に出家すると福原の別荘に隠棲し、*大輪田泊《おおわだのとまり》の修築を行うなど、この地を瀬戸内海航路と西国支配の拠点にしようとした。やがて治承四年五月に源頼政《よりまさ》らが挙兵すると、これに対処する態勢を整えるため、六月二日、安徳天皇・高倉上皇・後白河法皇らを福原に移して遷都を断行し、平氏一門の邸宅を御所とした。そのうえで隣接する和田（輪田）の地に新都の建設を計画したが、地形が狭小のうえ、貴族や寺社勢力の猛烈な反対により、その計画は実現に至らず一一月末には京都へ還都した。福原の邸宅は、寿永二年（一一八三）に平氏一門が西海落ちする際、ことごとく焼き払われた。

［文献］　歴史資料ネットワーク編『歴史のなかの神戸と平家』（神戸新聞総合出版センター、一九九九）。
（田中文英）

平正盛《たいらのまさもり》（生没年不詳）　平安後期の武士、院近臣。伊勢平氏の出羽守正衡の子。承徳元年（一〇九七）、隠岐守在任中に伊賀国の所領を白河院の皇女郁芳門院媞子《やすこ》内親王の菩提所六条院に寄進して鞆田荘《ともだのしょう》を成立させて白河院に接近し、祇園女御《ぎおんにょうご》・藤原顕季《あきすえ》らと結んで勢力の伸張を図った。院の北面の武士となり、検非違使や追討使に任じられて、白河院政の武力的支柱としての地歩を固めていった。検非違使としては、南都北嶺の僧徒の強訴《ごうそ》の阻止や京中の強盗の追捕に、追討使としては、天仁元年（一一〇八）に源義親を追討して武名をあげたのをはじめ、永久元年（一一一四）に伊予国の海賊を、元永二年（一一一九）には肥前国の仁和寺藤津荘の平直澄《なおずみ》を追捕し、その賞により従四位下に叙せられるなど積極的に活躍した。一方、隠岐守の後、若狭（重任）・因幡・但馬・丹後・備前（重任）・讃岐の国守を歴任して平氏の勢力を西国に扶植するとともに、その経済力をもって白河院に奉仕し、尊勝寺曼荼羅堂《まんだらどう》、石清水八幡宮の大塔、九体阿弥陀堂などを造進した。天永元年（一一一〇）には六波羅に私堂の六波羅蜜堂を建立して白河院を迎え、天永四年（一一一三）には祇園女御が一切経供養を行っている。また、永久五年（一一一七）に白河院の養女の待賢門院璋子《たまこ》が鳥羽天皇の女御になると、子息の忠盛とともに政所別当に補されるなど、白河院政と緊密に結びつきながら、伊勢平氏が中央政界へ進出する基礎を切り開いていった。極官は従四位下右馬権頭。保安二年（一一二一）頃六〇歳過ぎで没したと見られる。
（田中文英）

［文献］　高橋昌明『清盛以前』（平凡社、一九八四）、田中文英『平氏政権の研究』（思文閣出版、一九九四）。

平忠盛《たいらのただもり》（一〇九六―一一五三）　平安末期の武士、院近臣。伊勢平氏の正盛の嫡男。永久元年（一一一三）に盗賊追捕の功により従五位下左衛門尉となったのをはじめ、検非違使として強盗の追捕や僧徒の強訴《ごうそ》の防御に、追討使としては、大治四年（一一二九）に山陽・南海道の海賊を、保延元年（一一三五）には西海の海賊を討伐するなど父正盛のあとを継いで武門の名を高め、白河・鳥羽両院政の軍事力の支柱として活躍した。その間、伯耆・越前・備前（重任）・美作（重任）・尾張・播磨（重任）など諸国の国守を歴任して、西国武士の編成と経済的基盤の強化に努め、その死に際して「数国の吏を経、富巨万を累《かさ》ね、奴僕国に満ち、武威人にすぐ」（『台記』仁平三年正月一三日条）と評された。一方、院庁《いんのちょう》にも進出し、白河院庁の院《いん》判官代《ほうがんだい》、鳥羽院庁では御厩別当・院別当となって、院領荘園の管理支配の面でも腕を振るい、肥前国の鳥羽院領神崎荘では預所の地位を利用して院の権威を背景に日宋貿易を行ったりした。その経済力をもって院に奉仕し、長承元年（一一三二）には得長寿院《とくちょうじゅいん》を造進した功により内昇殿を許され、次いで中務大輔・右京大夫・内蔵頭などを経て仁平元年（一一五一）には刑部卿にまで昇進するに至った。その間、天長元年（一一四四）には正四位上に叙されており、国政の中枢部への地歩を着実に進めて、平家一門の繁栄の基礎を築いた。歌才もあり、私歌集に『平忠盛朝臣集』があり、勅撰集にも一六首ほどが入集している。

［文献］　谷山　茂『平家の歌人たち』（角川書店、一九八四）、高橋昌明『清盛以前』（平凡社、一九八四）。（田中文英）

平　清盛《たいらのきよもり》（一一一八―一一八一）　平安末期の武将・政治家。*忠盛の嫡男。*白河法皇の落胤とする説も有力。母は祇園女御《ぎおんにょうご》とも、その妹ともいう。一二歳で元服して従五位下左兵衛佐となり、中務大輔・肥後守・安芸守と累進し、仁平三年（一一五三）忠盛が没すると、その武士団と経済基盤を継承して平氏の棟梁となる。*保元の乱（一一五六年）では*源義朝とともに*後白河天皇方について勝利し、その功によって播磨守、次いで大宰大弐となる。*平治の乱（一一五九年）では*藤原信頼・源義朝らを破り最強の武門としての地位を確立した。以後、急激に躍進し、永暦元年（一一六〇）正三位*参議となり、検非違使別当、権大納言、*内大臣などを歴任して、仁安二年（一一六七）二月、従一位*太政大臣の極官に昇った。その間、*後白河法皇に義妹の平滋子《しげこ》（建春門院）を配してその所生の憲仁《のりひと》親王（*高倉天皇）を即位させ、関白*藤原基実には娘の盛子《もりこ》を嫁がせて、基実の死後その遺領を伝領させるなど巧みに勢力を扶植していった。仁安三年、病を得て出家し、法名を清蓮のち静海《じょうかい》（浄海）と称して摂津国福原に隠退するが、その後も政治権力を手放さなかった。平氏一門は高位高官につき、多くの*知行国を占め、膨大な荘園を集積した。さらに瀬戸内海航路の開発や大輪田泊の修築を行って*日宋貿易を推進して巨利を得、また娘の徳子《とくこ》（*建礼門院）が高倉天皇の中宮となって皇子（安徳天皇）を生むなど、その全盛時代を現出するに至った。しかし、それとともに貴族層や在地武士との対立も激化し、治承元年（一一七七）には後白河法皇の近臣らによる平氏討滅の計画が発覚し（*鹿ケ谷事件）、翌々年一一月に清盛はクーデターを敢行して後白河院政を停止して独裁体制を確立した。このクーデターは反平氏勢力の蜂起を促し、治承四年（一一八〇）五月の以仁《もちひと》王の乱を契機に源平の争乱へと突入した。清盛は*福原遷都を断行し、年末には南都焼打ちを強行するなど反乱の鎮圧に努めるが成功せず、治承五年（一一八一）閏二月、平氏の前途を憂慮しつつ熱病に苦しみながら没した。六四歳。

［文献］　安田元久『平清盛』（清水書院、一九七一）、五味文彦『平清盛』（吉川弘文館、一九九九）、元木泰雄『平清盛の闘い』（角川書店、二〇〇一）。（田中文英）

平　重盛《たいらのしげもり》（一一三八―一一七九）　平安末期の武将。*清盛の長男。母は右近衛将監高階基章《もとあき》女。仁平元年（一一五一）叙爵。*保元の乱（一一五六年）の功により従五位上。*平治の乱（一一五九年）でも活躍して伊予守に遷任される。その後、父清盛の権勢の上昇とともに累進し、仁安二年（一一六七）に従二位権大納言。同年五月、宣旨により諸国の賊徒追討の追討使に任命されて、国家の軍制上の責任者となる。清盛隠退後、平氏一門の棟梁として活躍し、嘉応二年（一一七〇）に正二位、治承元年（一一七七）内大臣に至る。同年の*鹿ケ谷事件では清盛と*後白河法皇との対立のはざまで苦悩した。治承三年（一一七九）

病にかかり、七月に出家し、清盛に先立って没した。法名は静蓮。小松内大臣と号す。

［文献］安田元久『平家の群像』（塙書房、一九六七）、五味文彦「平氏軍制の諸段階」（『史学雑誌』八八—八、一九七九）。

（田中文英）

平　時忠《たいらのときただ》（一一二七—一一八九）平安末から鎌倉初期の公卿。堂上《とうしょう》平氏の時信《ときのぶ》の子。政治的才腕に富んだ人物であるとともに、姉妹の時子《ときこ》が*平清盛の正室、滋子《しげこ》が後白河法皇の女御《にょうご》（建春門院）となったため累進して正二位権大納言に至った。その間、応保元年（一一六一）に滋子の生んだ憲仁《のりひと》親王（*高倉天皇）の立太子を策して解官配流、嘉応元年（一一六九）には藤原成親配流事件に関連して配流になったこともあった。しかし、清盛の側近として重用され、検非違使別当に三度も任ぜられるなど、平氏政権の形成に大きく寄与し、「平大納言」「平関白」などと称された。平氏の都落ちに同道し、壇ノ浦で捕えられ、源義経《よしつね》を女婿にして身の保全を図ったが、*源頼朝の命で能登に流され、同地で没した。時国家はその子孫という。

［文献］角田文衛『平家後抄』（朝日新聞社、一九七八）。

（田中文英）

建礼門院《けんれいもんいん》（一一五五—一二一三）平徳子《とくこ》。*高倉天皇の中宮、安徳天皇の生母。*平清盛の女。母は平時子《ときこ》。承安元年（一一七一）後白河法皇の猶子として入内し、高倉天皇の女御《にょうご》、次いで中宮となる。治承二年（一一七八）に安徳天皇を出産、養和元年（一一八一）に院号宣下を受ける。寿永二年（一一八三）七月、平家都落ちに同道し、文治元年（一一八五）三月の長門壇ノ浦の戦いで一門が滅亡したとき入水したが救助されて京都に送還される。同年五月に出家し、大原の寂光院で高倉・安徳両天皇をはじめ平氏一門の冥福を祈りつつ余世を終えたという。没年については異説もある。なお、*後白河法皇が大原の閑居に女院を訪ねる話は、『平家物語』灌頂巻《かんじょうのまき》などによって有名である。

［文献］角田文衛『平家後抄』（朝日新聞社、一九七八）。

（田中文英）

源　為義《みなもとのためよし》（一〇九六—一一五六）平安末期の武将。対馬守*義親の子。父が*平正盛に追討されたのち、叔父義忠《よしただ》の養子となる。天仁二年（一一〇九）二月義忠が暗殺されたため河内源氏の家督を継承、翌月、暗殺容疑者の源義綱《よしつな》を追討して左衛門尉に任ぜられる。その後、検非違使に補せられて僧兵強訴の防衛などに活躍するが、乱暴な行動が多く院の信任を失い、解官されてながらく無官で過ごした。その間、摂関家の*藤原忠実・*頼長に接近して臣従関係を結び勢力の挽回に努めた。*保元の乱では懇請されて子息を率いて*崇徳上皇方に与して奮戦するが敗北。乱後、後白河天皇方の長男*義朝を頼って自首するが許されず、保元元年（一一五六）七月三〇日に船岡山の辺りで斬刑に処せられる。六条判官とも陸奥判官とも称された。

［文献］多賀宗隼『論集 中世文化史 上』（法蔵館、一九八五）、米谷豊之祐『院政期軍事・警察史拾遺』（近代文芸社、一九九三）。

（田中文英）

源　為朝《みなもとのためとも》（一一三九—一一七〇）平安末期の武士。*為義の八男。母は摂津国神崎の遊君。鎮西八郎ともいう。身体強大で勇猛、特に強弓で知られる。一三歳のとき豊後国に下って阿蘇氏の婿となり、勢力の拡張を図って九州各地で濫行《らんぎょう》を繰り返し、朝廷より召喚されたが応じなかったため、久寿元年（一一五四）、父為義が検非違使を解官された。*保元の乱では父とともに*崇徳上皇方として参戦し、獅子奮迅の働きをするが敗北。乱後、潜伏中に逮捕されるが、その武芸の才によって死を免ぜられ、伊豆大島に流罪となる。しかし、そこでも押領《おうりょう》や濫妨《らんぼう》を行ったため、嘉応元年（一一七〇）に追討を受けて自害したという。ただし、その追討を治承元年（一一七七）とする所伝や、為朝が大島を脱出して琉球に渡ったとする伝説などがある。

［文献］五味文彦「儒者・武者及び悪僧」（『院政期社会の研究』所収、山川出版社、一九八四）。　（田中文英）

源　義親《みなもとのよしちか》（?―一一〇八）　平安後期の武士。*義家の二男。母は三河守源隆長《たかなが》女。兄義宗《よしむね》の早世により嫡男となる。対馬守在任中の康和三年（一一〇一）七月、九州での濫行《らんぎょう》を大宰大弐*大江匡房に訴えられて追討の身となるが、翌年二月追討の官使を殺害したため、同年一二月に隠岐国へ配流された。しかし、義親は嘉承二年（一一〇七）に出雲に渡り、出雲国目代を殺害し官物を奪うなどの濫妨《らんぼう》を繰り返した。このため朝廷は、因幡守*平正盛を追討使に任命し、正盛は翌天仁元年（一一〇八）正月六日に出雲に到着して義親を誅殺、同月二九日にはその首を京都にもたらして獄門にさらした。この義親追討により正盛は武名を高め、河内源氏は大きな打撃を受けた。しかし、一方で義親追討の実否が疑われ、その後も再三生存説が流れた。

［文献］安田元久『源義家』（吉川弘文館、一九六六）、高橋昌明『清盛以前』（平凡社、一九八四）。　（田中文英）

源　義朝《みなもとのよしとも》（一一二三―一一六〇）　平安末期の武将。六条判官*為義の長男。母は淡路守藤原忠清《ただきよ》女。*頼朝・義経《よしつね》らの父。京都で生まれたが坂東に下って成長。青年期には父祖伝来の地、鎌倉の亀谷《かめがやつ》に居館を構え、南関東一帯で勢力の拡張と武士団の組織化に努め、「上総曹司《かずさのぞうし》」といわれた。康治二年（一一四三）から久安元年（一一四五）にかけて下総国相馬御厨《そうまのみくりや》に侵入して千葉氏と争い、天養元年（一一四四）には相模国の目代と結んで大庭《おおば》氏が下司職を持つ大庭御厨に乱入する事件などを起こしているが、これらは所領の拡大と武士団の編成を推進する過程で発生したものであった。義朝は、やがて東国支配を長子義平《よしひら》に託して上洛、*鳥羽院に接近して活動し、仁平三年（一一五三）には従五位下下野守に任ぜられる。しかし、久寿二年（一一五五）には義平が叔父の源義賢《よしかた》を殺害する事件が起こり、一族間での義朝の孤立が深まった。翌年の*保元の乱では父や弟らと袂を分かって参戦し、夜襲を敢行して*後白河天皇方を勝利させ、その戦功により昇殿を許され、右馬権頭次いで左馬頭に任ぜられた。しかし、乱後の処分は厳しく、義朝は父・弟たちの斬刑を命じられて執行した。その後、義朝は院近臣の*藤原信西（通憲）との提携を策するが、信西が*平清盛と結んだため権中納言*藤原信頼に接近して、信西・清盛に対抗した。平治元年（一一五九）一二月、ついに*平治の乱を起こして信西を殺害、乱中の*除目で従四位下播磨守となった。しかし、清盛との六条河原の戦いで敗北し、東国に落ちのびようとして、翌年正月三日、尾張国知多郡野間で内海《うつみ》荘司長田《おさだ》忠致《ただむね》により郎従の鎌田政《まさ》清《きよ》とともに謀殺された。

［文献］安田元久「古代末期に於ける関東武士団」（安田元久編

『日本封建制成立の諸前提』所収、吉川弘文館、一九六〇）、五味文彦「大庭御厨と『義朝濫行』の背景」（『院政期社会の研究』所収、山川出版社、一九八四）。 （田中文英）

源 頼朝《みなもとのよりとも》（一一四七―一一九九） 鎌倉幕府の創設者。義朝*の嫡男（三男）。母は熱田大宮司藤原季範《すえのり》女。兄に義平《よしひら》・朝長《ともなが》、弟に範頼《のりより》・義経《よしつね》らがいる。平治元年（一一五九）の平治の乱に一三歳で父に従って参戦し、従五位下右兵衛権佐に任ぜられるが、敗北して捕われ伊豆国へ配流となる。約二〇年の流人生活の間に北条時政《ときまさ》の女の政子と結婚して時政の庇護を受ける。治承四年（一一八〇）八月、伊豆国目代山木兼隆《やまきかねたか》を討って平氏打倒の兵を挙げるが石橋山合戦で敗れ、安房《あわ》国に逃れて再起を図り、武士の糾合に成功して鎌倉に入り、ここを本拠とする。同年一〇月、富士川の合戦で平家軍を敗走させると、同年末には侍所《さむらいどころ》を設置して東国武士を御家人に編成するなど急速に軍事支配を拡大していった。寿永二年（一一八三）七月、平氏を破って入京した源義仲《よしなか》*が後白河法皇と対立すると、頼朝はひそかに法皇と連絡をとって義仲を圧迫し、同年一〇月には頼朝の東国沙汰権《さたけん》（東国軍事支配権）を公認するという宣旨を得ることに成功した。次いで範頼・義経の軍をもって元暦元年（一一八四）正月に義仲を破って京都に進出、翌年春には壇ノ浦で平氏を滅亡させた。その後、義経らが後白河法皇と結んで頼朝に対立すると、同年一二月、頼朝は法皇に迫って守護・地頭の設置を認めさせて政治支配権の拡大を図り、さらに文治五年（一一八九）には奥州藤原氏を討滅して全国に軍事的覇権を確立した。翌年上洛して法皇と会見し、権大納言・右近衛大将に任じられるがすぐ辞任して鎌倉に帰る。法皇の死後、建久三年（一一九二）七月、待望の征夷大将軍に任じられ、名実ともに鎌倉幕府体制が定まった。

［文献］ 永原慶二『源頼朝』（岩波書店、一九五八）、安田元久『源頼朝』（吉川弘文館、一九五八）、河内祥輔『頼朝の時代』（平凡社、一九九〇）。 （田中文英）

藤原 頼長《ふじわらのよりなが》（一一二〇―一一五六） 平安末期の公卿・政治家。関白忠実*の二男。母は土佐守藤原盛実《もりざね》女。摂関家の子息のうえ、父の寵を受けて昇進はめざましく、一七歳で正二位内大臣となって世人を驚かせた。その頃より藤原道長*の時代を理想として公事に精励し、古儀の復興と綱紀の粛正に努め、三〇歳で従一位左大臣に昇った。博学宏才で、政務のかたわら経・史を中心とする学問に励み、「日本第一大学生」（『愚管抄』*）と評された。父忠実はその才学に大きな期待を寄せ、長男の忠通*に摂政の座を譲るよう迫ったが、忠通はこれを拒否した。そのため久安六年（一一五〇）、忠実は忠通から氏長者*を奪って頼長に与え、翌年、鳥羽上皇*に懇請して内覧の宣下を得たので、忠実・頼長と忠通の対立はさらに激化した。一方、頼長の峻厳な性格と政治姿勢は、「悪左府《あくさふ》」の異名をもって恐れられ、廷臣の間に反発を招き、鳥羽上皇もしだいに「ウトミ思召」（『愚管抄』）すようになった。特に久寿二年（一一五五）、近衛天皇*の死が頼長の呪詛によるとの嫌疑を受けて鳥羽上皇の信頼を失い、政界で孤立するに至った。このため翌保元元年七月に鳥羽上皇が没すると、崇徳上皇*と結んで保元*の乱を起こして勢力の挽回を図ったがあえなく敗北し、重傷を負って奈良に逃れて死去した。その日記に『台記』*がある。なお、その非業の死が怨霊となって発動することを恐れた朝廷は、治承元年（一一七七）に頼長に対して正一位太政大臣を追贈した。

［文献］　橋本義彦『藤原頼長』（吉川弘文館、一九六四）。

（田中文英）

藤原信西《ふじわらのしんぜい》（一一〇六—一一五九）　平安末期の学者・政治家。俗名通憲《みちのり》。文章生藤原実兼の子。母は信濃守源有房《ありふさ》の女。一説には下野守源有家《ありいえ》女ともいう。曾祖父実範《さねのり》以来、学問の家として知られ、通憲も博学宏才をもって聞こえ「学生抜群ノ者」（*『愚管抄』）などと評された。著書に*『本朝世紀』『法曹類林』などがあり、その蔵書は『通憲入道蔵書目録』によって有名。ところが、その生涯は波瀾に満ちたものであった。七歳で父を失い、高階経敏《つねとし》の養子となり、高階重仲《しげなか》女を娶って朝廷に出仕し、中宮権少進、左近衛将監、待賢門院判官代などを経て、鳥羽院判官代・日向守となる。まもなく官途に見切りをつけ出家しようとしたが、その才学を惜しむ*鳥羽院に慰留されて少納言に任じられる。その後、病を得て藤原姓に復し、天養元年（一一四四）に出家し、円空次いで信西と号した。しかし、出家後も鳥羽院に近侍して活動し、特に後妻の藤原朝子《あさこ》（紀伊《きいの》二位《にい》）が雅仁《まさひと》親王（*後白河天皇）の乳母になると、自らは乳母の夫の地位を背景として院近臣群のリーダー格となって後白河天皇の即位を画策し、久寿二年（一一五五）にそれを実現させた。このため、翌年七月、*保元の乱が勃発すると才腕を振るって勝利に貢献し、乱後、後白河天皇のもとで政務の実権を掌握して、死刑の復活、保元の新制の発布、記録所の設置、大内裏の再建、旧儀の復興などの施策を実施していった。しかし、*平清盛と結んで権勢を振るう信西に対する反発も強まり、ついに平治元年（一一五九）一二月、*藤原信頼が*源義朝と組んで*平治の乱を起こした。信西は奈良へ敗走するが途中で自害し、その首は獄門にかけられた。

［文献］　角田文衛「通憲の前半生」（『王朝の明暗』所収、東京堂出版、一九七七）、五味文彦「信西政権の構造」（『平家物語、史と説話』所収、吉川弘文館、一九八七）。

（田中文英）

藤原信頼《ふじわらののぶより》（一一三三—一一五九）　平安末期の公卿。*鳥羽院の近臣大蔵卿忠隆《ただたか》の三男。母は民部卿藤原顕頼《あきより》女。天養元年（一一四四）従五位下に叙され、土佐守・武蔵守・左近衛権中将などを経て、保元二年（一一五七）一〇月蔵人頭となる。その後の昇進はめざましく、翌三年二月に参議に任ぜられて公卿に列し、同年中に正三位権中納言・右衛門督となるに至った。この急速な昇進は、*『愚管抄』にいうように、もっぱら*後白河天皇の「アサマシキ程」の寵愛によるものであった。次いで後白河院政が開始すると、院別当として権力を振るい始めたため、もう一方の院権臣である*藤原信西（通憲）との対立が激しくなった。信頼が近衛大将を望んだところ信西によって阻止されたことから、信頼は、*保元の乱後、*平清盛との処遇の差に不満を持つ*源義朝と結び、さらに反信西勢力で二条天皇側近の藤原経宗《つねむね》・惟方《これかた》らをも語らい、平治元年（一一五九）一二月、清盛の熊野参詣の隙をついて*平治の乱を起こした。信頼は信西を敗死せしめ、院・天皇を幽閉して*除目を行って大臣・大将となるなど、一時、朝廷の実権を握った。しかし、清盛が急ぎ帰京すると、信頼の専横な振舞いに反感をつのらせた経宗・惟方らが、ひそかに清盛と連絡をとって院・天皇を脱出させたので信頼と義朝は孤立するに至った。清盛軍の攻撃を受けて激戦のすえ義朝軍は敗北し、信頼は義朝にも見捨てられて逮捕され、同月二七日、六条河原で斬刑に処せられた。その激しい気性にもより「悪右衛門督」とも称された。

［文献］五味文彦「院政期政治史断章」（『院政期社会の研究』所収、山川出版社、一九八四）。　（田中文英）

藤原基実《ふじわらのもとざね》（一一四三―一一六六）平安末期の公卿。関白*忠通の嫡男。母は権中納言源国信《くにのぶ》女。六条殿・中殿と称する。一〇歳で従三位・左近衛中将となり、権中納言・権大納言などを経て保元二年（一一五七）右大臣、同三年（一一五八）に二条天皇の践祚により父忠通に代わって関白氏長者に就任し、永暦元年（一一六〇）左大臣に転じた。長寛二年（一一六四）四月には、*平清盛の女で九歳の盛子《もりこ》と結婚して平氏との連携を図る。永万元年（一一六五）六条天皇の即位に伴い摂政となるが、翌年七月二四歳で早逝する。贈太政大臣従一位。嫡子*基通（母は従三位藤原忠隆《ただたか》女）が幼少のため、摂政氏長者は異母弟の基房《もとふさ》が継いだが、基実の遺領の大部分は盛子が、基通の後見として伝領し、実質的には平氏が支配するところとなった。基通以後、近衛を家名としたので、基実が近衛家の祖とされる。

［文献］高群逸枝『平安鎌倉室町家族の研究』（図書刊行会、一九八七）。　（田中文英）

藤原基通《ふじわらのもとみち》（一一六〇―一二三三）平安末期から鎌倉前期の公卿。関白*基実の長男。母は大蔵卿藤原忠隆《ただたか》女。幼くして父に死別、平清盛女盛子《もりこ》を養母とし、次いで平寛子を妻とするなど平氏の後援のもとに成長。治承三年（一一七九）一一月の政変で内大臣に進み、清盛に解任された叔父*基房《もとふさ》に代わって関白に就任、翌年二月安徳天皇の摂政となる。後白河法皇の鐘愛も厚く、寿永二年（一一八三）の平家都落ちに同道せず法皇のもとに参じて*後鳥羽天皇の擁立に尽力した。このため木曽義仲《よしなか》に摂政職を罷免されたが、義仲の敗死によって還任。その後、*九条*兼実を推す*源頼朝にうとまれ、文治二年（一一八六）源頼朝追討宣旨の責めを負って辞任、籠居するが、建久七年（一一九六）に兼実が失脚すると関白となり、同九年（一一九八）摂政に転じた。承元二年（一二〇八）出家、法名は行理。普賢寺摂政とも近衛殿とも号す。

［文献］多賀宗隼『玉葉索引』（吉川弘文館、一九七四）。　（田中文英）

藤原師家《ふじわらのもろいえ》（一一七二―一二三八）平安末から鎌倉前期の公卿。松殿と号す。関白基房の三男。母は太政大臣藤原忠雅《ただまさ》女忠《ただ》子《こ》。治承二年（一一七八）元服、同三年（一一七九）一〇月、異例の早さで従三位権中納言に昇任。その人事は「八歳ノ中納言」（『*愚管抄』）と世人を驚かせたが、特に*平清盛の女婿で二〇歳の*藤原基通を無視した人事であったため清盛の怒りを買った。これが契機となり、翌一一月清盛は政変を断行、基房《もとふさ》・師家父子らを解官して、基通を関白*氏長者とした。寿永二年（一一八三）平家の都落ち後、基房は木曽義仲《よしなか》と結び、同年一一月師家を摂政とした。しかし、翌年一月、義仲が敗死すると師家は摂政を辞し、基通が摂政に還任した。貞永元年（一二三二）四天王寺で出家。法名は大心。

［文献］浅香年木『治承・寿永の内乱論序説』（法政大学出版会、一九八一）。　（田中文英）

藤原兼実《ふじわらのかねざね》（一一四九―一二〇七）平安末期から鎌倉前期の公卿、政治家。関白*忠通の三男。母は藤原仲光《なかみつ》女。異母兄姉に*基実・基房《もとふさ》・聖子《きよこ》（皇嘉門院）、同母弟に*慈円らがいる。九条の地に邸第があったので九条を家名とし、その始祖となる。月《つきの》輪《わ》殿、後法性寺殿とも呼ばれた。保元三年（一一五八）元服して正五位下左近衛権少将に任ぜられて以降順調に累進し、長寛二年（一一六四）一六歳で内大臣、仁安元年（一一六六）右大臣、承安四年（一一七四）には従一位に叙された。しかし、顕職にありながらも兼実は*後白河法皇と平氏の対立が激化するなかでいずれとも結ばず、平家没落後の源義仲《よしなか》にも批判的であったので、政治的には孤立した存在であった。ところが、平氏討滅後、*源頼朝が兼実に急接近し、頼朝の推挽によって文治元年（一一八五）一二月に*内覧の宣下を受け、翌年摂政*氏長者、さらに建久二年（一一九一）には関白に遷った。兼実は執政の座につくと、記録所の設置や南都復興事業などの政策を積極的に推進した。また建久三年（一一九二）に*後白河法皇が没すると、頼朝を征夷大将軍に任命するなどその全盛期を迎えた。しかし、後白河法皇の旧臣源通親《みちちか》らの反撃にあい、彼らが頼朝と結んで起こした建久七年の政変により隠棲を余儀なくされた。建仁二年（一二〇一）源空《げんくう》（*法然）を戒師として出家し、円証と称した。源空の『選択本願念仏集《せんちゃくほんがんねんぶつしゅう》』は兼実の要請によって撰述されたものである。和歌にも秀で、藤原俊成《としなり》・定家《ていか》父子を庇護したことでも有名。その日記に『*玉葉』がある。

［文献］　多賀宗隼『玉葉索引―付藤原兼実の研究―』（吉川弘文館、一九七四）、龍福義友『日記の思考』（平凡社、一九九五）。　（田中文英）

文覚《もんがく》（生没年未詳）　平安末から鎌倉初期の真言宗の僧。摂津国の渡辺党の出身。俗名遠藤盛遠。上西門院《じょうさいもんいん》に仕えていたとき、人妻の袈裟御前《けさごぜん》を誤って斬殺したのが出家の原因という。弘法大師信仰が厚く、承安三年（一一七三）、*神護寺の復興を発願して*後白河法皇に荘園の寄進を強要したため伊豆に流罪となる。そこで*源頼朝に出会って挙兵を強く促したと伝えられる。治承二年（一一七八）に許されて帰洛すると、神護寺の再興に取り組み、後白河法皇・源頼朝らの助力を得て実現し、次いで*東寺の修造や*東大寺の再建などにも尽力した。激越な性格で、頼朝が没すると、源通親《みちちか》襲撃計画に加担したとして佐渡に流された。のちにいったん召還されたが、再び対馬に流罪となりその地で没したという。

［文献］　赤松俊秀『平家物語の研究』（法蔵館、一九八〇）。　（田中文英）

慈円《じえん》（一一五五―一二二五）　平安末から鎌倉前期の僧。関白*藤原忠通の子。母は大宮大進藤原仲光《なかみつ》女加賀。一三歳のとき比叡山で出家、法名を道快と称して修学に専心、養和元年（一一八一）法印に叙せられた頃慈円と改名する。同母兄の*九条兼実が*源頼朝と提携して摂政になると、兄の支援により天台座主や*後鳥羽天皇の護持僧などに任じられて広く公家社会で活動するに至る。建久七年（一一九六）の政変で兼実が失脚し、慈円も天台座主を辞するが、建仁元年（一二〇一）再任され、結局、前後四回も任命されることになる。同三年（一二〇三）に大僧正。後鳥羽上皇とはきわめて親密な関係にあったが、その討幕計画には反対の立場をとり、公武協調を主張して『*愚管抄』を著した。和歌にも優れ、『新古今和歌集』に九二首も入集し、家集に『拾玉集《しゅうぎょくしゅう》』がある。諡号《しごう》は慈鎮《じちん》。

［文献］　赤松俊秀『鎌倉仏教の研究』（平楽寺書店、一九五七）、多賀宗隼『慈円の研究』（吉川弘文館、一九八〇）、大隅和雄『愚管抄を読む』（平凡社、一九八六、講談社、一九九九）。　（田中文英）

後白河天皇《ごしらかわてんのう》（一一二七―一一九二） 平安末期の天皇。*鳥羽天皇の第四皇子。母は待賢門院璋子《たまこ》。名は雅仁《まさひと》。法名行真。久寿二年（一一五五）七月、鳥羽院政下で即位したが、その即位は、兄の*崇徳上皇の意向を無視して実現したため、翌年鳥羽法皇が没すると、直ちに*崇徳上皇・*藤原頼長らによる*保元の乱が勃発した。乱に勝利した天皇は親政を行い、保元の新制七箇条の発布、大内裏の再建・旧儀の復興などの政策を実施して政治的地位を固め、保元三年（一一五八）*二条天皇に譲位し、以後五代の天皇三四年にわたり院政を行う。しかし、院政の開始は中央政界に複雑な権力抗争を生み出し、翌年*平治の乱が起こった。この乱は*平清盛の兵力で鎮圧されたが、その結果、清盛の勢力が飛躍的に増大した。嘉応二年（一一六九）に入道して法皇となる。やがて清盛との対立が激化し、治承元年（一一七七）に平氏討滅を図るが発覚（*鹿ケ谷事件）、次いで治承三年（一一七九）一一月の政変で清盛によって幽閉され、一時的に院政を停止された。治承五年（一一八一）閏二月に清盛が没すると再開し、治承寿永の内乱のなかで*源頼朝と結んで平氏・源義仲《よしなか》を滅亡させる一方、頼朝の幕府権力の強化策に対しても抵抗するなど、貴族政権の中心人物として政治力を発揮し、頼朝をして「日本国第一之大天狗」といわしめた。仏教に深く帰依し、三四回に及ぶ熊野御幸をはじめ、*蓮華王院や*東大寺再建事業などの造寺造仏に努めた。また芸能を好み、自ら*今様を収集して『*梁塵秘抄』を編纂した。

［文献］ 安田元久『後白河上皇』（吉川弘文館、一九八六）、古代学協会編『後白河院』（吉川弘文館、一九九三）、棚橋光男『後白河法皇』（講談社、一九九五）。

（田中文英）

二条天皇《にじょうてんのう》（一一四三―一一六五） 第七八代天皇。在位一一五八―一一六五年。名は守仁《もりひと》。*後白河天皇の第一皇子。母は藤原懿子《よしこ》。母の早逝により、美福門院藤原得子《とくこ》（鳥羽天皇妃）に養われる。久寿二年（一一五五）九月、親王宣下および立太子。保元三年（一一五八）八月、践祚。この翌年、*平治の乱が起こり、*平清盛が乱を平定。以降平氏の台頭が始まる。聡明で知られた天皇は自ら政務に当たり、藤原経宗《つねむね》・惟方《これかた》ら天皇親政派の廷臣とともに、父の後白河上皇とその近臣、平氏一門らの諸勢力を抑えようとした。しかし、病により、永万元年（一一六五）六月、第二皇子順仁親王（*六条天皇）に譲位。同年七月、二条東洞院殿で崩御。時に二三歳。陵は香隆寺陵。

［文献］ 多賀宗隼「二条天皇時代」（『日本歴史』三二八、一九七五）、笠原英彦『歴代天皇総覧』（中央公論新社、二〇〇一）。

（齊藤保子）

六条天皇《ろくじょうてんのう》（一一六四―一一七六） 第七九代天皇。在位一一六五―一一六八年。名は順仁《のぶひと》。*二条天皇の第二皇子。母は伊岐《いきの》致遠《むねとお》女とされるが、諸説ある。中宮藤原育子《いくこ》のもとで養育を受ける。父二条天皇の病が悪化したため、永万元年（一一六五）六月二五日に親王宣下、同日践祚。同年七月二七日、即位礼が行われた。しかし、平氏側の意向により、仁安三年（一一六八）二月、平氏出身の生母を持つ、*後白河上皇の皇子憲仁《のりひと》親王（*高倉天皇）に譲位した。元服もせず二歳で即位、五歳で上皇となったのは異例のことである。安元二年（一一七六）七月、痢病により中納言藤原邦綱《くにつな》の東山第で崩御。時に一三歳。諡《おくりな》は六条院、陵は清閑寺陵。

［文献］ 笠原英彦『歴代天皇総覧』（中央公論新社、二〇〇一）。

（齊藤保子）

高倉天皇《たかくらてんのう》（一一六一―一一八一）　第八〇代天皇。在位一一六八―一一八〇年。名は憲仁《のりひと》。＊後白河天皇の第七皇子。母は建春門院平滋子《しげこ》。仁安元年（一一六六）一〇月に立太子、同三年（一一六八）二月に＊践祚。母は平氏出身、中宮に平清盛女徳子《とくこ》を迎えるなど平氏一門とは縁が深い。しかし、外戚の＊清盛と父後白河上皇との権勢争いに挟まれ、その存在は傀儡的なものであったとされている。治承四年（一一八〇）二月、徳子所生の言仁《ことひと》親王（安徳天皇）に譲位、上皇となる。以後、異母兄以仁《もちひと》王の挙兵、福原遷都など大事が相次ぐなか、二度にわたって厳《いつく》島《しま》御幸を行う。養和元年（一一八一）正月、病により六波羅第（池殿）で崩御。時に二一歳。陵は後清閑寺陵。

［文献］田中文英「高倉親政・院政と平氏政権」（『平氏政権の研究』所収、思文閣出版、一九九四）。　（齊藤保子）

後鳥羽天皇《ごとばてんのう》（一一八〇―一二三九）　第八二代天皇。在位一一八三―一一九八年。名は尊成《たかなり》。＊高倉天皇の第四皇子。母は七条院藤原殖子《ますこ》。寿永二年（一一八三）平氏が安徳天皇と神器を奉じて西走したため、神器なしで異例の＊践祚。建久九年（一一九八）土御門天皇に譲位。諸芸に通じ、特に和歌を好み、元久二年（一二〇五）＊慈円・藤原定家《ていか》らに命じ、勅撰集『新古今和歌集』を作成。外戚源通親亡き後は朝権掌握をもっぱらとし、新たに西面の武士を置くなどした。さらに、承久三年（一二二一）北条義時《よしとき》追討を命じ倒幕を図るが失敗、隠岐国に配流される（承久の乱）。延応元年、隠岐島で崩御。時に六〇歳。諡《おくりな》は後鳥羽院、陵は大原陵。

［文献］上横手雅敬『日本中世政治史研究』（塙書房、一九七〇）、目崎徳衛『史伝後鳥羽院』（吉川弘文館、二〇〇一）。　（齊藤保子）

中右記《ちゅうゆうき》　右大臣藤原宗忠《むねただ》（一〇六二―一一四一）の日記。書名は宗忠の家名である「中御門」と右大臣による。記録期間は、白河・鳥羽院政期に当る寛治元年（一〇八七）から保延四年（一一三八）までの約五二年間。多数の闕失があるが、もとは二〇〇巻を越える膨大なものであったと推測される。自筆はなく、伝存する写本のうち、古写本は陽明文庫（鎌倉時代、二三巻）や宮内庁書陵部（一巻）などに所蔵されている。近世の新写本は、国立公文書館内閣文庫などに所蔵されている。年中行事次第、恒例・臨時の公事・仏神事などのほか、院政初期の情勢を伝える記事も多く、当時を知る貴重な史料といえる。刊本は『増補史料大成』、『大日本古記録』。

［文献］戸田芳実『中右記―躍動する院政時代の群像』（そしえて、一九七九）。　（齊藤保子）

吉《きっ》記《き》　権大納言藤原経房《つねふさ》（一一四三―一二〇〇）の日記。書名は京都の吉田に経房の別邸があり、この一流が吉田と称されたことにちなむ。「吉御記」「吉戸記」（極官の民部卿の唐名戸部から）ともいう。承安三年（一一七三）から文治四年（一一八八）までと、仁安元年（一一六六）および建久二年（一一九一）の逸文が写本により伝存。「吉記」から有職故実の記事を抄出した「吉部秘訓抄」には、仁安元年（一一六六）から建久四年（一一九三）までの記事があり、写本の闕失部分を補っている。所蔵先は、宮内庁書陵部、国会図書館、国立公文書館内閣文庫など。詳細な儀式次第はもとより、源平争乱期の状況を伝える重要史料である。刊本は『史料大成』。

［文献］菊池紳一「吉記」（『日本歴史「古記録」総覧　上』所収、新人物往来社、一九八九）。　（齊藤保子）

兵範記《ひょうはんき》　「へいはんき」とも。平信範《のぶのり》の日記。桓武平氏高棟流。名称は極官の兵部卿と名の信範による。名の偏から『人車記』ともいう。信範は弁官として朝政に携わり、*藤原忠実・*忠通・*基実らの摂関家の家司、鳥羽・後白河院司を務めた。記録期間は、天承二年（一一三二）から天暦元年（一一八四）まで。うち、約一七年分の記録が現存し、大部分が清書本（自筆含む）。陽明文庫（二九巻）と京都大学附属図書館（二五巻）に所蔵されている。また、影印本に陽明文庫の「陽明叢書」と「京都大学史料叢書」がある。朝儀・摂関家の詳しい儀式次第と併せて、保元・平治の乱前後の政情に関する記事も多く、貴重な史料といえる。刊本は『増補史料大成』。

［文献］高橋秀樹「兵範記」（山中　裕編『古記録と日記　上』所収、思文閣出版、一九九三）。（齊藤保子）

台《だい》記《き》　左大臣*藤原頼長の日記。名称は、大臣の唐名三台・三槐にちなみ『台記』『槐記』という。宇治（京都府）との縁が深かったため『宇槐記』ともいう。記録は、鳥羽院政下の保延二年（一一三六）から久寿二年（一一五五）まで。原本は伝存しない。宮内庁書陵部に鎌倉時代（二巻）と南北朝時代（六巻）、東京大学史料編纂所に鎌倉時代（一巻）の古写本が所蔵されている。新写本は江戸時代のもので、多くの図書館・文庫に所蔵されている。このほか別記も伝わる。若いときから学問に取り組んだため、克明な朝儀典礼の記述を中心に、*保元の乱に至る当時の政情や経緯を知るうえで重要な史料といえる。刊本は『増補史料大成』『史料纂集』。

［文献］橋本義彦『藤原頼長』（吉川弘文館、一九六四）。（齊藤保子）

山槐記《さんかいき》　内大臣藤原忠親《ただちか》（一一三一―一一九五）の日記。名称は京都の中山に忠親の別邸があり、この一流が中山と称されたのと、大臣家の唐名槐門にちなむ。『深山記』（中山の隠語）『達幸記』（忠親の返名から）ともいう。現存する記事は、仁平元年（一一五一）から建久五年（一一九四）までだが、闕失も多数みられる。写本のみ伝存し、古写本の所蔵先は、宮内庁書陵部（鎌倉時代、一巻）、筑波大学（室町時代、三〇冊）などである。新写本は、国立公文書館内閣文庫などに所蔵されている。朝儀・公事次第に関する詳細な記述とともに、要職の立場から平氏の全盛期や治承寿永の内乱期の政情を記録した貴重史料である。刊本は『増補史料大成』。

［文献］菊池紳一「山槐記」（『日本歴史「古記録」総覧　上』所収、新人物往来社、一九八九）。（齊藤保子）

康平記《こうへいき》　右衛門権佐平定家《さだいえ》（生没年未詳）の日記。『平定家朝臣記』『定家記』ともいう。定家の一流は「日記の家」といわれ、この一族の日記を総称して「平記」という。現存する記事は、天喜元年（一〇五三）から康平五年（一〇六二）まで。書名は、流布本に所収されている記事が康平元年（一〇五八）二月から同五年（一〇六二）一二月であることにちなむ。自筆はなく写本のみ伝わり、平信範《のぶのり》筆とみられる古写本（天喜元年から同五年（一〇五七）の記事）が陽明文庫に所蔵され、重要文化財となっている。それ以外は江戸時代の新写本である。*藤原頼通・*師実の家司を務めたらしく、朝廷・摂関家の行事や儀式次第の記事が多い。刊本は『群書類従』。

［文献］榎本淳一「平記」（山中　裕編『古記録と日記　上』所収、思文閣出版、一九九三）。（齊藤保子）

玉　葉《ぎょくよう》　関白*藤原兼実の日記。『玉海』ともいう。兼実は九条家の祖。記録期間は、長寛二年（一一六四）から建仁三年（一二〇三）までの約四〇年間。ただし、永万元年（一一六四）と建仁二年（一二〇二）は欠けている。自筆はなく写本のみ伝存し、室町時代の古写本が尊経閣文庫に所蔵されている。近世の新写本の所蔵先は多く、宮内庁書陵部（五〇巻）や国立公文書館内閣文庫（六八巻）などにある。兼実が有職故実はもとより、平氏政権の隆盛・源平合戦・*源頼朝による武家政権の成立という激動期の公武間の動きを時勢に沿って克明に記しているのが本書の特色であり、この時期の最重要史料といえる。刊本は『図書寮叢刊』。

［文献］　多賀宗隼『玉葉索引』（吉川弘文館、一九七四）。

（齊藤保子）

宇槐記抄《うかいきしょう》　左大臣*藤原頼長の日記『台記』から、後人が必要な記事を抜き書きし、編纂したもの。記録期間は、久安元年（一一四五）から久寿二年（一一五五）まで。その内容は「台記」の闕失部分を補ってもいる。刊本は『史料大成』。→台記

（齊藤保子）

愚管抄《ぐかんしょう》　天台座主*慈円が記した歴史書。七巻。慈円は、*藤原兼実の実弟。第一・二巻は漢家・皇帝年代記、第三—六巻は*神武天皇から*順徳天皇までの歴史が、第七巻は、現況の日本の政治の総論と今後の政策や体制について述べられている。本書の特色は、歴史の中心には道理というものがあり、歴史の推移とともにそれも変化するという史観によって叙述されていることである。成立年代については諸説あり、承久の乱の前・後どちらであるかが主な争点となっている。刊本は『日本古典文学大系』『新訂増補国史大系』。

［文献］　多賀宗隼『慈円』（吉川弘文館、一九八九）、大隅和雄『愚管抄を読む』（平凡社、一九八六（講談社、一九九九））、石田一良『「愚管抄」の研究—その成立と思想』（ぺりかん社、二〇〇一）。

（齊藤保子）

永昌記《えいしょうき》　参議藤原為隆《ためたか》（一〇七〇—一一三〇）の日記。名称は、為隆の第宅が永昌坊（左京の四条坊門）にあったことによる。『為隆卿記』『宰記』（参議の唐名宰相から）ともいう。為隆は、能吏として朝廷・摂関家に勤仕した。現存する記事は、康和元年（一〇九九）から大治四年（一一二九）まで。闕失が多く、一年分残存しているものはない。自筆はなく写本が伝わり、古写本は平安時代のものが陽明文庫（三巻）と京都大学（六巻）に所蔵され、ともに重要文化財。江戸時代の新写本は、宮内庁書陵部などに蔵されている。白河・鳥羽院政期の朝儀次第や公事運営などについて詳細に記されているのが特徴的である。刊本は『増補史料大成』。

［文献］　五島邦治「永昌記」（山中　裕編『古記録と日記　上』所収、思文閣出版、一九九三）。

（齊藤保子）

長　秋記《ちょうしゅうき》　権中納言源師時《もろとき》（一〇七七—一一三六）の日記。書名は、ながく皇后宮権大夫の職にあったため、皇后宮の唐名長秋宮によった。『権大夫記』（官職から）「水日記」（師時の姓・名の偏から）ともいう。記録期間は、寛治元年（一〇八七）から保延二年（一一三六）まで。闕失は多いが、一日単位の記事が長いことから全体は膨大であったと推定される。自筆はなく、藤原定家《ていか》らの筆写による古写本二二巻が宮内庁三の丸尚蔵館に所蔵されている。優れた学識・詩才があり、故実を熟

知していたことから詳細な朝儀次第などの記述がある。また、鳥羽・白河院政期の政情も記されており、この時代の基本史料といえる。刊本は『増補史料大成』。

［文献］西山恵子「長秋記」（山中　裕編『古記録と日記　上』所収、思文閣出版、一九九三）。

（齊藤保子）

帥《そつ》記《き》　「そちき」とも。大納言源経信《つねのぶ》（一〇一六―一〇九七）の日記。名称は、官職の大宰権帥《だざいごんのそち》にちなむ。『都記』（大宰権帥の唐名都督から）ともいう。経信は諸事の朝務に通じ、詩歌管弦の才能もある実務官僚であった。記録は、治暦元年（一〇六五）から寛治二年（一〇八八）まで残っているが、闕失が多く全体の記録期間は定かでない。自筆は伝存せず、古写本が宮内庁書陵部（鎌倉時代、七巻）に所蔵されている。江戸時代の新写本は、東京大学史料編纂所など多くの図書館・文庫に蔵されている。『土右記』『水左記』*とともに、記録の少ない後三条天皇親政期から白河院政期までの朝儀典礼や政治情勢を知るうえで、重要な史料といえる。刊本は『増補史料大成』。

［文献］丸山裕美子「帥記」（山中　裕編『古記録と日記　上』所収、思文閣出版、一九九三）。

（齊藤保子）

江《ごう》記《き》　権中納言大江匡房*の日記。『匡房卿記』『江帥記』（官職の大宰権帥から）『江都督記』（大宰権帥の唐名都督による）ともいう。逸文が残っているが、晩年の日記は焼却したといわれているため、それ自体少ない。『朔日冬至部類』（宮内庁書陵部所蔵）『親王御元服部類記』などに所収されている逸文から、治暦元年から天仁元年（一〇六五―一一〇八）までの記録の残存が確認できる。公事儀式関係を中心に、摂関時代から院政初期の貴族層の動静も記され、当時の基本史料といえる。また、優れた実務官僚であった匡房は、日記から有職故実を抜出した儀式書『江家次第』*を編んでいる。刊本は『史料大成』『江記逸文集成』（古代史料叢書4）』。

［文献］川口久雄『大江匡房』（吉川弘文館、一九六八）。

（齊藤保子）

為《ため》房《ふさ》卿《きょう》記《き》　参議藤原為房（一〇四九―一一一五）の日記。官職の大蔵卿の唐名大府卿から『大記』『大府記』『大御記』ともいう。為房は、能吏として摂関家の家司や後三条・白河院の院司を勤めた。日記の多くは散逸し、延久二年（一〇七〇）から永久二年（一一一四）に至る逸文が残存。永保元年（一〇八一）の自筆本一巻と古写本（鎌倉時代、五巻）が京都大学に、鎌倉時代の古写本（一巻）が陽明文庫に所蔵され、ともに重要文化財。新写本は江戸時代のものが多く、国立公文書館内閣文庫などに所蔵。院政初期の朝政や政務運営などを詳細に記述しているのが特徴的である。刊本は『歴代残闕日記』『古記録叢書』。

［文献］田島　公「為房卿記」（『日本歴史「古記録」総覧　上』所収、新人物往来社、一九八九）。

（齊藤保子）

後《ご》二条《にじょう》師通《もろみち》記《き》　関白藤原師通*の日記。『後二条殿記』『後二条関白記』ともいう。師通が後二条殿といわれるのは、大叔父教通*の号・大二条殿にちなむ。学問・諸芸に秀で能書家としても有名。記録は、永保三年（一〇八三）から康和元年（一〇九九）の一七年間が残存。ただし、五年分が闕失している。寛治七年（一〇九三）の自筆本一巻と、藤原頼長*のもとで仁平元年（一一五一）に書写された古写本二九巻が陽明文庫に所蔵され、いずれも国宝。新写本は、この古写本以外の記事が転写流布したもので、所蔵先は宮内庁書陵部など。簡略だが、朝儀典礼・政事・典籍・学芸と幅広い内容で、院政初期の重要史料といえる。刊本は『大日本古記録』。

［文献］木本好信「後二条師通記」（山中　裕編『古記録と日記 上』所収、思文閣出版、一九九三）。

（齊藤保子）

中臣祐房記《なかとみのすけふさき》　春日社正預中臣祐房（一〇六八―一一五二）の日記。『旧記朽損勝出』ともいう。「春日社家日記」の一つ。春日社は藤原氏の氏神。祐房は、春日社正預とここから分かれ別殿に遷座した若宮の初代神主を兼任した。以後、若宮神主は祐房の子孫が独占・世襲した。日記の多くは散逸し、大治元年（一一二六）から久安二年（一一四六）までの記録が断続的に現存する。自筆はなく、後裔の祐定筆とされる写本（一冊）が千鳥家に伝存・所蔵されている。平安末期の春日社の社事・社務・社領の関連事項を中心に、中央政界および地方情勢をもうかがい知ることのできる格好の史料である。刊本は『春日社記録 1―3』（永島福太郎校訂、春日大社、一九五五―一九七〇）、『増補続史料大成』。

［文献］勝野由樹子「春日社家日記」（『日本歴史「古記録」総覧 上』所収、新人物往来社、一九八九）。

（齊藤保子）

中臣祐重記《なかとみのすけしげき》　春日社若宮神主中臣祐重（一一二三―一一九二）の日記。「春日社家日記」の一つ。裕重は千鳥家の祖。記録期間は、寿永元年（一一八二）から文治二年（一一八六）まで。自筆とみられる日記が残存し、千鳥家に所蔵されている。*『中臣祐房記』同様、平安末期から鎌倉時代初期にかけての春日社の社事・社務・社領の内容や、中央および地方の情勢を知るうえで不可欠の史料といえる。刊本は『歴代残闕日記』『続群書類従』。

（齊藤保子）

顕広王記《あきひろおうき》　神祇伯顕広王（一〇九五―一一八〇）の日記。顕広王は、花山天皇の皇裔で白川伯王家の祖であり、皇親氏族王氏の統轄職に当たる王氏長者に初めて就任している。永久五年（一一一七）から治承四年（一一八〇）に至る記録期間のうち、応保元年（一一六一）から治承二年（一一七八）までの記録が断続的に伝わる。自筆本は、国立歴史民俗博物館に所蔵されており、中世および近世の写本は宮内庁書陵部・国立公文書館内閣文庫などに所蔵されている。神祇官の組織や年中行事、諸社の神事を知るうえで好史料といえる。また、当時は平氏全盛期に当たり、朝廷や平氏一門の情勢が記されているのも貴重である。刊本は『続史料大成』『伯家記録考』（曽根研三編、西宮神社社務所、一九三三）、『歴代残闕日記』。

［文献］小松　馨「顕広王記」（『日本歴史「古記録」総覧 上』所収、新人物往来社、一九八九）。

（齊藤保子）

一四　平安末期の文化

文化の普及　受領層や武士が政治の表舞台に登場し、地方文化が都にもたらされ、他方、都の文化が地方に伝えられるという、文化の交流が起こり、新しい機運が生まれた。今様や田楽、そのほか庶民芸能が盛んになり、それが貴族の生活のなかにも取り入れられた。農村での田植えのときに行う田楽が平安京内で流行し、上流貴族の家にまで広がっていったのはその一例である。流行歌謡の今様には、神々や仏寺関係の歌謡も含まれるが、民間の今様は庶民の生活感の滲み出るものが、職業的な歌い手である遊女・白拍子によって洗練され、貴族社会でもてはやされるようになった。*後白河法皇はことに今様を好み、自ら修得したばかりでなく、詞歌を集めて『*梁塵秘抄』を撰述した。

受領層や武士団が、都の文化を地方に伝えたことにより、各地に高度な文化的所産がみられるようになった。奥州藤原氏の築いた平泉文化はその代表であり、平泉中尊寺は象徴的な存在である。北の中尊寺に対して九州豊後には*富貴寺阿弥陀堂があり、安芸の厳島神社には*平清盛が納めた『平家納経』があって、当代芸術の水準を示す逸品と評価されている。このほか、伯耆国の*三仏寺投入堂、磐城国*白水阿弥陀堂などもある。仏教信仰の広がりは著しかった。

末法思想　院政の開始、武士階級の急速な台頭、南都北嶺の僧兵たちの乱暴、戦乱と天変地異、凶作・飢饉の連続は、人々を不安に陥れた。末法思想の説くところが、現実の社会動向を照応するように感じられ、*末法思想は急速に広まり、極楽浄土への往生を願う人々の気持ちはいっそう強まった。多くの往生伝が編纂され、貴族のみならず、武士・庶民の往生譚が語られるようになった。一〇世紀の*慶滋保胤の『*日本往生極楽記』を受けて、一一世紀には鎮源の『*本朝法華験記』が書かれ、一二世紀に入ると*大江匡房『*続本朝往生伝』、三善為康『*拾遺往生伝』、『*後拾遺往生伝』、蓮禅『三外往生伝』、藤原宗友『本朝新修往生伝』などが続々と出された。

歴史書　古代国家の動揺・解体は、貴族たちに回顧と反省の機を与えた。『*栄花物語』は*宇多天皇から*堀河天皇までの約二〇〇年間、特に*藤原道長を中心として摂関家の栄華とその顛末を書いたが、従来の史書が漢文の編年体であったのに対して、『栄花物語』は仮名書きの物語風史書であるところに特色があった。『大鏡』は文徳天皇から一条天皇までの藤原氏全盛期を書いた紀伝体の仮名書き史書で、政争の裏面にまで筆が及び、批判的な叙述を行った。

文　学　この時期、優れた説話文学が生まれたことは特筆すべきことであった。『今昔物語集』は、インド・中国・日本の三国の仏教説話や世俗説話を収め、特に世俗説話は貴族・武士・庶民の生活や心情を描いている。『将門記』『陸奥話記』などを受け継ぐ『保元物語』『平治物語』『平家物語』などの戦記物語は、動乱期の合戦と武士の生活を描いたものであった。一〇世紀の『古今和歌集』『後撰和歌集』、一一世紀の『拾遺和歌集』『後拾遺和歌集』の後を受けて、平安末期には『金葉和歌集』『詞花和歌集』『千載和歌集』が編まれたが、当代の代表的な和歌は、一三世紀の『新古今和歌集』に集められている。新古今調といわれる新傾向の歌は、情趣に富み、技巧に優れる。また一二世紀の歌壇では歌合が盛んで、理論的な対立は歌論書を生んだ。

美　術　絵画では絵巻物の発達が著しい。天地約三〇センチメートルほどの紙に、絵画と詞書を交互に書いて継いだ巻物仕立てで、大和絵の手法で物語や説話の展開を動的に描いた。一二世紀には『源氏物語絵巻』『信貴山縁起』『伴大納言絵巻』『鳥獣戯画巻』『餓鬼草子』『病草子』などの傑作がある。絵画には、ほかに『平家納経』『扇面古写経』が名高い。

（阿部　猛）

(一) 文　学

大《おお》鏡《かがみ》　歴史物語。作者不詳で、藤原能信《よしのぶ》（九九五―一〇六五）説、源俊明《としあき》（一〇四四―一一一四）説、源雅定《まささだ》（一〇九四―一一六二）説などがある。松村博司による『大鏡』多段階成立説以後は、藤原能信周辺の人物とする説が補強されつつある。成立は作者比定により一一世紀後半から一二世紀初め。書名は『徒然草』に「世継の翁の物語」とあるが、平安末期頃『大鏡』と明記される。本書は『栄花物語』に続く歴史物語。文徳天皇の嘉祥三年（八五〇）から後一条天皇の万寿二年（一〇二五）まで、一四代、一七六年の歴史を紀伝体で記す。藤原道長の栄華を描く点では『栄花物語』と同様だが、道長の栄華を讃美するだけでなく、その栄華の由来である藤原氏北家の物語でもある。成立時期をさかのぼる万寿二年を現在として設定し、雲林院の菩提講に詣でた一九〇歳の大宅世継と一八〇歳の夏山繁樹、青侍、繁樹の妻の四人を語り手とする対話形式である。史実に基づく物語であるが、説話としての性格を強く打ち出している。諸本は古本・流布本・異本の三系統に大別される。古本系東松本巻五・六に顕著な改修の痕跡があり、成立時期は藤原能信の没した康平八年（一〇六五）前後、改修は白河朝初め頃とされる。

［刊本］岩波文庫、新日本古典文学大系。

［文献］歴史物語講座刊行委員会編『歴史物語講座3大鏡』（風間

書房、一九九七）。　（古谷紋子）

今《いま》鏡《かがみ》　歴史物語。作者は『後葉和歌集』を作り、歌人として有名な藤原為経《ためつね》（法名寂超《じゃくちょう》）。大原三寂の一人。一〇巻。成立は嘉応二年（一一七〇）説と、それ以後の成立説とに大別される。『大鏡*』の後を受け、後一条*天皇の万寿二年（一〇二五）から高倉*天皇の嘉応二年までを紀伝体で記す。嘉応二年三月、『大鏡』の語り手である大宅世継の孫で、あやめという名で紫式部*に仕えたことのある百五十歳を越える老媼の語りを、長谷寺詣での女性たちが聞くというものである。『今鏡』は序のなかで『大鏡』を継承する作品であることを強調するが、人物を列挙しつつ、その生活や性格、学才・歌才などに深い洞察を加えた伝記的な表現方法、当該期における『源氏物語*』批評など、特筆すべき点は多い。この批評文学としての要素は、後世の史論などに大きな影響を与えた。またのちの説話集にも素材を提供し、『発心集』『続教訓抄』『無明抄』『十訓抄』などに類話がある。伝本は畠山本・尾張本系の流布本、前田本があるが、成立直後から形態を異にする伝本があるのは草稿本―浄書本―改稿本という成立過程による。江戸時代には流布刊本の慶安版『続世継』として親しまれた経緯があり、黒川春村（一七九九―一八四六）が『碩鼠漫筆』で書名を『今鏡』と論じた。

［文献］　歴史物語講座刊行委員会編『歴史物語講座4今鏡』（風間書房、一九九七）。　（古谷紋子）

将門記《しょうもんき》　（初期）軍記物語。戦記文学。作者未詳。作者像については東国在住説、京都在住説、さらに僧侶とする説もある。作者を藤原師保《もろやす》（忠平*の三男）とする説もある。一巻。成立は「天慶三年（九四〇）六月中記文」とあることから、将門の乱終結後まもなく成立したとする説もあったが、内容から類推して一〇世紀後半から一一世紀初頭とされる。原書名は不明で、『扶桑略記』には「合戦章」、『歴代皇紀』は「将門合戦状」、『吾妻鏡』は「平将門合戦状」として現『将門記』を引用する。本書は承平年間（九三一―九三七）から天慶年間（九三八―九四六）にかけて起きた平将門一族の紛争から内乱に至る将門の乱を、和臭の強い変体漢文で記したもの。本文と冥界消息からなり、『法華経』『史記』『文選』などの仏典や経書、漢詩などを引用する。『将門記』をめぐる研究動向は、伴類・従類などの軍事的組織、関東地方に留住した桓武平氏と源氏との婚姻関係、関東地方の地理的状況、常陸国府とミヤコの間の人や書状の連絡経路の研究など多岐にわたり、また武士の成立を考えるうえで重要な史料である。諸本は「承徳三年（一〇九九）正月二九日於大智房酉時許書了」の奥書を持ち、首巻を欠く真福寺本首巻、真福寺本より先立つとされ、末尾を欠く楊守敬旧蔵本と抄本がある。

［刊本］　林陸朗校註『将門記』（現代思潮社、一九七五）、岩井市史別編『平将門資料集付藤原純友資料』（新人物往来社、一九九六）。

［文献］　林　陸朗編『論集平将門研究』（現代思潮社、一九七五）、川尻秋生「将門の乱と陸奥国」（『日本歴史』五二七、一九九二）、栃木孝惟編『軍記文学の始発―初期軍記』（汲古書院、二〇〇〇）。　（古谷紋子）

陸奥話記《むつわき》　（初期）軍記物語。作者未詳。作者像は京都在住で「国解之文」や「衆口之話」を直接・間接に見聞することができ、高度な漢文の知識を有した人物とされる。一巻。成立は『陸奥話記』の最終記事が康平六年（一〇六三）二月二五日で、翌七年三月の源頼義上洛記事を欠くことから、その間とされる。漢文体。内容は前九年の役の経過を叙述したもので、*奥六郡に勢力を持つ*安倍頼良（頼時）と貞任《さだとう》・宗任《むねとう》父子が、陸奥守兼鎮守府将軍*源頼義らにより鎮定されたことを記す。前九年の役については、蝦夷安倍氏の反乱に対する征討という見方があったが、安倍氏は元来中央貴族で、長元九年（一〇三六）陸奥権守任官を契機に陸奥に勢力を伸ばしたとする見解もある。当時の陸奥は金や馬を豊富に産出する地域であり、源氏との合戦はそれらの利権をめぐる対立が発端であるとする。諸本はすべて江戸時代初期のもので、群書類従本、尊経閣文庫本、奥羽軍志本、神宮文庫本、蓬左文庫本、松平文庫本がある。

［刊本］笠栄治『陸奥話記校本とその研究』（桜楓社、一九六六）、大曾根章介校注『古代政治社会思想』（岩波書店、一九七九）、梶原正昭『陸奥話記』（現代思潮社、一九八二）。

［文献］新野直吉『古代東北の覇者』（中央公論社、一九七四）、高橋　崇『蝦夷の末裔―前九年・後三年の役の実像』（中央公論社、一九九一）、戸川　点「前九年合戦と安倍氏」（十世紀研究会編『中世成立期の政治文化』所収、東京堂出版、一九九九）、栃木孝惟編『軍記文学の始発―初期軍記』（汲古書院、二〇〇〇）。（古谷紋子）

古事談《こじだん》　説話集。源顕兼《あきかね》（一一六〇―一二一五）。六巻。成立は内容により建暦二年（一二一二）九月より建保三年（一二一五）二月までの間と考えられる。内容は巻一王道后宮、巻二臣節、巻三僧行、巻四勇士、巻五神社仏寺、巻六亭宅諸道からなり、四六二話を収める。『中外抄』『富家語』『扶桑略記』などの故実譚から評語を一切つけずに抄出・記録したもので、故実説話自体の面白さを全面に押し出した説話集である。作者による評語はなく、ある人物像を描いていくためにその人物に関するいくつかの話を配列し、それによって作者自身の人物形象を試みる点に特色を持つ。源顕兼は早くから「家之秘事」の集成に努めており、また刑部卿従三位という公卿の地位を子息二人が継承できずに終わったことから、顕兼の蓄えた故事を語るものとしての本書が誕生した。後世の『続古事談』『宇治拾遺物語』などの作品に影響を与えた。しかし文体が漢文体であることにより、時代が下るにつれ読者層が限られた。写本はほとんどが江戸時代の書写で、略本と広本に分類される。宮内庁書陵部所蔵六冊本は後者に属する。刊本は『新訂増補国史大系』、古典文庫、『日本古典文学影印叢刊』。

［文献］田村憲治『言談と説話の研究』（清文堂、一九九五）、伊東玉美『院政期説話集の研究』（武蔵野書院、一九九六）。（古谷紋子）

今昔物語集《こんじゃくものがたりしゅう》　説話集。編者については源隆国《たかくに》（一〇〇四―一〇七七）説、園城寺長吏、鳥羽僧正*覚猷（一〇五三―一一四〇）、東大寺東南院院務、覚樹《かくじゅ》（一〇七九―一一三九）、*白河院を中心とした院近臣層、南都・北京の大寺に所属する中・下級の事務系統の僧などがあるが、いずれも確証はない。三一巻（巻八・一八・二一は欠巻）。成立上限は一一二〇年代。一〇五九話。「今は昔」で始まり、「となむ伝えたるとや」と結ぶ形式。宣命書き。全体の構成は天竺（インド）・震旦（中国）・本朝（日本）部に分け、各部は仏法部と世俗部に大別、それをさらに特定主題により巻分け、また各巻は二話、あるいは三話を一くくりとする二話一類様式をとる。口頭の伝承を記録したものではなく、すべては文献をもとに独自の解釈を加えた話を掲載。撰者による意識的な欠字・欠語がある。未完成作品。『法苑珠林』などを典拠としたとされていたが、比較的小規模な唱導用の冊子などを典拠とする。『今昔物語集』研究には出典考証が不可欠で、現在では根元説話の所在である原拠と、編者の直接の取材源である出典がほぼ確認できる。成立直後は世に知られず、近世になり流布した。写本は諸本の祖本である京都大学付属図書館蔵鈴鹿家旧蔵本など。刊本は『新日本古典文学大系』。

［文献］ 池上洵一『今昔物語集の世界』(筑摩書房、一九八三)、小峯和明『今昔物語集の形成と構造』(笠間書院、一九八五)。

(古谷紋子)

打聞集《うちぎきしゅう》 仏教説話集。写本一帖のみ現存。作者未詳。長承三年(一一三四)伝記不明の「栄源」によって書写された。表紙に「打聞集下帖」とあり、もとは二冊もしくは三冊からなるとされる。本文は二七話収録されており、内容は仏教の流伝に関する話、教法、経典、高僧の霊験譚、仏寺縁起に関する話を載せる。本文に続く箇条書きは、天台座主をめぐる同時代の天皇、摂政・関白の人物注記。伝承経路が同じでない『*日本霊異記』『*今昔物語集』『古本説話集』『宇治拾遺物語』に収める類話を載せる。『*大鏡』本文と裏書からの仏寺・法会の縁起・高僧譚も抄出。本書は説法の場において、利用する側のハンドブックとしての役割を果たしていたと思われる。説話の役割や機能を知るうえで貴重な史料である。

［文献］ 打聞集を読む会編『打聞集―研究と本文』(笠間書院、一九七一)、黒部通善「打聞集所収「道場法師説話」考」(『説話文学』所収、有精堂、一九七二)。

(古谷紋子)

江談抄《こうだんしょう》 説話集。藤原実兼(一〇八五―一一一二)の筆録による*大江匡房(一〇四一―一一一一)の言談集。六巻。成立は一二世紀初頭。巻一は公の事・摂関家の事・仏神の事、巻二・三は雑事、巻四は題を欠くが、漢詩に関する内容、巻五は詩の事、巻六は長句の事などの内容を持つ。公卿の教命という側面を持ち、有職故実においても重要。本書を大江匡房の言談とする根拠は『*今鏡』巻十「敷島の打聞」。本書文中にも筆録者藤原実兼《さねかね》との関係を直接示す記述のあることが指摘された。諸本は類従本系と古本系とに分けられ、もっとも古い書写年次は「永久二年(一一一四)一一月十九日夜、対□随此送事」の識語を持つ古本系の神田本。刊本は『新日本古典文学大系』。

［文献］ 小峯和明「江談抄の語り」(『伝承文学研究』二七、一九八二)、甲田利雄『校本江談抄とその研究』(続群書類従完成会、一九八七)、池上洵一『説話と記録の研究』(和泉書院、二〇〇一)。

(古谷紋子)

狭衣物語《さごろもものがたり》 平安時代後期の物語。作者は六条斎院禖子《みわこ》内親王の女房宣旨(源頼国《よりくに》女)。四巻。延久年間(一〇六九―一〇七四)から承保年間(一〇七四―一〇七七)の成立。内容は二位中将狭衣が従妹の源氏宮に思いを寄せながら、飛鳥井女君、当代帝の女二宮、一条院皇女の一品宮、宰相中将の妹君との悲恋を展開し、最後に帝位につく物語である。『*源氏物語』の薫大将をモチーフに古歌・漢詩・歌謡の語句を随所に取り入れた美文で構成される。中世には『源氏物語』に次ぐ名作とされた。中世初期に成立した古写本それぞれの本文が、原文とはかけ離れた異文であり、伝本流布の様相は複雑である。刊本は『新編日本古典文学全集』。

［文献］『論叢狭衣物語』1～4（新典社、二〇〇〇～二〇〇三）。
（古谷紋子）

式子内親王《しきしないしんのう》（一一五三頃―一二〇一）『*新古今和歌集』を代表する歌人。斎院。准三后。父は*後白河天皇、母は権大納言藤原季成《すえなり》女、高倉三位。守覚《しゅかく》法親王、以仁《もちひと》王、殷富門院とは母を同じくする。高倉宮、萱斎院、大炊御門斎院などと称される。法名承如法。和歌、図画にも秀でたらしい。平治元年（一一五九）賀茂斎院に卜定《ぼくてい》、仁安三年（一一六八）病により斎院を退下。住居は四条殿、三条高倉邸、萱御所《かやのごしょ》、八条殿、押小路《おしのこうじ》殿、六条殿、大炊殿など。橘兼仲《かねなか》事件により洛外沙汰。藤原俊成《としなり》の『古来風体抄』は内親王の求めによる。「忍ぶ恋」の歌人として有名、相手は*法然。『法然上人絵伝』の尼正如房は式子内親王。『式子内親王集』もある。

［文献］菊池和子「式子内親王研究―その生活と作品について―」（『甲南大学文学会論集』五、一九五七）、石丸晶子『式子内親王伝―面影びとは法然―』（朝日新聞社、一九九四）。
（古谷紋子）

顕昭《けんしょう》（一一三〇？―一二〇九？）平安後期から鎌倉前期の歌人。歌学者。亮公と呼ばれる。和歌の家である六条家の猶子。仁和寺宮守覚法親王の求めに応じ、『*古今和歌集』以下六代の勅撰集注釈を叙述。『古今集序注』『古今集注』『拾遺抄注』『後拾遺抄注』『詞華集注』などがある。六条家の歌学は和書・漢籍・仏典を博捜した文献主義のうえに立ち、顕昭はその大成者。建久四年（一一九三）秋、藤原良経《よしつね》邸で行われた「六百番歌合」では、同じ和歌の家である御子左家、藤原俊成《としなり》の判詞を不服として「六百番陳状」を書いた。歌語辞書『袖中抄』がある。『千載和歌集』『玉葉和歌集』に歌を載せる。

［文献］川上新一郎「顕昭著作考1」（『斯道文庫論集』二一、一九八五）、赤瀬知子「初期の古今集注釈と和歌の家の展開」（横井金男他編『古今集の世界』所収、世界思想社、一九八六）、井上宗雄『平安後期歌人伝の研究』（笠間書院、一九八八）。
（古谷紋子）

明衡往来《めいごうおうらい》　模範書簡文例集、いわゆる往来物として最古のもの。平安時代の漢文学者、*藤原明衡（九八九―一〇六六）の著とするのが通説であるが、確証はない。二巻本と三巻本がある。『百練抄』の治暦二年（一〇六六）鸚鵡《おうむ》渡来の記事と類似のものがみられるため、治暦二年頃の成立で、明衡最晩年の作とされる。別称『明衡消息』、また、明衡が出雲守であったことから、『雲州往来』『雲州消息』とも呼ばれる。正月から一二月まで、月を追って、往状とそれに対する返状とが並べあげられている。写本間で状数・排列に違いが多く、図書寮本は八七通、享禄本は二〇三通、群書類従本は二一一通収めている。その多くが、貴族間、または、貴族と僧侶間の往返状となっている。用件は、物品の贈答の際の送り状と礼状、風流な催し事への参加の誘い、物事の依頼、質問、報告などである。それらの用件に関連させて、語彙習得を目的とした、豊富な内容の記事が挿入されている。恒例・臨時の儀式、年中行事、都人士の風流韻事、季節ごとの遊宴、官職・位階の昇進（除目）などの記事である。なかには、遊君に関する記事や、国司が貢納を怠っていることを報ずる手紙もある。これらを学ぶことにより、当時の男性貴族の日常生活に必要な漢字、漢語、敬語、書簡作法、『文選』『白氏文集』『蒙求』にみえる故事など、基本的な知識・教養を身につけることができる。往来物の嚆矢として尊重され、後世に与えた影響は甚大である。

［文献］ 佐藤武義解説『雲州往来二種』（勉誠出版、一九八二）、三保忠夫・三保サト子編『雲州往来享禄本 本文』（和泉書院、一九九七）。（高橋久子）

実語教《じつごきょう》 仏道修学の入門者のために撰作された、教訓的内容の往来物。著者は古くより弘法大師とされるが、確証がなく、なお未詳である。一巻。「山高故不レ貴、以レ有レ樹為レ貴、人肥故不レ貴、以レ有レ智為レ貴」で始まり、五言一句、九六句よりなる。『図書寮本類聚名義抄』（一〇八三―一一〇二撰）「山」字の注文中に引用されている事実から、康和四年（一一〇二）以前に成立していたことが知られる。勧学を主題とし、財物と対比して、智には不朽の価値があると述べる。その智を獲得するために、幼時から読書に励み、常に怠りなく学問に努めるべきことを説く。中世には注釈書も作られ、明治初期に至るまで、おびただしく普及・流布し、後世に与えた影響は多大である。

［文献］ 酒井憲二編著『実語教童子教―研究と影印―』（三省堂、一九九九）。（高橋久子）

三宝絵詞《さんぼうえことば》 仏教説話集。源為憲《ためのり》撰。三巻。永観二年（九八四）成立。冷泉天皇第二皇女尊子《たかこ》内親王は、円融天皇女御となったが、天元五年（九八二）、一七歳で落飾する。本書は、内親王の無聊を慰めるとともに、道心を励まし仏果を得るための手引き書として奉られた。本来の書名は「三宝絵」で、絵に詞書が添えられた形態の絵巻であった。その後絵が佚亡して詞書のみが残り、鎌倉時代以降「三宝絵詞」と呼ばれる。仏・法・僧の三宝を三巻に配する。各巻は、まず三宝のおのおのを尊ぶべき趣意を述べ、次いでその具体的例証としての説話をあげ、末尾を讃で結ぶ。上巻の説話は釈迦本生譚一三条で、出典は『六度集経』『大智度論』『金光明最勝王経』『報恩経』などの経論である。中巻の説話は、聖徳太子をはじめ、奈良時代末期までの我が国の僧俗の伝記と霊験譚一八条で、ほとんどが『*日本霊異記』を出典とし、そのほか*六国史・高僧伝・寺院縁起の名がみえる。下巻の説話は、月ごとに所々で行われた法会の概要とその由来記三一条で、出典は六国史・格《きゃく》・高僧伝・寺院縁起などである。内親王個人のために編纂されたものではあるが、自ずから恰好の仏教入門書となっている。主要諸本に保安元年（一一二〇）の識語を有する関戸家本（断簡は東大寺切）、文永一〇年（一二七三）の奥書を持つ東寺観智院本、正徳五年（一七一五）模写の前田家本がある。前田家本の親本の醍醐寺本は、寛喜二年（一二三〇）書写であるが、現在所在不明。

［文献］ 小泉 弘・高橋伸幸『諸本対照三宝絵集成』（笠間書院、一九八〇）、出雲路修解説・校注『三宝絵』（平凡社、一九九〇）。（高橋久子）

掌中歴《しょうちゅうれき》 意味分類体の百科事典。算博士三善為康《ためやす》撰。四巻。現存上巻一冊。保安三年から天治元年（一一二二―一一二四）頃成立。序文によれば、当時世間に流布していた源為憲《ためのり》撰『口遊《くちずさみ》』は、為康の目からみると、遺漏が多く、不完全なものであったので、貴族の実生活に役立つ百科的事項を、自己の備忘のために一書にまとめた、という。現存本は、序文・目録と乾象・方隅・属星・歳時・年代・日計・国堺・京兆・宮城の九暦を収め、以下を欠いている。欠落部分の暦名と内容は、本書と『懐中歴』などをもとに編纂された『二中歴』の内容・注記・校語などによって、ある程度推定することができる。古写の零本を、江戸時代に模写した伝本が、複数ある。刊本は『続群書類従』雑部。
（高橋久子）

対馬国貢銀記《つしまのくにこうぎんき》　平安時代後期の地誌・鉱業史料。*大江匡房（一説に大江維時《これとき》）の著述。一巻、漢文で五〇二字よりなる。前半は対馬の地勢・産物などについて記し、後半で銀の採掘・精錬・輸送について述べる。短文ながら簡潔・具体的に描写されており、文学的名文としても評価される。『*延喜式』に*大宰府の調物として八九〇両、*正税による交易雑物として三〇〇両、対馬の調若干が記されているが、貢銀記の年輸一二〇〇両というのとほぼ一致する。刊本は『朝野群載』三、『群書類従』雑部、『日本経済大典』一、『日本新編古典全書』九など。

［文献］　小葉田淳『日本鉱山史の研究』（岩波書店、一九六九）。
（阿部　猛）

本朝世紀《ほんちょうせいき》　*藤原通憲（信西）著の編年体の史書。久安六年（一一五〇）*鳥羽法皇の詔を受けて『日本三代実録』の後を継ぐ国史として*宇多天皇から*堀河天皇までの編年史の編纂に着手した。宇多天皇一代三〇巻のみが完成し、ほかは未定稿であった。ただし、完成した宇多天皇紀はいまだ発見されていない。編纂は、撰国史所のような公の機関を設けることなく、通憲の個人的な努力で編纂されたものとみられる。刊本は『国史大系』、『群書類従』。

［文献］　岩橋小弥太『上代史籍の研究』（吉川弘文館、一九七三）。
（阿部　猛）

家学の成立《かがくのせいりつ》　家学とは、特定の氏また家に伝えられた学問のこと。平安中・後期に、特殊技能・知識を伝える専業の氏や家が成立し、その技能・知識をもって特定の官司を世襲するようになり、いわゆる官司請負制が成立する。各家は、子弟や門弟に専門知識を伝達した。文章道の菅原氏・大江氏、明経道の中原氏・清原氏、明法道の坂上氏・中原氏、算道の小槻氏・三善氏は、それぞれ専門領域に関する職を独占した。医・陰陽・暦についても同様の事態が進行し、摂関家以下の上流貴族の家でも、家職の固定、家格の成立に伴い、公事に関する先例故実が体系化された。

［文献］　佐藤進一『日本の中世国家』（岩波書店、一九八三）。
（阿部　猛）

『平安遺文』《へいあんいぶん》　平安時代の文書を集成したもの。竹内理三編。古文書編一一巻、金石文編一巻（約六〇〇点）、題跋編一巻（典籍奥書約三〇〇〇点）で、延暦から元暦に至る（七八二―一一八五）。古文書は五五三〇通を収める。第一巻は昭和二二年（一九四七）一二月東京堂出版から刊行され、題跋編は昭和四四年三月の刊行。竹内によると、平安時代の古文書は約一万通といわれ、そのうち個人的な消息や用いがたい残簡を除いたものを網羅したという。『平安遺文』の編纂・刊行は、この時代の社会経済史的研究の進展に絶大な寄与をなした。刊行完了後、索引二巻が刊行され（一九八〇）、また古文書編のCD-ROM化が行われている（一九九八）。
（阿部　猛）

『公卿補任』《くぎょうぶにん》　神武天皇から明治元年（一八六八）までの重臣・公卿の職員録。各年の、太政大臣・摂政・関白以下、参議および非参議・従三位以上の者の歴名を官職順に記載し、帯位・兼官、および異動を注記し、流布本では、初出時に、それまでの経歴を注記している（*尻付）。天長一〇年（八三三）までと、以後とでは体裁が異なるので、平安中期までに一応の成立をみたが、その後、書き継いでいき、現在の形に至ったものと思われるが未詳。中世末期における山科言継・時経父子による書写事業は画期的で、現在写本の大部分は、この山科本を祖本とする。刊本は『国史大系』。

公卿補任

元慶七年（癸卯）

関白太政大臣	従一位	藤基経	四十八	
大大臣	正二位	源　融	六十二	
右大臣	従二位	同　多	五十三	左大将
大納言	正三位	藤良世	六十二	右大将、大皇太后宮大夫、按察使
		同冬緒	七十六	民部卿、――辞卿
中納言	従三位	在行平	六十六	三月九日兼民部卿
	従三位	源能有	三十九	左衛門督、別当
参　議	正四位下	同　令	五十九	宮内卿、右兵衛督、正月十一日兼伊与権守
		忠貞王	六十四	刑部卿、近江守
		藤諸葛	五十九	右衛門督、近江権守
		同山陰	六十	左大将、播磨権守
		同国経	五十六	皇太后宮大夫、正月十一日兼備中守
	従四位上	藤有実	三十六	左大将、伊与権守、正月七日正四下

［文献］　土田真鎮『奈良平安時代史研究』（吉川弘文館、一九九二）。
（阿部　猛）

『尊《そん》卑《ぴ》分《ぶん》脈《みゃく》』　諸氏の系図の集成。一〇巻。左大臣洞院公定（一三四〇―一三九九）らの編纂。『新編纂図本朝尊卑文脈系譜雑類要集』が正式の名称。江戸時代の刊本は『新校大系図』『諸家大系図』と称した。各巻には、所収系図の略系図を掲げ、次いで本系図においては続柄《つづきがら》を系線でつなぎながら苗字を掲げ、歴任の官位・生母・没日・年齢などを注記する。主要な人物には官職・位階の任叙経過を注した。刊本は『国史大系』。
（阿部　猛）

（二）美　術

源《げん》氏《じ》物《もの》語《がたり》絵《え》巻《まき》　*『源氏物語』を絵画化した絵巻。現存最古の遺品は、一二世紀に作られた徳川・五島本。現在、徳川黎明会に一五段の絵と詞書（蓬生、関屋、柏木一―三、横笛、竹河一―二、橋姫、早蕨、宿木一―三、東屋一―二）および詞書のみの一段（絵合）、五島美術館に四段の絵と詞書（鈴虫一―二、夕霧、御法）が伝わるところから徳川・五島本と呼ばれる。現在は保存上の理由から、絵・詞書ともに紙継ぎを解かれ、絵は一段ごと、詞書は二紙ごとに桐箱に納められている。ほかに、若紫の絵の残欠と八葉の詞書断簡が残る。物語の一帖から一―三場面が選ばれているところから、当初は八〇―九〇場面を一〇―一二巻に仕立てたものであったと考えられる。絵は、薄墨の下描き線を濃彩で塗りつぶした上に人物の顔貌や輪郭線を濃墨で描き起こす、つくり絵の技法を用いて描かれている。建物

源氏物語絵巻（鈴虫二）（五島美術館所蔵）

は、屋根や柱などを省略して斜め上から俯瞰的に描く*吹抜屋台の手法で表され、やや大きめの人物は、*引目鉤鼻と呼ばれる抽象的な顔貌で表現される。詞書は、金銀の切箔や不定形箔、野毛や砂子によって装飾されたほぼ正方形の料紙を一一八枚継ぎあわせ、その上に物語の一部が仮名で記されている。絵の作者として藤原隆能《たかよし》の名が伝えられるが確証はない。おそらく白河・鳥羽院政期の宮廷絵師を中心とする分担制作と考えられる。国宝。紙本着色、縦二一・二―二二・一センチメートル。

［文献］　秋山光和『平安時代世俗画の研究』（吉川弘文館、一九六四）、佐野みどり『風流 造形 物語』（スカイドア、一九九七）。

（稲本万里子）

信《し》貴《ぎ》山《さん》縁《えん》起《ぎ》絵《え》巻《まき》　一〇世紀初頭、大和と河内の境にある信貴山に籠って毘沙門天を祀り、その功徳によって様々な奇跡を行った修行僧命蓮に関する三つの物語を描いた三巻の絵巻。第一巻は、命蓮の飛ばした不思議な鉄鉢が、山麓の長者の倉を持ち上げ、信貴山上に運んでしまうが、追いかけて来た長者の願いを聞き入れて、命蓮が法力を使うと、倉のなかの米俵が列をなして空を飛び、長者の屋敷に戻ったという話（飛倉巻あるいは山崎長者巻）。第二巻は、*醍醐天皇の病気平癒のため、祈禱の命を受けた命蓮が、山上にいながら、剣の護法という童子を飛ばして、病気を治したという話（延喜加持巻）。第三巻は、命蓮を探して、はるばる信濃の国からやって来た姉の尼公が、旅の最後にすがった東大寺の大仏の夢のお告げにより、信貴山に登って命蓮と再会し、余生をともにするという話（尼公巻）。第一巻冒頭の詞書は欠落しているが、『古本説話集』や『宇治拾遺物語』に収められた「信濃国聖事」によって、失われた物語を知ることができる。絵は、抑揚のある線で人物の表情や動作をいきいきと描き、描線を生かした彩色が施されている。対象を捉える視点は様々に変化し、流線型のすやり霞によって場面のつながりや視点の移動が可能になっている。*鳥羽僧正覚猷の作との伝承もあるが確証はない。国宝。紙本着色、縦三一・七センチメートル。

信貴山縁起絵巻（飛倉巻）（朝護孫子寺所蔵）

［文献］　藤田経世・秋山光和『信貴山縁起絵巻』（東京大学出版会、

一九五七)、千野香織『名宝日本の美術11信貴山縁起絵巻』(小学館、一九八二)。

(稲本万里子)

伴大納言《ばんだいなごん》絵巻《えまき》　貞観八年(八六六)春に起きた応天門の火災をめぐる大納言*伴善男の陰謀と失脚を描いた絵巻。現在三巻に分かれているが、もとは一巻の絵巻であった。冒頭の詞書は欠落しているが、『宇治拾遺物語』に収められた「伴大納言焼応天門事」によって知ることができる。物語によれば、*清和天皇の代に応天門が炎上。大納言伴善男は、これが左大臣*源信の仕業であると讒言したが、太政大臣*藤原良房の訴えにより、源信は許された。応天門の火災は、実は伴大納言とその子中庸《なかつね》らの放火であり、それを右兵衛府の舎人が目撃していた。舎人は口外しなかったが、伴大納言の出納の子どもと放火を目撃した舎人の子どもの喧嘩から、伴大納言の悪事の噂が人々の間に広まり、舎人は詰問されて事件の真相を語り、伴大納言は逮捕された。絵は、柔らかく的確な描線で人物の表情や動作を表し、色鮮やかな彩色を施す。応天門の火災と伴大納言の逮捕の場面の引き伸ばされた時間表現と、子どもの喧嘩の場面の圧縮された時間表現が特徴的である。群衆の様々な動きを巧みに捉える洗練された技法と*『年中行事絵巻』模本との類似から、*後白河院に重用された常磐光長《ときわみつなが》を中心とする宮廷絵師の作と考えられる。室町時代には若狭国新八幡宮に伝わり、江戸時代に小浜藩主酒井家の所有になり、現在は出光美術館所蔵。一二世紀後半の作。国宝。紙本着色、縦三一・五センチメートル。

[文献]　上野憲示『伴大納言絵巻』(岩崎美術社、一九七八)、黒田泰三『新編 名宝日本の美術12伴大納言絵巻』(小学館、一九九一)。

(稲本万里子)

年中行事《ねんじゅうぎょうじ》絵巻《えまき》　宮廷や公家における一年の節会や祭事法会、四季の遊楽などのありさまを記録的に描いた絵巻。後白河院は、内裏を造営復興し、朝儀を再興したが、その一環として、『年中行事絵巻』を制作させたと推測される。『古今著聞集』には、*後白河院が年中行事絵を作らせ、故実に詳しい藤原基房に校閲させて、*蓮華王院の宝蔵に納めたことが記されている。『民経記』によれば櫃四合(天福元年(一二三三)五月二二日条)、『続本朝画史』によれば六〇巻に及ぶ大規模なものであったらしい。絵巻の制作には多くの宮廷絵師が参加したと思われるが、『言継卿記』天文一八年(一五四九)九月一一日条の記事や模本の奥書から、常磐光長《ときわみつなが》が主要な役割を果たしたと考えられ、*『伴大納言絵巻』との類似も指摘されている。制作年代については、朝覲行幸巻が、二条天皇による長寛元年(一一六三)正月の行幸を描いたとする説と、承安元年(一一七一)正月の高倉天皇元服以降、母建春門院在世中の法住寺南殿行幸を描いたとする説がある。絵巻はその後内裏に移され、後崇光院が模写を企てた(『看聞日記』永享四年(一四三二)九月六日条)が、原本は江戸時代に内裏の火災で焼失してしまったらしい。現在、寛文元年(一六六一)以前に土佐広通《ときひろみち》(住吉《すみよし》如慶《じょけい》)らが模写した住吉本一六巻(田中家)と、別系統の鷹司本二〇巻(宮内庁書陵部)をはじめ、多くの模本が伝わり、二四、五巻分の図様が知られる。

[文献]　福山敏男『住宅建築の研究』(中央公論美術出版、一九八四)、国賀由美子「『年中行事絵巻』朝覲行幸巻の制作に関する一試論」(『古代文化』四〇―一、一九八八)。

(稲本万里子)

鳥獣人物戯画（高山寺所蔵）

鳥獣人物戯画《ちょうじゅうじんぶつぎが》　高山寺に伝わる白描の画巻。現在四巻からなり、各巻ごとに主題や画風、制作年代を異にしている。甲巻は、猿、蛙、兎などが遊ぶ様子を擬人化して描いたもの。画面下端の損傷と模本から、もとは二巻であったという説が提示されている。それによると、損傷を受けていない巻は、祭の行列、相撲、双六盤運び、碁、腕相撲、首引き、走り高跳び、法会、僧供、喧嘩、田楽、損傷を受けた巻は、競馬の出走準備、競馬、落馬、蹴鞠、舟遊び、水遊び、賭弓、酒宴の用意が表され、寺社の祭や法会、遊びなど、神仏を喜ばせる人間の行為が、動物たちの姿を借りて、いきいきと描き出されている。乙巻は、実在する動物と空想上の動物（馬、牛、鷹、犬、鶏、鷲、隼、玄武、麒麟、豹、山羊、虎、獅子、青龍、象、獏《ばく》）を絵手本風に描き集めたもの。丙巻は、人間の勝負事（碁、双六、将棋、首引き、にらめっこ、腰引き、闘鶏、闘犬）と動物の遊戯（調馬、山車、験競べ）を前後に描き継ぎ、丁巻は、人間の風俗（曲芸、験競べ、法会、流鏑馬、田楽、毬打、木遣、僧の宗理問答、印地打ち、暴れ牛）を滑稽に描く。甲乙巻の作者として鳥羽僧正*覚猷や絵仏師《えぶっし》定智《じょうち》の名が伝えられるが確証はない。密教図像との共通性から絵仏師の作とする説や、*『年中行事絵巻』模本との図様の一致から宮廷絵師の作とする説がある。一二世紀中頃から一三世紀前半の作。国宝。紙本着色、縦三〇・六―三一・三センチメートル。

［文献］上野憲示「『鳥獣戯画』甲巻系の復原」（谷　信一編『新修日本絵巻物全集4鳥獣戯画』所収、角川書店、一九七六）、上野憲示「『鳥獣人物戯画』の復原と観照」（小松茂美編『日本絵巻大成6鳥獣人物戯画』所収、中央公論社、一九七七）。

（稲本万里子）

地獄草紙《じごくぞうし》　人間以下すべての生き物が輪廻転生する六種の境界（地獄道、餓鬼道、畜生道、修羅道、人道、天道）のうち、地獄の世界を表した絵巻。四巻が現存する。東京国立博物館本は、もと安住院旧蔵。国宝。詞書・絵各四段からなり、『正法念処経』に説かれる叫喚地獄に付属する十六別所のうち、髪火《はっか》流《る》・火末虫《かまっちゅう》・雲火霧《うんかむ》・雨炎火石《うえんかせき》地獄の凄惨なありさまを描く。奈良国立博物館本は、もと原家旧蔵。国宝。詞書六段・絵七段が残り、『起世経』に説かれる八大地獄付属十六別所のうち、屎糞《しふん》所・函量《かんりょう》所・鉄磑《てつがい》所・鶏《けい》地獄・黒雲沙《こくうんしゃ》地獄・膿血《のうけつ》所と、『大楼炭経』に説かれる狼野干《ろうやかん》地獄で、鬼や獣に痛めつけられる場面を描く。ボストン美術館所蔵の断簡（詞書・絵各一段）は、『起世経』に説かれる一銅釜《いちどうふ》地獄を表していることから、奈良国立博物館本の残欠と考えられる。そのほか、僧侶たちが堕ちる沙門《しゃもん》地獄を描いた益田家旧蔵甲本（詞書・絵各七段、五島美術館、シアトル美術館など諸家に分蔵）、悪鬼払いの辟邪《へきじゃ》絵《え》と思われる益田家旧蔵乙本（詞書・絵各五段、奈良国立博物館。国宝）が現存する。福岡市美術館所蔵の断簡（詞書・絵各一段）は、益田家旧蔵乙本の残欠。重要文化財。『餓鬼草紙《がきぞうし》』との類似から、*後白河院の周辺で制作された大規模な「六道《ろくどう》絵《え》」の一部をなすという説もあるが確証はない。一二世紀末期の作。紙本着色、縦二六・一―二六・五センチメートル。

［文献］中野玄三『六道絵の研究』（淡交社、一九八九）、秋山光和『日本絵巻物の研究 上』（中央公論美術出版、二〇〇〇）。

（稲本万里子）


吹抜屋台《ふきぬきやたい》 平安時代以降の絵画における建物の描法の一つ。建物のなかに配された人物の姿態がはっきりとわかるように、屋根や壁、柱や長押などを取り除き、高い視点から覗き込むように、俯瞰的な角度で描く。最古の遺例は、延久元年（一〇六九）法隆寺絵殿の障子絵として秦致貞《はたちてい》によって描かれた『聖《しょう》徳太子絵伝《とくたいしえでん》』（東京国立博物館）であるが、徳川・五島本『源*氏物語絵巻』以降の女絵《おんなえ》の系譜を引く物語絵のなかに多用された。近年、吹抜屋台の視点は、ドールハウスの視点と同一であり、貴族の姫君たちが雛遊びを通して恋愛のプロセスや結婚生活のあり方を学んだように、物語絵は、物語の枠組みを超えて、女性たちに男女のあり方を学ばせる手引書としての機能があったという説が提示されている。

［文献］佐野みどり『風流 造形 物語』（スカイドア、一九九七）。

（稲本万里子）


引目鉤鼻《ひきめかぎはな》 平安時代以降の絵画における貴族の男女の顔貌表現の一つ。目を微妙な変化をもたせた一本の線で表し、柔らかに煙るような眉、鉤形の鼻、小さな口をふっくらとした輪郭のなかに描く。当時の貴族にとって理想的な美男美女を表すため、また鑑賞者の感情移入を助けるため、このような普遍的で抽象的な描法が採用されたと考えられる。徳川・五島本『源*氏物語絵巻』以降の女絵《おんなえ》の系譜を引く物語絵のなかに多用された。また、『信*貴山縁起絵巻』『伴*大納言絵巻』のような男絵《おとこえ》系の作品のなかでも貴族は引目鉤鼻で描かれており、それ以外の人物は引目鉤鼻では表されないことから、貴族をほかの階層から区別するための特権的な描法であったとも推察されている。

［文献］秋山光和『平安時代世俗画の研究』（吉川弘文館、一九六四）、村重 寧「引目鉤鼻考―顔貌表現の美醜について―」（『早稲田大学大学院文学研究科紀要』四五―三、一九九九）。

（稲本万里子）


平家納経《へいけのうきょう》* 平清盛が一門の繁栄を願い、厳島神社に奉納した装飾経。『法華経』二八巻と『無量義経』『観普賢経』『阿弥陀経』『般若心経』各一巻に、長寛二年（一一六四）の奥書のある清盛の願文一巻を加えた三三巻からなる。金銀の箔や砂子、彩色の文様などで装飾された料紙を用い、表紙や見返絵には経意を表す唐風の人物や、やまと絵風の男女などが描かれている。表紙の外題と発装、水晶の軸首は精緻な金具で飾られ、金銀荘雲竜文銅製経箱に納められる。慶長七年（一六〇二）福島正則による修理の際、化城喩品、嘱累品、願文の表紙と見返絵が俵屋宗達《たわらやそうたつ》によって補われた。薬草喩品の表紙と見返絵は昭和三四年（一九五九）安田靫彦《やすだゆきひこ》による補作。国宝。紙本着色、縦二四・二―二七・三センチメートル。

［文献］京都国立博物館編『平家納経』（光琳社出版、一九七四）。

（稲本万里子）

扇面法華経冊子《せんめんほけきょうさっし》 平安時代後期の装飾経。もとは『法華経』八巻に『無量義経』『観普賢経』を加えた一〇巻を、扇面を貼り合わせた粘葉装《でっちょうそう》の冊子一〇帖に仕立てていた。四天王寺に伝来したが、現在は、『法華経』巻一、六、七、『無量義経』『観普賢経』*が同寺に残り、『法華経』巻八が東京国立博物館に保管され、そのほか断簡も伝わる。金銀の箔や砂子、野毛で装飾した料紙に経文を書写し、各帖の表紙には、和装の十羅刹女《じゅうらせつにょ》を一人ずつ描く。経文の下絵には、物語絵風の貴族の男女や庶民の生活など、様々な主題が描かれ、特に水辺の情景や雪景色など涼しげな絵が多い。下描き線には、肉筆による墨線と木版刷り、両者併用の三種があり、パターン化された人物表現が特徴的。*鳥羽上皇の皇后高陽院泰子《やすこ》が発願して、仁平二年（一一五二）四天王寺参詣の際に奉納したという説がある。国宝。紙本着色。縦二五・六、上弦四九・四、下弦一九・〇センチメートル。

［文献］秋山光和・柳澤　孝・鈴木敬三『扇面法華経』（鹿島出版会、一九七二）。

（稲本万里子）

懸《かけ》仏《ぼとけ》　金属製または木製の円板に半肉彫り、あるいは高肉彫りの仏菩薩像を表したもの。神道で御正体とされた鏡に、神の本地である仏菩薩の像やその種字を線刻して、礼拝の対象とした鏡像《きょうぞう》が始まりである。永延二年（九八八）銘の線刻阿弥陀五尊像が、年記のある最古の遺例。一一―一二世紀にかけて埋経が盛んになると、金峯山や那智などの経塚に、多くの鏡像や懸仏が納められた。尊像は、しだいに半肉彫りで表されるようになり、鎌倉時代には丸彫りに近い像を取りつけたものも作られるようになった。弘安五年（一二八二）異国調伏を祈願して香取神宮に奉納された観福寺釈迦如来像、十一面観音像懸仏は、その典型的な作例である。

［文献］難波田徹「鏡像と懸仏」（『日本の美術』二八四、一九九〇）。

（稲本万里子）

覚《かく》猷《ゆう》（一〇五三―一一四〇）　平安時代後期の天台宗の画《が》僧《そう》。源隆国《たかくに》の子。覚円《かくえん》に師事し、四天王寺別当に任ぜられた。その後、園城寺に法輪院を開き、密教研究と図像蒐集に努めた。鳥羽上皇の護持僧として信任篤く、大僧正、天台座主になり、鳥羽離宮に住んだため鳥羽僧正と称された。画技に優れ、鳥羽勝光明院の扉絵制作を依頼される（『*長秋記』保延元年（一一三五）六月二一日条）などの事績が知られるが、現存遺品はなく、鳥羽僧正様の『不動明王図像』（醍醐寺）などの白描図像が残る。『古今著聞集』巻一一には、供米の俵が軽くて空に吹き上げられる諷刺画を描いたという説話が採録されている。このため『*信貴山縁起絵巻』や『*鳥獣人物戯画』の作者にも擬せられるが、確証はない。

［文献］佐和隆研「「信貴山縁起」と鳥羽僧正覚猷」（小松茂美編『日本絵巻大成4信貴山縁起』所収、中央公論社、一九七七）、竹居明男「鳥羽僧正覚猷行実」（『古代文化』三四―五、一九八二）。

（稲本万里子）

（三）芸　能

催馬楽《さいばら》　日本古来の民間歌謡が古典化して完成した歌謡。旋律は律と呂に分かれ、笛・篳篥《ひちりき》・笙《しょう》・琵琶・箏《こと》などに合わせて歌われた。律は二五、呂は三七の歌詞がある。『*日本三代実録』貞観元年（八五九）に没した広井女王が催馬楽をよくしたとあるのが初見。『*萬葉集』の歌を本歌取りしたような「我駒」や平安京の風景を詠んだ「浅緑」などがあることから、八―九世紀に成立したとされる。一〇―一二世紀頃の貴族社会で流行し、堀河右大臣藤原頼宗《よりむね》から俊家―宗俊―宗忠と歌い継がれたところから藤家となり、源資賢《すけかた》の源家と両流をなした。そののち藤家は二条・楊梅両家に分かれ、源家は綾小路と称するが、一三世紀以降、催馬楽は衰退した。

[文献] 岩橋小弥太『芸能史叢説』(吉川弘文館、一九七五)。

(古谷紋子)

田《でん》楽《がく》 一〇世紀に発生した芸能で、太鼓・笛・ビンザサラなどを使った舞踊のほか、高足・刀玉《かたなだま》などの曲芸を行った。田植田楽・御霊会《ごりょうえ》田楽・渡物田楽の三つに分けることができる。田植神事の余興として行われた田楽は、民俗芸能に残る田遊びなどと同系統の芸能である。また九世紀の御霊会では読経・舞楽・雑伎・*散楽などからなり、田楽の行われた形跡はないが、その後田楽も加わった。永長元年(一〇九六)の祇園御霊会は十数日に及ぶ大規模な永長大田楽であり、これ以後全国の寺社の祭礼に取り入れられた。一一世紀には田楽を専業とする集団が存在した。田楽座では田楽能と呼ばれる演劇を行うようになり、のちに猿楽能に押され衰退した。

[文献] 西岡芳文「田楽—その起源と機能を探る—」(網野善彦編『中世を考える職人と芸能』所収、吉川弘文館、一九九四)。

(古谷紋子)

猿《さる》楽《がく》 名称・内容とも*散楽から発展して猿楽となった。本来は七世紀に伝来、正楽に対する俗楽一般の名称で、鼓舞・雑伎を演じたものがしだいに滑稽な所作に変わった。『日本三代実録』元慶四年(八八〇)七月二九日条は相撲節会《すまいのせちえ》の際、「左右近衛府遞奏㆓音楽㆒、散楽雑伎各盡㆓其能㆒」と近衛府が散楽と雑伎を披露したことがみえる。この頃、京の町中にも散楽の芸人が現れたらしい。『*新猿楽記』は一一世紀の成立だが、京の人々が猿楽芸人の多様な芸を見物し、楽しむ様子が記されている。『*江家次第』相撲抜出には散更《さるごう》として一足・高足・輪鼓《りゅうご》・独楽・咒師《のろんじ》・侏儒舞《ひきひとまい》の技がみえる。仏事である修正会にも咒師・散楽が行われた。猿楽は能・狂言の前身でもある。

[文献] 岩橋小弥太『芸能史叢説』(吉川弘文館、一九七五)、森末義彰『中世芸能史論考』(東京堂出版、一九七一)。

(古谷紋子)

今《いま》様《よう》 平安後期に流行した歌謡。『*紫式部日記』や『*枕草子』などに「今様歌」とみえ、のち傀儡《くぐつ》らによって歌われ都に大流行したもので、一一世紀後半から約二〇〇年歌い継がれた。今様を集大成した*後白河法皇撰の『*梁塵秘抄』には今様を歌うことにより極楽往生する今様成仏観がみられる。今様の旋律はもとは律音で、担い手により異なるというが、具体的な節回しは不明。伴奏は鼓や笛、笙などが使われた。前田育徳会蔵『今様の濫觴』は今様を口伝えする人々の系図で、『梁塵秘抄口伝集』に記された人名とほぼ一致し、今様が女系実子相承の原理で傀儡女《くぐつめ》により管理され、また口伝えする集団はその系列下の今様旋律のみを伝承したことが知られる。

[文献] 馬場光子『今様のこころとことば』(三弥井書店、一九八七)。

(古谷紋子)

白拍子《しらびょうし》 一二世紀初め頃に出現する男装で歌舞を舞う女性のこと。『源平盛衰記』には鳥羽院(一一〇三—一一五六)の頃、二人の遊女島の千歳・若の前が始めた舞で、その服装は直垂に立烏帽子、腰に刀を差して男舞を舞うものであったという。『*吾妻鏡』文治二年(一一八六)四月八日条には鶴ヶ岡八幡宮社頭で静御前が舞ったことが記され、それはまず出だしに歌を吟じ、のちに鼓・銅拍子で歌舞、最後に和歌を吟じたものであった。一三世紀には白拍子を含む遊女を母とする公卿・天皇も現れた。守覚法親王の『右記』に倡家女・白拍子は「公庭之所属也」とあることから、何らかの形で朝廷に組織化されていたとする説もある。

［文献］後藤紀彦「遊女と朝廷・貴族」（『週刊朝日百科　日本の歴史』三、一九八一）。（古谷紋子）

朗詠《ろうえい》　詩歌などを音読または訓読して口ずさんだり、楽曲の伴奏とともに歌うこと。平安時代初期から貴族社会を中心に作文会や遊宴の場で催された。もとは中国の唱導の流行により漢詩文を朗誦することであったが、日本では平安時代中期に入り漢詩文だけでなく和歌も取り込み朗誦するようになった。朗詠の家として源雅信（九二〇―九九三）をはじめとする源家と藤原家がある。和漢の詩句を集めたものに藤原公任《きんとう》撰の*『和漢朗詠集』がある。朗詠は神楽・催馬楽などと同じく琵琶・笙・篳篥・笛などの伴奏とともに歌われ、貴族階級をはじめ庶民や遊女などの諸階層に広がり、院政期に流行した。（古谷紋子）

東遊《あずまあそび》　日本古来の東国における民間歌謡のこと。寛平元年（八八九）一一月二一日の賀茂臨時祭創始に当たり、東遊が奉納された。駿河歌・求子《もとめご》歌などの歌があり、伴奏は和琴・笛・篳篥《ひちりき》である。歌詞は序曲が一歌、二歌と続き、次に舞を伴う駿河歌、求子歌、終わりに大比礼を歌った。駿河歌・求子歌を舞うのを諸舞《もろまい》、求子歌だけを舞うのを片舞という。東遊を舞う際の服装は青摺《あおずり》の小忌衣《おみごろも》に帯剣、巻纓老懸《けんえいおいかけ》の冠に花を挿した。平安時代の貴族社会で流行し、室町時代には中絶した。（古谷紋子）

新猿楽記《しんさるがくき》　往来物。*藤原明衡（九八九―一〇六六）。一巻。成立は長暦三年（一〇三九）から康平元年（一〇五八）。明衡は藤原式家出身の学者で、康平三年（一〇六〇）七二才で文章博士となった。年少より*藤原頼通に仕え、文章得業生・文章生・検非違使尉・大学頭などを歴任したが、五位のまま一七年間を過ごした時期があった。本書はその時期の著作になるもので、ほかに*『本朝文粋』などがある。漢文体の散文で四六駢儷の対句仕立てである。平安京に展開する祭礼風景とそれを見物する一家族の猿楽づくし、職人づくしを描いたもので、猿楽演技のレパートリー列挙と猿楽演技者の芸能批判をし、さらに見物人の典型として西京に住む下級官人家族の家族構成と職掌を並べ、妻三人と娘一六人、息子九人の生活様相を描写する。それぞれの職掌と天分により性格・容貌・態度・芸能およびそれらにかかわる事物の品目をあげている。本書が書かれた時代は古代から中世の過渡期に当り、平安京が中世都市へと変貌し、都市経済の発展もみられた時期に当たる。本書の猿楽を見物する一家が繰り広げた生活様相は都市庶民そのものの姿であり、それは宮廷貴族の女性たちが作り上げた物語的虚構の世界、王朝文学が造型し得なかったもう一つの情景を浮き彫りにしたものである。写本は古本系の前田家所蔵国宝康永三年本、弘安三年本などと流布本系がある。刊本は東洋文庫。（古谷紋子）

梁塵秘抄《りょうじんひしょう》　*今様の歌謡集。後白河法皇撰。二〇巻。成立は治承三年（一一七九）説と、治承四年（一一七九）から文治元年（一一八五）説がある。今様は*『紫式部日記』や*『枕草子』などに「今様歌」とみえ、のち遊女や京童らによって歌われ民間に大流行した口伝えの歌謡で、一一世紀後半から約二〇〇年歌い継がれたものである。『梁塵秘抄』はその今様の詞章を撰び、歌のいわれ・歌い方の口伝とを記したものとされる「歌詞集」一〇巻と「口伝集」一〇巻からなる。今様歌の種類は長歌・古柳・今様・法文歌・四句神歌・二句神歌などである。そのほかにも様々な今様があり、なかでも大曲足柄は今様相承の正統性を争う要の曲とされ、*後白河法皇は傀儡女《くぐつめ》乙前《おとまえ》より相承した。本書口伝は、後白河法皇の青年期に始まり保元二年（一一五七）三〇才のときに傀儡女乙前を今様の師としたこと、今様を歌うことがそのまま当時の人々の本懐として、往生の機縁となる今様成仏論など、院の今様生活を記す。『*本朝書籍目録』に「梁塵秘抄二十巻後白河院勅撰」とあるが、永らく幻の書物とされ、明治時代に至り発見された。現存は『梁塵秘抄』巻一抄出断簡と巻二、「口伝集」巻一断簡、巻一〇のみ。写本は室町時代書写の天理図書館蔵旧綾小路家本。巻二は現存唯一、江戸時代書写の天理図書館蔵旧竹柏園文庫本。撰者自筆とされる『梁塵秘抄』断簡四枚もある。刊本は『新日本古典文学大系』。

［文献］古谷 稔「後白河法皇の仮名書法と「梁塵秘抄断簡」」（『MUSEUM』五六三、一九九九）、古谷 稔「伝久我通光筆「梁塵秘抄断簡」と後白河法皇の書」（『日本音楽史研究』二、一九九九）、馬場光子『今様のこころとことば』（三弥井書店、一九八七）、五味文彦『梁塵秘抄のうたと絵』（文藝春秋社、二〇〇二年）。

（古谷紋子）

（四）宗教・信仰

南都《なんと》・北嶺《ほくれい》　*東大寺や*興福寺をはじめとする南都諸大寺と比叡山*延暦寺のことを指す。南都諸大寺のうち興福寺の勢力が増大して以後は単に興福寺と延暦寺を指すようになった。いずれも強訴または嗷訴と呼ばれる手段によって、神威を借り、武装してその訴えるところを貫徹しようとした。強訴に当たって興福寺は春日神木、延暦寺は日吉山王の神輿を動座して入洛しようとした。嘉保二年（一〇九五）の延暦寺強訴による神輿入洛に際し、時の関白*藤原師通は武力で神輿を撃退したが、しばらくして急死した。のちにこれは神罰によるものと喧伝され以後、信仰の問題も絡んで公家や武家たちはその対応に苦慮するところとなった。

（藤井 崇）

山門《さんもん》・寺門《じもん》　山門とは*延暦寺、寺門とは園城寺を指す。双方とも元来*天台宗比叡山内における門流で、山門とは慈覚大師*円仁の門流をいい、寺門とは智証大師*円珍の門流をいう。その決裂は天元四年（九八一）の法性寺座主の補任をめぐる対立などによって寺門派が園城寺に移ったことによる。以後の両寺の互いに対する意識をよく表すものとしては、『平家物語』の巻四「山門牒状」に、反平家の兵を挙げた以仁《もちひと》王を受け入れた園城寺が延暦寺に対して援軍を乞うたとき、「園城寺牒す、延暦寺の衙」と同格式な書式で状を送ったところ、延暦寺は園城寺を「当山の末寺」と認識していたために同格書式を非礼として返牒しなかったことなどがみえるのが好例。

（藤井 崇）

僧兵《そうへい》　武装した僧侶のこと。寡頭することが多い。語自体は江戸時代のもの。本来は悪僧といった。得度僧の増加や各寺領荘園の経営・維持上の必要性に起因するか。*興福寺や*延暦寺はいずれも強訴（嗷訴）と呼ばれる手段によってその訴えるところを貫徹しようとした。強訴に際して延暦寺は日吉山王の神輿、興福寺は春日神木をそれぞれの僧兵や*神人が擁して入洛し、神威を借りて訴えた。以後、信仰の問題も絡んで公家や武家らはその対応に苦慮するところとなった。また戦国期、延暦寺の僧兵は織田信長の攻略によって消滅し、興福寺の僧兵については一条院門跡の坊人で官符衆徒出身の筒井氏が大和国をほぼ統一したように大小名化する者もいた。（藤井　崇）

神《じん》人《にん》　「じにん」ともいう。神社組織における下級の神職や寄人を指す。神主や宮司の被官であり神事や社務上の広汎な雑務に当たった。また、強訴を起こしたときには僧兵と並んで*神木や神輿を奉じて群集し、場合によっては都を守る武士とも衝突した。社頭の警護や神社領荘園経営上の警察力の一端を担うなど軍事的色彩が強い面もあり、それゆえ中世には武士化する神人も現れた。また、神社領荘園内の名主層の者を神人に編成したり、漁猟民や工芸、芸能に携わる者を神人に加えることもあった。神人となった芸能・手工業者がそれぞれ座を形成することもあった。石清水八幡宮の大山崎油座などがその好例である。（藤井　崇）

神輿《しんよ》・神木《しんぼく》　南都を代表する*興福寺や、北嶺すなわち比叡山*延暦寺は、いずれも強訴または嗷訴と呼ばれる手段によって、神威を借り、武装してその訴えるところを貫徹しようとした。強訴に当って延暦寺は日吉山王の神輿、興福寺は春日神木を動座して入洛しようとし、あるいは両寺で闘諍した。*白河法皇も「賀茂川ノ水、双六ノ賽、山法師ハ、是レ朕ガ心ニ従ハザル者」と歎いたという。嘉保二年（一〇九五）の延暦寺強訴による神輿入洛に際し、時の関白*藤原師通は武力で神輿を撃退したが、しばらくして急死した。のちにこれは神罰によるものと喧伝され以後、信仰の問題も絡んで公家や武家らはその対応に苦慮するところとなった。（藤井　崇）

勧進《かんじん》聖《ひじり》　寺院造立などの費用を集めるために廻国する僧。勧進の本来の意味は仏の教えを説き、人を仏道に勧め入れることであったが、しだいに寺院、仏像、各地の橋などを造立するための喜捨を集める活動を意味するようになり、その担い手として各地をめぐったのが勧進聖である。八世紀の*行基や一〇世紀の*空也、一一世紀の行円などは井戸開削や道路整備などに当っており、勧進聖の先駆的なものと評価できよう。

古代において寺院は国家から統制と保護を受けており、造営に関しても国家事業として行われるのが一般的であった。官大寺の場合には*造寺司が置かれ、*封戸などが造営料として施入された。したがってこのような段階では僧が民衆から喜捨を集める必要はなかった。一方、民間寺院や中小寺院などの場合、こうした援助が受けられないため、勧進が必要となる。さらに封戸制の衰退など律令財政が変質・動揺すると中央大寺院においても国家給付が期待できなくなり、勧進が必要となっていった。こうして平安後期、特に一二世紀になると勧進聖の活動が活発なものになっていく。*東大寺を再建した重源《ちょうげん》は大勧進職となり、多くの勧進聖を組織して東大寺再興を成し遂げているのであり、平安後期に展開する勧進による寺院造営の典型的な事例といえよう。また勧進聖の活動は一方で仏教を民衆へ浸透させる役割も果たしている。

［文献］中ノ堂一信「中世的『勧進』の形成過程」（日本史研究会史料研究部会編『中世の権力と民衆』所収、創元社、一九七〇）、安田次郎「勧進の体制化と『百姓』」（『史学雑誌』九二—一、一九八三）。（戸川　点）

経塚《きょうづか》 経典を土中に埋納したところ。*末法思想や弥勒信仰の影響を受け、末法の後、弥勒が下生するまで経典を伝えるために行われたと考えられる。埋められた経典は紙本《しほん》経が多いが、瓦《が》経、銅板《どうはん》経、滑石《かっせき》経、青石《あおいし》経など瓦や銅板、石などに経文を刻して埋めたものもある。埋納法は紙本経の場合、まず銅製の容器（経筒）に入れ、次いで小石室に納め、その上を土石で埋めるという方法である。その際、鏡、仏像、仏具、銭貨なども一緒に埋められている。埋納された経典は『法華経』が多く、そのほか『般若心経』、『阿弥陀経』、『弥勒経』、『大日経』、『金剛頂経《こんごうちょうきょう》』などがある。現在知られているもっとも早い事例は*藤原道長が営んだ経塚で、長徳四年（九九八）発願、寛弘四年（一〇〇七）に奈良県金峰山《きんぷせん》に埋められたものである。この経塚については『*御堂関白記』寛弘四年八月一一日条などに記事がみえる一方、このとき埋められた経巻、経筒なども発見されている。この経筒銘には道長の願意が刻まれており、弥勒信仰とともに極楽往生などが祈願されている。長元四年（一〇三一）には比叡山横川の覚超らが*円仁が天長年間（八二四―八三四）に書写した法華経を保存するため上東門院彰子の助力のもと経塚を営んでいる。これは横川経塚に比定されているが、これを機に経塚造営は全国的に広がっていった。今日発見されている平安時代の経塚は全国で五〇〇を超えている。

［文献］石田茂作監修『新版仏教考古学講座6』（雄山閣出版、一九八四）、斎藤 忠編『日本考古学論集6』（吉川弘文館、一九八七）、坂詰秀一「平安京をめぐる経塚」（『季刊考古学』四九、一九九四）。 （戸川 点）

法華八講《ほっけはっこう》 『法華経』八巻を講説する法会。法華会の一つ。御八講会、御八講、八講ともいう。演説する『法華経』の巻数に応じて法華十講、法華三十講などもあった。法華八講の場合、原則として『法華経』の八巻を八座に分けて一巻ずつ朝夕二座、四日間で講説した。朝を朝座、夕方を夕座という。『*三宝絵詞』によれば延暦一五年（七九六、一説には同一二年（七九三）ともいう）石淵寺《いわぶちでら》で勤操《ごんそう》が行ったのが最初とされる。石淵寺では毎年行われ、石淵八講という。宮中では天暦九年（九五五）弘徽殿《こきでん》で行われたのが最初である。『日本三代実録』貞観八年（八六六）九月二五日条によれば*応天門の変で*伴善男は斬罪となるべきところ、毎年*桓武、*仁明天皇のために法華八講を行っていたため罪一等が減ぜられたとあり、この頃から貴族社会においても行われたようである。以後、宮中、私家、諸寺などで行われるようになる。追善や逆修のために行われることが多く、天皇や国母の忌日にも行われた。宮中で最初に行われた天暦九年の法華八講も*村上天皇が母后の*国忌の日に母后のために行ったものである。『法華経』巻第五、堤婆達多品《だいばだったほん》は悪人と女人の成仏を説き多くの人々の信仰を集めたが、この巻第五が講じられる三日目は五巻日《いつまきのひ》といわれ、参加者は様々な捧げ物を持って参会し、特に荘厳に行われた。

［文献］高木 豊『平安時代法華仏教史研究』（平楽寺書店、一九七三）、今成元昭「法華八講の〈日〉と〈時〉」（伊藤博之他編『唱導の文学』所収、勉誠社、一九九五）。 （戸川 点）

修験道《しゅげんどう》 原始的山岳信仰と*密教、道教、儒教などの要素が合わさって作られた宗教。厳しい山岳修行によって呪力を得て、その呪力によって加持祈禱を行う実践を重視する。日本には古来山岳信仰があったが、そこに仏教や道教の影響を受けた宗教者らが入り修行を行うようになった。さらにこうした山林修行に密教、法華経、浄土教などの要素も加わり平安末期頃に修験道として体系を整えていったものと思われる。山林修行者自体はのちに修験道の開祖に仮託される役小角《えんのおづぬ》など早くから存在していたが、*天台宗・*真言宗が山岳仏教としての性格を持っていた影響もあり、密教僧が山岳修行を行うようになった。そして習合的性格の強い独自の信仰や儀礼が作り上げられていったのである。山岳修行によって験力を得た彼らは験を修めて加持祈禱に優れた者という意味で修験者、あるいは山に伏して修行することから山伏と呼ばれ、その信仰や儀礼を修験道というのである。修験者の代表的存在としては醍醐寺を創建した聖宝《しょうぼう》、比叡山廻峰行《かいほうぎょう》を始めた相応《そうおう》などが著名である。修験者は中央では大和の大峰山《おおみねさん》（その北が吉野の金峰山《きんぷせん》、南が熊野である）を中心に比叡山、園城寺、醍醐寺三宝院など霊場で修行を行った。その一方で、貴族らの熊野詣や金峰山参詣の先達なども務めている。修験道はのちに天台系の本山派と真言系の当山派に組織され、宗教的活動、商業活動、芸能の伝播など多方面の活動を行うことになる。

（戸川　点）

［文献］和歌森太郎『修験道史研究』（平凡社、一九七二）、菊地大樹「中世社会と修験道」（『歴史と地理』五三七、二〇〇〇）。

覚鑁《かくばん》（一〇九五―一一四三）　平安時代後期の*真言宗の僧。新義真言宗開祖。諡号は興教大師。仁和寺領肥前国藤津荘に生まれる。父は同荘の惣追捕使伊佐平次兼元《いさのへいじかねもと》。一三歳のときに上洛、同荘の領主仁和寺の寛助《かんじょ》に従い、天永元年（一一一〇）一六歳で仁和寺成就院において寛助を師として出家した。永久二年（一一一四）高野山に入る。高野山では伝法会《でんぽうえ》の再興を志し、経済的基盤としての所領獲得運動に取り組む。その結果、平為里《ためさと》から紀伊国石手《いわで》荘の寄進を受けている。そのほか、白河第四、第五皇子の覚法《かくほう》、聖恵《しょうえ》両法親王に近づき、さらに*鳥羽法皇の帰依を得ている。その結果大治五年（一一三〇）には小伝法院を建立して伝法会を復活させ、長承元年（一一三二）には鳥羽法皇を迎えての大伝法院落成供養に成功している。その後長承三年（一一三四）これまで東寺長者の兼任とされていた金剛峰寺座主にも就任し、*真言宗における高野山の地位を*東寺・仁和寺と同列までに高めようとした。しかし、早急な運動は反発を生み、覚鑁を排斥する動きが強まり、翌年には座主を辞任、密厳院《みつごんいん》に籠るが保延六年（一一四〇）そこも襲われ、覚鑁は七〇〇人の衆徒とともに根来《ねごろ》山に移った。根来山には旧来からの豊福寺のほかに円明寺を建て鳥羽法皇勅願所としている。康治二年（一一四三）一二月一二日円明寺において示寂。著作は多く、その著『五輪九字明秘密釈』では真言密教に初めて浄土教を取り入れている。

（戸川　点）

［文献］井上光貞『新訂日本浄土教成立史の研究』（山川出版社、一九五六）、櫛田良洪『覚鑁の研究』（吉川弘文館、一九七五）。

法然《ほうねん》（一一三三―一二一二）　平安時代末・鎌倉時代初期の僧。浄土宗の開祖。諱《いみな》は源空《げんくう》。法然は房号である。美作国久米郡南条稲岡《いなおかの》荘《しょう》に生まれる。父は*押領使漆間時国《うるまのときくに》、母は秦氏。永治元年（一一四一）父が稲岡荘預所明石定明《あかしさだあき》の夜襲を受けて死亡すると天台宗菩提寺《ぼだいじ》にいた叔父観覚《かんがく》に引き取られた。

久安三年（一一四七、一説に久安元年（一一四五）ともいう）に比叡山に登り、源光《げんこう》、皇円《こうえん》らにつく。久安六年（一一五〇）には西塔の黒谷別所に移り叡空《えいくう》に師事し、念仏などについて教えを受けた。以後諸宗の研鑽に努めるが、なかでも*源信の『*往生要集』や唐の善導《ぜんどう》の著作に傾倒し、安元元年（一一七五）念仏に帰した（浄土宗ではこのときを開宗としている）。そして比叡山を離れて東山大谷に移る。

その後、法然の教えは広がり、親鸞《しんらん》らの弟子を得、*九条（藤原）兼実などの貴族、熊谷直実《くまがいなおざね》のような武士の間にも法然の教説が浸透していった。建久元年（一一九〇）には重源の要請によって東大寺で浄土三部経を講説し、建久九年（一一九八）には九条兼実のため『選択本願念仏集《せんちゃくほんがんねんぶつしゅう》』を著す。これらによって法然は専修念仏の教えを鮮明にするが、この頃から旧仏教教団の反発も受けるようになる。元久元年（一二〇四）弟子に『七箇条制誡』を示し軋轢を避けようとするが、*延暦寺・*興福寺などの反発は止まず、承元元年（一二〇七）土佐へ配流となる。法然はまもなく赦免されるが、入洛は許されず、建暦元年（一二一一）に帰洛する。翌年正月二五日寂。八〇歳であった。

［文献］　田村円澄『法然』（吉川弘文館、一九五九）、伊藤唯真・玉山成元『日本名僧論集6法然』（吉川弘文館、一九八二）。　（戸川　点）

栄西《えいさい》（一一四一―一二一五）　鎌倉初期、臨済宗を伝えた禅密兼修の僧。道号は明庵《みょうあん》（「みんなん」とも）、法諱は栄西（「ようさい」とも）、別に千光法師《せんこうほうし》、葉上房《ようじょうぼう》とも称す。備中国吉備津《きびつ》宮の社家賀陽《かや》氏に生まれ、一四歳で比叡山に入り受戒。千命《せんみょう》から*密教、有弁《ゆうべん》から天台教学を学ぶ。その後伯耆《ほうき》国大山《だいせん》寺《じ》の基好《きこう》や比叡山の顕意《けんい》からも密教を学び、基好を密教の正師とした。仁安三年（一一六八）入宋、俊乗房重源《しゅんじょうぼうちょうげん》とともに帰国。天台の新章疏《しんしょうそ》を将来し、天台座主《てんだいざす》明雲《みょううん》に呈している。帰国後は密教の著作を著し、台密葉上流を開く。文治三年（一一八七）インドの仏跡を参拝するため再度入宋。インド行は果たせなかったが、虚庵懐敞《こあんえしょう》に出会い、天台山、天童山《てんどうさん》で禅を学び臨済宗黄龍派《おうりゅうは》の印可《いんか》を受ける。建久二年（一一九一）帰国。その後、禅の布教を行うが比叡山の反発を受ける。これに対して建久九年（一一九八）『興禅護国論《こうぜんごこくろん》』を著して反論。禅宗が末法の時代にふさわしく、鎮護国家に有用であることを主張する。正治元年（一一九九）鎌倉に下り北条政子《まさこ》と源頼家《よりいえ》の帰依を受け、翌年鎌倉に寿福寺を建立する。建仁二年（一二〇二）頼家の申請で京都に建仁寺を建立、天台・密教・禅の三宗兼学の道場とした。建永元年（一二〇六）には東大寺大勧進職となり、*東大寺や法勝寺の再建に努めた。茶種を将来し『喫茶養生記』を著したことにより茶祖ともされる。

［文献］　多賀宗隼『栄西』（吉川弘文館、一九六五）。　（戸川　点）

院の熊野詣《いんのくまのもうで》　熊野詣は熊野三山（本宮《ほんぐう》・新宮《しんぐう》・那智《なち》）に参詣すること。院政期に*白河・*鳥羽・*後白河・*後鳥羽上皇が盛んに熊野御幸を行ったことをいう。熊野は古くから他界への入口と認識されていたが、平安時代には那智《なち》山が観音の補陀落《ふだらく》浄土と考えられていた。そして平安後期には熊野本宮の本地仏が阿弥陀如来とされ、熊野を訪れると極楽往生できると考えられるようになった。熊野本宮は証誠殿《しょうじょうでん》ともいわれるが、これは極楽往生の証明を受けられる場所と信じられたことからいわれるようになったものである。院政期の上皇が熊野詣を行ったのは極楽往生を願うとともに観音の現当二世の利益により現世と来世における王権の存続と安定を期待したためと思われる。上皇の熊野参詣は延喜七年（九〇七）の*宇多法皇に始まり、その後、正暦二年（九九一）に*花山法皇が行っている。その後は史料的には確認できず、院政期になって活発化する。院政期には白河上皇から後鳥羽上皇に至る約一〇〇年間に一〇〇回近くの熊野御幸が行われている。上皇の参詣は規模も大きく、公卿・殿上人四、五〇人が参加している。その費用は院領荘園や国司の課役などによってまかなわれたが、賦課された農民にとっては大きな負担であった。また、*藤原忠実はその日記『*殿暦』元永元年（一一一八）九月二八日条に「毎年御熊野詣実不可思議事也」と記しているが、頻繁に行われる熊野詣に対する批判もあった。

（戸川　点）

［文献］「御霊会と熊野詣」（『週間朝日百科日本の歴史』六四、一九八七）、戸田芳実『中世の神仏と古道』（吉川弘文館、一九九五）。

六勝寺《ろくしょうじ》　平安時代後期、天皇・女院によって造営された六寺の総称。*藤原師実が藤原氏の別業である白河の地（現在の京都市左京区岡崎付近）を*白河天皇に献じ、承暦元年（一〇七七）に法勝寺が創建されたのが始まり。康和四年（一一〇二）尊勝寺、元永元年（一一一八）最勝寺、大治三年（一一二八）円勝寺、保延五年（一一三九）成勝寺、久安二年（一一四六）延勝寺が建立された。それぞれ白河・*堀河・*鳥羽・待賢門院・*崇徳・*近衛の御願寺という体裁をとっているが、実際には円勝寺までが白河上皇、成勝寺と延勝寺は鳥羽上皇が実質的な造営者であった。六勝寺のうち最大規模の法勝寺は、池の中島に建てられた八角九重塔と金堂、講堂、薬師堂が一直線上に配置され、金堂から左右に延び南に折れる翼廊の先には鐘楼と経蔵が置かれていた。この伽藍配置は*法成寺にならったものであったが、金堂には金色三丈二尺大日如来像と胎蔵界四仏、八角九重塔には八尺大日如来像と金剛界四仏が安置されるなど、教義的には密教思想に基づいており、法勝寺をはじめとする六勝寺の公的・国家的性格がうかがえる。しかし、阿弥陀堂や法華堂、常行堂などの存在は、個人救済的な浄土教にも重きが置かれていたことを示しており、白河上皇の公私の信仰の場として、まさに国王の氏寺として機能していた。六勝寺の特徴は、造形的には、金堂と塔によって両界曼荼羅の世界を表現して密教思想を前面に打ち出すとともに、伽藍の対称性と塔の復権という復古的性格を併せ持つところにあり、ここに天皇や上皇の聖体安穏を通じて国家の安泰を図るという機能と、上代の天皇親政への憧憬をみることができる。また、法勝寺と尊勝寺には九体阿弥陀堂が併置され、私的な浄土信仰空間が設けられていたが、やがてそれは白河・鳥羽御堂に移り、国家的寺院としての六勝寺と、個人的祈願寺としての白河・鳥羽御堂に機能を分化していった。鎌倉時代以降、度々火災に遭ったが、康永元年（一三四二）の火災で伽藍の大部分を失い衰退した。

（稲本万里子）

［文献］清水　擴『平安時代仏教建築史の研究』（中央公論美術出版、一九九二）。

毛越寺《もうつうじ》　岩手県西磐井郡平泉町にある寺院。天台宗。近年の発掘調査により、藤原清衡《きよひら》によって最初期伽藍が建立され、その死後火災に遭ったが、基衡《もとひら》によって同規模・同位置に再建されたと推定される。当初は、北に塔山を控える山裾の平地に大池（大泉池）を中心として営まれ、南大門と池の中島、金堂（円隆寺）が一直線上に配され、金堂から左右に延び南に折れる翼廊の先に鐘楼と経蔵、西側にほぼ同形のコの字形翼廊を持つ嘉勝寺、東側には常行堂と法華堂が配置されていた。嘉禄二年（一二二六）と天正元年（一五七三）の火災で焼失し、現在はわずかに基壇と礎石が残る。庭園は復原され、大きくふくらんだ池の東岸は洲浜と立石、西岸の築山は石組によって飾られる。塔山の山麓から北岸に流れ込む遣水跡も発見され、これらの構想と『作庭記』の記述の一致が指摘されている。特別史跡・特別名勝。

［文献］須藤弘敏・岩佐光晴『日本の古寺美術19中尊寺と毛越寺』（保育社、一九八九）。

（稲本万里子）

白水阿弥陀堂《しらみずあみだどう》　福島県いわき市内郷白水町にある願成寺《がんじょうじ》阿弥陀堂の通称。真言宗。永暦元年（一一六〇）藤原秀衡《ひでひら》の妹徳尼が夫岩城氏の菩提を弔うために建立したと伝えられる。阿弥陀堂は、中尊寺金色堂と同型の方三間の一間四面堂で、宝形造、栩葺。国宝。もとは池の中島に南面して建てられていた。現在、発掘調査に基づき、池の汀に洲浜を巡らせ、中島や立石を浮かべた浄土庭園が復原されている。堂内に安置される阿弥陀三尊像と持国・多聞の二天像は、中尊寺金色堂基衡壇の諸像との近似から、創建時の造立とされているが、阿弥陀の台座に墨書された建仁銘から疑問が持たれている。奥州藤原氏の文化が女性を介して伝わったという言説は、問い直される必要があるだろう。

［文献］中野玄三編『日本美術全集7浄土教の美術』（学習研究社、一九七八）、水野敬三郎他編著『日本美術全集6平等院と定朝』（講談社、一九九四）。

（稲本万里子）

豊後富貴寺《ぶんごふきじ》　大分県豊後高田市蕗にある寺院。天台宗。国東半島には、平安時代以来、六郷満山と称される霊場があり、富貴寺は、一一世紀前半、宇佐大宮司家の祈願所として造営されたと考えられている。大堂は、一二世紀に建てられた九州最古の阿弥陀堂。桁行三間・梁行四間の平面で、宝形造・本瓦葺の屋根は推定復原されたもの。国宝。堂内に、堂とほぼ同時期の阿弥陀如来坐像《あみだにょらいざぞう》を安置する。本尊背後の来迎壁《らいごうへき》正面に阿弥陀浄土図、背面に千手観音・二十八部衆像、内陣長押《ないじんなげし》上の小壁に阿弥陀如来坐像五〇体、四天柱には密教の諸尊を描き、さらに外陣長押上の小壁には薬師・釈迦・阿弥陀・弥勒《みろく》の四方四仏の浄土を表し、内陣長押には宝相華文などが残る。壁画は墨線を主体とし、薄く彩色を施す軽快な作風である。

［文献］田口榮一「富貴寺大堂壁画の研究」（『国華』九五七、一九七三）、中野玄三編『日本美術全集7浄土教の美術』（学習研究社、一九七八）。

（稲本万里子）

三仏寺投入堂

伯耆三仏寺投入堂《ほうきさんぶつじなげいれどう》　鳥取県東伯郡三朝町にある寺院。天台宗。嘉祥二年（八四九）円仁が大日・釈迦・阿弥陀如来の三仏を作り堂を建てたため、三仏寺の名がついたといわれる。三朝温泉奥の三徳山に修験の道場として営まれ、奥院に当たる投入堂は、本堂背後の断崖の窪みにはめ込まれたように建てられている。桁行一間・梁行二間、懸造の小堂で、流造・檜皮葺の高低のある屋根と、床下の長短の柱による外観の美しさが特徴的。国宝。堂内には、平安時代後期の作になる七体の蔵王権現像が安置され、中尊（重要文化財。像高一一五・〇センチメートル。寄木造《よせぎづくり》、漆箔）の像内に、仁安三年（一一六八）の願文が納入されていたところから、堂の建築もその頃であろうと推測されている。

［文献］丸尾彰三郎他編『日本彫刻史基礎資料集成―平安時代・造像銘記篇5』（中央公論美術出版、一九七〇）、水野敬三郎他編著『日本美術全集6平等院と定朝』（講談社、一九九四）。（稲本万里子）

蓮華王院《れんげおういん》（三十三間堂《さんじゅうさんげんどう》）　京都市東山区にある寺院。*天台宗。現在は妙法院に所属。法住寺殿の一院である蓮華王院の本堂として、長寛二年（一一六四）*平清盛が*後白河院のために建立した。建長元年（一二四九）に焼失したが、同三年（一二五一）から再建され、文永三年（一二六六）に完成供養された。その平面が三三間×三間の母屋の周囲に庇を巡らした形式のため、三十三間堂と称されている。国宝。一一八・二二×一六・四四メートル。規模、構造とも創建時の形式を忠実に伝えている。当初は、丈六の千手観音坐像を中尊として、等身の千体千手観音像が立ち並ぶ壮観なものであったが、千手観音立像百余体を残し焼失した。現在の中尊千手観音坐像は、建長六年（一二五四）仏師湛慶《たんけい》作の再興像。国宝。像高三三四・八センチメートル。寄木造《よせぎづくり》、玉眼、漆箔。千手観音立像は、火災時に救出された創建時の像一二四体に、建長から文永にかけての再興像を合わせて一〇〇一体を数える。再興造像には、湛慶・康円《こうえん》などの慶派《けいは》仏師のほか、隆円《りゅうえん》・院継《いんけい》などの円派《えんぱ》や院派《いんぱ》の仏師たちが多数参加し、当時の造仏界総出で取り組んだ。重要文化財。像高一六五・〇―一六八・五センチメートル。寄木造、漆箔。ほかに鎌倉時代の二十八部衆像（国宝。像高一五四―一七〇センチメートル。寄木造、玉眼、彩色）、風神・雷神像（国宝。像高風神一一一・五、雷神一〇〇・〇センチメートル。寄木造、玉眼、彩色）が残る。

［文献］水野敬三郎他編著『日本美術全集10運慶と快慶』（講談社、一九九一）、京都国立博物館編『院政期の仏像』（岩波書店、一九九二）。（稲本万里子）

付録　研究用語集

漆《うるし》紙《がみ》　漆紙文書《もんじょ》。古代に、漆を用いる工房などで、漆液の入った容器には紙で蓋《ふた》をした。蓋紙には典籍や文書の反故紙《ほごがみ》を用いたが、漆の浸《し》み込んだ部分は土中でも分解されず現在まで遺存し、木簡や墨書土器などと並んで貴重な史料となっている（詳しくは「漆紙文書」の項参照）。

家産制《かさんせい》　支配階級が土地や官職などを家産化することによって行う支配形態で、マックス・ウェーバーMax Weberのいう支配の三類型（カリスマ的・伝統的・合法的支配）のうちの伝統的支配の典型的形態に当たり、Patrimonialismusの訳語。日本史に当てはめて考えると、一一―一二世紀の、荘園・公領における職《しき》の成立、官司・官職の特定の家による世襲・家産化の体制の成立期がそれに当る。

過渡的経営体《かとてきけいえいたい》　日本における封建制（＝農奴制）の成立の問題を考えるに際して、社会を担う基本的農民の、班田農民から農奴への直接的な転換を否定し、班田農民↓農民的名主・在家↓農奴という図式を描き、その中間の形態を過渡的経営体と呼んだ。これは永原慶二の唱えるところであるが、名主的経営体を、家父長的奴隷主による経営とみるか、あるいは農奴的（封建的）小経営とみるか、両説が対立しているが、永原説はこの両説に対置されるものである。永原説に対しては河音能平《かわねよしやす》の批判がある。

［文献］　河音能平『中世封建制成立史論』（東京大学出版会、一九七一）、永原慶二『日本封建制成立過程の研究』（岩波書店、一九七三）。

偽文書《ぎもんじょ》　偽作された文書をいうが、狭義には、文書に書かれている差出人以外の第三者が、虚偽の内容を盛り込んで作成した文書のことをいう。自分の主張の正当性を示すために文書全体を偽造したり、文中の一部を改竄《かいざん》したり、文書中に登場する人物名に仮託するなど、さまざまである。広義には、文書の差出人が虚偽の内容を盛って書いた謀書《ぼうしょ》をも含めて偽文書と称する。古代の律の規定では、詔書や太上天皇宣を偽作した場合は遠流《おんる》、官文書を偽作すると杖《じょう》一百に処し、官私の文書を謀作また増減して財産を求めた者は盗《とう》に准じて罪を論ずるとされていた。

共同体《きょうどうたい》　個人の生活を規制し、またその再生産を保障する最小規模の集団、およびその社会関係を表す概念。①私的な所有が未熟で、土地の共同所有を土台にして、共同労働によって生産活動が展開され再生産が確保される、歴史の段階に不可欠な社会関係と見る経済史的な視点、②協力同心する人間関係の意で、意識的に「協同体」の文字を用い、諸集団の性格を明らかにしようとする社会学的・民俗学的視点がある。古代・中世の村落史研究、社会史研究に不可欠の概念である。

［文献］　大塚久雄『共同体の基礎理論』（岩波書店、一九六九）、中村吉治『新訂日本の村落共同体』（日本評論社、一九七一）、和歌森太郎『日本の協同体』（弘文堂、一九八〇）。

金石文《きんせきぶん》　金属や石材に記された文字史料。広義には甲骨文や木竹簡をも含めて称する。しかし、通常は木竹簡を除外する。石刻銘―山ノ上碑（六八一年）多賀城碑（七六二年）、墓誌銘《ぼしめい》～船王後《ふねのおうご》墓誌（六六八年）、造像銘―法隆寺金堂薬師如来像光背銘（六〇七年）、造塔銘―薬師寺東塔擦銘（六八〇年）、鐘銘―妙心寺鐘銘（六九八年）などがある（詳しくは「金石文」の項参照）。

権門体制《けんもんたいせい》　日本の中世の国家権力体制を説明する概念として黒田俊雄によって提唱された。天皇家・摂関家その他の公家、大寺社、幕府などの諸権門が封建領主階級としての共通性を持ちながら、相互補完的関係を保ち、天皇・朝廷を中心とした国家機構を形作っていたとする中世国家論。諸権門がそれぞれの職能を分掌しながら国政が運営されていたといい、院政期—室町期の「国家」を説明する学説であるが異論もある。

［文献］　黒田俊雄『日本中世の国家と宗教』（岩波書店、一九七五）。

皇国史観《こうこくしかん》　一九三〇年頃から一九四五年の敗戦に至るまで、歴史学界・思想界・教育界に多大な影響を与えた歴史観で、日本の歴史を皇国の歴史と捉える。皇国とは天照大神の子孫と信じられる万世一系の天皇が統治する国のこと。一九三七年発行の文部省編『国体の本義』で強調され、一九四三年刊行の文部省編『国史概説』は、我が国の建国の由来と国体の精華および国運の進展の様相を明らかにし、国民に皇国民としての信念と使命を自覚させることを目的として編纂したと記している。そして『国史概説』について解説した文部省の教学官は「皇国史観」の語を用いている。一九三五年に東京帝国大学教授となった平泉澄《ひらいずみきよし》は皇国史観を鼓吹した中心人物で、科学としての歴史学を否定し、歴史は芸術であり信仰であると述べている。同じく東京帝国大学教授だった中村孝也や平泉の弟子平田俊春らも皇国史観を鼓吹した。

［文献］　永原慶二『皇国史観』（岩波書店、一九八三）、阿部　猛『太平洋戦争と歴史学』（吉川弘文館、一九九九）。

古記録《こきろく》　古代—近世の文献史料の一つで、狭義には「日記」と同義に用いられる。日記には①日次《ひなみ》（並）記、②別記・部類記・公事儀礼書などがある。①は現今の「日記」に近く、日をおって連続的に書き記すものであるが、個人的な日記と公の官庁の日誌のようなものとがある。②は訴訟文書・犯罪調書・行事の記録・番付・目録など、特定の事件についての記録・資料を内容とする。

［文献］　斎木一馬『古記録学概論』（吉川弘文館、一九九〇）、別冊歴史読本『日本歴史「古記録」総覧　上』（新人物往来社、一九八九）。

古典籍《こてんせき》　古代・中世の文献史料の一つ。記録（日記）・文書以外の著述一般を指して称する。①通史（『古事記』『日本書紀』に始まる史書、史論）、②年代記（『帝王編年記』『一代要記』など）、③地誌（『播磨国風土記』など古風土記）、④系譜（『新撰姓氏録』『尊卑分脈』など）、⑤戦記（『将門記』『陸奥話記』など）がある。

［文献］　別冊歴史読本『日本歴史「古典籍」総覧』（新人物往来社、一九九〇）。

古文書《こもんじょ》　古代—近世の文献史料の一つ。特定の差出人の意志を特定の充名人《あてな》に伝えるために差出人が文字を用いて作成したもの。差出人・充名人が個人の場合、また組織・機関の場合もある。実際に機能した文書は正文《しょうもん》と呼ばれ、下書きを土代《どだい》、控えや写しを案文《あんもん》という。文書はその効力を失うと廃棄されることが多いが、のちの資料として保存されたり、あるいは案文として保存されることが多い。古文書を対象とする古文書学なる学問体系があり、歴史研究上の必須の知識とされる。

［文献］　佐藤進一『古文書学入門』（法政大学出版局、一九七一）、歴史読本特別増刊『日本歴史「古文書」総覧』（新人物往来社、一九九二）。

古文書の様式　古文書学では、多様な文書を様式によって分類命名している。古代史関係の文書の様式を列記し、簡単に解説を加える。

詔《しょう》—臨時の大事について天皇の命令を下達する文書。中務省が文書を作り太政官が施行に当たる。もと天皇の命は人民に読み聞かせる形をとり、宣命《せんみょう》という、テニヲハを萬葉仮名で書く独特の和文体の文書が用いられた。

勅《ちょく》―尋常の小事について天皇の命令を下達する文書。簡単な手続きで出される。漢文体である。

符《ふ》―上級の官司から直属の下級官司に下す文書（「太政官符」の項参照）。

太政官
→ 八省→諸寮司および職
→ 諸国（西海道を除く）→郡
→ 大宰府→西海道諸国→郡

古代宮司の所属

移《い》―上下支配関係のない官司間でとり交わす文書。例えば、民部省↔大蔵省、摂津国↔大和国。

牒《ちょう》―主典以上の官人が官司に出す文書。しかし、ふつうには「解《げ》」様式の文書が用いられ、官制上、上下支配関係の明らかでない官司間で用いられ、移《い》と似た性格のものとなった。次いで令外官（例えば蔵人所・検非違使庁）が命令を下達するのに用いられた。

解《げ》―下級の官司から上級の官司に差上げる文書。さらには個人↔官司、個人↔個人の間でも用いられるようになった。解には宛名《あてな》を書かない。

宣旨《せんじ》―外記局または弁官から勅命を伝えるために発布された文書。手続きは、内侍《ないし》―蔵人頭―上卿（当日の政務担当者）―外記局または弁官または内記局に伝える。蔵人頭から上卿には口頭で伝えられ、そのためこれを口宣《くぜん》もしくは仰詞《おおせことば》といい、それを文書にした手控えを口《く》宣案《ぜんあん》といった（詳しくは「口宣・口宣案」の項参照）。

官宣旨《かんせんじ》―弁官から宣旨を下すとき、弁官が署名して発布するもの。弁官下文《くだしぶみ》ともいう（詳しくは「官宣旨」の項参照）。

院庁下文《いんのちょうくだしぶみ》―下文は官宣旨の系統を引く下達文書。院庁からの下達文書（詳しくは「院庁下文」の項参照）。

女院庁下文《にょいんちょうくだしぶみ》―院号（七条院とか建礼門院）を与えられた者の家政機関から出す下達文書。

摂関家政所下文《せっかんけまんどころくだしぶみ》―政所は三位以上の貴族の家政機関。これは藤原摂関家の下達文書。

庁宣《ちょうぜん》―国司庁宣。在京の国守から現地の在庁官人に宛てて発する文書。

大府宣《たいふせん》―在京の大宰帥が大宰府の在庁官人に宛てて発する文書。

綸旨《りんじ》―天皇の意を蔵人が奉じて出す文書。

院宣《いんぜん》―上皇・法皇の意を院司《いんじ》（院庁の職員）が奉じて出す文書（詳しくは「院宣」の項参照）。

令旨《りょうじ》―皇太子・太皇太后・皇太后・皇后・親王・内親王・女院の下達文書。

御教書《みぎょうしょ》―三位以上の貴族の意を家司が奉じて出す文書。

女房奉書《にょうぼうほうしょ》―天皇の意を伝えるため内侍が作成した仮名書きの書状。もと口頭で伝えるものであったが、手控えとして書かれた。

解状《げじょう》―解《げ》の用法が拡張されて、個人の請願や訴訟・請求などに用いるようになり、解状または解文《げぶみ》と称するようになった。

申文《もうしぶみ》―解状の一種で、何事かを申上する意で申文、申状ともいう。平安時代に官人らが位階・官職を所望するときに出した文書は申文と呼ばれた。

訴状《そじょう》**・陳状**《ちんじょう》―訴人が裁判所に提出する申状を訴状、被告が提出する陳弁の文書を陳状といった。

紛失状《ふんしつじょう》―火災や盗難によって文書が紛失したとき、新しい文書を作成して効力を持続させようとするもの。関係者の証言によって事実を確認してもらう。所領・土地関係のものが多い。

請文《うけぶみ》—ある事柄を確かに履行したこと、また将来確実に履行すべきことを約した文書。

返抄《へんしょう》—金品、年貢などの受領証。

起請文《きしょうもん》—宣誓書で、もし違う場合には、神仏の罰を受けても異義なきことを誓う。

譲状《ゆずりじょう》—所領・財産などの譲渡状。処分状ともいう。

売券《ばいけん》—財産を売買したときに売主から買主に与える証文。沽券《こけん》・沽却状《こきゃくじょう》ともいう。

手継券文《てつぎのけんもん》—不動産の売買に当って所管の官司らの証判の手続きを経たことを示す文書が立券文《りゅうけんもん》で、売り手は買い手に対してその不動産関係の文書を一緒に渡すのが通例で、いわばその不動産の履歴・経歴を示す文書を順に従って貼《は》り継ぐ。これを手継という（詳しくは「手継券文」の項参照）。

借券《しゃくけん》—借書・借用状。金銭米穀などを借用するとき借り主から貸し主に与える証文。利息など貸借の条件を記す。

在地《ざいち》　地方とか現地のことであるが、村・郷・郡・国の各レベルで、場合により広狭多様に用いられる用語。在地の住人を在地人と呼び、在村して農業経営を行い、村落共同体の指導的立場にある者を在地領主・村落領主と呼ぶ。在地領主という呼び名は、平安末期以来の開発領主であって、農村現地に根拠を据え所領支配を行う武士階級に与えられたもの。

［文献］　田村憲美『在地論の射程』（校倉書房、二〇〇一）。

紙背文書《しはいもんじょ》　「裏文書」とも。いったん反《ほ》故《ご》になった文書の裏を利用して文書や記録を作成、そのため偶然に伝えられた文書。古代・中世には紙は貴重であったから、多くは再利用されたのである。著名な九条家本『延喜式』は、不用となった文書類の上下を切断して寸法を合わせて継ぎ合わせ『延喜式』を筆写したもので、貴重な紙背文書が多い。また、現在国立歴史民俗博物館に所蔵されている源義経書状は、その裏に聖教を書写し、しかもその後、屏風の裏打ちに利用されたため現在に残るという経過をたどった。

社会史《しゃかいし》　①一九二〇年代、労働運動・農民運動・婦人運動や水平社による社会運動が活発になり、階級間の社会問題の史的研究が行われるようになった。三浦周行の『国史上の社会問題』（大鐙閣、一九二〇）、本庄栄治郎『日本社会史』（改造社、一九二四）などは、「社会問題史」として、従来の政治史が見落としてきた諸問題を取り上げた。第二次大戦後、一九七〇年代から、従来の政治史、国制史的研究が光を当ててこなかった周縁部の人々、非農業民、女性、卑賤民など、一般に民衆の生活の具体相を明らかにしようとする研究の傾向が強くなり、文献史学のみならず、民俗学・文化人類学その他諸学の成果を大幅に取り入れながら研究が進められるようになった。特に、一九三〇年代から始まったフランス社会史に始まる世界的な研究動向の強い影響を受けて「新しい歴史学」が「社会史」の呼び名で流行を見ている。

自《じ》力《りき》救済《きゅうさい》の社会《しゃかい》　自己、またその属する集団の権利が侵害されたとき、公権力によらず自力で権利の回復を図ることが認められている社会。我が国の古代・中世では、血縁的・地縁的集団が私的な武力を行使して自己の権利を守ることが正当なこととされていた。「眼には眼を、歯には歯を」とでもいうべき暴力的報復が正当化されていた。無限の報復をとめるための配慮は当然なされていたが、A村の一人がB村人によって殺されればB村の一人を殺すという、現在の我々から見れば殺伐たる社会であった。近世社会の成立は、自立救済を否定し、「法」による裁きの社会の出現を物語る。

［文献］　藤木久志『豊臣平和令と戦国社会』（東京大学出版会、一九八五）。

親族共同体《しんぞくきょうどうたい》 夫婦・親子関係に基づき出自を同じくする集団を親族という。親族は公用語・法制語であって、社会生活上の慣用語では親類と称するのがふつうである。その範囲は時代によって異なるが、同族が父系をたどる系譜集団であるのに対して、親族は姻戚をも含む集団である。親族集団は相互扶助的な協同労働（ユイ）関係が結ばれている。

生産力《せいさんりょく》 経済学上の用語。労働手段（生産用具や土地など）と労働力とが結びついて、自然に対して働きかける力《ちから》をいう。財貨を生産する過程で人々がとり結ぶ社会関係を生産関係という。生産力と生産関係が一体となって生産様式（奴隷制的生産様式、封建制（農奴制）的生産様式、資本主義的生産様式）を形成する。

［文献］ 芝原拓自『所有と生産様式の歴史理論』（青木書店、一九七二）。

世帯共同体《せたいきょうどうたい》 古代家族の存在形態の一つ。直系・傍系の血族と非自由民をも含む家父長大家族で、氏族共同体から家父長制への過渡的段階。律令制下の郷戸をこの段階の家族としてとらえる学説がある。

［文献］ 塩沢君夫『古代専制国家の構造』（御茶の水書房、一九五八）。

占有《せんゆう》 自分の意思をもって物を所持すること。「知行」の語が近代的な概念での占有に相当する。領知・領掌もほぼ同義である。

［文献］ 石井良助『日本不動産占有論』（創文社、一九五二）。

族縁共同体《ぞくえんきょうどうたい》 共同体の諸形態のうち、血縁関係にある同族団と、非血縁関係にありながら一族意識を持ってそれと結びついた集団を含む古代的な共同体。具体的には、本家筋に当たる名主家族とそれに従属する小百姓層の同族的結合を想定する。図式的には、族縁共同体（古代）→地縁共同体（中世）へと展開する。

［文献］ 和歌森太郎『国史における協同体の研究』（帝国書院、一九四七）。

胎内文書《たいないもんじょ》 「像内納入文書」ともいう。仏像の内側の空洞部分（胎内）に納められた文書。仏像を造るに当たって勧進に応じ結縁《けちえん》した人々（費用を分担した人々）の名を記した交名《きょうみょう》（名簿）など。もっとも古い例は、京都嵯峨清涼寺の釈迦如来像納入のもので、天慶元年（九三八）の文書。平安時代の胎内文書は少ないが、鎌倉時代以後急激に増加する。

［文献］ 竹内理三「胎内文書」（『鎌倉遺文月報』一二―一六、一九七七―一九七八）。

通過儀礼《つうかぎれい》 人の誕生から死亡までの過程で、人生の節目《ふしめ》に行われる儀礼をいう。人生の最初の出産・誕生、子供から若者へ、元服、結婚、あるいは厄年《やくどし》、年祝い、死と葬送など、その人の属する民族や集団、社会階層などによって形態は多様である。文化人類学・民族学・民俗学などの諸学問が通過儀礼を研究の対象とすることが多いが、文献史学による研究成果も集積されている。

都市《とし》**と農村**《のうそん》 都市とは、非農耕的労働に従事するものが共同組織を伴って集住・定住する空間領域で、手工生産・商業交易労働また行政・軍隊・官僚・宗教・文化などの精神労働に従事する人々の定住領域である。これに対する農村とは、農業を基本生業とする農家の集合領域をいう。ともに近代的な用語である。古代都市といえば、政権の所在地である都《みやこ》（平城京や平安京）や国府などの政治都市、奈良のような大寺院を中心とする宗教都市を指すのが普通である。わが国の都市は中国のような城壁をめぐらした都市ではなく、都市と農村の区別も明確ではない。最近の傾向としては、「都市」「農村」の明確な定義を避けて、「都市的な場」という表現を用いて歴史的事象を説明しようとするものが多い。そのため、交易のための市《いち》の立つところや、水陸の交通・運輸の接点である港・津などをも安易に「都市」概念に含める傾きがある。

[文献] 網野善彦『日本中世都市の世界』(筑摩書房、一九九六)。

奴隷制《どれいせい》　奴隷は、全人格を奴隷主に所有され全剰余労働を搾取され、売買・譲渡の対象となる直接生産者で、奴隷制がその社会の社会関係を規定する社会を奴隷制社会と呼ぶ。奴隷はどの社会にも存在するが、古典古代特にローマに典型的な奴隷制を見るのがふつうである。我が国では、一九三〇年代から、マルクス史学の立場から奴隷制の問題が取り上げられ、部民制を日本型奴隷制とする見方から始まり、寄口《きこう》・家人《けにん》を奴隷に比定する説などがあったが、日本古代を奴隷制社会と規定する学説は少数派であった。一九四七年にマルクスの『資本制生産に先行する諸形態』が発表されると、その影響を受けて、「アジア的共同体」を、古典古代の奴隷制と区別して「(東洋における) 総体的奴隷制」と把握することをめぐり議論が交わされた。その総体的奴隷制についても、家父長的奴隷制との関係で論議があり、総体的奴隷制を否定する立場でも貢納制説と国家奴隷制説に分かれる。あるいは「奴隷制」という用語を避けて「隷農制」概念を用いようとする提言などもあり一定しない。まして、具体的に日本史の発展段階に当てはめようとすると議論は紛糾するのみである。

日中分岐点論《にっちゅうぶんきてんろん》　停滞的なアジア社会のなかにあって、日本のみがヨーロッパ型の封建制を経験し、その帰結として、もっとも早く近代化への道を歩んだとする見方がある。石母田正は、日本と中国の歴史の発展の違いを、武士団の存否によって説明した。すなわち、中国社会には強固な共同体的秩序が存在し、これが領主制の発展を阻害し、封建的武士団を成立させなかった。それに対して日本では、独自の族的団結をなした武士団の成立があり、そこに中国社会とは異なる道を歩むに至った分岐点が見出せるとした。

[文献] 石母田正『中世的世界の形成』(岩波文庫に収める)。

農奴制《のうどせい》　「農奴」はヨーロッパ封建社会の不自由な隷農を表す翻訳語。一定の保有地、農耕具などの生産手段を持ち、住居を有し自立小経営を達成する農民。領主に対して夫役《ぶやく》・現物地代そのほかの封建地代を納める。そのような「領主—農民」関係を農奴制と称する。農奴は土地・財産の処分権を持たず、また移動の自由を制限されている。しかし、領主に対する負担の形態には、①労働地代、②生産物地代、③貨幣地代の三形態が考えられ、①—②—③の順に、領主による緊縛度、領主への隷属度は緩和されるとし、「農奴制」も必ずしも一律には捉えられないとされる。農奴制＝封建制と捉えるが、我が国の歴史の発展段階に適用することについてはさらに議論があり、農奴制は江戸時代にしか適用されないとの説もあり、さらには農奴制概念では日本封建制を説明しえないのではないかとの主張もある。

[文献] 中村 哲『奴隷制・農奴制の理論』(東京大学出版会、一九七七)。

辺境理論《へんきょうりろん》　畿内地域と、東国や九州のような辺境地域では、生産力水準に大きな差があり、いわば辺境はおくれた地域である。ところが、鎌倉幕府の成立に見るように、新しい時代を担う権力は辺境から生まれる。なぜ、生産力水準の高い畿内から新しい権力は生まれないのか、なぜ変革の主体が都市ではなく農村から生まれるのかという疑問がある。石母田正は、古代から中世への歴史変革の担い手を在地領主(武士)とし、彼らが後進的な東国農村を基盤として成長してきたことの意味を考えた。

[文献] 石母田正『中世的世界の形成』(岩波文庫に収める)。

木簡《もっかん》　木札に墨で文字を記したもので、第二次大戦前から少量出土しており、知られていたが、戦後平城京跡で大量に発見されるようになって注目され、全国各地でも多数出土するようになった。中国では古くから木簡が利用されていたが、我が国の場合は七世紀前半以後であり、紙と併用された。木簡は①文書木簡、②付札《つけふだ》木簡に大別される。平城宮跡からだけでも一〇万を超える木簡が出土しており、史料の乏しい古代史の研究にとっては貴重なものとなっている（詳しくは「木簡」の項参照）。

唯物史観《ゆいぶつしかん》　「史的唯物論」ともいう。マルクスおよびエンゲルスによって確立された人間社会の発展に関する唯物論的歴史観。ヘーゲルの観念論的な歴史観を批判して、人間の社会的存在がその意識形態を規定するという唯物論の観点から組み換えた。一八八三年（明治一六）三月、マルクスの葬儀に際してエンゲルスは「カール＝マルクス葬送の辞」を述べ、そのなかで「ダーウィンが生物進化の法則を発見したように、マルクスは人間の歴史の発展法則を発見した」といった。マルクスの『経済学批判』序文には、唯物史観の定式が記されている。

「人間は彼等の生活の社会的生産において、一定の、必然的な、彼等の意志から独立した諸関係を、すなわち、彼等の物質的生産諸力の一定の発展段階に照応する生産関係を受容する。これらの生産関係の総体は、社会の経済的構造を、その上にひとつの法律的及び政治的な上部構造がそびえ立ち、そしてそれに一定の社会的意識形態が照応する現実的な土台を形成する。物質的生活の生産様式は、社会的、政治的、精神的な生活過程一般を制約する。人間の意識が彼等の存在を規定するのではなくて、逆に彼等の社会的存在が彼等の意識を規定するのである。社会の物質的生産諸力は、その発展の特定の段階で、それらが従来その内部で運動してきた現存の生産関係とあるいはそれの法律的表現にすぎないところの所有諸関係と矛盾するようになる。これらの諸関係は生産諸力の発展諸形態からその桎梏に急変する。そのときに、ひとつの社会革命の時代がはじまる。経済的基礎の変化とともに、巨大な全上部構造が、あるいは徐々にあるいは急速に変革される。」

そして、原始共同体の解体の後、社会変革によって継起する社会構成体の発展段階として、アジア的・古代的・封建的・近代ブルジョア的生産様式をあげ、ブルジョア的生産様式は自然史的社会の最後の段階であるとする。この史観の特色は、①生産に際してとり結ぶ人間関係すなわち生産関係を基礎とする。生産関係の性格は、生産手段が誰の所有となっているかで決まる。②歴史的な一つの段階から他の段階への移行を必然的な発展として捉える。社会的矛盾が歴史の進展の重要な契機である。社会的矛盾は人間関係としては階級闘争として現れる。「従来のすべての社会の歴史は階級闘争の歴史である」（『共産党宣言』）と述べる。③唯物史観は一つの歴史理論であるにとどまらず、弁証法的唯物論という哲学と結びついて、一つの世界観を構成し、無階級社会の現実を目指す「（政治的）行動の理論」となる。唯物史観は一九二〇年代から影響力を持ち始めたが、第二次大戦後、戦後変革の現実のなかで歴史学界でも圧倒的支持を得て指導理論とされた。しかし一九六〇年代以降の内外の政治・社会情勢の変化のなかで、急速に影響力は低下した。

［文献］　芝原拓自『所有と生産様式の歴史理論』（青木書店、一九七二）。

領主制理論《りょうしゅせいりろん》　平安時代後期―戦国時代の、在地領主（武士）による人民支配体制を示す概念。在地領主に中世封建社会形成の担い手としての役割を見出そうとする理論で、石母田正『中世的世界の形成』（岩波文庫に収める）によって説かれた。武士階級に視点を置いた史観に対して批判もあるが、第二次大戦後の日本中世史研究を牽引する理論として重要である。

編者略歴

阿《あ》部《べ》　猛《たけし》

1927 年　山形県に生まれる
1951 年　東京文理科大学史学科卒業
現　在　東京学芸大学名誉教授

日本古代史事典　　定価は外函に表示

2005 年 9 月 10 日　初版第 1 刷
2006 年 1 月 20 日　　第 2 刷

編　者　阿　部　　猛
発行者　朝　倉　邦　造
発行所　株式会社　朝　倉　書　店

東京都新宿区新小川町 6-29
郵便番号　162-8707
電　話　03(3260)0141
FAX　03(3260)0180
http://www.asakura.co.jp

〈検印省略〉

新日本印刷・渡辺製本

ISBN 4-254-53014-5 C 3521　　Printed in Japan

索　　引

●配列は五十音順
●イタリックは見出し語を示す

◎う

◎か

◎け

◎し

◎ち

◎つ

◎て

◎に

◎ぬ

◎ね

◎の

◎は

◎む

◎め

◎も

◎や